I0188404

www.ingramcontent.com/pod-product-compliance
Lightning Source LLC
Chambersburg PA
CBHW051906090426
42811CB00003B/480
* 9 7 8 1 6 1 7 0 4 6 3 3 9 *

סֵפֶר

קַב הַיָּשָׁר

מְנֻקָּד

רַבֵּנוּ הַמְקֻבָּל רַבִּי

צְבִי הִירְשׁ

קַאיידַנוֹר

SimchatChaim.com

ידוע כי אין בר בלי תבן, כך אין ספר בלי טעויות, ועוד יודע אני כי דל ועני אני, ואין עני אלא בדעה. לכן מבקש אני בכל לשון של בקשה אם יש לכל אחד שאלות, הערות, הארות, תיקונים, נא לשלוח ל – book@simchatchaim.com
והשתדל לענות, ולתקן את הצריך תיקון.

אין לעשות שימוש כל שהוא בחומר שבחלק זה לצורך מסחרי, אלא רק ללמוד וללמד.

להשיג ספר זה או ספרים אחרים ולאינפורמציה:
www.SimchatChaim.com

Copyright © All Rights reserved to simchatchaim.com

כל הזכויות שמורות למהדיר©היב"ש

מהדורה שנייה תשפ"ב 2022

תוכן הספר

צריך לדעת כי בספר זה יש שמות הקודש, שמות של מלאכים, וכן שמות של כוחות הטומאה. **את השמות באלו אין להוציא מהפה!!! אלא רק להסתכל עליהם.**

סידרנו בספר זה את השמות האלו בצורה זאת –

שמות הקודש - יהו"ה אדנ"י א"ל אלהי"ם יכ"ש וכו'.

שמות המלאכים - טהריא"ל סהדיא"ל מטטרו"ן ירחמיא"ל וכו'.

שמות של טומאה - סמא"ל ליליי"ת מחל"ת וכו'.

הקדמה לספר קב הישר

מורנו המקובל רבי צבי הירש קאיידנובר או **קוידנובר**, נולד בשנת ה'תט"ו 1655 והסתלק בט"ו באדר ב' ה'תע"ב 1712] היה אב בית דין בפרנקפורט, נולד לרבי שמואל קאיידנובר.

הרב חיבר את ספר המוסר **קב הישר**, אחד מספרי המוסר החשובים והנפוצים ביותר, בדרך תורת האר"י והזוהר הקדוש, שראה אור בעשרות מהדורות

הרב נולד בווילנה וחי בצעירותו בקרקוב, לשם עבר עם אביו, עקב גזירות ת"ח-ת"ט בהן רצחו הקוזאקים את שתי אחיותיו. לאחר מכן עבר עם אביו ניקלשבורג. ולאחר מכן עבר לפרנקפורט, שם כיהן ברבנות, ושם חיבר את ספרו - **קב הישר**.

למד אצל רבי יוסף יוסקא רבה של מינסק ואב בית דין דובנא, מחבר ספר המוסר **יסוד יוסף**, המבוסס על קבלת האר"י.

נפטר בט"ו באדר ב' ה'תע"ב, ונקבר בפרנקפורט

בעת שהותו בפרנקפרוט הוא כתב את ספרו החשוב **קב הישר**, שהוא עיבוד ספרו של רבו **יסוד יוסף**. הספר נדפס לראשונה בפרנקפורט ב-1706, הספר התקבל בחיבה, ונדפס במאות מהדורות עד היום.

הרב בעצמו ערך את הספר **קב הישר** במהדורה דו לשונית בעברית וביידיש.

שם הספר נגזר משמו **קב** - בגימטריא **צבי**, **הישר** - הן אותיות שמו השני **הירש**. כמו כן הספר מחולק לק"**ב** פרקים.

הקדמת המחבר

לִכְבוֹד קוֹנוֹ מְדַבֵּר. וְחַיָלִים יְגַבֵּר.

הַיְשַׁר הוי"ה לְפָנַי דַּרְכֶּךָ, ה' בְּצֶדֶק נְחֵנִי.

וָאֶתְחַנַּן[1] אֶל הוי"ה - אָמְרוּ רַבּוֹתֵינוּ זִכְרוֹנָם לִבְרָכָה [דְּבָרִים רַבָּה, פ יא] - שֶׁמֹּשֶׁה רַבֵּנוּ עָלָיו הַשָּׁלוֹם הִתְפַּלֵּל חֲמֵשׁ מֵאוֹת וַחֲמֵשׁ עֶשְׂרֵה תְּפִלּוֹת כְּמִנְיַן וָאֶתְחַנַּן, עַל שֶׁבִּקֵּשׁ לִכָּנֵס לָאָרֶץ.

גַּם אֲנִי מְזֻקָּנִים אֶתְבּוֹנָן, וְאֶשְׁפֹּךְ שִׂיחִי לִפְנֵי הָאֵל הָעוֹנֶה אוֹתִי בְּיוֹם צָרָתִי, בַּחֲמֵשׁ מֵאוֹת וַחֲמֵשׁ עֶשְׂרֵה תְּפִלּוֹת, כְּמִנְיַן שְׁמִי הַחֹל **הירש**, שֶׁהוּא גִּימַטְרִיָּא חֲמֵשׁ מֵאוֹת וַחֲמֵשׁ עֶשְׂרֵה.

ה' נְחֵנִי בְּדַרְכֵי יְשָׁרָה, כְּמִנְיַן וָאֶתְחַנַּן. בְּתַחֲנוּנִים יְדַבֵּר רָשׁ לִפְנֵי כָּל יוֹדְעֵי דָּת וָדִין, הַיּוֹשְׁבִים עַל מִדִּין, שֶׁיִּהְיוּ לְרָצוֹן אִמְרֵי פִי, בְּחִבּוּר קֹדֶשׁ זֶה שֶׁאֵין בּוֹ דִּבּוּר דֹּפִי.

וְקָרָאתִי שֵׁם הַסֵּפֶר **קַב הַיָּשָׁר**, עַל שֵׁם שְׁנֵי טְעָמִים נְכוֹנִים וַהֲגוּנִים - **טַעַם הָרִאשׁוֹן** שֶׁכָּתַבְתִּי וְהִצַּגְתִּי לְפָנֶיךָ ק"ב פְּרָקִים, כְּמִנְיַן שְׁמִי הַקֹּדֶשׁ שֶׁהוּא **צְבִי**, גִּימַטְרִיָּא כְּמִנְיַן **קַב**, **הַיָּשָׁר** הוּא בְּהִפּוּךְ אַתְוָן כִּשְׁמִי הַחֹל **הירש**, אוֹתִיּוֹת דְּדֵין כְּאוֹתִיּוֹת דְּדֵין.

וְהַטַּעַם הַשֵּׁנִי הוּא, שֶׁקָּרָאתִי **קַב הַיָּשָׁר** זֶה הַסֵּפֶר, שֶׁהוּא קַב וְנָקִי, כַּסֹּלֶת הַמְנֻפָּה בִּשְׁלֹשָׁה עָשָׂר מִינֵי נָפָה, וּמְיַשֵּׁר לֵב הָאָדָם וְלֵב הֶעָקֹם לֵילֵךְ בִּתְמִימוּת בְּדַרְכֵי ה', אֲשֶׁר צַדִּיקִים יֵלְכוּ בָם. וְיִרְאוּ צַדִּיקִים וְיִשְׂמָחוּ, בִּרְאוֹתָם אוֹר וְתוֹעֶלֶת גָּדוֹל, שֶׁהוּא תּוֹכַחַת מְגֻלָּה וְאַהֲבָה נִסְתֶּרֶת, הֵן עַל דֶּרֶךְ פְּשָׁט וְדֶרֶךְ מָשָׁל וּמְלִיצָה, דְּבָרִים הַמִּתְיַשְּׁבִים עַל הַלֵּב וּמוֹשְׁכִין לִבּוֹ שֶׁל אָדָם, בִּרְאָיוֹת בְּרוּרוֹת מִסֵּפֶר הַזֹּהַר וּשְׁאָר מַאַמְרֵי רַבּוֹתֵינוּ זִכְרוֹנָם לִבְרָכָה.

וְחִבַּרְתִּי זֶה הַסֵּפֶר לֹא לְהִתְפָּאֵר בּוֹ וְלִטֹּל עֲטָרָה לְעַצְמִי, רַק כַּוָּנָתִי בִּימֵי עָנְיִי וּמְרוּדִי לָתֵת מַרְגּוֹעַ לְנַפְשִׁי, לְזַכּוֹת בּוֹ אֶת הָרַבִּים, וּזְכוּת הָרַבִּים יִהְיוּ תְּלוּיִין בִּי, וּבְוַדַּאי יִפָּקְחוּ עֵינֵי הָעִבְרִים, אֲשֶׁר יַשְׁקִיפוּ בְּהַשְׁקָפַת הָעַיִן, עֵינָא פְּקִיחָא, בְּוַדַּאי יַעַלְזוּ וְיָגִילוּ, וְלֹא יָמוּשׁ סֵפֶר הַזֶּה מִפִּיהֶם וּמִפִּי זַרְעֵיהֶם.

---

[1] דברים ג כג

וּכְהַיּוֹם זִכַּנִי ה' שֶׁתְּפִלָּתִי עוֹשָׂה מֶחֱצָה, שֶׁהֵבֵאתִי מִקְצַת הַסֵּפֶר, שֶׁהוּא חֵלֶק רִאשׁוֹן, לְבֵית הַדְּפוּס, כַּאֲשֶׁר עֵינֵיכֶם רוֹאוֹת. עַל כֵּן אָמַרְתִּי - בַּמָּה אִכַּף לֶאֱלוֹ"הַּ מָרוֹם וּבַמֶּה אֲרַצֶּה אוֹתוֹ, בְּרִבְבוֹת אַלְפֵי נַחֲלֵי שֶׁמֶן, עַל כָּל הַטּוֹבוֹת אֲשֶׁר גְּמָלַנִי, מֵאֲפֵלָה לְאוֹרָה הוֹצִיאַנִי, מִמָּוֶת לַחַיִּים, וּמִכּוּר הַבַּרְזֶל הִצִּילָנִי.

בַּאֲשֶׁר שֶׁרַבִּים קָמוּ עָלַי לְבַלְּעֵנִי חִנָּם אֵין כֶּסֶף, בְּלֹא כְּסוּפָא יְצָאוּנִי, וְהַמְחַבְּלִין חוֹבְלִין, וּכְכַסְלָא לְעוּגְיָא עִטְּרוּנִי, וּמֵאָה גָּלְבִין הִכּוּנִי פְּצָעוּנִי. אַתָּה ה' דּוּן מִשְׁפָּטִי וְדִינִי.

כִּי נָשְׂאוּ רְדִידִי מֵעָלַי וּמַחְמַד עֵינַי וְכַסְפִּי וּזְהָבִי וּמַטְמוֹנִי, וּכְבַעַל הַשּׁוֹר נָקִי מִנְּכָסַי יְצָאוּנִי, וּנְשָׁכוּנִי כְּנָחָשׁ וְצִפְעוֹנִי. שָׁלֵו הָיִיתִי יוֹשֵׁב בְּבֵיתִי, וּבַעֲלֵי קַרְנַיִם דְּחָפוּנִי, הֵמָּה בַּעֲלֵי זְרוֹעַ, אֲשֶׁר אֵין לָהֶם שַׂר וּמוֹשֵׁל, סְבָבוּנִי.

אָמַרְתִּי, שֶׁשָּׁחָה לֶעָפָר נַפְשִׁי, אַךְ חֶסֶד אֵל עֲזָרָנִי. אָז נָדוֹר נָדַרְתִּי בְּיוֹם צָרָתִי בְּשִׁבְרוֹן מָתְנַיִם, בְּדִמְעוֹת עֵינַי, לְקַיֵּם בְּעַצְמִי - מַאן דְּבִישׁ לֵיהּ בְּהַאי מָתָא לֵיזִיל לְמָתָא אָחֳרִיתִי. כַּךְ סָלִיקוּ לִי עַל רַעְיוֹנַי לַעֲזֹב אֶרֶץ מוֹלַדְתִּי וְנַחֲלַת אֲבוֹתַי, לִתְקֹעַ אָהֳלֵי אַפַּדְנִי בֵּית חֲמוֹהִי, הִיא קַרְתָּא קַדִּישָׁא פְּרַנְקְפוּרְט דְּמַיִין, וּמַלְכּוֹ שֶׁל עוֹלָם חֲדָרָיו הֱבִיאַנִי בְּעֵירֹם וּבְחֹסֶר כֹּל, וְלֹא נִשְׁאַר בְּיָדַי כִּי אִם חִבּוּרִי שֶׁחִבַּרְתִּי, זֶה הַסֵּפֶר - לְזַכּוֹת בּוֹ אֶת הָרַבִּים. וּבְוַדַּאי יִהְיֶה לְרָצוֹן לִפְנֵי כָּל כְּטַל וְכִרְבִיבִים.

לֹא נַחְתִּי וְלֹא שָׁקַטְתִּי עַד שֶׁהֲבֵאתִיו לְבֵית הַדְּפוּס, לְהוֹרוֹת הַדֶּרֶךְ הַיָּשָׁר וְהַטּוֹב, לַאֲנָשִׁים אֲשֶׁר הֵמָּה כְּעֶרְכִּי וּפְחוּתִים מִמֶּנִּי, לְנַהֲגָם עַל מֵי מַבּוּעֵי מַיִם חַיִּים, כַּאֲשֶׁר רָאִיתִי מִמּוֹרַי וְהוֹרַי הַקְּדוֹשִׁים, אֲשֶׁר בָּאָרֶץ הֵמָּה, הֲלֹא הֵם אָבִי הָרַב הַגָּאוֹן מוֹרֵנוּ הָרַב רַבִּי אַהֲרֹן שְׁמוּאֵל קֵיידַנֶּור זִכְרוֹנוֹ לִבְרָכָה, וּמִשְּׁאָר רַבּוֹתַי גְּאוֹנֵי אֶרֶץ, וַאֲשֶׁר שֶׁקִּבַּלְתִּי וְיָצַקְתִּי עַל יְדֵיהֶם, וּמִפִּיהֶם אֲנִי חַי.

וְגָדוֹל שִׁמּוּשׁ תַּלְמִידֵי חֲכָמִים יוֹתֵר מִלִּמּוּדָן, שֶׁרָאִיתִי דֶּרֶךְ הַטּוֹב וְהַיָּשָׁר מֵרַב הַמֻּבְהָק, הֲלֹא הוּא הֶחָסִיד, הָרַב הַגָּאוֹן, מוֹרֵנוּ הָרַב רַבִּי יוֹסֵף, בְּהָרַב הַגָּאוֹן הַמָּנוֹחַ, מוֹרֵנוּ הָרַב רַבִּי יְהוּדָה יוּדְל זִכְרוֹנוֹ לִבְרָכָה, שֶׁהָיָה אַב בֵּית דִּין וְרֵישׁ מְתִיבְתָּא דִּגְלִיל דִּקְהִלַּת קֹדֶשׁ מִינְצְק, וּלְבְסוֹף יָמָיו נִתְבַּקֵּשׁ בִּישִׁיבָה שֶׁל מַעְלָה - בִּקְהִלַּת קֹדֶשׁ דּוּבְנָא רַבָּתִי, יְכוֹנְנֶהָ עֶלְיוֹן, אָמֵן.

וְשַׁתִּיתִי בְּצָמָא אֶת דְּבָרָיו, כַּאֲשֶׁר אֶכְתֹּב בַּחֵלֶק הַשֵּׁנִי בְּאֵיזֶה מָקוֹם שֶׁל

שְׁבָחִים, וּבְאֵיזֶה פֶּרֶק הֵן הֵם מַמָּשׁ דְּבָרָיו. אַךְ לִפְעָמִים הוֹסַפְתִּי נֹפֶךְ מִשֶּׁלִּי בְּדִבְרֵיהֶם, וְלִפְעָמִים חִסַּרְתִּי, כְּדֵי שֶׁיִּהְיוּ שִׂפְתוֹתֵיהֶם דּוֹבְבוֹת בַּקֶּבֶר, כְּדֵי שֶׁלֹּא אֶקַּח עֲטָרָה לְעַצְמִי. עַל כָּל פֶּרֶק וּפֶרֶק אֶתֵּן תְּהִלָּה לִמְלַפְּנַי וְלִמְעַבְּדַי.

וְאֶשָּׂא עֵינַי אֶל הֶהָרִים וּמוֹרִים, לְקַיֵּם דִּבְרֵי רַבּוֹתֵינוּ זִכְרוֹנָם לִבְרָכָה [אָבוֹת ו, ו] - כָּל הָאוֹמֵר דָּבָר בְּשֵׁם אוֹמְרוֹ מֵבִיא גְּאֻלָּה לָעוֹלָם.

וַאֲנִי תְּפִלָּתִי בְּכָל עֵת רָצוֹן, שֶׁכָּל מִי אֲשֶׁר יִרְאַת ה' בִּלְבָבוֹ, יִקְרָא פַּעֲמַיִם וְשָׁלֹשׁ בְּזֶה הַסֵּפֶר, הַנּוֹתֵן אִמְרֵי שֶׁפֶר, וּלְקַיֵּם דִּבְרֵי שֶׁאֲנִי מַזְהִיר וּמַזְכִּיר קְצָת מִצְוֹת, אֲשֶׁר הָאָדָם דָּשׁ בַּעֲקֵבָיו, לְקַיֵּם אוֹתָן בְּכָל לֵב וָנֶפֶשׁ. כִּי אוֹתָן הַמִּצְוֹת מֻנָּחִים מַמָּשׁ בְּקֶרֶן זָוִיּוֹת, וְאֵין בְּנֵי הָאָדָם נִזְהָרִין בָּהֶן. אָמַרְתִּי לְדַבֵּר נֶגֶד מְלָכִים וְלֹא אֵבוֹשׁ.

וְהֶעְתַּקְתִּיו הַסֵּפֶר הַזֶּה גַּם כֵּן בִּלְשׁוֹן אַשְׁכְּנַזִּי, כְּדֵי שֶׁיִּוָּדַע דַּעַת וּבִינָה, וִידֵי כָּל אָדָם יִהְיוּ שׁוֹלְטִים בְּזֶה הַסֵּפֶר, לְהָבִין וּלְהַשְׂכִּיל, כַּאֲשֶׁר עֵינֵיכֶם הָרוֹאוֹת תֶּחֱזֶינָה מֵישָׁרִים אֶפֶס קָצֵהוּ בְּחֵלֶק זֶה, וְכֻלּוֹ תִּרְאֶה בַּחֵלֶק הַשֵּׁנִי.

וְסָהֲדִי בַּמְּרוֹמִים, שֶׁלֹּא הָיָה בְּיָדִי שׁוּם פְּרוּטָה בִּתְחִלַּת הַדְּפוּס, וּמֵהַשָּׁמַיִם עֲזָרוּנִי שֶׁגָּמַרְתִּי חֵלֶק רִאשׁוֹן, וּתְפִלָּתִי לְאֵל חַיִּי שֶׁיִּגְמְלֵנִי חֶסֶד לִגְמֹר גַּם חֵלֶק שֵׁנִי.

עַל כֵּן עוּשׁוּ גוֹשׁוּ, וְאַל תָּחוּסוּ עַל כַּסְפְּכֶם הַמְּעוּטָה, לִקְנוֹת מֵעֲמָדֵי זֶה הַחֵלֶק, וְיָאִירוּ עֵינֵיכֶם כַּשֶּׁמֶשׁ בַּצָּהֳרָיִם. וְהַמְקַיֵּם זֶה הַסֵּפֶר, יִזְכֶּה לִרְאוֹת בְּבִנְיַן צִיּוֹן וִירוּשָׁלַיִם.

כֹּה דִּבְרֵי הַמַּעְתִּיר,
הַכּוֹתֵב בְּרִפְיוֹן יָדַיִם וּבְשִׁבְרוֹן מָתְנַיִם

הַקָּטָן צְבִי הִירְשׁ,
בֶּן הַגָּאוֹן כמוהר"ר אַהֲרֹן שְׁמוּאֵל זלה"ה קַאיידַנוֹר.
שנת תס"ה

פרק א

הוי"ה בְּחָכְמָה יָסַד אָרֶץ כּוֹנֵן שָׁמַיִם בִּתְבוּנָה [מִשְׁלֵי ג, יט]. מִקְרָא זֶה בָּא לְהוֹדִיעַ, שֶׁעִקַּר תִּפְאֶרֶת הַחָכְמָה וְהַתְּבוּנָה הוּא, כְּשֶׁהוֹלִידוּ וְהִצְמִיחוּ דָּבָר שֶׁיֵּשׁ בּוֹ תּוֹעֶלֶת וִיסוֹד וּמָקוֹר. וּבְזֹאת יִתְהַלֵּל הֶחָכָם וְיִתְפָּאֵר הַמֵּבִין, כְּשֶׁפּוֹעֵל בְּחָכְמָתוֹ וּבִינָתוֹ מַה שֶּׁהוּא תַּכְלִית גָּדוֹל וְתוֹעֶלֶת לְנִשְׁמָתוֹ, הַחֲצוּבָה מִתַּחַת כִּסֵּא כְּבוֹדוֹ יִתְבָּרַךְ, וְנִתְּנָה אֶל הָאָדָם אֲשֶׁר הוּא קָרוּץ מֵחֹמֶר, כְּדֵי לְקַשְּׁטָהּ בְּקִשּׁוּטִין נָאִים וּמְהֻדָּרִין, בְּמַעֲשָׂיו הַטּוֹבִים וּבִדְרָכָיו הַיְשָׁרִים, וּלְהַחֲזִירָהּ כַּאֲשֶׁר יָבוֹא זְמַן פְּקֻדָּתָהּ שֶׁל נְשָׁמָה לָשׁוּב בֵּין נִשְׁמוֹת הַצַּדִּיקִים בְּעֹז וּבְהֶדְרָהּ. וְעַל חָכְמָה זוֹ נֶאֱמַר [קֹהֶלֶת ז, יב] - הַחָכְמָה תְּחַיֶּה בְעָלֶיהָ.

מַה שֶּׁאֵין כֵּן כְּשֶׁמּוֹלִיד בְּחָכְמָתוֹ דְּבָרִים שֶׁאֵין בָּהֶם תּוֹעֶלֶת, כִּי אִם תֹּהוּ וְהֶבֶל וָרִיק, וְהַגּוּף יִהְיֶה כָּלֶה וְאָבֵד, וְכָל תַּאֲווֹתָיו וַהֲנָאוֹתָיו כְּלֹא הָיוּ, מַה יִּתְרוֹן בְּחָכְמָה זוֹ, וְאֵין צָרִיךְ לוֹמַר, כְּשֶׁהָאָדָם מוֹלִיד בְּחָכְמָתוֹ פְּעֻלַּת שָׁוְא וָשֶׁקֶר, וְעִנְיָנִים רָעִים וּמְקֻלְקָלִים, שֶׁלֹּא כַּדִּין וְדַת תּוֹרָתֵנוּ הַקְּדוֹשָׁה, אָז עוֹשֶׂה כְּתָמִים וּפְגָם בְּנִשְׁמָתוֹ. אוֹי לָהּ לְאוֹתָהּ הַחָכְמָה, אוֹי לָהּ לְאוֹתָהּ הַבִּינָה, הַגּוֹרֵם לְנִשְׁמָה דִּילֵיהּ צַעַר וְגִלְגּוּלִים קָשִׁים וּמָרִים וְיִסּוּרִים בַּגֵּיהִנֹּם, וְנִדְחֵית מִפַּרְגּוֹדָא קַדִּישָׁא בְּחֶרְפָּה וּבְבוּשָׁה גְּדוֹלָה.

עַל כֵּן עֵצָה הַיְעוּצָה לְכָל מִי אֲשֶׁר בְּשֵׁם יִשְׂרָאֵל יְכַנֶּה, לְהַכְנִיעַ לְבָבוֹ הַקָּשֶׁה, וְיִקַּח פְּנַאי לְעַצְמוֹ לְהִתְבּוֹדֵד בְּמָקוֹם מֻצְנָע, שֶׁתִּפֹּל עָלָיו הַכְנָעָה גְּדוֹלָה וְאֵימַת הַקָּדוֹשׁ בָּרוּךְ הוּא, וְיַחֲשֹׁב בְּיָמָיו וּשְׁנוֹתָיו אֲשֶׁר כְּבָר עָבְרוּ וְחָלְפוּ וְהָיוּ כְּלֹא הָיוּ, וְכָל יוֹם וָיוֹם זְמַנּוֹ מִתְקַצֵּר וּמִתְקָרֵב אֶל יוֹם הַפְּרִידָה, שֶׁהוּא יוֹם הַמָּוֶת, אֲשֶׁר מִי יוֹדֵעַ אוֹתוֹ, כִּי הוּא שָׁט וּבָא כַּנֶּשֶׁר, פֶּתַע פִּתְאֹם, וְהַשְּׁלוּחֵי בֵּית דִּין שֶׁל מַעְלָה אָצִים וּמְמַהֲרִים לַהֲבִיאוֹ לִתֵּן דִּין וְחֶשְׁבּוֹן עַל כָּל דִּבּוּר וּמַעֲשֶׂה וּמַחֲשָׁבָה, וּבִלְתִּי וִתּוּר מְאוּמָה. וַי לָנוּ מִיּוֹם הַדִּין, וַי לָנוּ מִיּוֹם הַתּוֹכֵחָה.

וְכָל לֵב יוֹדֵעַ מָרַת נַפְשׁוֹ, מַה שֶּׁמָּרַד בְּהַקָּדוֹשׁ בָּרוּךְ הוּא וְהִכְעִיס לְפָנָיו בְּיַלְדוּתוֹ וּבְזִקְנוּתוֹ, בְּמָקוֹם גָּלוּי וּבְמָקוֹם נִסְתָּר, כִּי לִפְנֵי הַקָּדוֹשׁ בָּרוּךְ הוּא הַכֹּל גָּלוּי וְיָדוּעַ, וּבִשְׁעַת הַדִּין כֻּלָּם עוֹמְדִים וּמְעִידִים בְּפָנָיו, בְּאֵיזֶה יוֹם וּבְאֵיזֶה שָׁעָה נַעֲשֵׂית הָרָעָה, וּבְאֵיזֶה מָקוֹם.

וּבוֹא וּרְאֵה מַה שֶּׁמָּצָאתִי כָּתוּב בְּסֵפֶר **אוֹתִיּוֹת דְּרַבִּי עֲקִיבָא**, כִּי יֵשׁ מַלְאָךְ אֶחָד, עוֹמֵד סָמוּךְ לָרָקִיעַ הָרִאשׁוֹן, וְרוֹאֶה מַעֲשִׂים שֶׁל בְּנֵי אָדָם וּמַכְרִיז לְמַלְאָךְ אַחֵר, וְאוֹתוֹ הַמַּלְאָךְ הַשֵּׁנִי מַכְרִיז הַכְּרוּז לִפְנֵי פַּרְגּוֹדָא קַדִּישָׁא, וּמֵחֲמַת קוֹל כְּרוּז זֶה, מַה שֶּׁבְּנֵי אָדָם עוֹשִׂין עֲבֵרוֹת, מִתְרַחֲקִים מִשָּׁם כָּל הַמַּלְאָכִים שֶׁרוֹצִים לוֹמַר שִׁירָה, עַד שֶׁמְּטַהֲרִין אֶת הַמָּקוֹם בִּטְבִילוֹת.

אוֹי לָנוּ, קַל וָחֹמֶר, אִם מֵהַמָּקוֹם שֶׁשּׁוֹמְעִין כְּרוּז הָעֲבֵרָה, מַלְאֲכֵי

הַשָּׁרֵת מִתְרַחֲקִים וּמְטַהֲרִים הַמְּקוֹמוֹת - כָּל שֶׁכֵּן שֶׁיֵּשׁ טֻמְאָה בְּאוֹתוֹ מָקוֹם עַצְמוֹ, שֶׁנַּעֲשָׂה בָּהּ הָעֲבֵרָה, וְקַל וָחֹמֶר הַבֶּן אָדָם שֶׁעוֹשֶׂה הָעֲבֵרָה בְּעַצְמוֹ.

וְאַל יֹאמַר הַבֶּן אָדָם - יִתְמַרְמֵר לִבִּי בְּקִרְבִּי, וַי לִי, אֵין לִי תְּרוּפָה עוֹד, שֶׁהִרְבֵּיתִי לַחֲטֹא לִפְנֵי הַקָּדוֹשׁ בָּרוּךְ הוּא. אַדְּרַבָּה, תַּחְשֹׁב בְּדַעְתְּךָ, כִּי ה' אֱלֹקֵי הָעוֹלָם הוּא מֶלֶךְ רַחֲמִים, כַּפָּיו וְיָדָיו פְּרוּשׂוֹת לְקַבֵּל תְּשׁוּבָה, וּבִפְרָט מֵעַמּוֹ וְנַחֲלָתוֹ. וְתֵכֶף כְּשֶׁיִּקַּח הָאָדָם פְּנַאי לְעַצְמוֹ וּמִתְבּוֹדֵד כָּךְ, אָז בְּוַדַּאי אֱלֹקִים יִהְיֶה בְּעֶזְרוֹ לִגְדֹּר גָּדֵר עַל לְהַבָּא, וִיהְיֶה ה' אֱלֹהָי"ו עִמּוֹ, וְהַבָּא לִטַּהֵר מְסַיְּעִין לוֹ. וְיֵשׁ לוֹ לְהַבֶּן אָדָם בְּעַצְמוֹ לִרְאוֹת לְיַשֵּׁר הַמְּסִלָּה וּלְתַקֵּן אֶת הַמְעֻוָּת. וְאַל יִהְיֶה מֵקֵל לְעַצְמוֹ לוֹמַר - זֶה הוּא עֲבֵרָה קַלָּה, וְאֵין כְּדַאי לַחֲרֹט בָּזֶה אוֹ לַעֲשׂוֹת תְּשׁוּבָה, וְאַנִּיחַ אֶת הַקַּלִּים, וְאֶתְבּוֹנֵן עַל הַחֲמוּרוֹת לְתַקֵּן. כִּי צָרִיךְ הָאָדָם לֵידַע שֶׁאֵין הַקָּדוֹשׁ בָּרוּךְ הוּא וַתְּרָן, וַאֲפִלּוּ עַל דִּבּוּר קַל.

וּבוֹא וּרְאֵה מַה שֶּׁכָּתַב הָרַב הֶחָסִיד, בְּסֵפֶר **רֶכֶב אֵלִיָּהוּ**, מַה שֶּׁאֵרַע בְּיָמָיו בְּאִשָּׁה אַחַת, שֶׁהָיְתָה יוֹשֶׁבֶת בֵּין שְׁאָרֵי נָשִׁים, וְהָיוּ מְסַפְּרִים אִשָּׁה אַחַת עִם חֲבֶרְתָּהּ בְּעִנְיַן הַתְּשׁוּבָה, שֶׁל דִּין וְחֶשְׁבּוֹן שֶׁצָּרִיךְ כָּל אָדָם לִתֵּן עַל מַעֲשָׂיו, וּפָתְחָה אִשָּׁה אַחַת בְּדֶרֶךְ שְׂחוֹק וְאָמְרָה - וַאֲנִי בְּבוֹאִי לִפְנֵי יוֹם הַדִּין בְּבֵית דִּין שֶׁל מַעְלָה, וְיִשְׁאֲלוּ אוֹתִי - לָמָּה עָשִׂית כָּךְ, אֶעֱשֶׂה אֶת עַצְמִי אִלֶּמֶת, שֶׁלֹּא אוּכַל לְהָשִׁיב. וְלֹא הָיוּ יָמִים מוּעָטִים, עַד שֶׁנַּעֲשֵׂית אִלֶּמֶת עַד יוֹם מוֹתָהּ. עַד כָּאן לְשׁוֹנוֹ. הֲרֵי מוּכָח שֶׁהַדִּבּוּר סָלִיק לְמַעְלָה וְעוֹשֶׂה רֹשֶׁם.

וְאַל יַחְשֹׁב וִידַמֶּה הָאָדָם לוֹמַר אַחֲרֵי חֶטְאוֹ וּפְעֻלּוֹת שָׁוְא שֶׁעָשָׂה, יֵשׁ לוֹ כָּל תַּעֲנוּגֵי עוֹלָם הַזֶּה וְעֹשֶׁר וּבְרִיאוּת גּוּפוֹ, וּבִשְׁבִיל זֶה לֹא יַחֲרִיד לוֹ חֲרָדָה. אַדְּרַבָּה, עָלָיו נֶאֱמַר [קֹהֶלֶת ה, יב] - יֵשׁ עֹשֶׁר שָׁמוּר לִבְעָלָיו לְרָעָתוֹ. כִּי הַקָּדוֹשׁ בָּרוּךְ הוּא מַמְתִּין לוֹ עַד שֶׁתִּתְמַלֵּא סָאתוֹ, וּבְפַעַם אַחַת יִשָּׁפֵךְ חֲרוֹן אַף ה' עָלָיו, וּבוֹא יָבוֹאוּ עָלָיו בַּעֲלֵי חִצִּים וְדִינִים קָשִׁים, רַחֲמָנָא לִצְלַן, בְּלִי חֲנִינָה וְחֶמְלָה.

בֶּן אָדָם, בֶּן אָדָם, אִם אַתָּה יוֹדֵעַ, כַּמָּה שֵׁדִים מִסִּטְרָא אָחֳרָא, הָאוֹרְבִים עַל רְבִיעִית הַדָּם שֶׁבְּלֵב הָאָדָם - בְּוַדַּאי הָיִיתָ מְשַׁעְבֵּד גּוּפְךָ וְנִשְׁמָתְךָ לְהַבּוֹרֵא יִתְבָּרַךְ.

וְהִנֵּה כְּתִיב [אֵיכָה ג, כג] - חֲדָשִׁים לַבְּקָרִים רַבָּה אֱמוּנָתֶךָ. בְּכָל בֹּקֶר בְּהָקִיץ מִשְּׁנָתוֹ נַעֲשָׂה הָאָדָם בְּרִיָּה חֲדָשָׁה. וְיָדוּעַ, כִּי תַּכְלִית בְּרִיאַת הָאָדָם, עַל מְנָת לְקַיֵּם הַתּוֹרָה וְהַחֻקִּים וּמִצְוֹת ה'. וְעַל כֵּן צָרִיךְ הָאָדָם כְּשֶׁיֵּעוֹר מִשְּׁנָתוֹ לַחְשֹׁב בְּדַעְתּוֹ תֵּכֶף בְּמַעֲמַד הַר סִינַי, וִיצַיֵּר בְּשִׂכְלוֹ אֵיךְ הָיָה לְיִשְׂרָאֵל טָהֳרָה וּפְרִישׁוּת כְּשֶׁהָיוּ עוֹמְדִים בְּהַר סִינַי בְּאֵימָה וְיִרְאָה, בְּרֶתֶת וּבְזִיעַ, וְהַר סִינַי עָשָׁן מִפְּנֵי הָאֵשׁ, אֲשֶׁר יָרַד הַקָּדוֹשׁ בָּרוּךְ הוּא עָלָיו בְּרִבְבוֹת מַלְאָכִים וְקוֹל הַשּׁוֹפָר, וּמֹשֶׁה רַבֵּנוּ עָלָיו הַשָּׁלוֹם, אֲדוֹן כָּל הַנְּבִיאִים, הָיָה הַסַּרְסוּר בֵּין הַקָּדוֹשׁ בָּרוּךְ הוּא וּבֵין

עַמּוֹ יִשְׂרָאֵל. וְאַחַר כָּךְ יִהְיֶה הָאָדָם זָרִיז שֶׁיּוֹצִיא מִפִּיו דִּבּוּר שֶׁל קְדֻשָּׁה. וְעַל כֵּן כָּתַב הָרַב בַּעַל **סֵדֶר הַיּוֹם**, שֶׁתֵּכֶף וּמִיָּד כְּשֶׁיָּקִיץ הָאָדָם מִשְּׁנָתוֹ יֹאמַר - מוֹדֶה אֲנִי לְפָנֶיךָ מֶלֶךְ חַי וְקַיָּם, שֶׁהֶחֱזַרְתָּ בִּי נִשְׁמָתִי בְּחֶמְלָה, רַבָּה אֱמוּנָתֶךָ. וְאַחַר כָּךְ יְנַקֶּה אֶת גּוּפוֹ וְיִטֹּל יָדָיו, וְאַחַר כָּךְ יֵלֵךְ בִּזְרִיזוּת לְבֵית הַכְּנֶסֶת לְהִתְפַּלֵּל.

וּבִהְיוֹת יָדוּעַ, כִּי אֲוִירָא דְּעָלְמָא מָלֵא מִסִּטְרָא אָחֳרָא, וּבְיוֹתֵר הַמְקַטְרְגִים, הַנַּעֲשִׂים מֵחֲטָאִים וּפְשָׁעִים שֶׁל בְּנֵי אָדָם, מְשׁוֹטְטִים בָּעוֹלָם, בָּאֲוִירָא, כַּנִּזְכָּר כַּמָּה פְּעָמִים בַּזֹּהַר, וְיֵשׁ לָחוּשׁ פֶּן בַּהֲלִיכָתוֹ לְבֵית הַכְּנֶסֶת יִתְדַּבְּקוּ הַחִיצוֹנִים בְּזֶה הָאָדָם שֶׁמְּמַהֵר לָלֶכֶת לְבֵית הַכְּנֶסֶת - לָזֶה צָרִיךְ לֵידַע מַה שֶּׁכָּתוּב בַּזֹּהַר [חֵלֶק ג דַּף רסג, ב] - כִּי לְצַד שְׂמֹאל בַּפֶּתַח יֵשׁ סִטְרָא אָחֳרָא חַד, וְעָלָיו נֶאֱמַר [בְּרֵאשִׁית ד, ז] - לַפֶּתַח חַטָּאת רֹבֵץ. וְהַמְּזוּזָה הָרוֹמֶזֶת עַל שְׁכִינְתָּא קַדִּישָׁא קָבוּעַ מִיָּמִין, וְסִימָן [קֹהֶלֶת י, ב] - לֵב חָכָם לִימִינוֹ. וְשָׁם מְקוֹמָהּ, וְהִיא נִקְרֵאת **רָחֵל**. וְאִלְמָלֵא שֵׁם שֶׁל שַׁדַּי שֶׁכְּנֶגְדּוֹ, לֹא הָיָה יָכוֹל אָדָם מִיִּשְׂרָאֵל לֵילֵךְ, כִּי בְּצַד שְׂמֹאל עוֹמֵד הַסִּטְרָא אָחֳרָא שָׁם, וְהִיא בְּרֶמֶז דִּילֵיהּ - לַפֶּתַח חַטָּאת רֹבֵץ, בְּהִפּוּךְ אַתְוָן - רָאשֵׁי תֵּבוֹת **רָחֵל**, וְלָכֵן שֵׁם שֶׁל שַׁדַּ"י שֶׁכְּנֶגְדּוֹ הוּא מַכְנִיעוֹ, וְעַל זֶה כְּתִיב [אִיּוֹב כב, כה] - וְהָיָה שַׁדַּי בְּצָרֶיךָ. אָמְנָם עִקַּר שְׁמִירָה צָרִיךְ מִמֶּנּוּ בְּצֵאתוֹ מִן פֶּתַח בֵּיתוֹ, לְבִלְתִּי יַדְבִּיק בַּסִּטְרָא אָחֳרָא וּלְהָבִיאוֹ לִידֵי חֵטְא, חַס וְשָׁלוֹם. וְעַל כֵּן בַּפֶּתַח הַפְּנִימִי שֶׁבַּבַּיִת יְכַוֵּן בַּהֲנָחַת יָד עַל הַמְּזוּזָה, כִּי יֵצֶר בְּמִלּוּי אוֹתִיּוֹת הוּא - **יו"ד צד"י רי"ש** - סוֹפֵי תֵּבוֹת **שַׁדַּי**. רְצוֹנִי לוֹמַר, שֶׁשֵּׁם שֶׁל שַׁדַּי הוּא טוֹב לְהִנָּצֵל מִיֵּצֶר הָרָע.

וּבְצֵאתוֹ מִבֵּיתוֹ יִתְפַּלֵּל תְּפִלָּה קְצָרָה - רִבּוֹנוֹ שֶׁל עוֹלָם, חוּסָה נָא עָלַי, לְמַלְּטֵנִי מִיֵּצֶר הָרָע וְכָל כַּת דִּילֵיהּ, אָמֵן. אוֹ יִקְרָא קְרִיאַת שְׁמַע, פָּרָשָׁה רִאשׁוֹנָה - שְׁמַע יִשְׂרָאֵל ה' אֱלֹהֵינוּ ה' אֶחָד, עַד וּכְתַבְתָּם עַל מְזֻזוֹת בֵּיתֶךָ וּבִשְׁעָרֶיךָ [דְּבָרִים ו, ד-ט]. וְאָז יִמָּלֵט בְּאוֹתוֹ יוֹם מִכָּל עָוֹן וְאַשְׁמָה.

פרק ב

דָּוִד הַמֶּלֶךְ עָלָיו הַשָּׁלוֹם, אָמַר בִּתְהִלִּים [קיט, לז] - הַעֲבֵר עֵינַי מֵרְאוֹת שָׁוְא, בִּדְרָכֶךָ חַיֵּנִי. צָרִיךְ אָדָם לָדַעַת, כִּי הַרְבֵּה דְּבָרִים הֵם תְּלוּיִין בִּרְאִיּוֹת עֵינָיו שֶׁל הָאָדָם. עַל כֵּן נִרְאֶה לִי, שֶׁצָּרִיךְ לִזָּהֵר תֵּכֶף בְּקוּמוֹ מִשְּׁנָתוֹ, אִם מִסְתַּכֵּל בִּרְאִיָּה אֶל הַבָּתִּים, יְכַוֵּן שֶׁהַקָּדוֹשׁ בָּרוּךְ הוּא נָתַן מִצְוַת מְזוּזָה בְּפֶתַח הַבַּיִת, מִצְוַת מַעֲקֶה לְגַג הַבַּיִת, כִּדְכְתִיב [דְּבָרִים כב, ח] - וְעָשִׂיתָ מַעֲקֶה לְגַגֶּךָ. וְאִם יוֹצֵא מִפֶּתַח בֵּיתוֹ וּפָגַע בִּבְהֵמוֹת טְהוֹרוֹת הָרְאוּיִין לְקָרְבָּן, יַחֲשֹׁב בְּדַעְתּוֹ, שֶׁהַקָּדוֹשׁ בָּרוּךְ הוּא צִוָּה לָנוּ לְהַקְרִיב קָרְבָּנוֹת. וְאִם פָּגַע בִּבְהֵמוֹת וּבְחַיּוֹת טְמֵאוֹת, יַחֲשֹׁב בְּדַעְתּוֹ אִסּוּר אֲכִילָתָן. וְכֵן אִם פָּגַע אֶחָד מֵאֻמּוֹת הָעוֹלָם, יַחֲשֹׁב בְּדַעְתּוֹ אִסּוּר חַתְנוּת. וְכָל אִישׁ וָאִישׁ, כָּל אֶחָד, צָרִיךְ לַחֲשֹׁב לְפִי יְדִיעָתוֹ וּלְפִי לִמּוּדוֹ. וְהוּא עִנְיָן גָּדוֹל מְאֹד, שֶׁהוּא מַכְנִיס הָעֵינַיִם בִּקְדֻשָּׁה בְּגַוְנִין דְּעֵינָיו.

וְזֶה לְעֻמַּת זֶה. כְּמוֹ שֶׁהַמִּסְתַּכֵּל בְּדִבְרֵי קְדֻשָּׁה, הוּא עוֹשֶׂה מַלְבּוּשׁ לִרְאִיּוֹת עֵינָיו בִּקְדֻשָּׁה, כֵּן, חַס וְשָׁלוֹם, הוּא לְהֵפֶךְ - כֵּיוָן שֶׁהָאָדָם מַמְצִיא לִרְאוֹת בִּדְבָרִים הָאֲסוּרִים וּבְנָשִׁים זָרִים, אָז מַכְנִיס אֶת עַצְמוֹ לְטֻמְאָה גְּדוֹלָה. וּרְאָיָה גְּדוֹלָה שֶׁהָרְאִיָּה הוּא פּוֹגֵם וּמַפְגִּים, מֵעוֹף אֶחָד הַנִּקְרָא **בַּת הַיַּעֲנָה**, שֶׁעַל יְדֵי שֶׁהַבֵּיצִים מֻנָּחִים לְפָנֶיהָ וְהִיא מִסְתַּכֶּלֶת בָּהֶן, בִּרְאִיָּתָהּ - מְנַקֶּבֶת הַבֵּיצָה, וְיוֹצֵא מִכָּל בֵּיצָה אֶפְרוֹחַ אֶחָד. וְעוֹד אוֹכִיחַ לְקַמָּן בִּפְרָקִים חִדּוּשִׁים מִזֶּה.

וְלָכֵן תִּקְּנוּ חֲכָמֵינוּ זִכְרוֹנָם לִבְרָכָה [עֲבוֹדָה זָרָה כ, א] - **גָּדֵר** וּסְיָג שֶׁלֹּא לְהִסְתַּכֵּל בְּמָקוֹם שֶׁיָּבוֹא לִידֵי חֵטְא, כְּגוֹן בְּנָשִׁים וּבְתוּלוֹת, הַמֵּבִיא לָאָדָם לִידֵי הוֹצָאַת שִׁכְבַת זֶרַע לְבַטָּלָה. וְעַל זֶה כִּוֵּן דָּוִד הַמֶּלֶךְ, עָלָיו הַשָּׁלוֹם - הַעֲבֵר[2] עֵינַי מֵרְאוֹת שָׁוְא בִּדְרָכֶךָ חַיֵּנִי. רוֹצֶה לוֹמַר, כִּי אוֹתִיּוֹת שָׁוְא הוּא גִּימַטְרִיָּא ש"ז, וְהוּא רָאשֵׁי תֵּבוֹת שִׁכְבַת זֶרַע, וְהוּא רֶמֶז גָּדוֹל. וְנִרְאֶה לִי עוֹד, דְּלִילִי"ת עִם כִּתּוֹתֶיהָ נִקְרָאִים חֶבְלֵי שָׁוְא, חֶבְלֵי דְּמִיתָה, כִּדְאִיתָא כַּמָּה פְּעָמִים בַּזֹּהַר [חֵלֶק א דַּף יב, ב. חֵלֶק ב דַּף לג, א]. וְלָכֵן הִתְפַּלֵּל דָּוִד עַל זֶה וְאָמַר - **בִּדְרָכֶיךָ חַיֵּנִי**, דְּהוּא מִסִּטְרָא דְּחַיִּים, וְלֹא מִסִּטְרָא דְּמִיתָה, חַס וְשָׁלוֹם.

וְהִנֵּה, כְּבָר כָּתְבוּ בַּעֲלֵי מוּסָר שֶׁיֵּשׁ סְגֻלָּה נִפְלָאָה לְהִנָּצֵל מֵעֲבֵרָה זוֹ - יְצַיֵּר הָאָדָם תָּמִיד, כְּאִלּוּ שֵׁם הוי"ה כָּתוּב לְפָנָיו בִּדְיוֹ שָׁחוֹר עַל גַּבֵּי קְלָף, וּכְמוֹ שֶׁכָּתוּב [תְּהִלִּים טז, ח] - שִׁוִּיתִי ה' לְנֶגְדִּי תָמִיד. וְזֶהוּ סוֹד הַכָּתוּב, שֶׁאָמַר גַּם כֵּן דָּוִד הַמֶּלֶךְ, עָלָיו הַשָּׁלוֹם - עֵינַי תָּמִיד אֶל ה' כִּי הוּא יוֹצִיא מֵרֶשֶׁת רַגְלָי [תְּהִלִּים כה, טו]. וְקַל לְהָבִין.

וְהִנֵּה הַמַּגִּיד לְהָרַב בֵּית יוֹסֵף, זֵכֶר צַדִּיק לִבְרָכָה, נָתַן עֵצָה הוֹגֶנֶת לְהָרַב, זִכְרוֹנוֹ לִבְרָכָה, כְּדֵי שֶׁלֹּא יָבוֹא הָאָדָם לִידֵי חֵטְא זֶה - יְצַיֵּר

[2] תהלים קיט לז

הָאָדָם כְּאִלּוּ דְּיוֹקְנוֹ שֶׁל אָבִיו עוֹמֶדֶת לְפָנָיו. וְהֵבִיא רְאָיָה מִיּוֹסֵף הַצַּדִּיק, שֶׁבִּקֵּשׁ לִשְׁכַּב עִם אֵשֶׁת פּוֹטִיפֶרַע, וְנִזְדַּמֵּן לְפָנָיו דְּיוֹקְנוֹ שֶׁל אָבִיו, וּפֵרַשׁ יוֹסֵף מֵהַחֵטְא. וְעוֹד רֶמֶז בְּתוֹרָתֵנוּ הַקְּדוֹשָׁה - דֶּשֶׁא עֵשֶׂב מַזְרִיעַ זֶרַע [בְּרֵאשִׁית א, יב]. דֶּשֶׁא הוּא רָאשֵׁי תֵּבוֹת - דְּיוֹקְנוֹ שֶׁל אָבִיו, הוּא עֵשֶׂב, שֶׁהוּא טוֹב לְמַזְרִיעַ זֶרַע לְמִינֵהוּ, וְלֹא לְהוֹצִיא שִׁכְבַת זֶרַע לְבַטָּלָה, כִּי אִם בְּמִינוֹ דַּוְקָא.

וּבוֹא וּרְאֵה מַה דְּאִיתָא בַּזֹּהַר, פָּרָשַׁת פְּקוּדֵי [דַּף רסג, ב], כִּי יֵשׁ מְמֻנֶּה אֶחָד שֶׁנִּקְרָא **פִּתּוּת**, עַל שֵׁם שֶׁהוּא מְפַתֶּה לִבְנֵי נָשָׁא, לְאִסְתַּכְּלָא וּלְעַיְּנָא בְּמָה דְּלָא אִצְטְרִיךְ לֵיהּ, בְּכַמָּה נָאוּפִין וּזְנוּנִין. וּלְאַחַר מִיתַת הָאָדָם, שֶׁנִּקְבַּר בַּקֶּבֶר, בָּא הַמְמֻנֶּה הַהוּא וּמַחֲזִיר לְהָאָדָם נִשְׁמָתוֹ, וְאַחַר כָּךְ נוֹטֵל אֶת הָאָדָם בְּאַכְזָרִיּוּת וּמְשַׁבֵּר הָעֶצֶם שֶׁל עֵינַיִם, וְנוֹטֵל מִמֶּנּוּ אֶת הָעֵינַיִם, וְאַחַר כָּךְ דָּן אֶת הָאָדָם בְּיִסּוּרִין קָשִׁים וּמָרִים. וְאַחַר כָּךְ מוֹרִידִים אוֹתוֹ לְבוֹר שֶׁיֵּשׁ בּוֹ הַרְבֵּה נְחָשִׁים וְעַקְרַבִּים, וְאוֹחֲזִין בּוֹ וְדָנִים אוֹתוֹ בְּדִינִין קָשִׁים וּמָרִים, רַחֲמָנָא לִצְלַן. וְאָמַר הַקָּדוֹשׁ הָאֲרִ"י, זִכְרוֹנוֹ לִבְרָכָה, כִּי יֵשׁ עוֹף קָטָן הַנִּקְרָא בַּתּוֹרָה [דְּבָרִים יד, יג] - רָאָה. וְנִקְרָא כָּךְ עַל שֵׁם שֶׁרוֹאֶה מֵרָחוֹק. וְעַל עוֹף זֶה אָמְרוּ חֲכָמֵינוּ זִכְרוֹנָם לִבְרָכָה [חֻלִּין סג, ב], שֶׁנִּקְרָא כֵּן, שֶׁרוֹאֶה לְמֵרָחוֹק, וּמְמַלֵּא תַּאֲוָתוֹ בִּרְאִיָּתוֹ. וְלָכֵן הָעֹנֶשׁ שֶׁל הָאִישׁ הַמִּסְתַּכֵּל בְּנָשִׁים, יִתְגַּלְגֵּל נִשְׁמָתוֹ בְּעוֹף זֶה, מִדָּה כְּנֶגֶד מִדָּה, וְסוֹבֵל שָׁם צַעַר גָּדוֹל מְאֹד.

וְצָרִיךְ שֶׁתֵּדַע, כִּי לְכָל עָוֹן יֵשׁ גֹּרֶם וְסִבָּה הַמְּבִיאָה אוֹתוֹ לִידֵי כָּךְ, וְהָכֵי נָמֵי יֵשׁ גֹּרֶם וְסִבָּה הַמְּבִיאוֹת אוֹתוֹ לִידֵי הִסְתַּכְּלוּת בְּנָשִׁים הָאֲסוּרוֹת. וְהַסִּבָּה הָרִאשׁוֹנָה, כְּשֶׁאָדָם מִסְתַּכֵּל בִּדְבָרִים טְמֵאִים, עַד שֶׁהִשְׂבִּיעַ עֵינוֹ בְּהִסְתַּכְּלוּת בָּהֶם - אַף שֶׁיֵּשׁ לָאָדָם רְשׁוּת לִרְאוֹת בְּרִיּוֹת מְשֻׁנּוֹת הַבָּאִים מִמְּדִינוֹת מֶרְחַקִּים, וְעַל זֶה תִּקְּנוּ חֲכָמֵינוּ זִכְרוֹנָם לִבְרָכָה וְקָבְעוּ בְּרָכָה - בָּרוּךְ מְשַׁנֶּה הַבְּרִיּוֹת [בְּרָכוֹת נח, ב]. מִכָּל מָקוֹם, לֹא יַשְׂבִּיעַ עֵינוֹ בְּהִסְתַּכְּלוּת וְלֹא יִרְאֶה בָּהֶם כִּי אִם דֶּרֶךְ עֲרַאי. כִּי מְאוֹר הָעֵינַיִם דּוֹמִים בְּאַרְבָּעָה גְּוָנִין, שֶׁהֵן נֶגֶד אוֹתִיּוֹת שֵׁם הוי"ה, וְאִם הַבֶּן אָדָם רוֹאֶה בִּרְאִיּוֹתָיו בְּרִיּוֹת טְמֵאוֹת, אָז הוּא מַמְשִׁיךְ רוּחַ הַטֻּמְאָה הַחוֹפֵף עָלָיו בְּזֶה הַדָּבָר, וְהוּא הַגּוֹרֵם אַחַר כָּךְ לְהִסְתַּכֵּל בְּדָבָר הַיּוֹתֵר גָּרוּעַ, הַמֵּבִיא אָדָם לִידֵי מִכְשׁוֹל. וְלָכֵן הִזְהִירוּ חֲכָמֵינוּ זִכְרוֹנָם לִבְרָכָה [נְדָרִים כ, א], שֶׁלֹּא לְהִסְתַּכֵּל אֲפִלּוּ בְּאִשְׁתּוֹ נִדָּה, כִּי טֻמְאָה שֶׁל נִדָּה הַחוֹפֵף עַל הָאִשָּׁה בִּימֵי נִדָּתָהּ, עַל יְדֵי הָרְאִיָּה שׁוֹאֵב הוּא אוֹתָהּ הַזֻּהֲמָה, וּמְדַבֵּק הַטֻּמְאָה בְּעֵינָיו. וְהָרְאָיָה לָזֶה, שֶׁכֵּיוָן שֶׁהָאִשָּׁה נִדָּה מִסְתַּכֶּלֶת בַּמַּרְאָה [שֶׁקּוֹרִין בִּלְשׁוֹן אַשְׁכְּנַז - **שְׁפִּיגֶל**] חָדָשׁ, עוֹשָׂה רְאִיָּתָהּ בַּמַּרְאָה רֹשֶׁם כֶּתֶם אֶחָד, שֶׁאִי אֶפְשָׁר לְהַעֲבִיר אוֹתוֹ הַכֶּתֶם. וְלָכֵן אָמְרוּ גַּם כֵּן חֲכָמֵינוּ זִכְרוֹנָם לִבְרָכָה [מְגִלָּה כח, א], דְּאָסוּר לְהִסְתַּכֵּל בִּפְנָיו שֶׁל אָדָם רָשָׁע. אֶלָּא יַרְגִּיל עַצְמוֹ לָשׂוּם עֵינָיו בְּדָבָר קְדֻשָּׁה, וְאָז הוּא מַמְשִׁיךְ קְדֻשָּׁה וְנוֹתֵן הֶאָרָה גְּדוֹלָה לְאַרְבָּעָה גְּוָנִין דְּעֵינָא דִּילֵיהּ.

וְטוֹב לְאָדָם לְהִסְתַּכֵּל בַּשָּׁמַיִם כְּדֵי לִרְאוֹת מַעֲשֵׂה ה' יִתְבָּרַךְ, כְּמוֹ שֶׁכָּתוּב בַּזֹּהַר פָּרָשַׁת בְּרֵאשִׁית [בַּהַקְדָּמָה, דַּף א, ב] - אָמַר רַבִּי אֶלְעָזָר בֶּן רַבִּי שִׁמְעוֹן בֶּן יוֹחַאי - יוֹמָא חַד הֲוֵינָא עַל כֵּיף יַמָּא, וַאֲתָא אֵלִיָּהוּ וְאָמַר לִי - רַבִּי, יָדַעְתְּ מַהוּ דִּכְתִיב [יְשַׁעְיָה מ, כו] - שְׂאוּ מָרוֹם עֵינֵיכֶם וּרְאוּ מִי בָרָא אֵלֶּה, אֲמֵינָא לֵיהּ - אִלֵּין שְׁמַיָּא וְחֵילֵיהוֹן, עוֹבָדָא דְּקֻדְשָׁא בְּרִיךְ הוּא, דְּאִית לֵיהּ לְבַר נָשׁ לְאִסְתַּכְּלָא בְּהוּ וּלְבָרְכָא לֵיהּ, דִּכְתִיב [תְּהִלִּים ח, ד] - כִּי אֶרְאֶה שָׁמֶיךָ, מַעֲשֵׂה אֶצְבְּעוֹתֶיךָ, יָרֵחַ וְכוֹכָבִים אֲשֶׁר כּוֹנָנְתָּה. וּכְתִיב [תְּהִלִּים ח, י] - ה' אֲדֹנֵינוּ מָה אַדִּיר שִׁמְךָ בְּכָל הָאָרֶץ. עַד כָּאן לְשׁוֹנוֹ. פֶּרֶק בּ

וְכֵן נוֹהֲגִים אַנְשֵׁי מַעֲשֶׂה לְהִסְתַּכֵּל בַּשָּׁמַיִם בִּשְׁעַת יְצִיאַת הַכּוֹכָבִים, כְּשֶׁמַּתְחִילִין לְהָאִיר, וְאוֹמְרִים [תְּהִלִּים קד, כד] - מָה רַבּוּ מַעֲשֶׂיךָ ה' וְכוּ'. וּבִפְרָט כְּשֶׁהִתְחִיל הַחַמָּה לְהָאִיר, אֲזַי צָרִיךְ הָאָדָם לְהִסְתַּכֵּל לַשָּׁמַיִם, בְּצֵאת הַשֶּׁמֶשׁ בִּגְבוּרָתָהּ, כִּי אָז סִטְרָא אָחֳרָא וְחִיצוֹנִים וְדִינִים מִתְעוֹרְרִים עַל יְדֵי תֻּקְפָּא דְּשִׁמְשָׁא. וְכֵן כְּשֶׁהַלְּבָנָה תַּתְחִיל לְהַזְרִיחַ, אָז הַסִּטְרָא אָחֳרָא, שֶׁאֵין יְכוֹלָה לְהִתְרָאוֹת בְּאוֹר הַלְּבָנָה, וְשֵׁאטִין בָּעוֹלָם בְּתֻקְפָּה וּבְחֹזֶק, הֵן מַבְרִיחִין עַצְמָן בְּצֵל הַלְּבָנָה. וְעַל זֶה נֶאֱמַר [תְּהִלִּים קכא, ו] - יוֹמָם הַשֶּׁמֶשׁ לֹא יַכֶּכָּה וְיָרֵחַ בַּלָּיְלָה. וְעַל זֶה יְכַוֵּן הָאָדָם גַּם כֵּן בְּאָמְרוֹ בְּשַׁחֲרִית - יוֹצֵר אוֹר וְכוּ', הַמֵּאִיר לָאָרֶץ וְלַדָּרִים עָלֶיהָ בְּרַחֲמִים, שֶׁיָּאִירוּ הַמְּאוֹרוֹת בְּרַחֲמִים, וְלֹא יִנָּזֵק שׁוּם בַּר יִשְׂרָאֵל עַל יְדֵי זְרִיחַת אוֹר דִּילְהוֹן.

עַל כֵּן צָרִיךְ הָאָדָם לִזָּהֵר בִּרְאִיּוֹת הָעַיִן, וּמִכָּל שֶׁכֵּן בְּדִבּוּר, שֶׁהוּא נֶחְשָׁב כְּמַעֲשֶׂה. עַל כֵּן בַּהֲלִיכָתוֹ לְבֵית הַכְּנֶסֶת יִרְאֶה לְמַעֵט בְּדִבּוּרוֹ דִּבְרֵי חוֹל עִם חֲבֵרוֹ, וְכָל שֶׁכֵּן עִם אִישׁ אַחֵר, אֲשֶׁר הוּא שֶׁלֹּא לְצֹרֶךְ, וְזֶהוּ סְגֻלָּה נִפְלָאָה שֶׁיְּקַבֵּל ה' בְּרַחֲמָיו תְּפִלָּתוֹ. וְהִנֵּה מָצִינוּ בְּכִתְבֵי הָאֲרִ"י, זִכְרוֹנוֹ לִבְרָכָה [עֵמֶק הַמֶּלֶךְ, הַקְדָּמָה ג פֶּרֶק ד] שֶׁצִּוָּה לְתַלְמִידָיו הַחֲסִידִים, וּבִפְרָט לְתַלְמִידוֹ רַבִּי יִצְחָק כֹּהֵן, זִכְרוֹנוֹ לִבְרָכָה, שֶׁיֵּלֵךְ רַבִּי יִצְחָק לִכְפַר עֵין־זֵיתִים עַל קֶבֶר רַבִּי יְהוּדָה בַּר אִלְעַאי, וְשָׁם יִתְפַּלֵּל וּלְכַוֵּן יִחוּדִים שֶׁמָּסַר לוֹ הָאֲרִ"י, זִכְרוֹנוֹ לִבְרָכָה, וְשָׁם יְגַלֶּה לוֹ רַבִּי יְהוּדָה בַּר אִלְעַאי פֵּרוּשׁ עַל מַאֲמַר הַזֹּהַר בְּפָרָשַׁת הַאֲזִינוּ. וְצִוָּה לוֹ הָאֲרִ"י, זִכְרוֹנוֹ לִבְרָכָה, שֶׁלֹּא יְדַבֵּר עִם שׁוּם אָדָם בַּהֲלִיכָתוֹ. וְהָלַךְ רַבִּי יִצְחָק כֹּהֵן, זִכְרוֹנוֹ לִבְרָכָה, הַנִּזְכָּר לְעֵיל, וְהִתְפַּלֵּל וְעָשָׂה כָּל הַיִּחוּדִים וְנִשְׁתַּטֵּחַ עַל קִבְרוֹ, וְאֵין קוֹל וְאֵין תְּשׁוּבָה. וְחָזַר בְּפַחֵי נֶפֶשׁ אֶל רַבּוֹ הָאֲרִ"י, זִכְרוֹנוֹ לִבְרָכָה, וְאָמַר לוֹ - אֲדוֹנִי, בָּאתִי עַל קֶבֶר הַתַּנָּא רַבִּי יְהוּדָה בַּר אִלְעַאי וְעָשִׂיתִי כְּכָל אֲשֶׁר צִוִּיתָנִי, וְלֹא בָּא אֵלַי שׁוּם תְּשׁוּבָה מִמֶּנּוּ. וְהֵשִׁיב לוֹ הָאֲרִ"י, זִכְרוֹנוֹ לִבְרָכָה - וְלֹא רָאִיתִי בְּהַשְׁגָּחוֹתַי שֶׁדִּבַּרְתָּ עִם עַרְבִי אֶחָד, וְלֹא דַּי שֶׁהוּא לֹא שָׁאַל בִּשְׁלוֹמְךָ, אֶלָּא אַתָּה הִקְדַּמְתָּ לוֹ שָׁלוֹם, וַהֲלֹא צִוִּיתִיךָ, שֶׁלֹּא תְּדַבֵּר עִם שׁוּם בֶּן אָדָם, אָז זָכַר הָרַב יִצְחָק כֹּהֵן, ז"ל, שֶׁכָּךְ הָיָה, וְהוֹדָה לוֹ, עַד כָּאן לְשׁוֹנוֹ.

הֲרֵי לְךָ רְאָיָה, שֶׁהַדִּבּוּר וְהָרְאִיָּה פּוֹגְמִין. וְאַף שֶׁבְּגָלוּתֵנוּ מֻכְרָחִים לְהַקְדִּים שָׁלוֹם לְכָל אָדָם, אֲפִלּוּ בְּשַׁחֲרִית קֹדֶם תְּפִלָּה, מִכָּל מָקוֹם יִרְאֶה לְקַצֵּר דְּבָרָיו מַאי דְּאֶפְשָׁר, וְזֶהוּ סְגֻלָּה נִפְלָאָה וְנֶאֱמָנָה. וְדוֹ"ק כִּי קִצַּרְתִּי פֹּה, וּלְקַמָּן אַאֲרִיךְ בּוֹ בִּפְרָקִים.

פרק ג

דָּוִד הַמֶּלֶךְ פָּתַח [תְּהִלִּים א, א] - **אַשְׁרֵי הָאִישׁ אֲשֶׁר לֹא הָלַךְ בַּעֲצַת רְשָׁעִים וְגוֹ', וּבְמוֹשַׁב לֵצִים לֹא יָשָׁב.** וְכֵן אָמְרוּ רַבּוֹתֵינוּ זִכְרוֹנָם לִבְרָכָה, בְּמַסֶּכֶת אָבוֹת [פֶּרֶק ג, מִשְׁנָה ב] - שְׁנַיִם שֶׁיּוֹשְׁבִים וְאֵין בֵּינֵיהֶם דִּבְרֵי תוֹרָה, הֲרֵי זֶה מוֹשַׁב לֵצִים. וּבִהְיוֹת מִכְשׁוֹל זֶה מָצוּי בַּעֲווֹנוֹתֵינוּ הָרַבִּים מְאֹד, עַל כֵּן צָרִיךְ הָאָדָם לָשׂוּם הַשְׁגָּחָתוֹ מְאֹד בְּאַזְהָרָה זוֹ, שֶׁבִּהְיוֹתוֹ יוֹשֵׁב עִם חֲבֵרָיו, שֶׁתְּהֵא יְשִׁיבָתוֹ בְּדִבְרֵי תּוֹרָה אוֹ דִּבְרֵי מוּסָר וְדִבְרֵי יִרְאָה. וְעַל אַחַת כַּמָּה וְכַמָּה לְהִתְרַחֵק מִיּוֹשְׁבֵי כִּתּוֹת הַלֵּיצָנִים וְיוֹשְׁבֵי קְרָנוֹת, הַיּוֹשְׁבִים כִּתּוֹת וְעוֹסְקִים בִּדְבָרִים שֶׁל מַה בְּכָךְ, וּבִדְבָרִים מְרֻבִּים לֹא יֶחְדַּל פֶּשַׁע שֶׁל לֵיצָנוּת אוֹ לָשׁוֹן הָרָע, וְעַל יְדֵי זֶה הֵם מוֹלִידִין עִנְיָנִים פְּגָמִים, הַמְּבִיאִים לִפְגַם בְּנִשְׁמוֹתֵיהֶן. וְהַיָּרֵא דְּבַר ה' יִתְרַחֵק מֵאֲסֵפַת הַחֲבוּרוֹת שֶׁל אֵלּוּ.

וְדַע לְךָ, כִּי יֵשׁ כַּת אַחַד חִיצוֹנִים הַנִּקְרָאִים **כְּסִילִים**, וְהֵם מְמֻנִּים הַמִּתְרָאִים לִבְנֵי אָדָם כְּשֶׁהוֹלֵךְ יְחִידִי בַּלַּיְלָה בַּדֶּרֶךְ, מִתְרָאִין כְּנֶגְדּוֹ, וְלִפְעָמִים אַף בַּחֲבוּרַת בְּנֵי אָדָם [שֶׁקּוֹרִין בִּלְשׁוֹן אַשְׁכְּנַז - **פָּאר פִיר לִיכְט**], וּמַתְעִים אוֹתוֹ לָלֶכֶת עִמָּהֶם בַּחֲבוּרָה, וְלִפְעָמִים מַרְאִים לְהִדַּבֵּק יַחַד לֵילֵךְ לְפֻנְדָּק אֶחָד וְאַכְסַנְיָא, וּמַרְאִין בְּאוֹר הַנֵּר לְהִתְקָרֵב, וְהָאָדָם הוּא מֵבִין שֶׁהוּא הוֹלֵךְ לְמָלוֹן אוֹ לְפֻנְדָּק בְּמָקוֹם קָרוֹב, אֲבָל הֵן מַרְחִיקִין אוֹתוֹ מִן הַדֶּרֶךְ, וְקָרוֹב הַדָּבָר שֶׁמּוֹלִיכִין אוֹתוֹ לְמָקוֹם אֲגַמִּים וּמְקוֹמוֹת מְטֻנָּפוֹת, אוֹ לַיַּעַר, אוֹ בֵּין בִּצְעֵי הַמַּיִם, אֲשֶׁר מִסְתַּכֵּן שָׁם הָאָדָם בְּסַכָּנַת נְפָשׁוֹת. וְהֵן הֵם הַמְמֻנִּים עַל בְּנֵי אָדָם, הַמִּתְאַסְּפִים כִּתּוֹת שֶׁל בְּנֵי אָדָם לְסַפֵּר דְּבָרִים שֶׁל הֶבְלֵי בְּנֵי אָדָם שֶׁאֵין בָּהֶם תּוֹעֶלֶת. וְאֵלּוּ הַמַּשְׁחִיתִים נִקְרָאִין גַּם כֵּן **פּוֹעֲלֵי אָוֶן**, שֶׁכּוֹתְבִים כָּל דִּבְרֵי לֵיצָנוּת וְכָל דִּבְרֵי לָשׁוֹן הָרָע בְּסֵפֶר אֶחָד לְמַעְלָה, הַנִּקְרֵאת **פּוֹעֲלֵי אָוֶן**. וּבְיוֹם בִּיאַת פְּקֻדָּתָם שֶׁל אֵלּוּ הָאֲנָשִׁים, יוֹצְאִים כִּתּוֹת הָאֵלּוּ שֶׁל הַ**כְּסִילִים**, וּפוֹגְעִים בְּנִשְׁמָתָם, וּמוֹלִיכִין אוֹתוֹ לְמִדְבָּרוֹת אוֹ לְבִצְעֵי הַמַּיִם, וּמְצַעֲרִים אֶת הַנְּשָׁמָה בִּמְאֹד מְאֹד. עַל כֵּן צָרִיךְ הָאָדָם לְהִתְרַחֵק מֵחֲבוּרוֹת כִּתּוֹת הָאֵלּוּ. וְאֵין צָרִיךְ לוֹמַר, כְּשֶׁרוֹאִין בְּנֵי אָדָם שֶׁמְּרִיבִים בְּדִבְרֵי קְטָטוֹת וּמְרִיבוֹת, בְּרַח מֵהֶן, כִּי שָׁם אֲסֵפַת הַחִיצוֹנִים, שֶׁמִּתְאַסְּפִים שָׁם בַּמְּקוֹמוֹת הָאֵלּוּ שֶׁיֵּשׁ רִיב וּקְטָטָה.

וּמִזֶּה תּוּכַל לְצַיֵּר הַפְּגָם, הַמְדַבְּרִים דְּבָרִים בְּטֵלִים בְּבֵית הַכְּנֶסֶת, מְקוֹם קְדֻשָּׁה, הַמְיֻחָד לִהְיוֹת מָלֵא בְּהֶבֶל שֶׁל שִׁירוֹת וְתִשְׁבָּחוֹת וְתַחֲנוּנִים.

וְאַתָּה רְאֵה מַה שֶּׁכָּתוּב בַּזֹּהַר, פָּרָשַׁת תְּרוּמָה [דַּף קלא, ב] וְזֶה לְשׁוֹנוֹ - מַאן דְּאִשְׁתָּעֵי בְּבֵי כְּנִישְׁתָּא, וַי לֵיהּ וְכוּ', וְאֵין לוֹ חֵלֶק בֵּאלֹהֵי יִשְׂרָאֵל, דְּגָרַע מְהֵימְנוּתָא דְּמַלְכָּא. עַד כָּאן לְשׁוֹנוֹ. [עַיֵּן שָׁם, כִּי קִצַּרְתִּי מְאֹד, בַּאֲשֶׁר שֶׁהָעֹנֶשׁ יוֹדֵעַ כָּל אִישׁ, בְּסִפְרֵי מוּסָר שֶׁקָּדְמוּ לִי]. וַאֲנַחְנוּ עַמּוֹ וְצֹאן מַרְעִיתוֹ, יוּכַל כָּל אֶחָד וְאֶחָד לִגְדֹּר עַצְמוֹ שֶׁלֹּא לְדַבֵּר שׁוּם דִּבּוּר

חֹל בְּבֵית הַכְּנֶסֶת, כִּי בְּעָוֹן קַל כָּזֶה לֹא יִהְיֶה לוֹ, חַס וְשָׁלוֹם, חֵלֶק בֵּאלֹהֵ"י יִשְׂרָאֵל, כְּמוֹ שֶׁכָּתַב הַזֹּהַר.
וְעַל אַחַת כַּמָּה וְכַמָּה שֶׁלֹּא לְדַבֵּר דִּבְרֵי לֵיצָנוּת, אוֹ רְכִילוּת בְּבֵית הַכְּנֶסֶת, אֲשֶׁר דִּירַת הַשְּׁכִינָה שָׁם הוּא, בְּבָתֵּי כְּנֵסִיּוֹת וּבְבָתֵּי מִדְרָשׁוֹת. וְאִם בְּנֵי אָדָם אֵינָם נִזְהָרִים מִלְּדַבֵּר דִּבְרֵי שְׂחוֹק וְקַלּוּת רֹאשׁ וּרְכִילוּת וְלָשׁוֹן הָרַע בְּבֵית הַכְּנֶסֶת - הוּא גּוֹרֵם שֶׁהַשְּׁכִינָה מִסְתַּלֶּקֶת מִיִּשְׂרָאֵל. וְעַל זֶה כָּתַב הַזֹּהַר [תִּקּוּנִים תִּקּוּן ו, דַּף כב, ב] - וְלֹא מָצְאָה הַיּוֹנָה מָנוֹחַ [בְּרֵאשִׁית ח, ט]. וְעַל יְדֵי עָוֹן זֶה בַּעֲווֹנוֹתֵינוּ הָרַבִּים נֶחֶרְבוּ כַּמָּה בָּתֵּי כְנֵסִיּוֹת, כִּי הַבְּנֵי אָדָם מַכְנִיסִין עִרְבּוּב הַסִּטְרָא אָחֳרָא בְּמַחֲנֵה הַשְּׁכִינָה שֶׁהִיא כֻּלָּהּ קְדֻשָּׁה, כִּי עִרְבּוּב זָרִים בִּמְקוֹמוֹת הַקְּדוֹשִׁים לֹא טוֹב, וּבְכָל עֵסֶק קְדֻשָּׁה יְהֵא אָדָם מִזָּהֵר מְאֹד, שֶׁלֹּא יִגְרֹם בּוֹ עִרְבּוּב חִיצוֹנִים, חַס וְשָׁלוֹם.
וְהִנֵּה דַּע מַה שֶּׁכָּתַב הַזֹּהַר, פָּרָשַׁת פְּקוּדֵי [דַּף רסג, ב], שֶׁיֵּשׁ מְמֻנֶּה חַד מִסִּטְרָא אָחֳרָא, הַמְצַפֶּה וּמַמְתִּין עַל כָּל מִי שֶׁמּוֹצִיא מִפִּיו דָּבָר מְגֻנֶּה, כְּגוֹן כְּזָבִים, לָשׁוֹן הָרַע, רְכִילוּת, לֵיצָנוּת וְכַיּוֹצֵא בָּהֶן, וּלְבָתַר מַפִּיק מִלִּין קַדִּישִׁין - אֲזִיל הַהוּא מְמֻנֶּה עִם שְׁאָר חִיצוֹנִים שֶׁתַּחַת שִׁלְטוֹנוֹ, וְנוֹטְלִין הַהִיא מִלָּה קַדִּישָׁא וּמְסָאֲבֵי לֵיהּ, וְלָא זָכֵי בָּהּ הַהוּא בַּר־נָשׁ בְּהַהִין מִלָּה קַדִּישָׁא. כִּי אָז הַחִיצוֹנִים הֵם הַנּוֹטְלִים הַדְּבָרִים שֶׁל קְדֻשָּׁה אֶצְלָם, וּמִתּוֹסְפִים כֹּחַ לָהֶם עַל יְדֵי מִלָּה קַדִּישָׁא וְכוּ'. אוֹי לֵיהּ לְהַאי בַּר־נָשׁ בְּהַאי עָלְמָא, וַי לֵיהּ לְעָלְמָא דְּאָתֵי, וְהַגֹּרֵם לָזֶה הוּא רֹב דְּבָרִים, כִּי בִּדְבָרִים הַרְבֵּה אִי אֶפְשָׁר שֶׁלֹּא יְעָרֵב טוֹב בְּרַע, וְרַע בְּטוֹב, וְעַל יְדֵי זֶה, חַס וְשָׁלוֹם, נִתּוֹסֵף כֹּחַ וּגְבוּרָה לְסִטְרָא אָחֳרָא.
עַל כֵּן טוֹב יוֹתֵר לָאָדָם לְהַרְגִּיל פִּיו וּלְשׁוֹנוֹ בְּדִבְרֵי יִרְאָה וּמוּסָר, וְלִהְיוֹת שָׁגוּר בְּפִיו לָשׁוֹן הַקֹּדֶשׁ, שֶׁהוּא לָשׁוֹן צַח וּמוֹעִיל לַנְּשָׁמָה. וְהִנֵּה זֶה מְבֹאָר בְּדִבְרֵי רַבֵּנוּ, זִכְרוֹנוֹ לִבְרָכָה, שֶׁמִּדִּבּוּרָיו שֶׁל אָדָם נִכָּר שֹׁרֶשׁ נִשְׁמָתוֹ לְמַעְלָה - אִם הוּא רָגִיל בְּקַלָּלוֹת אוֹ בְּדִבְרֵי רִיבוֹת, אֲזַי תֵּדַע שֶׁנִּשְׁמָתוֹ הִיא מִסִּטְרָא אָחֳרָא, מִשֹּׁרֶשׁ נָחָשׁ וָצֶפַע, וְאֵינוֹ מִגֶּזַע קָדוֹשׁ, כִּי אִם מֵעֵרֶב רַב. וְאַף שֶׁיֵּשׁ לוֹ אָב וָאֵם צְנוּעִים וַחֲסִידִים, מִכָּל מָקוֹם גִּלְגּוּל נִשְׁמָתוֹ מֵעֵרֶב רַב. וְכַיּוֹצֵא בּוֹ, מִי שֶׁיֵּשׁ לוֹ פֶּה מְדַבֵּר דְּבָרִים בְּטֵלִים וְדִבְרֵי נְבָלָה, חַס וְשָׁלוֹם. מְבֹאָר גַּם כֵּן בְּדִבְרֵי הָאֲרִ"י, זִכְרוֹנוֹ לִבְרָכָה - הַמְנַבֵּל פִּיו פּוֹגֵם בַּלְּבָנָה, וְעוֹשֶׂה מֵאוֹתִיּוֹת לְבָנָה - נְבָלָה, חַס וְשָׁלוֹם. וּבַאֲשֶׁר כִּי דִּבְרֵי הַפּוֹגְמִים הֵם מְרֻבִּים לְבָאֲרָם, וְלֹא יַסְפִּיק לָהֶם אַף עֲשָׂרָה פְּרָקִים לִזְכֹּר גֹּדֶל הָעֹנֶשׁ שֶׁלָּהֶם, עַל כֵּן אֲנִי מַזְהִיר בִּקְצָרָה שֶׁצָּרִיךְ אָדָם לָדַעַת, כִּי פֶּה שֶׁהוּא גָּדוּר וּמְסֻיָּג מִלְּהוֹצִיא דִּבָּה וּקְלָלוֹת, וְאֵינוֹ מוֹצִיא לָשׁוֹן הָרַע, וְאֵין עוֹסֵק בְּדִבְרֵי לֵיצָנוּת - הַאי פּוּמָא אִקְרֵי **פּוּמָא קַדִּישָׁא**, דְּהַקָּדוֹשׁ בָּרוּךְ הוּא מִשְׁתַּבֵּחַ בְּגַוֵּיהּ. וּמִכָּל שֶׁכֵּן מִי שֶׁהוּא עוֹסֵק בַּתּוֹרָה וּבִתְפִלָּה, בְּשִׁירִין וְתֻשְׁבְּחִין - הַקָּדוֹשׁ בָּרוּךְ הוּא נָטִיל הַאי דִּבּוּרָא, וְאִתְעֲבִיד כֶּתֶר עַל רֵישָׁא, בְּאֹפֶן אִם

מִתְפַּלֵּל בְּכַוָּנָה.
וְיִרְאֶה לִבְחֹר לוֹ מָקוֹם מְיֻחָד לְהִתְפַּלֵּל בְּבֵית הַכְּנֶסֶת אֵצֶל שָׁכֵן טוֹב, כָּשֵׁר וְיָשָׁר, וְיִתְרַחֵק מִשָּׁכֵן רָע, שֶׁלֹּא יַכְשִׁיל אוֹתוֹ לֵילֵךְ בִּדְרָכָיו, חַס וְשָׁלוֹם. וְאִם אִי אֶפְשָׁר לְהִתְרַחֵק מִשָּׁכֵן רָע כִּי אֵין לוֹ מָקוֹם אַחֵר, יִרְאֶה לְהוֹכִיחוֹ בִּדְבָרִים יוֹם יוֹם, אוּלַי יִמְצָא עֵת רָצוֹן שֶׁיְּקַבֵּל הַתּוֹכָחָה, וְאוּלַי יִזְכֶּה חֲבֵרוֹ עַל יָדוֹ. וְאִם יִרְאֶה הָאָדָם שֶׁהוּא אִישׁ רָע וּבְלִיַּעַל, שֶׁעוֹמֵד בְּרִשְׁעוֹ, יַנִּיחַ אֶת מְקוֹמוֹ וְיֵלֵךְ לוֹ לְשָׁלוֹם.

פרק ד

יְשַׁעְיָהוּ הַנָּבִיא עָלָיו הַשָּׁלוֹם, אָמַר [יְשַׁעְיָה סו, כב] - כִּי כַאֲשֶׁר הַשָּׁמַיִם הַחֲדָשִׁים וְהָאָרֶץ הַחֲדָשָׁה אֲשֶׁר אֲנִי עֹשֶׂה, עֹמְדִים לְפָנַי וְגוֹ'. וּבֵאֵר הַזֹּהַר, פָּרָשַׁת בְּרֵאשִׁית [בְּהַקְדָּמָה, דַּף ה, א] - מִי שֶׁהוֹלֵךְ בְּדֶרֶךְ תָּם וְיָשָׁר וְעוֹבֵד ה' בְּכָל לְבָבוֹ וּבְכָל נַפְשׁוֹ וּבְכָל מְאֹדוֹ, וְלוֹמֵד תּוֹרָה לִשְׁמָהּ, וּמְחַדֵּשׁ תּוֹרָה שֶׁל אֱמֶת לְפִי שִׂכְלוֹ, עַל פִּי הַקְדָּמוֹת אֲמִתִּיּוֹת וּבְרוּרוֹת, וּמְדַקְדֵּק הֵיטֵב שֶׁהַדָּבָר שֶׁחִדֵּשׁ בַּתּוֹרָה, לֹא יִהְיֶה בּוֹ שׁוּם סָפֵק וּשְׂפַת שֶׁקֶר, חַס וְשָׁלוֹם, אָז הַקָּדוֹשׁ בָּרוּךְ הוּא שָׂמֵחַ מְאֹד בּוֹ וּבְתוֹרָתוֹ.

וְכָל חִדּוּשׁ וְחִדּוּשׁ שֶׁמְּחַדֵּשׁ הָאָדָם בַּתּוֹרָה, עוֹלֶה וְעוֹמֵד לִפְנֵי הַקָּדוֹשׁ בָּרוּךְ הוּא, וְהַקָּדוֹשׁ בָּרוּךְ הוּא מְעַטֵּר לֵיהּ וּמְנַשֵּׁק וּמְעַטֵּר לֵיהּ בְּכַמָּה עִטְרִין, וְעוֹשֶׂה מֵהֶן שָׁמַיִם חֲדָשִׁים וְאֶרֶץ חֲדָשָׁה מֵהַאי מִלִּין חַדְתִּין, וְהֵן עוֹמְדִין לְפָנָיו, כְּדֵי שֶׁיִּהְיוּ בָּהֶן עֵינֵי ה' תָּמִיד לְהַשְׁגִּיחַ עַל יָדָן בְּהַשְׁגָּחוֹת פְּרָטִיּוֹת, וּכְדֵי שֶׁלֹּא יִתְקַנְּאוּ בּוֹ מַלְאֲכֵי הַשָּׁרֵת, חוֹפֶה וּמְכַסֶּה הַקָּדוֹשׁ בָּרוּךְ הוּא, עַד שֶׁנַּעֲשֶׂה בָּהֶן שָׁמַיִם וָאָרֶץ הַחֲדָשָׁה. וְזֶהוּ שֶׁאָמַר הַכָּתוּב [יְשַׁעְיָה נא, טז] - וּבְצֵל יָדִי כִּסִּיתִיךָ לִנְטֹעַ שָׁמַיִם וְלִיסֹּד אָרֶץ. וּבְאֹפֶן שֶׁלֹּא יִתְגָּאֶה, חַס וְשָׁלוֹם, כַּאֲשֶׁר שֶׁלּוֹמֵד וּמְחַדֵּשׁ חִדּוּשֵׁי תּוֹרָה, כִּדְאִיתָא בַּזֹּהַר, פָּרָשַׁת תְּרוּמָה [דַּף קכט, א] - כְּשֶׁמַּגִּיעִין יִשְׂרָאֵל לוֹמַר סִדְרָא דִקְדֻשָּׁה, בְּאוֹתָהּ שָׁעָה מַכְרִיזִין לְמַעְלָה - עֶלְיוֹנִים וְתַחְתּוֹנִים אַצִּיתוּ, מַאן אִיהוּ גַּס רוּחָא בְּמִלִּין דְּאוֹרַיְתָא, מַאן אִיהוּ דְּכָל מִלּוֹי בְּגִין לְמִגְנָא בְּמִלִּין דְּאוֹרַיְתָא, דְּבַר־נָשׁ בָּעֵי לְמֶהֱוֵי שָׁפָל בְּהַאי עָלְמָא בְּמִלִּין דְּאוֹרַיְתָא, דְּהָא לֵית גָּבְהוּ בְּאוֹרַיְתָא אֶלָּא בְּעָלְמָא דְּאָתֵי. עַד כָּאן לְשׁוֹנוֹ. וְיֵשׁ לִתֵּן טַעַם לָמָּה שֶׁהַכְּרוּז נִכְרָז דַּוְקָא בְּשָׁעָה שֶׁאוֹמְרִים קְדֻשָּׁה דְּסִדְרָא בְּצִבּוּר, בַּעֲבוּר דְּקַיְמָא לָן [סוֹטָה מט, א] - שֶׁהָעוֹלָם קָאֵי אַסִּדְרָא דִקְדֻשָּׁה, וְזֶה שֶׁמִּתְגָּאֶה, הוּא מַחֲרִיב עוֹלָמוֹת, כִּי הַמִּתְגָּאֶה בְּדִבְרֵי תּוֹרָה, גּוֹרֵם לוֹמַר הַקְדָּמוֹת שָׁוְא וָשֶׁקֶר, וְדוֹרֵשׁ רַק לְהִתְפָּאֵר בְּדָבָר חִדּוּשׁ אַף שֶׁאֵינוֹ אֱמֶת.

וְהִנֵּה בֹּא וּרְאֵה מַה שֶּׁכָּתוּב בְּסֵפֶר הַזֹּהַר, פָּרָשַׁת בְּרֵאשִׁית [בְּהַקְדָּמָה, דַּף ה, א] - עַל הַמְּחַדֵּשׁ בַּתּוֹרָה עַל פִּי הַקְדָּמוֹת שְׁקָרִים.

אִלּוּ הֵן דִּבְרֵי דֹפִי, וְכַד סָלְקִין בַּאֲוִירָא דְּעָלְמָא, מִיָּד נָפְקָא לְגַבַּיְהוּ סַמָּאֵ"ל, הַנִּקְרָא - אִישׁ תַּהְפּוּכוֹת [מִשְׁלֵי טז, כח]. וּלְשׁוֹן שֶׁקֶר [מִשְׁלֵי יב, יט]. הוּא מִתְגַּבֵּר וְיוֹצֵא לְגַבֵּי מִלִּין אִלֵּין מִנּוּקְבָא דִּתְהוֹמָא רַבָּא, וְדָלֵיג לְגַבַּיְהוּ חָמֵשׁ מֵאוֹת פַּרְסָאוֹת, וְנָטֵיל מִלִּין אִלֵּין דְּשִׁקְרָא, וְעָבֵיד בְּהוֹן רָקִיעַ דְּשָׁוְא דְּאִיקְרֵי **תֹהוּ**, וְשָׁאטִין בְּהַהוּא רָקִיעַ הַאי - **אִישׁ תַּהְפּוּכוֹת**, שִׁית אַלְפֵי פַּרְסָה בְּחַדָּא זִמְנָא. וְכֵיוָן דְּהַהוּא רָקִיעַ קָאֵים, נָפְקַת לְקַדְמַיְהוּ אֵשֶׁת זְנוּנִים - לִילִי"ת הָרְשָׁעָה, וְהוֹלֶכֶת וּמִתְחַזֶּקֶת גַּם כֵּן בְּהַאי רָקִיעַ, וּמִתְחַבֵּר וּמִשְׁתַּתֵּף עִמָּהּ כַּמָּה אֲלָפִים וּרְבָבוֹת מַשְׁחִיתִים, וְשָׁאטִין בְּהַהוּא רָקִיעַ כָּל הָעוֹלָם בְּרֶגַע אֶחָד, וּמִתְלַבְּשִׁים

אֵלּוּ חִילוֹת בִּישִׁין שֶׁל מַשְׁחִיתִים וְנוֹפְלִין עַל יִשְׂרָאֵל וְהוֹרְגִין הֶרֶג רַב.

וּבִכְלָל זֶה הוּא גַּם כֵּן, הַמַּכְנִיס עַצְמוֹ לִהְיוֹת מוֹרֶה הוֹרָאָה, וְלֹא הִגִּיעַ לְהוֹרָאָה, וּבִגְלַל זֶה בָּאִים גַּם כֵּן גְּזֵרוֹת רָעוֹת עַל שׂוֹנְאֵי יִשְׂרָאֵל. וְעַל זֶה נֶאֱמַר [מִשְׁלֵי ז, כו] - כִּי רַבִּים חֲלָלִים הִפִּילָה וַעֲצֻמִים כָּל הֲרוּגֶיהָ. וְכָל זֶה גּוֹרֵם הַמּוֹרֶה הוֹרָאָה וְלֹא הִגִּיעַ לְהוֹרָאָה, אוֹ מִי שֶׁמְּחַדֵּשׁ בְּדִבְרֵי תּוֹרָה בְּהַקְדָּמוֹת שְׁקָרִים וּדְבָרִים שֶׁאֵינָן שֶׁל אֱמֶת. וְעַל כֵּן אָמַר רַבִּי שִׁמְעוֹן בֶּן יוֹחַאי לְתַלְמִידָיו - בְּמָטוּתָא מִנַּיְכוּ, דְּלָא תַּפְקִין מִפּוּמַיְכוּ מִלִּין דְּאוֹרַיְתָא דְּלָא יְדַעְתּוּן וְלָא שְׁמַעְתּוּן מֵאִילָנָא רַבְרְבָא, בְּגִין דְּלָא תֶּהֱווּן גַּרְמִין לְהַאי חַטָּאָה, דְּבָעֵי לְמֵבִיא אֲכְלְסִין עַל יִשְׂרָאֵל וְגוֹ'. פָּתְחוּ הַתַּלְמִידִים כֻּלְּהוּ וְאָמְרוּ - רַחֲמָנָא לִשֵׁיזְבָן, רַחֲמָנָא לִשֵׁיזְבָן, עַד כָּאן לְשׁוֹנוֹ.

וְהִנֵּה בַּדּוֹרוֹת הָאֵלּוּ הֶעָוֹן הַזֶּה מָצוּי בַּעֲווֹנוֹתֵינוּ הָרַבִּים, שֶׁהַרְבֵּה בְּנֵי אָדָם דּוֹרְשִׁים בָּרַבִּים עַל פִּי הַקְדָּמוֹת שְׁקָרִים וּדְבָרִים שֶׁאֵינָם בְּרוּרִים, וּמְסַמִּים עֵינֵיהֶם שֶׁל הַבְּרִיּוֹת, וּמִתְקַלְּסִים וּמִתְפָּאֲרִים מִפִּי הַבְּרִיּוֹת, וּמַחֲלִיפִים חַיֵּי עוֹלָם בִּשְׁבִיל חַיֵּי שָׁעָה, וְגוֹרְמִים גְּזֵרוֹת רָעוֹת, כַּנִּזְכָּר לְעֵיל. וְהַיָּרֵא דְּבַר ה' יִהְיֶה מְחַשֵּׁב הֶהֶפְסֵד וְהַהֶזֵּק הַגָּדוֹל שֶׁגּוֹרֵם כְּנֶגֶד שְׂכַר הַכָּבוֹד אוֹ שְׂכַר הַמָּמוֹן בָּעוֹלָם הַזֶּה, שֶׁהוּא חַיֵּי שָׁעָה. וְכָל הַכָּבוֹד שֶׁעוֹשִׂין לוֹ הָעוֹלָם בַּעֲבוּר דְּרוּשׁ זֶה, הוּא קוֹץ וְדַרְדַּר לְנִשְׁמָתוֹ, וּפִתְאֹם יָבוֹא עָלָיו אֵימָה חֲשֵׁכָה גְּדוֹלָה, וְלֹא יוֹפִיעַ לוֹ אוֹר, וְאוֹי וַי תִּהְיֶה לְאוֹתָהּ בּוּשָׁה וּכְלִמָּה בְּיוֹם פְּקֻדָּתוֹ. וְאֵלּוּ הַדַּרְשָׁנִים, בְּוַדַּאי לֹא יִזְכּוּ לִשְׁמֹעַ לֶעָתִיד הַדְּרוּשׁ מֵחִדּוּשֵׁי תּוֹרָה, שֶׁיֵּצֵא מִפִּי הַקָּדוֹשׁ בָּרוּךְ הוּא, כִּדְאִיתָא בַּמִּדְרָשׁ [אוֹתִיּוֹת דְּרַבִּי עֲקִיבָא, אוֹת ז] - עָתִיד הַקָּדוֹשׁ בָּרוּךְ הוּא לֵישֵׁב בְּגַן עֵדֶן וְדוֹרֵשׁ סִתְרֵי תּוֹרָה, וְכָל הַצַּדִּיקִים יוֹשְׁבִים לְפָנָיו, וְכָל פָּמַלְיָא שֶׁל מַעְלָה עוֹמְדִים לְפָנָיו מִימִינוֹ שֶׁל הַקָּדוֹשׁ בָּרוּךְ הוּא, וְחַמָּה וּלְבָנָה וְכוֹכָבִים וּמַזָּלוֹת מִשְּׂמֹאלוֹ, וְהַקָּדוֹשׁ בָּרוּךְ הוּא דּוֹרֵשׁ לָהֶם טַעֲמֵי תּוֹרָה הַחֲדָשָׁה, שֶׁעָתִיד לִתֵּן לָנוּ עַל יְדֵי מְשִׁיחַ צִדְקֵנוּ. וְאַחַר הַדְּרָשָׁה, יַעֲמֹד זְרֻבָּבֶל בֶּן שְׁאַלְתִּיאֵל עַל רַגְלָיו וְיֹאמַר - יִתְגַּדַּל וְיִתְקַדַּשׁ שְׁמֵיהּ רַבָּא וְכוּ', וְקוֹלוֹ יִהְיֶה הוֹלֵךְ מִסּוֹף הָעוֹלָם וְעַד סוֹפוֹ. וְכָל בָּאֵי עוֹלָם עוֹנִין - אָמֵן יְהֵא שְׁמֵיהּ רַבָּא מְבָרַךְ לְעָלַם וּלְעָלְמֵי עָלְמַיָּא. וְאַף רְשָׁעִים שֶׁל יִשְׂרָאֵל וְצַדִּיקֵי אֻמּוֹת הָעוֹלָם שֶׁנִּשְׁתַּיְּרוּ בַּגֵּיהִנֹּם, יִהְיוּ עוֹנִין - אָמֵן יְהֵא שְׁמֵיהּ רַבָּא, וְנִצּוֹלִין בִּזְכוּת עֲנִיַּת שֶׁל - אָמֵן יְהֵא שְׁמֵיהּ רַבָּא. עַד כָּאן לְשׁוֹנוֹ.

עַל כֵּן יִהְיֶה הָאָדָם נִזְהָר לִדְרֹשׁ תּוֹרַת אֱמֶת, וּלְהַקְדִּים הַקְדָּמוֹת שֶׁל אֱמֶת, וְתִהְיֶה תּוֹרַת ה' בְּפִיהוּ, וְיִהְיֶה זוֹכֶה לִשְׁמֹעַ חִדּוּשֵׁי תּוֹרָה שֶׁל אֱמֶת מִפִּי הַקָּדוֹשׁ בָּרוּךְ הוּא, אָמֵן, כֵּן יְהִי רָצוֹן.

פרק ה

וְאָהַבְתָּ לְרֵעֲךָ כָּמוֹךָ [וַיִּקְרָא יט, יח]. אָמְרוּ רַבּוֹתֵינוּ זִכְרוֹנָם לִבְרָכָה [תּוֹרַת כֹּהֲנִים שָׁם] - זֶהוּ הוּא הַפָּסוּק, שֶׁהוּא כְּלָל גָּדוֹל שֶׁבַּתּוֹרָה. וְאֵין לְךָ אַהֲבָה יוֹתֵר, כְּשֶׁרוֹאֶה הָאָדָם דָּבָר מְגֻנֶּה בְּאָחִיו יִשְׂרָאֵל, שֶׁעוֹשֶׂה אֵיזֶה חֵטְא וְעָוֹן - שֶׁצָּרִיךְ לְהוֹכִיחוֹ עַל זֶה, כִּי נִשְׁמָתָן שֶׁל יִשְׂרָאֵל הֵן קְשׁוּרִין וּדְבוּקִין זֶה בָּזֶה. אֲבָל הַכְּלָל הוּא, שֶׁצָּרִיךְ הָאָדָם מִי שֶׁהוּא יוֹדֵעַ הַהִרְפַּתְקָאוֹת וְהַסִּבּוֹת וְהָעֳנָשִׁים, שֶׁבָּאִים לְנִשְׁמַת הָאָדָם אַחַר יְצִיאַת הַנְּשָׁמָה מֵהַגּוּף, צָרִיךְ לְהוֹדִיעַ לַחֲבֵרוֹ אוּלַי עַל יָדוֹ יִזְכֶּה חֲבֵרוֹ גַּם כֵּן וְיַעֲזֹב דַּרְכּוֹ הָרִשְׁעָה, וָשָׁב וְרָפָא לוֹ [יְשַׁעְיָה ו, י].

וְהִנֵּה פֹּה בְּפֶרֶק זֶה אֶכְתֹּב קְצָת בִּקְצָרָה בְּעֹנֶשׁ הַנְּשָׁמָה שֶׁאָדָם פּוֹגֵם בָּהּ בָּעוֹלָם הַזֶּה - דַּע, כִּי אֲוִירָא חֲלָלָא דְעָלְמָא, הֵן מְלֵאִים מִנְּשָׁמוֹת בְּנֵי אָדָם שֶׁאֵינָם יְכוֹלִין עֲדַיִן לָבוֹא לִמְקוֹם מְנוּחָתָן, וּכְמוֹ שֶׁהֵעִידוּ תַּלְמִידָיו שֶׁל הָרַב הָאֲרִ"י, זִכְרוֹנוֹ לִבְרָכָה, עַל רַבָּם הָאֲרִ"י, זִכְרוֹנוֹ לִבְרָכָה, שֶׁהָיָה אוֹמֵר לָהֶם - דְּעוּ, כִּי אֲוִירָא דְעָלְמָא וַחֲלָלָהּ, הֵן מָלֵא נְשָׁמוֹת הַנִּדָּחִין, שֶׁאֵינָן יְכוֹלִין לָבוֹא עֲדַיִן לִמְנוּחָתָם. וּפַעַם אַחַת הָלַךְ הָאֲרִ"י, זִכְרוֹנוֹ לִבְרָכָה, לִלְמֹד תּוֹרָה עַל הַשָּׂדֶה, וְרָאָה הוּא בְּעַצְמוֹ שֶׁכָּל הָאִילָנוֹת הָיוּ מְלֵאִים נְשָׁמוֹת בְּלִי מִסְפָּר, וְכֵן הָיָה עַל פְּנֵי הַשָּׂדֶה, וְגַם עַל פְּנֵי הַמַּיִם הָיוּ כַּמָּה רִבְבוֹת נְשָׁמוֹת. וְשָׁאַל אוֹתָן הָרַב הָאֲרִ"י, זִכְרוֹנוֹ לִבְרָכָה, מַה טִּיבָם כָּאן, וְהֵשִׁיבוּ - שֶׁנִּדְּחוּ מִחוּץ לְפַרְגּוֹדָא קַדִּישָׁא בַּעֲבוּר שֶׁלֹּא עָשׂוּ תְּשׁוּבָה עַל פִּשְׁעֵיהֶם, וְהָיוּ מוֹנְעִים אֶת חַבְרֵיהֶם מִלַּעֲשׂוֹת תְּשׁוּבָה, וְהָיוּ נָע וָנָד בָּאָרֶץ וּבַאֲוִירָא דִּרְקִיעַ, זֶה בְּכֹה וְזֶה בְּכֹה. וְעַכְשָׁו הָיוּ שׁוֹמְעִים בַּת קוֹל, הַמַּכְרִיז בְּכָל הָעוֹלָמוֹת, שֶׁיֵּשׁ אִישׁ אֶחָד צַדִּיק בָּאָרֶץ - הָאֲרִ"י, זִכְרוֹנוֹ לִבְרָכָה, אֲשֶׁר יֵשׁ כֹּחַ בְּיָדוֹ לְתַקֵּן הַנְּשָׁמוֹת הַנִּדָּחוֹת. וְעַל כֵּן נֶאֶסְפוּ לְכָאן, לְבַקֵּשׁ מִמֶּנּוּ שֶׁיְּרַחֵם עֲלֵיהֶם לְתַקֵּן אוֹתָן, כְּדֵי שֶׁיּוּכְלוּ לָבוֹא לִמְקוֹם מְנוּחָתָם, וְלֹא יִסְבְּלוּ עוֹד צַעַר גָּדוֹל כָּזֶה. וְהִבְטִיחַ הָאֲרִ"י הֶחָסִיד, זִכְרוֹנוֹ לִבְרָכָה, לַעֲשׂוֹת לְטוֹבָתָם מַה שֶּׁהוּא בְּאֶפְשָׁרִית. וְסִפֵּר אַחַר כָּךְ הָאֲרִ"י, זִכְרוֹנוֹ לִבְרָכָה, לְתַלְמִידָיו הַמַּעֲשֶׂה הַזֶּה, כִּי רָאוּ שֶׁהָאֲרִ"י, זִכְרוֹנוֹ לִבְרָכָה, שָׁאַל לָהֶם לַהַנְּשָׁמוֹת, וְלֹא יָדְעוּ לְמִי שׁוֹאֵל וּמִי הָיָה הַמֵּשִׁיב. עַד כָּאן לְשׁוֹנוֹ.

וּבְחִבּוּרוֹ כָּתוּב, שֶׁאֵלּוּ הַנְּשָׁמוֹת, הָיוּ יְכוֹלִין לְהַעֲלוֹת אוֹתָם בִּתְפִלָּה שֶׁל צַדִּיק. כֵּיוָן שֶׁהַצַּדִּיק מִתְפַּלֵּל בְּכַוָּנָה, אָז תְּפִלָּתוֹ עוֹלָה לְמַעְלָה תַּחַת כִּסֵּא הַכָּבוֹד, וְאָז מִתְלַבְּשִׁים בְּאוֹתָהּ הַתְּפִלָּה כַּמָּה נְשָׁמוֹת, וּמִתְלַוִּים בַּהֲדֵי אוֹתָהּ הַתְּפִלָּה. כְּמוֹ שֶׁכָּתַב הַזֹּהַר בְּסוֹד הַפָּסוּק [תְּהִלִּים קב, א] - תְּפִלָּה לְעָנִי כִי יַעֲטֹף וְלִפְנֵי ה' יִשְׁפֹּךְ שִׂיחוֹ - כַּמָּה נְשָׁמוֹת מִתְעַטְּפִין וּמִתְדַּבְּקִין בִּתְפִלָּה שֶׁל עָנִי, וְאֵין תְּפִלָּה יוֹתֵר חָבִיב קַמֵּיהּ הַקָּדוֹשׁ בָּרוּךְ הוּא כְּמוֹ תְּפִלָּה שֶׁל עָנִי וּתְפִלָּה שֶׁל צַדִּיק, שֶׁעוֹלִין בְּלַהַב גָּדוֹל וְנוֹרָא הַשּׂוֹרֵף סְבִיבָיו, וְהַסִּטְרָא אָחֳרָא מִתְיָרְאִים לְהִתְקָרֵב לִמְקוֹם תְּפִלַּת

הֶעָנִי וּתְפִלַּת הַצַּדִּיק, וְעַל יְדֵי כֵּן הַנְּשָׁמוֹת הַנִּדָּחוֹת עוֹלִין עִם הַתְּפִלָּה.

וְזֶהוּ הָעִנְיָן מַמָּשׁ בְּנִשְׁמַת הַצַּדִּיק, שֶׁכֵּיוָן שֶׁנִּפְטַר מֵהָעוֹלָם הוּא עוֹבֵר דֶּרֶךְ הַגֵּיהִנָּם, כְּדֵי שֶׁבִּזְכוּתוֹ, בְּהַעֲבִירוֹ דֶּרֶךְ שָׁם, יִתְאַחֲזוּ בּוֹ נִשְׁמוֹת הָאֲבוּדוֹת וְיַעֲלוּ עִם נִשְׁמְתָא קַדִּישָׁא דָּא.

וְכֵן סִפֵּר הֶחָסִיד רַבִּי גְּדַלְיָה, זִכְרוֹנוֹ לִבְרָכָה, אֶחָד מִתַּלְמִידֵי הָאֲרִ"י, זִכְרוֹנוֹ לִבְרָכָה, לַחֲבֵרָיו, שֶׁבְּכָל עֶרֶב שַׁבָּת הָיוּ הוֹלְכִין חוּץ לָעִיר לְקַבֵּל שַׁבָּת, וְהָיָה פַּעַם אֶחָד מִסֵּפֶר הַקָּדוֹשׁ הָאֲרִ"י, זִכְרוֹנוֹ לִבְרָכָה, נִפְלָאוֹת מַה שֶּׁרָאָה כַּמָּה וְכַמָּה פְּעָמִים, כְּשֶׁהָיָה עוֹמֵד עַל רֹאשׁ הָהָר שֶׁהָיָה מִחוּץ לָעִיר, וְעַל אוֹתוֹ רֹאשׁ הָהָר רָאָה כָּל הַבֵּית חַיִּים שֶׁל קְהִלַּת קֹדֶשׁ צְפַת, תִּבָּנֶה וְתִכּוֹנֵן בִּמְהֵרָה בְיָמֵינוּ, וְרָאָה חֵילוֹת שֶׁל נְשָׁמוֹת שֶׁעָלוּ מֵהַקְּבָרִים לַעֲלוֹת לְמַעְלָה לְגַן עֵדֶן שֶׁל מַעְלָה, וְכֵן רָאָה כַּמָּה רִבְבוֹת נְשָׁמוֹת לְאֵין מִסְפָּר שֶׁיָּרְדוּ כְּנֶגְדָּם, וְהֵם הַנְּשָׁמוֹת הַיְתֵרוֹת הַנִּתּוֹסָפִים בַּאֲנָשִׁים כְּשֵׁרִים בְּכָל שַׁבָּת וְשַׁבָּת. וּמִתּוֹךְ רֹב בִּלְבּוּל וְעִרְבּוּב הַנְּשָׁמוֹת וְחֵילוֹת עֲצוּמוֹת לְאֵין מִסְפָּר, כִּמְעַט כָּהוּ עֵינָיו מֵרְאוֹת, וְהָיָה מֻכְרָח לְהַעֲצִים עֵינָיו, וְאַף עַל פִּי כֵן רָאָה אוֹתָן בְּעֵינַיִם סְגוּרוֹת.

וְהִנֵּה בַּאֲשֶׁר רָאִינוּ כִּמְבֹאָר בְּדִבְרֵי תַּלְמִידֵי הָאֲרִ"י, זִכְרוֹנוֹ לִבְרָכָה, שֶׁתּוֹעֶלֶת גָּדוֹל הוּא תְּפִלּוֹת צַדִּיקִים לְנִשְׁמוֹת הַנִּדָּחוֹת, וְאֵין לְךָ גְּמִילוּת חֶסֶד גָּדוֹל מִזֶּה, וְאַף כִּי אָנוּ אֵינֶנּוּ מֵאַנְשֵׁי הַצַּדִּיקִים הַקּוֹדְמִים, וְהַלְוַאי שֶׁתּוֹעִיל תְּפִלָּתֵנוּ לְתוֹעֶלֶת עַצְמֵנוּ, לְכַפֵּר חַטֹּאתֵינוּ וּפְשָׁעֵינוּ שֶׁהִכְעַסְנוּ לַבּוֹרֵא יִתְבָּרַךְ בְּמֶרֶד וּבְמַעַל, אַף עַל פִּי כֵן הַיּוֹדֵעַ מַחֲשָׁבוֹת הַטּוֹבוֹת, לִהְיוֹת זֶה מֵהַמְזַכִּים בִּתְפִלָּתָם גַּם לְנִשְׁמוֹת הַנִּדָּחוֹת, כִּי רַב חֶסֶד הוּא הַבּוֹרֵא יִתְבָּרַךְ, וְזֶה יָאוּת לְכָל בַּר יִשְׂרָאֵל לִהְיוֹת זוֹכֶה וּמְזַכֶּה לַאֲחֵרִים.

וּמִכָּל שֶׁכֵּן שֶׁצָּרִיךְ הָאָדָם לְהִתְפַּלֵּל עַל רִשְׁעֵי הַדּוֹר שֶׁיַּחְזְרוּ בִּתְשׁוּבָה, כִּדְאִיתָא בַּגְּמָרָא דִּבְרָכוֹת [י, א] - בְּבְרוּרְיָא דְּבֵיתְהוּ דְּרַבִּי מֵאִיר שֶׁאָמְרָה - **יִתַּמּוּ חַטָּאִים** כְּתִיב [תְּהִלִּים קד, לה] וְלֹא חוֹטְאִים. עַל כֵּן אֲסַדֵּר אֲנִי לְפָנֶיךָ לְכָל אִישׁ וְאִשָּׁה, לוֹמַר יְהִי רָצוֹן זֶה בְּבִרְכַּת **הֲשִׁיבֵנוּ אָבִינוּ לְתוֹרָתֶךָ, וְקָרְבֵנוּ מַלְכֵּנוּ לַעֲבוֹדָתֶךָ**, וְיֹאמַר - יְהִי רָצוֹן מִלְּפָנֶיךָ, ה' אֱלֹהֵינוּ וֵאלֹהֵי אֲבוֹתֵינוּ, שֶׁתַּחְתֹּר חֲתִירָה מִתַּחַת כִּסֵּא כְּבוֹדֶךָ לִתְשׁוּבַת פְּלוֹנִי בֶּן פְּלוֹנִית, וְכָל הָעוֹבְרִים עַל מִצְווֹתֶיךָ יֵהָפֵךְ לְבָבָם לַעֲשׂוֹת רְצוֹנְךָ בְּלֵבָב שָׁלֵם, כִּי יְמִינְךָ פְּשׁוּטָה לְקַבֵּל שָׁבִים, וְהַחֲזִירֵנוּ בִּתְשׁוּבָה שְׁלֵמָה לְפָנֶיךָ. בָּרוּךְ אַתָּה ה' הָרוֹצֶה בִּתְשׁוּבָה. וְאָז יִתְעוֹרֵר גַּם הָאָדָם מֵעַצְמוֹ לַעֲשׂוֹת תְּשׁוּבָה עַל חֲטָאָיו, כְּדֵי שֶׁלֹּא יֵאָמֵר לוֹ - קְשֹׁט[3] עַצְמְךָ וְאַחַר כָּךְ קְשֹׁט אֲחֵרִים. רַק שֶׁיֹּאמַר בְּכַוָּנַת הַלֵּב, וְאָז בַּעַל הָרַחֲמִים, בְּרֹב חֲסָדָיו וּבְרֹב רַחֲמָיו, יְקַבֵּל תְּפִלָּתוֹ. וְאַף שֶׁצָּרִיךְ תְּפִלָּה זוֹ כַּוָּנוֹת וְיִחוּדִים, וְאֵין אָנוּ בְּקִיאִים בְּשֵׁמוֹת וּבְצֵרוּפִים, הַמּוֹעִילִים

[3] סנהדרין יח א

לְתוֹעֶלֶת גָּדוֹל, מִכָּל מָקוֹם יִתְפַּלֵּל בְּקִצְרָה, וִיבַקֵּשׁ בְּהֶגְיוֹן לֵב, כִּי כָּךְ רָאוּי וְנָכוֹן לְכָל הַמִּתְפַּלֵּל, שֶׁלֹּא יַאֲרִיךְ הַכֹּל בִּשְׂפָתָיו, כִּי יַשְׁאִיר לוֹ בְּהֶגְיוֹן לִבּוֹ.

וְזֶהוּ כְּלָל גָּדוֹל, שֶׁיֹּאמַר קֹדֶם הַתְּפִלָּה - לְשֵׁם יִחוּד קֻדְשָׁא בְּרִיךְ הוּא וּשְׁכִינְתֵּיהּ, כִּי הַלֵּב הוּא נֶגֶד שֵׁם הוי"ה, וְהַפֶּה הוּא נֶגֶד שֵׁם אדנ"י, כַּיָּדוּעַ. וְעַל זֶה כָּתוּב בַּזֹּהַר שֶׁזֶּה הָיָה כַּוָּנַת דָּוִד הַמֶּלֶךְ, עָלָיו הַשָּׁלוֹם, שֶׁאָמַר [תְּהִלִּים יט, טו] - יִהְיוּ לְרָצוֹן אִמְרֵי פִי וְהֶגְיוֹן לִבִּי לְפָנֶיךָ, ה' צוּרִי וְגוֹאֲלִי, כִּי זֶהוּ יִחוּד גָּדוֹל לְיַחֵד פֶּה וְלֵב כְּאֶחָד.

וּמִזֶּה תּוּכַל לְהִתְבּוֹנֵן גֹּדֶל הָעֹנֶשׁ וּפְגַם שֶׁל הַמַּפְרִידִים הַלֵּב מֵהַפֶּה, רְצוֹנִי לוֹמַר - הַמִּתְפַּלְּלִים בַּפֶּה בְּלֹא כַּוָּנַת הַלֵּב, אוֹ מִי שֶׁמְּדַבֵּר עִם חֲבֵרוֹ אֶחָד בַּפֶּה וְאֶחָד בַּלֵּב, וְזֶהוּ חֵטְא גָּדוֹל, וְעוֹשֶׂה פֵּרוּד בֵּין הַשֵּׁמוֹת הַנִּזְכָּרִים, וּבֵין אוֹת וָא"ו לְאוֹת הֵ"א מֵהַשֵּׁם. וְיָדוּעַ, כִּי הַוָּא"ו שֶׁל הַשֵּׁם הִיא תּוֹרָה שֶׁבִּכְתָב, וְהַהֵ"א הִיא תּוֹרָה שֶׁבְּעַל פֶּה, וְאִם כֵּן, מַפְרִידִים הַשְּׁנֵי תּוֹרוֹת מִלִּהְיוֹת מְחֻבָּרִים יַחַד. וְהַמִּכְשׁוֹל זֶה מָצוּי בַּעֲווֹנוֹתֵינוּ הָרַבִּים, וְרַחֲמָנָא לִצְלַן מִמִּדָּה זוֹ. נֲהֲלֹא אֱלֹהִי"ם יַחֲקֹר זֹאת, וְעַל כָּל אֵלֶּה יָבִיא אֱלֹהִי"ם בַּמִּשְׁפָּט. וְעָוֹן זֶה הוּא דּוֹמֶה לַעֲווֹן הַמִּינִים וְאֶפִּיקוֹרְסִים וְקָרָאִים, שֶׁאֵינָם נוֹתְנִים מָקוֹם לְדִבְרֵי הַחֲכָמִים בַּעֲלֵי הַתַּלְמוּד.

וְאִם כֵּן, יִתְבּוֹנֵן הַנָּבוֹן, שֶׁבְּוַדַּאי הַמַּרְגִּיל בְּמִדָּה זוֹ לִהְיוֹת אֶחָד בַּפֶּה וְאֶחָד בַּלֵּב - יֵצְאוּ מִמֶּנּוּ בָּנִים פּוֹקְרִים וּמִינִים שֶׁכּוֹפְרִים בְּתוֹרָתֵנוּ, מִדָּה כְּנֶגֶד מִדָּה. וְנוֹסָף עַל זֶה שֶׁמַּפְרִיד עַצְמוֹ גַּם כֵּן מֵהַקְּדֻשָּׁה עֶלְיוֹנָה, וְנֶאֱבָד מִמֶּנּוּ דָּבָר יָקָר הַנֶּאֱמַר בְּיִשְׂרָאֵל [דְּבָרִים ד, ד] - וְאַתֶּם הַדְּבֵקִים בַּה' אֱלֹהֵיכֶ"ם חַיִּים כֻּלְּכֶם הַיּוֹם. שֶׁפֵּרוּשׁוֹ שֶׁל הַפָּסוּק הוּא - כַּאֲשֶׁר יִדְבַּק הָאָדָם הָאֵזוֹר עַל מָתְנָיו בְּהִדּוּק טוֹב, אֲזַי לֹא יוּכַל לְהַכְנִיס בֵּין הָאֵזוֹר לְהַמַּלְבּוּשׁ עִרְבּוּב שֶׁל אָבָק וָאֵפֶר - כֵּן הֵמָּה בְּנֵי יִשְׂרָאֵל, כְּשֶׁהֵן דְּבוּקִים לַה' יִתְבָּרֵךְ בְּדַרְכֵיהֶם וּבְמַעֲשֵׂיהֶם, אֲזַי לֹא יָבוֹא שׁוּם מְקַטְרֵג לַעֲשׂוֹת אֵיזֶה פֵּרוּד בֵּין יִשְׂרָאֵל לַאֲבִיהֶם שֶׁבַּשָּׁמַיִם, וְכִדְאִיתָא בַּזֹּהַר, פָּרָשַׁת פְּקוּדֵי - רַבִּי אַבָּא וְרַבִּי אָחָא וְרַבִּי יוֹסֵי הֲווֹ אָזְלֵי בְּאוֹרְחָא מִטִּבֶרְיָה לְצִפּוֹרִי, עַד דַּהֲווֹ אָזְלֵי, חָמוֹ לֵיהּ לְרַבִּי אֶלְעָזָר דַּהֲוָה אָתֵי, וְרַבִּי חִיָּא עִמֵּיהּ. אָמַר רַבִּי אַבָּא - וַדַּאי נִשְׁתַּתֵּף בַּהֲדֵי שְׁכִינְתָּא. אוֹרִיכוּ [פֵּרוּשׁ - הִמְתִּינוּ] לְהוֹ, עַד דַּהֲווֹ מָטוּ לְגַבַּיְהוּ. אָמַר רַבִּי אַבָּא, וַדַּאי כְּתִיב [תְּהִלִּים לד, טז] - עֵינֵי ה' אֶל צַדִּיקִים. לְהַשְׁגִּיחַ בְּהוֹ דְּלָא יִתְקָרֵב לְגַבַּיְהוּ סִטְרָא אָחֳרָא. וְהַשְׁתָּא סִיַּעְתָּא דִּשְׁמַיָּא הָכָא, וְכָל אַשְׁגָּחוּתָא דִּלְעֵילָּא הָכָא, וְלָא יָכִיל סִטְרָא אָחֳרָא לְאִשְׁלְטָא וְכוּ'.

פָּתַח רַבִּי אֶלְעָזָר וְאָמַר - וְהָיָה מִסְפַּר בְּנֵי יִשְׂרָאֵל כְּחוֹל הַיָּם [הוֹשֵׁעַ ב, א]. מַהוּ **כְּחוֹל הַיָּם**, בְּגִין דְּיַמָּא כַּד סָלִיק גַּלָּיו בְּזַעְפָּא וְרֻגְזָא, וְאִנּוּן גַּלִּין סַלְקִין לְשַׁטְפָא עָלְמָא, כַּד מָטָאן וְחָמְאִין חוֹלָא דְּיַמָּא, מִיָּד תָּבִין וְאִתַּבְּרוּ וְתַיְּבִין לַאֲחוֹרָא, וְלָא יָכְלִין לְמִשְׁטְפָא עָלְמָא וּלְשַׁלְטָאָה.

כְּגַוְנָא דָא, יִשְׂרָאֵל - אִנּוּן חוֹלָא דְיַמָּא, וְכַד אִנּוּן גַּלִּין דְּיַמָּא הַמְחַבְּלִין וּמָארֵי דְרוּגְזָא, מָארֵי דְדִינִים, בַּעְיָן לְשַׁלְטָאָה וּלְשַׁטְפָא עָלְמָא, חָמָאן לְהוּ לְיִשְׂרָאֵל דְּאִנּוּן מִתְקַשְּׁרִין בְּהַקָּדוֹשׁ בָּרוּךְ הוּא, וְתָבִין וְאִתְּבָּרוּ קַמַּיְהוּ, וְלָא יָכְלֵי לְאַשְׁלָטָא בְּעָלְמָא.

וְנִמְשְׁלוּ לְחוֹל הַיָּם, וּמָה חוֹל הַיָּם צָבוּר הֶקֵּף סְבִיבוֹת הַיָּם, מֻקָּף כְּהַר גָּדוֹל וּמְלֻבָּן בְּלַבְנוּנִית, כָּךְ יִשְׂרָאֵל עַל יְדֵי תְּשׁוּבָה וּמַעֲשִׂים טוֹבִים מְלַבְּנִים אֶת הָעֲווֹנוֹת וּפְשָׁעִים, כְּמַאֲמַר הַכָּתוּב בִּישַׁעְיָה [א, יח] - אִם יִהְיוּ חֲטָאֵיכֶם כַּשָּׁנִים כַּשֶּׁלֶג יַלְבִּינוּ אִם יַאְדִּימוּ כַתּוֹלָע כַּצֶּמֶר יִהְיוּ. כִּי הַמִּצְווֹת וּמַעֲשִׂים טוֹבִים שֶׁעוֹשִׂין יִשְׂרָאֵל בָּעוֹלָם הַזֶּה, הֵן מַקִּיפִין אֶת הַדִּינִים, וְדִינִים נִמְסְרוּ בְּיָדָן, וְלֹא עוֹד אֶלָּא שֶׁמְּהַפְּכִים מִדַּת הַדִּין לְמִדַּת הָרַחֲמִים, וְקָטֵגוֹר נַעֲשֶׂה סָנֵגוֹר. מַה שֶּׁאֵין כֵּן כְּשֶׁהָעוֹלָם הֵם בְּדִבּוּרָם טוֹב, אֲבָל לִבָּם בַּל עִמָּהֶם - אֲזַי אֵין כִּשְׁרוֹן בַּמַּעֲשִׂים שֶׁלָּהֶם, וְאָז אֵין שְׁמִירָה וְחוֹמָה סְבִיב גַּלֵּי הַיָּם, וְגַלֵּי הַיָּם הַנִּזְכָּר לְעֵיל, מָארֵי דְדִינִים, מִתְגַּבְּרִים, וְהַדִּין גּוֹבֵר וְהוֹלֵךְ, רַחֲמָנָא לִצְלַן, וְהָרַחֲמִים מִתְמַעֲטִין, וְאַדְּרַבָּה, הֵן מְהַפְּכִין מִדַּת הָרַחֲמִים לְמִדַּת הַדִּין.

עַל כֵּן הִתְעוֹרְרוּ הִתְעוֹרְרוּ, אַחַי וְרֵעַי, לַעֲשׂוֹת כָּל אֶחָד וְאֶחָד כְּפִי יְכָלְתּוֹ תְּשׁוּבָה קְטַנָּה, וּלְהַרְבּוֹת בְּמַעֲשִׂים טוֹבִים, וַחֲזָלִים יִגְבַּר בַּתּוֹרָה, וּתְהִיֶה תְּפִלָּתוֹ בְּכַוָּנָה. וְיִתְפַּלֵּל עַל חֲבֵרָיו לַעֲשׂוֹת תְּשׁוּבָה, וְאָז חֲסִידִים וְצַדִּיקִים מִתְרַבִּין, וְאָז זְכוּתָם וְצִדְקָתָם יִהְיוּ דּוֹמִין לְהַר וְחוֹל נֶגֶד גַּלֵּי הַיָּם - שֶׁהֵן הַמְקַטְרְגִים הַמַּחֲרִיבִים וְרוֹצִין לְחַבֵּל הָעוֹלָם, שֶׁהֵן מָארֵי דְדִינִים - וְיִהְיוּ מַתִּישִׁין אֶת כֹּחָן, וְאָז לַיְּהוּדִים יִהְיֶה רֶוַח וְהַצָּלָה וְשָׂשׂוֹן וְשִׂמְחָה. אָמֵן, כֵּן יְהִי רָצוֹן.

פרק ו

הַבָּא לִטָּהֵר מְסַיְּעִין אוֹתוֹ [שַׁבָּת קד, א]. הָעִנְיָן הוּא, כְּשֶׁהָאָדָם הוֹלֵךְ לְהַמְצִיא אֵיזֶה מִצְוָה לַעֲשׂוֹתָהּ, אוֹ כְּשֶׁהוֹלֵךְ בַּדֶּרֶךְ וְעוֹסֵק בַּתּוֹרָה, אַף שֶׁהוּא יְחִידִי, אֲזַי אֵיזֶה נְשָׁמוֹת מִתְחַבְּרִים עִמּוֹ, כִּדְאִיתָא בְּזֹהַר בְּרֵאשִׁית [בְּהַקְדָּמָה, דַּף ה, א] - רַבִּי אֶלְעָזָר הֲוָה אָזֵיל לְמֶחֱמֵיהּ לְרַבִּי יוֹסֵי בֶּן לָקוֹנְיָא, חָמוֹי דְּרַבִּי אֶלְעָזָר, וְרַבִּי אַבָּא בַּהֲדֵי, וַהֲוָה טָעִין חַד גַּבְרָא אַבַּתְרַיְהוּ. אָמַר רַבִּי אַבָּא - נִפְתַּח פִּתְחִין דְּאוֹרַיְתָא, דְּהָא שַׁעְתָּא וְעִדָּנָא הוּא לְאִתְתַּקְּנָא בְּאוֹרְחִין. וּפָתְחוּ פִּיהֶם בְּחִדּוּשֵׁי תּוֹרָה, וְהַהוּא גַּבְרָא טָעִין אַבַּתְרַיְהוּ, וְגִלָּה לָהֶם כַּמָּה רָזִין דְּאוֹרַיְתָא. אָתוּ רַבִּי אֶלְעָזָר וְרַבִּי אַבָּא וּנְשָׁקוּהוּ לֵיהּ, וַאֲמַרוּ לֵיהּ - מָאן אַנְתְּ דְּאָזִיל וְכָל חָכְמְתָא דָּא אִית תְּחוֹת יָדָךְ, וְאַתְּ טָעִין אַבַּתְרָן, וְהֵשִׁיב לָהֶן - רַבּוֹתַי, לָא תִּשְׁאֲלוּן לִי מָאן אֲנָא, אֶלָּא נֵזִיל וְנִתְעַסֵּק בְּאוֹרַיְתָא. וְגִלָּה לְהוּ סוֹדוֹת וְרָזִין. אֲמַרוּ לֵיהּ - מָאן יָהִיב לָךְ לְמֵיזַל הָכָא וּלְמֶהֱוֵי טָעִין בְּחַמְרֵי וְכוּ', חֲדוּ רַבִּי אֶלְעָזָר וְרַבִּי אַבָּא וּבָכוּ וַאֲמַרוּ לֵיהּ - זִיל רָכִיב, וַאֲנָא נִטְעַן אַבַּתְרָךְ. אָמַר לְהוּ - פִּקּוּדָא דְּמַלְכָּא אִיהוּ. אֲמַרוּ לֵיהּ - הָא שְׁמָךְ לָא אֲמַרְתְּ לָן, אֲתַר בֵּית מוֹתְבָךְ מַאי אִיהוּ, אָמַר לְהוֹן, אֲתַר בֵּית מוֹתְבִי הוּא טָב, וְאִיהוּ מִגְדַּל הַר, שֶׁדָּר בְּהַהוּא מִגְדְּלָא הַקָּדוֹשׁ בָּרוּךְ הוּא וְחַד מִסְכֵּנָא [רָצָה לוֹמַר - הַקָּדוֹשׁ בָּרוּךְ הוּא וּמָשִׁיחַ, שֶׁנִּקְרָא - עָנִי[4] וְרוֹכֵב עַל הַחֲמוֹר], וְדָא הוּא אֲתַר בֵּית מוֹתְבִי, וּסְלֵיקְנָא מִתַּמָּן, וַאֲנָא טָעִין חַמְרָא.

בָּכוּ רַבִּי אֶלְעָזָר וְרַבִּי אַבָּא וּנְשָׁקוּהוּ וְאָזְלוּ, וְגִלָּה לָהֶם עוֹד סוֹדוֹת, עַיֵּן שָׁם בַּזֹּהַר [דַּף ו, א - ז, א], וְנָפְלוּ רַבִּי אֶלְעָזָר וְרַבִּי אַבָּא עַל פְּנֵיהֶם. אַדְּהָכֵי וְהָכֵי לָא חָמוּ לֵיהּ לְהַאי גַּבְרָא, וְאִסְתַּכְּלוּ לְכָל סִטְרִין, וְלָא חָמוּ לֵיהּ. יָתְבוּ וּבָכוּ וְלָא יָכְלוּ לְמַלָּלָא דָּא לְדָא שַׁעְתָּא חֲדָא. לְבָתַר הָכֵי אָמַר רַבִּי אַבָּא - וַדַּאי הָא דִּתְנֵינָן דְּכָל אוֹרְחָא דְּצַדִּיקַיָּא אָזְלִין וּמִלֵּי דְּאוֹרַיְתָא בֵּינַיְהוּ, אָז צַדִּיקִים אָתְיָן מֵעוֹלָם הָעֶלְיוֹן לְגַבַּיְהוּ, וַדַּאי דָּא הוּא רַב הַמְנוּנָא סָבָא, דְּאָתָא לְגַבָּן מֵהַהוּא עָלְמָא לְגַלָּאֵי לָן מִלִּין אִלֵּין, וְאַחַר כָּךְ אִתְכַּסֵּי מִנָּן. עַד כָּאן לְשׁוֹנוֹ.

אִם כֵּן הָא רְאָיָה, שֶׁנִּשְׁמָתָן שֶׁל צַדִּיקִים מִתְחַבְּרִין לְעוֹשֵׂי מִצְוָה וְעוֹסְקֵי בַּתּוֹרָה. וּכְלָל זֶה נְקֹט בְּיָדָךְ, שֶׁכָּל הִרְהוּר טוֹב וּמַחֲשָׁבָה טוֹבָה עוֹשָׂה פְּעֻלָּה לְעוֹרֵר עָלָיו הֶאָרַת הַקְּדֻשָּׁה הָעֶלְיוֹנָה, וְכָל שֶׁכֵּן בְּדִבּוּר פֶּה טוֹב, כְּגוֹן הַהוֹלֵךְ בַּדֶּרֶךְ וְעוֹסֵק בַּתּוֹרָה, אָז יֵשׁ תּוֹעֶלֶת לְהַנְּשָׁמוֹת הַנִּדָּחוֹת, כִּי יֵשׁ נְשָׁמוֹת אֲשֶׁר הֵן נִדָּחִים, וּמִתְגַּלְגְּלִין וּמִתְדַּבְּקִין בַּעֲשָׂבִים וּבְפֵרוֹת הָאָרֶץ וּבְפֵרוֹת הָאִילָן, וְכֵיוָן שֶׁהָאָדָם מְבָרֵךְ עַל הַפְּרִי אוֹ עוֹסֵק בְּדִבְרֵי תּוֹרָה, עַל יְדֵי דִּבּוּרוֹ הַטּוֹב, הַנְּשָׁמוֹת הָאֵלּוּ מִתְלַבְּשׁוֹת בָּהֶן, וְיוֹצְאִים

---

[4] זכריה ט ט

מִמַּאֲסַר הַגִּלְגּוּל.

וְגַם יֵשׁ לִלְמֹד מֵהַזֹּהַר הַנִּזְכָּר לְעֵיל, כִּי גָּדוֹל הוּא מִצְוַת הִתְחַבְּרוּת תַּלְמִידֵי חֲכָמִים, לְהִתְלַוּוֹת עִמָּהֶם בַּדֶּרֶךְ וְלִשְׁמֹעַ דִּבְרֵי תּוֹרָה מִפִּיהֶם, כִּי שְׁכִינָה שׁוֹרָה בֵּין אֲנָשִׁים כְּשֵׁרִים בְּחַיֵּיהֶן וּלְאַחַר מִיתָתָן. וּכְבָר מָצִינוּ בַּדּוֹרוֹת הָרִאשׁוֹנִים, אֲשֶׁר הָיוּ מַקְפִּידִים בִּקְבוּרָתָם, אֵיזֶה מָקוֹם יִהְיֶה מְקוֹם מְנוּחָתָם, וּכְמוֹ שֶׁאָמַר יַעֲקֹב אָבִינוּ עָלָיו הַשָּׁלוֹם [בְּרֵאשִׁית מז, ל] - וְשָׁכַבְתִּי עִם אֲבוֹתַי וּקְבַרְתַּנִי בִּקְבוּרָתָם. וְהָעִנְיָן כִּי הַנְּשָׁמוֹת שֶׁל בְּנֵי אָדָם מְעוֹפְפִים עַל הַקֶּבֶר, וּבְכָל לַיְלָה מוֹדִיעִין רָזִין דְּאוֹרָיְתָא לְהַנְּפָשׁוֹת מִלְּמַעְלָה, מִישִׁיבָה שֶׁל מַעְלָה. וְאִיתָא **בְּסֵפֶר חֲסִידִים** [סִימָן תשה], בְּצַדִּיק אֶחָד שֶׁהָיָה קָבוּר בֵּין אֲנָשִׁים רְשָׁעִים, וְהָיָה בָּא בְּכָל לַיְלָה בַּחֲלוֹם לְאוֹהֲבָיו וּקְרוֹבָיו, וְצָעַק לָהֶם בְּקוֹל בֶּכִי שֶׁיּוֹצִיאוּהוּ מִשָּׁם. וְאָמַר אוֹתוֹ הַצַּדִּיק טַעַם לָזֶה, כִּי בַּעֲבוּר אֲשֶׁר סְבִיבוֹתָיו הֵן רְשָׁעִים, מוֹנְעִים מִלְּהוֹדִיעַ לוֹ סוֹדֵי הַתּוֹרָה, וְנַפְשׁוֹ יְבֵשָׁה בִּלְתִּי לַחְלוּחִית. וְלֹא הָיָה לִקְרוֹבָיו מְנוּחָה מִמֶּנּוּ, עַד שֶׁהֻכְרְחוּ לְהוֹצִיא אוֹתוֹ מִן אוֹתוֹ הַקֶּבֶר וְלִקְבֹּר אוֹתוֹ בְּמָקוֹם אַחֵר.

וְעַל כֵּן הַחֲסִידִים הָרִאשׁוֹנִים שֶׁבְּאֶרֶץ יִשְׂרָאֵל הָיוּ נוֹהֲגִין לִקְנוֹת לָהֶם קֶבֶר בְּבֵית הַחַיִּים, בִּהְיוֹתָם בַּחַיִּים חַיֵּיהוֹן, אֵצֶל אֲנָשִׁים כְּשֵׁרִים הַיְדוּעִים לָהֶם שֶׁהָיוּ צַדִּיקִים. וְגַם הָיוּ נוֹהֲגִין, שֶׁהָיוּ מִתְפַּלְּלִין שָׁם בְּאוֹתוֹ מָקוֹם, וְהָיוּ אוֹמְרִים עָלָיו קְצָת דִּבְרֵי תּוֹרָה, וְהָיוּ נוֹדְרִין שָׁם לִתֵּן צְדָקָה, וּבָזֶה הָיוּ מְטַהֲרִין וּמְקַדְּשִׁין הַמָּקוֹם, שֶׁהָיָה מוּכָן לָהֶם שָׁם לְהַקֶּבֶר. וּמֵחֲמַת קְדֻשָּׁה הַהִיא הָיוּ גּוֹרְמִין שֶׁלֹּא לְהִתְקָרֵב הַסִּטְרָא אַחֲרָא אַחַר מוֹתָם שָׁם. וְגַם מָצִינוּ בֶּחָסִיד רַבִּי עַמְרָם, כִּדְאִיתָא כָּאן בִּלְשׁוֹן אַשְׁכְּנַז [וְהוּבָא בְּמַעֲשֶׂה בּוּךְ. עַיֵּן שָׁם].

[אלזו גפינטן מיר איין מעשה החסיד ר' עמרם ז"ל קעלין שטיט דאש מעשה אין מעשה בוך] דז ווילאיך דא בקיצור שרייבן אלז אי ער גשטארבין מיז האט ער צוואה גיטאן דש מען אין זאל מין איין ארון טון אונ' זאל אים מין איין קלייני שיף טואן דען ער האט זועלין ליגן בייא זייני אבות.

וויא ער נון גשטארבין איז אלזו טעטין זייני תלמידים אים אין איין ארון אונ' ליגן אים אין איין שיף אויף דען באך ריין. אונ' שיקן קיין בן אדם מיט נאר איין בריב שריבן זיא דז דאש מת איז הגאון ר' עמרם - דא גינג דאש שיף אליינט וואשר אויף דען באך ריין פון קעלין ביז ק"ק מענץ דען אין ק"ק מענץ איז זיין פאטר אונ' מוטר גלעגן אויף דען בית חיים בייא הקבר של ר' יהודה החסיד ז"ל.

וויא נון קומן איז וואשר אויף דאש שיף אליינט צו גין דא פער וואונדרן זיך דיא גנצי שטאט לייט אונ' זאגט איינר צום אנדרין דש מוז איין גרוש זיין וואש דא גשיכט דש איין שיף זאל וואשר אויף אליין גין אונ' איצונדרט זאל זיך דרש שיפליין אליין

שטעלין אין מיטין וואשר פֿון באך ריין אונ' דיא שילט וואך גיט אהין צו דען הערין קורפֿירשט הגמון פֿון מענץ אונ' זאגין אים דיא זאך.
דא גיביאט דער הגמון אויף זייני שיף לייט זיא זאלין פֿארין אויף אירי שיף אונ' זאלין ברענגין דש שיף וואש אליינט וואשר אויף דען באך רינוס איז קומין וויא דיא שיפֿר פֿארין צו דען שיף וואו ר' עמרם דרינין וואר דא גינג דאש שיף צו רוק אונ' קענטן ניט צו קומין צו דען שיף פֿון דען ארון דז החסיד ר' עמרם דרינן ליגט. דא זאגט דער קורפֿירשט דאש מאג איין יהודי זיין אונ זאגט צו זייני קנעכֿט גיא גשווינד צו דיא יהודים דאש זיא זאלין קומין צו מיר דען פֿיל לייכֿט מאג עז איין יהודי זיין אין דען שיף אונ' וועלט גערין ליגן אויף דען בית חיים פֿון מענץ. דא גינגין פֿיל יהודים ארויש צו דען באן רינוס וויא דיא יהודים זיינן קומין דא קומט דש שיפֿליין אליינט צום בארטין דא נעמין דיא יהודים דען צדיק וחסיד ר' עמרם מיט דען שיף צו זיך אונ' גפֿינן איין בריבֿ דש זייני תלמידים האבין גשריבן דז דאש מת איזט גיוועזן רב עמרם. איזט דרינן אין דען בריבֿ גישטאנדין
מייני ברידר אונ' גיזעלין וואש וואנן אין קהל מענץ זולט וישן דש איך קום צו אייך דען מיין נשמה איז מיר אויש גיגאנגין אין דיא שטאט קעלוניא אונ' איך ביט דאש איר מיך זאלט ביגראבין בייא מיין פֿאטיר אונ' מוטר אירם קבר אין ק"ק מענץ.
וויא דער הגמון זיכֿט דש שיף קומט צו דיא יהודים דא שווייג ער שטיל אונ' לאזט ערשט ארויש נעמין דען חסיד רב עמרם אויש דאש שיף. אונ' וויא דיא יהודים פֿון מענץ האבין דען ארון מיט דען מת אויף דען בארטין גיבראכֿט דא וואלטין זיא אין אנויש טראגין אויף דען קברות צו ליגן אים בייא זיין פֿאטר אונ' מוטר וויא זיין צוואה איזט גיוועזן. דא גביטט דער הגמון דש מען דען ארון מיט המת ניט פֿאלגין זאל לאזין אונ' דיא גאנצי שטט לייט ערילים פֿר זאמלין זיך אונ' נעמין מיט גיוואלט אוועק דש מת דען חסיד רב עמרם אונ' שטעלין איין גרושא שמירה דער בייא דש מען צו דען חסיד קיין יהודי דארף צו טרעטין.
אזו ווערין דיא יהודים זער טראויריג אונ' וויישן פֿר גרושין צער ניט וואש זיא טאן זאלין וויא זיא דען חסיד רב עמרם צו זיך גריגן מיט הערילים. אונ' דען הגמון ואנשי העיר מענץ דיא בורגרייא לאזין בייא דען באך ריין איין גרוש בנין באויאן צו איר בית תפֿילתם אונ' האבין איין גרושין טורין גיבאויט אונ' אויף דען היינטיגין טאג היישט מן אין עמרם טורין. אבר הקהל יהודים האבין מיט גאט הילף איין חכמה גיברויכֿט דז זיא דען חסיד רב עמרם מציל האבין גיוועזין דען דער חסיד האט זיא קיין מנוחה גלאזין ביז זיא האבין אין מציל גיוועזין אונ' צום ערשטן האבין זיא פֿיל מעות שחדים וועלין געבין אבר האט ניקש

גיהאלפין.

דא האבין בחורים ובעלי בתים וואש דען חסיד רב עמרם זייני הלמידים זיינן גיוועזן אונ' הלטין איין עצה מיט אננדר אונ' גינגין בייא דער נאכֿט פֿר דען מקום אונ' שניידן אב פֿון דער תלייה איין גנב וואש אויף דען גלגין גיהענקט האט אונ' טראגין דען פגר דען גנב צו דען טארין אונ' האבין אין תכריחים אן גיטאן אונ' הש"י האט אויף דיא שמירה איין שלוף גשיקט דז זיא שטארק גשלופֿין האבין.

דא נעמין זיא ארויז אויז דען ארון דען חסיד רב עמרם ז"ל אור ליגין דען גנב פֿון גלגין אניין. אונ' גין אויף דען בית חיים אונ' בגראבין דען חסיד בייא זיינה עלטרין וויא ער צוואה האט גיטאן אונ' דיא ערילים ווייסין ניקש עד היום הזה פֿון דער זך אונ' מיינין נאך דז דער חסיד זולט ליגן אין דען טורין וואש זיא גיבאויט האבין ע"כ.

וְזֶהוּ רְאָיָה אִם יֵשׁ קְפֵדָא אֶל הָאָדָם לְאַחַר מִיתָתוֹ בְּמָקוֹם חֲנָיָתוֹ וּשְׁכוּנָתוֹ, קַל וָחֹמֶר שֶׁיִּהְיֶה בְּחַיִּים חַיּוּתוֹ בַּחֲבוּרָה טוֹבָה, כְּמִנְהַג אַנְשֵׁי יְרוּשָׁלַיִם [סַנְהֶדְרִין כד, א] - שֶׁלֹּא הָיוּ יוֹשְׁבִין בְּדִין וּבִסְעֻדָּה, עַד שֶׁיָּדְעוּ מִי מֵסֵב עִמָּהֶם, כִּי הַרְבֵּה רָעוֹת נִמְשְׁכוּ בִּמְסִבַּת הַקַּלִּים, כִּי שָׁם הֵם מְדַבְּרִים רְכִילוּת וְלֵיצָנוּת, וּבִפְרָט בֵּין זוֹלְלִים וְסוֹבְאִים אֲשֶׁר אֵינָם הֲגוּנִים.

וְיֹאמַר - יְהִי רָצוֹן שֶׁתַּצִּילֵנִי הַיּוֹם מֵאָדָם רָע וּמִפֶּגַע רָע וּמֵחָבֵר רָע, כְּדֵי שֶׁלֹּא לְהִשְׁתַּתֵּף עִם אֲנָשִׁים רָעִים וּמֵחֶבְרַת קֶשֶׁר בּוֹגְדִים, הַמִּתְחַבְּרִים יַחַד לֵילֵךְ בְּדִבְרֵי רִיבוֹת וּקְטָטוֹת, וְהֵמָּה מְלֵאִים חֲרָבוֹת חִצִּים שְׁנוּנִים וְגַחֲלֵי רְתָמִים, בִּקְלָלוֹת נַחֲרָפוֹת וְגִדּוּפִים, וְאֵשׁ שֶׁל גֵּיהִנָּם בּוֹעֵר בְּקִרְבָּם לְחַרְחֵר רִיב וּמָדוֹן, וְכָל מַחְשְׁבוֹתָם הוּא לְרַע, וַאֲפִלּוּ בִּהְיוֹתָם בְּבֵית הַכְּנֶסֶת, הֵם מְלֵאִים מִרְמָה עַל אֲנָשִׁים כְּשֵׁרִים הַהוֹלְכִים בְּדַרְכֵי ה', אֵיךְ לְהַמְצִיא טַצְדְּקָאוֹת וְתַחְבּוּלוֹת לְהָרַע לָהֶם. אוֹי לָהֶם וּלְנַפְשׁוֹתָם, כִּי פִּתְאֹם יָבוֹא יוֹמוֹ אֲשֶׁר יֵהָפֵךְ עָלָיו הַגַּלְגַּל, וְהַדִּינִים יִתְגַּבְּרוּ עֲלֵיהֶם שֶׁיֵּרְדוּ מִנִּכְסֵיהֶם, וְיִהְיוּ לְבוּז וְלִכְלִמָּה, וְלֹא יִהְיֶה לוֹ חוֹנֵן וְחוֹמֵל בַּעֲבוּר גְּזֵרוֹת רָעוֹת מֵה' יִתְבָּרֵךְ. וְהַיָּרֵא וְהֶחָרֵד לִדְבַר ה', יִרְחַק מֵהֶם וּמֵאֲסֵפָתָן וּמִקּוֹל הֲמוֹנָם, וְלֹא יִשְׁמַע לְקוֹל עֲצָתָם, וְלֹא יֵלֵךְ עִמָּהֶם, וּמִכָּל שֶׁכֵּן שֶׁלֹּא לְדַבֵּק עִמָּהֶם, רַק יִרְאֶה לְדַבֵּק בְּאַהֲבַת ה' וּלְדַבֵּק בַּאֲנָשִׁים יְרֵאִים וַחֲרֵדִים לִדְבַר ה', אֲשֶׁר מֵהֶם יִלְמְדוּ דֶּרֶךְ הַחַיִּים, וַעֲלֵיהֶם נֶאֱמַר [דְּבָרִים ד, ד] - וְאַתֶּם הַדְּבֵקִים בַּה' אֱלֹהֵיכֶם חַיִּים כֻּלְּכֶם הַיּוֹם.

פרק ז

נְתָנַנִי שֹׁמֵמָה כָּל הַיּוֹם דָּוָה [איכה א, יג], וְדָרְשׁוּ רַבּוֹתֵינוּ זִכְרוֹנָם לִבְרָכָה, דְּקָאֵי עַל הַשְּׁכִינָה, שֶׁצּוֹעֶקֶת עַל בַּעֲלֵי הַגַּאֲוָה, אוֹתָן שֶׁמַּאֲרִיכִין גָּלוּת הַשְּׁכִינָה. וְזֶהוּ שֶׁאָמַר הַכָּתוּב [דָּנִיֵּאל י, ח] - וְהוֹדִי נֶהְפַּךְ עָלַי לְמַשְׁחִית. וְעוֹשִׂין מִתֵּבַת **הוֹד** - **דָּוָה**. וּבְקִצּוּר דְּבָרִים אֵלּוּ, יִתְבּוֹנֵן הָאָדָם עַד הֵיכָן גּוֹרֵם רָעָה בְּמִדַּת הַגַּאֲוָה. עַל כֵּן יָשִׂים הָאָדָם אֶל לִבּוֹ, שֶׁלֹּא לְחִנָּם אָמְרוּ רַבּוֹתֵינוּ זִכְרוֹנָם לִבְרָכָה [סוֹטָה ד, ב] - כָּל הַמִּתְגָּאֶה כְּאִלּוּ עוֹבֵד עֲבוֹדָה זָרָה, וּבְוַדַּאי הָעִנְיָן הוּא בַּעֲבוּר שֶׁאָדָם מְשַׁעְבֵּד וּמוֹסֵר נַפְשׁוֹ וְנִשְׁמָתוֹ בְּיַד הַחִיצוֹנִים תַּקִּיפִין, וּבְקֹשִׁי אֲשֶׁר יוּכַל לְהִפָּרֵד מֵהֶם, וְעַל יְדֵי כֵן הוּא מָסוּר תַּחַת אֱלֹהִי"ם אֲחֵרִים, רַחֲמָנָא לִצְּלַן. עַל כֵּן יִרְאֶה הֶחָכָם - וְיֶחְכַּם, וְיָשִׂים לִבּוֹ לְהָבִין וּלְהַשְׂכִּיל הֶעָוֹן וְהָעֹנֶשׁ.

בַּמֶּה יִתְגָּאֶה, אִם יִתְגָּאֶה בְּעֹשֶׁר, הֲלֹא הַקָּדוֹשׁ בָּרוּךְ הוּא אָמַר [חַגַּי ב, ח] - לִי הַכֶּסֶף וְלִי הַזָּהָב, נְאֻם ה' צְבָאוֹת. וּבְיָדוֹ יִתְבָּרֵךְ לָקַחַת הָעֹשֶׁר כְּהֶרֶף עַיִן. כְּמוֹ שֶׁרָאִינוּ שֶׁכַּמָּה עֲשִׁירִים נֶהֶרְגוּ בַּעֲבוּר עָשְׁרָם, שֶׁנָּתְנוּ עֲלֵיהֶם הָאוֹרְבִים עֵינֵיהֶם לִרְדֹּף אַחֲרֵיהֶם, וְהִכּוּ אוֹתָן מַכּוֹת מָוֶת וְיִסְּרוּ אוֹתָן בְּיִסּוּרִים קָשִׁים, עַד שֶׁיָּצְאָה נִשְׁמָתָן מִכֹּחַ הַהַכָּאוֹת וּפְצָעִים, וּמֵהֶם - גַּם קְבוּרָה לֹא הָיְתָה לָהֶם. וְזֶהוּ עִנְיָן רַע לָהֶם, כִּי רָאִינוּ בְּחוּשׁ שֶׁהַרְבֵּה אֲנָשִׁים הָלְכוּ בְּזֶה הַדֶּרֶךְ, וְאֵין שָׂטָן וְלֹא שׁוּם פֶּגַע רָע מַגִּיעַ אֲלֵיהֶם, רַק לָזֶה הֶעָשִׁיר הַנֶּאֱבָד בְּעָשְׁרוֹ, בַּר מִנַּן.

וְלָמָּה לֹא יָשִׂים הָאָדָם אֶל לִבּוֹ, כִּי הַרְבֵּה אֲנָשִׁים שֶׁטָּרְחוּ וְיָגְעוּ, לֹא נָתְנוּ שֵׁנָה לְעֵינֵיהֶם, בַּיּוֹם אֲכָלָם הַחֹרֶב, וְקֶרַח בַּלַּיְלָה, וְהוֹלְכִים בַּחֹשֶׁךְ, בַּגֶּשֶׁם וּבַשֶּׁלֶג, עַד אֲשֶׁר עָלְתָה בְּיָדָם לְהַשִּׂיג אֵיזֶה קֶרֶן לְמֵאָה אוֹ לְאֶלֶף אוֹ יוֹתֵר, וְזֶהוּ הָעֵת אֲשֶׁר צָרִיךְ לִשְׂמֹחַ בְּחֶלְקוֹ וּלְפַנֵּק בִּיגִיעַ כַּפּוֹ, וּפֶתַע פִּתְאֹם בָּא אֵלָיו הַמָּוֶת, וּמֻכְרָח לְהִפָּרֵד מִכֹּל וָכֹל, וְהוּא הוֹלֵךְ לְעוֹלָמוֹ, שָׁבִיק לַאֲחֵרִים כָּל עָשְׁרוֹ מַה שֶּׁטָּרַח בְּטָרְחָתוֹ, וְהָיָה מְאַסֵּף מָמוֹן וְקִבֵּץ פְּרוּטָה יָד עַל יָד, עַד שֶׁהֱבִיאוֹ לְסַךְ מְסֻיָּם בְּזֵעַת אַפּוֹ, וְעָזַב לַאֲחֵרִים בְּיַד אִישׁ אַחֵר.

וְלִפְעָמִים אִשְׁתּוֹ נוֹטֶלֶת מָמוֹנוֹ עֲבוּר כְּתֻבָּתָהּ, וְאַחַר מִיתָתוֹ הִיא נִשֵּׂאת לְאִישׁ אַחֵר, וְנוֹתֶנֶת לוֹ כָּל הַמָּמוֹן שֶׁלָּהּ, וּבָנָיו הוֹלְכִין יְחֵפִים, וּבְגָדִים שֶׁלָּהֶם הֵמָּה קְרוּעִים וּבְלוּיִים, וְאֵין לְבָנָיו שׁוּם הֲנָאָה מִמָּמוֹן אֲבִיהֶם. וְהֵמָּה רוֹאִים שֶׁאִמָּם יוֹשֶׁבֶת וְאוֹכֶלֶת וְשׁוֹתָה עִם אִישׁ אַחֵר, וּמִתְעַנֶּגֶת עִם בַּעְלָהּ הַשֵּׁנִי, וְהַיְתוֹמִים מִבַּעְלָהּ הָרִאשׁוֹן הֵמָּה יוֹשְׁבִים בֵּין תַּנּוּר לְכִירַיִם, וּמַבִּיטִים וְצוֹפִים וְרוֹאִים שֶׁאִמָּם יוֹשֶׁבֶת וּמִתְעַדֶּנֶת בְּבָשָׂר וְיַיִן וּשְׁאָר מַעֲדַנִּים, וְהַלְוַאי יַשִּׂיג לָהֶם שִׁיּוּרֵי מַאֲכָלֶיהָ. וְהַבָּנִים - אוֹי אוֹי תִּתְאַנֵּחַ לִבָּם עַל זֶה, וְאוֹמְרִים זֶה לָזֶה - הֲלֹא כָּל הָעֹשֶׁר וְהַמָּמוֹן מֵאָבִינוּ הָיָה, וְאֵין בְּיָדֵינוּ לְהַצִּיל.

וְאִם כֵּן, אִם יִזָּכֵר הָאָדָם עַל מִדָּה הַזֹּאת, אֲשֶׁר יוּכַל קָרוֹב לַעֲשׂוֹת כֵּן

בִּגְזֵרַת הַמֶּלֶךְ מַלְכֵי הַמְּלָכִים, הַקָּדוֹשׁ בָּרוּךְ הוּא, וְכַאֲשֶׁר שֶׁבְּעֵינַי רָאִיתִי, שֶׁהַרְבֵּה יְלָדִים שֶׁנִּתְגַּדְּלוּ בְּתַעֲנוּגִים, וְנֶהְפַּךְ עֹנֶג לְנֶגַע וְצָרוֹת וּתְלָאוֹת, וְאַחַר מוֹת אֲבִיהֶם הוֹלְכִים וְצוֹעֲקִים עַל קֶבֶר אֲבִיהֶם, וְאֵין מוֹשִׁיעַ לָהֶם, כִּי הַמֵּתִים טְרוּדִים לִתֵּן דִּין וְחֶשְׁבּוֹן עַל הַחֲטָאִים וּפְשָׁעִים. כָּל זֶה יָשִׂים הָאָדָם אֶל לִבּוֹ, וּבְוַדַּאי אַל יִתְגָּאֶה בְּעָשְׁרוֹ.

וְאִם הוּא חָכָם, שֶׁמִּתְגָּאֶה בְּחָכְמָתוֹ, יַחְשֹׁב בְּלִבּוֹ - הֲלֹא כַּמָּה חֲכָמִים נִלְכְּדוּ בְּחָכְמָתָם, וְיוֹתֵר מֵאֲשֶׁר הִתְבּוֹנְנוּ לְהִתְחַכֵּם, נָפְלוּ בִּמְצוּדָה רָעָה עַל יְדֵי דִּבּוּר קַל בְּפַח יָקוּשׁ, אֲשֶׁר לֹא יָכְלוּ קוּם, כְּמוֹ שֶׁאֵרַע לְהַרְבֵּה בְּנֵי אָדָם, אֲשֶׁר רָצוּ לְהִתְחַכֵּם בְּמַעֲנֶה לְשׁוֹנָם לִפְנֵי מְלָכִים וְשָׂרִים, וְאַחַר כָּךְ נִלְכְּדוּ בְּדִבּוּר קַל, עַד אֲשֶׁר נִלְכְּדוּ בְּרָעָה גְּדוֹלָה בְּאֵין תְּרוּפָה. וְאוֹתָן בְּנֵי אָדָם שֶׁעוֹשִׂין עַצְמָן לְאַיִן, וְאָמְרוּ בְּזֶה הַלָּשׁוֹן - **אֵינִי יוֹדֵעַ** - הֵם נִכְנְסוּ בְּשָׁלוֹם.

וְאִם כֵּן, מַה יִּתְרוֹן לְהֶחָכָם בְּחָכְמָתוֹ, חָכְמַת עוֹלָם הַזֶּה, - הֲלֹא אֵין שׁוּם אָדָם נִזּוֹן וְנִתְפַּרְנֵס בְּחָכְמָה, רַק בְּסִבָּה אֲשֶׁר נָתַן לוֹ הַקָּדוֹשׁ בָּרוּךְ הוּא אֵיךְ לְהַמְצִיא מָזוֹן לְבֵיתוֹ, וְלֹא בְּהוֹנָאַת חֲבֵרוֹ. עַל כֵּן צָרִיךְ הָאָדָם לָשׂוּם אֶל לִבּוֹ, כִּי פִּתְאֹם יָבוֹא הַיּוֹם אֲשֶׁר תִּסְרַח חָכְמָתוֹ, הוּא הָעֵת אֲשֶׁר יִפֹּל לְמִשְׁכָּב, וְדַעְתּוֹ אֵינָהּ צְלוּלָה מֵחֲמַת כֹּבֶד הַחֹלִי, אֲשֶׁר נַעַר קָטָן יֶחְכַּם מִמֶּנּוּ, וְחָכְמָתוֹ לֹא תַּצִּילֶנּוּ מִמַּלְאַךְ הַמָּוֶת. הוֹי הוֹי, מַה יִּתְרוֹן לְחָכְמָה כָּזוֹ, עַל כֵּן יִרְאֶה הָאָדָם שֶׁלֹּא יִתְגָּאֶה בְּחָכְמָתוֹ.

וְאִם יִתְגָּאֶה הָאָדָם בְּלִמּוּד תּוֹרָתוֹ, אֲשֶׁר לִבּוֹ שָׁנוּן וְחָרִיף וְחָדוּד וּמְחֻכָּם בַּתּוֹרָה בְּעֹמֶק וָרֹחַב, וְאֵין לוֹ דִּמְיוֹן בְּמַחֲשַׁבְתּוֹ בַּדּוֹר הַזֶּה, וְלֹא יָבִין שֶׁיֵּשׁ בַּדּוֹר הַזֶּה לוֹמְדִים כְּמוֹתוֹ, וְגַם כֵּן בַּעֲלֵי תְּרִיסִין, בַּעֲלֵי יְשִׁיבָה - מִכָּל מָקוֹם נֶחְשְׁבוּ הֵמָּה כְּנֶגֶד תַּנָּאִים וְאָמוֹרָאִים, חַכְמֵי הַתַּלְמוּד, לִקְלִפּוֹת הַשּׁוּם, וּבִמְקוֹם גְּדֻלָּתָן שָׁם הָיָה עַנְוְתָנוּתָן, כַּאֲשֶׁר מְבֹאָר בְּכַמָּה מְקוֹמוֹת בַּתַּלְמוּד וּבַמִּדְרָשׁ מִגֹּדֶל עַנְוַת רִאשׁוֹנִים וְקַדְמוֹנִים, וּבַעֲבוּר זֶה זָכוּ לְכֶתֶר תּוֹרָה. וְאִם חַס וְשָׁלוֹם מִתְגָּאֶה הָאָדָם בְּלִמּוּדוֹ, הֲרֵי הוּא נוֹתֵן כֹּחַ לְסִטְרָא אָחֳרָא, וְכָל סִטְרָא דִּקְדֻשָּׁה בּוֹרְחִים מֵעָלָיו.

וְאִיתָא בְּסֵפֶר **גִּבְעַת הַמּוֹרֶה** - מַעֲשֶׂה בְּחָסִיד אֶחָד שֶׁהָלַךְ בַּדֶּרֶךְ, וְנִזְדַּמֵּן שֶׁהָלַךְ עִמּוֹ אֵלִיָּהוּ הַנָּבִיא זָכוּר לַטּוֹב, וּפָגְעוּ בִּנְבֵלָה אַחַת מֻשְׁלֶכֶת בַּדֶּרֶךְ, וְהָיְתָה הַנְּבֵלָה מַסְרַחַת סִרְחוֹן גָּדוֹל, עַד שֶׁהֵנִּיחַ הֶחָסִיד יָד לְחָטְמוֹ מִפְּנֵי הַסִּרְחוֹן. וְאֵלִיָּהוּ הַנָּבִיא הָלַךְ קָרוֹב לְהַנְּבֵלָה, וְלֹא חָשׁ כְּלָל. עַד דַּהֲווּ אָזְלוּ, פָּגַע בָּהֶם אָדָם אֶחָד מֵרָחוֹק שֶׁהָלַךְ לִקְרָאתָם, וַהֲלִיכָתוֹ הָיָה בְּגַאֲוָה, וְהָיָה מִתְפָּאֵר וּמִתְיַהֵר, וּלְמֵרָחוֹק שָׂם אֵלִיָּהוּ הַנָּבִיא אֶת יָדוֹ לְחָטְמוֹ. וְשָׁאַל אוֹתוֹ הֶחָסִיד - מַדּוּעַ לֹא שָׂם אֲדוֹנִי יָדוֹ עַל חָטְמוֹ אֵצֶל הַנְּבֵלָה, וְהֵשִׁיב לוֹ אֵלִיָּהוּ הַנָּבִיא - זֶה הִסְרִיחַ יוֹתֵר מֵהַנְּבֵלָה, כִּי נְבֵלָה - כֵּיוָן שֶׁאָדָם נוֹגֵעַ בָּהּ, הוּא טָמֵא עַד הָעֶרֶב, אֲבָל הַנּוֹגֵעַ בְּזֶה הָאָדָם - מְקַבֵּל מִמֶּנּוּ טֻמְאוֹת חֲמוּרוֹת. עַד כָּאן לְשׁוֹנוֹ.

וְאִם כֵּן, זֶה הַכְּלָל, כִּי מִדַּת הַגַּאֲוָה הִיא מִדָּה גְּרוּעָה, מַרְבָּה קְטָטָה

וְקִנְאָה וְשִׂנְאָה וְלָשׁוֹן הָרָע וְכַעַס וּשְׁקָרִים וְלֵיצָנוּת. וְאִם תִּתְבּוֹנֵן בָּהּ, תִּרְאֶה שֶׁכָּל עֲבֵרוֹת שֶׁבַּתּוֹרָה כְּלוּלִין בָּהּ, וְהַפְּגָם שֶׁל הַגַּאֲוָה גָּדוֹל מְאֹד, אוֹי לוֹ וְאוֹי לְנַפְשׁוֹ מִי שֶׁהוּא רָגִיל לְהֵאָחֵז בָּהּ. וְאַשְׁרֵי הָאָדָם הַמִּתְדַּבֵּק בְּמִדַּת הָעֲנָוָה וְהַכְנָעָה. מִדָּה זוֹ נָאָה הִיא וּמְשֻׁבַּחַת, וּמְבִיאָה הָאָדָם לְחַיֵּי עוֹלָם הַבָּא, וּמַצֶּלֶת אוֹתוֹ מֵחִבּוּט הַקֶּבֶר, כִּי אֵין לְךָ מִדָּה הַמְטַהֶרֶת וּמְלַבֶּנֶת הָאָדָם הַגַּשְׁמִי כְּמוֹ מִדַּת הָעֲנָוָה, שֶׁהַחֹמֶר נַעֲשָׂה רוּחָנִי, וְגַם הַגּוּף שֶׁל הָאָדָם אֲשֶׁר כָּל יָמָיו הוֹלֵךְ בַּעֲנָוָה, מֵאִיר בַּקֶּבֶר כְּאוֹר הַבָּהִיר וּמְקַבֵּל הֶאָרָה מִקְדֻשָּׁה עֶלְיוֹנָה, וְזוֹכֶה לִשְׁמֹעַ סוֹדוֹת הַתּוֹרָה מִישִׁיבָה שֶׁל מַעְלָה, וְהַגּוּף עִם הַנֶּפֶשׁ מְאִירִים כַּחֲדָא, וְכָל זֶה עַל יְדֵי מִדַּת הָעֲנָוָה.

וְהַתַּנָּאִים וְרַבָּנִים וְאָמוֹרָאִים הָיוּ מְלֻמָּדִים בְּנִסִּים, וַאֲשֶׁר הָיָה מִתְגַּלֶּה עֲלֵיהֶם אֵלִיָּהוּ הַנָּבִיא, זָכוּר לַטּוֹב, וְהוֹפִיעַ עֲלֵיהֶם רוּחַ הַקֹּדֶשׁ, הַכֹּל הָיָה עַל יְדֵי מִדַּת הָעֲנָוָה, כִּי הֶעָנָו מוֹדֶה עַל הָאֱמֶת וּמְקַבֵּל תּוֹכָחָה, וְדִבּוּרוֹ בְּנַחַת, אָהוּב לְמַעְלָה וְנֶחְמָד לְמַטָּה.

עַל כֵּן צָרִיךְ הָאָדָם לְהִתְפַּלֵּל לִזְכּוֹת לְמִדָּה זוֹ, כְּמוֹ שֶׁכָּתַב הֶחָסִיד בְּסֵפֶר **שַׁלְהֶבֶת**, לוֹמַר אַחַר הַתְּפִלָּה קֹדֶם **יִהְיוּ לְרָצוֹן אִמְרֵי פִי** - רִבּוֹנוֹ שֶׁל עוֹלָם, זַכֵּנִי לְמִדַּת עֲנָוָה וּלְמִדַּת הַכְנָעָה, כְּדֵי שֶׁאֶהְיֶה מְקֻבָּל וּמְרֻצֶּה לָעָם. וְאַחַר כָּךְ יֹאמַר - יִהְיוּ לְרָצוֹן וְכוּ'. וּבֶאֱמֶת שֶׁצָּרִיךְ הָאָדָם לְהִתְגַּבֵּר בִּתְפִלָּתוֹ בִּבְכִי וְתַחֲנוּנִים לִפְנֵי הַקָּדוֹשׁ בָּרוּךְ הוּא, שֶׁיָּסִיר מִמֶּנּוּ מִדַּת הַגַּאֲוָה וְיִדְבַּק בְּמִדַּת הָעֲנָוָה, כִּי הָרֹב בַּעֲלֵי גַּאֲוָה מֵתִים בַּחֲצִי יְמֵיהֶם. וְהָעִנְיָן, בַּעֲבוּר שֶׁזֶּהוּ בְּוַדַּאי כָּל הַמִּתְגָּאֶה הוּא שָׂנוּאוּי בְּעֵינֵי הַבְּרִיּוֹת, כִּי זֶה הוּא עִנְיָן רַע בְּעֵינֵיהֶם הַמִּנְהָג שֶׁל בַּעַל גַּאֲוָה, וּמַמְשִׁיךְ עָלָיו שִׂנְאַת הַבְּרִיּוֹת, וְעַל יְדֵי זֶה יָכוֹל לְהוֹצִיא אוֹתוֹ מִן הָעוֹלָם, וְגַם אִם עָלְתָה לוֹ תַּאֲוָתוֹ לִהְיוֹת רֹאשׁ הַקָּהָל אוֹ מוֹרֶה צֶדֶק לַעֲדָתוֹ, אַךְ בַּעֲבוּר גַּאֲוָתוֹ כֻּלָּם נֶחְשָׁבִים לְאַיִן כְּנֶגְדּוֹ, וּמְזַלְזֵל בִּכְבוֹד הַבְּרִיּוֹת, אֲשֶׁר גַּם זֶה הוּא סִבָּה לְקִצּוּר יָמָיו וּשְׁנוֹתָיו, רַחֲמָנָא לִצְלַן.

וַעֲבֵרָה גוֹרֶרֶת עֲבֵרָה, שֶׁרְצוֹנוֹ תָּמִיד לִהְיוֹת מִן הַמְנַצְּחִין, וְלֹא מִן הַמִּתְנַצְּחִין - אֵין מַבְחִין בֵּין טוֹב לְרַע, בֵּין אִם הוּא יָשָׁר אוֹ לָאו, רַק לְהַעֲמִיד נִצּוּחוֹ, וּמְקַלְקֵל הַדִּינִים וּמְעַוֵּת הַמִּשְׁפָּטִים יְשָׁרִים. וְזֶה יָדוּעַ שֶׁהַטָּיַת הַדִּין מַטֶּה אֶת הָאָדָם בְּפִתְאֹם מִכַּף חַיִּים לְכַף הַמָּוֶת. וְעוֹד, בַּעֲבוּר הֱיוֹתוֹ בַּעַל גַּאֲוָה, מַרְחִיב פִּיו גַּם נֶגֶד תַּלְמִידֵי חֲכָמִים, שֶׁבָּאוּ לְהוֹכִיחַ אוֹתוֹ עַל דְּבָרָיו וּדְרָכָיו הַמְכֹעָרִים, וְכַאֲשֶׁר שֶׁהַחֵטְא הַזֶּה מָצוּי, בַּעֲווֹנוֹתֵינוּ הָרַבִּים, בְּהַרְבֵּה בְּנֵי אָדָם, וּבִפְרָט רָאשֵׁי וּפַרְנָסֵי הַקְּהִלּוֹת הוֹלְכִין וּמִתְגַּבְּרִין. עַד שֶׁבָּאוּ לִכְלָל מְצַעֲרֵי רַבָּנָן, וּפִתְאֹם נִכְוִים בְּגַחַלְתָּן וְעוֹבְרִים מִן הָעוֹלָם כְּצֵל עוֹבֵר. וְנוֹסָף עַל זֶה גַּם כֵּן הוּא בִּכְלַל מְצַעֵר רַבָּנָן לִמְשֹׁל עֲלֵיהֶם בְּכֹחַ.

וּבֹא וּרְאֵה, הַמְצַעֵר הַבְּרִיּוֹת, הֲרֵי הוּא מַכְנִיס עַצְמוֹ בְּסַכָּנוֹת גְּדוֹלוֹת, וְאַף הַמְצַעֵר אֶת הַבְּהֵמָה חַיָּה וְעוֹף יֵשׁ לוֹ עֹנֶשׁ, כִּי אֵין שׁוּם דָּבָר שֶׁאֵין

לוֹ מַזָּל, וְהַמַּזָּל שֶׁל הַמְּצַטֵּעֵר מְקַטְרֵג עָלָיו, וּמִכָּל שֶׁכֵּן שֶׁיֵּשׁ לָאָדָם עֹנֶשׁ גָּדוֹל הַמְצַעֵר תַּלְמִיד חָכָם.

וּבוֹא וּרְאֵה מַה שֶּׁהֵבִיא בַּעַל **הַחֲרֵדִים**, בְּאִישׁ חָשׁוּב תָּם וְיָשָׁר, שֶׁהִתְאַכְסֵן אֶצְלוֹ הַקָּדוֹשׁ הָאֲרִ"י, זִכְרוֹנוֹ לִבְרָכָה, וְעָשָׂה לוֹ כָּבוֹד גָּדוֹל. וְטֶרֶם נְסִיעָתוֹ שֶׁל אוֹתוֹ אִישׁ הַקָּדוֹשׁ, הָאֲרִ"י, זִכְרוֹנוֹ לִבְרָכָה, אָמַר לוֹ - מַה הַגְּמוּל אֲשֶׁר אֲשַׁלֵּם לְךָ בְּעַד הַחִבָּה הַגְּדוֹלָה שֶׁהֶרְאֵיתָ לִי, וַאֲנִי מוּכָן לְתַשְׁלוּם גְּמוּלְךָ הַטִּרְחָה שֶׁטָּרַחְתָּ בִּשְׁבִילִי.

וְהֵשִׁיב לוֹ הַבַּעַל הַבַּיִת, שֶׁהָיוּ לוֹ בָּנִים, וְאַחַר כָּךְ נַעֲשֵׂית אִשְׁתּוֹ עֲקָרָה, אוּלַי יַמְצִיא לוֹ תְּרוּפָה לְאִשְׁתּוֹ כְּבָרִאשׁוֹנָה. וְהֵשִׁיב לוֹ הָאֲרִ"י, זִכְרוֹנוֹ לִבְרָכָה, עִנְיַן הַסִּבָּה, שֶׁנַּעֲשֵׂית עֲבוּר הַסִּבָּה הַהִיא עֲקָרָה, וְגִלָּה לוֹ וְאָמַר לוֹ - הִנֵּה יָדוּעַ לְךָ, שֶׁהָיָה סֻלָּם קָטָן עוֹמֵד בְּבֵיתְךָ, שֶׁהָיוּ הַתַּרְנְגוֹלִים קְטַנִּים עוֹלִים וְיוֹרְדִים בּוֹ לִשְׁתּוֹת מַיִם בִּכְלִי שֶׁל מַיִם אֲשֶׁר הָיָה סָמוּךְ לַסֻּלָּם, וְהָיוּ שׁוֹתִים וּמְרַוִּים צִמָּאוֹנָם.

וּפַעַם אַחַת אָמְרָה אִשְׁתְּךָ לִמְשָׁרֶתֶת, שֶׁתָּסִיר הַסֻּלָּם מִשָּׁם, אַף כִּי לֹא הָיְתָה כַּוָּנָתָהּ לְצַעֵר אֶת הַתַּרְנְגוֹלִים, כִּי אִם מִטַּעַם אַחֵר - לִהְיוֹת הַבַּיִת נָקִי וּמֵאָז אֲשֶׁר הוּסַר הַסֻּלָּם, יֵשׁ לְהַתַּרְנְגוֹלִים צַעַר גָּדוֹל, שֶׁאֵינָן יְכוֹלִין הַתַּרְנְגוֹלִים לִפְרֹחַ כִּי הָיוּ עֲדַיִן קְטַנִּים, וְסָבְלוּ צִמָּאוֹן גָּדוֹל, וְעָלְתָה צִפְצוּפָם לִפְנֵי הַקָּדוֹשׁ בָּרוּךְ הוּא, הַמְרַחֵם עַל כָּל מַעֲשָׂיו, וְעַל יְדֵי כָּךְ נִגְזַר עָלֶיהָ לִהְיוֹת עֲקָרָה. וְהֶחֱזִיר הַבַּעַל הַבַּיִת הַסֻּלָּם לַמָּקוֹם הָרִאשׁוֹן, וַה' נָתַן לָהּ הֵרָיוֹן, וְחָזְרָה לָלֶדֶת כְּבָרִאשׁוֹנָה. הֲרֵי לְךָ, כִּי ה' יִתְבָּרֵךְ פּוֹקֵד וּמַשְׁגִּיחַ עַל כָּל בְּרִיָּה בְּרֹב רַחֲמָיו וַחֲסָדָיו, וּמְשַׁלֵּם לְהַמְצַעֲרִים אֶת הַבְּרִיּוֹת. וְעַל הַכֹּל צָרִיךְ הָאָדָם לִתֵּן דִּין וְחֶשְׁבּוֹן, וְאִם כֵּן צָרִיךְ הָאָדָם לִזָּהֵר שֶׁלֹּא לְצַעֵר אֶת חֲבֵרוֹ בְּחִנָּם.

בּוֹא וּרְאֵה, מַה דְּאִיתָא בְּפֶרֶק קַמָּא דַּחֲגִיגָה [ה, א] - מַאי דִּכְתִיב [קֹהֶלֶת יב, יד] - כִּי אֶת כָּל מַעֲשֶׂה הָאֱלֹהִי"ם יָבִא בְמִשְׁפָּט עַל כָּל נֶעְלָם, אִם טוֹב וְאִם רָע. - זֶה הָרוֹקֵק בִּפְנֵי חֲבֵרוֹ, וַחֲבֵרוֹ נִמְאָס בָּהּ.

וְאִיתָא **בְּסֵפֶר חֲסִידִים** [סִימָן מד] - מַעֲשֶׂה בְּחָסִיד, שֶׁהָיָה מְכַסֶּה כָּל הָרֻקִּים שֶׁהָיָה מוֹצִיא מִפִּיו, וְגַם כָּל הָרֻקִּין אֲשֶׁר יָדַע שֶׁיְּהוּדִי הוֹצִיאָן מִפִּיו, וְהָיָה כַּוָּנָתוֹ לְכַסּוֹת אֶת הָרֻקִּין, שֶׁלֹּא יָבוֹא אַחֵר וְיִרְאֶה הָרֹק וְיִמְאַס בּוֹ, וְלֹא יִמְחַל לְזֶה שֶׁהוֹצִיא מִפִּיו. עַד כָּאן.

וְאִם כֵּן, בּוֹא וּרְאֵה, עַד כַּמָּה דִּקְדְּקוּ חֲסִידִים הָרִאשׁוֹנִים בְּאַזְהָרָה שֶׁלֹּא לְצַעֵר אֶת חֲבֵרוֹ, כִּי הַרְבֵּה בְּנֵי אָדָם אֲשֶׁר לֹא נִזְהָרוּ בָּזֶה, וּבִפְרָט בַּדּוֹר הַזֶּה, אֲשֶׁר יַד עַמֵּי הָאֲרָצוֹת תַּקִּיפָה, אֲשֶׁר אֵינָם יוֹדְעִים שׁוּם דִּין וּמִשְׁפָּט, וְעִסְקֵיהֶם לָרֹב בְּאַלִּימוּת, וְאֵינָם רוֹצִים לְצַיֵּת דִּין מֵחֲמַת סֵרוּב שֶׁלָּהֶם, אֲבָל הֵם אֵינָן יוֹדְעִים שֶׁאִם אֵין דִּין לְמַטָּה, יֵשׁ דִּין לְמַעְלָה, שֶׁפִּתְאֹם יוֹמוֹ וְדִינוֹ יָבוֹא.

וְעַל כֵּן הִזְהִיר הָרַב הָרֹא"שׁ זִכְרוֹנוֹ לִבְרָכָה, בַּקּוּנְטְרֵס שֶׁל - **אָרְחוֹת חַיִּים**, וְזֶה לְשׁוֹנוֹ - אַל יִהְיוּ מְרֻבִּים בְּעֵינֶיךָ אוֹהֲבִים, וְיִהְיֶה שׂוֹנֵא אֶחָד

בְּעֵינֶיךָ כִּמְרֻבִּים. עַד כָּאן לְשׁוֹנוֹ. וְלֹא כֵּן הֶהָמוֹנִים, שֶׁבַּעֲבוּר דָּבָר מוּעָט בְּאֵיזֶה עֵסֶק מַשָּׂא וּמַתָּן אוֹ שְׁאָר דְּבָרִים, מְקַלֵּל לַחֲבֵרוֹ בִּקְלָלוֹת חֲמוּרוֹת, בַּר מִנַּן, וְאֵינוֹ מֵשִׂים עַל לֵב שֶׁכָּל בְּנֵי אָדָם נֶחְשָׁבִים כְּאִישׁ אֶחָד, וְלֹא יֵאוֹת לְזֶרַע אַבְרָהָם לִהְיוֹת הַפֶּה רָגִיל בִּקְלָלוֹת, כִּי אִם בִּבְרָכוֹת וּבִדְבָרִים טוֹבִים וְרַכִּים, שֶׁיֵּשׁ בָּהֶן נַחַת רוּחַ לְהַבּוֹרֵא יִתְבָּרֵךְ. כִּי הָאִישׁ אֲשֶׁר הוּא מְקַלֵּל לַחֲבֵרוֹ, הוּא שָׂנוּא לִפְנֵי הַקָּדוֹשׁ בָּרוּךְ הוּא, כִּי הַקָּדוֹשׁ בָּרוּךְ הוּא הִבְטִיחַ לְאַבְרָהָם - וַאֲבָרְכָה מְבָרְכֶיךָ וּמְקַלֶּלְךָ אָאֹר [בְּרֵאשִׁית יב, ג]. שֶׁהֲרֵי נָתַן הַקָּדוֹשׁ בָּרוּךְ הוּא חַכָּה לְתוֹךְ פִּיו שֶׁל בִּלְעָם הָרָשָׁע שֶׁרָצָה לְקַלֵּל אֶת יִשְׂרָאֵל, וְנֶהֶפְכוּ הַקְּלָלוֹת לִבְרָכוֹת.

וְדַע, שֶׁמָּצָאתִי כָּתוּב - כָּל מִי שֶׁמְּקַלֵּל לַחֲבֵרוֹ עַל חִנָּם וְעַל לֹא חָמָס בְּכַפָּיו, אָז הַבּוֹרֵא יִתְבָּרֵךְ פּוֹרֵשׂ כְּנָפָיו עַל זֶה הָאִישׁ הַזַּכַּאי, שֶׁלֹּא יִשְׁלֹט עָלָיו שׁוּם קְלָלָה.

וְתֵדַע, שֶׁיֵּשׁ לְךָ אָדָם שֶׁמִּזְגוֹ הוּא רַע, רַחֲמָנָא לִצְלַן, וְעֵינָיו וּפִיו וְלִבּוֹ כֻּלָּן מִמְּקוֹר הַסִּטְרָא אָחֳרָא, וְקִלְלָתוֹ הִיא מְסֻכֶּנֶת, כְּמוֹ שֶׁכָּתַב רַבִּי יְהוּדָה הֶחָסִיד, זִכְרוֹנוֹ לִבְרָכָה, שֶׁהַחִיצוֹנִים מוּכָנִים לְקַטְרֵג עַל פִּי קְלָלָה זֹאת, וְאִלְמָלֵא הַקָּדוֹשׁ בָּרוּךְ הוּא חוֹפֵף עָלָיו מַה שֶּׁהִבְטִיחַ לְאַבְרָהָם [בְּרֵאשִׁית יב, ב] - וֶהְיֵה בְּרָכָה. אָז, חַס וְשָׁלוֹם, הָיוּ חָלִין הַקְּלָלוֹת עַל אוֹתוֹ הָאָדָם.

וְצָרִיךְ עוֹד לֵידַע - לֹא דַּי שֶׁלֹּא חָל הַקְּלָלוֹת חִנָּם, אַדְּרַבָּה, יֵשׁ שָׂכָר טוֹב לְאוֹתָן שֶׁנִּתְקַלְּלוּ בְּחִנָּם, כִּדְאִיתָא בִּירוּשַׁלְמִי דְּמַסֶּכֶת פֵּאָה [פֶּרֶק ח, הֲלָכָה ו] וְזֶה לְשׁוֹנוֹ - רַבִּי יוֹסֵי אוֹקְמָא לוֹן פַּרְנָסִין וְגַבָּאִין, וְלֹא קִבְּלוּ עֲלֵיהוֹן [מֵרֹב עֲנָוָה], עָאל וְאָמַר קוּמֵיהוֹן - בֶּן בָּבָא עַל הַפְּקִיעִין [פֵּרוּשׁ - בֶּן בָּבָא הָיָה מְמֻנֶּה עַל הַפְּתִילוֹת שֶׁבַּמִּקְדָּשׁ], וְזָכָה לִהְיוֹת נִמְנֶה עִם גְּדוֹלֵי הַדּוֹר, עַכְשָׁו אַתֶּם מְמֻנִּים עַל חַיֵּי נְפָשׁוֹת, לֹא כָּל שֶׁכֵּן.

רַבִּי אֱלִיעֶזֶר הֲוֵי חַד זְמַן עָבִיד לֵיהּ פַּרְנָס [פֵּרוּשׁ - גַּבַּאי צְדָקָה]. פַּעַם אַחַת אָתָא לְבֵיתוֹ. אָמַר לָהֶם - מַאי עֲבִידְתּוּן, [רָצָה לוֹמַר - רַבִּי אֱלִיעֶזֶר שָׁאַל לְאַנְשֵׁי בֵיתוֹ, בְּאֵיזֶה גְּמִילוּת חֶסֶד עָסְקוּ]. אָמְרוּ לוֹ - אַתּוּן חַד סִיעָן [רָצָה לוֹמַר - חֲבוּרָה שֶׁל עֲנִיִּים] וְאָכְלוּן וְשָׁתוּן וְצַלּוּ עֲלָךְ.

אָמַר לְהוּ - לֵית דֵּין אֲגַר טָב. נַחַת זְמַן תִּנְיָן. אָמַר לָהֶם - מָה עֲבִידְתּוּן, אָמְרֵי לֵיהּ - אָתוּ חַד סִיעָן [רָצָה לוֹמַר - חֲבוּרָה שֶׁל עֲנִיִּים]. וְאָכְלוּן וְשָׁתוּן וְאַקְלִינָךְ [רָצָה לוֹמַר - קִלְּלוּ אוֹתְךָ]. אָמַר לְהוּ - כְּדֵין אֲגַר טָב. עַד כָּאן לְשׁוֹנוֹ.

נִמְצָא, שֶׁהָיָה שָׂמֵחַ בַּאֲשֶׁר שֶׁקִּלְּלוּ אוֹתוֹ בְּחִנָּם.

וּבַאֲשֶׁר שֶׁעָווֹן זֶה מָצוּי בֶּהָמוֹן עַם לְקַלֵּל אָדָם אֶת חֲבֵרוֹ, וְזֶהוּ עִכּוּב גָּדוֹל מִלַּעֲשׂוֹת תְּשׁוּבָה עַל חֲטָאָיו, עַל כֵּן בָּאנוּ לְהַזְכִּיר מִזֶּה לְהַזְהִיר לְיִרְאֵי ה' וּלְחוֹשְׁבֵי שְׁמוֹ, שֶׁלֹּא יֵצֵא מִפִּיו שׁוּם קְלָלָה, כְּדֵי שֶׁבְּנָקֵל יוּכַל לַעֲשׂוֹת תְּשׁוּבָה. כִּי הַקָּדוֹשׁ בָּרוּךְ הוּא בְּעַצְמוֹ מַכְרִיז עַל הַתְּשׁוּבָה בְּכָל יוֹם וָיוֹם, וְאוֹמֵר [יִרְמְיָה ג, יד] - שׁוּבוּ בָּנִים שׁוֹבָבִים. כִּי יָדוֹ פְּשׁוּטָה

לְקַבֵּל שָׁבִים.

וְדַע, כִּי כְּשֶׁיּוֹצֵא קוֹל כָּרוֹז לְמַעְלָה, הַקּוֹל נִשְׁמָע לְמַטָּה בְּזֶה הָעוֹלָם, וְהַקּוֹל הַהוּא מְעוֹרֵר עֲצֵי הַיַּעַר וְלוֹבְשִׁים חֲרָדָה, וְאוֹמְרִים שִׁירָה בְּאֵימָה וּבְיִרְאָה, וּכְדְאִיתָא בְּזֹהַר בְּרֵאשִׁית [בְּהַקְדָּמָה דַּף ז, א] - רַבִּי אֶלְעָזָר וְרַבִּי אַבָּא הֲוֵי קָאָזְלֵי בְּאוֹרְחָא וְעָסְקֵי בְּאוֹרַיְתָא, וְלָוֵי בַּהֲדַיְהוּ רַב הַמְנוּנָא סָבָא [וּכְבָר הָיָה רַב הַמְנוּנָא מֵת] וּמִתְחַבֵּר בַּהֲדַיְהוּ. וְכַד אָזְלוּ וּמָטוּ לְחַד טוּרָא, נַהֲוֵי נָטוּי שִׁמְשָׁא, שָׁרוֹי עַנְפִּין דְּאִילָנָא לְנַקְשָׁאָה דָּא בְּדָא וְאָמְרוּ שִׁירָה. עַד דַּהֲווּ אָזְלוּ, שָׁמְעוּ חַד קָלָא תַּקִּיפָא דַּהֲוָה אָמַר - קְדוֹשִׁים דְּאִתְבַּדָּרוּ בֵּינֵי חַיָּא, אִנּוּן בּוּצִינִין קַדִּישִׁין, בְּנֵי מְתִיבְתָּא, אִתְכַּנִּישׁוּ לְדוּכְתַּיְהוּ לְאִשְׁתָּעֵי בְּמָארֵיהוֹן דְּאוֹרַיְתָא.

יָתְבוּ רַבִּי אֱלִיעֶזֶר וְרַבִּי אַבָּא וְקָמוּ בְּדוּכְתַּיְהוּ בִּדְחִילוּ וּרְתִיתוּ. נָפַק קָלָא וְאָמַר - טִינָרֵי תַּקִּיפִין, פַּטִּישִׁין רָמָאִין, עוּלוּ וְאִתְכַּנָּשׁוּ, [רָצָה לוֹמַר - גַּם צַדִּיקִים, שֶׁכְּבָר מֵתוּ, מִשְׁתַּעְשְׁעִים בֵּין הַחַיִּים לִשְׁמֹעַ דִּבְרֵי תּוֹרָה]. בְּהַהִיא שַׁעְתָּא שָׁמְעוּ קוֹל עַנְפֵי אִילָנִין רַב וְתַקִּיף, נַהֲוֵי אָמַר [תְּהִלִּים כט, ד-ה] - קוֹל ה' בַּכֹּחַ וְגוֹ', קוֹל ה' שֹׁבֵר אֲרָזִים וְגוֹ'. עַד כָּאן.

וְאִם כֵּן, יוּכַל הָאָדָם לִלְמֹד מִזֶּה שֶׁלֹּא לְקַלֵּל, וְלַעֲשׂוֹת תְּשׁוּבָה, וְאָז טוֹב יִהְיֶה לוֹ סֶלָה.

פרק ח

אִיתָא בִּירוּשַׁלְמִי פֶּרֶק קַמָּא דִּבְרָכוֹת [הֲלָכָה א] - הָעוֹמֵד לְהִתְפַּלֵּל צָרִיךְ לְהַשְׁווֹת אֶת רַגְלָיו. פְּלִיגֵי תְּרֵין אָמוֹרָאִין, רַבִּי לֵוִי וְרַבִּי סִימוֹן, חַד אָמַר - כְּמַלְאָכִים, וְחַד אָמַר - כְּכֹהֲנִים, עַד כָּאן לְשׁוֹנוֹ. וְנִרְאֶה דְּאֵלּוּ וְאֵלּוּ דִּבְרֵי אֱלֹהִי"ם חַיִּים הֵם, כִּי הַתְּפִלָּה הִיא בִּמְקוֹם הַקָּרְבָּן, עַל כֵּן צָרִיךְ לַעֲשׂוֹת עַצְמוֹ כְּאִלּוּ הוּא כֹּהֵן. וּמָה עֲבוֹדַת כֹּהֵן, הוּא פָּסוּל בְּמַחֲשָׁבָה זָרָה, כָּךְ צָרִיךְ הָאָדָם בִּשְׁעַת תְּפִלָּה, שֶׁלֹּא לַחְשֹׁב שׁוּם מַחֲשָׁבָה זָרָה, כְּדֵי שֶׁלֹּא יֵעָשֶׂה קָרְבָּנוֹ פִּגּוּל. וְלֹא יֹאמַר הָאָדָם - הִרְהוּר עֲבֵרָה אָסוּר דַּוְקָא, אֶלָּא אֲפִלּוּ הִרְהוּר מַשָּׂא וּמַתָּן וּשְׁאָר הִרְהוּרִים הֵן גַּם כֵּן אֲסוּרִים, כִּי צָרִיךְ הָאָדָם לִהְיוֹת דֻּגְמַת הַמַּלְאָכִים, שֶׁאֵין בָּהֶם עִסְקֵי עוֹלָם הַזֶּה.

וְאִיתָא **בְּסֵפֶר הַחִנּוּךְ** - כְּשֶׁאָדָם הוּא חוֹשֵׁב בְּמַחֲשַׁבְתּוֹ בְּעִנְיְנֵי כֶּסֶף וְזָהָב וּמַטְבְּעוֹת, עוֹבֵר עַל לָאו דְּ- לֹא תַעֲשׂוּן אִתִּי אֱלֹהֵי כֶסֶף וֵאלֹהֵי זָהָב [שְׁמוֹת כ, כ]. עַיֵּן שָׁם בַּאֲרִיכוּת.

וְדַע לְךָ מַה שֶּׁמְּבֹאָר בַּזֹּהַר, פָּרָשַׁת אֵלֶּה פְקוּדֵי, וְזֶה לְשׁוֹנוֹ - אִיתָא חַד מְמֻנֶּה, וּשְׁמוֹ **טהריא"ל**, הָעוֹמֵד עַל הַפֶּתַח אֲשֶׁר עוֹבְרִים שָׁם תְּפִלּוֹת שֶׁל בֵּית יִשְׂרָאֵל שֶׁנִּתְפַּלְּלוּ בְּכַוָּנַת הַלֵּב בִּלְתִּי שׁוּם עִרְבּוּב שֶׁל מַחֲשָׁבָה זָרָה, אֲזַי אוֹתוֹ הַמְּמֻנֶּה פּוֹתֵחַ שַׁעַר בֵּית הַתְּפִלָּה לְהֵיכָל, אֲשֶׁר שָׁם כָּל הַתְּפִלּוֹת מִתְקַבְּצוֹת יַחַד, וּמֵהַתְּפִלָּה נַעֲשָׂה עֲטֶרֶת רֹאשׁ לְמֶלֶךְ מַלְכֵי הַמְּלָכִים, הַקָּדוֹשׁ בָּרוּךְ הוּא. אֲבָל אִם הַתְּפִלָּה הִיא בְּלִי כַּוָּנָה, וְיֵשׁ בָּהּ עִרְבּוּב מַחֲשָׁבָה זָרָה, אֲזַי הַמְּמֻנֶּה הוּא דּוֹחֶה אֶת הַתְּפִלָּה מֵהַהוּא פִּתְחָא, וְהַתְּפִלָּה אָזְלָא וּמְשׁוֹטֶטֶת בְּעָלְמָא. עַד שֶׁבָּאת לְיַד חַד מְמֻנֶּה, **סהדיא"ל** שְׁמֵיהּ, וּבְיָדוֹ כָּל הַתְּפִלּוֹת שֶׁנִּדְּחוּ מִשַּׁעַר בֵּית הַתְּפִלָּה עַל יְדֵי שֶׁהֵן מְעֻרְבָּבִים בְּמַחֲשָׁבוֹת זָרוֹת, וְהֵן נִקְרָאִים - **תְּפִלּוֹת פְּסוּלוֹת**. וְגוֹנֵז הַהוּא מְמֻנֶּה הַתְּפִלּוֹת, עַד שֶׁהָאָדָם עַצְמוֹ מֵשִׂים אֶל לִבּוֹ, עַל מַה שֶּׁהִתְפַּלֵּל תְּפִלּוֹת הַרְבֵּה בְּלֹא כַּוָּנָה, וַעֲדַיִן לֹא נַעֲנָה בְּאוֹתָן תְּפִלּוֹת.

וּמִתְוַדֶּה וּמִתְחָרֵט עַל עָווֹן וְחֵטְא זֶה שֶׁהִתְפַּלֵּל בְּלֹא כַּוָּנָה, שֶׁהוּא כְּגוּף בְּלֹא נְשָׁמָה, וְאוֹמֵר - אוֹי לִי, וַי לִי מַה שֶּׁעָשִׂיתִי כָּךְ, וְהָיִיתִי פּוֹגֵם בִּכְבוֹד אֲדוֹנֵינוּ, הָאֵל הַגָּדוֹל הַגִּבּוֹר וְהַנּוֹרָא, לְדַבֵּר לְפָנָיו בִּלְתִּי כַּוָּנַת הַלֵּב, וְגוֹדֵר עַצְמוֹ לְבִלְתִּי לַעֲשׂוֹת עוֹד כָּזֶה הַמִּכְשׁוֹל, וּמִכָּאן וּלְהַבָּא הוּא מִתְפַּלֵּל בְּכַוָּנָה הֵיטֵב, אֲזַי תְּפִלּוֹת רִאשׁוֹנוֹת שֶׁהֵן בְּיַד הַמְּמֻנֶּה **סהדיא"ל**, עוֹלֶה עִם תְּפִלָּה רִאשׁוֹנָה, שֶׁהִתְחִיל לְהִתְפַּלֵּל בְּכַוָּנָה, וְהַהוּא מְמֻנֶּה בְּעַצְמוֹ נוֹטֵל הַתְּפִלּוֹת הַפְּסוּלוֹת הַנִּזְכָּרִים לְעֵיל, וּמַעֲלֶה אוֹתָם מַעְלָה מַעְלָה, עַד שֶׁבָּאָה הַתְּפִלָּה לִפְנֵי הַקָּדוֹשׁ בָּרוּךְ הוּא בְּעַצְמוֹ, וְנַעֲשֵׂית עֲטָרָה עִם שְׁאָר תְּפִלּוֹת יִשְׂרָאֵל הַכְּשֵׁרוֹת.

הֲרֵי לְךָ חֶסֶד גָּדוֹל מֵהַבּוֹרֵא יִתְבָּרֵךְ, שֶׁבִּתְפִלָּה אַחַת נִתְקַן הַכֹּל. וּמִי הוּא זֶה, אֲשֶׁר לֹא יָשִׂים אֶל לִבּוֹ הַדְּבָרִים לִגְמֹל חֶסֶד לְנַפְשׁוֹ, וּמִכָּל שֶׁכֵּן

שֶׁלֹּא לְהָקֵל בִּתְפִלָּה עַצְמָהּ לְכַתְחִלָּה, חַס וְשָׁלוֹם. וְאַף שֶׁחוֹשֵׁק לְהַתְמִיד בַּתּוֹרָה, מִכָּל מָקוֹם זְמַן תְּפִלָּה לְחוּד, וּזְמַן תּוֹרָה לְחוּד. וְאַל יֹאמַר בְּלִבּוֹ, כִּי בַּעֲבוּר לִמּוּדוֹ הוּא יוֹתֵר טוֹב בְּעֵינֵי הַקָּדוֹשׁ בָּרוּךְ הוּא שֶׁיְּבַטֵּל תְּפִלָּתוֹ, חַס וְשָׁלוֹם, וְחָלִילָה לוֹמַר כֵּן.

וּבוֹא וּרְאֵה מַה שֶּׁהוּבָא בְּסֵפֶר **הוֹלֵךְ תָּמִים**, וְזֶה לְשׁוֹנוֹ - רַבִּי יְשַׁעְיָהוּ הֶחָסִיד סִפֵּר לִי, בְּשֵׁם רַבִּי יְהוּדָה הֶחָסִיד, זִכְרוֹנוֹ לִבְרָכָה - בִּימֵי הָרַמְבַּ"ן, זִכְרוֹנוֹ לִבְרָכָה, הָיָה לוֹ תַּלְמִיד אֶחָד שֶׁהָיְתָה נַפְשׁוֹ חֲשֵׁקָה בַּתּוֹרָה בְּחֵשֶׁק נִפְלָא, וּמַמָּשׁ לֹא רָאָה שֵׁנָה בְּעֵינָיו. וְאִם הָיָה אוֹכֵל לְהַחֲיוֹת נַפְשׁוֹ, אָז הָיָה הַסֵּפֶר פָּתוּחַ לְפָנָיו, וְתָמִיד נָתַן עֵינָיו בַּסֵּפֶר, וְלֹא הָיָה מִתְפַּלֵּל מֵרֹב אַהֲבַת הַתּוֹרָה.

וְהָיָה הָרַמְבַּ"ן, זִכְרוֹנוֹ לִבְרָכָה מַזְהִיר אוֹתוֹ תָּמִיד, וְאָמַר לוֹ - אֱכֹל בִּשְׁעַת אֲכִילָה, וְתִישַׁן בִּשְׁעַת הַשֵּׁנָה, וַעֲשֵׂה תְּפִלָּתְךָ בִּשְׁעַת תְּפִלָּה, וּזְכוּת הַתּוֹרָה יִהְיֶה אֶצְלְךָ וְתִשְׁמָרְךָ וּתְחַיֶּיךָ. אָמְנָם לֹא תִּפְשַׁע בָּהּ, כִּי הַתְּפִלָּה תִּתְבַּע עֶלְבּוֹנָהּ לִפְנֵי הַקָּדוֹשׁ בָּרוּךְ הוּא, וְתֵעָנֵשׁ, חַס וְשָׁלוֹם, עַל זֶה, וְהִזָּהֵר בַּתְּפִלָּה.

וְלֹא הִשְׁגִּיחַ הַתַּלְמִיד אֶל דְּבָרָיו, וְלֹא שָׂם אֶל לִבּוֹ. וְלֹא הָיוּ יָמִים מוּעָטִים, שֶׁהָלַךְ הַתַּלְמִיד לַשּׁוּק לִקְנוֹת אֵיזֶה דָּבָר, וְכַאֲשֶׁר שָׁב לְבֵיתוֹ, מָצָא פָּרָשׁ אֶחָד שׁוֹכֵב עִם בִּתּוֹ הַבְּתוּלָה בְּאֹנֶס עַל אוֹתוֹ הַשֻּׁלְחָן שֶׁהָיָה לוֹמֵד תָּמִיד עָלָיו, וְנִתְאַבֵּל עַל זֶה יָמִים רַבִּים.

וְאָמַר לוֹ הָרַמְבַּ"ן, זִכְרוֹנוֹ לִבְרָכָה - הֲלֹא אָמַרְתִּי לְךָ שֶׁתִּהְיֶה זָהִיר בַּתְּפִלָּה, שֶׁתִּקְּנוּ חֲכָמֵינוּ זִכְרוֹנָם לִבְרָכָה שֶׁצָּרִיךְ הָאָדָם לְהִתְפַּלֵּל בְּכָל יוֹם - יְהִי רָצוֹן מִלְּפָנֶיךָ ה' אֱלֹהֵינוּ וֵאלֹהֵי אֲבוֹתֵינוּ, שֶׁתַּצִּילֵנִי הַיּוֹם מֵאָדָם רָע וּמִפֶּגַע רָע וְכוּ', וְאַתָּה לֹא שָׁמַעְתָּ בְּקוֹלִי, לָכֵן בָּא זֶה הַסִּבָּה לְבִתְּךָ, וּמִכָּאן וּלְהַבָּא רָאָה הַתַּלְמִיד הַנִּזְכָּר לְעֵיל שֶׁבְּהַשְׁגָּחָה פְּרָטִית הָיָה בְּבִטּוּל תְּפִלָּה, וְהִתְחִיל לְהִתְפַּלֵּל כַּדָּת וְכַהֲלָכָה. עַד כָּאן לְשׁוֹנוֹ.

עַל כֵּן לְכוּ חֲזוּ מִפְעֲלוֹת אֱלֹהִ"ם, אֲשֶׁר שָׂם שָׁם לוֹ חֹק וּמִשְׁפָּט עַל אוֹתָן אֲנָשִׁים הַמְזַלְזְלִים בְּעִנְיַן הַתְּפִלּוֹת וְנוֹהֲגִין לְהִתְפַּלֵּל בְּקַלּוּת, וְכָל הָעָם יִשְׁמְעוּ וְיִירָאוּן. עַד כָּאן לְשׁוֹנוֹ.

עַל כֵּן יִרְאֶה הָאָדָם לִפְחֹד תָּמִיד, בְּהַעֲלוֹתוֹ אֶת לִבּוֹ יָמִים רַבִּים שֶׁעָבְרוּ תְּפִלּוֹת הַקְּבוּעִים בְּכָל יוֹם מִבְּלִי כַּוָּנָה. וְעַל זֹאת צָרִיךְ לְבַקֵּשׁ רַחֲמִים מֵאֵת הַקָּדוֹשׁ בָּרוּךְ הוּא, לְהָסִיר מִמֶּנּוּ מִכְשׁוֹל זֶה, שֶׁלֹּא יִהְיֶה עַרְבּוּבְיָה הַמְבַטְּלִים כַּוָּנַת הַתְּפִלָּה. וְיִרְאֶה לְהִתְפַּלֵּל בְּדֶמַע, כִּי תְּפִלָּה בִּדְמָעוֹת הִיא חֲשׁוּבָה וּקְרוֹבָה מְאֹד לְהִתְקַבֵּל, כַּיָּדוּעַ עַל פִּי מַאַמְרֵי רַבּוֹתֵינוּ זִכְרוֹנָם לִבְרָכָה.

וּמֵרֹב חֲשִׁיבוּת שֶׁל תְּפִלּוֹת שֶׁבִּדְמָעוֹת, הַפֶּתַח - אֲשֶׁר נִכְנָסִים שָׁם הַתְּפִלּוֹת, אֲשֶׁר הֵם עִם דְּמָעוֹת - אֵינוֹ פּוֹתֵחַ אוֹתוֹ פֶּתַח שׁוּם מַלְאָךְ אוֹ מְמֻנֶּה, כִּי אִם הַקָּדוֹשׁ בָּרוּךְ הוּא בְּעַצְמוֹ וּבִכְבוֹדוֹ, וְלָכֵן הֵן אֵין נִנְעָלִים, וְהֵן פְּתוּחִים תָּמִיד, וְנִקְרָאִים **שַׁעֲרֵי דְמָעוֹת**. וּכְשֶׁהַתְּפִלָּה הִיא עוֹלָה

לְמַעְלָה, אֲזַי יוֹצֵא לִקְרָאתָם אוֹפַן אֶחָד, וּשְׁמוֹ **ירחמיא"ל**, וְהוּא מְמֻנֶּה עַל שֵׁשׁ מֵאוֹת חַיּוֹת שֶׁל מַעְלָה, וְנוֹטֵל הוּא אוֹתָהּ הַתְּפִלָּה עִם הַדְּמָעוֹת וּמַעֲלֶה אוֹתָהּ, וְהִיא עוֹלָה וּמִתְקַשֶּׁרֶת לְמַעְלָה לְמָקוֹם גָּבוֹהַּ מְאֹד.

וּבוֹא וּרְאֵה אֵיךְ הָיוּ דּוֹרוֹת הָרִאשׁוֹנִים מְכֻוָּנִים בַּתְּפִלָּה, כִּדְאִיתָא בִּירוּשַׁלְמִי, פֶּרֶק אֵין עוֹמְדִין [בְּרָכוֹת פֶּרֶק ה, הֲלָכָה א] - אָמְרוּ עָלָיו עַל רַבִּי חֲנִינָא בֶּן דּוֹסָא, שֶׁהָיָה עוֹמֵד וּמִתְפַּלֵּל, וּבָא נָחָשׁ וְהִכִּישׁוֹ, וְלֹא הִפְסִיק אֶת תְּפִלָּתוֹ. וְהָלְכוּ וּמָצְאוּ אוֹתוֹ הַנָּחָשׁ מֵת מֻטָּל עַל פִּי חוֹרוֹ. אָמְרוּ לוֹ תַּלְמִידָיו - רַבִּי, לֹא הִרְגַּשְׁתָּ כְּאֵב בְּשָׁעָה שֶׁהָיָה מַכִּישְׁךָ הַנָּחָשׁ, אָמַר לָהֶם - יָבוֹא עָלַי מִמַּה שֶּׁהָיָה לִבִּי מִתְכַּוֵּן בַּתְּפִלָּה, אִם הִרְגַּשְׁתִּי. [פֵּרוּשׁ - אֵעָנֵשׁ מֵהַקָּדוֹשׁ בָּרוּךְ הוּא, שֶׁאֵלָיו כִּוַּנְתִּי בִּתְפִלָּתִי, כְּעֵין שְׁבוּעָה].

הָעִנְיָן מְבֹאָר **בַּגְּמָרָא** [יְרוּשַׁלְמִי בְּרָכוֹת פֶּרֶק ה, הֲלָכָה א] **וּבְפֵרוּשׁ רַשִׁ"י** [בְּרָכוֹת לג, א, ד"ה וּמֵת] - כִּי כְּשֶׁהֶעָרוֹד אוֹ הַנָּחָשׁ נוֹשֵׁךְ לָאָדָם, אִם הֶעָרוֹד מַקְדִּים לַמַּיִם, אֲזַי יָמוּת הָאָדָם, וְאִם הָאָדָם יַקְדִּים לַמַּיִם, אֲזַי מֵת הַנָּחָשׁ אוֹ הֶעָרוֹד. וְאָמַר רַבִּי יִצְחָק - מְלַמֵּד שֶׁבָּרָא הַקָּדוֹשׁ בָּרוּךְ הוּא מַעְיָן תַּחַת רַגְלָיו, לְקַיֵּם מַה שֶּׁנֶּאֱמַר [תְּהִלִּים קמה, יט] - רְצוֹן יְרֵאָיו יַעֲשֶׂה, וְאֶת שַׁוְעָתָם יִשְׁמַע וְיוֹשִׁיעֵם.

וְהִנֵּה כִּי אִי אֶפְשָׁר לְכַוֵּן כְּמוֹ הָרִאשׁוֹנִים, זִכְרוֹנָם לִבְרָכָה, מֵחֲמַת שְׁנֵי טְעָמִים - הָאֶחָד, שֶׁעֲווֹנֵינוּ כָּבְדוּ עַל רָאשֵׁינוּ. וְהַטַּעַם שֵׁנִי מֵחֲמַת חֶסְרוֹן יְדִיעָה. עַל כָּל פָּנִים חָלִילָה לָנוּ לַעֲזֹב כַּוָּנַת הַתְּפִלָּה.

וּבוֹא וּרְאֵה מַה שֶּׁכָּתַב **בְּסֵפֶר חֲסִידִים**, שֶׁבְּעָמְדוֹ לְהִתְפַּלֵּל וְרוֹאֶה סֵפֶר נָפַל לָאָרֶץ, לֹא יַפְסִיק אֶת תְּפִלָּתוֹ לְהַגְבִּיהַּ הַסֵּפֶר, כִּי הוּא עוֹמֵד לִפְנֵי אָיֹם וְנוֹרָא הַבּוֹרֵא יִתְבָּרַךְ.

וְכָל הַתְּפִלּוֹת וְשִׁירוֹת וְתִשְׁבָּחוֹת יִהְיוּ בְּלֵב שָׁלֵם, וּבִפְרָט בְּהַעֲלוֹתֵנוּ עַל לִבֵּנוּ הַשְׁגָּחַת הַבּוֹרֵא יִתְבָּרַךְ בָּרוּךְ הוּא עָלֵינוּ, אֲשֶׁר אֵין הָאָדָם מַרְגִּישׁ בְּנִסִּים וְנִפְלָאוֹת הַנַּעֲשִׂים לוֹ.

בִּתְחִלָּה נִרְאִין לוֹ שֶׁיַּגִּיעַ לוֹ אֵיזֶה רָעָה, וֵאלֹהִי"ם חֲשָׁבָהּ לְטוֹבָה אֵלָיו. וְכִדְאִיתָא בַּמִּדְרָשׁ - שְׁנֵי סוֹחֲרִים הָיוּ רוֹצִים לֵילֵךְ יַחַד בִּסְפִינָה עִם סְחוֹרָה, וְאֶחָד נִכְנַס עִם סְחוֹרָתוֹ, וְהַסּוֹחֵר הַשֵּׁנִי בַּהֲלִיכָתוֹ כְּשֶׁהָיָה רוֹצֶה לֵילֵךְ אֶל הַסְּפִינָה, נִכְשַׁל בְּאֶבֶן וְנָפַל. וּלְפִי שָׁעָה נַעֲשָׂה חִגֵּר בְּרַגְלוֹ, וְהֻכְרַח לְהִשָּׁאֵר בְּבֵיתוֹ עִם סְחוֹרָתוֹ. וְהָיָה אוֹתוֹ סוֹחֵר בּוֹכֶה וְדוֹאֵג עַל סְחוֹרָתוֹ שֶׁלֹּא הָלַךְ עַל הַסְּפִינָה לְמָכְרוֹ.

וְלֹא הָיוּ יָמִים מוּעָטִים שֶׁבָּא יְדִיעָה שֶׁנִּטְבְּעָה הַסְּפִינָה הַהִיא עִם כָּל הָאֲנָשִׁים שֶׁהָיוּ בְּתוֹכָהּ. הִתְחִיל אוֹתוֹ הַסּוֹחֵר לִתֵּן שֶׁבַח וְהוֹדָיָה לְהַקָּדוֹשׁ בָּרוּךְ הוּא וְאָמַר - אוֹדְךָ[5] הוי"ה כִּי אָנַפְתָּ בִּי.

וְזֶה דֶּרֶךְ לְכָל הַיָּרֵא וְחָרֵד לוֹמַר עַל כָּל סִבָּה הַמְּאֹרַע תֵּבוֹת - **גַּם זוֹ לְטוֹבָה**. אַף שֶׁהוּא לְפִי שָׁעָה דָּבָר שֶׁאֵינוֹ טוֹבָה, אַף עַל פִּי כֵן יִשְׂמַח

[5] ישעיהו יב א

בְּלִבּוֹ וְיִקְבַּע בְּדַעְתּוֹ, שֶׁהִיא לְטוֹבָה וּלְכַפָּרָה עַל חֲטָאָיו וּפְשָׁעָיו עַל הֶעָבָר, וְאַזְהָרָה וְהַתְרָאָה עַל לְהַבָּא.

וְעַל פִּי רֹב עִנְיָן זֶה בְּעַצְמוֹ הוּא לְבַסּוֹף - לְטוֹבָתוֹ נִשְׁבַּר רֶגֶל פָּרָתוֹ [יְרוּשַׁלְמִי הוֹרָיוֹת פֶּרֶק ג, הֲלָכָה ד]. וּבְסוֹף הַמַּעֲשֶׂה נִגְלָה הַנֵּס לְמַפְרֵעַ.

וְעַל זֶה תִּקְּנוּ חֲכָמֵינוּ זִכְרוֹנָם לִבְרָכָה לוֹמַר בְּכָל יוֹם - **מִזְמוֹר לְתוֹדָה**, כִּי בְּכָל יוֹם וָיוֹם אָנוּ צְרִיכִין לִתֵּן שֶׁבַח וְהוֹדָיָה עַל נִסִּים וְנִפְלָאוֹת שֶׁיֵּשׁ לָנוּ קִיּוּם בַּגָּלוּת הַמַּר הַזֶּה. וְעַל כֵּן בְּאָמְרוֹ מִזְמוֹר זֶה, מִזְמוֹר לְתוֹדָה, הוּא יוֹצֵא יְדֵי חוֹבַת הֲבָאַת תּוֹדָה, כִּי אֵין הָאָדָם מַרְגִּישׁ בְּנִסּוֹ בְּכָל יוֹם.

וּבוֹא וּרְאֵה מַה דְּאִיתָא בַּזֹּהַר, פָּרָשַׁת מִקֵּץ [דַּף רא, ב] - רַבִּי אַבָּא הֲוָה יָתִיב אַתַּרְעָא דְּלוּד. חָמָא חַד בַּר נָשׁ אָתֵי, וַהֲוֵי יָתִיב בְּחַד קוּלְטָא דְּתִלָּא דְאַרְעָא [פֵּרוּשׁ - שֶׁהָיָה יוֹשֵׁב בְּחוֹר שֶׁבָּהָר] וַהֲוֵי לָאֵי מֵאוֹרְחָא וְנָאִים תַּמָּן. אַדְּהָכֵי חָמָא חַד חִוְיָא אָתֵי לְגַבֵּיהּ. נָפִיק קוּסְטְפָא דְּגוּרְדְנָא [פֵּרוּשׁ - חֲתִיכַת עֵץ מִשֹּׁרֶשׁ הָאִילָן] לְחִוְיָא וְקָטִיל לֵיהּ. כַּד אִתְּעַר הַהוּא בַּר נָשׁ, חָמָא חִוְיָא דַּהֲוֵי מִית. אִזְדְּקַף הַהוּא בַּר נָשׁ וְנָפַל הַהוּא קוּלְטָא לְעַמְקָא דִּתְחוֹתוֹי, וְאִשְׁתֵּזִיב. אָתָא רַבִּי אַבָּא לְגַבֵּיהּ. אָמַר לֵיהּ - אֵימָא לִי, מַאי עוֹבְדָךְ דְּהָא קֻדְשָׁא בְּרִיךְ הוּא רָחִישׁ לָךְ אִלֵּין תְּרֵין נִסִּין, לָאו אִנּוּן לְמַגָּנָא, אָמַר לוֹ הַאי בַּר נָשׁ - כָּל יוֹמָא לָא אַשְׁלִים לְבַר נָשׁ בִּישָׁא בְּעָלְמָא דְּלָא אִתְפַּיַּסְנָא בַּהֲדֵיהּ וּמָחִילְנָא לֵיהּ. וְתוּ - אִי לָא יָכִילְנָא לְאִתְפַּיְסָא בַּהֲדֵיהּ, לָא סָלִיקְנָא לְעַרְסִי, עַד דְּמָחִילְנָא לֵיהּ וּלְכָל אִנּוּן דִּמְצַעֲרִין לִי. עַד כָּאן לְשׁוֹנוֹ.

מִזֶּה הַמַּעֲשֶׂה נִלְמַד, שֶׁצָּרִיךְ הָאָדָם לֵידַע, שֶׁהַקָּדוֹשׁ בָּרוּךְ הוּא מַשְׁגִּיחַ עַל הָאָדָם שֶׁהוֹלֵךְ בְּדֶרֶךְ תָּמִים, וְיָשָׁר מִפְעָלָיו, וּבוֹטֵחַ בַּה' וְעוֹשֶׂה חֶסֶד עִם הַבְּרִיּוֹת, יִהְיֶה בָּטוּחַ גַּם הוּא שֶׁהַקָּדוֹשׁ בָּרוּךְ הוּא יְשַׁלֵּם לוֹ גְּמוּלוֹ הַטּוֹב.

וְדַע, עַד כַּמָּה גְּדוֹלָה מִדַּת הַבִּטָּחוֹן, שֶׁל הַבּוֹטֵחַ בַּה' יִתְבָּרַךְ, בָּרוּךְ הוּא, אֲזַי מַלְאֲכֵי חֶסֶד סוֹבְבִים אוֹתוֹ וּמְגִנִּים בַּעֲדוֹ מִכָּל פְּגָעִים רָעִים, כְּמוֹ שֶׁאָמַר הַכָּתוּב [תְּהִלִּים לב, י] - וְהַבּוֹטֵחַ בַּה' חֶסֶד יְסוֹבְבֶנּוּ. וּכְדַאי מִדַּת הַבִּטָּחוֹן לִהְיוֹת שָׂכָר גָּדוֹל עֲבוּר הַבִּטָּחוֹן, כִּי הַבּוֹטֵחַ בַּה', בְּוַדַּאי מַשָּׂאוֹ וּמַתָּנוֹ הוּא בֶּאֱמוּנָה, וְאֵינוֹ לָהוּט אַחַר מָמוֹן שֶׁאֵינוֹ שֶׁל יֹשֶׁר.

כְּמוֹ שֶׁמִּדַּת הָאָדָם שֶׁאֵינוֹ בּוֹטֵחַ בַּה', חוֹשֵׁב בְּדַעְתּוֹ לְעֵת אֲשֶׁר מָטָה יָדוֹ קְצָת, שׁוּב לֹא יִרְאֶה אוֹר וְטוֹבָה לְעוֹלָם, בְּחָשְׁבוֹ כִּי לְאַחַר שֶׁיִּהְיֶה לוֹ סַךְ מָמוֹן בְּבֵיתוֹ, שׁוּב לֹא יוּכַל לָבוֹא עָלָיו שׁוּם גְּזֵרָה מֵהַשָּׁמַיִם, וְלֹא תַּעֲבֹר עָלָיו הָרַע, כִּי מָמוֹן רַב יַצִּיל אוֹתוֹ מִכָּל הַסִּבּוֹת, וְעַל יְדֵי כֵּן חָבִיב הַמָּמוֹן עָלָיו כָּל כָּךְ, גַּם אִם אוֹהֵב גֶּזֶל וְאוֹנָאָה וְהַסָּגַת גְּבוּל, נֶחְשָׁב לוֹ לְהֶתֵּר.

וְלֹא כֵן מַחְשְׁבוֹת לֵב הַבּוֹטְחִים בְּהַקָּדוֹשׁ בָּרוּךְ הוּא, אַף שֶׁלִּפְעָמִים הֵם סוֹבְלִים דֹּחַק מֵחֲמַת עֲנִיּוּת וְדַלּוּת, מִכָּל מָקוֹם נוֹשְׂאִים עֵינֵיהֶם בְּחֶסֶד עֶלְיוֹן, בְּהַקָּדוֹשׁ בָּרוּךְ הוּא, וְהֵם בְּטוּחִים שֶׁיָּבוֹא הָעֵת פִּתְאֹם וְקַיְּמָא

לָהֶן שַׁעְתָּא, וְיִהְיֶה לָהֶם יְשׁוּעָה בְּהֶתֵּר וּבְכַשְׁרוּת. וּמִי יוּכַל לְסַפֵּר גֹּדֶל הָרָעוֹת הַנִּמְשָׁכוֹת מִמְּחֻסְּרֵי בִּטָּחוֹן בְּהַקָּדוֹשׁ בָּרוּךְ הוּא, וְהֵמָּה לְהוֹטִין אַחַר כְּפִירַת מָמוֹן וּפִקְדוֹנוֹת, וְנִשְׁבָּעִין לַשֶּׁקֶר וְטוֹעֲנִין טַעֲנַת רְמִיָּה בִּפְנֵי הַבֵּית דִּין, וּמְעִידִים עֵדוּת שְׁקָרִים, אֲשֶׁר הַקָּדוֹשׁ בָּרוּךְ הוּא נִפְרָע מֵהֶם וּמִמִּשְׁפְּחוֹתָם, וְגֵיהִנֹּם כָּלֶה וְהֵם אֵינָם כָּלִים.

אֲבָל[6] הַבּוֹטֵחַ בַּה' חֶסֶד יְסוֹבְבֶנּוּ. וּמַעֲנֶה כַּשִּׁרְיוֹן יִלְבַּשׁ כַּשִּׁרְיוֹן, וְלֹא יְאֻנֶּה לַצַּדִּיק כָּל אָוֶן בְּעֵת פְּקֻדָּתוֹ, וְעַיֵּל בְּלִי כִּסּוּפָא לְהֵיכַל הַמֶּלֶךְ - מֶלֶךְ מַלְכֵי הַמְּלָכִים, בִּזְכוּת הַבִּטָּחוֹן וְהָאֱמוּנָה.

[6] תהלים לב י

פרק ט

טַעַם לָמָּה נִקְרָאִים שְׁמָם שֶׁל רָאשִׁים, וּמַנְהִיגִים, וּקְצִינִים, **נְשִׂיאִים**. מִפְּנֵי שֶׁאִם אָדָם זָכָה וְנוֹהֵג בְּיִרְאַת ה', יִנָּשֵׂא מַעְלָה מַעְלָה, וְגַם נִשְׁמָתוֹ בָּעוֹלָם הַבָּא צְרוּרָה הִיא בִּצְרוֹר הַחַיִּים בְּמַעֲלוֹת קְדֻשָּׁה.

מַה שֶּׁאֵין כֵּן אִם הָאָדָם אֵינוֹ נוֹהֵג כָּרָאוּי, אָז הוּא בִּכְלָל - נְשִׂיאִים וְרוּחַ [מִשְׁלֵי כה, יד]. כִּי כַּאֲשֶׁר הֶעָנָן כָּלָה וַיֵּלַךְ וְכַאֲשֶׁר הָרוּחַ הוֹלֵךְ וְלֹא שָׁב, כֵּן הַמּוֹשֵׁל וּמַנְהִיג קְהִלָּה שֶׁאֵינוֹ נוֹהֵג כַּשּׁוּרָה, כְּמוֹ שֶׁצָּרִיךְ לִהְיוֹת נוֹהֵג מִנְהָגָן שֶׁל יִשְׂרָאֵל, וְאֵינוֹ סוֹבֵל עָלָיו מַשָּׂא בְּנֵי יִשְׂרָאֵל, וּמִתְגָּאֶה לְנֶגְדָּן, פִּתְאֹם עוֹבֵר מִן הָעוֹלָם, וְאֵין זִכָּרוֹן לְיוֹצְאֵי חֲלָצָיו.

וּבְפַח זֶה נִלְכָּדִים הַרְבֵּה מַנְהִיגִים בַּעֲבוּר הַגַּבְהוּת וְגַדְלוּת שֶׁלָּהֶם, וּמַטִּילִין אֵימָה יְתֵרָה עַל הַצִּבּוּר שֶׁלֹּא לְשֵׁם שָׁמַיִם, וּמִתְעַדְּנִים וּמִתְפַּנְּקִים וְאֵינָם עוֹזְרִים בְּמִסִּים וְאַרְנוֹנִיּוֹת, וּמְקִלִּין לְעַצְמָן וּמַכְבִּידִין עַל אֲחֵרִים, וְנוֹטְלִין חֵלֶק בָּרֹאשׁ בְּכָל יְקָר וּגְדֻלָּה, וּפְנֵיהֶם תָּמִיד צְהֻבִּים, חֲזָקִים וּבְרִיאִים, מֵחֲמַת תַּאֲווֹת לִבָּם, וּ - בַעֲמַל אֱנוֹשׁ אֵינֶמוֹ וְעִם אָדָם לֹא יְנֻגָּעוּ [תְּהִלִּים עג, ה].

נַעֲדַת ה' זֶרַע אַבְרָהָם יִצְחָק וְיַעֲקֹב נִדְכָּאִים וּמֻשְׁפָּלִים, הוֹלְכִין עֲרֻמִּים, דְּחוּפִים וִיחֵפִים, מֵחֲמַת הַמִּסִּים אֲשֶׁר גּוֹזְלִין אוֹתָם גּוֹבֵי הַמִּסִּים מְשָׁרְתִים שֶׁל הַקָּהָל, וּבָאִים בְּאַכְזָרִיּוּת לְבֵיתָם וְחוֹטְפִים וְשׁוֹלְלִים מִכָּל אֲשֶׁר יִמָּצֵא.

וְרוֹאִים שֶׁיִּהְיוּ הַבַּעֲלֵי בָּתִּים בְּעֵירֹם וּבְחֹסֶר כֹּל, וְנוֹטְלִים אֲפִלּוּ הַבְּגָדִים שֶׁלָּהֶם, וַאֲפִלּוּ טַלִּית וְקִיטֶל, וּמוֹכְרִין אוֹתָן בְּמָעוֹת קַלִּים, וְלֹא נִשְׁאַר בְּיָדָם כִּי אִם הַתֶּבֶן שֶׁעַל הַמִּטָּה, וּבְעֵת הַקֹּר וְהַגֶּשֶׁם רֶתֶת אֲחָזָתַן, וּבוֹכִים כָּל אֶחָד וְאֶחָד, הוּא וְאִשְׁתּוֹ וּבָנָיו, זֶה בְּזָוִית זוֹ וְזֶה בְּזָוִית זוֹ. וְאִם הָיָה הַמַּנְהִיג בְּעֵזֶר וּבְסִיּוּעַ נְתִינַת הַמִּסִּים, אֲזַי לֹא הָיָה הַהַכְבָּדָה כָּל כָּךְ עַל הָאֲנָשִׁים הַבֵּינוֹנִים וַעֲנִיִּים.

וְיֵשׁ עָוֹן גָּדוֹל עוֹד שֶׁהוּא גָּרוּעַ, אֲשֶׁר הַמַּנְהִיגִים אוֹכְלִים וְשׁוֹתִים מִקֻּפּוֹת הַקָּהָל, וְנוֹתְנִים נְדוּנְיָה לִבְנֵיהֶם וּבְנוֹתֵיהֶם וּמַתָּנוֹת לְחָתָן וְכַלָּה, וְזֶהוּ הַכֹּל מִמָּעוֹת חָמָס וִיגִיעַ כַּפָּן שֶׁל בְּנֵי יִשְׂרָאֵל. וְעַל אִישׁ שֶׁהוּא מַנְהִיג אוֹ פַּרְנָס כָּזֶה, כָּרוֹז הוֹלֵךְ לְפָנָיו וּמַכְרִיז - דֵּין הוּא דְּאָכִיל מִנַּיְהוּ דְּיִשְׂרָאֵל, דָּמָם וּבְשָׂרָם מֵעַמָּא קַדִּישָׁא יִשְׂרָאֵל, גּוֹזֵל עֲנִיִּים וִיתוֹמִים וְאַלְמָנוֹת, וְהַכָּרוֹז מְקַלֵּל אוֹתוֹ בִּקְלָלוֹת רַבּוֹת, וְאֵין תְּפִלָּתוֹ נִשְׁמַעַת, רַחֲמָנָא לִצְלַן מֵעוֹנְשָׁא דִּילֵיהּ.

עַל כֵּן יִרְאֶה אוֹתוֹ הָאָדָם שֶׁהוּא מַנְהִיג אוֹ פַּרְנָס שֶׁיִּהְיֶה רַחְמָן וְלֹא אַכְזָר, וּבִפְרָט עַל מָאנִין תְּבִירִין, עֲנִיִּים וְאֶבְיוֹנִים, דְּהַקָּדוֹשׁ בָּרוּךְ הוּא חָפֵץ בִּיקָרֵיהוֹן שֶׁל עֲנִיִּים וְאֶבְיוֹנִים, כִּי בְּקִטְרוּגָם מְעוֹרְרִים, חַס וְשָׁלוֹם, גְּזֵרוֹת רָעוֹת.

וְכִדְמָצִינוּ בְּכִתְבֵי הָאֲרִ"י, זִכְרוֹנוֹ לִבְרָכָה, וְזֶה לְשׁוֹנוֹ - פַּעַם אַחַת יָשַׁב

הָאֲרִ"י, זִכְרוֹנוֹ לִבְרָכָה, עִם תַּלְמִידָיו בְּשָׂדֶה, וּבְאוֹתוֹ שָׂדֶה הָיָה קָבוּר הַנָּבִיא הוֹשֵׁעַ בֶּן בְּאֵרִי. וְדָרַשׁ הָאֲרִ"י, זִכְרוֹנוֹ לִבְרָכָה, סִתְרֵי תּוֹרָה.

וּבְאֶמְצַע הַדְּרָשָׁה אָמַר הָאֲרִ"י, זִכְרוֹנוֹ לִבְרָכָה - לְמַעַן הַשֵּׁם, מַהֲרוּ וְקַבְּצוּ מִכֶּם צְדָקָה, וְנִשְׁלַח לְיַד עָנִי אֶחָד שֶׁיּוֹשֵׁב סָמוּךְ אֶצְלֵנוּ וְדָר בְּמָקוֹם פְּלוֹנִי, וּשְׁמוֹ רַבִּי יַעֲקֹב אַלְטְרוֹץ, שֶׁהוּא יוֹשֵׁב וּבוֹכֶה וְקוֹרֵא תִּגָּר כְּלַפֵּי מַעְלָה עַל עֲנִיּוּתוֹ, וְקוֹלוֹ הוֹלֵךְ לְמַעְלָה וּבוֹקֵעַ כָּל הָרְקִיעִים וְנִכְנַס לִפְנַי וְלִפְנִים.

וְהַקָּדוֹשׁ בָּרוּךְ הוּא מָלֵא חֵמָה עַל כָּל הָעִיר כֻּלָּהּ בַּעֲבוּרוֹ, שֶׁאֵינָן מְרַחֲמִים עָלָיו. וְעַתָּה אֲנִי שׁוֹמֵעַ הַכְּרוּז יוֹצֵא בְּכָל רְקִיעִים בִּגְזֵרַת עִירִין פִּתְגָמָא, שֶׁיָּבוֹא אַרְבֶּה כָּבֵד מְאֹד עַל כָּל סְבִיבוֹת צְפַת, וְיֹאכְלוּ כָּל הַתְּבוּאָה גָּדִישׁ וְקָמָה וְעַד כֶּרֶם זַיִת. לָכֵן מַהֲרוּ וְנִשְׁלַח לוֹ צְדָקָה, אוּלַי נוּכַל לְבַטֵּל הַגְּזֵרָה בְּעֶזְרַת הָאֵ"ל.

וְתֵכֶף וּמִיָּד נָתַן כָּל אֶחָד וְאֶחָד נִדְבַת לִבּוֹ, וְלָקַח הָאֲרִ"י, זִכְרוֹנוֹ לִבְרָכָה, הַמָּעוֹת וְנָתַן הַמָּעוֹת לְיַד תַּלְמִידוֹ רַבִּי יִצְחָק הַכֹּהֵן, וְצִוָּה שֶׁיְּמַהֵר לָלֶכֶת לְבֵית רַבִּי יַעֲקֹב אַלְטְרוֹץ לִתֵּן לוֹ הַמָּעוֹת. וְכֵן עָשָׂה רַבִּי יִצְחָק הַכֹּהֵן וְהָלַךְ בִּמְהִירוּת וּבִזְרִיזוּת לְבֵית רַבִּי יַעֲקֹב אַלְטְרוֹץ, וּמָצָא אוֹתוֹ בּוֹכֶה וּמִתְחַנֵּן לִפְנֵי פֶּתַח בֵּיתוֹ. אָמַר לוֹ - רַבִּי, לָמָּה אֲדוֹנִי בּוֹכֶה.

וְהֵשִׁיב לוֹ רַבִּי יַעֲקֹב הַנִּזְכָּר לְעֵיל, שֶׁנִּשְׁבְּרָה לוֹ חָבִית שֶׁל מַיִם וְאֵין לוֹ שׁוּם פְּרוּטָה לִקַּח אַחֶרֶת בִּמְקוֹמָהּ, וְאֵינוֹ יוֹדֵעַ מַה לַּעֲשׂוֹת מֵרֹב הַצַּעַר שֶׁל דַּלּוּת וַעֲנִיּוּת. מִיָּד נָתַן לוֹ רַבִּי יִצְחָק הַכֹּהֵן אוֹתָן הַמָּעוֹת, וְשָׂמַח שִׂמְחָה גְּדוֹלָה וּבֵרַךְ אוֹתוֹ.

כְּשֶׁחָזַר רַבִּי יִצְחָק הַכֹּהֵן אֵצֶל רַבּוֹ הָאֲרִ"י, זִכְרוֹנוֹ לִבְרָכָה, אָמַר הָאֲרִ"י, זִכְרוֹנוֹ לִבְרָכָה - נִתְבַּטְּלָה הַגְּזֵרָה, וְאֵין חֲשָׁשׁ בּוֹ עוֹד.

וַעֲדַיִן הֵם מְדַבְּרִים, הִתְחִיל לִנְשֹׁב רוּחַ גָּדוֹל מְאֹד, שֶׁנָּשָׂא הָאַרְבֶּה עַד אֵין חֵק וְאֵין מִסְפָּר, וְנִבְהֲלוּ הַתַּלְמִידִים, וְהֵשִׁיב לָהֶם הָאֲרִ"י, זִכְרוֹנוֹ לִבְרָכָה - אַל תִּירָאוּ, שֶׁכְּבָר בָּטְלָה הַגְּזֵרָה, וְכֵן הָיָה, שֶׁהָיוּ כֻּלָּם פּוֹרְחִים לַיָּם הַגָּדוֹל וְשָׁם נִטְבְּעוּ, וְלֹא נִשְׁאַר בַּמְּדִינָה עַד אֶחָד. עַד כָּאן לְשׁוֹנוֹ.

וּמִכָּאן אַזְהָרָה גְּדוֹלָה לְכָל בְּנֵי יִשְׂרָאֵל, שֶׁיִּתְּנוּ הַשְׁגָּחָה פְּרָטִית עַל עֲנִיִּים וְאֶבְיוֹנִים, אֲשֶׁר נִקְרָאִין **מָאנִין תְּבִירִין**, וְקֻדְשָׁא בְּרִיךְ הוּא מְדוֹרֵיהּ תָּדִיר גַּבַּיְהוּ וְשׁוֹרֶה בְּתוֹכָהּ.

וּכְבָר אָמְרוּ רַבּוֹתֵינוּ זִכְרוֹנָם לִבְרָכָה - הַנּוֹתֵן פְּרוּטָה לֶעָנִי מִתְבָּרֵךְ בְּשִׁשָּׁה בְּרָכוֹת, וְהַמְפַיְּסוֹ בִּדְבָרִים מִתְבָּרֵךְ בְּאַחַת עֶשְׂרֵה בְּרָכוֹת, כִּי לֵב הֶעָנִי תָּמִיד נֶאֱנָח מֵחֹסֶר הַשָּׂגַת יָדוֹ לְמַלְּאוֹת חֵפֶץ נַפְשׁוֹ, שֶׁחָפֵץ גַּם כֵּן לְקַבֵּל טוֹבָה, וְהִיא רְחוֹקָה מִמֶּנּוּ.

בְּהַגִּיעַ עֵת וּזְמַן הַקֹּר וְהַצִּנָּה, הֶעָשִׁיר - בֵּיתוֹ הוּא מֻבְנֶה הֵיטֵב, וְיוֹשֵׁב כְּשֵׁר בְּבֵית הַחֹרֶף, וְתַנּוּר שֶׁלוֹ חַם. וְהֶעָנִי - לֹא דַּי שֶׁיֵּשׁ לוֹ דִּירָה מָלֵא נְקָבִים, אַף אֵין לוֹ מָעוֹת בַּמֶּה לִקְנוֹת לוֹ עֵצִים, וּמִבִּלְתִּי יְכֹלֶת לְהִתְחַמֵּם נַפְשׁוֹ כָּרָאוּי, הַקְּרִירוּת מְשַׁבֵּר נַפְשׁוֹ וְגוּפוֹ וְנַפְשׁוֹת אַנְשֵׁי בֵּיתוֹ, וּבְעֵת

הַגֶּשֶׁם דֶּלֶף דּוֹלֵף וְשׁוֹפֵךְ מַיִם עַל צַוָּארוֹ.
וְכָל יְמֵי עָנִי הוּא בְּצַעַר יוֹם וָלַיְלָה, הוּא וְאַנְשֵׁי בֵּיתוֹ הֵמָּה נֶאֱנָחִים, וְאַף עַל פִּי כֵן מְקַבְּלִים עֲלֵיהֶם הַכֹּל בְּאַהֲבָה. וּבְעֵת כְּנִיסַת הַשַּׁבָּת וְיוֹם טוֹב, הוּא הָעֵת לְהִתְעַנֵּג בְּמַאֲכָלִים וּבְמַשְׁקִים וּבִכְסוּת נְקִיָּה, וְהֶעָנִי הוּא חָסֵר לֶחֶם מִכֹּל, וְעַל כֻּלָּם הֶעָנִי נוֹתֵן שֶׁבַח וְהוֹדָיָה.
הֶעָשִׁיר הוּא מְשַׁדֵּךְ אֶת בָּנָיו וּבְנוֹתָיו לַאֲשֶׁר יָשָׁר בְּעֵינָיו, וְהֶעָנִי מִבִּלְתִּי יְכֹלֶת מֻכְרָח לַעֲשׂוֹת שִׁדּוּךְ בַּאֲשֶׁר יִמְצָא, אַף לְעַם הָאָרֶץ, וְאֵין בּוֹ שׁוּם רֵיחַ תּוֹרָה וְרֵיחַ יִרְאָה, וּכְאִלּוּ כּוֹפְתָהּ בִּפְנֵי הָאֲרִי, וְאֵין מָה בְּיָדוֹ לְהוֹשִׁיעַ לְבִתּוֹ, וְעֵינָיו רוֹאִין אֵיךְ שֶׁהָעַם הָאָרֶץ מַכֶּה בְּכָל יוֹם וָיוֹם אֶת בִּתּוֹ וְסוֹבֶלֶת יִסּוּרִין.
וּמִי יוּכַל לְהַעֲלוֹת עַל הַכְּתָב כָּל הַתַּמְרוּרִים וְכָל הַצַּעַר שֶׁהֶעָנִי סוֹבֵל, וְכָל עָנִי שֶׁמְּקַבֵּל הָעֲנִיּוּת בְּאַהֲבָה וּבְחִבָּה, אֵין אוּר שֶׁל גֵּיהִנָּם שׁוֹלֵט בּוֹ, וּשְׂכָרוֹ הוּא גָּדוֹל מְאֹד, כִּי הֶעָנִי בָּעוֹלָם הַזֶּה הוּא חָשׁוּב כְּמֵת.
וְלָכֵן אֲנִי מַזְהִיר - כָּל הַנּוֹתֵן לְעָנִי מָעוֹת בִּשְׁעַת דָּחְקוֹ, צָרִיךְ לִזָּהֵר, שֶׁיִּתֵּן לוֹ בְּאֹפֶן שֶׁלֹּא יְבַיֵּשׁ אוֹתוֹ, חַס וְשָׁלוֹם, כִּי דַּי לוֹ בְּיִסּוּרִים שֶׁל עֲנִיּוּת, וּכְמוֹ שֶׁכָּתַבְתִּי לְעֵיל, כִּי אִם צָרִיךְ לִתֵּן לוֹ בְּצִנְעָא, וּכְשֶׁיִּתֵּן בְּפַרְהֶסְיָה, צָרִיךְ לִתֵּן לוֹ בִּדְבָרִים הַמִּתְיַשְּׁבִים עַל הַלֵּב.
וְהַמַּכְנִיס אוֹרֵחַ בְּבֵיתוֹ, יְקַבְּלוֹ בְּסֵבֶר פָּנִים יָפוֹת. הֲלֹא יָדוּעַ מַה שֶּׁאָמְרוּ חֲכָמֵינוּ זִכְרוֹנָם לִבְרָכָה [שַׁבָּת קכז, א] - גְּדוֹלָה הַכְנָסַת אוֹרְחִים יוֹתֵר מֵהַקְבָּלַת פְּנֵי שְׁכִינָה, וְהִיא מִצְוָה חֲשׁוּבָה, כִּי נְתִינַת פַּת לְעָנִי מַתֶּשֶׁת כֹּחַ **ת"פ** כִּתּוֹת שֶׁל מַשְׁחִיתִים וְלִילִי"ת, אִמָּהּ שֶׁל שֵׁדִים, הַבָּאָה תָּמִיד לְקַטְרֵג עַל יִשְׂרָאֵל, כְּמוֹ שֶׁאֶכְתֹּב לְקַמָּן בְּפֶרֶק עֶשְׂרִי.
נַחֲזֹר לְעִנְיָן שֶׁלָּנוּ, שֶׁאַזְהָרָה גְּדוֹלָה הוּא עַל הַמַּנְהִיגִים שֶׁלֹּא לְהָטִיל אֵימָה יְתֵרָה עַל הַצִּבּוּר, וְלִתֵּן עַל הַמִּסִּים כְּאֶחָד מִבְּנֵי הַקְּהִלָּה אוֹ בְּנֵי הַמְּדִינָה, וְלֹא יִהְיֶה חַנְפָן שֶׁיִּהְיֶה חַס עַל הֶעָשִׁיר אוֹ עַל מִשְׁפַּחְתּוֹ, וְיִתֵּן הָעֹל עַל עֲנִיִּים וְאֶבְיוֹנִים, אָז חֵפֶץ ה' בְּיָדוֹ יַצְלִיחַ, וְיִזְכֶּה לְזֶרַע יַאֲרִיךְ יָמִים, אָמֵן.

פרק י

צָרִיךְ הָאָדָם לְהִזָּהֵר כְּשֶׁיַּעֲשֶׂה סְעוּדַת מִצְוָה, כְּגוֹן מִילָה אוֹ סְעוּדַת אֵרוּסִין אוֹ נִשּׂוּאִין וּסְעוּדַת בַּר מִצְוָה, יִזָּהֵר לִהְיוֹת בְּתוֹךְ הַקְּרוּאִים עֲנִיִּים וְאֶבְיוֹנִים, וּלְהַשְׁגִּיחַ עֲלֵיהֶם בִּדְבָרִים נָאִים. כִּי הָעוֹשֶׂה שִׂמְחָה לִבְנוֹ אוֹ לְבִתּוֹ, וְלֹא הִזְמִין לִסְעוּדָה עֲנִיִּים, אֲזַי מִתְעוֹרֵר הַקִּטְרוּג מִלִּילִי"ת הָרְשָׁעָה וּמִסַּמָּאֵל, עַד שֶׁמְּבִיאִים אֵיזֶה יִסּוּרִין וּמִדּוֹת הַקָּשׁוֹת עַל בַּעַל הַסְּעוּדָה, כְּמוֹ שֶׁמָּצִינוּ בִּסְעוּדַת אַבְרָהָם אָבִינוּ.

כִּדְאִיתָא בְּמִדְרָשׁ רַבָּה [רְאֵה בְּרֵאשִׁית רַבָּה פָּרָשָׁה נה, אוֹת ד. וְסַנְהֶדְרִין פט, ב] - וַיְהִי אַחַר הַדְּבָרִים [בְּרֵאשִׁית כב א] - שֶׁקִּטְרֵג הַשָּׂטָן עַל אַבְרָהָם בְּיוֹם הִגָּמֵל אֶת יִצְחָק, וְעָשָׂה אַבְרָהָם מִשְׁתֶּה גָּדוֹל עִם כָּל גְּדוֹלֵי הַדּוֹר, וְלֹא הָיָה שָׁם שׁוּם עָנִי וְכוּ', עַד שֶׁאָמַר הַקָּדוֹשׁ בָּרוּךְ הוּא לְאַבְרָהָם - קַח[7] נָא אֶת בִּנְךָ אֶת יְחִידְךָ אֲשֶׁר אָהַבְתָּ אֶת יִצְחָק.

וְכֵן מָצִינוּ אֵצֶל אִיּוֹב, שֶׁעָשָׂה סְעוּדָה עִם בָּנָיו, וְלֹא הָיוּ שָׁם עֲנִיִּים, וְקִטְרֵג הַשָּׂטָן, עַד שֶׁהֵמִית אֶת בָּנָיו וּבְנוֹתָיו שֶׁל אִיּוֹב, וְנָטַל הֵימֶנּוּ עָשְׁרוֹ וּבְהֵמוֹתָיו, וְלֹא נָח מֵרָגְזוֹ, עַד שֶׁהֵבִיא עָלָיו יִסּוּרִין.

עַל כֵּן צָרִיךְ הַבַּעַל סְעוּדָה לְהִזָּהֵר לְהַזְמִין עֲנִיִּים לִסְעוּדָה, כְּדֵי שֶׁלֹּא יְקַטְרֵג הַקָּטֵגוֹר. וְלֹא עוֹד, כֵּיוָן שֶׁמְּבַקֵּשׁ עֲנִיִּים לִסְעוּדָה, אֲזַי קָטֵגוֹר נַעֲשֶׂה סָנֵגוֹר, כְּמוֹ שֶׁמָּצִינוּ בְּמִדְרָשׁ תַּנְחוּמָא, פָּרָשַׁת הַאֲזִינוּ - בְּאָדָם עָשִׁיר אֶחָד, שֶׁהָיָה גָּדוֹל בְּעֹשֶׁר וּמֻפְלָג בְּלִמּוּד וּבְחָכְמוֹת, וְהָיָה לוֹ בַּת אַחַת יְפַת תֹּאַר צְנוּעָה וַחֲמוּדָה, וְהָלַךְ וְהִשִּׂיא לְבִתּוֹ שָׁלֹשׁ פְּעָמִים לִשְׁלֹשָׁה בְּנֵי אָדָם חֲשׁוּבִים, וּבְכָל לַיְלָה רִאשׁוֹנָה שֶׁל נִשּׂוּאֶיהָ, לְמָחֳרַת מוֹצְאִים בַּעְלָהּ מֵת.

אָמְרָה הָאַלְמָנָה - לֹא יָמוּתוּ עוֹד בְּנֵי אָדָם עָלַי, אֵשֵׁב אַלְמָנָה וַעֲגוּנָה, עַד אֲשֶׁר יְרַחֵם הַקָּדוֹשׁ בָּרוּךְ הוּא עָלַי. וַיָּשְׁבָה יָמִים רַבִּים.

וְהָיָה לְאוֹתוֹ עָשִׁיר אָח עָנִי בְּיוֹתֵר בִּמְדִינָה אַחֶרֶת, וְהָיוּ לוֹ עֲשָׂרָה בָּנִים, וּבְכָל יוֹם וָיוֹם הָיָה הוּא וּבְנוֹ הַגָּדוֹל מְבִיאִין עֵצִים מֵהַיַּעַר וּמוֹכְרִין אוֹתָן, וּבָזֶה הָיָה פַּרְנָסָתוֹ וְאַנְשֵׁי בֵּיתוֹ. פַּעַם אַחַת לֹא מָכְרוּ אֶת הָעֵצִים, וְלֹא הָיָה לָהֶם מָעוֹת לִקְנוֹת לֶחֶם. יָשְׁבוּ בַּלַּיְלָה בְּלִי לֶחֶם, וּלְמָחֳרַת הָלְכוּ פַּעַם שֵׁנִית לַיַּעַר לְהָבִיא עֵצִים, וְנִתְעַלֵּף רוּחַ הָאָב, וְזָלְגוּ עֵינֵי הַבֵּן דִּמְעָה עַל גֹּדֶל הָעֲנִיּוּת שֶׁל אָבִיו, וְתָלָה עֵינָיו לַמָּרוֹם.

וְהִרְהֵר הַבֵּן בְּלִבּוֹ וְנָטַל רְשׁוּת מֵאָבִיו וְהָלַךְ לִמְדִינַת דּוֹדוֹ. כְּשֶׁבָּא לְבֵית דּוֹדוֹ, שָׂמַח עָלָיו דּוֹדוֹ וְאִשְׁתּוֹ וּבִתּוֹ הָאַלְמָנָה, וְשָׁאֲלוּ לוֹ עַל אָבִיו וְעַל אִמּוֹ וְעַל אֶחָיו וְהַבָּנִים שֶׁלּוֹ. וַיֵּשֶׁב עִמּוֹ שִׁבְעָה יָמִים, וּלְאַחַר שִׁבְעָה יָמִים אָמַר הַבָּחוּר לְדוֹדוֹ - שְׁאֵלָה אַחַת אֲנִי שׁוֹאֵל מֵעִמְּךָ, אַל תְּשִׁיבֵנִי. וְהֵשִׁיב לוֹ דּוֹדוֹ - שְׁאַל, בְּנִי, מַה שֶּׁתִּרְצֶה. אָמַר לוֹ הַבָּחוּר - אֲנִי לֹא

---

[7] בראשית כב ב

אֶשְׁאַל שׁוּם דָּבָר, עַד שֶׁתִּשָּׁבַע לִי. וְכֵן עָשָׂה. אָמַר לוֹ הַבָּחוּר - זֹאת הַשְּׁאֵלָה, שֶׁאֲנִי אֶשְׁאַל מִמְּךָ, שֶׁתִּתֵּן לִי אֶת בִּתְּךָ הָאַלְמָנָה לְאִשָּׁה.
כְּשֶׁשָּׁמַע הָאִישׁ, בָּכָה. אָמַר לוֹ - בְּנִי, כִּי בַּעֲווֹנוֹתֵינוּ הָרַבִּים כָּךְ מִדָּתָהּ [רָצָה לוֹמַר - שֶׁיָּמוּת הֶחָתָן לַיְלָה רִאשׁוֹנָה, וְכָךְ הוּא הַסֵּדֶר שֶׁלָּהּ]. אָמַר הַבָּחוּר - עַל מְנָת כֵּן. אָמַר לוֹ דּוֹדוֹ - אִם עַל עִסְקֵי מָמוֹן אַתָּה קוֹפֵץ, אַל תִּשָּׂאֶנָּה, וַאֲנִי אֶתֵּן לְךָ כֶּסֶף וְזָהָב וּמָמוֹן הַרְבֵּה, כִּי אַתָּה בָּחוּר נָאֶה וְחָכָם, וּבַעֲצָתִי - אַל תִּסְתַּכֵּן. אָמַר לוֹ הַבָּחוּר - כְּבָר נִשְׁבַּעְתָּ עַל הַדָּבָר הַזֶּה.
וְכֵיוָן שֶׁרָאָה דּוֹדוֹ הֶעָשִׁיר הַדָּבָר, נִתְרַצָּה לוֹ, וּבָא לְבֵיתוֹ וְסִפֵּר לָהּ אֶת הַדְּבָרִים. כְּשֶׁשָּׁמְעָה הָאַלְמָנָה זֹאת, הִתְחִילָה לִצְעֹק וְלִבְכּוֹת בְּמַר נַפְשָׁהּ וְאָמְרָה - רִבּוֹן כָּל הָעוֹלָמִים, תְּהִי יָדְךָ בִּי, וְאַל יָמוּת הַבָּחוּר הַזֶּה.
וְאַחַר זְמַן קָצָר קִדְּשָׁהּ הַבָּחוּר לְהָאַלְמָנָה, וְקָרָא אָבִיהָ, דּוֹדוֹ שֶׁל הֶחָתָן, לְזִקְנֵי הָעִיר עַל הַנִּשּׂוּאִין, וְעָשָׂה כִּילָה לֵישֵׁב הֶחָתָן בְּתוֹכוֹ. וּכְשֶׁיָּשַׁב הֶחָתָן בְּתוֹךְ הַכִּילָה, נִזְדַּמֵּן לוֹ זָקֵן אֶחָד, וְהָיָה אֵלִיָּהוּ הַנָּבִיא.
קָרָא אֵלָיו וְאָמַר לוֹ לְהֶחָתָן - בְּנִי, אִיעָצְךָ עֵצָה נְכוֹנָה, וְאַל תֵּט מֵעֲצָתִי - הַיּוֹם, כְּשֶׁתֵּשֵׁב לִסְעוּדָה, יָבוֹא אֵלֶיךָ עָנִי, שֶׁאֵין כָּמוֹהוּ בְּכָל הָעוֹלָם, וְתֵכֶף כְּשֶׁתִּרְאֵהוּ, תָּקוּם מִמּוֹשָׁבְךָ וְהוֹשִׁיבֵהוּ אֶצְלְךָ וְתֵן לוֹ לֶאֱכֹל וְלִשְׁתּוֹת וְשַׁמֵּשׁ לְפָנָיו בְּכָל כֹּחֲךָ וְעָצְמְךָ. וְאַחַר כָּךְ הָלַךְ אֵלִיָּהוּ זָכוּר לַטּוֹב מֵעִם הֶחָתָן.
וּבַלַּיְלָה רִאשׁוֹנָה שֶׁל הַנִּשּׂוּאִין, כְּשֶׁהָיָה הֶחָתָן יוֹשֵׁב בְּרֹאשׁ הַקְּרוּאִים, בָּא עָנִי אֶחָד, וְתֵכֶף כְּשֶׁרָאָה הֶחָתָן אֶת הֶעָנִי, עָמַד בִּמְקוֹמוֹ וְהוֹשִׁיב לוֹ בִּמְקוֹמוֹ וְעָשָׂה לוֹ כְּכֹל אֲשֶׁר צִוָּה לוֹ הַזָּקֵן.
לְאַחַר הַמִּשְׁתֶּה, כְּשֶׁרָצָה הֶחָתָן לֵילֵךְ לַחֶדֶר, הָלַךְ הֶעָנִי אַחֲרָיו וְאָמַר לוֹ - בְּנִי, אֲנִי שְׁלוּחוֹ שֶׁל מָקוֹם, וּבָאתִי הֵנָּה לִטֹּל אֶת נַפְשְׁךָ.
אָמַר לוֹ הֶחָתָן - תֵּן לִי זְמַן שָׁנָה אַחַת אוֹ חֲצִי שָׁנָה. אָמַר לוֹ - לֹא אֶעֱשֶׂה. אָמַר לוֹ הֶחָתָן - תֵּן לִי זְמַן שְׁלֹשִׁים יוֹם. אָמַר לוֹ - לֹא אֶעֱשֶׂה. אָמַר לוֹ הֶחָתָן - תֵּן לִי זְמַן שִׁבְעַת יְמֵי הַמִּשְׁתֶּה. אָמַר לוֹ הַמַּלְאָךְ הַמָּוֶת - לֹא אֶעֱשֶׂה, כִּי לֹא אוּכַל לַעֲשׂוֹת לְךָ חֶסֶד אֲפִלּוּ יוֹם אֶחָד, כִּי כְּבָר הִגִּיעַ קִצְּךָ וּשְׁעָתְךָ.
אָמַר לוֹ הֶחָתָן - תֵּן לִי רְשׁוּת, שֶׁאֶקַּח רְשׁוּת מֵאִשְׁתִּי וּמִן דּוֹדִי, שֶׁהוּא חוֹתְנִי. אָמַר לוֹ - לְדָבָר זֶה אֶשָּׂא פָּנֶיךָ, בַּעֲבוּר שֶׁעָשִׂיתָ גְּמִילוּת חֶסֶד עִמָּדִי, וְלֵךְ וּבוֹא מְהֵרָה.
הָלַךְ הֶחָתָן לְחֶדֶר שֶׁהַכַּלָּה יוֹשֶׁבֶת שָׁם יְחִידָה וּבוֹכָה וּמִתְפַּלֶּלֶת לְהַקָּדוֹשׁ בָּרוּךְ הוּא, וּכְשֶׁבָּא הֶחָתָן לְהַכַּלָּה, וְקָרָא הַבָּחוּר אֵלֶיהָ וּבָאת לִפְתֹּחַ לוֹ הַפֶּתַח הַחַדְרָה, הֶחֱזִיקָה בְּיָדוֹ לְנַשֵּׁק לוֹ, וְאָמְרָה אֵלָיו - לָמָּה אַתָּה בָּאתָ לְבַדְּךָ אֵלַי.
אָמַר לָהּ הֶחָתָן - לִקַּח רְשׁוּת מֵאִתֵּךְ, כִּי בָּא עִתִּי וְקִצִּי לֵילֵךְ בְּדֶרֶךְ כָּל הָאָרֶץ, כִּי מַלְאַךְ הַמָּוֶת הָיָה אֶצְלִי, וְהִגִּיד לִי הַמַּלְאָךְ שֶׁבָּא לִטֹּל נַפְשִׁי.

אָמְרָה לוֹ - לֹא תֵּלֵךְ מֵעִמָּדִי, אֶלָּא תֵּשֵׁב פֹּה, וַאֲנִי אֵלֵךְ לְהַחֶדֶר שֶׁלְּךָ וַאֲדַבֵּר עִמּוֹ. הָלְכָה וּמָצְאָה אוֹתוֹ. אָמְרָה לוֹ לְהַמַּלְאָךְ - הַאַתָּה שָׁלִיחַ, שֶׁבָּאתָ לִטֹּל נִשְׁמַת אִישִׁי, אָמַר לָהּ - הֵן.

אָמְרָה לוֹ - הֲלֹא כְּתִיב בַּתּוֹרָה [דְּבָרִים כד, ה] - כִּי יִקַּח אִישׁ אִשָּׁה חֲדָשָׁה לֹא יֵצֵא בַּצָּבָא וְלֹא יַעֲבֹר עָלָיו לְכָל דָּבָר נָקִי יִהְיֶה לְבֵיתוֹ שָׁנָה אֶחָת וְשִׂמַּח אֶת אִשְׁתּוֹ אֲשֶׁר לָקָח. וְהַקָּדוֹשׁ בָּרוּךְ הוּא אֱמֶת, וְתוֹרָתוֹ אֱמֶת הוּא, וְעַכְשָׁו אִם תִּקַּח אֶת נִשְׁמַת בַּעֲלִי, אֲזַי תִּהְיֶה הַתּוֹרָה, חַס וְשָׁלוֹם, פְּלַסְתֵּר.

אִם תְּקַבֵּל אֶת דְּבָרַי - מוּטָב, וְאִם לָאו - בּוֹא עִמָּדִי לִפְנֵי בֵּית דִּין הַגָּדוֹל שֶׁבַּשָּׁמַיִם לִפְנֵי הַקָּדוֹשׁ בָּרוּךְ הוּא.

שָׁמַע הַמַּלְאָךְ וְאָמַר לָהּ - בִּשְׁבִיל שֶׁעָשָׂה בַּעֲלֵךְ עִמִּי חֶסֶד וְכִבֵּד אוֹתִי, לְזֹאת אֶשָּׂא פָּנַיִךְ, וְאֵלֵךְ לִפְנֵי הַקָּדוֹשׁ בָּרוּךְ הוּא, וַאֲסַפֵּר אֶת דְּבָרַיִךְ לִפְנֵי הַקָּדוֹשׁ בָּרוּךְ הוּא.

וְהָלַךְ הַמַּלְאָךְ לִשְׁאֹל לְהַקָּדוֹשׁ בָּרוּךְ הוּא, וּכְהֶרֶף עַיִן בָּא בְּשִׂמְחָה פַּעַם אַחֶרֶת לְהַחֶדֶר, וְאָמַר שֶׁהַקָּדוֹשׁ בָּרוּךְ הוּא וִתֵּר לְהֶחָתָן אֶת חַיָּיו, בַּעֲבוּר הַגְּמִילוּת חֶסֶד שֶׁעָשָׂה עִם הֶעָנִי.

וְכָל הַלַּיְלָה הַזֶּה אֲבִי הַכַּלָּה וְאִמָּהּ הָיוּ הוֹלְכִין סְבִיבוֹת הַחֶדֶר, שֶׁהָיוּ שָׁם הֶחָתָן וְהַכַּלָּה. וְשָׁמְעוּ אוֹתָן שְׂמֵחִים יַחַד, וּבַבֹּקֶר נִכְנְסוּ שָׁם לְהַחֶדֶר, רָאוּ וְשָׂמְחוּ יַחַד וְהוֹדִיעוּ הַדָּבָר לְכָל הַקָּהָל, וְנָתְנוּ כֻּלָּם שֶׁבַח וְהוֹדָיָה לְהַקָּדוֹשׁ בָּרוּךְ הוּא. עַד כָּאן לְשׁוֹנוֹ. וְכָל זֶה גָּרַם הַחֶסֶד שֶׁעָשָׂה הֶחָתָן עִם הֶעָנִי.

עַל כֵּן צָרִיךְ הָאָדָם לְהִזָּהֵר לְבִלְתִּי לְהַרְאוֹת פָּנָיו זוֹעֲפוֹת לַעֲנִיִּים הַבָּאִים בְּתוֹךְ בֵּיתוֹ, וּבִפְרָט שֶׁלֹּא לִגְעֹר בָּעֲנִיִּים, שֶׁבָּאִים לִסְעוּדַת מִצְוָה, כִּי כֵּיוָן שֶׁבַּעַל הַבַּיִת מְבַיֵּשׁ הָעֲנִיִּים, בִּשְׁבִיל כָּךְ מִתְהַוֶּה רָעָה גְּדוֹלָה.

לָכֵן לֹא יִצְטַעֵר הָאָדָם, אִם יִהְיֶה לוֹ אֵיזֶה זְהוּבִים יוֹתֵר הוֹצָאָה, כִּי יֵשׁ בָּזֶה כַּפָּרַת עָוֹן, כְּמוֹ שֶׁכָּתַב הָרַב הַגָּדוֹל מַהֲרַ"ם בַּבְלִי, זִכְרוֹנוֹ לִבְרָכָה, בְּסֵפֶר טַעֲמֵי הַמִּצְוֹת - תּוֹעֶלֶת גָּדוֹל לְבַעֲלֵי הַסְּעוּדָה בַּמֶּה שֶׁאוֹכְלִים הַקְּרוּאִים עֲנִיִּים, שֶׁהוּא מַמָּשׁ דֻּגְמַת קָרְבָּן, שֶׁהַכֹּהֲנִים אוֹכְלִין וּבְעָלִים מִתְכַּפְּרִים, וְיִתֵּן בְּטוּב עַיִן, וְאָז נֶאֱמַר עָלָיו [מִשְׁלֵי כב, ט] - טוֹב עַיִן הוּא יְבֹרָךְ.

פרק יא

יָדוּעַ וּמְפֻרְסָם לְכָל יוֹדְעֵי דָּת וְדִין תּוֹרָתֵנוּ הַקְּדוֹשָׁה - תְּרֵין סָמְכִין הֵן, שֶׁהֵן עַמּוּדֵי הָעוֹלָם וְעַמּוּדֵי הַגּוֹלָה, וְאֵלּוּ הֵן - זְכוּת הַתּוֹרָה וּזְכוּת הָאָבוֹת, וְלָכֵן הַשַּׁחַר מֵאִיר בְּכָל יוֹם בְּגִלּוּי רָצוֹן וְרַחֲמִים - זְכוּת תְּרֵין עַמּוּדֵי הַנִּזְכָּרִים - עַמּוּד הַתּוֹרָה וּזְכוּת אָבוֹת, שֶׁהֵן רַחֲמִים וְרָצוֹן לְיִשְׂרָאֵל הַנִּדָּחִים בְּאֶרֶץ לֹא לָהֶם בֵּין שִׁבְעִים אֻמּוֹת הַחוֹרְקִים שֵׁן לְהָרַע וְלֹא לְהֵטִיב, וְהַקָּדוֹשׁ בָּרוּךְ הוּא מֵפִיר עֲצָתָם. וּבִהְיוֹת כִּי הַקָּדוֹשׁ בָּרוּךְ הוּא מִתְאַוֶּה לִתְפִלָּתָן שֶׁל יְרֵאָיו, עַל כֵּן נָכוֹן הוּא לְהִתְפַּלֵּל עַל זֶה בְּכָל בֹּקֶר, שֶׁתַּעֲמֹד לָנוּ זְכוּת תּוֹרָתֵנוּ הַקְּדוֹשָׁה וּזְכוּת אָבוֹת, שֶׁהֵן אַבְרָהָם, יִצְחָק וְיַעֲקֹב.

וּבִהְיוֹת כִּי הַבְּרָכָה רִאשׁוֹנָה הוּא עַל נְטִילַת יָדַיִם כָּזֶה - בָּרוּךְ אַתָּה ה' אֱלֹהֵינ"וּ מֶלֶךְ הָעוֹלָם אֲשֶׁר קִדְּשָׁנוּ בְּמִצְוֹתָיו וְצִוָּנוּ עַל נְטִילַת יָדַיִם. הַבְּרָכָה זוֹ מַתְחִיל בְּאוֹת **בֵּי"ת** וּמְסַיֵּם בְּאוֹת **מֵ"ם**, שֶׁהוּא **מ"ב** - שְׁתֵּי פְּעָמִים עֶשְׂרִים וְאַחַת. הוּא מְרַמֵּז עַל שְׁנֵי עַמּוּדִים - עַמּוּד הַתּוֹרָה וְעַמּוּד זְכוּת אָבוֹת, כִּי חֲמֵשֶׁת חֻמְּשֵׁי תּוֹרָה מַתְחִילִים בְּאוֹת **בֵּי"ת** דִּבְרֵאשִׁית, **וָ"ו** מִסֵּפֶר וְאֵלֶּה שְׁמוֹת, **וָ"ו** מִסֵּפֶר וַיִּקְרָא, **וָ"ו** מִסֵּפֶר בְּמִדְבָּר [וַיְדַבֵּר], **אָלֶ"ף** מִסֵּפֶר אֵלֶּה הַדְּבָרִים - רָאשֵׁי תֵּבוֹת שֶׁלָּהֶן גִּימַטְרִיָּא עֶשְׂרִים וְאַחַת, כְּנֶגֶד הַשֵּׁם **אֶהְיֶ"ה**.

וְאָבוֹת, רָאשֵׁי תֵּבוֹת שֶׁלָּהֶן הוּא גִּימַטְרִיָּא עֶשְׂרִים וְאַחַת, כְּנֶגֶד הַשֵּׁם אֶהְיֶ"ה, כָּזֶה - **אַ**בְרָהָם, **יִ**צְחָק, **יַ**עֲקֹב - גִּימַטְרִיָּא עֶשְׂרִים וְאַחַת. לָכֵן אַנְשֵׁי מַעֲשֶׂה נוֹהֲגִים לְהִתְפַּלֵּל תֵּכֶף אַחַר בִּרְכַּת נְטִילַת יָדַיִם וְאוֹמְרִים תְּפִלָּה כָּזֶה - אֵ"ל אֱלֹהֵ"י הָרוּחוֹת, יְהִי רָצוֹן מִלְּפָנֶיךָ, ה' אֱלֹהַ"י וֵאלֹהֵ"י אֲבוֹתַי, שֶׁתַּעֲמֹד לָנוּ זְכוּת אַבְרָהָם, יִצְחָק וְיַעֲקֹב, לְהַצִּיל אוֹתָנוּ וְאֶת זַרְעֵנוּ מִכָּל פֶּשַׁע וְעָוֹן, כְּדֵי לְקַיֵּם מִצְווֹת תּוֹרָתְךָ הַקְּדוֹשָׁה בְּלִי שׁוּם מַחֲשָׁבָה זָרָה, וְטַהֵר לִבֵּנוּ לְעָבְדְּךָ בֶּאֱמֶת וּבִתְמִים, אָמֵן.

אַל תְּהִי מִצְוַת בְּרָכָה זוֹ קַלָּה בְּעֵינֶיךָ, כִּי מָצָאתִי תְּפִלָּה זוֹ בְּחִבּוּר הָרִאשׁוֹנִים בִּימֵי רַשִׁ"י, זִכְרוֹנוֹ לִבְרָכָה, אֲשֶׁר קַבָּלָה הִיא בְּיָדָם, כִּי מִיּוֹם שֶׁחָרַב בֵּית הַמִּקְדָּשׁ וּבָטְלוּ הַקָּרְבָּנוֹת, נִכְנְסוּ הַתְּפִלּוֹת בִּמְקוֹם הַקָּרְבָּן לְעוֹרֵר רַחֲמִים עָלֵינוּ.

וּבִפְרָט שֶׁאָנוּ בַּזְּמַן הַזֶּה צְרִיכִין לְרַחֲמִים גְּדוֹלִים, וְאֵין דַּעְתֵּנוּ צְלוּלָה לְהִתְפַּלֵּל מֵחֲמַת עֹל הַפַּרְנָסָה, אֲשֶׁר מַמָּשׁ בְּנַפְשׁוֹ יָבִיא לַחְמוֹ, וְלִפְעָמִים בַּאֲשֶׁר שֶׁהוּא לָהוּט אַחַר הַמָּמוֹן, מַכְנִיס אֶת עַצְמוֹ בְּדִבְרֵי אִסּוּר, הַקְּרוֹבִים לְאוֹנָאָה וְגֶזֶל, כְּדֵי לְהַחֲיוֹת נַפְשׁוֹ.

עַל כֵּן תִּקְּנוּ חֲכָמֵינוּ זִכְרוֹנָם לִבְרָכָה זוֹ הַתְּפִלָּה לְהִתְפַּלֵּל לְהַבּוֹרֵא יִתְבָּרֵךְ בָּרוּךְ הוּא, לְהַצִּיל אוֹתָנוּ מִכָּל עָוֹן וָפֶשַׁע וְחַטָּאָה. וְלֹא כָּל הָעִתִּים שָׁוִים לִתְפִלָּה, כְּמוֹ תְּפִלָּה שֶׁל שַׁחֲרִית, שֶׁהוּא עֵת רָצוֹן וְעֵת רַחֲמִים. עַל כֵּן טוֹב לוֹמַר תְּפִלָּה זוֹ תֵּכֶף אַחַר בִּרְכַּת נְטִילַת יָדַיִם, כֵּיוָן

שֶׁמְּרֻמָּז בָּהּ זְכוּת הַתּוֹרָה וּזְכוּת הָאָבוֹת, וּכְמוֹ שֶׁכָּתַבְתִּי לְעֵיל.
וְאִם תִּפְרֹק עֻלְּךָ מִלְּהִתְפַּלֵּל, פֶּן יִפְגַּע מִדַּת הַדִּין קֹדֶם הַתְּפִלָּה לִשְׁפֹּךְ חֵמָה שְׁפוּכָה בְּפֶתַע פִּתְאֹם בְּעֵת הַדִּין, אֲשֶׁר מִדַּת הַדִּין כְּבָר מוּכָן הוּא.
בֶּן אָדָם, בֶּן אָדָם, אִם תְּצַיֵּת לַעֲצָתִי - קוּם וְהִתְחַזֵּק לִרְצוֹת אֶת בּוֹרַאֲךָ, כִּי הוּא אֵ"ל גָּדוֹל, גִּבּוֹר וְנוֹרָא, עוֹשֶׂה הַכֹּל בְּבַת אַחַת, מֵמִית וּמְחַיֶּה, מוֹחֵץ וְרוֹפֵא, מוֹרִישׁ וּמַעֲשִׁיר, מַשְׁפִּיל וּמְרוֹמֵם, מַרְעִיב וּמַשְׂבִּיעַ וּמוֹרִיד שְׁאוֹל וַיָּעַל, מַטְבִּיעַ בְּמַיִם אַדִּירִים וַעֲמֻקִּים וּמַעֲלֶה.
עוֹנֶה לְאָדָם בְּעֵת צָרָה וְעוֹנֶה לְאִשָּׁה בְּעֵת שֶׁיּוֹשֶׁבֶת עַל הַמַּשְׁבֵּר, מַצִּיל אֶת הָאֲנָשִׁים מִיַּם סוּף, וְהוֹלְכֵי מִדְבָּרוֹת מֵחַיּוֹת רָעוֹת וְנָחָשׁ שָׂרָף, רוֹפֵא חוֹלִים, שׁוֹמֵעַ לְזַעֲקַת אֶבְיוֹנִים וַעֲנִיִּים, מַצִּיל הֶעָשׁוּק מִיַּד עוֹשְׁקוֹ.
וְלִפְעָמִים כְּשֶׁיִּשְׂרָאֵל אֵינָם רוֹצִים בִּתְשׁוּבָה, מֵבִיא עֲלֵיהֶם צָרָה - אָז לַמָּרוֹם נוֹשְׂאִים עֵינֵיהֶם בִּבְכִיָּה, עַד כִּי בּוֹא יָבוֹא יְשׁוּעָה כְּהֶרֶף עַיִן.
וְכָל זֶה בַּעֲבוּר הַתְּשׁוּבָה שֶׁעוֹשִׂין, בְּמִסְפָּרִים תִּבְכֶּה נַפְשָׁם וּמִתְוַדִּים עַל חַטָּאתָם וּפִשְׁעָם, וּמַעֲלִים עַל לִבְבֵיהֶם חַטֹּאת נְעוּרֵיהֶם, מַה שֶּׁקִּלְקְלוּ וּפָגְמוּ, וְלֹא אָבוּ לָלֶכֶת בְּדַרְכֵי ה', כִּי אִם בִּשְׁרִירוּת לִבָּם, וְלֹא זָכְרוּ יוֹם אַחֲרִיתָם.
וְאַחֲרֵי שׁוּבָם נִחָמוּ לַעֲזֹב דֶּרֶךְ הָרֶשַׁע, וְתָמִיד הֵן מִתְוַדִּים בִּבְכִי וּלְקַבֵּל תְּשׁוּבָה שְׁלֵמָה. עַל כָּל אֵלֶּה שׁוֹמֵעַ וּמַאֲזִין הַבּוֹרֵא יִתְבָּרַךְ שְׁמוֹ אֶת זַעֲקָתָם לִשְׁלֹחַ לָהֶם יְשׁוּעָה וְרַחֲמִים. עַל כֵּן אַל יִתְרַשֵּׁל הָאָדָם מִלְּהִתְפַּלֵּל לַה' יִתְבָּרַךְ, בָּרוּךְ הוּא, וְאַל יִסְמֹךְ הָאָדָם עַל חָכְמָתוֹ לֵאמֹר - כְּבָר מְסֻגָּל אֲנִי בְּיִרְאַת ה', וְלֹא יָרִיעַ אוֹיְבִי לִי לְהַטּוֹתִי מִדֶּרֶךְ הַיָּשָׁר וְהַטּוֹב.
וּבוֹא וּרְאֵה מַה דְּאִיתָא בִּירוּשַׁלְמִי - מַעֲשֶׂה בְּחָסִיד אֶחָד, שֶׁהָיָה מֻפְלָג בְּזִקְנָה וְאָמַר - אַל תַּאֲמִין בְּעַצְמְךָ עַד יְמֵי זִקְנָתְךָ [כִּי הוּא סָבַר, כְּשֶׁבָּא הָאָדָם לִימֵי הַזִּקְנָה, שׁוּב לֹא יֶחֱטָא בְּוַדַּאי, וְלֹא הִסְכִּים לְמַה שֶׁאָמְרוּ רַבּוֹתֵינוּ זִכְרוֹנָם לִבְרָכָה - אַל[8] תַּאֲמִין בְּעַצְמְךָ עַד יוֹם מוֹתְךָ]. וְהִנֵּה פַּעַם אַחַת בָּא הַשָּׂטָן אֵלָיו וְנִדְמָה עַצְמוֹ כְּאִשָּׁה יְפַת תֹּאַר מְאֹד, וְהִתְקָרֵב אֵלָיו, עַד שֶׁהֱבִיאוֹ לְהִרְהוּר עֲבֵרָה. וְהִתְחִיל הֶחָסִיד לְדַבֵּר אֶל הַשָּׂטָן דְּבָרִים הַמַּרְגִּילִין לַעֲבֵרָה. וּבְתוֹךְ כְּדֵי הַדִּבּוּר שָׂם הֶחָסִיד אֶל לִבּוֹ וְהִתְחָרֵט וְאָמַר - מַה זֶּה מַעֲשֶׂה אֲשֶׁר עָשִׂיתִי, וְתֵכֶף קָם וְאָמַר - אוֹי לִי, לְמִי אֲנִי מִתְקָרֵב, וְהִתְחִיל לְהִצְטַעֵר מְאֹד בִּבְכִי גָּדוֹל עַל הַדְּבָרִים שֶׁיָּצְאוּ מִפִּיו, הַקְּרוֹבִים לְהָבִיא אֶת הָאָדָם לַעֲבֵרָה.
כְּשֶׁרָאָה הַשָּׂטָן, שֶׁהֶחָסִיד הוּא בְּצַעַר, אָמַר לוֹ - רַבִּי, אַל תִּצְטַעֵר, כִּי אַתָּה לֹא דִּבַּרְתָּ עִם אִשָּׁה, רַק עִם הַשָּׂטָן, שֶׁנִּדְמָה כְּאִשָּׁה. וְלֹא בָּאתִי אֶלָּא לְהַזְהִיר אוֹתְךָ לְבִלְתִּי לְשַׁנּוֹת מַטְבֵּעַ וּדְבָרִים שֶׁל חֲכָמִים, שֶׁאָמְרוּ - אַל תַּאֲמִין בְּעַצְמְךָ עַד יוֹם מוֹתְךָ, וְלֹא עַד זִקְנָתְךָ, וְקִבֵּל הֶחָסִיד לְדַבֵּר

---

[8] פרקי אבות ב ד

כָּךְ, כְּמוֹ שֶׁהִזְהִיר אוֹתוֹ הַשָּׂטָן. עַד כָּאן לְשׁוֹנוֹ.
וְהִנֵּה אַחֲרֵי אֲשֶׁר דִּבַּרְנוּ קְצָת לְעֵיל, שֶׁצָּרִיךְ הָאָדָם לְהִתְפַּלֵּל בְּלֵב נִשְׁבָּר, נַזְכִּיר אַגַּב גַּם הַתּוֹעֶלֶת הַגְּדוֹלָה לְקַבָּלַת הַתְּפִלָּה, שֶׁהוּא עִנְיַן הַנְּקִיּוּת, שֶׁיִּהְיֶה גּוּפוֹ נָקִי מִכְּתָמֵי לִכְלוּכֵי הַזֻּהֲמָה.
וְיִתְבּוֹנֵן הָאָדָם מִמַּה שֶּׁהוּבָא בִּבְרַיְתָא דְּמַעֲשֵׂה מֶרְכָּבָה, וְנִזְכַּר לְעֵיל גַּם כֵּן בְּפֶרֶק רִאשׁוֹן, שֶׁאוֹתָן הַמַּלְאָכִים הַנִּשְׁלָחִים בָּעוֹלָם הַזֶּה לְהַכְרִיז מַה שֶּׁנִּגְזָר עַל הָעוֹלָם, כְּשֶׁטָּסִין בָּעוֹלָם בַּאֲוִירָא אֵינָם יְכוֹלִין לוֹמַר שִׁירָה אַחַר כָּךְ כְּשֶׁעוֹלִין, עַד שֶׁיִּטְבְּלוּ בִּנְהַר דִּינוּר שְׁלֹשׁ מֵאוֹת שִׁשִּׁים וְחָמֵשׁ טְבִילוֹת, וְאַחַר כָּךְ טוֹבְלִין עוֹד שֶׁבַע פְּעָמִים בְּאֵשׁ לְבָנָה.
וְכָל זֶה צְרִיכִין לִטְבֹּל בַּאֲשֶׁר שֶׁהָיוּ בִּשְׁכוּנָתָן שֶׁל בְּנֵי אָדָם. וְאִם כֵּן, אִם הָעֶלְיוֹנִים צְרִיכִין טָהֳרָה לְהִתְקַדֵּשׁ לוֹמַר שִׁירָה לִפְנֵי הַקָּדוֹשׁ בָּרוּךְ הוּא, מִכָּל שֶׁכֵּן שֶׁצָּרִיךְ הָאָדָם טָהֳרָה לִהְיוֹתוֹ מִתְקַדֵּשׁ עַצְמוֹ לַתְּפִלָּה.
וְעִקַּר הַטָּהֳרָה הוּא שֶׁצָּרִיךְ הָאָדָם לְהִזָּהֵר בָּהֶן, שֶׁצָּרִיךְ לִטֹּל יָדָיו תֵּכֶף אַחַר יְצִיאַת בֵּית הַכִּסֵּא, וְגַם שֶׁצָּרִיךְ לִטֹּל יָדָיו אַחַר יְצִיאַת הַמֶּרְחָץ, וְאַחַר הַקָּזָה שֶׁל דָּם, וְאַחַר נְטִילַת הַצִּפָּרְנַיִם, וְאַחַר תִּסְפֹּרֶת, וְאַחַר שֶׁנָּגַע בְּגוּפוֹ בִּמְקוֹמוֹת הַמְכֻסִּים בִּבְשָׂרוֹ, כַּמְבֹאָר בַּפּוֹסְקִים. וְכָל מִי שֶׁנִּזְהָר בִּנְטִילוֹת הַנִּזְכָּרוֹת לְעֵיל, לֹא בִמְהֵרָה יָבוֹא לִידֵי חֵטְא.
וְכָל מִי שֶׁאֵינוֹ נִזְהָר בָּהֶן, בְּוַדַּאי יָבוֹא לִידֵי חֲטָאִים גְּדוֹלִים, כִּי מִי שֶׁמֵּקֵל בָּזֶה, יְסוֹבְבוּ אוֹתוֹ הַקְּלִפּוֹת, שֶׁשּׁוֹלְטִין בִּמְקוֹמוֹת הַזֻּהֲמָה. אֲבָל עַל יְדֵי הַנְּטִילַת מַיִם מַבְרִיחִים הַקְּלִפּוֹת לְהַרְחִיק מִן הָאָדָם.
וּבוֹא וּרְאֵה מַאי דְּאִיתָא בְּזֹהַר בְּרֵאשִׁית, וְזֶה לְשׁוֹנוֹ - מַאן דְּעָיֵל לְבֵית הַכִּסֵּא, לֹא יִקְרָא בַּתּוֹרָה עַד דְּיַסְחֵי יְדוֹי, אֶלָּא וַי לִבְנֵי עָלְמָא, דְּלָא מַשְׁגִּיחִין וְלָא יָדְעִין בִּיקָרָא דְּמָארֵיהוֹן, וְלָא יָדְעוּ עַל מָה קָאֵי עָלְמָא. רוּחָא חֲדָא אִית בְּכָל בֵּית הַכִּסֵּא, דְּשָׁרֵי תַּמָּן, וּמִיָּד שָׁארֵי עַל אִנּוּן אֶצְבְּעִין דִּידוֹי דְּבַר־נָשׁ. עַד כָּאן לְשׁוֹנוֹ.
וּמִכָּאן רְאָיָה לְהַמְדַקְדְּקִים בְּמִצְוֹת, לִהְיוֹת מָצוּי אֵצֶל בֵּית הַכִּסֵּא כְּלִי אֶחָד לִנְקוֹת אֶת הַיָּדַיִם תֵּכֶף בְּצֵאתוֹ מִבֵּית הַכִּסֵּא. וְכֵן רָאִיתִי שֶׁנּוֹהֲגִים קְצָת אֲנָשִׁים לִרְחֹץ תֵּכֶף בְּשַׁחֲרִית בְּתוֹךְ כְּלִי בְּעָמְדָם מִשְּׁנָתָם. וְכֵן רָאִיתִי נוֹהֲגִים שֶׁיִּהְיֶה כְּלִי מַיִם מוּכָן בִּשְׁעַת לִמּוּדוֹ, שֶׁמָּא יִהְיֶה נוֹגֵעַ בְּאֶחָד מִן הַמְּקוֹמוֹת הַמְכֻסִּים, וְהוּא נָכוֹן מְאֹד.
וּבִפְרָט יִרְאֶה לִרְחֹץ יָדָיו קֹדֶם הַתְּפִלָּה, דִּכְתִיב [תְּהִלִּים כו, ו] - אֶרְחַץ בְּנִקָּיוֹן כַּפַּי וְכוּ'. וּכְתִיב [תְּהִלִּים קג, א] - בָּרְכִי נַפְשִׁי אֶת ה', וְכָל קְרָבַי אֶת שֵׁם קָדְשׁוֹ.
וְעוֹד דָּבָר אֶחָד מוֹעִיל לַתְּפִלָּה, שֶׁלֹּא יֵשֵׁב בְּבֵית הַכְּנֶסֶת סָמוּךְ לְאָדָם רָשָׁע, כְּמוֹ שֶׁכָּתַבְתִּי לְעֵיל פֶּרֶק ג'. כִּי בִּמְקוֹם הָרָשָׁע, שָׁם חֲנִיַּת הַסִּטְרָא אָחֳרָא, וּמְקוֹם סַכָּנָה לְהִנָּזֵק בּוֹ, חַס וְשָׁלוֹם.
וְכֵן מָצִינוּ בְּדִבְרֵי רַבֵּנוּ, זִכְרוֹנוֹ לִבְרָכָה - מִכָּל עֲבֵרָה שֶׁאָדָם עוֹשֶׂה, וְאֵינוֹ מַעֲבִיר הָעֲבֵרָה בִּתְשׁוּבָה וּבְכִי וּבְוִדּוּיִים, אֲזַי מֵאוֹתָהּ עֲבֵרָה

מִתְהַוֶּה וְנִבְרָא מַשְׁחִית אֶחָד וּמִתְלַבֵּשׁ בְּתוֹךְ הָעֵץ אוֹ אֶבֶן, וְאַחַר זְמַן רַב נִכְשָׁל זֶה הָאָדָם שֶׁעָבַר עֲבֵרָה, בְּאוֹתוֹ הָעֵץ אוֹ הָאֶבֶן וְנִזּוֹק בּוֹ, וְהוּא סָבוּר, שֶׁהָעֵץ אוֹ הָאֶבֶן מַזִּיקוֹ. וְטָעוּת הוּא בְּמַחֲשַׁבְתּוֹ, שֶׁאֵינוֹ יוֹדֵעַ כִּי בְּעָוֹון עַצְמוֹ הוּא נִכְשָׁל, וְהֶעָוֹון הוּא הַמַּזִּיק. וְזֶה שֶׁאָמַר הַכָּתוּב [הוֹשֵׁעַ יד, ב] - שׁוּבָה יִשְׂרָאֵל, עַד ה' אֱלֹהֶיךָ, כִּי כָשַׁלְתָּ בַּעֲוֹנֶךָ, דַּיְקָא.

וְכֵן שָׁמַעְתִּי אוֹמְרִים בְּשֵׁם הֶחָסִיד רַבִּי יְהוּדָה מִשִּׁידְלָאוְצִ'י, זִכְרוֹנוֹ לִבְרָכָה, שֶׁאָמַר כֵּן עַל אוֹתָן אֲנָשִׁים אֲשֶׁר בּוֹגְדִים בִּנְשׁוֹתֵיהֶם וְהוֹלְכִים לִמְדִינוֹת מְרֻחָקִים לִהְיוֹת שָׁמָּה מְלַמְּדֵי תִּינוֹקוֹת, וְאַחַר כָּךְ הֵמָּה עוֹסְקִים בְּאֵיזֶה מַשָּׂא וּמַתָּן וְקוֹבְצִים עַל יַד עַל יַד לְהַרְבּוֹת מָעוֹת וּמָמוֹן רַב.

וּבְלִי סָפֵק שֶׁהֵן נִכְשָׁלִים בַּעֲוֹון רְאִיַּת קֶרִי. וְאַחַר כָּךְ כְּשֶׁרוֹצִים לֵילֵךְ וְלַחֲזֹר לְבָתֵּיהֶם, אֲזַי בָּאִים עֲלֵיהֶם שׁוֹדְדִים וְגַזְלָנִים וְלוֹקְחִים כָּל אֲשֶׁר לָהֶם. וְאוֹתָן אֲנָשִׁים לֹא יֵדְעוּ כִּי מִכָּל טִפַּת קֶרִי נִבְרָא מַזִּיק אֶחָד, רַחֲמָנָא לִצְלַן, וְאוֹתָן הַמַּזִּיקִין נִדְמִין כַּאֲנָשִׁים וְלוֹקְחִין מִמֶּנּוּ כָּל הַמָּעוֹת שֶׁלּוֹ. עַד כָּאן לְשׁוֹנוֹ.

וּכְמוֹ שֶׁהֶאֱרִיךְ גַּם כֵּן הָרַב בַּעַל **כְּלִי חֶמְדָּה** וְגַם הָרַב בַּעַל **מְגַלֶּה עֲמֻקּוֹת**, כְּשֶׁרוֹצֶה הָאָדָם לַעֲשׂוֹת אֵיזֶה דְּבַר עֲבֵרָה, אֲזַי מַלְאָךְ הַמְמֻנֶּה עַל זֶה, צוֹעֵק וְאוֹמֵר - אַל[9] תְּבוֹאֵנִי רֶגֶל גַּאֲוָה, וְיַד רְשָׁעִים אַל תְּנִדֵנִי. וְכִדְאִיתָא בַּזֹּהַר, פָּרָשַׁת בְּרֵאשִׁית, עַיֵּן שָׁם. וְהַכְּלָל, כִּי כֹּחַ הָעֲבֵרָה, שֶׁמֵּבִיא הַסִּטְרָא אָחֳרָא, גַּם הַמָּקוֹם שֶׁנַּעֲשָׂה בּוֹ הָעֲבֵרָה, הוּא מְסֻכָּן.

וּבוֹא וּרְאֵה מַה שֶּׁכָּתוּב בְּזֹהַר שְׁמוֹת - רַבִּי חִיָּא וְרַבִּי יוֹסֵי הֲווּ אָזְלֵי בְּאוֹרְחָא בְּמַדְבְּרָא, וַהֲווּ עָסְקֵי בְּאוֹרַיְתָא. אַדְהָכִי חָמוּ חַד בַּר נָשׁ דְּטָעִין מַשְׂאוֹי. אָמַר רַבִּי חִיָּא - לֹא נִשְׁתַּתֵּף בַּהֲדֵיהּ, דִּילְמָא עוֹבֵד כּוֹכָבִים הוּא, וְאָסוּר לְהִשְׁתַּתֵּף עִמֵּיהּ, אוֹ שֶׁמָּא עַם הָאָרֶץ הוּא, וְאֵין לְהִתְלַוּוֹת עִמֵּיהּ. אָמַר רַבִּי יוֹסֵי - נְעַיֵּן עָלָיו, דִּילְמָא תַּלְמִיד חָכָם אוֹ בַּר אוֹרְיָן הוּא.

אַדְהָכִי הִגִּיעַ אֲלֵיהֶם וְעָבַר לִפְנֵיהֶם וְאָמַר לְהוֹן - צַוְתָּא דִּילְכוֹן בְּסִימָא אֵלַי, וּמִתְאַוֶּה אֲנִי לְהִשְׁתַּתֵּף בַּהֲדַיְכוּ. אָכֵן אֲנָא יָדַעְנָא אוֹרְחָא חַד, וְלֹא בְּאוֹתָהּ אוֹרְחָא שֶׁאַתֶּם רוֹצִים לֵילֵךְ בּוֹ, כִּי הוּא מְקוֹם סַכָּנָה מְאֹד, וְאַתֶּם אֵינְכֶם יוֹדְעִים מִזֶּה, וְחָלִילָה לִי שֶׁלֹּא לְגַלּוֹת לָכֶם, וְאֶתְחַיֵּב בְּנַפְשַׁיְכוּ.

אָמַר רַבִּי יוֹסֵי - בְּרִיךְ רַחֲמָנָא, שֶׁהָיִינוּ מַמְתִּינִים בְּכָאן, וְאִתְחַבְּרוּ בַּהֲדֵיהּ. אָמַר לְהוּ - הִנֵּה עֲדַיִן צְרִיכִין אָנוּ לֵילֵךְ קְצָת בְּאוֹתוֹ הַדֶּרֶךְ שֶׁל סַכָּנָה, וְלָא נִשְׁתְּעֵי מִידֵי וְנֵיזוֹל בִּמְהִירוּת, עַד שֶׁנַּעֲבֹר אוֹתוֹ מְקוֹם סַכָּנָה. בָּתַר דִּנְפַק, אָמַר לְהוּ - בָּרוּךְ הַמָּקוֹם, שֶׁעֲזָרָנוּ לָצֵאת מִן הַמָּקוֹם הַזֶּה, וְאָמַר לָהֶם - חַד זְמַן הָלַךְ כֹּהֵן תַּלְמִיד חָכָם אֶחָד עִם עַם הָאָרֶץ,

---

[9] תהלים לו יב

וְעָמַד עַם הָאָרֶץ עַל הַכֹּהֵן תַּלְמִיד חָכָם וְהָרַג אוֹתוֹ, וּמֵהַהוּא יוֹמָא כָּל מָאן דְּעָבַר בְּהַהוּא אוֹרְחָא, שֶׁאַתֶּם רוֹצִים לְהַלֵּךְ שָׁמָּה וּפוֹגֵעַ בְּאוֹתוֹ הַמָּקוֹם - נִזּוֹק, כִּי מֵאוֹתָהּ שָׁעָה נַעֲשָׂה אוֹתוֹ הַמָּקוֹם מְקוֹם סַכָּנָה, וּמִתְחַבְּאִין תַּמָּן גַּזְלָנִים רַצְחָנִים. וְכָל מִי שֶׁעוֹבֵר שָׁמָּה, אֵינוֹ נִצּוֹל מִיַּד הַגַּזְלָנִים, כִּי הַקָּדוֹשׁ בָּרוּךְ הוּא תּוֹבֵעַ דָּמוֹ שֶׁל הַאי כֹּהֵן תַּלְמִיד חָכָם וְכוּ'. עַיֵּן שָׁם בַּאֲרִיכוּת.

הֲרֵי לְךָ בְּהֶדְיָא גֹּרֶם הַחֵטְא, שֶׁגּוֹרֵם לְאוֹתוֹ הַמָּקוֹם לַעֲשׂוֹת מְקוֹם סַכָּנָה. עַל כֵּן צָרִיךְ הָאָדָם לְהִזָּהֵר, שֶׁיֵּשֵׁב בְּבֵית הַכְּנֶסֶת אֵצֶל שָׁכֵן טוֹב, וְלֹא אֵצֶל אָדָם רָשָׁע, וְאָז בְּוַדַּאי יְקַבֵּל תְּפִלָּתוֹ, וְהַקָּדוֹשׁ בָּרוּךְ הוּא יִתֵּן בְּלִבּוֹ לְטַהֵר גּוּפוֹ וְנִשְׁמָתוֹ בָּעוֹלָם הַזֶּה עַל יְדֵי תְּשׁוּבָה שְׁלֵמָה לִהְיוֹת נִשְׁמָתוֹ מִתְקַבֶּלֶת בְּחֶדְוָה לִפְנֵי כִּסֵּא כְּבוֹדוֹ יִתְבָּרַךְ.

פרק יב

מַה מְּאֹד צָרִיךְ הָאָדָם לְהִתְפַּלֵּל בִּבְכִי גָּדוֹל לִפְנֵי הַקָּדוֹשׁ בָּרוּךְ הוּא, שֶׁלֹּא יִהְיֶה מְבֻיָּשׁ בְּבוֹאוֹ לִפְנֵי כִּסֵּא כְּבוֹדוֹ אַחַר צֵאת נִשְׁמָתוֹ, וְאַל יַחְשֹׁב הָאָדָם, כִּי אֵין לוֹ לִדְאֹג עַל זֶה, בַּאֲשֶׁר שֶׁיֵּשׁ לוֹ הַרְבֵּה זְכֻיּוֹת, וְאֵינוֹ צָרִיךְ לְהִנָּצֵל מֵהַבּוּשָׁה. בּוֹא וּרְאֵה, מַה דְּאִיתָא בְּתִקּוּנֵי הַזֹּהַר - רַבִּי שִׁמְעוֹן בֶּן יוֹחַאי הֲוֵי יָתִיב וְלָעֵי בְּאוֹרַיְתָא. קָם חַד סָבָא [רָצָה לוֹמַר - אֵלִיָּהוּ הַנָּבִיא] מִבָּתַר כּוֹתְלָא וְאָמַר לְרַבִּי שִׁמְעוֹן בֶּן יוֹחַאי - רַבִּי רַבִּי, בּוּצִינָא קַדִּישָׁא, קוּם, אַדְלִיק שְׁרָגִין, דְּאִיהוּ נֵר מִצְוָה, שְׁכִינְתָּא קַדִּישָׁא, דַּעֲלָהּ אִתְּמַר [וַיִּקְרָא ו, ו] - אֵשׁ תָּמִיד תּוּקַד עַל הַמִּזְבֵּחַ, לֹא תִכְבֶּה, וַעֲלָהּ אִתְּמַר [שְׁמוֹת ד, טז] - לְהַעֲלֹת נֵר תָּמִיד. נֵר ה' אִתְקְרְיָא וַדַּאי, אוֹר דְּנָהֲרָא בֵּיהּ אוֹר דְּאָדָם הָרִאשׁוֹן, נִשְׁמָה דְּאָדָם הָרִאשׁוֹן, קוּם, אַדְלִיק בַּהּ, קָם רַבִּי שִׁמְעוֹן בֶּן יוֹחַאי עַל רַגְלָיו, וְיָתִיב רֶגַע חֲדָא וְאָמַר - רִבּוֹן דְּעָלְמִין, אַנְתְּ אִיהוּ מָרֵי מַלְכִין וְגַלְיָא רָזִין, יְהֵא רַעֲוָא דִילָךְ לְסַדְּרָא מִלִּין דְּפוּמָא לְקַיְּמָא בִּי הַאי קְרָא - אֶהְיֶה[10] עִם פִּיךָ. דְּלָא אֵיעוּל בְּכִסּוּפָא קַמָּךְ.

וְאִם רַבִּי שִׁמְעוֹן בֶּן יוֹחַאי, שֶׁהוּא בּוּצִינָא קַדִּישָׁא, שֶׁהָיָה בּוֹנֶה כַּמָּה עוֹלָמוֹת קְדוֹשִׁים בְּהֶבֶל פִּיו, הָיָה צָרִיךְ לְהִתְפַּלֵּל - דְּלָא אֵיעוּל בְּכִסּוּפָא קַמֵּי קֻדְשָׁא בְּרִיךְ הוּא, אָנוּ עַל אַחַת כַּמָּה וְכַמָּה, וּבִפְרָט שֶׁאָנוּ עֲסוּקִים בְּהַבְלֵי עוֹלָם הַזֶּה, שֶׁצְּרִיכִין אָנוּ לְהִתְפַּלֵּל וּלְהִתְחַנֵּן לִפְנֵי בּוֹרְאֵנוּ יִתְבָּרַךְ, שֶׁלֹּא נֵבוֹשׁ וְלֹא נִכָּלֵם בְּעָמְדֵנוּ לְחֶשְׁבּוֹן דִּינָא רַבָּא וּדְחִילָא, אוֹי וָוי, בְּאֵיזֶה מַעֲמָד נִהְיֶה שָׁם.

וְכֹה יַחְשֹׁב הָאָדָם בְּכָל יוֹם וָיוֹם בְּעֵת הִתְבּוֹדֵד, שֶׁצָּרִיךְ הָאָדָם לְהִתְבּוֹדֵד [עַיֵּן פֶּרֶק א] - לְתַקֵּן חֲטָאָיו פְּשָׁעָיו בִּזְרִיזוּת. וְחִיּוּב גָּדוֹל הוּא לְהִתְבּוֹדֵד הֵיטֵב, וְאוּלַי עַל יְדֵי כֵן יֵעָרֶה עָלָיו מִמָּרוֹם רוּחַ חָכְמָה וּבִינָה וָדַעַת וְיִרְאַת ה' לְהַדְרִיכוֹ בַּדֶּרֶךְ הַיְשָׁרָה, לְבַל יָמוּט מִדַּרְכֵי תּוֹרָתֵנוּ הַקְּדוֹשָׁה. וְאִלּוּ הָיִינוּ זוֹכִים בְּמַעֲשֶׂה יָדֵינוּ לְהַשָּׂגַת הָרִאשׁוֹנִים, הָיְתָה הַשָּׂגָתֵנוּ שְׁלֵמָה לְהַשִּׂיג חֶפְצֵנוּ וּמִשְׁאֲלוֹתֵינוּ לְטוֹבָה.

וּבוֹא וּרְאֵה מַאי דְּמָצִינוּ בְּכִתְבֵי הַקָּדוֹשׁ הֶחָסִיד רַבִּי חַיִּים וִיטַאל, זִכְרוֹנוֹ לִבְרָכָה, וְזֶה לְשׁוֹנוֹ - בְּעִנְיַן הַשָּׂגָתִי שֶׁאָלְתִּי אֶת נִשְׁמָתִי, וְהָיָה מֵשִׁיב לִי, שֶׁאֶתְעַנֶּה אַרְבָּעִים יוֹם רְצוּפִים בְּשַׂק וָאֵפֶר, וְאַחַר כָּךְ אֶתְעַנֶּה שֵׁנִי וַחֲמִישִׁי וְשֵׁנִי תָּמִיד, עַד תַּשְׁלוּם שְׁתֵּי שָׁנִים וּמֶחֱצָה, וְאָז אַשִּׂיג הַשָּׂגָה גְּמוּרָה בִּלְתִּי שׁוּם עִרְבּוּבְיָה שֶׁל סִטְרָא אָחֳרָא. וְכֹה אָמְרָה לִי הַנְּשָׁמָה שֶׁלִּי, שֶׁאַחַר שֶׁאֶתְנַהֵג חֹדֶשׁ אֶחָד שָׁלֵם בְּשַׂק וָאֵפֶר וְתַעֲנִית, אָז תַּתְחִיל הַשָּׂגָה בְּאֹפֶן שֶׁלֹּא יֵצֵא מִפִּי שׁוּם נִדְנוּד שֶׁל לֵיצָנוּת, חַס וְשָׁלוֹם, וּלְהִתְנַהֵג בְּתַכְלִית הָעֲנָוָה וְהַשִּׁפְלוּת, וְאַחַר הַתַּעֲנִית שְׁלֹשָׁה

[10] שמות ד יב

יָמִים רְצוּפִים בְּשַׂק וָאֵפֶר אֶהְיֶה זוֹכֶה לָבוֹא לִידֵי רוּחַ הַקֹּדֶשׁ, וְאַחַר שְׁתֵּי שָׁנִים וּמֶחֱצָה אַשִּׂיג הַשָּׂגָה גְּדוֹלָה.

וְהַטַּעַם שֶׁהִקְפִּידָה דַּוְקָא שְׁתֵּי שָׁנִים וּמֶחֱצָה, מִפְּנֵי שֶׁבִּימֵי בַּחֲרוּתִי יָשַׁבְתִּי שְׁתֵּי שָׁנִים וּמֶחֱצָה בִּלְתִּי הִתְמָדוּת הַתּוֹרָה, וְלֹא הָיִיתִי מְדַקְדֵּק בְּמַעֲשִׂים, וְלָכֵן הֻצְרַכְתִּי לַעֲשׂוֹת תְּשׁוּבָה שְׁנֵי שָׁנִים וּמֶחֱצָה. וְהָיִיתִי נוֹהֵג גַּם כֵּן בְּיוֹם הַתַּעֲנִית שֶׁל שֵׁנִי וַחֲמִישִׁי וְשֵׁנִי וְלַיְלָה שֶׁלְּאַחֲרָיו בְּשַׂק וָאֵפֶר וּבְכִי, וְלִשְׁכַּב עַל הָאָרֶץ אוֹ עַל הָאֵפֶר בִּלְבוּשׁ שַׂק וְאֶבֶן מְרַאֲשׁוֹתָיו, וּלְכַוֵּן **הוי"ה** בְּמִלּוּאוֹ עִם הַכּוֹלֵל כָּזֶה - **יו"ד, הֵ"ה, וָ"ו, הֵ"ה**, גִּימַטְרִיָּא אֶבֶן. אוֹ נֻסְחָה כָּזֶה - **יו"ד, הֵ"ה, וָא"ו, הֵ"ה**.

וְהָעִקָּר, לְהִתְנַהֵג בְּמִדַּת הָעֲנָוָה מְאֹד וּלְהִזָּהֵר מִן הַכַּעַס וְהַקְּפֵדָה. וְאָמַר לִי הָרַב הָאֲרִ"י, זִכְרוֹנוֹ לִבְרָכָה, שֶׁאֶזָּהֵר מְאֹד כְּפִי מַה שֶּׁהִגִּיד לִי נִשְׁמָתִי, כִּי בְּוַדַּאי בְּתוֹךְ מֶשֶׁךְ הַזְּמַן הַנִּזְכָּר יָבוֹא עִרְבּוּב הַדַּעַת לְבַטֵּל אוֹתִי מִדֶּרֶךְ הַתְּשׁוּבָה הַנִּזְכָּר, וְשֶׁלֹּא אוּכַל לִסְבֹּל עַל הַסִּגּוּף. אָמְנָם בַּאֲשֶׁר הַבְּחִירָה הוּא בְּיָדִי, אֶרְאֶה לְהִתְגַּבֵּר בְּסִיַּעְתָּא דִּשְׁמַיָּא. וּלְאַחַר כַּמָּה יָמִים, בְּיוֹם ה', אָמַר לִי הָאֲרִ"י, זִכְרוֹנוֹ לִבְרָכָה, כִּי בְּשָׁבוּעַ זוֹ תִּרְאֶה בְּעֵינֶיךָ רוּחַ קְדֻשָּׁה וְטָהֳרָה אֶחָד מְסַבֵּב אוֹתְךָ, וְזֶה מוֹרֶה כִּי מִן הַשָּׁמַיִם שָׁלְחוּ הַאי רוּחַ קַדִּישָׁא לְסַיְּעֵנִי, שֶׁלֹּא אֶהְיֶה רָפֶה מִן דְּרָכַי, וְלָתֵת בִּי כֹּחַ וְאֹמֶץ לְהַשִּׂיג הַשָּׂגָה גְּדוֹלָה, וְהָיָה מְבַשֵּׂר לִי, שֶׁאֶזְכֶּה לְהַשָּׂגַת רוּחַ הַקֹּדֶשׁ. וְכַאֲשֶׁר זָכִיתִי, אָמַר לִי מוֹרִי הָאֲרִ"י, זִכְרוֹנוֹ לִבְרָכָה, שֶׁזָּכִיתִי לְכָךְ, מִפְּנֵי שֶׁהָיִיתִי חוֹשֵׁק מְאֹד לְחִדּוּשֵׁי הַתּוֹרָה, וְנִשְׁמָתִי הָיְתָה מְסַיְּעֵנִי. וְהִבְטִיחַ לִי הָאֲרִ"י, זִכְרוֹנוֹ לִבְרָכָה, שֶׁיִּתְעַבֵּר בִּי עוֹד אֵיזֶה נְשָׁמָה מִנִּשְׁמוֹת צַדִּיקִים בְּסוֹד הָעִבּוּר, וְיִהְיֶה מְסַיְּעֵנִי לְהִתְגַּבְּרוּת הַיִּרְאָה.

וְהָעִקָּר, זְכוּת הָעֲנָוָה וּזְכוּת הַיִּרְאָה וְהַהַשָּׂגָה בְּתוֹרַת ה'. וְעַל יְדֵי שְׁנֵי מִדּוֹת הָאֵלּוּ, דְּהַיְנוּ מִדַּת הָעֲנָוָה וּמִדַּת הַיִּרְאָה, שֶׁהוּא מִדַּת מִעוּט הַדִּבּוּר שֶׁאֵינוֹ בְּהֶכְרֵחַ, כְּמוֹ שֶׁמָּצִינוּ בְּחָסִיד אֶחָד, שֶׁנִּתְגַּלָּה לְאִשְׁתּוֹ בַּחֲלוֹם לְאַחַר מוֹתוֹ, וְהָיְתָה רוֹאָה כָּל שַׂעֲרוֹת רֹאשׁוֹ וּזְקָנוֹ מְאִירִים כַּאֲבוּקָה גְּדוֹלָה. וְשָׁאֲלָה אוֹתוֹ אִשְׁתּוֹ - בַּמֶּה זָכִיתָ לְכָךְ, לְהַפְלָגַת אוֹר גָּדוֹל כָּזֶה, וְהֵשִׁיב - הֲגַם שֶׁהָיִיתִי חָסִיד, עַל כָּל זֶה לֹא הָיִיתִי זוֹכֶה לְאוֹר כָּזֶה, רַק בִּשְׁבִיל שֶׁהָיִיתִי מְמַעֵט הַדִּבּוּר שֶׁאֵינוֹ שֶׁל תּוֹרָה וְיִרְאָה, וְהַקָּדוֹשׁ בָּרוּךְ הוּא מַשְׁגִּיחַ עַל זֶה וְנָתַן לִי שְׂכַר מְנִיעַת הַדִּבּוּר, כִּי הַקָּדוֹשׁ בָּרוּךְ הוּא בְּעַצְמוֹ מַשְׁגִּיחַ עַל הָאָדָם שֶׁמְּמַעֵט בְּדִבּוּר חֹל, וְרַק חֶשְׁקוֹ הוּא לְהִדַּבֵּק בְּיִרְאַת ה'.

וְאוֹת וּמוֹפֵת לְכָל הַמְהַדְּרִים לֵילֵךְ בְּדַרְכֵי יִרְאָה, כִּי עַל יְדֵי כֵּן יֵשׁ שְׁמִירַת הַבּוֹרֵא בָּרוּךְ הוּא עֲלֵיהֶם לְבִלְתִּי יִכָּשְׁלוּ, חַס וְשָׁלוֹם, בְּאֵיזֶה עָוֹן, וּכְמוֹ שֶׁאָמַר הַכָּתוּב [מִשְׁלֵי יב, כא] - לֹא יְאֻנֶּה לַצַּדִּיק כָּל אָוֶן. וְאַף גַּם בִּהְיוֹת יָשֵׁן, הַקָּדוֹשׁ בָּרוּךְ הוּא מְשַׁמְּרֵהוּ מִכֹּל.

וּכְמָה שֶׁאֵרַע לְחָסִיד אֶחָד - פַּעַם אַחַת נִדְמָה לוֹ בַּחֲלוֹם אַחַת מִן הַכִּתּוֹת

שֶׁל לילי"ת כִּדְמוּת אִשְׁתּוֹ, כְּדֵי לַהֲבִיאוֹ לִידֵי קֶרִי. וְהִנֵּה בְּהַתְחָלַת הַמַּרְאֶה נִשְׁמַע לוֹ קוֹל הַכָּאָה בְּאֶגְרוֹף בְּחַלּוֹנוֹ, כְּאִלּוּ אִישׁ בָּא וּמַכֶּה בְּאֶגְרוֹף בְּכֹחַ בְּחַלּוֹנוֹ, עַד שֶׁהֵקִיץ מִשְּׁנָתוֹ, וְאָז הִכִּיר הֶחָסִיד בְּחֶסֶד הַבּוֹרֵא, בָּרוּךְ הוּא, שֶׁלֹּא עָזַב חַסְדּוֹ מֵאִתּוֹ יִתְבָּרַךְ, בָּרוּךְ הוּא, שֶׁהִצִּיל אוֹתוֹ מִן הַחֵטְא שֶׁל קֶרִי. עַד כָּאן.

וּמִזֶּה יִרְאֶה הָאָדָם, שֶׁהַקָּדוֹשׁ בָּרוּךְ הוּא חָפֵץ בְּמִדַּת הַקְּדֻשָּׁה וְהַטָּהֳרָה, עַל כֵּן עֵצָה הַיְעוּצָה לְכָל בַּר יִשְׂרָאֵל, שֶׁיִּתְעוֹרֵר בְּעַצְמוֹ לַעֲשׂוֹת תְּשׁוּבָה קְטַנָּה, וְאַחַר כָּךְ - הַבָּא לִטַּהֵר - מְסַיְּעִין אוֹתוֹ. וְיֶאֱזֹר כְּגִבּוֹר חֲלָצָיו לַעֲשׂוֹת תְּשׁוּבָה גְּדוֹלָה, וְיַרְגִּיל עַצְמוֹ לִרְחֹץ יָדָיו כְּדֵי שֶׁיִּתְפַּלֵּל בְּטָהֳרָה, וְלִמּוּדוֹ יִהְיֶה בְּטָהֳרָה, וְאָז יִזְכֶּה לְמַאַמְרֵי רַבּוֹתֵינוּ זִכְרוֹנָם לִבְרָכָה [יְרוּשַׁלְמִי שְׁקָלִים פֶּרֶק ג, הֲלָכָה ג] - טָהֳרָה מְבִיאָה לִידֵי קְדֻשָּׁה. וְעִקַּר הַטָּהֳרָה הוּא נְטִילַת יָדַיִם, וְלָכֵן אַצִּיג פֶּרֶק לְקַמָּן בִּפְנֵי עַצְמוֹ.

פרק יג

כָּתַב הַטּוּר אֹרַח חַיִּים, שֶׁצָּרִיךְ הָאָדָם לִרְחֹץ שַׁחֲרִית פָּנָיו וְיָדָיו כְּדֵי לְהַעֲבִיר הָרוּחַ רָעָה, שֶׁבָּא אֶל אָדָם בְּשָׁעָה שֶׁיִּישַׁן. וּמֵהַאי טַעֲמָא חַיָּב הָאָדָם לִרְחֹץ פָּנָיו וְיָדָיו כְּשֶׁיִּישַׁן בַּיּוֹם, וּמִכָּל שֶׁכֵּן כְּשֶׁיִּישַׁן בַּלַּיְלָה.

וְהִנֵּה רָאִיתִי, שֶׁרֹב הָעוֹלָם אֵינָם נִזְהָרִים בָּזֶה, כְּשֶׁיְּשֵׁנִים בַּיּוֹם - אֵין רוֹחֲצִין כְּלָל. וְאַף אִם הֵם רוֹחֲצִין, אֲזַי לוֹקְחִין כִּי אִם מְעַט מַיִם לִרְחִיצָה. וְאַף בְּשַׁחֲרִית, שֶׁצָּרִיךְ הָאָדָם לִטֹּל יָדָיו, הֵמָּה לוֹקְחִין מְעַט מַיִם, שֶׁאֵין בּוֹ כְּדֵי לִרְחֹץ יָד אֶחָד, וְהוּא רוֹחֵץ בּוֹ שְׁנֵי יָדָיו וּפָנָיו. וְלֹא עוֹד שֶׁהֵן סוֹבְרִים לַעֲשׂוֹת טָהֳרָה בִּרְחִיצוֹתֵיהֶם פְּנֵיהֶם וִידֵיהֶם, וְהֵמָּה מוֹסִיפִים טֻמְאָה עַל פְּנֵיהֶם וִידֵיהֶם, כִּי אָמְרוּ רַבּוֹתֵינוּ זִכְרוֹנָם לִבְרָכָה כַּמָּה פְּעָמִים בַּגְּמָרָא, שֶׁהַמַּיִם עֲלוּלִים הֵן לְקַבֵּל טֻמְאָה.

וְלָכֵן צָרִיךְ הָאָדָם לִטֹּל מַיִם לִנְטִילָה שֶׁל שַׁחֲרִית, וְכֵן כְּשֶׁיִּישַׁן בַּיּוֹם לִטֹּל וְלִשְׁפֹּךְ רִאשׁוֹנָה שָׁלֹשׁ פְּעָמִים עַל יַד הַיְמָנִית כְּדֵי לְהַעֲבִיר רוּחַ הַטֻּמְאָה, הַשּׁוֹרָה מֵחֲמַת הַשֵּׁנָה, וְאַחַר כָּךְ נְטִילָה רְבִיעִית, לְהַעֲבִיר הַמַּיִם שֶׁיֵּשׁ עַל יָדוֹ, וְאַחַר כָּךְ יָשִׂים מַיִם עַל יָדוֹ הַשְּׂמָאלִית, וְאַחַר כָּךְ יִרְחַץ פָּנָיו וּפִיו כְּאַוַּת נַפְשׁוֹ.

וְהִנֵּה רָאִיתִי עַמֵּי הָאֲרָצוֹת, שֶׁהֵם נוֹטְלִים רַק רְחִיצָה אַחַת עַל יָדוֹ, וּמִיָּד רוֹחֵץ יָדוֹ אַחֶרֶת, אֲשֶׁר עֲדַיִן רוּחַ הַזֻּהֲמָה שׁוֹרָה עָלָיו, וּמְטַמֵּא יָדָיו יוֹתֵר, וְאַחַר כָּךְ רוֹחֵץ אֶת פָּנָיו, וְאִם כֵּן מְטַמֵּא הוּא אֶת פָּנָיו גַּם כֵּן וְאַחַר כָּךְ לוֹקֵחַ מַיִם וּמְשַׁפְשֵׁף אֶת פִּיו, וּמוֹסִיף טֻמְאָה עַל טֻמְאָתוֹ, וְאַחַר כָּךְ אוֹמֵר הַבְּרָכָה - עַל נְטִילַת יָדַיִם, וְהִיא בְּרָכָה לְבַטָּלָה, וְכָל הַיּוֹם הוּא מַשְׁרֶה רוּחַ טֻמְאָה עָלָיו.

וְלָכֵן כָּל אֲשֶׁר יֵשׁ לוֹ יִרְאַת אֱלֹהִי"ם בִּלְבָבוֹ, יִנְהַג כֵּן, כְּמוֹ שֶׁאָמְרוּ רַבּוֹתֵינוּ זִכְרוֹנָם לִבְרָכָה - יִטֹּל הַכְּלִי בְּיָדוֹ הַיְמָנִית, וְיִתֵּן הַכְּלִי עִם הַמַּיִם לְיָדוֹ הַשְּׂמָאלִית, וּבְיָדוֹ הַשְּׂמָאלִית יִתֵּן מַיִם לְיָדוֹ הַיְמָנִית בַּתְּחִלָּה שָׁלֹשׁ פְּעָמִים כָּל פַּעַם צָרִיךְ רְבִיעִית מַיִם, וְאַחַר כָּךְ פַּעַם רְבִיעִית לְהַשְׁטִף הַמַּיִם הָרָעִים שֶׁעַל יָדוֹ הַיְמָנִית, וְאַחַר כָּךְ יִתֵּן הַכְּלִי גַּם לְיָדוֹ הַיְמָנִית, וְיִתֵּן מִיָּדוֹ הַיְמָנִית עַל יָדוֹ הַשְּׂמָאלִית גַּם כֵּן שָׁלֹשׁ פְּעָמִים, וְאַחַר כָּךְ יִרְחַץ פָּנָיו וּפִיו. וְאַף כְּשֶׁיִּישַׁן הָאָדָם בַּיּוֹם צָרִיךְ לִרְחֹץ כָּךְ, כְּדֵי שֶׁיַּשְׁרֶה עָלָיו רוּחַ טָהֳרָה.

וְלִנְטִילַת יָדַיִם, שֶׁהוּא לְצֹרֶךְ הָאֲכִילָה, צָרִיךְ לִרְחֹץ תְּחִלָּה יָדוֹ הַשְּׂמָאלִית, וְאַחַר כָּךְ יָדוֹ הַיְמָנִית, וְיֵשׁ בָּזֶה סוֹד גָּדוֹל וָטַעַם, תִּמְצָא בְּכִתְבֵי הָאֲרִ"י, זִכְרוֹנוֹ לִבְרָכָה, עַיֵּן שָׁם בְּעִנְיַן מַיִם הָרִאשׁוֹנִים.

וְאַגַּב, בָּאתִי לְעוֹרֵר הָעוֹלָם בְּעִנְיַן מַיִם אַחֲרוֹנִים - רָאִיתִי הָעוֹלָם מְקִלִּין בָּזֶה, וְהֵם מִתְחַיְּבִים בְּנַפְשָׁם, עַד שֶׁעוֹבְרִים אֶת דִּבְרֵי רַבּוֹתֵינוּ זִכְרוֹנָם לִבְרָכָה. וְהִיא גְּמָרָא עֲרוּכָה בְּמַסֶּכֶת עֵרוּבִין - אָמַר אַבַּיֵּי כָּל הַיּוֹצֵא לְמִלְחָמָה וְעוֹסְקִים בְּמִצְוָה, פְּטוּרִים הֵן מִנְּטִילַת יָדַיִם. בַּמֶּה דְּבָרִים

אֲמוּרִים, בַּמַּיִם הָרִאשׁוֹנִים, אֲבָל בְּמַיִם אַחֲרוֹנִים הִיא חוֹבָה.
וְאִם כֵּן, אִם הוֹלְכֵי מִלְחָמָה וְעוֹסְקֵי בַּמִּצְוֹת, שֶׁהֵן פְּטוּרִים מִן מִצְוָה אַחֶרֶת, אַף עַל פִּי כֵן הֵן חַיָּבִים בִּנְטִילַת מַיִם אַחֲרוֹנִים, מִכָּל שֶׁכֵּן מִי שֶׁאֵינוֹ עוֹסֵק בַּמִּצְוָה וְאֵין יוֹצֵא לְמִלְחֶמֶת מִצְוָה, שֶׁהוּא חַיָּב לִטֹּל יָדָיו בְּמַיִם אַחֲרוֹנִים, וּבַזֹּהַר וּבְסִפְרֵי קַבָּלָה יֵשׁ בָּזֶה סוֹד גָּדוֹל, לָמָּה הוּא חִיּוּב יוֹתֵר לִרְחֹץ בְּמַיִם אַחֲרוֹנִים יוֹתֵר מִן הָרִאשׁוֹנִים, כִּדְאֶכְתֹּב לְקַמָּן בַּפְּרָקִים.
וְהִנֵּה מָצִינוּ בִּגְמָרָא - דְּאָמַר רַב אָשֵׁי אֲנָא מַשָּׁאֵי מְלֹא יְדֵי מַיָּא, וְנָתַן לִי מְלֹא חָפְנַאי טֵיבוּתָא. פֵּרוּשׁ - בִּשְׁבִיל שֶׁהָיָה נוֹתֵן כְּלִי מָלֵא עַל יָדָיו, הֵן בְּמַיִם רִאשׁוֹנִים וְהֵן בְּמַיִם אַחֲרוֹנִים, וְלָכֵן הַקָּדוֹשׁ בָּרוּךְ הוּא מִלֵּא בֵּיתוֹ בְּטוֹבָה, בַּעֲשִׁירוּת, כִּי רַב אָשֵׁי עָשִׁיר גָּדוֹל הָיָה. וְהַטַּעַם, שֶׁלְּפִי כְּשֶׁאָדָם אוֹכֵל בְּבֵיתוֹ עִם אַנְשֵׁי בֵּיתוֹ, יֵשׁ שָׁמָּה מַזִּיקִין שֶׁרוֹצִין לֵהָנוֹת מִן סְעוּדָתוֹ, וְלָכֵן הָיוּ דּוֹרוֹת רִאשׁוֹנִים נִזְהָרִים מִלִּשְׁתּוֹת זוּגוֹת, כִּי הָיוּ שָׁמָּה כַּת אֶחָד **אִתְלְגִינָם**, וְאָמְרֵי לָהּ - **אִתְפְּרָגִים**, שֶׁהָיוּ יְכוֹלִין חַס וְשָׁלוֹם לְהַזִּיק לָאָדָם. וְלָכֵן תִּקְּנוּ רַבּוֹתֵינוּ זִכְרוֹנָם לִבְרָכָה רְחִיצַת נְטִילַת יָדַיִם אַחֲרוֹנִים, כְּדֵי לְהָסִיר הַזֻּהֲמָה מִן יָדָיו, שֶׁהָיָה אוֹכֵל בָּהֶן, כְּדֵי שֶׁלֹּא לְהַשְׁרוֹת עָלָיו רוּחַ הַזֻּהֲמָה.
וְכָתַב רַבֵּנוּ יְשַׁעְיָהוּ סֶגַל - שֶׁצָּרִיךְ הָאָדָם לִטֹּל יָדָיו בְּמַיִם אַחֲרוֹנִים דַּוְקָא לְתוֹךְ הַכְּלִי, וְלֹא עַל הָאָרֶץ, כִּי זֶה הַמַּיִם הוּא חֵלֶק שֶׁל סִטְרָא אָחֳרָא, וְלָכֵן צָרִיךְ לִתֵּן לוֹ דֶּרֶךְ כָּבוֹד, וּמִתּוֹךְ זֶה לֹא יוּכְלוּ הַמַּזִּיקִים לַעֲשׂוֹת שׁוּם רָעָה לָאָדָם זֶה.
וְגַם צָרִיךְ הָאָדָם לִזָּהֵר כְּשֶׁיֵּלֵךְ לְבֵית הַכְּנֶסֶת שֶׁיִּטֹּל יָדָיו, כְּדֵי לְטַהֵר יָדָיו. וְצָרִיךְ רְבִיעִית מַיִם לִנְטִילָה. וְכָל הַנִּזְהָר בִּנְטִילוֹת הַנִּזְכָּרוֹת לְעֵיל, אָזַי יָבוֹא לִידֵי טָהֳרָה וּקְדֻשָּׁה, וּקְדֻשָּׁה מֵבִיא אוֹתוֹ לִידֵי רוּחַ הַקֹּדֶשׁ, וְרוּחַ הַקֹּדֶשׁ לִידֵי אֵלִיָּהוּ הַנָּבִיא וּתְחִיַּת הַמֵּתִים, אָמֵן.

פרק יד

כְּתִיב [דְּבָרִים ט, כז] - אַל תֵּפֶן אֶל קְשִׁי הָעָם הַזֶּה וְאֶל רִשְׁעוֹ וְאֶל חַטָּאתוֹ. מְבֹאָר בַּזֹּהַר, פָּרָשַׁת קְדֹשִׁים, וְזֶה לְשׁוֹנוֹ - תָּא חֲזֵי, בַּר נָשׁ דְּעָבִיד מִצְוָה, סַלְקָא וְקַיְמָא קַמֵּי קֻדְשָׁא בְּרִיךְ הוּא. אָמְרָה - פְּלָנְיָא עָבִיד לִי וְהַקָּדוֹשׁ בָּרוּךְ הוּא מַנֵּי לָהּ קַמֵּיהּ לְאַשְׁגָּחָא בֵּיהּ כָּל הַהוּא יוֹמָא לְאוֹטָבָא לֵיהּ בְּגִינָהּ. עָבַר בַּר נָשׁ עַל פִּתְגָּמָא דְּאוֹרַיְתָא, הַהִיא עֲבֵרָה סַלְקָא לָהּ קַמֵּי קֻדְשָׁא בְּרִיךְ הוּא וְאָמְרָה - אֲנָא מִפְּלַנְיָא דְּעָבִיד לִי. וְקֻדְשָׁא בְּרִיךְ הוּא מַנֵּי לָהּ וְקַיְמָא תַּמָּן לְאַשְׁגָּחָא בֵּיהּ לְשֵׁיצָאָה לֵיהּ. הֲדָא הוּא דִּכְתִיב [דְּבָרִים לב, יט] - וַיַּרְא ה' וַיִּנְאָץ וְגוֹ'. **וַיַּרְא** - הַהוּא דְּקַיְמָא קַמֵּיהּ. תָּב בִּתְיוּבְתָּא, כְּתִיב בֵּיהּ [שְׁמוּאֵל-ב יב, יג] - גַּם ה' הֶעֱבִיר חַטָּאתְךָ לֹא תָמוּת, דְּעָבִיר הַהוּא חוֹבָא מִקַּמֵּיהּ בְּגִין דְּלָא יִסְתַּכֵּל בֵּיהּ. הֲדָא הוּא דִּכְתִיב - אַל[11] תֵּפֶן אֶל קְשִׁי הָעָם הַזֶּה וְאֶל רִשְׁעוֹ וְאֶל חַטָּאתוֹ. עַד כָּאן לְשׁוֹנוֹ.

וְהִנֵּה הָאָדָם יוֹשֵׁב בְּבֵיתוֹ בְּשָׁלוֹם, בְּהַשְׁקֵט וּבֶטַח, בְּשִׂמְחָה וּבְטוּב לֵב, וְאֵינוֹ יוֹדֵעַ כַּמָּה הַחֵטְא גָּרַם דְּקָאִים לְמַעְלָה וְאָמַר - מִפְּלַנְיָא אֲנִי מְעוֹרֵר עָלָיו פִּתְאֹם, שֶׁנִּשְׁפָּךְ עָלָיו עֹנֶשׁ מַר וּגְזֵרָה רָעָה, רַחֲמָנָא לִצְּלַן, וְאַחַר כָּךְ לְסוֹף יִתְחָרֵט, וְלֹא תוֹעִיל הַחֲרָטָה, אֲשֶׁר כְּבָר יָצְאָה הַגְּזֵרָה, וּמִכָּל שֶׁכֵּן בַּעֲבֵרוֹת שֶׁבֵּין אָדָם לַחֲבֵרוֹ, כְּגוֹן גְּזֵלוֹת וּגְנֵבוֹת וְאוֹנָאָה וְכַיּוֹצֵא בוֹ, בַּעֲבוּר שֶׁהַמַּזָּל שֶׁל הַנִּגְזָל אוֹ הַגַּנָּב צוֹעֵק עָלָיו לְמַעְלָה.

וּבוֹא וּרְאֵה מַה שֶּׁכָּתוּב בַּזֹּהַר [שָׁם], עַל עִנְיַן הַכּוֹבֵשׁ שְׂכַר פּוֹעֵל בְּיָדוֹ וְאֵינוֹ נוֹתֵן לוֹ, יֵשׁ לוֹ עֹנֶשׁ גָּדוֹל, כִּי כָּל פּוֹעֵל אֶל טָרְחָתוֹ וְאֶל מְלַאכְתּוֹ הוּא נוֹשֵׂא אֶת נַפְשׁוֹ. וְכֵיוָן שֶׁכּוֹבֵשׁ שְׂכִירוּת שֶׁלּוֹ תַּחַת יָדוֹ, כְּאִלּוּ כּוֹבֵשׁ נַפְשׁוֹ וְנַפְשׁוֹת אַנְשֵׁי בֵּיתוֹ, כִּי כָּל הֶבֶל דְּנָפִיק מִפּוּמֵיהּ דְּהַאי פּוֹעֵל בְּהַאי יוֹמָא דְּטָרִיד בִּמְלַאכְתּוֹ, כִּי כֵן הַדֶּרֶךְ לְהוֹצִיא הֶבֶל מִפִּיו שֶׁל הַפּוֹעֵל, כֻּלָּן הֲבָלִים - אִנּוּן סַלְקִין קַמֵּי קֻדְשָׁא בְּרִיךְ הוּא, וְהַקָּדוֹשׁ בָּרוּךְ הוּא חָזֵי לוֹן, דְּאִנּוּן הֲבָלִים לֹא קִבְּלוּ שְׂכַר פְּעֻלָּתָן, וְהָא קַיְמִין קַמֵּיהּ אִנּוּן הֲבָלִים וְנֶפֶשׁ הַפּוֹעֵל וְנַפְשׁוֹת בֵּיתוֹ. אֲזַי אֲפִלּוּ מִתְגַּזֵּר כַּמָּה טוֹבוֹת וְכַמָּה הַצְלָחוֹת עַל הַאי בַּר נָשׁ, כֻּלְּהוּ מִתְעַקְּרִין מִנֵּיהּ וּמִשְׁתַּתְּקְלִין מִנֵּיהּ, וְלֹא עוֹד אֶלָּא שֶׁאֵין מַנִּיחִין נַפְשָׁא דִּילֵיהּ לַעֲלוֹת לְמַעְלָה בְּכָל לַיְלָה. כָּל זֶה בַּעֲבוּר שֶׁכָּבַשׁ שְׂכָרוֹ תַּחַת יָדוֹ. וְעָוֹן זֶה הוּא מְקַצֵּר יָמִים, רַחֲמָנָא לִצְּלַן.

וְעַל כֵּן הָיָה נוֹהֵג רַב הַמְנוּנָא סָבָא, כְּשֶׁהָיָה מִסְתַּלֵּק הַפּוֹעֵל מִמְּלַאכְתּוֹ, יָהִיב לֵיהּ מִיַּד אַגְרֵיהּ וַהֲוֵי אָמַר לֵיהּ - טוֹל נַפְשָׁךְ דְּאַפְקִידַת בִּידָי, טוֹל פִּקְדוֹנָךְ. וַאֲפִלּוּ אִי הֲוֵי אָמַר לֵיהּ הַפּוֹעֵל - יְהֵא בִּיָדָךְ בְּפִקָּדוֹן, לָא הֲוֵי בָּעֵי, וְאָמַר - פִּקְדוֹנָךְ דְּגוּפָךְ לֹא אִתְחֲזֵי לְאִתְפַּקְּדָא בִּידָי, כָּל שֶׁכֵּן

[11] דברים ט כז

פִּקְדוֹנָךְ דְּנַפְשָׁךְ וְנִשְׁמָתָךְ לֹא אִתְחַזֵּי לִי, דְּהַאי פִּקְדוֹנָא לֹא אִתְיַהַב אֶלָּא לְהַקָּדוֹשׁ בָּרוּךְ הוּא בִּלְחוֹדָא, דִּכְתִיב [תְּהִלִּים לא ו] - בְּיָדְךָ אַפְקִיד רוּחִי. וְאִם כֵּן אַזְהָרָה גְּדוֹלָה מִזּוֹ לִבְנֵי אָדָם. שׁוֹמֵעַ קוֹל בְּכִי שֶׁל שָׂכִיר, שֶׁבּוֹכֶה עֲבוּר טִרְחָתוֹ, הֵן יְהוּדִי וְהֵן אֵינוֹ יְהוּדִי, כֵּיוָן שֶׁהַשָּׂכִיר וְהַפּוֹעֵל הוֹלֵךְ אַחֲרָיו וּמְבַקֵּשׁ שְׂכָרוֹ מַה שֶּׁטָּרַח וְיָגַע, וְזֶה אוֹטֵם אָזְנוֹ מִשְּׁמֹעַ וְדוֹחֶה אוֹתוֹ בְּלֵךְ וָשׁוּב, וְאֵין לְךָ חִלּוּל הַשֵּׁם כָּזֶה, וְעָנְשׁוֹ מְמַהֵר לָבוֹא, וּנְכָסָיו אָזְלִין לְאִבּוּד וּלְטִמְיוֹן. וְאַף שֶׁמִּחְיָתוֹ הוּא לְפִי שָׁעָה בְּטוֹבָה, רֶוַח וְהַצְלָחָה לֹא יִהְיֶה לוֹ לְבַסּוֹף. וּבְוַדַּאי יָבוֹא אוֹתוֹ בַּעַל הַבַּיִת לִידֵי עֲנִיּוּת, וְאֵין מְרַחֲמִים עָלָיו, וְזוּלַת זֶה הַרְבֵּה עֳנָשִׁים קָשִׁים מִתְהַוִּים בְּחֵטְא זֶה. עַל כֵּן צָרִיךְ הָאָדָם לְהִזָּהֵר מְאֹד, שֶׁלֹּא יִכָּשֵׁל בְּזֶה הַחֵטְא - כּוֹבֵשׁ שְׂכַר שָׂכִיר.

נַחֲזֹר לָעִנְיָן שֶׁהִתְחַלְנוּ - כָּל הָאָדָם, מִי שֶׁעוֹשֶׂה מִצְוָה, נַעֲשָׂה מִן אוֹתָהּ מִצְוָה מַלְאָךְ אֶחָד, שֶׁמְּלַמֵּד תָּמִיד זְכוּת עָלָיו, כְּמוֹ שֶׁאָמְרוּ רַבּוֹתֵינוּ זִכְרוֹנָם לִבְרָכָה בְּמִדְרָשׁ רַבָּה, פָּרָשַׁת וַיִּקְרָא - עָשָׂה אָדָם מִצְוָה אַחַת, נוֹתְנִין לוֹ מַלְאָךְ אֶחָד לְשָׁמְרוֹ. כֵּיוָן שֶׁאָדָם עוֹשֶׂה שְׁתֵּי מִצְווֹת, נוֹתְנִין לוֹ שְׁנֵי מַלְאָכִים, שֶׁנֶּאֱמַר [תְּהִלִּים צא יא] - כִּי מַלְאָכָיו יְצַוֶּה לָּךְ. נוֹתְנִין לוֹ - דַּיְקָא, מִן אוֹתוֹ הַמִּצְוָה נַעֲשָׂה מַלְאָךְ לְשָׁמְרוֹ מִכָּל נֶזֶק. וּבוֹא וּרְאֵה מֵהַמַּעֲשֶׂה בְּחָסִיד אֶחָד, שֶׁהָיָה דָּר בִּכְפָר קָטָן, וְלֹא הָיָה לוֹ שׁוּם סֵפֶר, רַק גְּמָרָא אַחַת שֶׁל מַסֶּכֶת חֲגִיגָה, וְהָיָה כָּל יָמָיו שֶׁל אוֹתוֹ הֶחָסִיד עוֹסֵק בְּמַסֶּכֶת חֲגִיגָה. וְהֶאֱרִיךְ יָמִים מְאֹד. וּלְבַסּוֹף קוֹדֶם מוֹתוֹ, נִתְלַבְּשָׁה אוֹתוֹ הַמַּסֶּכֶת בִּדְמוּת אִשָּׁה, וְהָלְכָה לְפָנָיו אַחַר מוֹתוֹ, עַד שֶׁהֱבִיאוּ לְאוֹתוֹ הֶחָסִיד לְגַן עֵדֶן.

וְכֵן הוּא, חַס וְשָׁלוֹם, לְהֵפּוּךְ - עוֹשֶׂה אָדָם עֲבֵרָה אַחַת, נִבְרָא מִמֶּנּוּ קָטֵגוֹר אֶחָד [רָצָה לוֹמַר - שֵׁד]. עוֹבֵר שְׁתֵּי עֲבֵרוֹת, נִבְרָאִים שְׁנֵי מְקַטְרְגִים. כְּשֶׁמֵּת, אֲזַי מִתְלַבְּשִׁין אוֹתָן הָעֲבֵרוֹת בִּדְמוּת אִשָּׁה וּמוֹלִיכִין אוֹתוֹ לְגֵיהִנָּם, כְּמוֹ שֶׁאָמְרוּ רַבּוֹתֵינוּ זִכְרוֹנָם לִבְרָכָה בְּיוֹסֵף הַצַּדִּיק, שֶׁאָמַר הַכָּתוּב עָלָיו [בְּרֵאשִׁית לט, י] - וְלֹא שָׁמַע אֵלֶיהָ לִשְׁכַּב אֶצְלָהּ לִהְיוֹת עִמָּהּ. וְדָרְשׁוּ רַבּוֹתֵינוּ זִכְרוֹנָם לִבְרָכָה - לִשְׁכַּב עִמָּהּ בָּעוֹלָם הַזֶּה, לִהְיוֹת עִמָּהּ בָּעוֹלָם הַבָּא.

וְרָאִיתִי בְּסֵפֶר אֶחָד, כֵּיוָן שֶׁהָאָדָם מְזַנֶּה עִם אִשָּׁה אַחֶרֶת, אֲזַי נִבְרָא מַזִּיק אֶחָד בִּדְמוּת אוֹתָהּ הָאִשָּׁה. וּכְשֶׁהִגִּיעַ זְמַנּוֹ לְהִפָּטֵר מֵהָעוֹלָם הַזֶּה, בָּאָה אוֹתָהּ אִשָּׁה וּמְלַפַּפְתּוֹ וּמוֹלִיכָה אוֹתוֹ לְגֵיהִנָּם. וְלָכֵן נִרְאֶה לִי, שֶׁזֶּהוּ רָמְזוּ רַבּוֹתֵינוּ זִכְרוֹנָם לִבְרָכָה בְּאָמְרָם - לֶעָתִיד הַקָּדוֹשׁ בָּרוּךְ הוּא מַנְחִיל לְכָל צַדִּיק וְצַדִּיק שְׁלֹשׁ מֵאוֹת וַעֲשָׂר עוֹלָמוֹת, שֶׁנֶּאֱמַר [מִשְׁלֵי ח, כא] - לְהַנְחִיל אוֹהֲבַי יֵשׁ. עַד כָּאן לְשׁוֹן הַגְּמָרָא. שְׁמַעְתִּי, הַפֵּרוּשׁ הַנִּזְכָּר לְעֵיל כָּךְ הוּא - כִּי כְּבָר אָמַרְנוּ לְעֵיל, כֵּיוָן שֶׁהָאָדָם עוֹשֶׂה מִצְוָה אַחַת, נִבְרָא מִמֶּנּוּ מַלְאָךְ אֶחָד. וְקַיְמָא לָן - כָּל מַלְאָךְ הוּא שְׁנֵי אֲלָפִים פַּרְסָאוֹת, שֶׁנֶּאֱמַר [דָּנִיאֵל י, ו] - וּגְוִיָּתוֹ כְתַרְשִׁישׁ. וּגְמִירֵי

דִּתַרְשִׁישׁ הוּא שְׁנֵי אֲלָפִים פַּרְסָאוֹת. וְאִם כֵּן, כַּאֲשֶׁר שֶׁיֵּשׁ לָנוּ תַּרְיַ"ג מִצְווֹת וְשֶׁבַע מִצְווֹת כְּמִנְיַן כֶּתֶר, וְאִם כֵּן, כְּשֶׁיִּשְׂרָאֵל שׁוֹמְרִים מִצְווֹת תּוֹרָה וּמִצְווֹת דְּרַבָּנָן יֵשׁ לָהֶן שֵׁשׁ מֵאוֹת וְעֶשְׂרִים מַלְאָכִים.

וְהִנֵּה כְּתִיב [אֵיכָה א, א] - אֵיכָה יָשְׁבָה בָדָד הָעִיר רַבָּתִי עָם הָיְתָה כְּאַלְמָנָה. עַל שֵׁם מָנֶה, שֶׁיֵּשׁ לָהּ כְּתָב מָנֶה. מַה שֶּׁאֵין כֵּן לֶעָתִיד, יִהְיֶה לָנוּ כְּתֻבָּה שְׁלִישׁ הוֹסָפָה, כְּדִין בְּתוּלָה, כְּמוֹ שֶׁאָמַר הַכָּתוּב [עָמוֹס ה, ב] - בְּתוּלַת יִשְׂרָאֵל. וְהִנֵּה חֶשְׁבּוֹן שֵׁשׁ מֵאוֹת וְעֶשְׂרִים מַלְאָכִים - שֵׁשׁ מֵאוֹת מַלְאָכִים עוֹלִים לְמִנְיַן מָאתַיִם עוֹלָמוֹת, כִּי קַיְמָא לָן דִּשְׁלֹשָׁה מַלְאָכִים הֵן עוֹלָם אֶחָד, כִּי הָעוֹלָם הוּא שִׁית אַלְפֵי פַּרְסֵי. עֶשְׂרִים מַלְאָכִים עוֹלִים לְמִנְיַן שִׁשָּׁה עוֹלָמוֹת וּשְׁנֵי שְׁלִישֵׁי עוֹלָם. וְאִם כֵּן, אִם תָּשִׂים עָלֶיהָ הַשְּׁלִישׁ כְּמוֹ דִּין בְּתוּלָה, שֶׁיֵּשׁ לָהּ שְׁלִישׁ הוֹסָפָה, תּוֹסִיף עַל מָאתַיִם שְׁלִישׁ, יִהְיֶה שְׁלֹשׁ מֵאוֹת. וְאִם תּוֹסִיף עַל שִׁשָּׁה עוֹלָמוֹת שְׁלִישׁ, יִהְיֶה תִּשְׁעָה, וְאִם תּוֹסִיף עַל שְׁנֵי שְׁלִישִׁים שְׁלִישׁ אֶחָד, יִהְיֶה עוֹלָם אֶחָד. צָרְפֵם יַחַד, וְתִמְצָא עוֹלִים לְחֶשְׁבּוֹן שְׁלֹשׁ מֵאוֹת וַעֲשָׂרָה עוֹלָמוֹת. יְהִי רָצוֹן שֶׁנִּזְכֶּה בִּמְהֵרָה בְּיָמֵינוּ אָמֵן.

פרק טו

גָּדוֹל הַשָּׁלוֹם, דְּאָמְרוּ רַבּוֹתֵינוּ זִכְרוֹנָם לִבְרָכָה בְּמִדְרַשׁ רַבָּה, פָּרָשַׁת נָשֹׂא [פָּרָשָׁה יא, אות ז] - אֵין כְּלִי מַחֲזִיק בְּרָכָה יוֹתֵר מִן הַשָּׁלוֹם, שֶׁהֲרֵי סִיּוּם בִּרְכַּת כֹּהֲנִים הוּא - וְיָשֵׂם לְךָ שָׁלוֹם [בְּמִדְבַּר ו, כו]. וְכֵן הַקָּדוֹשׁ בָּרוּךְ הוּא עוֹשֶׂה שָׁלוֹם בִּמְרוֹמָיו, בַּמַּלְאָכִים, שֶׁאֵין בָּהֶם יֵצֶר הָרָע וְקִנְאָה וְשִׂנְאָה, וְאַף עַל פִּי כֵן צְרִיכִין הֵם לְשָׁלוֹם. מִכָּל שֶׁכֵּן אֲשֶׁר עֲדַיִן אוֹתוֹ הַשָּׂטָן מְרַקֵּד בֵּינֵינוּ לְהַרְהֵר רִיב וּמָדוֹן בֵּין אִישׁ לַחֲבֵרוֹ, בֵּין יָחִיד לָרַבִּים, שֶׁצְּרִיכִין אָנוּ לִכְלִי הַמַּחֲזִיק, שָׁלוֹם.

וְהַכֹּל הוּא בַּעֲוֹן שִׂנְאַת חִנָּם, אֲשֶׁר עַל עֲוֹן שִׂנְאַת חִנָּם אָמְרוּ רַבּוֹתֵינוּ זִכְרוֹנָם לִבְרָכָה בְּמַסֶּכֶת יוֹמָא [ט, ב], דַּעֲוֹן שִׂנְאַת חִנָּם הוּא גָּדוֹל מֵעֲוֹן עֲבוֹדַת כּוֹכָבִים וְגִלּוּי עֲרָיוֹת וּשְׁפִיכוּת דָּמִים. וְהֶעָוֹן שִׂנְאַת חִנָּם הוּא בָּא בִּשְׁבִיל קוֹל וְדִבּוּר הַיּוֹצֵא מִפִּיו, וְהוּא פֶּה הַמֻּרְגָּל לְקַלֵּל בְּנֵי אָדָם, וּבְמִעֵט וְכוֹחַ שֶׁיֵּשׁ לוֹ עִם חֲבֵרוֹ, אֲזַי תֵּכֶף מִתְמַלֵּא בְּאַף וְחֵמָה, בּוֹעֵר בְּקִלְלוֹת כְּגַחֲלֵי אֵשׁ, וְאֵינוֹ יוֹדֵעַ שֶׁהוּא בְּעַצְמוֹ מְסַכֵּן נַפְשׁוֹ וְנַפְשׁוֹת אַנְשֵׁי בֵּיתוֹ, וְגוֹרֵם רָעָה לְעַצְמוֹ. כִּי הוּא עִנְיָן מְבֹאָר בַּזֹּהַר, פָּרָשַׁת קְדוֹשִׁים, כִּי קוֹל דִּבּוּר שֶׁל קְלָלָה, שֶׁיּוֹצֵא מִפִּיו, אָזִיל וְשָׁאט בַּאֲוִירָא דְּעָלְמָא עַד דְּמִתְחַבֵּר עִמֵּיהּ רוּחַ רָעָה, רַחֲמָנָא לִצְּלַן, וְאָזִיל בַּהֲדֵיהּ לְנוּקְבֵיהּ שֶׁבִּתְהוֹמָא רַבָּא, אֲשֶׁר שָׁם הוּא מְדוֹרוֹת הַמַּזִּיקִין, שֶׁהֵן מוּכָנִין לְפֻרְעָנִיּוֹת, בַּר מִנַּן, וְעוֹמְדִים וּמְצַפִּים שֶׁיָּבוֹא הָעֵת וּזְמַן, אֲשֶׁר יָבוֹא מַזָּלֵיהּ הַגָּרוּעַ שֶׁל זֶה הָאִישׁ, הַמֻּרְגָּל בְּקִלְלוֹת וּבְדָבָר קַל, אֲפִלּוּ כְּחוּט הַשַּׂעֲרָה, וּמִיָּד מְעוֹרְרִים עָלָיו גְּזֵרוֹת, בַּר מִנַּן, לְהִנָּזֵק בְּמָמוֹנוֹ אוֹ בְּגוּפוֹת נַפְשׁוֹת בֵּיתוֹ, חַס וְשָׁלוֹם. וּכְבָר כָּתַבְנוּ לְעֵיל, בְּפֶרֶק ז', שֶׁכָּל אָדָם שֶׁהוּא מֻרְגָּל לְהוֹצִיא מִפִּיו קְלָלוֹת, אֵין לוֹ נְשָׁמָה מִשֹּׁרֶשׁ הַקְּדֻשָּׁה, כִּי אִם מִשֹּׁרֶשׁ נָחָשׁ, שֶׁהוּא שֹׁרֶשׁ שֶׁל סִטְרָא אָחֳרָא, וְיֵשׁ לוֹ לִדְאֹג עַל הַרְבֵּה פֻּרְעָנִיּוֹת, שֶׁיָּבוֹא עָלָיו, חַס וְשָׁלוֹם, עַיֵּן שָׁם. וְיֵשׁ לְךָ אָדָם שֶׁפִּיו דִּילֵיהּ הוּא שָׁמוּר וְגָדוּר מֵהוֹצָאוֹת קְלָלוֹת, וּמַרְגִּיל אֶת עַצְמוֹ תָּמִיד בִּבְרָכוֹת, אֲזַי בְּוַדַּאי נִשְׁמָתוֹ הִיא מִשֹּׁרֶשׁ קְדֻשָּׁה מְאֹד, וְיִהְיֶה בָּטוּחַ שֶׁהוּא בֶּן עוֹלָם הַבָּא.

וְכֵן אִם יֵשׁ פֶּה הַמַּרְגִּיל בִּבְשׂוֹרוֹת רָעוֹת, חַס וְשָׁלוֹם, רַחֲמָנָא לִצְּלַן, וְתַאֲוָתוֹ הוּא לְהוֹצִיא דִּבָּה רָעָה מִפִּיו, הוּא מִדָּה גְּרוּעָה מְאֹד, וְאֵין תְּפִלָּתוֹ נִשְׁמַעַת, שֶׁאֵין תְּפִלָּתוֹ יְכוֹלָה לִכָּנֵס לִפְנֵי פַּרְגּוֹדָא קַדִּישָׁא. אֲבָל הָרָגִיל לְבַשֵּׂר בְּשׂוֹרוֹת טוֹבוֹת לְתַלְמִידֵי חֲכָמִים, מִיָּד מְחַלְּקִין לוֹ חֵלֶק טוֹב בַּעֲבוּר זֶה בְּגַן עֵדֶן. וּרְאָיָה מִסֶּרַח בַּת אָשֵׁר, שֶׁבִּשְּׂרָה לְיַעֲקֹב בְּשׂוֹרָה טוֹבָה, שֶׁעֲדַיִן יוֹסֵף הָיָה חַי, וְלָכֵן זָכְתָה לִכָּנֵס חַי לְגַן עֵדֶן.

אָמְנָם הַגֶּדֶר, שֶׁלֹּא יַרְגִּיל אָדָם קְלָלוֹת - דַּע כִּי יֵשׁ עִתִּים יְדוּעִים, שֶׁהַקְּלָלָה נֶהְפֶּכֶת לַמְקַלֵּל, בַּר מִנַּן. וְאֵיזֶה קְלָלָה, שֶׁגָּרַם הָאָדָם לְעַצְמוֹ עַל יְדֵי שֶׁקִּלֵּל לַחֲבֵרוֹ בְּחִנָּם, וְנִגְזְרָה עָלָיו גְּזֵרָה שֶׁל אוֹתָהּ קְלָלָה, אֵין

לָהּ רְפוּאָה, בַּר מִנַּן, בַּאֲשֶׁר שֶׁהוּא גָּזַר וּפָסַק בְּעַצְמוֹ הַקְּלָלָה עָלָיו, וְהָעִקָּר הַגֹּרֶם הוּא עַל יְדֵי שֶׁמַּרְגִּיל עַצְמוֹ בִּקְטָטוֹת וּמְרִיבוֹת, וְעַל יְדֵי וְכוֹחַ קַל נַעֲשָׂה מְרִיבָה גְּדוֹלָה, כְּמוֹ שֶׁאָמְרוּ רַבּוֹתֵינוּ זִכְרוֹנָם לִבְרָכָה - הַאי תִּגְרָא דָּמְיָא לִבְדְקָא דְמַיָּא, כֵּיוָן דְּרָוַח - רָוַח.

עַל כֵּן יַרְחִיק הָאָדָם עַצְמוֹ מֵהַקְּטָטוֹת וּמְרִיבוֹת, וְאָז לֹא יָבוֹא גַּם כֵּן לִידֵי שׁוּם קְלָלָה, וְיִרְאֶה לְכַבֵּד אֶת הַבְּרִיּוֹת, וּבִפְרָט לַחֲבֵרוֹ מִי שֶׁהוּא גָּדוֹל מִמֶּנּוּ, וּמִכָּל שֶׁכֵּן לְרַבּוֹ שֶׁל אָדָם, כִּי הָא דִּנְשְׁלַח הָא מִלְּתָא מֵחַבְרוּתָא קַדִּישָׁא שֶׁבְּאֶרֶץ יִשְׂרָאֵל לְחַבְרוּתָא קַדִּישָׁא שֶׁבְּבָבֶל וּבְחוּץ לָאָרֶץ, וְזֶה לְשׁוֹנוֹ - הִנֵּה מוֹדִיעִים אֲנַחְנוּ אֲלֵיכֶם, חַבְרוּתָא קַדִּישָׁא, מִנְהָגָא טָבָא שֶׁיֵּשׁ בֵּינֵינוּ בַּחֲבוּרָא קַדִּישְׁתָּא שֶׁל אֶרֶץ יִשְׂרָאֵל, שֶׁלֹּא נִמְצָא בַּחֲבוּרָה דִּילָן שׁוּם רִיב וּקְטָטָה. וְאַף אִם שֶׁלִּפְעָמִים יֵשׁ וִכּוּחַ שֶׁל קְטָטָה, תֵּכֶף יֵשׁ בָּנוּ כִּתּוֹת קְדוֹשִׁים, הַמְעוֹרְרִים לֵב לְכָל דָּבָר שֶׁבִּקְדֻשָּׁה, וּמַכְנִיסִין עַצְמָן שֶׁלֹּא יִתְעַכֵּב הַקֶּטֶט, אַף כְּשֶׁהוּא קֶטֶט קָטָן, וּמִיָּד עוֹשִׂין שָׁלוֹם בֵּין הַצְּדָדִים, שֶׁחוֹזְרִים לְאַחֲוָה וְרֵעוּת וְשַׁלְוָה וְשָׁלוֹם בִּמְנוּחָתָם, כַּאֲשֶׁר הָיָה בָּרִאשׁוֹנָה, וּמְחַבְּקִין זֶה אֶת זֶה, וְתֵכֶף חָבֵר זֶה מוֹחֵל לַחֲבֵרוֹ. וּמִי שֶׁהוּא קָטָן בְּשָׁנִים מֵחֲבֵרוֹ, מְבַקֵּשׁ מְחִילָה מֵחֲבֵרוֹ שֶׁהוּא גָּדוֹל מִמֶּנּוּ. וְתֵכֶף חֲבֵרוֹ מְחַבֵּק וּמְנַשֵּׁק לוֹ וּמוֹחֵל לוֹ. וּמִי שֶׁהוּא, חַס וְשָׁלוֹם, פּוֹגֵעַ בִּכְבוֹד רַבּוֹ, אֲזַי מְקַבֵּל עָלָיו נִדּוּי וּמַפִּיל עַצְמוֹ בְּכֹחַ לָאָרֶץ וְחוֹלֵץ מִנְעָלָיו וְיוֹשֵׁב לָאָרֶץ. וְרַבּוֹ, כְּשֶׁרוֹאֶה חֲרָטָה וּבְכִיָּתוֹ אֵינוֹ מַנִּיחוֹ לֵישֵׁב עַל הָאָרֶץ כִּי אִם כְּדֵי צְלִיַּת בֵּיצָה, וְאַחַר כָּךְ נוֹתֵן לוֹ רַבּוֹ רְשׁוּת וְאוֹמֵר לוֹ - **עֲמֹד**. וְאַחַר עֲמִידָתוֹ נוֹפֵל לְרַגְלָיו שֶׁל רַבּוֹ וּמְבַקֵּשׁ הַתָּרָה וּמְחִילָה וְאוֹמֵר לוֹ רַבּוֹ - **מֻתָּר לָךְ** שָׁלֹשׁ פְּעָמִים, **אֵין כָּאן נִדּוּי, אֵין כָּאן חֵרֶם, וְסָר עֲוֹנְךָ, וְחַטָּאתְךָ תְּכֻפָּר.**

וְאַגִּיד לָכֶם מִן הָעֲנָוָה גְּדוֹלָה שֶׁבֵּינֵינוּ - הִנֵּה סִפֵּר לִי הָרַב הַגָּדוֹל רַבִּי מְנַחֵם, בֶּן הָרַב הַגָּדוֹל רַבִּי אַבְרָהָם גַּלַּאנְטִי, זִכְרוֹנוֹ לִבְרָכָה, שֶׁפַּעַם אֶחָד נָשָׂא עַל כְּתֵפוֹ שַׂק עִם קֶמַח מִן הַשּׁוּק, וּבָא מֵאַחֲרָיו הַגָּאוֹן הָרַב הַגָּדוֹל מוֹרֵנוּ הָרַב רַבִּי שְׁלֹמֹה שָׂגִיג, זִכְרוֹנוֹ לִבְרָכָה, וְחָטַף אֶת הַשַּׂק מֵעַל כְּתֵפוֹ שֶׁל רַבִּי מְנַחֵם גַּלַּאנְטִי, וְנִשְׁבַּע בְּחַיָּיו שֶׁאַל יוֹלִיךְ שׁוּם אָדָם זֶה הַשַּׂק עִם הַקֶּמַח לְבֵית רַבִּי מְנַחֵם גַּלַּאנְטִי, הַנִּזְכָּר לְעֵיל, כִּי אִם הוּא בְּעַצְמוֹ דַּוְקָא, כִּי אָמַר הֶחָכָם רַבִּי שְׁלֹמֹה שָׂגִיג, הַנִּזְכָּר לְעֵיל, שֶׁהוּא עֲדַיִן רַךְ בְּשָׁנִים מִמֶּנּוּ. וְהִפְצִיר בּוֹ הָרַב מְנַחֵם גַּלַּאנְטִי, שֶׁלֹּא יַעֲשֶׂה לוֹ כָּכָה, כִּי הָרַב רַבִּי שְׁלֹמֹה שָׂגִיג הָיָה גָּדוֹל בַּתּוֹרָה וּמֻפְלָג בְּעֹשֶׁר. וְלֹא רָצָה רַבִּי שְׁלֹמֹה כְּלָל, וְטָעַן רַבִּי שְׁלֹמֹה שָׂגִיג בְּעַצְמוֹ הַשַּׂק עִם קֶמַח לְבֵית הַזָּקֵן רַבִּי אַבְרָהָם גַּלַּאנְטִי.

וְכֵן פַּעַם אַחַת בָּא הֶחָסִיד מוֹרֵנוּ הָרַב רַבִּי אַבְרָהָם גַּלַּאנְטִי, הַנִּזְכָּר לְעֵיל, לִכְפַר עֵין זֵיתִים וְקָנָה שָׁם כַּד אֶחָד וּמִלֵּא אוֹתוֹ מַיִם מְתוּקִים מִן בְּאֵר שֶׁבִּכְפַר עֵין זֵיתִים, שֶׁהֵן מַיִם חֲשׁוּבִים מְאֹד. וּבְדֶרֶךְ הִלּוּכוֹ פָּגַע בּוֹ הֶחָסִיד רַבִּי מַסְעוּד וְאָמַר לוֹ - רַבִּי, תֵּן לִי מְעַט מַיִם, כִּי צָמֵא אָנִי.

וְהִטָּה רַבִּי אַבְרָהָם גַּלַּאנְטִי אֶת שִׁכְמוֹ לְהַשְׁקוֹתוֹ, וּמִיָּד לָקַח רַבִּי מַסְעוּד אֶת הַכַּד עַל שִׁכְמוֹ וְנִשְׁבַּע לְהוֹלִיכוֹ לְבֵית רַבִּי אַבְרָהָם גַּלַּאנְטִי, וְנִשְׁבַּע שֶׁלֹּא יִקְצֹר בּוֹ. וְכֵן כָּל בְּנֵי הַחֲבוּרָה, כְּשֶׁהָיוּ רוֹאִין אֶת רַבִּי אַבְרָהָם גַּלַּאנְטִי בְּרָחוֹק שְׁלֹשִׁים אַמּוֹת, הָיוּ עוֹמְדִין לְפָנָיו, וְאַחַר כָּךְ, כְּשֶׁהָיָה מִקָּרֵב אֲלֵיהֶם, הָיוּ נוֹשְׁקִים אֶת יָדָיו וְאָמְרוּ לוֹ - הַלְוַאי שֶׁנִּהְיֶה מַצָּע תַּחַת רַגְלֶיךָ בָּעוֹלָם הַבָּא, כִּי הָיָה חָסִיד גָּדוֹל וְעָנָו, וְהָיָה תָּמִיד מַזְהִיר אוֹתָנוּ, שֶׁיִּהְיֶה שָׁלוֹם וְרֵעוּת וְאַחְוָה וְאַהֲבָה בֵּינֵינוּ. זְכוּתוֹ יַעֲמֹד לָנוּ וּלְכָל יִשְׂרָאֵל אָמֵן.

פרק טז

אִיתָא בַּסֵּפֶר **סוֹד הָרָזִים**, וְזֶה לְשׁוֹנוֹ - כָּל הָעֲבֵרוֹת שֶׁבַּתּוֹרָה, אִם עָבַר אָדָם בַּסֵּתֶר, לֹא יְגַלֶּה אוֹתָם אֵלִיָּהוּ הַנָּבִיא זָכוּר לַטּוֹב, אֶלָּא כָּל מִי שֶׁעָבַר חֵרֶם, הוּא מַכְרִיז מְגַלֶּה. שֶׁנֶּאֱמַר [מַלְאָכִי ג, כג] - הִנֵּה אָנֹכִי שֹׁלֵחַ לָכֶם אֵת אֵלִיָּה הַנָּבִיא וְגוֹ', וְסָמִיךְ לֵיהּ - וְהִכֵּיתִי[12] אֶת הָאָרֶץ חֵרֶם.

וְהָעִנְיָן, כִּי אַף שֶׁהַכֹּל גָּלוּי וְיָדוּעַ לִפְנֵי ה' יִתְבָּרַךְ, בָּרוּךְ הוּא, מִכָּל מָקוֹם אֵין הַדָּבָר מְפֻרְסָם, עַד שֶׁבָּא אֵלִיָּהוּ זָכוּר לַטּוֹב, וּמְפַרְסֵם אֶת הֶעָוֹן בָּרַבִּים בַּאֲסֵפַת יִשְׂרָאֵל, וְרַבָּה תִּהְיֶה הַבּוּשָׁה וְהַכְּלִמָּה, כִּי זֶה הָעוֹבֵר חֵרֶם כְּאִלּוּ הוּא עוֹבֵר עַל חֲמִשָּׁה חֻמְשֵׁי תּוֹרָה וּנְבִיאִים, שֶׁעַל כֵּן סִיּוּם חֲמִשָּׁה חֻמְשֵׁי תּוֹרָה וְסִיּוּם כָּל סֵפֶר מִנְּבִיאִים הֵמָּה גִּימַטְרִיָּא רמ"ח, וּבְוַדַּאי הָעוֹבֵר חֵרֶם לֹא יִנָּקֶה מֵעֳנָשִׁים וְיִסּוּרִים חֲמוּרִים.

וְהַגְּזֵרָה רָעָה, שֶׁנִּגְזַר לְמִי שֶׁעוֹבֵר עַל חֵרֶם, יָבוֹא עָלָיו חֵמָה שְׁפוּכָה בְּאַכְזָרִיּוּת, וְאוֹתוֹ הַבַּיִת - אֲשֶׁר בּוֹ הָעֲבֵרַת חֵרֶם - סוֹפוֹ לִהְיוֹת חָרֵב וּשְׁמָמָה מֵאֵין יוֹשֵׁב, רַחֲמָנָא לִצְּלַן.

וְהָעִקָּר גֹּרֵם, הַמֵּבִיא לְחֵטְא זֶה, הוּא הָעִקָּר שֶׁעוֹבֵר תְּחִלָּה עַל לָאו דְּלֹא תַחְמֹד, וְחוֹמֵד מָמוֹנוֹ שֶׁל חֲבֵרוֹ אוֹ כְּלִי שֶׁל חֲבֵרוֹ, נַעֲבֵרָה גּוֹרֶרֶת עֲבֵרָה, וְאַחַר כָּךְ הוּא נוֹטֵל הַמָּמוֹן אוֹ הַכְּלִי שֶׁל חֲבֵרוֹ, וְהוּא עוֹבֵר עַל לָאו דְּלֹא תִגְנֹב, וְאַחַר כָּךְ הוּא עוֹבֵר גַּם כֵּן עַל הַחֵרֶם. וַיַּמְצִיא לוֹ הֶתֵּר אֵיךְ וּמָה לַעֲשׂוֹת שֶׁלֹּא יַחֲזִיר הַגְּזֵלָה אוֹ הַגְּנֵבָה מַה שֶּׁבְּיָדוֹ, וְכָל הַהֶתֵּרִים הֵן לוֹ לְקוֹצִים וּבַרְקָנִים, שֶׁנִּכְשַׁל בָּהֶם. עַל כֵּן הֶחָכָם - עֵינָיו בְּרֹאשׁוֹ, לְבִלְתִּי לִגְרֹם רָעָה לְעַצְמוֹ, חַס וְשָׁלוֹם. וְאַחַר כָּךְ כְּשֶׁיָּבוֹא הָרָעָה עָלָיו, יַתְחִיל לְהִתְחָרֵט, אֲבָל יִהְיֶה הָעֵת שֶׁלֹּא יוֹעִיל לוֹ הַחֲרָטָה.

רְאֵה מַה שֶּׁכָּתוּב בַּזֹּהַר - רַבִּי אַבָּא אָמַר, כַּמָּה יֵשׁ לָאָדָם לְהִזָּהֵר וּלְפַשְׁפֵּשׁ בְּמַעֲשָׂיו בְּכָל יוֹם וָיוֹם, תָּנֵי רַבִּי יִצְחָק - אַרְבַּע רוּחוֹת מְנַשְּׁבוֹת בְּכָל יוֹם מֵאַרְבַּע רוּחוֹת הָעוֹלָם - רוּחַ מִזְרָחִית עַל פִּי הָרֹב הוּא שׁוֹלֵט וּמְנַשֵּׁב מֵהַבֹּקֶר וְעַד חֲצִי הַיּוֹם וְנָפִיק עִמֵּיהּ אוֹצָר הַחֶמְדָּה, דְּתַמָּן אוֹצָר אֶחָד הוּא לְמַעְלָה בְּשַׁעֲרֵי מִזְרָח, **וְחֶמְדָּה** שְׁמֵיהּ, וְיֵשׁ בּוֹ שְׁלֹשֶׁת אֲלָפִים וְשִׁבְעִים וַחֲמִשָּׁה רוּחִין דְּאַסְוָתָא דְּעָלְמָא. וְאָמַר רַבִּי יוֹחָנָן בֶּן זַכַּאי - יֵשׁ מַלְאָךְ אֶחָד, **וּמִיכָאֵל** שְׁמוֹ, וְהוּא מְמֻנֶּה מֵהַבֹּקֶר עַד חֲצִי הַיּוֹם. בְּהַהוּא רוּחַ דְּאַתְיָא מֵהַמִּזְרָח, וּמִיכָאֵל עִם דֶּגֶל שֶׁלּוֹ הוּא מְמֻנֶּה לְצַד מִזְרָח. וְאָמַר רַבִּי יוֹחָנָן בֶּן זַכַּאי, דְּהוּא מִיכָאֵל, דִּכְתִיב [שְׁמוֹת לב, לד] - הִנֵּה מַלְאָכִי יֵלֵךְ לְפָנֶיךָ וְגוֹ'. מַלְאָכִי הוּא אוֹתִיּוֹת מִיכָאֵל. וְתָנָא - כְּשֶׁרוּחַ מִזְרָח מִתְעוֹרֵר לָצֵאת לָעוֹלָם, מַאן דְּאָזִיל בְּאוֹרְחָא, יְכַוֵּן דַּעְתּוֹ לְהַהוּא עִנְיָנָא דְּאָמְרִין, דְּמִיכָאֵל הוּא שַׂר הַחֶסֶד, הוּא מִתְעוֹרֵר אָז עַל פִּי צִוּוּי הַקָּדוֹשׁ בָּרוּךְ הוּא. כָּל בִּרְכָתָא דְּנָפִיק

12 מלאכי ג כד

מִפּוּמֵיהּ דְּבַר נָשׁ, מִתְקַיְּמִין לֵיהּ בְּהַאי שַׁעְתָּא, וִיהִי שָׂמֵחַ כָּל הַיּוֹם הַהוּא.

רוּחַ מַעֲרָב מְנַשֶּׁבֶת עַל פִּי הָרֹב מֵחֲצִי הַיּוֹם עַד הַלַּיְלָה, וְנָפִיק עִמֵּיהּ אוֹצָר אֶחָד עִם אַרְבַּע מֵאָה וְשִׁשִּׁים וַחֲמִשָּׁה רוּחִין לְאַפְרָחָא עִשְׂבִּין וְאִילָנוֹת וִיבוּלִין. וְתַנְיָא מַלְאָךְ אֶחָד, **רְפָאֵל** שְׁמֵיהּ, הוּא מְמֻנֶּה עַל צַד מַעֲרָב. אָמַר רַבִּי יוֹסֵי בֶּן פָּזִי - אִם כֵּן קַשְׁיָא, הֲלֹא תָּנֵינָן - מַלְאָךְ הַמְמֻנֶּה עַל הָרְפוּאוֹת - **רְפָאֵל** שְׁמֵיהּ, וְאַתְּ אָמַרְתְּ דְּאַסְוָתָא הוּא מִן הַמִּזְרָח, וּמַלְאָךְ מִיכָאֵל מְמֻנֶּה בְּמִזְרָח, כַּנִּזְכָּר לְעֵיל. תָּא שְׁמַע, אָמַר רַבִּי יוֹחָנָן בֶּן זַכַּאי - כָּל מַעֲשֵׂה הַקָּדוֹשׁ בָּרוּךְ הוּא נֶגֶד בְּנֵי אָדָם בְּגִין דְּיֶהֱווּ יְרֵאִים וַחֲרֵדִים לְיִרְאַת ה' וְלַעֲבוֹדַת ה', וְהוּא, יִתְבָּרֵךְ שְׁמוֹ, מַחֵי וּמַסֵּי, מֵמִית וּמְחַיֶּה, כְּדֵי שֶׁלֹּא יְשַׁוּוּן לִבְּהוֹן לְשׁוּם מַלְאָךְ וְלֹא לְשׁוּם שַׂר, עַל כֵּן הוּא יִתְבָּרֵךְ, בָּרוּךְ הוּא, מַחֲלִיף עִדָּנִין דְּלָא יֹאמְרוּן - מַלְאָךְ פְּלוֹנִי עָבִיד לִי הַאי. אֶלָּא לְהַרְאוֹת דְּכֹלָּא הוּא בְּיָדֵיהּ, וּלְפִיכָךְ מַחֲלִיף רוּחִין עַד דְּיַצְלֵי בַּר נָשׁ קַמֵּי קֻדְשָׁא בְּרִיךְ הוּא וְיָשׁוּב בִּתְשׁוּבָה שְׁלֵמָה וּכְדֵין יִפְקֹד קֻדְשָׁא בְּרִיךְ הוּא לְאַסְוָתָא לְמִשְׁרֵי עֲלֵיהּ דְּבַר נָשׁ הַהוּא מַלְאָךְ דְּאִתְפְּקִיד עַל אַסְוָתָא עָבִיד מַאי דְּאִתְפְּקִיד מֵרְעוּתֵיהּ דְּמָארֵי בְּרִיךְ הוּא.

רוּחַ דְּרוֹמִית מְנַשֵּׁב מִן הַתְחָלַת הַלַּיְלָה עַל פִּי הָרֹב עַד פַּלְגוּת הַלַּיְלָה, וּנְפָקוּ עִמֵּיהּ מֵהַהוּא אוֹצַר הַחַמָּה מָאתַיִם וַחֲמִשָּׁה וְשִׁבְעִים רוּחִין, לְדַשְּׁנָא אַרְעָא וּלְגָרֵם חֲמִימָא עַל אַרְעָא, כְּדֵי שֶׁלֹּא יִגְבַּר הַקְּרִירוּת, וְהַמַּלְאָךְ הַמְמֻנֶּה עָלָיו - **אוּרִיאֵל** שְׁמֵיהּ, וְהוּא מְמֻנֶּה עַל מִשְׁמַרְתּוֹ בְּצַד דָּרוֹם בְּהַהוּא רוּחָא. וְהַהוּא רוּחָא הוּא כָּבֵד מְאֹד עַל בְּנֵי אָדָם דְּמַרְעִין בִּישִׁין. וְתָנָא, בְּהַהִיא זִמְנָא הוּא עִקַּר הַדִּין, דְּדִינִין לִרְשִׁיעֵי בְּגֵיהִנָּם בְּנוּרָא, וְכָל עָלְמִין שָׁכְבִין בְּשִׁינְתָא, וְלֵית דְּמַצְלֵי עֲלֵיהוֹן.

רוּחַ צָפוֹן מְנַשֵּׁב מֵחֲצִי הַלַּיְלָה עַד הַבֹּקֶר. וְתָנָא - תְּלַת מְאָה אַלְפִין רוּחִין סוּפָה וּסְעָרָה אָתִין עִמֵּיהּ, וְהוּא קָשֶׁה לְכָל מִלֵּי, אֲבָל לִבְנֵי מַרְעִין הוּא טוֹב, שֶׁיֵּשׁ בָּהֶם קְרִירוּת, וּמְחֻמִּימוּת דְּאִית בִּבְנֵי מַרְעִין יֵשׁ לָהֶם נַחַת רוּחַ בַּקְּרִירוּת הָאֵלּוּ. וְתָנֵי רַבִּי שִׁמְעוֹן בֶּן יוֹחַאי אָמַר - בְּהַהִיא שַׁעְתָּא נָפְקָא קֻדְשָׁא בְּרִיךְ הוּא מֵאִנּוּן עָלְמִין סַגִּיאִין לְאִשְׁתַּעֲשֵׁעַ עִם צַדִּיקִים דִּבְגַן עֵדֶן, וְקוֹל כְּרוּז קוֹרֵא וְאוֹמֵר - עוּרִי[13] צָפוֹן וּבוֹאִי תֵימָן. לְהַפְרִיחַ בְּשָׂמִים שֶׁל גַּן עֵדֶן, דְּתָנָא - בִּזְמַן שֶׁהָרוּחַ צָפוֹן מְנַשֶּׁבֶת בַּחֲצִי הַלַּיְלָה, וְהַקָּדוֹשׁ בָּרוּךְ הוּא נִכְנָס לְגַן עֵדֶן, אֲזַי כָּל הָאִילָנוֹת וְכָל הַבְּשָׂמִים שֶׁבְּגַן עֵדֶן נוֹתְנִים רֵיחַ וּמְזַמְּרִים לְפָנָיו, שֶׁנֶּאֱמַר [דִּבְרֵי הַיָּמִים-א טז, לג] - אָז יְרַנְּנוּ עֲצֵי הַיָּעַר מִלִּפְנֵי ה'. וְכָל מַלְאֲכֵי מַעְלָה וְכָל הָרְקִיעִים וְחַיּוֹת הַקֹּדֶשׁ וְהָאוֹפַנִּים מִזְדַּעְזְעִים וּפוֹתְחִין אֶת פִּיהֶם רִנָּה וְשֶׁבַח לְמִי שֶׁאָמַר וְהָיָה הָעוֹלָם, עַד שֶׁנִּכְנָס הַקָּדוֹשׁ בָּרוּךְ הוּא עִם

[13] שיר השירים ד טז

הַצַּדִּיקִים לְגַן עֵדֶן, וְזֶהוּ בַּחֲצִי הַלַּיְלָה.
אָמַר רַבִּי יְהוּדָה, אָמַר רַב - מָאן דְּנִשְׁמָתָא קַדִּישָׁא אִית בֵּיהּ וְשָׁמַע קוֹל תַּרְנְגוֹלָא קָרֵי בְּפַלְגוּת לֵילְיָא, אֲזַי זִיקָא דְּאֶשָּׁא נָפִיק מִבֵּין גַּלְגַּלֵּי הַחַיּוֹת וְאָזִיל בְּכָל עָלְמָא וּמַגִּיעַ תְּחוֹת גַּדְפוֹהִי דְּתַרְנְגוֹלָא וּבְהַהִיא שַׁעְתָּא בִּדְחִילוּ מַקִּישׁ הַתַּרְנְגוֹל בְּגַדְפוֹהִי דָּא עִם דָּא דְּאָמַר - דָּא הוּא פַּלְגוּת לֵילְיָא, וּמָאן דְּאִית בֵּיהּ בְּלִבֵּיהּ שֵׂכֶל טוֹב, יִתְעוֹרֵר וְיָקוּם מִשְּׁנָתוֹ וְעוֹסֵק בַּתּוֹרָה. אָזִיל קָלֵיהּ וְאִשְׁתְּמַע בְּגַן עֵדֶן וְאָצִית הַקָּדוֹשׁ בָּרוּךְ הוּא וְצַדִּיקִים דְּעִמֵּיהּ. שׁוֹאֲלִין הַצַּדִּיקִים - מָאן הוּא דֵּין גְּבַר, וּמָארֵי עָלְמִין אָתִיב וְאָמַר - דֵּין פְּלַנְיָא עָסִיק עִם נִשְׁמָתֵיהּ קַדִּישָׁא בְּאוֹרַיְתָא. אַצִּיתוּ כֻּלְּהוּ, דְּהַאי נִיחָא לִי מִכָּל שִׁירָאתָא וְתֻשְׁבְּחָתָא דְּאָמְרִין לְעֵילָא.
בֶּן אָדָם, בֶּן אָדָם, רְאֵה וְהִתְבּוֹנֵן וַחֲכַם בְּכָל אֶפְשָׁרוּת אֵיךְ לְהִתְגַּבֵּר בַּתּוֹרָה וּבְמַעֲשִׂים טוֹבִים, כְּדֵי לַעֲשׂוֹת נַחַת רוּחַ לְהַקָּדוֹשׁ בָּרוּךְ הוּא, כִּי לְכָךְ נוֹצַרְתָּ. וּזְכֹר, כִּי אֲנַחְנוּ יִשְׂרָאֵל עַמּוֹ עֲדַת סְגֻלָּתוֹ, וּבָחַר בָּנוּ מִכָּל שִׁבְעִים אֻמּוֹת לְקָרְבֵנוּ אֵלָיו, וּבְכָל עֵת וָרֶגַע הַשְׁגָּחָתוֹ עָלֵינוּ, וְהוּא פּוֹקֵד מַעֲשֵׂה בְּנֵי אָדָם, אִם לְרָעָה וְאִם לְטוֹבָה, וּכְנֶגֶד זֶה הֶעֱמִיד מֵיטִיבִים וּמְרֵעִין. הַמֵּיטִיבִים הֵמָּה מַלְאֲכֵי קַדִּישִׁין, הַמְקַבְּלִים נִשְׁמַת הָאָדָם בְּאַהֲבָה וּבְשִׂמְחָה וּמַרְאִין לוֹ פִּתְחֵי גַּן עֵדֶן, וְהַמְרֵעִין הֵמָּה הַמַּזִּיקִים הַמַּשְׁחִיתִים הָאַכְזָרִים, הַחוֹטְפִים אֶת הַנְּשָׁמָה לְיַסְּרָהּ בְּיִסּוּרִים קָשִׁים וּמָרִים, כִּדְאִיתָא בְּמִדְרָשׁ הַנֶּעְלָם, פָּרָשַׁת נֹחַ - אָמַר רַבִּי יְהוּדָה, שֶׁבַע כִּתּוֹת שֶׁל מַלְאֲכֵי הַשָּׁרֵת הֵן אֵצֶל הַשַּׁעַר, דְּאִקְרֵי **שַׁעַר צֶדֶק**, שֶׁעֲלֵיהֶם אָמַר דָּוִד הַמֶּלֶךְ עָלָיו הַשָּׁלוֹם [תְּהִלִּים קיח, יט] - פִּתְחוּ לִי שַׁעֲרֵי צֶדֶק אָבֹא בָם אוֹדֶה יָהּ. [תְּהִלִּים קיח, כ] - זֶה הַשַּׁעַר לַה' צַדִּיקִים יָבֹאוּ בוֹ. וְשִׁבְעָה פְּתָחִין הֵן לְנִשְׁמוֹת הַצַּדִּיקִים לְהִכָּנֵס לְגַן עֵדֶן עַד מְקוֹם מַעֲלָתָם וְעַל כָּל פֶּתַח שׁוֹמְרִים - פֶּתַח הָרִאשׁוֹן נִכְנֶסֶת הַנְּשָׁמָה בִּמְעָרַת הַמַּכְפֵּלָה, שֶׁהִיא סְמוּכָה לְגַן עֵדֶן, וְאָדָם הָרִאשׁוֹן שׁוֹמֵר עָלָיו. זָכְתָה הַנְּשָׁמָה - אָדָם הָרִאשׁוֹן הוּא מַכְרִיז וְאוֹמֵר - פַּנּוּ מָקוֹם לְהֶחָסִיד, שָׁלוֹם שָׁלוֹם בּוֹאֶךָ, וְיוֹצֵאת מִפֶּתַח רִאשׁוֹן וְנִכְנֶסֶת לְפֶתַח שֵׁנִי שֶׁל שַׁעֲרֵי גַּן עֵדֶן, וְשָׁם הַכְּרוּבִים וְלַהַט הַחֶרֶב הַמִּתְהַפֶּכֶת.
וְאִי לֹא זָכְתָה - מְקַבֶּלֶת שָׁם עֳנָשָׁהּ לְהִצָּרֵף וּלְהָסִיר סִיגָהּ וּפְסָלְתָּהּ עַל יְדֵי מִשְׁפָּט, אֲשֶׁר סוֹבֶלֶת בְּלַהַט הַחֶרֶב הַמִּתְהַפֶּכֶת. וְאִם זָכְתָה לָצֵאת גַּם מִשָּׁם בְּשָׁלוֹם, אֲזַי נוֹתְנִין לָהּ פִּתְקָה לְסִימָן לִכָּנֵס לְגַן עֵדֶן, וּכְשֶׁבָּאת לְגַן עֵדֶן, יֵשׁ שָׁם עַמּוּד אֶחָד שֶׁל עָנָן וְנֹגַהּ, הַמְעֹרָב זֶה בָּזֶה וְעָשָׁן סְבִיבָיו, וְעַמּוּד נָעוּץ מִלְּמַטָּה לְמַעְלָה לְשַׁעַר יְרוּשָׁלַיִם שֶׁל מַעְלָה שֶׁהוּא מְכֻוָּן נֶגֶד יְרוּשָׁלַיִם שֶׁל מַטָּה, וְאִם הַנְּשָׁמָה זוֹכָה, שֶׁיִּהְיֶה דַּי לָהּ מְקוֹם מָדוֹר בְּכָאן לְקַבֵּל שְׂכָרָהּ וְלֹא לַעֲלוֹת יוֹתֵר, אֲזַי הִיא שָׁם וּמִתְעַדֶּנֶת שָׁמָּה מֵהַטּוֹב, הַמַּשְׁפִּיעַ מִלְמַעְלָה אֵלֶיהָ, וְגַן עֵדֶן זֶה מֵאִיר בְּאוֹר שֶׁל מַעְלָה, דְּאָמַר רַבִּי יוֹסֵי - רָאִיתִי גַּן עֵדֶן, וְהוּא מְכֻוָּן נֶגֶד הַפָּרֹכֶת, וְשָׁם טַל הָאוֹרוֹת אֲשֶׁר לְמַעְלָה, וְהִיא נֶהֱנֵית מִזִּיו הַשְּׁכִינָה, אֲבָל אֵינָהּ נִזּוֹנֶת

מִמֶּנָּה. זָכְתָה לַעֲלוֹת יוֹתֵר, אֲזַי עוֹלָה הִיא בְּאוֹתוֹ הָעַמּוּד, עַד שֶׁמַּגַּעַת וְנִכְנֶסֶת בְּפֶתַח הַשְּׁלִישִׁי, וְהִיא נִקְרֵאת זְבוּל, וְיֵשׁ שָׁם הַרְבֵּה שׁוֹמְרִים, וּפוֹתְחִים לָהּ, וְנִכְנֶסֶת בְּאוֹתוֹ הַשַּׁעַר וּמְשַׁבַּחַת לְהַקָּדוֹשׁ בָּרוּךְ הוּא בְּבֵית הַמִּקְדָּשׁ שֶׁל מַעְלָה. וּמִיכָאֵל שַׂר הַגָּדוֹל, שֶׁהוּא כֹּהֵן אֵל עֶלְיוֹן, מַקְרִיב הַנְּשָׁמָה זוֹ לְקָרְבָּן.

אָמַר רַבִּי חִיָּא - הַקְרָבָה זוֹ אֵינָהּ בָּאָה כִּשְׁאָר הַקָּרְבָּן, אֶלָּא כְּאָדָם הַמַּקְרִיב דּוֹרוֹן לִפְנֵי הַמֶּלֶךְ, וּמִיכָאֵל מַעֲלֶה אֶת הַנְּשָׁמָה עַד פֶּתַח הָרְבִיעִי וַחֲמִישִׁי וְשִׁשִּׁי וְאוֹמֵר לְפָנָיו - רִבּוֹנוֹ שֶׁל עוֹלָם, אַשְׁרֵי בָּנֶיךָ, בְּנֵי אֲהוּבֶיךָ, בְּנֵי אַבְרָהָם, יִצְחָק וְיַעֲקֹב, וְאַשְׁרֵי הַנְּשָׁמָה, שֶׁהִיא זוֹכָה לָזֶה, וְאַחַר כָּךְ מַעֲלִין אֶת הַנְּשָׁמָה לַשַּׁעַר הַשְּׁבִיעִי, שֶׁהוּא נִקְרָא עֲרָבוֹת, שֶׁשָּׁם גִּנְזֵי חַיִּים, וְכָל הַנְּשָׁמָה, שֶׁהִיא זוֹכָה לַשַּׁעַר הַשְּׁבִיעִי, מִיָּד נַעֲשֵׂית מַלְאַךְ הַשָּׁרֵת. אֲבָל מִי שֶׁעוֹבֵר עַל חֵרֶם, אֵין נִשְׁמָתוֹ זוֹכָה אֲפִלּוּ לָבוֹא אֶל שַׁעַר הַשְּׁלִישִׁי, אֲפִלּוּ אַחַר כָּל הַיִּסּוּרִין וְהַדִּינִין, כִּי אָמְרוּ רַבּוֹתֵינוּ זִכְרוֹנָם לִבְרָכָה - מִי שֶׁהוּא בְּחֵרֶם לְמַטָּה יוֹם אֶחָד, הוּא לְמַעְלָה בְּחֵרֶם שְׁלֹשִׁים יוֹם. וּמִי שֶׁהוּא בְּחֵרֶם שְׁלֹשִׁים יוֹם, אֲזַי הוּא בְּחֵרֶם לְמַעְלָה שָׁנָה. וּמִי שֶׁהוּא בְּחֵרֶם לְמַטָּה שָׁנָה אַחַת, אֲזַי הוּא בְּחֵרֶם לְמַעְלָה עוֹלָמִית, וְאֵין לוֹ תְּרוּפָה לְמַכָּתוֹ. וְהִנֵּה רָאִיתִי הָמוֹן עַם שֶׁהֵם מְקִלִּין כְּשֶׁמַּטִּילִין עֲלֵיהֶם בֵּית דִּין חֵרֶם, אוֹ שׁוֹלְחִין אַחֲרָיו אֵיזֶה אֲנָשִׁים בְּחֵרֶם שֶׁיָּבוֹא לְבֵית דִּין לְצַיֵּת הַדִּין, אוֹ לְהַגִּיד אֵיזֶה עֵדוּת, וְהַחֵרֶם הוּא כִּמְצַחֵק בְּעֵינֵיהֶם, וְהֵן אֵינָם יוֹדְעִים, שֶׁהַחֵרֶם הוּא חָמוּר מִשְּׁבוּעַת שָׁוְא וָשֶׁקֶר, וַעֲבֵרָתוֹ שְׁמוּרָה לָנֶצַח, וְאֵלִיָּהוּ הַנָּבִיא מְפַרְסֵם קָלוֹנוֹ בָּרַבִּים.

עַל כֵּן יִרְאֶה הָאָדָם שֶׁלֹּא לְהָקֵל בְּשׁוּם חֵרֶם, שֶׁנַּעֲשָׂה אֵצֶל הַקָּהָל אוֹ אֲפִלּוּ בִּפְנֵי עֲשָׂרָה הֶדְיוֹטוֹת. וּמִכָּל שֶׁכֵּן שֶׁיִּהְיֶה זָהִיר שֶׁלֹּא לַעֲבֹר חֵרֶם שֶׁל תַּלְמִידֵי חֲכָמִים, וְאָז טוֹב לוֹ יִהְיֶה סֶלָה.

פרק יז

חֶלְקֵי הַטֻּמְאָה הֵן אַחַד עָשָׂר - טֻמְאַת מֵת, טֻמְאַת שֶׁרֶץ, טֻמְאַת נְבֵלָה, טֻמְאַת שִׁכְבַת זֶרַע, טֻמְאַת מֵי חַטָּאת, טֻמְאַת פָּרָה אֲדֻמָּה, כָּל הָעוֹסֵק בָּהּ, טֻמְאַת זָב, טֻמְאַת זָבָה, טֻמְאַת נִדָּה, טֻמְאַת יוֹלֶדֶת, טֻמְאַת צָרַעַת. וְהֵן מְרַמְּזִין עַל עוֹלָמוֹת הַטֻּמְאָה שֶׁל חִיצוֹנִים, שֶׁחִיּוּתָן נִשְׁתַּלְשֵׁל מֵאַחַת עֶשְׂרֵה סְפִירוֹת הַטֻּמְאָה, שֶׁכְּנֶגְדָּן הֵם אַחַד עָשָׂר סַמָּנֵי הַקְּטֹרֶת לְהַתִּישׁ כֹּחָם. וְנִמְצָא בִּהְיוֹת הָאָדָם נִזְהָר לִגְדֹּר גָּדֵר וְלִשְׁמֹר עַצְמוֹ מִן הַטֻּמְאוֹת הַנִּזְכָּרִים, הֲרֵי הוּא מֻבְדָּל וּמֻפְרָשׁ מִכֹּחוֹת הַחִיצוֹנִים. אֲבָל אִם הוּא נִמְשָׁךְ אַחַר הַטֻּמְאָה, הֲרֵי הוּא מְלֻבָּשׁ וּמֻשְׁרָשׁ בִּמְקוֹר הַטֻּמְאָה.

וְהִנֵּה צָרִיךְ שֶׁתֵּדַע גֹּדֶל כֹּחַ הַטֻּמְאָה הַזֶּה, כִּי אֶלֶף וְאַרְבַּע מֵאוֹת וַחֲמִשָּׁה מִינֵי חִיצוֹנִים שְׁרוּיִין עַל הַצִּפָּרְנַיִם, הַגְּדֵלִין בִּימֵי נִדָּה שֶׁל הָאִשָּׁה, וְעַל כֵּן צִוָּה הַקָּדוֹשׁ בָּרוּךְ הוּא שֶׁתָּקֹץ הַצִּפָּרְנַיִם, כְּשֶׁבָּאָה הָאִשָּׁה לִטָּהֵר, וְתִזָּהֵר שֶׁלֹּא לְהַשְׁלִיכָם בְּמָקוֹם שֶׁעוֹבְרִים בְּנֵי אָדָם, כִּי הַדּוֹרֵךְ עֲלֵיהֶם, אֲפִלּוּ בְּמִנְעָלִים בְּרַגְלָיו, יָכוֹל לְהִנָּזֵק, חַס וְשָׁלוֹם. וְהַמְכַשְּׁפִים עוֹשִׂים כִּשּׁוּף בְּאִנּוּן הַצִּפָּרְנַיִם, וְכָל מְכַשֵּׁפָה מְמַהֶרֶת לִפְעֹל בִּכְשָׁפֶיהָ דַּוְקָא בִּימֵי נִדָּתָהּ, כִּי אָז הַכִּשּׁוּף הוּא מַצְלִיחַ יוֹתֵר. עַל כֵּן צָרִיךְ הָאָדָם לְהִתְרַחֵק בְּכָל הַרְחָקוֹת שֶׁבָּעוֹלָם מֵאִשָּׁה נִדָּה, הֵן בְּדִבּוּר, וּמִכָּל שֶׁכֵּן שֶׁלֹּא לְהִסְתַּכֵּל בָּהּ, כִּי אִם מְעַט מִזְּעֵיר עַל פִּי הַכְּרֵחַ, וְלִנְהֹג בְּכָל מִינֵי חֻמְרוֹת בְּעִנְיַן לִמְנֹעַ מִלֶּאֱכֹל עִמָּהּ בִּקְעָרָה אַחַת. וַאֲפִלּוּ שְׁאָר בְּנֵי בַיִת לֹא יֹאכְלוּ עִם אִשָּׁה נִדָּה, כִּי שִׁיּוּרֵי הָרֹק מִפִּיהָ, הַבָּא לְתוֹךְ הַכַּף, וּמֵהַכַּף - לְתוֹךְ הַקְּעָרָה, הוּא גוֹרֵם שֶׁיָּבוֹא אָדָם לִידֵי סַכָּנָה.

וּמַעֲשֶׂה בְּאִישׁ אֶחָד, שֶׁרָאָה בַּחֲלוֹמוֹ שֶׁרַגְלָיו הָיוּ מְלֻכְלָכִים בְּצוֹאָה, וַתִּפָּעֶם רוּחוֹ בַּבֹּקֶר, כִּי לֹא לְחִנָּם הָיָה זֶה הַחֲלוֹם. וְהָלַךְ הָאִישׁ וְסִפֵּר לוֹ, לְהָרַב הָאֲרִ"י, זִכְרוֹנוֹ לִבְרָכָה, הַחֲלוֹם הַנִּזְכָּר לְעֵיל. וְהֵשִׁיב לוֹ הָאֲרִ"י, זִכְרוֹנוֹ לִבְרָכָה, שֶׁמִּטָּתְךָ הוּא קָרוֹב לְמִטָּה, אֲשֶׁר שָׁכְבָה עָלֶיהָ אִשְׁתְּךָ נִדָּה, וְעַל יְדֵי הַשֵּׁנָה, שֶׁיָּשַׁן בַּלַּיְלָה, נָגְעָה כַּר הָעֶלְיוֹן, שֶׁמְּכַסֶּה בּוֹ, בְּמִטַּת אִשָּׁה נִדָּה. וְהָלַךְ תֵּכֶף הָאִישׁ לְבֵיתוֹ וְתִקֵּן וְהִרְחִיק מִטָּתוֹ מִן מִטָּה שֶׁל אִשְׁתּוֹ. וְאָמַר הָאֲרִ"י, זִכְרוֹנוֹ לִבְרָכָה, לְתַלְמִידָיו, כִּי עַל פִּי הָרֹב הַחֲלוֹמוֹת בָּאִין וּמַזְהִירִין לְהָאָדָם, שֶׁהֵן נִכְשָׁלִים בְּאֵיזֶה עֲבֵרָה.

עַל כֵּן יִרְאֶה הָאָדָם לְהַרְחִיק בְּכָל מִינֵי הַרְחָקוֹת מֵאִשְׁתּוֹ נִדָּה וּלְלַמֵּד אֶת בָּנָיו הַקְּטַנִּים לְהַרְחִיקָם בְּיַלְדוּתֵיהֶן מֵהָאִשָּׁה נִדָּה. וּבִהְיוֹת הָאָדָם נִזְהָר לְהַרְחִיק וּלְהַחְמִיר מֵאִשְׁתּוֹ נִדָּה עַד שֶׁתִּטָּהֵר, אֲזַי תֵּדַע, דְּזִוּוּגָא שְׁכִינְתָּא בַּהֲדֵיהּ, כִּדְאִיתָא בְּזֹהַר בְּרֵאשִׁית, עַיֵּן שָׁם. וּכְשֶׁיַּגִּיעַ הָעֵת שֶׁתִּטְהַר, יִתְחַבֵּר בַּהֲדָהּ בִּצְנִיעוּת, וּכְמוֹ שֶׁמַּזְהִיר הַזֹּהַר, פָּרָשַׁת וַיֵּצֵא - הֱוֵי צָנוּעַ בְּתַשְׁמִישׁ מִפְּנֵי אִנּוּן תְּרֵין מַלְאָכִין, דְּאִנּוּן מִימִינוֹ וּמִשְּׂמֹאלוֹ יֵצֶר טוֹב וְיֵצֶר הָרַע. וְאִיתָא עוֹד שָׁם - בְּכָל אֲתַר דְּשִׁמּוּשָׁא דְּמִצְוָה אִשְׁתַּכַּח, שְׁכִינְתָּא שַׁרְיָא עַל הַהוּא אַתְרָא. וּבְאֹפֶן שֶׁיִּתְקַדֵּשׁ בְּאוֹתוֹ

פַּעַם וַיַּחֲשֹׁב, כִּי ה' יִתְבָּרַךְ, בָּרוּךְ הוּא, בָּרָא שְׁמוֹנָה עֶשְׂרֵה חֻלְיוֹת בְּחוּט הַשִּׁדְרָה שֶׁל הָאָדָם, וְדֶרֶךְ שָׁם זֶרַע עוֹבֶרֶת מִן הַמֹּחַ עַד הַבְּרִית, וּכְנֶגְדָּן תִּקְּנוּ רַבּוֹתֵינוּ זִכְרוֹנָם לִבְרָכָה שְׁמוֹנֶה עֶשְׂרֵה בְּרָכוֹת, שֶׁאָנוּ מִתְפַּלְּלִין שָׁלֹשׁ פְּעָמִים בְּכָל יוֹם, וּבְכָל בְּרָכָה - אַזְכָּרַת ה'.

וּכְנֶגֶד זֶה גַּם כֵּן יִהְיֶה מַחֲשָׁבָה בִּקְדֻשַּׁת שְׁמוֹ בְּאוֹתוֹ פַּעַם. וּכְבָר הֵעִיר עַל זֶה בְּרַעְיָא מְהֵימְנָא, פָּרָשַׁת קְדֹשִׁים - זַכָּאִין אִנּוּן אֵבָרִים, דְּמִתְקַדְּשִׁין בִּשְׁעַת הַחִבּוּר, דְּאִנּוּן עֲצֵי הָעוֹלָה, דְּאָחִידָן בְּהוּ עֵצִים קַדִּישִׁין כו', וְשֵׁם ה' דְּאָחִיז בְּעֵצִים דִּלְהוֹן, וּבְגִין דָּא - בָּאוּרִים כַּבְּדוּ ה' [יְשַׁעְיָה כד, טו]. וְכֵן הוּא בְּזֹהַר מְצֹרָע - בָּעֵי בַּר נָשׁ לְכַוָּנָא בְּהַהִיא שַׁעְתָּא בִּרְעוּתֵיהּ דְּמָארֵי בְּגִין דְּיִפּוֹק בְּנִין קַדִּישִׁין לְעָלְמָא. וְאִיתָא שָׁם בַּזֹּהַר, פָּרָשַׁת קְדֹשִׁים - כַּד הֲוֵי רַבִּי שִׁמְעוֹן בֶּן יוֹחַאי אָזִיל בְּמָתָא, וַהֲווּ אָזְלִין אֲבַתְרֵיהּ, וַחֲמָא לְאִנְתּוּ - מָאִיךְ עֵינֵיהּ וַהֲוֵי אָמַר לְחַבְרַיָּא - אַל תִּפְנוּ, וְכָל מַאן דְּיִסְתַּכֵּל בְּאִתְּתָא בִּימָמָא, אָתֵי לְהִרְהוּרֵי בְּלֵילְיָא, וְאִי שָׁמִישׁ בַּר נָשׁ בְּאִנְתְּתֵיהּ בְּזִמְנָא דְּסָלִיק הַהוּא הִרְהוּרָא בִּישָׁא, אִנּוּן בְּנִין דְּאוֹלִידוּ אִקְרוּן, אֱלֹהֵי מַסֵּכָה לֹא תַעֲשֶׂה לָּךְ. וּמִזֶּה בָּאִים עַל פִּי הָרֹב בָּנִין מְשׁוּמָּדִין.

וְהִנֵּה יֵשׁ כַּמָּה דְּבָרִים, אֲשֶׁר מֵהֶם הַתִּינוֹקוֹת נַעֲשִׂין בַּעֲלֵי נְכָפִין, רַחֲמָנָא לִצְלַן, עַל יְדֵי מַעֲשֵׂה אֲבִיהֶם וְאִמָּם. וְהִנְנִי מַזְכִּיר כָּאן אֵיזֶה דְּבָרִים, שֶׁצָּרִיךְ הָאָדָם לְקָשְׁרָם אֶל לִבָּם וּלְהוֹרוֹת לִבְנֵיהֶם, שֶׁיִּזָּהֲרוּ בָּזֶה שֶׁלֹּא לַעֲשׂוֹתָם - **הָרִאשׁוֹן**, הַמְפֹרָשׁ בַּגְּמָרָא וּבַזֹּהַר, הַמְשַׁמֵּשׁ מִטָּתוֹ לְאוֹר הַנֵּר, הָווּ הַבָּנִים נִכְפִּים, בַּר מִנַּן, וּמִכָּל שֶׁכֵּן שֶׁאָסוּר לְשַׁמֵּשׁ מִטָּתוֹ לְאוֹר הַלְּבָנָה. **וְהַשֵּׁנִי**, כְּשֶׁאָדָם רוֹאֶה בַּחֲלוֹם דְּמוּת אֵיזֶה אִשָּׁה, וַאֲפִלּוּ דְּמוּת אִשְׁתּוֹ אוֹ בְּתוּלָה, וּמִתְעוֹרֵר בְּחֵשֶׁק וְתַאֲוָה בִּשְׁנָתוֹ, וְעַל יְדֵי זֶה הַתַּאֲוָה אַחַר כָּךְ נִזְקַק לְאִשְׁתּוֹ, אֲזַי אוֹתוֹ הַיֶּלֶד שֶׁיִּוָּלֵד עַל יְדֵי אוֹתוֹ הַחִבּוּר שֶׁל תַּאֲוָה, יִהְיֶה הַוָּלָד בַּעַל נִכְפֶּה, בַּר מִנַּן, בְּכָל פַּעַם שֶׁהַלְּבָנָה הִיא בְּחִדּוּשָׁהּ, וְאֵין לוֹ תְּרוּפָה וּרְפוּאָה לְמַכָּתוֹ כְּלָל כָּל יְמֵי חַיָּיו. כִּי אוֹתוֹ דְּמוּת שֶׁנִּתְרָאָה לְפָנָיו בַּחֲלוֹם, הוּא הַשֵּׁדִית, הַנִּקְרֵאת נַעֲמָה, וּבְתַאֲוָה דִּילָהּ נִזְקַק לְאִשְׁתּוֹ, עַל כֵּן הַוָּלָד הוּא מִסִּטְרָא דָּא, דְּהָא בְּסָאוּבְתָא דִּילָהּ אִשְׁתְּכַח, וְהַאי הוּא בַּר נָשׁ דִּבְכָל סִיהֲרָא וְסִיהֲרָא אִתְפַּגִּים, בַּר מִנַּן. **הַשְּׁלִישִׁי**, הוּא מַאי דְּמַזְהִיר בַּזֹּהַר, פָּרָשַׁת וַיִּקְרָא, שֶׁיִּזָּהֵר מְאֹד, שֶׁלֹּא תֵּינִיק אֶת בְּנָהּ אַחַר הַחִבּוּר עַד אַחַר שָׁעָה. וְאַף אִם הַוָּלָד בּוֹכֶה, עַל כָּל פָּנִים יִרְאֶה בְּכָל מַה דְּאֶפְשָׁר לְהַשְׁתִּיקוֹ עַד חֲצִי שָׁעָה. עַל כָּל פָּנִים לֹא תֵּינִיק מִקֹּדֶם, וְחָלִילָה בְּתוֹךְ חֲצִי שָׁעָה רִאשׁוֹנָה. עַיֵּן שָׁם הַטַּעַם. **הָרְבִיעִי**, מַאי דִּמְבֹאָר בַּגְּמָרָא דִּידָן, שֶׁלֹּא יִשְׁכַּב הַיֶּלֶד בַּמִּטָּה בִּשְׁעַת הַחִבּוּר, כִּי זֶה גּוֹרֵם סַכָּנָה לַוָּלָד הַנּוֹצָר, וְיֵשׁ בַּזֹּהַר סוֹד נִפְלָא.

וְהַכְּלָל עִקָּר לְהִתְנַהֵג בִּצְנִיעוּת, וּבִזְמַן הַמְיֻחָד לָזֶה, שֶׁהוּא אַחַר חֲצוֹת לַיְלָה, בְּשָׁעָה שֶׁבְּנֵי הַבַּיִת הֵן יְשֵׁנִים, וְיִזָּהֵר שֶׁלֹּא לְהִתְחַבֵּר בִּפְנֵי בַּעֲלֵי

חַיִּים, כִּדְאִיתָא בַּגְּמָרָא - אַבַּיֵּי בָּאלֵי פְּרוּחֵי, רָבָא בָּאלֵי דִּידְבֵי. וְאִיתָא בַּזֹּהַר חָדָשׁ [דַּף יז, ב] - אָמַר רַבִּי הוּנָא, צָרִיךְ שֶׁיְּקַדֵּשׁ עַצְמוֹ לְשֵׁם שָׁמַיִם בִּשְׁעַת הַחִבּוּר, שֶׁנֶּאֱמַר [תְּהִלִּים קכז, א] - אִם ה' לֹא יִבְנֶה בַיִת שָׁוְא עָמְלוּ בוֹנָיו בּוֹ. כְּלוֹמַר, אִם אֵין הַכַּוָּנָה לְשֵׁם שָׁמַיִם, לְהוֹלִיד בָּנִים, שֶׁיִּהְיוּ בַּעֲלֵי תוֹרָה, בַּעֲלֵי יִרְאָה, אֶלָּא לַהֲנָאַת עַצְמוֹ, שָׁוְא עָמְלוּ בוֹנָיו בּוֹ, שֶׁמְּכוּנִים עָמָל שֶׁל שָׁוְא בְּאוֹתוֹ הַיֶּלֶד, וְהוּא גּוֹרֵם הַיֵּצֶר הָרָע וְגַם הַמַּחֲשָׁבָה זָרָה, שֶׁמְּכַוֵּן לְתַעֲנוּג.

תָּנוּ רַבָּנָן - אָמַר רַבִּי יוֹסֵי בֶּן פָּזִי, זִמְנָא חֲדָא הֲוֵינָא אָזִיל בְּאוֹרְחָא וְעַרְעָנָא בַּהֲדֵי טוּרָא לִכְפַר קַרְדּוּ, וַהֲווּ גַּבְרֵי בְּדֵיחֵי בְּחֶלְקֵיהוֹן [רָצָה לוֹמַר, שֶׁהָיוּ שְׂמֵחִים בְּחֶלְקָם] וּמַשָּׂא וּמַתָּן שֶׁלָּהֶם בֶּאֱמוּנָה, וְלֹא הָיָה קִנְאָה וְשִׂנְאָה בֵּינֵיהוֹן, וּבָהּ בְּשַׁבַּתָּא בַּלֵּילָה חֲמֵיתִי לְאֻשְׁפִּזַאי דְּקָאֵי בְּהַאי גִּיסָא וּמְצַלֵּי, וּדְבֵיתְהוּ קָמַת בְּאִידָךְ גִּיסָא וּמְצַלִּית. אֲמָרִית לְהוֹן - מַאי צְלוֹתֵיכוֹן בְּשַׁעְתָּא דָּא, אַמְרֵי - עִדָּנָא דִּידַן לְזִוּוּגָא מִשַּׁבָּת לְשַׁבָּת, וּמְצַלִּינַן צְלוֹתָא קַמֵּיהּ קֻדְשָׁא בְּרִיךְ הוּא, דִּיהֵא לָנוּ בַּר, דְּיִפְלַח בְּאוֹרַיְתָא, וִיהֶיֶה בַּר דְּדָחִיל חֲטָאִין וְכוּ'. אָמַרְתִּי לָהֶם - יְהֵא רַעֲוָא, דְּיִתְקַיֵּם בָּעוּתֵיכוֹן, דְּהָא לְשֵׁם שָׁמַיִם קָא עָבְדִתּוּן.

אָמַר רַבִּי יוֹסֵי - אִתְחֲזֵי שְׁכִינְתָּא, דִּלְבָתַר כַּמָּה שְׁנִין עָרְעִית תַּמָּן וַחֲזֵית הַאי בְּרָא, דְּאִתְיְלִיד לְהוּ, וַהֲוֵי בַּר שֶׁבַע שְׁנִין. חֲמֵי לֵיהּ בְּבֵיתָא, בָּעֵינָא לְמַלְּלָא עִמֵּיהּ. אָמַר לֵיהּ אֲבוּהִי - זִיל לְגַבֵּיהּ, דְּגַבְרָא רַבָּא הוּא, אָמַר - מִסְתְּפֵינָא לְאִשְׁתָּעֵי בַּהֲדֵיהּ וּלְאִתְקָרְבָא עִמֵּיהּ, דְּהָא לֹא יָדַעְנָא, אִי אִית לֵיהּ נִשְׁמְתָא קַדִּישָׁא אִי לֹא, דְּהָכֵי אוֹלִיף לִי מָארֵי יוֹמָא דֵּין, דְּכָל מָאן דְּלֵית לֵיהּ נִשְׁמְתָא קַדִּישָׁא - אָסוּר לְאִשְׁתָּעֵי בַּהֲדֵיהּ וּלְאִתְקָרְבָא עִמֵּיהּ. אָמַר לֵיהּ אָבִיו - חַס וְשָׁלוֹם, דְּגַבְרָא רַבָּא הוּא וְחַכִּימָא דְּדָרָא הוּא, קָרִיב, וְלָא סָפִיק לְמַלְּלָא עִמֵּיהּ, אָמַר לֵיהּ - אֲנָא חָמָא בָּךְ, דְּנִשְׁמְתָא חַדְּתָא אִית בָּךְ מִיּוֹמִין זְעִירִין, וְלָא אִתְזְרוּק בָּךְ בְּשַׁעְתָּא דְּנָפְקִית לְעָלְמָא. תָּוְהָא וְאָמַר לוֹ רַבִּי יוֹסֵי - כָּךְ הוּא, דְּרַוְנָק הָיִיתִי, וְכַד דַּהֲוֵי לָעֵי בְּאוֹרַיְתָא, אִתְיְהִיב בִּי נִשְׁמְתָא אָחֳרָא חַדְּתָא. אָמַרְתִּי לוֹ - מָאן הוּא רַבָּךְ, אָמַר לִי - רַבִּי אֲלֶכְּסַנְדְּרוֹס. אָמַר לֵיהּ - וּמַה לָּעִית יוֹמָא דֵּין, אָמַר לֵיהּ - הַאי קְרָא דִּכְתִיב [תְּהִלִּים קיא, י] - רֵאשִׁית חָכְמָה יִרְאַת ה' שֵׂכֶל טוֹב לְכָל עוֹשֵׂיהֶם. וְדָרְשׁוּ רַבּוֹתֵינוּ זִכְרוֹנָם לִבְרָכָה - לָעוֹשִׂין לִשְׁמָהּ. וְגִלָּה לוֹ סוֹדוֹת נִפְלָאוֹת. אָמַרְתִּי לוֹ - מַה שְּׁמָךְ, אָמַר לִי - אַהֲבָה. אָמַרְתִּי לוֹ - מָרֵי אַהֲבָה, אַהֲבַת עוֹלָם אֲהַבְתִּיךְ, וַאֲנָא זָכִיתִי לְמֶחֱמֵיהּ לְרַב אַדָּא, בְּרֵיהּ דְּרַב אַהֲבָה, וְסִפַּרְתִּי לוֹ הַדְּבָרִים הַנִּזְכָּרִים לְעֵיל.

עַל כֵּן צָרִיךְ הָאָדָם לְקַדֵּשׁ עַצְמוֹ בִּשְׁעַת תַּשְׁמִישׁ כְּדֵי שֶׁיִּזְכֶּה לְבָנִים תַּלְמִידֵי חֲכָמִים, וְיִתְפַּלֵּל בְּכָל אַרְבָּעִים יוֹם הָרִאשׁוֹנִים - יְהֵא רַעֲוָא מִמָּארֵי עָלְמָא, שֶׁנִּזְכֶּה לְבָנִים יְרֵאִים וּשְׁלֵמִים וַחֲרֵדִים לִדְבַר ה', וְנִרְאֶה בָהֶם קְדֻשַּׁת תַּנָּאִים וְאָמוֹרָאִים, אָמֵן. וּלְקַמָּן פֶּרֶק י"ח אֶכְתֹּב, שֶׁכָּל

דְּרָכָיו שֶׁל אָדָם צָרִיךְ לִהְיוֹת לְשֵׁם שָׁמַיִם.

פרק יח

מָה רַבּוּ מַעֲשֶׂיךָ ה', כֻּלָּם בְּחָכְמָה עָשִׂיתָ וְגוֹ' [תְּהִלִּים קד, כד]. הִנֵּה כְּבָר כָּתַבְנוּ בִּפְרָקִים לְעֵיל, שֶׁחֲכָמֵינוּ זִכְרוֹנָם לִבְרָכָה תִּקְּנוּ לוֹמַר בְּכָל יוֹם מִזְמוֹר ק', שֶׁהוּא - **מִזְמוֹר לְתוֹדָה**. וְהַכַּוָּנָה שֶׁצָּרִיךְ הָאָדָם לְהוֹדוֹת בְּכָל יוֹם וָיוֹם וּלְהָבִיא קָרְבָּן תּוֹדָה, כִּי אֵין בַּעַל הַנֵּס מַכִּיר בְּנִסּוֹ, שֶׁעוֹשֶׂה לוֹ הַקָּדוֹשׁ בָּרוּךְ הוּא, וּבַאֲמִירַת מִזְמוֹר זֶה תִּהְיֶה כַּוָּנָתוֹ בְּלִבּוֹ כְּאִלּוּ מֵבִיא תּוֹדָה בֵּית ה', כְּמוֹ שֶׁהָיָה מִנְהַג הַקַּדְמוֹנִים זִכְרוֹנָם לִבְרָכָה, שֶׁבְּכָל עִנְיָן וּמְאֹרָע שֶׁאֵרַע לָהֶם, הָיוּ נוֹתְנִים שֶׁבַח וְהוֹדָיָה, וְהִכִּירוּ מִיָּד שֶׁהוּא הַשְׁגָּחַת הַבּוֹרֵא יִתְבָּרַךְ, וְהָיָה קָשׁוּר תָּמִיד בְּלִבָּם לְבִלְתִּי לִשְׁכֹּחַ הַשְׁגָּחַת הַקָּדוֹשׁ בָּרוּךְ הוּא.

כִּדְמָצִינוּ מַה שֶּׁכָּתוּב בַּזֹּהַר, פָּרָשַׁת אֱמֹר - רַבִּי שִׁמְעוֹן בֶּן יוֹחַאי הֲוָה אָזִיל בְּאוֹרְחָא, וַהֲוֵי עִמֵּיהּ רַבִּי אַבָּא וְרַבִּי יוֹסֵי. מָטוּ לְחַד אַמַּת הַמַּיִם. נִתְקַל רַבִּי יוֹסֵי וְנִתַּק לְתוֹךְ אַמַּת הַמַּיִם, עַד שֶׁנִּתְלַכְלְכוּ בְּגָדָיו. אָמַר רַבִּי יוֹסֵי - הַלְוַאי שֶׁלֹּא הָיָה נִבְרָא זֶה אַמַּת הַמַּיִם, אָמַר רַבִּי שִׁמְעוֹן בֶּן יוֹחַאי - אָסוּר לָךְ לוֹמַר כָּךְ, דִּמְשַׁמְּשָׁא דְעָלְמָא הוּא, וְאָסוּר לִנְהֹג קַלּוּת בִּמְשַׁמְּשָׁא דְקֻדְשָׁא בְּרִיךְ הוּא, דִּכְתִיב [בְּרֵאשִׁית א, לא] - וַיַּרְא אֱלֹהִי"ם אֶת כָּל אֲשֶׁר עָשָׂה וְהִנֵּה טוֹב מְאֹד. וַאֲפִלּוּ נְחָשִׁים, וְעַקְרַבִּים וְיַתּוּשִׁין, כֻּלְּהוֹן נִקְרָאִין מְשַׁמְּשָׁא דְּמַלְכָּא, מְשַׁמְּשָׁא דְעָלְמָא, וּבְנֵי נָשָׁא לָא יָדְעִין. עַד דַּהֲווּ אָזְלִין, חָמוּ חַד חִוְיָא מְרַקֵּד קַמַּיְהוּ. אָמַר רַבִּי שִׁמְעוֹן בֶּן יוֹחַאי - וַדַּאי דָּא נָחָשׁ אָזִיל לְאִתְרַחֲשָׁא לָן נִסִּין. רָהַט הַאי חִוְיָא קַמַּיְהוּ וְקָשַׁר אֶת עַצְמוֹ בְּחַד אֶפְעֶה. וְאֶפְעֶה הוּא בִּרְיָה, אִם הִיא מִסְתַּכֶּלֶת בְּאַנְפּוֹי דְּבַר נָשׁ אוֹ בַּר נָשׁ מִסְתַּכֵּל בְּאַנְפּוֹי דְּאֶפְעֶה, מִיָּד הוּא מֵת מֵחֲמַת הָאָרֶס, רַחֲמָנָא לִצְּלַן. וְהַאי נָחָשׁ בַּהֲדֵי דְּקָשַׁר בֵּיהּ, הִתְחִילוּ לְהַכּוֹת זֶה אֶת זֶה עַד דְּמִיתוּ שְׁנֵיהֶם. כַּד מָטוּ תַּמָּן לְהַאי אֲתַר, חָמוּ לוֹן לְתַרְוַיְהוֹן שְׁכִיבִין בְּאוֹרְחָא וּמִיתָן. קָרָא רַבִּי שִׁמְעוֹן בֶּן יוֹחַאי הַאי פְּסוּקָא [תְּהִלִּים צא, י] - לֹא תְאֻנֶּה אֵלֶיךָ רָעָה וְנֶגַע לֹא יִקְרַב בְּאָהֳלֶךָ. וְעַל דָּא בָּרָא קֻדְשָׁא בְּרִיךְ הוּא כָּל הַבְּרִיּוֹת וְכָל דָּבָר לִשְׁלִיחוּתֵיהּ דִּילֵיהּ, וְלֵית לָן לְאַנְהָגָא קַלָּנָא בְּכָל מַאי דְּאִיהוּ עָבִיד, כִּי לִשְׁלִיחוּתוֹ הוּא בָּרָא יַתְהוֹן, וְעַל דָּא כְּתִיב [תְּהִלִּים קמה, ט] - טוֹב ה' לַכֹּל וְרַחֲמָיו עַל כָּל מַעֲשָׂיו. עַד כָּאן לְשׁוֹן הַזֹּהַר.

וְנִרְאֶה לִי, דְּזֶהוּ כַּוָּנַת הַכָּתוּב [תְּהִלִּים קד, כד] - מָה רַבּוּ מַעֲשֶׂיךָ ה' כֻּלָּם בְּחָכְמָה עָשִׂיתָ מָלְאָה הָאָרֶץ קִנְיָנֶךָ. וּכְתִיב [תְּהִלִּים קמה, י] - יוֹדוּךָ ה' כָּל מַעֲשֶׂיךָ. וּבִהְיוֹת כֵּן, בְּוַדַּאי מִי שֶׁהִפְלִיא לוֹ ה' יִתְבָּרַךְ, בָּרוּךְ הוּא, בְּרֹב רַחֲמָיו וַחֲסָדָיו נֵס בְּאֵיזֶה הַצָּלָה מִלִּסְטִים אוֹ מֵאֵשׁ וּמִמַּיִם וְכַיּוֹצֵא בוֹ, אוֹ שֶׁהָיָה חוֹלֶה וְנִתְרַפֵּא, אֲזַי חוֹבָה עָלָיו לְתַקֵּן אֵיזֶה דָּבָר טוֹב, שֶׁיִּהְיֶה הֶכֵּר שֶׁהוּא עוֹשֶׂה זֹאת בִּמְקוֹם קָרְבַּן תּוֹדָה, לִכְבוֹד ה' יִתְבָּרַךְ, בָּרוּךְ הוּא.

וּבוֹא וּרְאֵה מַה שֶּׁהֵעִיד לְעַצְמוֹ הָרַב הֶחָסִיד מוֹרֵנוּ הָרַב רַבִּי אַבְרָהָם, בַּעַל מְחַבֵּר - **שִׁבֳּלֵי הַלֶּקֶט**, בְּהַקְדָּמַת סִפְרוֹ, וְזֶה לְשׁוֹנוֹ - אָמַר הַכּוֹתֵב, אַזְכִּיר כָּאן נִפְלָאוֹת שֶׁעָשָׂה הַקָּדוֹשׁ בָּרוּךְ הוּא עִמָּדִי, בְּעֵת עָבְרוּ עָלַי תְּלָאוֹת בִּימֵי חָלְיִי. חָלִיתִי עַל עֶרֶשׂ דְּוָי, וּמֵרֹב כְּאֵבִי - לֹא עֲלֵיכֶם, שׁוֹמֵמְתִּי. אָמַרְתִּי פֻּקַּדְתִּי יֶתֶר שְׁנוֹתַי. רַבּוּ עָלַי מַכְאוֹבִים, עַד שֶׁרָחֲקוּ מִמֶּנִּי קְרוֹבִים, כִּי הָיִיתִי לְמַשָּׂא לִפְנֵי אֲבוֹתַי. הָמוּ מֵעַי בִּי, וְלִבִּי יָחִיל בְּקִרְבִּי בְּזָכְרִי אוֹרְחָא רְחִיקְתָּא וְקַלִּילָא זְוָדָתִי.

וְהָעוֹמְדִים עָלַי לִשְׁמֹר יְצִיאַת נִשְׁמָתִי, בַּאֲשֶׁר שֶׁרָאוּ בִּי שֶׁנִּתְקָרְרוּ אֵבָרַי וּבְשָׂרִי, וּבָאתִי עַד הַגְּסִיסָה וְעַד שַׁעֲרֵי הַמִּיתָה, הָעוֹמְדִים עָלַי דְּחָקוּ חוּצָה אִשְׁתִּי וְזַרְעִי וְגַם שְׁאָר קְרוֹבִים, שֶׁרָאוּ אוֹתִי בְּסִימָנֵי מִיתָה, כְּדֶרֶךְ צֵאת הַנְּשָׁמָה מֵהַגּוּף, פָּנַי הָיָה נִשְׁתַּנָּה, וַה' בְּרַחֲמָיו יַסֹּר יִסְּרַנִּי, וְלַמָּוֶת לֹא נְתָנָנִי. וְלֹא בִּזְכוּתִי, רַק בִּזְכוּת אֲבוֹתַי הַקְּדוֹשִׁים. וּבַמַּרְאֶה רָאִיתִי בְּעֵינַי אָדָם קָצָר עוֹמֵד לְפָנַי, וְנֵר דּוֹלֵק בְּיָדוֹ, וּכְהֶרֶף עַיִן הִתְחִיל לְכַבּוֹת, וְחָזַר וְדָלַק מַהֵר לְעֵינַי. וְאָמַרְתִּי בִּתְחִנָּה - הַגֵּד לִי, אֲדוֹנִי, מַה זֶּה שֶׁאַתָּה עוֹשֶׂה לְפָנַי בַּנֵּר הַזֶּה, וְהֵשִׁיב הָאִישׁ - הַנֵּר הוּא רֶמֶז נִשְׁמַת אָדָם. רָמַזְתִּי לְךָ - וְהִנֵּה כַּאֲשֶׁר מַהֵר חָזַר לְדָלְקָה, כָּךְ מְהֵרָה תִּהְיֶה לְךָ רְפוּאָה. וְזֶהוּ שֶׁהֶרְאֵיתִיךָ זֶה בְּאוֹתוֹתַי.

וְיָדוֹעַ תֵּדַע, שֶׁהָיוּ בַּמִּשְׁפָּט שֶׁלְּךָ מַיְמִינִים וּמַשְׂמְאִילִים, וְשָׁקְלוּ בְּמֹאזְנַיִם זְכוּת שֶׁלְּךָ, וּבָאתִי לְבַשֶּׂרְךָ, שֶׁהָאֵל הָרַחֲמָן הוֹסִיף יָמִים עַל יְמֵיךָ וְאָמַר לַמַּלְאָךְ - הֶרֶף יָדְךָ, כִּי עוֹד לְאֵל יָדוֹ לְזַכּוֹת אֶת הָרַבִּים. חֹק חָקַקְתִּי לְךָ, שֶׁבַּיּוֹם הַשְּׁלִישִׁי תַּעֲמֹד מֵחָלִי זֶה. וְזֶה הַמַּעֲשֶׂה הָיָה שְׁלֹשָׁה יָמִים קֹדֶם חַג הַשָּׁבוּעוֹת, וְכַאֲשֶׁר פָּתַר לִי, כֵּן הָיָה, שֶׁבְּיוֹם רִאשׁוֹן דְּחַג הַשָּׁבוּעוֹת הָלַכְתִּי לְבֵית הַכְּנֶסֶת, וּמַמָּשׁ נַעֲשֵׂיתִי בְּרִיָּה חֲדָשָׁה, וּמִיָּד אָזַרְתִּי כְּגִבּוֹר חֲלָצַי וְקַמְתִּי עַל מִשְׁמֶרֶת הַקֹּדֶשׁ לְחַבֵּר פֵּרוּשׁ עַל הַתּוֹרָה וּנְבִיאִים וּכְתוּבִים, וְקָרָאתִי לְהַחִבּוּר - **שִׁבֳּלֵי הַלֶּקֶט** לְזִכָּרוֹן. עַד כָּאן לְשׁוֹנוֹ.

וְכֹה יַעֲשֶׂה הָאָדָם, כִּי אֵין לְךָ אָדָם, שֶׁלֹּא נַעֲשָׂה לוֹ נֵס, בִּפְרָט בַּזְּמַנִּים אֲשֶׁר הַצָּרוֹת מִתְגַּבְּרִים, נִתְקָרְאָנָה מִלְחָמוֹת עֲצוּמוֹת, חֶרֶב וְרָעָב, מָצוֹר וּמָצוֹק, חֳלָאִים רַבִּים, וּמִי אֲשֶׁר הֵאִיר עָלָיו הַקָּדוֹשׁ בָּרוּךְ הוּא חוּט שֶׁל חֶסֶד, וְהִצִּילוֹ מִכָּל הַפְּגָעִים הַנִּזְכָּרִים לְעֵיל, יִהְיֶה לוֹ לְזִכָּרוֹן תָּמִיד חַסְדֵי ה', וְלֹא לִהְיוֹת מִכְּפוּיֵי טוֹבָה. וְלֹא זוֹ בִּלְבַד, אֶלָּא כָּל מִי אֲשֶׁר מַשְׁפִּיעַ עָלָיו שֶׁפַע שֶׁל בְּרָכָה, שֶׁזָּכָה לֵישֵׁב בְּבֵיתוֹ בְּהַשְׁקֵט וּבֶטַח, וּפַרְנָסָתוֹ הִיא סְדוּרָה, שֶׁצָּרִיךְ לִתֵּן שֶׁבַח וְהוֹדָיָה לַמָּקוֹם עַל זֹאת.

וּמַה מְּאֹד מַזְהִיר **בְּסֵפֶר חֲרֵדִים**, שֶׁזֶּהוּ מִכְּלַל מִצְוַת עֲשֵׂה שֶׁל [דְּבָרִים כו, ג] - הִגַּדְתִּי הַיּוֹם לַה' אֱלֹהֶי"ךָ כִּי בָאתִי אֶל הָאָרֶץ וְגוֹ'. מִכָּאן אַזְהָרָה גְּדוֹלָה עַל בְּנֵי אָדָם, הַמְקַבְּלִים טוֹבָה וְהַשְׁפָּעָה מֵה' יִתְבָּרַךְ, לִתֵּן שֶׁבַח וְהוֹדָיָה, וְלֹא לִקְרוֹת קוֹל קוֹבְלָנִי כְּדֶרֶךְ צָרֵי הָעַיִן, אֲשֶׁר יוֹתֵר מֵהַצֹּרֶךְ

נוֹתֵן לָהֶם ה' מָזוֹן וּמִחְיָה, וְכָל יְמֵיהֶם הֵם בּוֹכִים וְקוֹבְלִים נֶגֶד הָעוֹלָם, כְּאִלּוּ אֵין לָהֶם פַּת וְלֶחֶם לֶאֱכֹל, וְכָל טוּב הֵן בְּיָדָם, וְכָל כַּוָּנָתָן הוּא לִמְנֹעַ הָעֲנִיִּים וְאֶבְיוֹנִים מִפֶּתַח בֵּיתָם. וְעַל זֶה נֶאֱמַר [תְּהִלִּים לד, ז] - זֶה עָנִי קָרָא וַה' שָׁמֵעַ. וְאֵין הַתְּפִלָּה שֶׁל עָנִי זֶה, עַד שֶׁיַּעֲבֹר עֲלֵיהֶם כּוֹס שֶׁל פֻּרְעָנִיּוֹת, שֶׁבָּאִין הֵמָּה לִכְלַל הַדַּלּוּת. הֲגַם אֲשֶׁר בְּוַדַּאי הוּא טוֹב לְקַיֵּם אַזְהָרַת חֲכָמֵינוּ זִכְרוֹנָם לִבְרָכָה, לְבִלְתִּי לְהִתְרָאוֹת בְּפִרְסוּם בַּעֲשִׁירוּת, כְּמוֹ שֶׁהִזְהִיר אָבִינוּ הַזָּקֵן, יַעֲקֹב אָבִינוּ, לְבָנָיו - לָמָּה[14] תִּתְרָאוּ. וּבִפְרָט שֶׁבָּעִתִּים הַלָּלוּ בַּעֲווֹנוֹתֵינוּ הָרַבִּים, הָאֻמּוֹת הֵן נוֹתְנִין עַיִן בְּמָמוֹן שֶׁל יִשְׂרָאֵל, וְטוֹב מְאֹד לְכַסּוֹת וּלְהַעֲלִים הָעֹשֶׁר בִּפְנֵיהֶם. אָכֵן טוֹב לְהַרְאוֹת פָּנִים שֶׁל מַסְבִּירוּת פָּנִים, שֶׁל אַהֲבָה וְרָצוֹן, לִפְנֵי עֲנִיִּים וְדַלִּים וְאֶבְיוֹנִים, וְזֶה הוּא רְצוֹן הַבּוֹרֵא יִתְבָּרַךְ. וּבִפְרָט הַמְאַכְסֵן בְּבֵיתוֹ עֲנִיִּים וְדַלִּים הֲגוּנִים, זוֹכֶה שֶׁהַרְבֵּה נָשִׁים עֲקָרוֹת נִפְקָדוֹת בִּזְכוּת שֶׁמְּפַרְנְסִים וּמְכַלְכְּלִים עֲנִיִּים וְאֶבְיוֹנִים לְשֵׁם שָׁמַיִם.

וּמָצִינוּ נָמֵי בְּאִישׁ זָקֵן אֶחָד, שֶׁהָיָה בִּזְמַן גְּזֵרוֹת סְפָרַד וּשְׁפַּנְיָא, וּשְׁמוֹ רַבִּי יְחִיאֵל, וְהָיָה דָּר בְּעִיר אַחַת עַל חוֹף הַיָּם הַגָּדוֹל. וּבִהְיוֹת גְּזֵרוֹת בַּמְּדִינוֹת הַנִּזְכָּרוֹת לְעֵיל, בָּרְחוּ מֵאוֹתָהּ הַמְּדִינָה הַרְבֵּה יְהוּדִים אֶל אֶרֶץ תּוֹגַרְמָא. וְרַבִּי יְחִיאֵל הָיָה זָקֵן, וְהָיָה דָּר בְּעִיר אֲשֶׁר עַל חוֹף הַיָּם, וְהוּא אִישׁ תָּם וְיָשָׁר, וְהָיָה מְקַבֵּל כָּל הָעֲנִיִּים וְהָעֲשִׁירִים בְּסֵבֶר פָּנִים יָפוֹת, וְהָיָה מַסְפִּיק לָהֶם לֶחֶם, מַיִם וּמָזוֹן, וּמַלְוֶה אוֹתָן, וְנָתַן לָהֶם צֵדָה לַדֶּרֶךְ, וּפִזֵּר וּבִזְבֵּז מָמוֹן רַב לְהוֹצָאַת הָאוֹרְחִים. וַיְהִי הַיּוֹם, הִגִּיעַ עֵת וּזְמַן שֶׁהָיוּ בְּבֵיתוֹ אַרְבָּעָה זְקֵנִים הַבָּאִים מֵהַגּוֹלָה, חֲכָמִים גְּדוֹלִים, וּבִרְאוֹתָם אֶת כְּבוֹד עָשְׁרוֹ וּגְדֻלָּתוֹ וְתִפְאַרְתּוֹ, שֶׁהָיָה נְדִיב לֵב, שֶׁגָּמַל חֶסֶד עִם עֲשִׁירִים וַעֲנִיִּים לְכָל בְּנֵי הַגּוֹלָה, שָׁאֲלוּ הָאַרְבָּעָה זְקֵנִים מִמֶּנּוּ - מַה בַּקָּשָׁתְךָ מֵהַבּוֹרֵא יִתְבָּרַךְ, וְהֵשִׁיב - בַּקָּשָׁתִי הוּא, שֶׁאֶזְכֶּה לְבָנִים, כִּי לֹא הָיָה לוֹ זֶרַע. וַיֹּאמְרוּ אֵלָיו הָאַרְבָּעָה זְקֵנִים הַנִּזְכָּרִים לְעֵיל - תִּהְיֶה אַתָּה בָּטוּחַ, שֶׁבְּתוֹךְ שָׁנָה זוֹ יוֹצֵא מֵחֲלָצֶיךָ בֵּן גָּדוֹל בַּתּוֹרָה, וְתִקְרָא אֶת שְׁמוֹ אַבְרָהָם, לְסִימָן שֶׁעָשִׂיתָ חֶסֶד עִם זֶרַע אַבְרָהָם. וְכַאֲשֶׁר הִבְטִיחוּ לוֹ, כֵּן הָיָה, שֶׁיָּצָא מִמֶּנּוּ בְּנוֹ, הַגָּאוֹן הַגָּדוֹל, רַבֵּנוּ אַבְרָהָם מִפִּיסָא, וְהִגְדִּיל בַּתּוֹרָה מְאֹד וְחִבֵּר חִבּוּרִים הַרְבֵּה. עַד כָּאן.

וְכַיּוֹצֵא בָּזֶה מָצִינוּ הַרְבֵּה לֵידַע וּלְהוֹדִיעַ, כִּי כָּל מַעֲשֶׂה טוֹב וְכִשְׁרוֹן חָקוּק וְרָשׁוּם לִפְנֵי הַקָּדוֹשׁ בָּרוּךְ הוּא, לְחָשְׁבּ לְעוֹשֶׂיהָ בָּעוֹלָם הַזֶּה וּבָעוֹלָם הַבָּא, בְּאֹפֶן שֶׁתְּהֵא כַּוָּנַת הָעוֹשֶׂה לְשֵׁם שָׁמַיִם, כִּי כֵּן צָרִיךְ כָּל עִנְיַן בְּנֵי אָדָם, הֵן הַמַּעֲשֶׂה הֵן הַדִּבּוּר, יִהְיֶה הַכֹּל לְשֵׁם שָׁמַיִם וּבְכַוָּנַת הַלֵּב, וּבִפְרָט בְּעִנְיְנֵי תְּפִלּוֹת וּבְרָכוֹת, כִּדְאִיתָא **בְּסֵפֶר חֲסִידִים** - מַעֲשֶׂה בְּאֶחָד שֶׁמֵּת לִפְנֵי זְמַנּוֹ כַּמָּה שָׁנִים, וּלְאַחַר שְׁנֵים עָשָׂר חֹדֶשׁ נִתְגַּלָּה לְאֶחָד מִן קְרוֹבָיו בַּחֲלוֹם, וְשָׁאַל לוֹ - הֵיאַךְ אַתָּה נוֹהֵג בָּעוֹלָם שֶׁאַתָּה

---

[14] בראשית מב א

שָׁם, אָמַר לוֹ - בְּכָל יוֹם וָיוֹם דָּנִין אוֹתִי עַל שֶׁלֹּא הָיִיתִי מְדַקְדֵּק לְבָרֵךְ בִּרְכַּת הַמּוֹצִיא וּבִרְכַּת הַפֵּרוֹת וּבִרְכַּת הַמָּזוֹן בְּכַוָּנַת הַלֵּב. וְהַמְמֻנִּים, שֶׁדָּנִין אוֹתִי, אוֹמְרִים לִי - לַהֲנָאָתְךָ אָכַלְתָּ. וְשָׁאַלְתִּי לוֹ - הֲלֹא אַמְרִינַן, מִשְׁפַּט רְשָׁעִים בַּגֵּיהִנֹּם הוּא רַק שְׁנֵים עָשָׂר חֹדֶשׁ בִּלְבַד, וּכְבָר עָבְרוּ שְׁנֵים עָשָׂר חֹדֶשׁ וְיוֹתֵר מִיּוֹם מִיתָתְךָ, וְלָמָּה דָּנִין אוֹתְךָ אַחַר שְׁנֵים עָשָׂר חֹדֶשׁ, אָמַר לִי - אֵין דָּנִין אוֹתִי בַּגֵּיהִנֹּם דִּינִים חֲמוּרִים, אֶלָּא דָּנִים אוֹתִי חוּץ לַגֵּיהִנֹּם בְּדִינִים קַלִּים, וְאוֹמְרִים הַמְמֻנִּים, שֶׁזֶּהוּ הַכֹּל לְטוֹבָתִי, כְּדֵי שֶׁאֶזְכֶּה לְחֵלֶק גַּן עֵדֶן לִכָּנֵס שָׁם וְלִטֹּל חֶלְקִי בִּמְלוֹאוֹ.

וְהַכְּלָל, כִּי כָל דָּבָר שֶׁהָאָדָם עוֹשֶׂה, הוּא נִרְשָׁם לְמַעְלָה, וְעַל כָּל דָּבָר - שָׂכָר וָעֹנֶשׁ, וְאַשְׁרֵי לְהַיּוֹצֵא זַכַּאי מִבֵּית דִּין שֶׁל מַעְלָה, אָמֵן.

פרק יט

תּוֹרַת ה' תְּמִימָה מְשִׁיבַת נָפֶשׁ [תְּהִלִּים יט, ח]. כַּאֲשֶׁר נִתַּן רְשׁוּת מֵאִתּוֹ יִתְבָּרַךְ לְכָל אֶחָד מִיִּשְׂרָאֵל לְפָרֵשׁ מִקְרָא הַקֹּדֶשׁ כְּפִי הֲבָנַת שִׂכְלוֹ, וּכְפַטִּישׁ יְפוֹצֵץ סָלַע, עַל כֵּן נוּכַל לוֹמַר - כַּוָּנַת הַמִּקְרָא זֶה לְהוֹדִיעֵנוּ, כִּי בַּעֲבוּר שֶׁתּוֹרַת ה' תְּמִימָה, בִּלְתִּי חֶסְרוֹן אֵבֶר אֶחָד מִתַּרְיַ"ג מִצְוֹת, וְעַל הָאָדָם מֻטָּל לְקַיֵּם תַּרְיַ"ג מִצְוֹת, שֶׁהֵן נֶגֶד אֵבָרָיו, הַמְחֻיָּבִים עָלָיו לַעֲשׂוֹתָם מִצַּד הַהֶכְרֵחַ, לֹא יֶחְסַר מֵעֲשׂוֹת אוֹתָם. וְהַשְּׁאָר לְלוֹמְדֵי הַתּוֹרָה, הַחֻקִּים וְהַמִּשְׁפָּטִים, הַשַּׁיָּכִים בָּהֶם - הַכֹּל מִיַּד ה' הַטּוֹבָה עָלָיו. וְאָז הוּא מַשְׁלִים תּוֹרַת ה', אֲשֶׁר הִיא תְּמִימָה. וּבַעֲבוּר כֵּן אִם עָבַר הָאָדָם מֵעוֹלָם הַזֶּה בִּלְתִּי הִשְׁלִים אֵבָרָיו בַּעֲשִׂיָּה וּבְלִמּוּד הַנִּזְכָּר, אָז הִיא מְשִׁיבַת נֶפֶשׁ, שֶׁהַנְּשָׁמָה הִיא חוֹזֶרֶת לָבוֹא עוֹד פַּעַם בְּגִלְגּוּל לָעוֹלָם הַזֶּה, וּצְרִיכָה לְהִתְגַּלְגֵּל בְּאָדָם אַחֵר, כְּדֵי שֶׁיַּשְׁלִים חֻקָּהּ וּלְמַלְּאוֹת הַחֶסְרוֹן.

וּבִהְיוֹת כֵּן, יִתְבּוֹנֵן הָאָדָם בְּעַצְמוֹ, שֶׁהָרָאוּי וְנָכוֹן אֶצְלוֹ שֶׁלֹּא לְהִתְעַצֵּל בְּלִמּוּד הַתּוֹרָה וְקִיּוּם הַמִּצְוֹת מַאי דְּאֶפְשָׁר, כִּי מִי יוֹדֵעַ מַה יּוֹלֵד יוֹם, כִּי הָאָדָם הוּא לְמַטָּה, וּכְרוּזִים - לְמַעְלָה, וְאֵינוֹ שׁוֹמֵעַ לְהָכִין עַצְמוֹ. וּכְשֶׁהַכְּרוּז יוֹצֵא וְנִכְרָז לְמַעְלָה, אָז הַיָּמִים קְרוֹבִים לְהִפָּרֵד נְשָׁמָה מֵהַגּוּף, וּפִתְאֹם יַרְגִּישׁ הַגְּזַר דִּין עַל יְדֵי יִסּוּרִים וּכְאֵבִים שֶׁל גּוּפוֹ, הַמִּתְגַּבְּרִין עָלָיו, וּמָה הַיִּתְרוֹן אֵלָיו אָז, אִם לֹא הֵכִין עַצְמוֹ בַּעֲבָדִין טָבִין מִקֹּדֶם לָזֶה.

וְאִיתָא בַּזֹּהַר, פָּרָשַׁת וַיְחִי - כַּד אִתְקְרִיבוּ יוֹמֵי דְּבַר נָשׁ תְּלָתִין יוֹמִין, מַכְרִיזִין עָלָיו בְּגַן עֵדֶן. תָּאנָא, אִלֵּין תְּלָתִין יוֹמִין, נִשְׁמְתָא נָפְקָא מִנֵּיהּ בְּכָל לֵילְיָא, וְסַלְקָא וְחַמְאָה דּוּכְתָּהָא בְּהַהוּא עָלְמָא, וְהַהוּא בַּר נָשׁ לֹא יָדַע וְלֹא שַׁלִּיט בְּנִשְׁמָתֵיהּ כָּל אִנּוּן תְּלָתִין יוֹמִין, כְּמָה דַּהֲוֵי בְּקַדְמֵיתָא, דִּכְתִיב [קֹהֶלֶת ח, ח] - אֵין אָדָם שַׁלִּיט בָּרוּחַ וְגוֹ'. אָמַר רַבִּי יְהוּדָה - מִן כַּד שָׁרָאן אִנּוּן תְּלָתִין יוֹמִין, צוּלְמָא דְּבַר נָשׁ אִתְחֲשִׁיךְ, וּדְיוּקְנָא דְּאִתְחַזֵּי בְּאַרְעָא אִתְמְנָע.

רַבִּי יִצְחָק הֲוֵי יָתִיב יוֹמָא חַד אַפִּתְחָא דְּרַבִּי יְהוּדָה, וַהֲוָה עָצִיב. נָפִיק רַבִּי יְהוּדָה, אַשְׁכָּחֵיהּ דַּהֲוֵי יָתִיב וְעָצִיב. אָמַר לֵיהּ - מַה יּוֹמָא דֵּין מִשְּׁאָר יוֹמִין, אָמַר לֵיהּ - אָתֵינָא לְגַבָּךְ לְמִבְעֵי מִנָּךְ תְּלַת מִלִּין - **חַד** דְּכַד תֵּימָא מִלָּא דְּאוֹרַיְתָא, וְתִדְכַּר מֵאִנּוּן מִלִּין דַּאֲנָא אֲמֵינָא, תֵּימַר לוֹן מִשְּׁמִי, לְאַדְכָּרָא שְׁמִי. **וְחַד** דְּתִזְכֶּה לְיוֹסֵף בְּרִי בְּאוֹרַיְתָא. **וְחַד** דְּתֵיזִיל לְקִבְרִי כָּל שִׁבְעָה יוֹמִין וְתִבְעֵי בָּעוּתָךְ עָלַי. אָמַר לֵיהּ - מְנַיִן לָךְ, אָמַר לֵיהּ - הָא נִשְׁמָתִי אִסְתַּלִּיקַת מִנִּי בְּכָל לֵילְיָא, וְלֹא אַנְהִיר לִי בְּחֶלְמָא כְּמָה דַּהֲוֵי בְּקַדְמֵיתָא, וְתוּ - דְּכַד אֲנָא מַצְלֵינָא וּמָטֵינָא **בְּשׁוֹמֵעַ תְּפִלָּה** אַשְׁגַּחְנָא בְּצוּלְמָא דִּילִי, וְלָא חֲמֵינָא. נַאֲמֵינָא, דְּהוֹאִיל וְצוּלְמָא אִתְעֲבַר, וְלָא אִתְחַזֵּי, דְּהָא כְּרוּזָא נָפֵיק, דִּכְתִיב [תְּהִלִּים לט, ז] - אַךְ בְּצֶלֶם יִתְהַלֶּךְ

אִישׁ. וְרוּחֵיהּ אִתְקַיְּמָא בְּגִינֵיהּ, אִתְעַבַּר צוּלְמָא דְּבַר נָשׁ, וְלָא אִתְחֲזֵי וְכוּ'.

אָמַר לֵיהּ רַבִּי יְהוּדָה - כָּל אִלֵּין מִלִּין דְּאַתְּ בָּעֵי, עֲבִידְנָא, אֲבָל בְּעֵינָא מִנָּךְ, דְּלָא אִתְפָּרֵשׁ מִנָּךְ, דִּבְהַהוּא עָלְמָא תְּבָרֵר דּוּכְתָּאֵי גַּבָּךְ, כְּמָּה דַּהֲוֵינָא בְּהַאי עָלְמָא. בָּכָה רַבִּי יְהוּדָה וְאָמַר - בְּמָטוּ מִנָּךְ, דְּלָא תִּתְפָּרֵשׁ מִנָּאִי כָּל הָנֵי תְּלָתִין יוֹמִין. אָזְלוּ כַּחֲדָא לְגַבֵּיהּ דְּרַבִּי שִׁמְעוֹן בֶּן יוֹחַאי. אַשְׁכְּחוּ דַּהֲוֵי לָעֵי בְּאוֹרַיְתָא. זָקִיף רַבִּי שִׁמְעוֹן בֶּן יוֹחַאי וַחֲמָא לְמַלְאַךְ הַמָּוֶת דְּרָקִיד וְרָהִיט קַמֵּיהּ דְּרַבִּי יִצְחָק. קָם רַבִּי שִׁמְעוֹן בֶּן יוֹחַאי, אָחִיד בִּיְדֵיהּ דְּרַבִּי יִצְחָק וְאָמַר - גּוֹזְרַנִי, מָאן דְּרָגִיל לְמֵיעוּל - יֵיעוּל, וּמָאן דְּלָא רָגִיל - לָא יֵיעוּל. אַעֲלוּ רַבִּי יְהוּדָה וְרַבִּי יִצְחָק, וּמַלְאַךְ הַמָּוֶת נָטִיר לֵיהּ לְבַר.

אַשְׁגַּח רַבִּי שִׁמְעוֹן בֶּן יוֹחַאי וַחֲמָא, דְּעַד כָּאן לֹא מָטֵי זִמְנֵיהּ, דְּעַד תְּמַנְיָא שַׁעְתִּין בְּיוֹמָא הֲוֵי זִמְנֵיהּ. אוֹתְבֵיהּ רַבִּי שִׁמְעוֹן בֶּן יוֹחַאי לְרַבִּי יִצְחָק קַמֵּי וַהֲוֵי לָעֵי בְּאוֹרַיְתָא. אָמַר רַבִּי שִׁמְעוֹן לְרַבִּי אֶלְעָזָר בְּרֵיהּ - תִּיב אַפִּתְחָא, וּמָאן דְּתֶחֱמֵי לָא תִשְׁתָּעֵי בַּהֲדֵיהּ, וְאִי בָּעֵי לְמֵיעַל אוֹמֵי אוֹמָאָה [פֵּרוּשׁ - הַשְׁבֵּעַ תַּשְׁבִּיעַ אוֹתוֹ] דְּלָא יֵיעוּל. אָמַר רַבִּי שִׁמְעוֹן בֶּן יוֹחַאי לְרַבִּי יִצְחָק - חֲמֵית דְּיוּקְנָא דְּאָבוּךְ יוֹמָא הָדֵין, דְּהָא תָּנֵינָן - בְּשַׁעְתָּא דְּבַר נָשׁ יִסְתַּלִּיק מֵעָלְמָא, אָבוּי וְקָרִיבֵיהּ מִשְׁתַּכְּחִין תַּמָּן עִמֵּיהּ וַחֲמָא לוֹן וְאִשְׁתְּמוֹדַע לוֹן, וְכָל אִנּוּן דַּהֲוָיָן מְדוֹרֵיהּ לְגַבֵּיהּ בְּהַהוּא עָלְמָא בְּדַרְגָּא חַד, כֻּלְּהוֹן מִתְכַּנְּפִין לְחַבְרָא עִמֵּיהּ, וְאָזְלוּ עִם נִשְׁמָתָא עַד אֲתַר דְּתִשְׁרֵי בְּאַתְרֵיהּ. אָמַר לֵיהּ רַבִּי יִצְחָק - לָא חֲמֵינָא עֲדַיִן.

אַדְהָכֵי קָם רַבִּי שִׁמְעוֹן בֶּן יוֹחַאי וְאָמַר - מָארֵי דְעָלְמָא, אִשְׁתְּמוֹדַע רַבִּי יִצְחָק לְגַבָּן, דְּאִיהוּ מִשִּׁבְעָה עַיְנִין דְּהָכָא הוּא, הָא אֲחִידְנָא בֵּיהּ, וְהַב לֵיהּ, נָפַק קָלָא וְאָמַר - בּוּצִינָא דְּכֻרְסַיָּא, דְּמָרָא קָרִיבֵיהּ בְּגַדְפוֹהִי דְּרַבִּי שִׁמְעוֹן, הָא דִּידָךְ הוּא, וְעִמֵּיהּ תֵּיתֵי בִּזְמְנָא דְּתֵיעוֹל לְמִשְׁרֵי בְּדוּכְתִּיךְ. אָמַר רַבִּי שִׁמְעוֹן בֶּן יוֹחַאי - וַדַּאי, אַדְהָכֵי חֲמָא רַבִּי אֶלְעָזָר דְּאִסְתַּלִּיק מַלְאַךְ הַמָּוֶת. וְאָמַר לֵיהּ - קַפְּטְרָא דְטַפְסָא בַּאֲתַר דְּרַבִּי שִׁמְעוֹן בֶּן יוֹחַאי שְׁכִיחַ.

אָמַר רַבִּי שִׁמְעוֹן בֶּן יוֹחַאי לְרַבִּי אֶלְעָזָר בְּרֵיהּ - עוּל וְאָחִיד בֵּיהּ, בְּרַבִּי יִצְחָק, דְּהָא חֲמֵינָא בֵּיהּ דְּמִסְתָּפֵי. עָאל רַבִּי אֶלְעָזָר וְאָחִיד בֵּיהּ, וְרַבִּי שִׁמְעוֹן אַהֲדַר אַנְפּוֹי וְלָעֵי בְּאוֹרַיְתָא. נָאִים רַבִּי יִצְחָק וַחֲמֵי לַאֲבוּהּ. אָמַר לֵיהּ - זַכָּאֵי בְּרִי, חוּלָקָךְ בְּעָלְמָא דְּאָתֵי, דְּהָא בֵּין טַרְפֵי אִילָנָא דְּחַיֵּי דְּגַן עֵדֶן אִתְיַהַב אִילָנָא רַבָּא וְתַקִּיפָא בִּתְרֵין עָלְמִין, דְּהָא רַבִּי שִׁמְעוֹן בֶּן יוֹחַאי הָא אָחִיד לָךְ בְּכַנְפֵיהּ. זַכָּאָה חוּלָקָךְ, בְּרִי, אָמַר לֵיהּ רַבִּי יִצְחָק - וּמָה אֲנָא הָתָם.

אָמַר לֵיהּ - תְּלַת יוֹמִין הֲווּ דְּחַפּוֹי אִדְרָא דְּמִשְׁכְּבָךְ. וְתַקִּינוּ לָךְ פִּתְיחִין לְאַנְהָרָא לָךְ מֵאַרְבַּע סִטְרִין. וַחֲמֵינָא דּוּכְתָּךְ וַחֲדֵינָא וְאָמֵינָא - זַכָּאָה חוּלָקָךְ וְגוֹ', וְהָא הַשְׁתָּא הֲוֵי זְמִינִין לְמֵיתֵי לְגַבָּךְ תְּרֵיסַר צַדִּיקַיָּא חַבְרַיָּא

וְעַד דַּהֲוֵינָא נָפְקָא, אִתְעַר קָלָא בְּכֻלְּהוּ עָלְמִין. מָאן חַבְרַיָּא דְּקַיְּמָא הָכָא לֵילֵךְ נֶגֶד נִשְׁמַת רַבִּי יִצְחָק לְלַוּוֹת נִשְׁמָתְךָ לְגַן עֵדֶן אִתְעַטְּרוּ [פֵּרוּשׁ - סְלִיקוּ] וְחָזְרוּ לְדוּכְתֵּיהוֹן, דְּרַבִּי שִׁמְעוֹן בֶּן יוֹחַאי שָׁאַל שְׁאִילְתָּא, וְאִתְיְהַב לֵיהּ, וְלָא דָּא בִּלְחוֹדוֹי גָּדוֹל כֹּחַ דְּרַבִּי שִׁמְעוֹן בֶּן יוֹחַאי, אֶלָּא אַף זוֹ, שֶׁנּוֹתְנִין לוֹ שִׁבְעִין וְכוּ', דְּהָא שִׁבְעִין דּוּכְתָּא מִתְעַטְּרָא הָכֵי - דִּילֵיהּ, וְכָל דּוּכְתָּא וְדוּכְתָּא פִּתְחִין פִּתְחִין לְשִׁבְעִין עָלְמִין, וְכָל עָלְמָא וְעָלְמָא - לְשִׁבְעִין רַהֲטִין [פֵּרוּשׁ - מַלְאָכִים מְמֻנִּים עַל עוֹלָמוֹת שֶׁל מַלְאָכִים, וּלְפִי שֶׁהֵם רָצִים וְשָׁבִים בִּשְׁלִיחוּת שֶׁל מֶלֶךְ מַלְכֵי הַמְּלָכִים, הַקָּדוֹשׁ בָּרוּךְ הוּא, עַל כֵּן נִקְרָאִים - רַהֲטִין] וְכָל רַהֲטָא וּרַהֲטָא אִתְפַּתַּח לְשִׁבְעִין כִּתְרִין עִלָּאִין, וּמִתַּמָּן אִתְפַּתְּחָא אֹרַח לְעַתִּיק סְתִימָא דְּיוּכְלוּ לְמֶחֱמֵיהּ בְּהַהוּא נְעִימוּתָא עִלָּאָה דִּנְהֲרָא וּמְהַנְיָא לְכֹלָּא, כַּמָּה דְּאַתְּ אָמַר [תְּהִלִּים כז, ד] - לַחֲזוֹת בְּנֹעַם ה' וּלְבַקֵּר בְּהֵיכָלוֹ. מַהוּ - **וּלְבַקֵּר בְּהֵיכָלוֹ**, הַיְנוּ דִּכְתִיב [בַּמִּדְבָּר יב, ז] - בְּכָל בֵּיתִי נֶאֱמָן הוּא.

אָמַר לֵיהּ - אַבָּא, כַּמָּה זִמְנָא יָהִיבוּ לִי בְּהַהוּא עָלְמָא, אָמַר לֵיהּ - בְּרִי, לֵית רְשׁוּת לְגַלָּאָה, לְבַר נָשׁ, אֲבָל בְּהִלּוּלָא דְּרַבִּי שִׁמְעוֹן בֶּן יוֹחַאי [רָצָה לוֹמַר - בְּיוֹם פְּקֻדָּתוֹ שֶׁל רַבִּי שִׁמְעוֹן בַּר יוֹחַאי] תְּהֵא מְתַקֵּן פְּתוֹרֵיהּ כוּ'.

אַדְהָכֵי אִתְּעַר רַבִּי יִצְחָק וַחֲמָא, הֵיאַךְ אַנְפּוֹי נְהִירִין. חֲמָא רַבִּי שִׁמְעוֹן בֶּן יוֹחַאי וְאִסְתַּכַּל בְּאַנְפּוֹי דְּרַבִּי יִצְחָק. אָמַר לֵיהּ - מִלְּתָא חַדְתָּא שְׁמַעְתָּא, אָמַר לֵיהּ - וַדַּאי. סָח לֵיהּ וְאֶשְׁתַּטַּח רַבִּי יִצְחָק קַמֵּיהּ דְּרַבִּי שִׁמְעוֹן בַּר יוֹחַאי, וְלֹא הָיָה זָז מִנֵּיהּ, וְתָמִיד הֲוֵי לָעֵי בְּאוֹרַיְתָא, וְרַבִּי שִׁמְעוֹן בֶּן יוֹחַאי לֹא הֲוֵי שָׁבְקֵיהּ לְרַבִּי יִצְחָק מֵהַהוּא יוֹמָא. כַּד הֲוֵי אָעִיל קַמֵּיהּ דְּרַבִּי שִׁמְעוֹן בֶּן יוֹחַאי, הֲוֵי קָרֵי קַמֵּיהּ [יְשַׁעְיָה לח, יד] - ה'[15] עָשְׁקָה לִי עָרְבֵנִי. רָצָה לוֹמַר, שֶׁהוּא תְּפִלַּת חִזְקִיָּה מֶלֶךְ יְהוּדָה בְּחָלְיוֹ - ה' עֲשֹׁק אוֹתִי [פֵּרוּשׁ - לְקָחֵנִי מִיַּד מַלְאַךְ הַמָּוֶת] וְעָרְבֵנִי לְהַצִּילֵנִי [וְהוּא שֶׁפֵּרֵשׁ רַשִׁ"י זִכְרוֹנוֹ לִבְרָכָה, עַיֵּן יְשַׁעְיָה, סִימָן לח]. כִּי רַבִּי יִצְחָק אָמַר זֶה דֶּרֶךְ שֶׁבַח וְהוֹדָיָה לְהַקָּדוֹשׁ בָּרוּךְ הוּא, שֶׁעָשַׁק אוֹתוֹ מִיַּד מַלְאַךְ הַמָּוֶת וְהִצִּילוֹ. עַד כָּאן.

וְהַנִּפְקוּתָא מִזֶּה, שֶׁצָּרִיךְ הָאָדָם לְהִתְפַּלֵּל עַל זֶה לְעֵת מְצֹא, וִיכַוֵּן בַּאֲמִירָתוֹ - שֶׁתּוֹצִיאֵנוּ מִשָּׁלוֹם אֶל שָׁלוֹם [וּתְפִלָּה זוֹ הִיא נִזְכֶּרֶת בִּתְפִלַּת מַעֲמָדוֹת בְּיוֹם שֵׁנִי, עַיֵּן שָׁם] שֶׁנִּזְכֶּה לְמִיתַת הַצַּדִּיקִים, דְּכֵיוָן שֶׁמֵּת צַדִּיק, בָּאִים לִקְרָאתוֹ צַדִּיקִים הַרְבֵּה מִגַּן עֵדֶן לְלַוּוֹת אֶת נִשְׁמָתוֹ, וְהוּא נוֹתֵן לָהֶם שָׁלוֹם, וְאַחַר כָּךְ כְּשֶׁהוֹלְכִין לְלַוּוֹת הַנְּשָׁמָה, אַף מַלְאָכִים שְׁלֹשָׁה כִּתּוֹת בָּאִים וְאוֹמְרִים - שָׁלוֹם שָׁלוֹם עַל מִשְׁכָּבוֹ. וְזֶהוּ סוֹד - וְתוֹצִיאֵנוּ[16] מִשָּׁלוֹם אֶל שָׁלוֹם.

---

15 ישעיהו לח יד

16 מתוך תפילה לרב סעדיה גאון

פרק כ

אִיתָא בַּגְּמָרָא דִּבְרָכוֹת - תְּפִלּוֹת אָבוֹת תִּקְּנוּם. וְדָרְשׁוּ רַבּוֹתֵינוּ זִכְרוֹנָם לִבְרָכָה - אַבְרָהָם תִּקֵּן תְּפִלַּת שַׁחֲרִית, כְּנֶגֶד זֶה תִּקְּנוּ **מָגֵן אַבְרָהָם**. יִצְחָק תִּקֵּן תְּפִלַּת מִנְחָה, כְּנֶגֶד זֶה תִּקְּנוּ לוֹמַר **מְחַיֵּה מֵתִים**. יַעֲקֹב תִּקֵּן תְּפִלַּת עַרְבִית, כְּנֶגֶד זֶה תִּקְּנוּ **הָאֵל הַקָּדוֹשׁ**. וְלָכֵן כָּל הַבְּרָכוֹת עַל שֵׁם שָׁלֹשׁ בְּרָכוֹת הָרִאשׁוֹנוֹת נִקְרָאוּ, וְאָבוֹת תִּקְּנוּ אוֹתָן. וְלָכֵן צָרִיךְ כָּל אָדָם לְהִזָּהֵר לְהִתְפַּלֵּל עַל כָּל פָּנִים תְּפִלַּת שְׁמוֹנֶה עֶשְׂרֵה בְּכַוָּנָה. אָמְנָם בַּעֲבוּר טֹרַח שֶׁל אַחֵינוּ בֵּית יִשְׂרָאֵל לָאו כֻּלֵּי עָלְמָא גְּמִירֵי בְּכַוָּנַת הָעֹמֶק לְהִתְפַּלֵּל. וְעַל כָּל פָּנִים יִלְבַּשׁ הָאָדָם חֲרָדָה וְיִרְאָה גְּדוֹלָה בְּאָמְרוֹ – **אֱלֹהֵ"י אַבְרָהָם, אֱלֹהֵ"י יִצְחָק וֵאלֹהֵ"י יַעֲקֹב**, כִּי גָּדוֹל זְכוּתָן מְאֹד, וּתְפִלָּתָם מְקַיְּמִים אוֹתָנוּ בַּגָּלוּת הַמַּר הַזֶּה.

וְאִיתָא בַּזֹּהַר, פָּרָשַׁת וַיְחִי - אָמַר רַבִּי יְהוּדָה, כַּמָּה אֲטִימִין בְּנֵי עָלְמָא, דְּלָא יָדְעִין בְּמִלֵּי דְּעָלְמָא, וְהֵיאַךְ הַקָּדוֹשׁ בָּרוּךְ הוּא אִשְׁתְּכַח עֲלַיְהוּ בְּכָל יוֹמִין וְעִדָּן, וְלֵית מַאן דְּיַשְׁגַּח. תְּלַת זִמְנִין בְּיוֹמָא עָאל רוּחָא חֲדָא בִּמְעַרְתָּא דִּכְפֵילְתָּא וְנָשִׁיב בְּקִבְרֵי דַּאֲבָהָתָנָא וְאִתְּסְיָין גַּרְמַיְהוּ וְקַיְּמִין בְּקִיּוּמָא. וְהַהוּא רוּחָא וְכוּ', וְטַלָּא נָחִית, וּמִתְעָרִין אֲבָהָן. תָּאנָא - הַהוּא רוּחָא נָחִית בְּדַרְגִּין יְדִיעָן, דַּרְגָּא בָּתַר דַּרְגָּא, וּמָטוּ לְגַן עֵדֶן הַתַּחְתּוֹן וּבִבְסָמִין דְּגַן עֵדֶן שָׁאט הַאי רוּחָא וְעָיֵיל בְּפִתְחָא דִּמְעַרְתָּא. כְּדֵין מִתְעָרִין הָאָבוֹת וְאִמָּהוֹת וּמְצַלְּיָן עַל בְּנַיְהוּ, וְאֵלִיָּהוּ הַנָּבִיא נוֹתֵן מַיִם עַל יְדֵיהֶן קֹדֶם תְּפִלָּתָן, וְשָׁלֹשׁ פְּעָמִים הֵן מִתְפַּלְּלִין בְּכָל יוֹם עַל יִשְׂרָאֵל, וּבְכָל פַּעַם נוֹתֵן אֵלִיָּהוּ זָכוּר לַטּוֹב מַיִם עַל יְדֵיהֶם וְכוּ'. עַד כָּאן.

מִזֶּה תִּרְאֶה כֹּחַ קְדֻשַּׁת הַנְּטִילָה שֶׁקֹּדֶם הַתְּפִלָּה, שֶׁהוּא אֻמָּנוּתוֹ שֶׁל אֵלִיָּהוּ הַנָּבִיא לִתֵּן וְלִצֹּק מַיִם עַל יְדֵי הָאָבוֹת. עַל כֵּן צָרִיךְ הָעוֹלָם לְהִזָּהֵר, שֶׁיִּתֵּן אָדָם כָּשֵׁר מַיִם עַל יְדֵי מִי שֶׁצָּרִיךְ לְהִתְפַּלֵּל, וְלֹא עַל יְדֵי רָשָׁע, כְּשֶׁנּוֹטְלִין לִתְפִלָּה.

וְנַחֲזֹר לְעִנְיָן שֶׁהִתְחַלְנוּ לְדַבֵּר בִּזְכוּת הָאָבוֹת, שֶׁהוּא גָּדוֹל בְּעֵינֵי הַקָּדוֹשׁ בָּרוּךְ הוּא. כָּל מִי שֶׁזּוֹכֵר הָאָבוֹת בִּתְפִלָּתוֹ בְּכַוָּנָה הוּא עִנְיָן חָבִיב מְאֹד, וּמְסֻגָּל בְּכָל עֵת צָרָה שֶׁיַּגִּיעַ, חַס וְשָׁלוֹם, לְאֵיזֶה אָדָם, כֵּיוָן שֶׁתְּפִלָּתוֹ הִיא בְּכַוָּנָה וּמִתּוֹךְ עֹמֶק הַלֵּב, וְאוֹמֵר - רִבּוֹנוֹ דְּעָלְמָא, זְכֹר בְּרִית אָבוֹת וְאִמָּהוֹת וְהַשְּׁבָטִים, בְּאֹפֶן וּבִתְנַאי שֶׁלֹּא יָפֵר בְּרִית אֲבוֹתֵינוּ, אֲשֶׁר הִתְהַלְּכוּ בְּתָמִים לִפְנֵי הַקָּדוֹשׁ בָּרוּךְ הוּא. וּמְסֻגָּל תְּפִלָּה זוֹ מְאֹד לַאֲנָשִׁים צַדִּיקִים וּתְמִימִים. מַה שֶּׁאֵין כֵּן אִם הָאָדָם מְסַלֵּף דַּרְכּוֹ, וְלֹא נָהַג עַצְמוֹ כְּמוֹ הָאָבוֹת הַקְּדוֹשִׁים, וּמִתְנַהֵג עַצְמוֹ בְּגַאֲוָה וְאוֹחֵז מִדַּת הַקִּנְאָה וְחוֹמֵד מָמוֹן שֶׁאֵינוֹ שֶׁל יֹשֶׁר וְהוֹלֵךְ בְּדַרְכֵי זִמָּה, חַס וְשָׁלוֹם, כְּדַאי הוּא שֶׁיֵּבוֹשׁ וְיִכָּלֵם אַחַר צֵאת נִשְׁמָתוֹ.

עַל זֶה הִתְפַּלְּלוּ הַקַּדְמוֹנִים זִכְרוֹנָם לִבְרָכָה - יְהִי רָצוֹן מִלְּפָנֶיךָ ה'

אֱלֹהֵינוּ וֵאלֹהֵי אֲבוֹתֵינוּ, שֶׁלֹּא נֶחֱטָא וְלֹא נֵבוֹשׁ וְלֹא נִכָּלֵם מֵאֲבוֹתֵינוּ. וּבִשְׁבִיל הַבּוּשָׁה לֹא יוּכַל לָבוֹא לִפְנֵי הַמֶּלֶךְ מַלְכֵי הַמְּלָכִים, כִּי נִשְׁמָתוֹ הִיא עַרְטִילָאִי, בְּלֹא לְבוּשׁ, כִּדְאִיתָא בַּזֹּהַר שָׁם - תָּא חֲזִי, וַי לוֹן לִבְנֵי נָשָׁא, דְּמִסְתַּכְּלִין וְלָא יָדְעִין וְלָא אִשְׁתְּמוֹדְעָן עַל מָה קַיְּמָא עָלְמָא וְכוּ', דְּמִכָּל פִּקּוּדָא דְּאוֹרַיְתָא עָבְדִין לֵיהּ לְבוּשׁ יְקָר לְהַאי עָלְמָא, וְכֻלְּהוּ אִצְטְרִכִין לֵיהּ לְבַר נָשׁ, וּמִן כָּל יוֹמָא דְּעָבֵד עוֹבְדִין טָבִין נַעֲשִׂין הַלְּבוּשִׁים. וְאִיתָא שָׁם - רַבִּי יְהוּדָה סָבָא אִתְרְגִישׁ בְּדַעְתָּא. יוֹמָא חַד אַחֲזֵי לֵיהּ בְּחֶלְמִין דְּיוּקְנָא מִנְּהוֹרָא דִּילֵיהּ, דַּהֲוֵי נָהִיר לְאַרְבָּעָה סִטְרֵי. אָמַר לְהוּ - מַאי הַאי, אָמְרֵי לֵיהּ - דָּא הוּא לְבוּשֵׁי דִּילָךְ הוּא לְדִיוּרָא הָכָא, וּמֵהַאי יוֹמָא הֲוֵי חֲדֵי. אָמַר רַבִּי יְהוּדָה - כָּל יוֹמָא וְיוֹמָא רוּחִין דְּצַדִּיקַיָּא יַתְבִין בִּלְבוּשֵׁיהוֹן דָּרִין דָּרִין בְּגַן עֵדֶן וּמְשַׁבְּחִין לְהַקָּדוֹשׁ בָּרוּךְ הוּא בִּיקָרָא עִלָּאָה, הֲדָא הוּא דִּכְתִיב [תְּהִלִּים קמ, יד] - אַךְ צַדִּיקִים יוֹדוּ לִשְׁמֶךָ, יֵשְׁבוּ יְשָׁרִים אֶת פָּנֶיךָ. וְזֶהוּ מִדַּת הַצַּדִּיקִים, אֲשֶׁר הֵן תָּמִיד חֲרֵדִים וִירֵאִים וּמִתְיָרְאִים שֶׁלֹּא לְקַבֵּל בִּזָּיוֹן בָּעוֹלָם הַבָּא מִמַּעֲשֵׂיהֶם, שֶׁהָיוּ עוֹשִׂין בָּעוֹלָם הַזֶּה, וְכָל מַעֲשֵׂיהֶם הַטּוֹבִים יֵחָשְׁבוּ בְּעֵינֵיהֶם כְּטִפָּה מִן הַיָּם נֶגֶד רֹעַ מַעַלְלֵיהֶם.

גַּם מִדַּת הַצַּדִּיקִים לְהוֹכִיחַ אֶת הָרְשָׁעִים, בִּרְאוֹתָם אֵיזֶה חִלּוּל ה', אוֹ מַעֲשֵׂיהֶם הָרָעִים אֲשֶׁר הֵם מַרְעִישִׁים לִבְנֵי אָדָם, אַף שֶׁיֵּשׁ לָחוּשׁ פֶּן יִרְדְּפוּ אַחַר הַמּוֹכִיחַ בִּרְדִיפָה מְסֻכֶּנֶת, אַף עַל פִּי כֵן לֹא יֵרָאֶה לוֹ פָּנִים שׂוֹחֲקוֹת, כִּי אִם פָּנִים זוֹעֲפוֹת, שֶׁמֵּבִין בְּעַצְמוֹ, שֶׁמַּעֲשָׂיו אֵינָם יְשָׁרִים בְּעֵינָיו, וְיִצְטַעֵר בְּלִבּוֹ עַל מַה שֶּׁזֶּה הָרָשָׁע מַכְעִיס אֶת בּוֹרְאוֹ, וּבִלְבָבוֹ יְבַקֵּשׁ, שֶׁיַּהֲפֹךְ הַקָּדוֹשׁ בָּרוּךְ הוּא לְבָבוֹ וְיַטֵּהוּ לְדֶרֶךְ הַיִּרְאָה. וְזֶהוּ חִיּוּב לְעַבְדֵי ה' הַנֶּאֱמָנִים, לְהוֹכִיחַ אֶת הָרְשָׁעִים וּלְהִצְטַעֵר בִּרְאוֹתָם אוֹ בְּשָׁמְעָם רֹעַ מַעַלְלֵיהֶם שֶׁל הָרְשָׁעִים. וְעִנְיָן זֶה הוּא מְבֹאָר בַּזֹּהַר שָׁם, וְזֶה לְשׁוֹנוֹ - רַבִּי יְהוּדָה וְרַבִּי יִצְחָק אָזְלֵי כַּחֲדָא בְּאוֹרְחָא. אָמַר רַבִּי יְהוּדָה - כְּתִיב [מִשְׁלֵי לא, כא] - לֹא תִירָא לְבֵיתָהּ מִשָּׁלֶג כִּי כָל בֵּיתָהּ לָבֻשׁ שָׁנִים. הַאי קְרָא רַבִּי חִזְקִיָּה חַבְרֵנוּ אוֹקִים בֵּיהּ. דְּאָמַר - דִּינָא דְּחַיָּבָא הוּא תְּרֵיסַר יַרְחִין. פַּלְגָא מִנַּיְהוּ אִיתְדִּין בְּחַמִּין, וּפַלְגָא מִנַּיְהוּ בְּתַלְגָּא. בְּשַׁעְתָּא דְּעָאלִין לְנוּרָא, אָמְרוּ - דָּא הִיא גֵּיהִנָּם וַדַּאי, עָאלִין לְתַלְגָּא, אָמְרֵי - דָּא חֲרוּפָא דְּסִתְוָא [פֵּרוּשׁ - קְרִירוּת הַחֹרֶף]. וְהָרְשָׁעִים שְׂמֵחִין וְאוֹמְרִין - יֵשׁ לָנוּ נַחַת רוּחַ, שֶׁבָּאנוּ אַחַר דִּין הָאֵשׁ לְמָקוֹם קַר, אֲבָל הֵן אֵינָן יוֹדְעִין, שֶׁבְּתַלְגָא, שֶׁהוּא הַשֶּׁלֶג, נִגְמַר דִּינָם, וְסוֹבְלִין שָׁם עֳנָשִׁים קָשִׁים וּמָרִים. יָכוֹל אַף לְצַדִּיקִים כֵּן, שֶׁיִּהְיוּ נִדּוֹנִין בְּשֶׁלֶג, תַּלְמוּד לוֹמַר - לֹא תִירָא לְבֵיתָהּ מִשָּׁלֶג. כִּי כָל בֵּיתָהּ לָבֻשׁ שָׁנִים - אַל תִּקְרֵי לָבֻשׁ שָׁנִים, בְּקָמָץ, אֶלָּא שְׁנַיִם - מִילָה וּפְרִיעָה, צִיצִית וּתְפִלִּין, מְזוּזָה נֵר חֲנֻכָּה וְכוּ'.

עַד דַּהֲוֵי אָזְלֵי, פָּגְעוּ בְּהַאי יַנּוּקָא, דַּהֲוֵי אָזִיל בְּקַסְטְרָא דַּחֲמָרָא, וְחַד סָבָא רָכִיב [פֵּרוּשׁ - הַתִּינוֹק הָיָה מַנְהִיג אֶת הַחֲמוֹר, וְהַזָּקֵן הָיָה יוֹשֵׁב וְרוֹכֵב עַל

הַחֲמוֹר]. אָמַר הַאי סָבָא לְהַאי יַנּוּקָא - בְּרִי, אָמַר לִי קְרָא, אָמַר לֵיהּ - קְרָא לָאו חֲדָא הוּא, אֶלָּא תִּיב לְתַתָּא אוֹ אַרְכִּיב לְקַמָּךְ וְאֵימָא לָךְ. אָמַר - לָא בָעֵינָא, דַּאֲנָא סָבָא, וְאַנְתְּ טַלְיָא, דְּאִתְקִיל גַּרְמִי בַּהֲדָךְ. אָמַר לֵיהּ - אִי הָכֵי, אַמַּאי שְׁאִילַת קְרָא, אָמַר - בְּגִין דְּנֵיזִיל אוֹרְחָא. אָמַר - תִּפַּח רוּחָא דְּהַהוּא סָבָא, הוּא רָכִיב, וְלֹא יָדַע מִלָּה, וְאָמַר דְּלָא יִתְקַל בַּהֲדֵי. אִתְפָּרֵישׁ מֵהַאי סָבָא וְאָזִיל לֵיהּ לְאוֹרְחָא.

כַּד מָטוּ רַבִּי יְהוּדָה וְרַבִּי יִצְחָק, קָרִיב לְגַבַּיְהוּ. וּשְׁאִילוּ לֵיהּ, וְסָח לְהוּ עֻבְדָּא. אָמַר רַבִּי יְהוּדָה, שַׁפִּיר עֲבַדִית, זִיל בַּהֲדָן וְנֵתוּב הָכָא וְנִשְׁמַע מִלָּה מִפּוּמָךְ. אָמַר יַנּוּקָא - לָאֵי אֲנָא, דְּלָא אֲכִילְנָא יוֹמָא דֵּין. אַפִּיקוּ נַהֲמָא וִיהָבוּ לֵיהּ. אִתְרְחִישׁ נִיסָא וְאַשְׁכְּחוּ חַד מַעְיָנָא דְּמַיָּא תְּחוֹת אִילָנָא, וְשָׁתוּ מִנֵּיהוּ. פָּתַח הַאי יַנּוּקָא וְאָמַר - כְּתִיב [תְּהִלִּים לד, א] לְדָוִד אַל תִּתְחַר בַּמְּרֵעִים אַל תְּקַנֵּא בְּעֹשֵׂי עַוְלָה. אַל תִּפְנֶה לְהִסְתַּכֵּל בְּמַעֲשֵׂה הָרְשָׁעִים, כִּי שֶׁמָּא לֹא תְּקַנֵּא קִנְאַת ה' צְבָאוֹת, וְתֵעָנֵשׁ בִּשְׁבִיל כֵּן, כִּי כָּל מַאן דְּחָמֵי עוֹבָדֵיהוֹן דִּרְשִׁיעֵי וְלָא מוֹכִיחָן עוֹבֵר עַל תְּלָת לָאוִין -

א. עַל לָאו - לֹא[17] יִהְיֶה לְךָ אֱלֹהִי"ם אֲחֵרִים עַל פָּנָי.

ב. עַל לָאו - דְּלֹא[18] תַעֲשֶׂה לְךָ פֶסֶל וְלֹא תִשְׁתַּחֲוֶה לָהֶם וְגוֹ'.

ג. עַל לָאו - לֹא[19] תָעָבְדֵם.

בְּגִין כָּךְ בָּעֵי לֵיהּ לְבַר נָשׁ לְאִתְפָּרְשָׁא מִנַּיְהוּ וּלְמִסְטֵי אוֹרְחָא מִנַּיְהוּ, עַל כֵּן אִתְפָּרַשְׁנָא וְסָטֵינָא אוֹרְחָא. מִכָּאן וּלְהָלְאָה דְּאַשְׁכַּחְנָא לְכוּ, הַאי קְרָא אֵימָא קַמַּיְכוּ. פָּתַח וְאָמַר - וַיִּקְרָא[20] אֶל מֹשֶׁה, בְּאָלֶ"ף זְעֵירָא, בְּגִין דְּהַאי קְרִיאָה לָא הֲוֵי בִּשְׁלִימוּ. מַאי טַעֲמָא, דְּלָא הֲוֵי אֶלָּא בְּאַרְעָא דְּחוּצָה לָאָרֶץ, בְּגִין דִּשְׁלִימוּ לָא אִשְׁתְּכַח אֶלָּא בְּאַרְעָא קַדִּישָׁא.

וְהִגִּיד לָהֶם עוֹד סוֹדוֹת גְּדוֹלוֹת. אָתוּ רַבִּי יְהוּדָה וְרַבִּי יִצְחָק וְנָשְׁקוּ עַל רֹאשׁוֹ וְאָמְרוּ - בְּרִיךְ רַחֲמָנָא, דְּזַכֵּינָא לְמִשְׁמַע דָּא, וּבְרִיךְ רַחֲמָנָא, דְּלָא אִתְאֲבִידוּ בְּיָדוֹ מִלִּין אִלֵּין בְּהַהוּא סָבָא. קָמוּ וְאָזְלוּ. עַד דַּהֲווּ אָזְלוּ, חָמוּ חַד גֶּפֶן נָטוּעַ בְּחַד גִּנָּא. פָּתַח הַאי יַנּוּקָא וְאָמַר [בְּרֵאשִׁית מט, יא] - אֹסְרִי לַגֶּפֶן עִירֹה וְלַשֹּׂרֵקָה בְּנִי אֲתֹנוֹ. וְהָעִנְיָן, כִּי עַיִר וְאָתוֹן הֵן שְׁנֵי קְלִפּוֹת תַּקִּיפוֹת, וּכְדֵי לְהַחֲלִישׁ כֹּחָן שֶׁלֹּא יְטַשְׁטְשׁוּ אֶת הָעוֹלָם, צָר הַקָּדוֹשׁ בָּרוּךְ הוּא אֶת הָעוֹלָם בְּשֵׁם שֶׁל יָהּ, שֶׁנֶּאֱמַר [יְשַׁעְיָה כו, ד] - כִּי בְּיָהּ ה' צוּר עוֹלָמִים. וְזֶהוּ הָרֶמֶז בְּכָאן, דְּנָטַל הַקָּדוֹשׁ בָּרוּךְ הוּא שֵׁם שֶׁל יָ"הּ וְאַכְלִיל בְּהַהִיא עִירֹה. עַיִר הֲוֵי לֵיהּ לְמֵימַר, אֶלָּא כְּדֵי שֶׁיִּהְיֶה אוֹת ה' מִשֵּׁם שֶׁל יָהּ בְּתוֹכוֹ. וְכֵן **לַשֹּׂרֵקָה**, לְשׂוֹרֵק הֲוָה לֵיהּ לְמֵימַר, וְכֵן **בְּנִי אֲתֹנוֹ**, בֶּן אָתוֹן הָיָה לוֹ לוֹמַר. וְעוֹד גִּלָּה סוֹדוֹת וְעִנְיָנִים גְּדוֹלִים.

---

[17] שמות כ ב

[18] שמות כ ג

[19] שמות כ ד

[20] ויקרא א א

אָמַר רַבִּי יְהוּדָה - אִלְמָלֵי לָא אִזְדַּמִּינָן הָכֵי בְּאוֹרְחָא דָּא אֶלָּא לְמִשְׁמַע מִלִּין אִלֵּין - דַּי לָן. אָמַר רַבִּי יְהוּדָה - יָאוּת הֲוֵי לְהַאי יַנּוּקָא, וְלָא לְמִנְדַּע כְּלֵי הַאי, וַאֲנָא מִסְתְּפִינָא עִלּוֹי אִי יִתְקַיַּם בְּעָלְמָא בְּגִינֵיהּ. אָמַר לֵיהּ רַבִּי יִצְחָק - וְלָמָּה, אָמַר לֵיהּ - דְּהָא יָכִיל לְאִסְתַּכְּלָא בַּאֲתַר דְּלֵית לֵיהּ רְשׁוּת וּמִסְתְּפִינָא עָלָיו דְּעַד לֹא יִמְטֵי לְפִרְקוֹי יַשְׁגַּח וְיִסְתַּכֵּל וְיֵעָנְשׁוּן לֵיהּ. שָׁמַע הַאי יַנּוּקָא. אָמַר לְהוּ - לָא מִסְתְּפִינָא מֵעוֹנְשִׁין לְעָלְמִין, דְּהָא בְּשַׁעְתָּא דְּאִסְתַּלִּיק אַבָּא מֵעָלְמָא, בְּרִיךְ לִי וְאָמַר בִּצְלוֹתָא וּבָעֵי עָלַי, וִידַעְנָא דִּזְכוּתָא דְּאַבָּא יָגֵן עָלַי, אָמְרוּ - מָאן אָבוּךְ, אָמַר לֵיהּ - אֲנָא בְּרֵיהּ דְּרַב הַמְנוּנָא סָבָא. נָטְלוּ לֵיהּ וְאַרְכְּבוּהִי עַל כִּתְפֵיהֶם תְּלַת מִילִין וְאָזְלוּ כַּחֲדָא וּבֵרְכוּהוּ וְאָזְלוּ. כַּדְּאָתוּ לְגַבֵּיהּ רַבִּי שִׁמְעוֹן בֶּן יוֹחַאי, סִדְּרוּ מִלִּין קַמֵּיהּ. אָמַר רַבִּי שִׁמְעוֹן בַּר יוֹחַאי - וַדַּאי אוֹרַיְתָא אַחְסִין לֵיהּ. עַד כָּאן לְשׁוֹנוֹ.

וְנִלְמַד מִזֶּה הַמַּאֲמָר, שֶׁיֵּשׁ לְהִתְחַבֵּר בַּדֶּרֶךְ עִם בַּעֲלֵי תּוֹרָה וּלְהִתְרַחֵק מִן עַמֵּי הָאֲרָצִים, כְּמוֹ שֶׁעָשָׂה הַאי יַנּוּקָא. וְשֵׁנִית נִלְמַד מִזֶּה הַמַּעֲשֶׂה גֹּדֶל עַנְוְתָנוּתָן שֶׁל רַבִּי יְהוּדָה וְרַבִּי יִצְחָק, שֶׁהָיוּ גְּדוֹלֵי יִשְׂרָאֵל, כְּשֶׁשָּׁמְעוּ דְּהַאי יַנּוּקָא הוּא בֶּן רַב הַמְנוּנָא סָבָא, הָיוּ מַרְכִּיבִין הַאי יַנּוּקָא עַל כִּתְפֵיהֶם לִשְׁמֹעַ דִּבְרֵי תּוֹרָה מִפִּיו, וְלֹא הָיוּ מִתְגָּאִים לִשְׁמֹעַ דִּבְרֵי תּוֹרָה אֲפִלּוּ מִפִּי קָטָן, כִּי הָאָדָם, שֶׁמֵּשִׂים עַצְמוֹ כְּעָפָר, שֶׁהַכֹּל דָּשִׁין בּוֹ, הוּא נִקְרָא אָהוּב לְמַעְלָה וְנֶחְמָד לְמַטָּה, וְנִקְרָאִין אוֹהֲבֵי ה', שֶׁעֲלֵיהֶם נֶאֱמַר [תְּהִלִּים סט, לז] - וְאוֹהֲבֵי שְׁמוֹ יִשְׁכְּנוּ בָהּ.

פרק כא

כְּתִיב בְּסֵפֶר תְּהִלִּים [קיט, קכב] - עֲרֹב עַבְדְּךָ לְטוֹב אַל יַעַשְׁקֻנִי זֵדִים. יֵשׁ לְפָרֵשׁ הַמִּקְרָא בְּאֹפֶן דֻּגְמַת אִישׁ, שֶׁיֵּשׁ עָלָיו חוֹבוֹת הַרְבֵּה. אָמְנָם יֵשׁ בְּיָדוֹ כֶּסֶף וּשְׁוֵה כֶּסֶף בִּכְדֵי שֶׁיּוּכַל לְהַשְׁתִּיק לְבַעֲלֵי חוֹבוֹת וּלְסַלֵּק אוֹתָם. אָמְנָם הַבַּעֲלֵי חוֹבוֹת אֵינָם יוֹדְעִים מִזֶּה שֶׁיֵּשׁ בְּיָדוֹ יְכֹלֶת לְסַלֵּק לְכָל אֶחָד, וּמֵחֲמַת כֵּן רוֹצִין לִפֹּל עָלָיו וְלִקַּח מַה שֶּׁהַמָּצָא יִמָּצֵא, שֶׁכָּל אֶחָד יָרֵא, פֶּן יְשַׁלֵּם לְאַחֵר, וְהוּא יַפְסִיד מָמוֹנוֹ. וְאֵין תַּקָּנָה לָאִישׁ הַזֶּה כִּי אִם שֶׁיְּבַקֵּשׁ עָרֵב בַּעֲדוֹ, שֶׁלֹּא יִטְרְפוּ אוֹתוֹ הַבַּעֲלֵי חוֹבוֹת הַנּוֹגְשִׂים, עַד שֶׁבְּהַרְחָבַת זְמַן יִמְכֹּר אֶת סְחוֹרָתוֹ, וְכַאֲשֶׁר יִהְיֶה הַצְּרוֹר כֶּסֶף בְּיָדוֹ, יִתֵּן לְכָל אֶחָד וְאֶחָד אֶת חוֹבוֹ, וְעַל יְדֵי כֵן יִנָּצֵל מִן הֶזֵּקוֹת וּמִן הַכְּחָשׁוֹת בַּעֲלֵי חוֹבוֹת וּשְׁאָרֵי הֶפְסֵד, הַבָּאִים עַל יְדֵי רְדִיפוֹת בַּעֲלֵי הַחוֹבוֹת. וְנִרְאֶה לוֹמַר, בָּזֶה כִּוֵּן דָּוִד הַמֶּלֶךְ בְּמַאֲמָרוֹ - עֲרֹב[21] עַבְדְּךָ לְטוֹב. כִּי דָוִד הַמֶּלֶךְ בִּקֵּשׁ מֵהַקָּדוֹשׁ בָּרוּךְ הוּא, שֶׁיִּהְיֶה עָרֵב בַּעֲדוֹ נֶגֶד הַמְקַטְרְגִים וּבַעֲלֵי הַדִּינִים, שֶׁלֹּא יִטְרְפוּ אוֹתוֹ מֵחֲמַת אֵיזֶה חֵטְא שֶׁבְּיָדוֹ, כִּי יֵשׁ גַּם כֵּן בְּיָדוֹ הַרְבֵּה זְכֻיּוֹת נֶגֶד עֲבֵרוֹת, שֶׁהֵן הַחוֹבוֹת, עַל כֵּן אָמַר - אַל[22] יַעַשְׁקוּנִי זֵדִים. לְמַעַן נֵדַע, כִּי הַמָּארֵי דִּינִים מוּכָנִים וּמְצַפִּים, מָתַי יָבוֹא הַיּוֹם, וְיָבוֹא זֶה הָאָדָם הַחוֹטֵא בְּיָדָם כְּדֵי לִגְבּוֹת חוֹבוֹ מִמֶּנּוּ מֵחֲמַת חֲטָאִים וַעֲבֵרוֹת שֶׁבְּיָדוֹ וְלִפְעֹל בּוֹ דִּינָם הַקָּשֶׁה, כְּשֶׁיֵּצֵא חַיָּב מִדִּין הָעֶלְיוֹן.

וְהַרְבֵּה זְכֻיּוֹת צְרִיכִין אֶל הָאָדָם שֶׁיֵּצֵא זַכַּאי, כִּי גָּדוֹל הַחֶשְׁבּוֹן וְהַדִּקְדּוּק. רְאֵה מַה דְּאִיתָא בְּמִדְרַשׁ מִשְׁלֵי - רַבִּי יִשְׁמָעֵאל אוֹמֵר, אוֹי לְאוֹתָהּ הַבּוּשָׁה וּכְלִמָּה, בָּא לוֹ מִי שֶׁיֵּשׁ בְּיָדוֹ מִקְרָא, וְלֹא מִשְׁנָה, הוֹפֵךְ הַקָּדוֹשׁ בָּרוּךְ הוּא פָּנָיו מִמֶּנּוּ, וּמְצָרֵי גֵיהִנָּם מִתְגַּבְּרִין בּוֹ כִּזְאֵבֵי עֶרֶב, וְהֵם נוֹטְלִין אוֹתוֹ, מַשְׁלִיכִין אוֹתוֹ לַגֵּיהִנָּם. בָּא מִי שֶׁבְּיָדוֹ שְׁנֵי סְדָרִים, הַקָּדוֹשׁ בָּרוּךְ הוּא אוֹמֵר לוֹ בְּנִי, הֲלָכוֹת לָמָּה לֹא שָׁנִיתָ, אִם אוֹמֵר הַקָּדוֹשׁ בָּרוּךְ הוּא הַנִּיחוּהוּ - מוּטָב, וְאִם לָאו - עוֹשִׂין לוֹ כְּמַעֲשֶׂה הָרִאשׁוֹן. בָּא מִי שֶׁבְּיָדוֹ הֲלָכוֹת, אוֹמְרִים לוֹ בְּנִי, תּוֹרַת כֹּהֲנִים לָמָּה לֹא שָׁנִיתָ, שֶׁיֵּשׁ בּוֹ טֻמְאַת שְׁרָצִים וְטָהֳרָתָן, טֻמְאָה וְטָהֳרַת נְגָעִים, טֻמְאָה וְטָהֳרַת בָּתִּים, זָבִים וְיוֹלְדוֹת, נִדָּה, סֵדֶר וִדּוּי שֶׁל יוֹם הַכִּפּוּרִים, דִּינֵי עֲרָכִין, רֹב דִּינֵי יִשְׂרָאֵל, שֶׁהֵן גּוּפֵי הַתּוֹרָה, הַנֶּאֱמָרִים בְּפָרָשַׁת קְדוֹשִׁים, דִּינֵי הַקְרָבַת קָדָשִׁים, דִּינֵי שְׁמִטּוֹת וְיוֹבְלוֹת.

אִם אוֹמֵר הַקָּדוֹשׁ בָּרוּךְ הוּא הַנִּיחוּהוּ - מוּטָב, וְאִם לָאו - עוֹשִׂין לוֹ כְּמִשְׁפַּט הָרִאשׁוֹן. בָּא מִי שֶׁיֵּשׁ בְּיָדוֹ מִקְרָא וְתוֹרַת כֹּהֲנִים, חֲמִשָּׁה חֻמְשֵׁי תּוֹרָה לָמָּה לֹא שָׁנִית, שֶׁיֵּשׁ בָּהֶן קְרִיאַת שְׁמַע וְהַרְבֵּה מִצְוֹת, תְּפִלִּין,

[21] תהלים קיט קכב
[22] תהלים קיט קכב

מְזוּזָה וְכוּ'. בָּא מִי שֶׁיֵּשׁ בְּיָדוֹ כָּל הַנִּזְכָּר לְעֵיל, שׁוֹאֲלִין אוֹתוֹ, מִפְּנֵי מָה לֹא לָמַדְתָּ הַגָּדָה, וְלֹא שָׁנִיתָ, שֶׁבְּשָׁעָה שֶׁחָכָם יוֹשֵׁב וְדוֹרֵשׁ, מְכַפֵּר אֲנִי עֲווֹנוֹתֵיהֶן שֶׁל יִשְׂרָאֵל, וְלֹא עוֹד אֶלָּא שֶׁבְּשָׁעָה שֶׁהֵן עוֹנִין - **אָמֵן, יְהֵא שְׁמֵיהּ רַבָּה** אֲפִלּוּ אִם נִכְתַּב וְנֶחְתַּם גְּזַר דִּין שֶׁלָּהֶם לְרָעָה, אֲנִי מוֹחֵל לָהֶם וּמְכַפֵּר עֲווֹנוֹתֵיהֶם. בָּא מִי שֶׁבְּיָדוֹ הַגָּדָה, הַקָּדוֹשׁ בָּרוּךְ הוּא אוֹמֵר - מַאי טַעְמָא לֹא לָמַדְתָּ גְּמָרָא, שֶׁנִּקְרָא תַּלְמוּד, וְעַל זֶה נֶאֱמַר [קֹהֶלֶת א, ז] - כָּל הַנְּחָלִים הוֹלְכִין אֶל הַיָּם וְהַיָּם אֵינֶנּוּ מָלֵא. זֶה גְּמָרָא.

בָּא מִי שֶׁבְּיָדוֹ גְּמָרָא, הַקָּדוֹשׁ בָּרוּךְ הוּא אוֹמֵר לוֹ בְּנִי, הוֹאִיל וְנִתְעַסַּקְתָּ בִּגְמָרָא, **צָפִיתָ בַּמֶּרְכָּבָה**, שֶׁאֵין לִי הֲנָאָה בְּעוֹלָמִי אֶלָּא בְּשָׁעָה שֶׁתַּלְמִידֵי חֲכָמִים יוֹשְׁבִין וְעוֹסְקִין בַּתּוֹרָה, וּמְצִיצִין וּמַבִּיטִים וְרוֹאִין וְהוֹגִין בְּכִסֵּא הַכָּבוֹד, הֵיאַךְ הוּא עוֹמֵד, **הָרֶגֶל הָאֶחָד** הָאֵיךְ הוּא עוֹמֵד וּבַמֶּה הוּא מְשַׁמֵּשׁ. וְכֵן **רֶגֶל הַשֵּׁנִי** וְכֵן **רֶגֶל הַשְּׁלִישִׁי** וְכֵן **רֶגֶל הָרְבִיעִי**, בַּמֶּה הֵם מְשַׁמְּשִׁים. **חַשְׁמַ"ל** הֵיאַךְ הוּא עוֹמֵד, וּבְכַמָּה פָּנִים הוּא מִתְהַפֵּךְ בְּשָׁעָה אַחַת, לְאֵיזֶה רוּחַ מְשַׁמֵּשׁ **הַבָּרָק**, לְאֵיזֶה הָרוּחַ מְשַׁמֵּשׁ **הַכְּרוּב**, וְהָאֵיךְ הַכְּרוּבִים וּמַלְאֲכֵי הַשָּׁרֵת עוֹמְדִים וּמְשַׁמְּשִׁים. גְּדוֹלָה מִכֻּלָּן עִנְיַן כִּסֵּא הַכָּבוֹד, הֵיאַךְ הוּא עוֹמֵד, עָגֹל, כְּמִין מַלְבֵּן מְתֻקָּן, אוֹ כְּמִין גֶּשֶׁר, כַּמָּה וּבְאֵיזֶה גֶּשֶׁר אֲנִי עוֹבֵר, בְּאֵיזֶה גֶּשֶׁר הָאוֹפַנִּים עוֹבְרִים, בְּאֵיזֶה גַּלְגַּלֵּי הַמֶּרְכָּבָה עוֹבְרִים, וְכוּ'. וְכִי לֹא זֶה הוּא הַדְרַת כְּבוֹדִי, זֶהוּ גְּדֻלָּתִי, זֶהוּ הֲדַר יוֹפִי, שֶׁבָּנַי מַכִּירִין אֶת כְּבוֹדִי, וְעַל זֶה אָמַר דָּוִד הַמֶּלֶךְ [תְּהִלִּים קד, כד] - מָה רַבּוּ מַעֲשֶׂיךָ ה', עַד כָּאן. הִנֵּה מִי זֶה הָאָדָם, אֲשֶׁר יוּכַל לַעֲמֹד בַּחֲקִירוֹת אֵלֶּה, וְעַל זֶה אָמְרוּ רַבּוֹתֵינוּ זִכְרוֹנָם לִבְרָכָה - אוֹי לָנוּ מִיּוֹם הַדִּין וְאוֹי לָנוּ מִיּוֹם הַתּוֹכֵחָה, אָמְנָם אַף עַל פִּי כֵן אַל יִתְרַשֵּׁל וְאַל יִתְעַצֵּב לֵב הָאָדָם, כִּי הַקָּדוֹשׁ בָּרוּךְ הוּא בֹּחֵן לֵב וְחוֹקֵר כְּלָיוֹת. בִּרְאוֹתוֹ דְּכַוָּנָתוֹ הוּא לְדַבֵּק בַּטּוֹב, וְנַפְשׁוֹ חֲשֵׁקָה בַּתּוֹרָה וּבְמַעֲשִׂים טוֹבִים, וּשְׁעַת הַדֹּחַק גּוֹרֶמֶת לְמַעֵט, עַל זֶה אָמְרוּ רַבּוֹתֵינוּ זִכְרוֹנָם לִבְרָכָה [מְנָחוֹת פֶּרֶק יג, מִשְׁנָה יא] - אֶחָד הַמַּרְבֶּה וְאֶחָד הַמַּמְעִיט וּבִלְבַד שֶׁיְּכַוֵּן לִבּוֹ לְשֵׁם שָׁמַיִם.

וִיהְיֶה תָּמִיד בְּשִׂמְחָה כְּשֶׁבָּא לְיָדוֹ עֵסֶק מִצְוָה, כִּי הָעוֹשֶׂה הַמִּצְווֹת בְּשִׂמְחָה, אָהוּב וְחָבִיב מְאֹד לִפְנֵי הַקָּדוֹשׁ בָּרוּךְ הוּא, שֶׁעַל כֵּן אָמַר בְּזֹהַר חָדָשׁ - בִּהְיוֹת הָאָדָם זוֹכֶה, שֶׁהִכְנִיס אֶת בְּנוֹ לְחִיּוּב מִצְוָה, דְּהַיְנוּ כְּשֶׁיַּגִּיעַ לְבֶן הַשְּׁלֹשׁ עֶשְׂרֵה שָׁנִים, חָבִיב מְאֹד לִפְנֵי הַקָּדוֹשׁ בָּרוּךְ הוּא, כְּשֶׁרוֹאֶה שֶׁהָאָב שָׂמֵחַ עַל זֶה שֶׁזָּכָה לְהַגִּיעַ אֶת בְּנוֹ לְחִיּוּב קִיּוּם הַמִּצְווֹת. וְעַל כֵּן חִיּוּב גָּדוֹל לַעֲשׂוֹת מִשְׁתֶּה וְשִׂמְחָה בְּאוֹתוֹ הַיּוֹם, כִּי יֵשׁ נַחַת רוּחַ לְהַקָּדוֹשׁ בָּרוּךְ הוּא. וְכִדְאִיתָא בַּזֹּהַר, הַנִּזְכָּר לְעֵיל - אָמַר רַבִּי יְהוּדָה, מִתְּלֵיסַר שְׁנֵי וּלְעֵילָא הַהוּא יוֹמָא חוֹבְתָא עַל צַדִּיקִים לְמֶעְבַּד חֶדְוָתָא דְּלִבָּא כְּיוֹמָא דְסָלִיק לְחֻפָּה, וּבְגִין הַהִיא זְכוּת עָתִיד הַקָּדוֹשׁ בָּרוּךְ הוּא לְיַעֲטַר לְהוּ וּלְעַבֵּר כְּרוּזָא קַדְמֵיהוֹן בְּחֶדְוָתָא -

צְאֶנָה[23] וּרְאֶינָה בְּנוֹת צִיּוֹן, וְכוּ'.
אָמַר רַבִּי אֶלְעָזָר - מִתְּלֵיסַר שְׁנִין וּלְעֵילָא, אִי בָּעֵי לְמֶהֱוֵי זַכָּאָה, יַהֲבִין לֵיהּ הַהִיא נִשְׁמְתָא קַדִּישָׁא עִלָּאָה, דְּאִתְגְּזָרִית מִכֻּרְסְיֵהּ יְקָרָא דְּמַלְכָּא. רַבִּי שִׁמְעוֹן בֶּן יוֹחַאי זָמִין לְמָארֵי דִּתְיוּבְתָּא וּמָארֵי דְּמַתְנִיתָא לְמֵיכַל בִּסְעוּדָתָא רַבָּתִי, דְּעָבַד בַּר מִצְוָה לִבְרֵיהּ רַבִּי אֶלְעָזָר וְחָפָא לְבֵיתֵיהּ בְּמָאנָן דִּיקָר, וְאוֹתִיב לְרַבָּנָן בְּהַאי גִּיסָא וּבְהַאי גִּיסָא, וַהֲוֵי קָא בָּדַח טוּבָא. אָמְרוּ לֵיהּ רַבָּנָן - מַאי בְּדִיחוּתָא דְּמָר בְּיוֹמָא דֵּין יַתִּירָה מִשְּׁאָר יוֹמִין, אָמַר לְהֶם רַבִּי שִׁמְעוֹן בֶּן יוֹחַאי, דְּיוֹמָא דֵּין נַחְתִּין נִשְׁמָתִין קַדִּישָׁא עִלָּאִין בְּאַרְבָּעָה גַּפִּין דְּחֵיוָתָא לִבְרִי רַבִּי אֶלְעָזָר, וּבְהִלּוּלָא דָּא חֲדֵי בִּדְיחוּתָא שְׁלֵמָתָא. אוֹתְבֵי לְרַבִּי אֶלְעָזָר בְּרֵיהּ לְגַבֵּיהּ. אָמַר - תִּיב, בְּרִי, דְּיוֹמָא דֵּין הַקָּדוֹשׁ בָּרוּךְ הוּא מְקַדֵּשׁ יָתָךְ בְּעַדְבָא [רוֹצֶה לוֹמַר - בְּגוֹרָל] דְּקַדִּישִׁין. אָמַר רַבִּי שִׁמְעוֹן בֶּן יוֹחַאי מִלָּה חֲדָא, וְאַסְחַר אֶשָּׁא לְבֵיתָא. נָפְקוּ רַבָּנָן נְחָמֵי קִטְרָא, דַּהֲוֵי סָלִיק מִבֵּיתָא כָּל הַאי יוֹמָא. אָתָא רַבִּי יוֹסֵי בֶּן לְקוּנְיָה אַשְׁכַּח לְרַבָּנָן, דַּהֲווּ תְּוָהִי וְקָיְמִין בְּשׁוּקָא. אָמַר לְהוּ - הָא הַאי קִטְרָא, דְּסָלִיק מִבֵּיתָא דְּרַבִּי שִׁמְעוֹן בֶּן יוֹחַאי, דְּהָא יוֹמָא דֵּין מַכְתִּירִין בְּכִתְרָא קַדִּישָׁא לְרַבִּי אֶלְעָזָר בְּרֵיהּ. וַהֲוֵי רַבָּנָן רוֹאִין, דַּהֲוֵי נָחִית עַמּוּדָא דְּאֶשָּׁא. יָתִיב תַּמָּן רַבִּי יוֹסֵי. חֲדוּ כֻּלְּהוּ וְאָמְרוּ - הַאי הִלּוּלָא לֶהֱוֵי שְׁלֵמָא, וּבְרִיכוּ כֻּלְּהוּ לְרַבִּי אֶלְעָזָר בְּרַבִּי שִׁמְעוֹן, וְיָתִיבוּ תַּמָּן נַחֲדוּ בְּחֶדְוָא וְלָעֵי בְּאוֹרַיְתָא. עַד כָּאן.
אַשְׁרֵי לָאָדָם וְטוֹב לוֹ, שֶׁמְּקַיֵּם וּמְדַבֵּק נִשְׁמְתָא קַדִּישָׁא אֵצֶל נִשְׁמְתָא קַדִּישָׁא, וּמַכְתִּירִין לֵיהּ בְּכִתְרָא קַדִּישָׁא, וְכָל זֶה כְּשֶׁיִּקְבַּע עִתִּים לַתּוֹרָה וְיִהְיֶה עוֹסֵק בִּגְמִילוּת חֲסָדִים וּבְמַעֲשִׂים טוֹבִים, אֲבָל כְּשֶׁהָאָדָם הוֹלֵךְ אַחַר שְׁרִירוּת לִבּוֹ וְאַחַר זוֹלְלוּת וְסוֹבְאוּת, וְכָל יָמָיו הוֹלֵךְ אַחַר מַשָּׂא וּמַתָּן, וְרַק מְבַלֶּה זְמַנּוֹ לְצֹרֶךְ גּוּפוֹ, וְלֹא לְצֹרֶךְ נִשְׁמָתוֹ, אָז נִשְׁמְתָא קַדִּישָׁא מִסְתַּלֶּקֶת מִמֶּנּוּ, כִּי אַחַר שֶׁטִּבְעוֹ כְּטֶבַע הַבְּהֵמָה. וְעַל זֶה אִיתָא בְּמִדְרָשׁ הַנֶּעְלָם - אָמַר רַבִּי יְהוּדָה, וַי לָרְשָׁעִים, שֶׁאֵינָם רוֹצִים לְהִדָּבֵק בְּשַׁתְּפָא שֶׁל הַקָּדוֹשׁ בָּרוּךְ הוּא. בַּמֶּה, אָמַר רַבִּי יִצְחָק - בְּאוֹתוֹ הַנְּשָׁמָה, שֶׁנָּתַן בּוֹ הַקָּדוֹשׁ בָּרוּךְ הוּא, וּמְדַבֵּק עַצְמוֹ בְּמַעֲשֵׂה הַבְּהֵמָה. הֲדָא הוּא דִּכְתִיב [תְּהִלִּים מט, יג] - וְאָדָם בִּיקָר בַּל יָלִין נִמְשַׁל כַּבְּהֵמוֹת נִדְמוּ. [וְעַיֵּן לְקַמָּן, פֶּרֶק סא, מַה שֶּׁכָּתַבְתִּי שָׁם].
וְלָמָּה לֹא יַחְשֹׁב הָאָדָם, כִּי לֹא בָּרָא הַקָּדוֹשׁ בָּרוּךְ הוּא אוֹתוֹ אֶלָּא לִכְבוֹדוֹ, וְלֹא שֶׁיְּמַלֵּא תַּאֲוָתוֹ, וְאִלְמָלֵא הָיָה מֵשִׂים הָאָדָם אֶל לִבּוֹ, כַּמָּה מְקַלְּלִים אוֹתוֹ בִּהְיוֹתוֹ אֵינוֹ מַשְׁגִּיחַ לִכְבוֹד בּוֹרְאוֹ, כַּמָּה הָיָה רָאוּי לִרְדֹּף אַחַר מַעֲשֵׂה בּוֹרְאוֹ יִתְבָּרֵךְ, כִּדְאִיתָא בַּזֹּהַר - תַּנְיָא, אָמַר רַבִּי אֶלְעָזָר בְּרַבִּי שִׁמְעוֹן בֶּן יוֹחַאי, כַּד נָטָה שִׁמְשָׁא גַּדְפוֹי לְמֵיהַךְ בְּתוּקְפְּתָא דְּגַלְגַּלוֹי, מַפְרִישׁ בְּטַפְלֵיהוֹן דְּטַרְפֵי אִילָנָא דְּגַן עֵדֶן, וְכָל מַלְאָכִין עִלָּאִין

[23] שיר השירים ג יא

וְחֵיוֹת קַדִּישִׁין וְכֻרְסוֹי יְקָרָא דְמַלְכָּא וּבֻסְמַיָּא דְּגַן עֵדֶן וְאִילָנֵי, שְׁמַיָּא וְאַרְעָא וְתוֹלְדוֹתֵיהֶן, כֻּלְּהוֹן מִזְדַּעְזְעִים וּמְשַׁבְּחִים וּמוֹדִים לְמָארֵיהֶם. וְזִקְפָן נַחֲמָאָן דִּי שְׁמָא קַדִּישָׁא דְּאִתְפַּרַשׁ דְּגָלִיף בְּשִׁמְשָׁא בְּמִטַּלְנוֹי, יַהֲבִין תֻּשְׁבְּחָן לְמָארֵי עָלְמִין. וְנָפִיק קָלָא, וְאָמַר - וַי לְהוּא לִבְרִיָּתָא, דְּלָא מַשְׁגִּיחִין בִּיקָרָא דְמַלְכָּא, וּכְתִיב [נְחֶמְיָה ט, ו] - כָּל צְבָא הַשָּׁמַיִם לְךָ מִשְׁתַּחֲוִים וְכוּ', וּתְנַן נַמִּי, כְּשֶׁהַקָּדוֹשׁ בָּרוּךְ הוּא נִכְנָס אַחַר חֲצוֹת לַיְלָה עִם הַצַּדִּיקִים בְּגַן עֵדֶן, אֲזַי כָּל שַׁעֲרֵי שָׁמַיִם נִפְתָּחִין, וְהוּא עֵת רָצוֹן לַעֲסֹק בַּתּוֹרָה, וְכִתּוֹת שֶׁל מַלְאֲכֵי הַשָּׁרֵת וְכָל בֻּסְמֵי גַּן עֵדֶן עִם צַדִּיקִים פּוֹצְחִין רִנָּה וְשִׁירָה לִפְנֵי הַקָּדוֹשׁ בָּרוּךְ הוּא.

הָדָא הוּא דִּכְתִיב [תְּהִלִּים קמ, יד] - אַךְ צַדִּיקִים יוֹדוּ לִשְׁמֶךָ יֵשְׁבוּ יְשָׁרִים אֶת פָּנֶיךָ. אֵימָתַי צַדִּיקִים יוֹדוּ לִשְׁמֶךָ, כְּשֶׁיֵּשְׁבוּ יְשָׁרִים אֶת פָּנֶיךָ, דְּהוּא בְּשָׁעָה שֶׁיּוֹשְׁבִים לְפָנֶיךָ בַּחֲצוֹת לַיְלָה. וְאַחַר כָּךְ שְׁלֹשָׁה כִּתּוֹת שֶׁל מַלְאֲכֵי הַשָּׁרֵת, שֶׁהֵן מְמֻנִּים עַל מִשְׁמְרוֹת הַלַּיְלָה, אוֹמְרִים שִׁירָה, עַד שֶׁהִגִּיעַ עַמּוּד הַשַּׁחַר. וְיֵשׁ חוֹבָה לְיִשְׂרָאֵל בְּשָׁעָה שֶׁעוֹלֶה עַמּוּד הַשַּׁחַר לָקוּם וּלְהִתְגַּבֵּר בְּשִׁירוֹת וְתִשְׁבָּחוֹת לִפְנֵי מַלְכּוֹ שֶׁל עוֹלָם. מַאי טַעְמָא, מִשּׁוּם דְּנַסְבִּין שִׁירָתָא בָּתַר מַלְאֲכֵי הַשָּׁרֵת, וְהַקָּדוֹשׁ בָּרוּךְ הוּא בְּאוֹתוֹ זְמַן מָצוּי לְמַטָּה. הָדָא הוּא דִּכְתִיב [מִשְׁלֵי ח, יז] - וּמְשַׁחֲרַי יִמְצָאֻנְנִי. וְאָמַר רַבִּי יְהוּדָה - וּבִלְבַד שֶׁלֹּא יַפְסִיק, עַד שֶׁיִּתְפַּלֵּל, כְּשֶׁהַחַמָּה זוֹרַחַת. אָמַר רַבִּי יוֹחָנָן, אָמַר רַב - כְּשֶׁהַקָּדוֹשׁ בָּרוּךְ הוּא יוֹצֵא מֵאוֹתָן הָעוֹלָמוֹת, דְּכָסִיף בְּהוֹן, וּבָא לְהִכָּנֵס עִם הַצַּדִּיקִים בְּגַן עֵדֶן, הוּא מַמְתִּין וְרוֹאֶה - אִם שׁוֹמֵעַ קוֹל הָעוֹסֵק בַּתּוֹרָה, הַאי קָלָא נִיחָא קַמֵּיהּ מִכָּל שִׁירִין וְתֻשְׁבְּחִין דְּאָמְרֵי מַלְאֲכֵי הַשָּׁרֵת לְעֵילָא, הָדָא הוּא דִּכְתִיב [שִׁיר הַשִּׁירִים ו, יא] - אֶל גִּנַּת אֱגוֹז יָרַדְתִּי לִרְאוֹת וְגוֹ'. מַאי לִרְאוֹת, אוֹתָן הָעוֹסְקִין בַּתּוֹרָה. אָמַר רַבִּי יִצְחָק - וְכִי גַּן עֵדֶן נִקְרָא גִּנַּת אֱגוֹז, אָמַר רַבִּי יוֹחָנָן - אֵין בְּוַדַּאי, שֶׁהַגַּן עֵדֶן נִקְרָא **גִּנַּת אֱגוֹז**, מָה אֱגוֹז סָתוּם מִכָּל עֲבָרָיו וְיֵשׁ עָלָיו כַּמָּה קְלִפּוֹת, כָּךְ גַּן עֵדֶן סָתוּם מִכָּל צְדָדָיו וְיֵשׁ עָלָיו כַּמָּה שְׁמִירוֹת, שֶׁלֹּא שָׁלְטוּ בּוֹ לִרְאוֹת לֹא מַלְאָךְ, וְלֹא שָׂרָף, וְחַשְׁמַל, וְלֹא עֵין נְבִיאִים. הָדָא הוּא דִּכְתִיב [יְשַׁעְיָה סד, ג] - עַיִן לֹא רָאֲתָה אֱלֹהִי"ם זוּלָתְךָ. אָמַר רַבִּי שִׁמְעוֹן בֶּן יוֹחַאי - אֲנָא הֲוֵית קָם קַמֵּיהּ דְּרַבִּי בְּרוֹקָא וַהֲוָה אָמַר, כְּדֵין אֶזְכֶּה לְמַעְלַת גִּנַּת אֱגוֹז עִם חֲסִידֵי יִשְׂרָאֵל, וְלָא הֲוֵי יָדַעְנָא מַאי קָאָמַר, עַד דְּשָׁמַעְנָא דְּאָמַר רַבִּי יוֹחָנָן בֶּן זַכַּאי, דְּקָרֵי הַקָּדוֹשׁ בָּרוּךְ הוּא לְגַן עֵדֶן **גִּנַּת אֱגוֹז**. מָה אֱגוֹז יֵשׁ לָהּ כַּמָּה קְלִפּוֹת וְהַפְּרִי הוּא מִבִּפְנִים, כָּךְ עֵדֶן, הַגַּן הוּא מִבַּחוּץ, וְהָעֵדֶן מִבִּפְנִים. עַד כָּאן.

אַשְׁרֵי מִי שֶׁהוֹלֵךְ תָּמִים, וְעָמְלוֹ בַּתּוֹרָה, וְכָל דְּרָכָיו הוּא לְשֵׁם שָׁמַיִם, אֲזַי נִשְׁמָתוֹ הוּא מוּכֶנֶת לִכָּנֵס לְעֵדֶן, דְּאִקְרֵי **גִּנַּת אֱגוֹז**, וְהוּא חַיֵּי עוֹלָם הַבָּא.

פרק כב

כְּבָר כָּתַבְנוּ לְעֵיל בְּפֶרֶק שֵׁנִי, מֵעֹנֶשׁ גָּדוֹל שֶׁל מוֹצִיא זֶרַע לְבַטָּלָה, אֲשֶׁר עַל זֶה אָמַר דָּוִד הַמֶּלֶךְ עָלָיו הַשָּׁלוֹם [תְּהִלִּים קיט, לז] - הַעֲבֵר עֵינַי מֵרְאוֹת שָׁוְא, בִּדְרָכֶךָ חַיֵּנִי. וְנִרְאֶה כַּוָּנַת תְּפִלָּתוֹ לְהַעֲבִיר עֵינָיו מֵהִסְתַּכֵּל בְּמָקוֹם הָאָסוּר, כְּגוֹן בְּנָשִׁים, וְעַל יְדֵי כֵן יָבוֹא לִידֵי טֻמְאָה בַּלַּיְלָה. וְלָזֶה אָמַר - מֵרְאוֹת **שָׁוְא** כְּמִנְיַן **ש"ז**, שֶׁהוּא רָאשֵׁי תֵּבוֹת שִׁכְבַת זֶרַע, שֶׁלֹּא יִתְרָאוּ אֵלָיו כִּתּוֹת שֶׁל לילי"ת, הַנִּקְרָאִים קֶרִי, שֶׁמֵּבִיא הַלִּילִי"ת לְהָאָדָם לְהוֹצִיא שִׁכְבַת זֶרַע לְבַטָּלָה, וְהוּא כְּאִלּוּ מֵמִית בְּיָדוֹ לְהַטִּפָּה, כִּי מֵהַטִּפָּה יוּכַל לְהוֹלִיד וָלָד בֶּן קַיָּמָא, וְעַל כֵּן הוּא אָחוּז בְּסִטְרָא דְמוֹתָא. לָזֶה אָמַר - בִּדְרָכֶךָ[24] חַיֵּנִי, רָצָה לוֹמַר - שֶׁתְּפִלָּתוֹ הָיָה לֶאֱחֹז בְּסִטְרָא דְחַיֵּי, וְלֹא לְהוֹצִיא שִׁכְבַת זֶרַע לְבַטָּלָה, כִּי הַמּוֹצִיא שִׁכְבַת זֶרַע לְבַטָּלָה, יֵשׁ מְמֻנֶּה אֶחָד, דְּאִקְרֵי **עשטר"א**, וְהוּא מְמֻנֶּה עַל אֲלָפִים וּרְבָבוֹת שְׂטָנִים וְשֵׁדִים וּמַלְאֲכֵי חַבָּלָה, שֶׁהֵן מְטַמְּאִין אֶת הָאָדָם, וְנָטְלִין הַאי טִפָּה, שֶׁהוֹצִיא הָאָדָם לְבַטָּלָה, וְסָלְקִין לֵיהּ לְעֵילָא, וְגוֹרֵם דִּבְרִית קַדִּישָׁא יִהְיֶה מְשֻׁעְבָּד לְסִטְרָא דִּמְסָאֲבָא. אוֹי וָאוֹי שֶׁיִּגְרֹם הָאָדָם הַסִּבָּה זוֹ, שֶׁיִּשְׁתַּעְבֵּד הַקְּדֻשָּׁה תַּחַת הַטֻּמְאָה.

וְדַע מַה שֶּׁמְּקֻבָּל מִפִּי תַּלְמִידֵי הָאֲרִ"י, זִכְרוֹנוֹ לִבְרָכָה, שֶׁאָמַר לְתַלְמִידָיו שֶׁיֵּשׁ בְּגוּף הָאָדָם תַּרְיַ"ג אֵבָרִים וְגִידִים, וְהוּא נִיצוֹצוֹת שֶׁל הַנֶּפֶשׁ. וְכֵן יֵשׁ בָּרוּחַ וְכֵן בַּנְּשָׁמָה. וְכָל נִיצוֹץ תָּלוּי בְּמִצְוָה אַחַת שֶׁל תַּרְיַ"ג מִצְווֹת. וְהָיָה יוֹדֵעַ הָאֲרִ"י, זִכְרוֹנוֹ לִבְרָכָה, אֵיזֶה מִצְוָה הִיא חָסֵר בָּאָדָם, וְהָיָה רוֹאֶה בְּנִיצוֹץ אֶחָד, כְּשֶׁעָשָׂה אָדָם דְּבַר עֲבֵרָה, שֶׁאָז הָיָה מְסַלֵּק נִיצוֹץ אֶחָד, וְהָיָה נוֹתֵן תִּקּוּן לְכָל אֶחָד וְאֶחָד כְּדֵי לְהַחֲזִיר הַנִּיצוֹץ לִמְקוֹמוֹ. וְכָל זֶה הָיָה נִכָּר עַל פִּי הָאוֹתִיּוֹת שֶׁיֵּשׁ בְּעוֹרוֹ, וּבִפְרָט בְּפָנָיו וּבִשְׂעָרוֹ הוּא יוֹתֵר נִכָּר. וְהָיָה לוֹ סִימָן בְּשִׂרְטוּטִין וּבְגֻמּוֹת שֶׁעַל יָדָיו וּפָנָיו שֶׁל אָדָם.

וּפַעַם אַחַת בָּא אֵלָיו גְּדוֹל הַדּוֹר אֶחָד, וּשְׁמוֹ רַבִּי חַיִּים וִיטַאל, וְאָמַר לוֹ הָאֲרִ"י, זִכְרוֹנוֹ לִבְרָכָה - הִנֵּה אֲנִי רוֹאֶה, שֶׁבְּתוֹךְ עֶשְׂרִים וּשְׁתַּיִם אוֹתִיּוֹת בְּאָלֶ"ף בֵּי"ת שֶׁבְּמִצְחֲךָ כֻּלָּן מְאִירִים, חוּץ מֵהַגִּימֶ"ל, שֶׁהוּא מְהֻפֶּכֶת. וּמִיָּד חָרַד הָרַב מוֹרֵנוּ הָרַבִּי חַיִּים וִיטַאל, זִכְרוֹנוֹ לִבְרָכָה, וּבִקֵּשׁ מֵהָאֲרִ"י, זִכְרוֹנוֹ לִבְרָכָה, שֶׁיַּגִּיד לוֹ טַעַם הַדָּבָר, כִּי בְּוַדַּאי לֹא עַל חִנָּם הוּא. אָמַר לוֹ הָאֲרִ"י, זִכְרוֹנוֹ לִבְרָכָה, שֶׁאֵינוֹ גּוֹמֵל חֶסֶד עִם אָבִיו כָּרָאוּי. אַף עַל פִּי שֶׁאַתָּה עוֹשֶׂה חֶסֶד עִמּוֹ, אֲבָל לֹא חֶסֶד מָלֵא. וּבִשְׁבִיל כָּךְ אוֹת גִּימֶ"ל הִיא מְהֻפֶּכֶת. וְעוֹד אָמַר הָאֲרִ"י, זִכְרוֹנוֹ לִבְרָכָה, לְתַלְמִידָיו, כִּי כָּל הָעוֹשֶׂה מִצְוָה, אָז אוֹתָהּ מִצְוָה הִיא נִרְשֶׁמֶת בְּמֵצַח הָאָדָם בְּאוֹת אַחַת מִן אָלֶ"ף בֵּי"ת שֶׁל עֶשְׂרִים וּשְׁתַּיִם אוֹתִיּוֹת,

[24] תהלים קיט לז

וְהִיא מְאִירָה בְּפָנָיו כְּשֶׁעוֹשֶׂה הַמִּצְוָה פַּעַם שֵׁנִית, כִּי בְּפַעַם רִאשׁוֹן הִיא נִבְלַעַת בִּפְנִים, וּבְפַעַם שֵׁנִית הִיא בּוֹלֶטֶת וּמִתְנוֹצֶצֶת. וְכָל זֶה הוּא בִּשְׁאָר מִצְווֹת. מַה שֶּׁאֵין כֵּן בִּצְדָקָה, אֵינָהּ נִבְלַעַת בִּפְנִים כְּמוֹ שְׁאָר אוֹתִיּוֹת, אֶלָּא מְאִירָה בְּמִצְחוֹ תֵּכֶף בְּסוֹד - וְצִדְקָתוֹ[25] עוֹמֶדֶת לָעַד.

וְכֵן כְּשֶׁאָדָם עוֹבֵר עֲבֵרָה רָמוּז גַּם כֵּן בְּמִצְחוֹ בְּאֵשׁ שְׁחוֹרָה. מִכָּל מָקוֹם אִם מִתְחָרֵט וְיִיגַע וְיִטְרַח לְתַקֵּן בַּעֲשִׂיּוֹת תְּשׁוּבָה הָעֲווֹת שֶׁעָשָׂה, אָז מְסַלֵּק הַחֹשֶׁךְ וְאֵשׁ שְׁחוֹרָה, אֲשֶׁר הוּשַׂם בְּמִצְחוֹ מֵהֶעָוֹן. וּבְשַׁבָּת, כְּשֶׁבָּא הַנְּשָׁמָה יְתֵרָה אַחַר חֲצוֹת לְיִשְׂרָאֵל, אֲזַי יִתְכַּסֶּה אוֹתוֹ הֶעָוֹן מִכֹּל וָכֹל, זוּלַת טֻמְאַת קֶרִי. אַף שֶׁתִּקֵּן הַמַּעֲשִׂיּוֹת, אֵינוֹ נִסְתַּלֵּק בִּלְתִּי טְבִילָה.

הַכְּלָל הָעוֹלֶה, כִּי עַל כֵּן נִקְרָא אָדָם עוֹלָם קָטָן, שֶׁכְּמוֹ שֶׁבִּהְיוֹת נִגְזָר אֵיזֶה דָּבָר לָבוֹא לָעוֹלָם, אִם לְטוֹבָה אוֹ לְרָעָה חַס וְשָׁלוֹם, מִתְרָאֶה וְנִגְלָה זֶה הַדָּבָר עַל יְדֵי כּוֹכָבִים הַקְּבוּעִים בָּרָקִיעַ, כֵּן מִתְרָאֶה הַכֹּל בָּאָדָם בַּשִּׂרְטוּטִין בְּמֵצַח שֶׁלּוֹ.

וּבוֹא וּרְאֵה מַה דְּאִיתָא בַּזֹּהַר, פָּרָשַׁת אַחֲרֵי - רַבִּי אַבָּא הֲוֵי אָזִיל לְקַפּוֹטְקִיָא, וַהֲוֵי עִמֵּיהּ רַבִּי יוֹסֵף. עַד דַּהֲווּ אָזְלֵי, חָמוּ בַּר נָשׁ, דַּהֲוֵי אָתֵי וּרְשִׁימָא חַד בְּאַנְפּוֹי. אָמַר לֵיהּ רַבִּי אַבָּא - נִסְטֵי מֵהַאי אוֹרְחָא, דְּהָא אַנְפּוֹי דְּדִין גֶּבֶר אַסְהִידוּ עֲלוֹי, דְּאִתְקִיל בְּעֶרְיְתָא דְּאוֹרַיְתָא [רָצָה לוֹמַר, דְּהוּא נִכְשַׁל בַּעֲרָיוֹת בְּאִסּוּר כָּרֵת דְּאוֹרַיְתָא] בְּגִין דָּא אִתְרְשִׁים בְּאַנְפּוֹי. אָמַר לֵיהּ רַבִּי יוֹסֵי, אִי הַאי רְשִׁימָא הֲוֵי לֵיהּ כַּד הֲוֵי יָנוּקָא, מַאי עֶרְיָתָא אִשְׁתְּכַח בֵּיהּ, אָמַר לֵיהּ - אֲנָא חֲמֵינָא בְּאַנְפּוֹי, דִּבְעֶרְיָתָא דְּאוֹרַיְתָא הוּא נִכְשַׁל. קָרֵב לֵיהּ רַבִּי אַבָּא. אָמַר לֵיהּ, אֵימָא מִלָּא דָּא, הַאי רְשִׁימָא דְּאַנְפָּךְ מָה הִיא, אָמַר לֵיהּ - בְּמָטוּתָא מִנַּיְכוּ, לֹא תֶּעֶנְשׁוּ יַתִּיר לְהַהוּא בַּר נָשׁ, דְּהָא חוֹבֵיהּ קָא גָּרְמוּ לֵיהּ. אָמַר רַבִּי אַבָּא - מַהוּ.

אָמַר לֵיהּ - יוֹמָא חַד הֲוֵינָא אָזִיל בְּאוֹרְחָא אֲנָא וַאֲחוֹתִי, וַהֲוֵינָא בְּחַד אֻשְׁפִּיזָא וְרַוֵּינָא חַמְרָא. וְכָל הַהוּא לֵילְיָא אֲחִידְנָא בַּאֲחוֹתִי. וּבְצַפְרָא קָמְתִּי, וְאֻשְׁפִּיזָנָא הֲוֵית קָטַט בַּהֲדֵי גַּבְרָא. עָיְלִינָא בֵּינַיְהוּ לַעֲשׂוֹת שָׁלוֹם בֵּינֵיהֶם, וְחָבְלוּ אוֹתִי. דָּא מֵהַאי גִּיסָא, וְדָא מֵהַאי גִּיסָא, וּרְשִׁימָא דָּא הֲוֵי עָיֵל לְבֵי מֹחָא. וְאִשְׁתְּזִיב לִי חַד אַסְיָא, וְרַבִּי שִׂמְלַאי שְׁמֵיהּ. אָמַר לֵיהּ - מַאי הִיא אַסְוָתָא דְּיָהִיב לָךְ, אָמַר לֵיהּ - אַסְוָתָא דְּנַפְשָׁא, דְּמֵהַהִיא יוֹמָא אַהְדַּרְנָא בִּתְיוּבְתָּא, וּבְכָל יוֹם בָּכֵינָא קַמֵּיהּ קֻדְשָׁא בְּרִיךְ הוּא עַל הַהוּא חוֹבָה, וּמֵאִנּוּן דִּמְעִין אֲנָא רָחִיץ אַנְפָּאִי. קָרֵי עָלֵיהּ רַבִּי אַבָּא - וְסָר[26] עֲוֹנֶךָ וְחַטָּאתְךָ תְּכֻפָּר. וְאִתְעֲבַר הַהוּא רְשִׁימָא מֵאַנְפּוֹי. אָמַר לֵיהּ - נָדַרְנָא מֵהַאי יוֹמָא לְאִתְעַסֵּק בְּאוֹרַיְתָא יוֹמָם וָלַיְלָה. אָמַר לֵיהּ - מַה שְׁמָךְ, אָמַר לֵיהּ - אֱלִיעֶזֶר. אָמַר לֵיהּ רַבִּי אַבָּא - וַדַּאי שְׁמָךְ גָּרִים לָךְ,

[25] תהלים קיב ג

[26] ישעיהו ו ז

וֶאֱלָהָךְ סַיְעָךְ, וְהוּא יְהֵא בְּסַעֲדָךְ. שַׁדְרֵיהּ רַבִּי אַבָּא וּבָרְכֵיהּ.
זִמְנָא אַחֲרָא הֲוֵי רַבִּי אַבָּא אָזִיל לְגַבֵּי רַבִּי שִׁמְעוֹן בֶּן יוֹחָאי. אָעִיל בְּמָאתֵיהּ דְּהַהוּא גַּבְרָא אֱלִיעֶזֶר. אַשְׁכְּחֵיהּ דַּהֲוֵי יָתֵיב וְדָרֵשׁ [תְּהִלִּים צב, ז] - אִישׁ בַּעַר לֹא יֵדָע וּכְסִיל לֹא יָבִין אֶת זֹאת. כַּמָּה טִפְּשִׁין אִנּוּן בְּנֵי עָלְמָא, דְּלָא מַשְׁגִּיחִין וְלָא יָדְעִין וְלָא מִסְתַּכְּלִין לְמִנְדַּע אוֹרְחָא דְּקֻדְשָׁא בְּרִיךְ הוּא עַל מָה קַיָּמָא עָלְמָא. מַאן מְעַכֵּב לְהוּ לְמִנְדַּע אוֹרְחָא דְּקֻדְשָׁא בְּרִיךְ הוּא, טִפְּשֻׁיהוֹן דִּלְבְּהוֹן, דְּלָא יָדְעִין לְאִשְׁתַּדְּלָא בְּאוֹרַיְתָא, דְּאִלּוּ הֲוֵי מִשְׁתַּדְּלֵי בְּאוֹרַיְתָא לְמִנְדַּע אוֹרְחָא דְּקֻדְשָׁא בְּרִיךְ הוּא - הֲוֵי יַדְעֵי. וְזֶהוּ - **אִישׁ בַּעַר לֹא יֵדָע**, לַעֲסֹק בַּתּוֹרָה - **וּכְסִיל לֹא יָבִין אֶת זֹאת**, נִימוּסִין דִּשְׁכִינָה. דְּאִתְקְרָאת זֹאת, כַּמָּה דְּאַתְּ אָמַר [וַיִּקְרָא טז, ג] - בְּזֹאת יָבֹא אַהֲרֹן אֶל הַקֹּדֶשׁ.

וְהוּא, כִּי נִימוּסִין דִּשְׁכִינְתָּא הֲוֵי לְיַסֵּר אֶת הַצַּדִּיקִים בָּעוֹלָם הַזֶּה לְמַעַן יִירְשׁוּ הָעוֹלָם הַבָּא, וּלְהָרְשָׁעִים מְשַׁלֶּמֶת קְצָת טוֹבוֹת בָּעוֹלָם הַזֶּה עֲבוּר קְצָת מִצְוֹות שֶׁעָשׂוּ בָּעוֹלָם הַזֶּה, כְּדֵי לְטָרְדָן מִן הָעוֹלָם הַבָּא. וּמִי שֶׁהוּא כְּסִיל, לֹא יָבִין אֶת זֹאת - נִימוּסִין דְּזֹאת, וּמִתְמִיהַּ וּמְהַרְהֵר, חַס וְשָׁלוֹם, וְאוֹמֵר - רְאֵה, זֶה צַדִּיק וְיָשָׁר מְדֻכֶּה בְּיִסּוּרִין, וְאָנוּ יוֹשְׁבִין בְּשַׁלְוָה וּמִתְגַּבְּרִין וְהוֹלְכִין בְּלִי סִבָּה וּמַצְלִיחִין בְּכָל עֲסָקִים. אֲבָל הֶחָכָם עֵינָיו בְּרֹאשׁוֹ, וְיוֹדֵעַ הָעִנְיָן כִּי מַה שֶּׁהָרְשָׁעִים הוֹלְכִין וּמַצְלִיחִין בִּלְתִּי טוֹבָה, וְזֶהוּ - בִּפְרֹחַ[27] רְשָׁעִים כְּמוֹ עֵשֶׂב וַיָּצִיצוּ כָּל פֹּעֲלֵי אָוֶן. הוּא כְּדֵי - לְהִשָּׁמְדָם[28] עֲדֵי עַד. מִן הָעוֹלָם, שֶׁהוּא עוֹלָם שֶׁל חַיִּים נִצְחִיִּים עֲדֵי עַד, וְשָׁם יִהְיוּ אֵפֶר תַּחַת כַּפּוֹת רַגְלֵי צַדִּיקִים כַּמָּה דְּאַתְּ אָמַר [מַלְאָכִי ג, כא] - וְעַסּוֹתֶם רְשָׁעִים כִּי יִהְיוּ אֵפֶר תַּחַת כַּפּוֹת רַגְלֵיכֶם.

פָּתַח עוֹד וְדָרֵשׁ הַאי גַּבְרָא - כְּתִיב בְּסֵפֶר אִיּוֹב [אִיּוֹב טז, ח] - וַיָּקָם בִּי כַחֲשִׁי בְּפָנַי יַעֲנֶה. בְּמָה קָא מַיְרֵי, אָמְנָם הָעִנְיָן הוּא, כִּי מִי שֶׁהוּא חוֹטֵא וְהוֹלֵךְ אַחַר שְׁרִירוּת לִבּוֹ, וְאֵינֶנּוּ חוֹשֵׁב עַל תַּכְלִית וְסוֹף הָאָדָם אֲשֶׁר הוֹלֵךְ לָמוּת, וְאַחַר כָּךְ צָרִיךְ לִתֵּן דִּין וְחֶשְׁבּוֹן בִּפְנֵי יוֹצֵר הַכֹּל, כְּשֶׁבָּא לִפְנֵי הַדִּין, אֲזַי כָּל הָרָעוֹת וְהַפְּשָׁעִים שֶׁעָשָׂה, הֵן רְשׁוּמִים וַחֲקוּקִים בְּאַנְפּוֹי דִּילֵיהּ, וְהִנֵּה עִלָּאֵי וְתַתָּאֵי [דְּהַיְנוּ, מַלְאָכִים הָעֶלְיוֹנִים וְגַם כִּתּוֹת מַלְאָכִים, הַטָּסִים תַּחַת הָרָקִיעַ] כֻּלְּהוּ מִסְתַּכְּלִין בְּהַאי רְשִׁימָא, שֶׁמַּרְאָה עַל חֲטָאָיו וּפְשָׁעָיו, וּמְקַלְּלִין אוֹתוֹ וְאוֹמְרִין עָלָיו - וַי כַּד יָבוֹא יוֹמָךְ, וְתִפֹּל בְּיַד אַכְזָרִים לְשָׁפְכָךְ דִּינִים קָשִׁים וּמָרִים, וּפִתְאֹם תִּתְהַפֵּךְ שַׁעְתָךְ, וְאֵין מְרַחֵם לָךְ, וְאֵין מֵלִיץ יֹשֶׁר מְדַבֵּר טוֹב בַּעַדְךָ, הַקְּדֻשָּׁה תִּתְרַחֵק מִמֶּךָּ, וְהַטֻּמְאָה הוֹלֶכֶת וְגוֹבֶרֶת בְּכָל גּוּפֵיהֶם וּמְדַבֶּקֶת בָּהֶם. וּבְאֵלּוּ הַיָּמִים, שֶׁהָרְשִׁימָה הִיא בְּמִצְחוֹ מֵחֲמַת עֲוֹנוֹ, אִם אִשְׁתּוֹ הִיא מִתְעַבֶּרֶת מִמֶּנּוּ, יִהְיֶה הַוָּלָד בֶּן עַז פָּנִים, אַלִּים בַּעַל זְרוֹעַ, מוֹסֵר מָמוֹן שֶׁל יִשְׂרָאֵל, אֵינוֹ

27 תהלים צב ח

28 תהלים צב ח

מְקַבֵּל תּוֹכָחָה. וְעַל אִלֵּין בָּנִים קָרָא עֲלֵיהוֹן בַּזֹּהַר, דְּאִלֵּין הֵן אִנּוּן חַיָּבִין דְּדָרִין, דְּמָארֵיהוֹן שָׁרֵי לְהוֹן [פֵּרוּשׁ - הַקָּדוֹשׁ בָּרוּךְ הוּא חָפֵץ לַעֲשׂוֹת רְצוֹן חֶפְצָם בָּעוֹלָם הַזֶּה, כְּדֵי שֶׁיִּהְיוּ כָּלִין בָּעוֹלָם הַבָּא]. כְּדֵי לְשֵׁיצָאָה לְהוֹן בְּעָלְמָא דְּאָתֵי. וְעַל זֶה אָמַר אִיּוֹב - כַּחֲשִׁי[29] בְּפָנַי יַעֲנֶה.

אֲבָל אִנּוּן צַדִּיקֵי הַדּוֹר הַיְשָׁרִים וְהַתְּמִימִים בְּמַעֲשֵׂיהֶם הַטּוֹבִים, רוֹדְפֵי צֶדֶק וָחֶסֶד, בַּעֲלֵי אֱמוּנָה, הַמִּתְחָרְטִים בְּמַעֲשֵׂיהֶן הָרָעִים, וּבְכָל יוֹם מְכִינִים עַצְמָן לְיוֹם הַדִּין וְיוֹם הַפְּקֻדָּה כְּדֵי לָבוֹא בִּקְדֻשָּׁה וּבְטָהֳרָה לִפְנֵי כִּסֵּא הַכָּבוֹד, אָזַי כָּל מַעֲשֵׂיהֶם הַטּוֹבִים רְשׁוּמִים וְנֶחְקָקִין בְּמִצְחָן לְטוֹבָתָן, וּבְהִסְתַּכֵּל בָּהֶן מַלְאָכִין עִלָּאִין וְתַתָּאִין, מְבָרְכִין אוֹתוֹ וְאוֹמְרִין - דֵּין בְּרָא קַדִּישָׁא לְקֻדְשָׁא בְּרִיךְ הוּא, בְּרָא חֲבִיבָא, הַמְשַׂמֵּחַ אָבִיו שֶׁבַּשָּׁמַיִם, וְהַסִּטְרָא אָחֳרָא בּוֹרַחַת מִמֶּנּוּ, וְהַקְּדֻשָּׁה מְדֻבֶּקֶת בּוֹ וּמִתְגַּבֶּרֶת יוֹם יוֹם, אַשְׁרֵי לוֹ וְאַשְׁרֵי חֶלְקוֹ, וְאָמְרוּ לוֹ הַשּׁוֹמְעִים - רַבִּי, מְנָא לָךְ הָא דְּשַׁפִּיר קָאָמַרְתְּ, אָמַר לְהֶן - כִּי נַעֲשָׂה לִי רְשִׁימָא חַד בְּאַנְפֵּי עַל יְדֵי חוֹבָה, וְעַל יְדֵי זַכָּאָה אָזִיל מִנֵּי רְשִׁימָא. אָמַר לֵיהּ רַבִּי אַבָּא - מַה שְּׁמָךְ, אָמַר לֵיהּ - אֱלִיעֶזֶר. אָמַר לֵיהּ - בְּרִיךְ רַחֲמָנָא, דַּחֲמֵינָא לָךְ וְזָכֵינָא לְמֵיחֲמֵי לָךְ, זַכָּאָה חוּלָקָךְ בְּעָלְמָא הָדֵין, זַכָּאָה חוּלָקָךְ בְּעָלְמָא דְּאָתֵי, אָמַר לֵיהּ רַבִּי אַבָּא - אֲנָא הוּא דְּאַרְעֲנָא לָךְ בְּאוֹרְחָא, אִשְׁתַּטַּח קַמֵּיהּ, עָיֵיל לְהוּ לְבֵיתֵיהּ, אַתְקִין קוּרְטִיסָא דְּנַהֲמָא וְחַד עֶגְלָה תִּלְתָּא, וְרָאָה רַבִּי אַבָּא, דְּהוּא מֻשְׁלָם בְּתוֹרָה וּבַחֲסִידוּת. קָרָא עָלָיו - אַתָּה שָׁלוֹם וּבֵיתְךָ שָׁלוֹם, וְכָל אֲשֶׁר לְךָ שָׁלוֹם. שָׁלוֹם לְךָ בָּעוֹלָם הַזֶּה, שָׁלוֹם לְךָ בָּעוֹלָם הַבָּא.

---

[29] איוב טז ח

פרק כג

אִיתָא בִּבְרַיְתָא דְּרַבִּי יִשְׁמָעֵאל כֹּהֵן גָּדוֹל - אָמַר לוֹ **מֶטַטְרוֹ"ן**, שַׂר הַפָּנִים, כַּאֲשֶׁר בִּקֵּשׁ אוֹתִי הַקָּדוֹשׁ בָּרוּךְ הוּא לְהַעֲלֵנִי בִּשְׁמֵי שָׁמַיִם, שִׁגֵּר לִי תְּחִלָּה אֶת **עֲנְפִיאֵ"ל** הַשַּׂר, וּנְטָלַנִי מִן דּוֹר אֱנוֹשׁ לְעֵינֵי כֻּלָּם, וְהִרְכִּיבַנִי עַל כְּרוּב גָּדוֹל, וּמֶרְכְּבֵי וְסוּסֵי אֵשׁ, וּבִמְשָׁרְתֵי הָעֶלְיוֹנִים שֶׁלִּפְנֵי הַשְּׁכִינָה הֶעֱלוּנִי לְשַׁמֵּשׁ בַּמָּרוֹם. וְכֵיוָן שֶׁהִגַּעְתִּי לַמָּרוֹם, לִמְקוֹם הַחַיּוֹת הַקֹּדֶשׁ וְהָאוֹפַנִּים וּשְׂרָפִים, וּכְרוּבִים וְגַלְגַּלִּים שֶׁל הַמֶּרְכָּבָה וּמְשָׁרְתֵי אֵשׁ אוֹכְלָה אֵשׁ, הֵרִיחוּ אֶת רֵיחִי מֵרָחוֹק חֲמֵשֶׁת אֲלָפִים וּשְׁלֹשׁ מֵאוֹת וְשִׁשִּׁים פַּרְסָאוֹת, וְאָמְרוּ - רִבּוֹנוֹ שֶׁל עוֹלָם, מַה לִּילוּד אִשָּׁה בֵּינֵינוּ, שֶׁהוּא טִפָּה סְרוּחָה, שֶׁהוּא עוֹלֶה לִשְׁמֵי מָרוֹם לְשַׁמֵּשׁ בָּנוּ וּבַחֲצוּבֵי שַׁלְהֶבֶת.

וְהֵשִׁיב לָהֶם הַקָּדוֹשׁ בָּרוּךְ הוּא יִתְעַלֶּה, וְאָמַר לָהֶם - מְשָׁרְתַי וּצְבָאַי וּכְרוּבַי וּשְׂרָפַי, גַּלְגַּלַּי וְאוֹפַנַּי, אַל יֵרַע לִבְּכֶם בַּדָּבָר הַזֶּה, כִּי כָּל בְּנֵי אָדָם כָּפְרוּ בִּי וּבְמַלְכוּתִי הַגְּדוֹלָה, וְהָלְכוּ אַחַר שְׁרִירוּת לִבָּם, וְעָבְדוּ עֲבוֹדָה זָרָה וְסִלְּקוּ שְׁכִינָתִי מִבֵּינֵיהֶם, וְזֶה אֲשֶׁר עָמַד בַּנִּסָּיוֹן וְהֶאֱמִין בִּכְבוֹד גְּדֻלָּתִי, וְנָטַל הַקָּדוֹשׁ בָּרוּךְ הוּא אוֹתִי וּפָתַח לִי שֵׁשׁ מֵאוֹת אֲלָפִים שַׁעֲרֵי חֶסֶד, וּשְׁלֹשֶׁת אֲלָפִים שַׁעֲרֵי בִּינָה, וּשְׁלֹשֶׁת אֲלָפִים שַׁעֲרֵי חַיִּים, וּשְׁלֹשֶׁת אֲלָפִים שַׁעֲרֵי אַהֲבָה, וּשְׁלֹשֶׁת אֲלָפִים שַׁעֲרֵי גְּבוּרָה, וּשְׁלֹשֶׁת אֲלָפִים שַׁעֲרֵי תּוֹרָה, וּשְׁלֹשֶׁת אֲלָפִים שַׁעֲרֵי פַּרְנָסָה, וּשְׁלֹשֶׁת אֲלָפִים שַׁעֲרֵי יִרְאַת חֵטְא. וּמֵאוֹתוֹ שָׁעָה וָהָלְאָה הוֹסִיף לִי הַקָּדוֹשׁ בָּרוּךְ הוּא חָכְמָה עַל חָכְמָה, וּבִינָה עַל בִּינָה, וְדַעַת עַל דַּעַת, וְרַחֲמִים עַל רַחֲמִים, וּגְבוּרָה עַל גְּבוּרָה, וְכֹחַ עַל כֹּחַ, וְחַיִל עַל חַיִל, וְזֹהַר עַל זֹהַר, וְיֹפִי עַל יֹפִי, וְתוֹרָה עַל תּוֹרָה, וְאַהֲבָה עַל אַהֲבָה, וְחֶסֶד עַל חֶסֶד, וְחֶמְדָּה עַל חֶמְדָּה, וַעֲנָוָה עַל עֲנָוָה, וְתֹאַר עַל תֹּאַר, וְהוֹד עַל הוֹד. וְנִתְכַּבַּדְתִּי וְנִתְפָּאַרְתִּי מִכָּל הַמִּדּוֹת הַלָּלוּ הַטּוֹבוֹת וְהַמְּשֻׁבָּחוֹת יוֹתֵר מִכָּל בְּנֵי אָדָם.

וְאַחַר כָּל הַמִּדּוֹת הִנִּיחַ הַקָּדוֹשׁ בָּרוּךְ הוּא אֶת יָדוֹ עָלַי וּבֵרְכַנִי חָמֵשׁ מֵאוֹת אֲלָפִים וּשְׁלֹשׁ מֵאוֹת וְשִׁשִּׁים בְּרָכוֹת, וְנִתְרוֹמַמְתִּי וְנִתְגַּבַּרְתִּי שִׁעוּר אָרְכּוֹ וְרָחְבּוֹ שֶׁל עוֹלָם, וְהֶעֱלוּ לִי שִׁבְעִים וּשְׁתַּיִם כְּנָפַיִם, שְׁלֹשִׁים וָשֵׁשׁ - מִצַּד זֶה, וּשְׁלֹשִׁים וָשֵׁשׁ - מִצַּד זֶה, כָּל כָּנָף וְכָנָף שֶׁהִיא כִּמְלֹא עוֹלָם. וְקָבַע בִּי חָמֵשׁ מֵאוֹת אֲלָפִים וּשְׁלֹשׁ מֵאוֹת וְשִׁשִּׁים עֵינַיִם, וְכָל עַיִן וָעַיִן הוּא כִּמְלֹא אוֹר גָּדוֹל, וְלֹא הִנִּיחַ שׁוּם דְּבַר זִיו וָזֹהַר אֲשֶׁר בְּכָל הָאוֹרוֹת הָעֶלְיוֹנִים, שֶׁלֹּא קָבַע בִּי. וְהִנֵּה מְבֹאָר, שֶׁנָּתַן לוֹ הַקָּדוֹשׁ בָּרוּךְ הוּא כַּמָּה חַלּוֹנוֹת, הַמְיֻחָדִים לְחָכְמָה וּלְפַרְנָסָה וְכוּ', וְכָל אֲשֶׁר מִכְרַח הָאָדָם אֵלָיו הוּא בְּיָדוֹ, וְאֵלּוּ הֵן - תּוֹרָה וְיִרְאָה, חָכְמָה וּפַרְנָסָה, וְכָל מִי שֶׁצָּרִיךְ לְהִתְפַּלֵּל לְהַקָּדוֹשׁ בָּרוּךְ הוּא, אֲזַי הַתְּפִלָּה **בָּא** לְיָדוֹ, הֵן שֶׁמִּתְפַּלְּלִין עַל דָּבָר קָטָן וְהֵן עַל דָּבָר גָּדוֹל. וְאַחַר כָּךְ הוּא מַכְנִיס אֶת

הַתְּפִלָּה לִפְנֵי וְלִפְנִים, לִפְנֵי מֶלֶךְ מַלְכֵי הַמְּלָכִים הַקָּדוֹשׁ בָּרוּךְ הוּא, שׁוֹמֵעַ תְּפִלַּת יִשְׂרָאֵל, בָּרוּךְ הוּא וּבָרוּךְ שְׁמוֹ, כִּי הַכֹּל תָּלוּי בִּרְצוֹנוֹ, וְלֹא צָרְכֵי הַגּוּף בִּלְבַד, אֶלָּא צָרְכֵי הַנְּשָׁמוֹת. כְּגוֹן מִי שֶׁיּוֹדֵעַ בְּעַצְמוֹ, שֶׁיֵּשׁ בּוֹ אֵיזֶה מִדָּה רָעָה, שֶׁהוּא רַע לֵב אוֹ שְׁאָר מִדָּה מְגֻנָּה שֶׁהוּא רָגִיל בָּהּ, וּבְמִסְתָּרִים תִּבְכֶּה נַפְשׁוֹ עַל זֶה בִּפְנֵי הַקָּדוֹשׁ בָּרוּךְ הוּא, אֲשֶׁר בְּיָדוֹ לְהַטּוֹת לְבָבוֹ לְיִרְאָתוֹ, אָז הַקָּדוֹשׁ בָּרוּךְ הוּא מְסַיֵּעַ לַהֲפֹךְ לְבָבוֹ הֶעָקֵשׁ אוֹ שְׁאָר מִדּוֹת הָרָעוֹת.

וְלֹא עוֹד שֶׁהַקָּדוֹשׁ בָּרוּךְ הוּא מְזַכֶּה אוֹתוֹ, לְמִי שֶׁיִּתְפַּלֵּל אֵלָיו בְּלֵב שָׁלֵם, שֶׁהוּא מְזַכֶּה אֶת אֲחֵרִים, אִם רוֹאֶה שְׁאָר בְּנֵי אָדָם, וּמִכָּל שֶׁכֵּן קְרוֹבָיו אוֹ בָּנָיו, שֶׁהוֹלְכִים בְּדֶרֶךְ לֹא תָּמִים, שֶׁצָּרִיךְ לְהִתְפַּלֵּל עָלָיו תְּחִלָּה שֶׁיִּתַּמּוּ חַטָּאִים וְיַחְזְרוּ בִּתְשׁוּבָה. וְאַחַר כָּךְ אִם חַס וְשָׁלוֹם יִרְאֶה שֶׁלֹּא הוֹעִיל לִתְפִלָּתוֹ, יִרְאֶה לְהוֹכִיחָם, אוּלַי יִמְצָא עֵת רָצוֹן, שֶׁהַקָּדוֹשׁ בָּרוּךְ הוּא יִתֵּן בְּלֵב הָאֲנָשִׁים הַמּוֹרְדִים בּוֹ שֶׁיַּחְזְרוּ בִּתְשׁוּבָה, וְיִהְיֶה גַּם כֵּן לְנַחַת רוּחַ. שֶׁהַקָּדוֹשׁ בָּרוּךְ הוּא שׁוֹמֵעַ תְּפִלָּתוֹ לְהָשִׁיב לֵב הָרָשָׁע לַעֲשׂוֹת תְּשׁוּבָה.

כִּדְמָצִינוּ מַעֲשֶׂה בָּרַמְבַּ"ן זִכְרוֹנוֹ לִבְרָכָה, שֶׁהָיָה לוֹ תַּלְמִיד אֶחָד שֶׁיָּצָא לְתַרְבּוּת רָעָה, וּשְׁמוֹ אַבְנֵר, וְנַעֲשָׂה כּוּתִי. וּמֵחֲמַת רֹב חָכְמָתוֹ בְּטֻמְאָתוֹ, נַעֲשָׂה שַׂר גָּדוֹל בַּכּוּתִים. וַיְהִי הַיּוֹם שֶׁהָיָה יוֹם כִּפּוּר, שָׁלַח לֵיהּ הָרַמְבַּ"ן שֶׁיָּבוֹא אֵלָיו. בָּא לְפָנָיו, וְלָקַח בִּפְנֵי הָרַב רַמְבַּ"ן זִכְרוֹנוֹ לִבְרָכָה חֲזִיר אֶחָד וּנְחָרוֹ וּבִשְּׁלוֹ וַאֲכָלוֹ, וְאַחַר כָּךְ שָׁאַל לָרַמְבַּ"ן - רַבִּי, עַל כַּמָּה כְּרֵתוֹת עָבַרְתִּי הַיּוֹם, וְהֵשִׁיב לוֹ - עַל אַרְבַּע כְּרֵתוֹת עָבַרְתָּ הַיּוֹם. וְאָמַר לוֹ הַתַּלְמִיד הַנִּזְכָּר לְעֵיל - הֲלֹא עַל חָמֵשׁ לָאוִין עָבַרְתִּי, וְהִתְחִילוּ לְפַלְפֵּל, עַד שֶׁהָרַמְבַּ"ן הוֹדָה שֶׁעָבַר עַל חֲמִשָּׁה לָאוִין שֶׁל כְּרֵתוֹת. וְשָׁאַל הָרַמְבַּ"ן אוֹתוֹ - הַגֵּד נָא לִי, מִי הֱבִיאֲךָ אֶל מִדָּה זוֹ שֶׁכָּפַרְתָּ בְּתוֹרַת מֹשֶׁה.

וְהֵשִׁיב לוֹ, כִּי פַּעַם אַחַת שָׁמַעְתִּי שֶׁדָּרַשְׁתָּ, שֶׁיֵּשׁ בְּפָרָשַׁת הַאֲזִינוּ כְּלוּלִים כָּל הַמִּצְוֹת וְכוֹלְלִים כָּל עִנְיְנֵי הָעוֹלָם, וְכֻלָּן נִרְמָזִים בְּפָרָשַׁת הַאֲזִינוּ, רַק שֶׁצָּרִיךְ סִיַּעְתָּא דִשְׁמַיָּא לְהָבִין כָּל הָעִנְיָנִים וְהַסּוֹדוֹת אֲשֶׁר שָׁם. וּבְעֵינַי הָיָה זֶה מִן הַנִּמְנָע, עַד שֶׁבִּשְׁבִיל כֵּן קָבַע בִּלְבָבִי הַחֵטְא, שֶׁאֵין הָאֱמֶת כֵּן, כְּמוֹ שֶׁאָמַר הָרַב הָרַמְבַּ"ן, וְיָצָא וּפָקַר וְנֶהְפַּךְ לְאִישׁ אַחֵר. וַיַּעַן הָרַמְבַּ"ן - עֲדַיִן אֲנִי אוֹמֵר כֵּן, שֶׁדְּבָרַי כֵּן הוּא, שֶׁהַכֹּל נִרְמָז וּמְבֹאָר בְּפָרָשַׁת הַאֲזִינוּ - אִם לֹא תַּאֲמִין שְׁאַל, וְאַגִּיד לְךָ. וַיִּתְמַהּ הַתַּלְמִיד הַכּוֹפֵר הַהוּא וְאָמַר - אִם כֵּן, כִּדְבָרֶיךָ תַּרְאֵנִי. אִם שְׁמִי שֶׁהוּא אַבְנֵר, בְּפָרָשַׁת הַאֲזִינוּ תִּמְצָא. וַיִּתְפַּלֵּל הָרַמְבַּ"ן אֶל ה' בְּכָל לְבָבוֹ וְנַפְשׁוֹ, וּבָא פָּסוּק בְּפִיו [דְּבָרִים לב, כו] - אָמַרְתִּי אַפְאֵיהֶם אַשְׁבִּיתָה מֵאֱנוֹשׁ זִכְרָם. אוֹתִיּוֹת שְׁלִישִׁיּוֹת מִן פָּסוּק זֶה - רָאשֵׁי תֵּבוֹת אַבְנֵר.

וְכִשְׁמֹעַ הַתַּלְמִיד אֶת הַדָּבָר חָרַד מְאֹד, וַיִּפֹּל עַל פָּנָיו, וְשָׁאַל לְרַבּוֹ הָרַמְבַּ"ן אִם יַחֲזֹר בִּתְשׁוּבָה, יִהְיֶה לוֹ תִּקּוּן וּתְרוּפָה. וְהֵשִׁיב לוֹ רַמְבַּ"ן

- וַהֲלֹא שָׁמַעְתָּ לְהַפָּסוּק - שֶׁיַּשְׁבִּית[30] מֵאֱנוֹשׁ זִכְרוֹ. וְלֹא יוֹעִיל לוֹ שׁוּם תְּרוּפָה, וְתֵכֶף הָלַךְ אוֹתוֹ תַּלְמִיד וְלָקַח סְפִינָה בְּלֹא סַפָּן וְחֶבֶל וּמַלָּח, וְהָלַךְ עִם הַסְּפִינָה בַּאֲשֶׁר הוֹלִיכוֹ צוֹעֵק בְּמַר נַפְשׁוֹ, וַעֲדַיִן לֹא נוֹדַע מִמֶּנּוּ מְאוּמָה, וְאַחַר כָּךְ הִרְבָּה הָרַמְבַּ"ן בִּתְפִלָּה, שֶׁיִּהְיֶה לוֹ מִקְצָת כַּפָּרָה. וְאַחַר זְמַן רַב בָּא לְהָרַב בַּחֲלוֹם וְהֶחֱזִיק לוֹ טוֹבָה, שֶׁגָּרְמָה תְּפִלָּתוֹ לְהוֹלִיכוֹ לְהַתַּלְמִיד לְגֵיהִנָּם, וְהָיוּ דָּנִין אוֹתוֹ דִּינִין הַרְבֵּה בַּגֵּיהִנָּם, וְאַחַר שְׁנֵים עָשָׂר חֹדֶשׁ הָיָה לוֹ מָזוֹר וּתְרוּפָה. לֹא לְהוֹלִיכוֹ לְגַן עֵדֶן וְלֹא לָדוּן אוֹתוֹ בַּגֵּיהִנָּם, כִּי עַד אוֹתוֹ הַפַּעַם הָיָה אוֹתוֹ הַתַּלְמִיד בְּכַף הַקֶּלַע. הִנֵּה רָאֵה, שֶׁהַכֹּל הוּא תָּלוּי בַּתְּפִלָּה, שֶׁהָיָה לוֹ קְצָת כַּפָּרָה. וּבִפְרָט בְּבֵית הַכְּנֶסֶת, שֶׁהוּא מָקוֹם מְיֻחָד לְהִתְפַּלֵּל, וּמְסֻגָּל הַבֵּית הַכְּנֶסֶת לְטַהֵר מַחְשְׁבוֹת לֵב הָאָדָם. וּכְמוֹ[31] שֶׁאָמְרוּ רַבּוֹתֵינוּ זִכְרוֹנָם לִבְרָכָה - כִּנְחָלִים[32] נִטָּיוּ וְגוֹ'. לָמָּה נִמְשְׁלוּ בָּתֵּי כְּנֵסִיּוֹת לִנְחָלִים. לוֹמַר לְךָ, מַה נַּחַל זֶה מֵבִיא אֶת הָאָדָם מִטֻּמְאָה לְטָהֳרָה, אַף בָּתֵּי הַכְּנֵסִיּוֹת מְטַהֲרִין כו'. עַל כֵּן צָרִיךְ הָאָדָם לְהִתְבּוֹדֵד בְּהִתְבּוֹדְדוּת בְּבֵית הַכְּנֶסֶת, וִידַבֵּר בְּכָל לִבּוֹ לִפְנֵי יוֹדֵעַ מַחְשָׁבוֹת בָּרוּךְ הוּא, וְיִבְכֶּה בִּדְמָעוֹת, וְיִתְאַנֵּחַ בְּכָל לִבּוֹ בְּשִׁבְרוֹן לֵב בְּזָכְרוֹ אֶת חֲטָאָיו וְחַטֹּאת נְעוּרָיו, אֲשֶׁר לֵב הָאָדָם יוֹדֵעַ מָרַת נַפְשׁוֹ מַה שֶּׁחָטָא וְקִלְקֵל בִּימֵי נְעוּרָיו, וְהַכֹּל רָשׁוּם וְחָקוּק לְמִשְׁמֶרֶת. אִם שָׁב בִּתְשׁוּבָה שְׁלֵמָה, יִמָּחוּ פְּשָׁעָיו, וּמִטַּהֲרוֹת וּמִתְלַבְּנוֹת הַכְּתָמִים וְהַפְּגָמִים. וּבִמְקוֹם הַדִּין וָעֹנֶשׁ - שָׁם תַּעֲמֹד לוֹ יְשׁוּעָה וְהַצָּלָה, כַּאֲשֶׁר עַיִן בְּעַיִן יִרְאֶה בְּבוֹאוֹ לִפְנֵי כִּסְאוֹ יִתְבָּרַךְ לְדִין וְחֶשְׁבּוֹן בְּעֵת שֶׁיִּקְרָאוֹ לְמִשְׁפָּט, אֲשֶׁר יִגְזֹר עָלָיו הַשֵּׁם יִתְבָּרַךְ פִּתְאֹם. עַל כֵּן יַעֲסֹק הָאָדָם בַּתְּפִלָּה, כִּי יוֹם זֶה בָּא פִּתְאֹם, כְּנֶשֶׁר יָעוּף, וַה' בְּרַחֲמָיו יְקַבֵּל נִשְׁמָתוֹ בְּעֵת פְּקֻדָּתוֹ כִּי יִפְקֹד עָלָיו, וְיָבוֹא מִשָּׁלוֹם אֶל שָׁלוֹם.

הַכְּלָל הָעוֹלֶה - שֶׁאַל יִהְיֶה תְּפִלָּה קַלָּה בְּעֵינֶיךָ, שֶׁהֲרֵי הַשַּׂר הַגָּדוֹל **מְטַטְרוֹ"ן** הוּא מְמֻנֶּה עַל הַתְּפִלּוֹת, וְכַאֲשֶׁר הָאָדָם זוֹכֵר לִ**מְטַטְרוֹ"ן**, שֶׁנֶּהְפַּךְ מִבָּשָׂר לְאֵשׁ בִּשְׁבִיל צִדְקָתוֹ, אַף אַתָּה - תָּמִים[33] תִּהְיֶה עִם ה' אֱלֹהֶיךָ. וְצַדִּיק, וְצֶדֶק לְפָנֶיךָ יַעֲמֹד.

[30] לפי דברים לב כו
[31] ברכות פרק ב
[32] במדבר כד ו
[33] דברים יח יג

<u>פרק כד</u>

כָּתְבוּ בְּסִפְרֵי הַמְקֻבָּלִים אַזְהָרָה עַל הָאָדָם, בִּהְיוֹתוֹ הוֹלֵךְ יְחִידִי בְּלֹא הִרְהוּר תּוֹרָה אוֹ בְּדִבְרֵי יִרְאָה, כִּי אָז מִדַּבֵּק בּוֹ הַסִּטְרָא אָחֳרָא. וּמְבֹאָר בְּסֵפֶר הַזֹּהַר פָּרָשַׁת וַיִּשְׁלַח, שֶׁאֲפִלּוּ בִּהְיוֹתוֹ הוֹלֵךְ יְחִידִי בָּעִיר בְּשָׁעָה שֶׁאֵין בְּנֵי אָדָם מְצוּיִין בָּרְחוֹב, אָז גַּם כֵּן מִדַּבֵּק בּוֹ הַסִּטְרָא אָחֳרָא, לֹא יִפָּטֵר בִּלְתִּי הֱיוֹתוֹ נִכְשָׁל בְּאֵיזֶה עָווֹן בְּזֶה הַיּוֹם. עַל כֵּן יִזָּהֵר לְהִתְנַהֵג בְּזֶה הָאֹפֶן, אִם הוּא מַשְׁכִּים אוֹ מַעֲרִיב לָצֵאת יְחִידִי לְצָרְכּוֹ בָּעִיר, שֶׁאָז אֵין בְּנֵי אָדָם מְצוּיִין כָּל כָּךְ, יֹאמַר לִפְנֵי הַמְּזוּזָה פָּסוּק [תְּהִלִּים נה, כג] - הַשְׁלֵךְ עַל ה' יְהָבְךָ, וְהוּא יְכַלְכְּלֶךָ. וּלְכַוֵּן הַנְּקֻדָּה שֶׁתַּחַת הַשֵּׁם, שֶׁהוּא גִּימַטְרִיָּא שִׁבְעִים וּשְׁתַּיִם כְּמִנְיַן **חֶסֶד**.

וְגַם מָצָאתִי כָּתוּב בְּשֵׁם גָּדוֹל אֶחָד מֵחַכְמֵי אַשְׁכְּנַזִּים - כְּשֶׁהָאָדָם רוֹצֶה לְהַשְׁכִּים לֵילֵךְ יְחִידִי בַּדֶּרֶךְ חוּץ לָעִיר, יֹאמַר פָּסוּק [תְּהִלִּים לז, ה] - גּוֹל עַל ה' דַּרְכֶּךָ וּבְטַח עָלָיו וְהוּא יַעֲשֶׂה. וִיכַוֵּן גַּם כֵּן בְּנִקּוּד שֶׁל דַּרְכֶּךָ, שֶׁעוֹלֶה כְּמִנְיַן שִׁבְעִים וּשְׁתַּיִם, כְּמִנְיַן חֶסֶד, וְאָז הוּא נִצּוֹל, שֶׁלֹּא יִדְבַּק בּוֹ הַסִּטְרָא אָחֳרָא. אָכֵן בִּתְרַוַיְהוּ צָרִיךְ עַל כָּל פָּנִים שֶׁיְּהַרְהֵר גַּם כֵּן בְּדִבְרֵי תּוֹרָה אוֹ בְּדִבְרֵי יִרְאָה בַּהֲלִיכָתוֹ, וְאָז הוּא נִצּוֹל, שֶׁלֹּא יִדְבַּק בּוֹ הַסִּטְרָא אָחֳרָא. אָכֵן בַּהֲלִיכָתוֹ לַדֶּרֶךְ צָרִיךְ שְׁמִירָה יוֹתֵר, וְעַל כָּל פָּנִים יִתְפַּלֵּל בַּדֶּרֶךְ תְּפִלַּת הַדֶּרֶךְ.

וְצָרִיךְ הָאָדָם לְקַבֵּל עָלָיו גַּם כֵּן שֶׁלֹּא יִהְיֶה קַמְצָן בְּיוֹתֵר, אַף עַל פִּי שֶׁבְּיַד הַקָּדוֹשׁ בָּרוּךְ הוּא לְהַטּוֹת לֵב הָאָדָם כִּרְצוֹנוֹ בָּרוּךְ הוּא, לִהְיוֹת הָאָדָם וַתְּרָן אוֹ קַמְצָן, מִכָּל מָקוֹם הוּא יוֹתֵר טוֹב, שֶׁהָאָדָם הוּא מִתְעוֹרֵר מֵעַצְמוֹ לִהְיוֹת וַתְּרָן, וְגַם צָרִיךְ לְהִתְפַּלֵּל עַל זֶה. גַּם צָרִיךְ הָאָדָם לִרְאוֹת שֶׁלֹּא יִהְיֶה פַּזְרָן בְּיוֹתֵר לִתֵּן צְדָקָה יוֹתֵר מִכְּדֵי יְכָלְתּוֹ, וְסוֹפוֹ שֶׁהוּא בְּעַצְמוֹ יִצְטָרֵךְ לַבְּרִיּוֹת.

וְנַחֲזֹר לְעִנְיָנֵנוּ, שֶׁטּוֹב לָאָדָם לְהִתְפַּלֵּל תְּפִלַּת הַדֶּרֶךְ בְּבֵיתוֹ קֹדֶם יְצִיאָתוֹ לַדֶּרֶךְ, כְּמוֹ שֶׁכָּתוּב בַּזֹּהַר פָּרָשַׁת בְּשַׁלַּח - רַבִּי אַבָּא פָּתַח וְאָמַר, נָכוֹן מְאֹד לְהִתְפַּלֵּל תְּפִלַּת הַדֶּרֶךְ בְּבֵיתוֹ קֹדֶם יְצִיאָתוֹ. וְטוֹב לוֹמַר פָּרָשַׁת עֲקֵדָה, וְעַיֵּן בַּזֹּהַר, פָּרָשַׁת וַיִּשְׁלַח - רַבִּי אֶלְעָזָר וְרַבִּי יִצְחָק הֲוֵי קָאָזְלֵי בְּדֶרֶךְ, וּמָטָא זִמְנָא דִקְרִיאַת שְׁמַע. קָם רַבִּי אֶלְעָזָר וּצְלֵי וְקָרֵי קְרִיאַת שְׁמַע עִם צְלוֹתָא. אָמַר לֵיהּ רַבִּי יִצְחָק - וְהָא תָּנֵינָן, דְּעַד דְּלָא יִפּוֹק בַּר נָשׁ לְאוֹרְחָא, צָרִיךְ לְנָטְלָא רְשׁוּת מִמָּארֵיהּ וּלְצַלֵּי צְלוֹתָא, אָמַר לֵיהּ - דְּכַד נְפִיקְנָא לְאוֹרְחָא, לָא הֲוֵי זִמְנָא שֶׁל קְרִיאַת שְׁמַע, אֲבָל הַשְׁתָּא, דְּשִׁמְשָׁא נָהִיר, צַלֵּינָא. אֲבָל עַד דְּלָא נַפְקְנָא לְאוֹרְחָא, בָּעֵי בָּעוּתֵיהּ מִנֵּיהּ דְּקֻדְשָׁא בְּרִיךְ הוּא וְאַמְלִיכְנָא בֵּיהּ וְכוּ'. אָזְלוּ. כַּד מָטוּ גַּבֵּיהּ חַד חַקַל, יָתְבוּ, זָקְפוּ עֵינַיְהוּ וְחָמוּ לְטוּרָא, דַּהֲוֵי סָלִיק בָּרוּם, וַהֲוֵי בֵּיהּ בְּרִיּוֹת מְשֻׁנִּין. דָּחִיל רַבִּי יִצְחָק. אָמַר לֵיהּ רַבִּי אֶלְעָזָר - אַמַּאי דְּחִילַת, אָמַר לֵיהּ - חָמֵינָא, דְּהַאי טוּרָא אִיהוּ תַּקִּיף, וְחָמֵינָא אִלֵּין בִּרְיָן, דְּאִנּוּן

מְשֻׁנִּין, וְדַחִילְנָא דְּלָא יְקַטְרֵג לוֹן. אֲמַר לֵיהּ רַבִּי אֶלְעָזָר - מָאן דְּדָחִיל מֵחֶטְאִין דְּבִידֵיהּ אִית לֵיהּ לְמִדְחַל וְכוּ'.

פָּתַח וְאָמַר [בְּרֵאשִׁית לו, כד] - וְאֵלֶּה בְנֵי צִבְעוֹן וְאַיָּה וַעֲנָה, הוּא עֲנָה, אֲשֶׁר מָצָא אֶת הַיֵּמִם בַּמִּדְבָּר. יֵמִם כְּתִיב חָסֵר יוּ"ד. וְהָעִנְיָן הוּא, כִּי יֵשׁ כַּת שֶׁל מַשְׁחִיתִים בַּר מִנַּן, אֲשֶׁר הֵם מְיֻחָדִים לְזֶה הַחֵטְא דַּוְקָא, דְּהַיְנוּ לְדַבֵּק בָּאָדָם שֶׁיֶּחֱטָא בִּזְנוּת, בְּזֶה הָעִנְיָן שֶׁיּוֹלִיד מַמְזֵרִים. וְאִלֵּין נִקְרָאִים יֵמִם, חָסֵר יוּ"ד. עַיֵּן שָׁם, שֶׁנִּבְרְאוּ בְּעֶרֶב שַׁבָּת בֵּין הַשְּׁמָשׁוֹת כְּמוֹ שְׁאָר הַמַּזִּיקִין, שֶׁאֵין לָהֶם חֵלֶק בַּיּוֹם הַשִּׁשִּׁי וְלֹא בְּיוֹם הַשַּׁבָּת. וּמְקוֹמָם שֶׁל אֵלּוּ הַמַּשְׁחִיתִים הוּא עַל הָרִים גְּבוֹהִים, שֶׁאֵין יְכוֹלִין לִזְרֹעַ שׁוּם זְרִיעָה, וְלֹא לִנְטֹעַ שׁוּם נְטִיעָה, הֵן זֵרְעוֹנֵי גִּנָּה, הֵן זֵרְעוֹנֵי פֵּרוֹת הָאִילָן, רַק הָאָרֶץ הַהִיא שְׁמָמָה, וְתַמָּן הוּא אַתְרָא דִּלְהוֹן, הָא אִנּוּן בְּרִיָּן מְשֻׁנִּין, שֶׁרָאָה רַבִּי יִצְחָק, וְזֶה עֲנָה דִּכְתִיב בַּתּוֹרָה. הוּא הָלַךְ וְנִתְקַל עַל הַר שָׁמֵם כַּנִּזְכָּר, וְנִדְבְּקוּ בוֹ אוֹתָן הַחַיּוֹת, בְּרִיּוֹת מְשֻׁנִּים, וְלָכֵן אָמְרוּ רַבּוֹתֵינוּ זִכְרוֹנָם לִבְרָכָה, שֶׁעֲנָה הוֹלִיד מַמְזֵרִים וְהִרְכִּיב מִין שֶׁלֹּא בְּמִינוֹ וְהֵבִיא פֶּרֶד לָעוֹלָם. וְקַיְּמָא לָן. וְהֵבִיא עוֹד בַּזֹּהַר הַנִּזְכָּר לְעֵיל, דִּבְכָל אִנּוּן טוּרִין חֲרוּבִין אֲתַר בֵּית מוֹתְבָא דִּלְהוֹן, אֲבָל אוֹתָן שֶׁהוֹלְכִין בַּדֶּרֶךְ וְעוֹסְקִים בַּתּוֹרָה, עֲלַיְהוּ כְּתִיב [תְּהִלִּים קכא, ה] - ה' צִלְּךָ עַל יַד יְמִינֶךָ. וְלָכֵן כָּל הַמְּקוֹמוֹת אֲשֶׁר הֵם הוֹלְכִים בְּנֵי אָדָם מִבְּלִי יִשּׁוּב, יִתְרַחֵק הָאָדָם.

וְקַבָּלָה נֶאֱמָנָה הִיא בְּיָדִי בְּשֵׁם חֲסִידִים הָרִאשׁוֹנִים, שֶׁכָּל הַבַּיִת הָעוֹמֵד שֶׁבַע שָׁנִים רְצוּפִים מִבְּלִי דִּירַת הָאָדָם, חָלִילָה לָדוּר בּוֹ בֶּן בְּרִית. אַף כַּמָּה פְּעָמִים הַמָּקוֹם, שֶׁעָמַד הַבַּיִת עָלָיו, הוּא מְסֻכָּן, וְלִבְנוֹת עָלָיו שׁוּם בַּיִת וְלָדוּר בּוֹ, חַס וְשָׁלוֹם, מֵחֲמַת שֶׁמְּדוֹר הַמַּזִּיקִין וּמַשְׁחִיתִים יֵשׁ שָׁמָּה.

וְהָעִנְיָן וְהַסִּבָּה לְחֻרְבַּן הַבַּיִת הַהוּא, **הַטַּעַם אֶחָד** - שֶׁיֵּשׁ בַּבִּנְיָן כְּשׁוּרָה אוֹ קוֹרָה אוֹ אֲבָנִים, שֶׁהֵן גֶּזֶל אוֹ מָמוֹן שֶׁאֵינוֹ שֶׁל יֹשֶׁר, הֲרֵי זֶה נֶגַע בַּבַּיִת, שֶׁשּׁוֹרֶה אַחַר כָּךְ בְּכָל הַבַּיִת. **וְהַטַּעַם שֵׁנִי** - שֶׁנֶּחֱרַב הַבַּיִת, מִי שֶׁבָּנָה הַבַּיִת הוּא גֶּבֶר אַלִּים, וְעוֹשֶׂה עַוְלוֹת לִשְׁכֵנוֹ וְלָקַח בָּאַלִּימוּת וּבְחָזְקָה קַרְקַע שֶׁאֵינוֹ שֶׁלּוֹ. **הַטַּעַם הַשְּׁלִישִׁי** - שֶׁנֶּחֱרַב הַבַּיִת, אַף שֶׁלֹּא גָּזַל, וּבָנָה הַכֹּל בְּמָמוֹן שֶׁל יֹשֶׁר, וְלֹא לָקַח שׁוּם קַרְקַע גְּזוּלָה - הוּא נֶחֱרַב מִטַּעַם שֶׁבָּנָה הַבַּיִת רַק לְצֹרֶךְ מִחְיָתוֹ אוֹ לְפַנֵּק בּוֹ, וְלֹא כִּוֵּן בְּבִנְיָנוֹ לִבְנוֹת בִּנְיָן לְשֵׁם שָׁמַיִם, לִבְחֹר זָוִית לִהְיוֹת מָקוֹם קָבוּעַ לִקְבֹּעַ עִתִּים לַתּוֹרָה אוֹ לְהִתְפַּלֵּל. גַּם בְּמַחֲשָׁבָה לְבַד לֹא סַגִּי, אֶלָּא צָרִיךְ לוֹמַר גַּם בַּפֶּה, כִּדְאִיתָא בַּזֹּהַר תַּזְרִיעַ - מָאן דְּבָנֵי בִּנְיָן כַּד שָׁרֵי לְמִבְנְיָן, בָּעֵי דְּאַדְכַּר, דְּהָא לְפֻלְחָנָא דְּקֻדְשָׁא בְּרִיךְ הוּא בָּנָן, וּכְדֵי סִיַּעְתָּא דִּשְׁמַיָּא שָׁרֵי עֲלֵיהּ, וְקֻדְשָׁא בְּרִיךְ הוּא זָמִין עֲלֵיהּ קְדֻשָּׁה, וְקָרֵי עֲלֵיהּ **שָׁלוֹם**, שֶׁנֶּאֱמַר - וְיָדַעְתָּ כִּי שָׁלוֹם אָהֳלֶךָ וּפָקַדְתָּ נָוְךָ וְלֹא תֶחֱטָא, דַּיְקָא כַּד אִיהוּ בָּנֵי בִּנְיָן, וּכְדֵין לֹא תֶּחֱטָא.

וְאִי לָאו - דָּא זָמִין לְבֵיתֵיהּ סִטְרָא אָחֳרָא, וְכָל שֶׁכֵּן מָאן דְּבָנֵי בַּיִת וּרְעוּתֵיהּ עִמֵּיהּ, דִּמְיַחֵד בַּיִת לְאִסְתָּאֲבָא בֵּיהּ. רָצָה לוֹמַר, שֶׁבּוֹנֶה בַּיִת אוֹ חֶדֶר מְיֻחָד לִהְיוֹת מְצוּיִין שָׁם עֲרֵלִים לִשְׁתּוֹת, לִשְׂחוֹק וְלִזְנוּת. כְּמוֹ שֶׁהַרְבֵּה נִכְשָׁלִים בּוֹ בִּמְדִינוֹת פּוֹלִין וְלִיטָא. זֶה הוּא מָצוּי, וְאֵין מִי שֶׁמּוֹחֶה בְּיָדָם. הָא וַדַּאי שַׁרְיָא בֵּיהּ רוּחַ מְסָאֲבָא, וְלָא נָפִיק הַהוּא בַּר נָשׁ מֵעָלְמָא עַד דְּאִתְעֲנִישׁ בְּהַהוּא בֵּיתָא, וּמָאן דְּדָיֵר בֵּיהּ, יָכוֹל לְאִתְּזְקָא, דְּהָא בְּהַהוּא דִּירָה, רוּחַ מְסָאֲבָא שַׁרְיָא בֵּיהּ וְאָזִיק מָאן דְּאִשְׁכַּח בֵּיהּ. וְאִי תֵּימָא - בְּמַאי יָדְעִין, כְּגוֹן דְּאִתְּזַק בְּהַאי בֵּיתָא הַהוּא דְּבָנֵי לֵיהּ אוֹ אַנְשֵׁי בֵּיתוֹ אָז, בְּנִזְקָא דְּגוּפָא אוֹ בְּנִזְקָא דְּמָמוֹנָא, הוּא גַּרְמָא דְּחַטָּאִין הַנִּזְכָּרִים לְעֵיל. וְלָכֵן יְשַׁנֶּה מְקוֹמוֹ וְיֵלֵךְ לְמָקוֹם אַחֵר, וְלֹא יָדוּר בּוֹ. וְזֶהוּ הָעִנְיָן שֶׁל נִגְעֵי בָּתִּים כְּשֶׁנִּכְנְסוּ יִשְׂרָאֵל לָאָרֶץ, שֶׁעָשָׂה הַקָּדוֹשׁ בָּרוּךְ הוּא כֵּן מֵרֹב אַהֲבָה וְחִבָּה לְיִשְׂרָאֵל. שֶׁבְּכָל בַּיִת שֶׁהָיָה מוּכָן לִזְנוּת, הָיָה נֶגַע צָרַעַת פּוֹרֵחַ בּוֹ, כְּדֵי שֶׁיְּנַתֵּץ אֶת הַבַּיִת. עֵצוֹ וַעֲפָרוֹ הָיוּ זוֹרְקִין לַחוּץ, וְעָפָר אַחֵר יִקַּח כְּדֵי לְהַצִּיל אֶת יִשְׂרָאֵל מִכָּל הֶזֵּק.

וְאִיתָא שָׁם בַּזֹּהַר - רַבִּי יוֹסָא עָאל יוֹמָא חַד בְּחַד בֵּיתָא. מָטָא בְּסִיפְּתָא, עָאל לְגוֹ, שָׁמַע חַד קָלָא דְּאָמַר - אִתְכַּנְּשׁוּ, עוּלוּ אַחַר בַּר פְּלָנִיתָא, עָאלוּ וּסְפִיתוּ, וְנָזִיק לֵיהּ עַד לָא אִנְפּוּק. וְשָׁמַע חַד קָלָא אַחֲרִינָא, דַּהֲוָה אָמַר - לָא נֵיכֹל אֶלָּא דְּדָיֵר הָכָא, אֲבָל עַכְשָׁו שֶׁבָּא בְּאַקְרַאי אִי אֶפְשָׁר לְהַזִּיקוֹ.

נָפַק רַבִּי יוֹסֵי וְאָמַר - וַדַּאי מָאן דְּעָבַר עַל מִלֵּי דְּחַבְרַיו, אִתְחַיֵּב בְּנַפְשׁוֹ. אָמַר לֵיהּ - הָא חָזֵינַן, דְּכַמָּה אֲנָשִׁים מִן הָאֻמּוֹת הָעוֹלָם בּוֹנִין בָּתִּים, שֶׁהֵן חָרוּב יוֹתֵר מִשֶּׁבַע שָׁנִים, וְאִשְׁתְּלִימוּ. אָמַר לֵיהּ - אִינְהוּ מִסִּטְרֵיהוּ קָא אַתְיָן, וְעַל יְדֵי כָּךְ עֲרֵלִים אֵינָם נִזּוֹקִים, שֶׁלְּפִי שֶׁהֵן בַּחֲבוּרָה אַחַת שֶׁמְּזַנִּין בִּזְנוּת, וְהֵן כִּקְלִפָּה חֲדָא. אֲבָל מָאן דְּהוּא דָּחִיל חַטָּאִין יוּכַל לְאִתְנַזְקָא חַס וְשָׁלוֹם.

עַל כֵּן בְּכָל דָּבָר שֶׁתַּעֲשֶׂה, תַּקְדִּים עֲבוֹדַת בּוֹרַאֲךָ - בְּבִנְיַן הַבַּיִת תַּקְדִּים מָקוֹם מְיֻחָד לַעֲמִידַת הַסְּפָרִים וְחֶדֶר מְיֻחָד לִלְמֹד, וְכֵן בַּעֲשִׂיּוֹת הַבְּגָדִים לְעַצְמוֹ אוֹ לְאִשְׁתּוֹ צָרִיךְ הָאָדָם לְכַוֵּן בְּעֵת הַתְּפִלָּה וּבִשְׁעַת הַתְחָלַת מְלָאכָה לְשֵׁם שָׁמַיִם, כַּאֲשֶׁר הֶרְאָה לָנוּ הַקָּדוֹשׁ בָּרוּךְ הוּא בְּתוֹרָתוֹ הַקְּדוֹשָׁה, שֶׁצָּרִיךְ לִהְיוֹת הָאָדָם מְלֻבָּשׁ כְּמָה דְּאַתְּ אָמַר [בְּרֵאשִׁית ג, כא] - וַיַּעַשׂ ה' לְאָדָם וּלְאִשְׁתּוֹ כָּתְנוֹת עוֹר וַיַּלְבִּשֵׁם.

הַכְּלָל הָעוֹלֶה - בְּכָל דְּרָכֶיךָ דָעֵהוּ, זְכֹר בְּכָל עִנְיָנֶיךָ, וְאַל תִּשְׁכַּח כִּי הַכֹּל מַתְּנַת חִנָּם. כִּי לֹא לַחֲכָמִים לֶחֶם, שֶׁאַתָּה רוֹאֶה בְּחוּשׁ, שֶׁהַרְבֵּה חֲכָמִים יוֹשְׁבִים בְּלִי מָזוֹן וּמִחְיָה, וְכָל יְמֵיהֶם הֵם בְּדֹחַק וּבְצַעַר, וְיֵשׁ אֵיזֶה אֲנָשִׁים שׁוֹטִים וּבְזוּיִים יוֹשְׁבִים בְּשֶׁפַע טוֹבָה וּבְעֹשֶׁר. וְזֶה מוֹרֶה, הַכֹּל הוּא רְצוֹן הַקָּדוֹשׁ בָּרוּךְ הוּא.

עַל כֵּן כָּל מַשָּׂא וּמַתָּן תִּרְאֶה, שֶׁתִּהְיֶה חֵפֶץ לְהַקָּדוֹשׁ בָּרוּךְ הוּא, שֶׁהוּא

לְתוֹעֶלֶת הַנֶּפֶשׁ, וְלֹא לַגּוּף בִּלְבַד. מַה שֶּׁאֵין כֵּן אִם לִבְּךָ קָשֶׁה כְּבַרְזֶל מִלִּגְמֹל חֶסֶד עִם עֲנִיִּים, וְכָל עֲמָלְךָ הוּא לְמַלְּאוֹת כְּרֵסְךָ, לָהוּט אַחַר אֲכִילַת טוֹבוֹת וְלַהֲנָאַת הַגּוּף, זֶה עִנְיָן רַע שֶׁנָּתַן לִבְנֵי אָדָם.

וְעַל זֶה יִתְפַּלֵּל כָּל הָאָדָם, שֶׁיִּתֵּן לוֹ הַקָּדוֹשׁ בָּרוּךְ הוּא לֵב בָּשָׂר, לֵב שׁוֹמֵעַ אֶל זַעֲקַת אֶבְיוֹנִים וְדַלִּים, לֵב נוֹטֶה לִגְמֹל חֶסֶד עִם עֲנִיִּים לוֹמְדֵי תּוֹרָה. כִּי מִי שֶׁהוּא סוֹמֵךְ עַל עֲנִיִּים, וּמַזְהִיר הַזֹּהַר שֶׁצָּרִיךְ הָאָדָם לִסְמֹךְ הַבַּעֲלֵי תּוֹרָה אַף שֶׁהֵן אֵינָן קְרוֹבָיו, וְהֵמָּה מֻקְדָּמִין לַקְּרוֹבִים שֶׁלּוֹ, כִּי כְּשֶׁאָדָם אֵין סוֹמֵךְ לַעֲנִיֵּי בַּעֲלֵי תּוֹרָה, אֲזַי הוּא נוֹתֵן בַּעֲווֹנוֹתֵינוּ הָרַבִּים סְמוּכוֹת רַגְלַיִם וְכֹחַ לְהַנָּחָשׁ הַקַּדְמוֹנִי וְחֵילָיו, אֲשֶׁר זֶה עָשָׂה לוֹ ה' בְּרֹב רַחֲמָיו לִהְיוֹת הוֹלֵךְ עַל גָּחוֹן בִּלְתִּי תֵּת לוֹ רַגְלַיִם, כִּי לוּלֵא זֹאת, לֹא הָיוּ יִשְׂרָאֵל, עַמָּא קַדִּישָׁא, יְכוֹלִין לְהִתְקַיֵּם, חַס וְשָׁלוֹם. וּבְעָוֹן זֶה, שֶׁאֵינָם נוֹתְנִים סְמוּכוֹת לְבַעֲלֵי תּוֹרָה, אֲשֶׁר הֵם נִקְרָאִים אֶבְיוֹנִים, נִמְצָאִים רַגְלַיִם לַנָּחָשׁ לְהִתְגַּבֵּר וּלְעוֹרֵר גְּזֵרוֹת, חַס וְשָׁלוֹם.

עַל כֵּן צָרִיךְ הָאָדָם לְהִתְפַּלֵּל עַל זֶה לִפְנֵי הַקָּדוֹשׁ בָּרוּךְ הוּא, אֲשֶׁר בְּיָדוֹ הוּא לְהַטּוֹת לֵב הָאָדָם כִּרְצוֹנוֹ, לִהְיוֹת הָאָדָם וַתְּרָן בְּמָמוֹן כָּרָאוּי לוֹ, וְלֹא יִהְיֶה קַמְצָן, וְלֹא וַתְּרָן יוֹתֵר מִכְּדֵי יְכָלְתּוֹ, כִּי סוֹפוֹ יִהְיֶה חַס וְשָׁלוֹם שֶׁיִּצְטָרֵךְ לַבְּרִיּוֹת. אָכֵן אַף זוֹ יִרְאֶה, שֶׁלֹּא לְקַמֵּץ יוֹתֵר מִדַּי.

וּבוֹא וּרְאֵה מַה שֶּׁכָּתַב הַזֹּהַר פָּרָשַׁת בְּשַׁלַּח - רַבִּי אַבָּא פָּתַח, יֵשׁ רָעָה חוֹלָה רָאִיתִי תַּחַת הַשָּׁמֶשׁ. כַּמָּה בְּנֵי נָשָׁא אַטִּימִין לִבָּא בְּגִין דְּלָא לָעֵי בְּאוֹרַיְתָא. וְכִי יֵשׁ חוֹלָה שֶׁאֵינוֹ רָעָה, אֶלָּא הָעִנְיָן הוּא, כִּי יֵשׁ כַּת אַחַת בְּהַמַּשְׁחִיתִים, בַּר מִנָּן, אֲשֶׁר לִפְעָמִים יוֹצְאִים מִנּוּקְבָא דִּתְהוֹמָא רַבָּא, וּבָאִין וְשׁוֹרִין עַל הָאֲדָמָה לִהְיוֹת כָּבוּשׁ תַּחַת יְדֵיהֶם לְבִלְתִּי יִהְיֶה הָאָדָם שׁוֹלֵט בְּמָמוֹן שֶׁלּוֹ, וְלֹא מִבַּעְיָא שֶׁלֹּא יוּכַל לִתֵּן צְדָקָה לֶעָנִי, אֶלָּא אֲפִלּוּ לְעַצְמוֹ אֵין לוֹ יְכֹלֶת לִשְׁלֹט בְּמָמוֹן לִקְנוֹת אֵיזֶה מַאֲכָל, אוֹ לְהַלְבִּישׁ עַצְמוֹ וְאִשְׁתּוֹ וּבְנֵי בֵּיתוֹ כָּרָאוּי לוֹ לְפִי עָשְׁרוֹ, וּמַרְאֵהוּ הוּא כְּדַל וְרָזֶה. נִמְצָא סוֹבֵל כָּל הַיִּסּוּרִים וְהוֹלֵךְ בִּבְגָדִים מְטֻלָּאִים, אַף שֶׁיֵּשׁ לוֹ בְּבֵיתוֹ כָּל טוּב, אֵין לוֹ הֲנָאָה מִמֶּנּוּ, וְהַכֹּל הוּא מוּכָן לְאִישׁ אַחֵר, אֲשֶׁר נִכְרָז עָלָיו בָּרָקִיעַ לִהְיוֹת הַטּוּב הַהוּא מְזֻמָּן לְאַחֵר, כְּמַאֲמַר הַכָּתוּב [איוב כז, יז] - יָכִין [רָשָׁע], וְצַדִּיק יִלְבָּשׁ.

אָמַר לֵיהּ - תְּלַת יוֹמִין הֲווּ דְּחַפּוּ אִדְרָא דְּמִשְׁכָּבָךְ. וְתַקִּינוּ לָךְ פְּתִיחִין לְאַנְהָרָא לָךְ מֵאַרְבַּע סִטְרִין. וְחָמֵינָא דּוּכְתָּךְ וְחָדֵינָא וְאָמֵינָא - זַכָּאָה חוּלָקָךְ וְגוֹ', וְהָא הַשְׁתָּא הֲוֵי זַמִּינִין לְמֵיתֵי לְגַבָּךְ תְּרֵיסַר צַדִּיקַיָּא חַבְרַיָּא וְעַד דַּהֲוֵינָא נָפְקָא, אִתְּעַר קָלָא בְּכֻלְּהוּ עָלְמִין. מַאן חַבְרַיָּא דְּקַיְמָא הָכָא לֵילָךְ נֶגֶד נִשְׁמַת רַבִּי יִצְחָק לְלַוּוֹת נִשְׁמָתְךָ לְגַן עֵדֶן אִתְעַטְּרוּ [פֵּרוּשׁ - סְלִיקוּ] וְחָזְרוּ לְדוּכְתֵּיהוֹן, דְּרַבִּי שִׁמְעוֹן בֶּן יוֹחַאי שָׁאַל שְׁאִילְתָּא, וְאִתְיְהַב לֵיהּ, וְלָא דָּא בִּלְחוּדוֹי גָּדוֹל כֹּחַ דְּרַבִּי שִׁמְעוֹן בֶּן יוֹחַאי, אֶלָּא אַף זוֹ, שֶׁנּוֹתְנִין לוֹ שִׁבְעִין וְכוּ', דְּהָא שִׁבְעִין דּוּכְתָּא מִתְעַטְּרָא הָכֵי - דִּילֵיהּ, וְכָל דּוּכְתָּא וְדוּכְתָּא פָּתְחִין פִּתְחִין לְשִׁבְעִין עָלְמִין, וְכָל עָלְמָא

וְעָלְמָא - לְשִׁבְעִין רָהִיטִין [פֵּרוּשׁ - מַלְאָכִים מְמֻנִּים עַל עוֹלָמוֹת שֶׁל מַלְאָכִים, וּלְפִי שֶׁהֵם רָצִים וְשָׁבִים בִּשְׁלִיחוּת שֶׁל מֶלֶךְ מַלְכֵי הַמְּלָכִים, הַקָּדוֹשׁ בָּרוּךְ הוּא, עַל כֵּן נִקְרָאִים - רָהִיטִין] **וְכָל רָהִיטָא וּרְהִיטָא אִתְפַּתַּח לְשִׁבְעִין כִּתְרִין עִלָּאִין, וּמִתַּמָּן אִתְפַּתְּחָא אֹרַח לְעַתִּיק סְתִימָא דְּיוּכְלוּ לְמֶחְמֵיהּ בְּהַהוּא נְעִימוּתָא עִלָּאָה דִּנְהָרָא וּמְהַנְיָא לְכֹלָּא, כְּמָה דְּאַתְּ אָמַר** [תְּהִלִּים כז, ד] - **לַחֲזוֹת בְּנֹעַם ה' וּלְבַקֵּר בְּהֵיכָלוֹ. מַהוּ - וּלְבַקֵּר בְּהֵיכָלוֹ, הַיְנוּ דִּכְתִיב** [בַּמִּדְבָּר יב, ז] - **בְּכָל בֵּיתִי נֶאֱמָן הוּא.**

פרק כה

יְבָרֶכְךָ ה' וְיִשְׁמְרֶךָ [בַּמִּדְבָּר ו, כד]. וְדָרְשׁוּ רַבּוֹתֵינוּ זִכְרוֹנָם לִבְרָכָה [בַּמִּדְבָּר רַבָּה פָּרָשָׁה יא, אוֹת ה] - יְבָרֶכְךָ בְּמָמוֹן, וְיִשְׁמְרֶךָ מִן הַמַּזִּיקִים. וְהַמִּדְרָשׁ הַזֶּה צָרִיךְ פֵּרוּשׁ. וְנִרְאֶה לִי לְתָרֵץ עַל דֶּרֶךְ מַה שֶּׁאָמְרוּ רַבּוֹתֵינוּ זִכְרוֹנָם לִבְרָכָה בְּמַסֶּכֶת חֻלִּין - הָנְהוּ שְׁקוּלָאֵי, דַּהֲוֵי דָּרֵי חֲבִיתָא דְּחַמְרָא. בָּעוּ לְאִתְפּוּחֵי תּוּתֵי מַרְזִיבָא - פַּקְעָא. אָתוּ לְקַמֵּיהּ דְּמָר, בְּרֵיהּ דְּרַב אָשֵׁי. אַפִּיק שִׁפּוּרָא - שַׁמְתֵּיהּ. אַתְיָא לְקַמֵּיהּ. אָמַר לֵיהּ - אַמַּאי תַּעֲבִיד הָכִי, אָמַר לֵיהּ - הֵיכִי אַעֲבִיד כִּי אוֹתְבֵי בְּאוֹדְנַאי, אָמַר לֵיהּ - אַתְּ בְּדוּכְתָּא דִּשְׁכִיחֵי בַּהּ רַבִּים מַה בָּעֵית, אַתְּ הוּא דְּשָׁנִית - זִיל שְׁלִים, אָמַר לֵיהּ - הַשְׁתָּא נָמֵי לִקְבַּע לִי זְמַן וְאֶפְרַע. קָבַע לֵיהּ זִמְנָא. כִּי מְטָיָא זִמְנֵיהּ אִעַכּוּב. כַּד אָתָא, אָמַר לֵיהּ - אַמַּאי לֹא אָתִית בְּזִמְנָךְ, אָמַר לֵיהּ - כָּל מִלֵּי דְּצָיֵיר וְחָתִים וְכָיֵיל וּמָנֵי לֵית לָן רְשׁוּת לְמִשְׁקַל מִנֵּהּ עַד דְּמַשְׁכַּחְנָא מִידֵי דְּלָא צָיֵיר וְלֹא מָנֵי וְכָיֵיל, עַד כָּאן.

וְהִקְשׁוּ בַּתּוֹסָפוֹת, דְּהָכָא מַשְׁמַע שֶׁיֵּשׁ שְׁלִיטָה לַמַּזִּיקִים בְּדָבָר שֶׁאֵינוֹ מָנוּי, וְהָא אַמְרִינַן - אֵין[34] הַבְּרָכָה מְצוּיָה אֶלָּא בְּדָבָר שֶׁאֵינוֹ מָנוּי. שֶׁנֶּאֱמַר - יְצַו[35] ה' אִתְּךָ אֶת הַבְּרָכָה בַּאֲסָמֶיךָ - דָּבָר הַסָּמוּי מִן הָעַיִן, וְתֵרֵץ הַתּוֹסָפוֹת, דְּבֶאֱמֶת הוּא כָּךְ, דְּאֵין הַבְּרָכָה מְצוּיָה אֶלָּא בְּדָבָר הַסָּמוּי מִן הָעַיִן, וְלֹא בְּדָבָר הַמָּדוּד וְלֹא בְּדָבָר הַמָּנוּי, רַק שֶׁהַמַּזִּיקִין הֵן שׁוֹלְטִין בְּתוֹסָפוֹת בְּרָכָה שֶׁבֵּרַךְ ה' מִן הַסָּמוּי, עַד כָּאן לְשׁוֹנוֹ. וְאִם כֵּן הַמִּדְרָשׁ הוּא מְבֹאָר מֵאֵלָיו - יְבָרֶכְךָ ה' - בְּמָמוֹן. וְכָל מָקוֹם שֶׁנֶּאֱמַר בּוֹ בְּרָכָה, הוּא הַדָּבָר הַסָּמוּי מִן הָעַיִן. רָצָה לוֹמַר - שֶׁהוּא לֹא מָנוּי וְלֹא מָדוּד. וְאִם כֵּן יִקְשֶׁה - הֲלֹא הַמַּזִּיקִים הֵן שׁוֹלְטִים בְּאוֹתוֹ הַמָּמוֹן, לָזֶה נֶאֱמַר - וְיִשְׁמְרֶךָ מִן הַמַּזִּיקִין, שֶׁלֹּא יִשְׁלְטוּ אַף בְּאוֹתוֹ הַמָּמוֹן, שֶׁהוּא תּוֹסֶפֶת בְּרָכָה.

אוֹ יֵשׁ לוֹמַר עַל דֶּרֶךְ מָשָׁל, שֶׁשָּׁמַעְתִּי מִן מַעֲשֶׂה בְּאָדָם אֶחָד, שֶׁהָיָה לוֹ עֹשֶׁר גָּדוֹל, וְאוֹצְרוֹת זָהָב וָכֶסֶף בְּיָדוֹ וַאֲבָנִים טוֹבוֹת. וְהָיָה הָאִישׁ הַהוּא קַמְצָן גָּדוֹל, שֶׁאֵין כָּמוֹהוּ בְּכָל הָעוֹלָם, וְאַף בְּיוֹם שֵׁנִי אוֹ בְּיוֹם חֲמִישִׁי לֹא הָלַךְ לְבֵית הַכְּנֶסֶת, שֶׁהָיָה מִתְיָרֵא לִתֵּן פְּרוּטָה לְכִיס שֶׁל צְדָקָה. רַק חֲדָא מִצְוָה הָיָה לוֹ, וְהִיא שֶׁעָמְדָה לוֹ לְהַצִּיל אוֹתוֹ מִיּוֹם הַדִּין, דִּינָא רַבָּא, וְגַם אַחַר כָּךְ נַעֲשָׂה נִתְרָן גָּדוֹל, כִּי הָאִישׁ הַהוּא הָיָה מוֹהֵל. וְאִם הָיְתָה מִזְדַּמֶּנֶת לוֹ מִילָה לָמוּל תִּינוֹק אֶחָד, אַף שֶׁהָיָה מֵבִיתוֹ כַּמָּה פַּרְסָאוֹת, הָיָה הוֹלֵךְ לְשָׁם לְקַיֵּם מִצְוַת מִילָה, וְלֹא הָיָה נוֹטֵל שׁוּם שָׂכָר, הֵן מֵעָשִׁיר הֵן מֵעָנִי.

וַיְהִי הַיּוֹם, בָּא אֵלָיו מַשְׁחִית אֶחָד בִּדְמוּת אִישׁ, וַיֹּאמֶר אֵלָיו - אִשְׁתִּי

---

[34] תענית ח ב

[35] דברים כח ח

יָלְדָה לִי בֵּן זָכָר, וְהַבְּרִית מִילָה יִהְיֶה בְּיוֹם פְּלוֹנִי, עַל כֵּן אֲנִי מְבַקֵּשׁ מֵאִתְּךָ שֶׁתָּבוֹא אֶל הַבְּרִית לָמוּל אֶת בְּנִי. וְתֵכֶף הָלַךְ הַמּוֹהֵל לְבֵיתוֹ וְלָקַח הַסַּכִּין שֶׁמָּל בּוֹ הַתִּינוֹק עִמּוֹ, וְיָשַׁב עַל הָעֲגָלָה לֵילֵךְ עִם הָאִישׁ הַמְבַקֵּשׁ מֵאִתּוֹ לָמוּל אֶת בְּנוֹ, כִּי סָבַר שֶׁזֶּהוּ אִישׁ מִבְּנֵי אָדָם. וְלֹא יָדַע, שֶׁהָיָה אֶחָד מִן הַחִיצוֹנִיִּים. וְהָלְכוּ שְׁנֵיהֶם יַחַד בָּעֲגָלָה, וּכְשֶׁהִגִּיעַ אֶל הַיַּעַר הָיָה הַמַּזִּיק מוֹלִיךְ אוֹתוֹ בְּאֶרֶץ אֲשֶׁר לֹא עָבַר בָּהּ אִישׁ, כִּי אִם אֶרֶץ הָרִים, גְּבָעוֹת וּמִדְבָּר זֶה שְׁנֵי יָמִים רְצוּפִים. וַיְהִי בַּיּוֹם הַשְּׁלִישִׁי הָיָה מוֹלִיךְ אוֹתוֹ לְבֵיתוֹ, וְהָיָה שָׁם כְּמוֹ כְּפָר קָטָן, עֵרֶךְ עֶשְׂרִים בָּתִּים, אֲבָל הַבָּתִּים הָיוּ יָפִים מְאֹד.

וּכְשֶׁבָּא לְבֵיתוֹ, רָאָה הַמּוֹהֵל שֶׁהָאִישׁ בַּעַל הַבַּיִת הוּא עָשִׁיר גָּדוֹל, וְכָל טוּב הָיָה בְּבֵיתוֹ, בָּשָׂר וְדָגִים גְּדוֹלִים. וְלָקַח הַבַּעַל הַבַּיִת הַסּוּס שֶׁלּוֹ וְנָתַן לְיַד עַבְדּוֹ לִתֵּן מִסְפּוֹא כְּפִי דֶּרֶךְ כָּל הָאָרֶץ, וְלֹא הִרְגִּישׁ הַמּוֹהֵל שֶׁהַבַּעַל הַבְּרִית הַזֶּה הוּא שֵׁד וּמַזִּיק. וַיְהִי כַּאֲשֶׁר פָּנָה הַבַּעַל הַבַּיִת לַעֲסָקָיו, הָלַךְ הַמּוֹהֵל לְחֶדֶר אֲשֶׁר הַיּוֹלֶדֶת שָׁמָּה, וַיְהִי כִּרְאוֹת הַיּוֹלֶדֶת אֶת הַמּוֹהֵל, שָׂמְחָה שִׂמְחָה גְּדוֹלָה, וַתִּקְרָא לוֹ לְשָׁלוֹם וּמְדַבֶּרֶת אֵלָיו - בּוֹא אֵלַי, אֲדוֹנִי, וַאֲנִי מְגַלָּה אוֹתְךָ סוֹד גָּדוֹל. וְאָמְרָה - דַּע, שֶׁבַּעֲלִי הוּא שֵׁד וּמַשְׁחִית, וַאֲנִי אֲנִי בָּאָה מִזֶּרַע אֲנָשִׁים. כְּשֶׁהָיִיתִי קְטַנָּה, לָקְחוּ אוֹתִי הַשֵּׁדִים, וַאֲנִי כַּאֲשֶׁר אָבַדְתִּי, אָבַדְתִּי אֶצְלָם, בַּאֲשֶׁר שֶׁכָּל מַעֲשֵׂיהֶם הוּא הֶבֶל וָרִיק וּמַעֲשֵׂה תַּעְתּוּעִים. וְהִנֵּה אֲנִי מַזְהִירָה אוֹתְךָ לָמוּל אֶת בְּנִי הַנּוֹלָד לִי מֵהֶם, וְעוֹד אֲנִי מַזְהִירָה אוֹתְךָ לְהַצִּיל אֶת נַפְשְׁךָ, שֶׁתִּהְיֶה נִזְהָר לְבִלְתִּי לֶאֱכֹל שׁוּם מַאֲכָל וְלִשְׁתּוֹת שׁוּם מַשְׁקֶה, וְלֹא לִקַּח שׁוּם מַתָּנָה לֹא מִבַּעֲלִי וְלֹא מִשּׁוּם אֶחָד מֵהֶם. וַיְהִי כַּאֲשֶׁר שָׁמַע הַמּוֹהֵל הַדָּבָר הַזֶּה, חָרַד לִבּוֹ וְנִתְיָרֵא מְאֹד.

וַיְהִי לְעֵת עֶרֶב בָּאוּ הַרְבֵּה אֲנָשִׁים וְנָשִׁים מִכְּפָרִים בְּסוּסִים וּבַעֲגָלוֹת בְּדִמְיוֹן אֲנָשִׁים, וְהָיוּ כֻּלָּן מַזִּיקִין וּמַשְׁחִיתִים. וְהִגִּיעַ זְמַן הַסְּעֻדָּה, וְהִפְצִירוּ בָּאִישׁ הַמּוֹהֵל לִטֹּל אֶת יָדָיו וְלֵישֵׁב עִמָּהֶם לִסְעֻדַּת מִצְוָה. וַיְמָאֵן הַמּוֹהֵל לֶאֱכֹל וְלִשְׁתּוֹת, כִּי אָמַר - עָיֵף אָנֹכִי מִן הַדֶּרֶךְ. וְלֹא אָכַל וְשָׁתָה בַּלַּיְלָה הַהוּא [שֶׁקּוֹרִין 'וַוין נַאכְט' אוֹ 'וַואךְ נַאכְט']. וַיְהִי מִמָּחֳרָת, וַיֵּלְכוּ אֶל בֵּית הַכְּנֶסֶת וַיִּתְפַּלְּלוּ שָׁמָּה, וְהֻכְרַח הַמּוֹהֵל לְהִתְפַּלֵּל וְלָשִׁיר בְּקוֹל - **וְכָרוֹת עִמּוֹ הַבְּרִית** כְּדֶרֶךְ הַמּוֹהֲלִים. וְאַחַר הַתְּפִלָּה הָיוּ מְבִיאִין אֶת הַתִּינוֹק, וּמָל אֶת הַתִּינוֹק כְּמִנְהַג כָּל בֵּית יִשְׂרָאֵל. וְאַחַר כָּךְ הָיָה מְבַקֵּשׁ הַסַּנְדָּק כָּל הַקָּהָל, כְּמִנְהַג הַמְּדִינָה, עַל יַיִן שָׂרָף וּמִינֵי מְתִיקָה, שֶׁקּוֹרִין **לְעקוֹכִין**. וְהֻכְרַח הַמּוֹהֵל לֵילֵךְ אֶל הַסַּנְדָּק, וְלֹא אָכַל וְלֹא שָׁתָה שָׁמָּה בְּאָמְרוֹ שֶׁיֵּשׁ לוֹ תַּעֲנִית חֲלוֹם, וְאַחַר חֲצִי הַיּוֹם אָמַר הַבַּעַל הַבַּיִת בַּאֲשֶׁר שֶׁהַמּוֹהֵל הִטְרִיחַ אֶת עַצְמוֹ לֵילֵךְ יוֹתֵר מִשְּׁתֵּים עֶשְׂרֵה פַּרְסָאוֹת לְמִצְוַת מִילָה, לָכֵן בִּשְׁבִילוֹ יִהְיֶה הַסְּעֻדָּה בַּלַּיְלָה אַחַר תַּעֲנִיתוֹ, וְכָל כַּוָּנוֹת הַבַּעַל הַבַּיִת הָיָה, שֶׁיֵּהָנֶה הַמּוֹהֵל מִפִּתּוֹ וּמִפַּרְנָסָתוֹ, וְאָז יִהְיֶה לוֹ שְׁלִיטָה עָלָיו, וְלֹא יָדַע מְאוּמָה שֶׁאִשְׁתּוֹ גִּלְּתָה שֶׁהוּא הָיָה שֵׁד וּמַשְׁחִית.

וַיְהִי לְעֵת עֶרֶב הָיָה סְעֻדַּת בְּרִית מִילָה, וְאַף עַל פִּי כֵן לֹא אָכַל וְשָׁתָה הַמּוֹהֵל אִתָּם, וְאָמַר שֶׁרֹאשׁוֹ וְאֵיבָרָיו כְּבֵדִים עָלָיו. וְהֵמָּה אָכְלוּ וְשָׁתוּ כָּל מַעֲדַנֵּי עוֹלָם. וַיְהִי כְּטוֹב לִבָּם בַּיַּיִן, אָמַר הַבַּעַל הַבַּיִת לַמּוֹהֵל - קוּם וְלֵךְ עִמָּדִי לְחֶדֶר אֶחָד, אָז נִתְיָרֵא הַמּוֹהֵל וְאָמַר בְּדַעְתּוֹ, שֶׁהִגִּיעַ זְמַן קִצּוֹ לָמוּת. וְהָלַךְ עִמּוֹ לְחֶדֶר אֶחָד, וְהֶרְאָה לוֹ בַּעַל הַבַּיִת כֵּלִים מִכֵּלִים שׁוֹנִים, כְּלֵי כֶּסֶף. וְאַחַר כָּךְ הָיָה מוֹלִיכוֹ אוֹתוֹ לְחֶדֶר שֵׁנִי וְהֶרְאָה לוֹ כְּלֵי זָהָב. וְאָמַר לוֹ - טֹל כְּלִי אֶחָד לְזִכָּרוֹן, אָמַר לוֹ הַמּוֹהֵל - יֵשׁ לִי כֵּלִים שֶׁל זָהָב וְשֶׁל כֶּסֶף, וְיֵשׁ לִי כָּל טוּב שֶׁבָּעוֹלָם, כֵּלִים טוֹבִים וּמַרְגָּלִיּוֹת, טַבָּעוֹת וְאֶצְעָדִים וַעֲנָקִים. אָמַר לוֹ הַבַּעַל הַבַּיִת - טֹל טַבַּעַת אֶחָד אוֹ כְּלִי חֵפֶץ, שֶׁיָּקָר הוּא בְּעֵינֶיךָ, וְעַל כֻּלָּם לֹא רָצָה הַמּוֹהֵל לִקַּח, וְהֵשִׁיב שֶׁיֵּשׁ לוֹ גַּם כֵּן אֲבָנִים טוֹבוֹת וּמַרְגָּלִיּוֹת לָרֹב.

אַחַר כָּךְ הָיָה מוֹלִיךְ אוֹתוֹ לְחֶדֶר אֶחָד, שֶׁהָיָה מַפְתְּחוֹת הַרְבֵּה. סָבִיב הַחֶדֶר הָיוּ תּוֹלִין הַמַּפְתְּחוֹת בְּמַסְמְרוֹת הַרְבֵּה מְאֹד. וַיִּתְמַהּ הָאִישׁ הַמּוֹהֵל עַל הַדָּבָר הַזֶּה, וְרָאָה בְּעֵינָיו כִּמְדֻמֶּה לוֹ, שֶׁיֵּשׁ קֶשׁוּר מַפְתְּחוֹת בְּיַחַד, כְּמוֹ שֶׁיֵּשׁ לוֹ בְּבֵיתוֹ לְכָל הַחֲדָרִים לְכָל הָאַרְגָּז שֶׁלּוֹ. וְשָׁאַל הַבַּעַל הַבַּיִת אֶת הַמּוֹהֵל וְאָמַר לוֹ - אֲדוֹנִי, הֶרְאֵיתִיךָ כָּל כָּךְ כְּלֵי כֶסֶף וְזָהָב וְכָל כָּךְ אוֹצְרוֹת אֲבָנִים טוֹבוֹת, וְלֹא הָיִיתָ מַתְמִיהַּ עֲלֵיהֶם, וְעַל אוֹצָר זֶה אַתָּה מַתְמִיהַּ, שֶׁהוּא רַק בַּרְזֶל, שֶׁהֵן הַמַּפְתְּחוֹת שֶׁהָיוּ כֻּלָּם שֶׁל בַּרְזֶל, וְהֵשִׁיב לוֹ הַמּוֹהֵל - אֲנִי מַתְמִיהַּ עַל קֶשׁוּר זֶה שֶׁל מַפְתְּחוֹת, שֶׁהֵן דּוֹמִין כֻּלָּן לְבָתִּים וְאוֹצָרוֹת וַחֲדָרִים שֶׁלִּי כַּאֲשֶׁר יֵשׁ לִי בַּבַּיִת, וְהֵן תְּלוּיִין פֹּה בְּמַסְמֵר זֶה, וַיֹּאמֶר אֵלָיו הַבַּעַל הַבַּיִת - בַּאֲשֶׁר שֶׁגָּמַלְתָּ חֶסֶד עִמָּדִי וְהָלַכְתָּ עִמִּי עֵרֶךְ שְׁתֵּים עֶשְׂרֵה פַּרְסָאוֹת לָמוּל אֶת בְּנִי, וְרָאִיתִי שֶׁה' הוּא אִתְּךָ, שֶׁלֹּא אָכַלְתָּ וְלֹא שָׁתִיתָ וְלֹא לָקַחְתָּ מְאוּמָה מֵרְשׁוּתִי, לָכֵן אֲנִי אֲגַלֶּה אוֹתְךָ, שֶׁאֲנִי הוּא רֹאשׁ הַמְמֻנֶּה שֶׁל הַשֵּׁדִים, שֶׁהֵן מְמֻנִּים עַל קְצָת אֲנָשִׁים, שֶׁהֵמָּה בְּטִבְעָם קַמְצָנִים. אֲזַי הוּא מָסוּר בְּיָדֵינוּ כָּל הַמַּפְתְּחוֹת שֶׁלָּהֶן, כְּדֵי שֶׁלֹּא יְהֵא בָּהֶן כֹּחַ וּרְשׁוּת לַעֲשׂוֹת בָּהֶן אֵיזֶה צְדָקָה וּגְמִילוּת חֶסֶד, וְאַף לְעַצְמָם אֵין רְשׁוּת בְּיָדָם לְהִתְעַנֵּג לִקְנוֹת אֵיזֶה מַאֲכָל טוֹב אוֹ מִינֵי מְגָדִים. וּבַאֲשֶׁר שֶׁאַתָּה גְּמַלְתַּנִי חֶסֶד גָּדוֹל, קַח הַקֶּשׁוּר שֶׁל הַמַּפְתְּחוֹת הַלָּלוּ, וְאַל תִּירָא, חַי ה', שֶׁלֹּא יֶאֱרַע לְךָ שׁוּם רָעָה.

וַיִּקַּח הַמּוֹהֵל הַקֶּשׁוּר שֶׁל מַפְתְּחוֹת וְהָלַךְ בְּשִׂמְחָה לְבֵיתוֹ. וּבְבוֹאוֹ לְבֵיתוֹ נֶהְפַּךְ לְבָבוֹ וְנַעֲשָׂה לְאִישׁ אַחֵר, וְתֵכֶף בָּנָה בִּנְיָן שֶׁל אֲבָנִים, בֵּית הַכְּנֶסֶת גְּדוֹלָה מְפֹאָרָה מְאֹד, וְעָשָׂה צְדָקָה וּפִרְנֵס אֶת הָעֲנִיִּים, וְהָיָה מַלְבִּישׁ הָעֲרֻמִּים, וְהִפְלִיא לַעֲשׂוֹת עַד יוֹם מוֹתוֹ, וְנִפְטַר בְּשֵׁם טוֹב.

וּלְפִי זֶה נִרְאֶה לִי, דְּזֶהוּ כַּוָּנַת הַמִּדְרָשׁ רַבָּה שֶׁהִתְחַלְנוּ - יְבָרֶכְךָ ה' בְּמָמוֹן, שֶׁיִּהְיֶה לְךָ מָמוֹן הַרְבֵּה וְאוֹצְרוֹת כֶּסֶף וְזָהָב. וְאִם תֹּאמַר - מַה הֲנָאָה יִהְיֶה לִי בְּאוֹתָן אוֹצְרוֹת כְּלֵי כֶסֶף וּכְלֵי זָהָב, בַּאֲשֶׁר שֶׁהַמַּפְתְּחוֹת יִהְיוּ מְסוּרִים בְּיַד הַשֵּׁדִים וּמַזִּיקִים, לָזֶה אָמַר - וְיִשְׁמְרֶךָ מִן הַמַּזִּיקִים,

שֶׁלֹּא יִהְיֶה מַפְתְּחוֹת מְסוּרִים בְּיָדָם. וְאִם כֵּן אַתָּה תִּשְׁלֹט בְּמַעֲשֵׂה יָדֶיךָ וּבְהַטּוֹבָה אֲשֶׁר יֵיטִיב ה' לְךָ, תּוּכַל מֵהֶם לַעֲשׂוֹת צְדָקָה וּגְמִילוּת חֲסָדִים, וְקַל לְהָבִין. עַל כֵּן מִכָּל הַנִּזְכָּר לְעֵיל נִשְׁמַע, שֶׁמִּי שֶׁהוּא קַמְצָן גָּדוֹל, אֲזַי הוּא בִּרְשׁוּת הַסִּטְרָא אָחֳרָא בְּיַד הַמַּזִּיקִים, שֶׁשּׁוֹמְרִים עַל הַמָּמוֹן כַּנִּזְכָּר לְעֵיל. וּמִי שֶׁהוּא וַתְּרָן - אֲזַי הוּא מִסִּטְרָא דִּקְדֻשָּׁה. עַל כֵּן יִרְאֶה הָאָדָם שֶׁלֹּא יְהֵא קַמְצָן יוֹתֵר מִדַּי, כְּדֵי לְהַכְנִיס עַצְמוֹ בִּקְדֻשָּׁה, וְיִזְכֶּה גַּם כֵּן לָעוֹלָם הַבָּא, אָמֵן.

פרק כו

אָמַר לֵיהּ - תְּלָת יוֹמִין הֲווּ דְּחַפּוּ אִדְרָא דְּמִשְׁכָּבָךְ. וְתַקִּינוּ לָךְ פְּתִיחִין לְאַנְהָרָא לָךְ מֵאַרְבַּע סִטְרִין. וַחֲמֵינָא דּוּכְתָּךְ וַחֲדֵינָא וְאָמֵינָא - זַכָּאָה חוּלָקָךְ וְגוֹ', וְהָא הַשְׁתָּא הֲוֵי זִמְנִין לְמֵיתֵי לְגַבָּךְ תְּרֵיסַר צַדִּיקַיָּא חַבְרַיָּא וְעַד דַּהֲוֵינָא נָפְקָא, אִתְעַר קָלָא בְּכֻלְּהוּ עָלְמִין. מָאן חַבְרַיָּא דְּקַיְמָא הָכָא לֵילָךְ נֶגֶד נִשְׁמַת רַבִּי יִצְחָק לְלַוּוֹת נִשְׁמָתְךָ לְגַן עֵדֶן אִתְעַטְּרוּ [פֵּרוּשׁ - סָלִיקוּ] וַחֲזָרוּ לְדוּכְתֵּיהוֹן, דְּרַבִּי שִׁמְעוֹן בֶּן יוֹחַאי שָׁאַל שְׁאִילְתָּא, וְאִתְיְהַב לֵיהּ, וְלָא דָּא בִּלְחוֹדוֹי גָּדוֹל כֹּחַ דְּרַבִּי שִׁמְעוֹן בֶּן יוֹחַאי, אֶלָּא אַף זוֹ, שֶׁנּוֹתְנִין לוֹ שִׁבְעִין וְכוּ', דְּהָא שִׁבְעִין דּוּכְתָּא מִתְעַטְּרָא הָכֵי דִּילֵיהּ, וְכָל דּוּכְתָּא וְדוּכְתָּא פָּתְחִין פִּתְחִין לְשִׁבְעִין עָלְמִין, וְכָל עָלְמָא וְעָלְמָא - לְשִׁבְעִין רָהִיטִין [פֵּרוּשׁ - מַלְאָכִים מְמֻנִּים עַל עוֹלָמוֹת שֶׁל מַלְאָכִים, וּלְפִי שֶׁהֵם רָצִים וְשָׁבִים בִּשְׁלִיחוּת שֶׁל מֶלֶךְ מַלְכֵי הַמְּלָכִים, הַקָּדוֹשׁ בָּרוּךְ הוּא, עַל כֵּן נִקְרָאִים - רָהִיטִין] וְכָל רְהִיטָא וּרְהִיטָא אִתְפַּתַּח לְשִׁבְעִין כִּתְרִין עִלָּאִין, וּמִתַּמָּן אִתְפַּתְּחָא אֹרַח לְעַתִּיק סְתִימָא דְּיוּכְלוּ לְמֶחֱמֵיהּ בְּהַהוּא נְעִימוּתָא עִלָּאָה דְּנַהֲרָא וּמְהַנְיָא לְכֹלָּא, כְּמָה דְּאַתְּ אָמַר [תְּהִלִּים כז, ד] - לַחֲזוֹת בְּנֹעַם ה' וּלְבַקֵּר בְּהֵיכָלוֹ. מַהוּ **וּלְבַקֵּר בְּהֵיכָלוֹ**, הַיְנוּ דִּכְתִיב [בַּמִּדְבָּר יב, ז] - בְּכָל בֵּיתִי נֶאֱמָן הוּא.

לִפְעָמִים כְּשֶׁיָּמוּת הָאָדָם, הָאֹכֵל מַאֲכָל אֵצֶל הַצַּר־עַיִן, אֲזַי בִּגְרָמָא דִּילֵיהּ הוּא מֵת, וְצָרִיךְ לַעֲשׂוֹת תְּשׁוּבָה עַל זֶה, כִּדְאָמְרוּ חֲכָמֵינוּ זִכְרוֹנָם לִבְרָכָה - מְגַלְגְּלִין זְכוּת עַל יְדֵי זַכַּאי, וְחוֹבָה עַל יְדֵי חַיָּב. וְלִפְעָמִים מִי שֶׁהוּא קַמְצָן וְצַר־עַיִן, גּוֹרֵם רָעָה לְעַצְמוֹ לָמוּת בִּשְׁבִיל דָּבָר קָטָן, כַּאֲשֶׁר אֲנִי רָאִיתִי כַּמָּה אֲנָשִׁים, שֶׁלֹּא הָיוּ רוֹצִין לִתֵּן לְבַעֲלֵי הַמִּלְחָמוֹת קֻבִּיאוֹת אוֹ טוּבַּק, וּבַעֲבוּר דָּבָר קַל הָיוּ הַבַּעֲלֵי מִלְחָמוֹת הוֹרְגִין אוֹתָן. וְלִפְעָמִים יְכוֹלִין לְהַצִּיל נְפָשׁוֹת מִבֵּית־הָאֲסוּרִין בְּדָבָר מוּעָט, וְאַחַר כָּךְ כְּשֶׁנִּתְחַזְּקוּ הַבִּלְבּוּלִים עַל נַפְשׁוֹת יִשְׂרָאֵל, אֲפִלּוּ אִם יִתֵּן מְלֹא בֵּיתוֹ, כָּךְ יָכוֹל לְהַצִּיל אוֹתוֹ. אוֹי וַאֲבוֹי לְאוֹתָן הָאֲנָשִׁים. וַעֲלֵיהֶם אָמַר שְׁלֹמֹה - וְיֵשׁ[36] עֹשֶׁר שָׁמוּר לִבְעָלָיו לְרָעָתוֹ.

וּבוֹא וּרְאֵה מַה דְּאִיתָא בַּגְּמָרָא דְּמַסֶּכֶת תַּעֲנִית, בְּמַעֲשֶׂה בְּנַחוּם אִישׁ גַּם זוֹ - דְּפָגַע בּוֹ עָנִי אֶחָד וְאָמַר לוֹ רַבִּי, פַּרְנְסֵנִי, וְהָלַךְ תֵּכֶף וְטָעַן מֵהַחֲמוֹר. עַד שֶׁלֹּא הִסְפִּיק לִטְעוֹן מַאֲכָל, יָצְאָה נִשְׁמָתוֹ שֶׁל הֶעָנִי. אָמַר אוֹתוֹ צַדִּיק - עֵינַיִם, שֶׁלֹּא חָסוּ עָלָיו - יִסָּמוּ. יָדַיִם, שֶׁלֹּא נָתְנוּ תֵּכֶף - יִקָּטְעוּ. וְכָל הַגּוּף, שֶׁלֹּא חַס עָלֶיךָ - יִדְכָּא בְּיִסּוּרִים. וְאֵרַע לוֹ כְּפִי שֶׁגָּזַר עַל עַצְמוֹ. וְאַחַר כָּךְ רָאוּ אוֹתוֹ תַּלְמִידָיו בְּיִסּוּרִין - וְהִתְחִילוּ לִבְכּוֹת. אָמַר לָהֶם - מִפְּנֵי מָה אַתֶּם בּוֹכִים, אֲנִי גָּרַמְתִּי לְעַצְמִי, שֶׁלֹּא נִתְקָרֵר דַּעְתִּי, עַד שֶׁאָמַרְתִּי שֶׁיִּמָּלֵא כָּל גּוּפִי שְׁחִין. אָמְרוּ לוֹ - אוֹי לָנוּ, שֶׁרְאִינוּ

---

[36] קהלת ה יב

אוֹתְךָ בְּכָךְ, אָמַר לָהֶם - אוֹי לִי, אִם לֹא רְאִיתֶם אוֹתִי בְּכָךְ.
עַל כֵּן יִרְאֶה הָאָדָם, כְּשֶׁיֵּשׁ לוֹ אוֹרְחִים בְּבֵיתוֹ, יִתֵּן לָהֶם בְּעַיִן יָפָה, אוֹ לֹא יַזְמִין כְּלָל אוֹרְחִים, כְּדֵי שֶׁלֹּא יָבוֹא, חַס וְשָׁלוֹם, לִידֵי עֹנֶשׁ, כַּנִּזְכָּר לְעֵיל. וְקָרוֹב הַדָּבָר שֶׁיִּהְיֶה מֻכְרָח לַעֲשׂוֹת תְּשׁוּבָה. וְעַל פִּי זֶה נוּכַל גַּם כֵּן לְפָרֵשׁ פֵּרוּשׁ הַפָּסוּק [מִשְׁלֵי יג, כה] - צַדִּיק אוֹכֵל לְשֹׂבַע נַפְשׁוֹ וּבֶטֶן רְשָׁעִים תֶּחְסָר. וְיִהְיֶה פֵּרוּשׁ כָּךְ, כִּי כָּל הָאוֹכֵל אֵצֶל צַדִּיק, שֶׁהוּא טוֹב הָעַיִן - יֹאכַל לְשֹׂבַע נַפְשׁוֹ. אֲפִלּוּ אִם אָכַל מְעַט מִן הַמַּאֲכָלִים. אֲבָל מִי שֶׁהוּא אוֹכֵל מִן בֶּטֶן שֶׁל רְשָׁעִים - הוּא יֶחְסַר, אֲפִלּוּ אִם הוּא אוֹכֵל הַרְבֵּה. מִכָּל מָקוֹם לֹא יִהְיֶה שָׂבֵעַ הָאוֹכֵל מִן מַאֲכָל שֶׁל רַע־עַיִן, כִּי זֶה הוּא כְּלָל גָּדוֹל - מִי שֶׁהוּא רַע־עַיִן, אֵינוֹ יָכוֹל לְהַשְׂבִּיעַ אֶת נַפְשׁוֹ, וּמִכָּל שֶׁכֵּן שֶׁאֵינוֹ יוּכַל לִתֵּן לַאֲחֵרִים מִטּוּבוֹ, אֲשֶׁר חָנַן ה' אוֹתוֹ. וּכְמוֹ שֶׁמָּצִינוּ אֵצֶל נָבָל, שֶׁלֹּא רָצָה לִשְׁלֹחַ לַמֶּלֶךְ דָּוִד עָלָיו הַשָּׁלוֹם מִנְחָה מִזִּבְחוֹ, וְגָרַם רָעָה לְעַצְמוֹ, שֶׁמֵּת בְּמַגֵּפָה עֲבוּר עָוֹן זֶה. עַל כֵּן צָרִיךְ הָאָדָם לְהִתְרַחֵק מִמִּדָּה זוֹ, וְאָז טוֹב יִהְיֶה לוֹ סֶלָה.

פרק כז

מַה טּוֹב וּמַה נָּעִים שֶׁבֶת אַחִים גַּם יַחַד, בְּאִישׁ אֲשֶׁר הוּא יְרֵא ה', וְהוּא עוֹסֵק בְּדִבְרֵי תּוֹרָה. וְעַמּוּד הָעֲבוֹדָה זוֹ תְּפִלָּה, אֲשֶׁר אֵלּוּ הַשְּׁנֵי עַמּוּדִים הֵן מַקְדִּימִין וְהוֹלְכִין לִפְנֵי הַמִּטָּה, כְּשֶׁהוּא הוֹלֵךְ לְעוֹלָמוֹ אַחֲרֵי מוֹתוֹ, וְקוֹל כָּרוֹז נָפִיק קַדְמוֹהִי - זֶה הָאִישׁ, אֲשֶׁר בְּחַיָּיו תָּמִיד הָלַךְ עִמָּנוּ בַּחֲבוּרָה אַחַת, וְגַם עַכְשָׁו לֹא נֶעֱזָבְנוּ עַד כִּי הֲבֵאנוּהוּ לְהֵיכָלוֹ, אֲשֶׁר הוּא כֻּלּוֹ אוֹמֵר כָּבוֹד. וְאוֹמְרִים לַתּוֹרָה הַקְּדוֹשָׁה - כַּמָּה יְקָר וְתִפְאֶרֶת לְהָאָדָם בַּעֲבוּרֵךְ בִּהְיוֹתוֹ הוֹלֵךְ בְּתוֹרַת אֱמֶת, מַה שֶּׁאֵין כֵּן כְּשֶׁאָדָם הוֹלֵךְ אַחַר שָׁוְא וָהֶבֶל, וְעוֹסֵק בְּתוֹרָה שֶׁל דֹּפִי וּפְלַסְתֵּר, אֲזַי הוּא שֶׁבֶר עַל שֶׁבֶר.

וּרְאָיָה מִזֹּהַר, פָּרָשַׁת בָּלָק, שֶׁלְּאַחַר פְּטִירַת הָאָדָם טֶרֶם בּוֹאוֹ לַדִּין כָּרוֹזָא נָפִיק - אִתְכַּנְּשׁוּ כָּל בְּנֵי מְתִיבְתָּא לְעַיֵּן בְּדִינֵיהּ, וּמִתְכַּנְּשִׁין יַחַד, וְהַהוּא נִשְׁמְתָא עַיְלָה יְתֵיהּ תְּרֵין מְמֻנִּים. כֵּיוָן דְּעַיְלָהּ, מַעֲמִידִים אוֹתָהּ אֵצֶל חַד עַמּוּדָא, אֲשֶׁר אֵשׁ וְשַׁלְהוּבָא מְלַהֲטָא שָׁם, וְאָז מְבִיאִין בִּכְתָב כָּל מַאי דְּחִדֵּשׁ בַּתּוֹרָה בְּחַיָּיו וּמְעַיְּנִין בְּאוֹתָן הַחִדּוּשִׁים אִם הֵם דְּבָרִים בְּרוּרִים שֶׁל אֱמֶת, דְּהַיְנוּ שֶׁחִדֵּשׁ אוֹתָן עַל פִּי הַקְּדָמוֹת שֶׁל אֱמֶת, אָז כָּל אֶחָד מִבְּנֵי מְתִיבְתָּא עִלָּאָה מְעַטֵּר לֵיהּ בְּעִטְרָא, הַמִּתְנוֹצֵץ וּמֵאִיר בְּאוֹר בָּהִיר, וְאִם הֵן דְּבָרִים שֶׁאֵינָם שֶׁל אֱמֶת, אָז כָּל אֶחָד וְאֶחָד מִבְּנֵי מְתִיבְתָּא אוֹמְרִים - שֶׁקֶר הוּא, רַק הוּא הָיָה אוֹמֵר הַקְדָּמָה כְּדֵי לְהִתְפָּאֵר בְּחִדּוּשֵׁי שֶׁקֶר, וַי לֵיהּ לְהַהִיא כִּסּוּפָא, דְּעָבְדִין לֵיהּ בְּנֵי מְתִיבְתָּא.

וּמִיָּד בָּא הַמְמֻנֶּה שֶׁל גֵּיהִנֹּם וְחוֹטְפוֹ עַל פִּי פְּסַק בְּנֵי מְתִיבְתָּא, דְּמוֹסְרִין אוֹתוֹ בְּיָדוֹ, וּמְקַלְעִין לֵיהּ מִתַּמָּן בְּפַעַם אֶחָד לְתַחְתִּיּוֹת שֶׁל גֵּיהִנֹּם, וְסוֹבֵל שָׁם עֳנָשִׁים קָשִׁים וּמָרִים, כִּדְאִיתָא בַּזֹּהַר פָּרָשַׁת יִתְרוֹ - כָּל מָאן דְּאָמַר בְּמִלּוּי דְּאוֹרַיְתָא מַאי דְּלָא יָדַע וְלֹא קָבִיל מִן רַבֵּיהּ - עָלָיו הַכָּתוּב אוֹמֵר [שְׁמוֹת כ, ד] - לֹא תַעֲשֶׂה לְךָ פֶסֶל וְכָל תְּמוּנָה. וְקֻדְשָׁא בְּרִיךְ הוּא זָמִין לְאִתְפָּרַע מִנֵּיהּ בְּעָלְמָא דְּאָתֵי, דְּנִשְׁמָתָא דִּילֵיהּ בָּעֵי לְמֵיעוֹל לְדוּכְתָּא וְדַחְיָן לַהּ לְבַר וְתִשְׁתֵּצֵי מֵהַהוּא אֲתָר דִּצְרוֹרָא בִּצְרוֹרָא דְּחַיֵּי דִּשְׁאָר נִשְׁמָתִין. הֲרֵי לְךָ מְבֹאָר הֶעָווֹן הֶחָמוּר וְהָעֹנֶשׁ הֶחָמוּר.

וְעַתָּה נְבָאֵר מֵעִנְיַן כַּוָּנוֹת הַתְּפִלָּה בַּזֹּהַר פָּרָשַׁת בָּלָק - יָדוּעַ, כִּי דָּוִד הַמֶּלֶךְ עָלָיו הַשָּׁלוֹם הָיָה נְעִים זְמִירוֹת וּבַעַל תְּפִלּוֹת. וְיֵשׁ לָנוּ לִלְמֹד סֵדֶר וְעִנְיַן תְּפִלָּה מִמֶּנּוּ. מָצִינוּ, לִפְעָמִים הִכְנִיס עַצְמוֹ לְכִתּוֹת שֶׁל עֲנִיִּים, כְּמוֹ שֶׁאָמַר [תְּהִלִּים פו, א] - הַטֵּה ה' אָזְנְךָ, עֲנֵנִי כִּי עָנִי וְאֶבְיוֹן אָנִי. וְלִפְעָמִים הִכְנִיס עַצְמוֹ לְכִתּוֹת שֶׁל הַחֲסִידִים, הֲדָא הוּא דִּכְתִיב [תְּהִלִּים פו, ב] - לְדָוִד, שָׁמְרָה נַפְשִׁי כִּי חָסִיד אָנִי. וְלִפְעָמִים הִכְנִיס עַצְמוֹ לְכִתּוֹת שֶׁל קְדוֹשִׁים, שֶׁמּוֹסְרִים נַפְשָׁם עַל קְדֻשַּׁת ה', הֲדָא הוּא דִּכְתִיב [תְּהִלִּים כה, א] - לְדָוִד אֵלֶיךָ ה' נַפְשִׁי אֶשָּׂא וְכוּ'.

וְהִנֵּה בְּשִׁירוֹת וְתִשְׁבָּחוֹת צָרִיךְ הָאָדָם לַעֲשׂוֹת אֶת עַצְמוֹ כְּעֶבֶד, שֶׁמְּסַדֵּר שִׁבְחוֹ שֶׁל אֲדוֹנוֹ וְקוֹנוֹ, וּבְהַגִּיעַ לְיִחוּד - שְׁמַע[37] יִשְׂרָאֵל ה' אֱלֹהֵינוּ ה' אֶחָד. יְשַׁוֵּי גַּרְמֵיהּ בַּהֲדֵי אִנּוּן דְּמָסְרֵי נַפְשַׁיְהוּ עַל קְדֻשַּׁת ה', וּבְהַגִּיעַ לִתְפִלַּת שְׁמוֹנֶה עֶשְׂרֵה, יְשַׁוֵּי נַפְשֵׁיהּ, שֶׁתְּהֵא תְּפִלָּתוֹ כְּלוּלָה בֵּין תְּפִלָּה שֶׁל עֲנִיִּים, כִּי תְּפִלַּת עָנִי הִיא קְרוֹבָה לְהִתְקַבֵּל לִפְנֵי הַקָּדוֹשׁ בָּרוּךְ הוּא יוֹתֵר מִכָּל צְלוֹתִין דְּעָלְמָא, בְּגִין דְּעָנִי צָלֵי צְלוֹתָא פָּתְחִין כָּל חַלּוֹנוֹת הָרָקִיעַ, וּתְפִלַּת הֶעָנִי מְעַטֶּפֶת כָּל תְּפִלַּת יִשְׂרָאֵל, וְלָא אָעְלִין צְלוֹתֵיהֶן דְּעָלְמָא, עַד דְּיֵעוּל צְלוֹתְהוֹן דְּעָנֵי. וְקֻדְשָׁא בְּרִיךְ הוּא אָמַר - יַעַטְפוּן כָּל צְלוֹתְהוֹן בִּצְלוֹתִין דְּעָנֵי.

וְכָל צְלוֹתִין דְּעָאלִיהָ, דָּיְנִין בֵּיהּ דִּינָא דִּלְעֵילָּא קַמֵּי קֻדְשָׁא בְּרִיךְ הוּא, אִם רְאוּיִים הֵמָּה לְהִתְקַבֵּל אוֹ לֹא. מַה שֶּׁאֵין כֵּן צְלוֹתָא דְּעָנֵי, הָעוֹמֵד בִּתְפִלָּה וּמַצִּיעַ דָּחְקוֹ וְצָרְכֵי בֵּיתוֹ וּבָנָיו וּבְנוֹתָיו הַתְּלוּיִין בּוֹ, וּמַעֲמָדוֹ הַגָּרוּעַ, אֲשֶׁר הוּא מְבַלֶּה יָמָיו בְּצַעַר וּבְצָרָה, וְהוּא מְפָרֵט הַכֹּל קַמֵּיהּ קֻדְשָׁא בְּרִיךְ הוּא. וְעֵינָיו זָלְגוּ דְּמָעוֹת דָּא הוּא צְלוֹתָא, דְּעָבִיד עֲטוּפִין לְכָל צְלוֹתִין. וְקֻדְשָׁא בְּרִיךְ הוּא בְּמַאי עָסִיק בְּהַאי שַׁעְתָּא, אָמְרִין - תְּאוּבְתֵיהּ הִיא בְּמָאנִין תְּבִירִין דִּילֵיהּ, שֶׁהֵם הָאֶבְיוֹנִים וְדַלֵּי הָעָם, דְּהֵם מָאנִין תְּבִירִין דִּילֵיהּ. וְכֻלָּם לָא יָדְעֵי מַאי דְּאִתְעֲבִיד מִצְּלוֹתָא דְּעָנֵי, שֶׁיִּשְׁפֹּךְ שִׂיחוֹ בִּדְמָעוֹת, הַמְעַטֶּפֶת כָּל צְלוֹתִין דְּעָלְמָא. וְזֶה שֶׁאָמַר הַכָּתוּב [תְּהִלִּים קב, א] - תְּפִלָּה לְעָנִי כִּי יַעֲטֹף. דְּאִיהוּ עָבִיד עֲטִיפָא לְכָל צְלוֹתֵיהוֹן דְּעָלְמָא, וְלָא עָאלִין, עַד דִּצְלוֹתֵיהּ דְּעָנֵי עָאלַת קַמֵּיהּ קֻדְשָׁא בְּרִיךְ הוּא. וְהַקָּדוֹשׁ בָּרוּךְ הוּא אָמַר - יִתְעַטְּפוּן כָּל צְלוֹתִין בִּצְלוֹתָא דָּא וְתֵיעוּל לְגַבָּאֵי. עַל כֵּן דָּוִד כָּלִיל גַּרְמֵיהּ בַּהֲדֵיהּ דְּעָנֵי, וְקָרֵי אַף נַפְשֵׁיהּ עָנִי.

וְאִם כֵּן, מִזֶּה נִלְמַד, שֶׁאִם רוֹצִים הַבְּנֵי אָדָם לְעָבִיד גַּרְמַיְהוּ תָּדִיר כְּמִסְכְּנָא צְלוֹתֵיהּ סָלִיק וּפוֹגְעָה בְּאִנּוּן צְלוֹתִין דְּמִסְכְּנִין וְאִתְחַבְּרַת בְּהוּ וְסָלְקַת בַּהֲדַיְהוּ וּבִכְלָלָא דִּלְהוֹן עָאלַת וְאִתְקַבְּלַת בִּרְעֲוָא קַמֵּיהּ מַלְכָּא קַדִּישָׁא. וּבְהַגִּיעוֹ לִתְפִלַּת בִּרְכַּת - **שְׁמַע קוֹלֵנוּ**, יְשַׁוֵּי נַפְשׁוֹ בַּהֲדַיְהוּ דַּחֲסִידַיָּא. וּפֵרוּשׁ הַדָּבָר הוּא, שֶׁיֹּאמַר וִדּוּי חֲטָאָיו בִּ**שְׁמַע קוֹלֵנוּ**, וְעַל יְדֵי וִדּוּי חֲטָאָיו נִקְרָא חָסִיד, כִּי הוּא מוֹדֶה עַל פְּשָׁעָיו וַחֲטָאָיו וּמִתְחָרֵט וּמְקַבֵּל תְּשׁוּבָה, שֶׁלֹּא לִהְיוֹת עוֹד נִמְשָׁךְ אַחַר דְּרָכִים מְקֻלְקָלִים, שֶׁהֵן בָּאִים מִצַּד שְׂמֹאל, כִּי אִם לְדַבֵּק בִּימִינָא עִלָּאָה, דְּאִיהוּ אִקְרֵי חֶסֶד.

וְעִקַּר וִדּוּי הוּא בִּהְיוֹתוֹ פּוֹרֵט כָּל חֲטָאָיו שֶׁעָשָׂה, וְלֵב הוּא יוֹדֵעַ מָרַת נַפְשׁוֹ וְיוֹדֵעַ מַה שֶּׁפָּגַם וְחָטָא בִּנְעוּרָיו, וּבְיָמִים הַבֵּינוֹנִים, וּבִימֵי הַזִּקְנָה. וְיִתְוַדֶּה וִיפָרֵשׁ חֲטָאָיו, כִּי עַל יְדֵי פְּרִישׁוּת וּפְרִיטַת חֲטָאָיו נִסְתַּלֵּק הַמְקַטְרֵג מֵעָלָיו, שֶׁהֲרֵי הוּא מוֹדֶה בְּעַצְמוֹ. וְאַף אִם נִשְׁכְּחוּ מִמֶּנּוּ כַּמָּה חֲטָאִים, שֶׁבַּעֲבוּר כֵּן לֹא פֵּרֵשׁ אוֹתָם בַּוִּדּוּי, אַל יִדְאַג בִּשְׁבִיל כֵּן, הוֹאִיל

[37] דברים ו ד

שֶׁשָּׁכַח, כִּי גַּם הֵם נִמְשָׁכִין אֲבַתְרַיְהוּ דְּאִנּוּן דְּהִתְוַדָּה עֲלֵיהֶם, וְכַפָּרָה אַחַת לְכֻלָּם. אָכֵן בִּהְיוֹתוֹ מַאֲרִיךְ בְּוִדּוּי חֲטָאָיו לְפָרְטָם בִּ**שְׁמַע קוֹלֵנוּ**, יִתְמַשֵּׁךְ עַל יְדֵי כָּךְ, שֶׁלֹּא יוּכַל לוֹמַר קְדֻשָּׁה עִם הַצִּבּוּר. עַל כֵּן כָּתְבוּ בַּעֲלֵי מוּסָר לְהִתְוַדּוֹת בְּקָצָרָה, וְכֹה יֹאמַר - רִבּוֹן הָעוֹלָמִים, הָרַע בְּעֵינֶיךָ עָשִׂיתִי. עֲשֵׂה נָא לְמַעַן שִׁמְךָ הַגָּדוֹל, שֶׁתְּמַלֵּא נָא בְּרַחֲמֶיךָ הָרַבִּים כָּל הַפְּגִימוֹת, שֶׁפָּגַמְתִּי בְּשֵׁמוֹתֶיךָ הַקְּדוֹשִׁים מִנְּעוּרַי עַד הַיּוֹם הַזֶּה. סְלַח לִי, מְחַל לִי, כַּפֵּר נָא לִי, כִּי אַתָּה שׁוֹמֵעַ תְּפִלָּה וְכוּ'. וְהַקָּדוֹשׁ בָּרוּךְ הוּא הוּא יוֹדֵעַ כַּוָּנַת הַלֵּב, בְּוַדַּאי יִהְיֶה לוֹ כַּפָּרָה עַל כָּל עֲווֹנוֹתָיו. וְסִיֵּם שָׁם בַּזֹּהַר - תְּנַן, בְּהַהוּא שַׁעְתָּא דְּסַדַּר בַּר נָשׁ כָּל הָנֵי סִדּוּרִין אַרְבַּע בְּכַוָּנַת הַלֵּב, נַיְחָא מְאֹד קַמֵּיהּ קֻדְשָׁא בְּרִיךְ הוּא, וּפָרֵשׂ יְמִינָא עֲלֵיהּ וְאוֹמֵר עָלָיו - עַבְדִּי יִשְׂרָאֵל אֲשֶׁר בְּךָ אֶתְפָּאֵר.

אָמְנָם עוֹד צָרִיךְ שֶׁתֵּדַע תּוֹעֶלֶת לְקַבָּלַת הַתְּפִלָּה שֶׁתִּהְיֶה בְּצִבּוּר, וְכִדְאִיתָא שָׁם בַּזֹּהַר, דְּאָמְרוּ רַבּוֹתֵינוּ זִכְרוֹנָם לִבְרָכָה בְּמַסֶּכֶת בְּרָכוֹת - מִי שֶׁרָגִיל לָבוֹא לְבֵית הַכְּנֶסֶת לְהִתְפַּלֵּל עִם הַצִּבּוּר בְּכָל יוֹם, וּפַעַם אַחַת לֹא בָא, הַקָּדוֹשׁ בָּרוּךְ הוּא הוּא שׁוֹאֵל עָלָיו [יְשַׁעְיָה נ, י] - מִי בָכֶם יְרֵא ה' אֲשֶׁר הָלַךְ חֲשֵׁכִים, וְאֵין נֹגַהּ לוֹ. אִם לִדְבַר מִצְוָה הָלַךְ, נֹגַהּ לוֹ, וְאִם לִדְבַר הָרְשׁוּת הָלַךְ, אֵין נֹגַהּ לוֹ. וְקָשֶׁה, לָמָּה אָמַר הַקָּדוֹשׁ בָּרוּךְ הוּא דַּוְקָא בְּזֶה הַלָּשׁוֹן - **חֲשֵׁכִים וְאֵין נֹגַהּ לוֹ**, זֶה הוּא הָעִנְיָן - כִּי בַּעֲווֹנוֹתֵינוּ, בַּגָּלוּת הַמַּר הַזֶּה, הַקְּלִפּוֹת הֵן מַבְדִּילִין בֵּינֵינוּ לְבֵין הַשָּׁמַיִם. אַף שֶׁהַחַלּוֹנוֹת פְּתוּחִים לְמַעְלָה אָמְנָם, הַקְּלִפּוֹת מַבְדִּילִין וְעוֹשִׂין הַפְסָקָה וּמְחִצָּה, בְּשָׁלֹשׁ זְמַנִּים בַּיּוֹם שֶׁהֵם פּוֹרְחִים לְהָרֵי חֹשֶׁךְ לַוַּעַד שֶׁלָּהֶם לַעֲשׂוֹת כְּנוּפְיָה שֶׁל טֻמְאָה, וְעִרְבּוּבִים שִׁקּוּצִים וְגִלּוּלִים וְתוֹעֵבָה הֵמָּה, וְאָז עַל יָדָם מַחְשִׁיכִים וּמַבְדִּילִים בִּזְמַנִּים אֵלּוּ, הָאוֹר אֲשֶׁר דֶּרֶךְ חַלּוֹנוֹת מֵאִיר וְנוֹצֵץ.

וּבִזְמַנִּים אֵלּוּ כִּוְּנוּ קַדְמוֹנִים זִכְרוֹנָם לִבְרָכָה לִקְבּוֹעַ שָׁלֹשׁ תְּפִלּוֹת, הַקְּבוּעִים בְּכָל יוֹם, שֶׁהֵן שַׁחֲרִית, מִנְחָה עַרְבִית. שֶׁבְּבוֹאָתָן שְׁלֹשָׁה זְמַנִּים אֲוִירָא דִּרְקִיעַ פָּנוּי מֵחֲמַת הַקְּלִפּוֹת, שֶׁכְּבָר עָבְרוּ וְחָלְפוּ לִמְקוֹם טֻמְאָה כַּנִּזְכָּר. וְיִשְׂרָאֵל, עַמָּא קַדִּישָׁא, עָיְלִין לְבֵי כְּנִשְׁתָּא לְהִתְפַּלֵּל, וְחַלּוֹנוֹת עִלָּאִין נְהִירִין פְּתִיחִין, וְהָאוֹר דִּילְהוֹן נָפִיק, וְשָׁרְיָן נְהוֹרִין עַל בָּתֵּי כְּנֵסִיּוֹת בְּרֵישַׁיְהוֹן דִּצְלָאָן צְלוֹתֵיהּ, וּמִתְפַּלְגִין נְהִירִין עַל רֵישַׁיְהוּ. וְקֻדְשָׁא בְּרִיךְ הוּא שָׁאִיל עַל הַהוּא דְּלָא אִשְׁתְּכַח תַּמָּן וְאָמַר - חֲבָל עַל הַאי פְּלַנְיָא, דַּהֲוָה רָגִיל הָכָא, וְהַשְׁתָּא אֵינוֹ בְּכָאן, וְלֵית לֵיהּ חוּלְקָא בְּהַהוּא נְהוֹרָא, דְּנָהִיר עַל רֵישַׁיְהוֹן דִּמְצַלִּין, וְאֵין נֹגַהּ לוֹ כַּמָּה דְּשָׁרְיָן נְהוֹרָא עַל אָחֳרָנִין, וְכַמָּה טוֹבוֹת אִתְעֲבַר מִנֵּיהּ. וְנִרְאֶה, דְּעַל זֶה מְסַיֵּם - יִבְטַח בְּשֵׁם ה'. וְאָמְרוּ רַבּוֹתֵינוּ זִכְרוֹנָם לִבְרָכָה, דַּהֲוָה לוֹ לִבְטֹחַ בְּשֵׁם ה', כִּי בְּזֶה שֶׁיְּהַלֵּךְ לִדְבַר הָרְשׁוּת לְמַשָּׂא וּמַתָּן בְּעֵת הַקָּבוּעַ לִתְפִלָּה, הֲלֹא עַל יְדֵי שֶׁהוּא מִתְיָרֵא, שֶׁיַּעֲבֹר וְיַחֲלֹף מִמֶּנּוּ הַמַּשָּׂא וּמַתָּן שֶׁל אוֹתָהּ שָׁעָה, הַקָּבוּעַ לְהִתְפַּלֵּל בְּצִבּוּר, וְלֹא נָכוֹן הוּא, כִּי הָיָה לוֹ לִבְטֹחַ בְּשֵׁם

ה', שֶׁיַּעֲמִיד לוֹ רֶוַח מִמָּקוֹם אַחֵר.

וְעַתָּה בְּוַדַּאי הוּא מִפְּנֵי שֶׁאֵין לוֹ בִּטָּחוֹן בְּהַקָּדוֹשׁ בָּרוּךְ הוּא, אֲשֶׁר הוּא זָן וּמְפַרְנֵס מִקַּרְנֵי רְאֵמִים וְעַד בֵּיצֵי כִנִּים, וְנוֹתֵן הַשְׁגָּחָתוֹ עַל נִכְסֵיהוֹן דְּאִנְשֵׁי, הַהוֹלְכִים לִדְבַר מִצְוָה. וְכִדְאִיתָא בִּירוּשַׁלְמִי דְּפֵאָה - מַעֲשֶׂה בְּאֶחָד, שֶׁהִנִּיחַ אֶת כָּל תְּבוּאָה שֶׁלּוֹ וְהָלַךְ לַעֲלוֹת לִירוּשָׁלַיִם לְקִיּוּם מִצְוַת רְאִיָּה, וְלֹא הִנִּיחַ שׁוּם שׁוֹמֵר אֵצֶל הַתְּבוּאָה, וּכְשֶׁבָּא מִירוּשָׁלַיִם מָצָא אֲרָיוֹת, שֶׁהָיוּ מְסוֹבְבִים אֶת הַתְּבוּאָה.

וְעוֹד הוּבָא מַעֲשֶׂה שָׁם בְּאֶחָד, שֶׁהָלַךְ לָרֶגֶל לִירוּשָׁלַיִם, וְשָׁבִיק בֵּיתוֹ פָּתוּחַ מֵחֲמַת טִרְדוֹת הִלּוּךְ הָרֶגֶל. וְאַחַר כָּךְ כְּשֶׁשָּׁב לְבֵיתוֹ, הָיָה מוֹצֵא נְחָשִׁים סוֹבְבִים סְבִיבוֹת הַדֶּלֶת וְהַבַּיִת, בְּעִנְיָן שֶׁלֹּא הָיָה בְּאֶפְשָׁרוּת לְשׁוּם אָדָם לִפְתֹּחַ הַדֶּלֶת וְלִכָּנֵס לְבֵיתוֹ.

רַבִּי פִּנְחָס מִשְׁתָּעֵי - עֻבְדָּא הֲוֵי בִּתְרֵין אַחִים בְּאַשְׁקְלוֹן, דַּהֲוֵי לֵיהּ שְׁכֵנִים רָעִים מֵאֻמּוֹת הָעוֹלָם. אָמְרוּ - הִנֵּה בְּקָרוֹב יַעֲלוּ אִנּוּן יְהוּדָאִין לָרֶגֶל לִירוּשָׁלַיִם, וַאֲנַן נִסְּבִין כָּל אֲשֶׁר לָהֶם. וּכְשֶׁהָלְכוּ לַעֲלוֹת לָרֶגֶל, זִמֵּן הַקָּדוֹשׁ בָּרוּךְ הוּא מַלְאָכִים בִּדְמוּת אֲנָשִׁים, שֶׁיּוֹצְאִים וְנִכְנָסִין לְבֵית רַבִּי פִּנְחָס. וּכְשֶׁבָּאוּ מִירוּשָׁלַיִם, רָאוּ אוֹתָן הַשְּׁכֵנִים וְיָצְאוּ לִקְרָאתָם וְשָׁאֲלוּ לָהֶם לְשָׁלוֹם וְאָמְרוּ - מָאן שְׁבַקְתּוּן בְּבֵיתְכוֹן, אָמַר לָהֶם - לֹא שׁוּם בַּר אֱנָשׁ. אָמְרוּ הַשְּׁכֵנִים - בְּרִיךְ רַחֲמָנָא הוּא אֱלָהֲהוֹן דִּיהוּדָאִין, דְּלָא שָׁבְקִין וְלָא יִשְׁבֹּק לְהוֹן.

הֲרֵי לְךָ גֹּדֶל הַהַשְׁגָּחָה, שֶׁמַּשְׁגִּיחַ ה' יִתְבָּרַךְ בָּרוּךְ הוּא עַל כָּל הַבּוֹטְחִים בְּחַסְדּוֹ יִתְבָּרַךְ, וְאֵינָם עוֹזְבִים מִצְוָה בִּשְׁבִילוֹ, וְהַקָּדוֹשׁ בָּרוּךְ הוּא נוֹתֵן אַגְר טָב בִּשְׂכָרָן. בָּרוּךְ הוּא וּבָרוּךְ שְׁמוֹ, הַנּוֹתֵן מִחְיָה וְכַלְכָּלָה לְעַמּוֹ יִשְׂרָאֵל.

פרק כח

בַּאֲשֶׁר כִּי הַרְבֵּה מִכְשׁוֹלוֹת בָּאִים לִבְנֵי אָדָם מֵחֲמַת שֶׁהֵן מְמֻחְסְרֵי הַבִּטָּחוֹן, וְאֵינָן בּוֹטְחִים בְּהַקָּדוֹשׁ בָּרוּךְ הוּא, עַל כֵּן נָצִיג לְךָ כַּמָּה אַזְהָרוֹת בָּזֶה, מִכְשׁוֹל הָרִאשׁוֹן, הַמָּצוּי בֵּין בַּעֲלֵי מִחְיוֹת - בִּרְאוֹתָם כִּי נִתְמַעֵט הַמִּחְיָה, אֵינָם רוֹצִים לְקַבֵּל בְּאַהֲבָה וּבְחִבָּה גְּזֵרוֹת הַקָּדוֹשׁ בָּרוּךְ הוּא לִהְיוֹת נֶחְשָׁב לוֹ לְכַפָּרַת עָוֹן, וְהַכֹּל בִּידֵי שָׁמַיִם מִתְחַכְּמִים נֶגֶד גְּזֵרַת ה' יִתְבָּרֵךְ בָּרוּךְ הוּא, וְעוֹשִׂין פְּעֻלּוֹת עַל יְדֵי כְּשׁוּפִים הַפּוֹרְחִים בָּאֲוִיר, כִּי חֵטְא גָּדוֹל הוּא זֶה, כַּאֲשֶׁר נְבָאֵר בְּעֶזְרַת ה'.

וְהִנֵּה בָּלָק בֶּן צִפּוֹר עָשָׂה כְּשָׁפִים נֶגֶד יִשְׂרָאֵל עַל יְדֵי צִפּוֹר, שֶׁשְּׁמוֹ יָדוּעַ לְבַעֲלֵי מְכַשְּׁפִים, שֶׁפּוֹעֲלִים הַכִּשּׁוּף, וּלְכָךְ הָיָה נִקְרָא בֶּן צִפּוֹר, וְשָׁלַח אוֹתוֹ אֶל מָקוֹם מְקוֹר הַטֻּמְאָה שֶׁל כִּשּׁוּף, שֶׁיּוֹדִיעַ לוֹ מַה לַּעֲשׂוֹת נֶגֶד יִשְׂרָאֵל. וּכְשֶׁחָזַר הַצִּפּוֹר אֵלָיו, רָאָה חַד שַׁלְהוּבָא דְּנוּרָא, דְּשָׁט בַּתְרֵיהּ וְאוֹקִיד גַּדְפּוֹי. כְּדֵין נָפַל עָלָיו אֵימָה וַחֲרָדָה גְּדוֹלָה, וְשָׁלַח בָּלָק אֶל בִּלְעָם בֶּן בְּעוֹר אֲשֶׁר הוּא מְשֹׁרָשׁ בְּטֻמְאַת הַכִּשּׁוּף.

וְהִנֵּה רָאשֵׁי וּמְקוֹרֵי הַכִּשּׁוּף הוּא עוּזָא וַעֲזָאֵל, אֲשֶׁר הָיוּ מְקַטְרְגִים נֶגֶד בְּרִיאַת הָאָדָם, וְהִפִּילָם הַקָּדוֹשׁ בָּרוּךְ הוּא לָאָרֶץ, וְאָז נִדְבְּקוּ בָּהֶם עִרְבּוּבְיָה שֶׁל זֻהֲמַת הַנָּחָשׁ, וְנָתְנוּ עֵינֵיהֶם בִּבְנוֹת הָאָרֶץ, וְהָלְכוּ אַחֲרֵי זְנוּת. וְרָאָה הַקָּדוֹשׁ בָּרוּךְ הוּא שֶׁמַּתְחִילִים לְהַטְעוֹת אֶת הַבְּרִיּוֹת, קָשַׁר לְהוֹן הַקָּדוֹשׁ בָּרוּךְ הוּא בְּשַׁלְשְׁלָאוֹת דְּפַרְזְלָא בְּהַדֵי הָרֵי חֹשֶׁךְ, וְשָׁם הֵם יוֹשְׁבִים.

עוּזָא אַרְגִּיז לְהַקָּדוֹשׁ בָּרוּךְ הוּא בְּשַׁעְתָּא דְקָשִׁיר לֵיהּ בְּשַׁלְשְׁלָאוֹת, עַל כֵּן אַפִּיל לֵיהּ בְּעֻמְקָא דְּטוּרָא עַד קְדָלֵיהּ, וְרָמֵי חֲשׁוֹכָא בְּאַנְפּוֹי, וַעֲזָאֵל, דְּלָא אִתְקִיף וְאַרְגִּיז קַמֵּי הַקָּדוֹשׁ בָּרוּךְ הוּא בְּשַׁעְתָּא דְקָשִׁיר לֵיהּ, הוֹשִׁיבוֹ אֵצֶל עוּזָא, אֲבָל לֹא רָמֵי חֲשׁוֹכָא בְּאַנְפּוֹי, וְנָהִיר לֵיהּ מֵחֲשׁוֹכָא.

וְעַל כֵּן עוּזָא, שֶׁהִפִּילוֹ הַקָּדוֹשׁ בָּרוּךְ הוּא בַּחֹשֶׁךְ הַנִּזְכָּר, נִקְרָא נוֹפֵל, וַעֲזָאֵל, דְּנָהִיר לֵיהּ חֲשׁוֹכָא, נִקְרָא גְּלוּי עֵינַיִם, וְאִנּוּן הָרֵי חֹשֶׁךְ אִקְרוּן הַרְרֵי קֶדֶם בְּגִין דַּחֲשׁוֹכָא אַקְדִּים לִנְהוֹרָא, וּמֵרֹאשׁ בְּרִיאַת הָאוֹר הָיָה חֹשֶׁךְ.

וּבְכָל יוֹם הָיָה בִּלְעָם הָרָשָׁע אֶצְלָם לִלְמֹד מֵהֶם שְׁמוֹת הַטֻּמְאָה וּכְשָׁפִים, וְזֶה שֶׁאָמַר הַכָּתוּב - מִן[38] אֲרָם יַנְחֵנִי בָלָק מֶלֶךְ מוֹאָב מֵהַרְרֵי קֶדֶם לְכָה אָרָה לִּי יַעֲקֹב וּלְכָה זֹעֲמָה יִשְׂרָאֵל. נְאֻם[39] הַגֶּבֶר אֲשֶׁר מַחֲזֵה שַׁדַּי יֶחֱזֶה נֹפֵל וּגְלוּי עֵינָיִם. וְקֹדֶם שֶׁלָּמַד בִּלְעָם הַכִּשּׁוּף, הֻצְרַךְ לְטַמֵּא אֶת עַצְמוֹ בְּהַרְבֵּה מִינֵי טֻמְאוֹת, וְשָׁכַב גַּם עִם אֲתוֹנוֹ, כִּי כֵן דֶּרֶךְ הַלּוֹמְדִים כִּשּׁוּף, צְרִיכִים לְטַמֵּא אֶת עַצְמוֹ וְלִשְׁכַּב עִם הַבְּהֵמָה. וְלָכֵן נִסְמְכָה בַּתּוֹרָה -

[38] במדבר כג ז

[39] במדבר כד ד

כָּל[40] שׁוֹכֵב עִם בְּהֵמָה מוֹת יוּמָת. מְכַשֵּׁפָה[41] לֹא תְחַיֶּה. כִּי שֹׁרֶשׁ מְקוֹר כְּשָׁפִים הוּא הַכֹּל עַל פִּי טֻמְאוֹת גְּדוֹלוֹת בַּר מִנַּן, וּתְחִלַּת כָּל דָּבָר, מִי שֶׁרוֹצֶה לֵילֵךְ אֶל הָרֵי הַחֹשֶׁךְ, צָרִיךְ לְהָכִין עַצְמוֹ לַעֲשׂוֹת קְטֹרֶת, שֶׁיַּקְטִיר לִפְנֵי עוּזָּא וַעֲזָאֵל, וּבְזֶה הַקְּטֹרֶת עָשָׂה אוֹתָן אֱלֹהוּת, וְהוּא פֵּרֵשׁ עַצְמוֹ מֵעֲבוֹדוֹת הַקָּדוֹשׁ בָּרוּךְ הוּא, וְלֹא לִהְיוֹת לוֹ כְּלָל חֵלֶק בִּקְדֻשָּׁה, כִּי אִם לִהְיוֹת מְשֻׁעְבָּד וְעֶבֶד תַּחַת הַסִּטְרָא אָחֳרָא, כִּי כָּךְ הוּא אוֹמֵר וּמְקַבֵּל עָלָיו בִּשְׁעַת הַקְּטָרָה.

וּבַמָּה עוֹשֶׂה קְטָרְתּוֹ, נוֹטֵל חִוְיָא חֲדָא וּבָזַע אֶת רֹאשָׁהּ, וְנוֹטֵל הַלָּשׁוֹן, וְנוֹטֵל עֲשָׂבִים יְדוּעִים וּמַקְטִיר, זֶה קְטֹרֶת אֶחָד. אַחַר כָּךְ חוֹתֵךְ רֹאשׁ הַנָּחָשׁ לְאַרְבָּעָה חֲלָקִים, וּמִמֶּנּוּ עוֹשֶׂה קְטֹרֶת שֵׁנִי. וְאֵלּוּ שְׁנֵי קְטֹרֶת נוֹטֵל בְּיָדַיִם, וְאָזִיל לְאִנּוּן הָרֵי חֹשֶׁךְ. וּמִיָּד כְּשֶׁמַּגִּיעַ לְרֵישׁ טוּרָא, חָמֵי לֵיהּ עֲזָאֵל הַהוּא, דְּאִקְרֵי **גְּלוּי עֵינַיִם**. מִיָּד אָמַר לְעוּזָּא - כְּדֵין יַהֲבִין קָלָא וּמִתְכַּנְּשִׁין גַּבַּיְהוּ נְחָשִׁים גְּדוֹלִים דִּמְתוּקָּדָן וְסָתְרֵי לוֹן וְהֵם שׁוֹלְחִין חַיָּה קְטַנָּה לְקַבֵּל הַאי בַּר נָשׁ, וְהִיא כְּמִין שׁוּנְרָא, וְרֵישֵׁיהּ כְּרֵישֵׁיהּ דְּחִוְיָא, וּתְרֵין זַנְבִין בַּהּ, וִידָהָא וְרַגְלָהָא זְעִירִין. בַּר נָשׁ דְּחָמוּי לֵיהּ חָפוּי אַנְפּוֹי וּמַקְטִיר לְפָנֶיהָ קְטֹרֶת חַד, שֶׁלֹּא זָכַרְנוּ לְמַעְלָה, וְהִיא קְטֹרֶת הַשְּׁלִישִׁי, שֶׁנּוֹטֵל תַּרְנְגוֹל לָבָן וְשׂוֹרְפוֹ, וּבָזֶה מַרְאֶה הַכְנָעָה וְשִׁעְבּוּד לִפְנֵי שֵׁד זֶה, אֲשֶׁר רֹאשׁוֹ כְּמִין נָחָשׁ, וְגוּפוֹ כְּמִין חָתוּל, וְחַיָּה זוֹ אָזְלַת עִמֵּיהּ עַד דְּמָטֵי לְגַבֵּיהּ רֵישָׁא וְשַׁלְשֶׁלֶת שֶׁל בַּרְזֶל, וְהַאי רֵישָׁא דְּשַׁלְשֶׁלֶת נָעִיץ בְּאַרְעָא, וּמָטוּ עַד תְּהוֹמָא. וְתַמָּן בִּתְהוֹמָא חַד עַמּוּדָא, וְהוּא נָעִיץ בִּתְהוֹמָא תַּתָּאָה, וּבְהַהוּא עַמּוּדָא אִתְקְשַׁר רֵישָׁא דְּשַׁלְשְׁלָאי. כַּד מָטֵי בַּר נָשׁ לְתַמָּן בָּטַשׁ בַּהּ תְּלָתָא זִמְנִין, וְאִנּוּן קַדְמָן לֵיהּ וּכְדֵין כָּרַע וְסָגִיד עַל בִּרְכּוֹי, וְעֵינָיו סְתוּמִין עַד דְּמָטוּ גַּבַּיְהוּ. כְּדֵין מוֹשִׁיבִין אוֹתוֹ לְקַמַּיְהוּ בְּתוֹךְ הָעִגּוּל, וְהַנְּחָשִׁים מְסוֹבְבִים אוֹתוֹ, וּפְתַח עֵינוֹי וְחָמוּ לוֹן עוּזָּא וַעֲזָאֵל, וְנָפַל עַל אַנְפּוֹי וּמִשְׁתַּחֲוֶה לְנֶגְדָּם, וּמַקְטִיר לִפְנֵיהֶם הַקְּטֹרֶת הַנִּזְכֶּרֶת לְעֵיל, וּמְקַבֵּל אוֹתָן לֶאֱלוֹהַּ וּפוֹרֵשׁ מֵעֲבוֹדַת הַבּוֹרֵא בָּרוּךְ הוּא, וְהוּא עוֹבֵד לֶאֱלֹהִי"ם אֲחֵרִים דְּסִטְרָא אָחֳרָא.

וְאַחַר כָּךְ מְלַמְּדִין אוֹתוֹ כְּשָׁפִים וּקְסָמִים וּנְחָשִׁים, וְיָתִיב גַּבַּיְהוּ חֲמִשִּׁים יוֹם, וְכַד מָטֵי זִמְנֵיהּ לֵילֵךְ לְאוֹרְחֵיהּ, אָז אוֹתוֹ שֵׁד, שֶׁהוּא בִּדְמוּת חָתוּל, וְכָל אִנּוּן חִוְיָן אָזְלִין קַמֵּיהּ, עַד דְּנָפִיק מִן הָרֵי חֹשֶׁךְ. וְכָל עִנְיְנֵי טֻמְאַת כִּשּׁוּפִין מִתְהַוִּים מֵעֻמְקָא דִּתְהוֹמָא, וְלָכֵן פּוֹעֲלִים הַמְכַשְּׁפִים גַּם כֵּן עַל יְדֵם בַּצֵּל, כִּדְאִיתָא בַּזֹּהַר פָּרָשַׁת תַּזְרִיעַ - הָעוֹמְדִים בְּצֵל הַנֵּר אוֹ בְּצֵל הַלְּבָנָה וְאוֹמְרִים - הַצֵּל, מְשֻׁעְבָּדִים אֲנַחְנוּ, וּמַכְנִיסִים עַצְמָם תַּחַת הָרְשׁוּת סִטְרָא אָחֳרָא, תַּחַת רְשׁוּת עוּזָּא וַעֲזָאֵל. בְּדִבְרֵי כִּשּׁוּפָם וְנִחוּשָׁם מַשְׁבִּיעִין בִּשְׁמוֹת הַטֻּמְאָה אֶת הַצֵּל, עַד שֶׁבָּאִים רוּחוֹת, שֶׁהֵם

---

40 שמות כב יח

41 שמות כב יז

פּוֹרְחִים בָּאֲוִיר מִבְּלִי גּוּף, וְאֵין לָהֶם לְבוּשׁ, וּמִתְלַבְּשִׁים עַצְמָם בְּהַהוּא צֵל שְׁנֵי רוּחוֹת הַטֻּמְאָה, וְהוּא מִסְתַּכֵּל לְמַטָּה לְנֶגֶד הָרוּחוֹת שֶׁבַּצֵּל, וְהֵם מַגִּידִים לוֹ מַה שֶּׁשָּׁמְעוּ כְּרוּזִים הַנִּכְרָזִים בָּעוֹלָם, כִּי כָּל סִבּוֹת הָאָדָם נִכְרָזִים.

הֲרֵי לְךָ עִנְיַן טֻמְאַת הַכִּשּׁוּף, שֶׁהוּא חֵלֶק מִטֻּמְאַת אֱלֹהִי"ם אֲחֵרִים, וְכָל הַהוֹלֵךְ אַחֲרֵיהֶם וּפוֹעֵל כְּשָׁפִים - מֻכְרָח לוֹמַר, שֶׁהוּא אֵינוֹ עֶבֶד לְהַקָּדוֹשׁ בָּרוּךְ הוּא, כִּי אִם לְהַסִּטְרָא אָחֳרָא. אוֹי לוֹ וְאוֹי לְנִשְׁמָתוֹ, וְאַף אִם אֵינוֹ פּוֹעֵל בְּעַצְמוֹ הַכִּשּׁוּף, אֶלָּא אֲפִלּוּ הַמְצַוֶּה לְהַמְכַשֵּׁף לַעֲשׂוֹת כִּשּׁוּף, גַּם כֵּן מֻכְרָח הַמְכַשֵּׁף לָבוֹא אֶל הַסִּטְרָא אָחֳרָא וְהַמַּשְׁחִיתִים הַמְמֻנִּים עַל הַכִּשּׁוּף, צָרִיךְ הַמְכַשֵּׁף לוֹמַר לָהֶם בְּפֵרוּשׁ - פְּלוֹנִי זֶה שְׁלָחַנִי אֲלֵיכֶם בִּשְׁלִיחוּת, וַאֲנִי שְׁלוּחוֹ כְּמוֹתוֹ, וּבִמְקוֹמוֹ אֲנִי עוֹמֵד וּמְשַׁעְבֵּד אוֹתוֹ וּמַכְנִיס אוֹתוֹ תַּחַת הַמֶּמְשָׁלָה שֶׁלָּכֶם לִהְיוֹת עַבְדֵיכֶם, וְהוּא מְרֻצֶּה וּמַסְכִּים כָּל מַה שֶּׁתַּעֲשׂוּ. רַק בְּזֹאת יֵאוֹתוּ לוֹ, וְתַעֲשׂוּ לוֹ טוֹבָה זוֹ, כִּי נִתְמַעֵט מִחְיָתוֹ אוֹ שְׁאָר דְּבָרָיו מִסִּבּוֹת הָעוֹלָם, שֶׁמְּבַקֵּשׁ שֶׁתּוֹדִיעֵהוּ לוֹ בִּשְׁבִיל מַה בָּאתָ הַסִּבָּה וּמַה הוּא הַתְּרוּפָה. וְלִפְעָמִים מֻכְרָח הַמְכַשֵּׁף לַעֲרֹךְ שֻׁלְחָן וְלִקַּח דַּף שֶׁל עוֹרֵב שָׁחוֹר וְכָבֵד וְלֵב שֶׁל הָעוֹרֵב, שֶׁהוּא מַאֲכָל אַכְזָרִי, וּמְסַדֵּר הַשֻּׁלְחָן לִפְנֵיהֶם וּמַעֲמִיד אֵלּוּ הַמַּאֲכָלִים עַל הַשֻּׁלְחָן וּמְבַקֵּשׁ אוֹתָן שֶׁיָּבוֹא וְיִתְכַּנְּשׁוּן תַּמָּן רָאשֵׁי הַמַּשְׁחִיתִים, אֲשֶׁר הוּא מְבַקֵּשׁ, וְהוּא עוֹמֵד לִפְנֵיהֶם וּמְבַקֵּשׁ בְּעַד זֶה הָאָדָם, שֶׁבִּקֵּשׁ אֶת הַמְכַשֵּׁף לַעֲשׂוֹת לוֹ כִּשּׁוּף אֵיזֶה פְּעֻלָּה הַצָּרִיךְ לוֹ. וְעַל זֶה כָּתַב בַּזֹּהַר פָּרָשַׁת בָּלָק - וַיִּשְׁלַח[42] בָּלָק מַלְאָכִים אֶל בִּלְעָם בֶּן בְּעוֹר פְּתוֹרָה. רָצָה לוֹמַר - דִּמְסַדְּרִין פְּתוֹרָה לְקָדָמֵיהוֹן וּלְהַקְטִיר לָהֶם אֵיזֶה מִין קְטֹרֶת, וּבָאִים הַמַּשְׁחִיתִים וְאוֹדְעִין לוֹן מַה דְּאִנּוּן בָּעְיָן.

וְסוֹף הָאָדָם, זֶה שֶׁרוֹצֶה לַעֲשׂוֹת כִּשּׁוּף, בִּשְׁעַת פְּטִירָתוֹ בָּאִין אֵלּוּ הַמַּשְׁחִיתִים עִם כָּל הַסִּטְרָא אָחֳרָא לְקַבֵּל אֶת הַנְּשָׁמָה דִּילֵיהּ וְאָמְרִין - דִּין הוּא מִכַּת שֶׁלָּנוּ, וְכֵן אִיתָא בַּזֹּהַר פָּרָשַׁת תַּזְרִיעַ וְזֶה לְשׁוֹנוֹ - הַהוּא בַּר נָשׁ נָפִיק מֵרְשׁוּת דְּמָארֵיהּ וּפִקְדוֹנֵי דִּילֵיהּ יְהֵיב לְסִטְרָא אָחֳרָא מְסָאֲבָא, רַחֲמָנָא לִצְלָן וְכוּ'. עַיֵּן שָׁם.

עַל כֵּן אֲנִי מַזְהִיר לְאוֹתָן אֲנָשִׁים אוֹ נָשִׁים, שֶׁהֵן נִכְשָׁלִים בְּעָוֹן זֶה, לַעֲזֹב אֶת הֶעָוֹן וּלְהָסִיר הַמִּכְשׁוֹל הַזֶּה, וְיִתְחָרֵט עַל הֶעָבַר, וְעַל לְהַבָּא תִּזְעַק נַפְשׁוֹ לִפְנֵי מֶלֶךְ מַלְכֵי הַמְּלָכִים הַקָּדוֹשׁ בָּרוּךְ הוּא, לְהוֹצִיאוֹ מִתַּחַת יְדֵי הָאֲרוּרִים הַמַּשְׁחִיתִים וּמַזִּיקִים הָאֵלּוּ, אֲשֶׁר בַּעֲבוּר הֶעָוֹן זֶה נִכְנַס תַּחַת רְשׁוּתָם. וְעַל כֵּן צָרִיךְ הָאָדָם לִבְכּוֹת בְּכִיָּה גְּדוֹלָה עַל עָוֹן זֶה, וּמִכֹּחַ אוֹתָן דְּמָעוֹת תִּשָּׁבֵר וְתִמָּגֵר חֹזֶק הַמַּשְׁחִיתִים, וְיִהְיֶה נֶחֱלָשׁ כֹּחָם בְּכָל יוֹם וָיוֹם בַּעֲבוּר הַדְּמָעוֹת, עַד כִּי לֹא יִשָּׁאֵר רֹשֶׁם שֶׁל

[42] במדבר כב ה

זֶה הַחֵטְא. תָּמִים[43] תִּהְיֶה עִם ה' אֱלֹהֶיךָ. בְּכָל עִנְיָנֶיךָ, בְּכָל סִבָּה, חַס וְשָׁלוֹם, שְׂאוּ[44] מָרוֹם עֵינֵיכֶם. לְעוֹרֵר רַחֲמָיו וַחֲסָדָיו יִתְבָּרֵךְ בִּתְשׁוּבָה וּתְפִלָּה וּצְדָקָה, וְאַל יַשִּׁיא לִבְּךָ אוֹתְךָ בִּרְאוֹתְךָ רַבִּים הָלְכוּ אַחַר כְּשׁוּפִים וְהִצְלִיחוּ. אוֹי לְאוֹתוֹ הַצְלָחָה וְאוֹי לְאוֹתוֹ הַטּוֹבָה, הַבָּא עַל יְדֵי כִּשּׁוּף, כִּי מְהֵרָה כֶּעָשָׁן תִּכְלֶה, וְהֶעָוֹן חָקוּק וְרָשׁוּם וְקַיָּם לְהֵעָנֵשׁ עֲבוּרוֹ בָּעֳנָשִׁים קָשִׁים וּמָרִים.

רְאֵה מַה דְּאִיתָא בַּזֹּהַר, פָּרָשַׁת תַּזְרִיעַ - רַבִּי יִצְחָק הָלַךְ לְבֵית אָבִיו וְרָאָה אָדָם אֶחָד, שֶׁהָלַךְ וְנָטָה חוּץ לַדֶּרֶךְ בְּמַשָּׂא עֵצִים עַל כְּתֵפָיו. אָמַר לֵיהּ - שָׁרְטָא דְקִסְתָּא [פֵּרוּשׁ - קָנִים שֶׁל עֵצִים] בְּכִתְפָךְ - אַמַּאי, לָא אָמַר לֵיהּ מִידֵי. אָזִיל בַּתְרֵיהּ, חָמָא דְעָיֵל בִּמְעַרְתָּא חֲדָא. אָעַל אֲבַתְרֵיהּ, חָמָא קְטִירָא דִתְנָנָא, דַּהֲוֵי סָלִיק תְּחוֹת אַרְעָא, וְעָאַל הַאי בַּר נָשׁ לְנוּקְבָא חֲדָא, דַּהֲוֵי זְעֵירָא, וְאִתְכַּסְיָה מִנֵּיהּ.

דָּחִיל רַבִּי יִצְחָק וְנָפַק לְפוּם מְעַרְתָּא. עַד דַּהֲוֵי יָתִיב, עָבְרוּ גַּם כֵּן רַבִּי יְהוּדָה וְרַבִּי חִזְקִיָּה. חָמוּ לוֹן וְקָרִיב לְגַבַּיְהוּן. סָח לוֹן עֻבְדָּא. אָמַר רַבִּי יְהוּדָה - בָּרוּךְ רַחֲמָנָא דְּשֵׁזְבָךְ. הַאי מְעַרְתָּא דִּסְגִירֵי מֵעִיר סְרוֹנְיָא יוֹשְׁבִים תַּמָּן, וְכָל יוֹשְׁבֵי הַאי קַרְתָּא הֵן מְכַשְּׁפִים גְּדוֹלִים, וְאַתְיָן לְמַדְבְּרָא וְצַדְיָן נְחָשִׁים חַיִּין אוּכְמָן דְּאִנּוּן בְּנֵי עֲשָׂרָה שְׁנִין אוֹ יוֹתֵר, וְעוֹשִׂין בָּהֶם חַרְשִׁין. וְלָא מְנַטֵּר מִנַּיְהוּ, וְנוֹטְלִים בַּיָּדַיִם, וְעַל יְדֵי כָּךְ נַעֲשִׂים מְצֹרָעִים, וְאִתְעֲבִידוּ סְגִירִין, וְכָל זִינֵי חַרְשִׁין דִּלְהוֹן בְּהַהוּא מְעַרְתָּא אִנּוּן. אָזְלֵי.

עַד דַּהֲוֵי אָזְלֵי, פַּגְעֵי בְּחַד בַּר נָשׁ, דַּהֲוֵי אַתְיָא, וּבְרֵיהּ הֲוֵי חוֹלֶה קְטִיר עַל חֲמוֹרָא. אָמְרוּ לֵיהּ - מָאן אַתְּ, אָמַר לָהֶם - יְהוּדַאי אֲנִי, וְדָא הוּא בְּנִי, דְּאִיהוּ קָשִׁיר עַל הַחֲמוֹר. אָמְרוּ לֵיהּ - אַמַּאי הוּא קָשׁוּר, אָמַר לָהֶם - דִּיוּרָא הוּא בְּחַד כְּפָר מִבְּנֵי רוֹמִי, וַהֲוֵי בְּרִי אָלִיף אוֹרַיְתָא בְּכָל יוֹמָא, וַהֲוֵי אַהֲדַר לְבֵיתָאִי וְלָעֵי לוֹן אִנּוּן מִלִּין וְשָׁלֹשׁ שָׁנִים הֲוֵי דִּיוּרָא בְּהַהוּא בֵּיתָא, וְלָא חֲמֵינֵיהּ מִידֵי, וְהַשְׁתָּא יוֹמָא חַד עָאַל בְּרִי לְבֵיתָאִי לְאַהֲדָרָא לָן מִלִּין דְּאוֹרַיְתָא מַה שֶּׁקִּבֵּל מֵרַבּוֹ. אֶעְבַּר חַד רוּחָא קַמֵּיהּ וְנָזִיק לֵיהּ - אֶעְקָם פּוּמֵיהּ וְעֵינוֹהִי וִידוֹהִי, וְלָא יָכִיל לְמַלְלָא. וְאָתֵינָא לְגַבֵּיהּ מְעַרְתָּא הַנִּזְכָּר, דִּלְמָא יְהֵא יָלְפִין לִי מִלָּה דְּאַסְוָתָא. אָמַר לָהֶם רַבִּי יְהוּדָה - וּבְהַהוּא בֵּיתָא יָדַעַת מִן קַדְמַת דְּנָא, דְּאִתְנְזִיק בָּהּ חַד בַּר נָשׁ, וַהֲוֵי אַמְרֵי דִּמַרְעָא הֲוֵי [רָצָה לוֹמַר - דַּהֲוָה חֹלִי] וְלָא מַזִּיק, וּמִנַּיְהוּ אַמְרֵי רוּחָא דְּבֵיתֵיהּ. וּלְבָתַר אָעֲלוּ בֵּיהּ כַּמָּה בְּנֵי נָשָׁא, וְלָא אִתְנְזִיקוּ בֵּיהּ. אַמְרֵי - נֵיזִיל בַּהֲדֵי הַאי בַּר נָשׁ וְנֶחֱמֵי.

אָמַר רַבִּי יִצְחָק - אָסוּר לָן. אִי הָיָה אָזִיל לְגַבֵּיהּ גַּבְרָא רַבָּא דָּחִיל חֲטָאִין, כְּגוֹן נַעֲמָן לְגַבֵּיהּ אֱלִישָׁע - נֵיזִיל אֲבַתְרֵיהּ, וְאִם לָאו - לָא

---

[43] דברים יח יג

[44] ישעיהו מ כו

נֵיזִיל, כִּי אָסוּר לָן לְאִתְחַזָּא. בְּרִיךְ רַחֲמָנָא דְּשֵׁזִיב לָן מִנַּיְהוּ, וְהַאי בַּר נָשׁ אָסוּר לֵיהּ גַּם כֵּן לֵיזִיל לְתַמָּן. אָמַר רַבִּי יְהוּדָה - וְהָא תְּנִינָן, בַּכֹּל אָדָם מִתְרַפֵּא, חוּץ מֵעֲבוֹדָה זָרָה וַעֲצֵי אֲשֵׁרָה וְכוּ'. אָמַר לוֹ - וַדַּאי עֲבוֹדָה זָרָה אִיהִי, וְלֹא עוֹד אֶלָּא דְּהָא כְּתִיב - לֹא יִמָּצֵא בְךָ מַעֲבִיר בְּנוֹ וּבִתּוֹ בָּאֵשׁ וְגוֹ'. וְאָזְלוּ לְאוֹרְחַיְהוּ. אָזִיל הַאי בַּר נָשׁ לְהַהוּא מְעַרְתָּא הוּא וּבְרֵיהּ. שַׁדְיֵהּ לֵיהּ בִּמְעַרְתָּא. עַד דְּנָפַק אַבָּא לְקַטְרָא לַחֲמָרָא נָפִיק קְטוּרֵי דְּאֶשָּׁא וּמָחָא לֵיהּ לְרֵישֵׁיהּ וְקַטְלֵיהּ. אַדְהָכֵי אָעַל אֲבוּהָא וְאַשְׁכַּח דְּמִית בְּרֵיהּ. נָטִיל לֵיהּ וּלְחַמָרֵיהּ וְאָזִיל לְהוּ לְבָתַר.

יוֹמָא חַד פָּגַע לְרַבִּי יִצְחָק וּלְרַבִּי חִזְקִיָּה, וַהֲוֵי אָזִיל וּבָכָה קַמַּיְהוּ וְסָח לְהוּ עֻבְדָּא. אָמַר רַבִּי יִצְחָק - וְלָא זִמְנִין סַגִּיאָן אֲמִינָא לָךְ דְּאָסוּר לְמֵיהַךְ תַּמָּן, בְּרִיךְ רַחֲמָנָא, דִּי כָּל מַעְבָּדוֹהִי - קְשׁוֹט, וְאָרְחוֹתֵיהּ - דִּין. זַכָּאִין אִנּוּן צַדִּיקִים, דְּאַזְלִין בְּאוֹרְחָא קְשׁוֹט, בְּעָלְמָא הָדֵין וּבְעָלְמָא דְּאָתֵי, אֲבָל אִנּוּן דְּאַזְלִין בָּתַר טִפְּשִׁין וְכִשּׁוּפִים - וַדַּאי שֶׁסּוֹף שֶׁלָּהֶם הוּא רַע מְאֹד בְּחַיֵּיהֶן, וּמִכָּל שֶׁכֵּן אַחַר מוֹתָן, שֶׁנִּשְׁמָתָן נִדְחֵית, וְאֵינוֹ זוֹכֶה לִרְאוֹת בְּאוֹר עוֹלָם הַבָּא, וְגַם מִגּוּפָן נַעֲשֶׂה עִנְיָנִים רָעִים, כַּמְּבוֹאָר בַּזֹּהַר בְּכַמָּה מְקוֹמוֹת, וְכָאן קִצַּרְתִּי.

עַל כֵּן צָרִיךְ הָאָדָם לְהִזָּהֵר, שֶׁלֹּא יַעֲשֶׂה לוֹ אֲפִלּוּ רְפוּאָה, מַה שֶּׁנַּעֲשֶׂה עַל יְדֵי כִּשּׁוּף, כִּי מַעֲשֵׂה כִּשּׁוּף הוּא עֲבֵרָה, כְּאִלּוּ עוֹבֵד עֲבוֹדָה זָרָה. וִהַיְרֵא שָׁמַיִם יַרְחִיק מִמֶּנָּה, וְאָז טוֹב לוֹ סֶלָה.

פרק כט

וְדַע, כִּי בִּלְעָם הָרָשָׁע, כְּשֶׁרָאָה שֶׁאֵינוֹ יָכוֹל לְהָרַע לְיִשְׂרָאֵל בִּכְשָׁפָיו, כְּמוֹ שֶׁאָמַר הַכָּתוּב - מָה[45] אֶקֹּב לֹא קַבֹּה אֵ"ל. נָתַן עֵצָה לְבָלָק, שֶׁיַּפְקִיר אֶת בְּנוֹתֵיהֶם לִזְנוּת כְּדֵי לְהַכְשִׁיל אֶת יִשְׂרָאֵל, וְכַאֲשֶׁר בָּאֱמֶת נִכְשְׁלוּ וְנָפְלוּ מִיִּשְׂרָאֵל עֶשְׂרִים וְאַרְבָּעָה אֶלֶף, וְאַחַר כָּךְ הָלַךְ בִּלְעָם לִטֹּל שְׂכָרוֹ מִבָּלָק, בָּא פִּנְחָס וְרָאָה אֶת בִּלְעָם בְּמִלְחֶמֶת מִדְיָן פּוֹרֵחַ בָּאֲוִיר, רָמָא פִּנְחָס קָלָא לִבְנֵי חֵילָא [עַיֵּן בַּזֹּהַר] וְאָמַר - אִית מָאן דְּיָדַע לְמִפְרַח אֲבַתְרֵיהּ, דְּהַהוּא רָשָׁע, לְפִי שֶׁהָיָה רוֹאֶה, שֶׁבִּלְעָם טָס כָּעוֹף, וּמִיָּד הִתְעוֹרֵר אִישׁ אֶחָד, וְצַלְיָא שְׁמוֹ, וְהָיָה מִשֵּׁבֶט דָּן, שֶׁהָיָה יוֹדֵעַ לָכֹף תַּחְתָּיו כֹּחוֹת הַטֻּמְאָה, וּפָרַח אַחֲרָיו. כֵּיוָן דְּחָמָא לֵיהּ הַהוּא רָשָׁע, קָרַע בִּכְשׁוּפִין בְּעֹמֶק חֲמִשָּׁה אֲוִירִים, וְטָס וְנִתְכַּסָּה שָׁם בְּהֶעְלָמוּת עַיִן, וּבְהַהוּא שַׁעְתָּא דְּאִתְכַּסְיָן, הָיָה הָאִישׁ צַלְיָא בְּצַעֲרָא, וְלֹא הָיָה יוֹדֵעַ מַה לַּעֲשׂוֹת.

מִיָּד רָמָא לֵיהּ פִּנְחָס קָלָא לְהַהוּא אֲוִירָא, אֲשֶׁר נִתְכַּסָּה בּוֹ בִּלְעָם בַּחֲמִשָּׁה אֲוִירִים, שֶׁיִּתְהַפֵּךְ וְיִתְגַּלּוּ, לְבַל יִתְכַּסֶּה בּוֹ אוֹתוֹ רָשָׁע. מִיָּד נִתְגַּלָּה הַאי אֲוִירָא, וְעָאל צַלְיָא לְגַבֵּיהּ וְגָבַר עַל בִּלְעָם הָרָשָׁע וְכַפְיֵהּ שֶׁיָּבוֹא לִפְנֵי פִּנְחָס. וּבַמֶּה כָּפָה אוֹתוֹ, בָּזֶה כִּי יוֹדֵעַ הָיָה צַלְיָא לָכוֹף אֶת הַזָּכָר וְאֶת הַנְּקֵבָה שֶׁל רָאשֵׁי טֻמְאַת הַכְּשׁוּפִים, אֲשֶׁר כָּל אֶחָד מֵהֶם הָיָה נִקְרָא שֶׁפִי, מַה שֶּׁאֵין כֵּן בִּלְעָם הָרָשָׁע, הָיָה רַק יוֹדֵעַ לְהִתְגַּבֵּר בְּכֹחַ הַזָּכָר לְבַד. לָכֵן בְּבִלְעָם כְּתִיב - וַיֵּלֶךְ[46] שֶׁפִי. מַה שֶּׁאֵין כֵּן צַלְיָא, שֶׁהָיָה מִשֵּׁבֶט דָּן, כְּתִיב בֵּיהּ - יְהִי[47] דָן נָחָשׁ עֲלֵי דֶרֶךְ שְׁפִיפֹן עֲלֵי אֹרַח. וְהַאי אֹרַח וּשְׁבִיל בַּאֲוִירָא, דְּנִתְכַּסָּה בּוֹ אוֹתוֹ רָשָׁע.

וְכֵן לֶעָתִיד תִּהְיֶה הַנְּקָמָה בְּאוֹיְבֵי ה' עַל יְדֵי שָׂרֵיהּ מִשֵּׁבֶט דָּן, וְכַד יָקוּם דָּן כְּדֵין מְחַכֶּה לְפֻרְקָנָא דְּיִשְׂרָאֵל, דִּכְתִיב - לִישׁוּעָתְךָ[48] קִוִּיתִי ה'. כְּשֶׁבָּא בִּלְעָם הָרָשָׁע לִפְנֵי פִּנְחָס, אָמַר לוֹ פִּנְחָס לְבִלְעָם הָרָשָׁע - רָשָׁע, כַּמָּה גִּלְגּוּלִין בִּישִׁין עֲבַדְתְּ עַל עַמָּא קַדִּישָׁא, אָמַר לֵיהּ פִּנְחָס לְצַלְיָא - קוּם וְקַטְלֵיהּ, וְלֹא בִּשְׁמָא קַדִּישָׁא, וְתִתְקַיֵּם בֵּיהּ - תָּמֹת[49] נַפְשִׁי מוֹת יְשָׁרִים. בְּהַהוּא שַׁעְתָּא עָבִיד בֵּיהּ כַּמָּה מִיתוֹת מְשֻׁנּוֹת, וְלֹא מֵת עַד דְּנָטִיל חַרְבָּא, דַּהֲוֵי חָקוּק עֲלֵיהּ חִוְיָא מֵהַאי סְטַר וְחִוְיָא מֵהַאי סְטַר. אָמַר לֵיהּ פִּנְחָס - בְּהָא טֻמְאָה, דַּהֲוֵית עָסוּק בֵּיהּ, אַתָּה תָּמוּת בּוֹ. כְּדֵין קָטִיל לֵיהּ וְדַיְנוּן לֵיהּ בְּהַהוּא טֻמְאָה וּבְהַהוּא עָלְמָא עַצְמוֹי כֻּלְּהוּ אִתְרְקִיבוּ, וּמִבְּשָׂרוֹ וְגוּפוֹ שֶׁל בִּלְעָם אִתְעֲבִידוּ נְחָשִׁים, חִוְיָן בִּישִׁין,

[45] במדבר כג ח

[46] במדבר כג ג

[47] בראשית מט יז

[48] בראשית מט יח

[49] במדבר כג י

וַאֲפִלּוּ מְתוֹלָעִים, שֶׁאָכְלוּ אֶת בְּשָׂרוֹ, אִתְהַדְּרוּ מֵהֶם וְנַעֲשִׂים חִוְיָן, וּמֵעַצְמוֹתָיו נַעֲשׂוּ גַּם כֵּן נְחָשִׁים גְּדוֹלִים.

וְכֵן הוּא סוֹף וְקֵץ כָּל גּוּפוֹת הַמְכַשְּׁפִים, שֶׁהָלְכוּ אַחַר הַכִּשּׁוּף, לִהְיוֹת מִמֶּנּוּ נְחָשִׁים וְעַקְרַבִּים, וְנִשְׁמָתָן נַעֲשִׂין שֵׁדִין וְלִילִין. תִּפַּח רוּחָם וְנִשְׁמָתָם שֶׁל בַּעֲלֵי כִּשּׁוּף, וְאוֹתָן אֲנָשִׁים אוֹ נָשִׁים שֶׁהוֹלְכִין אַחַר הַכִּשּׁוּף, הֵמָּה רְאוּיִן לְקַלֵּל אוֹתָן לִפְנֵי הַקָּדוֹשׁ בָּרוּךְ הוּא, וּלְהַתִּישׁ כֹּחָן בְּכָל מַאי דְּאֶפְשָׁר. וּבְאִם אֲשֶׁר יֵשׁ נָשִׁים כַּשְּׁפָנִיּוֹת, הַיּוֹדְעוֹת לְהַזִּיק יַלְדֵי יִשְׂרְאֵלִים, רְאוּיִן הֵן לְפָרְטָן בִּשְׁמָם וּלְהַחֲרִים אוֹתָן בְּחֵרֶם חָמוּר בְּשׁוֹפָר וְכִבּוּי נֵרוֹת וּבְהוֹצָאַת שִׁבְעָה סִפְרֵי תוֹרָה, וּלְהַפְרִישׁ אוֹתָן שֶׁלֹּא יִהְיֶה לָהֶם שׁוּם נְגִיעָה בִּקְדֻשַּׁת יִשְׂרָאֵל.

וְדַע, כִּי בִּלְעָם הָרָשָׁע לִקֵּט כָּל מִינֵי עֲשָׂבִים, הַשַּׁיָּכִים לְהַכִּשּׁוּף, וְהִכְנִיסָם לִקְדֵרָה, וְחָפַר וְטָמַן אֶת הַקְּדֵרָה בְּעֹמֶק הָאָרֶץ אֶלֶף וַחֲמֵשׁ מֵאוֹת אַמָּה. וּכְשֶׁכָּרָה דָּוִד הַמֶּלֶךְ עָלָיו הַשָּׁלוֹם לְהַשִּׁיתִין, כָּרָה עַד הַתְּהוֹם לְהַמְצִיא מַיִם מֵהַתְּהוֹם לְנַסֵּךְ עַל גַּבֵּי הַמִּזְבֵּחַ, כָּרָה אֶלֶף וַחֲמֵשׁ מֵאוֹת אַמָּה, וּמָצָא הַאי קְדֵרָה, וְהֶעֱבִירוֹ וְהֶחֱלִישׁוֹ בְּמַיִם הָרְאוּיִן לְנַסֵּךְ עַל גַּבֵּי הַמִּזְבֵּחַ. וְעַל זֶה אָמַר - מוֹאָב[50] סִיר רַחְצִי. - שֶׁרָחַץ וְהֶעֱבִיר כִּשּׁוּפִים שֶׁבְּסִיר מוֹאָב הַנִּזְכָּר. וְעַל כֵּן בְּאִם יֵשׁ חֲשָׁשׁ בְּהֶזֵּק שֶׁל כְּשָׁפִים, טוֹב לְהַעֲבִירָם עַל יְדֵי חֲמִשָּׁה עָשָׂר - **שִׁיר הַמַּעֲלוֹת** שֶׁאָמַר דָּוִד, בְּשָׁעָה שֶׁכָּרָה אֶת הַשִּׁיתִין לְהַעֲלוֹת הַמַּיִם מִן הַתְּהוֹם, וְאַחַר כָּךְ יִתְפַּלֵּל לַה' יִתְבָּרַךְ לְהָסִיר כָּל מִינֵי הֶזֵּק כִּשּׁוּף מִיִּשְׂרָאֵל. וְזֹאת הָעֵצָה טוֹבָה לְכָל בַּר יִשְׂרָאֵל וּלְכָל בַּת יִשְׂרָאֵל - לְהַרְחִיק עַצְמָם מִן הַכִּשּׁוּף בְּכָל מִינֵי הַרְחָקוֹת שֶׁבָּעוֹלָם מִלַּעֲשׂוֹת דָּבָר עַל יְדֵי כִּשּׁוּף אוֹ נִחוּשׁ וּקְסָמִים, וְלֹא לִשְׁמֹעַ שׁוּם לַחַשׁ שֶׁל כִּשּׁוּף, כִּי הַקָּדוֹשׁ בָּרוּךְ הוּא בְּעַמּוֹ יִשְׂרָאֵל מִתְפָּאֵר - כִּי לֹא נַחַשׁ בְּיַעֲקֹב וְלֹא קֶסֶם בְּיִשְׂרָאֵל [בַּמִּדְבָּר כג, כג]. וְכָל הַמַּרְחִיק אֶת עַצְמוֹ מֵהַכִּשּׁוּף, מַכְנִיסִין אוֹתוֹ לִמְחִצָּה בָּעוֹלָם הַבָּא, שֶׁאֲפִלּוּ מַלְאֲכֵי הַשָּׁרֵת אֵין יְכוֹלִין לַעֲמֹד שָׁם.

---

[50] תהלים ס י

פרק ל

כְּתִיב [יְשַׁעְיָה נח, ח] - וְהָלַךְ לְפָנֶיךָ צִדְקֶךָ כְּבוֹד ה' יַאַסְפֶךָ. אִיתָא בְּמַסֶּכֶת בְּרָכוֹת - הָרוֹאֶה אֻכְלוּסִים שֶׁל יִשְׂרָאֵל, מְבָרֵךְ הַבְּרָכָה - בָּרוּךְ חֲכַם הָרָזִים, שֶׁאֵין דַּעְתָּן שָׁוָה, כָּךְ אֲנִי אוֹמֵר, שֶׁיֵּשׁ דֵּעוֹת מְחֻלָּקוֹת בִּבְנֵי אָדָם בִּנְתִינַת הַצְּדָקָה וּבַעֲשִׂיּוֹת הַגְּמִילוּת חֲסָדִים:

הַכַּת אַחַת - הֵן קַמְצָנִים, וְאֵין כֹּחָם לַעֲשׂוֹת צְדָקָה וּגְמִילוּת חֶסֶד, וְאַף לְעַצְמָם אֵין לָהֶם רְשׁוּת לֶאֱכֹל וְלִשְׁתּוֹת וְלַעֲשׂוֹת מַלְבּוּשִׁים. בְּוַדַּאי אוֹתָן אֲנָשִׁים הֵם מִכִּתּוֹת הַחִיצוֹנִים, וּכְמוֹ שֶׁלָּמַדְנוּ בְּפֶרֶק כז וְכח, וְאֵין לָהֶם חֵלֶק בִּקְדֻשָּׁה, כִּי הַסִּטְרָא אָחֳרָא שׁוֹלֵט עֲלֵיהֶם.

כַּת הַשֵּׁנִי - עַיִן רָעָה בְּשֶׁל אֲחֵרִים, וְאֵין לוֹ לֵב לַעֲשׂוֹת צְדָקָה, כִּי אִם מְעַט מִזְּעֵיר מֵחֲמַת הַגַּאֲוָה, אֲבָל הוּא בְּעַצְמוֹ אוֹכֵל וְשׁוֹתֶה וְטוֹב לֵב מִשְׁתֶּה תָּמִיד, וְיָצָא שֶׁמֶן וְדֶשֶׁן כְּעֵגֶל מַרְבֵּק. עָלָיו כָּתַב הַזֹּהַר - זֶהוּ אֲנָשִׁים אֲשֶׁר הֵמָּה מִסִּטְרָא דְּנָחָשׁ, וְסִימָנְךָ - כֹּל הוֹלֵךְ עַל גָּחוֹן. רָצָה לוֹמַר - מִי שֶׁיֵּשׁ לוֹ בֶּטֶן גָּדוֹל מָלֵא שׁוּמָן וָדֶשֶׁן, הֵם מִסִּטְרָא דְּ - עַל[51] גְּחוֹנְךָ תֵלֵךְ. עַיֵּן שָׁם, פָּרָשַׁת שְׁמִינִי. אֲבָל מִכָּל מָקוֹם יֵשׁ לָהֶם קְצָת זְכוּת, אַף שֶׁעוֹשִׂין צְדָקָה לְשֵׁם גַּאֲוָה.

כַּת הַשְּׁלִישִׁי - הֵם אַנְשֵׁי עֲשִׁירִים, אֲשֶׁר נָתַן ה' לָהֶם עֹשֶׁר, וְעוֹשִׂין צְדָקוֹת, וְעוֹשִׂין גְּמִילוּת חֲסָדִים, אַךְ לֹא כִּדְבָעֵי, כַּאֲשֶׁר שֶׁיֵּשׁ לָהֶם קְצָת רֹעַ עַיִן, וְאֵינָן יְכוֹלִין לָכֹף אֶת יִצְרָם מִלַּעֲשׂוֹת צְדָקָה בְּחַיֵּיהוֹן, רַק כְּשֶׁהֵן חוֹלִין עַל מִטָּתָם עוֹשִׂין צַוָּאָה לַעֲשׂוֹת אַחַר מוֹתָן לִצְדָקָה לְבִנְיַן בֵּית הַכְּנֶסֶת אוֹ לְבֵית הַמִּדְרָשׁ, אוֹ לִלְמֹד אֵיזֶה שָׁנִים עֲבוּרוֹ אַחַר מוֹתוֹ - זֶהוּ מִדָּתוֹ שֶׁל אָדָם בֵּינוֹנִי.

הַכַּת הָרְבִיעִי - הוּא מִי שֶׁחָנַן ה' אוֹתוֹ בְּעֹשֶׁר, וְעוֹשֶׂה צְדָקָה בְּחַיָּיו לְפִי עָשְׁרוֹ, וְעוֹסֵק בִּגְמִילוּת חֲסָדִים וּבְתַלְמוּד תּוֹרָה, שֶׁמַּסְפִּיק לְלוֹמְדֵי תּוֹרָה וְגַם מְפַזֵּר מָעוֹת לַמְלַמְּדִים, שֶׁיִּלְמְדוּ עִם בְּנֵי עֲנִיִּים. עַל זֶה נֶאֱמַר - וְהָלַךְ[52] לְפָנֶיךָ צִדְקֶךָ כְּבוֹד ה' יַאַסְפֶךָ.

וְאֶמְשֹׁל לְךָ מָשָׁל לְמֶלֶךְ שֶׁהָלַךְ לַמִּלְחָמָה, וְיֵשׁ לוֹ חַיִל. אִם הַחַיִל הוֹלֵךְ לִפְנֵי הַמֶּלֶךְ, אָז הַמֶּלֶךְ בְּוַדַּאי לֹא יָכֹל לָבוֹא לִידֵי סַכָּנָה, אִם יִפְגְּעוּהוּ בּוֹ אוֹיְבָיו, מַה שֶּׁאֵינוֹ כֵן אִם הַמֶּלֶךְ הוֹלֵךְ לְבַדּוֹ לִפְנֵי הַחַיִל, בְּאִם יִפְגְּעוּהוּ רוֹכְבֵי סוּסִים וּפָרָשִׁים מִן אוֹיְבָיו, אֲזַי יַשִּׂיגוּהוּ וְיִקָּחוּהוּ לַשֶּׁבִי. אַף שֶׁהַמֶּלֶךְ הוּא גִּבּוֹר חַיִל וְיָכוֹל לִלָּחֵם נֶגֶד הָאוֹיְבִים, מִכָּל מָקוֹם נָסוֹג לִבּוֹ אָחוֹר בִּרְאוֹתוֹ שֶׁהַחַיִל שֶׁלּוֹ הוּא רָחוֹק מֵאֶצְלוֹ.

כָּךְ הוּא הַנִּמְשָׁל - אָדָם, כְּשֶׁעוֹשֶׂה צְדָקָה בְּחַיָּיו, אֲזַי עָלָיו נֶאֱמַר -

---

[51] בראשית ג יד

[52] ישעיהו נח ח

וְהָלַךְ[53] לְפָנֶיךָ צִדְקֶךָ. וְאֵין אַתָּה מִתְיָרֵא מִן הָאוֹיְבִים, **כִּי כְּבוֹד ה' יַאַסְפֶךָ**, בְּלִי שׁוּם שָׂטָן וּמְקַטְרֵג, מַה שֶּׁאֵין כֵּן אִם אַתָּה עוֹשֶׂה צְדָקָה אַחַר מוֹתְךָ, מִי יוֹדֵעַ אִם יַשִּׂיגוּ אוֹתְךָ אוֹתָם הַצְּדָקָה, כֵּיוָן שֶׁהַמֵּתִים הֵם חָפְשִׁים מֵהַמִּצְווֹת. וְעַל הַכַּת הָרִאשׁוֹנָה נֶאֱמַר - וְעָזְבוּ[54] לַאֲחֵרִים חֵילָם. וַאֲפִלּוּ אִם בָּנָיו הֵם יוֹרְשִׁים אוֹתוֹ, מִכָּל מָקוֹם אֵין לוֹ נַחַת רוּחַ בְּעָשְׁרוֹ אַף לְאַחַר מוֹתוֹ, כַּאֲשֶׁר חֲדָשִׁים מִקָּרוֹב בָּאוּ. וְרָאִיתִי הָעָם מְקַלִּים בִּכְבוֹד אֲבִיהֶם שֶׁכְּבָר מֵתוּ, שֶׁעוֹשִׂין לָהֶם בְּגָדִים שְׁחוֹרִים, מֻבְחַר הַבֶּגֶד מִכֻּלָּן, חֲדָשִׁים כְּחֻקּוֹת הָאֻמּוֹת, וְטוֹב לִבָּם מִשְׁתֶּה תָּמִיד, וְהֵן בְּעַצְמָן מְזַלְזְלִים בִּכְבוֹד אֲבִיהֶם, אֲשֶׁר מֵהָרָאוּי לִסְפֹּד אַחַר אָבִיו וְלִהְיוֹת עָצֵב. וְכָל זֶה גְּרָמָא מֵאֲבִיהֶם. וּזְרֹק[55] חוּטְרָא לַאֲוִירָא - אֲעִקָּרָא קָאֵי. וְאִם כֵּן, אֵין לְךָ שְׁטוּת גָּדוֹל מִזֶּה, וְדַי בָּזֶה.

עַל כֵּן עֵצָה הַיְעוּצָה לְהָאָדָם, לִתֵּן צְדָקָה בְּחַיָּיו בְּעַיִן יָפָה, וְלַעֲסֹק בִּגְמִילוּת חֲסָדִים בְּחַיָּיו, כִּי מִי יוֹדֵעַ הָעִתִּים, אִם יִתְקַיֵּם צַוָּאָתוֹ אוֹ לָאו. וְקַיְמָא לָן - בְּכָל מָקוֹם שֶׁאֵין הַסָּפֵק מוֹצִיא מִידֵי וַדַּאי. עַל כֵּן עִקַּר הַצְּדָקָה הוּא מַה שֶּׁהָאָדָם עוֹשֶׂה בְּחַיָּיו, וְיִרְאֶה לִתֵּן לִבְנֵי הָאָדָם שֶׁהֵן מְהֻגָּנִים, כַּמְבֹאָר בְּשֻׁלְחָן עָרוּךְ בְּהִלְכוֹת צְדָקָה, וְאָז טוֹב לוֹ יִהְיֶה סֶלָה.

53 ישעיהו נח ח
54 תהלים מט יא
55 בראשית רבה נג טו

פרק לא

ה'[56] בֹּקֶר תִּשְׁמַע קוֹלִי. וְקָשֶׁה - וְכִי בַּבֹּקֶר שׁוֹמֵעַ ה' קוֹל הַמִּתְפַּלְּלִים, וַהֲלֹא בְּכָל עֵת וְשָׁעָה שֶׁקּוֹרְאִים אֵלָיו הוּא שׁוֹמֵעַ קוֹלֵנוּ וּמַאֲזִין תְּפִלָּתֵנוּ, אָכֵן הָעִנְיָן הוּא כָּךְ, כִּי בִּשְׁאָר הָעִתִּים כְּשֶׁבְּנֵי אָדָם מִתְפַּלְּלִים, מְעַיְּנִים בַּתְּפִלָּה אִם הִיא רְאוּיָה לְהִתְקַבֵּל מֵחֲמַת מַעֲשִׂים שֶׁל אָדָם אוֹ לָאו, מַה שֶּׁאֵין כֵּן הַמִּתְפַּלֵּל בַּבֹּקֶר, כִּדְאִיתָא בְּזֹהַר בָּלָק - רַבִּי אֱלִיעֶזֶר וְרַבִּי אַבָּא וּשְׁאָר חַבְרַיָּא עִמֵּיהּ הֲווּ אָזְלֵי בְּאוֹרְחָא. פָּתַח רַבִּי אֶלְעָזָר וְאָמַר - **ה' בֹּקֶר תִּשְׁמַע קוֹלִי.**

הָעִנְיָן הוּא כָּךְ, כִּי בְּכָל צַפְרָא מִתְעוֹרֵר חֶסֶד דְּאַבְרָהָם, דִּכְתִיב בֵּיהּ - וַיַּשְׁכֵּם[57] אַבְרָהָם בַּבֹּקֶר. וְהַאי שַׁעְתָּא עֵת רָצוֹן הוּא מְאֹד. וַאֲפִלּוּ הַחוֹלִים הַמֻּטָּלִים עַל עֶרֶשׂ דְּוָי מוֹצְאִים נַחַת רוּחַ בַּבֹּקֶר עַל יְדֵי מַלְאָךְ רְפָאֵל, דְּמִתְגַּלֵּי בְּכָל בֹּקֶר. וְכָל אִנּוּן מְמֻנִּים עַל מַרְעִין לְהַטִּיל חֻלְשָׁא וּמַרְעִין בִּישִׁין עַל בְּנֵי נָשָׁא, כַּד חָזָן מַלְאָךְ רְפָאֵל מִתְגַּלֶּה, דָּחֲלִין מִנֵּיהּ וְעַרְקִין, וּכְדֵין רְפָאֵל אוֹשִׁיט אַסְוָתָא לְהַהוּא בַּר נָשׁ הַחוֹלֶה. וּכְמוֹ שֶׁיֵּשׁ עֵת רָצוֹן אָז לְחָלְיֵי הַגּוּף, כָּךְ יֵשׁ עֵת רָצוֹן לְחָלְיֵי הַנֶּפֶשׁ וּנְשָׁמָה, שֶׁהֵן הַחֲטָאִים וְהָעֲבֵרוֹת וּפְשָׁעִים, וְהוּא עֵת רָצוֹן לְהִתְפַּלֵּל בַּבֹּקֶר. וּמֵחֲמַת שֶׁבְּאוֹתוֹ הַפַּעַם עֵת רָצוֹן, עַל כֵּן אִם אֵינוֹ רָאוּי זֶה הַמִּתְפַּלֵּל מֵחֲמַת מַעֲשָׂיו שֶׁתִּתְקַבֵּל תְּפִלָּתוֹ, אֲפִלּוּ הָכֵי חָשִׁיב עָלֶיהָ הַקָּדוֹשׁ בָּרוּךְ הוּא, דְּאִיהוּ פָּקִיד לְבַעֲלֵי דִּינָא דִּילֵיהּ, דְּלָא יִפְתְּחוּן בְּדִינָא, כִּי הַחֶסֶד וְהַחֲנִינָה אֵינוֹ מוֹסֵר הַקָּדוֹשׁ בָּרוּךְ הוּא לְבֵית דִּין שֶׁל מַעְלָה, אֶלָּא הַחֶסֶד וְהַחֲנִינָה הֵן בְּיָדוֹ שֶׁל הַקָּדוֹשׁ בָּרוּךְ הוּא, וּבַבֹּקֶר הוּא מִדַּת חֶסֶד לְאַבְרָהָם, וְלָכֵן מְקַבֵּל הַקָּדוֹשׁ בָּרוּךְ הוּא תְּפִלַּת בֹּקֶר בְּחֶסֶד.

אָמְרוּ רַבִּי אַבָּא וּשְׁאָר חַבְרַיָּא - אִלְמָלֵא לָא נְפַקְנָא אֶלָּא לְמִשְׁמַע דָּא דַּיֵּנוּ. עַד הֲווּ אָזְלֵי, בָּא חַד יוֹנָה. מָטֵיהּ לְגַבֵּיהּ דְּרַבִּי אֶלְעָזָר וְהִתְחִילָה לְצַפְצֵף קַמֵּיהּ. אָמַר רַבִּי אֶלְעָזָר - יוֹנָה וַדַּאי כְּשֵׁרָה תָּדִיר הֲוֵית בִּשְׁלִיחוּתָא, כְּמָה דְּאַתְּ אָמַר - וַיְשַׁלַּח[58] נֹחַ אֶת הַיּוֹנָה. זִילִי וְאֵימָא לֵיהּ לְרַבִּי יוֹסֵי - הָא חַבְרַיָּא אָתָאן לְגַבָּךְ, וַאֲנָא עִמְּהוֹן, וְלָא יִדְחַל, כִּי נִסָּא יִתְרְחִישׁ לֵיהּ לִתְלָתָא יוֹמִין. וְלָא יִנְפֹּל עָלֵיהּ דַּחֲלָא, דְּהָא בְּחֶדְוָא אֲנַן אָזִיל לְגַבֵּיהּ. אָזִיל הַהִיא יוֹנָה לְגַבֵּיהּ רַבִּי יוֹסֵי בֶּן לְקוּנְיָא, דַּהֲוֵי חֲמוֹהִי דְּרַבִּי אֶלְעָזָר, בִּשְׁלִיחוּתָא, וְאָתִיב תְּשׁוּבָה לְרַבִּי אֶלְעָזָר, דְּרַבִּי יוֹסֵי בֶּן לְקוּנְיָא הוּא מִצְטַעֵר עַל רַבִּי יוֹסֵי בֶּן פְּקִיעִין, דַּהֲוֵי גּוֹסֵס וּמֻטָּל עַל עֶרֶשׂ דְּוָי, כִּי מִתְּחִלָּה הָיָה רַבִּי יוֹסֵי בֶּן לְקוּנְיָא חוֹלֶה, וְאַחַר כָּךְ נִתְרַפֵּא, וְנֶחֱלַשׁ רַבִּי יוֹסֵי בֶּן פְּקִיעִין.

---

[56] תהלים ה ד

[57] בראשית כב ג

[58] בראשית ח ח

עַד דַּהֲווּ אָזְלִין, אָתָא עוֹרְבָא וְאָמַר לֵיהּ לְרַבִּי אֶלְעָזָר, דְּרַבִּי יוֹסֵי בֶּן פְּקִיעִין מֵת. תַּוְהוּ רַבִּי אַבָּא וַחֲבְרַיָּא. אָמַר לֵיהּ רַבִּי אֶלְעָזָר לְהָעוֹרֵב - זִיל לְאוֹרְחָךְ, דְּהָא יַדְעָנָא. וְאָמַר רַבִּי אֶלְעָזָר לַחֲבְרַיָּא - נֵיזוֹל וְנִגְמֹל חֶסֶד לְהַאי רִמּוֹנָא, דַּהֲוֵי מַלְיָא מִכֹּלָּא, וְרַבִּי יוֹסֵי שְׁמֵיהּ, דְּהָא אִסְתַּלַּק מֵעָלְמָא דֵּין, וְלֵית דְּחַזְיָא לְאִשְׁתַּדְּלָא בֵּיהּ, וְאִיהוּ קָרִיב לְגַבָּן. סָטוּ מֵאוֹרְחָא וְאָזְלוּ לְתַמָּן. כֵּיוָן דְּחָמוּ לוֹן כָּל בְּנֵי מָאתָא, נָפְקוּ לְגַבַּיְהוּ וְעָאלוּ תַּמָּן בְּבֵית רַבִּי יוֹסֵי דִּפְקִיעִין כָּל חֲבְרַיָּא.

וּבְרָא זְעֵירָא הֲוֵי לְרַבִּי יוֹסֵי דִּפְקִיעִין, וְלָא שָׁבִיק לְבַר נָשׁ דְּיִמְטְיֵיהּ לְעַרְסֵיהּ דַּאֲבוֹהִי בָּתַר דְּמִית. אֶלָּא אִיהוּ בִּלְחוֹדֵיהּ הֲוֵי סָמִיךְ לֵיהּ וּבָכֵי עֲלֵיהּ, וּפָתַח הַאי יַנּוּקָא פּוּמֵיהּ וְאָמַר - מָרֵיהּ דְּעָלְמָא, כְּתִיב בַּתּוֹרָה - כִּי[59] יִקָּרֵא קַן צִפּוֹר לְפָנֶיךָ בַּדֶּרֶךְ וְכוּ'. שַׁלֵּחַ[60] תְּשַׁלַּח אֶת הָאֵם וְהַבָּנִים תִּקַּח לָךְ. מָארֵי עָלְמָא, קַיֵּם מִלֵּי דְּאוֹרַיְתָא, תְּרֵין בְּנִין הֲוֵינָא מֵאַבָּא וּמֵאִמָּא אֲנָא וַאֲחוֹתִי זְעֵרְתָּא מִנָּאי. הֲוֵי לָךְ לְמִיסַב לָן וּלְקַיְּמָא מִלֵּי דְּאוֹרַיְתָא, וְאִי תֵּימָא, מָרֵי דְּעָלְמָא אֵם כְּתִיב וְלָא אַבָּא, הֲלֹא אִמִּי מֵתָה, וּנְסַבַת לָהּ מֵעַל בְּנִין. הַשְׁתָּא אַבָּא מִית, דַּהֲוֵי חִפּוּי עֲלָן, אַנְסִיב מֵעַל בְּנִין - אָן הוּא דִּינָךְ דְּאוֹרַיְתָא, וְכַד הֲוֵי שָׁמְעִין רַבִּי אֶלְעָזָר וְרַבִּי אַבָּא עִם חֲבְרַיָּא קָלָא דְּיַנּוּקָא, הֲוָן בָּכָן. פָּתַח רַבִּי אֶלְעָזָר וְאָמַר [מִשְׁלֵי כה, ג] - שָׁמַיִם לָרוּם וָאָרֶץ לָעֹמֶק, וְלֵב מְלָכִים אֵין חֵקֶר.

עַד דַּהֲוֵי רַבִּי אֶלְעָזָר אָמַר הַאי קְרָא, אָתָא עַמּוּדָא דְנוּרָא וּפָסַק בֵּינַיְהוּ, וְהַהוּא יַנּוּקָא - הֲוֵי דָּבִיק פּוּמֵיהּ לְפוּמֵיהּ דַּאֲבוֹהִי, וְלָא מִתְפָּרְשָׁן. אָמַר רַבִּי אֶלְעָזָר - אוֹ בָּעֵי הַקָּדוֹשׁ בָּרוּךְ הוּא לְמִרְחַשׁ נִיסָא אוֹ בָּעֵי דְּלָא יִשְׁתַּדַּל בַּר נָשׁ אָחֳרָא עֲלֵיהּ. עַד דַּהֲוֵי יָתְבֵי, שָׁמְעוּ קָלָא - זַכָּאָה אַנְתְּ, רַבִּי יוֹסֵי דְּמִלִּין דְּהַאי גַּדְיָא זְעֵירָא וְדִמְעוֹתָיו סְלִיקִי לְגַבֵּי כֻּרְסְיָּא דְּמַלְכָּא קַדִּישָׁא, וְדָנוּ דִּינָךְ, וּתְלֵיסַר בְּנֵי נָשָׁא אַזְמִין הַקָּדוֹשׁ בָּרוּךְ הוּא לְמַלְאַךְ הַמָּוֶת בְּגִינָךְ, וְהָא עֶסְרִין וְתַרְתֵּין שְׁנִין אוֹסִיפוּ לָךְ עַד דְּתוֹלִיף אוֹרַיְתָא לְהַאי גַּדְיָא שְׁלֵמָא חֲבִיבָא קַמֵּיהּ קֻדְשָׁא בְּרִיךְ הוּא.

קָמוּ רַבִּי אֶלְעָזָר וַחֲבְרַיָּא, וְלָא שָׁבְקוּ לְבַר נָשׁ לְמִקְרַב לְהַהוּא בֵּיתָא, וּמִיָּד חָמֵי עַמּוּדָא דְאֶשָּׁא סָלִיק, וְרַבִּי יוֹסֵי פָּתַח עֵינוֹי, וַהֲוֵי הַאי יַנּוּקָא דָּבֵק פּוּמֵיהּ בְּפוּמֵיהּ. אָמַר רַבִּי אֶלְעָזָר - זַכָּאָה חֶלְקָנָא דַּחֲמֵינָא תְּחִיַּת הַמֵּתִים עַיִן בְּעַיִן.

קָרִיבוּ לְגַבֵּיהּ, וַהֲוָה הַהוּא יַנּוּקָא נָאִים, כְּאִלּוּ גָּוַע מֵהַאי עָלְמָא. אָמְרוּ - זַכָּאָה חֶלְקָךְ, רַבִּי יוֹסֵי, וּבְרִיךְ רַחֲמָנָא דְּאִתְרְחִישׁ לָךְ נִסָּא עַל יְדֵי מִלִּין דִּבְרָךְ, דְּהָכֵי דָּחִיק בְּמִלּוֹי שַׁפִּירִין לְתְרַע שְׁמַיָּא וּבְדִמְעוֹת שָׁלִישׁ אוֹסִיפוּ לָךְ עֶסְרִין וְתַרְתֵּין שְׁנִין, נָטְלוּהָ לְהַאי יַנּוּקָא וְנַשְׁקוּהָ וּבָכוּ עִמֵּיהּ מֵחֶדְוָה סַגְיָא וְאַפְקוּהָ לְבֵיתֵיהּ אָחֳרָא, עַד דְּתִתְיַשֵּׁב רוּחֵיהּ,

---

59 דברים כב ו

60 דברים כב ז

וְנִשְׁמָתֵיהּ תַּחֲזֹר בֵּיהּ כְּמִקֹּדֶם. חֲדוּ תְּלָתָא יוֹמִין עִם רַבִּי יוֹסֵי וְחִדְּשׁוּ כַּמָּה חִדּוּשִׁין דְּאוֹרַיְתָא. אָמַר לָהֶם רַבִּי יוֹסֵי - חַבְרַיָּא, לֹא אִתְיְהַב לִי רְשׁוּת לְגַלָּאָה לְכוֹן מַאי דַּחֲמֵינָא בְּהַהוּא עָלְמָא, אֶלָּא לְבָתַר תְּרֵיסַר שְׁנִין, אֶלָּא תְּלַת מְאָה וְשִׁבְעִין דִּמְעִין דְּאוֹשִׁיד בְּרִי, עָאלוּ בְּחֻשְׁבְּנָא קַמֵּי מַלְכָּא קַדִּישָׁא, וְהִנְנִי נִשְׁבָּע אֲנִי לִפְנֵיכֶם, חַבְרַיָּא, בְּשָׁעָה דְּפָתַח בְּרִי הַאי פְּסוּקָא דְּ - כִּי[61] יִקָּרֵא קַן צִפּוֹר. וּבְאִלֵּין מִלִּין הַנִּזְכָּרִים לְעֵיל - אִזְדַּעְזְעוּ כֻּלְּהוּ סַפְסָלֵי דַּהֲוֵי בִּמְתִיבְתָּא דִּרְקִיעַ, וְכֻלְּהוּ קָמוּ קַמֵּי מַלְכָּא קַדִּישָׁא, וּבָעֵי רַחֲמֵי עָלַי. וְהַקָּדוֹשׁ בָּרוּךְ הוּא נִתְמַלֵּא רַחֲמִים עָלַי וּשְׁפִיר קַמֵּיהּ אִנּוּן מִלִּין הֵיךְ מָסַר נַפְשֵׁיהּ בְּרִי עָלַי, וְחַד אַפִּטְרוֹפָּא אָמַר - מָארֵי דְּעָלְמָא, הָא כְּתִיב [תְּהִלִּים ח, ג] - מִפִּי עוֹלְלִים וְיֹנְקִים יִסַּדְתָּ עֹז לְמַעַן צוֹרְרֶיךָ, לְהַשְׁבִּית אוֹיֵב וּמִתְנַקֵּם. אִי רַעֲוָא דִּילָךְ זְכוּתָא דְּאוֹרַיְתָא וּזְכוּתָא דְּהַאי יַנּוּקָא, דְּקָא מָסַר נַפְשֵׁיהּ עַל אֲבוּהִי, בְּדִינָא דְּתָחוּס עָלָיו וְיִשְׁתְּזִיב. וְיָהִיב קֻדְשָׁא בְּרִיךְ הוּא לְמַלְאַךְ הַמָּוֶת תְּרֵיסַר בְּנֵי נָשָׁא תְּחוֹתֵיהּ עַד בָּתַר עֶסְרִין וְתַרְתֵּין שְׁנִין.

וְהִנֵּה שִׁמְעוּ נָא אֲמִתּוּת הַדְּבָרִים, מַהוּ דִּין דִּכְתִיב - ה'[62] מֵמִית וּמְחַיֶּה מוֹרִיד שְׁאוֹל וַיָּעַל. וְכִי הַקָּדוֹשׁ בָּרוּךְ הוּא אִיהוּ מֵמִית, אֶלָּא הָעִנְיָן הוּא, שֶׁקֹּדֶם יְצִיאַת הַנְּשָׁמָה, הַשָּׂטָן רוֹצֶה לִדְבֹּק בַּגּוּף, וְעַל יְדֵי כָּךְ יֵשׁ חַס וְשָׁלוֹם גַּם כֵּן זֻהֲמָא וְעִרְבּוּב מִכֹּחַ כֹּחָם גַּם לַנְּשָׁמָה. וּכְשֶׁיַּגִּיעַ הָעֵת קָרוֹב לְמִיתָתוֹ שֶׁל אָדָם כָּשֵׁר, אֲשֶׁר אֵין כְּדַאי לְהַסִּטְרָא אָחֳרָא לְהִדָּבֵק בְּנִשְׁמָתוֹ הַטְּהוֹרָה, מִתְגַּלֵּית שְׁכִינְתָּא קַדִּישָׁא, וְאָז הַשָּׂטָן מִיָּד הוּא נֶחֱלָשׁ וְאָזֵל בְּעַל כָּרְחֵיהּ וְדוֹמֶה מַמָּשׁ אֵלָיו כְּמִיתָה, שֶׁאֵין לוֹ שְׁלִיטָה בְּנִשְׁמַת הַצַּדִּיק. וְהַנְּשָׁמָה כְּשֶׁהוֹלֶכֶת מִן הַגּוּף, הוֹלֶכֶת תֵּכֶף עִם הַשְּׁכִינָה הַקְּדוֹשָׁה בְּמָקוֹם קָדוֹשׁ, הַנִּקְרָא צְרוֹר הַחַיִּים, אֲשֶׁר עַל זֶה אָנוּ מִתְפַּלְּלִין עַל הַמֵּתִים - וְיִצְרֹר[63] בִּצְרוֹר הַחַיִּים אֶת נִשְׁמָתוֹ. וְזֶה הַסּוֹד - **ה' מֵמִית**, לְהַסִּטְרָא אָחֳרָא וּמְגָרְשָׁהּ וּמַחֲלִישָׁהּ, **וּמְחַיֶּה** - אֶת הַנְּשָׁמָה שֶׁל הַצַּדִּיק לַהֲבִיאָהּ בִּצְרוֹר הַחַיִּים, וְזֶה הַסּוֹד - **מוֹרִיד שְׁאוֹל וַיָּעַל** - קָאֵי עַל נִשְׁמַת הַצַּדִּיק, הַמֻּכְרָח לֵירֵד לַגֵּיהִנָּם לְרֶגַע קָטָן, וְזֶהוּ טְבִילָה שֶׁלּוֹ, כִּי אֵין צַדִּיק בָּאָרֶץ אֲשֶׁר יַעֲשֶׂה טּוֹב וְלֹא יֶחֱטָא. וּבָעֵי עַל כָּל פָּנִים טְבִילָה וַהֲסָרַת הַזֻּהֲמָה קְצָת, וְתֵכֶף - **וַיָּעַל**. סָלֵיק לֵיהּ לִמְקוֹמָהּ הָרָאוּי לָהּ בְּגַן עֵדֶן.

וְהִנֵּה חַבְרַיָּא תֵּדְעוּ, דִּבְהַאי שַׁעְתָּא דְּאִסְתַּלַּקְנָא מֵעָלְמָא, עָבְדוּ לִי גַּם כֵּן טְבִילָה בַּגֵּיהִנָּם כַּנִּזְכָּר, וְתֵכֶף לְאַחַר הַטְּבִילָה עָלִיתִי לְגַן עֵדֶן לְדוּכְתָּאִי, וּבְשַׁעְתָּא דְּפָתַח בְּרִי בְּאִנּוּן מִלִּין וּמָסַר נַפְשֵׁיהּ עָלַי, יָצְאָה גַּם כֵּן נִשְׁמָתוֹ, דִּבְהָא הוּא דְּדָמֵיךְ וְנַפְשׁוֹ יָצְאָה בְּדַבְּרוֹ.

---

[61] דברים כב ו

[62] שמואל-א ב ו

[63] על פי שמואל-א כה כט

וְכֵיוָן דִּנְפַקַת נִשְׁמְתָא דִּבְרִי, אִתְּעָרִית וּפִגְעִית בְּנִשְׁמָתוֹ, דַּהֲוֵי אָעֳלַת גַּם כֵּן מִטְּבִילָה הַנִּזְכֶּרֶת לְעֵיל, וְתַמָּן אִתְדַּן דִּינָא לְהוֹסִיף לִי שְׁנַיִם וְעֶשְׂרִים שָׁנָה בְּגִין דְּמָעוֹת וּמִלִּין דִּבְרִי. וּכְהַיּוֹם, כִּי נִטְהַרְתִּי מִכֹּל וָכֹל, וְנִשְׁמָתִי הִיא זַכְיָא וּנְקִיָּה וּטְהוֹרָה - מֻכְרָח אֲנִי לִרְאוֹת בְּאִלֵּין שְׁנַיִם וְעֶשְׂרִים שְׁנִין לְאִתְעַסְקָא רַק בְּמִלִּין דְּעוֹלָם הַבָּא, כִּי כְּבָר קִבַּלְתִּי עֹנֶשׁ מִיתָה וּטְבִילָה בַּגֵּיהִנֹּם, וּמִכָּאן וּלְהָלְאָה אִצְטְרִיכְנָא דְּלָא אֵתְיָא בְּכִסּוּפָא לְעָלְמָא דְּאָתֵי. וְזֶהוּ שֶׁאָמַר דָּוִד הַמֶּלֶךְ, עָלָיו הַשָּׁלוֹם - יַסֹּר[64] יִסְּרַנִּי יָּהּ, וְלַמָּוֶת לֹא נְתָנָנִי. אָמַר דָּוִד - רוֹאֶה אֲנִי, שֶׁהַרְבֵּה יִסּוּרִים גְּדוֹלִים מְאֹד יִסֵּר אוֹתִי הַקָּדוֹשׁ בָּרוּךְ הוּא, וְהַכֹּל כְּדֵי לְהִנָּקֵם מֵחֲטָאַי, וְאִם כֵּן, כַּאֲשֶׁר כְּבָר נִטְהַרְתִּי עַל יְדֵי טְבִילַת הַיִּסּוּרִים, מֵעַתָּה חָלִילָה לִפְגֹּם עוֹד בְּנִשְׁמָתִי, כִּי אִם פִּתְחוּ לִי שַׁעֲרֵי צֶדֶק לְהִתְעַסֵּק בְּתוֹרָה וְיִרְאָה, שֶׁלֹּא אֶהְיֶה בְּכִסּוּפָא לָעוֹלָם הַבָּא.

וְנִלְמַד מִכָּאן - לְכָל אָדָם, הָעוֹבֵר עָלָיו חֲצִי דִּינִים מִמָּארֵיהּ דְּעָלְמָא וְקִבֵּל יִסּוּרִים, יַחֲשֹׁב, כִּי בְּוַדַּאי לְטַהֲרוֹ מִפְּשָׁעָיו הֵמָּה, וְאִצְרִיךְ לֵיהּ לְזָהֵר, שֶׁמִּכָּאן וּלְהָלְאָה שֶׁלֹּא יִמְשֹׁךְ עָלָיו עוֹד סִטְרָא אָחֳרָא דִּמְסָאֳבָא בַּחֲטָאָיו, וְאָז יִצְטָרְכוּ עוֹד יִסּוּרִים כְּדֵי לְהָסִיר חֶלְאַת הַזֻּהֲמָה.

וְאִם תֹּאמַר, מָה הַיִּסּוּרִים שַׁיָּכִין לְזֻהֲמַת הַסִּטְרָא אָחֳרָא, דַּע כִּי זֻהֲמַת הַסִּטְרָא אָחֳרָא הִיא דָּבָר מַמָּשׁ, וְהָאוֹת וְהַמּוֹפֵת לָזֶה כִּי בְּהִסְתַּכֵּל אִשָּׁה נִדָּה בְּמַרְאוֹת הַצּוֹבְאוֹת [שֶׁקּוֹרִין בְּלָשׁוֹן אַחֵר - שְׁפִּיגֶל] יִדְבְּקוּ כַּמָּה כְּתָמִים בַּמַּרְאָה, הַמַּחְשִׁיכִים אֶת זְהִירוּת הַמַּרְאָה, וְנַעֲשׂוֹת בֶּהָרוֹת בֶּהָרוֹת לְבָנוֹת וּשְׁחוֹרוֹת, כְּמוֹ שֶׁכָּתַבְתִּי לְעֵיל פֶּרֶק ב'. הֲרֵי לְךָ, שֶׁהָאָדָם עוֹשֶׂה רֹשֶׁם בְּמַרְאוֹת טְמֵאָה, וּמִזֶּה תִּרְאֶה, שֶׁזֻּהֲמַת הַסִּטְרָא אָחֳרָא הִיא דָּבָר מַמָּשׁ, הַנִּדְבָּק בְּגוּף הָאָדָם, וְאִי אֶפְשָׁר לְהִתְלַבֵּן וּלְהִתְרוֹקֵן אִם לֹא עַל יְדֵי יִסּוּרִים, כִּי אֵין יִסּוּרִין בְּלֹא חִמּוּם הַגּוּף. אַף הֲסָרַת הַכְּתָמִים מִן הַמַּרְאוֹת הַצּוֹבְאוֹת אִי אֶפְשָׁר לְהַעֲבִיר אִם לֹא עַל יְדֵי גַּחֲלֵי אֵשׁ, וְאָז יַחֲזֹר הַשְּׁפִּיגֶל כְּמוֹ שֶׁהָיָה בָּרִאשׁוֹנָה. כֵּן הָאָדָם אֵין לוֹ כַּפָּרָה עַל חֶטְאוֹ, אִם לֹא שֶׁצָּרִיךְ לְהִתְלַבֵּן בְּחִמּוּם הַיִּסּוּרִים כַּנִּזְכָּר. וּכְשֶׁאָדָם מְקַבֵּל הַיִּסּוּרִים בְּאַהֲבָה וּבְחִבָּה מֵאֵת ה', אָז הוּא מַתִּישׁ כֹּחַ הִתְפַּשְּׁטוּת זֻהֲמַת הַסִּטְרָא אָחֳרָא. וְחָלִילָה לְאָדָם, שֶׁיִּבְעַט בְּיִסּוּרָיו, אֶלָּא יְקַבֵּל עָלָיו הַכֹּל בְּאַהֲבָה וּבְחִבָּה, הֵן בְּיִסּוּרִים שֶׁל גּוּפוֹ וְהֵן יִסּוּרֵי מָמוֹנוֹ, כִּי יֵשׁ אֵיזֶה אֲנָשִׁים אִם יִקְרֶה לוֹ אֵיזֶה הֶזֵּק מָמוֹן אֲזַי הוּא מִתְחַמֵּם וּמִתְלַהֵב בְּלֵב רַגָּז, וּמֵרִיב וּמְחַרְחֵר רִיב עִם הַבְּרִיּוֹת זֶהוּ אֲשֶׁר בּוֹעֵט בְּיִסּוּרִין. אֶלָּא יִהְיֶה שַׁיֵּיף עָיֵיל וְשַׁיֵּיף נָפִיק בְּלֵב נִשְׁבָּר וְנִדְכֶּה וּבְהַכְנָעָה, וְיֹאמַר תָּמִיד - ה'[65] נָתַן וַה' לָקָח יְהִי שֵׁם ה' מְבֹרָךְ. בָּזֶה מְעוֹרֵר רַחֲמִים שֶׁרוֹאֶה בּוֹ הַקָּדוֹשׁ בָּרוּךְ הוּא הַכְנָעָה דִּילֵיהּ.

---

[64] תהלים קיח יח

[65] איוב א כא

וְהִנֵּה קַבָּלָה בְּיָדִי, שֶׁיֵּשׁ יָמִים מְיֻחָדִים בַּשָּׁנָה, שֶׁשְּׁלוּחֵי ה' מְבִיאִים יִסּוּרִים עַל בְּנֵי אָדָם, וּבְיִחוּד עַל אוֹתָן בְּנֵי אָדָם, שֶׁהֵן מְבֻעָטִים בְּיִסּוּרִים, עַל כֵּן שׁוֹמֵר נַפְשׁוֹ יִרְחַק מֵהֶם. וְאַצִּיג לְךָ פֶּרֶק מְיֻחָד לְאוֹתָן הַיָּמִים.

פרק לב

כָּתַב הָרַב בַּעַל **טוּרֵי זָהָב** בְּיוֹרֶה דֵּעָה [סִימָן קטז], אֵיזֶה יָמִים שֶׁאָסוּר לָאָדָם לְהַקִּיז דָּם מִפְּנֵי סַכָּנָה, שֶׁהֵן יוֹמָא דְּדִינָא. עַיֵּן שָׁם. גַּם אֶת זֶה רָאֵה וּשְׁמֹר, כִּי מָצָאתִי בְּשֵׁם גָּדוֹל אֶחָד וְחָסִיד שֶׁבַּחֲסִידִים, שֶׁאֵלּוּ יָמִים הֵן מְיֻחָדִים לָאָדָם לְקַבֵּל יִסּוּרִים, עַל כֵּן אָסוּר בָּהֶן לְהַקִּיז דָּם, וְאֵלּוּ הֵן - י"ז בְּמַרְחֶשְׁוָן, יוֹם ה' בִּשְׁבָט, כ' אֲדָר, כ"ה נִיסָן, כ"ט בְּאִיָּר, ט"ז בְּסִיוָן, כ"ז סִיוָן, כ"ד כ"ו בְּתַמּוּז, כ' אָב, כ"ו אָב וְיוֹם כ"ז בְּאָב וְיוֹם י"ב אֱלוּל.

וְהִנֵּה בְּאֵלּוּ הַיָּמִים הַנִּזְכָּרִים יֵשׁ לִזָּהֵר מְאֹד, שֶׁלֹּא יֵלְכוּ הַיְלָדִים יְחִידִים אַף בִּרְחוֹבוֹת, כִּי הָרוּחוֹת מְצוּיִין בָּעוֹלָם, וְיֵשׁ לָהֶם רְשׁוּת, חַס וְשָׁלוֹם, לִכָּנֵס לַתִּינוֹק אוֹ תִּינוֹקוֹת, רַחֲמָנָא לִצְלַן. כִּי אֵלּוּ הָעִתִּים הֵם קְבוּעִים לִשְׁלוּחֵי דִּין לִפְעֹל בָּעִתִּים הַקְּבוּעִים, הַנִּזְכָּרִים לְעֵיל. כַּמָּה אַחֲרָיוּת וְהִרְפַּתְקָאוֹת עַל הָאָדָם הֶעָנוּשׁ, כַּמָּה רוּחוֹת טוֹבוֹת הֵן הַמְּבִיאִים בְּרָכוֹת טוֹבוֹת עַל הָעוֹלָם, וְכַמָּה רוּחוֹת רָעוֹת הֵן הַמְּבִיאִין, חַס וְשָׁלוֹם, אֲוִירִין בִּישִׁין וָחֳלָאִים רָעִים וְנֶאֱמָנִים. וְעַל כֻּלָּן צָרִיךְ הָאָדָם לְעוֹרֵר רַחֲמִים וּלְהִתְפַּלֵּל לִפְנֵי אֲדוֹן הָעוֹלָם לְהַצִּילוֹ וְאֶת עַמּוֹ יִשְׂרָאֵל מִכָּל עִנְיָנִים רָעִים הַנִּזְכָּרִים לְעֵיל.

וּבְאֵלּוּ הַיָּמִים הַנִּזְכָּרִים לְעֵיל יֵשׁ רְשׁוּת לְבַעֲלֵי עֵינַיִם רָעוֹת לִתֵּן עַיִן הָרָע לַתִּינוֹק, אוֹ לְהַכְנִיס עַיִן הָרָע בְּמָמוֹן שֶׁל חֲבֵרוֹ, וְלָכֵן צָרִיךְ הָאָדָם לְהַעֲבִיר כְּסוּתוֹ עַל יַנּוּקָא דִּילֵיהּ, בְּאוֹתָן הַיָּמִים כְּשֶׁמּוֹלִיכוֹ עַל הָרְחוֹבוֹת, כְּמוֹ שֶׁכָּתַב הַזֹּהַר, שֶׁכֵּן עָשָׂה הַקָּדוֹשׁ בָּרוּךְ הוּא לְיִשְׂרָאֵל מִפְּנֵי בִּלְעָם הָרָשָׁע, דְּכֵיוָן דַּחֲמָא בִּלְעָם הָרָשָׁע, דְּלָא יָכוֹל לַעֲשׂוֹת שׁוּם רַע, בָּעֵי לְאִסְתַּכְּלָא בְּעִנּוּי בִּישָׁא דִּילֵיהּ, בְּגִין דְּכָל אֲתַר דַּהֲוֵי מִסְתַּכֵּל בִּלְעָם הָרָשָׁע בְּעֵינֵי בִּישָׁא דִּילֵיהּ - הֲוֵי מִתְלַטְיָא. וְזֶה שֶׁאָמַר הַכָּתוּב - וַיִּשָּׂא בִלְעָם אֶת עֵינָיו וַיַּרְא אֶת יִשְׂרָאֵל שֹׁכֵן לִשְׁבָטָיו, וַתְּהִי[66] עָלָיו [עַל יִשְׂרָאֵל] רוּחַ אֱלֹהִי"ם. כְּמָאן דְּפָרִיס סוּדְרָא עַל רֵישָׁא דְּיַנּוּקָא בְּגִין דְּלָא יִשְׁלֹט בְּהוּ עֵינָא בִּישָׁא שֶׁל בִּלְעָם הָרָשָׁע.

וְדַע, כִּי אוֹתָן אַחַד עָשָׂר פְּסוּקִים, הַמַּתְחִילִין בְּאוֹת נוּ"ן וּמְסַיְּמִין בְּאוֹת נוּ"ן - קַבָּלָה הוּא בְּיָדֵי שֶׁהֵן טוֹבִים מִפְּנֵי כְּשָׁפִים וְעַיִן הָרָע. וְעַל כֵּן טוֹב לוֹמַר אַחֲרֵי אַחַד עָשָׂר פְּסוּקִים, הַנִּזְכָּרִים בְּמַּעֲמָדוֹת, הַמַּתְחִילִין בְּנוּ"ן, תְּפִלָּה קְצָרָה זוֹ - רִבּוֹנוֹ שֶׁל עוֹלָם, הַצֵּל עַמְּךָ בֵּית יִשְׂרָאֵל מִכָּל מִינֵי כְשׁוּפִים וּמִכָּל מִינֵי עַיִן הָרָע, וּכְשֵׁם שֶׁפָּרַשְׂתָּ כְּנָפֶיךָ עַל אֲבוֹתֵינוּ שֶׁבַּמִּדְבָּר, שֶׁלֹּא שָׁלַט עֲלֵיהֶם עֵינָא בִּישָׁא דְּבִלְעָם בֶּן בְּעוֹר, כֵּן תִּפְרֹס כְּנָפֶיךָ עָלֵינוּ בְּרַחֲמֶיךָ הָרַבִּים לִהְיוֹת מְכוּסִים [בְּמִכְסֶה וּבְהַנְהָגָה] בִּשְׁמוֹתֶיךָ הַקְּדוֹשִׁים מִכָּל עֵינָא בִּישָׁא - אַתָּה סֵתֶר לִי, רָנֵּי פַלֵּט וְגוֹמֵר.

---

[66] במדבר כד ב

וְכָל אִשָּׁה כְּשֶׁהִיא מְעֻבֶּרֶת - כְּשֶׁהִיא אוֹמֶרֶת הָאַחַד עָשָׂר פְּסוּקִים הַנִּזְכָּרִים לְעֵיל - תִּהְיֶה בְּטוּחָה, דְּלֹא שָׁלְטָא עֵינָא בִּישָׁא עַל הַוָּלָד. עַל כֵּן יִזָּהֵר הָאָדָם לוֹמַר אַחַד עָשָׂר פְּסוּקִים הַנִּזְכָּרִים לְעֵיל, וְיִהְיֶה נִצּוֹל מֵעַיִן רַע. אָמֵן כֵּן יְהִי רָצוֹן.

פרק לג

חֲכָמֵינוּ זִכְרוֹנָם לִבְרָכָה תִּקְנוּ לוֹמַר **שָׁלֹשׁ פְּעָמִים** - וְהוּא[67] רַחוּם יְכַפֵּר עָוֹן וְגוֹ'. דְּהַיְנוּ מֵ - הוֹדוּ[68] לַה' קִרְאוּ בִשְׁמוֹ. וְאַחַת בְּ - וּבָא[69] לְצִיּוֹן גּוֹאֵל", וְאַחַת בִּתְחִלַּת תְּפִלַּת מַעֲרִיב. וְהַכַּוָּנָה כִּי בַּפָּסוּק - **וְהוּא רַחוּם וְגוֹ'**. יֵשׁ שְׁלֹשׁ עֶשְׂרֵה תֵּבוֹת, כְּנֶגֶד שְׁלֹשׁ עֶשְׂרֵה מִדּוֹת הָרַחֲמִים, וְשָׁלֹשׁ פְּעָמִים שְׁלֹשׁ עֶשְׂרֵה עוֹלִים שְׁלֹשִׁים וְתֵשַׁע. וְהַכַּוָּנָה, בַּאֲשֶׁר בְּכָל יוֹם וָיוֹם הַיֵּצֶר הָרָע מִתְגַּבֵּר עַל הָאָדָם, וּבְקֹשִׁי אֲשֶׁר יָכוֹל הָאָדָם לְהִנָּצֵל מֵהַחֵטְא, שֶׁנִּתְחַיֵּב עָלָיו שְׁלֹשִׁים וְתֵשַׁע מַלְקוּת, וְעַל כֵּן תְּפִלָּה זוֹ מוֹעֶלֶת לְבַקֵּשׁ מֵהַקָּדוֹשׁ בָּרוּךְ הוּא שֶׁיְּכַפֵּר עֲוֹנוֹ, כְּאִלּוּ הוּא נִלְקָה מַלְקוּת שְׁלֹשִׁים וְתֵשַׁע, וְלֹא יַשְׁחִית בַּעֲבוּרוֹ לְעָנְשׁוֹ, וּבִהְיוֹת כִּי הֶעָוֹן גּוֹרֵם לְעוֹרֵר הַמַּשְׁחִיתִים אַף וְחֵמָה, כִּי אַף וְחֵמָה, הֵמָּה תָּמִיד מְקַטְרְגִים עַל יִשְׂרָאֵל בִּהְיוֹתָם בְּמִצְרַיִם, וְהַקָּדוֹשׁ בָּרוּךְ הוּא בְּרֹב חֲסָדָיו וְרַחֲמָיו גִּלָּה עַל יִשְׂרָאֵל עַמּוֹ בִּזְכוּת שְׁלֹשָׁה אָבוֹת בִּשְׁלֹשָׁה שֵׁמוֹת קְדוֹשִׁים - אהי"ה, הוי"ה, אדנו"ת, שֶׁעוֹלִין לְמִסְפַּר **יב"ק**, שֶׁהֵן רָאשֵׁי תֵּבוֹת יַעֲנֵנוּ **בְּ**יוֹם **קָ**רְאֵנוּ. עַל כֵּן אוֹמְרִים פָּסוּק זֶה - **וְהוּא רַחוּם וְגוֹ' כָּל חֲמָתוֹ**, וְאַחַר כָּךְ תֵּכֶף - ה'[70] הוֹשִׁיעָה הַמֶּלֶךְ יַעֲנֵנוּ בְיוֹם קָרְאֵנוּ.

וּבִהְיוֹת כִּי גָּדוֹל כֹּחַ עִנְיַן מַלְקוּת, שֶׁהֵן מַצִּילִין מִשְּׁלֹשִׁים וְתֵשַׁע קְלָלוֹת, שֶׁנִּתְקַלֵּל בָּהּ הַנָּחָשׁ, וּמְהַפְּכִין הַשְּׁלֹשִׁים וְתֵשַׁע קְלָלוֹת לְטַ"ל שֶׁל בְּרָכָה, הַנּוֹטֵף בָּעִתִּים הַקְּבוּעִים טִפִּין עַל רֹאשׁ בְּנֵי אָדָם, הַחֲפֵצִים לִדְבֹּק בְּיִרְאַת ה', וְזֶהוּ הַטַּל מְעוֹרֵר אוֹתָם לְדַרְכֵי הַיִּרְאָה, וְהוּא מַמָּשׁ טַל שֶׁל תְּחִיַּת הַמֵּתִים, שֶׁעָתִיד הַקָּדוֹשׁ בָּרוּךְ הוּא לְהַחֲיוֹת בּוֹ הַמֵּתִים, וְטַל זֶה מְיֻחָד לְקָרֵב נַפְשׁוֹת הַמֵּתִים אֶל הַקְּדֻשָּׁה.

עַל כֵּן אַל תִּתְעַצְּלוּ בְּמַלְקוּת עַל כָּל פָּנִים פַּעַם אַחַת בְּחֹדֶשׁ, כִּי עַל זֶה הִתְפַּלֵּל גַּם כֵּן אַבְרָהָם אָבִינוּ זִכְרוֹנוֹ לִבְרָכָה בְּאָמְרוֹ - אוּלַי[71] יִמָּצְאוּן שָׁם אַרְבָּעִים. כִּדְאִיתָא בַּזֹּהַר, שֶׁכַּוָּנָתוֹ הָיָה - אוּלַי יִמָּצְאוּן שָׁם בְּנֵי אָדָם, שֶׁלּוֹקִין מַלְקוּת אַרְבָּעִים. וַיֹּאמֶר[72] לֹא אַשְׁחִית וְגוֹ'.

וּכְמוֹ שֶׁמֻּטָּל עַל הָאָדָם לְקַבֵּל עָלָיו מַלְקוּת אַרְבָּעִים בָּעוֹלָם הַזֶּה, כְּדֵי שֶׁלֹּא יִלְקֶה מַלְקוּת בָּעוֹלָם הַבָּא, כִּי יֵשׁ הַרְבֵּה עֲבֵרוֹת, שֶׁאָמְרוּ רַבּוֹתֵינוּ זִכְרוֹנָם לִבְרָכָה - הָעוֹשֶׂה כֵן, יִהְיֶה בְּנִדּוּי. וְהַפֵּרוּשׁ הוּא, שֶׁרָאוּי הוּא לְנַדּוֹתוֹ. וְאִם כֵּן כְּשֶׁלֹּא נִדּוּ אוֹתוֹ בְּבֵית דִּין שֶׁל מַטָּה, אֲזַי הוּא מְנֻדֶּה בְּבֵית דִּין שֶׁל מַעְלָה. וְזֶהוּ עִנְיָן רַע לְהָאָדָם כְּשֶׁמְּנַדִּין אוֹתוֹ לְמַעְלָה, כִּי

[67] תהלים עח לח
[68] תהלים קה א
[69] ישעיהו נט כ
[70] תהלים כ י
[71] בראשית יח כט
[72] בראשית יח לב

כָּל זְמַן שֶׁהוּא בְּנִדּוּי - תְּפִלָּתוֹ אֵינָהּ נִשְׁמַעַת, וְנִשְׁמָתוֹ הִיא נָע וָנָד מִחוּץ לְפַרְגּוֹדָא קַדִּישָׁא, וְנִסְתַּלֶּקֶת מִמֶּנּוּ שְׁמִירוֹת שֶׁשּׁוֹמֵר עִמּוֹ יִשְׂרָאֵל, וּבִהְיוֹתוֹ בַּדֶּרֶךְ אוֹ בִשְׁאָר מְקוֹם סַכָּנָה, בְּקַל יוּכַל לְהִנָּזֵק, כִּי הוּא בְּהֶפְקֵר מַמָּשׁ, כִּי אֵין מַשְׁגִּיחִין עָלָיו מִן הַשָּׁמַיִם, וּבְאִם שֶׁאִשְׁתּוֹ הִיא מִתְעַבֶּרֶת מִמֶּנּוּ בְּאוֹתָן הַיָּמִים, אֲזַי יִהְיֶה הַתִּינוֹק אֶחָד מִן הַפּוֹשְׁעִים וְהַמּוֹרְדִים בְּדַת אֱלֹהֵינוּ.

וְאִם כֵּן, מִי שֶׁהוּא חָכָם וְנָבוֹן בְּתַכְלִית הַחָכְמָה, יִתְבּוֹנֵן בְּעַצְמוֹ, שֶׁהֶכְרֵחַ גָּדוֹל הוּא לְמַהֵר וּלְזָרֵז לְתַקֵּן דָּבָר זֶה בְּלִי אִחוּר וְעִכּוּב, כִּי מִי יוֹדֵעַ מַה יּוֹלַד יוֹם, פֶּן יָמוּת פִּתְאֹם, וְלֹא יָשׁוּב נִשְׁמָתוֹ לַמָּקוֹם אֲשֶׁר הִיא נֶחְצֶבֶת מִמֶּנָּה, וְנִשְׁמָתוֹ תִּהְיֶה מְסוּרָה לְמַשְׁחִיתִים וּמְחַבְּלִים אַכְזָרִים.

לָזֶה אֶכְתֹּב הַתִּקּוּן כָּאן מַה שֶּׁמָּצָאתִי כָּתוּב בְּכִתְבֵי הָאֲרִ"י, זִכְרוֹנוֹ לִבְרָכָה, וְהוּא שֶׁיִּבְחַר הָאָדָם יוֹם אֶחָד לִהְיוֹת פָּנוּי מִכָּל עֲסָקָיו, וְכֹה יִתְנַהֵג - יִבְחַר מָקוֹם מְיֻחָד בְּבֵיתוֹ וְיֵשֵׁב עַל הָאָרֶץ כִּמְנֻדֶּה, וְיֹאמַר - הֲרֵינִי יוֹשֵׁב לְקַבֵּל עָלַי נְזִיפָה וְנִדּוּי, שֶׁהִתְחַיַּבְתִּי מִפִּי בֵּית דִּין שֶׁל מַעְלָה עַל הַחֲטָאִים וְהָעֲווֹנוֹת וְהַפְּשָׁעִים, שֶׁחָטָאתִי וְשֶׁעָוִיתִי וְשֶׁפָּשַׁעְתִּי. אֲנִי עֶצֶב נִבְזֶה, הִרְבֵּיתִי אַשְׁמָתִי בְּתוֹרָתֶךָ, בָּגַדְתִּי בְּיִרְאָתֶךָ, פָּגַמְתִּי בִּסְפִירוֹתֶיךָ, הִשְׁלַחְתִּי פְּגָם בְּקָדְשֶׁיךָ, וְהַמַּיִם הַיּוֹצְאִים מִבֵּית ה' הוֹלַכְתִּים לְבֵית הַכִּסֵּא - מְקוֹם הַטִּנֹּפֶת, אֵשֶׁת הַזִּמָּה, הָרַסְתִּי מִזְבַּח שֶׁלְּךָ, חִלַּלְתִּי בְּרִיתֶךָ בְּהַכְנָסַת עָרְלָה עַל בְּרִית הַקֹּדֶשׁ, פָּגַמְתִּי בְּנ"ב אוֹתִיּוֹת הַקְּדוֹשִׁים, נָתַתִּי גְּבוּרָה לַחִיצוֹנִים. וְהִנֵּה אִם נִתְחַיַּבְתִּי נִדּוּי מִפִּי בֵּית דִּין הַצֶּדֶק אוֹ מִפִּי הַקָּדוֹשׁ בָּרוּךְ הוּא וּשְׁכִינְתֵּיהּ, הֲרֵי יָשַׁבְתִּי בָּדָד וְקִבַּלְתִּי עָלַי הַדִּין, וּמִתְחָרֵט וּמְבַכֶּה עַל עֲווֹנוֹתַי - חָטָאתִי, הֶעֱוֵיתִי, לֹא אָשׁוּב עוֹד בַּדֶּרֶךְ הַזֶּה. הַתֵּר, הַתֵּר, הַתֵּר, יוֹצֵר בְּרֵאשִׁית, סְלַח, אֲבִיר יַעֲקֹב, כִּי אֵל מֶלֶךְ טוֹב וְסַלָּח אַתָּה, וְסַיְּעֵנִי לִהְיוֹת מֵהַשָּׁבִים אֵלֶיךָ בְּכָל יוֹם בְּלֵב שָׁלֵם, וּלְחַטָּאתִי לֹא תִּזְכֹּר עוֹד, אָמֵן סֶלָה.

וְהִנֵּה מֵהָרָאוּי לְהַצִּיג לְךָ יִחוּד גָּדוֹל וְנוֹרָא, אַךְ בַּאֲשֶׁר אֵין כָּל מוֹחִין שָׁוִין, וּבִפְרָט אֲשֶׁר הַלְּבָבוֹת נִתְמַעֲטוּ, פֶּן יֵהָרֵס וְיֵהָפֵךְ הַסֵּדֶר, וְנִמְצָא קִלְקוּל וְלֹא תִּקּוּן. עַל כֵּן הִצַּגְתִּי לְךָ תְּפִלָּה קְצָרָה בִּמְקוֹמָהּ, וְהַבּוֹחֵן לְבָבוֹת יְקַבֵּל לוֹ לְרָצוֹן, וְזוֹ הִיא, רִבּוֹנוֹ שֶׁל עוֹלָם, גָּלוּי וְיָדוּעַ לְפָנֶיךָ, כִּי חָשְׁקָה נַפְשִׁי מְאֹד לוֹמַר פְּסוּקִים שֶׁל יִחוּדִים וּלְכַוֵּן בָּהֶם יִחוּד גָּדוֹל וְנוֹרָא לְיַחֵד שְׁמוֹתֶיךָ הַקְּדוֹשִׁים בְּאַהֲבָה, אַךְ עֲווֹנוֹתֵינוּ גָּבְרוּ עָלֵינוּ, וּכְמַשָּׂא כָבֵד יִכְבְּדוּ עָלֵינוּ, וּמֵחֲמַת כֵּן נִתְרַבֶּה הַחֹמֶר הַגַּשְׁמִי כָּל כָּךְ, עַד שֶׁאֵין אָנוּ יְכוֹלִין לְכַוֵּן הֵיטֵב כָּרָאוּי, וּפֶן נְקַלְקֵל וְלֹא נְתַקֵּן מֵחֲמַת עִוָּרוֹן הַנֶּגַע בַּעֲווֹנֵנוּ. אֵיךְ אוּכַל לִקְרֹב וְלָגֶשֶׁת אֶל מְקוֹם הַקְּדֻשָּׁה, וְאֵיךְ לָבוֹא אֶל שַׁעֲרֵי מֶלֶךְ מַלְכֵי הַמְּלָכִים, הַקָּדוֹשׁ בָּרוּךְ הוּא בִּלְבוּשׁ שַׂק, וּבְכֵן, רִבּוֹן עָלְמָא, חוּס נָא וַחֲמֹל נָא, אֲדוֹן הַסְּלִיחוֹת, וְיֶעֱרַב לְפָנֶיךָ אֵל רָם וְנִשָּׂא תְּפִלּוֹתֵינוּ, כְּאִלּוּ תִּקַּנְתִּי כָּל הַפְּגָמִים וְהֶעֱבַרְתִּי כָּל הַכְּתָמִים עַל יְדֵי כַּוָּנוֹת הַיִּחוּדִים, כֵּן יִהְיוּ מְתֻקָּנִים הֵיטֵב בִּתְפִלָּה זוֹ, שֶׁאֲנִי אוֹמֵר

בְּשִׁבְרוֹן לֵב וּבְרוּחַ נְמוּכָה, וְלֵב נִשְׁבָּר וְנִדְכֶּה אֱלֹהִי"ם לֹא תִבְזֶה.

וְאַחַר כָּךְ יָקוּם מִן הָאָרֶץ וְיִהְיֶה עוֹסֵק כָּל הַיּוֹם בִּתְפִלָּה וּבַתּוֹרָה, וְאָז מִן הַשָּׁמַיִם יְרַחֲמוּ וְיָסִירוּ מֵעָלָיו עֹנֶשׁ הַנִּדּוּי, שֶׁנִּתְנַדָּה מִן הַשָּׁמַיִם, כְּשֶׁלֹּא מְנַדִּין אוֹתוֹ בֵּית דִּין שֶׁל מַטָּה, וְיִהְיֶה לִבּוֹ נָכוֹן וּבָטוּחַ, כְּשֶׁיִּנְהַג כְּמוֹ שֶׁכָּתוּב לְעֵיל, אָז וְשָׁב וְרָפָא לוֹ.

וְהִנֵּה אַצִּיג לְךָ פֶּרֶק מְיֻחָד עַל אֵיזֶה דְּבָרִים שֶׁהָאָדָם הוּא חַיָּב נִדּוּי וְחֵרֶם.

פרק לד

אֵלּוּ דְּבָרִים שֶׁהַבֵּית דִּין מְחֻיָּבִים לְנַדּוֹת לְמִי שֶׁעוֹבֵר עֲלֵיהֶם - **הָרִאשׁוֹן** - מִי שֶׁמְּדַבֵּר נִבּוּל פֶּה, חַס וְשָׁלוֹם. **הַשֵּׁנִי** - מִי שֶׁאוֹחֵז בָּאַמָּה וּמוֹצִיא שִׁפִיכוּת זֶרַע לְבַטָּלָה. **הַשְּׁלִישִׁי** - הַמֵּקֵל בְּמִצְוֹת דְּרַבָּנָן, כְּגוֹן הַמְזַלְזֵל בִּנְטִילַת יָדַיִם, אוֹ הַמְזַלְזֵל בְּדִינֵי מֻקְצֶה וְכַיּוֹצֵא בָּהֶם בְּאִסּוּרֵי דְּרַבָּנָן. **הָרְבִיעִי** - הַמְזַלְזֵל בִּכְבוֹד תַּלְמִידֵי חֲכָמִים, הֵן בְּפָנָיו וְהֵן שֶׁלֹּא בְּפָנָיו. **הַחֲמִישִׁי** - הַמְחַלֵּל אֶת הַשֵּׁם עַל יְדֵי שֶׁמְּדַבֵּר דִּבְרֵי גִּדּוּפִים עַל כְּלַל בְּנֵי יִשְׂרָאֵל. **הַשִּׁשִּׁי** - מִי שֶׁהוּא אַלָּם וְסַרְבָן, וְאֵינוֹ רוֹצֶה לָצֵאת דִּין, וּמְיַגֵּעַ אֶת בַּעַל דִּינוֹ, שֶׁמֻּכְרָח לִהְיוֹת בְּשֵׁב וְאַל תַּעֲשֶׂה, אוֹ שֶׁגּוֹרֵם לְהוֹצִיא לוֹ מָמוֹן רַב בְּהוֹצָאַת הַמִּשְׁפָּחָה. **הַשְּׁבִיעִי** - הָאוֹמֵר שִׁירוֹת וְתִשְׁבָּחוֹת בִּמְרוּצָה, וְאֵינוֹ מוֹצִיא מִפִּיו הַתֵּבוֹת בִּשְׁלֵמוּת בְּשָׂפָה בְּרוּרָה מִן **בָּרוּךְ שֶׁאָמַר** עַד תְּפִלַּת **יִשְׁתַּבַּח**. **הַשְּׁמִינִי** - הַמַּלְעִיג עַל אָדָם כָּשֵׁר וְיָשָׁר. **הַתְּשִׁיעִי** - הַמְדַבֵּר הַרְבֵּה עִם אִשָּׁה שֶׁאֵין אִשְׁתּוֹ כְּדֵי לְהִסְתַּכֵּל בְּיָפְיָהּ, וְהוּא יָכוֹל לְקַצֵּר אֶת דְּבָרָיו, וּמְכַוֵּן לְמַלְאוֹת תַּאֲוַת הַיֵּצֶר הָרָע. **הָעֲשִׂירִי** - הַמַּחֲזִיק בְּמַחֲלֹקֶת וּמַחֲנִיף לָרָשָׁע, וּמִתּוֹךְ חֲנִיפוּתוֹ מַחֲזִיק מַעֲשָׂיו שֶׁל הָרָשָׁע, שֶׁהוּא מִתְגַּבֵּר וְהוֹלֵךְ.

וְעַל אֵלּוּ הַדְּבָרִים צָרִיךְ הַבֵּית דִּין שֶׁל מַטָּה לְהַחֲרִים, וְאִם לֹא יַחֲרִימוּ אוֹתוֹ בֵּין דִּין שֶׁל מַטָּה, אֲזַי הוּא מֻחֲרָם בְּבֵית דִּין שֶׁל מַעְלָה, וְצָרִיךְ לַעֲשׂוֹת תִּקּוּן, כְּמוֹ שֶׁכָּתַבְתִּי בְּפֶרֶק לג.

וַעֲבֵרָה הַחֲמוּרָה שֶׁבְּאֵלּוּ עֲשָׂרָה עֲבֵרוֹת הַנִּזְכָּרוֹת לְעֵיל, הוּא הַמְנַבֵּל פִּיו וְהַמְדַבֵּר דְּבַר אֶפִּיקוֹרְסוּת עַל תַּלְמִידֵי חֲכָמִים, וּמִי שֶׁהוּא אַלָּם וְסַרְבָן. וְעוֹד מִדָּה אַחַת חֲמוּרָה מִכָּל הַנִּזְכָּרוֹת לְעֵיל, שֶׁגַּם כֵּן בֵּית דִּין שֶׁל מַעְלָה מְנַדִּין אוֹתוֹ - הַמֵּעֵז פָּנָיו בִּפְנֵי בְּנֵי אָדָם, וְאֵין לוֹ בֹּשֶׁת כְּלָל. לֹא דַּי לוֹ בְּחֵרֶם וְנִדּוּי הַנִּזְכָּר לְעֵיל, עָנְשׁוֹ הוּא לְהִתְגַּלְגֵּל בְּכֶלֶב. וְזֶה שֶׁאָמַר הַכָּתוּב [יְשַׁעְיָה נו, יא] - וְהַכְּלָבִים עַזֵּי נֶפֶשׁ. וְאִם תֹּאמַר - גִּלְגּוּל בְּכֶלֶב הוּא עֹנֶשׁ קַל, בּוֹא וּרְאֵה דָּבָר אֶחָד וְהִתְבּוֹנֵן בְּעֹנֶשׁ זֶה, כְּמִי שֶׁהוּא בָּא עַל אֵשֶׁת אִישׁ, רַחֲמָנָא לִצְּלַן.

וְדַע לְךָ, מַעֲשֶׂה אֶחָד הוּבָא בְּכִתְבֵי הָאֲרִ"י, זִכְרוֹנוֹ לִבְרָכָה, שֶׁבְּיָמָיו הָיָה אִישׁ חָסִיד אֶחָד, וּשְׁמוֹ רַבִּי אַבְרָהָם אִבְּן פּוּאָה זִכְרוֹנוֹ לִבְרָכָה, וְהָיָה הָאִישׁ עָשִׁיר גָּדוֹל, וְיָדוֹ הָיְתָה פְּתוּחָה לַעֲנִיִּים וְאֶבְיוֹנִים. וְאֶצְלוֹ הָיָה דָּר יְהוּדִי שְׁכֵנוֹ, וְהָיָה מִתְעַסֵּק בְּמַשָּׂא וּמַתָּן עִם אֵשֶׁת רַבִּי אַבְרָהָם הַנִּזְכָּר לְעֵיל, כִּי אִשְׁתּוֹ הָיְתָה מְסֻגֶּלֶת לְמַשָּׂא וּמַתָּן. וּפִתְאֹם בָּא עַל אוֹתוֹ הַשָּׁכֵן חֹלִי וְנָפַל לְמִשְׁכַּב יָמִים רַבִּים, עַד שֶׁהִתְחִיל בְּשָׂרוֹ לִרְקֹב עָלָיו. אַף עֶרְוָתוֹ נִרְקַב, וּפִזֵּר מָמוֹן רַב בְּהוֹצָאַת רוֹפְאִים, וְלֹא מָצָא עֵזֶר וּתְרוּפָה לְמַכָּתוֹ, וּמֵת הָאִישׁ הַהוּא בְּאוֹתוֹ חֹלִי בְּיִסּוּרִים קָשִׁים וּמָרִים. וְאַחַר כַּמָּה שָׁנִים בָּא כֶּלֶב אֶחָד, וְתָמִיד הָיָה מְסַבֵּב אֶת הַבַּיִת שֶׁל הֶחָסִיד רַבִּי אַבְרָהָם אִבְּן פּוּאָה הַנִּזְכָּר לְעֵיל, וְהַכֶּלֶב, הַנִּזְכָּר לְעֵיל, הָיָה כֶּלֶב

שָׁחוֹר מְכֹעָר מְאֹד. כְּשֶׁרָאוּ אוֹתוֹ הָאֲנָשִׁים, הָיוּ מְפַחֲדִין מִפָּנָיו, כִּי פָּנָיו הָיָה כְּמוֹ מַזִּיק, וְהָיוּ תָּמִיד מְגָרְשִׁין אֶת הַכֶּלֶב הַהוּא מִבֵּית רַבִּי אַבְרָהָם חָסִיד הַנִּזְכָּר לְעֵיל בְּמַקְלוֹת. וְהָיָה הַכֶּלֶב חוֹזֵר וּבָא. וְתָמִיד כְּשֶׁהָיָה רַבִּי אַבְרָהָם הַנִּזְכָּר לְעֵיל מַשְׁכִּים לְבֵית הַכְּנֶסֶת, הָיָה מוֹצֵא זֶה הַכֶּלֶב שָׁחוֹר עוֹמֵד אֵצֶל הַדֶּלֶת, וְהָיָה מַמְתִּין עַד שֶׁיִּפְתְּחוּ הַדֶּלֶת, וְהָיָה רוֹצֶה לְשַׁמֵּט אֶת עַצְמוֹ אֶל הַבַּיִת, וְתָמִיד הָיָה רַבִּי אַבְרָהָם חָסִיד מְגָרֵשׁ אוֹתוֹ, וְצִוָּה לִנְעֹל הַדֶּלֶת אַחֲרָיו. אַף עַל פִּי כֵן חָזַר הַכֶּלֶב וְהָיָה מַמְתִּין בַּדֶּלֶת עַד שֶׁיִּפָּתַח.

וּפַעַם אַחַת אֵרַע, שֶׁיָּצָא הֶחָסִיד בְּהַשְׁכָּמָה מִפֶּתַח בֵּיתוֹ, וְשָׁכַח לִנְעֹל פֶּתַח הַדֶּלֶת שֶׁל הַבַּיִת וְשֶׁל הַחֶדֶר בֵּית הַחֹרֶף, וְתֵכֶף דִּלֵּג הַכֶּלֶב לַבַּיִת וְקָפַץ מֵחֶדֶר לְחֶדֶר, עַד שֶׁהָיָה מַגִּיעַ לְחֶדֶר שֶׁהָיְתָה שָׁם אִשְׁתּוֹ שֶׁל רַבִּי אַבְרָהָם, הַנִּזְכָּר לְעֵיל, שׁוֹכֶבֶת עֲדַיִן בְּמִטָּה שֶׁלָּהּ, וּמְצָאָהּ יְשֵׁנָה. וְקָפַץ הַכֶּלֶב עַל הַמִּטָּה וְנָשַׁךְ בָּהּ נְשׁוּכִין בְּהַרְבֵּה פְּצָעִים וְחַבּוּרִים, וְאַחַר כָּךְ בָּרַח מֵהַבַּיִת. וְהָאִשָּׁה הַנִּזְכֶּרֶת לְעֵיל צָעֲקָה מְאֹד, עַד שֶׁקּוֹלָהּ נִשְׁמַע בְּבֵית הָאֲרִ"י, זִכְרוֹנוֹ לִבְרָכָה.

וּבָא בַּעֲלָהּ רַבִּי אַבְרָהָם חָסִיד וּשְׁאָר אֲנָשִׁים לְהָרַב רַבִּי יִצְחָק לוּרְיָא, וְהֵשִׁיב - הַסִּבָּה הָיָה, כִּי הָאִשָּׁה הַזֹּאת נַעֲשֵׂית בַּעֲווֹנוֹתֶיהָ הָרַבִּים אֵשֶׁת אִישׁ עִם הַשָּׁכֵן שֶׁלָּהּ, שֶׁכְּבָר מֵת, וְזֶהוּ הַכֶּלֶב שָׁחוֹר הָיָה בּוֹ נִשְׁמָתוֹ, וְהִיא הָיְתָה גּוֹרֶמֶת בְּפִתּוּי דְּבָרֶיהָ וּבִנְתִינוֹת מָעוֹת לְהַשָּׁכֵן, הַנִּזְכָּר לְעֵיל, לִשְׁכַּב אֶצְלָהּ דֶּרֶךְ אִשּׁוּת, עַל כֵּן עָשָׂה הַכֶּלֶב עַכְשָׁו נְקָמָה בָּאִשָּׁה. וְאַחַר כָּךְ הִשְׁבִּיעוּ אֶת הָאִשָּׁה שֶׁתַּגִּיד הָאֱמֶת - וְהוֹדִית, שֶׁבַּעֲווֹנוֹתֵיהֶם הָרַבִּים הָיָה שׁוֹכֵב עִמָּהּ בְּבֵית הַסְּחוֹרָה, וְעַל כֵּן נִרְקַב בְּשָׂרוֹ שֶׁל אוֹתוֹ הָאִישׁ, וְגַם עֶרְוָתוֹ הָיָה נִרְקָב. וְאַחַר כָּךְ בִּקְּשָׁה לַעֲשׂוֹת תְּשׁוּבָה, וּמֵתָה בְּתוֹךְ תְּשׁוּבָתָהּ, אֲבָל הֶחָסִיד גֵּרְשָׁהּ תֵּכֶף מִבֵּיתוֹ.

בּוֹא וּרְאֵה, שֶׁהֶעָווֹן שֶׁל עַזֵּי פָּנִים יֵשׁ לָהֶם עֹנֶשׁ גִּלְגּוּל כֶּלֶב, כְּמוֹ הֶעָווֹן אֵשֶׁת אִישׁ. עַל כֵּן צָרִיךְ הָאָדָם לְהַנְהִיג עַצְמוֹ בְּבֹשֶׁת פָּנִים, וְיִרְאַת ה' תִּהְיֶה עַל פָּנָיו תָּמִיד, וְאָז טוֹב לוֹ יִהְיֶה סֶלָה.

פרק לה

כְּבָר נִתְפַּשֵּׁט הַמִּנְהָג בְּרֹב תְּפוּצוֹת יִשְׂרָאֵל, לְהִתְעַנּוֹת בַּיּוֹם שֶׁמֵּת בּוֹ אָבִיו אוֹ אִמּוֹ מִידֵי שָׁנָה, שֶׁקּוֹרִין **יָאר־צַייט** מִטְּעָמִים יְדוּעִים. עַיֵּן בְּסֵפֶר נִשְׁמַת חַיִּים, מִשּׁוּם דְּרֵיעַ מַזָּלָא שֶׁל אוֹתוֹ יוֹם, אִי נַמִּי דְּיֵשׁ קְצָת דִּין לְאָבִיו אוֹ לְאִמּוֹ בְּאוֹתוֹ יוֹם תָּמִיד, וַאֲמִירַת הַקַּדִּישׁ וְהַתַּעֲנִית מוֹעִיל לְהִנָּצֵל מִמִּקְצָת הַדִּין הַזֶּה. אָמְנָם לֹא דַּי בָּזֶה לְבַד, אֶלָּא יִרְאֶה לִמְצֹא לַעֲשׂוֹת טוֹב בַּיּוֹם הַנִּזְכָּר לְעֵיל - אִם הוּא בַּעַל תּוֹרָה, יִרְאֶה לְחַדֵּשׁ בּוֹ אֵיזֶה דָּבָר בַּתּוֹרָה, אָז יֵשׁ תּוֹעֶלֶת גָּדוֹל לְאָבִיו וּלְאִמּוֹ, וְאַף בִּשְׁאָר יְמוֹת הַשָּׁנָה, כְּשֶׁהַבֵּן מְחַדֵּשׁ אֵיזֶה חִדּוּשׁ תּוֹרָה לִשְׁמָהּ, אָז הַבֵּן מְשַׂמֵּחַ אָבִיו וְאִמּוֹ, וּמְעַטְּרִין לְאָבִיו וְאִמּוֹ בְּכַמָּה עֲטוּרִין. וּמִי שֶׁזּוֹכֶה, שֶׁנָּתַן בִּתּוֹ לְתַלְמִיד חָכָם, וּכְשֶׁחֲתָנוֹ הוּא מְחַדֵּשׁ אֵיזֶה דִּבְרֵי תּוֹרָה לַאֲמִתּוֹ, אֲזַי מִתְעַטְּרִין לְחָמִיו וַחֲמוֹתוֹ גַּם כֵּן בְּכַמָּה עֲטוּרִין.

וּכְבָר מָצִינוּ בַּזֹּהַר, פָּרָשַׁת נָשֹׂא, גַּבֵּי רַבִּי שִׁמְעוֹן בַּר יוֹחַאי, שֶׁבָּחַר לוֹ מָקוֹם אֶחָד קָדוֹשׁ עִם תַּלְמִידָיו לְחַדֵּשׁ שָׁם חִדּוּשֵׁי תּוֹרָה וְרָזִין דְּאוֹרַיְתָא. הָיוּ שׁוֹמְעִין בַּת קוֹל - אַשְׁרֶיךָ, רַבִּי שִׁמְעוֹן בֶּן יוֹחַאי, עִם תַּלְמִידֶיךָ, דְּהָא אִתְגַּלְּיוּ לְכוֹן מַה דְּלָא אִתְגַּלֵּי לְכָל צְבָא מַעְלָה. וְחִדּוּשִׁים אֵלּוּ לֹא נִתְגַּלּוּ מִיּוֹמָא דְּקָאִים מֹשֶׁה רַבֵּנוּ, עָלָיו הַשָּׁלוֹם, עַל טוּרָא דְּסִינַי, וְכַמָּה כִּתּוֹת שֶׁל מַלְאֲכֵי הַשָּׁרֵת מִתְקַבְּצִין שָׁם לִשְׁמֹעַ רָזִין דְּאוֹרַיְתָא, וְהַאי יוֹמָא אִקְרֵי לְמַעְלָה **הִלּוּלָא דְּרַבִּי שִׁמְעוֹן בֶּן יוֹחַאי**.

אָמַר רַבִּי שִׁמְעוֹן בֶּן יוֹחַאי - תְּוַהְנָא עַל הַהוּא חֲגִיר חַרְצִין [פֵּרוּשׁ - חֲגוּר מָתְנַיִם] הוּא אֵלִיָּהוּ הַנָּבִיא, דִּכְתִיב בֵּיהּ - וַיְחַגֵּר[73] אֶת מָתְנָיו. אַמַּאי לָא אִשְׁתְּכַח בְּגוֹ אִידְרָא דִּילָן [רָצָה לוֹמַר - אִידְרָא הוּא הַמָּקוֹם, שֶׁהָיוּ יוֹשְׁבִין תַּמָּן, נִקְרָא כָּךְ]. בִּזְמַנָּא דְּאִתְגַּלְיָיהּ מִלִּין אִלֵּין קַדִּישִׁין. אַדְּהָכֵי אָתֵי אֵלִיָּהוּ, קַפְטוֹרֵי נְהִירִין. רָצָה לוֹמַר - נִיצוֹצִין בְּאַנְפּוֹי. אָמַר לֵיהּ רַבִּי שִׁמְעוֹן - מַאי טַעֲמָא לֹא שְׁכִיחַ מַר בְּקַרְדוּטָא גְּלִיפָא דְּמָארֵיהּ [רָצָה לוֹמַר - בְּמִינֵי מַטְעַמִּים] שֶׁעָשִׂינוּ לְהַקָּדוֹשׁ בָּרוּךְ הוּא בְּחִדּוּשֵׁי דְּאוֹרַיְתָא בְּיוֹמָא דְּהִלּוּלָא, אָמַר לֵיהּ אֵלִיָּהוּ - חַיֶּיךָ רַבִּי, דְּבָעֵינָא לְאִשְׁתַּכְּחָא עִמְּכוֹן, וְלָא יָכִילְנָא, דְּהַהוּא יוֹמָא שַׁדְּרַנִי הַקָּדוֹשׁ בָּרוּךְ הוּא לְמֶעְבַּד נִסִּין לְרַב הַמְנוּנָא סָבָא וְחַבְרוֹהִי, דְּאִמְסְרָא בְּאַרְמוֹנָא דְּמַלְכָּא, וְעָקַרְתִּי הֵיכָלִין דְּמַלְכָּא, וְהִכֵּיתִי הַהֵיכָל, וְאַרְחִישְׁנָא נִסָּא, דְּמִתוּ מָאתָן וְאַרְבָּעִים וַחֲמִשָּׁה פּוּדְשְׁכֵי, שֶׁהָיוּ מְקַטְרְגִים עַל רַב הַמְנוּנָא סָבָא.

וְאַפִּיקְנָא לְרַב הַמְנוּנָא וְחַבְרוֹי וְהֶעֱמַדְתִּי אוֹתָן מֵרָחוֹק לְבִקְעַת אוֹנוֹ - וְאִשְׁתְּזִיבוּ. וְהֵכַנְתִּי תַּמָּן מָזוֹן - לֶחֶם וּמַיִם, כִּי תְּלָתָא יוֹמִין לָא אָכְלֵי, וְכָל הַאי יוֹמָא לָא בָּדְלִינָא מִנַּיְהוּ. כַּד תַּבְנָא שְׁמַעְנָא קָלִין וְחֶדְוָה רַבָּה לְמַעְלָה. וּשְׁאִילְנָא - מַהוּ דָּא חֶדְוָתָא, וְאָמְרוּ לוֹן - דָּא הוּא יוֹמָא

73 מלכים-ב א ח

דְּהִלּוּלָא דְּרַבִּי שִׁמְעוֹן בֶּן יוֹחַאי, זַכָּאָה אַנְתְּ, רַבִּי שִׁמְעוֹן בֶּן יוֹחַאי, וְזַכָּאָה חֶלְקָךְ, וְזַכָּאָה חֶלְקֵי דְּחַבְרַיָּא דְּיָתְבִין קַמָּךְ, כַּמָּה דְּרַכְין אִתְּתְקַּנוּ לַנְהֲרָא לְכוּ מִן נַהֲרֵי אֲפַרְסְמוֹן דַּכְיָא, וְתָא חֲזֵי - יוֹמָא דֵין בְּגִינָךְ אִתְעַטְּרוּ חַמְשִׁין כַּתְרִין לְרַבִּי פִּנְחָס בֶּן יָאִיר חוֹתְנָךְ וְכוּ'.

הֲרֵי מְבֹאָר מַעֲלַת לְמּוּד הַתּוֹרָה לִשְׁמָהּ, וְכֵן כָּל מַעֲשִׂים טוֹבִים שֶׁעוֹשֶׂה הָאָדָם רֵיחַ נִיחוֹחַ לַה' בְּאָם שֶׁעֲשָׂה לִשְׁמָהּ. וְכֵן הוּא, חַס וְשָׁלוֹם, לְהֵפּוּךְ כְּשֶׁעוֹשֶׂה שֶׁלֹּא לִשְׁמָהּ. וְכֵן מָצִינוּ שָׁם בַּזֹּהַר - כַּד סָלִיק רַבִּי חִיָּא לְאַרְץ יִשְׂרָאֵל, קָרָא בַּתּוֹרָה עַד דַּהֲוֵי נְהִירִין כַּשֶּׁמֶשׁ. וְכַד הֲווֹ קַיְמִין לְפָנָיו כָּל אִנּוּן דַּהֲווֹ לָעַיִן בְּאוֹרַיְתָא, הֲוֵי אָמַר - דֵּין אִשְׁתַּדַּל בְּאוֹרַיְתָא לִשְׁמָהּ, וְדֵין שֶׁלֹּא לִשְׁמָהּ, וְהֲוֵי צַלֵּי עַל הַאי דַּהֲוֵי עָסִיק שֶׁלֹּא לִשְׁמָהּ דְּיִתְעַסַּק בּוֹ לִשְׁמָהּ, וְעַל יְדֵי זֶה יִזְכֶּה לְעוֹלָם הַבָּא.

יוֹמָא חַד הֲוָה תַּלְמִידָא, דַּהֲוֵי לָעֵי בְּאוֹרַיְתָא, וְאַנְפּוֹי יַרְקִין. אָמַר - וַדַּאי מְהַרְהֵר בְּחֶטְאָה אִיהוּ. אָחִיד לֵיה וְאַמְשִׁיךְ לֵיה בְּמִלִּין סְתִימִין דְּאוֹרַיְתָא, עַד דְּאִתְיַשַּׁב רוּחֵיה בְּגַוֵּיה. מִן הַהוּא יוֹמָא וּלְהָלְאָה שַׁוֵּי עַל עַצְמוֹ, דְּלָא יִרְדֹּף בָּתַר הַנֵּי הִרְהוּרִין בִּישִׁין, וְיִשְׁתַּדַּל בְּאוֹרַיְתָא לִשְׁמָהּ. הַכְּלָל הָעוֹלֶה - בְּכָל עִנְיַן שֶׁיָּבוֹא לְיָדְךָ - תִּתְבּוֹנֵן בּוֹ הֵיטֵב, אִם יֵשׁ בּוֹ נַחַת רוּחַ לְאָבִינוּ שֶׁבַּשָּׁמַיִם. וְאִם יֵשׁ בּוֹ נִדְנוּד עֲבֵרָה, חַס וְשָׁלוֹם, אֲזַי לֹא יַעֲלֶה לָרָצוֹן לִפְנֵי הַקָּדוֹשׁ בָּרוּךְ הוּא. וְזֶה לְשׁוֹן הַזֹּהַר - בָּעֵי לֵיה לְבַר נָשׁ לְמִבְדַּק בְּחוֹבוֹי כָּל יוֹמָא וְיוֹמָא, דְּהָא כַּד בַּר נָשׁ קָאִים מֵעַרְסֵיה, תְּרֵין סָהֲדִין קַיְמִין קַמֵּיה בַּהֲדֵיה כָּל יוֹמָא. בָּעֵי בַּר נָשׁ לְמֵיקַם - אִנּוּן סָהֲדֵי אָמְרֵי לֵיה בְּשַׁעֲתָא דְּאַפְתַּח עֵינוֹי, עֵינֶיךָ לְנֹכַח יַבִּיטוּ וְגוֹ'. קָם וְאַתְקִין רַגְלוֹהִי לְמֵיהַךְ אִנּוּן סָהֲדֵי אָמְרֵי לֵיה - פַּלֵּס מַעֲגַל רַגְלֶיךָ וְגוֹ'. וְעַל דָּא כַּד אָזִיל בַּר נָשׁ כָּל יוֹמָא בָּעֵי לֵיה לְאִסְתַּמְּרָא מֵחוֹבוֹי, וּבְכָל יוֹמָא וְיוֹמָא כַּד אַתְיָא לֵילְיָא, בָּעֵי לְאַסְתַּכְּלָא וּלְמִבְדַּק בְּכָל מַאי דְּעָבִיד כָּל הַהוּא יוֹמָא בְּגִין דְּיָתוּב מִנַּיְהוּ [פֵּרוּשׁ - אִם יִרְאֶה, שֶׁעֲשָׂה בְּזֶה הַיּוֹם דָּבָר שֶׁאֵינוֹ הָגוּן - יָשׁוּב מִמֶּנּוּ לְבִלְתִּי לַעֲשׂוֹת עוֹד כָּזֶה פַּעַם שֵׁנִית]. וְיִסְתַּכֵּל בְּהוּ תָּדִיר בְּגִין דְּיָתוּב.

מַה שֶּׁאֵין כֵּן בִּהְיוֹתוֹ אֵינוֹ נוֹתֵן אֶל לִבּוֹ לְהִסְתַּכֵּל וּלְעַיֵּן בְּמַעֲשָׂיו אֵיךְ וּמָה הֵמָּה - אִם מְיֻשָּׁרִים אוֹ לָאו, וְהוּא הוֹלֵךְ וְעוֹשֶׂה וּפוֹעֵל וּמַרְבֶּה דְּרָכָיו כֻּלָּם בִּלְתִּי חֶשְׁבּוֹן רַע אוֹ טוֹב, הֲרֵי בְּכָל אֵלּוּ הַהוֹלְכִים בַּחֹשֶׁךְ, וְלֹא רָאוּ אוֹר, וְאֵינוֹ נִפְקָד בַּמָּרוֹם לְטוֹבָה, וְאֵינוֹ דוֹבֵר שָׁלוֹם אֵלָיו בְּבֵית דִּין שֶׁל מַעֲלָה. וּבִימֵי חֲסִידֵי הַקַּדְמוֹנִים הָיוּ מְדַקְדְּקִין שֶׁלֹּא לִתֵּן שָׁלוֹם, אִם לֹא בָּדְקוּ אוֹתוֹ הֵיטֵב בְּמַעֲשָׂיו, כִּדְאִיתָא בַּזֹּהַר פָּרָשַׁת מִקֵּץ - רַבִּי חִיָּא וְרַבִּי יוֹסֵי הֲווֹ אָזְלֵי בְּאוֹרְחָא. אַדְהָכִי חָמֵי חַד בַּר נָשׁ, דַּהֲוֵי אָתֵי בְּעִטּוּפָא דְּצִיצִית וּכְלֵי זַיִנִין קְשׁוּרִים תְּחוֹת בְּגָדָיו.

אָמַר רַבִּי חִיָּא - בַּר נָשׁ דָּא חַד מִתְּרֵין אִית בֵּיה, אוֹ זַכָּאָה שְׁלִים אִיהוּ אוֹ רַמָּאוּתָה יַת בְּנֵי עָלְמָא אִיהוּ. אָמַר לֵיה רַבִּי יוֹסֵי - הָא חֲסִידֵי עִלָּאִין אָמְרֵי, הֲוֵי דָּן לְכָל בַּר נָשׁ לְזָכוּ. הָא תְּנֵינָן - בַּר נָשׁ, דְּנָפִיק לְאוֹרְחָא,

יִתְכַּוֵּן לִתְלַת מִלִּין - לְדוֹרוֹן, לִקְרָבָא, לִצְלוֹתָא, וְיַלְפִינָן מִיַּעֲקֹב וְכוּ'. וְהַאי בַּר נָשׁ אָזִיל בְּאוֹרְחָא אִיהוּ עֲטוּפָא לִצְלוֹתָא וְהָא בֵּיהּ כְּלֵי זַיִן לִקְרָבָא. כֵּיוָן דִּתְרֵין מִלִּין אִית בֵּיהּ, תְּלָתָאִי לָא לְמִרְדַּף אֲבַתְרֵיהּ. כַּד קָרִיב לְגַבַּיְהוּ. יָהֲבוּ לֵיהּ שָׁלוֹם. וְלָא אָתִיב לְהוֹן. אָמַר רַבִּי חִיָּא - הָא חַד מֵאִנּוּן תְּרֵין דְּאִתְחַזְיָן לְמֶהֱוֵי בֵּיהּ לֵית בֵּיהּ, דְּהָא לָא אַתְקִין גַּרְמֵיהּ לְדוֹרוֹן, דְּבְדוֹרוֹן שְׁלָמָא אִתְכְּלִיל. אָמַר רַבִּי יוֹסֵי - דִּלְמָא אִיהוּ מִשְׁתַּדֵּל בִּצְלוֹתֵיהּ אוֹ מַרְחִישׁ תַּלְמוּדֵיהּ בְּגִין דְּלָא יַעֲקַר לֵיהּ. אָזְלוּ כַּחֲדָא, וְלָא מַלֵּיל הַהוּא בַּר נָשׁ בַּהֲדַיְהוּ. לְבָתַר אִשְׁתְּמִיטוּ רַבִּי חִיָּא וְרַבִּי יוֹסֵי וְאִשְׁתַּדְּלוּ בְּאוֹרַיְתָא. קָרִיב לְגַבַּיְהוּ וְיָהִיב שָׁלוֹם לְהוֹן. אָמַר לְהוּ - רִבּוֹתַי, בְּמַאי חֲשַׁדְתּוּן לִי, כַּד יַהֲבִיתוּ לִי שָׁלוֹם, וְלָא אִתְיַהֲבַת לְכוֹן, אָמְרוּ לֵיהּ - דִּלְמָא צְלוֹתָא הֲוֵית אָמַרְתְּ אוֹ מַרְחִישׁ תַּלְמוּדָא. אָמַר לְהוּ - אַתּוּן הֱיִיתֶם דָּנִין אוֹתִי לְכַף זְכוּת הַמָּקוֹם יָדִין אֶתְכֶם לְכַף זְכוּת, אֲבָל אֵימָא לְכוֹן, יוֹמָא חֲדָא הֲוֵי הֲוֵינָא אָזִיל בְּאוֹרְחָא. אַשְׁכַּחְנָא בַּר נָשׁ, וְאַקְדִּימְנָא לֵיהּ שָׁלוֹם. וְהַאי גַּבְרָא לִיסְטָאי הֲוֵי, וְקָם עָלַי וְצַעֵר נַפְשִׁי, וְאִלְמָלֵא דְּאִתְתַּקַּפְנָא בֵּיהּ, אִצְטַעַרְנָא.

וּמֵהַאי יוֹמָא נְדַרְנָא, דְּלָא אַקְדִּמְנָא שְׁלָמָא עַד דְּאִבְדַּק בֵּיהּ, דְּהוּא גְּבַר זַכָּאָה, בְּגִין דְּאָסוּר לְהַקְדִּים שָׁלוֹם לְבַר נָשׁ חַיָּבָא, דִּכְתִיב - אֵין[74] שָׁלוֹם אָמַר ה' לָרְשָׁעִים. וְהַהוּא שַׁעְתָּא דַּחֲמֵינָא לְכוּ, וִיהַבִיתוּ לִי שָׁלוֹם, וְלָא אָתִיבְנָא לְכוּ חֲשִׁידְנָא לְכוּ בְּגִין דְּלָא חֲמֵינָא בְּכוּ מִצְוָה דְּאִתְחַזְיָא לְבַר נָשׁ, דָּא הוּא חֲדָא. וְעוֹד טַעַם אַחֲרִינָא - דַּהֲוֵינָא מַרְחִישׁ בְּתַלְמוּדָאי בְּאוֹתוֹ שָׁעָה, וְלֹא הָיִיתִי רוֹצֶה לְהַפְסִיק מִמִּלִּין דְּאוֹרַיְתָא בְּאוֹתוֹ שָׁעָה. הֲרֵי מְבֹאָר, דְּאָסוּר לְהַקְדִּים שָׁלוֹם, אִם אֵינוֹ בַּר נָשׁ זַכָּאָה, וּמִכָּל שֶׁכֵּן שֶׁנּוֹהֲגִים כֵּן לְמַעְלָה, שֶׁאֵין נוֹתְנִים שָׁלוֹם לְאָדָם רָשָׁע, כִּי שָׁם אֵין מַחֲנִיפִין לָרְשָׁעִים כְּמוֹ בָּעוֹלָם הַזֶּה, כִּי שָׁם הוּא עָלְמָא דִּקְשׁוֹט, וְאֵין בָּהּ חֲנֻפָּה, וְאֵין בָּהּ נְשִׂיאוּת פָּנִים, וְהַכֹּל נִדּוֹן שָׁם בְּמִדָּה וּבְמִשְׁקָל וּבְקַו הַדִּקְדּוּק.

[הגה"ה] וְהָא דִּבְזְמַן הַזֶּה אָנוּ מַקְדִּימִין שָׁלוֹם לְכָל אָדָם, מְבֹאָר בְּסֵפֶר הַזֹּהַר - בְּאִם שֶׁהוּא רוֹאֶה, שֶׁיּוּכַל הָרָשָׁע לְהִתְחַזֵּק עָלָיו, מֻתָּר לְהַקְדִּים לָרָשָׁע שָׁלוֹם, כְּדֵי שֶׁיּוּכַל לְהִנָּצֵל מִמֶּנּוּ. וְאֶפְשָׁר שֶׁזֶּהוּ הַטַּעַם דְּרַבִּי יוֹחָנָן, דְּהִקְדִּים שָׁלוֹם אֲפִלּוּ לְנָכְרִי בַּשּׁוּק, וְקַל לְהָבִין. עַל כֵּן יִתְבּוֹנֵן הָאָדָם עַל זֶה שֶׁהוּא מָלֵא שְׂבַע רֹגֶז, קָרוּץ מֵחֹמֶר, שֶׁלֹּא יִהְיֶה גַּסּוּת רוּחַ וְחוֹמֵד מָמוֹן, רַק יִהְיֶה בְּנַחַת, וְכָל מַעֲשָׂיו יִהְיֶה בְּהַשְׂכֵּל וּבְמִשְׁקָל לַחֲשֹׁב חֶשְׁבּוֹנוֹתָיו בְּכָל יוֹם נֶגֶד ה', אָז יִתְבּוֹנֵן מֵעַצְמוֹ לְבִלְתִּי יֶחֱטָא, וְאָז יַצְלִיחַ בְּכָל מַעֲשֵׂה יָדָיו, אָמֵן.

[74] ישעיהו מח כב

פרק לו

אִיתָא בַּגְּמָרָא דְּתַעֲנִית - רַבִּי אֱלִיעֶזֶר בֶּן פְּדָת דְּחִיקָא לֵיהּ שַׁעְתֵּיהּ. עֲבִיד מִלְּתָא [פֵּרוּשׁ - שֶׁהִקִּיז דָּם], וְלָא הֲוֵי לֵיהּ מִידֵי לְמֵיכַל. אַשְׁכַּח חֲדָא תּוּמֵי, שַׁדְיֵהּ לְפוּמֵיהּ, חַלָּשׁ לִבֵּיהּ וְנִים. עַיְלוּ רַבָּנָן לְשַׁיּוּלֵי בֵּיהּ. חֲזַיוּהוּ דַּהֲוֵי בָּכֵי וְחַיִּךְ, וְנָפִיק צוּצִיתָא דְּנוּרָא מֵאַנְפּוּתֵיהּ. כַּד אִתְּעַר, אָמְרוּ לֵיהּ רַבָּנָן - מַאי טַעְמָא קָא בָּכֵי מַר וְאַחַר כָּךְ חַיִּךְ. וְאַחַר כָּךְ נָפִיק צוּצִיתָא דְּנוּרָא מֵאַפּוּתֵךְ, אָמַר לְהוּ - חֲזִינָא שְׁכִינָה, וְאָמְרָה לִי שָׁלוֹם, וְאָמַרְתִּי - רִבּוֹנוֹ שֶׁל עוֹלָם, עַד אֵימָתַי אֶהְיֶה בְּהַהוּא צַעֲרָא וְדַחְקָא, אָמַר לִי - אֶלְעָזָר בְּנִי, נִיחָא לָךְ דְּאִיחְרַב עָלְמָא, וְאִיהֲדַר וְאִיבְרֵי יָתָךְ, אֶפְשָׁר דְּאִבְרֵי יָתָךְ בְּשַׁעְתָּא דִּמְזוֹנֵי, אָמַרְתִּי - רִבּוֹנוֹ שֶׁל עוֹלָם, שְׁנֵי דְּחַיָּא כְּבָר נְפִישָׁא אוֹ שְׁנֵי דְּחָיִנָא, אָמְרָה הַשְּׁכִינָה - דַּחְיִת. אָמַרְתִּי - אִי הָכֵי לָא בָּעֵינָא. אַחֲזֵי לִי תְּרֵיסַר נַהֲרֵי דְּמָשְׁכֵי אֲפַרְסְמוֹן. אָמַרְתִּי - אֵלּוּ לְמָאן, אָמַר לִי - לָךְ. אָמַרְתִּי - וְתוּ לֹא, אָמְרָה הַשְּׁכִינָה - וּלְחַבְרָךְ מַאי, וְכוּ', וְהַיְנוּ דְּנָפִיק צוּצִיתָא כוּ'. עַיֵּן שָׁם.

וּפֵרֵשׁ הָעִנְיָן בַּזֹּהַר בְּרֵאשִׁית, כִּי - בָּנֵי[75] וְחַיֵּי וּמְזוֹנֵי לָאו בִּזְכוּתָא תַּלְיָא, אֶלָּא בְּמַזָּלָא. וְהָאָדָם אֲשֶׁר נִבְרָא בְּמַזָּל שֶׁיִּהְיֶה עָנִי אִי אֶפְשָׁר לוֹ לְמֶהְפַּךְ בִּזְכוּתָא אִם לֹא שֶׁאֶפְשָׁר שֶׁזֶּה יִגְרֹם זְכוּתוֹ שֶׁיָּמוּת, וְיִקַּח הַקָּדוֹשׁ בָּרוּךְ הוּא אֶת נִשְׁמָתוֹ וְיִתְּנֶנָּה בְּגוּף אַחֵר, וְאֶפְשָׁר עַל יְדֵי שִׁנּוּי מָקוֹם בְּגוּף אַחֵר יִהְיֶה לוֹ פַּרְנָסָה בְּרֶוַח וְכוּ' בְּאֶפְשָׁר וְלֹא בְּוַדַּאי.

וְזֶה שֶׁאָמַר לוֹ הַקָּדוֹשׁ בָּרוּךְ הוּא - נִיחָא[76] לָךְ דְּאִיחְרַב עָלְמָא. רָצָה לוֹמַר, כִּי כָּל אָדָם נִקְרָא עוֹלָם קָטָן, כַּיָּדוּעַ. וְעַל יְדֵי שֶׁאַחֲרִיב זֶה הַגּוּף עַל יְדֵי נְטִילַת נְשָׁמָה מִמֶּנּוּ וְאִיהֲדַר וְאִיבְרֵי גוּף אַחֵר, וְאֶתֵּן בּוֹ הַנְּשָׁמָה, וְאָז אֶפְשָׁר שֶׁתִּזְכֶּה לְפַרְנָסָה בְּרֶוַח. וְלָכֵן אָמַר רַבִּי אֶלְעָזָר - אִי הָכֵי לָא בָּעֵינָא. וְנִלְמַד מִכָּאן, שֶׁאֵין לָאָדָם לִדְחֹק אֶת הַשָּׁעָה כְּלָל, וְיִבְטַח בַּה', שֶׁאֵין מְקַפֵּחַ שְׂכַר כָּל בְּרִיָּה, וְאִם לֹא זָכָה לִהְיוֹת בְּהַרְוָחָה בָּעוֹלָם הַזֶּה בְּלִי דְּאָגָה, בְּוַדַּאי שְׂכָרוֹ יִהְיֶה כָּפוּל וּמְכֻפָּל בָּעוֹלָם הַבָּא.

וְכָל מִי שֶׁהוּא שָׂמֵחַ בְּחֶלְקוֹ מַה שֶּׁחָנַן ה' אוֹתוֹ, אִם רַב אִם מְעַט, וְאַל יִהְיֶה לִבּוֹ דּוֹאֵג עֲבוּר פַּרְנָסָה שֶׁהוּא בְּקִמּוּץ, וּמִכָּל שֶׁכֵּן שֶׁלֹּא יִקְרָא תִּגָּר, חַס וְשָׁלוֹם, אַחַר מִדּוֹתָיו שֶׁל הַקָּדוֹשׁ בָּרוּךְ הוּא, וְלֹא לְהַרְאוֹת כַּעַס אוֹ רֹגֶז בִּשְׁבִיל זֶה עִם אֲנָשִׁים, כִּי זֶה הוּא בּוֹעֵט נֶגֶד הַשֵּׁם יִתְבָּרַךְ, רַק יָשִׂים עַל לִבּוֹ, כִּי כָּל הַדֹּחַק וְהָעֲנִיּוּת הוּא כַּפָּרָה וּסְלִיחָה לַחֲטָאָיו וּפְשָׁעָיו. וְכָל[77] הַדּוֹחֵק אֶת הַשָּׁעָה הַשָּׁעָה דּוֹחֶקֶת לוֹ. כִּי זֶהוּ הַחֶסֶד שֶׁל הַקָּדוֹשׁ בָּרוּךְ הוּא, שֶׁמְּשַׁלֵּם לוֹ בָּעוֹלָם הַזֶּה שְׂכַר הָעֲבֵרָה, כִּי הַרְבֵּה

---

[75] מועד קטן כח א

[76] תענית כה א

[77] ברכות סד א

רְשָׁעִים צוֹעֲקִים בַּגֵּיהִנֹּם - הַלְוַאי הָיִינוּ עֲנִיִּים וְדַלִּים בָּעוֹלָם הַזֶּה, וְהַלְוַאי הָיִינוּ סוֹבְלִים יִסּוּרִים בָּעוֹלָם הַזֶּה לְכַפָּרַת עֲווֹנוֹתֵינוּ, וְאוֹמְרִים הָרְשָׁעִים, שֶׁרֹב הַטּוֹבָה וּשְׂרִירוּת הַמָּמוֹן שֶׁהָיָה לָנוּ, הוּא עִנְיָן רַע, שֶׁעַכְשָׁו אֲנַחְנוּ בִּמְצוּדָה רָעָה בַּגֵּיהִנֹּם.

עַל כֵּן יָשִׂים כָּל אָדָם בְּכָל יוֹם אֶל לִבּוֹ, אַף שֶׁאֵין כָּל הָעִתִּים שָׁוִים, צָרִיךְ לוֹמַר - כָּל מַאי דְּעָבִיד רַחֲמָנָא הוּא לְטָב. וְעַל אַחַת כַּמָּה וְכַמָּה אִם נָתַן ה' עֹשֶׁר לְאֶחָד וְהַשְׁפָּעָה טוֹבָה, שֶׁיִּתְנַהֵג בְּצֶדֶק וּבְיֹשֶׁר וְלֵב רַךְ, וְיָדוֹ פְּתוּחָה לְהַעֲנִיק לְאֶבְיוֹנִים וַעֲנִיִּים מִבִּרְכַּת ה' אֲשֶׁר בֵּרַךְ אוֹתוֹ, וְכָל מִי אֲשֶׁר יִרְאַת ה' בְּלִבּוֹ, יַחֲשֹׁב תָּמִיד כִּי בְּעֵת אֲשֶׁר נִזְדַּמֵּן מִצְוָה לְפָנָיו, וַדַּאי הוּא שֶׁנִּגְזַר אֵיזֶה גְּזֵרָה רָעָה עָלָיו, וְעַל יְדֵי זְכוּת שֶׁל אוֹתוֹ מִצְוָה, שֶׁהִמְצִיא לוֹ הַקָּדוֹשׁ בָּרוּךְ הוּא לַעֲשׂוֹתוֹ, עַל יְדֵי כָּךְ נִצּוֹל מֵהַצָּרָה שֶׁנִּגְזַר עָלָיו. וְזֶהוּ כְּלָל גָּדוֹל לִזְרִיזוּת קִיּוּם הַמִּצְוֹת.

וּכְדְמָצִינוּ בַּזֹּהַר, פָּרָשַׁת בְּהַר - רַבִּי חִיָּא וְרַבִּי יוֹסֵי אָזְלֵי בְּאוֹרְחָא. פָּגְעוּ בְּהַאי טוּרָא אַשְׁכְּחוּ תְּרֵי דַּהֲווּ אָזְלֵי. אַדְהָכֵי חָמוּ בַּר נָשׁ דַּהֲוֵי אָתֵי. אָמַר לְהוּ - בְּמָטוּ מִנַּיְכוּ, הָבוּ לִי נַהֲמָא, דַּהֲוֵין תְּרֵין יוֹמִין בְּתַעֲנִיתָא. הָיִיתִי מְהַלֵּךְ בְּמַדְבְּרָא, וְלָא אֲכִילְנָא מִידִי. מִיָּד אִשְׁתָּמִיט חַד מֵאִנּוּן תְּרֵין גַּבְרֵי אַפִּיק מְזוֹנָא דְּאִיהוּ אַיְתֵי לְאוֹרְחָא, וְיָהִיב לֵיהּ, וְאָכִיל וְאַשְׁקֵי לֵיהּ. אָמַר לֵיהּ חַבְרֵיהּ - מַה תַּעֲבִיד, דְּלָא יִהְיֶה לָךְ מִידִי לְמֵיכַל, שֶׁנָּתַתָּ הַכֹּל לְאוֹתוֹ הֶעָנִי, אַל תִּסְמֹךְ עַל שֶׁלִּי, כִּי לֹא יֵשׁ בְּיָדִי רַק מְעַט מָזוֹן, אָמַר לֵיהּ - וּמָה אִית לִי גַּבָּךְ, בְּוַדַּאי לֹא אֲבַקֵּשׁ מִמְּךָ שֶׁתִּתֵּן לִי. אֲנָא אֵיזוֹל בְּלָא מְזוֹנָא. יָתִיב גַּבֵּיהּ הַאי מִסְכְּנָא, נֶהֱוֵי אָכַל, וְנִשְׁתַּיֵּר רַק מְעַט לֶחֶם, וְגַם זֶה הַמּוּעָט יָהִיב לֵיהּ לְאוֹרְחָא וְאָזִיל לֵיהּ, הֲוֵי קָא מְצַעֵר רַבִּי חִיָּא עַל שֶׁלֹּא נַעֲשָׂה מִצְוָה זוֹ עַל יָדוֹ לְהַחֲיוֹת נֶפֶשׁ הָאֶבְיוֹן. אָמַר לֵיהּ רַבִּי יוֹסֵי - אַל תִּצְטַעֵר, דְּלָא לְחִנָּם הֲוֵי הַקָּדוֹשׁ בָּרוּךְ הוּא מְזַדֵּמֵן מִצְוָה זוֹ לִפְנֵי הָאִישׁ הַזֶּה דִּלְמָא דִּינָא אִתְגְּזַר עַל הַאי גַּבְרָא, וּבָעֵי הַקָּדוֹשׁ בָּרוּךְ הוּא לְזַמְנָא לֵיהּ קַמֵּיהּ מִצְוָה זוֹ בְּגִין לְשֵׁזָבָא לֵיהּ לְהַאי עָנִי לְהַחֲיוֹת נַפְשׁוֹ. אָמַר רַבִּי חִיָּא - הָא מְזוֹנָא גַּבָּן נֵיהִיב לֵיהּ לְהַאי גַּבְרָא לְמֵיכוּל. אָמַר לֵיהּ רַבִּי יוֹסֵי - לֹא נִתֵּן לֵיהּ כְּלוּם, דְּבְהַאי נַהֲמָא דְּנָתַן לֵיהּ נְפִיקְנָא מִנֵּיהּ זְכוּתָא. נֵיזוּל נֶחֱזֵי דְּהָא וַדַּאי נִגְזַר עָלָיו גְּזֵרַת מִיתָה, וּבִזְכוּת פַּרְנָסָה זוֹ שֶׁנָּתַן לֶעָנִי יִהְיֶה נִצּוֹל.

אַדְהָכֵי יָתִיב הַאי בַּר נָשׁ וְנָאִים תְּחוֹת אִילָנָא, וְחַבְרֵיהּ אִתְרְחִיק מִנֵּיהּ וְהָלַךְ בְּדֶרֶךְ אַחֵר. אָמַר רַבִּי יוֹסֵי לְרַבִּי חִיָּא - הַשְׁתָּא נֵיתוּב מֵרָחוֹק וְנֶחֱזֵי, דְּוַדַּאי בָּעֵי הַקָּדוֹשׁ בָּרוּךְ הוּא לְמֶרְחַשׁ לֵיהּ נִסָּא. אַדְהָכֵי חָזוּ דְּמוּת כְּשַׁלְהֶבֶת עִם גֶּחָלִים עוֹמֵד לְנֶגְדּוֹ, וְנָחָשׁ אֶחָד נָחִית מֵאִילָנָא חַד, וּבָעֵי לְהָמִית הַאי גַּבְרָא. קָם הַאי שַׁלְהוּבָא וְרָהִיט עַל רֹאשׁ הַנָּחָשׁ - וּמִית הַנָּחָשׁ, וְשׁוּב לֹא נִרְאָה הַשַּׁלְהוּבָא. אָמַר רַבִּי יוֹסֵי - לָא אֲמִינָא לְכוֹ, דְּהַקָּדוֹשׁ בָּרוּךְ הוּא בָּעֵי לְמֶרְחַשׁ נִסָּא לְהַאי גַּבְרָא, וְלָא תִּפּוֹק זְכוּתָא מִנֵּיהּ, אַדְהָכֵי אִתְּעַר הַאי גַּבְרָא וְקָם וְאָזִיל לֵיהּ. אַחְדוּ לֵיהּ רַבִּי

חַיָּא וְרַבִּי יוֹסֵי וְיַהֲבֵי לֵיהּ לְמֵיכַל. בָּתַר דְּאָכַל, אִתְחַוִּיאוּ לֵיהּ נִסָּא דְּרָחִישׁ לֵיהּ הַקָּדוֹשׁ בָּרוּךְ הוּא. פָּתַח רַבִּי יוֹסֵי - וּצְדָקָה תַּצִּיל מִמָּוֶת. כִּי יֵשׁ אִילָנָא דְּחַיֵּי, וְיֵשׁ אִילָנָא דְּמוֹתָא, וְהָעוֹשֶׂה מַעֲשִׂים טוֹבִים מַחֲזִיק בְּאִילָנֵי דְּחַיֵּי, וְהָעוֹשֶׂה מַעֲשִׂים רָעִים מַחֲזִיק בְּאִילָנֵי דְּמוֹתָא. וְהַאי גַּבְרָא, דְּאַחֲזִיק בִּצְדָקָה, וְיָהִיב פַּרְנָסָה לְעָנִי, וְעַל יְדֵי צְדָקָה זוֹ הָיָה נִצּוֹל מֵאוֹתוֹ חִוְיָא וְהִתִּישׁ כֹּחַ אִילָנָא דְּמוֹתָא. עַד כָּאן.

לָכֵן יִרְאֶה הָאָדָם בְּעֵינָיו, כִּי הָעוֹלָם הַזֶּה הוּא הֶבֶל וּרְעוּת רוּחַ, וְאֵין תַּכְלִיתוֹ שֶׁל הָאָדָם רַק שֶׁיִּירַשׁ עוֹלָם הַבָּא. עַל כֵּן יִרְאֶה לַעֲסֹק בִּצְדָקָה וּבְתוֹרָה וּבִגְמִילוּת חֲסָדִים, כְּדֵי שֶׁנִּזְכֶּה כֻּלָּנוּ בִּמְהֵרָה לְחַיֵּי עוֹלָם הַבָּא, אָמֵן.

פרק לז

תַּנְיָא בְּפֶרֶק קַמָּא דִּבְרָכוֹת - שְׁלֹשָׁה[78] מִשְׁמָרוֹת הֱוֵי הַלַּיְלָה, וְעַל כָּל מִשְׁמָר וּמִשְׁמָר יוֹשֵׁב הַקָּדוֹשׁ בָּרוּךְ הוּא וְשׁוֹאֵג כַּאֲרִי וְאוֹמֵר - אוֹי שֶׁהֶחֱרַבְתִּי אֶת בֵּיתִי, וְשָׂרַפְתִּי אֶת הֵיכָלִי, וְהִגְלֵיתִי אֶת בָּנַי לְבֵין אֻמּוֹת הָעוֹלָם.

וְהִנֵּה עִנְיַן שָׁלֹשׁ מִשְׁמְרוֹת הַלַּיְלָה הוּא מְבֹאָר בְּזֹהַר וַיַּקְהֵל - רַבִּי אֱלִיעֶזֶר וְרַבִּי יוֹסֵי הֲוֵי יַתְבֵי לֵילְיָא חָדָא וְקָמִעַסְקֵי בְּאוֹרַיְתָא קֹדֶם חֲצוֹת לַיְלָה. אַדְהָכֵי קָרָא גַּבְרָא. בְּרִיכוּ בִּרְכָתָא - בָּרוּךְ הַנּוֹתֵן לַשֶּׂכְוִי בִינָה לְהַבְחִין בֵּין יוֹם וּבֵין לָיְלָה. אָמַר רַבִּי אֱלִיעֶזֶר - הַשְׁתָּא זִמְנָא דְּקֻדְשָׁא בְּרִיךְ הוּא עָאל בְּגַן עֵדֶן לְהִשְׁתַּעֲשֵׁעַ עִם צַדִּיקַיָּא. אָמַר רַבִּי יוֹסֵי - אַמַּאי מִשְׁתַּעֲשֵׁעַ הַקָּדוֹשׁ בָּרוּךְ הוּא, בָּכָה רַבִּי אֱלִיעֶזֶר וְאָמַר - תָּא חֲזֵי עַד הַשְׁתָּא קֻדְשָׁא בְּרִיךְ הוּא אִזְדַּעְזַע תְּלַת מְאָה רְקִיעִין וּבָטַשׁ בְּהוּ וּבָכָה עַל חֻרְבַּן בֵּית הַמִּקְדָּשׁ וְאוֹרִיד תְּרֵין דִּמְעִין לְגוֹ יַמָּא רַבָּא, וְזוֹכֵר לְבָנָיו מִתּוֹךְ הַבְּכִיָּה.

וְלִתְלַת חוּלְקִין מִתְחַלֵּק הַלַּיְלָה, וְכָל מִשְׁמָר הוּא אַרְבַּע שָׁעוֹת, וְאַף אִם הַלַּיְלָה קְטַנָּה מִשְׁתֵּים עֶשְׂרֵה שָׁעוֹת, הַיּוֹם מַשְׁלִים מִשְׁמָר הָרִאשׁוֹן, וּמַלְאָכִים עוֹמְדִים בְּמִשְׁמָר הָרִאשׁוֹן וְאוֹמְרִים שִׁירָה - מִזְמוֹר[79] לַה' הָאָרֶץ וּמְלוֹאָהּ תֵּבֵל וְיֹשְׁבֵי בָהּ. מִי[80] יַעֲלֶה בְהַר ה' וּמִי יָקוּם בִּמְקוֹם קָדְשׁוֹ. מִשּׁוּם שֶׁבְּאַרְבַּע שָׁעוֹת הָרִאשׁוֹנוֹת אָז הוּא זְמַן בְּכִיָּה, וְנִשְׁמוֹת בְּנֵי אָדָם עוֹלִין לְמַעְלָה, וְנִשְׁמוֹת הַצַּדִּיקִים, הַזּוֹכוֹת לַעֲלוֹת מַעְלָה בְּכָל לַיְלָה, בָּאִים תְּחִלָּה אֶל הַר הַבַּיִת וּמִתְאַסְּפִים שָׁם יַחַד לֵילֵךְ בִּכְנוּפְיָא בְּשִׂמְחָה גְּדוֹלָה לְמַעְלָה, לִמְקוֹם מִקְדָּשׁ שֶׁל מַעְלָה, לִרְאוֹת שָׁם פְּנֵי הַשְּׁכִינָה וּלְקַבֵּל הָאָרָה, וְלָכֵן אוֹמְרִים הַמַּלְאָכִים - **מִי יַעֲלֶה לָנוּ בְּהַר ה'**, דָּא הַר הַבַּיִת. **וּמְקוֹם קָדְשׁוֹ**, דָּא בֵּית הַמִּקְדָּשׁ שֶׁל מַעְלָה.

נְקִי[81] **כַפַּיִם**, מִגָּזֵל וּמִכָּל מִינֵי עַוְלָה. **וּבַר לֵבָב**, שֶׁלִּבּוֹ טָהוֹר מִכָּל מִינֵי הִרְהוּרִים רָעִים וּמַחֲשָׁבוֹת רָעוֹת. וּמִי שֶׁמְּרַחֵם לְבָבוֹ עַל זַעֲקוֹת הָעֲנִיִּים וְאֶבְיוֹנִים, וּמִי שֶׁלִּבּוֹ הוּא רַךְ כְּקָנֶה לְקַבֵּל תּוֹכָחָה וּמוּסָר, וְאֵינוֹ מְסָרֵב נֶגֶד הוֹרִים וּמוֹרִים, הַמַּדְרִיכִים וּמוֹכִיחִים אוֹתוֹ לֵילֵךְ בְּדֶרֶךְ יְשָׁרָה, וּמִי שֶׁיֵּשׁ לוֹ לֵב רַחֲמָן, וְלֹא לֵב רַגָּז אַכְזָרִי, זוֹכֶה לַעֲלוֹת נִשְׁמָתוֹ כָּל לַיְלָה בְּהַר ה' וּמְקוֹם קָדְשׁוֹ, וְיִשָּׂא[82] בְרָכָה מֵאֵת ה'.

מִשְׁמָר שֵׁנִי, שֶׁהוּא גַּם כֵּן אַרְבַּע שָׁעוֹת, נֶחֱלָק לִשְׁנֵי חֲלָקִים, דְּהַיְנוּ שְׁתֵּי שָׁעוֹת עַד חֲצוֹת לַיְלָה. מַלְאֲכֵי הַשָּׁרֵת מַר יִבְכָּיוּן עַל חֻרְבַּן בֵּית הַמִּקְדָּשׁ

[78] ברכות ג א
[79] תהלים כד א
[80] תהלים כד ג
[81] תהלים כד ד
[82] תהלים כד ה

וְאוֹמְרִים - עַל[83] נַהֲרוֹת בָּבֶל שָׁם יָשַׁבְנוּ גַּם בָּכִינוּ בְּזָכְרֵנוּ אֶת צִיּוֹן. אֵיךְ[84] נָשִׁיר אֶת שִׁיר ה' עַל אַדְמַת נֵכָר וְגוֹ'. וּבְאוֹתוֹ פַּעַם הַקָּדוֹשׁ בָּרוּךְ הוּא בּוֹכֶה עִמָּהֶם, וְגַם אוֹתָן הַמַּלְאָכִים, שֶׁצִּוָּה הַקָּדוֹשׁ בָּרוּךְ הוּא לֵילֵךְ עִם יִשְׂרָאֵל לְלַוּוֹת אוֹתָן בְּגָלוּת בָּבֶל וְגָלוּת אֱדוֹם בָּכוּ, כְּמוֹ שֶׁאָמַר הַכָּתוּב [יְשַׁעְיָה לג, ז] - הֵן אֶרְאֶלָּם צָעֲקוּ חֻצָה מַלְאֲכֵי שָׁלוֹם מַר יִבְכָּיוּן. וְזוֹ שֶׁאוֹמְרִים עַכְשָׁו - עַל[85] נַהֲרוֹת בָּבֶל שָׁם יָשַׁבְנוּ גַּם בָּכִינוּ בְּזָכְרֵנוּ אֶת צִיּוֹן. פֵּרוּשׁ - גַּם בָּכִינוּ, אֲנַחְנוּ בְּנֵי יִשְׂרָאֵל, עִם הַמַּלְאָכִים שֶׁבָּכוּ שָׁם עַל חֻרְבַּן בֵּית הַמִּקְדָּשׁ וַהֲרִיגַת צַדִּיקִים בְּאוֹתוֹ הַפַּעַם.

וַעֲדַיִן בַּגָּלוּת הַמַּר הַזֶּה צְרִיכִין אָנוּ לְהִתְאַבֵּל בְּכָל דּוֹר וָדוֹר עַל אַחֵינוּ בֵּית יִשְׂרָאֵל, הַנֶּהֱרָגִין וְהַנֶּחֱנָקִים וְהַנִּשְׂרָפִים וְהַנִּסְקָלִים עַל קְדֻשַּׁת ה' בְּיִסּוּרִים קָשִׁים וּמָרִים, וּבָאִין הָאֻמּוֹת הָעוֹלָם בַּעֲלִילַת שֶׁקֶר - וְהַקְּדוֹשִׁים מָסְרוּ נַפְשָׁן וְגוּפָן עַל קְדֻשַּׁת ה', וְסוֹבְלִין יִסּוּרִים קָשִׁים וּמָרִים, וּמְקַבְּלִין עֲלֵיהֶם גְּזֵירוֹת הַמֶּלֶךְ מַלְכֵי הַמְּלָכִים בְּאַהֲבָה וּבְחִבָּה. וּבְאוֹתוֹ הַפַּעַם הַקָּדוֹשׁ בָּרוּךְ הוּא מִתְעוֹרֵר וּבָעִיט בָּרָקִיעַ, וּמִזְדַּעְזְעִים תְּרֵיסַר אַלְפִין עוֹלָמוֹת, וּבִבְכִי שֶׁאוֹג יִשְׁאַג עַל נָוֵהוּ, וּמִמָּרוֹם קָדְשׁוֹ יִתֵּן קוֹלוֹ עַל יִשְׂרָאֵל, הַכְּבוּשִׁים בַּגָּלוּת הַמַּר הַזֶּה וְסוֹבְלִין יִסּוּרִים מֵעֲמָלֵק וּמִיִּשְׁמָעֵאל וּשְׁאָרֵי הָאֻמּוֹת, וּמִיָּד מוֹרִיד שְׁתֵּי דְּמָעוֹת לְגוֹ יַמָּא רַבָּא כוּ', וְאָז מִתְפַּשֵּׁט הַהוּא שַׁלְהֶבֶת בְּעָלְמָא, וְנִיצוֹץ חֲדָא מִתְפַּשְּׁטָא תַּחַת כַּנְפֵי תַּרְנְגוֹלָא וּבוֹעֵר בּוֹ, עַד שֶׁיַּתְחִיל לְנַעְנֵעַ בִּכְנָפָיו כְּמוֹ שֶׁמְּקָרֵר עַצְמוֹ מֵהַהוּא אֶשָּׁא, וּמַתְחִיל לִקְרוֹת וּמַגִּיד וּמַרְאֶה עִנְיָנִים נִפְלָאִים בִּקְרִיאָתוֹ, וְהַכֹּל הוּא כְּדֵי לְעוֹרֵר אֶת הָאָדָם לְיִרְאַת ה'.

וְכָל פָּמַלְיָא שֶׁל מַעְלָה, יֵשׁ לָהֶם צַעַר אוֹתוֹ הָרֶגַע שֶׁקָּרָא הַתַּרְנְגוֹל פַּעַם רִאשׁוֹן מֵחֲמַת חֻרְבַּן בֵּית הַמִּקְדָּשׁ וְגָלוּת יִשְׂרָאֵל. וּכְשֶׁהִגִּיעַ חֲצוֹת לַיְלָה, אָעִיל הַקָּדוֹשׁ בָּרוּךְ הוּא בְּגַן עֵדֶן לְהִשְׁתַּעְשֵׁעַ עִם נִשְׁמוֹתֵיהֶן דְּצַדִּיקִים, כַּמְבֹאָר בְּכַמָּה דּוּכְתֵּי בַּזֹּהַר. וְהָעִנְיָן הוּא מְבֹאָר בִּמְגִלַּת אֶסְתֵּר, שֶׁאָמְרָה - כִּי[86] נִמְכַּרְנוּ אֲנִי וְעַמִּי לְהַשְׁמִיד וְלַהֲרֹג. וַיֹּאמֶר - מִי[87] הוּא זֶה וְאֵיזֶה הוּא אֲשֶׁר מְלָאוֹ לִבּוֹ לַעֲשׂוֹת כֵּן. וְהַמֶּלֶךְ קָם בַּחֲמָתוֹ - מִתּוֹךְ הַצַּעַר, שֶׁמְּצַעֵר עַל הַגָּלוּת יִשְׂרָאֵל וְחֻרְבַּן בֵּית הַמִּקְדָּשׁ. אֶל[88] גִּנַּת בִּיתָן. דָּא גַּן עֵדֶן, דְּאִקְרֵי גִּנַּת בִּיתָן לְהִשְׁתַּעְשֵׁעַ עִם נִשְׁמוֹת שֶׁל הַצַּדִּיקִים. אָז כָּל אִילָנֵי גַּן עֵדֶן וְכָל נִשְׁמוֹת הַצַּדִּיקִים פּוֹתְחִין אֶת פִּיהֶם בִּקְדֻשָּׁה וּבְטָהֳרָה, בְּשִׁירָה וּבְזִמְרָה - שְׂאוּ[89] שְׁעָרִים רָאשֵׁיכֶם וְהִנָּשְׂאוּ

[83] תהלים קלז א
[84] תהלים קלז ד
[85] תהלים קלז א
[86] אסתר ז ד
[87] אסתר ז ה
[88] אסתר א ה
[89] תהלים כד ז

פִּתְחֵי עוֹלָם וְיָבוֹא מֶלֶךְ הַכָּבוֹד. מִי[90] הוּא זֶה מֶלֶךְ הַכָּבוֹד ה' צְבָאוֹת הוּא מֶלֶךְ הַכָּבוֹד סֶלָה.

וְאַחַר כָּךְ מַתְחִילִין מִשְׁמָר הַשְּׁלִישִׁי, שֶׁהֵן אַרְבַּע שָׁעוֹת אַחֲרוֹנוֹת, לוֹמַר שִׁירָה, וּבְאוֹתוֹ הַזְּמַן צַדִּיקִים שֶׁבָּעוֹלָם הַזֶּה מְעוֹרְרִים אֶת עַצְמָן לַעֲבוֹדַת ה', וְהַמַּלְאָכִים אוֹמְרִים - הִנֵּה[91] בָּרְכוּ אֶת ה' כָּל עַבְדֵי ה' הָעוֹמְדִים בְּבֵית ה' בַּלֵּילוֹת. וּכְשֶׁהִגִּיעַ הַזְּמַן לַעֲלוֹת עַמּוּד הַשַּׁחַר, אָז מַתְחִילִין הַכּוֹכָבִים וְהַמַּזָּלוֹת לוֹמַר שִׁירָה בְּאֵימָה וּבְיִרְאָה, כְּמָה דְּאַתְּ אָמַר - בְּרָן[92] יַחַד כּוֹכְבֵי בֹקֶר וַיָּרִיעוּ כָּל בְּנֵי אֱלֹהִי"ם. וְאַחַר כָּךְ מַתְחִיל הַשֶּׁמֶשׁ לָצֵאת, וְאוֹמֶרֶת שִׁירָה בִּנְעִימָה וּבְקוֹל עָרֵב וְאוֹמֶרֶת - הוֹדוּ[93] לַה' קִרְאוּ בִשְׁמוֹ הוֹדִיעוּ בָעַמִּים עֲלִילוֹתָיו וְכוּ'. וּבְאוֹתוֹ הַזְּמַן יִשְׂרָאֵל הוֹלְכִים לְבָתֵּי כְּנֵסִיּוֹת לִתְפִלָּה וּלְקַבֵּל עֲלֵיהֶם עֹל מַלְכוּת שָׁמַיִם וּמְיַחֲדִים יִחוּד גָּדוֹל וְנוֹרָא וְאוֹמְרִים - שְׁמַע[94] יִשְׂרָאֵל ה' אֱלֹהֵינ"וּ ה' אֶחָד. וְאָז שְׁמוֹ שֶׁל הַקָּדוֹשׁ בָּרוּךְ הוּא מְקֻדָּשׁ וּמְיֻחָד מִפִּי עֶלְיוֹנִים וְתַחְתּוֹנִים, וְיֵשׁ לוֹ נַחַת רוּחַ בָּזֶה.

אָמְנָם הַטִּפְּשִׁים, אֲשֶׁר לִבָּם הוּא אָטוּם, הַנּוֹטִים אַחֲרֵי תַּעֲנוּגֵי הָעוֹלָם הַזֶּה, אֵינָם שָׂמִים אֶל לִבָּם לְכָל קְדֻשָּׁה הָעֶלְיוֹנָה, הַנַּעֲשִׂים תָּמִיד, בְּכָל לַיְלָה וּבְכָל בֹּקֶר, וְאֵינוֹ חוֹשֵׁק לִהְיוֹת בֵּין נִשְׁמוֹת הַצַּדִּיקִים, הָעוֹשִׂין נַחַת רוּחַ לְהַקָּדוֹשׁ בָּרוּךְ הוּא, כִּי כָּל כַּוָּנָתָם הוּא רַק לְמַלְאוֹת גְּרוֹנָם בְּתַאֲוָתָם וְאַחַר שְׁרִירוּת לִבָּם, וּכְשֶׁהֵם עוֹמְדִים בַּבֹּקֶר, הוֹלְכִים לָרְחוֹבוֹת וּשְׁוָקִים לְדַבֵּר נְבָלוֹת אוֹ לְצָרְכֵי מִחְיָתָם, אוֹ הוֹלְכִים לְכָל חַדְרֵיהֶם לְצֹרֶךְ מִחְיָתָם, וְהוֹלְכִים לְבֵית הַכְּנֶסֶת דֶּרֶךְ עֲרַאי, וּמְשִׂימִים תְּפִלִּין בִּידֵיהֶם וּבְרָאשֵׁיהֶם רַק לְזִכָּרוֹן בְּעָלְמָא, וּמִתְפַּלְּלִים בְּלִי שׁוּם שִׂימוּת לֵב תְּחִלָּה לְהִתְבּוֹנֵן לְאֵיזֶה מְקוֹם מִקְדָּשׁ הֵמָּה הוֹלְכִים, כִּי הַשְּׁכִינָה הִיא שׁוֹרָה בְּכָל בָּתֵּי כְּנֵסִיּוֹת תָּמִיד בַּגָּלוּת הַמַּר הַזֶּה, וְהֵם בָּאִים לְבֵית הַכְּנֶסֶת בְּעִרְבּוּבְיָא וּבְמַחֲשָׁבוֹת זָרוֹת, וְגַם בְּהִתְפַּלְּלָם בְּפִיהֶם מְדַבְּרִים, וּבְלִבָּם חוֹשְׁבִים מַחֲשָׁבוֹת זָרוֹת, וְהַתְּפִלָּה הוּא כְּעֹל וּכְמַשָּׂא עֲלֵיהֶם, וְהוֹלְכִים בִּמְרוּצָה מִבֵּית הַכְּנֶסֶת אַחַר שְׁרִירוּת לִבָּם וְתַעֲנוּגֵי הָעוֹלָם הַזֶּה, וְאֵינָם חוֹשְׁבִין כְּלָל בְּאֵיזֶה מַעֲשֶׂה טוֹב תָּבוֹא הַנְּשָׁמָה לִפְנֵי בּוֹרְאָהּ כְּשֶׁהִגִּיעַ עֵת עֶרֶב, כְּשֶׁבְּנֵי אָדָם הֵם יְשֵׁנִים עַל מִטּוֹתֵיהֶם - אָז הַנְּשָׁמָה יוֹצֵאת מִמֶּנּוּ לֵילֵךְ וּלְהָעִיד עַל הַמַּעֲשִׂים, אֲשֶׁר עָשָׂה הָאָדָם בַּיּוֹם, וּבְאִם שֶׁבָּאָה הַנְּשָׁמָה לִפְנֵי כִּסֵּא הַכָּבוֹד מְלֻכְלֶכֶת בַּעֲבֵרוֹת, וְשֶׁלֹּא עָשְׂתָה עֲבוֹדַת הַשֵּׁם יִתְבָּרֵךְ בִּשְׁלֵמוּת, אֲזַי נִדְחֵית הִיא מִחוּץ לַפַּרְגּוֹדָא קַדִּישָׁא, וְנִמְסֶרֶת לִידֵי סִטְרָא אָחֳרָא, חַס וְשָׁלוֹם, שֶׁאֵין

---

[90] תהלים כד י

[91] תהלים קלד א

[92] איוב לח ז

[93] תהלים קה א

[94] דברים ו ד

מַנִּיחִין הָאָדָם לַעֲשׂוֹת תְּשׁוּבָה, כִּי בְּדֶרֶךְ שֶׁהָאָדָם רוֹצֶה לֵילֵךְ מוֹלִיכִין אוֹתוֹ, מַה שֶּׁאֵין כֵּן כְּשֶׁאָדָם הוּא מִתְרַחֵק מִשִּׁבּוּשֵׁי הָעוֹלָם וּמַרְגִּיל עַצְמוֹ לַעֲמֹד בְּשַׁחֲרִית לַעֲבוֹדַת ה'.

וּמִי שֶׁיֵּשׁ יְכֹלֶת בְּיָדוֹ לַעֲסֹק בְּעֵסֶק הַתּוֹרָה, אֵין לְךָ מִדָּה גְּדוֹלָה מִזּוֹ, וּמִי שֶׁאֵין יְכֹלֶת בְּיָדוֹ לַעֲסֹק בַּתּוֹרָה - אֲזַי יָקוּם וְיִתְפַּלֵּל בְּכָל לְבָבוֹ וְיִתְאַבֵּל עַל חֻרְבַּן בֵּית הַמִּקְדָּשׁ וְעַל גָּלוּת יִשְׂרָאֵל, אָז הַקָּדוֹשׁ בָּרוּךְ הוּא יִפְתַּח לוֹ פִּתְחֵי תְּשׁוּבָה, וְשָׁב וְרָפָא לוֹ.

פרק לח

חֲכָמֵינוּ זִכְרוֹנָם לִבְרָכָה תִּקְּנוּ לוֹמַר קֹדֶם תְּפִלַּת שְׁמוֹנֶה עֶשְׂרֵה פָּסוּק - ה'[95] שְׂפָתַי תִּפְתָּח וּפִי יַגִּיד תְּהִלָּתֶךָ. וְהַכַּוָּנָה בָּזֶה, לְבַקֵּשׁ מֵאֵת הַקָּדוֹשׁ בָּרוּךְ הוּא שֶׁיִּהְיֶה מְרֻצֶּה תָּמִיד בִּתְפִלָּתוֹ, וְשֶׁלֹּא יֹאמַר עָלָיו [תְּהִלִּים נ, טז] - וְלָרָשָׁע אָמַר אֱלֹהִ"ם מַה לְּךָ לְסַפֵּר חֻקָּי וַתִּשָּׂא בְרִיתִי עֲלֵי פִיךָ. כִּי בִּהְיוֹת הַבּוֹרֵא יִתְבָּרֵךְ מוֹאֵס בִּתְפִלָּתוֹ שֶׁל הָאָדָם עַל יְדֵי דְּרָכָיו הַמְקֻלְקָלִים, אִם כֵּן מַה יִּתְרוֹן בִּשְׁנֵי חַיָּיו, טוֹב הוּא מוֹתוֹ מֵחַיָּיו, וְלָכֵן בְּעָמְדוֹ לְהִתְפַּלֵּל יַעֲמֹד בְּאֵימָה וּבִרְעָדָה, וְלִבּוֹ וּפִיו יִהְיוּ שָׁוִין לְיַחֵד שְׁמוֹ הַגָּדוֹל בָּרוּךְ הוּא, בְּכַוָּנָה שְׁלֵמָה בִּתְפִלַּת שְׁמוֹנֶה עֶשְׂרֵה. וְהַקָּדוֹשׁ בָּרוּךְ הוּא קָרִיב לֵיהּ **שָׁלוֹם**, וְכָל יְמֵי חַיָּיו קוֹרְאִין אֶת שְׁמוֹ לְמַעְלָה **שָׁלוֹם** בְּכָל רְקִיעִין - וְכַד אִסְתַּלַּק הַאי בַּר נָשׁ מֵהַאי עָלְמָא, נִשְׁמָתָא סָלְקָא וּבוֹקַעַת כָּל אִנּוּן רְקִיעִין, וְלֵית מָאן דְּיִמְחֵי בְּיָדֵיהּ. וְקֻדְשָׁא בְּרִיךְ הוּא וּפָמַלְיָא דִּילֵיהּ קוֹרְאִין לְשָׁלוֹם וּפָתְחִין לֵיהּ תְּרֵיסַר תַּרְעֵי דְּאֲפַרְסְמוֹנָא דַּכְיָא.

וְהִנֵּה לְהוֹדִיעַ גֹּדֶל מַעֲלוֹת הִתְרוֹמְמוּת תְּפִלַּת יִשְׂרָאֵל נְבָאֵר פֹּה מַה שֶּׁכָּתוּב בַּזֹּהַר - צָרִיךְ שֶׁתֵּדַע, שֶׁיֵּשׁ לְמַעְלָה בְּכָל רְקִיעִין מְמֻנִּים מְיֻחָדִים בַּיּוֹם עַל כָּל פְּתָחִים וּשְׁעָרִים וְחַלּוֹנוֹת, וְכֵן יֵשׁ מְמֻנִּים מְיֻחָדִים בַּלַּיְלָה עַל הַנִּזְכָּרִים לְעֵיל. וְהַמְּמֻנִּים שֶׁל יוֹם נִקְרָאִים ***מֶמְשֶׁלֶת הַיּוֹם***, וּמְמֻנִּים שֶׁל הַלַּיְלָה נִקְרָאִים ***מֶמְשֶׁלֶת הַלַּיְלָה***. וּבְכָל פֶּתַח וְשַׁעַר וְחַלּוֹן מְמֻנֶּה אֶחָד, וּתְחוֹתֵיהּ מְמֻנִּים שָׂרִים וְשִׁלְטוֹנִים לִרְבָבוֹת, וּמִי יוּכַל לְסַפֵּר וּלְשַׁעֵר כָּל שָׂרֵי הַמְּמֻנִּים וְחֵילוֹת וְכִתּוֹת, שֶׁהֵן תַּחַת כָּל מְמֻנֶּה, וְתָמִיד כַּד עָיֵל לֵילְיָא וְכַד עָיֵל יְמָמָא, אֲזַי כְּרוּזִים נִכְרָזִין בְּכָל רְקִיעִין, שֶׁיַּעַמְדוּ הַמְמֻנִּים עַל מִשְׁמַרְתָּם, וּמִיָּד כָּל מְמֻנֶּה קָאִים עַל אַתְרֵיהּ הַמְיֻחָד לוֹ, וְאָז הַקָּדוֹשׁ בָּרוּךְ הוּא קַדְמָא וְאַתְיָא וְנַחְתָּא לְיִשְׂרָאֵל, דְּעָאלִין לְבֵי כְּנִשְׁתָּא וּלְשַׁבְּחָא לְמָארֵיהוֹן בְּשִׁירוֹת וּבִתְפִלּוֹת. וּמִי שֶׁהוּא יָרֵא, וְחָרֵד לִבּוֹ לַעֲבוֹדַת ה' לְהִתְפַּלֵּל בְּכַוָּנָה שְׁלֵמָה, שֶׁיִּהְיוּ פּוּמֵיהּ וְלִבֵּהּ שָׁוִין לְיַחֵד שְׁמָא קַדִּישָׁא, אֲזַי הַקָּדוֹשׁ בָּרוּךְ הוּא מְרֻצֶּה וְשָׂמֵחַ בִּתְפִלָּתוֹ, וְכָל תֵּבָה סָלְקָא לְעֵילָא וּמִתְקַבֶּלֶת בְּשִׂמְחָה בִּפְנֵי הַמַּלְאָכִים מְמֻנִּים, עַד שֶׁעוֹלָה לְמַעְלָה לַמַּדְרֵגָה הָעֶלְיוֹנָה, לִהְיוֹת כֶּתֶר עַל רֹאשׁ מֶלֶךְ מַלְכֵי הַמְּלָכִים, הַקָּדוֹשׁ בָּרוּךְ הוּא.

וְהִנֵּה לְכָל אַרְבַּע רוּחוֹת הָעוֹלָם עוֹמְדִים לְמַעְלָה שָׂרִים וּמְמֻנִּים, וּמַגִּיעִים לְגַבֵּי חַד מְמֻנֶּה, וְשָׁם הֵן תִּשְׁעָה פִּתְחִין, וְשָׁם עוֹמְדִים אַרְבָּעָה שָׂרִים וּמְמֻנִּים עַל גַּבֵּיהוֹן. חַד מַלְאָךְ וּשְׁמוֹ **אֲבוּלִיאֵ"ל**, וְהוּא יוֹצֵא לִקְרַאת תְּפִלּוֹת יִשְׂרָאֵל עִם כָּל הַמַּלְאָכִים, וְנָטְלִין הַאי צְלוֹתָא וְנָשְׁקִין לָהּ וּמַעֲלִין לָהּ לְמַעְלָה לָרָקִיעַ, וּמֵבִיא הַתְּפִלָּה לְמָקוֹם נוֹרָא מְאֹד, אֲשֶׁר

---

[95] תהלים נא יז

שָׁמָּה שְׁנֵים עָשָׂר פְּתָחִין, וְעַל כָּל פֶּתַח יֵשׁ מְמֻנִּים וְחֵילוֹת הַרְבֵּה, וּבְשַׁעַר הַשְּׁנֵים עָשָׂר עוֹמֵד שָׁם מְמֻנֶּה חַד, **עֲנָאֵ"ל** שְׁמֵיהּ, וְהוּא מְמֻנֶּה עַל כָּל שְׁנֵים עָשָׂר הַשְּׁעָרִים, וּכְשֶׁבָּא תְּפִלָּתָן שֶׁל יִשְׂרָאֵל לְפָנָיו, מַכְרִיז בְּקוֹל גָּדוֹל - פִּתְחוּ[96] שַׁעֲרֵי צֶדֶק. וְיָבוֹא[97] גוֹי צַדִּיק שׁוֹמֵר אֱמוּנִים. וְאָז נִפְתָּחִים כָּל הַשְּׁעָרִים, וּצְלוֹתָא דָּא עוֹלָה בְּכָל אִנּוּן פִּתְחִין, וְאָז מִתְעוֹרֵר חַד מְמֻנֶּה, וּשְׁמֵיהּ **עַזְרִיאֵ"ל**, וְהוּא מְמֻנֶּה עַל שִׁשִּׁים רִבּוֹא מַחֲנוֹת שֶׁל מַלְאָכִים, וְכֻלְּהוּ נָטְלִין לְהַהוּא צְלוֹתָא וְאָמְרִין - עֵינֵי[98] ה' אֶל צַדִּיקִים וְאָזְנָיו אֶל שַׁוְעָתָם. פְּנֵי[99] ה' בְּעֹשֵׂי רָע לְהַכְרִית מֵאֶרֶץ זִכְרָם.

וְאַחַר כָּךְ מוֹלִיכִין אֶת הַתְּפִלָּה לָרָקִיעַ לְמַעְלָה, וּמַגַּעַת לְחַד מְמֻנֶּה, **גַּבְרִ"י** שְׁמֵיהּ, וְיֵשׁ לוֹ הַרְבֵּה כִּתּוֹת מַלְאָכִים, וּבְאוֹתוֹ הָרָקִיעַ יֵשׁ שָׁם חַד טִינָרָא תַּקִּיפָא מְאֹד, וְהַאי טִינָרָא, יֵשׁ לוֹ אוֹר גָּדוֹל, וְתַחַת הַאי טִינָרָא יֵשׁ שָׁם שְׁלֹשׁ מֵאוֹת וְשִׁבְעִים וַחֲמִשָּׁה חַלּוֹנוֹת. וְהָעִנְיָן הוּא, כִּי בִּשְׁעַת מַתַּן תּוֹרָה נִתְחַבְּרוּ אֵלּוּ שְׁלֹשׁ מֵאוֹת שִׁבְעִים וַחֲמִשָּׁה מַחֲנוֹת מַלְאָכִים בְּחִבּוּר אֶחָד, וְהָיוּ מְקַטְרְגִים שֶׁלֹּא תֵּרֵד הַתּוֹרָה לְמַטָּה. וְאַנְזִיף בְּהוּ הַקָּדוֹשׁ בָּרוּךְ הוּא, וְעָיֵל לְהוּ תְּחוֹת הַאי טִינָרָא מֵאוֹתוֹ הַיּוֹם שֶׁנִּתְּנָה הַתּוֹרָה לְיִשְׂרָאֵל, וְשָׁלֹשׁ פְּעָמִים בְּכָל יוֹם יוֹצְאִים מִתְּחוֹת הַהִיא טִינָרָא. וְכַאֲשֶׁר עוֹלִין תְּפִלָּתָן שֶׁל יִשְׂרָאֵל, שֶׁהִתְפַּלְּלוּ בְּכַוָּנָה שְׁלֵמָה, כָּאָמוּר, וּמַגַּעַת לְהַאי טִינָרָא, אֲזַי מַרְאֶה לְהוֹן תְּפִלָּתָם שֶׁל יִשְׂרָאֵל. אֲזַי יוֹצְאִין שְׁלֹשׁ מֵאוֹת שִׁבְעִים וַחֲמִשָּׁה מַחֲנוֹת הַנִּזְכָּרִים לְעֵיל, לִקְרַאת הַאי צְלוֹתָא, וְעוֹשִׂין לָהּ כָּבוֹד גָּדוֹל וְאָמְרִין שִׁירָה - ה'[100] אֲדֹנֵינוּ מָה אַדִּיר שִׁמְךָ בְּכָל הָאָרֶץ אֲשֶׁר תְּנָה הוֹדְךָ עַל הַשָּׁמָיִם.

וּמְעַטְּרִין לְהַאי תְּפִלָּה בְּכַמָּה עִטְרִין, וּמְלַוִּין הַתְּפִלָּה שֶׁעוֹלָה עוֹד לְמַעְלָה לְרָקִיעַ נוֹרָא וְגָדוֹל. וְיוֹצֵא מֵהַהוּא רָקִיעַ מְמֻנֶּה חַד, **תַּמְשָׁאֵ"ל** שְׁמֵיהּ, וְנוֹטֵל הַתְּפִלָּה וּמְעַטֵּר לֵיהּ לְהַאי צְלוֹתָא בְּעִטְרִין דִּבְשָׂמִים שֶׁל גַּן עֵדֶן, וּמִשָּׁם עוֹלֶה הַתְּפִלָּה עִם כָּל מַשִּׁרְיָן לְרָקִיעַ גָּדוֹל וְנוֹרָא, וּבָאת לְחַד מְמֻנֶּה, **גַּרְדִיאֵ"ל** שְׁמֵיהּ, וְהוּא בַּעַל הַמִּלְחָמָה נֶגֶד שָׂרֵי הָאֻמּוֹת בִּרְצוֹן הַקָּדוֹשׁ בָּרוּךְ הוּא. וְכַד הַאי צְלוֹתָא סַלְקָא לְשָׁם, אֲזַי הוּא מְמֻנֶּה עִם חֲיָלָיו וּמַחֲנוֹת שֶׁלּוֹ, אֲשֶׁר שָׁם מִזְדַּעְזְעִים וְיוֹצְאִין לִקְרָאתָהּ וּמִשְׁתַּחֲוִים לְנֶגֶד צְלוֹתָא דָּא וְסַלְקִין עוֹד לְמַעְלָה לְרָקִיעַ נוֹרָא וּמָרוֹם, וְתַמָּן שִׁבְעִים שָׂרִים, וְחַד מְמֻנֶּה עֲלֵיהוֹן, **עֲנַפִיאֵ"ל** שְׁמֵיהּ, וְנוֹטֵל הַאי צְלוֹתָא וּמְעַטֵּר לַהּ שִׁבְעִין עִטְרִין, וְסַלְקִין לַהּ לָרָקִיעַ הַזֶּה, וְשָׁם בָּאָה הַתְּפִלָּה לְיַד מְמֻנֶּה גָּדוֹל **סַנְדַּלְפוֹ"ן**, דְּכָל פִּתְחִין וּמַפְתְּחִין דְּמָארֵי בְּיָדוֹ, וּמְעַיֵּל צְלוֹתָא וּמְעַטֵּר לַהּ שִׁבְעִין עִטְרִין, וְסַלְקִין לָהּ לָרָקִיעַ

---

96 על פי תהלים קיח יט
97 ישעיהו כו ב
98 תהלים לד טז
99 תהלים לד יז
100 תהלים ח ב

הַזֶּה, וְשָׁם בָּאָה הַתְּפִלָּה לְיַד מְמֻנֶּה הַגָּדוֹל **סַנְדַּלְפוֹ"ן**, דְּכָל פִּתְחִין וּמְפַתְּחִין דְּמָארֵי בְּיָדוֹי, וּמְעַיֵּל צְלוֹתָא דָּא לְתוֹךְ שִׁבְעָה הֵיכָלִין, וְנִקְרָאִין **הֵיכַל קַדִּישִׁין**. וְדַי בָּזֶה, כִּי יֵשׁ עוֹד לְהַאֲרִיךְ בָּזֶה, מִכָּל מָקוֹם אֲנִי אוֹהֵב לְקַצֵּר.

וְעַתָּה כָּל הַיָּרֵא וְחָרֵד, צָרִיךְ לָשׂוּם אֶל לִבּוֹ גֹּדֶל הִתְרוֹמְמוּת וְשֶׁבַח הַתְּפִלָּה, שֶׁצָּרִיךְ הָאָדָם לְהִתְפַּלֵּל בְּכַוָּנַת הַלֵּב - וְאַשְׁרֵי הַגֶּבֶר שֶׁמְּכַבֵּד אֶת בּוֹרְאוֹ בִּגְרוֹנוֹ בְּאַהֲבָה וּבְכַוָּנַת הַלֵּב, וְנוֹתֵן לְהַקָּדוֹשׁ בָּרוּךְ הוּא יִחוּד וּקְדֻשָּׁה וּ**בְ**רָכָה. וְעַל זֶה נֶאֱמַר [דְּבָרִים טו, יד] - הַעֲנֵק תַּעֲנִיק מִצֹּאנְךָ מִגָּרְנְךָ וּמִיִּקְבֶךָ. מִצֹּאנְךָ. זֶה שֶׁצָּרִיךְ לוֹמַר פָּרָשַׁת הַקָּרְבָּנוֹת וּלְכַוֵּן - וּנְשַׁלְּמָה[101] פָרִים שְׂפָתֵינוּ. וְעוֹד - **הַעֲנֵק לַה' מִגָּרְנְךָ**, מִגָּרוֹן שֶׁלְּךָ בִּתְפִלָּה, שֶׁבַח וְזִמְרָה. **מִיִּקְבְךָ**, הָאוֹתִיּוֹת הָאֶמְצָעִיּוֹת הֵן אוֹתִיּוֹת **יב"ק**, שֶׁהוּא רָאשֵׁי תֵּבוֹת יִחוּד, בְּרָכָה, קָדוֹשׁ, כִּדְאִיתָא בְּתִקּוּנֵי זֹהַר.

עַל כֵּן יִרְאֶה הָאָדָם לִהְיוֹת נְקִי כַּפַּיִם מִגֶּזֶל וּמִגְּנֵבוֹת, וְלִהְיוֹת יָדָיו נְקִיִּים מֵהַשָּׂגַת גְּבוּל, וּבַר לֵבָב שֶׁיִּהְיֶה מַשָּׂא וּמַתָּן שֶׁלּוֹ בֶּאֱמוּנָה, וּתְפִלָּתוֹ תִּהְיֶה בְּכַוָּנָה כְּפִי הַשָּׂגָתוֹ, אֲזַי יִהְיוּ לְרָצוֹן אִמְרֵי פִינוּ וְהֶגְיוֹן לְבָבֵנוּ. עָלָיו נֶאֱמַר [תְּהִלִּים קלד, ב] - שְׂאוּ יְדֵיכֶם קֹדֶשׁ וּבָרְכוּ אֶת ה'. אָמֵן.

---

[101] הושע יד ג

פרק לט

בַּמִּדְרָשׁ[102] רַבָּה פָּרָשַׁת חַיֵּי שָׂרָה וְזֶה לְשׁוֹנוֹ - וְאַבְרָהָם[103] זָקֵן בָּא בַּיָּמִים. אָמַר רַבִּי אַבָּא - יֵשׁ לְךָ אָדָם, שֶׁהוּא בְּזִקְנָה וְלֹא בְּיָמִים, בְּיָמִים וְאֵינָהּ בְּזִקְנָה, אֲבָל כָּאן יֵשׁ זִקְנָה כְּנֶגֶד יָמִים, וְיָמִים כְּנֶגֶד זִקְנָה, עַד כָּאן לְשׁוֹנוֹ.

וְהִנֵּה נִרְאֶה לִי לְפָרֵשׁ הַפְּשָׁט שֶׁל מִדְרָשׁ הַנִּזְכָּר לְעֵיל, כִּי מִלַּת זִקְנָה הוּא מוֹרֶה עַל אֲרִיכוּת שָׁנִים, וּמִלַּת יָמִים הֵן מוֹרִין עַל יָמִים טוֹבִים. וְהִנֵּה יֵשׁ לְךָ אָדָם, שֶׁהוּא זוֹכֶה לְזִקְנָה, רָצָה לוֹמַר - לַאֲרִיכוּת יָמִים, וְאֵינוֹ זוֹכֶה לְיָמִים טוֹבִים, כִּי הוּא מְבַלֶּה שְׁנוֹתָיו בְּצַעַר וּבַעֲנִיּוּת וּבְדַלּוּת וְצָרוֹת. וְיֵשׁ לְךָ אָדָם, שֶׁהוּא זוֹכֶה לְיָמִים. רָצָה לוֹמַר - לְיָמִים טוֹבִים בְּעֹשֶׁר וּבְהַרְוָחָה, וְיֵשׁ לוֹ מִכָּל טוּב, אֲבָל אֵינוֹ מַאֲרִיךְ שְׁנוֹתָיו לְזִקְנָה.

מַה שֶּׁאֵין כֵּן אַבְרָהָם אָבִינוּ עָלָיו הַשָּׁלוֹם, זָכָה לְזִקְנָה וּלְיָמִים טוֹבִים. זֶהוּ פְּשׁוּטוֹ, שֶׁהָיָה לוֹ לְאַבְרָהָם חֵלֶק טוֹב גַּם בָּעוֹלָם הַזֶּה, כְּמוֹ שֶׁאָמְרוּ רַבּוֹתֵינוּ זִכְרוֹנָם לִבְרָכָה - שְׁלֹשָׁה[104] הִטְעִימָן הַקָּדוֹשׁ בָּרוּךְ הוּא מֵעֵין עוֹלָם הַבָּא בָּעוֹלָם הַזֶּה, וְאֵלּוּ הֵן - אַבְרָהָם, יִצְחָק וְיַעֲקֹב. דִּכְתִיב בְּהוּ - בַּכֹּל, מִכֹּל, כֹּל. עַד כָּאן. אֲבָל עַל פִּי הָאֱמֶת שֶׁשָּׁמַעְתִּי בְּשֵׁם הַגָּאוֹן מוֹרִי וְרַבִּי, מוֹרֵנִי הָרַב רַבִּי יוּדְל זֵכֶר צַדִּיק לִבְרָכָה, שֶׁהָיָה אַב בֵּית דִּין וְרֹאשׁ מְתִיבְתָּא בִּקְהִלַּת קֹדֶשׁ קָאוּלִי, עַל פִּי הַזֹּהַר פָּרָשַׁת וַיְחִי, דִּכְתִיב בְּיַעֲקֹב אָבִינוּ עָלָיו הַשָּׁלוֹם [בְּרֵאשִׁית מז, כט] - וַיִּקְרְבוּ יְמֵי יִשְׂרָאֵל לָמוּת. וְהִקְשָׁה הַזֹּהַר - וְכִי בְּכַמָּה יוֹמִין מִית בַּר נָשׁ, דְּהָא בְּשַׁעְתָּא חֲדָא נָפִיק נִשְׁמָה מֵעָלְמָא, אֶלָּא הָכֵי תָּאנָא, כִּי כְּשֶׁהָאָדָם נִפְטָר מֵהָעוֹלָם, אֲזַי בָּאִין כָּל יוֹמִין לְחֶשְׁבּוֹן לִפְנֵי הַקָּדוֹשׁ בָּרוּךְ הוּא, שֶׁלֹּא יֶחְסַר אֶחָד מֵהֶם. וְהִנֵּה כְּשֶׁאָדָם הוּא צַדִּיק, שֶׁיִּרְאַת ה' הָיְתָה חֲקוּקָה בְּלִבּוֹ תָּמִיד, וּמִידֵי יוֹם וָיוֹם הוּא מֻשְׁלָם בַּתּוֹרָה וְיִרְאָה וּמִצְווֹת וּמַעֲשִׂים טוֹבִים, אֲזַי הַיּוֹם הַהוּא מְעֻטָּר וּמְלֻבָּשׁ הוֹד וְהָדָר.

וְאֵלּוּ הַיָּמִים הֵן רְאוּיִין לְהִתְקָרֵב לִפְנֵי מֶלֶךְ מַלְכֵי הַמְּלָכִים הַקָּדוֹשׁ בָּרוּךְ הוּא, לְהַרְאוֹת מַעֲלוֹת הַצַּדִּיק, שֶׁלֹּא עָבַר יוֹם אֶחָד מִשְּׁנוֹתָיו מִתּוֹרָה וּמִצְווֹת וּמַעֲשִׂים טוֹבִים. וְזֶה שֶׁכָּתוּב - וַיִּקְרְבוּ[105] יְמֵי יִשְׂרָאֵל לָמוּת. שֶׁנִּתְקָרְבוּ כָּל הַיָּמִים שֶׁל יַעֲקֹב אָבִינוּ לִפְנֵי הַקָּדוֹשׁ בָּרוּךְ הוּא, מַה שֶּׁאֵין כֵּן הָרְשָׁעִים, שֶׁאֵינָם מַשְׁגִּיחִים עַל עֲבוֹדַת הַקָּדוֹשׁ בָּרוּךְ הוּא, וִיבַלּוּ יְמֵיהֶם בְּהַבְלֵיהוֹן, וְהוֹלְכִין בִּשְׁרִירוּת לִבָּם וּבְעַוְלָה וְאָוֶן וּמִרְמָה,

---

[102] בראשית רבה נט ו

[103] בראשית כד א

[104] בבא בתרא טז ב

[105] בראשית מז כט

חָדְלוּ לְהַשְׂכִּיל לְהֵיטִיב מַעֲשֵׂיהֶם, אֲזַי לְאַחַר מוֹתָם יְמֵיהֶם מִתְחַבְּאִין וּבוֹשִׁין לְהִתְקָרֵב לִפְנֵי הַקָּדוֹשׁ בָּרוּךְ הוּא, וְאָז דָּנִין אוֹתָן בְּדִינִין קָשִׁין וּמָרִים, חֶסְרוֹן הַיָּמִים לְפִי חֶשְׁבּוֹן שְׁנֵי חַיָּיו, זֶה שֶׁאָמַר לְגַבֵּי אַבְרָהָם אָבִינוּ - יֵשׁ לְךָ אָדָם שֶׁהוּא בְּזִקְנָה, רָצָה לוֹמַר זָקֵן אַשְׁמַאי, וְהוּא חַי שָׁנִים הַרְבֵּה, וְאֵינוֹ בָּא בַּיָּמִים, כִּי כָּל חַיָּיו בַּחֲטָאִים וּבִפְשָׁעִים, וְיָמָיו מִתְחַבְּאִים וּמִתְרַחֲקִים מִמֶּנּוּ מִלָּבוֹא לִפְנֵי הַקָּדוֹשׁ בָּרוּךְ הוּא.

וְיֵשׁ לְךָ אָדָם כָּשֵׁר וְחָסִיד וּבָא בַּיָּמִים שֶׁלּוֹ לִפְנֵי הַקָּדוֹשׁ בָּרוּךְ הוּא, וּפְעֻלָּתוֹ הָיְתָה שְׁלֵמָה בַּתּוֹרָה וּבְמִצְווֹת, אָכֵן אֵינוֹ בָּא בְּזִקְנָה, כִּי מֵת בְּיַלְדוּתוֹ, מַה שֶּׁאֵין כֵּן אַבְרָהָם אָבִינוּ עָלָיו הַשָּׁלוֹם הֶאֱרִיךְ יָמָיו, רָצָה לוֹמַר - שֶׁבָּאוּ כָּל הַיָּמִים שֶׁלּוֹ לִפְנֵי הַקָּדוֹשׁ בָּרוּךְ הוּא מְהֻדָּרִים בְּמַעֲשִׂים טוֹבִים. וְזֶהוּ - וְאַבְרָהָם זָקֵן, שֶׁזָּכָה לְזִקְנָה וּבָא בְּיָמָיו, וְדוֹ"ק. עַד כָּאן.

עַל כֵּן יָשִׂים הָאָדָם אֶל לִבּוֹ, שֶׁלֹּא לְהַרְחִיק יוֹם אֶחָד מִיָּמָיו לָבוֹא בְּחֶשְׁבּוֹן לִפְנֵי הַקָּדוֹשׁ בָּרוּךְ הוּא, כִּי פִּתְאֹם נִלְכַּד בְּפַח יָקוּשׁ וּמֵת בְּמִיתָה פִּתְאֹם. וְלָשׂוּם אֶל לִבּוֹ, שֶׁכָּל הָרְמָזִים שֶׁאָמְרוּ רַבּוֹתֵינוּ זִכְרוֹנָם לִבְרָכָה הֵן הֵן גּוּפֵי הַתּוֹרָה, וְהַתּוֹרָה הִיא לָנוּ רַק כְּמַלְבּוּשׁ. וּרְאָיָה, שֶׁתֵּדַע כִּי עִנְיַן יוֹנָה הַנָּבִיא, שֶׁהֱטִילוּהוּ לַיָּם, וְאַחַר כָּךְ בָּא לְדָג גָּדוֹל, הַכֹּל הוּא הָרֶמֶז עַל הַנְּשָׁמָה, כִּדְאִיתָא בַּזֹּהַר וַיַּקְהֵל. וְהֵא לְךָ תַּמְצִית הַדְּבָרִים - יוֹנָה, דְּנָחִית לִסְפִינָה, הוּא הָרֶמֶז עַל הַנְּשָׁמָה שֶׁנִּמְשְׁלָה לְיוֹנָה, שֶׁיּוֹרֶדֶת לְגוּף הָאָדָם, וְנֶחְשַׁב הָאָדָם בְּהַאי עָלְמָא כִּסְפִינָה, הַהוֹלֶכֶת בְּלֵב יָם, וְהַרְבֵּה סַכָּנוֹת עָלֶיהָ, כֵּן הַרְבֵּה הַרְפַּתְקָאוֹת עַל הָאָדָם בְּהַאי עָלְמָא כִּסְפִינָה, וְהַרְבֵּה שְׁלוּחִים לַמָּקוֹם, וְהַרְבֵּה מְקַטְרְגִים עָלָיו בְּכָל יוֹם בְּבֵית דִּין שֶׁל מַעְלָה בִּשְׁבִיל חֲטָאָיו וּפְשָׁעָיו, וְהָאָדָם אֵינוֹ שָׂם אֵלֶּה הַדְּבָרִים אֶל לִבּוֹ, כִּי הַרְבֵּה חֵטְא עַל פֶּשַׁע, וְחוֹשֵׁב כִּי לֹא יִתָּבַע לַדִּין עַל זֶה, וּכְאִלּוּ חַס וְשָׁלוֹם אֵין הַשְׁגָּחָה מִשָּׁמַיִם עַל מַעֲשָׂיו הַמְקֻלְקָלִים.

וּבֶאֱמֶת הַקָּדוֹשׁ בָּרוּךְ הוּא שׁוֹתֵק, עַד שֶׁתִּתְמַלֵּא סְאָתוֹ, וְהַדִּין הַקָּשֶׁה מִתְגַּבֵּר וְהוֹלֵךְ, וְנִגְזַר חֲרוֹן אַף פִּתְאֹם עַל הָאָדָם דֻּגְמַת הָרוּחַ סְעָרָה, שֶׁבָּא עַל סְפִינַת יוֹנָה פֶּתַע פִּתְאֹם, וְהָרוּחַ הָיָה הוֹלֵךְ וְסוֹעֵר, וּבִקְשָׁה[106] הַסְּפִינָה לְהִשָּׁבֵר. כֵּן גְּזֵרוֹת הַדִּין, אֲשֶׁר בְּבוֹא עַל הָאָדָם פִּתְאֹם מַרְעִישׁ כָּל הַגּוּף, וְנִתְלַהֵב וְנִתְחַמֵּם הַגּוּף וְנִכְנַס אֶל הַמִּטָּה, זוֹ עֶרֶשׂ דְּוַי, וְתַרְדֵּמָה נוֹפֶלֶת עָלָיו, וְזֶהוּ דֻּגְמַת [יוֹנָה א, ה] - וְיוֹנָה יָרַד אֶל יַרְכְּתֵי הַסְּפִינָה וַיֵּרָדַם. וּבְעוֹדוֹ מֻטָּל עַל עֶרֶשׂ דְּוַי מַתְחִיל רוּחַ לְקַשְׁקֵשׁ בְּקִרְבּוֹ, וְזֶהוּ הַיֵּצֶר הָרָע, שֶׁמְּעוֹרֵר בְּאוֹתוֹ הַפַּעַם לֵב הָאָדָם, שֶׁלֹּא יִתְעַצֵּל הָאָדָם מִלְּהִרְהֵר בִּתְשׁוּבָה, כִּי קָרוֹב הַיּוֹם לְהִפָּרֵד מִזֶּה הָעוֹלָם. וְזֶהוּ דִּכְתִיב -

---

[106] עַל פִּי יוֹנָה א ד

וַיִּקְרָא[107] אֵלָיו רַב הַחוֹבֵל. דָּא הוּא יֵצֶר הָרָע, שֶׁהוּא מַנְהִיג אֶת כָּל הַגּוּף, וַיֹּאמֶר לוֹ - מַה[108] לְּךָ נִרְדָּם קוּם קְרָא אֶל אֱלֹהֶי"ךָ וְגוֹ'. לֹא שַׁעְתָּא הוּא לְמִדְמַךְ דְּהָא סַלְקִין לָךְ לְדִינָא עַל כָּל מַה דַּעֲבַדְתְּ בְּהַאי עָלְמָא. וּרְאֵה לְהִתְוַדּוֹת לִפְנֵי בּוֹרַאֲךָ.

מַה מְּלַאכְתְּךָ. פֵּרוּשׁ זְכֹר, עַל מְלַאכְתְּךָ, שֶׁפָּעַלְתָּ בְּהַאי עָלְמָא, וְכַמָּה שְׁקָרִים וְזִיּוּפִים פָּעַלְתָּ בִּמְלַאכְתְּךָ וּבְמִחְיָתְךָ. תֵּן תּוֹדָה, וְאַל תִּתְגָּאֶה, כִּי אַתָּה רוֹאֶה כִּי קָרוֹב הוּא יוֹם הַמִּיתָה, וְהַשְׁלֵךְ הַגַּאֲוָה וְהַרְמַת רוּחַ, וּזְכֹר שֶׁנִּבְרֵאתָ מִטִּפָּה סְרוּחָה. וְזֶה שֶׁכָּתוּב - מֵאַיִן[109] תָּבוֹא וּמָה אַרְצֶךָ. הִסְתַּכֵּל דְּהָא מֵאַרְעָא אִתְבְּרִית וּלְאַרְעָא תָּשׁוּב. וְאֵי מִזֶּה עַם אַתָּה, תְּעַיֵּן - אִם יֵשׁ לְךָ זְכוּת אָבוֹת לְהָגֵן עָלֶיךָ עַתָּה בְּעֵת צָרָה. כָּל זֶה הוּא הִתְעוֹרְרוּת הַיֵּצֶר, שֶׁמְּעוֹרֵר לֵב הָאָדָם בְּעֵת חָלְיוֹ. [וְזֶהוּ נִרְאֶה לִי לְתָרֵץ הַמִּדְרָשׁ פָּרָשַׁת בְּרֵאשִׁית - וְהִנֵּה[110] טוֹב מְאֹד. - זֶה מַלְאַךְ הַמָּוֶת, וְלִפְנֵי זֶה אָמַר - טוֹב מְאֹד זֶהוּ הַיֵּצֶר הָרָע, עַיֵּן שָׁם. רָצָה לוֹמַר - בִּזְמַן שֶׁהוּא קָרוֹב לָמוּת, אֲזַי גַּם הַיֵּצֶר הָרָע הוּא טוֹב, הַמְעוֹרֵר הָאָדָם לַעֲשׂוֹת תְּשׁוּבָה וּלְהִתְוַדּוֹת כַּנִּזְכָּר].

וּבְהַהוּא שַׁעְתָּא יַתְבִין בֵּית דִּין שֶׁל מַעְלָה, וְהַמְּלִיצִים מְלַמְּדִין זְכוּת, וְהַמְקַטְרְגִים מַזְכִּירִין חוֹבָה וְטוֹעֲנִים לִפְנֵי הַקָּדוֹשׁ בָּרוּךְ הוּא. וְאִם נִגְזַר לִזְכוּת מוּטָב, וְאִם נִגְזַר חַס וְשָׁלוֹם לָמָוֶת, אֲזַי נֶאֱמַר עַל הַמְלַמְּדִין זְכוּת, שֶׁטָּרְחוּ וְיָצְאוּ לְהַצִּילוֹ. וְעַל זֶה נֶאֱמַר - וַיַּחְתְּרוּ הָאֲנָשִׁים לְהָשִׁיב אֶל הַיַּבָּשָׁה, וְלֹא יָכְלוּ לֹא עָלָה בְּיָדָם לְהוֹשִׁיבוֹ לַיַּבָּשָׁה שֶׁיָּקוּם מִמִּטָּתוֹ מֵחָלְיוֹ, כִּי כְּבָר נִגְזַר מִבֵּי דִּינָא רַבָּא. וְאָז שְׁלֹשָׁה שְׁלוּחִים מְמֻנִּים יוֹצְאִים - חַד כּוֹתֵב כָּל הַזְּכִיּוֹת שֶׁלּוֹ וְכָל הַחֲטָאִים שֶׁלּוֹ. וְחַד דְּנָטִיל חֶשְׁבּוֹן הַיָּמִים לִפְנֵי שְׁנֵי חַיָּיו, שֶׁיִּהְיוּ כָּל הַיָּמִים בַּחֶשְׁבּוֹן, וְכַנִּזְכָּר לְעֵיל. וְחַד דַּהֲוֵי עִמֵּיהּ מִיּוֹם שֶׁנִּתְּנָה נִשְׁמָתוֹ בַּגּוּף בִּמְעֵי אִמּוֹ.

וּגְזֵרוֹת דִּינָא לֹא נָח וְלֹא שָׁקֵט עַד דַּעֲבִיד דִּילֵיהּ, שֶׁתֵּצֵא נִשְׁמָתוֹ מֵהַגּוּף. וְאָז כְּתִיב - וַיִּשְׂאוּ[111] אֶת יוֹנָה, שֶׁנּוֹשְׂאִים אוֹתוֹ לְבֵית הַקְּבָרוֹת, וְאָז הַכְּרוּזִים נִכְרָזִים לִפְנֵי מִטָּתוֹ כְּשֶׁנּוֹשְׂאִים אוֹתוֹ. אִי אִיהוּ זַכָּאָה, מַכְרִיזִין עָלָיו - הָבוּ יְקָר לְדְיוּקְנָא דְּמַלְכָּא יָבוֹא שָׁלוֹם וְכוּ'. וְזֶה שֶׁאָמַר הַכָּתוּב [יְשַׁעְיָה נח, ח] - וְהָלַךְ לְפָנֶיךָ צִדְקֶךָ. פֵּרוּשׁ, לִפְנֵי הַמִּטָּה. וְאִם הוּא חַס וְשָׁלוֹם מְטֻנָּף בַּחֲטָאִים, מַכְרִיזִין עָלָיו - וַי לִפְלוֹנִי הַדִּין, טַב דְּלָא יִתְבְּרֵי, כְּדֵין מַה כְּתִיב בֵּיהּ - וַיְטִילוּהוּ[112] אֶל הַיָּם וַיַּעֲמֹד הַיָּם מִזַּעְפּוֹ. כַּד עָאלִין לֵיהּ לְבֵית הַקְּבָרוֹת, וְהַדָּג דְּבָלַע לֵיהּ לְיוֹנָה דָּא אִיהוּ קִבְרָא, וּשְׁלֹשָׁה יָמִים הָרִאשׁוֹנִים כְּשֶׁהוּא בַּקֶּבֶר, נִתְבַּקְּעִים הַבְּנֵי מֵעַיִם, וּלְבָתַר

---

[107] יונה א ו
[108] יונה א ו
[109] יונה א ח
[110] בראשית א לא
[111] יונה א טו
[112] יונה א טו

שְׁלֹשָׁה יָמִים הַהוּא טְנוּפָא אִתְהַפַּךְ עַל אַנְפּוֹי, וְאָמַר לוֹ - טֹל מַה דִּיהַבְתְּ לִי אָכַלְתְּ וְשָׁתִיתָ, וְלֹא יְהָבִית לְמִסְכְּנָא, וְכָל יוֹמָךְ הֲוֵי כְּחַגִּין וּכְמוֹעֲדִין, וּמִסְכְּנֵי הֲוֵי רָעֲבִין, וְלֹא אָכְלוּ בַּהֲדָךְ, טֹל מַה דִּיהַבְתְּ בִּי. הָדָא הוּא דִכְתִיב [מַלְאָכִי ב, ג] - וְזֵרִיתִי פֶּרֶשׁ עַל פְּנֵיכֶם וְגוֹ'.

וּלְבָתַר דָּא בָּאִים מְמֻנִּים וּמַחֲזִיקִין הַנְּשָׁמָה אֶל הַגּוּף, וְהוּא בְּתוֹךְ הַגּוּף עַד שְׁלֹשִׁים יוֹם, וּבְהַנֵּךְ עֶשְׂרִים וְשִׁבְעָה יָמִים הַגּוּף נִדּוֹן בְּיִסּוּרִים קָשִׁים וּמָרִים. וְהַתְחָלַת הַדִּין הוּא עַל הַחֲטָאִים שֶׁעָשָׂה בְּעֵינָיו, וְאַחַר כָּךְ בַּיָּדַיִם וּבָרַגְלַיִם וּבְכָל הַגּוּף בְּהַכָּאָה אַכְזָרִית מְאֹד. וְאַחַר תְּלָתִין יוֹם נִשְׁמְתָא סָלְקָא לְעֵילָּא לָתֵת חֶשְׁבּוֹן וּלְקַבֵּל דִּין גֵּיהִנָּם וּשְׁאָר דִּינִים, וְהַגּוּף סוֹבֵל יִסּוּרִים קָשִׁים עַל יְדֵי תּוֹלָעִים.

וְעִנְיָן כִּי שִׁבְעָה דִּינִים קָשִׁים חוֹלְפִים וְעוֹבְרִים עַל בְּנֵי אָדָם כְּשֶׁנִּפְטָר מֵהַהוּא עָלְמָא - **חַד** כְּשֶׁהַנְּשָׁמָה יוֹצֵאת מֵהַגּוּף. **שְׁנַיִם** כְּשֶׁנּוֹשְׂאִים אוֹתוֹ לְבֵית הַקְּבָרוֹת, וְהַכָּרוֹזִים מַכְרִיזִין מַעֲשִׂים רָעִים שֶׁעָשָׂה. אוֹי לְאוֹתָהּ בּוּשָׁה וּכְלִמָּה. **שְׁלִישִׁי** כְּשֶׁמַּכְנִיסִין אוֹתוֹ לַקֶּבֶר. **דִּין הָרְבִיעִי** מַה שֶּׁסּוֹבֵל בִּשְׁלֹשִׁים יוֹם. **דִּין חֲמִישִׁי** הַתּוֹלָעִים בַּגּוּף. **דִּין שִׁשִּׁי** דִּין שֶׁל גֵּיהִנָּם. **דִּין שְׁבִיעִי** שֶׁהַנְּשָׁמָה נִדְחֵית מִחוּץ לְפַרְגּוֹדָא קַדִּישָׁא, וְאָזְלָא וְנָחֲתַת בְּעָלְמָא, וְאֵין לָהּ מְקוֹם מְנוּחָה, עַד שֶׁנִּתְמָרְקוּ כָּל הַחֲטָאִים וּפְשָׁעִים.

עַל כֵּן צָרִיךְ כָּל אָדָם לִזְכֹּר, כַּמָּה הַרְפַּתְקָאוֹת יַעַבְרוּ עָלָיו, כַּמָּה יִסּוּרִים וְכַמָּה חִיל וּרְעָדָה וָרֶתֶת וְזִיעַ וְחַלְחָלָה, עַד שֶׁתָּבוֹא נִשְׁמָתוֹ לִמְקוֹם מְנוּחָה. וְעַל זֶה כְּתִיב בַּזֹּהַר - בַּר נָשׁ צָרִיךְ לִצְלָאָה תָּדִיר וְלוֹמַר בְּכָל יוֹם בָּרְכִי נַפְשִׁי אֶת ה' וְכוּ' [קַפִּיטְל קג וקד]. וְאַחַר כָּךְ - יְהִי רָצוֹן מִלְּפָנֶיךָ ה' אֱלֹהַי וֵאלֹהֵי אֲבוֹתַי, שֶׁתִּסְלַח וְתִמְחַל לִי עַל כָּל פְּשָׁעִים וַחֲטָאִים מַה שֶּׁעָשִׂיתִי, הֵן בִּרְאוֹת עֵינַי, הֵן מַה שֶּׁחָטָאתִי בְּיָדַי וְרַגְלַי וּבְגוּפִי. וּבְאִם שֶׁהִגִּיעַ עֵת וּזְמַן פְּטִירָתִי, וּמֻכְרָח אֲנִי לִפּוֹק מִן עָלְמָא דֵּין, אֲזַי בְּאוֹתוֹ זְמַן לֹא אוּכַל לְבָרְכָא יָתָךְ וּלְאַתְבָא בְּתִיבוּתָא, עַל כֵּן הַיּוֹם הַזֶּה אֲנִי מְבַקֵּשׁ שֶׁלֹּא תְּיַסְּרֵנִי אַחַר מוֹתִי וּלְאַתְבָא נִשְׁמָתִי בְּגַן עֵדֶן בְּלִי שׁוּם מוֹרָא וָפַחַד. וְזֶה שֶׁאָמַר הַכָּתוּב [תְּהִלִּים נא, יב] - בָּרְכִי נַפְשִׁי אֶת ה' הַלְלוּיָהּ.

פרק מ

לֵב[113] טָהוֹר בְּרָא לִי אֱלֹהִי"ם וְרוּחַ נָכוֹן חַדֵּשׁ בְּקִרְבִּי. פֵּרֵשׁ הַמָּאוֹר הַגָּדוֹל, הָרַב רַבִּי מֹשֶׁה אַלְשֵׁיךְ, זֶה לְשׁוֹנוֹ - תְּפִלַּת דָּוִד הַמֶּלֶךְ עָלָיו הַשָּׁלוֹם הָיָה, שֶׁלֹּא יָבוֹא עוֹד בְּגִלְגּוּל, שֶׁכָּל מִי שֶׁאֵינוֹ קוֹנֶה שְׁלֵמוּת בָּעוֹלָם הַזֶּה מֻכְרָח לָבוֹא בְּגִלְגּוּל אָדָם אַחֵר וּלְתַקֵּן מַה שֶּׁחִסֵּר מַעֲשֶׂה הַטּוֹב בָּעוֹלָם הַזֶּה. וְעַל זֶה הִתְפַּלֵּל דָּוִד הַמֶּלֶךְ עָלָיו הַשָּׁלוֹם, שֶׁיִּנָּצֵל מֵהַגִּלְגּוּל, וְאָמַר - **וְרוּחַ נָכוֹן חַדֵּשׁ בְּקִרְבִּי**, וְלֹא עַל יְדֵי גִּלְגּוּל נִשְׁמָתִי בְּאִישׁ אַחֵר, שֶׁאֲנִי מֻכְרָח לָמוּת וּלְהִתְגַּלְגֵּל בְּאִישׁ אַחֵר.

אָמְנָם דַּע, שֶׁעִנְיַן גִּלְגּוּל הַנְּשָׁמָה מִתְחַלֶּקֶת לִשְׁנֵי אֳפָנִים - **הָאֹפֶן הָאֶחָד** שֶׁאֵינוֹ בְּהֶכְרֵחַ שֶׁיָּמוּת וְיִתְגַּלְגֵּל נִשְׁמָתוֹ בְּאִישׁ אַחֵר לְתַקֵּן הַגִּלְגּוּל, אֶלָּא לְהַזְכִּיר הָעִנְיָן, שֶׁבְּעוֹדוֹ בְּחַיָּיו תָּבוֹא נְשָׁמָה אַחֶרֶת בְּתוֹךְ גּוּפוֹ, אַף שֶׁכְּבָר הָיָה לְהַגּוּף נְשָׁמָה אַחַת, וּשְׁנֵי הַנְּשָׁמוֹת בְּיַחַד, דְּהַיְנוּ נְשָׁמָה הַחֲדָשָׁה וּנְשָׁמָה שֶׁלּוֹ, הֵמָּה בְּחִבּוּר, כְּמוֹ הַוָּלָד בְּתוֹךְ הָאִשָּׁה הַמְעֻבֶּרֶת. וְעַל כֵּן נִקְרָא גִּלְגּוּל זֶה בְּחִינַת הָעִבּוּר. וּכְשֵׁם שֶׁהַוָּלָד מְכֻסֶּה וְנֶעְלָם בְּתוֹךְ הָאֵם כְּשֶׁהָאִשָּׁה מְעֻבֶּרֶת, כָּךְ הַנְּשָׁמָה הַחֲדָשָׁה בְּתוֹךְ נְשָׁמָה שֶׁלּוֹ מְכֻסָּה וְנֶעְלָמָה, עַד כִּי יְתֻקַּן הַקִּלְקוּל, וְאָז הוֹלֶכֶת הַנְּשָׁמָה הַחֲדָשָׁה לִמְכוֹן שִׁבְתָּהּ וְלִמְקוֹמָהּ הָרָאוּי לָהּ, וְזֶה הַגִּלְגּוּל הוּא גִּלְגּוּל שֶׁאֵינוֹ חָמוּר. מַה שֶּׁאֵין כֵּן אִם קִלְקוּל גָּדוֹל אֵין לוֹ תַּקָּנָה, כִּי אִם שֶׁתִּתְגַּלְגֵּל הַנְּשָׁמָה בִּשְׁעַת יְצִירַת הַוָּלָד, וּנְשָׁמָה זוֹ לְבַד בְּתוֹכוֹ, וְהִיא בְּתוֹךְ הַגּוּף זְמַן רַב כָּל הַיָּמִים. וְלִפְעָמִים יָצָא שְׂכָרָהּ בְּהֶפְסֵדָהּ, שֶׁזֶּה הָאָדָם לֹא דַּי שֶׁאֵינוֹ מְתַקְּנָהּ, אֶלָּא אַדְּרַבָּה, גּוֹרֵם לָהּ פְּגָמִים יוֹתֵר גְּדוֹלִים עַל יְדֵי חֲטָאִים וּפְשָׁעִים, וְזֶה עִנְיָן רַע מְאֹד לַנְּשָׁמָה.

וְהִנֵּה יֵשׁ מִצְוָה אַחַת, אֲשֶׁר בְּעֵינֵי הָאָדָם עָנְשָׁהּ קַל הוּא, וְהוּא חָמוּר, וְזוֹ מִצְוַת הֲשָׁבַת אֲבֵדָה. שֶׁבִּהְיוֹת עוֹבֵר עַל הֲשָׁבַת אֲבֵדָה, שֶׁרוֹאֶה אֲבֵדַת אָחִיו, וְאֵינוֹ מְהַדֵּר אַחֲרֶיהָ לִקַּח אוֹתָהּ וְלַהֲשִׁיבָהּ, הֶכְרֵחַ לָבוֹא בְּגִלְגּוּל בְּוָלָד הַנּוֹצָר לְהָשִׁיב לִבְעָלֶיהָ, וּבְתוֹךְ הַזְּמַן סוֹבֵל יִסּוּרִים וְצַעַר זְמַן רַב, וְאֵינוֹ בָּא בַּגִּלְגּוּל הַקַּל שֶׁהוּא בְּחִינַת הָעִבּוּר, שֶׁהוּא מִתְכַּסֶּה וְנֶעְלָם בְּתוֹךְ נִשְׁמָתוֹ. וְכַנִּזְכָּר בַּסֵּפֶר - **גִּלְגּוּלֵי הָאֲרִ"י** [צ"ל שער הגלגולים]. וְזֶה לְשׁוֹנוֹ פָּרָשַׁת כִּי תֵצֵא [דְּבָרִים כב, ג] - וְכֵן תַּעֲשֶׂה לְכָל אֲבֵדַת אָחִיךָ וְגוֹ'. כִּי הַקָּדוֹשׁ בָּרוּךְ הוּא דָּן אֶת הָאָדָם מִדָּה כְּנֶגֶד מִדָּה, וְעַל כֵּן כָּל יָרֵא וְחָרֵד יִתְפַּלֵּל שֶׁיִּנָּצֵל מִגִּלְגּוּלִים, גַּם בִּהְיוֹתוֹ מְגֻלְגָּל בְּאָדָם כָּשֵׁר וְיָשָׁר. עִם כָּל זֶה טוֹב לוֹ יוֹתֵר, אִם הָיָה כְּבָר בִּמְקוֹם מְנוּחָתוֹ, כִּי יָפָה קוֹרַת רוּחַ שֶׁל עוֹלָם הַבָּא שָׁעָה אַחַת מִכָּל חַיֵּי וְתַעֲנוּגֵי עוֹלָם הַזֶּה. עַל אַחַת כַּמָּה וְכַמָּה כְּשֶׁהָאָדָם מְגֻלְגָּל בְּמָקוֹם צַר בְּחַיּוֹת וְעוֹפוֹת, וְלִפְעָמִים מְגֻלְגָּל בְּאֶבֶן דּוֹמֵם, כְּגוֹן הַמַּרְגִּיל עַצְמוֹ בִּלְשׁוֹן הָרַע,

---

[113] תהלים נא יב

הוּא מִתְגַּלְגֵּל בְּאֶבֶן הַמֻּנָּח עַל פְּנֵי הַשָּׂדֶה, וְשָׁם הוּא בְּחשֶׁךְ בְּלִי אוֹר. וּמִי שֶׁאֵינוֹ מְדַקְדֵּק בַּאֲכִילַת סְפֵק אִסּוּר, מִתְגַּלְגֵּל בֶּעָלִין שֶׁל אִילָן, וּבְכָל פַּעַם שֶׁהָרוּחַ מְנַעֲנֵעַ, הוּא סוֹבֵל יִסּוּרִים וְצַעַר גָּדוֹל מְאֹד.

וּפַרְנָס, הַמִּתְגָּאֶה עַל הַצִּבּוּר, מִתְגַּלְגֵּל בִּדְבוֹרָה, וְשָׁם הוּא בְּכָל עֵת וּבְכָל רֶגַע, וְיֵשׁ לוֹ צַעַר יוֹתֵר מֵעֹנֶשׁ שֶׁל גֵּיהִנֹּם, כִּי הוּא אָסוּר בְּמָקוֹם צַר כָּזֶה בְּתוֹךְ הָאֶרֶז, וְזֶהוּ עֹנֶשׁ מֵחֲמַת גַּאֲוָה לְבַד. וְאִם הוּא פּוֹעֵל רַע עַל יְדֵי הַגַּאֲוָה, דְּהַיְנוּ שֶׁהִלְבִּין פְּנֵי הַבָּאִים לְפָנָיו בְּבִיּוּשִׁים וְכַיּוֹצֵא בּוֹ שְׁאָר פְּעֻלּוֹת רָעוֹת, עַל זֶה יֵשׁ עֳנָשִׁים אֲחֵרִים מְפֹרָשִׁין הֵן בְּסִפְרֵי הַקַּבָּלָה, וְרַחֲמָנָא לִצְלַן מֵעֳנָשִׁים הָהֵם.

הָרוֹדֵף אַחַר זְנוּת מִתְגַּלְגֵּל בְּגַנִּיָּה שֶׁהִיא זוֹנָה, וּבְכָל פַּעַם שֶׁמְּזַנִּין עִמָּהּ, מוֹסִיפִין לוֹ טֻמְאָה עַל טֻמְאָתוֹ וְהִנֵּה עַל הִנָּתוֹ, וְשִׁבְרוֹ גָּדוֹל כַּיָּם, אֵין לְסַפֵּר הַיִּסּוּרִים קָשִׁים וּמַכְאוֹבִים שֶׁלּוֹ. וּשְׁאָר פְּרָטֵי גִּלְגּוּלִים יִתְבָּאֲרוּ בַּפְּרָקִים הַבָּאִים בְּסִיַּעְתָּא דִּשְׁמַיָּא. וְעַל אַחַת כַּמָּה וְכַמָּה הַמְגֻלְגָּלִים בִּבְהֵמוֹת טְמֵאוֹת וְעוֹפוֹת הַטְּמֵאָה, יֹשְׁבֵי חשֶׁךְ וְצַלְמָוֶת בְּצַעַר, סוֹבְלֵי יִסּוּרִים קָשִׁים וּמָרִים בְּסִרְחוֹן קֶרֶב וּמֵעַיִן שֶׁלָּהֶם, וּבְכָל עֵת וָרֶגַע סוֹבְלִים צַעַר מַמָּשׁ, דִּינִין קָשִׁים מִגֵּיהִנֹּם, וְאַף עַל כָּל זֹאת אֵינוֹ נִצּוֹל מֵעֳנָשָׁהּ שֶׁל גֵּיהִנֹּם אַחַר כָּל הַגִּלְגּוּלִים.

רְאֵה מַה שֶּׁמָּצָאתִי כָּתוּב בְּשֵׁם הָאֲרִ"י זִכְרוֹנוֹ לִבְרָכָה - בִּצְפַת, תִּבָּנֶה וְתִכּוֹנֵן בִּמְהֵרָה בְּיָמֵינוּ, הָיָה בָּחוּר אֶחָד בֶּן אֲחוֹתוֹ שֶׁל רַבִּי יְהוֹשֻׁעַ רוֹפֵא, זִכְרוֹנוֹ לִבְרָכָה, וְהוּא בֶּן שְׁמוֹנֶה עֶשְׂרֵה שָׁנִים הָיָה לוֹמֵד בִּישִׁיבָה. פַּעַם אַחַת הִסְתַּכֵּל בּוֹ הָאֲרִ"י זִכְרוֹנוֹ לִבְרָכָה, וְאָמַר לְאָבִיו - בִּנְךָ יֵשׁ בּוֹ רוּחַ אֶחָד. רְאֵה לְהַמְצִיא לוֹ מָזוֹר וּתְרוּפָה, וְאַל תָּחוּס אֶל הַמָּמוֹן, וְהֵשִׁיב אֲבִי הַבָּחוּר - חַס וְשָׁלוֹם שֶׁיִּהְיֶה בּוֹ רוּחַ, כִּי אִם זֶה שְׁנָתַיִם לִבּוֹ כּוֹאֵב, וְלִפְעָמִים כְּשֶׁלִּבּוֹ חַלָּשׁ אֲזַי רַבִּי יְהוֹשֻׁעַ הָרוֹפֵא עוֹשֶׂה לוֹ רְפוּאוֹת, וּמִתְרַפֵּא לְפִי שָׁעָה, וְאַחַר כָּךְ חוֹזֵר הַכְּאֵב. וְאָמַר לוֹ הָאֲרִ"י זִכְרוֹנוֹ לִבְרָכָה - תִּרְאֶה שֶׁכִּדְבָרַי כֵּן יִהְיֶה.

וְלֹא הָיוּ יָמִים מוּעָטִים, עַד שֶׁנִּתְגַּלָּה הָרוּחַ וְהִתְחִיל לְבַצְבֵּץ בַּבָּחוּר, וּבָאוּ וְהוֹדִיעוּ לְהָאֲרִ"י זִכְרוֹנוֹ לִבְרָכָה. וְשָׁאַל אוֹתוֹ הָאֲרִ"י זִכְרוֹנוֹ לִבְרָכָה - בְּאֵיזֶה אֹפֶן בָּא הָרוּחַ לְהַבָּחוּר, וְהֵשִׁיב לוֹ הָרוּחַ - הָעִנְיָן כָּךְ הוּא, כְּשֶׁהָיִיתִי בְּרוֹמִי, הָיִיתִי דָּר עִם עָנִי אֶחָד, שֶׁהָיָה מִתְפַּרְנֵס מִן הַצְּדָקָה, וְלֹא הָיָה בְּבֵיתוֹ שׁוּם לֶחֶם וּמָזוֹן. וּבִקֵּשׁ הֶעָנִי מִמֶּנִּי שֶׁאֲנִי אֶתֵּן לוֹ לֶחֶם, וְלֹא הָיִיתִי רוֹצֶה לִתֵּן לוֹ. וּמֵת הֶעָנִי, הַנִּזְכָּר לְעֵיל, לְנֶגֶד עֵינַי, מֵחֲמַת הָרְעָבוֹן, וְלָכֵן הָיוּ בֵּית דִּין שֶׁל מַעְלָה גּוֹזְרִין, שֶׁיָּמוּת הוּא כְּמוֹ שֶׁהֵמִית אֶת הֶעָנִי. וְכֵן הָיָה, שֶׁלֹּא הָיוּ יָמִים מוּעָטִים וּבָאוּ עָלָיו גַּזְלָנִים וְהָרְגוּ אוֹתוֹ, וְאַחַר הַהֲרִיגָה בָּאתִי אֶל הַבָּחוּר הַזֶּה וְגָזַר עָלָיו הָאֲרִ"י זִכְרוֹנוֹ לִבְרָכָה, שֶׁיֵּצֵא מֵהַבָּחוּר בְּלִי שׁוּם הֶזֵּק, חַס וְשָׁלוֹם. וְהֵשִׁיב הָרוּחַ - אִם תִּרְצֶה שֶׁאֵצֵא מֵהַבָּחוּר, אֶעֱשֶׂה תְּנַאי עִמְּךָ, וְהוּא כִּי אַחֲרֵי צֵאתִי מִכָּאן שֶׁלֹּא יִרְאֶה הַבָּחוּר זֶה פְּנֵי נְקֵבָה מֶשֶׁךְ שְׁלֹשָׁה יָמִים, וְאִם

יַעֲבֹר הַתְּנַאי אֶהֶרְגֵנוּ, וְיָצָא הָרוּחַ.
וְצִוָּה הָאֲרִ"י זִכְרוֹנוֹ לִבְרָכָה, לַעֲשׂוֹת שְׁמִירָה אֶל הַבָּחוּר, שֶׁיִּהְיֶה יוֹשֵׁב בְּבֵית הַמִּדְרָשׁ, וְלֹא יַנִּיחוּ אוֹתוֹ לָצֵאת מִבֵּית הַמִּדְרָשׁ, וְלֹא תָּבוֹא שׁוּם אִשָּׁה לְבֵית הַמִּדְרָשׁ, כִּי הָרוּחַ אוֹרֵב לוֹ עַל הַתְּנַאי שֶׁעָשָׂה עִמִּי. וּבְתוֹךְ כָּךְ הָלַךְ גָּדוֹל הַדּוֹר, מוֹרֵנוּ הָרַב רַבִּי חַיִּים וִיטַאל זִכְרוֹנוֹ לִבְרָכָה, מִבֵּית הַמִּדְרָשׁ, לְהָכִין צָרְכֵי מִצְוָה שֶׁעָשָׂה בְּרֹאשׁ חֹדֶשׁ. וְהִנִּיחַ בִּמְקוֹמוֹ בֶּן דּוֹדוֹ רַבִּי יְהוֹשֻׁעַ רוֹפֵא, הַנִּזְכָּר לְעֵיל. וְהָלַךְ רַבִּי יְהוֹשֻׁעַ לְהִתְעַסֵּק בְּמִצְוָה אַחֶרֶת, וְהִנִּיחַ לְהַבָּחוּר יְחִידִי בְּבֵית הַמִּדְרָשׁ. וּבְתוֹךְ כָּךְ בָּא אִמּוֹ שֶׁל הַבָּחוּר וְדוֹדָתוֹ לְבֵית הַמִּדְרָשׁ לִרְאוֹתוֹ. וּכְשֶׁהָיוּ רוֹאִין אוֹתוֹ הָיוּ נוֹשְׁקִין אוֹתוֹ. וּבְאוֹתוֹ הַשָּׁעָה בָּא הָרוּחַ וְחָזַר לְהַבָּחוּר וְנִכְנַס בּוֹ וַחֲנָקוֹ. וּמִפְּנֵי יִרְאַת הַשְּׂרָרָה, שֶׁלֹּא יֹאמְרוּ שֶׁהַיִּשְׂרְאֵלִים הָרְגוּ אוֹתוֹ, עָשָׂה הָאֲרִ"י זִכְרוֹנוֹ לִבְרָכָה, קְפִיצוֹת הַדֶּרֶךְ עַל שְׁנֵי קָנִים, וְהָלַךְ עִם תַּלְמִידָיו לְטְבֶרְיָה בְּרֶגַע אֶחָד, וְזֶה הָיָה בֵּין הַשְּׁמָשׁוֹת. וּבִטְבֶרְיָה הִתְפַּלֵּל הָאֲרִ"י זִכְרוֹנוֹ לִבְרָכָה, לְהַסְגִּיר פִּיהֶם שֶׁל מַשְׂטִינִים, וְכֵן הָיוּ. וְאַחַר כָּךְ חָזַר לִצְפַת, תִּבָּנֶה וְתִכּוֹנֵן בִּמְהֵרָה בְּיָמֵינוּ.
עַל כֵּן יִרְאֶה הָאָדָם גֹּדֶל הָעֹנֶשׁ הַמִּסְתַּכֵּל בְּנָשִׁים זָרוֹת - וּמָה הַבָּחוּר הַזֶּה, שֶׁלֹּא הִסְתַּכֵּל אֶלָּא עַל אִמּוֹ וְדוֹדָתוֹ, חֲזִי מַה סָּלִיק בֵּיהּ, וּמִכָּל שֶׁכֵּן בְּנָשִׁים זָרוֹת, וְעַל זֶה אָמְרוּ רַבּוֹתֵינוּ זִכְרוֹנָם לִבְרָכָה - כָּל[114] הַמַּרְבֶּה שִׂיחָה עִם אִשָּׁה גּוֹרֵם רָעָה לְעַצְמוֹ.
עַל כֵּן עִנְיָן גָּדוֹל הוּא, כְּשֶׁהָאָדָם מִתְנַהֵג שֶׁלֹּא לְהִסְתַּכֵּל לְמֵרָחוֹק. כִּי אִם עֵינָיו יִהְיוּ תָּמִיד מְשׁוֹטְטוֹת לְמַטָּה, לָאָרֶץ. וְכֵן מָצָאנוּ בְּהַנְהָגוֹת חֲסִידִים הָרִאשׁוֹנִים, שֶׁעֵינֵיהֶם לְמַטָּה, וּמִתְכַּוְּנִים לְיַחֵד הַקָּדוֹשׁ בָּרוּךְ הוּא וּשְׁכִינְתֵּיהּ, כִּי אַרְבָּעָה גְּוָנִין שֶׁל הָעֵינַיִם מוֹרִים עַל אַרְבַּע אוֹתִיּוֹת הַשֵּׁם הֲוָיָ"ה, וּשְׁכִינָה הִיא מוֹרָה עַל הָאָרֶץ, שֶׁנִּקְרֵאת אֶרֶץ הַקְּדֹשָׁה, הַמְקֻדֶּשֶׁת מִכָּל הָאֲרָצוֹת, כְּמַאֲמַר הַכָּתוּב - עֵינַי[115] ה' בְּנֶאֶמְנֵי אֶרֶץ לָשֶׁבֶת עִמָּדִי. מַה שֶּׁאֵין כֵּן גְּבַהּ עֵינַיִם וּרְחַב לֵבָב, עָלָיו אָמַר הַקָּדוֹשׁ בָּרוּךְ הוּא - אוֹתוֹ לֹא אוּכַל אִתּוֹ לֹא אוּכַל לְהִדָּבֵק, כִּי הוּא מַפְרִיד בֵּין הַדְּבֵקִים. וְכָל הַמַּפְקִיר עֵינָיו לִרְאוֹת בְּהִסְתַּכְּלוּת דְּבָרִים הָאֲסוּרִים, שׁוֹאֵב וְשׁוֹאֵף הַסִּטְרָא אָחֳרָא אֵלָיו וְגוֹרֵם לוֹ רָעוֹת הַרְבֵּה לִהְיוֹת הוּא עַיִן רַע, וְכָל מִי שֶׁיֵּשׁ לוֹ עַיִן רַע, גּוֹרֵם קְלָלָה לְעַצְמוֹ וְלַחֲבֵרוֹ. וְזֶהוּ שֶׁאָמְרוּ רַבּוֹתֵינוּ זִכְרוֹנָם לִבְרָכָה - תִּשְׁעִים[116] וְתִשְׁעָה חֲלָקִים בְּעַיִן רַע וְכוּ'. כַּוָּנָתָם בְּהֶזֵּק רְאִיָּה שֶׁיֵּשׁ בָּאָדָם, וְכָל זֶה הוּא גֹּרֶם אִסּוּר רְאִיַּת עֲבוֹדָה זָרָה, וְאַף אַנְדַּרְטֵי שֶׁל עֲבוֹדָה זָרָה הוּא אָסוּר, וְיַרְגִּיל תָּמִיד לִרְאוֹת בְּדִבְרֵי קְדֻשָּׁה, כְּמוֹ שֶׁכָּתַבְתִּי בְּפֶרֶק א דַּף א, עַיֵּן שָׁם.

[114] פרקי אבות א ה
[115] תהלים קא ו
[116] בבא מציעא קז ב

וְנִלְמַד עוֹד מִפֶּרֶק זֶה, שֶׁאַל יַעֲלִים אָדָם עֵינָיו מִן הַצְּדָקָה, כִּי בַּעֲבוּר שֶׁלֹּא נָתַן הָרוּחַ לֶעָנִי הַנִּזְכָּר לְעֵיל אֵיזֶה דְּבַר מַאֲכָל, מֵת לְפָנָיו. וַעֲבוּר כֵּן נֶהֱרַג גַּם הוּא. וּבַעֲבוּר חֵטְא זֶה הֻכְרַח לָדוֹן בְּכַף הַקֶּלַע לְהֵעָשׂוֹת רוּחַ, כְּמוֹ שֶׁכָּתַבְתִּי לְעֵיל. עַל כֵּן יִהְיֶה לְכָל אִישׁ לֵב רַחֲמָן, וְיַכְנִיס לִבּוֹ וְעֵינָיו וּשְׁאָר אֵיבָרָיו בִּקְדֻשָּׁה, וְיִזְכֶּה לִרְאוֹת עַיִן בְּעַיִן פְּנֵי הַשְּׁכִינָה שָׁלֹשׁ פְּעָמִים בְּשָׁנָה, אָמֵן.

פרק מא

אִיתָא בְּ**סֵפֶר הֵיכָלוֹת** וְזֶה לְשׁוֹנוֹ - בְּרוּכִים אַתֶּם לַה' [תְּהִלִּים קטו, טו]. בְּרוּכִים אַתֶּם לִי, שָׁמַיִם וָאָרֶץ יוֹרְדֵי מֶרְכָּבָה. וְאִם תֹּאמְרוּ לִבְנֵי מַה שֶּׁאֲנִי עוֹשֶׂה לְיִשְׂרָאֵל כְּשֶׁאוֹמְרִים קְדֻשָּׁה, לַמְּדוּ אוֹתָם וְאִמְרוּ לָהֶם - שְׂאוּ לַמָּרוֹם עֵינֵיכֶם וּרְאוּ מַה שֶּׁאֲנִי עוֹשֶׂה לְיִשְׂרָאֵל כְּשֶׁאוֹמְרִים קְדֻשָּׁה. כִּי אֵין לִי הֲנָאָה בְּעוֹלָמִי, כְּאוֹתוֹ רֶגַע שֶׁעֵינֵיהֶם נְשׂוּאוֹת לִי, וְעֵינַי נְשׂוּאוֹת לָהֶם. וְהֶבֶל הַיּוֹצֵא מִפִּיהֶם עוֹלֶה לְפָנַי כְּרֵיחַ נִיחוֹחַ. וּבְאוֹתָהּ שָׁעָה אֲנִי מְנַשֵּׁק וּמְחַבֵּק דְּמוּת יַעֲקֹב, הַחֲקוּקָה בְּכִסֵּא הַכָּבוֹד. עַד כָּאן לְשׁוֹנוֹ.

רְאֵה כַּמָּה חִבָּתָן שֶׁל יִשְׂרָאֵל לַאֲבִיהֶם, וְאֵיךְ לֹא נַעֲבֹד אוֹתוֹ בְּאֵימָה וּבְיִרְאָה בְּכָל לֵב וָנֶפֶשׁ, אֶת אָבִינוּ שֶׁבַּשָּׁמַיִם, אֲשֶׁר הוּא רָחוֹק מֵרְשָׁעִים וְקָרוֹב לַצַּדִּיקִים לְכָל אֲשֶׁר יִקְרָאוּהוּ בֶּאֱמֶת. וְכָל הַיָּרֵא וְחָרֵד לִדְבַר ה', יְקַיֵּם מִדָּה הַכְּתוּבָה בְּכָאן, בִּכְדֵי שֶׁיָּבוֹא לְתַכְלִית הָאַהֲבָה וְיִזְכֶּה לָעוֹלָם הַבָּא בַּעֲבוֹדַת הַבּוֹרֵא. וְהוּא שֶׁיִּקַּח פְּנַאי לְעַצְמוֹ בְּכָל יוֹם לַחֲשֹׁב בְּמַחֲשַׁבְתּוֹ קְדֻשַּׁת הַבּוֹרֵא יִתְבָּרֵךְ, שֶׁהוּא גָּדוֹל מְאֹד, כְּמוֹ שֶׁסִּדֵּר הַפַּיְטָן - וּקְדֻשָּׁתְךָ בְּפִיהֶם. וְאָבִיתָה תְּהִלָּה מִבָּשָׂר וָדָם, מֵחָצִיר יָבֵשׁ, מִצֵּל עוֹבֵר, מֵעֲמוּסֵי בֶטֶן וְכוּ', וּמֵתִים בְּמִשְׁפָּט וְחַיִּים בְּרַחֲמִים, וּקְדֻשָּׁתְךָ בְּפִיהֶם. וְעַל יְדֵי הַמַּחֲשָׁבָה זוֹ יִתְלַהֵב לִבּוֹ לַעֲבוֹדַת הַקָּדוֹשׁ בָּרוּךְ הוּא, כַּמְבֹאָר בַּזֹּהַר, פָּרָשַׁת וַיַּקְהֵל, דִּכְשֶׁחוֹשֵׁב הָאָדָם לַעֲבוֹדַת הַבּוֹרֵא, אֲזַי מַחֲשָׁבָה הַהִיא סָלְקָא תְּחִלָּה עַל הַלֵּב, דְּהָנָה קִיּוּמָא וִיסוֹדָא דְּכָל גּוּפָא, וְאַחַר כָּךְ סָלְקַת הַהִיא מַחֲשָׁבָה טוֹבָה עַל שְׁאָר אֵבָרֵי הַגּוּף, וְאָז מַחֲשֶׁבֶת הַלֵּב וְאֵבָרֵי הַגּוּף מִתְחַבְּרִין כַּחֲדָא, וְאִנּוּן מְשַׁכִין עֲלַיְהוּ זְהוֹרָא דִּשְׁכִינְתָּא לְדַיְּרָא עִמְּהוֹן, וְהַהוּא בַּר נָשׁ אִיהוּ חוּלְקָא.

וְצָרִיךְ אוֹתוֹ הָאָדָם לְדַבֵּק בְּיִרְאַת ה', כִּי אַהֲבָה וְיִרְאָה תַּרְוַיְהוּ כַּחֲדָא אָזְלִין, כַּמְבֹאָר בַּאֲרִיכוּת בְּ**רֵאשִׁית חָכְמָה** וְכַמְבֹאָר בְּ**סֵפֶר חֲרֵדִים** עַל פָּסוּק [דְּבָרִים כח, נח] - לְיִרְאָה אֶת הַשֵּׁם הַנִּכְבָּד וְהַנּוֹרָא וּלְאַהֲבָה אוֹתוֹ. וּפֵרוּשׁ הַדָּבָר הוּא - כְּשֶׁמַּזְכִּיר אֶת ה', יִרְגַּז, וְיִזְדַּעְזַע כָּל גּוּפוֹ, וּכְשֶׁמְּבָרֵךְ אֵיזוֹ בְּרָכָה, יְבָרֵךְ בְּשָׂפָה בְּרוּרָה וּבְהַרְגָּשַׁת כָּל גּוּפוֹ, וְלֹא לִזְרֹק חַס וְשָׁלוֹם בְּרָכָה מִפִּיו בִּמְהִירוּת. כְּמוֹ שֶׁרָאִיתִי הָמוֹן עַם נִכְשָׁלִין בְּעָוֹן זֶה כְּשֶׁאוֹחֲזִין אֵיזֶה דְּבַר מַאֲכָל וּמַשְׁקֶה, שֶׁצָּרִיךְ הָאָדָם לְבָרֵךְ עָלָיו בִּרְכַּת הַנֶּהֱנִין, עִקַּר מְגַמָּתוֹ הוּא עַל הַמַּאֲכָל, וְחוֹשֵׁק לְהַשְׁלִיךְ הַמַּאֲכָל בְּפִיו בִּמְהִירוּת, וְהַבְּרָכָה אוֹמֵר בִּמְרוּצָה וּבִמְהִירוּת, בְּלִי שׁוּם דִּקְדּוּק כְּלָל. וְעָנְשׁוֹ גָּדוֹל מְאֹד. וּכְמוֹ שֶׁכָּתַבְתִּי לְעֵיל בַּפְּרָקִין, עַיֵּן שָׁם מַעֲשֶׂה בְּשֵׁם **סֵפֶר חֲסִידִים**. וּבִכְלָל הָעֹנֶשׁ זֶה הָאוֹמֵר שִׁירוֹת וּמִזְמוֹרִים וּפְסוּקֵי דְזִמְרָה בִּרְהִיטוּת, וּמַבְלִיעִים אוֹתִיּוֹת וְתֵבוֹת וְנִכְשָׁלִים בָּזֶה רֹב הָעוֹלָם.

וּבִפְרָט צְרִיכִים לְהַזְהִיר אֶת הַחַזָּנִים. עַל פִּי הָרֹב, הֵם מְדַקְדְּקִין בַּהֲרָמַת

קוֹלָם וְעַל הַנִּגּוּן, וְאֵין כַּוָּנָתָם כְּלָל אֶל הַתְּפִלָּה, רַק כַּוָּנָתָם הוּא לְהִתְפָּאֵר בְּקוֹלָם, וּמְקוֹם עִקַּר שִׁיר וָשֶׁבַח לְהַקָּדוֹשׁ בָּרוּךְ הוּא מַבְלִיעִין וְחוֹטְפִים. וּלְחַזָּנִים כָּאֵלּוּ אֵין תְּקוּמָה לֶעָתִיד, כִּי - יִפְרָ**ח**[117] כְּאֶרֶ**ז** בַּלְּבָנוֹ**ן** - סוֹפֵי תֵּבוֹת **חַזָּן**, לְהוֹרוֹת כִּי הַחַזָּנִים, הַמִּתְפַּלְּלִים לִפְנֵי הָעַמּוּד בְּכַוָּנָה שְׁלֵמָה, יִהְיוּ כְּאֶרֶז בַּלְּבָנוֹן יִשְׂגֶּה לֶעָתִיד. וְדַע, כִּי סוֹד חַזָּן הוּא כּוֹלֵל שְׁלֹשָׁה שֵׁמוֹת קְדוֹשִׁים. הוּא שֵׁם הֲוָיָ"ה וְשֵׁם אַדְנוּ"ת וְשֵׁם שַׁדַּ"י. כִּי חַזָּן בְּמִלּוּאוֹ הוּא חֵי"ת, זַיִ"ן, נוּ"ן - אוֹתִיּוֹת הָרִאשׁוֹנוֹת הֵם חַזָּן גִּימַטְרִיָּא שֵׁם אַדְנוּ"ת[118]. אוֹתִיּוֹת אֶמְצָעִיּוֹת הֵן גִּימַטְרִיָּא שֵׁם הֲוָיָ"ה[119]. אוֹתִיּוֹת אַחֲרוֹנוֹת הֵם גִּימַטְרִיָּא חֲמֵשׁ מֵאוֹת, שֶׁהוּא הַנֶּעְלָם שֶׁל שֵׁם שַׁדַּ"י[120] [א"ה – פֵּרוּשׁ, אוֹתִיּוֹת הַמִּלּוּי שִׁי"ן, דָּלֶ"ת, יוּ"ד].

עַל כֵּן רְאֵה כַּמָּה גָּדוֹל כֹּחַ שֶׁל חַזָּן, שֶׁהוּא כּוֹלֵל שְׁלֹשָׁה שֵׁמוֹת יַחַד יִחוּד גָּמוּר, מַה שֶּׁאֵין כֵּן כְּשֶׁחַזָּן הוּא קַל בְּדַעְתּוֹ, וְאֵינוֹ מְכַוֵּן לִבּוֹ לִתְפִלָּה בְּכַוָּנָה לְהוֹצִיא הַצִּבּוּר כָּרָאוּי, אֲזַי הוּא פּוֹגֵם בִּשְׁלֹשָׁה שֵׁמוֹת הַקְּדוֹשִׁים הַלָּלוּ, וְאָז הוּא מֵטִיל מוּם בַּקֳּדָשִׁים, כִּי תְּפִלָּה עַכְשָׁו בִּזְמַן הַזֶּה בִּמְקוֹם קָרְבָּן קָדוֹשׁ. וְזֶה סוֹד מָצָאתִי כָּתוּב בְּשֵׁם קַדְמוֹנֵינוּ, רַבּוֹתֵינוּ זִכְרוֹנָם לִבְרָכָה, כִּי פָּסוּק - שׁוּבִי[121] נַפְשִׁי לִמְנוּחָיְכִי כִּי ה' גָּמַל עָלָיְכִי וְכוּ'. - יֵשׁ שֵׁם גָּדוֹל הַנִּקְרָא מוּם[122], כַּנִּרְשָׁם לְיוֹדְעֵי חֵן, וְהַמְחַסֵּר יֶחְסַר לוֹ מְנוּחָה בָּעוֹלָם הַבָּא. וְכֵן - יוֹצֵר[123] מְשָׁרְתִים וַאֲשֶׁר מְשָׁרְתָיו, הוּא רָאשֵׁי תֵּבוֹת **מו"ם**. וְסִימָנְךָ - כִּי[124] מוּם בּוֹ - פִּגּוּל הוּא, לֹא יֵרָצֶה לְקָרְבָּן לַה', וּתְפִלָּה עַכְשָׁו בִּמְקוֹם קָרְבָּן, עַל כֵּן כָּל הַמַּבְלִיעִים בִּתְפִלָּתָן הֵן בִּכְלַל אֵלּוּ הַמְּטִילִין מוּם בַּקֳּדָשִׁים.

וְכֵן קָשֶׁה עֹנֶשׁ הַמַּפְסִיקִים בְּמָקוֹם שֶׁאֵין רַשַּׁאי לְהַפְסִיק, כִּדְאִיתָא בִּפְסִיקְתָּא - הַהוּא חֲסִידָא, פָּגַע בֵּיהּ אֵלִיָּהוּ זָכוּר לַטּוֹב, וַהֲוֵי טָעֵין בַּתְרֵיהּ שְׁלֹשׁ מֵאוֹת גְּמַלֵּי שֶׁל פֻּרְעָנוּת. אָמַר לֵיהּ - הָנֵי לְמָאן, אָמַר לֵיהּ – לְמָאן, לְמִשְׁתָּעֵי בֵּין **בָּרוּךְ שֶׁאָמַר** לְ**יִשְׁתַּבַּח**, וּבֵין **יִשְׁתַּבַּח** עַד תְּפִלַּת **שְׁמוֹנֶה עֶשְׂרֵה**, כִּי הָאִישׁ אֲשֶׁר יְדַבֵּר וּמַפְסִיק בִּתְפִלָּתוֹ, הוּא פּוֹגֵם בְּכֹחָן שֶׁל יִשְׂרָאֵל, שֶׁרוֹצִין לַעֲשׂוֹת כֶּתֶר וַעֲטָרָה בִּתְפִלָּתָן, וּמִכָּל שֶׁכֵּן עֹנֶשׁ גָּדוֹל מְאֹד מִי שֶׁמַּפְסִיק בִּתְפִלָּתוֹ וּמְדַבֵּר דִּבְרֵי לֵיצָנוּת, וּמְעָרֵב הַקְּלִפָּה בִּסְפִירוֹת קְדוֹשׁוֹת. וְאָדָם כָּזֶה נִרְאֶה, שֶׁאֵין יִרְאַת ה' בְּלִבּוֹ,

---

117 תהלים צב יג

118 אותיות הראשונות של מילוי חזן הוא **ח**י"ת **ז**י"ן **נ**ו"ן - גימטריא 65 אדנ"י.

119 אותיות אמצעיות של ומילוי חזן הוא ח**י**"ת ז**י**"ן נ**ו**"ן - גימטריא 26 הוי"ה.

120 אותיות סופיות של מילוי חזן הוא חי"**ת** זי"**ן** נו"**ן** - גימטריא 500 שהוא מילוי שם שד"י - שי"**ן** דל"**ת** יו"**ד**

121 תהלים קטז ז

122 שם קודש מע"ב שמות, והוא בגימטריא אלה"ים

123 מתוך ברכת יוצר אור דשחרית

124 על פי ויקרא כא יז

וְאֵין אַהֲבַת ה' חֲקוּקָה בְּלִבּוֹ, וְכָל מַה שֶּׁעוֹשֶׂה הוּא עַל פִּי הַהֶכְרֵחַ וּבְעַל כָּרְחוֹ, אוֹי לְנַפְשׁוֹ.

וּכְמוֹ כֵן כְּשֶׁאָדָם לוֹמֵד תּוֹרָה, צָרִיךְ לִלְמֹד בְּעִיּוּן רַב לְפִי שִׂכְלוֹ, וְלֹא בִּמְהִירוּת וְכַוָּנָתוֹ לְהִתְפָּאֵר, חַס וְשָׁלוֹם. הַלּוֹמֵד בְּעִנְיָן זֶה, וְאֵינוֹ מִתְכַּוֵּן לְכַוֵּן הֵיטֵב תּוֹךְ הַדָּבָר - אֲזַי עָנְשׁוֹ הוּא מְרֻבֶּה.

גַּם צָרִיךְ הָאָדָם לִרְאוֹת לְקַבֵּל תּוֹרָתוֹ מִכָּל אָדָם, אֲפִלּוּ מִתִּינוֹקוֹת קְטַנִּים, כִּדְמָצִינוּ כַּמָּה פְּעָמִים בַּזֹּהַר, וְעִקָּר בְּפָרָשַׁת וַיִּקְרָא בְּהַהוּא מַעֲשֶׂה - רַבִּי יְהוּדָה וְרַבִּי יִצְחָק הֲוֵי אָזְלֵי בְּאוֹרְחָא. עַד דַּהֲוֵי אָזְלֵי, פָּגְעֵי בְּהַהוּא יַנּוּקָא, וַהֲוֵי לָעֵי. אָמַר לְהוּ - הָבוּ לִי רִפְתָּא, דְּלָא אֲכִילְנָא יוֹמָא דֵּין, אַפִּיקוּ נַהֲמָא וִיהָבוּ לֵיהּ. אִתְרְחִישׁ נִיסָא וְאַשְׁכְּחוּ חַד נְבִיעוּ דְּמַיָּא תְּחוֹת אִילָנָא חֲדָא. שָׁתוּ מִנֵּיהּ. פָּתַח הַאי יַנּוּקָא - וַיִּקְרָא[125] אֶל מֹשֶׁה. אַמַּאי אִית אַלְפָא זְעִירָא, בְּגִין דַּהֲוֵי הַקְּרִיאָה בְּחוּץ לָאָרֶץ, בַּמִּדְבָּר, בְּאַרְעָא טְמֵאָה וְלָא בְּאַרְעָא קַדִּישָׁא, בְּגִין דִּשְׁלִימוּ לָא אִשְׁתַּכַּח. אָמַר רַבִּי יְהוּדָה - יָאוֹת הֲוֵי לְיַנּוּקָא, דְּלָא הֲוֵי יָדַע כְּלֵי הַאי, דְּמִסְתַּפֵּינָא עָלָיו, אִם יִתְקַיֵּם בְּעָלְמָא בְּגִין הִיא. אָמַר רַבִּי חִיָּא – לָמָּה, אָמַר לֵיהּ - דְּהָא יָכוֹל לְאִסְתַּכְּלָא בַּאֲתַר, דְּלֵית רְשׁוּת לְאִסְתַּכְּלָא וְכוּ', וּמִסְתְּפִינָא עֲלֵיהּ, דְּעַד דְּלָא יִמְטֵי לְפִרְקוֹי, יִסְתַּכֵּל וְיַעַנְשׁוּן לֵיהּ. וְשָׁמַע הַהוּא יַנּוּקָא. אָמַר - לָא מִסְתְּפִינָא מֵעוֹנְשִׁין לְעָלְמִין, דְּהָא בְּשַׁעְתָּא דְּאִסְתַּלַּק אַבָּא מֵעָלְמָא, צַלֵּי עָלַי, וְיָדַעְנָא דְּאַבָּא יָגֵן עָלַי. אָמַר לֵיהּ - מַאן אֲבוּךְ, אָמַר יַנּוּקָא - אֲנָא בְּרֵיהּ דְּרַב הַמְנוּנָא סָבָא. נָטְלוּ לֵיהּ וּנְשָׁקוּהוּ וְאַרְכִּיבוּ עַל כְּתֵפַיְהוּ תְּלַת מִילִין.

הֲרֵי לְךָ אַהֲבַת ה' וְאַהֲבַת הַתּוֹרָה, אַף שֶׁהָיוּ תַּנָּאִים גְּדוֹלִים, הָיוּ שׁוֹמְעִים מִקְּטַנִּים, וְהָיוּ מְכַבְּדִין לִקְטַנִּים, שֶׁהָיוּ בַּעֲלֵי תּוֹרָה. אַשְׁרֵיהֶם בָּעוֹלָם הַזֶּה, וְטוֹב לָהֶם בָּעוֹלָם הַבָּא.

---

[125] ויקרא א א

פרק מב

כְּתִיב - וּבַת[126] כֹּהֵן כִּי תִהְיֶה אַלְמָנָה וּגְרוּשָׁה וְזֶרַע אֵין לָהּ וְשָׁבָה אֶל בֵּית אָבִיהָ כִּנְעוּרֶיהָ מִלֶּחֶם אָבִיהָ תֹּאכֵל וְכָל זָר לֹא יֹאכַל בּוֹ. מִקְרָא זֶה נִדְרָשׁ בַּזֹּהַר, דִּמְרַמֵּז עַל הַנְּשָׁמָה, שֶׁנִּבְרֵאת לֵילֵךְ לְהַגּוּף לְתַקְּנָהּ וּלְקַשְּׁטָהּ בְּמַעֲשִׂים טוֹבִים, וּכְשֶׁהָאָדָם עוֹשֶׂה עֲבֵרָה וּפוֹגֵם אֶת נִשְׁמָתוֹ, אָז הַנְּשָׁמָה צוֹעֶקֶת אֶל ה' וְאוֹמֶרֶת - נְתָנַנִי[127] ה' בִּידֵי לֹא אוּכַל קוּם. וְהַקָּדוֹשׁ בָּרוּךְ הוּא שׁוֹמֵעַ צַעֲקָתָהּ וְאוֹמֵר לָהּ - נְשָׁמָה, בִּתִּי הַחֲבִיבָה, מְגֻדֶּלֶת אַתְּ הָיִית בְּאוֹר הַכָּבוֹד תַּחַת כִּסֵּא כְבוֹדִי וְנִקְרֵאת **בַּת חֲבִיבָה**, וְהוֹרַדְתִּיךְ אֲנִי לְגוּף הָאָדָם, וְהָיִיתִי סוֹבֵר לְהַעֲלוֹתֵךְ לְמַעֲלוֹת מַעְלָה מַעְלָה בְּמַעֲשֵׂה הָאָדָם הַטּוֹב, וְעַכְשָׁו שֶׁחָטָא הָאָדָם, הִיא יְרִידָה לָךְ, שֶׁיָּרַדְתְּ מֵאִגְרָא רָמָא לְבֵירָא עֲמִיקְתָּא, לְגוּף הָאָדָם, וְנִקְרָא הַנְּשָׁמָה עַכְשָׁו **גְּרוּשָׁה**, כִּי הַנְּשָׁמָה נִתְגָּרְשָׁה מִמְּקוֹמָהּ בְּעַל כָּרְחָהּ. וַה' יִתְבָּרַךְ שׁוֹמֵעַ צַעֲקָתָהּ וְנוֹטֵל הַנְּשָׁמָה מֵהַגּוּף וּמְצָרְפָהּ עַל יְדֵי דִּינִים. וְאַחַר כְּלוֹת הַצֵּרוּף וְהַדִּינִים הִיא מִתְעַנֶּגֶת וְאוֹכֶלֶת מֵעֹנֶג אָבִיהָ שֶׁבַּשָּׁמַיִם.

וְזֶה שֶׁאָמַר הַכָּתוּב - **וּבַת כֹּהֵן** שֶׁהִיא הַנְּשָׁמָה הַנִּקְרֵאת בַּת כֹּהֵן, **כִּי תִהְיֶה אַלְמָנָה וּגְרוּשָׁה** שֶׁמֵּת הָאָדָם, וְהַנְּשָׁמָה נִקְרֵאת גְּרוּשָׁה מֵהַגּוּף, וְזֶרַע אֵין לָהּ, רַחֲמָנָא לִצְּלַן אֵין לָהּ שׁוּם פְּרִי שֶׁל מִצְווֹת וּמַעֲשִׂים טוֹבִים, שֶׁלֹּא הוֹלִיד מַלְאָכִין קַדִּישִׁין, כִּי מִכָּל מִצְוָה שֶׁעָשָׂה הָאָדָם, נִבְרָא מַלְאָךְ אֶחָד מֵהַמִּצְוָה, וְשָׁבָה אֶל בֵּית אָבִיהָ אַחַר הַצֵּרוּף וְהַלִּבּוּן. אָמְנָם בִּתְרוּמַת הַקֳּדָשִׁים לֹא תֹאכַל כְּמוֹ שֶׁהָיְתָה אוֹכֶלֶת כְּבָר, לְפִי שֶׁנַּעֲשֵׂית זָרָה, וּכְתִיב - וְכָל[128] זָר לֹא יֹאכַל קֹדֶשׁ. כִּי אִם צַדִּיקִים וַחֲסִידִים עֲלֵיהֶן נֶאֱמַר - אִכְלוּ[129] רֵעִים שְׁתוּ וְשִׁכְרוּ דּוֹדִים.

וְעַל אַזְהָרָה זוֹ, שֶׁלֹּא לִדְחוֹת הַנְּשָׁמָה הַקְּדוֹשָׁה, כָּרוֹז יוֹצֵא בְּכָל יוֹם קָלָא מִן קָלָא נָחִית [כְּמוֹ שֶׁפֵּרְשׁוּ הַתּוֹסָפוֹת - בַּת קוֹל, שֶׁהוּא קוֹל יוֹצֵא מִן קוֹל אַחֵר, כְּמוֹ שֶׁקּוֹרִין בִּלְשׁוֹן אַשְׁכְּנַז - וִידֶר־קְלַאנְג] מֵעֵילָא לְתַתָּא, מְתַבֵּר טוּרִין. מָאן אִנּוּן דְּחַמְאָן וְלָא חַמְאָן, אַטִּימוּ אוּדְנִין, סְתִימִין עֵינִין, לָא חַמְאָן וְלָא שָׁמְעִין וְלָא יָדְעִין סָכְלְתָנוּתָא, הֵן אִנּוּן דְּדָחִין נִשְׁמְתָא קַדִּישָׁא מֵאַתְרְהָא, שֶׁלֹּא יִכְתְּבוּן יָתָהּ בְּסִפְרֵי דְחַיִּים, כְּמָאן דְּאַתְּ אָמַר - יִמָּחוּ[130] מִסֵּפֶר חַיִּים וְעִם צַדִּיקִים אַל יִכָּתֵבוּ. וַי לוֹן כַּד יִפְקוּן מֵהַאי עָלְמָא יִתְמַסְרוּן בִּידֵיהּ דְּדוּמָה וְיִתּוֹקְדוּן בְּנוּרָא.

עַל כֵּן כָּל הַיָּרֵא וְחָרֵד מִזֶּרַע יִשְׂרָאֵל יוֹם יוֹם, יַחֲשֹׁב עַל סוֹפוֹ, כִּי הוּא מִתְרַחֵק מֵהַחַיִּים וּמִתְקָרֵב אֶל הַמָּוֶת, וְכָל אָדָם יַחֲשֹׁב לְפִי שְׁנוֹתָיו כַּמָּה

---

126 ויקרא כב יג

127 איכה א יד

128 ויקרא כב י

129 שיר השירים ה א

130 תהלים סט כט

יְמֵי חַיָּיו, כִּי טִבְעוֹ שֶׁל אָדָם הוּא רַק שִׁבְעִים שָׁנָה, וְאַף אִם עֲדַיִן רַךְ הוּא בְּשָׁנִים, אֵין לָאָדָם שְׁטָר קָשׁוּר עַל מִסְפַּר יְמֵי חַיָּיו, וּפֶתַע פִּתְאֹם הַמָּוֶת רוֹדְפֵהוּ. וּרְאָיָה מֵהַגְּמָרָא דִּנְדָרִים - הָאוֹמֵר[131] לֹא אֶפָּטֵר מִן הָעוֹלָם עַד שֶׁאֶהְיֶה נָזִיר מֵהַהוּא רֶגַע הוּא אִתְפִּיס בְּנָזִיר דְּאָמְרִינַן כָּל שַׁעְתָּא וְשַׁעְתָּא דִּלְמָא מָיִת. וְעַל כֵּן אָמְרוּ רַבּוֹתֵינוּ זִכְרוֹנָם לִבְרָכָה - שׁוּב[132] יוֹם אֶחָד לִפְנֵי מוֹתְךָ. וְנִמְצָא כָּל יָמֶיךָ בִּתְשׁוּבָה, וְעִקָּר וּמָקוֹר, שֶׁיִּהְיֶה רָשׁוּם לִפְנֵי כָּל אָדָם דְּבָרִים הַמְעַכְּבִים אֶת הַתְּשׁוּבָה, וְכָל הַמְעַיֵּן בָּהֶם בְּכָל יוֹם אֲנִי בָטוּחַ בּוֹ, שֶׁבְּוַדַּאי אֵינוֹ נִכְשָׁל, וְהִנֵּה אַצִּיג לְךָ פֶּרֶק בִּפְנֵי עַצְמוֹ, עֶשְׂרִים וְאַרְבָּעָה דְּבָרִים הֵן הַמְעַכְּבִים הַתְּשׁוּבָה. שׁוֹמֵר נַפְשׁוֹ יִרְחַק מֵהֶן, וְאָז טוֹב לוֹ יִהְיֶה סֶלָה.

---

[131] תוספות נדרים ג ב

[132] משנה אבות ב י

פרק מג

אֵלּוּ הֵן עֶשְׂרִים וְאַרְבָּעָה דְּבָרִים הַמְעַכְּבִים אֶת הַתְּשׁוּבָה: **א.** לְשׁוֹן הָרָע וּרְכִילוּת. **ב.** רֹגֶז. **ג.** בַּעַל מַחֲשָׁבוֹת רָעוֹת. **ד.** הַמִּתְחַבֵּר לָרָשָׁע. **ה.** הָרָגִיל בִּסְעוּדָה שֶׁאֵינָהּ מְסַפֶּקֶת לִבְעָלֶיהָ. **ו.** הַמִּסְתַּכֵּל בָּעֲרָיוֹת. **ז.** הַחוֹלֵק עִם גַּנָּב. **ח.** הָאוֹמֵר אֶחֱטָא וְאָשׁוּב. **ט.** אוֹ הָאוֹמֵר אֶחֱטָא וְיוֹם כִּפּוּרִים הוּא מְכַפֵּר. **י.** הַמְבַזֶּה תַּלְמִידֵי חֲכָמִים. **יא.** הַמְקַלֵּל לָרַבִּים. **יב.** הַמּוֹנֵעַ רַבִּים אוֹ יָחִיד לַעֲשׂוֹת מִצְוָה. **יג.** וְהַמַּטֶּה אֶת חֲבֵרוֹ מִדְּבַר מִצְוָה לִדְבַר עֲבֵרָה. **יד.** הַמִּשְׁתַּמֵּשׁ בַּעֲבוֹטוֹ שֶׁל עָנִי. **טו.** הַמְקַבֵּל שֹׁחַד. **טז.** הַמּוֹצֵא אֲבֵדָה וְאֵינוֹ מַכְרִיז עָלֶיהָ לְהַחֲזִירָהּ. **יז.** וּמִי שֶׁבָּנָיו יוֹצְאִין לְתַרְבּוּת רָעָה וְאֵין מוֹחֶה בְּיָדָן. **יח.** הַפּוֹרֵשׁ עַצְמוֹ מִן הַצִּבּוּר. **יט.** הַמִּתְכַּבֵּד בִּקְלוֹן חֲבֵרוֹ. **כ.** חוֹשֵׁד בִּכְשֵׁרִים. **כא.** הַשּׂוֹנֵא תּוֹכָחוֹת. **כב.** הַמַּלְעִיג עַל דִּבְרֵי חֲכָמִים. **כג.** הַמַּלְעִיג עַל הַמִּצְווֹת. **כד.** וּמִנְהַג חֲסִידִים.

הֵא לְךָ עֶשְׂרִים וְאַרְבָּעָה דְּבָרִים, שֶׁאָדָם צָרִיךְ לִזָּהֵר בָּהֶם. וְכָל יְרֵא שָׁמַיִם בְּיָדוֹ לְהַעְתִּיק אוֹתָם רָשׁוּם בִּכְתַב אֱמֶת, וּלְהַנִּיחַ בְּסִדּוּר תְּפִלָּה שֶׁלּוֹ לִהְיוֹת עֵינָיו מְשׁוֹטְטוֹת בָּהֶם בְּכָל יוֹם פַּעֲמַיִם, עֶרֶב וָבֹקֶר וְלֹא יִהְיֶה נִכְשָׁל בָּהֶם.

וְהִנֵּה בִּכְלַל עֶשְׂרִים וְאַרְבָּעָה דְּבָרִים הַנִּזְכָּרִים יֵשׁ הַרְבֵּה אַזְהָרוֹת, כְּמוֹ שֶׁאֲבָאֵר מִקְצָת מֵהֶן בְּעֶזְרַת ה'. בִּכְלַל רְכִילוּת הוּא - שֶׁלֹּא יֹאמַר הַדַּיָּן לְאֶחָד מִבַּעֲלֵי בָּתִּים, שֶׁיֵּשׁ לָהֶם אֵיזֶה מִשְׁפָּט, מָה אֶעֱשֶׂה, הָיִיתִי רוֹצֶה לְזַכּוֹת אוֹתְךָ, אַךְ חֲבֵרַי רַבּוּ עָלַי. גַּם לֹא יֹאמַר אֶחָד מִן הַשּׁוּק, שֶׁסִּפֵּר לְפָנָיו הַפְּסַק דִּין, לֵאמֹר הַדַּיָּנִים עָשׂוּ שֶׁלֹּא כַּדִּין. וְאַף אִם נִרְאֶה לוֹ שֶׁלֹּא דָּנוּ הֵיטֵב, לֹא יֹאמַר כָּךְ, דְּמִסְתָמָא בֵּית דִּין עוֹשֶׂה כַּדִּין, כִּי אֵין לַדַּיָּן, אֶלָּא מַה שֶּׁעֵינָיו רוֹאוֹת.

בִּכְלַל לְשׁוֹן הָרָע - יֵשׁ כַּמָּה דְּבָרִים, וְהֵן מְבֹאָרִים בְּכָל סִפְרֵי מוּסָר. אָמְנָם זֶה הַכְּלָל נְקֹט בְּיָדְךָ שֶׁתָּדִין כָּל אָדָם לְכַף זְכוּת, אַף לְשָׂנוּא.

בִּכְלַל בַּעַל חֵמָה הוּא - מִי שֶׁהוּא אַכְזָר, וְאֵינוֹ שׁוֹמֵעַ זַעֲקַת דַּלִּים, וְאֵינוֹ דָּן לְכַף זְכוּת, נוֹקֵם וְנוֹטֵר, בַּעַל מְרִיבָה, בַּעַל הֶעָזָה, וְאֵינוֹ בּוֹשׁ מִבְּנֵי אָדָם, מוֹצִיא תָּמִיד קְלָלָה מִפִּיו, מֵטִיל אֵימָה יְתֵרָה בְּתוֹךְ בֵּיתוֹ, אֵינוֹ מִתְנַהֵג בְּנַחַת עִם הַבְּרִיּוֹת, בַּעַל מַחֲשָׁבוֹת רָעוֹת, יוֹעֵץ שֶׁלֹּא לְשֵׁם שָׁמַיִם, קוֹשֵׁר קְשָׁרִים וּקְנוּנְיוֹת, מַחֲזִיק בַּמַּחֲלֹקֶת, מַחֲזִיק יְדֵי בַּעֲלֵי מַחֲלוֹקוֹת, רוֹאֶה עוֹשֵׂי עַוְלָה וְאֵינוֹ מוֹחֶה בְּיָדָם, נוֹתֵן יָד לַפּוֹשְׁעִים.

בִּכְלַל הָרָגִיל בִּסְעוּדָה שֶׁאֵינָהּ מְסַפֶּקֶת לִבְעָלֶיהָ - הַנּוֹטֵל צְדָקָה, וְאֵינוֹ צָרִיךְ לִטֹּל.

בִּכְלַל הַמִּסְתַּכֵּל בָּעֲרָיוֹת וּבְנָשִׁים הוּא - הַמִּסְתַּכֵּל בַּעֲבוֹדָה זָרָה וּבִשְׂחוֹק, שֶׁשְּׂמֵחִים בּוֹ אֻמּוֹת הָעוֹלָם.

בִּכְלַל הַחוֹלֵק עִם הַגַּנָּב הוּא - הַקּוֹנֶה גְּנֵבוֹת וּגְזֵלוֹת.

בִּכְלַל הָאוֹמֵר **אֶחֱטָא וְאָשׁוּב** הוּא הָאוֹמֵר - יֵשׁ לִי עוֹד זְמַן לֵילֵךְ בְּדֶרֶךְ הַצַּדִּיקִים, עֲדַיִן אֲנִי רַךְ בְּשָׁנִים. וּבִכְלַל זֶה הָאוֹמֵר הָאַזְהָרוֹת וּפְרִישׁוּת אֵינָם כִּי אִם עַל גְּדוֹלֵי חִקְרֵי לֵב, וַאֲנִי אֵינִי מֵאוֹתוֹ כַּת הוּא מַפְרִיד עַצְמוֹ בְּמֵזִיד מֵהַקְּדֻשָּׁה הָעֶלְיוֹנָה.

בִּכְלַל הַמְבַזֶּה תַּלְמִידֵי חֲכָמִים הוּא - הַשּׁוֹמֵעַ בִּזָּיוֹן תַּלְמִידֵי חֲכָמִים, אֲפִלּוּ שֶׁלֹּא בִּפְנֵיהֶם, וְשׁוֹתֵק. וּבַאֲשֶׁר שֶׁהַדּוֹר הַזֶּה הוּא פָּרוּץ לְבַזּוֹת לוֹמְדִים וְתַלְמִידֵי חֲכָמִים, וַעֲנָשִׁים הֵמָּה מְרֻבִּים, וְכָאן קָצְרָה הַיְרִיעָה, וּלְקַמָּן בִּפְרָקִים נַרְחִיב בָּזֶה.

בִּכְלַל הַמְקַלֵּל הָרַבִּים הוּא - הַקּוֹרֵא תִּגָּר עַל יִשְׂרָאֵל, דְּהַיְנוּ שֶׁמְּדַבֵּר רָעוֹת עַל קָהָל וְעֵדָה וּמְהַפֵּךְ עִנְיַן זְכוּת לְחוֹבָה, וְחוֹבָה לִזְכוּת, וְהַפּוֹתֵחַ אֶת פִּיו בִּקְלָלוֹת לְעוֹרֵר דִּין עַל רַבִּים, וְעָנְשׁוֹ הוּא מְרֻבֶּה. וּרְאָיָה - מִי לָנוּ גָּדוֹל מֵאֵלִיָּהוּ הַנָּבִיא, זָכוּר לַטּוֹב, וִישַׁעְיָהוּ הַנָּבִיא, שֶׁקִּבְּלוּ עָנְשָׁם, בַּאֲשֶׁר דִּבְּרוּ סָרָה עַל יִשְׂרָאֵל, וְכֵן רַבִּים מֵהַנְּבִיאִים נֶעֶנְשׁוּ שֶׁלֹּא דִּבְּרוּ טוֹב עַל יִשְׂרָאֵל, וְלֹא הִתְפַּלְּלוּ עַל יִשְׂרָאֵל לְהָלִיץ בַּעֲדָם. וּבִכְלַל זֶה יִהְיוּ נִזְהָרִים הַמּוֹכִיחִים שֶׁבָּאִים לְהוֹכִיחַ אֶת יִשְׂרָאֵל. צָרִיךְ מְאֹד הִתְבּוֹנְנוּת וּמְתִינוּת לְדַבֵּר בִּלְשׁוֹן צַחוּת וּבְלָשׁוֹן נְקִיָּה בְּכָבוֹד, שֶׁלֹּא לְעוֹרֵר דִּין, חַס וְשָׁלוֹם, עַל עַם קֹדֶשׁ. וְיִהְיֶה הַדִּין רוֹפֵס וּמְטַפֵּס עַל נָקִי וְעַל שֶׁאֵינוֹ נָקִי, וְיִגְרֹם הֶפְסֵד וְנֶזֶק, חַס וְשָׁלוֹם. עַל כֵּן צָרִיךְ הָאָדָם אַף הַמּוֹכִיחַ לְהִזָּהֵר שֶׁלֹּא לְבַיֵּשׁ אֶת עוֹבְרֵי עֲבֵרָה, וְשֶׁלֹּא תָּזוּחַ דַּעְתּוֹ עָלָיו בִּשְׁעַת הַתּוֹכָחָה, כִּי אָז, חַס וְשָׁלוֹם, מַכְנִיס הַקְּלִפָּה בְּעִנְיַן הַתּוֹכָחָה, וּדְבָרָיו אֵינָם עוֹשִׂין פְּעֻלּוֹת, וְאֵין דְּבָרִים נִשְׁמָעִין, וְאַדְּרַבָּה הוּא מְקַלְקֵל הָעוֹלָם וְגוֹרֵם רָעָה לְעַצְמוֹ וְלַאֲחֵרִים. וְאַף בְּכָל דָּבָר שֶׁבִּקְדֻשָּׁה אִם הַגַּאֲוָה קוֹדֶמֶת לָהּ, מְעַרְבְּבִים הַקְּלִפָּה אֶל הַקְּדֻשָּׁה. וְרַבִּים הָיוּ מִתְפַּלְּלִים תְּפִלָּה קְצָרָה, שֶׁלֹּא תָּזוּחַ דַּעְתָּם, וְלֹא יִהְיֶה רָמוּת רוּחַ בְּקִרְבָּם.

וְהִנֵּה הָרְפוּאָה לְבִלְתִּי לְהִכָּשֵׁל בְּנִדְנוּד יֻהֲרָה, עַל יְדֵי לִמּוּד הַתּוֹרָה שֶׁמְּחַדֵּשׁ בָּרַבִּים. בְּהָשִׂים אֶל לִבּוֹ, כִּי אַף שֶׁהוּא גָּדוֹל בְּדוֹרוֹ לְאֵין שִׁעוּר, עִם כָּל זֶה אֵינוֹ בְּעֵרֶךְ רַבִּי שִׁמְעוֹן בֶּן יוֹחַאי, וְאַף עַל פִּי כֵן הָיָה עָנָו מְאֹד, כַּמְבֹאָר בְּזֹהַר שְׁמוֹת - רַבִּי חִיָּא הֲוֵי אָזִיל לְגַבֵּי מָארֵי דְּמַתְנִיתִין לְמֵילַף מִנַּיְהוּ. אָזִיל לְגַבֵּי רַבִּי שִׁמְעוֹן בֶּן יוֹחַאי וְחָמָא פַּרְגּוֹד חַד, דַּהֲוֵי פָּסִיק בְּבֵיתֵיהּ. תָּוָה רַבִּי חִיָּא. אָמַר - אֶשְׁמַע מִלָּה מִפּוּמֵיהּ מֵהָכָא. שָׁמַע דַּהֲוֵי אָמַר [שִׁיר הַשִּׁירִים ח, יד] - בְּרַח דּוֹדִי וּדְמֵה לְךָ לִצְבִי וְגוֹ'. אָמַר רַבִּי שִׁמְעוֹן - אֵין חַיָּה בָּעוֹלָם הָעוֹשָׂה כְּמוֹ הַצְּבִי, בִּזְמַן שֶׁהוּא בּוֹרֵחַ, הוֹלֵךְ מְעַט וּמַחֲזִיר רֹאשׁוֹ לַמָּקוֹם שֶׁיָּצָא מִשָּׁם, וּלְעוֹלָם תָּמִיד הוּא מַחֲזִיר אֶת רֹאשׁוֹ לַאֲחוֹרָיו. כָּךְ אָמְרוּ יִשְׂרָאֵל - רִבּוֹנוֹ שֶׁל עוֹלָם, אִם גּוֹרְמִין שֶׁתִּסְתַּלֵּק מִבֵּינֵינוּ - יְהִי רָצוֹן, שֶׁתִּבְרַח כְּמוֹ הַצְּבִי, וְתִסְתַּכֵּל בָּנוּ תָּמִיד לַמָּקוֹם שֶׁהִנַּחְתָּ אוֹתָנוּ, וְכֵן עוֹשָׂה הַחַיָּה, הַנִּקְרֵאת עֹפֶר הָאַיָּלִים. וְלָכֵן אָמַר שְׁלֹמֹה [שִׁיר הַשִּׁירִים ב, ט] - דּוֹמֶה דוֹדִי לִצְבִי אוֹ

לֶעֹפֶר הָאַיָּלִים. וְזֶהוּ דִּכְתִיב [וַיִּקְרָא כו, מד] - וְאַף גַּם זֹאת בִּהְיוֹתָם בְּאֶרֶץ אוֹיְבֵיהֶם, לֹא מְאַסְתִּים וְלֹא גְעַלְתִּים לְכַלּוֹתָם וְכוּ'.

שָׁמַע רַבִּי חִיָּא וְאָמַר - עִלָּאֵי עָסְקִין בְּבֵיתָא, וַאֲנָא יָתִיב אַבְּרָאֵי וּבָכָה. שָׁמַע רַבִּי שִׁמְעוֹן בֶּן יוֹחַאי, אָמַר - וַדַּאי שְׁכִינְתָּא לְבַר. מַאן יִפּוֹק, אָמַר רַבִּי אֶלְעָזָר בְּרֵיהּ כוּ', לִיעוּל שְׁכִינְתָּא וְתֶהֱוֵי חֶדְוָה שְׁלֵמָא, שָׁמַע רַבִּי אֶלְעָזָר קָלָא דְּאָמַר - עַד לָא סְמִיכָן אִסְתְּמִכוּ [פֵּרוּשׁ - עַמּוּדִים] עֲדַיִן לֹא נִגְלְלוּ הֵיטֵב, וְתַרְעִין לֹא אִתְקְנוּ לִמְפַתֵּחַ שֶׁיָּבוֹא בָּהֶם רַבִּי חִיָּא וּמְעַטֵּר בְּבֻסְמַיָּא דְּעֵדֶן. לָא נָפִיק רַבִּי אֶלְעָזָר.

וְרַבִּי חִיָּא יָתִיב וּבָכֵי וְאִתְגְּנַח. פָּתַח וְאָמַר [שִׁיר הַשִּׁירִים ב, יז] - סֹב דְּמֵה לְךָ דוֹדִי לִצְבִי אוֹ לְעֹפֶר הָאַיָּלִים. אִתְפְּתַח תַּרְעָא דִּפַרְגּוֹדָא, וְאַף עַל פִּי כֵן לֹא עָיֵל רַבִּי חִיָּא, שֶׁהָיָה יָרֵא לִכָּנֵס בְּלֹא רְשׁוּת. זָקִיף רַבִּי שִׁמְעוֹן עֵינָיו וְאָמַר - שֶׁמָּא אִתְיְהַב רְשׁוּת לְמַאן דְּאִיהוּ אַבְּרָאֵי שֶׁיִּכָּנֵס, קָם רַבִּי שִׁמְעוֹן בֶּן יוֹחַאי וְאָזִיל לְרַבִּי חִיָּא. אָזִיל אֶשָּׁא מִדּוּכְתֵּיהּ דְּרַבִּי שִׁמְעוֹן בֶּן יוֹחַאי עַד דּוּכְתֵּיהּ דְּרַבִּי חִיָּא. אָמַר רַבִּי שִׁמְעוֹן בֶּן יוֹחַאי - קוֹזְדִיפָא דִּנְהוֹרָא דְּקַלְטְרָא לְבַר, וַאֲנָא הָכָא [פֵּרוּשׁ - נִיצוֹץ פַּטִּישׁ יִהְיֶה בַּחוּץ, וּמֵאִיר וְלֹא יִיעוּל] אִתְאַלַּם פּוּמֵיהּ דְּרַבִּי חִיָּא. כֵּיוָן דְּעָאל לְגוֹ, מָאִיךְ עֵינוֹי, וְלָא זָקִיף רֵישֵׁיהּ. אָמַר רַבִּי שִׁמְעוֹן בֶּן יוֹחַאי לְרַבִּי אֶלְעָזָר בְּרֵיהּ - קוּם הַעֲבֵר יָדָךְ אַפּוּמֵיהּ, דְּלָא רָגִיל בְּהַאי, קָם רַבִּי אֶלְעָזָר וְהֶעֱבִיר יָדוֹ אַפּוּמֵיהּ דְּרַבִּי חִיָּא וְאָמַר - חָמָא עֵינַי דְּלָא חֲזֵינָא. וְהָיוּ יוֹשְׁבִים, וְהָיוּ אֵשׁ וּשְׁבִיבִין דִּנוּרָא מִסְּבִיבָן, וְאֶלֶף אַלְפִין רִבּוֹא רְבָבוֹת כִּתּוֹת מַלְאֲכֵי אֵשׁ סְבִיבָן, וּמְאתָן וּשְׁתִּין עָלְמִין מִזְדַּעְזְעִים, וּמִלִּין נַפְקִין מִפּוּמֵיהּ דְּרַבִּי שִׁמְעוֹן בֶּן יוֹחַאי. וְהָיוּ הָעֶלְיוֹנִים תַּוְהִן וְאָמְרִין - הָדֵין הוּא רַבִּי שִׁמְעוֹן בֶּן יוֹחַאי, דְּמַרְעִישׁ כֻּלֵּהּ עָלְמִין, מַאן יָכוֹל לְמֵיקוּם קַמֵּיהּ, דֵּין הוּא רַבִּי שִׁמְעוֹן בֶּן יוֹחַאי, דִּבְשַׁעְתָּא דְּפָתַח פּוּמֵיהּ לְמִלְעֵי בְּאוֹרַיְתָא, צַיְתִין לְקָלֵי כָּל כֻּרְסִין. וְכָל רְקִיעִין וְכָל צְבָא מַעְלָה, הָאוֹמְרִים שִׁירוֹת וְתִשְׁבָּחוֹת לְהַקָּדוֹשׁ בָּרוּךְ הוּא, כֻּלָּם שׁוֹתְקִין מֵאֵין שׁוֹמֵעַ קוֹלָם, וְלֹא נִשְׁמַע שׁוּם פִּתְחוֹן פֶּה מִשּׁוּם מַלְאָךְ וְשָׂרָף וְאוֹפַן וּכְרוּב בָּעוֹלָמוֹת הָעֶלְיוֹנִים כְּדֵי לִשְׁמֹעַ קוֹלוֹ שֶׁל רַבִּי שִׁמְעוֹן בֶּן יוֹחַאי. וְכַד מְסַיֵּם מִלֵּי דְּאוֹרַיְתָא, אֲזַי פּוֹתְחִין הַמַּלְאָכִים עִם כָּל צְבָא מַעְלָה לוֹמַר שִׁירוֹת וְתִשְׁבָּחוֹת וְרֹב שִׂמְחָה לְהַקָּדוֹשׁ בָּרוּךְ הוּא, עַל שֶׁבָּרָא נְשָׁמָה קַדִּישָׁא וּטְהוֹרָה כְּמוֹ נִשְׁמַת רַבִּי שִׁמְעוֹן בֶּן יוֹחַאי, וְהַשְּׁעָרִים נִפְתָּחִים עִם כָּל הַחַלּוֹנוֹת שֶׁל כָּל חַדְרֵי גַּן עֵדֶן, וְסַלְקִין רֵיחִין וּבֻסְמִין, וְכָל דָּא הוּא בִּשְׁבִיל כְּבוֹד רַבִּי שִׁמְעוֹן בֶּן יוֹחַאי, וְאַף עַל פִּי כֵן הָלַךְ רַבִּי שִׁמְעוֹן בֶּן יוֹחַאי לְגַבֵּיהּ דְּרַבִּי חִיָּא, וְלֹא נִתְגָּאָה. וְאֵיךְ יִתְגָּאֶה הָאָדָם בַּדּוֹרוֹת הָאֵלּוּ, וּכְבָר נִתְבָּאֵר לְעֵיל, שֶׁצָּרִיךְ הָאָדָם לְהִתְפַּלֵּל בְּכָל יוֹם עַל מִדַּת הָעֲנָוָה, וּבְוַדַּאי - לֵב[133] נִשְׁבָּר וְנִדְכֶּה אֱלֹהִ"ם לֹא תִבְזֶה.

---

[133] תהלים נא יט

הַמּוֹנֵעַ רַבִּים מִלַּעֲשׂוֹת תְּשׁוּבָה אוֹ לַעֲשׂוֹת מִצְוָה פֵּרוּשׁ הַדָּבָר - חֲבוּרָה שֶׁל יְחִידֵי סְגֻלָּה, שֶׁנָּדְבוּ לִבָּם לַעֲשׂוֹת דְּבַר קְדֻשָּׁה אוֹ לִתֵּן צְדָקָה, וְאִישׁ אֶחָד בֵּינֵיהֶם, אֲשֶׁר לְבָבוֹ פּוֹנֶה לַעֲשׂוֹת רַק רַע כָּל הַיּוֹם, וְאֵין חָס עַל כְּבוֹד קוֹנוֹ מֵחֲמַת הַגַּאֲוָה שֶׁלּוֹ. וְזֶהוּ מַעֲשֵׂה הַשָּׂטָן מַצְלִיחַ בְּיָדוֹ וּמְעַכֵּב אֶת חֲבֵרוֹ מִמִּצְוָה. אוֹי לוֹ וּלְנִשְׁמָתוֹ, וְעַל אָדָם כָּזֶה אָמְרוּ חַכְמֵי הַמּוּסָר, שֶׁאִישׁ כָּזֶה הוּא דּוֹמֶה לְאִישׁ בְּלִיַּעַל מִן הַשּׁוֹדְדִים וְגַזְלָנִים, הַיּוֹדְעִין אָרְחַת בְּנֵי הַמְּדִינָה, הַבָּאִים אֶל הַמֶּלֶךְ, וּבְיָדָם מַתָּנוֹת לַהֲבִיאָם אֶל הַמֶּלֶךְ, וְהַגַּזְלָנִין עוֹמְדִין שָׁם וּמְקַפְּחִין וְגוֹזְלִים אֶת הַמַּתָּנוֹת מִיַּד הָאֲנָשִׁים, וְהַמֶּלֶךְ נֶחְסַר זְמַן רַב מֵאֵלּוּ הַמַּתָּנוֹת מִיַּד הָאֲנָשִׁים. וְהַמֶּלֶךְ חָקַר וְדָרַשׁ עַל זֶה, וַיְבֻקַּשׁ הַדָּבָר וַיִּמָּצֵא, וְצִוָּה הַמֶּלֶךְ לְיַסֵּר גַּזְלָנִים בְּיִסּוּרִים קָשִׁים וּמָרִים עַל אֲשֶׁר מָנְעוּ כְּבוֹד הַמֶּלֶךְ בְּרִשְׁעוּתָם.

כֵּן הוּא הָאִישׁ, הַמּוֹנֵעַ מִלַּעֲשׂוֹת מִצְוָה וְדָבָר שֶׁבִּקְדֻשָּׁה. מִי יוּכַל לְסַפֵּר גֹּדֶל עָנְשׁוֹ, וּבִכְלַל זֶה הוּא בְּעֹנֶשׁ - לֹא[134] יִתֵּן הוּא וְלֹא יִתְּנוּ אֲחֵרִים - **הֲרֵי זֶה רָשָׁע**. עַל כֵּן צְרִיכִין הַמַּנְהִיגִים לִזָּהֵר, שֶׁלֹּא יִהְיוּ מוֹנְעִים אֶת הַיְחִידִים מִלַּעֲשׂוֹת אֵיזֶה דְּבַר מִצְוָה. וּבִכְלָל הַזֶּה הוּא עֹנֶשׁ הַמַּטֶּה אֶת חֲבֵרוֹ לִדְבַר עֲבֵרָה. וְעַל פִּי הָרֹב הֵם אֲנָשִׁים, אֲשֶׁר לְהוּטִים אַחַר גְּרוֹנָם, וּמֵחֲמַת הַלְּגִימָה, שֶׁאוֹכְלִים וְשׁוֹתִים אֵצֶל הָאִישׁ אַכְזָר, נוֹתְנִין מָקוֹם לִדְבָרָיו. וַעֲלֵיהֶם אָמַר הַנָּבִיא - הוֹי[135] הָאֹמְרִים לָרַע טוֹב וְלַטּוֹב רָע שָׂמִים חֹשֶׁךְ לְאוֹר וְאוֹר לְחֹשֶׁךְ שָׂמִים מַר לְמָתוֹק וּמָתוֹק לְמָר. וּבְלִבָּם יוֹדְעִים הָאֱמֶת, שֶׁכָּל מַעֲשָׂיו הֵם מִצַּד הַקְּלִפּוֹת, וְכָל דְּבָרָיו הֵם דִּבְרֵי בְּלִיַּעַל, וְכָל מַעֲשָׂיו הֵם נְקִימוֹת וּנְטִירוֹת, גְּזֵלוֹת וְעַוְלוֹת, שָׁוְא וָשֶׁקֶר, שֶׁקֶץ וְגִלּוּלִים. וְאֵינָם יוֹדְעִים - כִּי[136] עַל כָּל אֵלֶּה אֱלֹהִי"ם יָבוֹא בְמִשְׁפָּט. וְהַשּׁוֹטִים הַלָּלוּ נוֹתְנִים לְאִישׁ אַכְזָרִי פְּאֵר וּתְהִלָּה וְאוֹמְרִים שִׁבְחוֹ בְּפָנָיו, שֶׁהוּא חָכָם גָּדוֹל, וְחוֹלְקִים לוֹ שְׁאָר מַעֲלוֹת טוֹבוֹת. וְכָל זֶה הוּא מֵחֲמַת הַחֲנֻפָּה, שֶׁהֵן לְהוּטִים אַחַר גְּרוֹנָם, שֶׁאוֹכְלִים לִפְעָמִים אֵצֶל אִישׁ אַכְזָרִי, אֲבָל אֵין יוֹדְעִים הַסּוֹף הַדָּבָר שֶׁל הָאֲנָשִׁים הָאֵלּוּ, אֲשֶׁר מָזוֹן זֶה שֶׁאוֹכְלִים אֵצֶל אִישׁ אַכְזָר, הוּא מָלֵא חֲרָבוֹת וְכִידוֹנִים, נְגָעִים וּפְצָעִים, אֲבַעְבּוּעוֹת וּמַכָּה טְרִיָּה, וּמָלֵא צַעַר מֻכְרָחִים לִסְבֹּל בִּשְׁבִיל זֶה שֶׁאוֹכֵל מַאֲכַל לֶחֶם רַע עַיִן, כַּמְבֹאָר בִּפְרָקִים לְעֵיל, עַיֵּן שָׁם. וְיָבוֹא עָלָיו מַכָּה אֶל מַכָּה נֹגֶשֶׁת, וְהֹוָה עַל הֹוָה, וְכָשַׁל הָעוֹזֵר וְנָפַל הֶעָזוּר.

עַל כֵּן יִרְאֶה הָאָדָם לִהְיוֹת בְּעֶזְרַת ה' בַּגִּבּוֹרִים נְדִיב לֵב וְאַמִּיץ כֹּחַ לְבַעֲלֵי מִצְוָה, וּבִפְרָט לְבַעֲלֵי צְדָקָה, וְגָדוֹל הַמְּעַשֶּׂה יוֹתֵר מֵהָעוֹשֶׂה. וְאָז טוֹב לוֹ יִהְיֶה סֶלָה.

134 משנה אבות ה יג

135 ישעיהו ה כ

136 קהלת יב יד

פרק מד

הַמִּשְׁתַּמֵּשׁ בַּעֲבוֹטוֹ שֶׁל חֲבֵרוֹ הֶעָנִי - גָּדוֹל עָנְשׁוֹ, כִּי הֶעָשִׁיר יוּכַל לְדַבֵּר בַּעֲדוֹ וְלִמְחוֹת לַמַּלְוֶה, מַה שֶּׁאֵין כֵּן הֶעָנִי - עַל הָרֹב רוֹאֶה וְשׁוֹמֵעַ חֶסְרוֹנוֹ, וְאֵין בִּיכָלְתּוֹ כָּל כָּךְ לַעֲמֹד נֶגֶד הַמַּלְוֶה, כִּי הַמַּלְוֶה הוּא בָּטוּחַ, שֶׁאֵין הֶעָנִי פּוֹתֵחַ פִּיו נֶגְדוֹ, וְהוּא עָוֹן פְּלִילִי. וּמִכְּלָל זֶה הוּא הַמִּתְגָּאֶה עַל הֶעָנִי וּמְדַבֵּר לוֹ קָשׁוֹת, מִפְּנֵי שֶׁהוּא מִתְיָרֵא לְדַבֵּר כֵּן עַל אִישׁ אַחֵר שֶׁאֵינוֹ עָנִי, וּבַעֲבוּר עֲנִיּוּתוֹ מְדַבֵּר אֶל זֶה הֶעָנִי בִּדְבָרִים קָשִׁים, בְּגַאֲוָה וָבוּז, כִּי יוֹדֵעַ שֶׁאֵין הֶעָנִי יָשִׁיב לְנֶגְדּוֹ. וְהַקָּדוֹשׁ בָּרוּךְ הוּא הַשּׁוֹמֵעַ רוֹאֶה וְיָרִיב רִיבוֹ, וְעוֹשֶׂה מִשְׁפָּט וְיוֹצִיא לָאוֹר צִדְקוֹ.

וּבִכְלַל הַמְקַבֵּל שֹׁחַד מָמוֹן - שֹׁחַד דְּבָרִים, וּכְשֵׁם שֶׁמִּצְוָה לִמְנֹעַ מִלֵּישֵׁב בְּדִין בַּעֲבוּר הֲנָאוֹת מָמוֹן, כָּךְ יִמָּנַע בִּשְׁבִיל הֲנָאָה מוּעֶטֶת, וִידַקְדֵּק הַדַּיָּן, כִּי הוּא פּוֹגֵם נִשְׁמָתוֹ.

בִּכְלַל הַמּוֹצֵא אֲבֵדָה וְאֵינוֹ מַכְרִיז עָלֶיהָ, הוּא הַיּוֹדֵעַ בְּאֵיזֶה צַד לְהַצִּיל מָמוֹן חֲבֵרוֹ וְנִמְנָע, וְאֵינוֹ מַצִּיל.

הָרוֹאֶה בְּנוֹ יוֹצֵא לְתַרְבּוּת רָעָה, וְאֵינוֹ מוֹחֶה בְּיָדוֹ - כָּל דִּבְרֵי רָעוֹת בְּמַשְׁמָע, שֶׁרוֹאֶה בְּנוֹ הוּא זוֹלֵל וְסוֹבֵא, אוֹ בַּעַל מַחֲלֹקֶת, אוֹ חוֹמֵד מָמוֹן אֲחֵרִים, וְכַיּוֹצֵא בָּזֶה הַרְבֵּה דְּבָרִים - חִיּוּב עַל אָבִיו לְהַשְׁגִּיחַ עַל בְּנוֹ וּלְיַסְּרוֹ.

הָאוֹכֵל שֹׁד עֲנִיִּים וִיתוֹמִים וְאַלְמָנוֹת, בִּכְלַל זֶה הוּא הַגּוֹזֵל אֶת הַצִּבּוּר, אֲשֶׁר הַמָּעוֹת נִגְבָּה מֵעֲנִיִּים וְאֶבְיוֹנִים, וְסוֹבְלִין עַל הַכֹּבֶד, וְאֵין יְכֹלֶת בְּיָדָם לְהַלְבִּישׁ עַצְמָם וְלִנְשׁוֹתֵיהֶם. וְזֶה הָאוֹכֵל מִקֻּפּוֹת הַקָּהָל בִּגְנֵבָה וְגָזֵל, כְּאִלּוּ אָכַל אֶת בְּשָׂרָם וְדָמָם. וּבְמָעוֹת אֵלּוּ נִכְלָל גַּם כֵּן מָמוֹן יְתוֹמִים וְאַלְמָנוֹת, וְאֵינוֹ זוֹכֵר שֶׁהַקָּדוֹשׁ בָּרוּךְ הוּא הוּא - אֲבִי[137] יְתוֹמִים וְדַיַּן אַלְמָנוֹת. בְּוַדַּאי מִדַּת הַדִּין הוּא מָתוּחַ לְנֶגֶד אוֹתוֹ הָאִישׁ, כַּאֲשֶׁר הֶאֱרִיכוּ בְּעֹנֶשׁ זֶה בַּעֲלֵי מְחַבְּרֵי סִפְרֵי מוּסָר. וְכִדְמָצִינוּ בְּאַלְמְנַת רַבֵּנוּ יְחִיאֵל זִכְרוֹנוֹ לִבְרָכָה, אָבִיו שֶׁל הָרַב אָשֵׁר"י[138] זִכְרוֹנוֹ לִבְרָכָה, שֶׁנִּשְׁאֲרָה הָאַלְמָנָה עִם שְׁלֹשֶׁת בָּנֶיהָ הַקְּטַנִּים. פַּעַם אַחַת בָּא אֵלֶיהָ בַּעְלָהּ בַּחֲלוֹם בְּלֵיל שַׁבָּת וְצִוָּה לָהּ, שֶׁתֵּכֶף תִּבְרַח הִיא מִחוּץ לָעִיר, כִּי ה' מְהַפֵּךְ הָעִיר בְּאֵיזֶה מִקְרֶה רָעָה. וַתִּיקַץ מִשְּׁנָתָהּ בִּרְעָדָה, וַתִּישַׁן. וּבָא אֵלֶיהָ פַּעַם שֵׁנִית בְּצִוּוּי הַהוּא, וְאָז, תֵּכֶף כְּשֶׁנִּתְעוֹרְרָה מִשְּׁנָתָהּ, הָלְכָה הָאִשָּׁה עִם בָּנֶיהָ חוּץ לְשַׁעַר הָעִיר עֵרֶךְ מִיל אֵצֶל בֵּית עָרֵל אֶחָד, הָעוֹמֵד מִחוּץ לָעִיר. וַיְהִי בְּאַשְׁמֹרֶת הַבֹּקֶר, בָּאוּ שׁוֹדְדִים לָעִיר, וַיַּהַרְגוּ כָּל הָעִיר וּבָזְזוּ כָּל הָעִיר וַיֵּלְכוּ, וְהִיא שָׁבָה אֶל בֵּיתָהּ אַחַר כָּךְ בְּשָׁלוֹם. וְאַחַר כָּךְ בָּא בַּחֲלוֹם רַבֵּנוּ יְחִיאֵל, הַנִּזְכָּר לְעֵיל, וְאָמַר לְאִשְׁתּוֹ, שֶׁבֶּעָוֹן

137 תהלים סח ו

138 רבי ישראל מקרמז

שֶׁהָיוּ גּוֹזְלִים אֶת הָעֲנִיִּים בְּמִסִּים וְאַרְנוֹנִיּוֹת, וְהָעֲשִׁירִים לֹא נָתְנוּ כְּלוּם - לָכֵן נִגְזְרָה גְּזֵרָה זוֹ עֲלֵיהֶם.

הַפּוֹרֵשׁ עַצְמוֹ מֵהַצִּבּוּר, בִּכְלָל זֶה הוּא מִי שֶׁאֵינוֹ מְדַקְדֵּק לְהִתְפַּלֵּל עִם הַצִּבּוּר, וּבִכְלָל זֶה הוּא מִי שֶׁיְּכֹלֶת בְּיָדוֹ לִתֵּן מִסִּים לְסַיֵּעַ לַצִּבּוּר - וְאֵינוֹ מְסַיֵּעַ.

הָעוֹבֵר עַל דִּבְרֵי חֲכָמֵינוּ זִכְרוֹנָם לִבְרָכָה, זֶהוּ הַמֵּקֵל בְּדָבָר הָאָסוּר מִדְּרַבָּנָן, וְעוֹבֵר עַל גְּזֵרוֹת וְתַקָּנוֹת חֲכָמִים. אֲפִלּוּ בְּמָקוֹם מִצְוָה אָסוּר לַעֲבֹר עַל דִּבְרֵי חֲכָמִים, כְּגוֹן לִלְמֹד אוֹ לְהִתְפַּלֵּל אֵצֶל הַנֵּר בְּשַׁבָּת בְּמָקוֹם שֶׁאָמְרוּ - **גְּזֵרָה**[139] **שֶׁמָּא יַטֶּה**. וְכַיּוֹצֵא בָּזֶה, חָלִילָה וְחַס לַעֲבֹר עַל גְּזֵרוֹת חֲכָמֵינוּ זִכְרוֹנָם לִבְרָכָה, וְאֵין צָרִיךְ לוֹמַר דְּהָעֹנֶשׁ הוּא מְרֻבֶּה מִי שֶׁמַּלְעִיג עַל דִּבְרֵי חֲכָמִים, וְהוּא בִּכְלַל אֵלּוּ שֶׁאֵין לָהֶם חֵלֶק לָעוֹלָם הַבָּא.

הַמִּתְכַּבֵּד בִּקְלוֹן חֲבֵרוֹ הוּא אִסּוּר חָמוּר, שֶׁמְּעַכֵּב הַתְּשׁוּבָה, כָּאָמוּר. וְיֵשׁ גַּם כֵּן אִסּוּר הַיּוֹדֵעַ בַּחֲבֵרוֹ תּוֹעֶה בִּשְׁגִיאָה, וְאֵינוֹ מְשִׁיבוֹ לַדֶּרֶךְ הַיָּפָה. וְדַע, דְּאִיתָא בַּזֹּהַר פָּרָשַׁת שְׁלַח לְךָ, דְּהָיוּ מַרְאִין לְרַבִּי שִׁמְעוֹן בֶּן יוֹחַאי עָלָיו הַשָּׁלוֹם, שֶׁהִתְאַסְּפוּ יַחַד בֵּית דִּין שֶׁל מַעְלָה בְּהֵיכָלָא חַד, דְּתַמָּן מֶלֶךְ מָשִׁיחַ, וַהֲווּ עַיְנִין בְּדִין בַּר נָשׁ, דְּקָאֵים עַל פִּתְחָא דְּגַן עֵדֶן, וְאִנּוּן כְּרוּבִים אֲחִידִין בֵּיהּ, וְלָא שָׁבְקוּ לֵיהּ לְמֵיעַל תַּמָּן, וַהֲווּ בְּצַעֲרָא וְצָוְחוּ צְוָחִין עַל גַּבֵּי פִּתְחָא דְּגַן עֵדֶן, וְכָרוֹזִין הֲוֵי עָבְרִין דִּלְהֶוְיָן בְּנֵי מְתִיבְתָּא כְּנִישִׁין הַשְׁתָּא קַמֵּי מֶלֶךְ מָשִׁיחַ לְעַיֵּן בְּדִינֵיהּ דְּהַהוּא בַּר נָשׁ. וְאָמְרוּ לֵיהּ לְרַבִּי שִׁמְעוֹן בֶּן יוֹחַאי, דְּלֵית לָךְ רְשׁוּת לְגַלּוֹת מִי הוּא דִּין בַּר נָשׁ, כִּי לֹא לְחִנָּם אִתְגַּזַּר עַל הַאי בַּר נָשׁ עָנְשָׁא דָּא. וְיָצָא הַדִּין מִפִּי מֶלֶךְ הַמָּשִׁיחַ דְּהַאי בַּר נָשׁ יְהֵא קָאִים בַּחוּץ בְּהַהוּא צַעֲרָא אַרְבָּעִין יוֹמִין. לְסוֹף אַרְבָּעִים יוֹמִין יְצַעֲרוּן לֵיהּ בְּצַעֲרָא דְּגֵיהִנָּם שַׁעְתָּא וּפַלְגָּא. וְכָל דָּא בְּגִין דְּיוֹמָא חֲדָא חַד מִן חַבְרַיָּא הֲוֵי פָּרִישׁ מִלִּין דְּאוֹרַיְתָא. כַּד מָטֵי לְחַד מִלָּה וּבְגִין דְּשַׁתְקוּ חַבְרַיָּא דְּיִתְכַּשַּׁל בֵּיהּ וְאָמַר לְחַבְרַיָּא - שְׁתִיקוּ, לָא תֵּמְרוּן מִידִי, וּבְגִין דְּשַׁתְקוּ חַבְרַיָּא אִתְכַּשַּׁל בְּהַהוּא מִלָּה וְאִכְסִיף, וְהַהוּא כִּסּוּפָא דְּגָרִים לְבַר נָשׁ דָּא, עַל זֶה דַּיְנִין לֵיהּ דִּינָא קַשְׁיָא, בְּגִין דְּלָא לְשַׁבְקָא חוֹבֵי דְּאוֹרַיְתָא מִקַּמֵּי קֻדְשָׁא בְּרִיךְ הוּא אֲפִלּוּ כִּמְלֹא נִימָה.

עַל כֵּן סַם חַיִּים הִיא לְמִי שֶׁלּוֹמֵד לִשְׁמָהּ, וְאֵינוֹ מִתְכַּבֵּד בִּקְלוֹן חֲבֵרוֹ. וְהָעוֹסֵק בַּתּוֹרָה לִשְׁמָהּ, הִיא מַצֶּלֶת מִכָּל הִרְהוּרִים רָעִים, וְעוֹמֶדֶת לוֹ בִּשְׁעַת הַדִּין, כִּדְאִיתָא בַּזֹּהַר פָּרָשַׁת וַיַּקְהֵל - כָּל מַאן דְּאִשְׁתַּדֵּל בְּאוֹרַיְתָא, כְּאִלּוּ אִשְׁתַּדֵּל בְּהֵיכְלֵיהּ דְּקֻדְשָׁא בְּרִיךְ הוּא בְּגִין דְּכַד בַּר נָשׁ עָסִיק בְּאוֹרַיְתָא, הַקָּדוֹשׁ בָּרוּךְ הוּא תַּמָּן וְאָצִית לְקָלֵיהּ וְאִשְׁתְּזִיב בַּר נָשׁ מִתְּלָת דִּינִים - **מִדִּינָא** דְּהַאי עָלְמָא. **וּמִדִּינָא** דְּמַלְאַךְ הַמָּוֶת [רְצָה

[139] שבת כג ב

לוֹמַר, דְּיָמוּת בִּנְשִׁיקָה עַל יְדֵי הַקָּדוֹשׁ בָּרוּךְ הוּא]. **וּמְדִינָה** שֶׁל גֵּיהִנֹּם. בְּאֹפֶן שֶׁיִּהְיֶה הַלִּמּוּד לִשְׁמָהּ וּבְאַהֲבָה, וְאָז הַקָּדוֹשׁ בָּרוּךְ הוּא מִתְפָּאֵר בּוֹ וְאוֹמֵר - עַם[140] זוּ יָצַרְתִּי לִי. יִשְׂרָאֵל[141] אֲשֶׁר בּוֹ אֶתְפָּאֵר.

---

140 ישעיהו מג כא

141 ישעיהו מט ג

פרק מה

אִיתָא בְּכִתְבֵי הָאֲרִ"י, זִכְרוֹנוֹ לִבְרָכָה - מִצְוָה רַבָּה לִלְמֹד יִחוּדִים לַשְּׁכִינָה, כִּי עוֹשֶׂה מִסְעָד וָעֵזֶר לַשְּׁכִינָה וּמְקָרֵב אֶת הַגְּאֻלָּה בְּיִחוּדִים, וּבַאֲשֶׁר כִּי לֹא כָּל אָדָם יְכֹלֶת בְּיָדוֹ לַעֲשׂוֹת יִחוּדִים בִּתְפִלָּתוֹ אוֹ בְּמִצְוָה אֲשֶׁר הוּא עוֹשֶׂה. **אַחַת** מִטַּעַם חֶסְרוֹן יְדִיעָתוֹ, אוֹ מִפְּנֵי שֶׁאֵינוֹ מֻבְטָח בְּנַפְשׁוֹ לַעֲשׂוֹת שֶׁלֹּא יָבוֹא לִידֵי הִרְהוּר בִּתְפִלָּתוֹ, וְנִמְצָא מְקַלְקֵל, וְלֹא מְתַקֵּן. שֶׁאֵין הָאָדָם הוּא טָהוֹר בְּכָל עֵת וּזְמַן, וְאָסוּר לַעֲסֹק בַּקֳּדָשִׁים בִּזְמַן שֶׁהוּא מִקְרֶה בִּלְתִּי טָהוֹר מֵחֲמַת שֶׁהוּא בַּעַל קֶרִי, וְאָסוּר לְיַחֵד שׁוּם יִחוּד אִם לֹא שֶׁטָּבַל לְקִרְיוֹ. עַל כֵּן בְּוַדַּאי בַּעַל הָרַחֲמִים יְקַבֵּל בְּרַחֲמִים וּבְרָצוֹן כַּוָּנַת לֵב הָאָדָם, שֶׁמְּכַוֵּן פָּשׁוּט, בִּלְתִּי מַחֲשָׁבוֹת זָרוֹת, וּמִתְפַּלֵּל כִּפְשׁוּטֵי עִנְיְנֵי תְּפִלָּה, רַק יֹאמַר קֹדֶם הַתְּפִלָּה - לְשֵׁם יִחוּד קֻדְשָׁא בְּרִיךְ הוּא וּשְׁכִינְתֵּיהּ. וְכֵן בְּעֵסֶק הַתּוֹרָה יֹאמַר כָּךְ - לְשֵׁם יִחוּד קֻדְשָׁא בְּרִיךְ הוּא וּשְׁכִינְתֵּיהּ וְכוּ', וְאָז אֵינוֹ מַפְרִיד עַצְמוֹ מֵהַקְּדֻשָּׁה. וְכִדְמָצִינוּ בְּעֵרוּבִין פֶּרֶק **בַּכֹּל מְעָרְבִין** - רַבִּי[142] זֵירָא כִּי הֲוָה חַלָּשׁ הֲוֵי אָזִיל וְיָתִיב אַפִּתְחָא דְּרַבִּי יוּדָא בַּר רַבִּי אַמִּי אָמַר כִּי נָפְקֵי וְעָיְלֵי רַבָּנָן אֵקוּם מִקַּמַּיְהוּ כְּדֵי שֶׁלֹּא יְהֵא בָּטֵל מֵהַמִּצְווֹת. וְכֵן קַבָּלָה הִיא בְּיָדֵי מִן אַנְשֵׁי מַעֲשֶׂה, שֶׁאִם הָיוּ יוֹשְׁבִים בְּטֵלִים מִן הַמִּצְווֹת, הָיוּ מְמַשְׁמְשִׁים בַּצִּיצִית וְהָיוּ מִסְתַּכְּלִין בָּהֶן, כִּי הַהִסְתַּכְּלוּת בַּצִּיצִית הִיא עִנְיָן גָּדוֹל וּתְקוּמָה אֶל הַשְּׁכִינָה בַּגָּלוּת. וְהַיּוֹדְעִים סוֹד יִחוּד בַּקַּבָּלָה, מְכַוְּנִין בְּשֵׁם אֶחָד גָּדוֹל וְנוֹרָא, שֶׁהוּא גִּימַטְרִיָּא **עַיִ"ן**[143], וּבָזֶה הֵם יוֹצְאִים אַף בִּזְמַן הַזֶּה סוֹד מִצְוַת תְּכֵלֶת בַּצִּיצִית.

וְהִנֵּה אֲגַלֶּה טֶפַח וַאֲכַסֶּה טְפָחַיִם בְּעִנְיַן תְּכֵלֶת, כִּי **תְּכֵלֶת** הוּא גִּימַטְרִיָּא שְׁמוֹנֶה מֵאוֹת וַחֲמִשִּׁים, וְהַבֵּן אָדָם הוּא מְחֻיָּב לִרְאוֹת בִּשְׁתֵּי עֵינַיִם אֶת הַצִּיצִית, וּשְׁתֵּי פְּעָמִים **עַיִ"ן** - גִּימַטְרִיָּא מָאתַיִם וְשִׁשִּׁים, וְעִם תֵּבוֹת צִיצִית הוּא גִּימַטְרִיָּא שְׁמוֹנֶה[144] מֵאוֹת וַחֲמִשִּׁים - כְּמִנְיַן תְּכֵלֶת. קַבָּלָה הִיא בְּיָדֵי בְּשֵׁם הַגָּאוֹן רַבִּי יַעֲקֹב טֶעמֶרְלִישׁ מִלּוּבְּלִין, שֶׁבָּזֶה הוּא מֵסִיר הַחֹשֶׁךְ שֶׁאָמַר יִרְמְיָהוּ הַנָּבִיא - אוֹתִי[145] נָהַג חֹשֶׁךְ וְלֹא אוֹר. וּבְעִנְיַן אוֹר עֵינָיו בְּצִיצִית יְכַוֵּן כֵּן, וְהוּא מְבַטֵּל אוֹתוֹ הַחֹשֶׁךְ, שֶׁמַּפְסִיק בֵּינוֹ וּבֵין הַשְּׁכִינָה. הַכְּלָל - כִּי לֹא בָּרָא הַקָּדוֹשׁ בָּרוּךְ הוּא אֶת הָאָדָם שֶׁיִּהְיֶה בָּעוֹלָם הַזֶּה לְתוֹעֶלֶת גּוּפוֹ, כִּי הַגּוּף כָּלֶה בָּאָרֶץ, רַק לְתוֹעֶלֶת נִשְׁמָתוֹ, אֲשֶׁר חֲצוּבָה מִתַּחַת כִּסֵּא הַכָּבוֹד, וְהִיא חֵלֶק אֱלוֹ"הַּ מִמַּעַל, לְתַקְּנָהּ וּלְקַשְּׁטָהּ בְּמַעֲשִׂים טוֹבִים לְקָרֵב הַגְּאֻלָּה וּלְשַׂמֵּחַ אֶת הַשְּׁכִינָה בַּגָּלוּת

142 עירובין כח ב

143 רק המילוי דשם אהי"ה דההי"ן שהוא **אלף הה יוד הה**, לף ה וד ה - עין.

144 צריך עיון, כי ציצית הוא 600 עם 260 הוא 860, ו**תכלת** הוא 850 כנזכר.

145 איכה ג ב

הַמַּר הַזֶּה, וְאָז יִהְיֶה נִזְדַּכֵּךְ גַּם הַגּוּף, וּמֵאִיר בְּאוֹר בָּהִיר, בִּפְרָט כְּשֶׁהַגּוּף מִתְחַמֵּם לִדְבַר מִצְוָה.

וְלֹא לְחִנָּם אָמְרוּ רַבּוֹתֵינוּ זִכְרוֹנָם לִבְרָכָה - הָעוֹנֶה[146] **אָמֵן יְהֵא שְׁמֵיהּ רַבָּא** בְּכָל כֹּחוֹ מְצַנְּנִין לוֹ הַגֵּיהִנֹּם, וְאֵין הַדָּבָר יוֹצֵא מִידֵי פְּשׁוּטוֹ, שֶׁצָּרִיךְ לוֹמַר - **אָמֵן יְהֵא שְׁמֵיהּ רַבָּא בְּכָל כֹּחוֹ**, וְאֵין הַפֵּרוּשׁ לְהָרִים קוֹל בְּיוֹתֵר מִדַּי, פֶּן יִתְלוֹצְצוּ הַמַּלְעִיגִים, אֶלָּא הוּא בְּכָל כֹּחוֹ **בְּאֵבָרָיו**. וּכְמוֹ שֶׁכָּתוּב בַּזֹּהַר, פָּרָשַׁת פִּנְחָס, שֶׁצָּרִיךְ הָאָדָם לְעוֹרֵר כָּל אֵבָרָיו בְּחֵילָא תַּקִּיפָא, וּבָזֶה יִתְבַּר לְבֵיהּ וְאִתְבַּר חֵילָא דְּסִטְרָא אָחֳרָא. וְאַף הָרְשָׁעִים מוֹצְאִין מְנוּחָה עַל יְדֵי עֲנִיַּת אָמֵן יְהֵא שְׁמֵיהּ רַבָּא. וְכִדְאִיתָא בַּזֹּהַר פָּרָשַׁת נֹחַ - בְּזִמְנָא דְּיִשְׂרָאֵל עוֹנִין בְּקוֹל רָם - אָמֵן יְהֵא שְׁמֵיהּ רַבָּא, הַקָּדוֹשׁ בָּרוּךְ הוּא מִתְמַלֵּא רַחֲמִים וְנוֹתֵן חַיִּים עַל הַכֹּל, וְהַקָּדוֹשׁ בָּרוּךְ הוּא רוֹמֵז לַמַּלְאָךְ, הַנִּקְרָא **סַמְרִיאֵ"ל**, וּבִידֵיהּ מַפְתְּחִין, וּפוֹתֵחַ שְׁלֹשָׁה פְּתָחִים לְסִטְרָ מִדְבָּר, וְאָז חָמָאן רְשָׁעִים נְהוֹרָא, וְאָתָא תְּנָנָא וְסוֹתֵם הָאֲוִיר שֶׁל הַפְּתָחִים, שֶׁלֹּא יְהֵא מֵאִיר, וּכְדֵין תְּלַת מְמֻנִּים דִּתְחוֹת יְדֵיהּ מְנַשְּׁבִין בְּגַדְפֵיהוֹן מְשִׁיבִין הֶעָשָׁן לַאֲחוֹרָיו זְמַן שָׁעָה וּפַלְגָּא שָׁעָה בִּזְכוּת עֲנִיַּת - אָמֵן יְהֵא שְׁמֵיהּ רַבָּא, שֶׁעוֹנִין יִשְׂרָאֵל בְּכָל יוֹם, וְאַחַר כָּךְ הֵם שָׁבִים לַגֵּיהִנֹּם.

וּבוֹא וּרְאֵה, כַּמָּה חָבִיב הַאי שִׁבְחָא קַמֵּיהּ קֻדְשָׁא בְּרִיךְ הוּא. וּמַעֲשֶׂה הוּבָא בַּזֹּהַר פָּרָשַׁת תְּרוּמָה - רַבִּי חִיָּא וְרַבִּי אַבָּא שָׁרוּ בְּגוֹ אֻשְׁפִּיזַיְהוּ. קָמוּ בְּפַלְגוּת לֵילְיָא לְמִלְעֵי בְּאוֹרַיְתָא. וַהֲוֵי בְּרַתָּא דְּאֻשְׁפִּיזָא קָמַת וְאַנְהֲרַת לוֹן שְׁרָגָא, וְאִינְהוּ הֲוֵי עָסְקֵי בְּאוֹרַיְתָא. אַדְּהָכֵי אַשְׁגַּח רַבִּי אַבָּא אֲבַתְרֵיהּ, וְחָמוּ דַּהֲוֵי בִּתּוֹ שֶׁל בַּעַל הַבַּיִת מְנַהֵר לְהוּ. פָּתַח וְאָמַר - כִּי[147] נֵר מִצְוָה וְתוֹרָה אוֹר. הָאִשָּׁה הִיא מְצֻוָּה עַל נֵר שֶׁל שַׁבָּת, וְלֹא הָאִישׁ. וְהַטַּעַם, כִּי הָאִשָּׁה הִיא נֶגֶד הַשְּׁכִינָה. וְתוֹרָה אוֹר - פֵּרוּשׁ, הַתּוֹרָה שֶׁלָּמַד בַּעְלָהּ, שֶׁהָאִישׁ מְצֻוֶּה עַל הַתּוֹרָה לִלְמֹד נוֹתֵן אוֹר וְהָאָרָה גְּדוֹלָה כְּאוֹתוֹ הַמִּצְוָה שֶׁל נֵר שַׁבָּת, שֶׁהָאִשָּׁה מַדְלֶקֶת. נִמְצָא שְׁנֵיהֶם מְאִירִים בְּאוֹר תּוֹרָה וְאוֹר שַׁבָּת. אַשְׁרֵיהֶם הַנָּשִׁים, שֶׁזּוֹכִין לְבַעֲלֵי תּוֹרָה.

שְׁמָעַת הַאי בְּתוּלָה וַהֲוֵי בָּכִית, אַדְּהָכֵי קָם אֲבוּהָ דִּבְתוּלָה וְחָמֵי לִבְרַתֵּיהּ בַּכְיָא, וְשָׁאֵיל לַהּ, לָמָּה וְעַל מָה הִיא בַּכְיָא, וְלֹא עָנְתָה מְאוּמָה מֵחֲמַת מְרִירוּת הַלֵּב, וְהִתְחִיל אַף אָבִיהָ לִבְכּוֹת, אָמַר רַבִּי אַבָּא - מִבְּכִיּוּתָהּ נִרְאֶה, דְּהֶחָתָן שֶׁלָּהּ הוּא עַם הָאָרֶץ, וְאֵינוֹ בַּעַל תּוֹרָה. אָמַר לֵיהּ - וַדַּאי הָכֵי הוּא, וּבְגִין דְּחָמֵינָא לֵיהּ יוֹמָא חַד דְּדָלִיג מֵאִגְרָא חֲדָא לְמִשְׁמַע קַדִּישׁ בַּהֲדֵי צִבּוּרָא סָלִיק בִּרְעוּתִי דִּילִי לְמֵיהַב לֵיהּ בְּרַתִּי, וְתֵכֶף דְּנָפְקוּ צִבּוּרָא מִבֵּי כְּנִשְׁתָּא, יַהֲבִינָא לֵיהּ בְּרַתִּי. דַּאֲמֵינָא, בְּדִלּוּגָא

[146] שבת קיט ב
[147] משלי ו כג

דָּא לְמִשְׁמַע קַדִּישׁ מֻכְרָח לִהְיוֹת גַּבְרָא רַבָּא בְּאוֹרַיְתָא, וְאַף עַל גַּב דְּאִיהוּ רַבְיָא דְּלָא יָדְעָנָא בֵּיהּ מִקַּדְמַת דְּנָא. וְהַשְׁתָּא אֲפִלּוּ בִּרְכַּת מְזוֹנָא לָא יָדַע, וְאֵין בְּיָדִי לְכַף אוֹתוֹ שֶׁיִּתְעַסֵּק בְּאוֹרַיְתָא וְיִקְרָא קְרִיאַת שְׁמַע וּבִרְכַּת הַמָּזוֹן. אָמַר לֵיהּ רַבִּי אַבָּא - אַעְבַּר לֵיהּ בְּאָחֳרָא [רָצָה לוֹמַר, שֶׁיִּרְאֶה שֶׁיִּתֵּן גֵּט וְיַשִּׂיא בִּתּוֹ אַחַר כָּךְ לְתַלְמִיד חָכָם] וּבְתוֹךְ דְּבָרָיו חָזַר וְאָמַר אוֹ דִּלְמָא בְּרָא יוֹלִיד דְּהָנֵי גַּבְרָא רַבָּא. אַדְּהָכֵי קָם הֶחָתָן וְדִלֵּג עֲלַיְהוּ וְיָתִיב לְקַמַּיְהוּ. אִסְתַּכַּל בֵּיהּ רַבִּי אַבָּא. אָמַר רַבִּי אַבָּא - חָמֵינָא בְּהַאי רַבְיָא דִּנְהוֹרָא רַבָּא יִפּוּק מִנֵּיהּ לְעָלְמָא.

פָּתַח וְאָמַר הַאי רַבְיָא - רַבּוֹתַי, אֵימָא חַד מִלָּה. פָּתַח וְאָמַר - צָעִיר[148] אָנֹכִי לְיָמִים וְאַתֶּם יְשִׁישִׁים עַל כֵּן זָחַלְתִּי וָאִירָא מֵחַוֺּת דֵּעִי אֶתְכֶם. הַאי קְרָא אִתְּעָרוּ בֵּיהּ עַמּוּדֵי עוֹלָם, אֲבָל אֱלִיהוּא, דִּכְתִיב בֵּיהּ מִמִּשְׁפַּחַת רָם, וּכְתִיב בֵּיהּ - בֶּן[149] בַּרַכְאֵל הַבּוּזִי. דְּנִקְרָא כֵּן בִּשְׁבִיל דִּמְבַזֶּה עַצְמוֹ לְמַאן דְּגָדוֹל מִנֵּיהּ. וְזֶה שֶׁאָמַר - צָעִיר אָנֹכִי לְיָמִים, אַף אֲנִי מַקְטִין עַצְמִי לְגַבֵּי בַּר נָשׁ, דְּאִית לֵיהּ יוֹמִין סַגִּיאִין, וְעַל כֵּן בְּגִין דַּאֲנָא רַבְיָא, וּבַמָּקוֹם הַזֶּה יֵשׁ יְשִׁישִׁים בְּחָכְמָה, עָלָה בְּדַעְתִּי דְּלָא לְמַלְּלָא עַד יוֹמָא דָּא. וְהַשְׁתָּא דְּאַתּוּן הָכָא, אִית שַׁעְתָּא לְמִפְתַּח פּוּמִי. הִתְחִיל לִדְרֹשׁ זֶה הַפָּסוּק - כִּי[150] נֵר מִצְוָה וְתוֹרָה אוֹר. וְגִלָּה לָהֶם כַּמָּה סוֹדוֹת בַּתּוֹרָה עַל פִּי הַסּוֹד, וְאַחַר כָּךְ פָּתַח וְאָמַר - דְּעוּ, כִּי אֲנָא מִבָּבֶל, וּבְרָא דְּרַב סַפְרָא אֲנָא, וְלָא זָכֵינָא לְאִשְׁתְּמוֹדַע עִם אַבָּא. וְאִטְרִידְנָא לְהָכָא, וּדְחִילְנָא עַד הָכֵי לְמֵימַר מִלִּין דְּאוֹרַיְתָא, דְּיַתְבֵי אַרְעָא דָּא אַרְיָוָתָא בַּתּוֹרָה, וְשָׁוֵינָא עָלַי דְּלָא אֵימָא מִלֵּי דְּאוֹרַיְתָא תְּרֵין יַרְחִין, וְיוֹמָא הָדֵין אִשְׁתְּלִימוּ תְּרֵין יַרְחִין. זַכָּאָה חֶלְקִי דְּאִתְעַרְתּוּן הָכֵי.

אָרִים רַבִּי יוֹסֵי קָלֵיהּ וּבָכָה, קָמוּ כֻּלְּהוּ וּנְשָׁקוּהוּ בְּרֵישֵׁיהּ, אָמַר רַבִּי יוֹסֵי - אִלְמָלֵא לֹא בָּאתִי וְזָכֵינָא לְמִשְׁמַע מִלִּין דְּעַתִּיק יוֹמִין, דְּנָפִיק מִפּוּמָךְ, מַאי דְּלָא זָכֵינָא לְמִשְׁמַע עַד הַשְׁתָּא - דַּיֵּנוּ. יַתְבֵי כֻּלְּהוּ, אָמַר הֶחָתָן - רַבּוֹתַי, מִדַּחֲמֵינָא צַעֲרָא דְּחָמוּי וְצַעֲרָא דִּבְרַתֵּיהּ אִשְׁתִּי, דַּהֲווּ מְצַעֲרֵי בְּנַפְשַׁיְהוּ דְּלָא יָדְעָנָא בִּרְכַּת הַמָּזוֹן וּקְרִיאַת שְׁמַע, אֲמֵינָא - לָא אִתְחַבַּר בְּאִשְׁתִּי, עַד שֶׁאֲגַלֶּה לָכֶם סוֹד בִּרְכַּת הַמָּזוֹן בְּסוֹדוֹת גְּדוֹלִים וְנִפְלָאִים. חָדוּ כֻּלְּהוּ, וְרַבִּי יוֹסֵי וְרַבִּי אַבָּא וְרַבִּי חִיָּא וְחָמִיו וְהַכַּלָּה, קָמוּ כֻּלְּהוּ וּנְשָׁקוּהוּ.

אָמַר רַבִּי יוֹסֵי - וַדַּאי הִלּוּלָא דְּקֻדְשָׁא בְּרִיךְ הוּא אִתְרְעֵי בֵּיהּ, נָטְלוּ לְהַכַּלָּה וּבֵרְכוּ לָהּ בְּכַמָּה בִּרְכָאִין. אָמְרוּ לַאֲבִיהָ, דְּיִתַּקַּן בַּיִת מְיֻחָד לַעֲשׂוֹת בּוֹ חֻפָּה. אָמַר רַבִּי יוֹסֵי - לָא נַפְקִינָן מֵהָכָא עַד דְּיִתְעֲבֵד הִלּוּלָא. וּכְנִישׁוּ אַחַר כָּךְ כָּל אַנְשֵׁי מָתָא לְהַהוּא חֶדְוָה וְקָרְאוּ לְהַכַּלָּה

148 איוב לב ו
149 איוב לב ב
150 משלי ו כג

נַחֲדוּ עִמְּהוֹן בְּמִלִּין דְּאוֹרַיְתָא. וְעַל סְעוּדַת הַנִּשּׂוּאִין פָּתַח הֶחָתָן עַל פְּתוֹרָא וּבֵאֵר עִנְיַן שֶׁבַע בְּרָכוֹת, סוֹדוֹת נִפְלָאִים וְחִדּוּשִׁים הַרְבֵּה, נַחֲדוּ כֻּלְּהוּ, וְכָל בְּנֵי מָתָא קִבְּלוּ עֲלֵיהֶם אֶת הֶחָתָן לִהְיוֹת לָהֶם רַב וּמוֹרֶה צֶדֶק. וְאַחַר הַחֲתֻנָּה קָמוּ רַבִּי יוֹסֵי וְרַבִּי אַבָּא וְרַבִּי חִיָּא, וּבְרִיכוּ לֵיהּ וְאָזְלוּ לְאוֹרְחַיְהוּ.

כַּד מָטוּ לְגַבֵּי רַבִּי שִׁמְעוֹן בֶּן יוֹחַאי זָקִיף עֵינוֹי נַחֲמֵי לוֹן. אָמַר לְהוֹן - מִסְתַּכֵּל הֲוֵינָא יוֹמָא דָּא נַחֲמֵינָא לְכוֹן תְּרֵין יוֹמִין דַּהֲוֵיתוּן גַּבֵּי חַד מִסְכֵּנָא, דְּהַאי נַעַר, דְּאִקְרֵי **מֶטַטְרוֹ"ן**, אוֹלִיף לְכוּ רָזִין עִלָּאִין. זַכָּאָה חֻלְקֵיכוֹן, סַדְּרוּ כֻּלְּהוּ מִלִּין קַמֵּיהּ וְסָחוּ לֵיהּ עֻבְדָּא. אָמַר לְהוּ - זַכָּאִין אַתּוּן וְזַכָּאָה חֻלְקְכוֹן וְזַכָּאָה חֻלְקִי, דְּהָא אִדְכַּרְנָא יוֹמָא דָּא דַּהֲוֵי אָזִיל עִמִּי רַב סַפְרָא, אָבִיו שֶׁל הֶחָתָן, וּבְרַכְתִּין לֵיהּ, דִּיהֵא לֵיהּ בַּר אוֹרַיָן בְּאוֹרַיְתָא - וְלָא בְּרִיךְ לֵיהּ דְּיִזְכֶּה לְגַדֵּל אוֹתוֹ וְכוּ', עַד כָּאן הַזֹּהַר.

נִלְמַד מִזֶּה מִסּוֹף הַמַּאֲמָר, שֶׁכְּשֶׁבָּא הַתַּלְמִיד לְקַבֵּל בְּרָכוֹת מִן רַבּוֹ, וְרַבּוֹ מְבָרְכוֹ שֶׁיִּזְכֶּה לְבָנִים תַּלְמִידֵי חֲכָמִים. יְבָרֵךְ בְּפֵרוּשׁ, שֶׁיִּזְכֶּה לְגַדֵּל אוֹתָם וְשֶׁיִּרְאֶה בְּחַיָּיו אוֹר תּוֹרָתָם. גַּם נִלְמַד מִזֶּה הַמַּאֲמָר, שֶׁבִּמְקוֹם גְּדוֹלִים אַל תַּעֲמֹד. וְנָכוֹן לִזְעִירֵי לְהַדֵּר לִשְׁמֹעַ מִפִּי יְשִׁישִׁים חָכְמָה, כִּי יִשְׁמַע בְּוַדַּאי מַה שֶּׁלֹּא שָׁמַע עֲדַיִן, וְאָז יַרְבֶּה עָלָיו חָכְמָה. גַּם נִלְמַד מִזֶּה הַמַּעֲשֶׂה, שֶׁצָּרִיךְ הָאָדָם לִלְמֹד יִחוּדִים, שֶׁהֲרֵי רַב סַפְרָא לָמַד עִם בְּנוֹ הֶחָתָן יִחוּדִים בְּבִרְכַּת הַמָּזוֹן וּבִקְרִיאַת שְׁמַע וּבְחִדּוּשֵׁי הַתּוֹרָה, אַף שֶׁהָיָה בְּנוֹ עֲדַיִן רַךְ בְּשָׁנִים. עוֹד יֵשׁ לִלְמֹד מִזֶּה הַמַּעֲשֶׂה - שׁוֹמֵר מִצְוָה לֹא יֵדַע רָע. בִּשְׁבִיל שֶׁרָאָה הָאֻשְׁפִּיזָא אֶת הֶחָתָן, שֶׁהָיָה קוֹפֵץ מֵאִגְרָא לִשְׁמֹעַ קַדִּישׁ וְלוֹמַר - **אָמֵן יְהֵא שְׁמֵיהּ רַבָּא**. רָאָה שֶׁהָיָה עָסְקָן בְּמִצְווֹת, וְנָתַן לוֹ בִּתּוֹ לְאִשָּׁה בִּשְׁבִיל מִצְוָה אַחַת.

עַל כֵּן צָרִיךְ כָּל אָדָם לִזָּהֵר בְּמִצְווֹת וּבַתּוֹרָה, וְאָז יָגֵן ה' בַּעֲדוֹ בְּעִדָּנָא דְּעָסִיק בֵּיהּ וּבְעִדָּנָא דְּלָא עָסִיק בֵּיהּ, לְכָל אֲשֶׁר לוֹ יִהְיֶה שָׁלוֹם.

פרק מו

אִיתָא בְּכִתְבֵי הָאֲרִ"י, זִכְרוֹנוֹ לִבְרָכָה - אֶחָד מִן הַדְּבָרִים, שֶׁמְּעַכְּבִין אֶת הַתְּפִלָּה, הוּא מִי שֶׁאֵין גּוּפוֹ נָקִי, וּמְלֻכְלָךְ מִטִּנּוּף וְצוֹאָה אוֹ טִפּוֹת מֵי רַגְלַיִם. וְעוֹד, כִּי נְקִיּוּת דָּבָר טוֹב הוּא, וְזֶה כִּי בְּדָוִד הַמֶּלֶךְ עָלָיו הַשָּׁלוֹם כְּתִיב בֵּיהּ - וַיִּכְרֹת[151] אֶת כְּנַף מְעִילוֹ אֲשֶׁר לְשָׁאוּל בַּלָּט. וּבְוַדַּאי אִלּוּ הָיָה הַמֶּלֶךְ שָׁאוּל מְלֻבָּשׁ בּוֹ, הָיָה מַרְגִּישׁ בַּדָּבָר בְּשָׁעָה שֶׁכָּרַת דָּוִד אֶת כְּנַף מְעִילוֹ, אֶלָּא שֶׁהֱסִירוֹ שָׁאוּל לְגַמְרֵי מִמֶּנּוּ. וְאִיתָא **בְּסֵפֶר חֲסִידִים**, כִּי מְעִיל אֲשֶׁר הָיָה לַמֶּלֶךְ שָׁאוּל, הָיָה הַמַּלְבּוּשׁ הָעֶלְיוֹן, שֶׁהָיָה שָׁאוּל הַמֶּלֶךְ מִתְכַּסֶּה בּוֹ בִּשְׁעַת תְּפִלָּה לִכְבוֹד הַשֵּׁם יִתְבָּרֵךְ, וְעַל כֵּן הֱסִירוֹ שָׁאוּל מֵעָלָיו לַעֲשׂוֹת צְרָכָיו. וְעַל כֵּן נִזְהָרִין אַנְשֵׁי מַעֲשֶׂה, כְּשֶׁצְּרִיכִין לִכָּנֵס לְבֵית הַכִּסֵּא בִּשְׁעַת זְמַן כְּנִיסָתָם לְבֵית הַכְּנֶסֶת, הָיוּ מְנִיחִין אֶת בִּגְדֵיהֶם מִבַּחוּץ, וְאֵינָם נִכְנָסִים עִם בִּגְדֵיהֶם לְבֵית הַכִּסֵּא, בַּאֲשֶׁר שֶׁהַבֵּית הַכְּנֶסֶת הוּא בְּנְיַן מִקְדָּשׁ מְעַט, וּצְרִיכִין לִכָּנֵס בּוֹ בִּבְגָדִים נָאִים, וּבִפְרָט בְּיוֹם שַׁבָּת, שֶׁצָּרִיךְ הָאָדָם לִזָּהֵר בָּהֶן שֶׁיִּהְיוּ בְּגָדָיו נְקִיִּים, שֶׁהֲרֵי מְבֹאָר בְּפֶרֶק ב' דַּחֲגִיגָה - אָמַר[152] רַבִּי יוֹנָתָן בֶּן עַמְרָם נִתְחַלְּפוּ לוֹ כֵּלִים שֶׁל שַׁבָּת בְּכֵלִים שֶׁל חוֹל וְלוֹבְשָׁם, נִטְמְאוּ [פֵּרוּשׁ - דְּהַיְנוּ לְעִנְיַן מִי שֶׁאוֹכֵל חֻלִּין בְּטָהֳרָה]. וְהַטַּעַם - כֵּיוָן דִּכְלֵי שַׁבָּת עַבְדֵי לְהֶם שִׁמּוּר טְפֵי. וְעַיֵּן שָׁם. וְעַל כֵּן רָאוּי וְנָכוֹן לִהְיוֹת מִנְעָלִים מְיֻחָדִים לְבֵית הַכְּנֶסֶת, וְטוֹב יוֹתֵר שֶׁלֹּא יֵלֵךְ לְבֵית הַכִּסֵּא בָּהֶם וּלְבֵית הַכְּנֶסֶת.

וְיֵשׁ עוֹד דָּבָר הַמְעַכֵּב הַתְּפִלָּה, אַף שֶׁהוּא בְּבֶגֶד נָקִי מְאֹד, וְהוּא שַׁעַטְנֵז. וַאֲפִלּוּ בְּשׁוֹגֵג - אֵין תְּפִלָּתוֹ נִשְׁמַעַת וּמְקֻבֶּלֶת כְּלָל, אֲפִלּוּ אִם הוּא מִתְפַּלֵּל בְּכַוָּנָה. עַל כֵּן צְרִיכִים הַחַיָּטִים לִזָּהֵר לִתֵּן הַשְׁגָּחָה, שֶׁלֹּא יִגְרְמוּ הֶזֵּק לַמִּתְפַּלְּלִים בְּבִגְדֵי שַׁעַטְנֵז, וְיִהְיֶה חֵטְא הָרַבִּים תָּלוּי בְּחַיָּט.

וְיֵשׁ עוֹד דָּבָר הַמְעַכֵּב אֶת הַתְּפִלָּה, אַף שֶׁבְּגָדָיו הֵם מְנֻקִּים מִכָּל טִנּוּף, וְאֵין בִּגְדָיו שַׁעַטְנֵז. אָמְנָם אֵינוֹ נָקִי מִגָּזֵל, כִּי מִחְיָתוֹ הוּא שָׁוְא וָשֶׁקֶר, וְהוּא מִתְלַבֵּשׁ בִּבְגָדִים נָאִים וּמִתְגָּאֶה בָּהֶם. וְזֶהוּ שֶׁהַנְּבִיאִים קוֹרְאִין אוֹתָן **בְּגָדִים** - בֶּגֶד **בּוֹגְדִים**. וּבְכָל פַּעַם שֶׁמִּתְכַּסֶּה בּוֹ לְהִתְפַּלֵּל מְעוֹרֵר חֲטָאָיו וּפְשָׁעָיו, וְזוֹרְקִין תְּפִלָּתוֹ בִּפְנֵי הַחִיצוֹנִים. אוֹי לוֹ וְאוֹי לְנַפְשׁוֹ, וַאֲפִלּוּ שֶׁחָטָא רַק נֶגֶד הָאֻמָּן, שֶׁלֹּא שִׁלֵּם לוֹ שְׂכַר מְלַאכְתּוֹ כָּרָאוּי, וְאַף שֶׁלֹּא דְּחָקוֹ עַל זֶה, הֲלֹא הוּא יוֹדֵעַ בְּעַצְמוֹ דְּהָאֻמָּן נוֹשֵׂא לוֹ פָּנִים שֶׁלֹּא בִּרְצוֹנוֹ, וּמֻכְרָח לִקַּח מַה שֶּׁנּוֹתֵן לוֹ. אוֹ שֶׁכּוֹבֵשׁ שְׂכַר שָׂכִיר - כִּי אָז בָּאִין לְהִכָּשֵׁל בְּחֵטְא גָּזֵל, וְאֵלָיו הוּא נוֹשֵׂא אֶת נַפְשׁוֹ. חָלִילָה לַעֲשׂוֹת כֵּן לִכְבֹּשׁ שְׂכַר הַפּוֹעֵל, אוֹ שֶׁלֹּא לִתֵּן לוֹ שְׂכָרוֹ עֲבוּר הַמְּלָאכָה שְׂכָרוֹ

---

151 שמואל-א כד ד

152 חגיגה כ א

מְשַׁלֵּם, רַק הוּא נוֹתֵן לוֹ פָּחוֹת מִשְּׂכַר מְלַאכְתּוֹ. וּכְתִיב - כִּי[153] לִי בְנֵי יִשְׂרָאֵל עֲבָדִים עֲבָדַי הֵם. עַל כֵּן עָנְשׁוֹ הוּא מְרֻבֶּה [וּכְמוֹ שֶׁהֶאֱרַכְתִּי לְעֵיל בְּפֶּרֶק י"ד, עַיֵּן שָׁם]. וּכְשֵׁם שֶׁהַבַּעַל הַבַּיִת מֻזְהָר לְשַׁלֵּם שְׂכַר פּוֹעֵל בִּזְמַנּוֹ וְכָרָאוּי, כֵּן הַפּוֹעֵל מֻזְהָר שֶׁלֹּא לְקַלְקֵל הַבֶּגֶד וְלֹא לִקַּח מֵאִתּוֹ מְאוּמָה, אַף שֶׁנִּשְׁתַּיֵּר, כִּי אִם לְהַחֲזִיר לִבְעָלָיו, וַאֲפִלּוּ דָּבָר מוּעָט.

וְעַכְשָׁו נִשְׁתָּרְבֵּב הַחֵטְא וָפֶשַׁע שֶׁל הַחַיָּטִים שֶׁגּוֹנְבִים, וּשְׁתֵּי רָעוֹת עוֹשִׂין - **הָאַחַת** שֶׁמְּקַלְקְלִים הַבְּגָדִים. **וְשֵׁנִית** עוֹבְרִים עַל לֹא[154] תִּגְנֹב. וְאִסּוּר זֶה נַעֲשָׂה לָהֶם כְּהֶתֵּר, וְאֵינָם שָׂמִים אֶל לִבָּם אֲפִלּוּ לְהִתְחָרֵט עַל זֶה, כַּאֲשֶׁר שֶׁהֵמָּה מֻשְׁרָשִׁים בַּחֵטְא, וְאֵינָם יוֹדְעִים עָנְשָׁם, שֶׁהוּא עֹנֶשׁ חָמוּר. עַל כֵּן אֲנִי מַזְהִיר כָּל חַיָּט, שֶׁנִּכְשַׁל בְּחֵטְא זֶה, יַחֲזֹר בִּתְשׁוּבָה וְיָשִׂים אֶל לִבּוֹ לְהַחֲזִיר לְמִי שֶׁגָּזַל וְגָנַב אוֹ יַעֲשֶׂה אֵיזֶה צָרְכֵי רַבִּים, כִּי בַּעֲוֹון[155] גָּזֵל נֶחְתַּם דִּינָם שֶׁל דּוֹר הַמַּבּוּל. וְרָאִיתִי חַיָּט אֶחָד בִּקְהִלַּת קֹדֶשׁ בְּרִיסְק דְּלִיטָא, קֹדֶם מוֹתוֹ צִוָּה לַחֶבְרָה קַדִּישָׁא, שֶׁיַּעֲשׂוּ מִשֻּׁלְחָנוֹ שֶׁהָיָה בְּבֵיתוֹ אֲרוֹנוֹ, וְהָאַמָּה שֶׁהָיָה מוֹתֵחַ בּוֹ הַבְּגָדִים, יִתְּנוּ בְּיָדוֹ. וְשָׁאֲלוּ אוֹתוֹ הַחֶבְרָא קַדִּישָׁא מַה כַּוָּנָתוֹ בְּזֶה הַצַּוָּאָה, וְהֵשִׁיב, שֶׁהַשֻּׁלְחָן וְהָאַמָּה יָעִידוּ לוֹ כִּשְׁנֵי עֵדִים נֶאֱמָנִים, שֶׁכָּל יָמָיו לֹא גָּנַב מְאוּמָה מִן מְלַאכְתּוֹ. אַשְׁרֵי לוֹ שֶׁהָיָה רוֹצֶה לֵהָנוֹת רַק מִיגִיעַ כַּפּוֹ, וְלֹא מִשּׁוּם גָּזֵל.

עוֹד יֵשׁ בְּדָבָר עִכּוּב לְכָל דָּבָר שֶׁבִּקְדֻשָּׁה, כְּשֶׁלּוֹבֵשׁ שְׁנֵי בְּגָדִים כְּאֶחָד, דְּהַיְנוּ כְּשֶׁלּוֹבֵשׁ אֶחָד הוּא בְּתוֹךְ חֲבֵרוֹ. וְקַבָּלָה הִיא בְּיָדֵינוּ מִתַּלְמִידֵי הָאֲרִ"י, זִכְרוֹנוֹ לִבְרָכָה, שֶׁזֶּהוּ קָשֶׁה מְאֹד לְמַעֲשֵׂה הָאָדָם, שֶׁיֵּשׁ קְצָת רְשׁוּת לְסִטְרָא אַחֲרָא לְהִתְקָרֵב אֵלָיו עַל יְדֵי כֵּן. וּבִפְרָט בְּבִגְדֵי שַׁבָּת צְרִיכִין שְׁמִירָה מְעֻלָּה יוֹתֵר, כָּאָמוּר כִּי הַסִּטְרָא אַחֲרָא הוֹלֵךְ וְסוֹבֵב סָבִיב נֶגֶד הָאָדָם לְהִדָּבֵק בּוֹ, וּבִפְרָט בִּבְגָדִים שֶׁל שַׁבָּת. עַל כֵּן אָמַר הָאֲרִ"י, זִכְרוֹנוֹ לִבְרָכָה, שֶׁצָּרִיךְ הָאָדָם לוֹמַר בִּשְׁעַת לְבִישַׁת בִּגְדֵי שַׁבָּת - כָּל[156] כְּלִי יוּצַר עָלַיִךְ לֹא יִצְלָח וְכָל לָשׁוֹן תָּקוּם אִתָּךְ לַמִּשְׁפָּט תַּרְשִׁיעִי זֹאת נַחֲלַת עַבְדֵי ה' וְצִדְקָתָם מֵאִתִּי נְאֻם ה'. גַּם נָכוֹן לוֹמַר פָּסוּק זֶה בְּהִתְעַטֵּף לְבוּשׁ הָעֶלְיוֹן לְהִתְפַּלֵּל, וְחִיּוּב גָּדוֹל עַל הָאָדָם לְעַיֵּן בִּבְגָדָיו הֵיטֵב, שֶׁיִּהְיוּ נְקִיִּים אַף שֶׁלֹּא בִּזְמַן הַתְּפִלָּה, כִּי אֵין הַקְּדֻשָּׁה שׁוֹרָה בְּמָקוֹם מְטֻנָּף וּמְלֻכְלָךְ.

וְלָכֵן חִיּוּב עַל כָּל בַּר יִשְׂרָאֵל לִתֵּן הַשְׁגָּחָה, שֶׁיִּהְיֶה סָבִיב מְקוֹם הַמְּזוּזָה נָקִי הֵיטֵב, וְכִדְאִיתָא בַּזֹּהַר, כִּי עִנְיַן מְזוּזָה בְּבָתֵּי יִשְׂרָאֵל הוּא, שֶׁיִּזְכֹּר הָאָדָם חֶסֶד עֶלְיוֹן, שֶׁהַקָּדוֹשׁ בָּרוּךְ הוּא שׁוֹמֵר פִּתְחֵי יִשְׂרָאֵל, וְזִכְרוֹנָם לְפָנָיו תָּמִיד, וְעַל יְדֵי כֵּן גַּם הָאָדָם לֹא יִשְׁכַּח מִצְוֹת ה' יִתְבָּרֵךְ לְעוֹלָם

153 ויקרא כה נה
154 שמות כ יב
155 סנהדרין קח א
156 ישעיהו נד יז

וָעֶד. עַיֵּן מַה שֶּׁכָּתַבְתִּי לְעֵיל פֶּרֶק א', עַיֵּן שָׁם בְּעִנְיַן שְׁמִירַת הַמְּזוּזָה. וּמָצָאתִי כָּתוּב בְּשֵׁם סִפְרָא דִּשְׁלֹמֹה הַמֶּלֶךְ, כִּי שֵׁד אֶחָד נָח אֵצֶל הַפֶּתַח וְרוֹצֶה לְהַזִּיק לְמִי שֶׁנִּכְנָס לַבַּיִת, וּכְשֶׁרוֹאֶה הַשֵּׁד שֵׁם שֶׁל **שַׁדַּ"י** לֹא יָכוֹל לְהַזִּיק. עַל כֵּן לֹא יִשְׁפֹּךְ שׁוּם מַיִם עֲכוּרִים אֵצֶל הַמְּזוּזָה מֵחֲמַת שְׁנֵי טְעָמִים - **טַעַם אֶחָד** דְּלָא יַעֲבֵד קְלָנָא לְגַבֵּי שְׁמָא קַדִּישָׁא דְּמָרֵי עָלְמָא. **שֵׁנִי** אִם הוּא שׁוֹפֵךְ שָׁם מַיִם עֲכוּרִים, אֲזַי רְשׁוּת לִמְחַבְּלָא, חַס וְשָׁלוֹם. אֲבָל כְּשֶׁסְּבִיב הַמְּזוּזָה הוּא נָקִי, וּבֶן אָדָם הוּא מְחַבֵּב הַמְּזוּזָה לְנַשֵּׁק אוֹתוֹ בְּצֵאתוֹ וּבְבוֹאוֹ, הַאי שִׁידָא בְּעַל כָּרְחוֹ בָּרִיךְ לֵיהּ לְבַר נָשׁ וְאוֹמֵר - זֶה[157] הַשַּׁעַר לַה' צַדִּיקִים יָבֹאוּ בוֹ. אֲבָל מִי שֶׁאֵין לוֹ חַס וְשָׁלוֹם מְזוּזָה בְּפִתְחוֹ, אֲזַי רְשׁוּת לִמְחַבְּלָא לְחַבֵּל. נִי לוֹ, שֶׁחָס עַל אֵיזֶה מָמוֹן לִקְנוֹת מְזוּזָה, וְעַל גּוּפוֹ אֵינוֹ חָס. וּבִפְרָט שֶׁהַיְלָדִים מֵתִים בָּחֳלִי רַאגְלִיס בַּעֲוֹן מְזוּזָה, בַּעֲבוּר שֶׁאֵין לוֹ מְזוּזָה כְּשֵׁרָה בְּבֵיתוֹ בְּכָל חֲדָרָיו, וְלָכֵן נִסְמָךְ - וּכְתַבְתָּם[158] עַל מְזוּזוֹת בֵּיתֶךָ וּבִשְׁעָרֶיךָ. וּכְתִיב בַּתְרֵיהּ - לְמַעַן[159] יִרְבּוּ יְמֵיכֶם וִימֵי בְנֵיכֶם. וּכְמוֹ שֶׁאָמְרוּ רַבּוֹתֵינוּ זִכְרוֹנָם לִבְרָכָה בְּפֶרֶק **בַּמֶּה מַדְלִיקִין** - בַּעֲוֹן[160] בִּטּוּל מְזוּזָה וּבִטּוּל מִצְוַת צִיצִית בָּנִים מֵתִים כְּשֶׁהֵן קְטַנִּים. וְעַל הָרַבָּנִים וְרָאשֵׁי עַם מֻטָּל לִתֵּן הַשְׁגָּחָה עַל זֶה, וְכָל הַנִּזְהָר בֵּיהּ, יִזְכֶּה, כְּמוֹ שֶׁאָמַר הַכָּתוּב - לִשְׁמֹר[161] מְזוּזֹת פְּתָחָי. כִּי[162] מוֹצְאִי מָצָא חַיִּים. אֲרֻכִּים אָמֵן.

[157] תהלים קיח כ
[158] דברים יא כ
[159] דברים יא כא
[160] שבת לב ב
[161] משלי ח לד
[162] משלי ח לה

פרק מז

בַּגְּמָרָא דִּנְדָרִים אִיתָא - חֲסִידִים[163] הָרִאשׁוֹנִים הָיוּ מִתְאַוִּים לְהָבִיא קָרְבַּן חַטָּאת. וְהַטַּעַם נִרְאֶה, כִּי הָיוּ מְדַקְדְּקִים בְּעַצְמָם שֶׁלֹּא יְהֵא חָל עֲלֵיהֶם שׁוּם פְּגַם אֲפִלּוּ בְּשׁוֹגֵג, וּלְהָסִיר הַחֵטְא מִיָּד, שֶׁלֹּא הָיוּ אֲפִלּוּ מְעַט מִזְּעֵיר תַּחַת מֶמְשֶׁלֶת הַסִּטְרָא אָחֳרָא, וּלְקַיֵּם בְּעַצְמָם - וְלֹא[164] יִדְבַּק מְאוּמָה מִן הַחֵרֶם. וְאִם כֵּן, אִם עַל הַשּׁוֹגְגִים הָיוּ מְבִיאִים קָרְבָּן עַל הַמְּזִידִים לֹא כָּל שֶׁכֵּן, וְ-עַל[165] כָּל אֵלֶּה יְבִאֲךָ אֱלֹהִי"ם בַּמִּשְׁפָּט. עַל הָאָדָם, וְאִם בְּמִשְׁפָּט יָבוֹא אֱלֹהִי"ם, אִי אֶפְשָׁר לְהִתְקַיֵּם וְלִסְבֹּל כָּל הַדִּינִים וְיִסּוּרִים, אַךְ ה' הוּא אֵל רַחוּם וְחַנּוּן - לֹא[166] יַחְפֹּץ בְּמוֹת הָרָשָׁע כִּי אִם בְּשׁוּב הָרָשָׁע מֵרִשְׁעָתוֹ וְחָיָה. לָכֵן קָדְמָה הַתְּשׁוּבָה לִבְרִיאַת הָעוֹלָם, לְהוֹרוֹת כִּי לוּלֵא הַתְּשׁוּבָה לֹא הָיָה הָעוֹלָם מִתְקַיֵּם אֲפִלּוּ שָׁעָה אַחַת. וּבְכָל אַרְבָּעָה זְמַנִּים תְּקוּפֵי הַשָּׁנָה מַכְרִיזִים עַל הַתְּשׁוּבָה, כִּדְאִיתָא בַּזֹּהַר פָּרָשַׁת וַיִּקְרָא - תַּנְיָא, בְּאַרְבַּע תְּקוּפִין דְּשַׁתָּא דִּינִים מִתְעָרִין, וּתְשׁוּבָה תַּלְיָא עַד דְּאִתְּקִין. וְכַד דִּינִים מִתְעָרִין קָלָא נָפִיק מִסּוֹף עָלְמָא וְעַד סוֹפָא, סַלְקִין וְנַחְתִּין כָּרוֹזִים, קָרֵי, וְלֵית מַאן דְּיִתְעַר. וְלָזֶה רָמְזוּ רַבּוֹתֵינוּ זִכְרוֹנָם לִבְרָכָה, לְהִזָּהֵר מִתְּקוּפַת הַשָּׁנָה בְּאַרְבַּע תְּקוּפוֹת מִטִּפַּת הַדָּם, שֶׁהוּא רֶמֶז לְדִינִין, הַמִּתְעוֹרְרִין וְיוֹרְדִין בָּעוֹלָם. וְלָזֶה יֵשׁ תַּקָּנָה בְּהַנָּחַת הַבַּרְזֶל, שֶׁמַּצִּיל מִפְּנֵי הַתְּקוּפָה. וְיֵשׁ לִתֵּן טַעַם הָגוּן וְכָשֵׁר בְּעֵינֵי אֱלֹהִי"ם וְאָדָם, הוּא מְכֻוָּן עַל דֶּרֶךְ הַכָּתוּב - תְּרֹעֵם[167] בְּשֵׁבֶט בַּרְזֶל.

וּמָצָאתִי בְּשֵׁם גָּדוֹל אֶחָד הָרֶמֶז, שֶׁעַל זֶה הִתְפַּלֵּל דָּוִד הַמֶּלֶךְ עָלָיו הַשָּׁלוֹם, שֶׁיִּשְׁבֹּר וְיַהֲרֹס הַקָּדוֹשׁ בָּרוּךְ הוּא אֶת הַמְצַעֲרִים, שֶׁמְּצַעֲרִין אֶת יִשְׂרָאֵל, בִּזְכוּת שְׁנֵים עָשָׂר שְׁבָטִים שֶׁנּוֹלְדוּ מִן אַרְבַּע אִמָּהוֹת, שֶׁרָאשֵׁי תֵּבוֹת שֶׁלָּהֶן הֵן **בַּרְזֶל** - **בִּ**לְהָה, **רָ**חֵל, **זִ**לְפָּה, **לֵ**אָה, - שֶׁזְּכוּת הָאִמָּהוֹת יַעֲמֹד לָנוּ לְהִנָּצֵל מִן הַדִּינִים קָשִׁים, כִּי כָּל עִנְיַן דָּם הוּא מוֹרֶה עַל דִּינִים קָשִׁים, שֶׁהֵן בָּאִין מִסִּטְרָא דְּנוּקְבָא שֶׁבְּסִטְרָא אָחֳרָא, שֶׁהִיא לִילִי"ת הָרְשָׁעָה עִם מַחֲנוֹתֶיהָ, שֶׁבָּהּ נִכְלָלִין חֲמִשָּׁה מַרְאוֹת דָּם הַטָּמֵא, וְזֶה שֶׁאָמְרוּ רַבּוֹתֵינוּ זִכְרוֹנָם לִבְרָכָה בְּמַסֶּכֶת נִדָּה - בְּנוֹת[168] כּוּתִיִּים נִדּוֹת הֵן מֵעֲרִיסוֹתָן. כִּי הַמַּחֲנֶה טֻמְאָה שֶׁל לִילִי"ת נִקְרָאִים עֲרִיסָה, מִלְּשׁוֹן עֶרֶס וְאֶרֶס שֶׁל הַנָּחָשׁ הַקַּדְמוֹנִי. וּכְמוֹ שֶׁאָמַר הַכָּתוּב -

[163] נדרים י א
[164] דברים יג יח
[165] על פי קהלת יא ט
[166] יחזקאל לג יא
[167] תהלים ב ט
[168] נידה לא ב

הַשּׁוֹכְבִים[169] עַל מִטּוֹתֵיהֶן הַסְּרוּחִין עַל עַרְסוֹתָם. מַה שֶּׁאֵין כֵּן מַחֲנֵה הַשְּׁכִינָה הַנִּקְרָא מִטָּה - הִנֵּה[170] מִטָּתוֹ שֶׁלִּשְׁלֹמֹה שִׁשִּׁים גִּבֹּרִים סָבִיב לָהּ מִגִּבֹּרֵי יִשְׂרָאֵל. וּבִהְיוֹת הַדָּם הַנִּזְכָּר הוּא בָּא מֵחֲמִשָּׁה דָּמִים טְמֵאִים, שֶׁהִשְׁתַּלְשְׁלוּתָם מִלִּילִי"ת הָרְשָׁעָה נוּקְבָא שֶׁל סַמָּאֵ"ל, עַל כֵּן אֵין תַּקָּנָה לְהַתִּישׁ כֹּחָם אֶלָּא בְנוּקְבָא שֶׁל הַקְּדֻשָּׁה, שֶׁהֵן הָאִמָּהוֹת, שֶׁמֵּהֶן בָּאִים שְׁנֵים עָשָׂר שְׁבָטִים. וְלָכֵן צָרִיךְ לִזָּהֵר וּלְהַזְהִיר לְנָשִׁים דַּוְקָא בְּשָׁעָה שֶׁמַּנִּיחִים הַבַּרְזֶל מִפְּנֵי הַתְּקוּפָה לִזְכֹּר זְכוּת אִמָּהוֹת - **בִּלְהָה**, **רָחֵל**, **זִלְפָּה**, **לֵאָה**, שֶׁזְּכוּתָן יַעֲמֹד לָנוּ לְהַצִּילֵנוּ מִכָּל גְּזֵרוֹת רָעוֹת וְקָשׁוֹת, כִּי עִנְיָן גָּדוֹל הוּא כְּשֶׁמְּצָרֵף מַעֲשֶׂה עִם מַחֲשָׁבָה, וְהוּא יִחוּד גָּדוֹל וְחָבִיב מְאֹד לְגַבֵּי הַקָּדוֹשׁ בָּרוּךְ הוּא, וּמַצִּיל מִכָּל רָעָה וּמִכָּל פֶּגַע רַע בְּעֶזְרַת ה' אֱלֹהֵ"י יִשְׂרָאֵל.

וְעַל כֵּן בִּהְיוֹת הַחוֹטְאִים מִתְרַבִּים בְּיִשְׂרָאֵל חַס וְשָׁלוֹם, אֲזַי מִדַּת הַדִּין רוֹדֵף לִשְׁפִיכַת דָּמִים דַּוְקָא. וְכִדְאִיתָא בַּזֹּהַר שְׁמוֹת - וַתֵּרֶד[171] בַּת פַּרְעֹה לִרְחֹץ עַל הַיְאוֹר, הֲוֵי נַחְתָּא מִדַּת הַדִּין לְאִסְתַּחְאָה מִדָּמָן שֶׁל יִשְׂרָאֵל עַל יַד הַיְאוֹר, הִיא הַתּוֹרָה שֶׁנִּמְשֶׁלֶת לְמַיִם, עַל עֶלְבּוֹנָהּ שֶׁל תּוֹרָה. אָכֵן, עַל יְדֵי תְּשׁוּבָה מַעֲבִירִין הַכֹּל. וְכִדְאָמַר רַבִּי יְהוּדָה - כָּל מִלִּין דְּעָלְמָא תַּלְיָא בִּתְשׁוּבָה וּבִצְלוֹתָא, דְּצָלוּ בְּנֵי נָשָׁא לְגַבֵּי הַקָּדוֹשׁ בָּרוּךְ הוּא, וְכָל שֶׁכֵּן מָאן דְּאוֹשִׁיד דִּמְעִין בִּצְלוֹתָא, דְּלֵית לָךְ תַּרְעָא, דְּלָא עָאלִין דִּמְעִין.

מַה כְּתִיב - וַתִּפְתַּח[172] וַתִּרְאֵהוּ אֶת הַיֶּלֶד וְהִנֵּה נַעַר בֹּכֶה וַתַּחְמֹל עָלָיו וַתֹּאמֶר מִיַּלְדֵי הָעִבְרִים זֶה. **וַתִּפְתַּח** - קָאֵי עַל הַשְּׁכִינָה, דְּאִיהִי פְּתִיחָא תָּדִיר בִּזְכוּתֵיהֶן דְּיִשְׂרָאֵל. וְכֵיוָן דִּפְתָחָה - **וַתִּרְאֵהוּ אֶת הַיֶּלֶד בּוֹכֶה** הַיְינוּ יִשְׂרָאֵל, דְּנִקְרָאִים יֶלֶד שַׁעֲשׁוּעִים. **וְהִנֵּה נַעַר בּוֹכֶה** - רָצָה לוֹמַר, דִּמְהַדְּרִין בִּתְשׁוּבָה. וּבְכָאן קָמֵיהּ, **וַתַּחְמֹל עָלָיו** - וְדִינִים מִסְתַּלְּקִים מִנַּיְהוּ וְכָל גְּזֵרוֹת בִּישִׁין, וּמְרַחֵם עֲלַיְהוּ. וַתֹּאמַר, **מִיַּלְדֵי הָעִבְרִים זֶה** - שֶׁיֵּשׁ לוֹ רַךְ לֵבָב וְלֵב בָּשָׂר, וְאֵינָם קְשֵׁי עֹרֶף מִלַּעֲשׂוֹת תְּשׁוּבָה.

וְדַע, כִּי בְּאַרְבַּע תְּקוּפוֹת הַשָּׁנָה מַכְרִיזִים עַל הַתְּשׁוּבָה, כְּמוֹ שֶׁכָּתַבְתִּי לְעֵיל. עַל כֵּן בְּאוֹתוֹ הַפַּעַם הוּא עֵת וּזְמַן לְהִתְעוֹרֵר עַל הַתְּשׁוּבָה, וּבִפְרָט בִּתְקוּפַת תַּמּוּז, שֶׁהִיא חֲמוּרָה מִשְּׁאָר תְּקוּפוֹת.

מִי הוּא אֲשֶׁר לֹא יִירָא וְיָשִׂים דָּבָר זֶה אֶל לִבּוֹ, וְיֶחֱרַד מִפְּנֵי הַדִּין, וְיִתְחָרֵט בְּמַעֲשָׂיו וְיַעֲשֶׂה תְּשׁוּבָה בִּבְכִי וּבְתַחֲנוּנִים, וְאָז - וָשָׁב[173] וְרָפָא לוֹ.

---

[169] עמוס ו ד

[170] שיר השירים ג ז

[171] שמות ב ה

[172] שמות ב ו

[173] ישעיהו ו י

פרק מח

מִנְהָגָן שֶׁל יִשְׂרָאֵל לְהַתְחִיל לִתְקֹעַ מֵרֹאשׁ חֹדֶשׁ אֱלוּל, שֶׁהוּא שְׁלֹשִׁים יוֹם קֹדֶם רֹאשׁ הַשָּׁנָה, דִּמְיוֹן בַּעַל חוֹב, שֶׁנּוֹתְנִין לוֹ זְמַן בֵּית דִּין שְׁלֹשִׁים יוֹם לְהַמְצִיא מָעוֹת, כְּדֵי שֶׁיְּשַׁלֵּם לְבַעֲלֵי חוֹבוֹת, כֵּן בְּדִמְיוֹן זֶה נוֹתְנִין לוֹ לָאָדָם בְּבֵית דִּין שֶׁל מַעְלָה בַּעֲשִׂיַּת תְּשׁוּבָה, תְּפִלָּה, וּצְדָקָה - לְהַעֲבִיר מֵעָלָיו רֹעַ גְּזֵרָה. וְהַשּׁוֹפָר בָּא לְעוֹרֵר, כִּי הוּא מְרַמֵּז עַל קֶרֶן יִשְׂרָאֵל וְרוֹמֵז עַל קֶרֶן שֶׁל עֲקֵדַת יִצְחָק, שֶׁנֶּאֱמַר בּוֹ - אַיִל[174] אַחַר נֶאֱחַז בַּסְּבַךְ בְּקַרְנָיו. וְאִיתָא בַּמִּדְרָשׁ, שֶׁיִּהְיוּ יִשְׂרָאֵל נֶאֱחָזִים בַּעֲבֵרוֹת, אֲבָל סוֹפָן לְהִגָּאֵל בְּקַרְנָיו שֶׁל הָאַיִל, הֲדָא הוּא דִכְתִיב - בַּיּוֹם[175] הַהוּא יִתָּקַע בְּשׁוֹפָר גָּדוֹל. לְפִי שֶׁאַבְרָהָם אָבִינוּ רָאָה אֶת הָאַיִל נוֹטֵשׁ וְחוֹרֵשׁ, רָצָה לוֹמַר, שֶׁהָיָה אַיִל בְּצַעַר מֵחֲמַת קֹשִׁי הַשִּׁעְבּוּד שֶׁל אַרְבַּע גָּלֻיּוֹת. אָמַר לוֹ הַקָּדוֹשׁ בָּרוּךְ הוּא - הָאַיִל זֶה הוּא סִימָן לְבָנֶיךָ לְהִסְתַּבֵּךְ מִמַּלְכוּת בָּבֶל לְמַלְכוּת מָדַי, וּמִמָּדַי לְיָוָן. וּמִיָּוָן לְיִשְׁמָעֵאל וֶאֱדוֹם, וְסוֹפָן לְהִגָּאֵל בְּקַרְנָיו שֶׁל הָאַיִל. זֶהוּ שֶׁנֶּאֱמַר - וַה'[176] אֱלֹהִי"ם בְּשׁוֹפָר יִתְקָע. ה'[177] צְבָאוֹ"ת יָגֵן עֲלֵיהֶם. לָכֵן מִי הָאִישׁ, אֲשֶׁר חָרֵד לִדְבַר ה' כְּשֶׁשּׁוֹמֵעַ קוֹל הַשּׁוֹפָר, יֶחֱרַד לִבּוֹ וְיִתְמַלֵּא רֶתֶת וּרְעָדָה מִפְּנֵי פַּחַד ה' וּמֵהֲדַר גְּאוֹנוֹ. שׁוֹפָר מְרַמֵּז - שַׁפְּרוּ מַעֲשֵׂיכֶם וְעִזְבוּ דַּרְכֵיכֶם הָרָעִים, תְּפִלָּה הוּא תְּקִיעָה, וְצָרִיךְ הָאָדָם לוֹמַר - רִבּוֹן הָעוֹלָמִים, תְּקַע שֵׁם שֶׁל יָ"הּ בֵּין יִשְׂרָאֵל לִהְיוֹת יָתֵד תָּקוּעַ - יָד[178] עַל כֵּס יָ"הּ. שְׁבָרִים הוּא רֶמֶז, שֶׁהַקָּדוֹשׁ בָּרוּךְ הוּא יְשַׁבֵּר וִימַגֵּר וִיכַלֶּה כִּסֵּא שֶׁל סִטְרָא אָחֳרָא, שֶׁלֹּא תִּשְׁלֹט עַל יִשְׂרָאֵל, וְאָז תְּרוּעָה - יִתְרוֹעֲעוּ[179] וְיָשִׁירוּ יַחְדּוּ. הַוָּא"ו עִם הַהֵ"א בִּדְחִילוּ וּרְחִימוּ בְּשֵׁם כָּל יִשְׂרָאֵל.

עַל כֵּן יִתְעוֹרֵר כָּל אֶחָד וְאֶחָד לְקוֹל הַשּׁוֹפָר, הַמַּכְרִיז וּמְעוֹרֵר וּמַתְרֶה עַל הַתְּשׁוּבָה, וְקוּם וּקְרָא לֶאֱלֹהֶי"ךָ בִּבְכִי וְתַחֲנוּנִים כְּפִי מִנְהַג אַנְשֵׁי מַעֲשֶׂה, שֶׁכְּשֶׁתּוֹקְעִין בַּשּׁוֹפָר מֵרֹאשׁ חֹדֶשׁ אֱלוּל, הוֹפֵךְ פָּנָיו אֶל הַקִּיר וְקוֹרֵא לַה' בְּקוֹל בְּכִי וִילָלָה וְאוֹמֵר - חָנֵּנִי, חָנֵּנִי ה', אֵ"ל מֶלֶךְ יוֹשֵׁב עַל כִּסֵּא רַחֲמִים, מִתְנַהֵג בַּחֲסִידוּת וְכוּ', וַיַּעֲבֹר[180] ה' עַל פָּנָיו וַיִּקְרָא ה' ה' אֵל רַחוּם וְכוּ', עַד סוֹף שְׁלֹשׁ עֶשְׂרֵה מִדּוֹת. וְאַחַר כָּךְ יְעוֹרֵר לֵב חֲבֵרוֹ לַעֲשׂוֹת תְּשׁוּבָה, וּמִכָּל שֶׁכֵּן כְּשֶׁרוֹאֶה בַּחֲבֵרוֹ דָּבָר מְגֻנֶּה, צָרִיךְ לְהוֹכִיחוֹ וְלוֹמַר לוֹ בְּנַחַת - אָחִי, יְדִיד נַפְשִׁי, הִגִּיעַ עֵת וּזְמַן לְתַקֵּן

---

174 בראשית כב יג

175 ישעיהו כז יג

176 זכריה ט יד

177 זכריה ט טו

178 שמות יז טז

179 תהלים סה יד

180 שמות לד ו

הַמְעֻוֶּתֶת וּלְיַשֵּׁר הַמְּסִלָּה. שְׁמַע נָא לִדְבָרַי וְהָסֵר מִמְּךָ הַמִּכְשׁוֹל אֲשֶׁר בְּךָ, אֲשֶׁר עָשִׂיתָ מַעֲשִׂים אֲשֶׁר לֹא כַּהֹגֶן, כִּי מֻכְרָח אֲנִי לְהַזְהִיר אוֹתְךָ. וְאִם רָאִיתָ בִּי דָּבָר שֶׁאֵינוֹ הָגוּן אַף אַתָּה אֱמֹר לוֹ - כָּךְ וְכָךְ עָשִׂיתָ, כִּי אֲנָשִׁים אַחִים אֲנַחְנוּ, וְנִשְׁמוֹתֵינוּ הֵם מִמָּקוֹר אֶחָד מִתַּחַת כִּסֵּא הַכָּבוֹד.

וּכְמוֹ שֶׁמָּצִינוּ בְּחָסִיד אֶחָד, וּשְׁמוֹ רַבִּי אַבְרָהָם, תַּלְמִידוֹ שֶׁל הָאֲרִ"י זִכְרוֹנוֹ לִבְרָכָה, שֶׁהָיָה הוֹלֵךְ בַּשְּׁוָקִים וּבָרְחוֹבוֹת וְהָיָה מַכְרִיז עַל הַתְּשׁוּבָה, וְהָיָה מַקְהִיל כְּנוּפְיָה שֶׁל בַּעֲלֵי בָתִּים, וְהָיוּ הוֹלְכִים לְבֵית הַכְּנֶסֶת שֶׁל הָאַשְׁכְּנַזִּים, וְאָמַר לָהֶם - מִמֶּנִּי תִּרְאוּ וְכֵן תַּעֲשׂוּ לְקַבֵּל אַרְבַּע מִיתוֹת בֵּית דִּין, וְהָיָה נִכְנָס לְשַׂק אֶחָד, וְהָיָה מְצַוֶּה לְגָרְרוֹ בְּכָל אֹרֶךְ וְרֹחַב בֵּית הַכְּנֶסֶת כְּדֵי לְבַזּוֹתוֹ וּלְהַכְנִיעַ אֶת יִצְרוֹ, וְאַחַר כָּךְ צִוָּה לִקַּח כָּל אֶחָד אֶבֶן שֶׁל מִשְׁקַל לִטְרָא וָחֵצִי, וְהָיוּ זוֹרְקִין עָלָיו. וְאַחַר כָּךְ יָצָא מֵהַשַּׂק, וְהָיָה מוּכָן בְּבֵית הַכְּנֶסֶת מִטָּה, וּבְתוֹךְ הַמִּטָּה הָיָה מוּנָח מִין עֵשֶׂב, שֶׁקּוֹרִין - **בְּרֶען נֶעסְטְלִין**, וְהָיָה פּוֹשֵׁט אֶת בְּגָדָיו וּמְשַׁלֵּחַ אֶת עַצְמוֹ עַל הַחֲרוּלִים עָרֹם, וְהָיָה מִתְגַּלְגֵּל תּוֹךְ **הַבְּרֶען נֶעסְטְלִין**, עַד שֶׁנַּעֲשָׂה בְּשָׂרוֹ כְּמוֹ אֲבַעְבּוּעוֹת, וְאַחַר כָּךְ הָיוּ מַלְקִין אוֹתוֹ שְׁלֹשִׁים וְתֵשַׁע מַלְקוֹת נֶגֶד הֶרֶג, וְאַחַר כָּךְ הָיָה טוֹבֵל עַצְמוֹ בַּמִּקְוֶה, כִּי הַטְּבִילָה הִיא נֶגֶד חֶנֶק, וְאַחַר כָּךְ הָיָה אוֹמֵר לָאֲנָשִׁים שֶׁהָיוּ שָׁם - רַבּוֹתַי, מִי שֶׁרוֹצֶה לְהִנָּצֵל מִדִּין שֶׁל גֵּיהִנֹּם, יַעֲשֶׂה כַּמִּנְהָג הַזֶּה, וּמִיָּד נִזְדָּרְזוּ כֻּלָּם יַחַד וְקִבְּלוּ עֲלֵיהֶם כָּל אוֹתָן הַיִּסּוּרִים בְּאַהֲבָה וּבְחִבָּה, וְהָיוּ מְרִימִים אֶת קוֹלָם בִּבְכִיָּה וְהִתְוַדּוּ עַל עֲוֹנָם, וְלֹא זָזוּ מִשָּׁם, עַד שֶׁנַּעֲשׂוּ כֻּלָּן בַּעֲלֵי תְּשׁוּבָה גְּמוּרִים כָּל יְמֵי חַיֵּיהֶם.

וּבְאוֹתוֹ הַזְּמַן הָיָה אִישׁ אֶחָד, שֶׁלֹּא הָיָה רוֹצֶה לַעֲשׂוֹת כֵּן, בַּאֲשֶׁר שֶׁיָּדְעוּ בְּנֵי אָדָם, שֶׁהוּא בַּעַל תְּשׁוּבָה. מָה עָשָׂה, לָקַח שַׂק אֶחָד וְהָלַךְ אַחַר חֲצִי הַלַּיְלָה לִפְנֵי פֶּתַח בֵּית הַכְּנֶסֶת וְנִכְנַס בַּשַּׂק מְכֻסֶּה כֻּלּוֹ, מֵרֹאשׁ וְעַד רַגְלָיו, בְּעִנְיָן שֶׁלֹּא הָיוּ יוֹדְעִין מִי הוּא, וְהָפַךְ פָּנָיו אֶל הַקִּיר וְעָמַד שָׁם כָּל חֲצִי הַלַּיְלָה וְכָל הַיּוֹם עַד חֲצִי לַיְלָה אַחֶרֶת, מֵעֵת לְעֵת, בִּתְפִלָּה וּבְתַחֲנוּנִים וּבְכִיּוֹת. כֵּיוָן שֶׁעָבַר עָלָיו חֲצִי הַלַּיְלָה, כְּשֶׁהָיוּ כֻּלָּם יְשֵׁנִים אָז יָצָא מִבֵּית הַכְּנֶסֶת וְהָלַךְ לְבֵיתוֹ, וּבְנֵי אָדָם לֹא הָיוּ יְכוֹלִים לֵידַע מִי הוּא זֶה.

וְהָיָה הָאֲרִ"י ז"ל אוֹמֵר - וַדַּאי זֶהוּ תְּשׁוּבָה שְׁלֵמָה, כִּי תְּשׁוּבָה וּצְדָקָה בַּחֲדָא סִדְרָא אִנְהוּ, וּכְשֵׁם צְדָקָה מֻבְחֶרֶת כְּשֶׁהִיא נִסְתֶּרֶת וּבַסֵּתֶר, כֵּן הַתְּשׁוּבָה הִיא יָפָה כְּשֶׁהִיא בַּסֵּתֶר, כִּי אֵין הַסִּטְרָא אָחֳרָא יְכוֹלָה לִשְׁלֹט עָלָיו לַהֲסִיר אוֹתוֹ מִדַּרְכֵי תְּשׁוּבָה. וְהָעִקָּר שֶׁיְּקַיֵּם תְּחִלָּה **סוּר מֵרָע**, וְאַחַר כָּךְ **וַעֲשֵׂה טוֹב**, וְאָז - הַבָּא[181] לִטָּהֵר מְסַיְּעִין לוֹ.

[181] עבודה זרה נה א

פרק מט

כָּתְבוּ רַבּוֹתֵינוּ זִכְרוֹנָם לִבְרָכָה - הַתְחָלַת הִתְעוֹרְרוּת הַתְּשׁוּבָה הוּא הַתַּעֲנִית. וּנְבָאֵר עִנְיַן כֹּחַ הַתַּעֲנִית, רַק נַקְדִּים מַה שֶּׁמָּצָאתִי בַּזֹּהַר פָּרָשַׁת שְׁמוֹת - רַבִּי אַבָּא הֲוֵי אָזִיל בְּאוֹרְחָא, וַהֲוֵי עִמֵּיהּ רַבִּי יִצְחָק. עַד דַּהֲווּ אָזְלֵי, פָּגְעוּ בְּאִנּוּן וַרְדָּא. נָטִיל רַבִּי אַבָּא חַד וַרְדָּא בְּיָדֵיהּ וַהֲוֵי אָזִיל. פָּגַע בְּהוּ רַבִּי יוֹסֵי. אָמַר - וַדַּאי שְׁכִינְתָּא הָכָא, וַאֲנָא חֲמֵינָא בִּידֵיהּ דְּרַבִּי אַבָּא לְמֵילַף חָכְמְתָא סַגִּיאָה, דְּהָא יְדַעְנָא, דְּרַבִּי אַבָּא לָא נָטִיל הִיא וַרְדָּא אֶלָּא לְאַחֲזָאָה חָכְמְתָא. אָמַר רַבִּי אַבָּא - תּוּב בְּרִי, יָתְבוּ. אָרַח רַבִּי אַבָּא בְּהַהוּא וַרְדָּא. אָמַר - וַדַּאי אֵין הָעוֹלָם מִתְקַיֵּם אֶלָּא עַל הָרֵיחַ, דְּהָא חֲזֵינָא, דְּנִשְׁמְתָא לֹא מִתְקַיֶּמֶת אֶלָּא עַל הָרֵיחַ, וְעַל דָּא הֲדַס צְרִיכִין לְנָטְלָא בְּמוֹצָאֵי שַׁבָּת.

וְהִנֵּה בֵּאוּר הָעִנְיָן לְסַבֵּר אֶת הָאֹזֶן, כִּי כְּשֵׁם שֶׁהַנֶּפֶשׁ, שֶׁהִיא הַנְּשָׁמָה, נִקְרֵאת **עוֹלָם קָטָן** - אֵין קִיּוּם שֶׁלָּהּ כִּי אִם מֵהָרֵיחַ, וּכְמוֹ שֶׁאָמְרוּ רַבּוֹתֵינוּ זִכְרוֹנָם לִבְרָכָה - אֵיזֶהוּ דָּבָר שֶׁהַנְּשָׁמָה נֶהֱנֵית וְאֵין הַגּוּף נֶהֱנֶה, זֶה הָרֵיחַ. כֵּן הָעוֹלָם הַגָּדוֹל הַתַּחְתּוֹן וְעוֹלָם הָעֶלְיוֹן קִיּוּמָן עַל הָרֵיחַ, דְּהַיְנוּ - בִּזְמַן שֶׁבֵּית הַמִּקְדָּשׁ קַיָּם, הָיוּ מַקְרִיבִים קָרְבָּנוֹת, וְהָיוּ מְכַוְּנִים בִּשְׁעַת הַקְרָבָה כָּל הַיִּחוּדִים, הַשַּׁיָּכִין אֶל הַקָּרְבָּנוֹת וּבַשֵּׁמוֹת הַקְּדוֹשִׁים הַיּוֹצְאִים מִפָּסוּק - אִשֵּׁה[182] רֵיחַ נִיחוֹחַ לַה'. וְהָיָה מְעוֹרֵר רָצוֹן הָעֶלְיוֹן, וְנִתְיַחֲדוּ הָעוֹלָמוֹת בְּקִשּׁוּרָא חֲדָא וּבְחִבּוּרָא חֲדָא. וְזֶהוּ מוֹרֶה תֵּבַת קָרְבָּן לְשׁוֹן **קֵרוּב**. וְעַכְשָׁו הַתְּפִלָּה הִיא בִּמְקוֹם קָרְבָּן עַל יְדֵי הֶבֶל פִּיו, וְכֵן הַתּוֹרָה הִיא בִּמְקוֹם קָרְבָּן, וְכָל[183] הָעוֹסֵק בְּתוֹרַת עוֹלָה כְּאִלּוּ הִקְרִיב עוֹלָה. וְכֵן הֶבֶל פִּיו שֶׁל הַמִּתְפַּלֵּל בִּשְׁעַת הַתַּעֲנִית, הוּא דּוֹמֶה לְרֵיחַ הַקָּרְבָּנוֹת.

וּבֵאֵר הַזֹּהַר, כִּי כְּשֵׁם שֶׁהַוַּרְדָּא [שֶׁקּוֹרִין בִּלְשׁוֹן אַשְׁכְּנַז רוֹזִין] הִיא אֲדֻמָּה, וּכְשֶׁמְּבַשְּׁלִין אוֹתָהּ בָּאֵשׁ, נַעֲשֵׂית לְבָנָה, וְהִיא סִימָן שֶׁהָאָדָם הוֹפֵךְ לְלָבָן, כְּמוֹ כֵן הַקָּרְבָּן הוּא חֵלֶב וָדָם - אָדֹם וְלָבָן. וְהֶעָשָׁן הָעוֹלֶה הוּא חִוֵּר - לִרְמֹז שֶׁהַחֵטְא, שֶׁהוּא אָדֹם, נֶהְפָּךְ לְלָבָן. וּכְמוֹ כֵן הַתַּעֲנִית, שֶׁאָדָם מַקְרִיב חֶלְבּוֹ וְדָמוֹ, וּבְכָל תַּעֲנִית יֵשׁ בְּהַגּוּף חִמּוּם, שֶׁמּוֹרֶה שֶׁהָאָדָם נֶהְפַּךְ לְלָבָן עַל יְדֵי הַחִמּוּם, וְהַיְנוּ דְּאָמַר רַבִּי אֶלְעָזָר - כַּד הֲוֵינָא יָתֵיב בְּתַעֲנִית, הֲוֵי מַצְלֵי - רִבּוֹנוֹ שֶׁל עוֹלָם, גָּלוּי וְיָדוּעַ לְפָנֶיךָ, שֶׁהִקְרַבְתִּי חֶלְבִּי וְדָמִי, וְגוּפִי הוּא נִדְלָק מֵחֲמִימוּת חֻלְשַׁת גּוּפִי, יְהִי רָצוֹן מִלְּפָנֶיךָ שֶׁיְּהֵא הָרֵיחַ הָעוֹלֶה מִפִּי בְּשָׁעָה זוֹ, כְּרֵיחַ נִיחוֹחַ, כְּקָרְבְּנוֹת הַמִּזְבֵּחַ, וְתִרְצֵנִי.

וְאַחַר שֶׁבֵּאַרְנוּ קְצָת מַעֲלַת הַתַּעֲנִית, נְבָאֵר דְּבָרִים הַפּוֹגְמִים בְּתַעֲנִית -

---

[182] ויקרא א ט

[183] מנחות קי א

הָאֶחָד - לִזָּהֵר בְּיוֹם הַתַּעֲנִית לְהִתְעַסֵּק בִּדְבָרִים שֶׁבִּקְדֻשָּׁה, וְלֹא כְּמוֹ מִקְצָת בְּנֵי אָדָם, הַהוֹלְכִים וְעוֹסְקִים בִּדְבָרִים בְּטֵלִים וְלֵיצָנוּת — וְיָצָא שְׂכָרָם בְּהֶפְסֵדָם.
הַשֵּׁנִי - מַאן דִּמְפַרְסֵם תַּעֲנִיתוֹ הוּא עִנְיָן גָּרוּעַ וְדוֹמֶה לְנוֹתֵן מַתָּנָה לַחֲבֵרוֹ, וּמַכְרִיזָהּ בָּרַבִּים.
הַשְּׁלִישִׁי - הַכּוֹעֵס בְּיוֹם הַתַּעֲנִית, וְדוֹמֶה לְנוֹתֵן מַתָּנָה דֶּרֶךְ כַּעַס.
הָרְבִיעִי - יִרְאֶה לִלְמֹד אַף מְעַט קֹדֶם שֶׁיִּטְעַם מְאוּמָה.
הַחֲמִישִׁי - יְדַקְדֵּק אַחַר פַּת יִשְׂרָאֵל.
הַשִּׁשִּׁי - לִשְׁלֹחַ תְּחִלָּה לֶעָנִי מִן מַאֲכָל שֶׁהֵכִין לוֹ.
הַשְּׁבִיעִי - הוּא עִקָּר וּמָקוֹר לְכֻלָּם, שֶׁיִּזָּהֵר שֶׁלֹּא לֶאֱכֹל דֶּרֶךְ רַעַבְתָּנוּתוֹ. וְהוּא אִסּוּר גָּמוּר. כִּי זֶהוּ מִדַּת עֵשָׂו הָרָשָׁע שֶׁאָמַר - הַלְעִיטֵנִי[184] נָא. וּכְתִיב בְּמִשְׁלֵי - בֶּטֶן[185] רְשָׁעִים תֶּחְסָר. וְהַרְבֵּה בְּנֵי אָדָם נִכְשָׁלִין בָּזֶה שֶׁאוֹכְלִין בִּמְהִירוּת, דֶּרֶךְ זוֹלֵל וְסוֹבֵא, וְהוּא פְּגַם גָּדוֹל מְאֹד.
הַשְּׁמִינִי - שֶׁלֹּא יִשְׁתֶּה הַרְבֵּה בִּכְדֵי שֶׁיִּשְׁתַּכֵּר, שֶׁאָז יִשְׁתַּקַּע בְּשֵׁנָה עַל יְדֵי בִּלְבּוּל דַּעַת הַשִּׁכְרוּת, וְנִמְצָא שֶׁהִפְסִיד בַּמֶּה שֶׁלֹּא הִפְקִיד רוּחוֹ וְנִשְׁמָתוֹ קֹדֶם הַשֵּׁנָה בְּיָדוֹ שֶׁל הַקָּדוֹשׁ בָּרוּךְ הוּא בְּכַוָּנָה וּבְדֵעָה צְלוּלָה. וְהוּא חִיּוּב גָּדוֹל, כִּדְאִיתָא בַּזֹּהַר פָּרָשַׁת דְּבָרִים בַּאֲרִיכוּת, עַיֵּן שָׁם.
הַתְּשִׁיעִי - יוֹם הַתַּעֲנִית הוּא מְסֻגָּל שֶׁיְּפָרֵשׁ הָאָדָם חֲטָאָיו לִפְנֵי הַקָּדוֹשׁ בָּרוּךְ הוּא, וְאָז אֵין לְהַשָּׂטָן שׁוּם קִטְרוּג בְּקָרְבָּנוֹ אוֹ בִּתְפִלָּתוֹ. וְדָבָר זֶה מְבֹאָר בַּזֹּהַר וַיִּקְרָא, וְזֶה לְשׁוֹנוֹ - רַבִּי חִיָּא וְרַבִּי יוֹסֵי הֲווּ אָזְלֵי בְּאוֹרְחָא. עַד דַּהֲווּ אָזְלֵי, אָמַר רַבִּי יוֹסֵי לְרַבִּי חִיָּא - בּוֹא וְנִשְׁתַּדֵּל בְּאוֹרַיְתָא, פָּתַח רַבִּי חִיָּא וְאָמַר - חַטָּאתִי אוֹדִיעֲךָ, מִכָּאן אוֹלִיפְנָא, דְּכָל בַּר נָשׁ דִּמְכַסֶּה חֲטָאָיו, וְלָא מְפָרֵשׁ לוֹן קַמֵּי מַלְכָּא קַדִּישָׁא, וְיִתְבַּע רַחֲמֵי לָא יְהָבִין לֵיהּ לְמִפְתַּח פִּתְחָא דִּתְשׁוּבָה, וְאִי פָּרֵשׁ לוֹן הַקָּדוֹשׁ בָּרוּךְ הוּא חַיִס עֲלֵיהּ, וְיִתְגַּבְּרוּן רַחֲמֵי עַל דִּינָא. וְכָל שֶׁכֵּן אִי אִיהוּ בָּכֵי דְּהָא כָּל פִּתְחִין סְתִימִין, וְאִיהוּ פָּתוּחַ, וְאִתְקַבַּל צְלוֹתֵיהּ. וְעַל דָּא מַאן דִּמְפָרֵשׁ חֲטָאֵיהּ יְקָרָא דְּמַלְכָּא הוּא לְאִתְגַּבְּרָא רַחֲמֵי עַל דִּינָא, וְעַל דָּא כְּתִיב [תְּהִלִּים נ, כג] - זוֹבֵחַ תּוֹדָה יְכַבְּדָנְנִי. תְּרֵין כִּבּוּדִין אִנּוּן - חַד לְעֵילָא, וְחַד לְתַתָּא, חַד בְּעָלְמָא דֵּין, וְחַד בְּעָלְמָא דְּאָתֵי.
פָּתַח עוֹד וְאָמַר, דִּבְהַהוּא יוֹמָא, דְּאִתְחָרַב בֵּית הַמִּקְדָּשׁ לְתַתָּא, וְיִשְׂרָאֵל אָזְלֵי בְּגָלוּתָא, וְרֵחַיִם עַל צַוְּארֵיהוֹן, וִידֵיהוֹן מְהַדְּקִין לַאֲחוֹרָא, וּכְנֶסֶת יִשְׂרָאֵל אִתְתָּרְכַת מִבֵּי מַלְכָּא לְמֵיהַךְ בַּתְרֵיהוֹן, וּבְשַׁעְתָּא דְּנָחְתַת שְׁכִינְתָּא, אָמְרָה - אֵיהַךְ בְּקַדְמֵיתָא וְאֶבְכֶּה עַל מְדוֹרָאִי וְעַל בָּנַי וְעַל הַיִּחוּד גָּדוֹל, שֶׁהָיָה נַעֲשֶׂה בְּבֵית הַמִּקְדָּשׁ, וְכַד נָחְתַת מִמִּקְדָּשׁ שֶׁל מַעְלָה

---
[184] בראשית כה ל
[185] משלי יג כה

חֲמַת אַתְרָאָה דְּמִקְדָּשׁ שֶׁל מַטָּה הוּא חָרֵב, וּדְמִיהֶן שֶׁל צַדִּיקַיָּא אִתּוֹשַׁד כְּדֵין אֲרִימַת קָלָא, וְאִתְרְגִישׁוּ עָלְמֵי עִלָּאֵי וְתַתָּאֵי, וּמְטָא קָלָא לְעֵילָּא עַד אֲתַר דְּמַלְכָּא שַׁרְיָא, וּבָעֵי מַלְכָּא לְמֶחֱרַב עָלְמָא לְתֹהוּ וָבֹהוּ, עַד דְּנַחְתֵּי כַּמָּה אֲכְלוּסִין וְכַמָּה מַשִּׁרְיָן לְנַחֵם הַשְּׁכִינָה וְלֹא קִבְּלָה תַּנְחוּמִין. הֲדָא הוּא דִכְתִיב [יִרְמְיָה לא, יד] - קוֹל בְּרָמָה נִשְׁמָע רָחֵל מְבַכָּה עַל בָּנֶיהָ מֵאֲנָה לְהִנָּחֵם עַל בָּנֶיהָ כִּי אֵינֶנּוּ. וּתְחִלַּת יְצִיאָתָהּ מִבֵּית מִקְדְּשָׁא, וְשָׁרְתָה בְּאֶרֶץ יִשְׂרָאֵל, וּלְבָתַר נָפְקָא מִן אַרְעָא קַדִּישָׁא לְמַדְבְּרָא, וְיָשְׁבָה תַּמָּן תְּלַת יוֹמִין וְקָרָאָה שָׁם - אֵיכָה[186] יָשְׁבָה בָדָד הָעִיר רַבָּתִי עָם הָיְתָה כְּאַלְמָנָה רַבָּתִי בַגּוֹיִם שָׂרָתִי בַּמְּדִינוֹת הָיְתָה לָמַס.

בָּכוּ רַבִּי חִיָּא וְרַבִּי יוֹסֵי כוּ'. עַד דַּהֲווּ יַתְבֵי, פָּרַח חַד עוֹפָא וְרָחִישׁ קַמַּיְהוּ שֶׁיֵּלְכוּ מִכָּאן. אָמַר רַבִּי חִיָּא - נֵיקוּם מֵהָכָא, דְּוַדַּאי יַתְבֵי טוּרָיָּא הָכָא. רָצָה לוֹמַר - יֵשׁ כָּאן גַּזְלָנִים יוֹשְׁבִים. קָמוּ וְאָזְלוּ, עַד דְּהָדְרוּ רֵישַׁיְהוּ, חָמוּ אִנּוּן לִסְטִין דְּרָהֲטֵי אֲבַתְרַיְהוּ. וְאִתְרְחִישׁ לְהוֹן נִסָּא, וְאַשְׁכָּחוּ קַמַּיְהוּ חַד טִינָרָא וְחַד מְעַרְתָּא, וְעָאלוּ תַּמָּן. יָתְבוּ תַּמָּן יוֹם אֶחָד וְלַיְלָה אֶחָד, כַּד רָמַשׁ לֵילְיָא, אִתְנְהִיר סִיהֲרָא. עָבְרֵי תַּמָּן תְּרֵין טַיְעִין, וְחַמְרֵיהוֹן טְעוּנִין יַיִן וּמֵיכְלָא לְגַרְמַיְהוּ. אָמְרוּ - נֵיתוּב הָכָא, הָא אִית לָן לְמֵיכַל וּלְמִשְׁתֵּי וּלְחַמְרֵי, וַאֲנַן נֵיעוּל לִמְעַרְתָּא דָּא. אָמַר חַד לְחַבְרַיָּא - לָא תִּכְנֹס, עַד דְּתִתְפָּרֵשׁ לִי חַד קְרָא - מַאי דִּכְתִיב [תְּהִלִּים נב, יא] - אוֹדְךָ לְעוֹלָם כִּי עָשִׂיתָ וַאֲקַוֶּה שִׁמְךָ כִּי טוֹב נֶגֶד חֲסִידֶיךָ. וְכִי לְגַבֵּי אָחֳרָא לָאו אִיהוּ טוֹב, לָא הֲוֵי בְּיָדֵיהּ. אָמַר לֵיהּ - וַי לְטַיְעָא, דְּשַׁבְקֵי לְהַקָּדוֹשׁ בָּרוּךְ הוּא וְאוֹרַיְתָא וְעָסְקֵי בְּטִיּוּעָא.

רַבִּי חִיָּא וְרַבִּי יוֹסֵי, דַּהֲוֵי יַתְבֵי בִּמְעָרָא חָדוּ. אָמַר רַבִּי חִיָּא לְרַבִּי יוֹסֵי חֲזֵי, כַּמָּה נִסִּים עָבִיד לוֹן הַקָּדוֹשׁ בָּרוּךְ הוּא - שֶׁזִּיב לָן מִלִּסְטִים וּסְחוֹר לוֹן בִּמְעָרָה בְּהַשְׁקֵט וְשַׁלְוָה, וְהַשְׁתָּא נִתְחַבֵּר עִם בַּעֲלֵי תּוֹרָה. נָפְקוּ מִן מְעַרְתָּא וּפָתְחוּ בְּשָׁלוֹם וְנִתְחַבְּרוּ יַחַד. אָמַר הַאי טַיְעָא - אִמְרוּ לִי, מַהוּ פֵּרוּשׁ, כִּי טוֹב נֶגֶד חֲסִידֶךָ, אָמַר רַבִּי חִיָּא - וַדַּאי דַּוְקָא נֶגֶד חֲסִידִים הַקָּדוֹשׁ בָּרוּךְ הוּא טוֹב, וְלֹא נֶגֶד רְשָׁעִים, דִּמְבַזִּין דִּבְרֵי תּוֹרָה, וְלָא עָסְקֵי בְּאוֹרַיְתָא. אָמַר לֵיהּ - יָאוֹת הוּא לְפִי פְּשׁוּטָהּ, אֲבָל יוֹמָא חַד הֲוֵינָא גַּבֵּי רַבִּי שִׁמְעוֹן בֶּן יוֹחַאי, וְהוּא פֵּרֵשׁ דֶּרֶךְ נִסְתָּר וְגוֹ'. וְגִלָּה אַחַר כָּךְ הַאי טַיְעָא כַּמָּה סוֹדוֹת נִפְלָאִים. אָתָא רַבִּי חִיָּא וְרַבִּי יוֹסֵי וּנְשָׁקוּהוּ, וְאַחַר כָּךְ אָזַל כָּל חַד וְחַד לְדַרְכּוֹ.

הֲרֵי רָאֵה, כַּמָּה הָיוּ חֲבִיבִים דּוֹרוֹת הָרִאשׁוֹנִים, דַּהֲוֵי עָסְקֵי בַּתּוֹרָה אֲפִלּוּ בַּדֶּרֶךְ, וְהָיָה שִׂמְחָה בְּיָדָם שֶׁהָיוּ מִתְחַבְּרִים בְּחַבְרוּתָא שֶׁל בַּעֲלֵי תוֹרָה, כִּי כָּל הַמְחַבֵּר אֶת עַצְמוֹ לְבַעֲלֵי תוֹרָה, הֵן מְקָרְבִין אֶת הַגְּאֻלָּה, כִּי אֵין לַשְּׁכִינָה בַּגָּלוּת הַמַּר הַזֶּה אֶלָּא אַרְבַּע אַמּוֹת שֶׁל הֲלָכָה, שֶׁנֶּאֱמַר

[186] איכה א א

- הֲלִיכוֹת[187] עוֹלָם לוֹ. שֶׁהַקָּדוֹשׁ בָּרוּךְ הוּא יַחֲסֶה עָלָיו כְּנָפָיו לְהַצִּיל אוֹתוֹ מִכָּל גְּזֵרוֹת רָעוֹת, וּתְפִלָּתוֹ תִּהְיֶה קְרוֹבָה לְהִתְקַבֵּל, וְנִכְסוֹהִי מִתְבָּרְכִין בְּכָל הַבְּרָכוֹת, אָמֵן.

[187] חבקוק ג ו

פרק ג

כָּתַבְנוּ בַּפְּרָקִים הַקּוֹדְמִים בְּמַעֲלַת תְּפִלָּתוֹ שֶׁל הֶעָנִי, וְעַכְשָׁו בָּאתִי לִכְתֹּב עוֹד דְּבָרִים נוֹסָפִים עַל הָרִאשׁוֹנִים, כִּי קָרְבַּן הֶעָנִי תָּמִיד הוּא מְרֻצֶּה לְהַקָּדוֹשׁ בָּרוּךְ הוּא. וּכְמוֹ שֶׁאָמַר הַכָּתוּב - לֵב[188] נִשְׁבָּר וְנִדְכֶּה אֱלֹהִ"ם לֹא תִבְזֶה.

וְאִיתָא בַּזֹּהַר פָּרָשַׁת וַיִּקְרָא - מַעֲשֶׂה בְּעָשִׁיר אֶחָד, שֶׁהֵבִיא אֶל הַכֹּהֵן לְהַקְרִיב שְׁתֵּי תוֹרִים וּבְנֵי יוֹנָה, וְהוּא קָרְבַּן עָנִי. וְאָמַר לֵיהּ הַכֹּהֵן - קָרְבָּן זֶה לָאו דִּידָךְ הוּא. אֲתָא לְבֵיתֵיהּ וַהֲוֵי עָצִיב. אַמְרֵי לֵיהּ אֲחוֹהִי - אַמַּאי אַתְּ עָצִיב, אָמַר לְהוּ, דְּלָא קָרִיב כַּהֲנָא קָרְבָּנָא דִּילִי תְּרֵין בְּנֵין יוֹנָה. אָמְרוּ לֵיהּ - יָאוֹת וְשַׁפִּיר עָבִיד, דְּזֶהוּ קָרְבַּן עָנִי, דִּכְתִיב בֵּיהּ - וְאִם[189] דַּל הוּא וְאֵין יָדוֹ מַשֶּׂגֶת וְלָקַח כֶּבֶשׂ אֶחָד אָשָׁם לִתְנוּפָה לְכַפֵּר עָלָיו וְעִשָּׂרוֹן סֹלֶת אֶחָד בָּלוּל בַּשֶּׁמֶן לְמִנְחָה וְלֹג שָׁמֶן. אֶלָּא אַתְּ צָרִיךְ לְקָרְבָא חַד תּוֹרָא, אָמַר הַאי גַּבְרָא בְּדַעְתֵּיהּ - וּמָה עַל הַמַּחֲשֶׁבֶת חֵטְא הֶחְמִירָה תּוֹרָה לְהַקְרִיב תּוֹרָא, עַל חֵטְא עַצְמוֹ לֹא כָּל שֶׁכֵּן, נָדַרְנָא דְּלָא אַסַּלֵּק עַל לִבָּאִי מַחֲשָׁבָה דַּחֲטָאָה. מִכָּאן וּלְהָלְאָה מֶה עָבִיד, כָּל יוֹמָא אִשְׁתַּדֵּל בְּמַשָּׂא וּמַתָּן, וּבַלַּיְלָה נָאִים קְצָת, וְאַחַר כָּךְ קָרָא לְאֶחָיו, שֶׁיִּלְמְדוּ עִמּוֹ תּוֹרָה, וַהֲוֵי קָרְיָן לֵיהּ **יְהוּדָה אַחֲרָא**.

יוֹמָא חַד פָּגַע בֵּיהּ רַבִּי יוֹסֵי, וַהֲוֵי פָּרִישׁ נִכְסֵי - לְמִסְכְּנָא פַּלְגֵי, וּפַלְגֵי לִתֵּן עַל סְחוֹרָה אֶל הוֹלְכֵי יַמִּים, וְהוּא יָתִיב וְלָעֵי בְּאוֹרַיְתָא. פָּתַח וְאָמַר - כָּל מַאן דְּקָרִיב קָרְבָּן בִּרְעוּתָא דְּלִבָּא הַקָּדוֹשׁ בָּרוּךְ הוּא אִזְדַּמַּן לְקַבְּלֵיהּ. תָּא חֲזִי, קָרְבָּנֵיהּ דְּמִסְכֵּנָא חָשִׁיב קָמֵּיהּ קֻדְשָׁא בְּרִיךְ הוּא, דְּהָא הוּא מַקְרִיב חֶלְבּוֹ וְדָמוֹ, וְדָא לֵית לֵיהּ מִידִי לְמֵיכַל, וְאַיְתֵי קָרְבָּנָא, וּבְהַהוּא שַׁעְתָּא דְּהֶעָנִי מַקְרִיב קָרְבָּנֵיהּ, מַכְרִיזִים בַּשָּׁמַיִם וְאַמְרֵי [תְּהִלִּים כב, כה] - כִּי לֹא בָזָה וְלֹא שִׁקַּץ עֱנוּת עָנִי. כִּי קָרְבָּנֵיהּ דְּעָנִי הוּא עָדִיף מִכֻּלָּא, דְּהָא עָנִי גָּרַם לִי לְמֶהֱוֵי בְּחֶלְקוֹ דְּקֻדְשָׁא בְּרִיךְ הוּא, וְהֶעָנִי גָּרַם לִי לְמֶהֱוֵי בְּחֵלֶק דְּאוֹרַיְתָא, וּבְגִין כָּךְ פַּלְגִינָא פַּלְגֵי לְמִסְכְּנֵיהּ, דְּהָא אִנּוּן גָּרְמוּ לִי כָּל הַאי וְכוּ'. וְעִקַּר קָרְבָּנָא הִיא רְעוּתָא דְּלִבָּא וּרְעוּתָא דְּנַפְשָׁא דְּהוּא חָבִיב מִן כֹּל קָמֵּיהּ קֻדְשָׁא בְּרִיךְ הוּא.

וְהַשְׁתָּא הַתְּפִלָּה הִיא בִּמְקוֹם קָרְבָּן, צָרִיךְ הָאָדָם לְהִתְפַּלֵּל בְּלֵב נִשְׁבָּר וּלְכַוֵּן בָּהּ לְתַקֵּן קִשּׁוּטִין לַשְּׁכִינָה בִּתְפִלָּתוֹ, כִּי אֵלּוּ בְּנֵי אָדָם הַמְכֻוָּנִים בְּמַעֲשֵׂיהֶם הַטּוֹבִים, עוֹשִׂים נַחַת רוּחַ לַשְּׁכִינָה וְנִקְרָאִין **אַנְשֵׁי מַעֲשֶׂה**, כִּי **מַעֲשֶׂה** הוּא לְשׁוֹן תַּרְגּוּם **נַיַּעַשׂ**, וְתָקִין. וְלָכֵן אָמְרָה הַשּׁוּנַמִּית לְבַעְלָהּ - נַעֲשֶׂה[190] עֲלִיַּת קִיר קְטַנָּה וְנָשִׂים לוֹ שָׁם מִטָּה וְשֻׁלְחָן כִּסֵּא

---

[188] תהלים נא יט

[189] ויקרא יד כא

[190] מלכים-ב ד י

וּמְנוֹרָה. וְכַוָּנָתָהּ הָיָה לִכְבוֹד הַשְּׁכִינָה, כִּי הָעִנְיָן דְּאַרְבָּעָה דְּבָרִים אֵלּוּ צְרִיכִין בְּנֵי יִשְׂרָאֵל לְהָכִין אֶל הַשְּׁכִינָה. וּבְעָמְדוֹ לְהִתְפַּלֵּל תְּפִלַּת עַרְבִית, יְכַוֵּן בִּתְפִלָּתוֹ, שֶׁהִיא נֶגֶד מְנוֹרָה, וּקְרִיאַת שְׁמַע שֶׁל עַרְבִית הוּא נֶגֶד הַמִּטָּה, וּבְשַׁחֲרִית פְּסוּקֵי דְזִמְרָה וּקְרִיאַת שְׁמַע הוּא נֶגֶד שֻׁלְחָן, וּתְפִלָּה הוּא נֶגֶד כִּסֵּא, וְהַכֹּל הוּא כְּבוֹד הַשְּׁכִינָה, עַיֵּן שָׁם בַּאֲרִיכוּת.

עַל כֵּן יִרְאֶה הָאָדָם כַּמָּה הִיא הַתְּפִלָּה חֲבִיבָה כְּשֶׁהוּא מִתְפַּלֵּל בְּכַוָּנָה, וְאֵיךְ מְשַׂמֵּחַ הַשְּׁכִינָה לְאֵין עֵרֶךְ וְשִׁעוּר, כִּי בְּשָׁעָה שֶׁאוֹמֵר הָאָדָם שִׁירוֹת וְתִשְׁבָּחוֹת, הַשְּׁכִינָה מִתְעַטֶּרֶת בְּאוֹתוֹ הַפַּעַם בְּהַהוּא כִּתְרָא, דְּאִזְדַּמַּן הַקָּדוֹשׁ בָּרוּךְ הוּא לְאִתְעַטְּרָא לְמַלְכָּא מְשִׁיחָא, וּבְהַהוּא כִּתְרָא חֲקוּקִים בָּהּ שְׁמוֹת הַקְּדוֹשִׁים, שֶׁהָיוּ כְּנֶגֶד לִבּוֹ, בְּהַהוּא זִמְנָא, דְּעָבְרוּ יִשְׂרָאֵל עַל הַיָּם בְּגִין דְּאִבָּעֵי בַּר נָשׁ לְכַוֵּן רְעוּתֵיהּ בְּהַהוּא שִׁירָתָא. וְכָל מַאן דְּזָכֵי בְּהַאי עָלְמָא, שֶׁאוֹמֵר פְּסוּקֵי דְזִמְרָה וְ-**אָז יָשִׁיר** בְּכַוָּנָה זָכֵי לְמֶחֱמֵיהּ מַלְכָּא מְשִׁיחָא בְּתִקּוּנֵי הַהוּא כִּתְרָא וּבִכְלֵי מִלְחַמְתּוֹ לֶעָתִיד לָבוֹא וְזָכֵי לְשִׁיר הַאי תֻּשְׁבַּחְתָּא תַּמָּן. וְכֵיוָן דְּמָטֵי בַּר נָשׁ לְ**יִשְׁתַּבַּח**, נָטִיל הַקָּדוֹשׁ בָּרוּךְ הוּא הַאי כִּתְרָא וְשַׁוֵּי לְקַמֵּיהּ. וְלָכֵן צָרִיךְ לְמִכְלְלָא לָהּ בִּתְלֵיסַר מְכִילִין עִלָּאִין, דְּמִנֵּהּ אִתְבָּרְכָת אִנּוּן תְּלֵיסַר בֻּשְׂמִין עִלָּאִין דְּאִנּוּן - הַצֳּרִי וְהַצִּפֹּרֶן, חֶלְבְּנָה וְהַלְּבוֹנָה, מוֹר וּקְצִיעָה, שִׁבֹּלֶת נֵרְדְּ, כַּרְכֹּם, קֹשְׁטְ וְקִלּוּפָה וְקִנָּמוֹן, בֹּרִית כַּרְשִׁינָא [יֵין קַפְרִיסִין]. וְהָכֵי אִנּוּן - שִׁיר וּשְׁבָחָה, הַלֵּל וְזִמְרָה, עֹז וּמֶמְשָׁלָה, נֶצַח, גְּדֻלָּה וּגְבוּרָה, תְּהִלָּה וְתִפְאֶרֶת, קְדֻשָּׁה וּמַלְכוּת, וְהֵן נֶגֶד שְׁלֹשׁ עֶשְׂרֵה מִדּוֹת הָרַחֲמִים. וְצָרִיךְ לוֹמַר בִּנְשִׁימָה אַחַת, דְּלָא לִפְסֹק בֵּינַיְהוּ. וְאִי פָּסִיק בֵּינַיְהוּ, אָז נָפִיק חַד שַׁלְהוֹבָא מִתַּחַת גַּדְפֵּיהוּ דִּכְרוּבִים, וּמַכְרִיזִים בְּקוֹל גָּדוֹל - פְּלוֹנִי דֵּין פָּסִיק בְּשִׁבְחֵיהּ דְּמָרֵיהּ, וְיִשְׁתַּצֵּי וְיִתְפַּסֵּק זְכוּתֵיהּ, דְּלָא יֶחֱזֵי בְּגֵאוּתָא דְּמַלְכָּא, כְּמָה דְּאַתְּ אָמַר - וּבַל יִרְאֶה בְּגֵאוּת ה', עַד כָּאן.

עַל כֵּן צָרִיךְ הָאָדָם לִזָּהֵר בָּזֶה מְאֹד לוֹמַר מִן תֵּבַת **שִׁיר וּשְׁבָחָה** עַד קְדֻשָּׁה וּמַלְכוּת בִּתְפִלַּת **יִשְׁתַּבַּח** בִּנְשִׁימָה אַחַת. וְכֵן נָכוֹן שֶׁלֹּא לְהַפְסִיק בְּכָל מִינֵי דִקְדֻשָּׁה, כְּגוֹן בְּעִנְיַן - **אָמֵן יְהֵא שְׁמֵיהּ רַבָּא מְבָרַךְ לְעָלַם וּלְעָלְמֵי עָלְמַיָּא יִתְבָּרַךְ**. וְקִבַּלְתִּי בְּשֵׁם חָסִיד אֶחָד, שֶׁהָיָה מְדַקְדֵּק כְּשֶׁאָמַר - **אָמֵן יְהֵא שְׁמֵיהּ רַבָּא וְכוּ'**. לְכַוֵּן אֶת רַגְלָיו לַהֲדָדֵי כְּמוֹ בִּתְפִלַּת שְׁמוֹנֶה עֶשְׂרֵה, כִּי זֶה אוֹת וּמוֹפֵת שֶׁהַקָּדוֹשׁ בָּרוּךְ הוּא חָפֵץ מְאֹד בִּתְפִלָּתָן שֶׁל יִשְׂרָאֵל, כִּדְאִיתָא בְּמִדְרַשׁ יְחֶזְקֵאל - רְאֵה כַּמָּה גָּבוֹהַּ הַקָּדוֹשׁ בָּרוּךְ הוּא מִן עוֹלָמוֹ, וְאָדָם נִכְנָס לְבֵית הַכְּנֶסֶת וּמִתְפַּלֵּל אֲחוֹרֵי הָעַמּוּד וּמְהַפֵּךְ פָּנָיו אֶל הַכֹּתֶל, וְאִם הוּא בַּדֶּרֶךְ יְהַדֵּר אַפֵּיהּ לְאִילָן, כִּי תֵּבַת **כּוֹתֶל** הוּא סוֹד נִפְלָא, הוּבָא בְּתִקּוּנֵי זֹהַר, שֶׁהוּא תֵּבוֹת **כּוֹ-תֶל**, רָצָה לוֹמַר - **כ"ו** הוּא שֵׁם הוי"ה, **ת"ל** - קָאֵי עַל בֵּית הַמִּקְדָּשׁ, שֶׁהוּא כּוֹתֶל מַעֲרָבִי - תֵּל, שֶׁכָּל פִּיּוֹת פּוֹנִים לְשָׁם.

וְלָכֵן צָרִיךְ הָאָדָם לְכַוֵּן בָּזֶה כְּשֶׁיְּהַפֵּךְ פָּנָיו אֶל הַ-**כּוֹ-תֶל**, וְאַחַר כָּךְ יִתְפַּלֵּל בְּהַכְנָעָה וּבְאֵימָה, כִּי כָּתְלֵי בֵּית הַכְּנֶסֶת הֵם קְדוֹשִׁים מְאֹד, וְאוֹר

הַשְּׁכִינָה חוֹפֶפֶת עֲלֵיהֶם תָּמִיד, וְלָכֵן מִנְהָג כָּשֵׁר לְנַשֵּׁק הַכְּתָלִים שֶׁל בֵּית הַכְּנֶסֶת מֵחֲמַת הַקְּדֻשָּׁה. וּרְאָיָה מִמִּדְרָשׁ יַלְקוּט יְחֶזְקֵאל - וַיֵּצֵא כְּבוֹד ה' מֵעַל מִפְתַּן הַבַּיִת, מָשָׁל לְמֶלֶךְ, שֶׁיָּצָא מִפַּלְטִין שֶׁלּוֹ, וְהָיָה מְנַשֵּׁק בַּכְּתָלִים, מְגַפֵּף בָּעַמּוּדִים וְאָמַר - הֱוֵי שָׁלוֹם, בֵּיתִי, הֱוֵי שָׁלוֹם, פָּלְטִין שֶׁלִּי כָּךְ הָיְתָה הַשְּׁכִינָה מְנַשֶּׁקֶת וּמְגַפֶּפֶת בְּבֵית הַמִּקְדָּשׁ - הֱוֵי שָׁלוֹם, בֵּיתִי וּמִקְדָּשִׁי. וְעַכְשָׁו, בַּגָּלוּת הַזֶּה, הַבָּתֵּי כְּנֵסִיּוֹת הֵן דִּירוֹת הַשְּׁכִינָה, וְעַל כֵּן צְרִיכִין אָנוּ לִנְהֹג בְּבָתֵּי כְּנֵסִיּוֹת שֶׁלָּנוּ כָּבוֹד וּקְדֻשָּׁה, וְלֹא לְהַרְאוֹת בָּהֶן קַלּוּת רֹאשׁ, כְּמוֹ שֶׁכָּתַבְתִּי לְעֵיל, וְכָל הַמִּתְפַּלֵּל בְּאֵימָה וּבְיִרְאָה וּבְכַוָּנַת הַלֵּב, זוֹכֶה - לַחֲזוֹת[191] בְּנֹעַם ה' וּלְבַקֵּר בְּהֵיכָלוֹ. אָמֵן.

---

[191] תהלים כז ד

פרק נא

כְּתִיב [דְּבָרִים כג, טו] - וְהָיָה מַחֲנֶיךָ קָדוֹשׁ. כְּשֵׁם שֶׁיֵּשׁ גְּבוּל בְּכִתּוֹת וּמַחֲנוֹת הַשְּׁכִינָה, שֶׁנִּקְרָאִים קְדוֹשִׁים כֵּן נָמֵי בְּגוּף הָאָדָם וְאֵבָרָיו, הֵם נִקְרָאִים מַחֲנֶה, בְּעִנְיָן אִם הָאָדָם מְקַדֵּשׁ אֶת גּוּפוֹ וְאֵבָרָיו בְּעִנְיְנֵי הַקְּדֻשָּׁה, אָז אֵבָרָיו שֶׁלּוֹ נִקְרָאִים מַחֲנֶה שְׁכִינָה מַמָּשׁ, וַעֲלֵיהֶם נֶאֱמַר - וְנִקְדַּשְׁתִּי[192] בְּתוֹךְ בְּנֵי יִשְׂרָאֵל וְשָׁכַנְתִּי בְּתוֹכָם. וּכְשֶׁהוֹלֵךְ הָאָדָם בְּדֶרֶךְ לֹא טוֹב, אֲזַי הוּא מַכְנִיס עַצְמוֹ לִהְיוֹת מַחֲנֶה לְסִטְרָא אָחֳרָא. עַל כֵּן יִהְיֶה שָׁגוּר בְּפִי הָאָדָם לוֹמַר תְּפִלָּה קְצָרָה - רִבּוֹנוֹ שֶׁל עוֹלָם, זַכֵּנִי לִהְיוֹת כִּסֵּא לַשְּׁכִינָה, כִּי כְּשֶׁהַגּוּף הוּא בִּקְדֻשָּׁה, נַעֲשָׂה כִּסֵּא לַשְּׁכִינָה, כִּי זֶהוּ חֵשֶׁק וְתַאֲוָה לַשְּׁכִינָה לִשְׁרוֹת עַל גּוּפוֹת הַצַּדִּיקִים. מַה שֶּׁאֵין כֵּן כְּשֶׁיְּסַלֵּף אָדָם אֶת דַּרְכּוֹ, הוּא לְהֶפֶךְ, חַס וְשָׁלוֹם. כִּדְאִיתָא בַּזֹּהַר פָּרָשַׁת נֹחַ בַּפָּסוּק - וַיִּשְׂאוּ[193] אֶת הַתֵּבָה וַתָּרָם מֵעַל הָאָרֶץ. בְּגִין דְּחוֹטְאִין בְּעָלְמָא, שְׁכִינְתָּא מִסְתַּלֶּקֶת מִן אַרְעָא. וְהַשְּׁכִינָה נִקְרֵאת תֵּבָה, כִּי תֵּבָה הוּא אוֹת בֵּי"ת - הֵ"א בְּהִפּוּךְ אָתוֹן. וְשָׁם בַּזֹּהַר מְבֹאָר דְּבָרִים הַשַּׁיָּכִים אֶל קְדֻשַּׁת הַגּוּף וְאֵבָרָיו. וְעִקַּר מָקוֹם לְכָל הַקְּדֻשּׁוֹת - לְקַדֵּשׁ גּוּפוֹ בְּלִמּוּד הַתּוֹרָה מַאי דְּאֶפְשָׁר, וּבִפְרָט קֹדֶם שֶׁיֵּלֵךְ לִישֹׁן בַּלַּיְלָה, כִּדְאִיתָא בַּמִּדְרָשׁ הַנֶּעְלָם - אָמַר רַבִּי יְהוּדָה, אֵין לָךְ בְּכָל לַיְלָה, שֶׁאֵינוֹ אוֹחֵז **מְטַטְרוֹ"ן**, שַׂר הַפָּנִים, כָּל הַנְּשָׁמוֹת הָעוֹסְקִים בַּתּוֹרָה וּמַרְאֶה אוֹתָן לִפְנֵי הַקָּדוֹשׁ בָּרוּךְ הוּא, וּמַמְתִּינִים מַלְאֲכֵי הַשָּׁרֵת מִלּוֹמַר שִׁירָה, עַד שֶׁיִּכָּנְסוּ נַפְשׁוֹת הַצַּדִּיקִים עִמָּהֶם וְיֹאמְרוּ בְּיַחַד לָאֵל עֶלְיוֹן מְקַדֵּשׁ הַגּוּף.

וְכֵן יְדַקְדֵּק אָדָם בַּאֲמִירַת קְרִיאַת שְׁמַע בְּכַוָּנָה גְּדוֹלָה וּמִלָּה בְּמִלָּה, כִּי יֵשׁ בִּקְרִיאַת שְׁמַע רמ"ח תֵּבוֹת נֶגֶד רמ"ח אֵבָרִים. וְאִיתָא בְּזֹהַר חָדָשׁ - כָּל אָדָם, שֶׁקּוֹרֵא קְרִיאַת שְׁמַע כִּדְקָא יָאוּת כָּל תֵּבָה וְתֵבָה מַשְׁפִּיעַ בְּכָל אֵבֶר וְאֵבֶר דִּילֵיהּ, וְאִם אֵינוֹ קוֹרֵא קְרִיאַת שְׁמַע בְּכַוָּנָה, כִּי אִם בִּמְהִירוּת נֶעֱרַאי, וּבְלִבּוֹ הוּא מְהַרְהֵר בַּעֲסָקִים אֲחֵרִים, וְלֵב אֵינוֹ יוֹדֵעַ מַה שֶּׁהַפֶּה מְדַבֵּר, אֲזַי כָּל אֵבֶר וְאֵבֶר שׁוֹאֵב עָלָיו סִטְרָא אָחֳרָא, וְעַל יְדֵי כֵן בָּאִים חֳלָאִים וּמַכְאוֹבִים עַל גּוּפוֹת בְּנֵי אָדָם עַל אֲשֶׁר אֵינָן נִזְהָרִין לִקְרוֹת קְרִיאַת שְׁמַע בְּכַוָּנָה.

וְהָעִנְיָן, שֶׁצָּרִיךְ לֵידַע מַה שֶּׁכָּתוּב בַּסֵּפֶר **כְּלִי חֶמְדָּה** פָּרָשַׁת בְּרֵאשִׁית - כִּי כְּשֵׁם שֶׁרמ"ח אֵבָרִים וְשס"ה גִּידִין שֶׁל הָאָדָם מְכֻוָּנִים וּמְשֻׁעְבָּדִים תַּחַת רמ"ח מִצְוֹת עֲשֵׂה וְשס"ה מִצְוֹת לֹא תַעֲשֶׂה, הָכִי נָמֵי אַרְצוֹת תֵּבֵל וּמְקוֹמוֹת שֶׁל הָעוֹלָם מְכֻוָּנִים וּמְשֻׁעְבָּדִים תַּחַת רמ"ח מִצְוֹת עֲשֵׂה

[192] ויקרא כב לב
[193] בראשית ז יז

וְשס"ה מִצְווֹת לֹא תַעֲשֶׂה נֶגֶד אֵבָרִים וְגִידִים שֶׁל הָאָדָם. וְאָמְרוּ הָרִאשׁוֹנִים, כִּי עַקְרָב מָסוּר תַּחַת מֶמְשֶׁלֶת מִצְוַת מִילָה, וְזֶה מוֹפֵת, שֶׁאִם יִשֹּׁךְ הָעַקְרָב אִם יָשִׂימוּ עַל הַנָּשׁוּךְ בְּרִית מִילָה שֶׁל תִּינוֹק, שֶׁלֹּא רָאָה קֶרִי יִשְׁקֹט הַכְּאֵב וּמִסְתַּלֵּק הַסַּכָּנָה.

וְעוֹד סְגֻלָּה נִפְלָאָה לְתִינוֹק הַנּוֹלָד, שֶׁלֹּא יִקְרֶה עָלָיו חֹלִי נִכְפֶּה, בַּר מִנַּן - מִיָּד כְּשֶׁנּוֹלַד, יָשִׂימוּ בְּפִיו בְּרִית קֹדֶשׁ שֶׁל תִּינוֹק, וְיִהְיֶה נִצּוֹל כָּל יָמָיו מֵחֹלִי נִכְפֶּה.

עוֹד דַּע, כִּי הַיִּסּוּרִים הַבָּאִים עַל הָאָדָם אִם הוּא מְקַבֵּל עָלָיו בְּאַהֲבָה וּבְחִבָּה, אֲזַי אוֹתָן יִסּוּרִין מְזַכִּין וּמְטַהֲרִים וּמְקַדְּשִׁים אֶת הַגּוּף מְאֹד. וְהָעִנְיָן מְבֹאָר בַּזֹּהַר, פָּרָשַׁת לֶךְ לְךָ, כִּי נִשְׁמַת הָאָדָם נִמְשֶׁלֶת לְנֵר, וְטֶבַע הַנֵּר כְּשֶׁאֵינוֹ מֵאִיר, אֲזַי מְנַעְנְעִין אוֹתוֹ קְצָת וְיִתְלַהֵב יוֹתֵר וּמֵאִיר כָּרָאוּי, וְזֶה דַּוְקָא בְּנֵר יָפֶה, מַה שֶּׁאֵין כֵּן בְּנֵר גָּרוּעַ. אַדְּרַבָּה - בְּנַעֲנוּעוֹ אוֹתוֹ, יִכְבֶּה הַנֵּר. וּכְמוֹ כֵן אָדָם, בִּהְיוֹתוֹ חוֹטֵא הַנְּשָׁמָה אֵינָהּ מְאִירָה בְּתוֹךְ גּוּפוֹ כָּרָאוּי, אֲזַי הַקָּדוֹשׁ בָּרוּךְ הוּא שׁוֹלֵחַ עָלָיו יִסּוּרִים, הַמְנַעְנְעִים אוֹתוֹ וּמְזַעְזְעִים אוֹתוֹ, וְכַאֲשֶׁר יְקַבֵּל בְּאַהֲבָה אֲזַי חוֹזֶרֶת הַנְּשָׁמָה לִהְיוֹת מְאִירָה יוֹתֵר מִבָּרִאשׁוֹנָה, וְאִם אֵינוֹ מְקַבֵּל בְּאַהֲבָה אֲזַי אֵינוֹ זוֹכֶה לְהָאִיר כְּבָרִאשׁוֹנָה, וְיִסּוּרִין מַרְעִין לוֹ, וְהַדִּין מִתְעוֹרֵר עָלָיו עַד יְרִידָתוֹ לְשׁוּחָה עֲמֻקָּה שֶׁל גֵּיהִנָּם, וְהַיָּרֵא דְּבַר ה', יִבְחַר בַּחַיִּים וְטוֹב לוֹ.

פרק נב

שְׁלֹמֹה הַמֶּלֶךְ עָלָיו הַשָּׁלוֹם כָּתַב בְּסִפְרוֹ [קֹהֶלֶת ז, טז] - אַל תְּהִי צַדִּיק הַרְבֵּה וְאַל תִּרְשַׁע הַרְבֵּה. וְכֵן אָמְרוּ רַבּוֹתֵינוּ זִכְרוֹנָם לִבְרָכָה בְּמַסֶּכֶת סוֹטָה - הִזָּהֲרוּ[194] מִן הַצְּבוּעִים שֶׁדּוֹמִים לִפְרוּשִׁים שֶׁעוֹשִׂים מַעֲשֵׂי זִמְרִי וּמְבַקְשִׁים שָׂכָר כְּפִנְחָס.

וְהִנֵּה לִפְעָמִים הָאָדָם יִרְאֶה לָעֵינַיִם, שֶׁאִישׁ אֲשֶׁר הוּא עוֹסֵק תָּמִיד בִּתְפִלָּה בְּכַוָּנָה וְהוֹלֵךְ בִּתְפִלִּין כָּל הַיּוֹם, אַתָּה סוֹבֵר בְּדַעְתְּךָ שֶׁהוּא אִישׁ יָשָׁר וְכָשֵׁר, כַּאֲשֶׁר שֶׁתָּמִיד הוּא עוֹמֵד בִּמְלֶאכֶת הַשָּׁמַיִם, אֲבָל אֵין אַתָּה יוֹדֵעַ מַה שֶּׁהוּא בְּלִבּוֹ.

וּבוֹא וּרְאֵה, מַה שֶּׁהֵבִיא בְּמִדְרַשׁ פְּסִיקְתָּא רַבָּתִי - מַעֲשֶׂה בְּאִישׁ עָשִׁיר אֶחָד, הָיָה לוֹ סַךְ עָצוּם וָרַב, וְהָיָה לְמַדָּן מֻפְלָג וְחָסִיד בְּמַעֲשָׂיו. וּלְעֵת זִקְנָתוֹ הָיָה בְּדַעְתּוֹ לֵילֵךְ וְלִסַּע לְאֶרֶץ יִשְׂרָאֵל, וּבִנְסִיעָתוֹ בַּדֶּרֶךְ הִגִּיעַ לְעִיר אַחַת, קְהִלָּה קְדוֹשָׁה מֵעָרֵי הַיִּשְׁמְעֵאלִים. וְרָאָה אָדָם אֶחָד, וּשְׁמוֹ רַבִּי אֲלֶכְּסַנְדֶּר, שֶׁהָיָה רֹב הַיּוֹם בְּבֵית הַכְּנֶסֶת עוֹסֵק בִּתְפִלָּתוֹ וְעוֹמֵד בְּטַלִּית וּתְפִלִּין, וְהָיָה סוֹבֵר בְּדַעְתּוֹ, שֶׁהָאִישׁ הַנִּזְכָּר לְעֵיל, שֶׁעוֹסֵק בִּתְפִלָּתוֹ, הוּא אִישׁ כָּשֵׁר וְנֶאֱמָן. וְהִמְתִּין הָאִישׁ הֶעָשִׁיר עַד שֶׁסִּיֵּם תְּפִלָּתוֹ וְאָמַר לוֹ - בְּבַקָּשָׁה מִמְּךָ, כַּאֲשֶׁר שֶׁאֲנִי הַיּוֹם מֵאֶרֶץ נָכְרִיָּה, וְהָאָרֶץ הִיא מְשֻׁבֶּשֶׁת בִּגְיָסוֹת וְחַיָּלוֹת, וּמִתְיָרֵא אֲנִי לִסַּע עִם הַמָּמוֹן שֶׁלִּי מֵחֲמַת אַחֲרָיוּת הַדֶּרֶךְ, קַח מֵאִתִּי הַמָּמוֹן עִם הָאוֹצָר כְּלֵי כֶסֶף וּכְלֵי זָהָב תַּחַת יָדְךָ עַד בּוֹאִי אֵלֶיךָ, כִּי בְּדַעְתִּי לִסַּע בְּעַצְמִי לְהָכִין לִי אֵיזֶה עִיר וּבַיִת לֵישֵׁב בְּאֶרֶץ יִשְׂרָאֵל.

וְהֵשִׁיב לוֹ רַבִּי אֲלֶכְּסַנְדֶּר - טוֹב הַדָּבָר, תֵּן לִי אֶת מָמוֹנְךָ עִם הָאַרְגָּז, וַאֲנִי אַצִּיג הַמַּטְמוֹן שֶׁלְּךָ בְּתוֹךְ הַחֶדֶר, אֲשֶׁר אוֹצְרוֹתַי שָׁמָּה, וְאַתָּה לֵךְ לְשָׁלוֹם לְאֶרֶץ הַקְּדוֹשָׁה. וְהִבְטִיחַ לוֹ, כְּשֶׁיַּחֲזֹר לָבוֹא אֵלָיו, אֲזַי יִתֵּן לוֹ הַפִּקָּדוֹן בִּמְלוֹאוֹ. וְכֵן עָשָׂה הֶעָשִׁיר הַנִּזְכָּר לְעֵיל. וְנָתַן לוֹ הָאַרְגָּז עִם הַמָּעוֹת וְכֵלָיו, כֵּלִים מִכֵּלִים שׁוֹנִים בְּפִקָּדוֹן, וְהָלַךְ הֶעָשִׁיר עִם אִשְׁתּוֹ לְשָׁלוֹם לְאֶרֶץ יִשְׂרָאֵל, וּבָחַר לֵישֵׁב בִּקְהִלַּת קֹדֶשׁ חֶבְרוֹן, וְחָזַר בְּעַצְמוֹ אַחַר הַמָּמוֹן וּפִקָּדוֹן שֶׁלּוֹ, וְכַאֲשֶׁר בִּקֵּשׁ הֶעָשִׁיר פִּקְדוֹנוֹ מֵהָאִישׁ רַבִּי אֲלֶכְּסַנְדֶּר, הַמִּתְפַּלֵּל בִּתְפִלִּין וְטַלִּית, אָז כִּחֵשׁ בּוֹ הָאִישׁ וְאָמַר - לֹא יְדַעְתִּיךָ, וּמֵעוֹלָם לֹא רְאִיתִיךָ בְּעֵינַי, וְחָרַד הָאִישׁ הֶעָשִׁיר מְאֹד, וְנָפַל עַל פָּנָיו וּבָכָה וְהִתְחַנֵּן לוֹ, וְהָאִישׁ אָטַם אָזְנוֹ מִמֶּנּוּ וְהֵעֵז פָּנָיו עָלָיו, וְקִלֵּל אוֹתוֹ וְאָמַר, שֶׁמֵּעוֹלָם לֹא לָקַח מִמֶּנּוּ שׁוּם פִּקָּדוֹן.

וְהָלַךְ הָאִישׁ הֶעָשִׁיר מִמֶּנּוּ בְּפַחֵי נֶפֶשׁ וְהָלַךְ לְבֵית הַכְּנֶסֶת, וְנָשָׂא לִבּוֹ אֶל הַשָּׁמַיִם וְאָמַר - רִבּוֹנוֹ שֶׁל עוֹלָם, אַתָּה אֲדוֹן הַכֹּל, עָלֶיךָ יֵשׁ לִי הַתַּרְעֹמֶת, כִּי סָבוּר הָיִיתִי, שֶׁהָאִישׁ רַבִּי אֲלֶכְּסַנְדֶּר הוּא צַדִּיק גָּמוּר,

---

[194] סוטה כב ב

בַּאֲשֶׁר שֶׁרָאִיתִי אוֹתוֹ מְעֻטָּף בְּטַלִּית וּתְפִלִּין רֹב הַיּוֹם וְעוֹמֵד וּמִתְפַּלֵּל לְפָנֶיךָ בְּכַוָּנָה גְּדוֹלָה, וְעַכְשָׁו אֲנִי רוֹאֶה שֶׁהוּא עוֹשֶׂה הַכֹּל בְּרַמָּאוּת, וְאֵין לִבּוֹ שָׁלֵם אִתְּךָ, לָכֵן אֲנִי מוֹסֵר דִּינִי לַשָּׁמַיִם, שֶׁתִּנְקֹם אֶת נִקְמָתִי מִמֶּנּוּ, כְּדֵי שֶׁיֵּדְעוּ הַכֹּל יָדְךָ הַגְּדוֹלָה וְהַגְּבוּרָה. אֵין לִי שׁוּם תַּרְעוֹמוֹת עַל שׁוּם בְּרִיָּה, כִּי אִם עָלֶיךָ, וּבָכָה בְּלֵב נִשְׁבָּר וָמַר. וּמִיָּד נִגְלָה אֵלָיו אֵלִיָּהוּ הַנָּבִיא וְאָמַר לוֹ - אַל תִּירָא, לֵךְ אֵצֶל אִשְׁתּוֹ וֶאֱמֹר לָהּ סִימָן, שֶׁאָכַל זֶה הַפֶּסַח הוּא וְאִשְׁתּוֹ חָמֵץ, וְגַם סִימָן שֵׁנִי אֱמֹר לָהּ בִּשְׁבִיל בַּעְלָהּ, שֶׁאָכַל גַּם בְּיוֹם הַכִּפּוּרִים בְּהַשְׁכָּמָה, קֹדֶם שֶׁהָלַךְ לְבֵית הַכְּנֶסֶת. וּכְשֶׁהָלַךְ בַּעֲלָהּ רַבִּי אֲלֶכְּסַנְדֶּר, לַחוּץ לַשּׁוּק בְּאֵיזֶה מַשָּׂא וּמַתָּן, הָלַךְ הָאִישׁ הֶעָשִׁיר לְאִשְׁתּוֹ וְאָמַר לָהּ הַסִּימָנִים הַנִּזְכָּרִים לְעֵיל, וְסָבְרָה אִשְׁתּוֹ, שֶׁבַּעֲלָהּ צִוָּה כֵּן, וְתֵכֶף הָלְכָה וְהֶחֱזִירָה לוֹ הַפִּקָּדוֹן, וְהָלַךְ הֶעָשִׁיר בְּשִׂמְחָה וּבְטוּב לֵבָב לְדַרְכּוֹ לְשָׁלוֹם.

וּכְשֶׁבָּא רַבִּי אֲלֶכְּסַנְדֶּר לְבֵיתוֹ, סִפְּרָה לוֹ אִשְׁתּוֹ אֵיךְ שֶׁנָּתַן הֶעָשִׁיר הַסִּימָנִים הַנִּזְכָּרִים לְעֵיל, וְהִיא הֶחֱזִירָה לוֹ הַפִּקָּדוֹן. אָז אָמַר רַבִּי אֲלֶכְּסַנְדֶּר, כַּאֲשֶׁר נִתְפַּרְסֵם הַדָּבָר שֶׁהוּא רָשָׁע גָּמוּר, הָלַךְ וְהֵמִיר דָּתוֹ הוּא וְאִשְׁתּוֹ, יִמַּח שְׁמָם וְזִכְרָם.

וְעַל כֵּן אַל יִרְאֶה הָאָדָם לָעֵינַיִם לִסְמֹךְ עַל הָאָדָם, שֶׁהוּא עוֹשֶׂה מַעֲשֵׂה זִמְרִי, וּמְבַקֵּשׁ שָׂכָר כְּפִנְחָס, אֶלָּא יִרְאֶה הָאָדָם מִי שֶׁהוּא צַדִּיק וְעוֹמֵד בְּצִדְקָתוֹ בְּמָמוֹן, שֶׁאֵינוֹ מְבַקֵּשׁ מָמוֹן שֶׁל אֲחֵרִים - זֶהוּ צַדִּיק גָּמוּר.

וּבוֹא וּרְאֵה, שֶׁהוּא מַרְגְּלָא בְּפוּמֵיהּ דְּאִינְשֵׁי - הִזָּהֵר מִן הַצְּבוּעִין וְהִשָּׁמֵר מִן **וְצִדְקָתְךָ**. וְשָׁמַעְתִּי מַעֲשֶׂה, שֶׁהָיָה אִישׁ זָקֵן עָשִׁיר גָּדוֹל, וְהָיָה לוֹ רַק בֵּן יָחִיד, בָּחוּר יְפֵה עֵינַיִם וְחָכָם מְאֹד. וַיְהִי הַיּוֹם, וַיִּקְרְבוּ יְמֵי הַזָּקֵן לָמוּת. וְקָרָא אֶל בְּנוֹ הַבָּחוּר וְצִוָּה לוֹ קֹדֶם מוֹתוֹ וְאָמַר לוֹ - בְּנִי, הִנְנִי נוֹחֵל לְךָ מָמוֹן רַב, אוֹצָרוֹת גְּדוֹלוֹת, שֶׁיִּהְיֶה לְךָ כָּל טוּב כָּל יְמֵי חַיֶּיךָ, וַאֲנִי מְצַוֶּה לְךָ שֶׁתִּשְׁמֹר אֶת עַצְמְךָ מִן הַצְּבוּעִין וּמִן אֲנָשִׁים, שֶׁהֵמָּה עוֹסְקִים בַּחֲסִידוּת הַרְבֵּה חוּץ מִטֶּבַע הַבְּרִיּוֹת, כִּי כָּךְ מַרְאִין אֶת עַצְמָם שֶׁהֵן חֲסִידִים, אֲבָל שֶׁבַע תּוֹעֵבוֹת הֵן בְּלִבָּם. וְהִזָּהֵר מִן **וְצִדְקָתְךָ**, וְאָז יִהְיֶה לְךָ וּלְזַרְעֲךָ כָּל טוּב כָּל הַיָּמִים.

מֵת הָאִישׁ הַזָּקֵן, וְאַחַר כָּךְ נָשָׂא הַבָּחוּר בְּתוּלָה יְתוֹמָה עֲנִיָּה אַחַת יְפַת תֹּאַר מְאֹד, כַּאֲשֶׁר שֶׁיָּשְׁרָה בְּעֵינָיו, וְאַחַר הַנִּשּׂוּאִין שָׂמַח בְּאִשְׁתּוֹ. וְאִשְׁתּוֹ הָיְתָה צְנוּעָה וַחֲסִידָה בְּעֵינֵי בַּעֲלָהּ. וּכְמוֹ אַרְבַּע אוֹ חָמֵשׁ שָׁנִים אָמַר הַבַּעַל לְאִשְׁתּוֹ - בּוֹאִי עִמִּי לְטַיֵּל בָּרְחוֹבוֹת וּבַשְּׁוָקִים לִרְאוֹת בְּטוּב הָאָרֶץ. וְאָמְרָה לוֹ אִשְׁתּוֹ - לֹא אֵלֵךְ, פֶּן אֶשָּׂא עֵינַי אֶל אֲנָשִׁים אֲחֵרִים אוֹ אֲנָשִׁים אֲחֵרִים יִתְּנוּ עֵינֵיהֶם בִּי, וַאֲנִי מַכְשִׁילָה אוֹתָם. אָז אָמַר בַּעֲלָהּ בְּלִבּוֹ - אַף הִיא נִרְאֵית כְּצַדֶּקֶת. וְנִזְכַּר אֶת צַוָּאַת אָבִיו, וְשָׁתַק. וְהָלַךְ בְּעַצְמוֹ לַשּׁוּק יָחִיד.

מֶה עָשָׂה הָאִישׁ הַנִּזְכָּר לְעֵיל, כְּמוֹ חֲצִי שָׁנָה אַחַר זֶה הַמַּעֲשֶׂה הָלַךְ וְצִוָּה לַעֲשׂוֹת לְכָל הַחֲדָרִים שֶׁבְּבֵיתוֹ שְׁנֵי מַפְתְּחוֹת, וְנָתַן מַפְתֵּחַ אֶחָד לְכָל

חֶדֶר וְחֶדֶר לְאִשְׁתּוֹ, וּמַפְתֵּחַ אֶחָד לָקַח לְעַצְמוֹ, וְלֹא הִגִּיד לְאִשְׁתּוֹ שֶׁיֵּשׁ לוֹ עוֹד מַפְתֵּחַ.

וַיְהִי הַיּוֹם, אָמַר הַבַּעַל לְאִשְׁתּוֹ, שֶׁהוּא צָרִיךְ לֵילֵךְ לְמֶרְחַקִּים לִקְנוֹת סְחוֹרוֹת וְשֶׁתָּכִין לוֹ צֵדָה לַדֶּרֶךְ. וְכֵן עָשְׂתָה אִשְׁתּוֹ, כִּי הָיְתָה סְבוּרָה שֶׁבַּעְלָהּ יִסַּע מִמֶּנָּה כְּדֶרֶךְ כָּל הָאָרֶץ. וּלְיוֹם מָחֳרָתוֹ נָסַע הַבַּעַל מִמֶּנָּה, וְהִיא סָבְרָה שֶׁהָלַךְ בַּעְלָהּ לְמֶרְחַקִּים, אֲבָל הַבַּעַל עָשָׂה בְּעָרְמָה, וּכְשֶׁהָיָה חֲצִי פַּרְסָה מִחוּץ לָעִיר, צִוָּה לָעֶגְלוֹן לָשׁוּב וְלֵילֵךְ לָעִיר, וְלֹא שָׁב לְבֵיתוֹ, כִּי אִם לְבֵית הָאַשְׁפִּיזָא אֲשֶׁר אוֹרְחִים שָׁמָּה, וְכַאֲשֶׁר הִגִּיעַ הַחֹשֶׁךְ בַּלַּיְלָה, הָלַךְ הֶעָשִׁיר לְבֵיתוֹ וּפָתַח פֶּתַח רִאשׁוֹן בְּבֵיתוֹ, וְאַחַר כָּךְ הָלַךְ מֵחֶדֶר לְחֶדֶר, עַד שֶׁבָּא לַחֲדַר אִשְׁתּוֹ שֶׁהָיְתָה יְשֵׁנָה, וְהָיָה עָרֵל שׁוֹכֵב עִמָּהּ בַּמִּטָּה. וּכְשֶׁרָאֲתָה הָאִשָּׁה שֶׁבַּעְלָהּ הוּא בַּחֶדֶר, אָמְרָה לְהֶעָרֵל שֶׁיִּקַּח חֶרֶב וְיִדְקֹר אֶת בַּעְלָהּ, וְהוּא הָיָה מִתְיָרֵא, וְהָלַךְ לוֹ מִחוּץ לַבַּיִת, וּמֵרֹב הַצַּעַר שֶׁלּוֹ הָלַךְ וְשָׁכַב בַּשּׁוּק וְיָשַׁן שָׁם.

וּבְאוֹתוֹ הַלַּיְלָה נִגְנַב מֵהַמֶּלֶךְ שֶׁל אוֹתוֹ הָעִיר אוֹצָר אֶחָד, וְלָקַח הַגַּנָּב מֵאִתּוֹ כָּל הָאֲבָנִים טוֹבוֹת שֶׁל הַמֶּלֶךְ, וְהָיְתָה צְעָקָה גְּדוֹלָה בְּאַרְמוֹן הַמֶּלֶךְ. וְצִוָּה הַמֶּלֶךְ לְחַפֵּשׂ בְּכָל הַדְּרָכִים וּבַבָּתִּים חִפּוּשׂ אַחַר חִפּוּשׂ, וְהָלְכוּ עַבְדֵי הַמֶּלֶךְ בְּכָל הָעִיר הַהִיא, וּמָצְאוּ לְהָאִישׁ שׁוֹכֵב וְיָשֵׁן עַל הָרְחוֹב, וְאָמְרוּ בְּלִבָּם שֶׁהוּא הַגַּנָּב, וְתָפְסוּ אוֹתוֹ, וְנִגְמַר דִּינוֹ לְמִיתָה אַחַר הָעִנּוּיִם קָשִׁים שֶׁנִּפְסְקוּ לוֹ. וְאַחַר כָּךְ שֶׁהָיוּ מוֹלִיכִין אוֹתוֹ לְתָלוֹתוֹ עַל הָעֵץ, הָלַךְ כֹּמֶר אֶחָד עִמּוֹ כְּסֵדֶר הָאֻמּוֹת, וְאוֹתוֹ הַכֹּמֶר הָיָה חָשׁוּב וְגָדוֹל אֵצֶל הַמֶּלֶךְ. וְהָיָה הַכֹּמֶר מְדַבֵּר עַל לִבּוֹ שֶׁיָּמִיר דָּתוֹ. וְאַחַר כָּךְ הָיוּ מוֹלִיכִין אוֹתוֹ דֶּרֶךְ אֶחָד, שֶׁהָיָה שָׁם אַשְׁפָּה, וְהָיוּ תּוֹלָעִים יוֹצְאִין מֵהָאַשְׁפָּה עַל הָאָרֶץ, וְאָמַר הַכֹּמֶר לְהַתָּלִין, שֶׁיְּסַבֵּב הָאִישׁ סָבִיב לְהַתּוֹלָעִים, שֶׁלֹּא יָמִית אֶת הַתּוֹלָעִים, מֵאַחַר שֶׁהַתּוֹרָה הִזְהִירָה - וְרַחֲמָיו[195] עַל כָּל מַעֲשָׂיו. אָמַר הָאִישׁ בְּלִבּוֹ - אַף הַכֹּמֶר מִן הַצְּבוּעִים שֶׁל **וְצִדְקָתְךָ**. אָמַר הָאִישׁ לְעַבְדֵי הַמֶּלֶךְ, שֶׁהוּא וְהַכֹּמֶר הָיוּ עוֹשִׂין הַגְּנֵבָה בַּחֲצַר הַמֶּלֶךְ, וּמִיָּד תָּפְשׂוּ הַשּׁוֹמְרִים גַּם לְאוֹתוֹ הַכֹּמֶר. וְצִוָּה הַמֶּלֶךְ לְחַפֵּשׂ בַּחֲדַר הַכֹּמֶר הַגָּדוֹל וּמָצְאוּ שָׁם כָּל הַגְּנֵבָה.

וְאַחַר כָּךְ שָׁאַל הַמֶּלֶךְ אֶת הָאִישׁ, מַה שַּׁיָּכוּת הָיָה לוֹ אֵצֶל הַכֹּמֶר. הִתְחִיל הָאִישׁ לְסַפֵּר לְהַמֶּלֶךְ מְצִיאַת אָבִיו וּמַה שֶּׁאֵרַע לוֹ עִם אִשְׁתּוֹ הַזּוֹנָה, וּמַה שֶּׁאֵרַע לוֹ עִם הַכֹּמֶר, וְלָכֵן הָיָה נוֹקֵם וְנוֹטֵר לְהַכֹּמֶר, שֶׁהָיָה רוֹצֶה לִהְיוֹת צַדִּיק הַרְבֵּה.

וְצִוָּה הַמֶּלֶךְ תֵּכֶף לִתְפֹּס אֶת אִשְׁתּוֹ הַזּוֹנָה, וּמָצָא שֶׁכִּדְבָרָיו כֵּן הוּא. וְצִוָּה הַמֶּלֶךְ לְהָשִׁיב אֶת אוֹתוֹ הָאִישׁ לְבֵיתוֹ כְּבָרִאשׁוֹנָה, וְאִשְׁתּוֹ צִוָּה לְהָסִיר אֶת רֹאשָׁהּ עִם הַנִּאוּף, וְאֶת הַכֹּמֶר צִוָּה לִתְלוֹתוֹ עַל הָעֵץ.

עַל כֵּן נִלְמַד מִזֶּה הַמַּעֲשֶׂה, שֶׁלֹּא יִסְמֹךְ הָאָדָם בַּמֶּה שֶׁיִּרְאֶה בְּעֵינָיו

[195] תהלים קמה ט

שֶׁהוּא הוֹלֵךְ תָּמִים, כִּי אֵין הָאָדָם יוֹדֵעַ מַה שֶּׁהוּא בְּלִבּוֹ. הַכְּלָל הַזֶּה נְקֹט בְּיָדְךָ - מִי שֶׁאֵינוֹ רוֹצֶה לֵהָנוֹת בְּמָמוֹן שֶׁל חֲבֵרוֹ, וּמִכָּל שֶׁכֵּן שֶׁאֵין רוֹצֶה בְּמָמוֹן שֶׁל גֶּזֶל אוֹ מָמוֹן שֶׁל גְּנֵבָה, וּמַשָּׂאוֹ וּמַתָּנוֹ הוּא בֶּאֱמוּנָה - הוּא אִישׁ צַדִּיק וְיָשָׁר בְּוַדַּאי. אֲבָל כְּשֶׁהָאָדָם רוֹאֶה אֶת חֲבֵרוֹ נוֹשֵׁק הַתְּפִלִּין וּמִתְפַּלֵּל, וְאֵינוֹ עוֹסֵק בְּמַשָּׂא וּמַתָּן בֶּאֱמוּנָה צָרִיךְ לְהַרְחִיק מִמֶּנּוּ כָּל מִינֵי הַרְחָקוֹת, כִּי עִקַּר הַיִּרְאָה וְהַצִּדְקוֹת הוּא בְּמָמוֹן, וְכָל אָדָם שֶׁהוּא עוֹמֵד בְּצִדְקָתוֹ עַל מָמוֹן - זֶה הוּא צַדִּיק גָּמוּר, וְעָלָיו נֶאֱמַר [תְּהִלִּים קכח, ב] - יְגִיעַ כַּפֶּיךָ כִּי תֹאכֵל אַשְׁרֶיךָ וְטוֹב לָךְ. בְּיֹשֶׁר, **אַשְׁרֶיךָ** - בָּעוֹלָם הַזֶּה, **וְטוֹב לָךְ** - בָּעוֹלָם הַבָּא. אָמֵן.

פרק נג

כָּל מַה שֶּׁבָּרָא הַקָּדוֹשׁ בָּרוּךְ הוּא בָּעוֹלָם, הַכֹּל הוּא לִכְבוֹדוֹ בָּרָא. וְכָל שֶׁכֵּן הָאָדָם, שֶׁהוּא עוֹלָם קָטָן, לֹא נִבְרָא אֶלָּא לִכְבוֹדוֹ, כְּדֵי שֶׁיִּהְיֶה הָאָדָם עֶבֶד לְהַקָּדוֹשׁ בָּרוּךְ הוּא לְעָבְדוֹ בְּאֵימָה וּבְיִרְאָה וּבְאַהֲבָה. וְהִנֵּה בִּהְיוֹת הָאָדָם מְלֻבָּשׁ לְבוּשִׁים קְדוֹשִׁים בְּמַעֲשִׂים טוֹבִים, אָז נִקְרָא עֶבֶד ה'.

וְאֵלּוּ הֵן הַדְּבָרִים, שֶׁאָדָם מְשַׁעְבֵּד גּוּפוֹ וְנַפְשׁוֹ לַעֲבוֹדַת ה' - אַהֲבַת הַתּוֹרָה, כַּוָּנַת הַמִּצְוֹת, כַּוָּנַת הַתְּפִלָּה, קְדֻשַּׁת שַׁבָּת וְיוֹם טוֹב, קְדֻשַּׁת הָאֵבָרִים, קְדֻשַּׁת הַמַּחְשָׁבָה, קְדֻשַּׁת הַמַּחֲנֶה, קְדֻשַּׁת הַגְּדָרִים, קְדֻשַּׁת הַמִּדּוֹת.

וְנַתְחִיל בְּאַהֲבַת הַתּוֹרָה - הוּא שֶׁיְּכַוֵּן בְּלִמּוּדוֹ לְשֵׁם הַקָּדוֹשׁ בָּרוּךְ הוּא וּשְׁכִינְתֵּיהּ, וְלֹא לְתוֹעֶלֶת עַצְמוֹ, כְּדֵי שֶׁיַּחֲזִיק עַצְמוֹ לְבַעַל תּוֹרָה אוֹ אֲפִלּוּ שֶׁיִּהְיֶה לוֹ עוֹלָם הַבָּא, וְכָל הַמְכַוֵּן בְּלִמּוּדוֹ לְהַנָּאוֹת עַצְמוֹ וְלִכְבוֹדוֹ, עָלָיו נֶאֱמַר [יְשַׁעְיָה מ, ו] - וְכָל חַסְדּוֹ כְּצִיץ הַשָּׂדֶה.

וְהָאָדָם הָעוֹסֵק בַּתּוֹרָה צָרִיךְ לִהְיוֹת בְּשִׂמְחָה, כִּי אֵין הַשְּׁכִינָה שׁוֹרָה אֶלָּא מִתּוֹךְ שִׂמְחָה, וְלֹא מִתּוֹךְ עַצְבוּת.

צָרִיךְ הָאָדָם לִזָּהֵר לֵילֵךְ לִישִׁיבָה שֶׁל הָרַב מוֹרֶה צֶדֶק לַעֲדָתוֹ. וְכָתַב הָרַב רַבִּי יַעֲקֹב בֵּירַב זִכְרוֹנוֹ לִבְרָכָה, כִּי כְּנֶגֶד כָּל פַּעַם שֶׁאָדָם מוֹנֵעַ עַצְמוֹ לָלֶכֶת לִישִׁיבָה בָּעוֹלָם הַזֶּה - כָּךְ דּוֹחִין אוֹתוֹ מִן יְשִׁיבָה שֶׁל מַעְלָה בָּעוֹלָם הַבָּא בְּמִסְפַּר יָמִים.

צָרִיךְ לִזָּהֵר בַּעַל הַתּוֹרָה מִגַּאֲוָה, כְּמוֹ שֶׁהֶאֱרַכְתִּי לְעֵיל.

צָרִיךְ הָאָדָם לִלְמֹד הֲלָכָה בְּכָל יוֹם, וִיכַוֵּן לְדַיֵּק הֵיטֵב וּלְהָסִיר לְפִי שִׂכְלוֹ כָּל הַקֻּשְׁיוֹת שֶׁבָּהּ, וּבָזֶה הוּא מֵסִיר מִן הַשְּׁכִינָה כָּל הַקְּלִפּוֹת וּמְקַשְּׁטָהּ בְּקִשּׁוּטִין, כִּי אוֹתִיּוֹת הֲלָכָה הֵן אוֹתִיּוֹת הַכַּלָּה, וְלֹא יֵבוֹשׁ לוֹמַר עַל דָּבָר שֶׁלֹּא שָׁמַע וְלֹא יָדַע **לֹא שָׁמַעְתִּי**, וְיִלְמַד בְּכֹחַ עַד שֶׁיַּזִּיעַ, וּבָזֶה הוּא מְשַׁבֵּר הַקְּלִפּוֹת.

גַּם יִזָּהֵר, שֶׁלֹּא יִהְיֶה בְּכַעַס בְּפִלְפּוּלוֹ בַּיְשִׁיבָה, כִּי חָכְמָתוֹ מִסְתַּלֶּקֶת מִמֶּנּוּ, וַאֲפִלּוּ עַל הַתַּלְמִידִים שֶׁלֹּא הֵבִינוּ לֹא יִהְיֶה בְּכַעַס, וּכְמוֹ שֶׁכָּתַבְתִּי לְעֵיל בַּפְּרָקִים הַקּוֹדְמִין.

יִהְיֶה לוֹ חֶדֶר מְיֻחָד לִקְדֻשַּׁת בֵּית הַמִּדְרָשׁ מַמָּשׁ, וְאִם אִי אֶפְשָׁר לִהְיוֹת לוֹ חֶדֶר מְיֻחָד - יְיַחֵד בְּחַדְרוֹ זָוִית אֶחָד מְיֻחָד וְיִקְבַּע שָׁם עִתִּים לַתּוֹרָה.

עִקַּר לִמּוּד וְעֵסֶק הַתּוֹרָה הוּא, לַעֲשׂוֹת כִּסֵּא לַשְּׁכִינָה. וּבִהְיוֹת הָאָדָם מְלֻכְלָךְ בְּעָוֹן וְחֵטְא, אֲזַי אֵין הַשְּׁכִינָה שׁוֹרָה עָלָיו, כִּי כָּל עָוֹן וְעָוֹן הוּא קוֹץ מַכְאִיב נֶגֶד הַשְּׁכִינָה, וְלָכֵן יִתְוַדֶּה הָאָדָם קֹדֶם שֶׁיִּלְמַד, כְּדֵי לְיַחֵד הַקָּדוֹשׁ בָּרוּךְ הוּא וּשְׁכִינְתֵּיהּ בִּדְחִילוּ וּרְחִימוּ.

סֵפֶר שֶׁיֵּשׁ בּוֹ טָעוּת יְתַקֵּן, וְאַל תַּשְׁכֵּן בְּאָהָלְךָ עַוְלָה. אֵין לְהַגִּיהַּ מִסְּבָרָה. וְכָתַב הָרַמְבַּ"ן, זִכְרוֹנוֹ לִבְרָכָה - יָד הַמּוּחֶקֶת בִּסְפָרִים בִּלְתִּי

רְאָיָה בְּרוּרָה תִּקָּצֵץ. וְלִטָּאֵי דְּרַבָּנָן יַגִּיעַ לְהַאי יָדָא שֶׁתִּקָּצֵץ.

הַיָּגֵעַ בְּלִמּוּדוֹ, לֹא בִּמְהֵרָה הוּא שׁוֹכֵחַ. הַלּוֹמֵד בְּבֵית הַכְּנֶסֶת, אֵינוֹ שׁוֹכֵחַ. הַלּוֹמֵד, לְשׁוֹנוֹ יָבֵשׁ מֵחֲמַת צִמָּאוֹן, וְאֵינוֹ מַפְסִיק מִלִּמּוּדוֹ נֶחְשָׁב לוֹ לְכַפָּרַת עָווֹן עַל עֲוֹון דְּבָרִים בְּטֵלִים.

כְּשֵׁם שֶׁמְּחֻיָּב הָאָדָם לְקַיֵּם מִצְוַת הַגַּשְׁמִית, כָּךְ הוּא מְצֻוֶּה עַל הָרוּחָנִית לְחַדֵּשׁ חִדּוּשִׁים בַּתּוֹרָה. וְעַל יְדֵי כָּךְ יִזְכֶּה לְאוֹר הַתּוֹרָה. קְנֵה לְךָ חָבֵר - כְּמַשְׁמָעוֹ, וְגַם רֶמֶז עַל הַקּוּלְמוּס יְהֵא לְךָ חָבֵר, שֶׁתִּכְתֹּב מַה שֶּׁתְּחַדֵּשׁ. וְזֶה סִימָן - כְּתֹב[196] זֹאת זִכָּרוֹן בַּסֵּפֶר, וְאֵין **זֹאת** אֶלָּא תּוֹרָה, דִּכְתִיב - וְזֹאת[197] הַתּוֹרָה.

וּכְתִיב - כָּתְבֵם[198] עַל לוּחַ לִבֶּךָ. צָרִיךְ הָאָדָם שֶׁיִּהְיֶה מֻשְׁלָם בְּלִמּוּדוֹ, בְּלִמּוּד - פְּשָׁט, רֶמֶז, דְּרוּשׁ, סוֹד. וְרָאשֵׁי תֵּבוֹת - פַּרְדֵּ"ס, שֶׁאִם לֹא כֵן צָרִיךְ לְהִתְגַּלְגֵּל אֲפִלּוּ עַל אֶחָד מֵהֶן.

הֱוֵי רָגִיל בְּלִמּוּד תַּרְיַ"ג מִצְווֹת.

יִקְבַּע עִתִּים לַתּוֹרָה בְּכָל יוֹם, שֶׁיִּהְיֶה לוֹ עֵת קָבוּעַ, שֶׁאַף אִם יַרְוִיחַ מָמוֹן רַב בְּאוֹתוֹ זְמַן, לֹא יַעֲבִירֶנּוּ קְבִיעוּת הַתּוֹרָה [וְכֵן הוּא הַמִּנְהָג זֶה בְּעִיר וָאֵם בְּיִשְׂרָאֵל, קְהִלַּת קֹדֶשׁ פְרַנְקְפוּרְט דָּמַיִין]. וְזֶה - מֵאַהֲבַת ה' וְתוֹרָתוֹ.

יִזָּהֵר, שֶׁבְּיוֹם שֵׁנִי וְיוֹם חֲמִישִׁי יִלְמַד יוֹתֵר מִבִּשְׁאָר יָמִים, וִיכַוֵּן לְמַתֵּק הַדִּינִים הַשּׁוֹלְטִים בְּיוֹתֵר בְּאוֹתָן יָמִים.

יִרְחַק מִלִּמּוּד שֶׁל פִילוֹסוֹפְיָה מְאֹד, כִּי הִיא אִשָּׁה זָרָה, וְעָלֶיהָ נֶאֱמַר - שָׁחָה[199] אֶל מָוֶת בֵּיתָהּ. כָּל[200] בָּאֶיהָ לֹא יְשׁוּבוּן. וַאֲפִלּוּ לִמּוּד הַטִּבְעִיּוּת יִרְחַק מִמֶּנּוּ, וּכְבָר הִזְהִיר הַגָּאוֹן מוֹרֵנוּ הָרַב רַבִּי מֹשֶׁה לְנְדָּאוֹ זִכְרוֹנוֹ לִבְרָכָה עַל זֶה.

יִזָּהֵר שֶׁיִּלְמַד בְּמָקוֹם שֶׁיֵּשׁ בּוֹ חַלּוֹנוֹת, וּלְהִסְתַּכֵּל בְּכָל עֵת לַשָּׁמַיִם, כִּי מוֹעִיל לְהַשָּׂגָה.

אָסוּר לוֹמַר דָּבָר בְּשֵׁם תַּלְמִיד חָכָם אֶחָד, שֶׁלֹּא נֶאֱמַר בִּשְׁמוֹ. יִזָּהֵר שֶׁלֹּא לְהוֹצִיא דִּבְרֵי תּוֹרָה בִּמְקוֹמוֹת שֶׁאֵינָם נְקִיִּים, וְכֵן בְּבָתֵּי עֲבוֹדָה זָרָה יִזָּהֵר שֶׁלֹּא לְהוֹצִיא שׁוּם דִּבְרֵי תּוֹרָה.

אַל יֵבוֹשׁ לְקַבֵּל הָאֱמֶת, אֲפִלּוּ מִקָּטָן שֶׁבִּקְטַנִּים.

אִם יוֹדֵעַ בַּחֲבֵרוֹ שֶׁלֹּא יוֹדֵעַ לְהָשִׁיב לוֹ עַל קֻשְׁיָתוֹ, לֹא יִשְׁאָלֵהוּ כְּלָל, כְּדֵי שֶׁלֹּא לְבַיֵּשׁ אוֹתוֹ חַס וְשָׁלוֹם.

רְאֵה מַה שֶּׁכָּתַב הַזֹּהַר פָּרָשַׁת שְׁלַח לְךָ - חַד יַנּוּקָא הֲווּ אוֹחֲזִין בֵּיהּ בַּעֲלֵי דִּינִים, וְלֹא הִנִּיחוּ אוֹתוֹ לִישִׁיבָה שֶׁל מַעְלָה. צָוַח הַאי יַנּוּקָא. אִזְדַּעְזְעוּ מִקָּלֵיהּ כָּל בְּנֵי מְתִיבְתָּא עִלָּאֵי. אָמַר רַב מְתִיבְתָּא - מַאן אִנּוּן

---

[196] שמות יז יד
[197] דברים ד מד
[198] משלי ג ג
[199] משלי ב יח
[200] משלי ב יט

דְּלָא שַׁבְקִין לְהַאי בְּרָא דֶּאֱלָהָא חַיָּא לְמֵיעַל לְקַמָּן, מִיָּד אָחֲזוּ בּוֹ בְּהַהוּא יַנּוּקָא וְהִכְנִיסוּ אוֹתוֹ לִפְנֵי רַב מְתִיבְתָּא, וְאָז נֶאֶסְפוּ הַרְבֵּה בְּנֵי יְשִׁיבָה. אֲמַר לֵיהּ רַב מְתִיבְתָּא - פְּתַח פּוּמָךְ וְאֵימָא בְּרָא קַדִּישָׁא. אֲמַר הַאי יַנּוּקָא - דְּחִילְנָא, דַּאֲנָא מִמְּתִיבְתָּא אֲחֶרֶיתִי וְהָלַכְתִּי לִישִׁיבָה זוֹ, וְאָחֲזוּ בִּי בַּעֲלֵי דִּינִים. אֲמַר לֵיהּ רַב מְתִיבְתָּא - לָא תִּדְחַל, בְּרָא קַדִּישָׁא. הִנֵּה תִּהְיֶה שֶׁבַע יוֹמִין וְתִסְתַּחֵי בְּכָל יוֹמָא מִטַּלָּא קַדִּישָׁא, וּלְבָתַר יְסַלְּקוּן לָךְ לְגוֹ מְתִיבְתָּא עִלָּאָה בֵּין יַנּוּקַיָּא. פָּתַח וְאָמַר בְּכָל הָנֵי קְרָאֵי, דַּהֲוֵי רַב מְתִיבְתָּא דָּרֵישׁ, פֵּרֵשׁ הַאי יַנּוּקָא שִׁבְעָה פֵּרוּשִׁין וְגִלָּה לְהוֹן סוֹדוֹת נִפְלָאוֹת.

בְּהַאי שַׁעְתָּא נָטְלוּ לַאֲבוּהַ דְּיַנּוּקָא וְהִכְתִּירוּ אוֹתוֹ בְּשִׁבְעִים כְּתָרִים וְכוּ', וְאָמְרוּ שָׁם עִנְיָנוֹ דְּהַאי יַנּוּקָא, שֶׁאָחֲזוּ בּוֹ בַּעֲלֵי דִּינִים, וְרָצוּ לָדוּן אוֹתוֹ בְּיִסּוּרִים בִּשְׁבִיל שֶׁהָיָה מַקְשֶׁה לְרַבּוֹ הַרְבֵּה קֻשְׁיוֹת, וַהֲוֵי מַכְסִיף לְרַבֵּיהּ, שֶׁלֹּא הָיָה יוֹדֵעַ לְהָשִׁיב לֵיהּ, וְלֹא הָיָה חָס עַל כְּבוֹד רַבּוֹ, וְעַל יְדֵי זֶה חַלַּשׁ דַּעְתֵּיהּ דְּרַבֵּיהּ, עַל כֵּן בָּאוּ לְדוּנוֹ בְּדִינָא תַּקִּיפָא. וְאַף דְּשֵׁיזִיב רַב מְתִיבְתָּא יָתֵיהּ וְהוֹשִׁיבוֹ אֶצְלוֹ שֶׁבַע יוֹמִין - אַף עַל פִּי כֵן סָבִיל דִּינָא כָּל הָנֵי שֶׁבַע יוֹמִין, כִּי כָּל שֶׁבַע יוֹמִין הָיָה צוּרָתוֹ חָסֵר, וְהָיָה סוֹבֵל יִסּוּרִים, כַּאֲשֶׁר שֶׁהָיָה נִטְרָד מִמְּקוֹמוֹ. וְאִם הַתִּינוֹק הָיָה לוֹ צַעַר, וְהָיוּ רוֹצִין בַּעֲלֵי דִּינִים לְיַסֵּר אוֹתוֹ, מִכָּל שֶׁכֵּן שֶׁיֵּשׁ לָאָדָם עֹנֶשׁ גָּדוֹל בְּמִתְכַּוֵּן לְבַיֵּשׁ אֶת חֲבֵרוֹ אוֹ רַבּוֹ. וְכֵן אָמְרוּ רַבּוֹתֵינוּ זִכְרוֹנָם לִבְרָכָה - הַמַּלְבִּין[201] פְּנֵי חֲבֵרוֹ בָּרַבִּים אֵין לוֹ חֵלֶק לָעוֹלָם הַבָּא. עַל כֵּן - שׁוֹמֵר[202] נַפְשׁוֹ יִרְחַק מֵהֶם. שֶׁלֹּא לְבַיֵּשׁ שׁוּם אָדָם.

---

201 פרקי אבות ג יא

202 משלי כב ה

פרק נד

מְאַהֲבַת הַתּוֹרָה צָרִיךְ לְדַקְדֵּק, שֶׁיִּהְיוּ לוֹ סְפָרִים כְּרוּכִים נָאִים, וְהוּא בִּכְלַל מִצְוַת - זֶה[203] אֵלִי וְאַנְוֵהוּ - הִתְנָאֵה[204] לְפָנָיו בְּמִצְוֹת. וְאִיתָא בְּשֵׁם **סֵפֶר חֲסִידִים**, שֶׁהוֹצִיאוּ לְחָכָם אֶחָד מִקִּבְרוֹ וַחֲבָטוּ אוֹתוֹ בְּמַקְלוֹת, עַל שֶׁהָיוּ סְפָרָיו קְרוּעִים, וְלֹא נָתַן אוֹתָן לְאֻמָּן לִכְרֹךְ אוֹתָן וּלְתַקְּנָם. גַּם יִזָּהֵר, שֶׁלֹּא יִהְיוּ סְפָרָיו עוֹמְדִין מְהֻפָּכִין רֹאשָׁן לְמַטָּה. וּפַעַם אֶחָד אֵרַע לְאִישׁ, שֶׁלָּמַד בְּחַדְרוֹ אֵיזֶה עִנְיָן, וְהֻצְרַךְ לִקַּח גְּמָרָא לְעַיֵּן, וְאַחַר הָעִיּוּן הֶעֱמִיד הַגְּמָרָא לִמְקוֹמָהּ לְבֵין הַסְּפָרִים, וּכְשֶׁהָפַךְ פָּנָיו נָפְלָה הַגְּמָרָא, וְקוֹל הַנְּפִילָה הָיָה בְּקוֹל גָּדוֹל. וְחָזַר הַמְעַיֵּן וְהֶעֱמִידָהּ פַּעַם שֵׁנִית וְהָפַךְ רֹאשָׁהּ לְמַטָּה, וְתֵכֶף שֶׁהָפַךְ פָּנָיו נָפְלָה שֵׁנִית בְּקוֹל גָּדוֹל, וְכֵן פַּעַם שְׁלִישִׁית. וְאַחַר כָּךְ שָׂם לִבּוֹ עַל דָּבָר זֶה לְהַעֲמִיד הַגְּמָרָא כְּתִקּוּנָהּ, וְלֹא נָפְלָה עוֹד. וְהוּא אוֹת וּמוֹפֵת, שֶׁעַל הַכֹּל יֵשׁ הַשְׁגָּחָה מִן הַשָּׁמַיִם.

חִיּוּב גָּדוֹל לִנְהֹג כָּבוֹד בִּסְפָרִים, וּכְשֶׁהַסֵּפֶר פָּתוּחַ, וְאֵרַע דְּבַר טִנּוּף בְּחַדְרוֹ יִסְגֹּר הַסֵּפֶר אוֹ יְכַסֵּהוּ בְּמִטְפַּחַת.

חָלִילָה שֶׁיִּהְיוּ סְפָרִים בְּחֶדֶר שֶׁהָאִישׁ וְהָאִשָּׁה שָׁם, אִם לֹא שֶׁיֵּשׁ יְרִיעָה פְּרוּסָה בִּפְנֵי הַסְּפָרִים, אוֹ סְבִיב הַמִּטָּה שֶׁקּוֹרִין **פִּיר הֶענְג**.

לֹא יֵשֵׁב עַל סַפְסָל שֶׁהַסְּפָרִים עוֹמְדִין עָלָיו, אֶלָּא אִם כֵּן הַסְּפָרִים מוּנָחִים עַל אֵיזֶה דָּבָר גָּבוֹהַּ מִמֶּנּוּ.

מָצָא הַסֵּפֶר מֻנָּח מְהֻפָּךְ, יַהַפְכֵנּוּ וִינַשְּׁקֶנּוּ.

אֵין לְהַנִּיחַ סֵפֶר תַּחַת סֵפֶר אַחֵר כְּשֶׁרוֹצֶה לִלְמֹד, וְאָז עוֹשֶׂה בִּזָּיוֹן לַסֵּפֶר, מַה שֶּׁיּוּכַל לַעֲשׂוֹת בְּעֵץ אוֹ בְּאֶבֶן. וְהוּא בִּזָּיוֹן גָּדוֹל, אִם לֹא שֶׁהַסֵּפֶר הַתַּחְתּוֹן מֻנָּח כְּבָר שָׁרֵי לְהַנִּיחַ עָלָיו. וּכְבָר הִזְהִיר עַל זֶה בַּעַל **טוּרֵי זָהָב**, עַיֵּן שָׁם.

צָרִיךְ הָאָדָם לַעֲמֹד מִפְּנֵי חֻמָּשִׁים, וְאַף כִּי רַבִּים מְקִלִּים טוֹב לְהַחְמִיר. וְכֵן מָצִינוּ בְּמַהֲרִי"ל זִכְרוֹנוֹ לִבְרָכָה, כְּשֶׁהָיָה מְסַבֵּב וְהוֹלֵךְ בְּבֵית הַכְּנֶסֶת לָתֵת מַתְּנַת יָד בְּיוֹם טוֹב, כְּמִנְהַג אַשְׁכְּנַז, הָיָה נוֹטֵל חֻמָּשׁ בְּתוֹךְ יָדוֹ כְּדֵי לְזַכּוֹת בּוֹ הָרַבִּים, שֶׁיִּהְיֶה הַקִּימָה לִפְנֵי הַחֻמָּשׁ. וְכֵן רָאִיתִי נוֹהֲגִין בִּמְדִינַת פּוֹלִין, שֶׁיֵּשׁ כַּמָּה רַבָּנִים שֶׁהֵן נִזְהָרִין בָּזֶה כְּשֶׁיּוֹצְאִים בְּיוֹם שַׁבָּת אוֹ בְּיוֹם טוֹב רִאשׁוֹנִים מִבֵּית הַכְּנֶסֶת, וְהַקָּהָל עוֹמְדִים לִפְנֵי הָרַב אָז לוֹקְחִים בְּיָדָם אֵיזֶה סֵפֶר.

צָרִיךְ הָאָדָם לִהְיוֹת אוֹהֵב לוֹמְדֵי תּוֹרָה אַהֲבָה גְּמוּרָה, וּמִכָּל שֶׁכֵּן שֶׁצָּרִיךְ לֶאֱהֹב אֶת רַבּוֹ וְצָרִיךְ לֶאֱהֹב אֶת רַבּוֹ יוֹתֵר מֵאַהֲבַת אָבִיו. וְצָרִיךְ אָדָם לִזָּהֵר, שֶׁיְּהֵא מוֹרָא רַבּוֹ עָלָיו, שֶׁלֹּא יֵשֵׁב בְּפָנָיו עַד שֶׁיֹּאמַר

---

[203] שמות טו ב

[204] שמות טו ב

לוֹ רַבּוֹ שֵׁב, וְלֹא יֵשֵׁב בִּמְקוֹם רַבּוֹ. וּכְשֶׁהוֹלֵךְ יֵלֵךְ לִשְׂמֹאל רַבּוֹ, וְלַעֲשׂוֹת לוֹ כָּל שֵׁרוּת. וְכָל מִי שֶׁמְּבַשֵּׂר אֶת רַבּוֹ בְּשׂוֹרוֹת טוֹבוֹת, וְכַוָּנָתוֹ הוּא לְשֵׁם שָׁמַיִם אֲזַי שְׂכָרוֹ הוּא גָּדוֹל מְאֹד. וְכִדְאִיתָא בַּזֹּהַר פָּרָשַׁת שְׁלַח לְךָ - **הֵיכָל אֶחָד** יֵשׁ לְמַעְלָה, וְהוּא מְיֻחָד לְבִתְיָה בַּת פַּרְעֹה, וְכַמָּה רְבָבוֹת וַאֲלָפִים נָשִׁים צִדְקָנִיּוֹת עִמָּהּ, וּלְכָל חֲדָא מָקוֹם מְיֻחָד לְהִתְעַנֵּג בְּעֹנֶג גָּדוֹל. וְשָׁלֹשׁ פְּעָמִים בַּיּוֹם מַכְרִיזִים - הָא דְיוֹקְנָא דְּמֹשֶׁה, נְבִיאָה מְהֵימְנָא, אָתֵי, וְאָז יוֹצֵאת בִּתְיָה לְמָקוֹם אַחֵר, אֲשֶׁר פָּרֹכֶת פְּרוּסָה שָׁם, וְרוֹאָה דֶּרֶךְ פַּרְגּוֹדָא דְּיוֹקְנָא דְּמֹשֶׁה וְאוֹמֶרֶת - זַכַּאי חוּלְקִי, שֶׁגִּדַּלְתִּי נְהוֹרָא דָּא, וְאַחַר כָּךְ חוֹזֶרֶת אֶל הַנָּשִׁים, שֶׁיּוֹשְׁבוֹת עִמָּהּ בַּחֶדֶר הַנִּזְכָּר לְעֵיל עִם בְּגָדִים נָאִים, כְּמוֹ שֶׁהָיְתָה בָּעוֹלָם הַזֶּה בִּלְבוּשִׁים הַמְּאִירִים בְּאוֹר גָּדוֹל, וְנִקְרָאִים נָשִׁים שַׁאֲנַנּוֹת.

וּבַהֵיכָל הַשֵּׁנִי יוֹשֶׁבֶת סֶרַח בַּת אָשֵׁר וְכַמָּה אֲלָפִים וּרְבָבוֹת נָשִׁים צִדְקָנִיּוֹת עִמָּהּ, וְשָׁלֹשׁ פְּעָמִים בְּכָל יוֹם מַכְרִיזִים - הָא יוֹסֵף צַדִּיקָא אָתֵי, וְהִיא חֲדָאת וְיָצְאת גַּם כֵּן לְגוֹ פַּרְגּוֹדָא דְּאִית לַהּ, וַחֲמָאת נְהוֹרָא דִּדְיוֹקְנָא דְּיוֹסֵף וְאוֹמֶרֶת - זַכַּאי חוּלְקִי וְזַכָּאָה הַאי יוֹמָא, שֶׁבִּשַּׂרְתִּי מֵהַהוּא שׁוּפְרָא לְאָבִי זְקֵנִי, לְיַעֲקֹב, וְאַחַר כָּךְ חוֹזֶרֶת לִמְקוֹמָהּ.

בְּהֵיכָלָא אָחֳרָא, שָׁם יוֹכֶבֶד, אִמָּא דְּמֹשֶׁה וְאַהֲרֹן וּמִרְיָם, וְכַמָּה אֲלָפִים וּרְבָבוֹת נָשִׁים עִמָּהּ, וּבְכָל יוֹם עוֹמְדוֹת וּמְשַׁבְּחוֹת לְמָארֵיהּ עָלְמָא אִיהִי, וְכָל הַנָּשִׁים מְזַמְּרוֹת שִׁירַת הַיָּם, וְאַחַר כָּךְ אִיהִי בִּלְחוֹדָא מְנַגֶּנֶת פָּסוּק - וַתִּקַּח[205] מִרְיָם הַנְּבִיאָה אֶת הַתֹּף בְּיָדָהּ, וְכַמָּה כִּתּוֹת שֶׁל מַלְאָכִים שׁוֹמְעִים לְקוֹל נְעִימוֹת שֶׁלָּהֶן.

וּבְהֵיכָלָא רְבִיעִי, שָׁם דְּבוֹרָה הַנְּבִיאָה וְהַרְבֵּה נָשִׁים עִמָּהּ, וּמְשׁוֹרֶרֶת שִׁירַת דְּבוֹרָה וּבָרָק בֶּן אֲבִינֹעַם. וְלִפְנִים מֵהֵיכְלִין אִלֵּין, שָׁם אַרְבָּעָה הֵיכְלִין טְמִירִין שֶׁל שָׂרָה וְרִבְקָה, רָחֵל וְלֵאָה. וְלֹא אִתְגַּלְיָן וְלֹא חָמָאן. וּמֵהֵיכָלָא דִּלְהוֹן נִפְקָן נִשְׁמוֹת הַגֵּרִים, וְנִכְנָסִים אַחַר כָּךְ תַּחַת כַּנְפֵי הַשְּׁכִינָה, וְאֵין רְשׁוּת יוֹתֵר לְדַבֵּר בָּזֶה. עַד כָּאן לְשׁוֹן הַזֹּהַר, עַיֵּן שָׁם.

אִם כֵּן, נִלְמַד מֵהַמַּעֲשֶׂה זֶה, שֶׁזָּכְתָה בִּתְיָה בַּת פַּרְעֹה לְגֹדֶל מַעֲלָה זֹאת, עֲבוּר שֶׁגִּדְּלָה לְמֹשֶׁה רַבֵּנוּ. וְסֶרַח בַּת אָשֵׁר זָכְתָה לְגֹדֶל הַמַּעֲלָה בִּשְׁבִיל שֶׁבִּשְּׂרָה בְּשׂוֹרָה טוֹבָה לְיַעֲקֹב אָבִינוּ.

מֵאַהֲבַת תּוֹרָה - צָרִיךְ אָדָם לְפַרְנֵס תַּלְמִיד חָכָם בְּהֶסְתֵּר, וּמִצְוַת פַּרְנָסַת תַּלְמִידֵי חֲכָמִים הִיא שְׁקוּלָה כְּעֹנֶג שַׁבָּת, כִּי תַּלְמִיד חָכָם הוּא דּוֹמֶה וְנִמְשָׁל לְיוֹם הַשַּׁבָּת, כְּמוֹ שֶׁיּוֹם הַשַּׁבָּת אֵינוֹ מֵכִין לְעַצְמוֹ פַּרְנָסָה, לְפִי שֶׁאֵין בּוֹ מְלָאכָה, כִּי אִם שֵׁשֶׁת יָמִים מְכִינִין לוֹ הָכֵי נָמֵי תַּלְמִידֵי חֲכָמִים, שֶׁעוֹסְקִים בַּתּוֹרָה וּמְבַטְּלִין מִמְּלָאכָה, וְאֵינָם עוֹסְקִין בִּמְלָאכָה וּבְמַשָּׂא וּמַתָּן כִּשְׁאָר הָעָם, הַהוֹלְכִים לָעִיר וּבָרְחוֹבוֹת וּבַשְּׁוָקִים לְהַמְצִיא פַּרְנָסָה. עַל כֵּן שְׁאָר אֲנָשִׁים צְרִיכִין לִרְאוֹת לִתֵּן פַּרְנָסַת

[205] שמות טו כ

תַּלְמִידֵי חֲכָמִים. וּכְשֵׁם שֶׁהָאָדָם מְחֻיָּב לְעַנֵּג אֶת הַשַּׁבָּת, כֵּן מְחֻיָּב אָדָם לִרְאוֹת לִתֵּן דַּוְקָא בְּכָבוֹד הַמַּתָּנָה לְתַלְמִיד חָכָם, וְלֹא דֶּרֶךְ בִּזָּיוֹן. וְזֶה שֶׁאָמַר הַכָּתוּב [יְשַׁעְיָה נח, יג] - וְקָרָאתָ לַשַּׁבָּת עֹנֶג, לִקְדוֹשׁ ה' מְכֻבָּד. וְתַלְמִיד חָכָם נִקְרָא קָדוֹשׁ ה', וְכָל הַמְכַבֵּד אֶת הַתַּלְמִידֵי חֲכָמִים, אַשְׁרֵי לוֹ וְאַשְׁרֵי חֶלְקוֹ, וְעָלָיו נֶאֱמַר - שְׂמַח[206] זְבוּלוּן בְּצֵאתֶךָ וְיִשָּׂשכָר בְּאֹהָלֶךָ. אֲבָל הַמְצַעֲרִין לְתַלְמִידֵי חֲכָמִים, אוֹי לָהֶם וְאוֹי לְנִשְׁמוֹתֵיהֶן, וְהָעֹנֶשׁ שֶׁלָּהֶן תִּמְצָא בַּזֹּהַר רַעְיָא מְהֵימְנָא, פָּרָשַׁת בַּמִּדְבָּר בַּאֲרִיכוּת, כִּי קָצְרָה הַיְרִיעָה לְהַעְתִּיקָהּ.

עַל כֵּן יִרְאֶה הָאָדָם לְבִלְתִּי לְהָקֵל בִּכְבוֹדָן שֶׁל תַּלְמִידֵי חֲכָמִים, וַעֲלֵיהוּ אִתְּמַר - לֹא[207] תִגַּע בּוֹ יָד כִּי סָקוֹל יִסָּקֵל. עַיֵּן שָׁם הֵיטֵב בַּזֹּהַר. וְכָל הַמְכַבֵּד לְתַלְמִידֵי חֲכָמִים, יִהְיֶה מְכֻבָּד מִן הַשָּׁמַיִם.

---

[206] דברים לג יח

[207] שמות יט יג

פרק נה

וַיֹּאמֶר[208] ה' אֶל מֹשֶׁה כְּתֹב זֹאת זִכָּרוֹן בַּסֵּפֶר וְשִׂים בְּאָזְנֵי יְהוֹשֻׁעַ. הִזְהִיר הַקָּדוֹשׁ בָּרוּךְ הוּא לְמֹשֶׁה, שֶׁהָיָה רַבָּן שֶׁל יִשְׂרָאֵל, עַל הַכְּתִיבָה. כִּי זֶהוּ תּוֹעֶלֶת גָּדוֹל לַזִּכָּרוֹן, וְאִם לְמֹשֶׁה רַבֵּנוּ הִזְהִיר הַקָּדוֹשׁ בָּרוּךְ הוּא, קַל וָחֹמֶר לִשְׁאָר בְּנֵי אָדָם, שֶׁצְּרִיכִין לְהַרְהֵר תָּמִיד בְּמַעֲשִׂים וּלְפַשְׁפֵּשׁ בָּהֶם שֶׁמָּא חָטְאוּ, אֲזַי יִכְתֹּב חֶטְאוֹ, שֶׁיִּהְיֶה לוֹ לְזִכָּרוֹן לְתַקֵּן אֶת הַחֵטְא, אוֹ אִם יִמְצָא בְּאֵיזֶה סֵפֶר דְּבַר תִּקּוּן לַחֲטָאָיו יִרְשֹׁם עַל נְיָר מְיֻחָד מִיָּד, כְּדֵי שֶׁיּוּכַל לְתַקֵּן בְּלִי עִכּוּב מַאי דְּאֶפְשָׁר לוֹ. וְאִם נִזְכַּר שֶׁחָטָא נֶגֶד חֲבֵרוֹ בְּדִבּוּר קָשֶׁה וְהֵצֵר לוֹ, אוֹ תָּלָה בּוֹ שׁוּם שֶׁמֶץ דֹּפִי, אוֹ שֶׁהִלְבִּין פָּנָיו בָּרַבִּים יִבְכֶּה וְיִתְחָרֵט וִיקַבֵּל עָלָיו מִיָּד לְמָחֳרָתוֹ לְפַיְּסוֹ וּלְרַצּוֹתוֹ, וְזֶה יִהְיֶה לוֹ עֵסֶק רִאשׁוֹן לְמָחֳרָתוֹ. וְאֵין צָרִיךְ לוֹמַר, אִם נִזְכַּר שֶׁחָטָא נֶגֶד מִי שֶׁגָּדוֹל מִמֶּנּוּ, יִצְטַעֵר מִיָּד וִיבַקֵּשׁ לְהַקָּדוֹשׁ בָּרוּךְ הוּא שֶׁלֹּא יִרְשֹׁם בְּסֵפֶר חוֹבוֹתָיו, וִיקַבֵּל עָלָיו לְמָחָר לְתַקֵּן מִיָּד.

וְאִם חָטָא אַחֵר לְנֶגְדּוֹ בְּאוֹנָאַת דְּבָרִים יִמְחַל לוֹ מִיָּד, וְכֹה יֹאמַר - שָׁרֵי לֵיהּ מָרֵיהּ לְכָל מַאן דִּמְצַעֲרִין לִי, וְיִקְרָא קְרִיאַת שְׁמַע עַל מִטָּתוֹ בְּכַוָּנָה. וְאַחַר כָּךְ יִזָּהֵר לִקְרֹא עֲשֶׂרֶת הַדִּבְּרוֹת שֶׁבְּפָרָשַׁת וָאֶתְחַנַּן בְּכָל לַיְלָה, כִּי עֲשֶׂרֶת הַדִּבְּרוֹת שֶׁבְּפָרָשַׁת יִתְרוֹ שֶׁכָּתוּב זָכוֹר הוּא נֶגֶד הַיּוֹם, וּבְפָרָשַׁת וָאֶתְחַנַּן כְּתִיב בּוֹ שָׁמוֹר, וְהוּא נֶגֶד מִדַּת הַלַּיְלָה. וְעַל יְדֵי כָּךְ יֵשׁ לוֹ שְׁנֵי כְּתָרִים בְּרֹאשׁוֹ - אֶחָד כְּשֶׁעוֹלָה נִשְׁמָתוֹ לְמַעְלָה, וְאַחַת לְלַוּוֹתָהּ בַּחֲזָרָתָהּ לְמַטָּה. וְעַל כֵּן יֵשׁ שְׁנֵי טְעָמִים בַּעֲשֶׂרֶת הַדִּבְּרוֹת - אֶחָד לְמַעְלָה, וְאֶחָד לְמַטָּה. וּבְשַׁחֲרִית קֹדֶם יְצִיאָתוֹ מֵהַבַּיִת, יִטֹּל יָדָיו תְּחִלָּה, וְאַחַר כָּךְ יָבוֹא אֶל הַמְּזוּזָה וְיַנִּיחַ יָדָיו עַל הַמְּזוּזָה, וִיכַוֵּן שֶׁהַקָּדוֹשׁ בָּרוּךְ הוּא הוּא בַּעַל הַבַּיִת, וַאֲנַחְנוּ כֻּלָּנוּ בַּבַּיִת רַק אוֹרְחִים. וִיכַוֵּן הַשֵּׁם **שַׁדַּ"י** כְּמוֹ שֶׁכָּתַבְתִּי בְּפֶרֶק רִאשׁוֹן. וְאַחַר כָּךְ יֹאמַר - ה'[209] יִשְׁמֹר צֵאתִי וּבוֹאִי לְחַיִּים וּלְשָׁלוֹם מֵעַתָּה וְעַד עוֹלָם. שָׁלֹשׁ פְּעָמִים, וְאַחַר כָּךְ יֹאמַר פָּסוּק - בְּכָל[210] דְּרָכֶיךָ דָעֵהוּ וְהוּא יְיַשֵּׁר אֹרְחֹתֶיךָ. וְהַפָּסוּק הַזֶּה הוּא כּוֹלֵל כָּל הַתּוֹרָה, וְיֵשׁ בּוֹ עֶשְׂרִים וְשֵׁשׁ אוֹתִיּוֹת כְּמִנְיַן שֵׁם הֲוָיָ"ה, שֶׁהוּא קֹדֶשׁ קָדָשִׁים, וּמַתְחִיל בְּאוֹת בֵּי"ת, וּמְסַיֵּם בְּאוֹת כַּ"ף - נֶגֶד כ"ב אוֹתִיּוֹת הַתּוֹרָה. וּבְכָל פַּעַם שֶׁיֹּאמַר פָּסוּק זֶה, יַטֶּה אֶת רֹאשׁוֹ לְשֵׁשׁ קְצָווֹת כְּסֵדֶר הַזֶּה - מִזְרָח, דָּרוֹם, מַעֲרָב, צָפוֹן, מַעְלָה וּמַטָּה. וִיכַוֵּן שֶׁמּוֹסֵר נַפְשׁוֹ לְהַקָּדוֹשׁ בָּרוּךְ הוּא הַמּוֹשֵׁל בְּשֵׁשׁ קְצָווֹת הָעוֹלָם, וּבְזֶה הוּא מְשַׁעְבֵּד נַפְשׁוֹ וְגוּפוֹ לְהַקָּדוֹשׁ בָּרוּךְ הוּא.

וּמִי שֶׁהוּא פָּנוּי, יֹאמַר אֵלּוּ הַפְּסוּקִים הַמְּרַמְּזִים כָּל אֶחָד עַל אֵבֶר

---

[208] שמות יז יד

[209] על פי תהלים קכא ח

[210] משלי ג ו

הַמְיֻחָד - וְאַתָּה ה'[211] מָגֵן בַּעֲדִי כְּבוֹדִי וּמֵרִים רֹאשִׁי. בִּשַּׂרְתִּי[212] צֶדֶק בְּקָהָל רָב הִנֵּה שְׂפָתַי לֹא אֶכְלָא ה' אַתָּה יָדָעְתָּ. אֵלָיו[213] פִּי קָרָאתִי וְרוֹמַם תַּחַת לְשׁוֹנִי. פִּקּוּדֵי[214] ה' יְשָׁרִים מְשַׂמְּחֵי לֵב מִצְוַת ה' בָּרָה מְאִירַת עֵינָיִם. שְׁמַע[215] קוֹל תַּחֲנוּנַי בְּשַׁוְּעִי אֵלֶיךָ בְּנָשְׂאִי יָדַי אֶל דְּבִיר קָדְשֶׁךָ. לַעֲשׂוֹת[216] רְצוֹנְךָ אֱלֹהַ"י חָפָצְתִּי וְתוֹרָתְךָ בְּתוֹךְ מֵעָי. כָּל[217] עַצְמוֹתַי תֹּאמַרְנָה ה' מִי כָמוֹךָ. אֲבָרֵךְ[218] אֶת ה' אֲשֶׁר יְעָצָנִי אַף לֵילוֹת יִסְּרוּנִי כִלְיוֹתָי. רַגְלִי[219] עָמְדָה בְמִישׁוֹר בְּמַקְהֵלִים אֲבָרֵךְ ה'. וְאַחַר כָּךְ יֹאמַר מִשְׁנָה אַחַת, שֶׁהִיא כּוֹלֶלֶת כָּל הַגּוּף וְרֹאשׁ הָאָדָם וְתוֹכוֹ וְסוֹפוֹ, וְזֶהוּ - אֵין[220] עוֹמְדִין לְהִתְפַּלֵּל אֶלָּא מִתּוֹךְ כֹּבֶד רֹאשׁ חֲסִידִים הָרִאשׁוֹנִים הָיוּ שׁוֹהִין שָׁעָה אַחַת קֹדֶם שֶׁיִּתְפַּלְּלוּ כְּדֵי שֶׁיְּכַוְּנוּ אֶת לִבָּם לַמָּקוֹם אֲפִלּוּ הַמֶּלֶךְ שׁוֹאֵל בִּשְׁלוֹמוֹ וַאֲפִלּוּ נָחָשׁ כָּרוּךְ עַל עֲקֵבוֹ לֹא יַפְסִיק. וְאַחַר כָּךְ יֹאמַר פָּסוּק - סוֹף[221] דָּבָר הַכֹּל נִשְׁמָע אֶת הָאֱלֹהִ"ים יְרָא וְאֶת מִצְוֹתָיו שְׁמוֹר, כִּי זֶה כָּל הָאָדָם שֶׁהַפָּסוּק כּוֹלֵל כָּל הַתַּרְיַ"ג מִצְוֹת. וְכָל מִי שֶׁיִּתְנַהֵג כָּךְ, אָז טוֹב לוֹ יִהְיֶה סֶלָה.

---

211 תהלים ג ד
212 תהלים מ י
213 תהלים סו יז
214 תהלים יט ט
215 תהלים כח ב
216 תהלים מ ט
217 תהלים לה י
218 תהלים טז ז
219 תהלים כו יב
220 משנה ברכות ה א
221 קהלת יב יג

פרק נו

אַמְרִינָן בַּגְּמָרָא - חַיָּה[222] רָעָה בָּאָה לָעוֹלָם עַל עֲוֹן שְׁבוּעַת שָׁוְא. דַּע לְךָ כִּי סְתָם חַיָּה, הַנִּזְכֶּרֶת בַּגְּמָרָא, הִיא לִילִי"ת הָרְשָׁעָה אִמָּהוֹן דְּשֵׁדִין, אֲשֶׁר הִיא מְעוֹרֶרֶת בַּעֲווֹנוֹתֵינוּ הָרַבִּים כַּמָּה גְּזֵרוֹת רָעוֹת עַל יִשְׂרָאֵל, וְהִיא תָּדִיר בְּאוֹתוֹ בַּיִת, אֲשֶׁר שְׁבוּעַת שָׁוְא מְצוּיָה שָׁם, וְהִיא דָּרָה שָׁם בְּאוֹתוֹ הַבַּיִת, וְהִיא הוֹרֶגֶת יְלָדִים קְטַנִּים. וּבְאוֹתוֹ הַבַּיִת אוֹ עִיר אֲשֶׁר שָׁם שְׁבוּעַת שָׁוְא, עֲנִיּוּת מָצוּי שָׁם.

וְהִנֵּה בּוֹא וּרְאֵה גֹּדֶל הַפְּגָם עַל שְׁבוּעַת שָׁוְא. דַּע, דְּאִיתָא בַּזֹּהַר פָּרָשַׁת יִתְרוֹ, כִּי בְּשָׁעָה שֶׁגָּזַר הַקָּדוֹשׁ בָּרוּךְ הוּא עַל מֵימֵי הָעוֹלָם שֶׁיֵּרְדוּ לַתְּהוֹם עָשָׂה לָהֶם כִּסּוּי, וּבְתוֹךְ הַכִּסּוּי הוּא כִּסּוּי אַחֵר, וּבְתוֹךְ זֶה הַכִּסּוּי חֲקוּקִים וּרְשׁוּמִים שֵׁמוֹת הַקְּדוֹשִׁים, אֲשֶׁר הֵם שׁוֹמְרִים אֶת מֵי הַתְּהוֹם, שֶׁלֹּא יִגְבְּרוּ לַעֲלוֹת וּלְהָצִיף אֶת הָעוֹלָם. וּבְשָׁעָה שֶׁאָדָם נִשְׁבָּע לַשֶּׁקֶר, אֲזַי הַמַּיִם מִתְגַּבְּרִים וְגוֹבְרִים אֶת הַכִּסּוּי, עַד שֶׁאוֹתָן אוֹתִיּוֹת וְשֵׁמוֹת הַקְּדוֹשִׁים פּוֹרְחִים וּמִסְתַּלְּקִין מֵהַכִּסּוּי, וְיֵשׁ בְּאוֹתוֹ פַּעַם רְשׁוּת לְמֵי תְּהוֹם לְהִתְגַּבֵּר וְלִשְׁטֹף אֶת הָעוֹלָם. וּבְאוֹתוֹ הַפַּעַם הַקָּדוֹשׁ בָּרוּךְ הוּא מְרַמֵּז לְמַלְאָךְ אֶחָד, **וְיַעֲזְרִיאֵ"ל** שְׁמֵיהּ, וְהוּא מְמֻנֶּה עַל שִׁבְעִים מַפְתְּחוֹת, וְחוֹקֵק מֵחָדָשׁ שֵׁמוֹת הַקְּדוֹשִׁים הַנִּזְכָּרִים לְעֵיל, עַל כִּסּוּי שֶׁל תְּהוֹם, וְאָז מֵי תְּהוֹם חוֹזְרִין לַאֲחוֹרֵיהֶן לֵירֵד לִמְקוֹמָהּ, וְאָז נִצּוֹל הָעוֹלָם מִשְּׁטִיפַת הַמַּיִם. וַי לְאוֹתוֹ הָאָדָם, שֶׁגָּרַם קִצּוּץ וּפֵרוּד בְּאוֹתִיּוֹת הַקְּדוֹשִׁים מִמְּקוֹמָם, וְכִבְיָכוֹל הִטְרִיחַ אֶת קוֹנוֹ לָצֵאת לַחֲקֹק מֵחָדָשׁ שֵׁמוֹת הַקְּדוֹשִׁים.

בֶּן אָדָם, בֶּן אָדָם, טִפָּה סְרוּחָה, אֵיךְ יַטְרִיחַ אֶת קוֹנוֹ, וּבְוַדַּאי הַשֵּׁמוֹת מְקַלְּלִין אוֹתוֹ וּמְקַטְרְגִים עָלָיו, וְלוּלֵא הָיָה אָדָם שׁוֹמֵעַ קִלְלָתָם וְקִטְרוּגָם בְּוַדַּאי הָיָה מַכֶּה אֶת רֹאשׁוֹ בַּכֹּתֶל עַל גֹּדֶל הַפְּגָם. וְעַל כֵּן אָמְרוּ רַבּוֹתֵינוּ זִכְרוֹנָם לִבְרָכָה - כָּל הַמַּזְכִּיר שֵׁם שָׁמַיִם לְבַטָּלָה, נֶעֱקָר מִן הָעוֹלָם, כִּי אֵין זֶה דֶּרֶךְ כָּבוֹד לְהַזְכִּיר שְׁמוֹ שֶׁל הַקָּדוֹשׁ בָּרוּךְ הוּא עַל חִנָּם לְבַטָּלָה, וּמִכָּל שֶׁכֵּן לַשָּׁוְא וָשֶׁקֶר, חַס וְשָׁלוֹם.

וְזֶה לְךָ הַכְּלָל כִּי שְׁבוּעַת שֶׁקֶר לֹא תַּחֲזֹר, עַד אֲשֶׁר תַּעֲשֶׂה רֹשֶׁם בְּגוּפוֹ אוֹ בְּמָמוֹנוֹ לִזְמַן קָרוֹב אוֹ רָחוֹק, וּשְׁבוּעַת שֶׁקֶר תַּשִּׂיגֵהוּ בַּבַּיִת אוֹ בַּשָּׂדֶה, בָּהָר אוֹ בָעִיר, בַּיַּבָּשָׁה אוֹ בַּיָּם, וּבְוַדַּאי לֹא תַּחֲזֹר רֵיקָם. כְּמוֹ שֶׁאָמַר הַכָּתוּב - כִּי[223] לֹא יְנַקֶּה ה' אֵת אֲשֶׁר יִשָּׂא אֶת שְׁמוֹ לַשָּׁוְא. וּבְעֵת אֲשֶׁר יִרְצֶה הָאָדָם לִשָּׁבַע יְצַיֵּר לְפָנָיו כְּאִלּוּ כְּתִיב - כִּי לֹא יְנַקֶּה ה' אֵת אֲשֶׁר יִשָּׂא אֶת שְׁמוֹ לַשָּׁוְא בִּכְתָב אֵשׁ שָׁחוֹר עַל גַּבֵּי אֵשׁ לְבָנָה, וְיִפֹּל עָלָיו מוֹרָא וּפַחַד, וְאָז יִנָּצֵל מִשְּׁבוּעַת שֶׁקֶר.

---

[222] משנה אבות ה ט

[223] שמות כ ו

עַל כֵּן לֹא יַרְגִּיל הָאָדָם לִשָּׁבַע בְּגוּפוֹ אוֹ בְּנִשְׁמָתוֹ, כִּי הַנְּשָׁמָה הִיא חֵלֶק אֱלוֹהַּ מִמַּעַל. אוֹ בְּחַיֵּי בָּנָיו אוֹ בִּשְׁאָר דְּבָרִים כְּדֶרֶךְ הַפּוֹחֲזִים וְרֵיקִים לִשָּׁבַע בְּחִנָּם, וְנִשְׁבָּעִים - אִם הַדָּבָר כֵּן תָּבוֹא שְׂרֵפָה לְבֵיתוֹ אוֹ שֶׁיֵּהָרֵג. וְכָל אֵלּוּ הַשְּׁבוּעוֹת יֵשׁ בָּהֶם סַכָּנָה, שֶׁלֹּא יְקַיֵּם בּוֹ, כִּי מִי יוֹדֵעַ בְּאֵיזֶה שָׁעָה וּבְאֵיזֶה מַזָּל הוּא אוֹמֵר כֵּן, וִיקַיֵּם חַס וְשָׁלוֹם אוֹתוֹ הָרָעָה.

וְהָרַב הָאֲרִ"י, זִכְרוֹנוֹ לִבְרָכָה, הִזְהִיר לְתַלְמִידָיו, שֶׁלֹּא לְהַזְכִּיר שׁוּם מַלְאָךְ בִּשְׁמוֹ אֲפִלּוּ בְּלִמּוּדוֹ, כְּגוֹן - **מטטרו"ן** יֹאמַר רַק **מֶטַט**, **וסנדלפו"ן** יֹאמַר רַק סַנְדָּל, וְכַיּוֹצֵא בָּהֶם שְׁאָר שְׁמוֹת מַלְאָכִים. זוּלַת שְׁמוֹת הַמַּלְאָכִים, שֶׁהֵן כִּשְׁמוֹת הָאֲנָשִׁים, כְּגוֹן - מִיכָאֵל, גַּבְרִיאֵל, רְפָאֵל וְכַיּוֹצֵא בָּהֶן אֵין חֲשָׁשׁ. וְהַטַּעַם, כִּי הַכֹּל בָּרָא הַקָּדוֹשׁ בָּרוּךְ הוּא לְצֹרֶךְ הָאָדָם. וּבְשָׁעָה שֶׁבָּרָא הַקָּדוֹשׁ בָּרוּךְ הוּא מַלְאָכִים, הִשְׁבִּיעָם הַקָּדוֹשׁ בָּרוּךְ הוּא שֶׁיִּהְיוּ מְצוּיִים בְּשָׁעָה שֶׁיַּזְכִּירֵם הָאָדָם לְאֵיזֶה הַצָּלָה בְּהַשְׁבָּעָה וְכַיּוֹצֵא בּוֹ. וּבְהַשְׁבָּעָה, כְּשֶׁמַּזְכִּיר הָאִישׁ שֵׁם הַמַּלְאָךְ, אֲזַי הַמַּלְאָךְ בָּא וּמֻכְרָח לַעֲשׂוֹת כְּפִי הַהַשְׁבָּעָה. וּכְשֶׁרוֹאֶה הַמַּלְאָךְ שֶׁבִּיאָתוֹ הוּא בְּחִנָּם לִפְעָמִים מַזִּיקוֹ. מִזֶּה יִתְבּוֹנֵן הָאָדָם, שֶׁגָּדוֹל הוּא סַכָּנַת שְׁבוּעַת שָׁוְא וָשֶׁקֶר.

וְדַע, כִּי עִנְיַן תְּקִיעַת כַּף הוּא כְּמוֹ שְׁבוּעָה. וְהָעִנְיָן, כִּי מְקוֹר הַנֶּפֶשׁ תָּלוּי בְּכַף הָאָדָם, הֵן לְטוֹבָה וְהֵן לְרָעָה. לְטוֹבָה — בִּהְיוֹתוֹ פּוֹרֵשׂ כַּפָּיו אֶל ה' וּמְעוֹרֵר רַחֲמִים, וְכֵן רֹב הַמִּצְוֹת תְּלוּיִין בְּיַד הָאָדָם - בְּיָדוֹ הוּא כּוֹרֵת בְּרִית מִילָה, בְּיָדוֹ מְקַיֵּם כָּל מִינֵי דְּקָרְבָּנוֹת, תְּרוּמוֹת וּמַעַשְׂרוֹת, סֻכָּה, אַרְבָּעָה מִינִים שֶׁבַּלּוּלָב, צְדָקָה, תְּפִלִּין, וְהַרְבֵּה מִצְוֹת תְּלוּיִין בַּיָּדַיִם. עַל כֵּן חַיֵּי הַנֶּפֶשׁ תְּלוּיִין בְּיָדָיו, וְעַל זֶה אָמַר דָּוִד הַמֶּלֶךְ עָלָיו הַשָּׁלוֹם - נַפְשִׁי[224] בְכַפִּי תָמִיד וְתוֹרָתְךָ לֹא שָׁכָחְתִּי. רָצָה לוֹמַר, שֶׁבָּחַרְתִּי לִי דְּרָכִים טוֹבִים שֶׁל הַיָּדַיִם, וְלֹא הֶהָפוּךְ חַס וְשָׁלוֹם.

וְהִנֵּה, כְּשֶׁרוֹצֶה הָאָדָם לַאֲמֵת דְּבָרָיו תּוֹקֵעַ כַּפָּיו כְּאִלּוּ נוֹתֵן לוֹ מַשְׁכּוֹן בָּטוּחַ, שֶׁהוּא הַנֶּפֶשׁ דִּילֵיהּ, אֲשֶׁר הוּא בְּכַפּוֹ. וְהוּא יוֹתֵר חָמוּר מִנִּשְׁבָּע עַל נַפְשׁוֹ, וּפוֹגֵעַ בִּבְחִינוֹתָיו, שֶׁהוּא נֶפֶשׁ הָעֶלְיוֹנָה, הַנִּקְרֵאת נֶפֶשׁ, וְהוּא שֵׁם שֶׁל אַדְנוּת. וְהִנֵּה שֵׁם אַדְנוּת בְּמִלּוּאוֹ — יֵשׁ לוֹ שְׁתֵּים עֶשְׂרֵה אוֹתִיּוֹת כָּזֶה - אָלֶ"ף, דָּלֶ"ת, נוּ"ן, יוּ"ד, וְנִמְצָא שֶׁהוּא פּוֹגֵם גַּם כֵּן בִּשְׁתֵּים עֶשְׂרֵה תֵּבוֹת שֶׁל - שְׁמַע[225] יִשְׂרָאֵל ה' אֱלֹהֵינוּ ה' אֶחָד. בָּרוּךְ שֵׁם כְּבוֹד מַלְכוּתוֹ לְעוֹלָם וָעֶד, שֶׁהֵן נֶגֶד שְׁתֵּים עֶשְׂרֵה אוֹתִיּוֹת מִלּוּאִים שֶׁל אַדְנוּת. וְהִנֵּה אוֹתִיּוֹת אֶמְצָעִים שֶׁל מִלּוּי שֵׁם שֶׁל אַדְנוּת הֵן - ל, ל, ו, ו, שֶׁהֵן גִּימַטְרִיָּא שִׁבְעִים וּשְׁתַּיִם, נִמְצָא שֶׁפּוֹגֵם גַּם כֵּן בְּשֵׁם ע"ב, הַיּוֹצְאִים מִפְּסוּקִים - וַיִּסַּע וַיָּבֹא וַיֵּט. וְאוֹתִיּוֹת שְׁלִישִׁיּוֹת הֵן - פ, ת, ג, ד, שֶׁהֵן גִּימַטְרִיָּא חֲמֵשׁ מֵאוֹת שְׁלֹשִׁים וְאַרְבַּע, שֶׁהֵם אוֹתִיּוֹת - **דַּת קַל**.

[224] תהלים קיט קט
[225] דברים ו ד

מַרְאֶה, שֶׁפּוֹגֵם עַל הַתּוֹרָה הַקְּדוֹשָׁה, שֶׁנֶּאֱמַר בָּהּ - מִימִינוֹ[226] אֵשׁ דָּת לָמוֹ. וְאוֹתִיּוֹת **קַל** מוֹרֶה, שֶׁפּוֹגֵם **בְּעַב** קַל, אֲשֶׁר שֵׁם ה' רוֹכֵב עָלָיו, כַּיָּדוּעַ לְיוֹדְעֵי חֵן.

עַל כֵּן שׁוֹמֵר נַפְשׁוֹ יִתְרַחֵק מִשְּׁבוּעַת שָׁוְא וּמִסְּתָם שְׁבוּעוֹת וּמִתְּקִיעוֹת כַּף, וְתָמִיד יִהְיֶה לוֹ לְזִכָּרוֹן גֹּדֶל הַפְּגָם, שֶׁפּוֹגֵם בַּשֵּׁמוֹת הַקְּדוֹשִׁים הַנִּזְכָּרִים. לְמַעַן ה', אַל יִהְיֶה עָווֹן זֶה קַל בְּעֵינֶיךָ, כִּי צוּרַת הַיָּד הָעוֹבֶרֶת עַל תְּקִיעַת כַּף, הִיא לִפְנֵי מִטָּתוֹ, וְעַל כָּל אֶצְבַּע עוֹמְדִין כַּמָּה אֲלָפִים מַזִּיקִין, רַחֲמָנָא לִצְלַן, וּבְעֵת פְּטִירָתוֹ הַיָּד הַהִיא מְעִידָה עָלָיו, שֶׁעָבַר עַל תְּקִיעַת הַכַּף שֶׁלּוֹ.

עַל כֵּן צָרִיךְ הָאָדָם לְהַזְהִיר אֶת בָּנָיו וּבְנֵי בֵיתוֹ, שֶׁלֹּא יִהְיוּ רְגִילִין בִּשְׁבוּעוֹת וּנְדָרִים וּתְקִיעוֹת כַּף, וְהַיָּרֵא לִדְבַר ה' מְחֻיָּב לְהִתְפַּלֵּל עַל זֶה, שֶׁלֹּא יִכָּשֵׁל בִּשְׁבוּעַת חִנָּם. וּמִכָּל שֶׁכֵּן בִּשְׁבוּעַת שָׁוְא וָשֶׁקֶר וּתְקִיעוֹת כַּף שֶׁל שֶׁקֶר, וּמִי שֶׁלֹּא נִזְהָר, אֲזַי יִתֵּן מָקוֹם, חַס וְשָׁלוֹם, לְלִילִי"ת הָרְשָׁעָה לִהְיוֹת לָהּ מָדוֹר וְחֵלֶק בְּבֵיתוֹ, וִיאַבֵּד אֶת בָּנָיו הַקְּטַנִּים, וְנִפְרָעִין מִמֶּנּוּ וּמִמִּשְׁפַּחְתּוֹ, וְאַחַר כָּךְ מַכְרִיזִין עָלָיו חֲרָמוֹת וּשְׁמָתוֹת בְּכָל רְקִיעִין, וְתָמִיד מַזְכִּירִין אוֹתוֹ לְרָעָה. עַל כֵּן שׁוֹמֵר נַפְשׁוֹ יִרְחַק מִמִּכְשׁוֹל זֶה, וְאָז בָּטוּחַ תִּהְיֶה, שֶׁיְּמַלֵּא ה' לוֹ בְּרָכוֹת וְהַצְלָחוֹת, יְשׁוּעוֹת וְנֶחָמוֹת, אָמֵן.

---

[226] דברים לג ב

פרק נז

כָּתוּב בַּטּוּר - בַּבֹּקֶר[227] יִתְגַּבֵּר אָדָם כַּאֲרִי לָקוּם לַעֲבוֹדַת הַבּוֹרֵא, וְיִזָּהֵר לִטֹּל יָדָיו סָמוּךְ לְמִטָּתוֹ וְלִשְׁפֹּךְ מַיִם דַּוְקָא עַל גַּבֵּי כְּלִי, כְּדֵי לְהַעֲבִיר הַזֻּהֲמָה וְרוּחַ רָעָה מֵעַל יָדָיו, כַּמְבֹאָר בְּסִפְרֵי הַמּוּסָר. וְלֹא יֵלֵךְ אַרְבַּע אַמּוֹת בְּלִי נְטִילַת יָדַיִם.

וְאִיתָא בַּזֹּהַר וָאֶתְחַנַּן, כִּי בָּרָקִיעַ מַמְתִּינִים וּמְצַפִּים עַל קִימַת בַּר יִשְׂרָאֵל, שֶׁיָּקוּם לַעֲסֹק בַּתּוֹרָה וּבִתְפִלָּה. וְהָרְאָיָה - דְּכַד בַּר נָשׁ קָאִים מֵעַרְסֵיהּ לְאִשְׁתַּדְּלָא בְּאוֹרַיְתָא כָּרוֹזָא קָאִים עֲלֵיהּ וְאוֹמֵר - הִנֵּה[228] בָּרְכוּ אֶת ה' כָּל עַבְדֵי ה' הָעוֹמְדִים בְּבֵית ה' בַּלֵּילוֹת. וְאַחַר כָּךְ כְּשֶׁעוֹמֵד וְהוֹלֵךְ לְבֵי כְּנִשְׁתָּא בִּצְלוֹתֵיהּ קַמֵּיהּ מָארֵיהּ, הַאי כָּרְזָא קָארֵי עֲלֵיהּ - וְנָתַתִּי[229] לְךָ מַהְלְכִים בֵּין הָעוֹמְדִים הָאֵלֶּה. אָכֵן כָּל זֶה הוּא כְּשֶׁהָאָדָם מִתְפַּלֵּל בְּכַוָּנָה, וּבְתַחֲנוּנִים יְדַבֵּר רָשׁ. כְּמוֹ מֹשֶׁה רַבֵּנוּ שֶׁאָמַר - וָאֶתְחַנַּן[230] אֶל ה' בָּעֵת הַהִוא לֵאמֹר.

וְצָרִיךְ הָאָדָם שֶׁיִּתֵּן עֵינָיו לְמַטָּה סְגוּרוֹת, וְלִבּוֹ יִהְיֶה לְמַעְלָה. וּמִי שֶׁהוּא רָגִיל לְהִתְפַּלֵּל מִתּוֹךְ הַמַּחֲזוֹר אוֹ מִן הַסִּדּוּר, יִרְאֶה לְהִתְפַּלֵּל מִתּוֹךְ הַכְּתָב, וְלֹא יַבִּיט מִחוּץ לַמַּחֲזוֹר אוֹ מִחוּץ לַסִּדּוּר, כִּי הַשְּׁכִינָה עוֹמֶדֶת לְנֶגְדּוֹ, וְאָסוּר לְהִסְתַּכֵּל בַּשְּׁכִינָה. וּבְסִפְרָא דְּרַב הַמְנוּנָא סָבָא אָמַר - מַאן דְּפָקַח עֵינוֹי בְּשַׁעְתָּא דִּצְלוֹתָא אוֹ מַאן דְּלָא מָאִיךְ עֵינוֹי בְּאַרְעָא מַקְדִּים עָלָיו מַלְאַךְ הַמָּוֶת וּבָא אֶצְלוֹ קֹדֶם מוֹתוֹ, וְכַד תִּפּוּק נַפְשֵׁיהּ לָא יִסְתַּכֵּל בִּנְהִירוּ דִּשְׁכִינְתֵּיהּ, דִּכְתִיב - כִּי[231] לֹא יִרְאַנִי הָאָדָם וָחָי. אֲבָל קֹדֶם מוֹתוֹ כָּל בַּר יִשְׂרָאֵל זוֹכֶה לִרְאוֹת אֶת הַשְּׁכִינָה, וּמִי שֶׁהוּא זוֹכֶה הַשְּׁכִינָה מַקְדִּימָה אֶצְלוֹ. וְזֶהוּ סִימָן טוֹב לְבַר נָשׁ, שֶׁיֵּדַע שֶׁנִּשְׁמָתוֹ תֵּצֵא מִמֶּנּוּ בְּנָקֵל וּבְנַחַת, בְּלִי שׁוּם יִסּוּרִים.

וְאִם אֵינוֹ זוֹכֶה לֹא מַקְדֶּמֶת הַשְּׁכִינָה לָבוֹא, וְהָאָדָם סוֹבֵל יִסּוּרִים גְּדוֹלִים בִּשְׁעַת יְצִיאַת נִשְׁמָתוֹ, עַד שֶׁיְּרַחֵם ה' עָלָיו לִפְרֹשׂ נְהִירוּ קְצָת מִשְּׁכִינָה, כְּדֵי שֶׁתֵּצֵא נִשְׁמָתוֹ.

אָמְנָם זֶהוּ אַחַר שֶׁסָּבַל יִסּוּרִים קָשִׁים וּמָרִים, שֶׁהַסִּימָנִים הֵן כְּאִלּוּ נִשְׁחָטִין בְּסַכִּין פְּגוּמָה, וְהַבְּנֵי מֵעַיִם מִתְכַּוְּצִין. וְעַל זֶה הִזְכִּיר הַזֹּהַר וָאֶתְחַנַּן, שֶׁמִּי שֶׁהוּא מַבִּיט אָנֶה וָאָנָה בִּתְפִלָּתוֹ, וְאֵינוֹ מָאִיךְ עֵינַיִם לְמַטָּה, אֲזַי לֹא יִזְכֶּה שֶׁתַּקְדִּים שְׁכִינָה לְהִתְרָאוֹת אֵלָיו, כְּדֵי שֶׁיִּסְבֹּל צַעַר הַגְּסִיסָה. וְעַל זֶה יִתְפַּלֵּל כָּל חָסִיד אֵלָיו לְעֵת מְצֹא, זֶה יוֹם הַמָּוֶת, שֶׁתְּהֵא מִיתָתוֹ בְּנָקֵל בִּלְתִּי יִסּוּרִים, לְבִלְתִּי עִרְבּוּב הַדַּעַת, כְּדֵי שֶׁיּוּכַל

---

[227] טור אורח חיים א

[228] תהלים קלד א

[229] זכריה ג ז

[230] דברים ג כג

[231] שמות לג כ

לוֹמַר הַוִּדּוּי וּלְהִתְוַדּוֹת עַל כָּל פְּשָׁעָיו וַחֲטָאָיו, וּלְסַדֵּר צַוָּאָה לְבָנָיו אֵיךְ יִתְנַהֲגוּ אַחֲרֵי מוֹתוֹ שֶׁיִּהְיוּ מֵהוֹלְכֵי תָּמִים, וְלֹא יַשְׁחִירוּ פָּנָיו בַּקֶּבֶר, כִּי זְכוּת גָּדוֹל הוּא לָאָדָם, אֲשֶׁר הוּא מֵת בְּשִׂכְלוֹ לְדַבֵּר לִפְנֵי מוֹתוֹ, כִּי לָאו כָּל אָדָם זוֹכֶה לְכָךְ. וּבְעוֹדוֹ בִּבְרִיאוּתוֹ יִתְפַּלֵּל הָאָדָם, שֶׁיִּזְכֶּה שֶׁתִּקְדִּים אֵלָיו הַשְּׁכִינָה לְהַצִּילוֹ מִמִּיתָה חֲטוּפָה וּמִמִּיתָה מְשֻׁנָּה וּמִמִּיתוֹת אַכְזָרִיּוֹת.

וּרְפוּאָה גְּדוֹלָה לִהְיוֹת דָּבוּק בַּתּוֹרָה בְּחַיָּיו, כִּי עַל יְדֵי הַתּוֹרָה יֵשׁ לוֹ דְּבֵקוּת אֶת הַשְּׁכִינָה לִפְנֵי מוֹתוֹ, וּמִכָּל שֶׁכֵּן לְאַחַר מוֹתוֹ. כִּדְאִיתָא בְּזֹהַר וָאֶתְחַנַּן - רַבִּי אַחָא הֲוֵי קָאִים עִמֵּיהּ רַבִּי אֱלִיעֶזֶר. לֵילְיָא חֲדָא, בָּתַר פַּלְגּוּת לֵילְיָא, הֲווּ מִשְׁתַּדְּלֵיהּ בְּאוֹרַיְתָא. פָּתַח רַבִּי אֱלִיעֶזֶר וְאָמַר - כִּי[232] הוּא חַיֶּיךָ וְאֹרֶךְ יָמֶיךָ לָשֶׁבֶת עַל הָאֲדָמָה. תָּא חָזֵי, שְׁכִינְתָּא לֹא מִתְיַשֶּׁבֶת אֶלָּא בְּמָקוֹם שֶׁלּוֹמְדִים תּוֹרָה, וּבִזְכוּת הַתּוֹרָה עָלְמָא קָאִים, הֲדָא הוּא דִּכְתִיב - **כִּי הוּא חַיֶּיךָ וְגוֹ' לָשֶׁבֶת עַל הָאֲדָמָה.** וּכְשֶׁאֵינָם עוֹסְקִים בַּתּוֹרָה, אֲזַי נֶאֱמַר - עַל[233] מָה אָבְדָה הָאָרֶץ. וַיֹּאמֶר[234] ה' עַל עָזְבָם אֶת תּוֹרָתִי. וְהוּא מַה שֶּׁאָמַר רַבִּי אֱלִיעֶזֶר - מַאן דְּיָכוֹל לִלְמֹד תּוֹרָה וְאֵינוֹ לוֹמֵד הֲרֵי הוּא כְּאָדָם, שֶׁיֵּשׁ לוֹ אִשָּׁה צְנוּעָה וּנְעִימָה בְּמַעֲשֶׂיהָ הַטּוֹבִים, וְהַבַּעַל עוֹזֵב אוֹתָהּ, וְאֵינוֹ עוֹשֶׂה עִמָּהּ כְּפִי הַחִיּוּב הָרָאוּי לָהּ מִן הַתּוֹרָה - שְׁאֵרָהּ[235] כְּסוּתָהּ וְעוֹנָתָהּ. וְהָאִשָּׁה הַהִיא צוֹעֶקֶת עַל בַּעַל נְעוּרֶיהָ שֶׁעָזַב אוֹתָהּ.

כְּמוֹ כֵן הַתּוֹרָה צוֹעֶקֶת עָלָיו דִּין עַל מַה שֶּׁיָּכוֹל לִלְמֹד וְאֵינוֹ לוֹמֵד. אֲזַי פִּתְאֹם בָּא עָלָיו הַדִּין, רַחֲמָנָא לִצְלַן. אַדְהָכֵי אָתָא חַד גַּבְרָא וַהֲוֵי רָחִישׁ בְּשִׁפְוָתֵיהּ וְכוּ'. פָּתַח הַאי גַּבְרָא וְאָמַר - כָּבוֹד[236] חֲכָמִים יִנְחָלוּ וּכְסִילִים מֵרִים קָלוֹן. כָּל הָעוֹסֵק בַּתּוֹרָה, הוּא זוֹכֶה לִדְבֹּק בִּשְׁכִינְתָּא, דְּאִיקְרָאת **כָּבוֹד**, וְכָל צְבָא מַעְלָה מְלַמְּדִין עָלָיו זְכוּת. מַה שֶּׁאֵין כֵּן כְּשֶׁבְּנֵי אָדָם הוֹלְכִים בִּדְרָכִים הַמְקֻלְקָלִים אֲזַי בְּמַעֲשֵׂיהֶם הָרָעִים מִתְהַוִּים וּמִתְיַלְּדִין כַּמָּה חִיצוֹנִים, וְהֵמָּה הַמְקַטְרְגִים עַל הָאָדָם. עַל זֶה נֶאֱמַר - **וּכְסִילִים** שֶׁהֵן הָרְשָׁעִים **מֵרִים קָלוֹן**. רָצָה לוֹמַר - מַגְבִּיהִין אֶת הַקָּלוֹן, שֶׁהֵן הַחִיצוֹנִיִּים שֶׁעוֹשִׂין קָטֵגוֹרְיָא עַל הָאָדָם, עַד שֶׁמְּבִיאִין אֵיזוֹ גְּזֵרָה קָשָׁה. עַל כֵּן יִרְאֶה כָּל אָדָם לִקְבֹּעַ עִתִּים לַתּוֹרָה, כְּדֵי שֶׁתָּבוֹא הַשְּׁכִינָה לְתוֹךְ בֵּיתוֹ וּלְבָרֵךְ אוֹתוֹ בְּכַמָּה בְּרָכָאן, אָמֵן.

---

[232] דברים ל כ

[233] ירמיהו ט יא

[234] ירמיהו ט יב

[235] שמות כא י

[236] משלי ג לה

פרק נח

צָרִיךְ הָאָדָם לְתַקֵּן הַפְּגַם, שֶׁחָטָא בִּבְרִיתוֹ בְּחֵטְא הוֹצָאַת שִׁכְבַת זֶרַע לְבַטָּלָה, כְּמוֹ שֶׁאֶכְתֹּב לְקַמָּן הַתִּקּוּן הָאֲמִתִּי. עַל כֵּן צָרִיךְ לְמַהֵר בִּתְשׁוּבָה. וְאַף אִם חָטָא הַרְבֵּה פְּעָמִים הַקָּדוֹשׁ בָּרוּךְ הוּא מֶלֶךְ רַחֲמָן, וְהוּא מְקַבֵּל תְּשׁוּבַת הַשָּׁבִים בְּכָל לֵב, וּמוֹדֶה וְעוֹזֵב יְרֻחָם. וּמוֹסִיפִין לוֹ יִרְאָה וּקְדֻשָּׁה. נִמְצָא עוֹשֶׂה שְׁתֵּי פְּעֻלּוֹת - **אַחַת** שֶׁעֲווֹנוֹתָיו מְכֻפָּרִים. **וְשֵׁנִית** שֶׁיּוֹרֵשׁ עוֹלָם הַבָּא. בְּאֹפֶן וּבִתְנַאי כְּשֶׁאוֹחֵז בַּתּוֹרָה וְלוֹמֵד בְּהַתְמָדָה וְיִקְבַּע עִתִּים לַתּוֹרָה, הֵן לִלְמֹד בְּעַצְמוֹ וְהֵן לִלְמֹד עִם אֲחֵרִים. וְאִם אֵינוֹ יָכוֹל בְּעַצְמוֹ, אֲזַי עַל כָּל פָּנִים יִקְבַּע עִתִּים לִשְׁמֹעַ דִּבְרֵי תּוֹרָה, כִּי לְאַחַר מִיתַת הָאָדָם, אִם יֵשׁ לוֹ זְכוּת יָבוֹא לְמַדְרֵגָה לְמַעְלָה, וְשָׁם לֹא יַעֲסֹק בַּאֲכִילָה וְלֹא בִּשְׁתִיָּה וְלֹא בְּמַשָּׂא וּמַתָּן, כִּי אִם בְּעֵסֶק הַתּוֹרָה. וּמִי שֶׁהוּא אוֹהֵב לִשְׁמֹעַ דִּבְרֵי תּוֹרָה בָּעוֹלָם הַזֶּה, יִזְכֶּה לִשְׁמֹעַ דִּבְרֵי תּוֹרָה מִפִּי עַתִּיק יוֹמִין לָעוֹלָם הַבָּא. מַה שֶּׁאֵין כֵּן אִם הָאָדָם מְמָאֵס לִשְׁמֹעַ דִּבְרֵי תּוֹרָה בָּעוֹלָם הַזֶּה, אֵין לוֹ שַׁיָּכוּת גַּם בָּעוֹלָם הַבָּא. וּבְוַדַּאי יִהְיֶה נִדְחֶה מִפַּרְגּוֹדָא דִּילֵיהּ. וּבוֹא וּרְאֵה מַה שֶּׁנֶּאֱמַר בַּזֹּהַר פָּרָשַׁת שְׁמִינִי - רַבִּי יְהוּדָה וְרַבִּי יִצְחָק הֲווּ אָזְלֵי לְצִפּוֹרִי, וַהֲוֵי רַבְיָא חַד אָזִיל אֲבַתְרַיְהוּ עִם הַחֲמוֹר, שֶׁהָיָה נוֹשֵׂא מַשָּׂא כֵּלִים עִם דְּבַשׁ. אָמַר רַבִּי יִצְחָק לְרַבִּי יְהוּדָה - נֵימָא מִלֵּי דְּאוֹרַיְתָא וְנֵיזוּל. פָּתַח רַבִּי יִצְחָק וְאָמַר [שִׁיר הַשִּׁירִים ז, י] - וְחִכֵּךְ כְּיֵין הַטּוֹב הוֹלֵךְ לְדוֹדִי לְמֵישָׁרִים דּוֹבֵב שִׂפְתֵי יְשֵׁנִים. **וְחִכֵּךְ כְּיֵין הַטּוֹב** - זוֹ הִיא תּוֹרָה, שֶׁנִּקְרֵאת יַיִן טוֹב מַמָּשׁ, כִּי לִפְעָמִים יַיִן לֹא טוֹב לַגּוּף וְלֹא טוֹב לַנְּשָׁמָה, כֵּיוָן כְּשֶׁאָדָם שׁוֹתֶה הַרְבֵּה יַיִן, אֲזַי רֹאשׁוֹ כּוֹאֵב לוֹ, וְלִפְעָמִים נִכְשָׁל גַּם כֵּן בַּעֲבֵרָה, חַס וְשָׁלוֹם. וְהֶהֱפֶךְ הִיא הַתּוֹרָה הַקְּדוֹשָׁה, כָּל מַה שֶּׁלּוֹמֵד יוֹתֵר הִיא מַרְחִיקָה מִמֶּנּוּ פְּשָׁעָיו, וְלוֹמֵד דַּרְכֵי יִרְאָה, וְנוֹחֵל עוֹלָם הַזֶּה וְעוֹלָם הַבָּא, וְלֹא עוֹד אֶלָּא שֶׁיִּזְכֶּה לְמַה שֶּׁכָּתוּב אַחֲרֵי זֶה **דּוֹבֵב שִׂפְתֵי יְשֵׁנִים** שֶׁאַף שֶׁהָיָה יָשֵׁן בַּקֶּבֶר, שִׂפְתוֹתָיו מְרַחֲשִׁין דִּבְרֵי תּוֹרָה.

אָמַר הַאי רַבְיָא - אִם כֵּן, לָמָּה כְּתִיב **וְחִכֵּךְ**, דְּהַיְנוּ לִמּוּד הַתּוֹרָה, שֶׁלּוֹמֵד וְהוֹגֶה בִּגְרוֹנוֹ **כְּיֵין הַטּוֹב**, מַשְׁמַע, דְּיַיִן הַטּוֹב נִמְשָׁל גַּם כֵּן לַתּוֹרָה הֲוָה לֵיהּ לְמֵימַר - וְחִכֵּךְ מִיַּיִן הַטּוֹב, אַשְׁגִּיחוּ בֵּיהּ. אָמַר רַבִּי יִצְחָק - בְּרִי, אֵימָא מִלָּךְ, דְּשַׁפִּיר קָאָמַרְתְּ. אָמַר - דְּמַאן דְּאִשְׁתַּדֵּל בְּאוֹרַיְתָא וְדָבִיק בֵּיהּ, וּכְשֶׁלּוֹמֵד תּוֹרָה, מוֹצִיא מִפִּיו וְאוֹמֵר דִּבְרֵי תּוֹרָה בְּשָׂפָה בְּרוּרָה וּמֵרִים קוֹלוֹ כְּשֶׁלּוֹמֵד תּוֹרָה וְכוּ', יִזְכֶּה לְהָרִים קוֹלוֹ כַּד יִפּוּק מֵהַאי עָלְמָא. **הוֹלֵךְ לְדוֹדִי לְמֵישָׁרִים** נִשְׁמָתוֹ תֵּלֵךְ לְדוֹדִי, לְהַקָּדוֹשׁ בָּרוּךְ הוּא, **מֵישָׁרִים** שֶׁלֹּא יִפְגְּעוּ בּוֹ שׁוּם בַּעֲלֵי דִּינִים, וּרְשׁוּת יִהְיֶה לְאָדָם הַהוּא לֵילֵךְ בְּחַדְרֵי גַּן עֵדֶן. וְזֶהוּ **דּוֹבֵב שִׂפְתֵי יְשֵׁנִים**.

אָתוּ רַבִּי יְהוּדָה וְרַבִּי יִצְחָק וְנָשְׁקוּ לֵיהּ עַל רֵישֵׁיהּ וְחָדוּ עִמֵּיהּ. וְסִפֵּר הַתִּינוֹק הַהוּא סֵדֶר הַלִּמּוּד שֶׁלּוֹ, וְגִלָּה לָהֶן סוֹדוֹת נִפְלָאוֹת וְסִתְרֵי

תּוֹרָה. אָמַר לֵיהּ - מַה שְּׁמָךְ, אָמַר לֵיהּ - יֵיסָא. אָמְרוּ לֵיהּ - רַבִּי יֵיסָא יִהְיֶה שְׁמָךְ. וְאַחַר כָּךְ אַמְרֵי לֵיהּ - הַשְׁלֵךְ אֶת הַחֲמוֹר אֵצֶל אָבִיךָ וְזִיל עִמָּנוּ, אָזַל עִמָּהֶם. וְכַד מָטֵי הַאי יַנּוּקָא לְבֵי מִדְרָשָׁא וְעָיֵל לְבֵי מִדְרָשָׁא הֲוָה קָם רַבִּי יְהוּדָה מִקַּמֵּיהּ וְצִוָּה לְכָל בְּנֵי מְתִיבְתָּא לְאַנְהָגָא עִמֵּיהּ יְקָר וְכוּ', וַהֲוָה רַבִּי שִׁמְעוֹן בֶּן יוֹחַאי קָרָא עָלָיו - בְּטֶרֶם[237] אֶצָּרְךָ בַבֶּטֶן יְדַעְתִּיךָ.

וְהִנֵּה יַשְׂכִּיל הַנָּבוֹן, אֵיךְ הַקַּדְמוֹנִים הָיוּ פְּנוּיִם לִשְׁמֹעַ דִּבְרֵי תּוֹרָה אֲפִלּוּ מִן הַתִּינוֹק מֵאַהֲבַת הַתּוֹרָה כְּדֵי לְקַבֵּל חִדּוּשֵׁי הַתּוֹרָה, שֶׁהוּא אֹרֶךְ יָמֵינוּ, וְהִיא - אַיֶּלֶת[238] אֲהָבִים וְיַעֲלַת חֵן. עַל לוֹמְדֶיהָ, וְעַל כָּל אָדָם מִיִּשְׂרָאֵל מֻטָּל לֶאֱהֹב הַתּוֹרָה וּלְחַבֵּב הַתּוֹרָה בִּפְנֵי בְּנֵי בֵיתוֹ בָּנָיו, וּלְהַזְהִירָם תָּמִיד עַל קִיּוּם הַתּוֹרָה וּמִצְווֹתֶיהָ, וּבִפְרָט יַזְהִיר בְּנָשִׁים, דְּלָא יִתְחֲזֵי מִנְּהוֹן שַׂעֲרוֹת רֹאשָׁן, כִּי בְּעָווֹן זֶה גּוֹרֶמֶת שֶׁיִּהְיוּ בָנֶיהָ עֲנִיִּים, וְיִהְיוּ בְּזוּיִים וּנְבְזִים בֵּין הַבְּרִיּוֹת. וְכָל בַּיִת, שֶׁאֵין בּוֹ צְנִיעוּת שָׁם לילי"ת מְצוּיָה וְהוֹרֶגֶת לִילָדִים קְטַנִּים, חַס וְשָׁלוֹם, כַּמְבֹאָר בִּפְרָקִים הַקּוֹדְמִים. עַל כֵּן מִי שֶׁנִּכְשַׁל בַּעֲוֹן קֶרִי, יִהְיֶה זָרִיז בְּדִבְרֵי תוֹרָה וְיִתְעַנֶּה אַרְבַּע פְּעָמִים שְׁלשָׁה יָמִים רְצוּפִים, דְּהַיְנוּ, בְּכָל תְּקוּפוֹת הַשָּׁנָה שְׁלשָׁה יָמִים, וְיִתְעַסֵּק בַּתּוֹרָה, וְאָז - וָשָׁב[239] וְרָפָא לוֹ. וּבְרָכוֹת[240] יָנוּחוּ עַל רֹאשׁוֹ. וְכָל אֵבָרָיו יִהְיוּ נְקִיִּים וּטְהוֹרִים לָעַד.

237 ירמיהו א ה
238 משלי ה יט
239 ישעיהו ו י
240 ברכות לג א

פרק נט

כְּתִיב בַּתּוֹרָה [דְּבָרִים כג, טו] - וְהָיָה מַחֲנֶיךָ קָדוֹשׁ. רָצָה לוֹמַר, שֶׁיִּהְיֶה גּוּפוֹ וְאֵבָרָיו שֶׁל הָאָדָם בִּקְדֻשָּׁה, כִּי הָאֵבָרִים שֶׁל הָאָדָם הֵן מַחֲנֵה הַשְּׁכִינָה, וְזֶה שֶׁאָמַר הַכָּתוּב - וְנִקְדַּשְׁתִּי[241] בְּתוֹךְ בְּנֵי יִשְׂרָאֵל וְשָׁכַנְתִּי בְּתוֹכָם. וּכְשֶׁהוֹלֵךְ הָאָדָם חַס וְשָׁלוֹם בִּדְרָכִים לֹא טוֹבִים, וְעוֹסֵק בְּהֶבֶל תַּעֲנוּגֵי עוֹלָם הַזֶּה, אֲזַי הוּא מַחֲנֶה לְהַשָּׂטָן וְלִילִי"ת, רַחֲמָנָא לִצְלַן. וּלְעוֹלָם יְהֵא אָדָם רָגִיל לוֹמַר - רִבּוֹנוֹ שֶׁל עוֹלָם, זַכֵּנִי לִהְיוֹת אֲנִי טָהוֹר וְכִסֵּא אֶל הַשְּׁכִינָה, בָּרְכִי[242] נַפְשִׁי אֶת ה' וְכָל קְרָבַי אֶת שֵׁם קָדְשׁוֹ.

וּבִהְיוֹת כְּשֶׁחוֹטְאִים יִשְׂרָאֵל, אֲזַי הַשְּׁכִינָה מִסְתַּלֶּקֶת מִיִּשְׂרָאֵל, וְאָז נֶאֱמַר - וַתָּרָם[243] הַתֵּבָה מֵעַל הָאָרֶץ. כִּי הַשְּׁכִינָה נִקְרֵאת בְּסֵפֶר הַזֹּהַר **תֵּבָה**, שֶׁהוּא אוֹתִיּוֹת **בֵּי"ת ה'**, וּלְכָךְ רמ"ח תֵּבוֹת בִּקְרִיאַת שְׁמַע נֶגֶד רמ"ח אֵבָרִים שֶׁל אָדָם, כִּי כָּל תֵּבָה מִקְּרִיאַת שְׁמַע מַשְׁפִּיעָה קְדֻשָּׁה בְּאֵבָר אֶחָד כְּשֶׁקּוֹרֵא בְּכַוָּנָה. וְאַל תַּקְשֶׁה, הֲלֹא כַּמָּה בְּנֵי אָדָם, שֶׁקּוֹרִין קְרִיאַת שְׁמַע בְּדִקְדּוּק וּבְכַוָּנָה גְּדוֹלָה, וְאַף עַל פִּי כֵן אֵבְרֵיהֶן הֵן חֲלוּשִׁים. דַּע בְּנִי, הָעִנְיָן הוּא מְבֹאָר בְּזֹהַר שְׁלַח לְךָ, כִּי נִשְׁמַת הָאָדָם דּוֹמָה לְנֵר, וְטֶבַע הַנֵּר, כְּשֶׁאֵינוֹ מֵאִיר כָּרָאוּי אֲזַי מְנַעְנְעִים אוֹתוֹ קְצָת, וְעַל יְדֵי כֵן מִתְלַהֵב יוֹתֵר וְיָאִיר כָּרָאוּי. וְזֶה דַּוְקָא בְּנֵר יָפֶה. מַה שֶּׁאֵין כֵּן בְּנֵר גָּרוּעַ. אַדְּרַבָּה - בְּנִעְנוּעַ כָּבֶה וְשׁוֹקֵעַ.

כְּמוֹ כֵן הָאָדָם בִּהְיוֹתוֹ חוֹטֵא, וְהַנְּשָׁמָה דִּילֵיהּ עַל יְדֵי הַחֲטָאִים אֵינָהּ מְאִירָה כָּרָאוּי אָז הַקָּדוֹשׁ בָּרוּךְ הוּא שׁוֹלֵחַ עָלָיו יִסּוּרִים, הַמְנַעְנְעִים אוֹתוֹ וּמַטְרִידִים גּוּפוֹ וְאֵבָרָיו. וּבְאִם הָאָדָם מְקַבֵּל מֵאַהֲבָה וּבְחִבָּה הַיִּסּוּרִים, וּמֵשִׂים אֶל לִבּוֹ כִּי לֹא לְחִנָּם שָׁלַח הַקָּדוֹשׁ בָּרוּךְ הוּא עָלָיו הַיִּסּוּרִים, כִּי הַקָּדוֹשׁ בָּרוּךְ הוּא לֹא עָבִיד דִּינָא בְּלֹא דִּינָא, וּמִתְחָרֵט עַל הֶעָבָר וְרוֹאֶה לְתַקֵּן מַה שֶּׁקִּלְקֵל, וּלְהַבָּא גּוֹדֵר עַצְמוֹ בְּגֶדֶר הַיִּרְאָה אֲזַי חוֹזֶרֶת הַנְּשָׁמָה יוֹתֵר לְהָאִיר וּמְאִירָה יוֹתֵר. וְאִם הָאָדָם אֵינוֹ מְקַבֵּל הַיִּסּוּרִים בְּאַהֲבָה, וּמְבַעֵט בְּיִסּוּרִים וּלְפִי זְמַן הוֹלְכִין הַיִּסּוּרִין מֵאִתּוֹ, וְחוֹזֵר הָאָדָם לְדַרְכּוֹ הָרָעָה וּלְמַעֲשָׂיו הַמְקֻלְקָלִים אָז הַיִּסּוּרִים חוֹזְרִין וּבָאִים אֵלָיו בְּחָזְקָה, וּמְאַבְּדִין אוֹתוֹ מֵהָעוֹלָם, וְנֵר דִּילֵיהּ, שֶׁהִיא הַנְּשָׁמָה, כָּבֶה וְשׁוֹקֵעַ וְיוֹרֵד עִמּוֹ לְבוֹר שׁוּחָה עֲמֻקָּה.

וְהִנֵּה בִּזְמַן שֶׁבֵּית הַמִּקְדָּשׁ הָיָה קַיָּם, הָאָדָם הָיָה מֵבִיא קָרְבָּן וּמִתְוַדֶּה עָלָיו בְּצֵרוּף הַתְּשׁוּבָה, וְאַחַר כָּךְ נִשְׁחַט הַקָּרְבָּן, וְנִזְרַק דָּמוֹ שֶׁל הַקָּרְבָּן, וְחֶלְבּוֹ נִקְרַב. זֶה הָיָה תְּמוּרַת גּוּפוֹ וְאֵבָרָיו, אֲשֶׁר חָטְאוּ וְנִתְחַיְּבוּ מִיתָה וְקָרְבָּן. זֶה הָיָה תִּקּוּנָם. וְעַכְשָׁו הָאֲמִירָה הִיא בִּמְקוֹם קָרְבָּן, כְּמוֹ שֶׁאָמַר

---

241 ויקרא כב לב

242 תהלים קג א

243 בראשית ז יז

הַכָּתוּב - וּנְשַׁלְּמָה[244] פָּרִים שְׂפָתֵינוּ. וְעַל יְדֵי זֶה כָּתַב הָרַב מַהֲרַ"ם הַבַּבְלִי, שֶׁבַּאֲמִירַת פָּרָשַׁת הַקָּרְבָּנוֹת יְכַוֵּן הָאָדָם, שֶׁהָאוֹתִיּוֹת הַכְּתוּבוֹת לְפָנָיו הֵם דִּמְיוֹן גּוּף הַקָּרְבָּן. וְהַנְּקֻדּוֹת הַמְנַעְנְעוֹת אֶת הַתֵּבָה הוּא הַנֶּפֶשׁ שֶׁל הַקָּרְבָּן, וְעַל יְדֵי כֵּן יֵחָשֵׁב, כְּאִלּוּ הִקְרִיב קָרְבָּן עַל גַּבֵּי הַמִּזְבֵּחַ. וְאַל יְהֵא קַל בְּעֵינֶיךָ אֲמִירוֹת פָּרָשַׁת הַקָּרְבָּן בְּכָל יוֹם, כִּי בְּכָל יוֹם וָיוֹם בַּבֹּקֶר מִתְעוֹרֵר חִיצוֹנִי אֶחָד, הַנִּקְרָא **תּוֹלַ"ע**, וְהוּא מַתְחִיל לְקַטְרֵג עַל הָעֲבֵרוֹת שֶׁעָשׂוּ יִשְׂרָאֵל בַּלַּיְלָה, וּבְהַקְרָבַת תָּמִיד שֶׁל שַׁחֲרִית, הָיוּ מַחֲלִישִׁין וּמַתִּישִׁין אֶת כֹּחוֹ. וְאֶל זֶה יְכַוֵּן בְּאָמְרוֹ פָּרָשַׁת תָּמִיד - עוֹלַת[245] תָּמִיד הָעֲשֻׂיָה בְּהַר סִינַי. [רְצֶה לוֹמַר - עוֹלַ"ת הוּא אוֹתִיּוֹת תּוֹלַ"ע בְּהִפּוּךְ אַתְוָן]. וְכָל הַמִּתְגָּאֶה, הוּא נוֹתֵן כֹּחַ וְחִזּוּק לָזֶה הַחִיצוֹנִי. וְכָל הַהוֹלֵךְ בַּעֲנָוָה, שֶׁהוּא דֻּגְמַת הַקָּרְבָּן, כְּמוֹ שֶׁאָמַר הַכָּתוּב - לֵב[246] נִשְׁבָּר וְנִדְכֶּה אֱלֹהִ"ם לֹא תִבְזֶה. בִּתְפִלָּתוֹ הוּא מַתִּישׁ כֹּחוֹ, וְעַל זֶה אָמַר דָּוִד הַמֶּלֶךְ - וְאָנֹכִי[247] תוֹלַעַת וְלֹא אִישׁ.

וְהַכְּלָל כִּי אֲמִירַת פָּרָשַׁת הַקָּרְבָּנוֹת הִיא עִנְיָן גָּדוֹל, וּבִפְרָט עִנְיַן פָּרָשַׁת קְטֹרֶת הוּא עִנְיָן גָּדוֹל וְחָשׁוּב מְאֹד, כְּמוֹ שֶׁכָּתוּב בַּזֹּהַר פָּרָשַׁת וַיֵּרָא - רַבִּי אַחָא הֲוֵי אָזִיל לִכְפַר טַרְשָׁא. אָתֵי לְגַבֵּי אֻשְׁפִּיזָא. לְחִישׁוּ עֲלֵיהּ כָּל בְּנֵי מָתָא. אָמְרוּ - גַּבְרָא רַבָּא אָתָא לְהָכָא נֵיזִיל לְגַבֵּיהּ. אָזְלוּ וְאָמְרוּ לֵיהּ, שֶׁהֵן בְּצָרָה גְּדוֹלָה בְּזֹאת הָעִיר, כִּי שִׁבְעָה יָמִים שֶׁהֵחֵל הַנֶּגֶף, רַחֲמָנָא לִצְלַן, וּבְכָל יוֹם הַנֶּגֶף הוֹלֵךְ וְגוֹבֵר. אָמַר לָהֶם - לְמָחָר נֵיזוּל לְבֵית הַכְּנֶסֶת וְנִבְעֵי רַחֲמֵי מִן הַקָּדוֹשׁ בָּרוּךְ הוּא. עַד דַּהֲווּ אָזְלֵי, אָתוּ וְאָמְרוּ - פְּלוֹנִי וּפְלוֹנִי מִיתוּ, פְּלוֹנִי וּפְלוֹנִי נוֹטִים לָמוּת. אָמַר לָהֶם רַבִּי אַחָא - אֵין הָעֵת לְקַיָּמָא הָכָא, דְּשַׁעְתָּא דְּחִיקָא, אֲבָל אַפְרִשׁוּ מִנְּכוֹן אַרְבָּעִין בְּנֵי נָשָׁא מִן חֲסִידֵי וְצַדִּיקֵי הָעִיר, עֲשָׂרָה עֲשָׂרָה לְכָל חֵלֶק, שֶׁיִּהְיוּ עֲשָׂרָה לְמִזְרָח, עֲשָׂרָה לְדָרוֹם, עֲשָׂרָה לְמַעֲרָב, עֲשָׂרָה לְצָפוֹן, וַאֲנָא עִמְּכוֹן, וְיַעַמְדוּ עֲשָׂרָה לְכָל זָוִית דְּמָתָא וְיֹאמְרוּ בְּכַוָּנָה גְּדוֹלָה עִנְיְנֵי קְטֹרֶת בֻּסְמִין וְעִנְיַן הַקָּרְבָּנוֹת. עָבְדוּ כֵּן תְּלָתָא יוֹמִין. לְבָתַר אָמַר - נֵיזִיל לְבָתֵּינוּ כִּי בָּטְלָה הַגְּזֵרָה, וְאַף אוֹתָן אֲנָשִׁים, שֶׁהָיוּ נוֹטִין לָמוּת, אַפְרִישׁוּ מִנַּיְהוּ לְבָתֵיהוֹן, וְצִוָּה עֲלֵיהֶן שֶׁיִּמְרוּן קְטֹרֶת מִן - וַיֹּאמֶר[248] מֹשֶׁה אֶל אַהֲרֹן קַח אֶת הַמַּחְתָּה וְשִׂים עָלֶיהָ קְטֹרֶת וְהוֹלֵךְ מְהֵרָה אֶל הָעֵדָה וְכַפֵּר עֲלֵיהֶם כִּי יָצָא הַקֶּצֶף מִלִּפְנֵי ה' הֵחֵל הַנֶּגֶף. וְכֵן עָבְדוּ, וּבָטֵיל מִנַּיְהוּ מוֹתָנָא. שָׁמְעוּ חַד קָלָא דְּאָמַר - חֲלִין הַדָּבָר, חֲלִין הַדָּבָר. לָא תֵּרֵד לְכָאן, כִּי יָדְעִין לְבַטְּלָהּ לֵיהּ. אַדְהָכֵי חַלָּשׁ לִבֵּיהּ דְּרַבִּי אַחָא וְאִדְמוּךְ. שָׁמַע חַד קָלָא שֶׁאָמַר - כְּשֵׁם שֶׁעָשִׂיתָ זֹאת כָּאן כָּךְ תַּעֲשֶׂה

[244] הושע יד ג
[245] במדבר כח ו
[246] תהלים נא יט
[247] תהלים כב ז
[248] במדבר יז יא

בְּעִיר אַחֶרֶת.

אַחַר כָּךְ הָלַךְ רַבִּי אַחָא לְדַרְכּוֹ וְצִוָּה לִבְנֵי מָתָא, דְּלָא יִבְטְלוּן מֵאוֹרַיְתָא לְעוֹלָם. וְהֶחֱלִיפוּ שֵׁם הָעִיר **מָתָא מַחְסְיָא** עַל שֵׁם שֶׁחָס הַקָּדוֹשׁ בָּרוּךְ הוּא עֲלֵיהֶם. לָכֵן צָרִיךְ הָאָדָם לוֹמַר גַּם כֵּן פָּרָשַׁת קְטֹרֶת וּבְרַיְתָא **פִּטּוּם הַקְּטֹרֶת** בְּכָל יוֹם, כִּי הוּא תּוֹעֶלֶת גָּדוֹל. וְכָל מִי שֶׁמִּתְפַּלֵּל בְּכַוָּנָה תְּקֻבַּל תְּפִלָּתוֹ, וְהַקָּדוֹשׁ בָּרוּךְ הוּא יַעֲשֶׂה רְצוֹנוֹ לְמַלְּאוֹת שְׁאֵלָתוֹ הַטּוֹבָה, אָמֵן.

פרק ס

יֵשׁ רמ"ח מִצְווֹת עֲשֵׂה, וְכָל אֵבֶר מֵרמ"ח אֵבְרֵי הָאָדָם תָּלוּי בְּמִצְוָה. לְמָשָׁל - בַּפֶּה תְּלוּיִין מִצְוַת לִמּוּד הַתּוֹרָה, בָּעֵינַיִם תְּלוּיָה מִצְוַת קִדּוּשׁ הַחֹדֶשׁ וּמִצְוַת רְאִיַּת צִיצִית, וְכֵן בַּמֹּחַ תְּלוּיִין הַמִּצְווֹת, שֶׁצִּוָּה הַקָּדוֹשׁ בָּרוּךְ הוּא עַל יְדֵי זְכִירָה, כְּגוֹן - זָכוֹר[249] אֵת אֲשֶׁר עָשָׂה ה' לְמִרְיָם. זָכוֹר[250] אֶת יוֹם אֲשֶׁר יָצָאתָ מִמִּצְרַיִם. זָכוֹר[251] אֶת יוֹם הַשַּׁבָּת לְקַדְּשׁוֹ. זָכוֹר[252] יוֹם אֲשֶׁר עָמַדְתָּ לִפְנֵי ה' אֱלֹהֶי"ךָ בְּחֹרֵב. וְלָכֵן כָּתַב הָרַב מוֹרֵנוּ הָרַב רַבִּי יִצְחָק לוּרְיָא זִכְרוֹנוֹ לִבְרָכָה, שֶׁצָּרִיךְ הָאָדָם לְהַזְכִּיר תּוֹךְ תְּפִלּוֹת הַקְּבוּעוֹת בְּכָל יוֹם, שֶׁמִּתּוֹךְ כָּךְ לֹא יִשְׁכָּחֵם הָאָדָם. וּבְאָמְרוֹ בְּבִרְכַּת **אַהֲבָה רַבָּה** - כִּי אֵל פּוֹעֵל יְשׁוּעוֹת אָתָּה, וּבָנוּ בָחַרְתָּ מִכָּל עַם וְלָשׁוֹן - יְכַוֵּן זְכִירַת יוֹם עָמְדוּ אֲבוֹתֵינוּ בְּמַעֲמַד הַר סִינַי לְקַבֵּל הַתּוֹרָה, וּבָחַר אוֹתָנוּ מִכָּל עַם וְלָשׁוֹן לִתֵּן לָנוּ תּוֹרָה הַקְּדוֹשָׁה. וְקֵרַבְתָּנוּ לְשִׁמְךָ הַגָּדוֹל - יְכַוֵּן זָכוֹר אֵת אֲשֶׁר עָשָׂה לְךָ עֲמָלֵק כּוּ', כִּי אֵין הַשֵּׁם מָלֵא, עַד שֶׁיִּמָּחֶה שֵׁם עֲמָלֵק. וְאַחַר מְחִיַּת עֲמָלֵק יִהְיֶה הַשֵּׁם שָׁלֵם, וְעַכְשָׁו הַשֵּׁם הוּא בְּסוֹד - כִּי[253] יָד עַל כֵּס יָהּ.

סֶלָה בֶּאֱמֶת לְהוֹדוֹת לְךָ - צָרִיךְ לְכַוֵּן, שֶׁהַפֶּה וְלָשׁוֹן נִבְרְאוּ כְּדֵי לְהוֹדוֹת וּלְהַלֵּל שְׁמוֹ שֶׁל מֶלֶךְ מַלְכֵי הַמְּלָכִים. וְצָרִיךְ גַּם כֵּן לִזְכֹּר, שֶׁמִּרְיָם הַנְּבִיאָה נִצְטָרְעָה עַל יְדֵי סִפּוּר לָשׁוֹן הָרָע, עַל כֵּן צָרִיךְ לִזָּהֵר הָאָדָם מִלְּסַפֵּר לָשׁוֹן הָרָע.

וּבִקְרִיאַת שְׁמַע יִזְכֹּר יְצִיאַת מִצְרַיִם. וּמְאֹד צָרִיךְ לִזָּהֵר בָּזֶה, כִּי יָדוּעַ שֶׁאִם הָאָדָם מְחַסֵּר מִצְוָה אַחַת, מֻכְרָח הוּא לְהִתְגַּלְגֵּל. וְעַל זֶה רָמַז בַּעַל הַמָּסוֹרָה, שְׁתֵּי פְּעָמִים כְּתִיב - וְיָצְאָה[254] חִנָּם אֵין כָּסֶף. וְיָצְאָה[255] לְאִישׁ אַחֵר. וּפֵרוּשׁ הַדָּבָר, וְאִם שְׁלֹשׁ אֵלֶּה לֹא יַעֲשֶׂה, קָאֵי עַל הַנְּשָׁמָה, תּוֹרָה נְבִיאִים וּכְתוּבִים, דִּין אֱמֶת וְשָׁלוֹם, קְדֻשָּׁה טָהֳרָה עֲנָוָה, יִרְאָה אַהֲבָה זְרִיזוּת, תּוֹרָה עֲבוֹדָה גְּמִילוּת חֲסָדִים, כָּל אֵלֶּה הֵן מְשֻׁלָּשִׁים. וְאִם לֹא יִתְנַהֵג בָּהֶם, אֲזַי - וְיָצְאָה הַנְּשָׁמָה חִנָּם אֵין כָּסֶף. רָצָה לוֹמַר, שֶׁלֹּא תִזְכֶּה לָבוֹא לְעָלְמָא דְּכִסּוּפִין. פֵּרוּשׁ, הָעוֹלָמוֹת הַמְּאִירִים לַצַּדִּיקִים, בַּאֲשֶׁר שֶׁלֹּא קָנוּ שְׁלֵמוּת, אֲזַי תֵּצֵא מִבֵּיתוֹ הָרָאוּי לָהּ לִהְיוֹת לָהּ אִם קָנְתָה שְׁלֵמוּת. וְעַכְשָׁו שֶׁלֹּא זָכְתָה לְבֵית זֶה תֵּצֵא לַחוּץ, וְהָלְכָה וְהָיְתָה לְאִישׁ אַחֵר בְּגִלְגּוּל, וְיִסְבֹּל שֵׁנִית צַעַר חֶבְלֵי לֵידָה וּמִיתָה וַחִבּוּט

[249] דברים כד ט
[250] שמות יג ג
[251] שמות כ ז
[252] דברים ד י
[253] שמות יז טז
[254] שמות כא יא
[255] דברים כד ב

הַקֶּבֶר, וְכָל הָעֳנָשִׁים הַנִּזְכָּרִים בְּסֵפֶר **חֶסֶד לְאַבְרָהָם**. עַיֵּן שָׁם בְּחֵלֶק **עֵין מִשְׁפָּט**.

עַל כֵּן בֶּן אָדָם, רְאֵה דְּרָכֶיךָ וַחֲכַם לִהְיוֹת אוֹהֵב לְעַצְמְךָ, שֶׁלֹּא תִּהְיֶה נִדְחֶה מִחוּץ לְפַרְגּוֹדָא קַדִּישָׁא. אוֹי לְאוֹתָהּ בּוּשָׁה וְחֶרְפָּה לַנְּשָׁמָה הַנִּדְחָה, שֶׁלֹּא תִּתְקַבֵּל לִפְנֵי כִּסֵּא הַכָּבוֹד, מְקוֹם מַחְצַבְתָּהּ. וְאוֹמְרִים אֶל הַנְּשָׁמָה - וַי לָךְ, אֵיךְ הָיִית כְּפוּיַת טוֹבָה מֵחֶסֶד, שֶׁעָשָׂה לָךְ בּוֹרְאֵךְ, וְהָיָה מֵיטִיב עִמָּךְ בְּמַאֲכָל וּבְמִשְׁתֶּה וְדֵי מַחְסוֹרֵךְ וְאַתְּ מְשַׁלֶּמֶת רָעָה תַּחַת טוֹבָה.

בּוֹא וּרְאֵה מַה דְּאִיתָא בַּזֹּהַר פָּרָשַׁת בָּלָק - רַבִּי פִּנְחָס הֲוֵי אָתֵי לְמֶחֱמֵי בְּרַתֵּיהּ, אִמֵּיהּ שֶׁל רַבִּי אֶלְעָזָר, דַּהֲוַת בְּמַרְעָא, וַהֲוֵי עִמֵּיהּ חַבְרַיָּא. עַד דַּהֲוֵי אָזְלֵי, פָּגְעֵי בִּתְרֵין עַרְבָאֵי. אָמַר לוֹן - בְּחַקְל דָּא אִתְּעַר קָלָא מִיּוֹמִין דְּעָלְמָא, אָמְרוּ לֵיהּ - מִיּוֹמִין דְּעָלְמָא לֵית אֲנַן יָדְעִין, מִיּוֹמָא דִּילָן אֲנַן יָדְעִין, דְּהָא יוֹמָא חַד הֲוֵי אִנּוּן לִסְטִין מְקַפְּחֵי אָרְחִין [רָצָה לוֹמַר - שׁוֹדְדֵי דְּרָכִים] עָבְרִין בְּהַאי חַקְל וּפָגְעוּ בְּאִנּוּן יְהוּדָאִין וְאָתוּ לְקַפְּחָא לְהוֹן. וְאִשְׁתְּמַע קוֹל דְּחַמְרָא בְּהַאי חַקְל דָּא דְּנָהִיק תְּרֵי זִמְנֵי, וְאָתָא שַׁלְהוֹבָא וְאוֹקִיד לְהוֹן וְאִשְׁתְּזִיב אִנּוּן יְהוּדָאִין. אָמַר לְהוּ – עַרְבָאֵי, בְּמִלָּה דָּא דְּקָאַמְרִיתוּן, תִּשְׁתַּזְבוּן יוֹמָא דֵּין מִלִּסְטִין אָחֳרִינָן, דְּקָא מְחַכָּאן לְכוּ. בָּכָה רַבִּי פִּנְחָס. אָמַר - מָארֵי דְּעָלְמָא, רַחֲשָׁא דְּנִסָּא עֲבַדִית בְּגִינִי, וְאִשְׁתְּזַבוּן אִנּוּן יְהוּדָאִין, וְלָא יָדְעָנָא, פָּתַח וְאָמַר - לְעוֹשֵׂה[256] נִפְלָאוֹת גְּדוֹלוֹת לְבַדּוֹ כִּי לְעוֹלָם חַסְדּוֹ. כַּמָּה טִיבוּ עָבִיד הַקָּדוֹשׁ בָּרוּךְ הוּא עִם בְּנֵי נָשָׁא, וְלָא יָדַע, אֶלָּא אִיהוּ בִּלְחוֹדוֹי. בַּר נָשׁ אָזִיל בְּאוֹרְחָא, וְלִסְטִין מְחַכָּאן לֵיהּ לְמִקְטְלֵיהּ. אָתֵי אָחֳרָא, דְּאִתְיְהִיב כּוּפְרָא תְּחוֹתֵיהּ, וְהוּא אִשְׁתְּזִיב, וְלָא יָדַע הַטּוֹבָה, דְּעָבִיד הַקָּדוֹשׁ בָּרוּךְ הוּא עִמֵּיהּ, רַק הַקָּדוֹשׁ בָּרוּךְ הוּא אִיהוּ בִּלְחוֹדוֹי יָדַע. וְזֶה שֶׁאָמַר הַכָּתוּב - לְעוֹשֵׂה נִפְלָאוֹת גְּדוֹלוֹת לְבַדּוֹ, כִּי לְעוֹלָם חַסְדּוֹ.

אָמַר רַבִּי פִּנְחָס לְחַבְרַיָּא - הָא דְּשָׁאִילְנָא לְאִנּוּן עַרְבָאֵי מִשּׁוּם דְּאִנּוּן מְצוּיָין תְּדִירָא בְּחַקְלָא כוּ'. בָּתַר הָכֵי שָׁאִיל רַבִּי פִּנְחָס לְעַרְבָאֵי, אִם לֹא שָׁמְעֵי אֵיזֶה קָלָא [שֶׁלְּפִי שֶׁיָּדַע רַבִּי פִּנְחָס, דְּרַבִּי שִׁמְעוֹן בֶּן יוֹחַאי וּבְנוֹ רַבִּי אֶלְעָזָר יִפְקוּן לְקַבֵּל אַפֵּיהּ] עַד דַּהֲוֵי אָזְלִין, חָזְרוּ אִנּוּן עַרְבָאֵי לְגַבֵּי רַבִּי פִּנְחָס. אָמְרוּ לֵיהּ - סָבָא, סָבָא, אַנְתְּ שָׁאוֹל לוֹן שְׁאִילְתָּא מִן יוֹמָא דְּעָלְמָא, וְלֹא שְׁאִילְתָּא לָנָא עַל יוֹמָא דָּא. חֲמִינָא תְּוָהָא עַל תְּוָהָא, דַּהֲוֵי יָתְבִין חֲמִשָּׁה בְּנֵי אָדָם וְחַד סָבָא בַּהֲדַיְהוּ וַחֲמִינָא עוֹפוֹת מִתְאַסְפִין וְקָא פָּרְשִׂין עַל רֵישַׁיְהוּ, אִלֵּין אָזְלִין וְאִלֵּין תָּבִין, וְטוּלָא לָא אִתְעֲבַר מֵעַל רֵישַׁיְהוּ. וְהַהוּא סָבָא אָרִים קָלֵיהּ עֲלַיְהוּ, וְאִנּוּן צַיְתִין לֵיהּ. אָמַר לְהוּ - זֶהוּ אֲשֶׁר רָצִיתִי לִשְׁאֹל אֶתְכֶם, תַּוְהוֹן כוּ'.

אַחַר כָּךְ הֲוֵי נָהִיק חַמְרָא דְּרַבִּי פִּנְחָס בֶּן יָאִיר קָלֵיהּ, וְשָׁמַע רַבִּי שִׁמְעוֹן

---

[256] תהלים קלו ד

בֶּן יוֹחַאי קָלֵיהּ דְּחַמְרֵיהּ. אָמַר לִבְנוֹ רַבִּי אֶלְעָזָר וְתַלְמִידָיו - נֵיקוּם, דְּהָא קָלָא דְּחֶדְוָה דְּחַמְרֵיהּ דְּסָבָא אִתְעַר לְגַבָּן. קָם רַבִּי שִׁמְעוֹן בֶּן יוֹחַאי, וְקָמוּ חַבְרַיָּא, פָּתַח רַבִּי שִׁמְעוֹן בֶּן יוֹחַאי וְאָמַר - וַיִּפְתַּח[257] ה' אֶת פִּי הָאָתוֹן שֶׁל בִּלְעָם. אָמְרוּ חַבְרַיָּא, דְּפִי[258] הָאָתוֹן הָיָה נִבְרָא בְּעֶרֶב שַׁבָּת בֵּין הַשְּׁמָשׁוֹת.

אַדְהָכֵי אָתֵי רַבִּי פִּנְחָס בֶּן יָאִיר וּנְשָׁקוֹ לְרַבִּי שִׁמְעוֹן בֶּן יוֹחַאי. אָמַר - נָשְׁקָנָא פִּי ה', דְּאִתְבַּשֵּׂם בְּבֻסְמִין דְּגִנְתָּא דְּעֵדֶן דִּילֵיהּ. חָדוּ כַּחֲדָא וְיָתְבוּ. כֵּיוָן דְּיָתְבוּ, פָּרְחוּ כָּל אִנּוּן עוֹפִין, דַּהֲוֵי עָבְדֵי טוּלָא, וְאִתְבַּדְּרוּ. אַהֲדַר רֵישֵׁיהּ רַבִּי שִׁמְעוֹן בֶּן יוֹחַאי. וְרָמָא לְהוֹן קָלֵיהּ וְאָמַר לוֹן - עוֹפִין דִּשְׁמַיָּא, לֵית אַתּוּן מַשְׁגִּיחִין בִּיקָרָא דְּמָארֵיכוֹן דְּקַיְּמָא הָכָא, קָיְמוּ וְלָא נָטְלוּ מִדּוּכְתַּיְהוּ וְלָא קְרִיבוּ לְגַבַּיְהוּ. אָמַר רַבִּי פִּנְחָס - אֵימָא לוֹן, דְּיֵיזְלוּ עוֹפַיָּא לְאוֹרְחַיָּא. אִתְבַּדְּרוּן אִנּוּן עוֹפִין וְאָזְלוּ. אַדְהָכֵי הָא תְּלָת אִילָנִין מִתְפַּשְּׁטִין בְּעַנְפִין לִתְלָת סִטְרִין עֲלַיְהוּ, וְעֵינָא דְּמַיָּא נָבְעָא קָמַיְהוּ. חָדוּ כֻּלְּהוּ חַבְרַיָּא. אָמַר רַבִּי פִּנְחָס - טוּלָא סַגְיָא הֲוֵי מֵאִנּוּן עוֹפִין בְּקַדְמֵיתָא, אֲבָל צַעַר גָּדוֹל הָיָה לְבַעֲלֵי חַיִּים, וּכְתִיב - וְרַחֲמָיו[259] עַל כָּל מַעֲשָׂיו. וְלָכֵן לֹא בָּעֵינָן לֵיתוּב בְּטוּלָא דִּלְהוֹן. אָמַר רַבִּי שִׁמְעוֹן בֶּן יוֹחַאי - אֲנָא לָא אַטְרַחְנָא לְהוֹן, אֲבָל אִי קֻדְשָׁא בְּרִיךְ הוּא חָס עֲלָן לֵית עֲלָן שׁוּם חוֹבָא, וְלֵית אֲנַן יָכְלִין לְמִדְחַיָּא יַתְהוֹן. יָתְבֵי כַּחֲדָא תְּחוֹת הַהוּא אִילָנָא וְשָׁתוּ מִן מַיָּא. פָּתַח רַבִּי שִׁמְעוֹן בֶּן יוֹחַאי - זַכָּאָה חוּלָקָנָא דְּעָסְקִין בְּאוֹרַיְתָא, דִּכְתִיב - בְּתוֹרַת[260] ה' חֶפְצוֹ וּבְתוֹרָתוֹ יֶהְגֶּה יוֹמָם וָלָיְלָה. וְהָיָה[261] כְּעֵץ שָׁתוּל עַל פַּלְגֵי מָיִם. וְהִנֵּה בּוֹא וּרְאֵה, מַאי דַּעֲבִיד לוֹן קֻדְשָׁא בְּרִיךְ הוּא - נָטַע לוֹן אִנּוּן אִילָנִין תְּלָתָא וְדָא מַעְיָנָא מֵאֲתַר דָּא. וְעַד יוֹמָא דֵּין קַיָּמָא אִלֵּין אִילָנִין בְּעַנְפִין רַבְרְבִין פְּרִישִׁין וְקָרְאוּ לְהוֹן בְּנֵי נָשָׁא - נְצִיבוּ שֶׁל רַבִּי שִׁמְעוֹן בֶּן יוֹחַאי וְרַבִּי פִּנְחָס בֶּן יָאִיר. מִן מַעֲשֶׂה זֶה נִלְמָד, אֵיךְ הַקָּדוֹשׁ בָּרוּךְ הוּא מַשְׁגִּיחַ עַל מִי שֶׁהוֹלֵךְ בִּתְמִימוּת וְעוֹסֵק בַּתּוֹרָה, אֲשֶׁר תָּמִיד - עֵינֵי[262] ה' אֶל יְרֵאָיו לַמְיַחֲלִים לְחַסְדּוֹ. לְהוֹפִיעַ עֲלֵיהֶם רוּחַ טָהֳרָה וּקְדֻשָּׁה, וְהוּא עוֹשֶׂה רְצוֹן יְרֵאָיו.

עַל כֵּן צָרִיךְ כָּל הָאָדָם לְהַכִּיר בְּטוּב ה' וְחֶמְלָה יְתֵרָה, שֶׁהַקָּדוֹשׁ בָּרוּךְ הוּא עוֹשֶׂה בְּכָל עֵת וּבְכָל רֶגַע עִם בְּנֵי אָדָם. וְצָרִיךְ לְהִתְפַּלֵּל עַל זֶה לִהְיוֹת שֶׁגַּם אֲנַחְנוּ חֲסוּיִין בְּצֵל כְּנָפָיו לִהְיוֹת הָאָדָם נִצּוֹל מֵהַחֵטְא וְעָוֹן, שֶׁיִּתֵּן לָנוּ הַקָּדוֹשׁ בָּרוּךְ הוּא לֵב יָרֵא וְחָרֵד, כִּי מַה יִּתְרוֹן לְחַיֵּינוּ בְּהֶפְרֵד, חַס וְשָׁלוֹם, מֵהַקְּדֻשָּׁה, וּמַה יִּתְרוֹן בַּעֲמָלֵנוּ, אִם נִהְיֶה אֲנַחְנוּ

---

[257] במדבר כב כח
[258] פרקי אבות ה ו
[259] תהלים קמה ט
[260] תהלים א ב
[261] תהלים א ג
[262] על פי תהלים לג יח

כְּבוּשִׁים תַּחַת יַד הַיֵּצֶר הָרָע, וְכָל הַיָּרֵא וְחָרֵד לִדְבַר ה', יִתְפֹּס בְּלִבּוֹ לִבְחֹר לוֹ דֶּרֶךְ נָכוֹן וְיָשָׁר, וְעַל הֶעָבַר יִתְאוֹנֵן בְּשִׁבְרוֹן לֵב עַל חֲטָאָיו וַה' יִסְלַח לוֹ, וְאַחֲרִיתוֹ יִהְיֶה כָּפוּל וּמְכֻפָּל, אָמֵן סֶלָה.

פרק סא

כְּתִיב בַּתּוֹרָה - לֹא[263] תֹאכְלוּ עַל הַדָּם וְלֹא תְנַחֲשׁוּ וְלֹא תְעוֹנֵנוּ. וּבֵאֵר הָעִנְיָן בַּזֹּהַר וַיַּקְהֵל, כִּי כְּבָר יָדוּעַ מַה שֶּׁאָמְרוּ רַבּוֹתֵינוּ זִכְרוֹנָם לִבְרָכָה - הַשֵּׁנָה[264] הוּא אֶחָד מִשִּׁשִּׁים מִמִּיתָה. כִּי בִּהְיוֹת הָאָדָם יָשֵׁן, נַפְקַת מִנֵּיהּ, וְלֹא אִשְׁתָּאַר בֵּיהּ כִּי אִם הַנֶּפֶשׁ, אֲשֶׁר חִיּוּתָהּ הִיא רַק רְבִיעִית הַדָּם שֶׁבַּלֵּב, וְעַל כֵּן הַסִּטְרָא אָחֳרָא מִתְפַּשְּׁטָא בְּגוּפוֹ לִשְׁרוֹת עָלָיו, וּבִפְרָט בַּלַּיְלָה, שֶׁהוּא זְמַן שְׁלִיטַת הַחִיצוֹנִים, וְאַף שֶׁקָּם בַּלַּיְלָה וְעוֹסֵק בַּתּוֹרָה אַף עַל פִּי כֵן הַנְּשָׁמָה לֹא מִתְיַשֶּׁבֶת כָּל כָּךְ בְּתוֹךְ הַגּוּף עַד אַחַר זְמַן הַתְּפִלָּה, וְאָז הַנְּשָׁמָה מוּכָנָה כָּרָאוּי לָשׁוּב לְהַגּוּף.

וְיָדוּעַ, שֶׁשְּׁלִיטַת הַנְּשָׁמָה הִיא מִצַּד קְדֻשָּׁה, וּשְׁלִיטַת הַגּוּף וְהַנֶּפֶשׁ הוּא מִצַּד הַנָּחָשׁ הַקַּדְמוֹנִי, וּכְשֶׁיֹּאכַל הָאָדָם קֹדֶם שֶׁמִּתְפַּלֵּל בִּזְמַן שְׁלִיטַת הַנֶּפֶשׁ הַשּׁוֹכֶנֶת בַּדָּם, שֶׁהִיא תַּחַת מֶמְשֶׁלֶת הַנָּחָשׁ, אֲזַי הָאֲכִילָה וּשְׁתִיָּה מַמָּשׁ כְּאִלּוּ מַקְרִיב קָרְבָּן לְהַנָּחָשׁ. וְזֶה שֶׁאָמַר הַכָּתוּב - **לֹא תֹאכְלוּ עַל הַדָּם** לִשְׁלֹט הַנֶּפֶשׁ שֶׁבַּדָּם, בְּעוֹד שֶׁהַנְּשָׁמָה עֲדַיִן אֵינוֹ אֵצֶל הָאָדָם. וְלָכֵן כְּתִיב - **לֹא תְנַחֲשׁוּ** לֹא תִתֵּן מָקוֹם לְנָחָשׁ הַקַּדְמוֹנִי. וּמְפֹרָשׁ שָׁם בַּזֹּהַר, שֶׁהָאוֹכֵל אוֹ שׁוֹתֶה קֹדֶם שֶׁהִתְפַּלֵּל, אַף שֶׁעֲדַיִן לֹא הֵאִיר הַיּוֹם, מַמָּשׁ כְּאִלּוּ עוֹבֵד עֲבוֹדָה זָרָה, כַּנִּזְכָּר.

וְהִנֵּה רָאִיתִי, שֶׁכַּמָּה אֲנָשִׁים בַּמְּדִינוֹת הָאֵלּוּ, אֲשֶׁר הֵם לְהוּטִין אַחַר גְּרוֹנָם, וְתֵכֶף כְּשֶׁיַּעַמְדוּ קֹדֶם שֶׁיֵּאוֹר הַיּוֹם אֵיזֶה שָׁעוֹת בְּהַשְׁכָּמָה — מְדַמִּין בְּעַצְמָן שֶׁיָּמוּתוּ, אִם לֹא יִשְׁתּוּ יַיִן שָׂרָף, וְהִיא לָהֶם כְּהֶתֵּר גָּמוּר לְמַלֹּאות תַּאֲוָתָם וּשְׁרִירוּת לִבָּם הָרָע. וְלִפְעָמִים שׁוֹתִין וּמִשְׁתַּכְּרִין, וְאַחַר כָּךְ כְּשֶׁיַּגִּיעַ זְמַן הַתְּפִלָּה שֶׁל שַׁחֲרִית הַתְּפִלָּה אֵינָהּ שְׁגוּרָה בְּפִיהֶם. וְזֶה חֵטְא גָּדוֹל, אֲשֶׁר כַּמָּה גְּדוֹלִים נִכְשָׁלִין בָּהּ.

וְהִנֵּה צָרִיךְ שֶׁתֵּדַע, בִּהְיוֹת הָאָדָם נִמְשָׁךְ אַחַר תַּעֲנוּגֵי הַגּוּף וְאַחַר תַּאֲווֹת לִבּוֹ בָּעוֹלָם הַזֶּה, וְעַל יְדֵי כֵן הוּא מִתְבַּטֵּל מֵעֲבוֹדַת הַבּוֹרֵא אֲזַי נִלְכָּד בִּמְצוּדָה רָעָה, וְאֵינוֹ זוֹכֶה לִקָּבֵר בְּאָרוֹן כָּרָאוּי. עַיֵּן שָׁם בַּזֹּהַר, דְּמַאֲרִיךְ בָּזֶה בְּסוֹד יוֹסֵף הַצַּדִּיק, שֶׁנָּטַר בְּרִית דִּילֵיהּ כְּתִיב בֵּיהּ [בְּרֵאשִׁית נ, כו] - וַיִּישֶׂם בָּאָרוֹן בְּמִצְרָיִם. כִּי מִי שֶׁהוֹלֵךְ אַחַר תַּאֲווֹת וּשְׁרִירוּת לִבּוֹ, הוּא נִכְשָׁל בַּעֲוֹן רְאִיַּת קֶרִי. עַל כֵּן הַיָּרֵא וְחָרֵד לִדְבַר ה', יִשְׁמַע לְקוֹל הָעֵצָה הַטּוֹבָה, שֶׁיִּהְיֶה לוֹ חֲתִיכָא דְּאִסּוּרָא לֶאֱכֹל אוֹ לִטְעֹם שׁוּם דָּבָר קֹדֶם שֶׁהִתְפַּלֵּל תְּפִלַּת שַׁחֲרִית, וּבִתְפִלָּתוֹ יַזְכִּיר בִּבְכִי וְתַחֲנוּנִים לִפְנֵי ה' שֶׁיְּזַכֵּהוּ ה' שֶׁבִּמְעַט אֹכֶל וּבִמְעַט שְׁתִיָּה יִשְׂבַּע נַפְשׁוֹ, וְלֹא יִצְטָרֵךְ לְהַרְבּוֹת בַּאֲכִילָה וּשְׁתִיָּה.

וּבִפְרָט שֶׁאֲנַחְנוּ יַתְמֵי דְּיַתְמֵי, שֶׁאֵין אָדָם בָּאָרֶץ אֲשֶׁר יַעֲשֶׂה טוֹב וְלֹא

---

[263] ויקרא יט כו

[264] ברכות נז ב

יֶחֱטָא, וְעַל כֵּן מֻכְרָחִים אָנוּ אֶל הַתְּשׁוּבָה. וְזֶהוּ הַגֶּדֶר הָרִאשׁוֹן אֶל הַתְּשׁוּבָה, שֶׁבְּתוֹךְ הַחֵשֶׁק וְחֶמְדַּת הָאָדָם אֶל הַמַּאֲכָל יִסּוֹג אָחוֹר וְיַפְסִיק, כַּמְבֹאָר בְּסִפְרֵי הַמּוּסָר הַקּוֹדְמִים, עַיֵּן שָׁם. וּבִפְרָט בְּסֵפֶר לְרַבֵּנוּ יְשַׁעְיָה סֶגַל זֵכֶר צַדִּיק לִבְרָכָה. וּמִכָּל שֶׁכֵּן שֶׁלֹּא יָבוֹא לִידֵי בִּטּוּל עֲבוֹדַת בּוֹרְאוֹ מֵחֲמַת רִבּוּי הָאֲכִילָה וּשְׁתִיָּה בַּלֵּילוֹת קֹדֶם הַשֵּׁנָה, שֶׁאָז הוּא זְמַן לִמְסֹר נַפְשׁוֹ וְנִשְׁמָתוֹ בְּפִקָּדוֹן לְהַשֵּׁם יִתְבָּרֵךְ בִּנְקִיּוּת, וּלְעַיֵּן בְּמַעֲשָׂיו הֵיטֵב בְּמַחֲשַׁבְתּוֹ אִם לֹא פָּגַם בְּיוֹם הֶעָבָר. וְאִם נִזְכַּר שֶׁחָטָא בְּמַעֲשָׂיו הֵיטֵב בְּמַחֲשַׁבְתּוֹ אִם לֹא פָּגַם בְּיוֹם הֶעָבָר, וְאִם נִזְכַּר שֶׁחָטָא יָשִׂים לְזִכָּרוֹן בְּלִבּוֹ לְתַקֵּן הַמְעֻוָּת. וְכָל זֶה אִם יֵשׁ לוֹ שֶׁהוּת לְהַרְהֵר וּלְהִתְבּוֹנֵן עַל כָּךְ, מַה שֶּׁאֵין כֵּן כְּשֶׁהָאָדָם הוּא מַרְבֶּה בַּאֲכִילָתוֹ וּשְׁתִיָּתוֹ עַד שֶׁכְּרֵסוֹ הוּא מָלֵא יוֹתֵר מִדַּי, וְשִׂכְלוֹ הוּא מְעֻרְבָּב מֵרֹב הָאֲכִילָה וּשְׁתִיָּה, אֵיךְ יַחֲשֹׁב בְּדַעְתּוֹ לְהַרְהֵר בְּדִבְרֵי תּוֹרָה וְיִרְאָה, שֶׁהֲרֵי אַחַר שִׁכְרוּתוֹ יִפֹּל עַל מִטָּתוֹ כַּחֲזִיר, וְאֵיךְ תַּעֲלֶה נִשְׁמָתוֹ לִפְנֵי כִּסֵּא הַכָּבוֹד לְקַבֵּל שֶׁפַע, כְּמוֹ שְׁאָר הַנְּשָׁמוֹת הַטְּהוֹרוֹת.

וְעַיֵּן בַּזֹּהַר, פָּרָשַׁת לֶךְ לְךָ, שֶׁהֶאֱרִיךְ רַבִּי שִׁמְעוֹן בֶּן יוֹחַאי, זִכְרוֹנוֹ לִבְרָכָה, בְּפָסוּק [יְשַׁעְיָה כו, ט] - נַפְשִׁי אִוִּיתִיךָ בַּלַּיְלָה אַף רוּחִי בְקִרְבִּי אֲשַׁחֲרֶךָּ. תָּא חֲזֵי - כַּד בַּר נָשׁ סָלִיק עַל עַרְסֵיהּ, נִשְׁמָתֵיהּ נָחִית מִנֵּיהּ וְכוּ'. וְסִיּוּם כַּוָּנַת הַזֹּהַר, כִּי טוֹב לַנְּשָׁמָה, אֲשֶׁר הִיא בָּאָה טְהוֹרָה, בְּלִי שׁוּם פְּגַם וְעָוֹן, וְכָל דְּרָכָיו הֵן בְּחֵלֶק קְדֻשָּׁה אֲזַי הַהִיא נַפְשָׁא זַכָּאָה לְמֶחֱמֵיהּ בְּנֹעַם ה' וּלְבַקֵּר בְּהֵיכָלוֹ.

וּכְשֵׁם שֶׁהַמַּעֲשֶׂה מְעַכֵּב הַנְּשָׁמָה מִלַּעֲלוֹת אֶל הַקְּדֻשָּׁה, כָּךְ הַדִּבּוּר הוּא פּוֹגֵם כִּלְשׁוֹן הָרָע וְדִבְרֵי נִבּוּל פֶּה, שֶׁמַּחֲרִימִין אוֹתוֹ אַרְבָּעִים מַלְאֲכֵי הַשָּׁרֵת וּמְנַדִּין אוֹתוֹ, עַד שֶׁיִּתְחָרֵט הָאָדָם וְיַעֲשֶׂה תְּשׁוּבָה. עַיֵּן שָׁם בַּאֲרִיכוּת. וְכֵן מִי שֶׁמְּדַבֵּר עִם חֲבֵרוֹ אֶחָד בַּפֶּה וְאֶחָד בַּלֵּב, וַחֲבֵרוֹ הוּא סוֹמֵךְ עַל דִּבּוּרוֹ, שֶׁאֵינוֹ יוֹדֵעַ שֶׁדִּבּוּרוֹ הוּא חָלוּק מִמַּחֲשֶׁבֶת לִבּוֹ.

וְאִיתָא בַּזֹּהַר פָּרָשַׁת נָשֹׂא - הַהִיא מִלָּה שֶׁל רְמִיָּה, דְּאַפִּיק בַּר נָשׁ, סָלְקָא וּבָקַע רְקִיעִין וְקַיְּמָא עַד דְּעָאל לֵילְיָא, וְנִשְׁמְתָא סָלְקָא קַמֵּיהּ מַלְכָּא קַדִּישָׁא. הֲדָא הוּא דִּכְתִיב - מִשֹּׁכֶבֶת[265] חֵיקֶךָ שְׁמֹר פִּתְחֵי פִיךָ. וּכְדֵין אִתְרְשִׁים הַהוּא מִלָּה וְהַהוּא חוֹבָה דְּבַר נָשׁ, וּבְגִין כָּךְ אַשְׁרֵי הָאָדָם, שֶׁהַנְהָגוֹתָיו הֵן בִּלְתִּי רַמָּאוּת.

וְאִם יַחֲשֹׁב הָאָדָם - הֲרֵי מָצִינוּ הַרְבֵּה בְּנֵי אָדָם, שֶׁמַּעֲשֵׂיהֶם הֵם בְּעָרְמָה, וּלְעוֹלָם אֵין פִּיהֶם וְלִבָּם שָׁוִים, וּמְרַמִּין הַבְּרִיּוֹת בְּדִבּוּרָם וְהֵן מַרְוִיחִין בְּמַעֲשֵׂיהֶן. אֲבָל דַּע, כִּי עָנְשָׁן הוּא גָּדוֹל, וְסוֹפָן שֶׁיִּהְיוּ נִטְרָדִין מִן הָעוֹלָם הַזֶּה וְעוֹלָם הַבָּא, כִּי זֶהוּ דֶּרֶךְ הַמִּינִים וּפוֹקְרִים, כִּי הַקָּדוֹשׁ בָּרוּךְ הוּא בְּעַצְמוֹ מַשְׁגִּיחַ עַל כָּל דִּבּוּר הֵן לְרָעָה וְהֵן לְטוֹבָה.

וְאִיתָא בַּזֹּהַר פָּרָשַׁת שְׁלַח - רַבִּי חִזְקִיָּה וְרַבִּי יֵיסָא הֲוֵי אָזְלֵי בְּאוֹרְחָא.

---

[265] מיכה ז ה

אָמַר רַבִּי יֵיסָא לְרַבִּי חִזְקִיָּה - חֲמֵינָא בְּאַפָּךְ, דְּהִרְהוּרָא דְּאוֹרַיְתָא אִית גַּבָּךְ. אָמַר לֵיהּ - הָא וַדַּאי בְּהַאי קְרָאִי אִסְתַּכַּלְנָא בֵּיהּ, דְּאָמַר שְׁלֹמֹה הַמֶּלֶךְ - כִּי[266] מִקְרֶה בְנֵי הָאָדָם וּמִקְרֶה הַבְּהֵמָה מִקְרֶה אֶחָד לָהֶם כְּמוֹת זֶה כֵּן מוֹת זֶה וְרוּחַ אֶחָד לַכֹּל וּמוֹתַר הָאָדָם מִן הַבְּהֵמָה אָיִן כִּי הַכֹּל הָבֶל. וְאִם כֵּן יֵשׁ כָּאן חַס וְשָׁלוֹם פִּתְחוֹן פֶּה לָרְשָׁעִים, לְאִנּוּן דְּלָאו מְהֵימְנוּתָא אִשְׁתְּכַח בְּהוּ. אָמַר לֵיהּ - וַדַּאי יֵשׁ לְעַיֵּן בְּהַאי קְרָא.

אַדְּהָכֵי חָזוּ בַּר נָשׁ אָתָא וְשָׁאִיל מַיָּא כוּ'. אַפִּיק רַבִּי יֵיסָא זְפִירָא מָלֵא מַיִם וְיָהִיב לֵיהּ, וְשָׁתָה. בָּתַר דְּשָׁתָה, סְלִיקוּ לְטוּרָא וְאַשְׁכְּחוּ תַּמָּן נוֹדָא דְּמַיָּא. אָמַר לוֹן הַאי בַּר נָשׁ - הַשְׁתָּא שְׁאִילוּ לִי מִלִּין דְּאוֹרַיְתָא וַאֲפָרֵשׁ יַתְהוֹן וְכוּ'. וְשָׁאֲלוּ לֵיהּ הַפֵּרוּשׁ דְּהַאי קְרָא - **כִּי מִקְרֶה בְנֵי אָדָם וּמִקְרֶה הַבְּהֵמָה** מִקְרֶה אֶחָד לְכֻלָּם וְכוּ'. אָמַר לוֹן - וְכִי אָמַר שְׁלֹמֹה פָּסוּק זֶה מֵעַצְמוֹ, אֶלָּא הוּא אַהֲדַר אִנּוּן מִלִּין דְּאָמְרֵי טִפְּשָׁאֵי דְּעָלְמָא בְּעָלְמָא, וְאַדִּלְעֵיל קָאֵי דִּכְתִיב תְּחִלָּה - אָמַרְתִּי[267] אֲנִי בְּלִבִּי עַל דִּבְרַת בְּנֵי הָאָדָם לְבָרָם הָאֱלֹהִי"ם וְלִרְאוֹת שְׁהֶם בְּהֵמָה הֵמָּה לָהֶם. כִּי מִקְרֶה אֶחָד וְגוֹ'. וְהָכִי פֵּרֵשׁ, דְּאָמַר שְׁלֹמֹה עַל עַצְמוֹ - אָמַרְתִּי[268] אֲנִי בְּלִבִּי. לְהִתְבּוֹנֵן בְּעִנְיָן אֶחָד, וְהוּא זֶה עַל דִּבְרַת בְּנֵי אָדָם לְבָרָם הָאֱלֹהִי"ם הַפֵּרוּשׁ הוּא כָּךְ, כִּי יֵשׁ כִּתּוֹת רְשָׁעִים, הַמִּתְגָּאִים בְּדַעְתָּם וְאוֹמְרִים - הִנֵּה אֲנַחְנוּ חֲכָמִים, וְאֵין כְּדַאי לָנוּ לְהִתְחַבֵּר עִם שְׁאָרֵי בְּנֵי אָדָם, כִּי אוֹתָנוּ בָּרָא אֱלֹהִי"ם שֶׁנִּהְיֶה לְבַדֵּנוּ, בִּלְתִּי הִתְחַבְּרוּת עִם בְּנֵי אָדָם, וְרוֹצִין לְהִתְגָּאוֹת עַל בְּנֵי הָאָדָם, וְעַל יְדֵי זֶה הִתְבּוֹנַנְתִּי וְאַרְאֶה לָהֶם הָאֱמֶת שֶׁכֵּן הוּא, שֶׁהוּא נָכוֹן שֶׁיִּהְיוּ לְבַדָּם, וְלֹא לְהִתְחַבֵּר עִם בְּנֵי הָאָדָם שֶׁהֵם יְרֵאִים וַחֲרֵדִים, כִּי אִם עִם בְּנֵי אָדָם, הַהוֹלְכִים אַחַר עִנְיְנֵי עוֹלָם הַזֶּה, וְאֵין חוֹשְׁבִים כְּלָל עַל חֵלֶק לָעוֹלָם הַבָּא, וְהֵמָּה כַּבְּהֵמוֹת נִדְמוּ.

וְזֶה שֶׁאָמַר הַכָּתוּב - וְלִרְאוֹת[269] שְׁהֶם בְּהֵמָה הֵמָּה לָהֶם. לְבַדָּם, רְשָׁעִים לְעַצְמָן, וְלֹא לְהִתְחַבֵּר עִם בְּנֵי אָדָם הַיְרֵאִים הַכְּשֵׁרִים. וּמָה הוּא הַדִּבּוּר שֶׁל אוֹתָן הָרְשָׁעִים, שֶׁרוֹצִין לְחַדֵּשׁ דָּבָר שֶׁל שָׁוְא וָשֶׁקֶר מִלִּבָּם, שֶׁאוֹמְרִים, כִּי מִקְרֶה אֶחָד לָאָדָם, וּמִקְרֶה אֶחָד לַבְּהֵמָה. עַל כֵּן אִישׁ הַיָּשָׁר בְּעֵינָיו יַעֲשֶׂה, כִּי אֵין מַתַּן שָׂכָר לַצַּדִּיקִים, וְאֵין עֹנֶשׁ לָרְשָׁעִים, וְלֵית דִּין וְלֵית דַּיָּן. אֲבָל תִּפַּח רוּחָן, דְּאִנּוּן בְּהֵמוֹת וְאִנּוּן טִפְּשָׁאִין מְחֻסְּרֵי אֲמָנָה אוֹי לָהֶם וּלְנַפְשַׁיְהוּ, וְעַל זֶה אָמַר שְׁלֹמֹה אֲבַתְרֵיהּ - מִי[270] יוֹדֵעַ רוּחַ בְּנֵי אָדָם הָעוֹלָה הִיא לְמַעְלָה וְרוּחַ הַבְּהֵמָה הַיּוֹרֶדֶת הִיא לְמַטָּה לָאָרֶץ. פֵּרוּשׁ, אִנּוּן טִפְּשָׁאִין אֵינָן יוֹדְעִין דִּין וְדַת תּוֹרָתֵנוּ הַקְּדוֹשָׁה וְדַרְכֵי הַיִּרְאָה, וְאוֹחֲזִין בְּמִדַּת הַגַּאֲוָה, לְמַעַן סְפוֹת הָרָוָה אֶת

---

[266] קהלת ג יט

[267] קהלת ג יח

[268] קהלת ב א

[269] קהלת ג יח

[270] קהלת ג כא

הַצְּמֵאָה. הֲלֹא יֵשׁ לָהֶם לֵידַע, כִּי רוּחַ בְּנֵי אָדָם הֵם הַכְּשֵׁרִים, וַדַּאי הִיא הָעוֹלָה לְמַעְלָה. וְרוּחַ הַבְּהֵמָה שֶׁל אוֹתָן הָרְשָׁעִים, הַחוֹטְאִים בְּנַפְשׁוֹתָם וְנִדְמוּ כַּבְּהֵמָה הִיא יוֹרֶדֶת לְמַטָּה לָאָרֶץ, לְהַאי אֲתַר דְּהָנֵי תִּפַּח רוּחָן. עֲלַיְהוּ כְּתִיב - יִהְיוּ[271] כְּמוֹץ לִפְנֵי רוּחַ וּמַלְאַךְ ה' דּוֹחֶה אוֹתוֹ.

אָתוּ רַבִּי חִזְקִיָּה וְרַבִּי יֵיסָא וְנָשְׁקוּ אוֹתוֹ. אָמְרוּ - כָּל כָּךְ הֲוָה עִמָּךְ, וַאֲנַחְנוּ לֹא יָדְעָנָא, זַכָּאָה הַאי שַׁעְתָּא, דְּאַרְעָנָא בָּךְ כּו', אָמְרוּ לֵיהּ - תִּבָעֵי דְּנִתְחַבַּר בָּךְ, וְתֵיזִיל בַּהֲדָן, אָמַר לְהוּ - אִי עֲבִידְנָא הָכֵי אוֹרַיְתָא תִּקְרָא לִי **כְּסִיל**, וְלֹא עוֹד אֶלָּא דְּאִתְחַיַּבְנָא בְּנַפְשָׁאִי. אָמְרוּ לֵיהּ, לָמָּה אָמַר לְהוּ, דְּהָא שְׁלוּחָא אֲנָא, וְשַׁדְּרוּ לִי בִּשְׁלִיחוּתָא, וּשְׁלֹמֹה מַלְכָּא אָמַר [מִשְׁלֵי כו, ו] - מְקַצֶּה רַגְלַיִם חָמָס שֹׁתֶה שֹׁלֵחַ דְּבָרִים בְּיַד כְּסִיל. תָּא חֲזִי - מְרַגְּלִים עַל דְּלָא אִשְׁתַּכְּחוּ בְּנֵי מְהֵימְנוּתָא וּשְׁלוּחֵי מְהֵימְנוּתָא אִתְחַיְּבוּ בְּנַפְשַׁיְהוּ בְּעָלְמָא דֵּין וּבְעָלְמָא דְּאָתֵי. נָשִׁיק לְהוּ וְאָזִיל.

אָזְלֵי רַבִּי יֵיסָא וְרַבִּי חִזְקִיָּה. עַד דַּהֲוֵי אָזְלֵי, פָּגְעֵי בְּאִנּוּן בְּנֵי נָשָׁא, וּשְׁאִילוּ רַבִּי חִזְקִיָּה וְרַבִּי יֵיסָא מַה שְׁמֵיהּ דְּהַאי גַּבְרָא. אָמְרוּ לוֹן - רַבִּי חַגַּי שְׁמֵיהּ, וְהוּא חַד דְּמִן חַבְרַיָּא דְּהַאי מָתָא, דְּשַׁלְחוּ לֵיהּ חַבְרַיָּא לְגַבֵּי רַבִּי שִׁמְעוֹן בֶּן יוֹחַאי לְמִנְדַּע מִלִּין מִפּוּמֵיהּ דְּרַבִּי שִׁמְעוֹן בֶּן יוֹחַאי וְכוּ'. אָמְרוּ - זַכָּאָה אִיהוּ וְזַכָּאִין חַבְרַיָּא דִּילֵיהּ, דְּשַׁלְחוּ לֵיהּ, דִּשְׁלִיחָא מְהֵימְנָא הוּא. עַד כָּאן לְשׁוֹן הַזֹּהַר.

נִלְמַד מִן הַנִּזְכָּר לְעֵיל, שֶׁיִּרְאֶה הָאָדָם בְּעֵין שִׂכְלוֹ, שֶׁסּוֹף דָּבָר הוּא, שֶׁצָּרִיךְ הָאָדָם לִירָא מִן הָעֹנֶשׁ, לִזְכֹּר תָּמִיד הַפָּסוּק שֶׁסִּיֵּם שְׁלֹמֹה בְּסוֹף הַסֵּפֶר - סוֹף[272] דָּבָר הַכֹּל נִשְׁמָע אֶת הָאֱלֹהִ"ים יְרָא וְאֶת מִצְווֹתָיו שְׁמֹר כִּי זֶה כָּל הָאָדָם. וְדַע כִּי[273] עַל כָּל אֵלֶּה יְבִיאֲךָ הָאֱלֹהִ"ים בְּמִשְׁפָּט. וְכָל[274] הָאוֹמֵר הַקָּדוֹשׁ בָּרוּךְ הוּא וַתְּרָן יְוַתְּרוּ לוֹ חַיָּיו. וִיהִי רָצוֹן, שֶׁיִּהְיוּ דְּבָרִים הָאֵלּוּ קְשׁוּרִים וַחֲתוּמִים עַל לוּחַ לִבֵּנוּ, וְאָז טוֹב יִהְיֶה לָנוּ סֶלָה.

---

271 תהלים לה ה

272 קהלת יב יג

273 קהלת יא ט

274 בבא קמא נ א

פרק סב

אֶחָד מִדַּרְכֵי הַיִּרְאָה הוּא לְבִלְתִּי לָשֵׂאת פָּנִים, כְּשֶׁרוֹאֶה בְּאָדָם שֶׁעוֹבֵר עֲבֵרָה מְחֻיָּב הָרוֹאֶה לְהוֹכִיחוֹ וְלוֹמַר לוֹ, אָחִי לֹא יָפֶה שֶׁאַתָּה עוֹשֶׂה, כִּי צָרִיךְ לָדַעַת - שֶׁעֵינֵי[275] ה' מְשׁוֹטְטִים בְּכָל הָאָרֶץ. וּמַה תַּעֲשֶׂה לְיוֹם בֹּקֶר, אֲשֶׁר מָחָר מֻכְרָח לִתֵּן דִּין וְחֶשְׁבּוֹן, וְזֶהוּ חִיּוּב גָּדוֹל עַל הָאִישׁ הַיּוֹדֵעַ לְהוֹכִיחַ. אָכֵן לֹא יוֹכִיחוֹ בְּפַרְהֶסְיָא, כִּי אִם בַּנִּסְתָּר. וְעַל זֶה כְּתִיב - הוֹכֵחַ[276] תּוֹכִיחַ. תְּחִלָּה **הוֹכֵחַ** בִּלְשׁוֹן נִסְתָּר, רָצָה לוֹמַר שֶׁיּוֹכִיחֶנּוּ בַּסֵּתֶר, וְאִם לָאו אֲזַי **תּוֹכִיחַ** הוּא לְשׁוֹן נוֹכֵחַ, אָכֵן גַּם כֵּן לֹא בְּנִגְלֶה, כְּדֵי שֶׁלֹּא לְבַיֵּשׁ פָּנָיו בָּרַבִּים, אֶלָּא גַּם כֵּן בְּנִסְתָּר. רַק הַחִלּוּק הוּא, שֶׁבַּפַּעַם הָרִאשׁוֹן לֹא יוֹכִיחֶנּוּ בִּלְשׁוֹן נוֹכֵחַ וְלֹא יֹאמַר לוֹ, לֹא יָפֶה אַתָּה עוֹשֶׂה, אֶלָּא, בּוֹא וּרְאֵה עִנְיַן חֵטְא, כְּשֶׁאָדָם חָטָא עָנְשׁוֹ גָּדוֹל, דֶּרֶךְ סִפּוּר דְּבָרִים בְּעָלְמָא. וְאוֹמֵר לוֹ הִנֵּה שָׁמַעְתִּי שֶׁמִּי שֶׁעוֹשֶׂה כֵּן פּוֹגֵם וְנִפְגָּם, וְעוֹנְשׁוֹ כָּךְ וְכָךְ.

כְּדֵי שֶׁעַל יְדֵי כָּךְ יַחְשֹׁב שֶׁזֶּה שֶׁהוּא חָטָא חֵטְא זֶה, וְאוּלַי יְתַקֵּן. וְאִם אַתָּה רוֹאֶה בּוֹ, שֶׁאֵינוֹ נוֹתֵן אֶל לִבּוֹ לַעֲזֹב הַחֵטְא, וַעֲדַיִן אֵינוֹ מַשְׁגִּיחַ בִּדְבָרֶיךָ אֲזַי **תּוֹכִיחַ** בִּלְשׁוֹן נוֹכֵחַ, וְתֹאמַר לָמָּה תַּעֲשֶׂה כָּזֹאת לִמְרֹד בַּה' אֱלֹקֵינוּ. וְאִם עֲדַיִן אֵינוֹ מַשְׁגִּיחַ לָסוּר מֵרַע מַעֲלָלָיו אִם יָדוּעַ לוֹ, שֶׁעַל יְדֵי שֶׁיְּבַיְּשֶׁנּוּ בָּרַבִּים יִהְיֶה הַבּוּשָׁה עַל פָּנָיו, וְשׁוּב לֹא יֶחֱטָא יָכוֹל לְבַיְּשׁוֹ עַד שֶׁיָּשׁוּב וְיַעֲזֹב הַחֵטְא, וְלֹא יַחְשֹׁב ה' לוֹ עָוֹן לְהַמּוֹכִיחַ, עֲבוּר שֶׁמְּבַיֵּשׁ אֶת הַחוֹטֵא. וְהַכְּלָל - הֶחָכָם יְכַלְכֵּל דְּבָרָיו וְעִנְיָנָיו בְּמִשְׁפָּט וּבְהַשְׂכֵּל, שֶׁלֹּא יֵצֵא שְׂכָרוֹ בְּהֶפְסֵדוֹ חַס וְשָׁלוֹם. וּבְאִם הוּא רוֹאֶה שֶׁאֵין רוֹצֶה לְקַבֵּל תּוֹכַחְתּוֹ, אֲזַי טוֹב שֶׁלֹּא לְהוֹכִיחוֹ. וְעַל זֶה אָמְרוּ רַבּוֹתֵינוּ זִכְרוֹנָם לִבְרָכָה - כְּשֵׁם[277] שֶׁמִּצְוָה לוֹמַר דָּבָר הַנִּשְׁמָע כָּךְ מִצְוָה שֶׁלֹּא לוֹמַר דָּבָר שֶׁאֵינוֹ נִשְׁמָע.

וְהַכְּלָל - הָרוֹאֶה בַּחֲבֵרוֹ אֵיזֶה דָּבָר שֶׁאֵינוֹ מְתֻקָּן, וְנִשְׁתָּרֵשׁ בַּחֵטְא אִם אֶפְשָׁר לַעֲשׂוֹת פְּעֻלָּה לַהֲסִירוֹ מֵחֶטְאוֹ, אוּלַי חֵפֶץ ה' בְּיָדוֹ יַעֲלֶה בְּיָדוֹ לְהַצְלִיחַ, אָז הוּא בִּכְלָל כָּל הַמְזַכֶּה אֶת הָרַבִּים, אוֹ הַמְזַכֶּה אֶת חֲבֵרוֹ לִדְבַר מִצְוָה, אֲזַי שְׂכָרוֹ כָּפוּל וּמְכֻפָּל. וּרְאָיָה מִזֹּהַר פָּרָשַׁת תַּזְרִיעַ - רַבִּי חִיָּא וְרַבִּי יוֹסֵי הֲוֵי אָזְלֵי בְּאוֹרְחָא, פָּגְעוּ בְּחַד בַּר נַשׁ וְאַנְפּוֹי הֲוָה מָלֵא מַכְתְּשִׁין, אָמַר לֵיהּ רַבִּי חִיָּא - מַאן אַנְתְּ, אָמַר לֵיהּ - יְהוּדָאִי אֲנָא, אָמַר לוֹ רַבִּי יוֹסֵי - אִסְתַּכַּל בֵּיהּ, וַחֲמֵי אַנְפּוֹי סוּמָקִין בְּאִנּוּן מַכְתְּשִׁין [רָצָה לוֹמַר - פָּנָיו הָיָה כִּמְצֹרָע], בְּוַדַּאי חַטָּאָה הוּא, דְּאִי לָאו הָכֵי לָא אִתְרְשִׁימוּ אַנְפּוֹי בְּאִלֵּין מַרְעִין בִּישִׁין, וְיִסּוּרִין כְּאִלֵּין לָא מִקְרֵי יִסּוּרִים

[275] זכריה ד י

[276] ויקרא יט יז

[277] יבמות סה ב

שֶׁל אַהֲבָה. אָמַר רַבִּי חִיָּא - הָכֵי הוּא וַדַּאי, דְּיִסּוּרִים שֶׁל אַהֲבָה לֹא מִקְרֵי אֶלָּא כְּשֶׁהֵם מְכַסִּים מֵרְאִיַּת שְׁאָר בְּנֵי אָדָם, וּמִנַּלַן דְּאִצְטְרִיךְ לִהְיוֹת תּוֹכַחַת הָאָדָם הָכֵי, נִלְמַד מִתּוֹכָחוֹת הַקָּדוֹשׁ בָּרוּךְ הוּא, דְּמַאן דְּאוֹכַח לְחַבְרֵיהּ בְּאַהֲבָה בָּעֵי לְאוֹכָחָא יָתֵיהּ בְּסִתְרָא כְּדֵי דְּלָא לְכַסֵּף אוֹתוֹ בְּפַרְהֶסְיָא, הָא תּוֹכָחָה זוֹ בְּפַרְהֶסְיָא אֵינוֹ שֶׁל אַהֲבָה. כָּךְ הַקָּדוֹשׁ בָּרוּךְ הוּא אוֹכַח לְבַר נַשׁ בְּקַדְמֵיתָא וּמָחֵי לֵיהּ בְּסִתְרָא, אִי הֲדַר בֵּיהּ מוּטָב, וְאִי לָאו מָחֵי לֵיהּ בְּאִתְגַּלְיָא בְּאַנְפּוֹי בְּגִין דְּאִסְתַּכְּלוּן בֵּיהּ וְיִנְדְּעוּן דְּהוּא חַטָּאָה, וְלָאו רְחִימָא דְּמָרֵיהּ אִיהוּ.

וְהַאי גַּבְרָא הֲוֵי שָׁמַע כָּל מִלִּין אִלֵּין. אָמַר לְהוּ גַּבְרָא - בְּקוּטְרָא דְּעִיטָא חֲדָא וּבְדִבּוּר אֶחָד אַתּוּן אַמְרִין עֲלֵי דְּבָרִים הָאֵלֶּה, קָרִיב לְגַבַּיְהוּן, אָמַר - וַדַּאי אַתּוּן מֵאִנּוּן דְּדִיוּרְהוֹן הוּא בְּבֵית רַבִּי שִׁמְעוֹן בֶּן יוֹחַאי, דְּלָא דַּחֲלִין מִכֹּלָּא. אִי אַתּוּן אַמְרִין מִלֵּי אֲבַתְרָאֵי הַנֵּי מִלִּין יְקַטְרְגוּ לְכוֹן, אֵיךְ מַלִּיכוּ הָכֵי בְּאִתְגַּלְיָא, [רְצָה לוֹמַר, שֶׁאָמַר לָהֶם הָאִישׁ - אִי יָבוֹא הַמִּשְׁפָּט לִפְנֵי הַקָּדוֹשׁ בָּרוּךְ הוּא יַעֲשֶׂה קָטֵגוֹרְיָא עִמָּכֶם עַל שֶׁאַתֶּם מְבַיְּשִׁים אוֹתִי בְּגָלוּי, אַף שֶׁאֲנִי חוֹטֵא גָּדוֹל], אָמְרוּ לֵיהּ - בְּאוֹרַיְתָא הָכֵי כָּתוּב, דִּכְתִיב [מִשְׁלֵי א, כא] - בְּרֹאשׁ הֹמִיּוֹת תִּקְרָא בְּפִתְחֵי שְׁעָרִים בָּעִיר אֲמָרֶיהָ תֹאמֵר. אִי בְּמִלֵּי דְּאוֹרַיְתָא אֲנַן דַּחֲלִין מִקַּמֵּךְ הָא נִשְׁתַּכַּח בְּכִסּוּפָא קַמֵּי הַקָּדוֹשׁ בָּרוּךְ הוּא. פָּתַח הַאי גַּבְרָא וְאָמַר - מִי[278] אֵל כָּמוֹךָ נוֹשֵׂא עָוֹן וְעוֹבֵר עַל פֶּשַׁע וְגוֹ'. אָרִים קָלֵיהּ וּבָכֵי.

אַדְּהָכֵי מַטְיָן בְּנוֹי. אָמַר בְּרֵיהּ זְעִירָא - סַלְקָא דַּעְתָּךְ הָכָא הָכֵי, פָּתַח וְאָמַר - יֵשׁ[279] צַדִּיק אוֹבֵד בְּצִדְקוֹ וְיֵשׁ רָשָׁע מַאֲרִיךְ בְּרָעָתוֹ. הַאי צָרִיךְ פֵּרוּשׁ, אֵיךְ יֹאבַד הַצַּדִּיק בְּצִדְקוֹ, אֶלָּא הָעִנְיָן כָּךְ, כְּשֶׁרַבּוּ הַחוֹטְאִים וּמַרְבִּים חֲטָאִים וּפְשָׁעִים, וְצַדִּיק אֶחָד הוּא בֵּינֵיהֶם, וְאֵין מוֹכִיחַ לְהָרְשָׁעִים הַצַּדִּיק נֶעֱנָשׁ עַל יָדָם אַף שֶׁהוּא צַדִּיק גָּמוּר, וְאֵין חוֹטֵא כְּלָל. וְכֵן אַבָּא דְּאִתְפַּס בְּחוֹבַיְהוּ דִּבְנֵי מָתָא, דַּהֲוֵי כֻּלָּן חֲצוּפִים לְנֶגְדּוֹ, וְהוּא לֹא הֲוֵי מוֹכִיחַ אוֹתָן וְלֹא גָּעַר בְּהוֹן בִּנְזִיפָה לְבַיְּשָׁם לָכֵן נֶעֱנַשׁ הוּא בַּיִּסּוּרִים הָאֵלֶּה. אָמַר הַאי בַּר נַשׁ, דַּהֲוֵי אָבִיו שֶׁל הַאי יַנּוּקָא - וַדַּאי הַקָּדוֹשׁ בָּרוּךְ הוּא אַעֲנִישׁ לִי בְּהָא דַּהֲוֵי בְּיָדִי יְכֹלֶת לְמַחָאָה בִּידַיְהוּ, וְלָא עֲבַדִית וְלָא אַכְסִיפְנָא לְהוּ בִּטְמִירָא וְלָא בְּאִתְגַּלְיָא. פָּתַח בְּרֵיהּ אָחֳרָא וְאָמַר - נֶאֱלַמְתִּי[280] דוּמִיָּה הֶחֱשֵׁיתִי מִטּוֹב וּכְאֵבִי נֶעְכָּר. רָאִיתִי עַמָּא דְּאָזְלִין בְּדַרְכֵי לֹא טוֹבִים - **נֶאֱלַמְתִּי דוּמִיָּה** וְלֹא יִסַּרְתִּי אוֹתָם עַל פְּנֵיהֶם. **וְהֶחֱשֵׁיתִי מִטּוֹב** דְּבָרִים טוֹבִים שֶׁמְּסִירִים אֶת הָאָדָם מִדַּרְכֵי הָרָעִים לְדַרְכֵי הַטּוֹבִים וְהַיְשָׁרִים, עַל כֵּן **כְּאֵבִי נֶעְכָּר** בְּאֵין יִסּוּרִים מְכֹעָרִים בְּאִתְגַּלְיָא. אָתוּ רַבִּי חִיָּא וְרַבִּי יוֹסֵי וְנַשְׁקוּהוּ וְכוּ'.

---

278 מיכה ז יח

279 קהלת ז טו

280 תהלים לט ג

נִלְמַד מֵהַנִּזְכָּר לְעֵיל, כָּל הַמִּתְיָרֵא לְהוֹכִיחַ מִפְּנֵי בְּנֵי הָאָדָם, אָז יִהְיֶה בְּכִסּוּפָא קַמֵּיהּ קֻדְשָׁא בְּרִיךְ הוּא, וְאַף שֶׁהוּא צַדִּיק, נֶעֱנָשׁ עַל יָדוֹ. וּכְמוֹ שֶׁכָּתַבְתִּי לְעֵיל, וּמְקוֹר הַחַיִּים הוּא לְבִלְתִּי לְהַחֲנִיף לְאָדָם רָשָׁע לְמִי שֶׁיֵּסְפִּיק בְּיָדוֹ לַעֲמוֹד לְנֶגֶד הָרָשָׁע לְהַתִּישׁ כֹּחָם שֶׁל רְשָׁעִים, וּבְאִם שֶׁיִּדְחַל מִנְּהוֹן, אֲזַי יִהְיֶה בָּטוּחַ, שֶׁיָּבוֹא עָלָיו יִסּוּרִים וְיַשִּׂיגוּ לוֹ חֶרְפּוֹת וּבוּשׁוֹת בְּבֵי דִּינָא רַבָּא לִפְנֵי הַקָּדוֹשׁ בָּרוּךְ הוּא.

שְׂאוּ לַמָּרוֹם עֵינֵיכֶם - וּבִטְחוּ[281] אֶל ה'. כִּי הוּא מְשַׁבֵּר זְרוֹעַ רָשָׁע וּמְהָרֵס מַצַּב רְשָׁעִים, חֲזַק וֶאֱמַץ לְנֶגֶד הָרָשָׁע, וּבְוַדַּאי כָּל פָּמַלְיָא שֶׁל מַעְלָה יִהְיוּ בְּעֶזְרֶךָ, וְתִרְאֶה לְהִתְאַמֵּץ בְּכָל אֵיבָרֶיךָ וְשס"ה גִּידֶיךָ לְהִתְחַמֵּם כְּנֶגְדּוֹ לְבִלְתִּי צֵאת מַחֲשַׁבְתּוֹ הָרָעָה אֶל הַפֹּעַל. וְאִם תַּעֲשֶׂה כֵן, אֲזַי נֶחְשָׁב בְּהִדַּלְּקוּת גּוּפְךָ לְנֶגֶד הָרָשָׁע, כְּאִלּוּ אֵבְרֵי עוֹלָה מֻנָּחִים עַל גַּבֵּי הַמִּזְבֵּחַ, וְאַף אִם תִּרְאֶה רָשָׁע, שֶׁבְּגַרְמָא דִּילֵיהּ תּוּכַל לָבוֹא לְהֶזֵּק מָמוֹן, חַס וְשָׁלוֹם, מִכָּל מָקוֹם תִּרְאֶה לַעֲשׂוֹת פְּעֻלָּתְךָ, כִּי הַרְבֵּה שְׁלוּחִים לַמָּקוֹם בָּרוּךְ הוּא. וְאִם תַּחֲרִישׁ לוֹ בִּשְׁבִיל הֶזֵּק מָמוֹנְךָ מִכָּל מָקוֹם לֹא תִּנָּצֵל מֵהַהֶזֵּק בְּכִפְלַיִם, כִּי סוֹף הַחוֹנֵף לָרָשָׁע סוֹפוֹ לִפֹּל בְּיָדוֹ. וְאִם תִּרְאֶה בְּדַעְתְּךָ, שֶׁלֹּא תּוּכַל לָבוֹא בְּרִיב וּמַצָּה עִם הָרָשָׁע, שֶׁאַתָּה מוֹכִיחַ אוֹתוֹ בַּעֲבוּר שֶׁהַשָּׁעָה מְשַׂחֶקֶת לוֹ מִכָּל מָקוֹם אָסוּר לִתֵּן לְהָרָשָׁע כֹּחַ וְאֹמֶץ וְחִזּוּק לְסַיְּעוֹ לִדְבַר עֲבֵרָה, חָלִילָה וְחַס. וְגַם אֲפִלּוּ בְּמָקוֹם חֲשַׁשׁ נֵזֶק הַגּוּף, חַס וְשָׁלוֹם, נִרְאֶה דְּאָסוּר לִתֵּן חִזּוּק וְאִמּוּץ לָרְשָׁעִים, אִם לֹא בְּמָקוֹם שֶׁיֵּשׁ סַכָּנַת נְפָשׁוֹת, אָז יִסְתַּלֵּק עַצְמוֹ וְהַשְׁמָטָה שַׁרְיָא, אֲבָל סִיּוּעַ אָסוּר לְסַיֵּעַ לְעוֹבְרֵי עֲבֵרָה.

וְהַמִּצְוָה שֶׁל **הוֹכֵחַ תּוֹכִיחַ** הוּא מֻטָּל עַל הָרַבָּנִים גְּאוֹנֵי אֶרֶץ וְעַל דַּיָּנֵי עִיר וָעִיר, וּבְמָקוֹם שֶׁאֵין שָׁם רַב וּמוֹרֶה צֶדֶק וְדַיָּנִים קְבוּעִים, אֲזַי הַמִּצְוָה מֻטֶּלֶת עַל כָּל יִשְׂרָאֵל לְהוֹכִיחַ אִישׁ אָחִיו, וְאָז יִהְיֶה אָהוּב לְמַעְלָה וְאָהוּב לְמַטָּה. וִיקֻיַּם בּוֹ - הוֹכַח[282] לְחָכָם וְיֶאֱהָבֶךָּ. וְתִזְכֶּה לְשַׁעַר הָאַהֲבָה, אָמֵן.

[281] תהלים ד ו
[282] משלי ט ח

פרק סג

דָּוִד הַמֶּלֶךְ עָלָיו הַשָּׁלוֹם כָּתַב בְּסֵפֶר תְּהִלִּים - בְּקָרְאִי[283] עֲנֵנִי אֱלֹהֵ"י צִדְקִי בַּצָּר הִרְחַבְתָּ לִּי חָנֵּנִי וּשְׁמַע תְּפִלָּתִי. נִרְאֶה לְפָרֵשׁ הַפָּסוּק עַל פִּי מַה שֶּׁאָמְרוּ רַבּוֹתֵינוּ זִכְרוֹנָם לִבְרָכָה כָּל הַמְבַקֵּשׁ רַחֲמִים בִּתְפִלָּתוֹ וְנַעֲנָה מִיָּד, אַל יִתְגָּאֶה בִּתְפִלָּתוֹ בִּשְׁבִיל כָּךְ, לַחֲשֹׁב בְּלִבּוֹ שֶׁהוּא צַדִּיק בַּאֲשֶׁר שֶׁנִּתְקַבֵּל תְּפִלָּתוֹ מִיָּד. אַדְּרַבָּה, צָרִיךְ לַחֲשֹׁב בְּדַעְתּוֹ שֶׁהוּא מֵהַחוֹטְאִים, וְאֵין לְהַקָּדוֹשׁ בָּרוּךְ הוּא שׁוּם נַחַת רוּחַ בִּתְפִלָּתוֹ, כִּדְאִיתָא בְּמַסֶּכֶת תַּעֲנִית - מָשָׁל לִמְצֹרָע, שֶׁבָּא לְשֻׁלְחַן הַמֶּלֶךְ, וְאֵין רְצוֹן הַמֶּלֶךְ שֶׁיִּמְאַס הַפַּלְטֵרִין שֶׁלּוֹ, אֲזַי הוּא מְצַוֶּה לִתֵּן לִמְצֹרָע כְּפִי בַּקָּשָׁתוֹ וּלְפָטְרוֹ. וְזֶהוּ כַּוָּנַת דָּוִד הַמֶּלֶךְ בְּאָמְרוֹ - **בְּקָרְאִי עֲנֵנִי אֱלֹהֵ"י צִדְקִי** אָכֵן לֹא תֵּכֶף וּמִיָּד, אֶלָּא - **חָנֵּנִי וּשְׁמַע תְּפִלָּתִי** וְאַחַר כָּךְ תֵּן וּתְמַלֵּא בַּקָּשָׁתִי.

וְכֵן יַחֲשֹׁב הָאָדָם בְּדַעְתּוֹ, שֶׁאַף אִם הֶאֱרִיךְ בִּתְפִלָּתוֹ וְלֹא נַעֲנָה לֹא יִתְיָאֵשׁ מִלְּהִתְפַּלֵּל עוֹד, כִּי אַדְּרַבָּה הַקָּדוֹשׁ בָּרוּךְ הוּא מִתְאַוֶּה לִתְפִלָּתוֹ כְּשֶׁהִיא בְּכַוָּנָה, דְּהַיְנוּ שֶׁיִּהְיֶה הַלֵּב יוֹדֵעַ לְכַוֵּן לְמַה שֶּׁהַפֶּה מְדַבֵּר. וּכְמוֹ שֶׁהִזְהִיר הַזֹּהַר פָּרָשַׁת בְּשַׁלַּח, וְזֶה לְשׁוֹנוֹ - תָּאנָא, כָּל מַאן דִּמְצַלֵּי צְלוֹתֵיהּ קַמֵּיהּ מַלְכָּא קַדִּישָׁא, בָּעֵי לְמִבְעֵי בָּעוּתָא וּלְצַלָּאָה מֵעַמְקָא דְּלִבָּא בְּגִין דְּיִשְׁתַּכַּח לִבֵּיהּ שְׁלִים עִם הַקָּדוֹשׁ בָּרוּךְ הוּא וִיכַוֵּן לִבָּא וּרְעוּתָא. וְלָכֵן אָמַר דָּוִד הַמֶּלֶךְ עָלָיו הַשָּׁלוֹם - בְּכָל[284] לִבִּי דְרַשְׁתִּיךָ אַל תַּשְׁגֵּנִי מִמִּצְוֹתֶיךָ.

וְנָכוֹן לְכָל אָדָם לְהִתְפַּלֵּל טֶרֶם כְּנִיסָתוֹ לְבֵית הַכְּנֶסֶת תְּפִלָּה קְצָרָה זוֹ - נִדְבוֹת פִּי רְצֵה נָא ה', וּמִשְׁפָּטֶיךָ לַמְּדֵנִי, יְהִי רָצוֹן מִלְּפָנֶיךָ ה' אֱלֹהֵ"י וֵאלֹהֵ"י אֲבוֹתַי, שֶׁתְּהֵא תְּפִלָּתִי צְלוּלָה וְזַכָּה וּבְרוּרָה מִכָּל עִרְבּוּבְיָא הַמְבַטְּלִים כַּוָּנוֹת הַתְּפִלָּה. וּמְאֹד יָקָר לִפְנֵי הַקָּדוֹשׁ בָּרוּךְ הוּא לְהַגְבִּיהַּ יָדָיו עִם אֶצְבְּעוֹתָיו כְּשֶׁהוּא מִתְפַּלֵּל מֵעֹמֶק הַלֵּב, כִּדְאִיתָא בַּזֹּהַר פָּרָשַׁת יִתְרוֹ, דְּיֵשׁ עֲשָׂרָה מַלְאָכִים מְמֻנִּים עַל זֶה, כְּשֶׁאָדָם מֵרִים אֶת יָדָיו וְאֶצְבְּעוֹתָיו בִּתְפִלָּה אוֹ בְּבִרְכַּת נְטִילַת יָדַיִם. אֲבָל אָסוּר לְהָרִים אֶת יָדָיו וְאֶצְבְּעוֹתָיו בְּחִנָּם, וְעַל זֶה הִזְהִיר הַזֹּהַר - וְלֹא[285] יֵרָאוּ פָּנַי רֵיקָם. וְכָל מַאן דְּמֵרִים יָדָיו בְּחִנָּם, אֲזַי אוֹתָן עֲשָׂרָה מַלְאָכִים הַנִּזְכָּרִים מְקַלְּלִין אוֹתוֹ בְּרמ"ח קְלָלוֹת, רַחֲמָנָא לִצְלַן. וּמִיָּד רוּחַ הַטֻּמְאָה שַׁרְיָא עַל אֵלּוּ הַיָּדַיִם, וּבִרְכָתָא לֹא אִשְׁתַּכַּח בְּהוֹן. וְלָכֵן כְּתִיב בְּאַבְרָהָם שֶׁאָמַר - הֲרִימוֹתִי[286] יָדִי אֶל ה' אֵ"ל עֶלְיוֹן. וְתַרְגּוּמוֹ - אֲרִימַת יְדוּי

[283] תהלים ד ב
[284] תהלים קיט י
[285] שמות כג טו
[286] בראשית יד כב

בִּצְלוֹי [פֵּרוּשׁ, דְּאָמַר אַבְרָהָם דַּוְקָא בְּכֹהֵן גָּדוֹל] רָצָה לוֹמַר כְּשֶׁהָיִיתִי מִתְפַּלֵּל, הֲרִימוֹתִי יָדַי אֶל ה', וְלֹא לְמַגָּנָא חַס וְשָׁלוֹם.

וְכֵן בְּמֹשֶׁה כְּתִיב בְּשָׁעָה שֶׁהָיָה מִתְפַּלֵּל עַל מַפֶּלֶת עֲמָלֵק, כְּתִיב - וְהָיָה[287] כַּאֲשֶׁר יָרִים מֹשֶׁה אֶת יָדוֹ וְגָבַר יִשְׂרָאֵל. וְדַוְקָא בִּשְׁעַת תְּפִלָּה אוֹ בִּבְרָכוֹת וְהוֹדָאוֹת אָז חַיָּב לְהָרִים יָדָיו וְאֶצְבְּעוֹתָיו, עַיֵּן שָׁם בַּאֲרִיכוּת.

וּמִכָּאן תִּרְאֶה גֹּדֶל עֹנֶשׁ הַמְּרִימִים יְדֵיהֶם בִּשְׁבוּעַת חִנָּם, וְקַבָּלָה הוּא בְּיָדִי כָּל הַמֵּרִים יָדָיו וְאֶצְבְּעוֹתָיו שֶׁלֹּא בִּשְׁעַת הַתְּפִלָּה שֶׁלֹּא לְצֹרֶךְ, בְּוַדַּאי יָבוֹא עָלָיו אֵיזֶה עֹנֶשׁ בְּקָרוֹב. וְאִם אֵין דִּין בָּא עָלָיו אֵיזֶה עֹנֶשׁ יִדְאַג יוֹתֵר, כִּי בְּוַדַּאי מְקַבְּצִין עָלָיו בְּבֵית דִּין שֶׁל מַעְלָה, עַד שֶׁתִּתְמַלֵּא סְאָתוֹ. לָכֵן כָּל הַמֻּרְגָּל בְּחֵטְא זֶה וּבְמִכְשׁוֹל זֶה, יַרְגִּיל עַצְמוֹ לוֹמַר פָּסוּק זֶה קֹדֶם הַתְּפִלָּה וְקֹדֶם בִּרְכַּת נְטִילַת יָדַיִם - שְׂאוּ[288] יְדֵיכֶם קֹדֶשׁ וּבָרְכוּ אֶת ה'. אָז הוּא נַיְחָא קַמֵּיהּ קֻדְשָׁא בְּרִיךְ הוּא, וּבְוַדַּאי כַּמָּה בְּרָכוֹת וּמַתָּנוֹת טוֹבוֹת בָּאִין עָלָיו. אָכֵן בִּתְנַאי שֶׁיִּהְיוּ יָדָיו נְקִיִּים מִגָּזֵל וּגְנֵבָה, מַה שֶּׁאֵין כֵּן אִם אֵין יָדָיו נְקִיִּים מִגָּזֵל וּגְנֵבָה וּמֵהַשָּׂגַת גְּבוּל מַה יִּתְרוֹן לוֹ בְּהַגְבָּהַת יָדָיו וְאֶצְבָּעוֹת, אַדְּרַבָּה הֵן מַזְכִּירִים עֲווֹנוֹתָיו לַהֲפֹךְ מִדַּת הָרַחֲמִים לְמִדַּת הַדִּין.

עַל כֵּן יִרְאֶה הָאָדָם לְהַעֲמִיד מִחְיָתוֹ בְּהֶתֵּר, שֶׁלֹּא יִהְיֶה בִּמְעוֹתָיו שׁוּם אֲבַק אִסּוּר, כִּי מַה יִּתְרוֹן לָאָדָם בְּכָל עֲמָלוֹ, כִּי אִם בְּכִשְׁרוֹן וּבְהֶכְשֵׁר מַעֲשָׂיו, שֶׁיַּעֲמֹל תַּחַת הַשָּׁמֶשׁ. וּכְשֶׁיַּגִּיעַ לוֹ בְּהֶתֵּר בְּוַדַּאי כַּפַּיִם הָאֵלּוּ, הַפְּרוּשִׂים לְמַעְלָה בִּתְפִלָּתוֹ, מְעוֹרְרִים עָלָיו קְדֻשַּׁת ה' וְרַחֲמִים וַחֲסָדִים. וּבִפְרָט כְּשֶׁמַּגִּיעַ לְמָקוֹם אֲשֶׁר רָאוּי שָׁם לִמְסֹר נַפְשׁוֹ עַל קְדֻשַּׁת הַשֵּׁם, שֶׁצָּרִיךְ לְהַגְבִּיהַּ יָדָיו וְכַפָּיו, כְּאִלּוּ נִמְסַר עַל קְדֻשַּׁת הַשֵּׁם, וְזֶהוּ יֵחָשֵׁב לוֹ כְּקָרְבַּן עוֹלָה.

וְהִנֵּה מְסִירוּת נֶפֶשׁ עַל קִדּוּשׁ הַשֵּׁם הוּא בִּקְרִיאַת שְׁמַע בְּאָמְרוֹ - וְאָהַבְתָּ[289] אֵת ה' אֱלֹהֶיךָ בְּכָל לְבָבְךָ וּבְכָל נַפְשְׁךָ. עַד סוֹף הַפָּרָשָׁה, וְעוֹד בְּאָמְרוֹ בְּסוֹף תְּפִלַּת - וּבָא לְצִיּוֹן גּוֹאֵל וְכוּ', בָּרוּךְ אֱלֹהֵינ"וּ שֶׁבְּרָאָנוּ לִכְבוֹדוֹ וְהִבְדִּילָנוּ מִן הַתּוֹעִים, עַד סוֹף הַתְּפִלָּה, יַחְשֹׁב בְּלִבּוֹ שֶׁאִם הָיָה גּוֹרָלוֹ לִהְיוֹת בְּתוֹךְ הָאֻמּוֹת עוֹבְדֵי כּוֹכָבִים וּמַזָּלוֹת, הָעוֹלָם הָיָה חָשׁוּךְ בַּעֲדוֹ, וְאֵיךְ יוּכַל לְשַׁלֵּם אוֹתָהּ מַתָּנָה טוֹבָה, שֶׁנָּתַן לוֹ הַקָּדוֹשׁ בָּרוּךְ הוּא שֶׁלֹּא עָשָׂהוּ כְּאֶחָד מֵהָאֻמּוֹת, וּבְוַדַּאי בְּזָכְרוֹ כָּל זֶה, יִתְלַהֵב לִבּוֹ מִתּוֹךְ שִׂמְחָה גְּדוֹלָה, וּמִתּוֹךְ אוֹתָהּ שִׂמְחָה וְלַהַב הָאַהֲבָה יְדַמֶּה בְּעַצְמוֹ כְּאִלּוּ אֵשׁ לְפָנָיו, וְרוֹצִים לְהַעֲבִירוֹ עַל הַדָּת, חַס וְשָׁלוֹם, וְהוּא מַפִּיל עַצְמוֹ בְּתוֹךְ דְּלֵקַת הָאֵשׁ בְּאַהֲבָה וּבְחִבָּה לְשֵׁם יִחוּד הַקָּדוֹשׁ

[287] שמות יז יא

[288] תהלים קלד ב

[289] דברים ו ה

בָּרוּךְ הוּא וּשְׁכִינְתֵּיהּ. וְכֵן בְּמִנְחָה בְּשַׁבָּת בִּתְפִלָּתוֹ כְּשֶׁאוֹמֵר - אַתָּה אֶחָד וְשִׁמְךָ אֶחָד וְכוּ'. כְּשֶׁמַּגִּיעַ לְתֵבַת **וְעַל מְנוּחָתָם יַקְדִּישׁוּ אֶת שְׁמֶךָ**, צָרִיךְ גַּם כֵּן הָאָדָם לְכַוֵּן, שֶׁמְּחֻיָּב לִמְסֹר נַפְשׁוֹ עַל קְדֻשַּׁת הַשֵּׁם.

וְעִנְיַן מְסִירַת נַפְשׁוֹ עַל יִחוּד קְדֻשַּׁת הַשֵּׁם, הוּא גָּדוֹל מְאֹד בְּעֵינֵי הַקָּדוֹשׁ בָּרוּךְ הוּא, וּבִפְרָט בְּאָמְרוֹ בִּתְהִלִּים פָּסוּק - כִּי[290] עָלֶיךָ הוֹרַגְנוּ כָּל הַיּוֹם. וּכְמוֹ שֶׁכָּתוּב בַּזֹּהַר וַיֵּרָא - אָמַר רַבִּי שָׁלוֹם בַּר מַנְיוּמֵי, אֵין לְךָ צַדִּיק וְצַדִּיק מֵאוֹתָן הָעוֹסְקִים בַּתּוֹרָה, שֶׁאֵין לוֹ מָאתַיִם עוֹלָמוֹת דִּכְסוּפִין. הֲדָא הוּא דִכְתִיב - וּמָאתַיִם[291] לְנֹטְרִים אֶת פִּרְיוֹ. וְכֵן הַמּוֹסֵר עַצְמוֹ עַל קְדֻשַּׁת הַשֵּׁם בְּכָל יוֹם, וּבְהַהוּא פְּסוּקָא - **כִּי עָלֶיךָ הוֹרַגְנוּ כָּל הַיּוֹם** נוֹטֵל שְׁתֵּי מֵאוֹת עוֹלָמוֹת דִּכְסוּפִין. וּכְשֶׁיַּגִּיעַ זְמַן קִיצוֹ שֶׁל הָאָדָם, אֲשֶׁר מָסַר נַפְשׁוֹ עַל קְדֻשַּׁת הַשֵּׁם לָמוּת, אֲזַי הַשַּׂר הַמְמֻנֶּה עַל הַגּוּפוֹת שֶׁנִּקְבָּרִים, יוֹדֵעַ גַּם כֵּן לְכַבֵּד גּוּפוֹ שֶׁבַּקֶּבֶר לְפִי מַעֲשָׂיו. וְהָעִנְיָן הוּא מְבֹאָר בַּזֹּהַר בְּפָרָשַׁת וַיֵּרָא, שֶׁאֵין הַגּוּף נִכְנָס בַּקֶּבֶר בְּחֶשְׁבּוֹן הַצַּדִּיקִים, עַד שֶׁבָּא הַנְּשָׁמָה מִלְמַעְלָה מִגַּן עֵדֶן, וּמַרְאֵית סִימָנִים דְּיַהֲבֵי לָהּ הַכְּרוּבִים שֶׁבְּגַן עֵדֶן לְהַרְאוֹת הַסִּימָן לִפְנֵי הַמַּלְאָךְ דּוּמָה, כְּדֵי שֶׁיֵּדַע, שֶׁזֶּה הַגּוּף הוּא גּוּף קָדוֹשׁ. עַיֵּן שָׁם.

וְהִנֵּה קֶשֶׁר הַדְּבָרִים הָאֵלּוּ בְּלִבְּךָ, לְבַל תִּשְׁכַּח דָּבָר אֶחָד מְסֻגָּל מְאֹד לְהַלְבִּישׁ אֶת הַגּוּף בַּלְּבוּשׁ הַקָּדוֹשׁ, וְהוּא בִּהְיוֹתְךָ מְעֻטָּף בְּצִיצִית, יִהְיֶה כַּוָּנָתְךָ שֶׁבִּקְדֻשַּׁת הַמִּצְוָה זוֹ יִתְקַדֵּשׁ הַגּוּף לִהְיוֹת קָדוֹשׁ לִגְדֹּר מִכָּל מִכְשׁוֹל עֲבֵרוֹת וַחֲטָאִים. וּכְבָר הִזְכַּרְתִּי בְּחֵלֶק רִאשׁוֹן פֶּרֶק א' בְּכָל דְּרָכֶיךָ דָּעֵהוּ, כְּשֶׁלּוֹבֵשׁ בְּגָדָיו, יְכַוֵּן אִסּוּר כִּלְאַיִם וְאִסּוּר שַׁעַטְנֵז. וּמִכָּל שֶׁכֵּן כְּשֶׁתָּשִׂים תְּפִלִּין בֵּין עֵינֶיךָ, תְּכַוֵּן לְמִצְוַת בּוֹרַאֲךָ כְּדֵי שֶׁלֹּא תֵּצֵא מִגֶּדֶר הַקְּדֻשָּׁה לַחוּץ, לִמְקוֹם הַסִּטְרָא אָחֳרָא חַס וְשָׁלוֹם. כִּי מַלְבּוּשִׁים שֶׁל יִשְׂרָאֵל כֻּלָּם הֵם מִצַּד הַקְּדֻשָּׁה, וּבִפְרָט לְבוּשֵׁי שַׁבָּת וְיוֹם טוֹב יִהְיוּ מְיֻחָדִים לִהְיוֹת לְבוּשׁ מִצְוָה, וּבִפְרָט טַלִּית שֶׁל צִיצִית.

עַל כֵּן צָרִיךְ הָאָדָם לְהִזָּהֵר שֶׁלֹּא לֵילֵךְ בְּטַלִּית קָטָן, שֶׁקּוֹרִין **סַרְדְּקִיל**, לְבֵית הַכִּסֵּא אוֹ לִמְקוֹם הַטִּנֹּפֶת, אֶלָּא אִם כֵּן הוּא מְכֻסֶּה בְּבֶגֶד אַחֵר. אָכֵן צָרִיךְ הָאָדָם לְהִזָּהֵר כְּשֶׁיֵּשׁ לוֹ בֶּגֶד שֶׁל שַׁבָּת וְיוֹם טוֹב, שֶׁלֹּא יִהְיֶה בּוֹ שֵׁם גָּזֵל אוֹ גְּנֵבָה. וּכְשֶׁיִּהְיֶה בּוֹ אֵיזֶה גָּזֵל אוֹ גְּנֵבָה, נִקְרָא נֶגַע, וְאוֹתוֹ בֶּגֶד נִקְרָא בֶּגֶד בּוֹגְדִים. וְלָכֵן אָמְרוּ רַבּוֹתֵינוּ זִכְרוֹנָם לִבְרָכָה - עֲתִידִין צַדִּיקִים לַעֲמֹד בִּתְחִיַּת הַמֵּתִים בִּלְבוּשֵׁיהוֹן, דְּהַיְנוּ בְּמַלְבּוּשֵׁיהֶם הַכְּשֵׁרִים, הַנַּעֲשִׂין בְּמָמוֹן שֶׁל יֹשֶׁר. וְזֶהוּ הַסּוֹד שֶׁאָמְרוּ רַבּוֹתֵינוּ זִכְרוֹנָם לִבְרָכָה כְּשֶׁצַּדִּיקִים נִפְטָרִים מֵהָעוֹלָם, יוֹצֵאת בַּת קוֹל - בְּשָׁלוֹם[292] יָנוּחוּ עַל מִשְׁכְּבוֹתָם. כִּי אוֹתִיּוֹת **בְּשָׁלוֹם** הֵן אוֹתִיּוֹת **מַלְבּוּשׁ** בְּהִפּוּךְ

[290] תהלים מד כג

[291] שיר השירים ח יב

[292] ישעיהו נז ב

אֶתְנַן, שֶׁלְּפִי שֶׁהַצַּדִּיקִים עוֹשִׂין בְּגָדִים בְּמָמוֹן שֶׁל יֹשֶׁר, וְכָל מִי שֶׁלּוֹבֵשׁ בְּגָדִים בְּמָמוֹן שֶׁל יֹשֶׁר בְּוַדַּאי תְּפִלָּתוֹ מְקֻבֶּלֶת וּרְצוּיָה לִפְנֵי הַקָּדוֹשׁ בָּרוּךְ הוּא.

הַכְּלָל הָעוֹלֶה מִפֶּרֶק זֶה - שֶׁטּוֹב לָאָדָם לְהִתְפַּלֵּל מְעַט בְּכַוָּנָה וּלְהָרִים יָדָיו וְאֶצְבְּעוֹתָיו בַּתְּפִלָּה וּבַבְּרָכוֹת וְהוֹדָאוֹת וּבִקְרִיאַת שְׁמַע וּבַתְּפִלָּה שֶׁל **וּבָא לְצִיּוֹן**, וְיַרְחִיק עַצְמוֹ מִן הַגֶּזֶל וּמִמָּמוֹן שֶׁאֵינוֹ שֶׁל יֹשֶׁר אֲזַי אֲנִי עָרֵב בַּעֲדוֹ, שֶׁחֵפֶץ ה' יַצְלִיחַ בְּיָדוֹ בָּעוֹלָם הַזֶּה, וּשְׂכָרוֹ יִהְיֶה כָּפוּל בָּעוֹלָם הַבָּא, כְּמַאֲמַר הַמְשׁוֹרֵר - וּמָאתַיִם[293] לְנֹטְרִים אֶת פִּרְיוֹ.

[293] שיר השירים ח יב

פרק סד

אָמְרוּ רַבּוֹתֵינוּ זִכְרוֹנָם לִבְרָכָה - גְּדוֹלָה[294] הִיא הַכְנָסַת אוֹרְחִים יוֹתֵר מֵהַקְבָּלַת פְּנֵי הַשְּׁכִינָה. וּבְוַדַּאי רָמְזוּ רַבּוֹתֵינוּ זִכְרוֹנָם לִבְרָכָה בְּזֶה הָעִנְיָן דָּבָר נִסְתָּר, אֲשֶׁר רָאוּי לוֹמַר עָלָיו דָּבָר חָשׁוּב הוּא זֶה יוֹתֵר מֵהַקְבָּלַת פְּנֵי שְׁכִינָה, כִּבְיָכוֹל. וְהָעִנְיָן, כִּי מִצְוָה זוֹ שֶׁל הַכְנָסַת אוֹרְחִים יֵשׁ בָּהּ שְׁתֵּי בְּחִינוֹת - **הָאֶחָד** הָעִנְיָן הַפָּשׁוּט בְּמַעֲלוֹת הָאָדָם, אֲשֶׁר לִבּוֹ לֵב רָחָב לְהַמְשִׁיךְ לְבֵיתוֹ אוֹרְחִים לְהַאֲכִילָם וּלְהַשְׁקוֹתָם, שֶׁהוּא מִצַּד הַשֵּׂכֶל דָּבָר כָּשֵׁר וְטוֹב מְאֹד בִּגְמִילֵי הַחֶסֶד עִם בְּנֵי הָאָדָם, שֶׁבָּאִים מֵהַדֶּרֶךְ וְהֵם עֲיֵפִים מִטִּרְדוֹת הַדֶּרֶךְ, וְתִדְבַּק לְשׁוֹנָם לְחִכָּם בִּשְׁבִיל הַצָּמָא. וְאַף שֶׁיֵּשׁ יְכֹלֶת לָאוֹרֵחַ לִקְנוֹת לְעַצְמוֹ מְזוֹנוֹת, וְהַבַּעַל הַבַּיִת מַאֲכִילוֹ וּמַשְׁקֵהוּ וְנוֹתֵן כַּר וְסָדִין לִשְׁכַּב עָלָיו, לִמְצֹא מַרְגּוֹעַ לְנַפְשׁוֹ לָנוּחַ מֵחֻלְשַׁת הַדֶּרֶךְ מַה יָּקָר חֲסָדָיו שֶׁל בַּעַל הַבַּיִת מְאֹד, כְּשֶׁעוֹשֶׂה כָּל הַחֲסָדִים מִטּוּב עַיִן, וְלֹא בְּצָרוּת עַיִן. אָמְנָם הָעִנְיָן **הַשֵּׁנִי** הוּא הָרֶמֶז. אִם אַתָּה רוֹאֶה, שֶׁהַתּוֹרָה הַקְּדוֹשָׁה עוֹמֶדֶת בָּרְחוֹב, וְאֵין אִישׁ מְאַסֵּף אוֹתָהּ הַבַּיְתָה לוֹמַר - אֶקָּחֶנָּה לְבֵיתִי לִהְיוֹת בֵּיתִי נִשְׁמָע בּוֹ תּוֹרָה בַּיּוֹם וּבַלַּיְלָה, וְלִהְיוֹתָהּ לִי עֲטָרָה עַל רֹאשִׁי. וְכֵן אֵיזֶה מִצְוָה שֶׁאַתָּה רוֹאֶה, שֶׁבְּנֵי אָדָם נוֹהֲגִים קַלּוּת רֹאשׁ, וּמְעַט דִּמְעַט שֶׁמְּקַיְּמִין אוֹתָהּ הִנֵּה מִצְוָה זוֹ בְּוַדַּאי מִמְתֶּנֶת וּמְצַפָּה, עַד כִּי יִבְחַר בָּהּ אִישׁ כָּשֵׁר וְיָשָׁר לְהַזְהִיר בָּהּ, וּלְעוֹרֵר עוֹד רַבִּים עַל מִצְוָה זוֹ לְקַיְּמָהּ בְּאַהֲבָה לִכְבוֹד יִחוּד הַקָּדוֹשׁ בָּרוּךְ הוּא בְּוַדַּאי זוֹ הִיא הַכְנָסַת אוֹרְחִים, וְזוֹ גּוֹרֶמֶת יִחוּד לִכְבוֹד הַקָּדוֹשׁ בָּרוּךְ הוּא וּשְׁכִינְתֵּיהּ. וְדָבָר זֶה נִלְמַד מֵהַזֹּהַר פָּרָשַׁת תְּרוּמָה, וְזֶה לְשׁוֹנוֹ - רַבִּי יוֹסֵי וְרַבִּי חִיָּא הֲוֵי אָזְלֵי בְּאוֹרְחָא, וַהֲוֵי חַד טַיְעָא טָעַן אֲבַתְרַיְהוּ.

אָמַר רַבִּי יוֹסֵי - אִית לָן לְאִתְעַסֵּק בְּאוֹרַיְתָא וּלְאִשְׁתַּדְּלָא בְּמִלּוּי דְּאוֹרַיְתָא, דְּהָא קֻדְשָׁא בְּרִיךְ הוּא אָזִיל וְאִתְלְוֵי בַּהֲדֵי דְּעָסְקִין בְּאוֹרַיְתָא. פָּתַח רַבִּי חִיָּא וְאָמַר - עֵת[295] לַעֲשׂוֹת לַה' הֵפֵרוּ תּוֹרָתֶךָ. הָכֵי פֵּרוּשׁוֹ, כְּשֶׁאַתָּה רוֹאֶה שֶׁבְּנֵי אָדָם עוֹזְבִים הַתּוֹרָה אוֹ אֵיזֶה מִצְוָה, שֶׁנּוֹהֲגִין בָּהּ קַלָּנָא לְבִלְתִּי לְקַיֵּם הַמִּצְוָה, וְעַל יְדֵי כָּךְ הַשְּׁכִינָה נִתְרַחֲקָה מְדִירַת הַקָּדוֹשׁ בָּרוּךְ הוּא, אָז הַיָּרֵא וְחָרֵד לִדְבַר ה' יֶאֱזֹר כַּגִּבּוֹר חֲלָצָיו לְזָרֵז בִּזְרִיזוּת רַבָּה, וּלְעוֹרֵר אֲנָשִׁים לֵאמֹר - קוּמוּ וְנַחֲזִיק בַּתּוֹרָה הַקְּדוֹשָׁה אוֹ בְּמִצְוָה זוֹ שֶׁאֵין לָהּ דּוֹרְשִׁים, וּנְרוֹמְמָה אוֹתָהּ מִירִידָתָהּ, אֲשֶׁר עֲזָבוּהָ בְּנֵי אָדָם זְמַן רַב, וְעַכְשָׁו נָכוֹן לְקַיְּמָהּ לְשֵׁם יִחוּד קֻדְשָׁא בְּרִיךְ הוּא וּשְׁכִינְתֵּיהּ. אָז אַשְׁרֵי הָאָדָם, אֲשֶׁר יַעֲשֶׂה זֹאת, וְאַשְׁרֵי נִשְׁמָתוֹ. וְזֶהוּ **עֵת לַעֲשׂוֹת לַה'** לְתַקֵּן תִּקּוּן שֶׁל יִחוּד קֻדְשָׁא בְּרִיךְ הוּא

[294] שבת קכז א

[295] תהלים קיט קכו

וּשְׁכִינְתֵּיהּ, כְּשֶׁאַתָּה תִּרְאֶה לִבְנֵי אָדָם **הֵפֵרוּ תּוֹרָתֶךָ**. וְכָל הַזָּרִיז וְהַזָּהִיר נִקְרָא זָרִיז וְנִשְׂכָּר.

וְהַאי טַיְעָא, דְּהָנֵי טָעִין אֲבַתְרַיְהוּ, אָמַר לְהוּ - בְּמָטוּ מִנַּיְכוּ, רַבּוֹתֵינוּ, בְּוַדַּאי קְרָא נִדְרָשׁ שַׁפִּיר כְּדַאֲמַרִיתוּ. אָכֵן קְצָת קָשֶׁה לְהַפֵּרוּשׁ הַזֶּה. הָיָה לוֹ לוֹמַר, יֵשׁ לַעֲשׂוֹת לַה', הֵפֵרוּ וְגוֹ'. אוֹ הָיָה לוֹ לוֹמַר, נַעֲשֶׂה. מַהוּ **עֵת**, אָמַר רַבִּי יוֹסֵי - בְּכַמָּה גַּוְנִין אוֹרְחָא מְתַקְּנָא לָן, **חַד** דְּהָוֵינָא תְּרֵין, וּמִכָּל שֶׁכֵּן הַשְׁתָּא אֲנַן תְּלַת וּשְׁכִינְתָּא אִתְכַּלִּילַת בַּהֲדָן. **וְתוּ** דַּחֲשִׁיבְנָא דְּלָא הֲוַת אֶלָּא כְּאִילָנָא יָבֶשְׁתָּא, וְעַכְשָׁו אַנְתְּ הוּא כְּזַיִת רַעֲנָנָא. אָמַר לוֹ - פְּתַח פּוּמָךְ וְאֵימָא.

פָּתַח הַאי טַיְעָא וְאָמַר - יֵשׁ עֵת מִצַּד דִּקְדֻשָּׁה, וְיֵשׁ עֵת מִצַּד סִטְרָא אַחֲרָא. עֵת מִצַּד הַקְּדֻשָּׁה נִקְרָא **עֵת רָצוֹן**, כְּמָה דְּאַתְּ אָמַר - וַאֲנִי[296] תְפִלָּתִי לְךָ ה' עֵת רָצוֹן. שֶׁהוּא הַשֵּׁם שֶׁל ה', וּמִצַּד הַטֻּמְאָה הוּא עֵת פֻּרְעָנִיּוֹת, שֶׁהִיא מִסִּטְרָא דְּלִילִי"ת הָרְשָׁעָה, נָחָשׁ הַקַּדְמוֹנִי, אֲשֶׁר מִמֶּנָּה מִתְעוֹרְרִים גְּזֵרוֹת קָשׁוֹת עַל שׂוֹנְאֵי יִשְׂרָאֵל, וְדָא הוּא עֵת פֻּרְעָנִיּוֹת. וְלָכֵן יִשְׂרָאֵל הֵן מֻזְהָרִין לְהַרְחִיק מִפֶּתַח בֵּיתָהּ שֶׁל לִילִי"ת, מִמֶּנָּה וּמִכָּל עֶבְדִּין בִּישִׁין דִּתְלְיָן בָּהּ וּלְהִתְקָרֵב וְלִדְבֹּק בְּכָל מַאי דְּאֶפְשָׁר בְּהַהוּא עֵת רָצוֹן שֶׁהוּא בִּקְדֻשָּׁה, אֲשֶׁר הַשְּׁכִינָה כּוֹלֶלֶת כְּלַל נִשְׁמוֹתֵיהֶן שֶׁל יִשְׂרָאֵל. וְלָכֵן נִקְרֵאת הַשְּׁכִינָה **כְּנֶסֶת יִשְׂרָאֵל**, כַּיָּדוּעַ לְיוֹדְעֵי הַחֵ"ן. וְעַל זֶה הִזְהִירָה הַתּוֹרָה וְאָמְרָה - וְאַל[297] יָבוֹא בְכָל עֵת אֶל הַקֹּדֶשׁ. רָצָה לוֹמַר, שֶׁהִזְהִירָה הַתּוֹרָה שֶׁיָּבוֹא הַכֹּהֵן אֶל הַקֹּדֶשׁ וּבְמַחֲשֶׁבֶת קֹדֶשׁ, וּבִפְרָט בְּיוֹם הַכִּפּוּרִים שֶׁהוּא עֵת רָצוֹן, שֶׁהוּא הַיּוֹם שֶׁבּוֹ הָיָה כַּפָּרָה לְיִשְׂרָאֵל עַל חֵטְא הָעֵגֶל, וְנִקְבַּע יוֹם זֶה גַּם כֵּן לִסְלִיחָה וּלְכַפָּרָה לְדוֹרֵי דּוֹרוֹת. וְאָסוּר לְכֹהֵן לִכָּנֵס בְּמַחֲשָׁבָה זָרָה מִסִּטְרָא אַחֲרָא, חָלִילָה.

וְהִנֵּה כְּשֶׁיִּשְׂרָאֵל עוֹסְקִים בַּתּוֹרָה וּבְמִצְוֹת, אֲזַי הַתִּקּוּן הוּא בִּימִינָא וּבִשְׁלֵמוּתָא, בְּחֶדְוָה בְּיִחוּדָא חֲדָא. מַה שֶּׁאֵין כֵּן כְּשֶׁיִּשְׂרָאֵל מִתְבַּטְּלִין מֵהַתּוֹרָה וּמִתְרַשְּׁלִים בְּקִיּוּם הַמִּצְוֹת וּגְמִילוּת חֲסָדִים רַק עֵינָיו הוּא צָרָה בַּחֲבֵרוֹ, וְכָל מַעֲשָׂיו הוּא פְּעֻלַּת שָׁוְא וָשֶׁקֶר, וְכָל מַעֲשָׂיו הוּא בְּעָרְמָה, וּמְחַלֵּל הַשֵּׁם בְּהַסָּגַת גְּבוּל. אוֹי וַאֲבוֹי כִּי אָז הַאי **עֵת קַדִּישָׁא** בְּדִיוּטָא הַתַּחְתּוֹנָה, בַּעֲווֹנוֹתֵינוּ הָרַבִּים, וְהַשְּׁכִינָה הִיא אֵינָהּ בִּשְׁלֵימוּת וְאֵינָהּ בִּנְהוֹרָא רַבָּא, וְאָז כַּת הַפֻּרְעָנוּת הִיא מִתְגַּבֶּרֶת לְהַחֲזִיק יַד הָאֻמּוֹת הָעוֹלָם, וְגוֹבְרִים יַד הָאֻמּוֹת עַל יִשְׂרָאֵל, וִידֵי יִשְׂרָאֵל יוֹרְדִים מַטָּה מַטָּה, וְכַמָּה רָעוֹת חַס וְשָׁלוֹם מִתְהַוִּים מִזֶּה. וּבְהַאי שַׁעְתָּא מַכְרִיזִים בַּשָּׁמַיִם - מִי הַיָּרֵא וְחָרֵד לִדְבַר ה' לֶאֱזֹר כְּגִבּוֹר חֲלָצָיו, לְהַחֲזִיק בְּתוֹרָתֵנוּ הַקְּדוֹשָׁה, וְלַעֲשׂוֹת מִצְוֹת, וּמַעֲשִׂים טוֹבִים, וּלְזָרֵז אֶת הָרַבִּים לְקִיּוּם הַתּוֹרָה וּמִצְוֹת, וְעַכְשָׁו עֵת הַזָּמִיר הִגִּיעַ לְתִקּוּן

[296] תהלים סט יד

[297] ויקרא טז ב

הַשְּׁכִינָה, עֵת לַעֲשׂוֹת לַהֲבִיאָהּ אֶל דּוֹדָהּ, וְזֶהוּ הַסּוֹד - **עֵת לַעֲשׂוֹת לַה'** לְתַקֵּן הַאי **עֵת רָצוֹן** לְיַחֲדָא לְקֻדְשָׁא בְּרִיךְ הוּא.

אָתוּ רַבִּי יוֹסֵי וְרַבִּי חִיָּא וּנְשָׁקוּהוּ בְּרֵישָׁא וְאָמְרוּ - אִלְמָלֵא לֹא בָּאנוּ לָעוֹלָם אֶלָּא לְמִשְׁמַע דָּא דַּיֵּנוּ. זַכָּאָה דָּרָא דְּרַבִּי שִׁמְעוֹן בֶּן יוֹחַאי, דַּאֲפִלּוּ בֵּינֵי טוּרַיָּא חָכְמְתָא אִשְׁתַּכַּח תַּמָּן, וְאַחַר כָּךְ שָׁאֲלוּ רַבִּי יוֹסֵי וְרַבִּי חִיָּא לְהַסּוֹחֵר - מַה שְּׁמָךְ, אָמַר לְהוּ - חָנָן. אָמְרוּ לֵיהּ - אֱלֹהִי"ם יְחָנְךָ בְּנִי, וְיִשְׁמַע אֱלֹהִי"ם לְקוֹלָךְ בְּשַׁעְתָּא דְּתִצְטָרֵךְ לֵיהּ.

אָמַר רַבִּי יוֹסֵי - הָא נָטָה שִׁמְשָׁא, וְהָכָא בָּתַר טוּרָא דָּא אִית כְּפַר קָטָן חַד עַל שְׁמָךְ. וְיִתְקְרֵי **כְּפַר חָנָן**. וְהָלְכוּ שָׁם בַּלַּיְלָה וְלָעוּ בְּאוֹרַיְתָא וְגִלּוּ לָהֶם סוֹדוֹת הַרְבֵּה. עַיֵּן שָׁם בַּאֲרִיכוּת בַּזֹּהַר, וּבְתוֹךְ הַדְּבָרִים אָמַר, שֶׁיִּזָּהֵר הָאָדָם בָּהֶם, מַאן דְּאִתְעַדַּן עַל פָּתוֹרָא בְּתַעֲנוּגֵי מַאֲכָלִין אִית לֵיהּ לְאַדְכָּרָא וּלְדָאֹג עַל קְדֻשַּׁת אֶרֶץ יִשְׂרָאֵל וְעַל חֻרְבַּן בֵּית הַמִּקְדָּשׁ, וְהַקָּדוֹשׁ בָּרוּךְ הוּא חָשִׁיב עָלֵיהּ הַאי עֲצִיבוּ דְּאִיהוּ קָא מִתְעַצִּיב, כְּאִלּוּ בָּנָה בֵּית הַמִּקְדָּשׁ וְכָל חָרְבוֹת יְרוּשָׁלַיִם אִתְהַדְּרִין בְּבִנְיָן יָפֶה, זַכָּאָה חוּלָקֵיהּ.

שֵׁנִית, כּוֹס שֶׁל בְּרָכָה יְקַבְּלֵם בִּשְׁתֵּי יָדַיִם תְּחִלָּה, וִיכַוֵּן כִּי שְׁתֵּי יָדָיו הֵן נֶגֶד אַבְרָהָם וְיִצְחָק, אַבְרָהָם הוּא סוֹד יַד יָמִין מִסִּטְרָא דְּחֶסֶד, וְיִצְחָק הוּא סוֹד יַד שְׂמֹאל מִסִּטְרָא דִּגְבוּרָה, וְהַכּוֹס שֶׁבֵּין שְׁתֵּי יָדָיו הוּא רֶמֶז לְיַעֲקֹב, שֶׁהוּא כָּלוּל מִשְּׁנֵי אָבוֹת, כַּיָּדוּעַ לְיוֹדְעֵי חֵ"ן.

שְׁלִישִׁית, צָרִיךְ לִתֵּן עֵינָיו בְּכוֹס שֶׁל בְּרָכָה, וִיכַוֵּן בּוֹ, שֶׁכְּמוֹ כֵן יַשְׁגִּיחַ הַקָּדוֹשׁ בָּרוּךְ הוּא בְּהַשְׁגָּחָה תְּדִירָא עַל יִשְׂרָאֵל, עַמָּא קַדִּישָׁא, וִיקֻיַּם בָּנוּ - עֵינֵי ה' אֱלֹהֶיךָ בָּהּ מֵרֵאשִׁית הַשָּׁנָה.

רְבִיעִית, שֶׁיִּהְיֶה הַלֶּחֶם עֲדַיִן עַל הַשֻּׁלְחָן, שֶׁלֹּא יִהְיֶה הַשֻּׁלְחָן רֵיקָם, דְּהָא לֵית בִּרְכְתָא מִשְׁתַּכַּח בְּדוּכְתָא רֵיקָנְיָא, וּבִפְרָט עַל פָּתוּרָא רֵיקָנְיָא. וְזֶהוּ סוֹד מַאֲמַר רַבּוֹתֵינוּ זִכְרוֹנָם לִבְרָכָה, שֶׁהָיוּ מַעֲמִידִים כּוֹסוֹת מְלֵאִים סְבִיב כּוֹס הַבְּרָכָה. וְלָכֵן הִזְהִיר רַבֵּנוּ שְׁלֹמֹה לוּרְיָא, זִכְרוֹנוֹ לִבְרָכָה, שֶׁלֹּא יַעֲמִיד שׁוּם כְּלִי רֵיקָם עַל הַשֻּׁלְחָן בִּשְׁעַת בִּרְכַּת הַמָּזוֹן, כִּי אִם מְלֵאִים. וְהוֹאִיל וְאָתָא לְיָדָן מֵעִנְיְנֵי כֵּלִים רֵיקִים, אֵימָא בֵּיהּ מִלְּתָא לְהַזְהִיר הָעוֹלָם, שֶׁהוּא בָּדוּק וּמְנֻסֶּה. וְלָכֵן שׁוֹמֵר נַפְשׁוֹ יַרְחִיק מִמֶּנּוּ.

דַּע, כִּי הַזֹּהַר הִזְהִיר לְכָל אִישׁ וְאִשָּׁה אֲשֶׁר יִרְצוּ לֵילֵךְ לַדֶּרֶךְ אוֹ לֵילֵךְ לְהַשְּׁדֵרָה, לְהִשְׁתַּדֵּל אֵיזֶה דָּבָר שֶׁצָּרִיךְ לוֹ. אִם יִפְגַּע בְּצֵאתוֹ מִבֵּיתוֹ כְּלִי רֵיקָם, אֲזַי לֹא יֵלֵךְ בְּאוֹתוֹ יוֹם לַדֶּרֶךְ וְלֹא לַשְּׁדֵרָה. וְהֵבִיא הַזֹּהַר רְאָיָה מֵאֵלִיָּהוּ הַנָּבִיא, שֶׁאָמַר לְשׁוּנַמִּית - מָה[298] אֶעֱשֶׂה לָּךְ הַגִּידִי לִי מַה יֶּשׁ לָךְ בַּבָּיִת וַתֹּאמֶר אֵין לְשִׁפְחָתְךָ כֹל בַּבַּיִת כִּי אִם אָסוּךְ שָׁמֶן.

[298] מלכים-ב ד ב

אָמַר הַנָּבִיא, הָא בְּוַדַּאי יָחוּל עָלֶיךָ בְּרָכָה, מִמַּה דִּכְתִיב - כַּשֶּׁמֶן[299] הַטּוֹב. שֶׁיּוֹרֵד[300] עַל הַרְרֵי צִיּוֹן כִּי שָׁם צִוָּה ה' אֶת הַבְּרָכָה. מַה שֶּׁאֵין כֵּן עַל כְּלִי רֵיקָם תַּמָּן לֵית בִּרְכְתָא וְכוּ'. וְלָכֵן צְרִיכִים גַּם כֵּן לְהָסִיר כֵּלִים רֵיקִים מֵהַשֻּׁלְחָן בִּשְׁעַת בִּרְכַּת הַמָּזוֹן, וְדַי בְּאַזְהָרָה זוֹ.

הַנִּלְמָד מִזֶּה הַפֶּרֶק הוּא, דְּהַקְבָּלַת אוֹרְחִים הוּא גָּדוֹל מֵהַקְבָּלַת פְּנֵי הַשְּׁכִינָה. וְהַשֵּׁנִית, כְּשֶׁרוֹאֶה אָדָם אֵיזֶה דְּבַר מִצְוָה שֶׁצָּרִיךְ לֶאֱזֹר כְּגִבּוֹר חֲלָצָיו לְקַיְּמֶנָּה וּלְעוֹרֵר גַּם אֲחֵרִים לְהַחֲזִיק הַמִּצְוֹת. שְׁלִישִׁית, צָרִיךְ הָאָדָם לִזָּהֵר, אַף שֶׁהוּא חָשׁוּב וְלַמְדָן, צָרִיךְ לִנְהֹג כָּבוֹד בְּכָל אָדָם. וּרְאָיָה מֵרַבִּי יוֹסֵי וְרַבִּי חִיָּא, שֶׁנָּהֲגוּ כָּבוֹד בְּהַהוּא טַיְעָא, דַּהֲוֵי שְׁמוֹ חָנָן, וּלְבַסּוֹף בֵּרְכוּ גַּם כֵּן אוֹתוֹ, וְלֹא נָהֲגוּ גַּאֲוָה בְּנְשִׂיאוּתָם. גַּם צָרִיךְ הָאָדָם לְהִזָּהֵר בְּאַרְבָּעָה דְּבָרִים שֶׁכָּתַבְתִּי בִּשְׁעַת הַמִּנְהָג סְעֻדָּה, וְעִקָּר שֶׁלֹּא יִהְיֶה כְּלִי רֵיקָם עַל הַשֻּׁלְחָן בִּשְׁעַת בִּרְכַּת הַמָּזוֹן, וְאָז יְמַלֵּא בִּרְכַּת ה' בְּכוֹס הַבְּרָכָה, כִּי שָׁם צִוָּה ה' אֶת הַבְּרָכָה.

---

[299] תהלים קלג ב

[300] תהלים קלג ג

פרק סה

אָמְרוּ רַבּוֹתֵינוּ זִכְרוֹנָם לִבְרָכָה בְּמַסֶּכֶת אָבוֹת - וּבְטוּב[301] הָעוֹלָם נִדּוֹן וְהַכֹּל לְפִי רֹב הַמַּעֲשֶׂה. הַגָּאוֹן אֲדוֹנִי אָבִי, הָרַב הַמְפֻרְסָם מוֹרֵנוּ אַהֲרֹן שְׁמוּאֵל קַיְדַנְוֶור זִכְרוֹנוֹ לִבְרָכָה, פֵּרֵשׁ עַל פִּי דְּאִיתָא בַּגְּמָרָא דְּקִדּוּשִׁין - תָּנוּ[302] רַבָּנָן לְעוֹלָם יִרְאֶה אָדָם עַצְמוֹ כְּאִלּוּ חֶצְיוֹ חַיָּב וְחֶצְיוֹ זַכַּאי עָשָׂה מִצְוָה אַחַת אַשְׁרָיו שֶׁהִכְרִיעַ עַצְמוֹ וְאֶת כָּל הָעוֹלָם לְכַף זְכוּת עָבַר עֲבֵרָה אַחַת אוֹי לוֹ שֶׁהִכְרִיעַ אֶת עַצְמוֹ וְאֶת כָּל הָעוֹלָם לְכַף חוֹבָה. שֶׁנֶּאֱמַר - וְחוֹטֵא[303] אֶחָד יְאַבֵּד טוֹבָה הַרְבֵּה. וְהִנֵּה קָשֶׁה בְּדִבְרֵי רַבּוֹתֵינוּ זִכְרוֹנָם לִבְרָכָה, קֻשְׁיוֹת מֹשֶׁה רַבֵּנוּ עָלָיו הַשָּׁלוֹם, דְּהִקְשָׁה - מִפְּנֵי[304] מָה יֵשׁ צַדִּיק וְטוֹב לוֹ וְצַדִּיק וְרַע לוֹ רָשָׁע וְטוֹב לוֹ רָשָׁע וְרַע לוֹ. וְהֵיאַךְ אַמְרִינַן דִּבְטוּב הָעוֹלָם נִדּוֹן, לָזֶה בָּא בַּעַל הַמַּאֲמָר לְתָרֵץ קֻשְׁיוֹת מֹשֶׁה רַבֵּנוּ עָלָיו הַשָּׁלוֹם, דְּהַכֹּל הוּא אַחַר רֹב הַמַּעֲשֶׂה. אִם כֵּן, אֲפִלּוּ הָאָדָם הוּא צַדִּיק גָּמוּר, וְעוֹשֶׂה עֲבֵרָה בְּשָׁעָה שֶׁהָעוֹלָם הוּא מֶחֱצָה עַל מֶחֱצָה חֶצְיוֹ זָכִיּוֹת, וְחֶצְיוֹ עֲווֹנוֹת וְהוּא מַכְרִיעַ לְכַף חוֹבָה, אֲזַי הוּא צַדִּיק וְרַע לוֹ. וְכֵן לְהֶפֶּךְ, אִם רָשָׁע עוֹשֶׂה מִצְוָה בְּשָׁעָה שֶׁהָעוֹלָם מֶחֱצָה עַל מֶחֱצָה, וְאִם כֵּן הוּא מַכְרִיעַ אֶת הָעוֹלָם לְכַף זְכוּת, וּמְזַכֶּה אֶת הָרַבִּים, אֲזַי הוּא רָשָׁע וְטוֹב לוֹ. וְלָכֵן דַּיְקִינַן, וְהַכֹּל הוּא לְפִי רֹב הַמַּעֲשֶׂה וְקַל לְהָבִין. וְזֶהוּ דִּבְרֵי פִּי חָכָם חֵן.

וְלִי נִרְאֶה, כִּי בָּעוֹלָם הַזֶּה נִדּוֹן לְפִי רֹב הַמָּמוֹן, וּכְמוֹ שֶׁאָמְרוּ רַבּוֹתֵינוּ זִכְרוֹנָם לִבְרָכָה - רַבִּי[305] הָיָה מְכַבֵּד עֲשִׁירִים. כִּי כָּל הַכָּבוֹד הַמְדֻמֶּה שֶׁיֵּשׁ עַכְשָׁו בָּעִתִּים הַלָּלוּ, הוּא תּוֹלֶה הַכֹּל בָּעֹשֶׁר. וְהַכְּסִילִים מְבִיאִים רְאָיָה מֵרַבִּי, שֶׁהָיָה מְכַבֵּד עֲשִׁירִים, אֲבָל אֵינָם יוֹדְעִים שֶׁרַבֵּנוּ הַקָּדוֹשׁ הָיָה גַּם כֵּן מְכַבֵּד לַעֲנִיִּים בַּעֲלֵי תּוֹרָה, כִּי הֵמָּה בַּעֲלֵי הַמַּעֲשֶׂה. וּבָעוֹלָם הַבָּא חוֹלְקִין כָּבוֹד לְפִי רֹב הַמַּעֲשֶׂה, שֶׁהֵם הַמַּעֲשִׂים טוֹבִים, וְלֹא לְפִי רֹב הַמָּמוֹן. וְזֶהוּ הַפֵּרוּשׁ בַּגְּמָרָא **וּבְטוּב הָעוֹלָם נִדּוֹן**, כַּנִּזְכָּר לְעֵיל. אֲבָל הַפֵּרוּשׁ שֶׁל **וְהַכֹּל לְפִי רֹב הַמַּעֲשֶׂה**, רָצָה לוֹמַר שֶׁהֵן הַתַּלְמִידֵי חֲכָמִים, שֶׁהֵם בַּעֲלֵי מַעֲשֶׂה. וְלָכֵן יֵשׁ הִתְעוֹרְרוּת גָּדוֹל לְכָל אִישׁ, אֲשֶׁר גַּם כֵּן זִכָּהוּ ה' בְּעֹשֶׁר, וְהוּא רַב אוֹ נָגִיד בַּקְּהִלָּה וּבַמְּדִינָה, אַל יָקֵל בִּשְׁבִיל עָשְׁרוֹ בִּכְבוֹדָן שֶׁל תַּלְמִידֵי חֲכָמִים לְאַנְהָגָא בְּהוֹן קַלְנָא, חַס וְשָׁלוֹם. וְיַחְשֹׁב תָּמִיד שֶׁאֻמָּנוּת בַּעֲלֵי תּוֹרָה הוּא לְמַעְלָה מִכָּל אֻמָּנוּת שֶׁבָּעוֹלָם. וְכָל מִי שֶׁמִּתְכַּבֵּד בִּקְלוֹן חֲבֵרוֹ בִּשְׁבִיל כְּבוֹדוֹ, שֶׁמִּתְנַשֵּׂא בַּאֲשֶׁר שֶׁהוּא רֹאשׁ, וְאֵינוֹ מַסְבִּיר פָּנִים יָפוֹת לְכָל הָעָם הַנִּצָּבִים עָלָיו

---

301 פרקי אבות ג טו

302 קידושין מ ב

303 קהלת ט יח

304 ברכות ז א

305 עירובין פו א

עַל זֶה עֲתִידִין לִתֵּן אֶת הַדִּין וְלִהְיוֹת כְּבוּשִׁים תַּחַת רַגְלֵיהֶם, וְשָׁם יִתְאַוּוּ לִרְאוֹת בָּאוֹר שֶׁלָּהֶם וְלֵיהָנוֹת מִמֶּנָּה, אֲבָל תֶּחֱשַׁכְנָה עֵינֵיהֶם מֵרְאוֹת בִּכְבוֹדוֹ. וְהִנֵּה בְּכַמָּה מְקוֹמוֹת הָאָדָם מֻזְהָר, וְדִינוֹ הוּא קָשֶׁה, בִּשְׁבִיל שֶׁמְּבַזֶּה בַּעֲלֵי תוֹרָה, וְהַכְּרוּז מַכְרִיז בְּכָל יוֹם - אוֹי[306] לָהֶם לַבְּרִיּוֹת מֵעֶלְבּוֹנָהּ שֶׁל תּוֹרָה.

עַל כֵּן יִרְאֶה הָאָדָם לַחֲלֹק כָּבוֹד לְתַלְמִידֵי חֲכָמִים, כַּאֲשֶׁר שֶׁהַקָּדוֹשׁ בָּרוּךְ הוּא חָפֵץ בִּכְבוֹדָן, וְיִהְיֶה זָהִיר לְגַדֵּל וּלְרוֹמֵם כְּבוֹדָם וְתִפְאַרְתָּם שֶׁל בַּעֲלֵי תוֹרָה, וְאַף אִם כִּסֵּא הָאָדָם הוּא בֵּין הַגְּדוֹלִים תָּשִׂים אֶל לִבְּךָ, שֶׁכִּסֵּא שֶׁל תַּלְמִידֵי חֲכָמִים גָּדוֹל מִכִּסְאֲךָ. וּכְמוֹ שֶׁמָּצָאנוּ שֶׁחִזְקִיָּה מֶלֶךְ יְהוּדָה עָלָיו הַשָּׁלוֹם, כְּשֶׁהָיוּ בָּאִים אֵלָיו תַּלְמִידֵי חֲכָמִים, הָיָה עוֹמֵד מִכִּסְאוֹ יוֹצֵא לְנֶגְדָּם, וְהָיָה מְחַבְּקָם וּמְנַשְּׁקָם. וְאָמַר לוֹ - רַבִּי רַבִּי, אָבִי אָבִי, רֶכֶב יִשְׂרָאֵל. וְכֵן הָיָה אוֹמֵר אַנְטוֹנִינוּס קֵיסָר לְרַבֵּנוּ הַקָּדוֹשׁ - הַלְוַאי הָיִיתִי מַצָּע תַּחְתֶּיךָ בָּעוֹלָם הַבָּא. וּמִי שֶׁמַּנְהִיג נְשִׂיאוּתוֹ בָּרָמָה בִּשְׁבִיל לְהַרְבּוֹת כְּבוֹדוֹ, אֲזַי רִמָּה תֹּאכְלֵהוּ וּלְעָפָר יֵרֵד כְּבוֹדוֹ.

וְהָעִקָּר, שֶׁצָּרִיךְ הָאָדָם לְהִזָּהֵר בִּכְבוֹד רַבּוֹ כְּמוֹ בִּכְבוֹד אָבִיו וְאִמּוֹ. וְצָרִיךְ לְהִתְפַּלֵּל עֲבוּר רַבּוֹ וַעֲבוּר אָבִיו וְאִמּוֹ, וְכֹה יֹאמַר בְּקָצָרָה - רִבּוֹנוֹ שֶׁל עוֹלָם, יְהֵא רַעֲוָא מִן קֳדָמָךְ, שֶׁתִּתֵּן חַיֵּי אֲרִיכֵי וּמְזוֹנֵי רְוִיחֵי וְסִיַּעְתָּא דִּשְׁמַיָּא לְאָבִי מוֹרִי וְאִמִּי מוֹרָתִי, וּלְרַבּוֹתֵינוּ וּלְכָל בְּנֵי מִשְׁפַּחְתִּי לַאֲרִיכוּת יָמִים. יִהְיוּ לְרָצוֹן אִמְרֵי פִי וְגוֹ'.

וְלָכֵן צָרִיךְ הָאָדָם לְהַשְׁלִיךְ מִדַּת הַגַּאֲוָה, וּלְהַחֲזִיק בְּמִדַּת הָעֲנָוָה. וְאַף - דְּאָמַר[307] רַבִּי חִיָּא בַּר רַב אָשִׁי אָמַר רַב תַּלְמִיד חָכָם צָרִיךְ לִהְיוֹת לוֹ גַּאֲוָה אֶחָד מִשְּׁמִינִית שֶׁבַּשְּׁמִינִית וּמְעַטֵּר לֵיהּ כִּסְאָסְאָה לְשִׁבָּלְתָּא. שָׁמַעְתִּי הַפֵּרוּשׁ בְּשֵׁם הַגָּאוֹן הָרַב מוֹרֵנוּ וּולְף, אַב בֵּית דִּין דִּקְהִלַּת קֹדֶשׁ פּוֹזְנָא זִכְרוֹנוֹ לִבְרָכָה, דְּאָמַר שֶׁכַּוָּנַת רַבִּי חִיָּא הָיָה בָּזֶה, שֶׁאַדְּרַבָּה שֶׁתַּלְמִיד חָכָם צָרִיךְ לִהְיוֹת עָנָו. וְלָכֵן אָמְרוּ - אֶחָד מִשְּׁמִינִית שֶׁבַּשְּׁמִינִית.

דַּע, כִּי הַשֵּׁם הַקָּדוֹשׁ שֶׁל **ע"ב** הַיּוֹצֵא מִפְּסוּקִים[308] - וַיִּסַּ"ע וַיָּבֹ"א וַיֵּ"ט, כַּאֲשֶׁר הוּא מְסֻדָּר בַּזֹּהַר, פָּרָשַׁת בְּשַׁלַּח, בִּרְתִיכָא קַדִּישָׁא עִלָּאָה, תִּמְצָא בַּשּׁוּרָה שְׁמִינִית אֶחָד מִשְּׁמוֹנָה שֵׁמוֹת, שֶׁבָּהּ תֵּבַת **עב"ר** וְקַל לָנוּ לְהָבִין, וּשְׂפָתַיִם יִשָּׁק.

[א"ה - רַשִׁ"י בְּסֻכָּה מ"ה א'. **אֲנִי וָהוֹ** בְּגִימַטְרִיָּא **אָנָּא ה'**. וְעוֹד מִשִּׁבְעִים וּשְׁנַיִם שֵׁמוֹת הֵן הַנִּקּוּבִין בְּשָׁלֹשׁ מִקְרָאוֹת הַסְּמוּכִין בְּפָרָשַׁת -וַיְהִי בְּשַׁלַּח וַיִּסַּע וְגוֹ', וַיָּבֹא בֵּין מַחֲנֶה וְגוֹ'. וַיֵּט מֹשֶׁה אֶת יָדוֹ וְגוֹ'. וּשְׁלָשְׁתָּן בְּנֵי שִׁבְעִים וּשְׁתַּיִם אוֹתִיּוֹת. וּמֵהֶן שֵׁם הַמְּפֹרָשׁ. אוֹת הָרִאשׁוֹנָה שֶׁל פָּסוּק רִאשׁוֹן, וְאַחֲרוֹנָה שֶׁל אֶמְצָעִי וְרִאשׁוֹנָה שֶׁל אַחֲרוֹן, וְכֵן בְּזֶה הַסֵּדֶר כֻּלָּן. הַשֵּׁם הָרִאשׁוֹן וָהוֹ. וָי"ו שֶׁל **וַיִּסַּע**, הֵ"א דְּ**כָל הַלַּיְלָה**,

---

[306] פרקי אבות ו ב

[307] סוטה ה א

[308] שמות יד יט-כא

וָ"ו דְּנַיֵּט. וְשֵׁם הַשְּׁלֹשִׁים וָשֶׁבַע הוּא **אֲנִי** - אָלֶ"ף **דְּמֵאַחֲרֵיהֶם**, וְנוּ"ן רִאשׁוֹן **דְּהֶעָנָן** בַּחֶשְׁבּוֹן שֶׁלְּמַפְרֵעַ וְיוּ"ד **דְּרוּחַ קָדִים**].

וה"ו יל"י סי"ט על"מ מה"ש לל"ה אכ"א כה"ת הז"י אל"ד לא"ו הה"ע יז"ל מב"ה הר"י הק"ם לא"ו כל"י לו"ו פה"ל נל"ך יי"י מל"ה חה"ו נת"ה הא"א יר"ת שא"ה רי"י או"ם לכ"ב וש"ר יח"ו לה"ח כו"ק מנ"ד אנ"י חע"ם רה"ע יי"ז הה"ה מי"כ וו"ל יל"ה סא"ל ער"י עש"ל מי"ה וה"ו דנ"י הח"ש עמ"ם ננ"א ני"ת מב"ה פו"י נמ"ם יי"ל הר"ח מצ"ר ומ"ב יה"ה ענ"ו מח"י דמ"ב מנ"ק אי"ע חב"ו רא"ה יב"מ הי"י מו"ם

וְהִנֵּה לְפִי דַּעְתִּי בַּמֶּה שֶׁאָמַר רַבִּי חִיָּא הוּא הָעִנְיָן בְּרֶמֶז, שֶׁצָּרִיךְ הָאָדָם לִהְיוֹת **עָנָו**, וְלֹא אָמַר זֶה בְּפֵרוּשׁ, אֶלָּא אָמַר הַלָּשׁוֹן - צָרִיךְ לִהְיוֹת נוֹהֵג שְׁמִינִית שֶׁבַּשְּׁמִינִית. נִרְאֶה מִזֶּה, דְּבָא לִרְמֹז שֶׁאֲפִלּוּ הָכִי יָאוֹת לְתַלְמִיד חָכָם לִנְהֹג בְּעַצְמוֹ קְצָת סִלְסוּל. וְכִדְאָמְרִינַן **וּמִעַטְרָא לֵיהּ כִּסְאסְאָה לְשִׁבַּלְתָּא**. וְעַל זֶה אָמַר רַב נַחְמָן אַחַר כָּךְ - אֲנָא לֹא בָּעֵינָא לֹא מִנֵּיהּ וְלֹא מִקְצָתֵיהּ. פֵּרוּשׁ, אֵין אֲנִי חָפֵץ אַף בְּסִלְסוּל וְנִדְנוּד שׁוּם גַּאֲוָה, אֲפִלּוּ מְעַט מִזְּעֵיר. וְרָמַז בַּאֲמִירָתוֹ בְּנֶעְלָם שֶׁל מִנֵּיהּ וּמִקְצָתֵיהּ. רָצָה לוֹמַר - מֵהַשּׁוּרָה הַשְּׁמִינִית וּמִמִּקְצָת מֵהַשֵּׁם הַשְּׁמִינִית. וְכָל זֶה מְרַמֵּז לְמַעֵט הַגַּאֲוָה בְּכָל אֶפְשָׁרִי, אֲפִלּוּ בִּמְעַט דִּמְעַט, הַנִּרְמָז בְּמִלַּת **לֹא מִנֵּיהּ וְלֹא מִקְצָתֵיהּ**. וְעַל זֶה סִיֵּם מַר זוּטְרָא מַאי דִּכְתִיב - תּוֹעֲבַת[309] ה' כָּל גְּבַהּ לֵב. אֲפִלּוּ כָּל דְּהוּא מַשְׁמַע. וְהַטַּעַם הוּא מְפֻרְסָם - כָּל[310] הַמִּתְגָּאֶה כְּאִלּוּ עוֹבֵד עֲבוֹדָה זָרָה. וְהַגַּאֲוָה הוּא תִּקְרוֹבוֹת עֲבוֹדָה זָרָה, כְּמוֹ שֶׁאָמַר הַכָּתוּב לְקַמָּן בְּסִיַּעְתָּא דִּשְׁמַיָּא.

עַל כֵּן אֲנִי מַזְהִיר עַל מִדַּת הָעֲנָוָה, כְּמוֹ שֶׁאָמַר הַכָּתוּב - צְלַח[311] רְכַב עַל דְּבַר אֱמֶת וְעַנְוָה צֶדֶק וְתוֹרְךָ נוֹרָאוֹת יְמִינֶךָ. פֵּרוּשׁ, שֶׁיִּהְיֶה לְךָ עֲנָוָה שֶׁל צֶדֶק, וְלֹא עֲנָוָה שֶׁל רְמִיָּה, כְּדֵי לְהַרְאוֹת פָּנִים שֶׁל עֲנָוָה בִּפְנֵי הַבְּרִיּוֹת. הֲלֹא אֱלֹהִי"ם יַחְקָר זֹאת, וְאֵ"ל אֱלֹהֵ"י הָרוּחוֹת יָבוֹא בְּמִשְׁפָּט לְמִי שֶׁאֵינוֹ נוֹהֵג בֶּאֱמֶת בַּעֲנָוָה, אֲבָל מִי שֶׁנּוֹהֵג בַּעֲנָוָה וּבֶאֱמֶת, עָלָיו נֶאֱמַר - וְאוֹהֲבָיו[312] כְּצֵאת הַשֶּׁמֶשׁ בִּגְבֻרָתוֹ. אָמֵן.

---

309 משלי טז ה
310 סוטה ד ב
311 תהלים מה ה
312 שופטים ה לא

פרק סו

לְפִי מַה שֶׁכָּתַבְנוּ לְעֵיל, יְבֹאַר גְּמָרָא - אָמַר[313] רַבִּי יוֹחָנָן בְּכָל מָקוֹם שֶׁאַתָּה מוֹצֵא גְּדֻלָּתוֹ שֶׁל הַקָּדוֹשׁ בָּרוּךְ הוּא וְכוּ'. הַפֵּרוּשׁ הוּא כָּךְ לְפִי עֲנִיּוּת דַּעְתִּי, כִּי כְּבָר כָּתַבְנוּ לְעֵיל, דְּשֵׁם **ענ"ו** הוּא שֵׁם שְׁמִינִית שֶׁבִּשְׁמִינִית, וְהִנֵּה זֶה הוּא מְבֹאָר, שֵׁם הַגָּדוֹל הַנִּקְרָא **חסד**, הוּא גִּימַטְרִיָּא שִׁבְעִים וּשְׁתַּיִם. וְזֶהוּ שֶׁאָמַר רַבִּי יוֹחָנָן - **מָקוֹם שֶׁאַתָּה מוֹצֵא גְּדֻלָּתוֹ שֶׁל קָדוֹשׁ בָּרוּךְ הוּא**, רָצָה לוֹמַר שֵׁם הַגָּדוֹל, שֶׁהוּא שֵׁם הַמְפֹרָשׁ שֶׁהוּא בְּחסד - בְּשִׁבְעִים וּשְׁנַיִם שֵׁמוֹת, שָׁם אַתָּה מוֹצֵא עַנְוְתָנוּתוֹ שֶׁל הַקָּדוֹשׁ בָּרוּךְ הוּא. רָצָה לוֹמַר, שָׁם הוּא מְרֻמָּז, דְּהַקָּדוֹשׁ בָּרוּךְ הוּא הוּא **עָנָו**, וְקַל לְהָבִין.

וְעִקַּר עַנְוְתָנוּתוֹ שֶׁל הָאָדָם צָרִיךְ לִהְיוֹת בְּמִתּוּן כָּל מַעֲשָׂיו, וּלְהִתְבּוֹנֵן אִם לֹא פָּגַם חַס וְשָׁלוֹם בִּכְבוֹד הַקָּדוֹשׁ בָּרוּךְ הוּא וּבִכְבוֹד הַבְּרִיּוֹת. וּמִדַּת הַגַּאֲוָה הִיא הַמְּהִירוּת, שֶׁמַּרְגִּיל הָאָדָם לְדַבֵּר דְּבָרִים רָעִים וְחַטָּאִים לַה'. וּמִדָּה זוֹ עֲבֵרָה גּוֹרֶרֶת עֲבֵרָה גּוֹרֵם חִמּוּד מָמוֹן, בְּאָמְרוֹ - הַרְבֵּה מַעֲלוֹת יֵשׁ בִּי, וְעַל כָּרְחֲךָ מְקַיֵּם בִּי - אַל[314] תִּגְּעוּ בִמְשִׁיחָי וְלֹא תִּגַּע בִּי יָד. וּמִכָּל שֶׁכֵּן בְּמָמוֹנִי וּבִנְכָסַי. וְזֶהוּ אִי אֶפְשָׁר כִּי אִם יוֹשֵׁב יְחִידִי בִּלְתִּי שְׁכֵנוּת בְּנֵי אָדָם סְבִיבָיו.

גַּם עֲבֵרָה שֶׁל גַּאֲוָה הוּא גּוֹרֵם, שֶׁמַּלְבִּין אֶת חֲבֵרוֹ בָּרַבִּים, כִּי הַבַּעַל גַּאֲוָה מְדַקְדֵּק עַל כְּבוֹדוֹ כְּחוּט הַשַּׂעֲרָה, וְגַם זֶה אִי אֶפְשָׁר בִּנְגִיעַת כָּבוֹד שֶׁל הַמִּתְגָּאֶה. וּבִמְעַט מִזְּעֵיר מִתְרַגֵּז, וְלִבּוֹ בּוֹעֵר כְּאֵשׁ שֶׁל גֵּיהִנֹּם, וּמְחָרֵף וּמְבַזֶּה וּמַלְבִּין אֶת פְּנֵי הַבְּרִיּוֹת. וְקַיְמָא לָן - כָּל[315] הַמַּלְבִּין פְּנֵי חֲבֵרוֹ בָּרַבִּים אֵין לוֹ חֵלֶק לָעוֹלָם הַבָּא. גַּם גּוֹרֵם עִרְבּוּב הַשֵּׂכֶל בַּתּוֹרָה וּבַתְּפִלָּה.

וּמַה נְּסַפֵּר בְּחֶסְרוֹן מִדַּת הַגַּאֲוָה, הֲלֹא קָצְרָה הַיְרִיעָה. הַגַּאֲוָה מְבִיאָה אֶת הָאָדָם לְדַבֵּר דְּבָרִים שֶׁהֵם גְּנֵבוֹת דַּעַת, כְּגוֹן שֶׁאָמַר מִפְּנֵי הַגַּאֲוָה לַבְּרִיּוֹת - לִכְבוֹדְךָ אֲנִי עוֹשֶׂה, כָּךְ וְכָךְ אֲנִי אֶעֱשֶׂה, וְלִבּוֹ בַּל עִמּוֹ.

וּבֹא וּרְאֵה מַה דְּאִיתָא בַּזֹּהַר פָּרָשַׁת וַיֵּצֵא עַל דִּקְדּוּק הָאֱמֶת וָיֹשֶׁר - רַבִּי יִצְחָק הֲוֵי יָתִיב קַמֵּיהּ חַד מְעַרְתָּא. אִעֲבַר חַד בַּר נָשׁ, וּתְרֵין בְּנֵי עִמֵּיהּ. נַהֲוֵי אָזִיל. אָמַר הַבֵּן אֶחָד לְאָחִיו - דָּא תֻּקְפָּא וְשִׁמְשָׁא מִסִּטְרֵיהּ דְּדָרוֹם אִיהוּ. וְעָלְמָא לָא אִתְקַיֵּם אֶלָּא עַל רוּחַ, וְרוּחַ אִיהוּ קִיּוּמָא שְׁלֵמָה דְּכָל סְטַר וְאִלְמָלֵא רוּחַ לָא יָכוֹל עָלְמָא לְאִתְקַיְּמָא וְכוּ'. תָּא חֲזֵי, בְּשַׁעְתָּא דְּיִחֲדוּ שִׁבְטֵי יָהּ וְאָמְרוּ **שְׁמַע יִשְׂרָאֵל ה' אֱלֹהֵינוּ ה' אֶחָד**, כְּדֵין אִתְחַבֵּר יַעֲקֹב אֲבוּהוֹן עִם שִׁבְטֵי יָהּ וְאָמַר - **בָּרוּךְ שֵׁם כְּבוֹד**

313 מגילה לא א

314 תהלים קה טו

315 פרקי אבות ג יא

מַלְכוּתוֹ לְעוֹלָם וָעֶד. [רָצָה לוֹמַר - אִם בַּעַל הַנֶּפֶשׁ אַתָּה - תָּבִין הָעִנְיָן, כִּי מִדַּת הַחֶסֶד אֲשֶׁר נִכְלֶלֶת בָּהּ מִדַּת הַגְּבוּרָה, שֶׁהִיא תִּקְפָּא דְּשִׁמְשָׁא, וְעַל יְדֵי כֵּן מַמְתִּיקִין הַדִּינִים שֶׁבִּגְבוּרָה, וְהַכֹּל הוּא עַל יְדֵי מִדַּת הָאֱמֶת שֶׁל יַעֲקֹב].

אָמַר רַבִּי יִצְחָק - אֶשְׁתַּתֵּף בַּהֲדַיְהוּ וְאֶשְׁמַע מַאי קָאָמְרֵי. אָזִיל בַּהֲדַיְהוּ וְשָׁמַע מִנַּיְהוּ כַּמָּה רָזִין דְּאוֹרַיְתָא. עַיֵּן שָׁם. בָּכָה רַבִּי יִצְחָק וְכוּ'. אָמַר הַאי בַּר נָשׁ לְרַבִּי יִצְחָק - זִיל לְאוֹרְחֵיהּ, וַאֲנָא אֵיזִיל לְמָתָא לְהִלּוּלָא דְּבְרֵי. אָמַר רַבִּי יִצְחָק - הַשְׁתָּא אִית זִמְנָא לְמֵיהַךְ לְאוֹרְחֵיהּ לְחוֹדֵיהּ, הוֹאִיל שֶׁאוֹמְרִים לִי בְּפֵרוּשׁ שֶׁלֹּא אֵלֵךְ עִמָּהֶם, וְלָא זְמִינָא לִי לְבֵי הִלּוּלָא.

עָאל רַבִּי יִצְחָק וּסְדַר מִלִּין אִלֵּין קַמֵּיהּ דְּרַבִּי שִׁמְעוֹן בֶּן יוֹחַאי. אָמַר רַבִּי שִׁמְעוֹן בֶּן יוֹחַאי - וַדַּאי שַׁפִּיר קָאָמְרוּ, וְאִלֵּין הֵן בְּנוֹי דְּרַבִּי צָדוֹק חַלָּשָׁא. וּמַאי טַעֲמָא הָיָה נִקְרָא **חַלָּשָׁא**, דְּאַרְבְּעִין שְׁנִין הֲוֵי בְּתַעֲנִית עַל יְרוּשָׁלַיִם, דְּלָא יִתְחָרַב בְּיוֹמֵיהּ, וַהֲוֵי פָּרִישׁ עַל כָּל מִלָּה וּמִלָּה דְּאוֹרַיְתָא רָזִין עִלָּאִין, וְלָא הֲוֵי יוֹמֵי זְעִירָן שֶׁפָּגַע רַבִּי יִצְחָק לְהַאי רַבִּי צָדוֹק וּבְנוֹ הַקָּטָן. אָמַר לוֹ רַבִּי יִצְחָק - אָן הוּא בְּרִיךְ אָחֳרָא, אָמַר לֵיהּ - אַעֲבִידְנָא לֵיהּ הִלּוּלָא, וְאִשְׁתָּאַר אֵצֶל אִשְׁתּוֹ. אַחַר כָּךְ שָׁאַל אוֹתוֹ - מַאי טַעֲמָא לָא זְמִינַת לִי לְהִלּוּלָא דִּבְרִיךְ, אָמַר לֵיהּ - חַיֶּיךָ, דְּלָא זְמִינָךְ לְהִלּוּלָא דִּבְרִי בְּגִין תְּלַת מִלֵּי - **א.** דְּלָא יָדְעָנָא בָּךְ דִּילְמָא אַנְתְּ גַּבְרָא רַבָּה וְאִפְגַּם בִּיקָרָךְ. **ב.** דִּלְמָא אַנְתְּ אָזִיל בִּבְהִילוּ לְאוֹרְחָךְ, וְלָא אֶטְרַח לָךְ. וְטַעַם **ג.** הוּא, דְּלָא תִּכְסֹף קַמֵּיהּ חֲבוּרָה דִּילָן, דְּכָל אִלֵּין דְּאִנּוּן אָכְלִין בִּפְתוֹרָא דְּחָתָן וְכַלָּה, כֻּלְּהוּ יַהֲבֵי מַתָּנוֹת וּבִזְבְּזִין לְהֶחָתָן, וְאוּלַי אַנְתְּ גְּבַר מִסְכְּנָא. אָמַר לֵיהּ רַבִּי יִצְחָק - מַאי שְׁמָךְ, אָמַר לֵיהּ - צָדוֹק זוּטָא. בְּהַהוּא שַׁעְתָּא אָמַר רַבִּי יִצְחָק - אוֹלִיפְנָא מִנֵּיהּ תְּרֵיסַר רָזִין דְּאוֹרַיְתָא, עַד כָּאן.

נִלְמַד מִזֶּה הַמַּעֲשֶׂה, שֶׁאָמְרוּ שֶׁדּוֹרוֹת הָרִאשׁוֹנִים הָיוּ אוֹמְרִים בְּפִיהֶם, כַּאֲשֶׁר הָיָה הָאֱמֶת בִּלְבָבָם, וּמַה מְּאֹד הוּא מְשֻׁבָּח הַדָּבָר שֶׁל יֹשֶׁר, כִּדְאִיתָא בַּזֹּהַר פָּרָשַׁת פְּקוּדֵי, כִּי יֵשׁ מַשְׁחִיתִים מְיֻחָדִים, אֲשֶׁר הֵם תַּחַת שִׁלְטוֹן שֶׁל אַף וְחֵמָה, וְהֵם מְמֻנִּים לִשְׁמֹעַ דְּבָרִים שֶׁל כָּל אִלֵּין דְּמַחְיְכִין בְּמִלִּין דְּאוֹרַיְתָא אוֹ בְּמִלִּין שֶׁל יִרְאָה וּמוּסָר. וְכֵן הֵם מְיֻחָדִים לִשְׁמֹעַ דִּבְרֵי כַּת, הַמְדַבְּרִים אֵיזֶה גְּנוּת חַס וְשָׁלוֹם עַל תַּלְמִיד חָכָם אוֹ עַל אֵיזֶה אָדָם כָּשֵׁר. וּבְאֵלּוּ הַדְּבָרִים גּוֹרְמִים שֶׁהַנְּחָשִׁים מַפְשִׁיטִים מֵעֲלֵיהֶם אֶת הָעוֹר שֶׁלָּהֶם, וְהוּא כּוֹאֵב לָהֶם וְצוֹעֲקִים בְּקוֹל גָּדוֹל, עַד שֶׁמְּעוֹרְרִים אֶת הַנְּחָשִׁים הַמַּשְׁחִיתִים, הָעוֹמְדִים בְּחַדְרֵי גֵיהִנֹּם הַנִּקְרָא בּוֹר. וְגַם הֵם מַפְשִׁיטִים עוֹרָם מֵעֲלֵיהֶם וְצוֹעֲקִים, עַד שֶׁמְּעוֹרְרִים לְנָחָשׁ סמא"ל, אֲשֶׁר הוּא מְמֻנֶּה עֲלֵיהֶם, וְקַשְׂקֶשֶׂת שֶׁלּוֹ הוּא מֻנָּח לְפָנָיו, וְאָז פּוֹרְחִים וּמַשְׁחִיתִים וּמְחַבְּלִים הַיּוֹצְאִים מִקַּשְׂקַשִּׂים דִּילֵיהּ, וּמֵהֶם מִתְעוֹרְרִים גְּזֵרוֹת רָעוֹת. וְכָל זֶה הוּא עַל יְדֵי דִּבּוּר שֶׁל דֹּפִי כַּנִּזְכָּר לְעֵיל.

וְכֵן יֵשׁ מַשְׁחִיתִים מְיֻחָדִים, הַנִּקְרָאִים **אוֹרְרֵי יוֹם**, וְהֵם מְמֻנִּים עַל מִי

שֶׁמְּקַלֵּל עַצְמוֹ בְּאֵיזֶה שְׁבוּעָה אוֹ שֶׁמְּקַלֵּל עַצְמוֹ בְּכַעַס, וְנוֹטְלִין הַאי קְלָלָה וּמְקָרְבִין אוֹתָהּ אֶל נָחָשׁ עֲקַלָּתוֹן, כַּת שֶׁל סַמָּאֵל, וְעַל יְדֵי כָּךְ הוּא מְקַטְרֵג וּמֵעִיר צָרוֹת רַבּוֹת וְרָעוֹת. וְכֵן יֵשׁ מַשְׁחִיתִים עַל הַמַּגְזִים גְּזוּמִים, שֶׁהֵם לֹא כְּדַת תּוֹרָתֵנוּ הַקְּדוֹשָׁה, אוֹ שֶׁזּוֹרֵק כְּלִי בַּחֲמָתוֹ אֲזַי אוֹתָן הַמְמֻנִּים נוֹטְלִין אוֹתָן דְּבָרִים רָעִים וּמַעֲלִים אוֹתָן לְבֵית וַעַד שֶׁלָּהֶם וְאוֹמְרִים - דָּא קָרְבָּנָא דִּפְלַנְיָא דְּקָרִיב לוֹן, וּמַכְרִיזִין כָּרוֹז - וַי לְהַאי פְּלַנְיָא דְּאִסְטְאָה בָּתַר אֵל זָר וּפָלַח לְאֵל נֵכָר וְכוּ'.

וּרְאֵה גַּם רְאֵה, כַּמָּה שְׁלוּחִים וּמְמֻנִּים וְהַרְפַּתְקָאוֹת וְסִבּוֹת יֵשׁ עַל הָאָדָם, שֶׁיְּסוֹדוֹ הוּא מֵעָפָר, וְסוֹפוֹ לֶעָפָר. וְכָל זֶה יָשִׂים הָאָדָם אֶל לִבּוֹ לַחֲשֹׁב אֶל הַסּוֹף וְהַתַּכְלִית, כִּי הָאָדָם אֵינוֹ יוֹדֵעַ מַה יֵּלֶד יוֹם וּמַה תְּגָרֵם לוֹ הַשָּׁעָה וּמַה יִּפְעַל לוֹ הָרֶגַע, כִּי תָּעִיף עֵינֶיךָ בּוֹ וְאֵינֶנּוּ. וְהַרְבֵּה שְׁלוּחִים לַמָּקוֹם בָּרוּךְ הוּא, לְעַנּוֹת בּוֹ הָאָדָם, וּפֶתַע פִּתְאֹם נִלְכָּד בְּפַח יוֹקְשִׁים. וְהָרְאָיָה מֵאִיּוֹב, שֶׁהָיָה יְרֵא אֱלֹהִ"ם וְסָר מֵרָע, וְאַף עַל פִּי כֵן עַל חֵטְא קָטָן קִטְרֵג הַשָּׂטָן עָלָיו, וְנִמְסַר הוּא וּבָנָיו בְּיַד הַשָּׂטָן, וְנֶאֱבַד עָשְׁרוֹ מִמֶּנּוּ כְּהֶרֶף עַיִן וּמֵתוּ בָּנָיו. וְאַחַר כָּךְ בָּאוּ עָלָיו יִסּוּרִים, כַּמְבֹאָר בְּסֵפֶר אִיּוֹב. וּמֵרֹב הַצַּעַר קִלֵּל אִיּוֹב אֶת יוֹמוֹ אֲשֶׁר נוֹלַד בּוֹ, וְדִבֵּר דְּבָרִים קָשִׁים כְּלַפֵּי מַעְלָה, וְעַל יְדֵי כָּךְ בָּאוּ אֵלָיו חֲבֵרָיו וְהוֹכִיחוּ אֶת אִיּוֹב וְאָמְרוּ אֵלָיו שֶׁלֹּא יִבְעַט בְּיִסּוּרִים, כִּי כָּל דַּרְכֵי ה' הֵם בְּמִשְׁפָּט עַל דַּרְכֵי בְּנֵי הָאָדָם. וּכְשֶׁהָיָה אִיּוֹב שׁוֹמֵעַ לַעֲצַת חֲבֵרָיו הַמּוֹכִיחִים אוֹתוֹ, בִּזְכוּת זֶה אַחֲרִיתוֹ יִשְׂגֶּה מְאֹד, וְכֵפֶל כִּפְלַיִם נָתַן לוֹ הַקָּדוֹשׁ בָּרוּךְ הוּא שְׂכָרוֹ בַּעֲבוּר שֶׁשָּׁמַע לְקוֹל יִרְאָה וְתוֹכָחָה.

וְהִנֵּה אֶכְתֹּב לְךָ מַאֲמָר אֶחָד מֵהַזֹּהַר פָּרָשַׁת לֶךְ לְךָ, הַשַּׁיָּךְ לְעִנְיָן זֶה. וְזֶה לְשׁוֹנוֹ - וַיֹּאמֶר[316] מֶלֶךְ סְדֹם אֶל אַבְרָם תֶּן לִי הַנֶּפֶשׁ וְהָרְכֻשׁ קַח לָךְ. בְּשָׁעָה שֶׁהַנְּשָׁמָה יוֹצֵאת מֵהַגּוּף שֶׁל צַדִּיק וְעוֹבֶרֶת עַל פִּתְחוֹ שֶׁל גֵּיהִנָּם, וְרוֹצָה לִקְרֹא שָׁם אֶל ה' בְּקוֹל תְּפִלָּה כִּי גָּדוֹל כֹּחָם שֶׁל צַדִּיקִים, שֶׁעַל יְדֵי תְּפִלָּה יִנָּתֵן לָהֶם רְשׁוּת לְהוֹצִיא רְשָׁעִים בְּחָזְקָה מִגֵּיהִנָּם, אֲזַי עוֹמֵד שַׂר שֶׁל גֵּיהִנָּם, שֶׁהוּא נִקְרָא **מֶלֶךְ סְדוֹם**, עוֹמֵד לְנֶגֶד נִשְׁמַת הַצַּדִּיק, שֶׁנִּקְרֵאת **א"ב ר"ם**, שֶׁלֹּא יִתְפַּלֵּל עַל זֹאת, כִּי אִם כֵּן מַה הוּא אֱמוּנָתוֹ וַחֲשִׁיבוּתוֹ שֶׁנּוֹטְלִים מִיָּדוֹ מַה שֶּׁכְּבָר נִמְסַר אֶצְלוֹ, וְאוֹמֵר הַמֶּלֶךְ סְדוֹם, שֶׁהוּא שַׂר שֶׁל גֵּיהִנָּם אֶל הַצַּדִּיק - הִנֵּה אַתָּה צַדִּיק, מַה לְּךָ לְהוֹצִיא אוֹתָן הָרְשָׁעִים, שֶׁלֹּא שָׁמְעוּ לְקוֹל הוֹרִים וּמוֹרִים וְהֵעֵזּוּ פְּנֵיהֶם לְנֶגֶד תַּלְמִידֵי חֲכָמִים, עַל כֵּן הֵם שֶׁלִּי, רְשָׁעִים הֵם וְיֹאבְדוּ, אָכֵן אַף כְּשֶׁחָטְאוּ הַרְבֵּה, וּלְבַסּוֹף כְּשֶׁשָּׁמְעוּ לְקוֹל הוֹרִים וּמוֹרִים וְקִבְּלוּ דִּבְרֵי תַּלְמִידֵי חֲכָמִים, אַף שֶׁלֹּא עָשׂוּ תְּשׁוּבָה כְּלָל, נִקְרָאִים רְכוּשׁ שֶׁל הַצַּדִּיק, שֶׁמַּחֲזִירָן בְּמַחֲשַׁבְתּוֹ לְמוּטָב. אוֹתָן הָרְשָׁעִים קַח לְךָ מִגֵּיהִנָּם, וּרְאוּיִין הֵם לָצֵאת עַל יְדֵי תְּפִלָּתָן.

---

[316] בראשית יד כא

לָכֵן כְּתִיב - **וַיֹּאמֶר מֶלֶךְ סְדוֹם** שֶׁהוּא שַׂר שֶׁל גֵּיהִנֹּם, אֶל אַבְרָהָם שֶׁהוּא רֶמֶז לְנִשְׁמַת הַצַּדִּיק הַנִּקְרֵאת **אַבְרָם**, שֶׁהַנְּשָׁמָה הִיא חֵלֶק אֱלוֹ"הַּ מִמַּעַל, הַנִּקְרָא **א"ב ר"מ** וְנִשָּׂא. **תֶּן לִי הַנֶּפֶשׁ**, רָצָה לוֹמַר נַפְשׁוֹתָן שֶׁל הָרְשָׁעִים, שֶׁלֹּא שָׁמְעוּ לְקוֹל הוֹרִים וּמוֹרִים, אֶלָּא הָיוּ מַלְעִיגִים עַל דִּבְרֵי חֲכָמִים וְחִידוֹתָם. **וְהָרְכוּשׁ קַח לָךְ** רָצָה לוֹמַר אוֹתָן רְשָׁעִים אֲשֶׁר שָׁמְעוּ לְקוֹל דְּבַר הַמּוֹכִיחִים בְּשִׂמְחָה, וְלֹא הָיוּ מַלְעִיגִים, נִקְרָאִים רְכוּשׁ שֶׁל צַדִּיקִים, קַח לְךָ וְהַצִּילֵם מִדִּינָהּ שֶׁל גֵּיהִנֹּם. אָז נִשְׁבַּעַת לוֹ נִשְׁמַת הַצַּדִּיק שֶׁלֹּא לִקַּח מֵאוֹתָן הָרְשָׁעִים, שֶׁהֵן חֵלֶק שֶׁל שַׂר גֵּיהִנֹּם, אֲשֶׁר לֹא שָׁמְעוּ לְקוֹל חֲכָמִים. וְזֶה שֶׁאָמַר הַכָּתוּב - וַיֹּאמֶר[317] אַבְרָם אֶל מֶלֶךְ סְדֹם הֲרִימֹתִי יָדִי אֶל ה' אֵ"ל עֶלְיוֹן. בִּשְׁבוּעָה, שֶׁלֹּא אֶתְפַּלֵּל בְּעַד אוֹתָן הָרְשָׁעִים, אֲשֶׁר הָיוּ מַלְעִיגִים עַל דִּבְרֵי תּוֹרָה וְהָיוּ מְבַיְּשִׁין תַּלְמִידֵי חֲכָמִים. וְזֶה שֶׁאָמַר הַכָּתוּב - אִם[318] מִחוּט וְעַד שְׂרוֹךְ נַעַל וְאִם אֶקַּח מִכָּל אֲשֶׁר לָךְ. לְאוֹתָן הָרְשָׁעִים, אֲשֶׁר הָיוּ הַמּוֹכִיחִים מַכְרִיזִים לִפְנֵיהֶם בְּאוֹתוֹ עוֹלָם, שֶׁהוּא עוֹרְרָם וְהוֹכִיחָם לְמוּטָב, וּפֵרְשׁוּ לָהֶם דַּרְכֵי גַּן עֵדֶן וּשְׂכַר עוֹלָם הַבָּא, וּפֵרְשׁוּ גַּם כֵּן מִשְׁפְּטֵי גֵּיהִנֹּם, וְהִקְשׁוּ עָרְפָּם לְבִלְתִּי קַחַת מוּסָר. וְלָכֵן אָמַר - חָלִילָה לִי אִם אֶקַּח **מֵחוּט וְעַד שְׂרוֹךְ נַעַל**. רֶמֶז גַּם כֵּן בָּזֶה בְּאוֹתָן הָרְשָׁעִים, שֶׁהָיוּ מְזַלְזְלִים בְּמִצְוַת צִיצִית וְהוֹלְכִים בְּלִי צִיצִית לְגַמְרֵי, וְאַף אִם יֵשׁ לָהֶם **אַרְבַּע כְּנָפוֹת** בִּשְׁעַת קְרִיאַת שְׁמַע וּתְפִלָּה, אֵינָם יוֹצְאִים בָּזֶה, שֶׁאֵינוֹ מְכַסֶּה רֹאשׁוֹ וְרֹב גּוּפוֹ. **עַד שְׂרוֹךְ נַעַל** שֶׁאֵין מְדַקְדְּקִים בַּהֲנָחַת תְּפִלִּין, שֶׁיִּהְיוּ הָרְצוּעוֹת שְׁחוֹרוֹת, וְיִהְיוּ בְּלִי שׁוּם קֶשֶׁר, וְהָרְצוּעָה צְרִיכָה לִהְיוֹת בַּחֲתִיכָה אַחַת, וְלֹא בִּשְׁתַּיִם וְשָׁלֹשׁ חֲתִיכוֹת, וְרָאִיתִי הָעוֹלָם מְקִלִּין בָּזֶה, אֲבָל עֹנֶשׁ הָעוֹבְרִים וּמְזַלְזְלִים בְּמִצְוַת צִיצִית וּתְפִלִּין וּמַלְעִיגִין עַל דִּבְרֵי תּוֹרָה וּמְזַלְזְלִין אֶת הַתַּלְמִידֵי חֲכָמִים וּלְצוּרְבָא מֵרַבָּנָן, כִּי הֵם חֵלֶק שֶׁלְּךָ וּמֵרְשׁוּתְךָ שֶׁל מֶלֶךְ סְדוֹם, שֶׁהוּא שַׂר שֶׁל גֵּיהִנֹּם.

וְאָמַר רַבִּי יְהוֹשֻׁעַ בֶּן לֵוִי - זִמְנָא חֲדָא פָּגַעְתִּי סָמוּךְ לְשַׁעַר הַגֵּיהִנֹּם, שָׁמַעְתִּי קוֹל כְּרוֹז אוֹתָן הָרְשָׁעִים, שֶׁהָיוּ מַלְעִיגִים עַל דִּבְרֵי חֲכָמִים, וְהָיוּ נִדּוֹנִים בְּיִסּוּרִים קָשִׁים יוֹתֵר מִכָּל הָרְשָׁעִים, וְשָׁמַעְתִּי קוֹל מַר וִילָלָה מְאֹד וְצוֹעֲקִים וַי, וַי, דִּבְרֵי תּוֹרָה וְדִבְרֵי יִרְאָה שֶׁשָּׁמַעְנוּ, וְלֹא הִטִּינוּ אֹזֶן הֵיטֵב וְלָשִׂים עַל לִבֵּנוּ, אוֹי וַאֲבוֹי, דִּבְרֵי חֲכָמִים, שֶׁפֵּרְשׁוּ לָנוּ שָׂכָר וָעֹנֶשׁ שָׁמַעְנוּ, וְלֹא קִיַּמְנוּ דִּבְרֵיהֶם, וּבְתוֹךְ כָּךְ שָׁמַעְתִּי קוֹל שֶׁאוֹמְרִים אֵלַי בַּר לֵוָאֵי, בַּר לֵוָאֵי, לֵךְ לְאוֹרְחָךְ, וּבָאתִי כְּמַזְכִּיר אוֹתְךָ שֶׁלֹּא תִּפְתַּח פִּיךָ בְּשׁוּם תְּפִלָּה בְּעַד כִּתּוֹת הַנִּדּוֹנִים בְּגֵיהִנֹּם וְלֵילֵךְ וּלְהִתְפַּלֵּל בַּעֲדָם, הֲלֹא כְּתִיב עֲלֵיהֶם שֶׁיִּהְיוּ אֵפֶר תַּחַת כַּפּוֹת רַגְלֵי הַצַּדִּיקִים, עַד כָּאן לְשׁוֹן הַזֹּהַר.

---

[317] בראשית יד כב

[318] בראשית יד כג

עַל כֵּן לֹא יָקֵל הָאָדָם בְּעֵינָיו, וְיִזְכֹּר אֶת מַעֲמָדוֹ בָּעוֹלָם הַשָּׁפֵל, שֶׁהוּא הֶבֶל וָרִיק, וְהוּא לָהוּט אַחַר עֲסָקָיו וּמִחְיָתוֹ, בִּכְדֵי שֶׁיִּשְׁכַּח לְגַמְרֵי עֲבוֹדַת בּוֹרְאוֹ יִתְבָּרַךְ שְׁמוֹ בָּרוּךְ הוּא, וְלֹא יָשִׂים אֶל לִבּוֹ לִקְבֹּעַ לִלְמֹד שִׁעוּר אֶחָד בִּתְמִידוּת. וְאִם אֵין בִּיכָלְתּוֹ לִלְמֹד בְּעַצְמוֹ, אֲזַי יִקְבַּע לוֹ זְמַן שֶׁיִּשְׁמַע לְקוֹל הַמּוֹכִיחִים אוֹתוֹ, אוֹ יִשְׁמַע בְּאָזְנוֹ וְיִתְחָרֵט וְשָׁב וְרָפָא לוֹ. וְיִזְכֹּר, שֶׁסּוֹף הָאָדָם הוּא לְמִיתָה, וְאִי אֶפְשָׁר לוֹ לְהִפָּטֵר מֵהַדִּין הָעֶלְיוֹן זוּלַת תּוֹרָה וּמִצְוֹות הַמְּגִנִּים עָלָיו. וּבְכָל יוֹם וָיוֹם יִתְבּוֹנֵן אָדָם תֵּכֶף בְּקוּמוֹ בְּמִסְתָּרִים תִּבְכֶּה נַפְשׁוֹ עַל חַטֹּאות נְעוּרָיו וּפְשָׁעָיו, וְיֵאָנַח בְּשִׁבְרוֹן לֵב. וְכָתְבוּ בַּעֲלֵי מוּסָר כְּשֶׁהָאָדָם נֶאֱנָח עַל חֲטָאָיו, יֹאמַר אֶל לִבּוֹ - לִבִּי לִבִּי, אֲשֶׁר הוּא קָשֶׁה כְּאֶבֶן וּבִלְתִּי נָמֵס מֵרֹב מְרִירַךְ הַקָּשֶׁה. בְּזָכְרְךָ, וְאַף אִם נַעֲשֵׂיתָ בִּשְׁבִיל הַחֲטָאִים וּפְשָׁעִים כְּבַרְזֶל וְכַאֲבָנִים, אַף עַל פִּי כֵן רָאוּי לְךָ לְהִפָּתַח מֵרֹב אַנְחוֹתַי, הַמְשַׁבֶּרֶת הָרֵי בַּרְזֶל וְהָרֵי אֲבָנִים. הַטּוֹב לְךָ לְהַמְתִּין עַד כִּי תִּפָּתַח לְךָ שׁוּחָה בְּמָקוֹם צַר וְאָפֵל בַּקֶּבֶר, כִּי אָז תּוֹלַע קָטָן יְפַתַּח מוֹרָשֵׁי לְבָבְךָ וְיִבְדֹּק הֵיטֵב כָּל חַדְרֵי לִבְּךָ, וִיחַפֵּשׂ מְזוֹנוֹ בְּכָל קִרְבֵי מֵעֶיךָ, וְיֵצֵא יָצוֹא וָשׁוֹב כְּבַעַל הַבַּיִת בְּאַפַּדְנוֹ, אָמְנָם יוֹתֵר טוֹב לְךָ לְהִפָּתַח עַתָּה אֶל גְּנוּחַי וִילָלָה עַל חֲטָאַי וּפְשָׁעַי, אֲשֶׁר הִרְבֵּיתִי הָלַכְתִּי אַחַר תַּאֲוַת לִבִּי, וּמָה אֶעֱשֶׂה לְיוֹם הַפְּקֻדָּה כִּי יְבַקֵּשׁ חֶשְׁבּוֹנִי, וּמָה אָשִׁיב עַל עֲוֹנִי.

וְהִנֵּה, כַּאֲשֶׁר יַחֲשֹׁב הָאָדָם כֵּן וְיַשְׁלִיךְ אֶת גַּאֲוָתוֹ וְיִשְׁמַע לְקוֹל הוֹרִים וּמוֹרִים, וְיִקְבַּע עִתִּים לַתּוֹרָה בְּכָל יוֹם אֲזַי אֲפִלּוּ שֶׁלֹּא יַעֲשֶׂה תְּשׁוּבָה, יוּכַל לְהֵרָפֵא עַל יְדֵי תְּפִלַּת נִשְׁמָתָן שֶׁל צַדִּיקִים, וּמִכָּל שֶׁכֵּן כְּשֶׁיִּתְעוֹרֵר בְּעַצְמוֹ לִשְׁמֹעַ לְדִבְרֵי הַמּוֹרִים דַּרְכֵי צֶדֶק, וְיַעֲשֶׂה עַל יְדֵי זֶה תְּשׁוּבָה, אָז מַעֲלָתוֹ גְּדוֹלָה מְאֹד. וְיִנָּצֵל מֵעֳנָשִׁים הַמָּרִים וְקָשִׁים הַנִּזְכָּרִים לְעֵיל. זוּלַת שְׂכָרוֹ, אֲשֶׁר יִהְיֶה בְּעֵקֶב שְׂכָרוֹ - מָה[319] רַב טוּבְךָ אֲשֶׁר צָפַנְתָּ לִירֵאֶיךָ. אָמֵן.

[319] תהלים לא כ

פרק סז

כְּתִיב [דְּבָרִים ו, ז] - וְשִׁנַּנְתָּם לְבָנֶיךָ וְדִבַּרְתָּ בָּם בְּשִׁבְתְּךָ בְּבֵיתֶךָ וּבְלֶכְתְּךָ בַדֶּרֶךְ וּבְשָׁכְבְּךָ וּבְקוּמֶךָ. אַזְהָרָה לָאָב, שֶׁמְּחֻיָּב לִלְמֹד בְּעַצְמוֹ עִם בְּנוֹ וּלְחַדֵּד אוֹתוֹ בְּפִלְפּוּלָא, שֶׁלֹּא יִהְיֶה בְּנוֹ טִפֵּשׁ בַּתּוֹרָה. וְאִם הָאָב אֵינוֹ בַּעַל תּוֹרָה, אֲזַי הוּא מְצֻוֶּה **וְדִבַּרְתָּ בָּם** שֶׁיְּדַבֵּר עַל לֵב הַמְלַמְּדִים שֶׁיִּלְמְדוּ עִם בָּנָיו, וְיַדְרִיךְ בָּנָיו בְּמַשָּׂא וּמַתָּן וּבְדֶרֶךְ אֶרֶץ. בִּכְלָן יְדַקְדֵּק הָאָדָם הֵיטֵב, שֶׁלֹּא יַעֲבֹר עַל הַתּוֹרָה חַס וְשָׁלוֹם, אֲפִלּוּ כִּמְלוֹא נִימָה.

בְּשִׁבְתְּךָ בְּבֵיתֶךָ צָרִיךְ לְהִתְנַהֵג בְּבֵיתוֹ בְּיִרְאָה, וּלְהַנְהִיג בְּנֵי בֵיתוֹ שֶׁיִּהְיֶה בֵּיתוֹ פָּתוּחַ לַעֲנִיִּים, וְשֶׁלֹּא יִהְיֶה בֵּיתוֹ רָגִיל בִּדְבָרִים שֶׁל לְשׁוֹן הָרָע, וְלֹא יִשָּׁמַע בְּבֵיתוֹ שׁוּם קְלָלָה וּשְׁבוּעָה.

וּבְלֶכְתְּךָ בַדֶּרֶךְ יַעֲסֹק בַּתּוֹרָה כְּפִי יְכָלְתּוֹ, וְיִתֵּן צְדָקָה לְפִי יְכָלְתּוֹ, כְּמוֹ שֶׁמָּצִינוּ בְּיַעֲקֹב אָבִינוּ שֶׁהָיָה מוּכָן לְדוֹרוֹן וּלְפִיּוּס וּלְמִלְחָמָה. לְדוֹרוֹן זֶה מַתְּנוֹת עֲנִיִּים, דְּאִקְרֵי דּוֹרוֹן לְהַקָּדוֹשׁ בָּרוּךְ הוּא, כַּנִּזְכָּר בַּזֹּהַר כַּמָּה פְּעָמִים. וּלְפִיּוּס זוֹ תְּפִלָּה לְרַצּוֹת לְהַקָּדוֹשׁ בָּרוּךְ הוּא בִּתְפִלָּה וּבְתַחֲנוּנִים. וּלְמִלְחָמָה הַיְנוּ מִלְחֲמוֹת הַתּוֹרָה, וּבָזֶה הָיָה מַתִּישׁ כֹּחַ שֶׁל עֵשָׂו הָרָשָׁע וְשַׂר סַמָּאֵ"ל. עַיֵּן שָׁם בַּזֹּהַר פָּרָשַׁת וָאֶתְחַנַּן.

וּבְשָׁכְבְּךָ לְהִתְנַהֵג בִּקְדֻשָּׁה לְיַחֵד שְׁמוֹ שֶׁל הַקָּדוֹשׁ בָּרוּךְ הוּא בִּקְרִיאַת שְׁמַע עַל מִטָּתוֹ, וִיקַדֵּשׁ עַצְמוֹ בִּשְׁעַת תַּשְׁמִישׁ.

וּבְקוּמֶךָ לְהִזָּדֵרֵז לַעֲמֹד וּלְהִתְפַּלֵּל וְלִתֵּן שִׁירוֹת וְתִשְׁבָּחוֹת לְהַקָּדוֹשׁ בָּרוּךְ הוּא, עַל שֶׁהֶחֱזִיר לוֹ נִשְׁמָתוֹ, וְאַחַר כָּךְ יַעֲסֹק בְּטִיב הָעוֹלָם בְּמַשָּׂא וּמַתָּן בֶּאֱמוּנָה.

עַל כֵּן טוֹב לָאָדָם שֶׁיָּכִין עַצְמוֹ גַּם כֵּן לִשְׁלֹשָׁה דְּבָרִים הַנִּזְכָּרִים לְעֵיל - לְדוֹרוֹן וּלְפִיּוּס וּלְמִלְחָמָה. **דּוֹרוֹן** הוּא מַתָּנָה לַעֲנִיִּים קֹדֶם הַתְּפִלָּה, שֶׁהִיא **הַפִּיּוּס**, וְאַחַר כָּךְ יִקְבַּע עִתִּים לַתּוֹרָה, שֶׁהוּא **הַמִּלְחָמָה**.

וְיֵשׁ לְהַעֲרִיךְ גֹּדֶל מַעֲלַת מִלְחֶמֶת הַתּוֹרָה, מִמַּה שֶּׁכָּתוּב בַּזֹּהַר פָּרָשַׁת וַיֵּרָא, וְזֶה לְשׁוֹנוֹ - כְּשֶׁחָלָה רַבִּי אֱלִיעֶזֶר הַגָּדוֹל, הַאי יוֹמָא עֶרֶב שַׁבָּת הֲוָה. וְאוֹתִיב לִימִינֵיהּ הוֹרְקְנוּס בְּנוֹ, וַהֲוָה מְגַלֶּה לֵיהּ עֲמִיקְתָא וּמִסְתַּתְּרָתָא. וְאָעְלוּ קַמֵּיהּ חַכְמֵי הַדּוֹר, וְאוּלִיט לְהוּ עַל דְּלָא אָתוּ לְשַׁמְּשָׁא לֵיהּ. בָּכָה רַבִּי עֲקִיבָא וּבִקֵּשׁ מֵאִתּוֹ, שֶׁיִּלְמַד אֵיזֶה דָּבָר עִמּוֹ קֹדֶם מוֹתוֹ. פָּתַח רַבִּי אֱלִיעֶזֶר בְּמַעֲשֵׂה מֶרְכָּבָה, וְאָתָא אֵשׁ וְאַסְחַר לְתַרְוַיְהוֹן. אָמְרוּ חַכְמֵי הַדּוֹר - לֵית אֲנַן חֲזָן לְמִשְׁמַע דָּא, נָפְקוּ וְעָמְדוּ בְּפֶתַח הַחוּצָה וְכוּ', נַהֲוֵי רַבִּי אֱלִיעֶזֶר אוֹלִיף לְרַבִּי עֲקִיבָא שְׁלֹשׁ מֵאוֹת הֲלָכוֹת בְּבַהֶרֶת עַזָּה, וְאַחַר כָּךְ אוֹלִיף לֵיהּ סוֹדוֹת בְּשִׁיר הַשִּׁירִים, וְכַד הֲוֵי מָטֵי לְפָסוּק - סַמְּכוּנִי[320] בָּאֲשִׁישׁוֹת רַפְּדוּנִי בַּתַּפּוּחִים כִּי חוֹלַת אַהֲבָה אָנִי. לֹא הֲוֵי יָכוֹל רַבִּי עֲקִיבָא לְמִסְבַּל, וְאָרִים קָלֵיהּ בִּבְכִיָּה, וְלָא

---

[320] שיר השירים ב ה

הֲוֵי מְמַלֵּל מִדְּחִילוּ דִּשְׁכִינְתָּא דַּהֲוֵי תַּמָּן.
וְאַחַר כָּךְ הִשְׁבִּיעַ רַבִּי אֱלִיעֶזֶר אֶת רַבִּי עֲקִיבָא, שֶׁלֹּא יִשְׁתַּמֵּשׁ בְּשׁוּם חַד פָּסוּק מִן שִׁיר הַשִּׁירִים, כִּי הֵיכִי דְּלָא לְחָרֵב עָלְמָא, כִּי הָעוֹלָם אֵין כְּדַאי לְהִשְׁתַּמֵּשׁ בְּסוֹד שִׁיר הַשִּׁירִים שֶׁהִיא קֹדֶשׁ קָדָשִׁים. לְבָתַר זֶה נָפִיק רַבִּי עֲקִיבָא וְזָלְגוּ עֵינוֹהִי דִּמְעִין וְאָמַר - וַי לְעָלְמָא, דְּאִשְׁתָּאַר יָתוֹם מִנָּךְ רַבִּי אֱלִיעֶזֶר, וְאַחַר כָּךְ עָאלוּ חַכְמֵי הַדּוֹר וְדִבְּרוּ עִמּוֹ. וּכְשֶׁרָאָה רַבִּי אֱלִיעֶזֶר שֶׁהוּא קָרוֹב לִיצִיאַת נִשְׁמָתוֹ, הֵנִיחַ יָדָיו עַל לִבּוֹ וְאָמַר - עָלְמָא עִלָּאָה, נְהִירָא וּבוּצִינָא יִגָּנֵז בָּךְ, שְׁתֵּי תּוֹרוֹת יִשְׁתַּכְּחוּ יוֹמָא דֵּין מִן עָלְמָא דֵּין, וּבְאוֹתוֹ הַפַּעַם לֹא הָיָה רַבִּי עֲקִיבָא אֶצְלוֹ. וְשָׁאֲלוּ לֵיהּ חַכְמֵי הַדּוֹר - סַנְדָּל שֶׁל יָבָם מְקַבֵּל טֻמְאָה אוֹ לָאו, אָמַר רַבִּי אֱלִיעֶזֶר - טָהוֹר, וְיָצְאָה נִשְׁמָתוֹ בְּטָהֳרָה. בְּמוֹצָאֵי שַׁבָּת בָּא רַבִּי עֲקִיבָא לְבַקְּרוֹ וּמְצָאוֹ שֶׁמֵּת רַבִּי אֱלִיעֶזֶר, קָרַע לִלְבוּשָׁיו וּבָכָה וְכוּ', וְהָיָה צוֹוֵחַ וְאוֹמֵר - שְׁמַיָּא שְׁמַיָּא, אִמְרוּ לְשִׁמְשָׁא וּלְסִהֲרָא דִּנְהִירוּ, דַּהֲוֵי יָתִיר מִנְּהוֹן הָא אִתְחֲשַׁךְ.
אָמַר רַבִּי יְהוּדָה - בְּשָׁעָה שֶׁנִּשְׁמַת הַצַּדִּיק רוֹצָה לָצֵאת מֵהַגּוּף, אֲזַי הִיא בְּשִׂמְחָה מֵחֲמַת הַבִּטָּחוֹן שֶׁיְּקַבֵּל שָׂכָר בָּעוֹלָם הַבָּא. וּכְשֶׁרוֹאָה הַשְּׁכִינָה וּמַלְאָכִין קַדִּישִׁין וְנִשְׁמוֹת צַדִּיקִים קְדוֹשִׁים הוֹלְכִין לִקְרָאתָהּ לְלַוּוֹת אֶת הַנְּשָׁמָה - אֲזַי הִיא יוֹצֵאת בִּמְרוּצָה מֵהַגּוּף אֲשֶׁר הִיא שָׁם, וּמִשְׁתַּחֲוָה אַרְצָה נֶגֶד הַשְּׁכִינָה [עַיֵּן שָׁם בַּמִּדְרָשׁ הַנֶּעְלָם וְתִמְצָא נַחַת].
עַל כֵּן צָרִיךְ הָאָדָם לְהִתְפַּלֵּל עַל זֶה כְּשֶׁיָּבוֹא יוֹם קִצּוֹ, שֶׁתָּבוֹא הַשְּׁכִינָה אֵלָיו וְיָמוּת מִיתַת נְשִׁיקָה, מִיתָה שֶׁל שֵׂיבָה טוֹבָה. וּכְשֶׁהַשְּׁכִינָה בָּאָה אֵלָיו, אֲזַי שְׁלֹשָׁה כִּתּוֹת מַלְאָכִים עִמָּהּ. אַחַת אוֹמֶרֶת שָׁלוֹם וְכוּ'.

פרק סח

כְּתִיב כְּתִיב - נֵר[321] ה' נִשְׁמַת אָדָם. פֵּרֵשׁ בַּזֹּהַר פָּרָשַׁת מִשְׁפָּטִים, וְזֶה לְשׁוֹנוֹ - נֵר הוּא רָאשֵׁי תֵּבוֹת **נְ**שָׁמָה, **ר**וּחַ, דְּאִנּוּן מְאִירִין כַּחֲדָא. וּנְשָׁמָה אִיהִי קַדִּישָׁא מְאֹד, עַל כֵּן הִיא מִתְעַטֶּפֶת בְּרוּחַ דֻּגְמַת מַלְבּוּשׁ. וְיֵשׁ עוֹד בָּאָדָם וְהוּא בְּחִינַת הַנֶּפֶשׁ, וְהוּא לְמַטָּה מֵהָרוּחַ, כִּי הַנְּשָׁמָה שָׁרוּי בַּמֹּחַ, בִּמְקוֹם הֲנָחַת תְּפִלִּין שֶׁל רֹאשׁ. וְהָרוּחַ בַּלֵּב, נֶגֶד תְּפִלִּין שֶׁל יַד הַשְּׂמָאלִית. וְנֶפֶשׁ הוּא בַּכָּבֵד, שֶׁיֵּשׁ בּוֹ רִבּוּי דָּם. וּכְנֶגֶד הַנֶּפֶשׁ צִוָּה הַקָּדוֹשׁ בָּרוּךְ הוּא לְקַיֵּם מִצְוַת צִיצִית, כְּדֵי שֶׁיִּהְיוּ הַשְּׁלֹשָׁה מִצְווֹת הַנִּזְכָּרִים מְאִירִים לְכָל חֵלֶק - נֶפֶשׁ, רוּחַ, נְשָׁמָה. וְיָדוּעַ מַאַמְרֵי רַבּוֹתֵינוּ זִכְרוֹנָם לִבְרָכָה, כִּי בְּמִצְוַת צִיצִית יֵשׁ חוּט אֶחָד שֶׁל תְּכֵלֶת, מִשּׁוּם דִּתְכֵלֶת[322] דּוֹמֶה לְרָקִיעַ וְכוּ' וּלְכִסֵּא הַכָּבוֹד. וְעַל כֵּן מִצְוַת צִיצִית הוּא חוּט אֶחָד שֶׁל תְּכֵלֶת לְקַדֵּשׁ הַנֶּפֶשׁ בַּכָּבֵד, וְלָכֵן **כָּבֵד** הוּא חָסֵר וָא"ו מִ**כָּבוֹד** הַשָּׁמַיִם, וּכְשֶׁהָאָדָם נִזְהָר בְּנַפְשׁוֹ לְבִלְתִּי לַחֲטֹא בָּהּ, הֲרֵי הוּא מְשַׁעְבֵּד גַּם הַנֶּפֶשׁ תַּחַת הַקְּדֻשָּׁה בִּשְׁלֵמוּת.

אַשְׁרֵי לוֹ וְאַשְׁרֵי חֶלְקוֹ, כִּי כָּל טִפֵּי דָּמִים שֶׁבַּגּוּף הֵמָּה בְּמִנְיָן וּבְמִשְׁקָל לִפְנֵי הַקָּדוֹשׁ בָּרוּךְ הוּא, וְכָל טִפֵּי דָּמִים וְכָל אֵבָרָיו וְגִידָיו שֶׁל הָאָדָם הֵמָּה לַעֲבֹד עֲבוֹדַת ה', כִּי יֵשׁ בָּאָדָם שְׁמוֹנָה עֶשְׂרֵה חֻלְיוֹת בַּשִּׁדְרָה, שֶׁהֵן נֶגֶד שְׁמוֹנֶה עֶשְׂרֵה בְּרָכוֹת בַּתְּפִלָּה שֶׁתִּקְּנוּ אַנְשֵׁי כְּנֶסֶת הַגְּדוֹלָה, וְכָל טִפַּת זֶרַע הַיּוֹצֵא דֶּרֶךְ שְׁמוֹנֶה עֶשְׂרֵה חֻלְיוֹת לְבַטָּלָה, אֲזַי הָעֹנֶשׁ הָרִאשׁוֹן שֶׁתְּפִלָּתוֹ בִּשְׁמוֹנֶה עֶשְׂרֵה בְּרָכוֹת אֵינָם מְרֻצִּים וּמְקֻבָּלִים אֵצֶל הַקָּדוֹשׁ בָּרוּךְ הוּא, כִּי הַזֶּרַע הוּא בָּא מִמֹּחַ מִן הַמָּקוֹם שֶׁהַנְּשָׁמָה הַטְּהוֹרָה שְׁרוּיָה שָׁם. אֲזַי הוּא מוֹסֵר הַקְּדֻשָּׁה בַּיָּדַיִם לִמְקוֹם טִנֹּפֶת הַסִּטְרָא אַחֲרָא, וּמִכָּל שֶׁכֵּן כְּשֶׁאָדָם מוֹצִיא זֶרַע בִּמְקוֹם טֻמְאָה, בְּנִדָּה אוֹ בַּאֲרַמִּית אוֹ בְּנָשִׁים הָאֲסוּרוֹת לוֹ מִן הַתּוֹרָה. וְכָל מִי שֶׁאֵינוֹ נִזְהָר בְּחֵטְא זֶה וּמְגָרֶה יֵצֶר הָרָע בְּנַפְשֵׁיהּ, וּמִכָּל שֶׁכֵּן אוֹתָן שֶׁמְּדַבְּרִים דִּבְרֵי נְבָלוֹת בְּפִיהֶם עֲלֵיהֶם נֶאֱמַר - וְהָרְשָׁעִים[323] כַּיָּם נִגְרָשׁ. וּמִקְרָא מָלֵא הוּא - וַיְהִי[324] עֵר רַע בְּעֵינֵי ה' וַיְמִיתֵהוּ ה'. עַל שֶׁהוֹצִיא זַרְעוֹ לְבַטָּלָה.

וְהִנֵּה אַעְתִּיק לְךָ בִּקְצָרָה הַצָּרִיךְ לְעִנְיָנֵנוּ, מַה שֶּׁמָּצָאתִי בְּסֵפֶר **נַחֲלַת יְהוֹשֻׁעַ**, שֶׁחִבֵּר הָרַב מוֹרֵנוּ הָרַב רַבִּי יְהוֹשֻׁעַ הֶעָשִׁיל הַכֹּהֵן, בֶּן מוֹרֵנוּ הָרַב רַבִּי שְׁלֹמֹה, זִכְרוֹנוֹ לִבְרָכָה, מִקְּרָאקָא, שֶׁהָיָה אַב בֵּית דִּין וְרֹאשׁ מְתִיבְתָּא בִּקְהִלַּת קֹדֶשׁ בַּאסְקֶעוִויץ, וְאַחַר כָּךְ הוּא נִתְקַבֵּל לְמוֹרֶה צֶדֶק בִּקְהִלַּת קֹדֶשׁ רֶעכְנִיץ, וְזֶה לְשׁוֹנוֹ בְּפָרָשַׁת מִשְׁפָּטִים - מְלֵאָתְךָ[325]

[321] משלי כ כז
[322] סוטה יז א
[323] ישעיהו נז כ
[324] בראשית לח ז
[325] שמות כב כח

וְדִמְעֲךָ לֹא תְאַחֵר בְּכוֹר בָּנֶיךָ תִּתֶּן לִי. וּפֵרֵשׁ רַשִׁ"י, זִכְרוֹנוֹ לִבְרָכָה - מְלֵאָתְךָ אֵלּוּ הַבִּכּוּרִים, וְדִמְעֲךָ זוֹ הַתְּרוּמָה, וְאֵינִי יוֹדֵעַ מַהוּ לְשׁוֹן דֶּמַע. עַד כָּאן לְשׁוֹן רַשִׁ"י, זִכְרוֹנוֹ לִבְרָכָה. וּכְדֵי לְיַשֵּׁב הַנִּזְכָּר לְעֵיל צָרִיךְ גַּם כֵּן פָּסוּק הַקּוֹדֵם. וְגַם צָרִיךְ עִיּוּן, דְּרַשִׁ"י, זִכְרוֹנוֹ לִבְרָכָה כָּתַב דְּלֹא יָדַע לְשׁוֹן דֶּמַע וְכוּ', וּבְמַסֶּכֶת תְּמוּרָה דַּף ד' פֵּרֵשׁ רַשִׁ"י - דִּמְעֲךָ זֶה תְּרוּמָה. לְפִי שֶׁהִיא מְדַמַּעַת וְעוֹלָה בְּאֶחָד וּמֵאָה מַפִּיק לָהּ קְרָא בִּלְשׁוֹן דִּמּוּעַ. וְעוֹד לְעַיֵּן בַּתּוֹסָפוֹת. וְדִמְעֲךָ זֶה תְּרוּמָה, לְפִי שֶׁהִיא מְדַמַּעַת וְעוֹלָה בְּאֶחָד וּמֵאָה לְפִי פֵּרוּשׁ רַשִׁ"י, וְלֹא נֶהֱרָא דְּזֶה אֵינוֹ אֶלָּא מִדְּרַבָּנָן. וְהָרַב רַבִּי מֹשֶׁה מִפּוֹנְטִיזָא פֵּרֵשׁ, דִּלְכָךְ קָרָא לִתְרוּמָה דֶּמַע, לְפִי שֶׁנּוֹהֶגֶת בְּלַח, וּבִכּוּרִים אֵינוֹ אֶלָּא בְּיָבֵשׁ, עַד כָּאן. וְעַל כָּרְחָךְ מֻכְרָח לוֹמַר דְּהַתּוֹסָפוֹת פֵּרְשׁוּ, דִּלְשׁוֹן דִּמְעֲךָ הוּא מִלְּשׁוֹן דְּמָעוֹת. וְעַיֵּן **בִּנְתִיב מֵאִיר** וְעַיֵּן **בְּרֶקַנְטִי**, דְּפֵרְשׁוּ גַּם כֵּן דִּמְעֲךָ לְשׁוֹן דְּמָעוֹת. לֹא תְאַחֵר כְּמוֹ הַטִּפִּין הַיּוֹרְדִים מִן הָעַיִן.

וְהִנֵּה אִיתָא בְּשַׁ"ךְ פָּרָשַׁת כִּי תֵצֵא - כִּי[326] תִהְיֶינָה לְאִישׁ שְׁתֵּי נָשִׁים הָאַחַת אֲהוּבָה וְהָאַחַת שְׂנוּאָה וְכוּ'. יֵשׁ לְפָרֵשׁ פָּרָשָׁה זוֹ עַל אִשְׁתּוֹ שֶׁל אָדָם וְעַל **לִילִי"ת** הָרְשָׁעָה, הֵן שְׁתֵּי נָשִׁים. וּלְפִי שֶׁאֶחָד מִנִּי אֶלֶף נִצּוֹל מֵחֵטְא זֶה שֶׁל הוֹצָאַת שְׁפִיכוּת זֶרַע לְבַטָּלָה, בָּאָה הַתּוֹרָה לְהַזְהִיר, שֶׁלִּפְחוֹת טִפָּה רִאשׁוֹנָה יִשְׁמֹר אוֹתָהּ. וְזֶהוּ - **וְהָיָה הַבֵּן הַבְּכוֹר לַשְּׂנוּאָה** כְּדֵי שֶׁבְּיוֹם הַנְחִילוֹ אֶת בָּנָיו, שֶׁהוּא יוֹם הַמִּיתָה, יִהְיֶה נִזְכָּר עַל אוֹתָן שֵׁדִין וְרוּחִין וְלִילִין שֶׁבָּאִין מֵאוֹתָן טִפּוֹת שְׁפִיכוּת זֶרַע לְבַטָּלָה, וּקְרָאָם הַזֹּהַר שֶׁהֵן הֵן נִגְעֵי בְּנֵי אָדָם, וּבְעֵת קְבוּרָתוֹ רוֹצִים לְהִתְחַבֵּר עִמּוֹ, וְאֵינָן יְכוֹלִין לְפִי שֶׁמִּתְגַּבֵּר עֲלֵיהוֹן בֶּן הַבְּכוֹר. וְזֶהוּ סוֹד הַכָּתוּב - פַּלְגֵי[327] מַיִם יָרְדוּ עֵינַי עַל לֹא שָׁמְרוּ תוֹרָתֶךָ. וְלֹא אָמַר **שָׁמַרְתִּי** אֶלָּא לֹא **שָׁמְרוּ** תּוֹרָתֶךָ. פֵּרוּשׁ - הָעֵינַיִם יִדְמְעוּ דִּמְעָה, מִפְּנֵי שֶׁפָּגְמוּ בִּרְאִיָּה. הָעַיִן רוֹאָה וְהַלֵּב חוֹמֵד וְכָל מַעֲשֶׂיךָ הַכֹּל הִיא בִּגְרַם רְאִיַּת הָעַיִן, שֶׁמֵּבִיא הָאָדָם לִידֵי קֶרִי. וְהַדְּמָעוֹת הֵן תִּקּוּן קֶרִי, כִּי הַזֶּרַע בָּא מִמֹּחַ, וְגַם הַדְּמָעוֹת בָּאִין מִן הַמֹּחַ. לָכֵן צָרִיךְ הָאָדָם לְהִתְפַּלֵּל דַּוְקָא בִּדְמָעוֹת, וְכֵן כְּשֶׁהוּא מִתְאַבֵּל עַל חֻרְבַּן בֵּית הַמִּקְדָּשׁ וְעַל אָדָם כָּשֵׁר שֶׁמֵּת.

וְאִיתָא בַּזֹּהַר וּבְכִתְבֵי הָאֲרִ"י, שֶׁאוֹתָן שְׁתֵּי זוֹנוֹת שֶׁהָיוּ בִּימֵי שְׁלֹמֹה, הֵמָּה מַחֲלַ"ת וְלִילִי"ת. לְמַחֲלַ"ת יֵשׁ לָהּ אַרְבַּע מֵאוֹת שִׁבְעִים וּשְׁמוֹנָה מַחֲנוֹת, כְּמִנְיַן **מַחֲלַ"ת**, וְלִילִי"ת יֵשׁ לָהּ אַרְבַּע מֵאוֹת וּשְׁמוֹנִים מַחֲנוֹת, כְּמִנְיַן **לִילִי"ת**. וּבְשִׂמְחָה שֶׁל מִצְוָה מַכְנִיעַ הָאָדָם לְמַחֲלַת וּמַחֲנוֹתֶיהָ, וּכְשֶׁמִּתְאַבֵּל הָאָדָם לְצֹרֶךְ מִצְוָה, אָז הוּא מַכְנִיעַ הַלִּילִי"ת. וְזֶהוּ נִרְאֶה

---

326 דברים כא טו

327 תהלים קיט קלו

לִי פֵּרוּשׁ הַפָּסוּק - טוֹב[328] לָלֶכֶת אֶל בֵּית אָבֵל מִלֶּכֶת אֶל בֵּית מִשְׁתֶּה, כִּי בַּאֲבֵלוּת הוּא מַכְנִיעַ שְׁתֵּי כִּתּוֹת יוֹתֵר.

וְהִנֵּה יָדוּעַ, שֶׁבַּהֲבָאַת בִּכּוּרִים הָיְתָה שִׂמְחָה גְּדוֹלָה, כְּמוֹ שֶׁאָמְרִינָן בְּמַסֶּכֶת בִּכּוּרִים - שֶׁהֶחָלִיל[329] הָיָה מַכֶּה לִפְנֵיהֶם וְדִבְּרוּ הַלְוִיִּים בְּשִׁיר. וְלָזֶה נִרְאֶה לוֹמַר, דִּלְכָן אָמַר הַכָּתוּב - **מְלֵאָתְךָ** זוֹ בִּכּוּרִים, שֶׁמְּבִיאִים אוֹתְךָ בְּשִׂמְחָה. **וְדִמְעֲךָ** זוֹ דְּמָעוֹת. וּבָזֶה הוּא מַכְנִיעַ שְׁתֵּי נָשִׁים מַחֲל"ת וְלִילִי"ת, שֶׁלֹּא יִהְיֶה רְשׁוּת לָהֶם לְהַחֲטִיאֲךָ. וְאִם כֵּן, בְּכוֹר בָּנֶיךָ תִּתֶּן לִי בִּקְדֻשָּׁה, שֶׁהִיא טִפָּה רִאשׁוֹנָה. לָכֵן סָמַךְ לֵיהּ - וְאַנְשֵׁי[330] קֹדֶשׁ תִּהְיוּן לִי. כִּי מִי שֶׁשּׁוֹמֵר הַבְּרִית נִקְרָא קָדוֹשׁ. וְלָכֵן מִי שֶׁפָּגַם בִּבְרִיתוֹ יִרְאֶה לְהוֹרִיד דְּמָעוֹת בִּתְפִלּוֹת, וְאָז הוּא מַכְנִיעַ הַנִּגְעֵי בְּנֵי אָדָם, כִּי שַׁעֲרֵי דְּמָעוֹת לֹא נִנְעָלוּ. וְכֵן מָצִינוּ בְּדָוִד הַמֶּלֶךְ עָלָיו הַשָּׁלוֹם שֶׁאָמַר - מִטָּתִי[331] בְּדִמְעָתִי עַרְשִׂי אַמְסֶה. וְאוֹמֵר - הָיְתָה[332] לִּי דִמְעָתִי לֶחֶם וְכוּ'. הִנֵּה הָאֲרִ"י, זִכְרוֹנוֹ לִבְרָכָה, הִזְהִיר גַּם כֵּן לְנָשִׁים לִקְרוֹת קְרִיאַת שְׁמַע שֶׁעַל הַמִּטָּה, כִּי קְרִיאַת שְׁמַע מְבַטֵּל נִגְעֵי בְּנֵי הָאָדָם. וּכְמוֹ שֶׁהָאֲנָשִׁים הֵן מְצֻוִּין עַל עֲוֹן קֶרִי, שֶׁלֹּא יְהַרְהֲרוּ בַּיּוֹם כְּדֵי שֶׁלֹּא יָבוֹאוּ לִידֵי טֻמְאָה בַּלַּיְלָה, כָּךְ הַנָּשִׁים מְצֻוִּים לְבִלְתִּי לְהַרְהֵר הִרְהוּרִים רָעִים, וּקְרִיאַת שְׁמַע שֶׁעַל הַמִּטָּה הוּא תִּקּוּן קֶרִי. עַד כָּאן לְשׁוֹנוֹ, וְזוֹ דִּבְרֵי פִּי חָכָם חֵן.

אוֹ יֵשׁ לוֹמַר, דְּנוּכַל לְפָרֵשׁ הַכָּתוּב - **כִּי תִהְיֶינָה לְאִישׁ שְׁתֵּי נָשִׁים - אַחַת אֲהוּבָה** שֶׁהוּא **מַחֲל"ת**, שֶׁהִיא נִרְאֵית לִבְנֵי אָדָם מְקֻשֶּׁטֶת, וְתָמִיד הִיא בְּמָחוֹל וּבִשְׂחוֹק. **וְהַשְּׂנוּאָה** הִיא **לִילִי"ת** הָרְשָׁעָה, הִיא תָּמִיד מְיַלֶּלֶת וְעוֹסֶקֶת בִּבְכִיָּה, לֹא יוּכַל לְבַכֵּר אֶת בֶּן הַבְּכוֹר, שֶׁהוּא נוֹלָד מֵאִשְׁתּוֹ הָרְאוּיָה לוֹ, כִּי צָרִיךְ הָאָדָם לִזָּהֵר תָּמִיד עַל כָּל פָּנִים טִפָּה רִאשׁוֹנָה שֶׁיִּדְבַּק בְּאִשְׁתּוֹ, וְכָל מִי שֶׁנִּכְשַׁל חַס וְשָׁלוֹם בְּעָוֹן זֶה, יְעַיֵּן לְעֵיל פֶּרֶק ב' וּלְקַמָּן בְּפֶרֶק ס"ט וּבְפֶרֶק ע', וִימַהֵר בִּתְשׁוּבָה, וְאָז טוֹב יִהְיֶה לוֹ, אָמֵן סֶלָה.

---

[328] קהלת ז ב

[329] משנה בכורים ג ד

[330] שמות כב ל

[331] תהלים ו ז

[332] תהלים מב ד

פרק סט

כְּתִיב צָרִיךְ הָאָדָם לָדַעַת, כִּי הַמַּחֲלַ"ת הַנִּזְכֶּרֶת לְעֵיל בְּפֶרֶק ס"ח, הִיא וְכַת שֶׁלָּהּ לִפְעָמִים הִיא נִרְאֵית לִפְנֵי הָאָדָם אַף בְּהָקִיץ, וְהִיא נִרְאֵית אֵלָיו כְּאִלּוּ הִיא אִשָּׁה יָפָה וּמַרְאֵית לוֹ פָּנִים שׂוֹחֲקוֹת, וְשׂוֹחֶקֶת עִם הָאָדָם וּמְיַלֶּדֶת בָּנִים מִמֶּנּוּ הַנִּקְרָאִים בָּנִים זָרִים, בָּנִים מַשְׁחִיתִים, וּלְבַסּוֹף הִיא הוֹרֶגֶת אוֹתוֹ וְאֶת זַרְעוֹ וְכָל בְּנֵי מִשְׁפַּחְתּוֹ, כַּאֲשֶׁר שָׁמַעְנוּ מֵהַמַּעֲשֶׂה שֶׁנַּעֲשָׂה בְּיָמֵינוּ, וְאֹמַר לְךָ אִיזִי גּוּפָא דְּעֻבְדָּא כָּךְ הָיָה, כִּי בִּשְׁנַת תמ"א ותמ"ב לָאֶלֶף הַשִּׁשִּׁי הָיָה בַּיִת אֶחָד שֶׁל אֲבָנִים עוֹמֵד בָּרְחוֹב הַגָּדוֹל בִּקְהִלַּת קֹדֶשׁ פּוֹזְנָא, אֲשֶׁר הַמַּרְתֵּף בְּתוֹךְ הַבַּיִת הָיָה סָגוּר וּמְסֻגָּר, וְלֹא הָיָה יָכוֹל לֵילֵךְ שׁוּם אָדָם לְתוֹךְ הַמַּרְתֵּף. וַיְהִי הַיּוֹם, הָלַךְ לְשָׁם בָּחוּר אֶחָד לְתוֹךְ הַמַּרְתֵּף, וּכְמוֹ רְבִיעִית שָׁעָה מְצָאוּהוּ אַנְשֵׁי הַבַּיִת לְהַבָּחוּר שׁוֹכֵב עַל מִפְתַּן הַמַּרְתֵּף מֵת, וְלֹא הָיוּ יוֹדְעִים סִבַּת מִיתָתוֹ. וְאַחַר מִיתַת הַבָּחוּר הַנִּזְכָּר לְעֵיל, כְּמוֹ שְׁתֵּי שָׁנִים בָּאוּ הַחִיצוֹנִים לְתוֹךְ **הַפִּיר הויז** שֶׁל בַּעַל הַבַּיִת, וּכְשֶׁהָיוּ אַנְשֵׁי הַמָּקוֹם מְכִינִים מָזוֹן לְבַשֵּׁל עַל הַכִּירָה, הָיוּ מוֹצְאִין בַּקְּדֵרוֹת תּוֹךְ הַמַּאֲכָל עָפָר וָאֵפֶר, עַד שֶׁלֹּא הָיָה רָאוּי הַמַּאֲכָל לֶאֱכֹל.

וְאַחַר כָּךְ הָיָה יַד הַחִיצוֹנִים מִתְגַּבֵּר וְהוֹלֵךְ, עַד שֶׁבָּאוּ גַּם כֵּן לְתוֹךְ הַדִּירָה שֶׁהָיוּ דָּרִים שָׁם בְּנֵי אָדָם, וְהָיוּ לוֹקְחִין הַכֵּלִים וְהַמְּנוֹרוֹת שֶׁהָיוּ בַּחֶדֶר תְּלוּיִים לְנוֹי, וְהָיוּ זוֹרְקִין אֶת הַכֵּלִים וְהַמְּנוֹרוֹת עַל הָאָרֶץ, אֲבָל לֹא הָיוּ מַזִּיקִין לְשׁוּם אָדָם, רַק הָיוּ מְבַלְבְּלִים אֶת הָאֲנָשִׁים הַדָּרִים שָׁם. וְאַחַר כָּךְ בָּאִים הַחִיצוֹנִים לְכָל חַדְרֵי הַבַּיִת, עַד שֶׁנִּכְנַס אֵימָתָן עַל אֲנָשִׁים הַדָּרִים בַּבַּיִת, וּבַעַל כָּרְחָם הֻכְרְחוּ לַעֲזֹב אֶת הַבַּיִת וְלַעֲקֹר דִּירָתָם מִשָּׁם, וְהָיְתָה יְלָלָה גְּדוֹלָה בִּקְהִלַּת קֹדֶשׁ פּוֹזְנָא. וַיִּתְיַעֲצוּ הַקָּהָל יַחַד לְהִתְוַכֵּחַ אֵיךְ וּמָה לַעֲשׂוֹת, וְעָשׂוּ פְּעֻלּוֹת מִן הַכְּמָרִים הַנִּקְרָאִים **ייע"ז וויט"ר**, וְלֹא יָכְלוּ לַעֲשׂוֹת שׁוּם פְּעֻלָּה לְגָרֵשׁ אֶת הַחִיצוֹנִים. וְאַחַר כָּךְ שָׁלְחוּ שָׁלִיחַ מְיֻחָד אַחַר הַבַּעַל שֵׁם הַמְפֻרְסָם בְּדוֹרוֹ, הַנִּקְרָא מוֹרֵנוּ הָרַב **יוֹאֵל בַּעַל שֵׁם** מִקְּהִלַּת קֹדֶשׁ זַאמוֹשְׁט.

וְהִנֵּה תֵּכֶף אֲשֶׁר בָּא הָרַב מוֹרֵנוּ יוֹאֵל זִכְרוֹנוֹ לִבְרָכָה, הִתְחִיל לְהַשְׁבִּיעָם בַּשֵּׁמוֹת הַקְּדוֹשִׁים, שֶׁיּוֹדִיעוּ לוֹ מֵאֵיזֶה סִבָּה הֵם בָּאִים, הַחִיצוֹנִים, לְבַיִת זֶה אֲשֶׁר הִיא בֵּית דִּירָה לִבְנֵי אָדָם, וְהַחִיצוֹנִים אֵין לָהֶם רְשׁוּת לָדוּר בִּמְקוֹם הַיִּשּׁוּב, כִּי אִם בִּמְקוֹם הַטִּנּוּף אוֹ בַּמִּדְבָּר. וְהֵשִׁיבוּ, שֶׁהַבַּיִת הַזֶּה הוּא שַׁיָּךְ לָהֶם לַחֲלוּטִין עַל פִּי דִין וְדַת הַתּוֹרָה, וְהִתְרַצּוּ הַחִיצוֹנִים שֶׁיָּבוֹאוּ לִפְנֵי בֵּית דִּין הַצֶּדֶק שֶׁבִּקְהִלַּת הַקֹּדֶשׁ פּוֹזְנָא, וְאַחַר יוֹם אוֹ יוֹמַיִם הָיוּ הַדַּיָּנִים דִּקְהִלַּת קֹדֶשׁ הַנִּזְכָּר לְעֵיל הוֹלְכִים עִם הָרַב רַבִּי יוֹאֵל בַּעַל שֵׁם, וְהָיוּ יוֹשְׁבִים בְּבֵית דִּין, וְהָיוּ שׁוֹמְעִים קוֹל שֶׁאֶחָד טוֹעֵן, אֲבָל לֹא רָאוּ הַבֵּית דִּין שׁוּם תְּמוּנַת צוּרָה מֵהַחִיצוֹנִים. וְהִתְחִיל אֶחָד מִן הַחִיצוֹנִים לִטְעֹן כִּי הָיָה אִישׁ אֶחָד דָּר

בַּבַּיִת, שֶׁהַבַּיִת הָיָה שַׁיָּךְ לוֹ בַּיָּמִים הַקַּדְמוֹנִים, וּשְׁמוֹ הָיָה כָּךְ וְכָךְ. וְהָיָה הָאִישׁ הַנִּזְכָּר לְעֵיל צוֹרֵף, וְהָיָה דָּר עִם שֵׁדִית אַחַת, וְהוֹלִיד בָּנִים זָרִים וּבָנִים מַשְׁחִיתִים, וְגַם הוֹלִיד מֵאִשְׁתּוֹ גַּם כֵּן בָּנִים. וְהָאִישׁ צוֹרֵף הַנִּזְכָּר לְעֵיל הָיָה לוֹ אַהֲבָה יְתֵרָה, וְנַפְשׁוֹ קְשׁוּרָה בְּנַפְשָׁהּ שֶׁל שֵׁדִית, וְלִפְעָמִים הָיָה מֻכְרָח לְבַטֵּל תְּפִלָּתוֹ וְלָצֵאת מִבֵּית הַכְּנֶסֶת לַעֲשׂוֹת רְצוֹן הַשֵּׁדִית הַנִּזְכָּר לְעֵיל.

וּפַעַם אַחַת הָיָה הָאִישׁ צוֹרֵף הַנִּזְכָּר לְעֵיל מְסַדֵּר סֵדֶר בַּלַּיְלָה רִאשׁוֹנָה שֶׁל פֶּסַח כְּסֵדֶר שֶׁל הַיְּהוּדִים בְּכָל תְּפוּצוֹת יִשְׂרָאֵל, וּבְתוֹךְ הַסְּעֻדָּה קָם הָאִישׁ הַצּוֹרֵף מִן הַשֻּׁלְחָן וְהָלַךְ לְבֵית הַכִּסֵּא, וְאִשְׁתּוֹ הַיְּהוּדִיָּה עָשְׂתָה כְּמַחֲרִישׁ לוֹ, הָלְכָה תֵּכֶף אַחֲרָיו לִרְאוֹת מַה הוּא עוֹשֶׂה בְּבֵית הַכִּסֵּא, וְרָאֲתָה דֶּרֶךְ הַחוֹר לְבֵית הַכִּסֵּא וְהִנֵּה הָיָה חֶדֶר יָפֶה עוֹמֵד שָׁם וְגַם שֻׁלְחָן הָיָה מָלֵא מְכֵלִים שֶׁל כֶּסֶף וְזָהָב וּמִטָּה מֻצַּעַת בְּכָל מִינֵי יִפּוּי, וּבְתוֹךְ הַמִּטָּה הָיְתָה אִשָּׁה יְפֵיפִיָּה מְאֹד עֲרֻמָּה, וְהַצּוֹרֵף הַנִּזְכָּר לְעֵיל הָיָה מְדַבֵּק עִמָּהּ בַּמִּטָּה. וּמֵרֹב הַפַּחַד שֶׁל הָאִשָּׁה הַיְּהוּדִית הָלְכָה לְבֵיתָהּ סָרָה וְזוֹעֶפֶת. וְאַחַר כָּךְ כְּמוֹ רְבִיעִית שָׁעָה בָּא גַּם בַּעֲלָהּ הַצּוֹרֵף, וְהָאִשָּׁה הַיְּהוּדִית לֹא דִּבְּרָה מְאוּמָה עַד כָּעֵת.

לְמָחֳרַת הָלְכָה הָאִשָּׁה הַיְּהוּדִית לְבֵית הָרַב הַגָּאוֹן הַגָּדוֹל מוֹרֵנוּ שֶׁעפְּטִל, זִכְרוֹנוֹ לִבְרָכָה, וְסִפְּרָה לוֹ כָּל הַמְּאֹרָעוֹת הַנִּזְכָּרִים לְעֵיל. וְשָׁלַח לָהּ הָרַב אַחַר הַצּוֹרֵף, וְהוֹדָה הַצּוֹרֵף שֶׁיֵּשׁ לוֹ אִשָּׁה זָרָה, אֲשֶׁר הִיא לֹא מִזֶּרַע הָאָדָם. וְאָז כָּתַב לוֹ הָרַב קָמֵיעַ אֶחָד בְּשֵׁמוֹת הַקְּדוֹשִׁים, עַד שֶׁהֻכְרַח הַצּוֹרֵף לַעֲזֹב הָאִשָּׁה הַזָּרָה הַהִיא מִן הַחִיצוֹנִים. וְקֹדֶם מוֹתוֹ בָּאָה אֵלָיו הַחִיצוֹנִית וּבָכְתָה לְפָנָיו אֵיךְ יַנִּיחַ אוֹתָהּ וּבָנֶיהָ, וְאַחַר כָּךְ הֶרְאֲתָה לוֹ פָּנִים שׂוֹחֲקוֹת וּנְשָׁקַתּוֹ וְחִבְּקָה אוֹתוֹ, עַד שֶׁהִתְרַצָּה לָהּ לִתֵּן לָהּ וּלְזַרְעָהּ חֵלֶק בְּנַחֲלָה שֶׁלּוֹ, וְנָתַן לָהּ הַמַּרְתֵּף אֲשֶׁר יֵשׁ לוֹ בַּבַּיִת. וְאַחַר זְמַן נִשְׁתַּרְבֵּב מִלְחָמוֹת בִּמְדִינוֹת פּוֹלִין מִן שְׁנַת ת"ח עַד שְׁנַת תי"ח, וּמֵת הָאִישׁ הַצּוֹרֵף בַּמִּלְחָמָה הַהִיא הוּא וְיוֹרְשָׁיו, וְעַתָּה אֵין לוֹ שׁוּם יוֹרֵשׁ, וַאֲנַחְנוּ הַחִיצוֹנִים הַיּוֹרְשִׁים, וְלָנוּ יֵשׁ חֵלֶק בְּנַחֲלַת אָבִינוּ. עַד כָּאן הַטְּעָנוֹת שֶׁל הַחִיצוֹנִים.

וְהֵשִׁיבוּ הָאֲנָשִׁים הַדָּרִים בַּבַּיִת, שֶׁאֲנַחְנוּ כֶּסֶף מָלֵא קָנִינוּ הַבַּיִת מִן הַצּוֹרֵף וּמִיַּד בָּאֵי כֹּחוֹ, וְאַתֶּם הַחִיצוֹנִים אֵינָם נִקְרָאִים זֶרַע בְּנֵי אָדָם. וְעוֹד, שֶׁאִמְּכֶם הַשֵּׁדִית הָיְתָה כּוֹפָה לְהַצּוֹרֵף בְּעַל כָּרְחוֹ לָדוּר עִמָּהּ. וְיָצָא פְּסַק מֵהַבֵּית דִּין, שֶׁאֵין לְהַחִיצוֹנִים שׁוּם דִּין וּדְבָרִים וְלֹא שׁוּם חֵלֶק בְּהַבַּיִת הַנִּזְכָּר לְעֵיל, כִּי עִקַּר דִּירָתָם הוּא בַּמִּדְבָּר וְלֹא בַּיִּשּׁוּב. וְאַחַר הַפְּסָק הִשְׁבִּיעַ הָרַב רַבִּי יוֹאֵל בַּעַל שֵׁם לְהַחִיצוֹנִים, שֶׁהֻכְרְחוּ לָצֵאת מֵהַבַּיִת וְאַף מִן הַמַּרְתֵּף לִמְקוֹם יְעָרוֹת וּמִדְבָּרוֹת. הֲרֵי לְךָ רְאָיָה בְּרוּרָה, שֶׁהֶעָוֹן הַזֶּה גּוֹרֵם כְּשֶׁהָאָדָם נִדְבָּק בְּלִילִי"ת אוֹ בְּשֵׁדִית מִן כַּת מַחֲלַ"ת, אֲזַי נֶעֱקָר הוּא מִן הָעוֹלָם וְגַם מִשְׁפַּחְתּוֹ, וְאֵין לוֹ שׁוּם זִכָּרוֹן בָּעוֹלָם.

עַל כֵּן יִתְרַחֵק הָאָדָם מִן הַזְּנוּת, כְּדֵי שֶׁלֹּא יָבוֹא אֵלָיו שֵׁדִית בִּדְמוּת אִשָּׁה, וְיִדְבַּק חַס וְשָׁלוֹם בּוֹ אוֹ בְּזַרְעוֹ, וְגוֹרֵם רָעָה לְעַצְמוֹ. וְהַגּוֹדֵר עַצְמוֹ בְּגֶדֶר עֶרְוָה וּמְדַבֵּק בְּאֵשֶׁת נְעוּרָיו שֶׁהִיא כְּגֶפֶן, אָז אַשְׁרֵי לוֹ וְאַשְׁרֵי לְנִשְׁמָתוֹ שֶׁלֹּא נָתַן כֹּחוֹ לְזָרִים. רַק יִהְיֶה הָאָדָם נִזְהָר מִלְּהוֹצִיא זַרְעוֹ לְבַטָּלָה. וְאִם יַגִּיעַ אֵלָיו חַס וְשָׁלוֹם חֵטְא זֶה עַל יְדֵי אֹנֶס, אֲזַי יִרְאֶה תֵּכֶף לְתַקֵּן אֶת הַפְּגָם בִּתְשׁוּבָה, וְאָז טוֹב לוֹ יִהְיֶה סֶלָה.

פרק ע

בְּרֵישׁ פָּרָשַׁת צַו כְּתִיב - זֹאת[333] תּוֹרַת הָעוֹלָה הִיא הָעוֹלָה עַל מוֹקְדָה. פֵּרֵשׁ רַשִׁ"י זִכְרוֹנוֹ לִבְרָכָה - אֵין צַו אֶלָּא לְשׁוֹן זֵרוּז. אָמַר רַבִּי שִׁמְעוֹן - בְּיוֹתֵר צָרִיךְ הַכָּתוּב לְזָרֵז בְּמָקוֹם שֶׁיֵּשׁ חֶסְרוֹן כִּיס. עַד כָּאן לְשׁוֹנוֹ. וְהִנֵּה פֵּרוּשׁ רַשִׁ"י צָרִיךְ לְבֵאוּר, מַה כַּוָּנַת רַשִׁ"י, זִכְרוֹנוֹ לִבְרָכָה, לִדְרֹשׁ דְּרוּשׁ זֶה דַּוְקָא בְּפָרָשָׁה זוֹ, וְלֹא בִּשְׁאָר פָּרָשִׁיּוֹת שֶׁבַּתּוֹרָה, וְהַנִּרְאֶה לְפָרֵשׁ עַל פִּי הַגְּמָרָא דְּאָמְרִינַן - תְּפִלָּה[334] כְּנֶגֶד קָרְבָּנוֹת תִּקְּנוּם. תְּפִלַּת שַׁחֲרִית נֶגֶד תָּמִיד שֶׁל שַׁחֲרִית, מוּסָפִים נֶגֶד קָרְבַּן מוּסָף, תְּפִלַּת מִנְחָה נֶגֶד תָּמִיד שֶׁבֵּין הָעַרְבַּיִם, תְּפִלַּת עַרְבִית כְּנֶגֶד אֵבָרִים וּפְדָרִים שֶׁלֹּא נִתְעַכְּלוּ עַל גַּבֵּי הַמִּזְבֵּחַ, וְנִתְפַּקְּעוּ מֵעַל גַּבֵּי הַמִּזְבֵּחַ, שֶׁהִזְהִירָה הַתּוֹרָה לְהַכֹּהֲנִים לְהַחֲזִיר הָאֵבָרִים וּפְדָרִים עַל גַּבֵּי הַמִּזְבֵּחַ. וְלָכֵן הָיָה הָאֵשׁ שֶׁל הַמִּזְבֵּחַ יוֹקֵד כָּל הַלַּיְלָה. וְהָעִנְיָן הוּא מְבֹאָר בַּזֹּהַר פָּרָשַׁת תְּרוּמָה, כִּי הֶעָשָׁן שֶׁל כָּל הַקָּרְבָּנוֹת הָיָה עוֹלֶה בְּמִישׁוֹר, מַה שֶּׁאֵין כֵּן הֶעָשָׁן שֶׁל אֵבָרִים וּפְדָרִים, שֶׁפָּקְעוּ מֵעַל גַּבֵּי הַמִּזְבֵּחַ. וּכְשֶׁחוֹזְרִין וּמַעֲלִין אוֹתָן עַל גַּבֵּי הַמִּזְבֵּחַ מִבָּעֶרֶב, הָיָה הֶעָשָׁן מִתְעַקֵּם וְהוֹלֵךְ לְצַד צָפוֹן, אֲשֶׁר שָׁם דִּירַת הַסִּטְרָא אָחֳרָא, וּמִן הֶעָשָׁן הַהוּא הֵם יוֹנְקִים. וְלֹא יוּכְלוּ לְקַטְרֵג עַל יִשְׂרָאֵל.

וּכְשֶׁהָיָה הֶעָשָׁן הַהוּא הַנִּזְכָּר מִתְעַקֵּם לְאוֹתוֹ צַד צָפוֹן וְעָאל לְחַד נוּקְבָא דִּבְצַד צָפוֹן, וְכָל הַחֲבוּרוֹת שֶׁל הַסִּטְרָא אָחֳרָא הָיוּ יוֹדְעִים מֵהֶעָשָׁן וְהָיוּ מִתְאַסְּפִים כֻּלָּם לְשָׁם, וְרֹאשׁ אֶחָד מְמֻנֶּה עַל כֻּלָּם. שִׁשִּׁים אֶלֶף רִבּוֹא מַחֲנוֹת שֶׁל קְלִפּוֹת עִמָּהֶם, וְכֻלָּם הֵם מִתְאַסְּפִים יַחַד לִסְטַר צָפוֹן, וְקַיָּמִים עַל פִּתְחָא חֲדָא דְּאִקְרֵי **קֶרִי**, כִּי מֵהַהוּא פִּתְחָא דְּאִקְרֵי **קֶרִי** נָפְקִין כָּל מְקַטְרְגִים עַל יִשְׂרָאֵל. וְעַל זֶה כְּתִיב - וְאִם[335] תֵּלְכוּ עִמִּי קֶרִי. וְהָלַכְתִּי[336] אַף אֲנִי עִמְּכֶם בַּחֲמַת קֶרִי. וְהֵן הֵן הַקְּלִפּוֹת אֲשֶׁר מִשָּׁם נָפְקִין וּפָרְחִין וְשָׁאטִין בַּלַּיְלָה, וּמִתְחַזְיָן לִבְנֵי הָאָדָם בַּלַּיְלָה וְשׂוֹחֲקִין עִמָּהֶם, עַד שֶׁמּוֹצִיאִין קֶרִי. וְהִנֵּה עָשָׁן הַנִּזְכָּר לְעֵיל הוּא מָזוֹן לְאוֹתָן הַמְקַטְרְגִים שֶׁיִּשָּׁאֲרוּ בִּמְקוֹם, וְלֹא יִתְפַּשְּׁטוּ עַל הָעוֹלָם. וּכְנֶגֶד זֶה תִּקְּנוּ תְּפִלַּת עַרְבִית, כַּאֲשֶׁר כִּתּוֹת הַנִּזְכָּרִים יוֹצְאִים מֵעֶרֶב רַב, וְעַל כֵּן נִקְרֵאת **תְּפִלַּת עֶרֶב** לְהַתִּישׁ כֹּחַ הַנִּזְכָּרִים. וְצָרִיךְ הָאָדָם לְכַוֵּן הֵיטֵב בִּתְפִלַּת עַרְבִית, כְּדֵי לְהַתִּישׁ כֹּחַ הַסִּטְרָא אָחֳרָא הַנִּזְכָּר לְעֵיל, וּבְיוֹתֵר בִּפְרָט בַּגָּלוּת הַמַּר הַזֶּה.

וְהִנֵּה צָרִיךְ אֲנִי עוֹד לְהַקְדִּים לְךָ הַקְדָּמָה אַחַת, מַה שֶּׁמָּצָאתִי בְּסֵפֶר

---

[333] ויקרא ו ב
[334] ברכות כו ב
[335] ויקרא כו כז
[336] ויקרא כו כח

שְׁלָ"ה, דְּהִזְהִיר הַגָּאוֹן מוֹרֵנוּ יְשַׁעְיָה הוֹרְוִיץ, זִכְרוֹנוֹ לִבְרָכָה, שֶׁצָּרִיךְ כָּל אָדָם לִזָּהֵר מְאֹד בְּפֵרוּר שֶׁל פַּת כְּדִמְיוֹן אֵבְרֵי עוֹלָה, שֶׁנִּתְפַּקְּעוּ מֵעַל גַּבֵּי הַמִּזְבֵּחַ, כְּדֵי שֶׁלֹּא יִהְיֶה שְׁלִיטַת הַחִיצוֹנִים נֶהֱנִין מִן אוֹתָן אֵבָרִים וּפְדָרִים, רַק יְנִיקָתָן הִיא מִן הֶעָשָׁן הַמִּתְעַקֵּם וְנוֹטֶה לְצַד צָפוֹן, כָּךְ הַפֵּרוּרֵי פַּת צָרִיךְ הָאָדָם לְהִזָּהֵר בָּהֶם שֶׁלֹּא יַשְׁלִיכֵם לָאָרֶץ, וּבִפְרָט מִפֵּרוּרֵי שִׁיּוּרֵי הַמּוֹצִיא, שֶׁהֵן דֻּגְמַת אֵבָרִים שֶׁל עוֹלָה וְנִקְרָאִים תְּרוּמַת מַעֲשֵׂר, שֶׁהוּא קֹדֶשׁ הַקֳּדָשִׁים [עַיֵּן מַה שֶּׁכָּתַבְתִּי בְּחִבּוּרִי הַגָּדוֹל, הַנִּקְרָא **עֹפֶר הָאַיָּלִים**, בְּפָרָשַׁת צַו, וְתִמְצָא נַחַת. עַיֵּן שָׁם].

מִי שֶׁאֵינוֹ נִזְהָר בְּפֵרוּרֵי פַּת, אֲזַי בָּאָה לִילִי"ת שֶׁהִיא גִּימַטְרִיָּא אַרְבַּע מֵאוֹת וּשְׁמוֹנִים, שֶׁהִיא בְּהִפּוּךְ אַתְנַן פַּת עִם **ת"פ** כּחוֹת שֶׁלָּהּ, וְשׁוֹרָה בְּבֵית הָאִישׁ הַהוּא, עַד שֶׁמְּבִיאָהּ אוֹתוֹ לִידֵי עֲנִיּוּת. וְלָכֵן נִרְאֶה לִי דְּזֶה כַּוָּנַת הַמָּסוֹרָה - זֹאת[337] תּוֹרַת הָעֹלָה הִיא הָעוֹלָה. כְּתִיב - הוּא הָעוֹלָה. וְלִכְאוֹרָה הוּא תָּמוּהַּ. וּלְפִי מַה שֶּׁכָּתַבְתִּי אָתֵי שַׁפִּיר דְּהוּא סוֹד גָּדוֹל - **הוּא הָעוֹלָה** קָאֵי עַל לִילִי"ת הָרְשָׁעָה, שֶׁרוֹצָה לֵהָנוֹת מִן פֵּרוּרֵי פַּת שֶׁהִיא גִּימַטְרִיָּא **ת"פ**, שֶׁהוּא מְמֻנֶּה עַל הָעֲנִיּוּת וְדַלּוּת, וְהוּא הָעוֹלָה קָאֵי אֵיבְרֵי עוֹלָה, שֶׁנִּתְקָרֵב עַל גַּבֵּי הַמִּזְבֵּחַ. וְלָכֵן נִרְאֶה לִי פֵּרוּשׁ רַשִׁ"י זִכְרוֹנוֹ לִבְרָכָה דְּרוּשׁ זֶה שֶׁל רַבִּי שִׁמְעוֹן - בְּיוֹתֵר צָרִיךְ הַכָּתוּב לְזָרֵז בְּמָקוֹם חֶסְרוֹן כִּיס דַּוְקָא בְּפָרָשָׁה זוֹ, דְּקָשָׁה לְרַשִׁ"י זִכְרוֹנוֹ לִבְרָכָה, הַקְּרִי הוּא **הִיא הָעוֹלָה**, וְהַכְּתִיב הוּא **הוּא הָעוֹלָה**, אֶלָּא עַל כָּרְחֲךָ צָרִיךְ לוֹמַר כְּדְפֵרַשְׁתִּי לְעֵיל, **דְּהוּא הָעוֹלָה** קָאֵי אַקָּרְבָּנוֹת. **וְהִיא הָעוֹלָה** קָאֵי אַפֵּרוּרֵי פַּת. וְלָכֵן בָּא רַבִּי שִׁמְעוֹן לוֹמַר בְּיוֹתֵר צָרִיךְ הַכָּתוּב לְהַזְהִיר בְּמָקוֹם שֶׁיֵּשׁ חֶסְרוֹן כִּיס, לְפִי דְּלִילִי"ת הִיא מְמֻנָּה עַל הָעֲנִיּוּת וְדַלּוּת.

בְּמַעֲשֶׂה דְּהוּבָא בְּחֻלִּין - אָמַר[338] אַבַּיֵּי מֵרֵישׁ הֲוֵי אָמִינָא הַאי דְּכַנְשֵׁי נִשְׁוָרָא מִשּׁוּם נְקִיּוּת הוּא. [רָצָה לוֹמַר - דְּכַנְשֵׁי נִשְׁוָרָא, שֶׁמְּכַבְּדִין פֵּרוּרֵי הַפַּת, כָּךְ פֵּרֵשׁ רַשִׁ"י זִכְרוֹנוֹ לִבְרָכָה]. אָמַר לֵיהּ מַר - מִשּׁוּם דְּקָשָׁה לַעֲנִיּוּת. הַאי גַּבְרָא, דַּהֲוֵי מְהַדֵּר עֲלֵיהּ שֵׁד דַּעֲנִיּוּתָא, וְלֹא הֲוֵי יָכוֹל לֵיהּ דְּקָא זָהִיר אַנִּשְׁוָרָא. [רָצָה לוֹמַר, שֶׁהָיָה הַבַּעַל הַבַּיִת נִזְהָר מְאֹד בְּפֵרוּרֵי הַפַּת]. **יוֹמָא חַד** כָּרַךְ רִפְתָּא עַל פְּנֵי הַשָּׂדֶה, וְנָפְלוּ פֵּרוּרִים שֶׁל הַפַּת עַל גַּבֵּי עֲשָׂבִים, וְאִי אֶפְשָׁר הָיָה לוֹ לְלַקֵּט כָּל הַפֵּרוּרִים, אָמַר הַשֵּׁד דַּעֲנִיּוּתָא - הַשְׁתָּא וַדַּאי נָפַל בִּיָדַי. בָּתַר דְּאָכִיל, אַיְתָא מָרָא עַקְרִינְהוּ לְכֻלָּא וְשַׁדָא לְנַהֲרָא. [פֵּרֵשׁ רַשִׁ"י שָׁקַל מָרָא, שֶׁקּוֹרִין בִּלְשׁוֹן אַשְׁכְּנַז שאוב"ל, וְלָקַח הַקַּרְקַע עִם הָעֲשָׂבִים וְעִם הַפֵּרוּרִים וְזָרַק לְמַיָּא]. **שְׁמַע קָלָא**, דַּהֲווּ אַמְרֵי - וַי, וַי, דְּאַפְּקֵי לְהַאי גַּבְרָא מִבֵּיתִי, וְלָכֵן נִרְאֶה לִי, דְּזֶהוּ כַּוָּנַת רַשִׁ"י שֶׁדָּרַשׁ דְּרוּשׁ זֶה דַּוְקָא בְּמִצְוָה זוֹ בְּפָרָשַׁת הָעוֹלָה, שֶׁהִיא קְרִי וּכְתִיב - **הוּא הָעוֹלָה**, **הִיא**

[337] ויקרא ו ב
[338] חולין קה ב

הָעוֹלָה. כֵּיוָן דְּרַמְזֵי נַמֵּי אֲלִילִי"ת, שֶׁהִיא מְמֻנָּה אַעֲנִיּוּת. וְלָכֵן אָמַר - בְּיוֹתֵר צָרִיךְ הַכָּתוּב לְזָרֵז בְּמָקוֹם שֶׁיֵּשׁ חֶסְרוֹן כִּיס, שֶׁהַפֵּרוּרֵי פַּת כָּל מִי שֶׁלֹּא נִזְהָר בָּהֶן וְזוֹרְקָן לַחוּץ, מֵבִיא לִידֵי עֲנִיּוּת וְדַלּוּת. וְלָכֵן לֹא פֵּרֵשׁ רַשִׁ"י דְּרוּשׁ זֶה, כִּי אִם דַּוְקָא בְּמִצְוָה זוֹ. וְקַל לְהָבִין וְנָכוֹן הוּא. וּלְפִי עֲנִיּוּת דַּעְתִּי הִיא כַּוָּנָה אֲמִתִּית.

וְלָכֵן צָרִיךְ הָאָדָם לְהִזָּהֵר שֶׁלֹּא יַשְׁלִיךְ פֵּרוּרֵי הַפַּת, וְכָל שֶׁכֵּן פֵּרוּרִין שֶׁל **הַמּוֹצִיא** שֶׁיֵּשׁ בָּהֶן קְדֻשַּׁת אֵבְרֵי הָעוֹלָה. וְלָכֵן נִרְאֶה לִי דְּלִילִי"ת עִם אַרְבַּע מֵאוֹת וּשְׁמוֹנִים מַחֲנוֹת שֶׁלָּהּ הִיא מְמֻנָּה עַל הַקֶּרִי. עַל כֵּן צָרִיךְ הָאָדָם לְהִתְפַּלֵּל, שֶׁלֹּא יָבוֹא לִידֵי קֶרִי, וְיִתְרַחֵק מֵהִרְהוּרִים רָעִים הַמְּבִיאִים אֶת הָאָדָם לִידֵי קֶרִי.

וּבוֹא וּרְאֵה עֵצָה הֲגוּנָה, שֶׁאֶתֵּן לְכָל מִי שֶׁיָּרֵא וְחָרֵד לִדְבַר ה' שֶׁיִּנָּצֵל מֵעָוֹן קֶרִי - עִנְיָן רִאשׁוֹן כְּבָר כָּתַבְתִּי בְּפֶרֶק ב', שֶׁיְּצַיֵּר הָאָדָם קֹדֶם שֶׁיִּישַׁן בִּדְיוֹקָנוֹ שֶׁל אָבִיו, עַיֵּן שָׁם. וּסְגֻלָּה שֵׁנִית הִיא, שֶׁיַּעֲשֶׂה טַבַּעַת מִכֶּסֶף טָהוֹר וְיַחְקֹק עָלָיו אֵלּוּ הַשֵּׁמוֹת שֶׁקִּבַּלְתִּי מֵהָאִישׁ הַקָּדוֹשׁ, מוֹרֵנוּ יוֹאֵל בַּעַל שֵׁם, זִכְרוֹנוֹ לִבְרָכָה, מִקְּהִלַּת קֹדֶשׁ זַאמוֹטְשׁ, וְאֵלּוּ הֵן - שד"י, צמדכ"ר, אנקת"ם, פסת"ם, פספסי"ם, דיונסי"ם, יוה"ך, אדנ"י. וְאַחַר עֲשִׂיָּה וְהַחֲקִיקָה שֶׁל הַטַּבַּעַת כֶּסֶף יַטְבִּיל הַטַּבַּעַת בְּמִקְוֶה אַרְבָּעִים סְאָה, וְאַחַר כָּךְ יוּכַל לָשֵׂאת עַל יָדוֹ וְיוּכַל לֵילֵךְ בְּכָל הַמְּקוֹמוֹת, וְיִהְיֶה לִבּוֹ בָּטוּחַ שֶׁיִּנָּצֵל מֵעָוֹן זֶה, וְיִשְׁכֹּן וְיִשְׁכַּב לָבֶטַח עַל מִשְׁכָּבְתּוֹ, בְּלִי שׁוּם מִכְשׁוֹל וְעָוֹן.

פרק עא

וַיָּבֹא[339] עַד חֶבְרוֹן. וּפֵרֵשׁ רַשִׁ"י - מְלַמֵּד שֶׁהָלַךְ כָּלֵב עַל קִבְרֵי הָאָבוֹת לְהִתְפַּלֵּל שָׁם, שֶׁיִּהְיֶה נִצּוֹל מֵעֲצַת מְרַגְּלִים. וּמִכָּאן נִתְפַּשֵּׁט הַמִּנְהָג יָפֶה שֶׁבְּיִשְׂרָאֵל, שֶׁאֲנַחְנוּ הוֹלְכִים עַל קִבְרֵי אָבוֹת לְהִתְפַּלֵּל בַּיּוֹם שֶׁמֵּת בּוֹ אָבִיו אוֹ אִמּוֹ. וְאַף אִם הוּא בְּמָקוֹם אַחֵר בְּאוֹתוֹ הַפַּעַם בְּיָאר־צַייט, וְאֵינוֹ בְּמָקוֹם שֶׁשּׁוֹכֵב שָׁם אָבִיו אוֹ אִמּוֹ, מִכָּל מָקוֹם כְּשֶׁהוֹלֵךְ עַל שְׁאָר קִבְרֵי יִשְׂרָאֵל לְהִתְפַּלֵּל, מִכָּל מָקוֹם מִתְעוֹרְרִים כָּל הַנְּשָׁמוֹת שֶׁבְּגַן עֵדֶן בְּאוֹתָהּ הַתְּפִלָּה. וְסִדְנָא דְּאַרְעָא חַד הוּא, שֶׁהַקָּדוֹשׁ בָּרוּךְ הוּא גָּזַר כֵּן לִהְיוֹת נַפְשׁוֹת הַצַּדִּיקִים מְצוּיִין עַל הַקְּבָרוֹת לְטוֹבַת יִשְׂרָאֵל, שֶׁיִּהְיוּ שׁוֹמְעִין לִתְחִנּוֹת וּתְפִלּוֹת יִשְׂרָאֵל, הַבָּאִים לְהִתְפַּלֵּל עַל הַקְּבָרוֹת. וְכָל מִי שֶׁיֵּשׁ לוֹ אֵיזֶה צַעַר, יָבוֹא אֶל קִבְרֵי אֲבוֹתָיו אוֹ שְׁאָר קְבָרוֹת וְיוֹדִיעַ צַעֲרוֹ לְהַנְּפָשׁוֹת, כִּי בְּעֵת שֶׁהַנְּשָׁמוֹת וּנְפָשׁוֹת שׁוֹמְעִין תְּפִלָּתָן שֶׁל הַחַיִּים הַמִּתְפַּלְּלִים עַל צַעֲרוֹ, אָז עוֹלִין לָרוּחוֹת שֶׁבְּגַן עֵדֶן, וְהָרוּחוֹת עוֹלִין אֶל חַדְרֵי גַּן עֵדֶן אֲשֶׁר שָׁם נִשְׁמוֹת הַקְּדוֹשׁוֹת, וּמְעוֹרְרִים הָאָבוֹת שֶׁבְּאֶרֶץ יִשְׂרָאֵל, וְשָׁם מִשְׁתַּחֲוִים לִפְנֵי כִּסֵּא הַכָּבוֹד וּמִתְפַּלְּלִין עַל הַחַיִּים.

אָכֵן, כְּשֶׁנְּשָׁמָה אֵינָהּ זוֹכָה עֲדַיִן לִמְקוֹמָהּ בְּגַן עֵדֶן הָעֶלְיוֹן, וְהִיא עֲדַיִן נִדְחֵית מִחוּץ לְפַרְגּוֹדָא קַדִּישָׁא וְנָדָה וְנָעָה אֲזַי גַּם הָרוּחַ וְהַנֶּפֶשׁ נָע וָנָד, וּבְכָל פַּעַם בָּאָה הַנֶּפֶשׁ וְרוּחַ בְּתוֹךְ הַקֶּבֶר, וְרוֹאָה הַגּוּף מְסֻבָּב בְּתוֹלָעִים, וּפִיו פָּתוּחַ וְתוֹלָעִים מְקַשְׁקְשִׁים בּוֹ, וּקְרָבָיו וּבְנֵי מֵעָיו מְלֵאִים רִמָּה וְתוֹלֵעָה, אָז הַנְּשָׁמָה מִתְאַבֶּלֶת עָלָיו, כְּמוֹ שֶׁאָמַר הַכָּתוּב - וְנַפְשׁוֹ[340] עָלָיו תֶּאֱבָל. מַה שֶּׁאֵין כֵּן כְּשֶׁהַגּוּף קָדוֹשׁ וְטָהוֹר. אֲזַי מִתְעַכֵּל הַבָּשָׂר עַל יְדֵי הֶעָפָר, וְאָז נַעֲשֶׂה גּוּפוֹ וּבְשָׂרוֹ עָפָר וָאֵפֶר תֵּכֶף, וְאֵינוֹ סוֹבֵל שׁוּם צַעַר שֶׁל תּוֹלָעִים וְרִמָּה, זֶהוּ שְׂכַר גּוּפוֹ. וּשְׂכַר הַנְּשָׁמָה בְּגַן עֵדֶן הָעֶלְיוֹן עוֹלָה מִיָּד, וְכֵן הָרוּחַ לְגַן עֵדֶן הַתַּחְתּוֹן.

וְכָל שַׁבָּת וְרֹאשׁ חֹדֶשׁ עוֹלֶה הָרוּחַ לְגַן עֵדֶן הָעֶלְיוֹן, אֲשֶׁר שָׁם הִיא הַנְּשָׁמָה, וּבְהַהוּא אוֹר וְזִיו הַטָּהוֹר יוֹרֶדֶת לְמַטָּה בְּמוֹצָאֵי שַׁבָּת וְיוֹם טוֹב וְרֹאשׁ חֹדֶשׁ, וְאָז עוֹלָה הַנֶּפֶשׁ וּמְקַבֶּלֶת גַּם כֵּן מֵהָאוֹר וּמֵהַזִּיו הַטָּהוֹר שֶׁקִּבֵּל הָרוּחַ לְמַעְלָה מִנְּשָׁמָה שֶׁבְּגַן עֵדֶן הָעֶלְיוֹן, וְאָז הַנֶּפֶשׁ יוֹרֶדֶת וְנִכְנֶסֶת תּוֹךְ הַקֶּבֶר וְנוֹטֶלֶת צִיּוּר הַגּוּף שֶׁהָיוּ בְּחַיּוּתָן בָּעוֹלָם הַזֶּה, וּבְצִיּוּר הַזֶּה עוֹמְדִין מַמָּשׁ בְּגוּפוֹת כְּמוֹ שֶׁהָיוּ בְּחַיּוּתָן, וְעוֹמְדִים עַל הַקְּבָרִים וְנוֹתְנִים שֶׁבַח וְהוֹדָיָה לָאֵל יִתְבָּרֵךְ שְׁמוֹ, עַל גֹּדֶל מַעֲלוֹת אוֹר הַנְּשָׁמָה. וְזִיו פְּנֵיהֶם מְאִירִים בְּאוֹר גָּדוֹל. וְאָז מַרְבִּין בְּשִׁירוֹת וְתִשְׁבָּחוֹת בְּצִיּוּרָן מַמָּשׁ עִם הָעֲצָמוֹת מְרֻקָּמוֹת וּמְגֻלָּמוֹת כְּדִמְיוֹן הַגּוּף.

---

[339] במדבר יג כב

[340] איוב יד כב

וְאִלּוּ הָיָה רְשׁוּת לִבְנֵי אָדָם לִרְאוֹתָן, הָיוּ רוֹאִים אוֹתָן בְּכָל מוֹצָאֵי שַׁבָּת וּמוֹצָאֵי רֹאשׁ חֹדֶשׁ וְיוֹם טוֹב בְּדִמְיוֹן גּוּפוֹת עַל הַקְּבָרִים, וְאוֹמְרִים שִׁיר וָשֶׁבַח. וְזֶה שֶׁאָמַר הַכָּתוּב - כָּל[341] עַצְמוֹתַי תֹּאמַרְנָה ה' מִי כָמוֹךָ. **אוֹמְרִים** אֵין כְּתִיב כָּאן, אֶלָּא **תֹּאמַרְנָה** שֶׁאוֹמְרִים הַמֵּתִים שִׁירָה וָשֶׁבַח בְּכָל מוֹצָאֵי שַׁבָּת וְיוֹם טוֹב וְרֹאשׁ חֹדֶשׁ.

וְגַם צָרִיךְ לְהוֹדִיעַ, בְּעוֹד הָאָדָם בְּחַיִּים חַיּוּתוֹ, אָז הַנְּשָׁמָה מְעוֹרֶרֶת אֶת לִבּוֹ שֶׁל אָדָם לִדְבַר ה', כִּי זֶה קַבָּלָה הִיא בְּיָדֵי מְסַפְּרִים קַדְמוֹנִים. וְדַע, כִּי בְּכָל עֵת שֶׁיָּבוֹא פִּתְאֹם מַחֲשָׁבָה טוֹבָה בְּלֵב שֶׁל אָדָם, מַחֲשָׁבָה שֶׁל שִׂמְחָה וְאַהֲבָה לְדִבְרֵי תּוֹרָה אוֹ מִצְוָה, אֲזַי תֵּדַע שֶׁאָז הוּא עֵת רָצוֹן שֶׁתִּהְיֶה מִתְפַּלֵּל. וְזוֹ הַתְּפִלָּה דְּבוּקָה תֵּכֶף בְּהֵיכַל מֶלֶךְ מַלְכֵי הַמְּלָכִים הַקָּדוֹשׁ בָּרוּךְ הוּא. וּבַאֲשֶׁר שֶׁיֵּשׁ לִפְעָמִים עֵת וּזְמַן, שֶׁנַּפְשׁוֹ שֶׁל אָדָם עֲגוּמָה עָלָיו, קָרוֹב הַדָּבָר שֶׁיֵּשׁ אֵיזֶה גְּזֵרָה רָעָה חַס וְשָׁלוֹם עַל הָאָדָם אוֹ עַל קְרוֹבָיו, אוֹ גְּזֵרָה רָעָה עַל כָּל הָעוֹלָם, כִּי עַל פִּי רֹב כְּרוּזִים יוֹצְאִים וּמְעוֹרְרִין לְבָבוֹת הָאָדָם, כִּי הַלֵּב יוֹדֵעַ מָרַת נַפְשׁוֹ, אַף שֶׁבְּאָזְנָיו לֹא שָׁמַע. וְעַל כֵּן אִם יִתְעַצֵּל הָאָדָם וְלֹא יִתְפַּלֵּל תֵּכֶף, אֲזַי הַגְּזֵרָה מְמַשְׁמֶשֶׁת וּבָאָה.

עַל כֵּן יְזָרֵז הָאָדָם עַצְמוֹ וְיִתְפַּלֵּל לְהַקָּדוֹשׁ בָּרוּךְ הוּא בְּדִמְעוֹת כְּפִי כֹּחוֹ, כַּמְבֹאָר בַּזֹּהַר פָּרָשַׁת קְדוֹשִׁים, דְּיוֹם אֶחָד הֲוֵי יָתִיב רַבִּי שִׁמְעוֹן בֶּן יוֹחַאי אַתַּרְעָא דְּלוּד. זָקַף עֵינוֹי וְחָזָא שִׁמְשָׁא דְּנָהִיר וְאִסְתִּים נְהוֹרָא, וְאַהְדַּר נָהִיר וְאִסְתִּים נְהוֹרָא, וְאַהְדַּר נָהִיר וְאִסְתִּים נְהוֹרָא. וַהֲוֵי כֵּן שָׁלֹשׁ פְּעָמִים. אַדְהָכִי אִתְחֲשִׁיךְ נְהוֹרָא וְאִתְחֲזֵי בְּשִׁמְשָׁא אוּכְמֵי וִירוֹקָא. אָמַר רַבִּי שִׁמְעוֹן בֶּן יוֹחַאי לְרַבִּי אֶלְעָזָר בְּרֵיהּ - תָּא אֲבַתְרָאִי וְנֶחְמֵי, דְּהָא וַדַּאי גְּזֵרָה אִתְגְּזַר. וְהַקָּדוֹשׁ בָּרוּךְ הוּא בָּעֵי לְאוֹדָעָא לָן, דְּוַדַּאי שְׁלֹשָׁה יוֹמִין תַּלְיָא גְּזֵרָה דְּאִתְגְּזַר לְעֵילָא, עַד דְּמוֹדִיעַ הַקָּדוֹשׁ בָּרוּךְ הוּא לְצַדִּיקַיָּא, הֲדָא הוּא דִּכְתִיב [עָמוֹס ג, ז] - כִּי לֹא יַעֲשֶׂה אֱלֹהִי"ם דָּבָר, כִּי אִם גָּלָה סוֹדוֹ אֶל עֲבָדָיו הַנְּבִיאִים.

עַד דַּהֲווּ אָזְלֵי, עָאלוּ בְּהַאי כֶּרֶם. חָמוּ חַד חִוְיָא, דַּהֲוֵי אָתָא, וּפוּמֵיהּ פָּתוּחַ וּמְלַהֲטָא בְּאַרְעָא בְּעַפְרָא. וְאָחִיד יְדֵיהּ בְּרֵישֵׁיהּ דְּחִוְיָא, וְחָמָא דַּהֲוֵי חִוְיָא מְרַחֵשׁ בְּלִשָּׁנֵיהּ [רָצָה לוֹמַר, דְּהַנָּחָשׁ הָיָה מְרַמֵּז לְעוֹרֵר לְהַנָּחָשׁ הַקַּדְמוֹנִי, שֶׁהִיא סַמָּאֵ"ל לִילִי"ת הָרְשָׁעָה, שֶׁיִּתְעוֹרְרוּ דִּינִים קָשִׁים עַל הָעוֹלָם]. אָמַר לֵיהּ רַבִּי שִׁמְעוֹן בֶּן יוֹחַאי לְחִוְיָא - חִוְיָא, זִיל וְאֵימָא לְהַאי חִוְיָא, דְּאִתְקְרֵי נָחָשׁ עֶלְיוֹן, דְּהָא רַבִּי שִׁמְעוֹן בֶּן יוֹחַאי בְּעָלְמָא שְׁכִיחַ. עַיְּלֵי רַבִּי שִׁמְעוֹן בֶּן יוֹחַאי לְרֵישֵׁיהּ דְּהַהִיא נָחָשׁ לְחַד נוּקְבָא דְּעַפְרָא וְאָמַר - גּוֹזַרְנִי בְּשֵׁם, דִּכְשֵׁם דְּתַתָּא אִתְחֲזִיר לְנוּקְבָא דְּעַפְרָא, כָּךְ עִלָּאָה יִתְחֲזַר לְנוּקְבָא דִּתְהוֹמָא רַבָּא. רָחִישׁ רַבִּי שִׁמְעוֹן בֶּן יוֹחַאי בִּצְלוֹתֵיהּ עִם רַבִּי אֶלְעָזָר. עַד דַּהֲוֵי מְצַלֵּי, שָׁמְעוּ חַד קָלָא. דַּהֲוֵי אוֹמֵר - פּוּטְקְרָא

[341] תהלים לה י

דִּקְטָפָא עוּלוּ לְאַתְרַיְכוּ קְטָפִירֵי דְּבוּרַיְנֵי לָא שְׁרָאן בְּעָלְמָא, דְּהָא רַבִּי שִׁמְעוֹן בֶּן יוֹחַאי בָּטִיל לְהוֹן. פֵּרוּשׁ - דְּהָנֵי יוֹצֵא בַּת קוֹל עַל אוֹתָן מְמֻנִּים, דִּיכוּלִין לַעֲשׂוֹת הֶזֵּק לָעוֹלָם, שֶׁיִּהְיוּ מֻכְרָחִים לְעֵיל לְמָקוֹם הָרִאשׁוֹן, בַּמָּקוֹם אֲשֶׁר שׁוֹכְנִים בַּמִּדְבָּרוֹת, כֵּיוָן דְּרַבִּי שִׁמְעוֹן בֶּן יוֹחַאי הוּא עֲדַיִן קַיָּם בָּעוֹלָם הַזֶּה, וּזְכוּתוֹ מָגֵן עַל כָּל הַפֻּרְעָנִיּוֹת.

וְדַע, אַף שֶׁעַכְשָׁו בַּזְּמַן הַזֶּה אֵין לָנוּ בַּדּוֹר כְּמוֹ רַבִּי שִׁמְעוֹן בֶּן יוֹחַאי, שֶׁיּוּכַל לְבַטֵּל הַגְּזֵרוֹת הָרָעוֹת, מִכָּל מָקוֹם חַסְדֵי ה' לֹא תָמְנוּ עַל כָּל דּוֹר וָדוֹר, וּמִיָּד שֶׁנִּגְזְרָה אֵיזֶה גְּזֵרָה לְמַעְלָה, רַחֲמָנָא לִצְּלַן, מִיָּד שְׁלוּחֵי מַעְלָה מַכְרִיזִים וּמַשְׁמִיעִים הַקּוֹל וְהַכָּרוֹז עַל יְדֵי תִּינוֹק וְתִינֹקֶת, וְהֵן מִתְנַבְּאִין וְאֵינָם יוֹדְעִים מַה מִּתְנַבְּאִים. גַּם הַקָּדוֹשׁ בָּרוּךְ הוּא מְעוֹרֵר לֵב הַכְּשֵׁרִים וִירֵאִים, שֶׁיִּתְפַּלְּלוּ עַל דּוֹרָם, וְהִתְעוֹרְרוּת בָּא מֵעַצְמוֹתָן. וּבְעֵת אֲשֶׁר אֵיזֶה רָעוֹת מִתְעוֹרְרוֹת, אָז מַלְאֲכֵי דִּינִים מְשׁוֹטְטִים וּמַכְרִיזִים, וְחִצֵּי דִּינִים נִשְׁלָחִים וּמְבִיאִים אֵיזֶה חֲלִשָׁה לָעוֹלָם אוֹ שְׁאָר עִנְיָנִים רָעִים בַּר מִנַּן. וְאָז טוֹב לְאָדָם שֶׁלֹּא לְהֵרָאוֹת כָּל כָּךְ בַּחוּץ תָּדִיר, כִּדְאִיתָא בַּזֹּהַר פָּרָשַׁת נֹחַ - כֵּיוָן שֶׁנִּתָּן רְשׁוּת לַמַּשְׁחִית, אֲזַי לְהַאי שְׁלוּחָא רְשׁוּת לִפְגֹּעַ בְּאִנְשֵׁי דִּמְהַלְּכִין תָּדִיר בָּרְחוֹבוֹת וּבַשְּׁוָקִים חַס וְשָׁלוֹם. וְלָכֵן צָרִיךְ הָאָדָם לְהִתְפַּלֵּל עַל זֶה לְהִנָּצֵל מִכָּל רַע כַּנִּזְכָּר לְעֵיל.

וְצָרִיךְ הָאָדָם לְהִזָּהֵר שֶׁלֹּא לְהַזְכִּיר שְׁמוֹ בִּתְפִלָּתוֹ, דְּכֵיוָן דְּמַזְכִּיר שְׁמוֹ, אָז מַשְׁגִּיחִין לְעַיֵּן עָלָיו בְּמַעֲשָׂיו. וְכֵן יִמָּצְאוּ מְקַטְרְגִים דִּינַזְקֵי לֵיהּ, חַס וְשָׁלוֹם. וְהֵבִיא הַזֹּהַר רְאָיָה, שֶׁאָמַר אֱלִישָׁע הַנָּבִיא לַשּׁוּנַמִּית - הֲיֵשׁ[342] לָךְ לְדַבֵּר אֶל הַמֶּלֶךְ. דָּא הַקָּדוֹשׁ בָּרוּךְ הוּא, דְּהַהוּא יוֹמָא רֹאשׁ הַשָּׁנָה הֲוֵי, דִּכְדֵין אִקְרֵי הַקָּדוֹשׁ בָּרוּךְ הוּא **מֶלֶךְ הַקָּדוֹשׁ וּמֶלֶךְ הַמִּשְׁפָּט**. וַתֹּאמֶר - בְּתוֹךְ[343] עַמִּי אָנֹכִי יוֹשָׁבֶת. לָא בָּעֵינָא דְּיִדְכְּרוּן שְׁמִי שֶׁיַּשְׁגִּיחוּן בִּי, אֶלָּא **בְּתוֹךְ עַמִּי אָנֹכִי יוֹשָׁבֶת**. תָּא חֲזֵי בְּשַׁעְתָּא דְּרֻגְזָא הֲוֵי בְּעָלְמָא, לֹא אִדְכַּר שֵׁם נֹחַ. כֵּיוָן דְּדִינָא אִתְעֲבַר, כְּתִיב - וַיִּזְכֹּר[344] אֱלֹהִי"ם אֶת נֹחַ. הַשְׁתָּא אִדְכַּר שֵׁם נֹחַ. וְכָל זֶה לְהוֹדִיעַ כִּי הָאָדָם נִדּוֹן בְּמִשְׁקָל, וּלְכָל מַעֲשֶׂה יֵשׁ מֵלִיץ טוֹב, וּלְכָל עִנְיָן רַע יֵשׁ מְקַטְרֵג.

אַשְׁרֵי מִי שֶׁאוֹהֵב אֶת נִשְׁמָתוֹ יוֹתֵר מִגּוּפוֹ, וְעוֹשֶׂה עוֹלָם הַזֶּה טָפֵל וְעוֹלָם הַבָּא עִקָּר, וְכָל יוֹם וָיוֹם צוֹפֶה וּמַבִּיט אֶל הַסּוֹף, שֶׁסּוֹף אָדָם לָמוּת, וְאָז בְּוַדַּאי יַצְלִיחַ בְּתוֹרָתוֹ וּבְמַעֲשִׂים הַטּוֹבִים, שֶׁיָּבוֹא לְחַיֵּי עוֹלָם הַבָּא.

---

[342] מלכים-ב ד יג

[343] מלכים-ב ד יג

[344] בראשית ח א

פרק עב

אָמְרוּ רַבּוֹתֵינוּ זִכְרוֹנָם לִבְרָכָה - כִּי[345] הָעוֹלָם מִתְקַיֵּם עַל הֶבֶל פִּיהֶם שֶׁל תִּינוֹקוֹת שֶׁל בֵּית רַבָּן. וּמִכָּאן תִּרְאֶה, שֶׁגָּדוֹל שְׂכַר הַמְלַמְּדִין עִם הַתִּינוֹקוֹת. וּבְכָל מָקוֹם שֶׁתִּינוֹקוֹת לוֹמְדִים אֵצֶל רַבָּם, שָׁם הַשְּׁכִינָה מְצוּיָה וְשׁוֹרָה שָׁם, כִּדְאִיתָא בַּזֹּהַר פָּרָשַׁת לֶךְ לְךָ - רַבִּי שִׁמְעוֹן בֶּן יוֹחַאי כַּד הֲוֵי אָתֵי לְמֶחֱמֵיהּ עוּלְמַיָּא בְּבֵי רַב, הֲוָה אָמַר, אָזְלֵינָא לְמֶחֱמֵי אַפֵּי שְׁכִינְתָּא. וּמַה שֶּׁדַּיֵּק וְאָמַר, כַּד הֲוָה אָתֵי לְמֶחֱמֵי עוּלֵימַיָּא בְּבֵי רַב, כִּי כֵן מִנְהַג אַנְשֵׁי מַעֲשֶׂה, כְּשֶׁהָיוּ פְּנוּיִין מִן הַמְּלָאכָה, הָיוּ הוֹלְכִים אֶל הַמְלַמְּדִים כְּדֵי לְקַבֵּל אַפֵּי שְׁכִינְתָּא. וְעַל כֵּן צָרִיךְ אָדָם לְזָהֵר, שֶׁכָּל הַהוֹלֵךְ לְשָׁם לְבֵית הַמְלַמְּדִים, שָׁם הָאֵם, דְּהִיא שְׁכִינְתָּא רוֹבֶצֶת עַל הַבָּנִים וּפוֹרֶשֶׂת כַּנְפֵי שְׁכִינָה עַל גְּדָיֵי הַצֹּאן. וּבְהֶבֶל פִּיהֶם שֶׁל תִּינוֹקוֹת בּוֹקְעִים רְקִיעִים וַאֲוִירִים. עַל כֵּן צָרִיךְ הַמְלַמֵּד לָשׂוּם אֶל לִבּוֹ, שֶׁהַשְּׁכִינָה שׁוֹכֶנֶת אֶצְלוֹ, וְיַעֲשֶׂה מְלַאכְתּוֹ בֶּאֱמוּנָה בְּלִי רְמִיָּה, כַּאֲשֶׁר שֶׁהוּא מְלֶאכֶת שָׁמַיִם. וְיִרְאֶה שֶׁיִּהְיֶה הַחֶדֶר אֲשֶׁר לוֹמְדִין שָׁם הַתִּינוֹקוֹת נָקִי וְטָהוֹר מִכָּל לִכְלוּךְ. וִיקַיֵּם - וְהָיָה[346] מַחֲנֶיךָ קָדוֹשׁ. כִּי זֶה נִקְרָא מַחֲנֵה שְׁכִינָה.

וְאִיתָא בְּזֹהַר חָדָשׁ - רַבִּי אֶלְעָזָר בְּרַבִּי שִׁמְעוֹן בֶּן יוֹחַאי פָּגַע בֵּיהּ אֵלִיָּהוּ, וַהֲוֵי אֵלִיָּהוּ מִתְחֲזֵי אֵלָיו כִּדְמוּת סָבָא, וְתִינוֹק קָטָן הוֹלֵךְ לְפָנָיו. וְהָיָה מַעֲבַר נָהָר גָּדוֹל לְאַעֲבְּרָא לְהַךְ גִּיסָא. אָמַר לֵיהּ – סָבָא, רַמְיָא לְהַאי יַנּוּקָא עַל כִּתְפָאי בְּחַד גִּיסָא, וְאַתְּ עַל כִּתְפָאי גַּם כֵּן בְּהַאי גִּיסָא, וְאַעֲבִיר לְכוֹן מַעְבְּרָא דְּנַהֲרָא רַבָּא הָדֵין. אָמַר לֵיהּ - לָא מָארֵי דְּדַרְרָא אַתְּ, וְלָא תּוּכַל לְעַבְּרָנָא, [רָצָה לוֹמַר, שֶׁאָמַר לוֹ - רָאִיתִי שֶׁאַתָּה תַּלְמִיד חָכָם, וְתַשׁ כֹּחֲךָ מֵחֲמַת לִמּוּד הַתּוֹרָה, שֶׁנִּקְרֵאת תּוּשִׁיָּה, שֶׁמַּתֶּשֶׁת כֹּחַ שֶׁל אָדָם]. אָמַר לֵיהּ - סָבָא, סָבָא, אִי אֶתְפַּשׁ אוֹתְךָ וְרַבְיָא הָדֵין בִּתְרֵי אֲרִימִית יַתְכוֹן פַּלְגּוּת מִיל אֲחוֹרֵי הַנָּהָר. וְשֶׁאָמַרְתָּ לִי שֶׁהַתּוֹרָה נִקְרֵאת **תּוּשִׁיָּה** וּמַתֶּשֶׁת כֹּחַ שֶׁל אָדָם, וַהֲלֹא הַתּוֹרָה נִקְרָא אַסְוָתָא, שֶׁנֶּאֱמַר [מִשְׁלֵי ג, ח] - רִפְאוּת תְּהִי לְשָׁרֶּךָ וְשִׁקּוּי לְעַצְמוֹתֶיךָ. וּלְכָל[347] בְּשָׂרוֹ מַרְפֵּא. אַף אֲנִי שָׁתִיתִי מֵהַתּוֹרָה יוֹמִין סַגִּיאִין כְּמָה דְּשָׁתֵי מִלִּין דְּאַסְוָתָא, וְאַיְשַׁר חֵילִי. נָטִיל לְהוֹן וְאַעְבְּרִינוֹן עַל כִּתְפוֹי. אָמַר לֵיהּ – סָבָא, סָבָא, חֵילִי סַגֵּי בְּעָלְמָא הָדֵין וּבְעָלְמָא דְּאָתֵי, וּבְגִין רַבְיָא הָדֵין לָא אֶשְׁבֹּק לָךְ וְלָא אֶתֵּן רְשׁוּת לְשַׂר שֶׁל גֵּיהִנֹּם לִגַּע בָּךְ, וַאֲנָא עָיֵיל לִיךְ לְעָלְמָא דְּאָתֵי בְּתֹקֶף חֵילִי, דְּאִית לִי תַּמָּן. אָמַר לִי - רַבִּי, רַבָּא חֵילָךְ וְסַגִּיאָה בְּעָלְמָא הָדֵין וּבְעָלְמָא דְּאָתֵי, וְאַתְּ דַּמְיָן כְּהַאי שִׁמְשָׁא וְכוּ'.

---

345 שבת קיט ב

346 דברים כג טו

347 משלי ד כב

וּבִהְיוֹת כִּי גָּדוֹל שְׂכַר כֹּחַ לִמּוּד הַתִּינוֹקוֹת, וְהֶבֶל פִּיהֶם עוֹשִׂים הַרְבֵּה פְּעֻלּוֹת טוֹבוֹת וְהַצָּלוֹת מִגְּזֵרוֹת רָעוֹת וְקָשׁוֹת, כְּמוֹ שֶׁאָמְרוּ רַבּוֹתֵינוּ זִכְרוֹנָם לִבְרָכָה - הַקֹּול[348] קוֹל יַעֲקֹב. בִּזְמַן[349] שֶׁהַקּוֹל שֶׁל תִּינוֹקוֹת מְצַפְצְפִים בְּבָתֵּי מִדְרָשׁוֹת וּבְבָתֵּי כְּנֵסִיּוֹת שֶׁל יַעֲקֹב אֵין הַיָּדַיִם יְדֵי עֵשָׂו לָבוֹא עָלֵינוּ. חַס וְשָׁלוֹם, בִּגְזֵרוֹת רָעוֹת וּשְׁמָדוֹת.

עַל כֵּן צְרִיכִין אָנוּ גַּם כֵּן לְהִתְפַּלֵּל עַל הַתִּינוֹקוֹת שֶׁל בֵּית רַבָּן וְעַל יוֹנְקֵי שָׁדַיִם, שֶׁהַקָּדוֹשׁ בָּרוּךְ הוּא יְסוֹכְכֵם בְּצֵל כְּנָפָיו וְיִשְׁמְרֵם מִכָּל עֵינָא בִּישָׁא וּמִכָּל חֹלִי וּפְגָעִים רָעִים, שֶׁיִּנָּצְלוּ מִן אַסְכָּרָה, שֶׁבָּא אֶל הַתִּינוֹקוֹת מֵחֲמַת חֶסְרוֹן אוֹר הַלְּבָנָה. וְכֵן כְּתִיב מְאֹרֹת, חָסֵר וָי"ו.

וּבְהַגִּיעַ הַזְּמַן לָתֵת הַתִּינוֹק לְבֵית הַסֵּפֶר לִלְמֹד אֵצֶל הַמְלַמֵּד, יַשְׁכִּים הָאָב בַּבֹּקֶר וְיָקִיץ אֶת הַיֶּלֶד וְיוֹלִיכֶנּוּ בְּעַצְמוֹ לְבֵית רַבּוֹ. וְאַף אִם הָאָב הוּא זָקֵן וְגָדוֹל אוֹ פַּרְנָס וְרַב, לֹא יִהְיֶה לוֹ בּוּשָׁה בָּזֶה שֶׁמּוֹלִיךְ אֶת בְּנוֹ פַּעַם רִאשׁוֹנָה לְבֵית רַבּוֹ שֶׁל תִּינוֹק. וְיִתֵּן שֶׁבַח וְהוֹדָיָה לְהַקָּדוֹשׁ בָּרוּךְ הוּא, שֶׁזִּכָּה אוֹתוֹ לִזְכּוֹת אֶת בְּנוֹ לְהַכְנִיסוֹ תַּחַת כַּנְפֵי הַשְּׁכִינָה. וּמְחֻיָּב הָאָב אוֹ הָאֵם לְכַסּוֹת הַתִּינוֹק תַּחַת בִּגְדוֹ בַּהֲלִיכָתוֹ, שֶׁלֹּא יִסְתַּכֵּל הַתִּינוֹק בְּשׁוּם דָּבָר טָמֵא בָּעוֹלָם. וְאַחַר שֶׁמֵּבִיא הַתִּינוֹק לְבֵית הַמְלַמֵּד, יִתֵּן הָאָב הַתִּינוֹק לְתוֹךְ חֵיקוֹ שֶׁל מְלַמֵּד, עַל שֵׁם הַכָּתוּב - כַּאֲשֶׁר[350] יִשָּׂא הָאוֹמֵן אֶת הַיֹּנֵק. וְאָנֹכִי תִרְגַּלְתִּי לְאֶפְרַיִם קָחֵם עַל זְרוֹעוֹתָיו.

מְבִיאִין הַלּוּחַ, שֶׁכָּתוּב עָלָיו הָאָלֶ"ף בֵּי"ת, וְיִקְרָא הַמְלַמֵּד לִפְנֵי הַתִּינוֹק - א, ב, ג, ד, ה, ו, וְכוּ'. וְאַחַר כָּךְ תשר"ק, צפע"ם, נמל"ך, יטח"ז, והדגב"א. וְאַחַר כָּךְ יֹאמַר הַתִּינוֹק כָּל אוֹת וְאוֹת אַחַר הַמְלַמֵּד, וְאַחַר כָּךְ יִקְרָא הַמְלַמֵּד הַפָּסוּק - תּוֹרָה[351] צִוָּה לָנוּ מֹשֶׁה מוֹרָשָׁה קְהִלַּת יַעֲקֹב. וְאַחַר כָּךְ פָּסוּק רִאשׁוֹן שֶׁל וַיִּקְרָא, וְהַתִּינוֹק יַעֲנֶה אַחַר כָּל תֵּבָה וְתֵבָה, וְאַחַר כָּךְ יִתֵּן מְעַט דְּבַשׁ עַל הַלּוּחַ, וִילַחֵךְ הַתִּינוֹק הַדְּבַשׁ שֶׁעַל גַּבֵּי הָאוֹתִיּוֹת, וְאַחַר כָּךְ יִקַּח הָאָב הַתִּינוֹק וְיַשִּׁיבֶנּוּ לְבַיִת בְּאֹפֶן שֶׁלֹּא יִרְאֶה הַתִּינוֹק שׁוּם דָּבָר טָמֵא, וְטוֹב שֶׁבְּאוֹתוֹ הַיּוֹם לֹא תִּגַּע שׁוּם אִשָּׁה נִדָּה בְּהַתִּינוֹק. וְלָכֵן נָכוֹן הוּא לְהִתְעַנּוֹת בּוֹ בַּיּוֹם אָבִיו וְאִמּוֹ שֶׁל הַתִּינוֹק, וְיִתְפַּלְּלוּ אֶל אֱלֹהֵי"ם שֶׁבַּשָּׁמַיִם שֶׁיִּהְיֶה הַוָּלָד מֻצְלָח בְּתוֹרָה וּבְיִרְאָה וּבְמַעֲשִׂים טוֹבִים לַאֲרִיכוּת יָמִים. וּלְעֵת עֶרֶב אַחַר הַתַּעֲנִית יַעֲשֶׂה סְעֻדָּה לַעֲנִיִּים, וְיִתֵּן צְדָקָה לְפִי מַסַּת יָדוֹ, וְאָז בְּוַדַּאי יִהְיֶה לֵב הָאָב בָּטוּחַ שֶׁיִּרְאַת ה' יִהְיֶה עַל אוֹתוֹ הַתִּינוֹק, וְדַי בְּאַזְהָרָה זוֹ.

וּמַה מְּאֹד גָּדוֹל שְׂכַר שֶׁל אוֹתָם הָאֲנָשִׁים, אֲשֶׁר הֵם חֲשׂוּכֵי בָּנִים, לְגַדֵּל יְתוֹמִים בְּתוֹךְ בֵּיתָם. וְיַשְׁגִּיחוּ עֲלֵיהֶם לְנַהֲגָם בְּדֶרֶךְ יְשָׁרָה כְּאִלּוּ יְלָדָם.

348 בראשית כז כב

349 ילקוט שמעוני, בראשית כז כב

350 במדבר יא יב

351 דברים לג ד

וְאִם יְכֹלֶת בְּיָדוֹ לְהוֹשִׁיב לוֹמְדֵי תּוֹרָה בְּבֵיתוֹ וּלְפַרְנְסָם, שֶׁיִּהְיֶה בֵּיתוֹ מָלֵא תּוֹרָה. פְּשִׁיטָא - אַשְׁרֵי לוֹ וְאַשְׁרֵי חֶלְקוֹ. וְכֵן מָצִינוּ בְּרַשִׁ"י, זִכְרוֹנוֹ לִבְרָכָה, שֶׁבִּהְיוֹתוֹ גּוֹלֶה מִן גָּלוּת צָרְפַת, הָיָה מִתְאַכְסֵן בְּבֵית עָשִׁיר פַּרְנָס אֶחָד. וְהָיָה הֶעָשִׁיר הַפַּרְנָס מַפְצִיר בּוֹ, שֶׁיִּתְעַכֵּב בְּבֵיתוֹ וְיִלְמַד תּוֹרָה. וּלְרֹב הַפְצָרָתוֹ וּבַקָּשַׁת הֶעָשִׁיר, הָיָה רַשִׁ"י זִכְרוֹנוֹ לִבְרָכָה, מְחַבֵּר סֵפֶר אֶחָד, וְהָיָה נִקְרָא הַסֵּפֶר הַנִּזְכָּר לְעֵיל עַל שֵׁם הֶעָשִׁיר הַפַּרְנָס, וְכַוָּנַת רַשִׁ"י זִכְרוֹנוֹ לִבְרָכָה, הָיָה לְגַדֵּל וּלְכַבֵּד אֶת שְׁאָר בַּעֲלֵי גְּמִילוּת חֲסָדִים.

וְאַשְׁרֵי הָאִישׁ אֲשֶׁר בּוֹחֵר וּבוֹרֵר מָקוֹם יָפֶה וְנָאֶה בְּבֵיתוֹ כְּדֵי לִלְמֹד שָׁם, כִּי הַקָּדוֹשׁ בָּרוּךְ הוּא מָצוּי בְּבַיִת שֶׁלּוֹמְדִים בּוֹ תּוֹרָה. וְגָדוֹל יִהְיֶה כְּבוֹד בַּיִת זֶה לֶעָתִיד, בְּעֵת שֶׁיִּקָּבְצוּ נִדְחֵי יִשְׂרָאֵל, אָז יִקָּבְצוּ גַּם כֵּן כָּל בָּתֵּי מִדְרָשׁוֹת וּבָתֵּי כְּנֵסִיּוֹת לְאֶרֶץ יִשְׂרָאֵל, וְיִהְיוּ לִצְבִי תִּפְאֶרֶת אָמֵן.

פרק עג

אָמְרוּ רַבּוֹתֵינוּ זִכְרוֹנָם לִבְרָכָה - לָא[352] אִיבְרֵי לֵיְלָה אֶלָּא לְגִרְסָא. גָּדוֹל כְּבוֹד הַבַּיִת, אֲשֶׁר קוֹל תּוֹרָה נִשְׁמַע בּוֹ, כִּי הָעִנְיָן הוּא כָּךְ, כְּשֶׁאָדָם יָשֵׁן עַל מִטָּתוֹ, אָז נִשְׁמָתוֹ נִפְקֶת מִנֵּיהּ, וְאָז הִיא אִסְהֲדִית בְּאָדָם כָּל מַה דְּעָבִיד בְּהַהוּא יוֹמָא, וְדָנִין אֶת הַנְּשָׁמָה בֵּין טוֹב לְבִישׁ, כִּי בַּלַּיְלָה בֵּית דִּין שֶׁל מַעְלָה יוֹשְׁבִים בַּדִּין, וּבְשָׁעָה רִאשׁוֹנָה כֵּיוָן שֶׁהַשֶּׁמֶשׁ נִכְנֶסֶת לִמְקוֹמָהּ, אָז יֵשׁ מְמֻנֶּה מַכְרִיז כָּרוֹזָא דֶּרֶךְ שְׁנֵים עָשָׂר שְׁעָרִים, אֲשֶׁר הֵם נִפְתָּחִים כְּשֶׁהַחַמָּה יוֹצֵאת לִזְרֹחַ, וְנִסְגָּרִים כְּשֶׁהַחַמָּה שׁוֹקַעַת כָּל הַלַּיְלָה, וְאָז כָּל אִנּוּן מְמֻנִּים מַלְאָכִים, דְּאִנּוּן מְמֻנִּים עַל שְׁמִירַת הָעוֹלָם, כֻּלָּם מִתְכַּנְּשִׁין לְעֵילָא, וְהַשַּׁעֲרֵי רַחֲמִים נִנְעָלוּ, וְהַבָּתֵּי דִּינִים מִתְעוֹרְרִין, וְעוֹמְדִין מַלְאָכִים הַמְמֻנִּים עַל הַתְּקִיעוֹת וְתוֹקְעִין. וְזֶהוּ סִימָן שֶׁיַּעַמְדוּ הַמַּלְאָכִים בַּחֲצִי הַלַּיְלָה הַמְיֻחָדִים לוֹמַר שִׁירָה, וְאָז תֵּכֶף מִתְעוֹרְרִים הַמַּלְאָכִים וְעוֹמְדִין בְּאֵימָה וּבְיִרְאָה, בִּקְדֻשָּׁה וּבְטָהֳרָה, וּמְשׁוֹרְרִים וּמְזַמְּרִים קַמֵּיהּ קֻדְשָׁא בְּרִיךְ הוּא.

וְאָז בִּתְחִלַּת הַלַּיְלָה בְּנֵי נָשָׁא נַיְמִין עַל עַרְסֵיהוֹן, וְנִשְׁמוֹתֵיהֶן נַפְקִין וּמְעִידִין עַל עוֹבָדֵיהוֹן דִּי בִּימָמָא וְעוֹמְדִין בַּדִּין, וּבַחֲצוֹת הַלַּיְלָה אִתְעַר רוּחַ צָפוֹן, רוּחַ חָזָק, וְקָם חַד מְמֻנֶּה וּבָטִישׁ בֵּיהּ בְּשַׁרְבִיטָא, וְהָרוּחַ שָׁכִיךְ, וּכְדֵין אִתְּעַר הַקָּדוֹשׁ בָּרוּךְ הוּא לְאִשְׁתַּעְשְׁעָא עִם צַדִּיקַיָּא, הֲדָא הוּא דִכְתִיב - הַיּוֹשֶׁבֶת[353] בַּגַּנִּים חֲבֵרִים מַקְשִׁיבִים לְקוֹלֵךְ הַשְׁמִיעִינִי. וְהַקָּדוֹשׁ בָּרוּךְ הוּא מוֹשֵׁךְ חוּט שֶׁל חֶסֶד עַל אוֹתָן הָאֲנָשִׁים הָעוֹמְדִים בַּלֵּילוֹת לַעֲבוֹדָתוֹ, וּמְשַׁמְּרִים אוֹתָן מִכָּל פְּצָעִים וּפְגָעִים רָעִים, וַעֲלֵיהֶם נֶאֱמַר - יוֹמָם[354] יְצַוֶּה ה' חַסְדּוֹ וּבַלַּיְלָה שִׁירֹה עִמִּי. וּבְוַדַּאי יִמְשֹׁךְ עָלָיו חוּט שֶׁל חֶסֶד וְאוֹר גָּדוֹל מִנְּטִיעוֹת שֶׁבְּגַן עֵדֶן, מֵאוֹתוֹ הַמָּקוֹם הַנִּקְרָא נַחַל קְדוּמִים, וְחֶלְקוֹ מוּכָן וּמְזֻמָּן לְאַחַר מוֹתָם בְּמָקוֹם מְנוּחָה וְשִׂמְחָה. אַשְׁרֵי לוֹ וְאַשְׁרֵי חֶלְקוֹ.

עַל כֵּן אַל יִהְיֶה קַל בְּעֵינֶיךָ לִמּוּד הַתּוֹרָה בַּלַּיְלָה. וְקַדְמוֹנֵינוּ זִכְרוֹנָם לִבְרָכָה הָיוּ מִתְחַכְּמִים, וְהָיוּ עוֹשִׂים סִימָנִים לְכַוֵּן חֲצוֹת הַלַּיְלָה לָקוּם וְלַעֲסֹק בַּתּוֹרָה, כְּדֵי לְהִתְחַבֵּר כַּחֲדָא עִם צַדִּיקִים שֶׁבְּגַן עֵדֶן הַשּׁוֹמְעִים תּוֹרָה מִפִּי הַקָּדוֹשׁ בָּרוּךְ הוּא, כִּדְמָצִינוּ בַּזֹּהַר - רַבִּי אַבָּא וְרַבִּי יַעֲקֹב הֲווּ אָזְלוּ מִטְּבֶרְיָה לִכְפַר טַרְשָׁא וְנִתְאַכְסְנוּ אֵצֶל אֻשְׁפִּיזָא. כַּד בָּעֵי לְמִשְׁכַּב, אָמַר רַבִּי אַבָּא לְמָרֵיהּ דְּבֵיתָא - אִית הָכָא תַּרְנְגוֹלָא, אָמַר לֵיהּ הָאֻשְׁפִּיזָא - אַמַּאי, אָמַר לֵיהּ - אִצְטְרִיכְנָא לְמֵיקוּם בְּפַלְגוּת לֵילְיָא. אָמַר לֵיהּ - לָא אִצְטְרִיכְנָא, דְּהָא אִית לִי סִימָנָא אָחֳרָא, דְּהָדֵין טִקְלָא

---

[352] עירובין סה א

[353] שיר השירים ח יג

[354] תהלים מב ט

דְּקַמֵּי עַרְסֵי מְלִינָא מַיָּא וְנָטִיף טִיף טִיף. בְּפַלְגּוּת לֵילְיָה מַמָּשׁ אִתְרוֹקַן כֻּלְּהוּ מַיָּא וְאִתְגַּלְגַּל הַאי קִטְפָּא, דְּהַיְנוּ [טִקְלָא] וְאִשְׁתְּמַע קָלָא בְּכָל בֵּיתָא, וּכְדֵין הוּא פַּלְגּוּת לֵילְיָא [פֵּרוּשׁ, שֶׁהָיָה כְּלִי מַיִם תָּלוּי לִפְנֵי מִטָּתוֹ, וַהֲוֵי עָשׂוּי כְּגַלְגַּל, וּכְלִי זֶה הָיָה נוֹטֵף טִיף טִיף, וּכְדֶרֶךְ שֶׁעוֹשִׂין בִּמְדִינָה זוֹ הָאוּר וְעֶרֶק א"ה - שָׁעוֹן. עַד שֶׁמּוֹצִיא כָּל הַמַּיִם שֶׁבַּכְּלִי עַד חֲצוֹת. וְכָל זְמַן שֶׁהָיָה מַיִם, אֲפִלּוּ מְעַט מִזְּעֵיר, קָאֵי אַקִּיָּמֵיהּוּ. וּכְשֶׁנִּגְמְרוּ כָּל הַטִּפִּין לָצֵאת, אֲזַי נִתְהַפֵּךְ הַגַּלְגַּל וְנוֹפֵל לְמַטָּה, וְנֶהְפַּךְ הַכְּלִי וְהָיָה מַרְעִישׁ וְצוֹעֵק, וְנִשְׁמַע קוֹלוֹ, עַד שֶׁהֵקִיצוּ אוֹתָן הָאֲנָשִׁים שֶׁהָיוּ בַּחֶדֶר הַהוּא].

וְהָיָה שָׁם בְּאוֹתוֹ הַבַּיִת חַד סָבָא, דַּהֲוָה קָם בְּכָל פַּלְגּוּת לֵילְיָא וְאִשְׁתַּדַּל בְּאוֹרַיְתָא, וּבְגִין דָּא עָבִיד הַאי. אָמַר רַבִּי אַבָּא - בְּרִיךְ רַחֲמָנָא, דְּשַׁדְּרָנָא הָכָא, וּבְהַגִּיעַ זְמַן חֲצִי הַלַּיְלָה, קָמוּ כֻּלְּהוּ וַהֲוֵי עָסְקֵי בְּאוֹרַיְתָא וְכוּ'. אָמַר הַאי לְתַרֵין בְּנוֹהִי, מַהוּ עִנְיַן הַשָּׂכָר דְּהַקָּדוֹשׁ בָּרוּךְ הוּא מִשְׁתַּעֲשֵׁעַ עִם צַדִּיקִים, וְעָיֵל בְּפַלְגּוּת לֵילְיָה לְגַן עֵדֶן. וְלָכֵן אָמַר דָּוִד - חֲצוֹת[355] לַיְלָה אָקוּם לְהוֹדוֹת לָךְ. אָמַר רַבִּי אַבָּא - וַדַּאי שַׁפִּיר קָאָמַרְתְּ, אֲבָל מְנָא לָךְ הָא, אָמַר לֵיהּ - כָּךְ לָמַדְתִּי מִן סָבָא אָחֳרָא. תּוּ הֲוֵי אָמַר לְהוּ - בִּתְחִלַּת שַׁעְתָּא קַמַּיְתָא דְּלַיְלָה כָּל הַדִּינִים דִּלְתַתָּא מִתְעָרִין וְאָזְלִין וְשָׁאטִין בַּלַּיְלָה. בְּפַלְגּוּת לַיְלָה מַמָּשׁ אִתְּעַר הַקָּדוֹשׁ בָּרוּךְ הוּא בְּגַן עֵדֶן, וְדִינִין דִּלְתַתָּא לָא מִשְׁתַּכְּחִין, וְכָל נִימוּסִים דִּלְעֵילָא לָא אִשְׁתַּכְּחוּ אֶלָּא בְּפַלְגּוּת לֵילְיָא, דִּכְתִיב - וַיֵּחָלֵק[356] עֲלֵיהֶם לַיְלָה. וַיְהִי[357] בַּחֲצִי הַלַּיְלָה.

וְכַמָּה מְקוֹמוֹת בַּתּוֹרָה מָצִינוּ הָכֵי. דָּוִד הַמֶּלֶךְ קָרֵי לְהַקָּדוֹשׁ בָּרוּךְ הוּא **חֲצוֹת לַיְלָה** מַמָּשׁ [רָצָה לוֹמַר, הַיּוֹדְעִים סוֹד שֶׁהַנּוּקְבָא הַנִּקְרֵאת **מִדַּת** לַיְלָה יוֹצֵאת מֵאֲחוֹרֵי חֲדוֹהִי, דְּהַיְנוּ מִמֶּחֱצִיתוֹ. וְעַל כֵּן דָּוִד הֲוֵי קָרֵי לְהַקָּדוֹשׁ בָּרוּךְ הוּא **חֲצוֹת** לַיְלָה. וְזֶהוּ שֶׁדַּיֵּק בַּזֹּהַר דְּאִיהוּ חֲצוֹת לַיְלָה מַמָּשׁ, וְזֶה סוֹד גָּדוֹל. וְאֵין מְגַלִּין אוֹתוֹ אֶלָּא לִצְנוּעִין וּלְיוֹדְעֵי חֵ"ן]. וּמַלְכוּת בֵּית דָּוִד נִקְרֵאת **מִדַּת לַיְלָה**, וְעַל כֵּן קָם דָּוִד בַּחֲצוֹת לַיִל, כְּדִכְתִיב [תְּהִלִּים קיט, סב] - חֲצוֹת לַיְלָה אָקוּם לְהוֹדוֹת לְךָ עַל מִשְׁפְּטֵי צִדְקֶךָ. וְסוֹד **מִשְׁפָּט וּצְדָקָה** גַּם כֵּן יָדוּעַ לַמֵּבִין מִדַּעְתּוֹ, אוֹ לְמִי שֶׁיֵּשׁ קַבָּלָה בְּיָדוֹ דְּמֵהַנֵּי דִּינִין נַפְקִין **דִּינָא דְּמַלְכוּתָא דִּינָא**. אָתֵי רַבִּי אַבָּא וְרַבִּי יַעֲקֹב וּנְשָׁקוּהוּ וְכוּ'.

אַדְּהָכֵי אָתֵי הַאי יַנּוּקָא וְשָׁאִיל - אַמַּאי כְּתִיב **חֲצוֹת לַיְלָה**, רָצָה לוֹמַר מֵאַחַר דְּקָאֵי אַנּוּקְבָא, דְּנִקְרֵאת **חֲצוֹת לַיְלָה**, וּמִדַּת חֲצוֹת אֵינוֹ מַשְׁמָע שֶׁהוּא מִדַּת לַיְלָה לְגַמְרֵי, אֶלָּא כִּי אִם מֶחֱצוֹת שֶׁל מִדַּת לַיְלָה. אָמַר - הָא אִתְּמַר, בְּפַלְגּוּת לַיְלָה מַלְכוּת דִּשְׁמַיָּא אִתְּעַר [פֵּרוּשׁ, וְאִם כֵּן, כְּבָר מְבֹאָר דְּמִשּׁוּם הָכֵי צָרִיךְ שֶׁיִּהְיֶה נִקְרֵאת חֲצוֹת לַיְלָה, דְּאִיהוּ הַקָּדוֹשׁ בָּרוּךְ הוּא הַנִּזְכָּר לְהֵרָאוֹת, דְּאָז מִתְגַּלֶּה מַלְכוּתָא דִּשְׁמַיָּא הַנִּקְרָא **זְעֵיר**, וְהָבֵן]. **אָמַר הַאי יַנּוּקָא -**

---

[355] תהלים קיט סב

[356] בראשית יד טו

[357] שמות יב כט

הָכֵי שְׁמַעְנָא מִלָּה. פָּתַח הַאי יַנּוּקָא וְאָמַר - מֵאַחַר דְּבַחֲצוֹת מִתְגַּלִּין הַחֲסָדִים, וְעַל כֵּן בְּאוֹתוֹ הָעֵת יֵשׁ דִּין וְרַחֲמִים, וְעַל כֵּן נִקְרָא אָז חֲצוֹת לַיְלָה. פַּלְגוּת דִּינָא הִיא, דְּנְהִירָא אַנְפָּהָא בְּסִטְרָא דְּחֶסֶד. קָם רַבִּי אַבָּא וְשָׁנֵי יָדָיו עַל רֵישָׁא דְּהַאי יַנּוּקָא וּבָרְכֵיהּ. פָּתַח רַבִּי אַבָּא וְדָרַשׁ סוֹדוֹת נִפְלָאוֹת בְּעִנְיְנֵי דְּמִילָה, וְאָמַר דִּבְשָׁעָה שֶׁמַּכְנִיס הָאָב אֶת בְּנוֹ לָמוּל עָרְלָתוֹ, בְּהַהִיא שַׁעְתָּא קָרֵי קֻדְשָׁא בְּרִיךְ הוּא לְפָמַלְיָא דִּילֵיהּ וְאָמַר - חֲמוּ פָּמַלְיָא דִּילִי, מַה בְּנֵי חֲבִיבִין עָבְדִין בְּעָלְמָא. בְּהַהִיא רִגְעָא מִזְדַּמֵּן אֵלִיָּהוּ הַנָּבִיא וְטָאס עָלְמָא בְּאַרְבָּעָה טָאסִין וְאִזְדַּמַּן תַּמָּן. עַל דָּא תָּנִינָן, דְּבָעֵי בַּר נָשׁ לְתַקְנָא כֻּרְסְיָּא לְאֵלִיָּהוּ, וְהוּא סָלִיק וְאַסְהִיד קַמֵּי קֻדְשָׁא בְּרִיךְ הוּא, דְּיִשְׂרָאֵל הֵן מְקַיְּמִין בְּרִיתוֹ שֶׁל אַבְרָהָם אָבִינוּ וְכוּ'.

אַדְהָכֵי הֲוֵי נְהוֹרָא. קָמוּ רַבִּי אַבָּא וְרַבִּי יַעֲקֹב וּבָאוּ לְמֵיזַל. אָמַר לֵיהּ הַאי גַּבְרָא - בְּמַאי דְּעָסִיקְתּוּ בַּחֲצוֹת לַיְלָה אִשְׁתַּלִּימוּ. אָמַר - מַאי הוּא, אָמַר לְהוּ - דְּתֶחֱמוּן לְמָחָר אַנְפּוֹי דְּמָארֵיהּ קְיָמָא בַּעַל בְּרִית, שֶׁהוּא אֵלִיָּהוּ הַנָּבִיא, דְּהָא דְּבֵיתָאי בָּעֵית בָּעוּתָא דָּא מִנַּיְכוּ עַל הַבְּרִית מִילָה וּגְזַר קְיָמָא דִּבְרָא דְּאִתְיַלְּדַת לִי יְהֵיָה לְמָחָר הִלּוּלָא דִּילֵיהּ. אָמַר רַבִּי אַבָּא - בָּעוּתָא דְּמִצְוָה אִיהוּ וּלְמֶחֱמֵי אַנְפּוֹי דִּשְׁכִינָה נֵיתִיב. אוֹרִיכוּ [פֵּרוּשׁ, הִמְתִּינוּ] כָּל הַהוּא יוֹמָא. בְּהַאי לַיְלָה כָּנַשׁ הַאי גַּבְרָא כָּל אִנּוּן רְחִימִין, וְאַחַר הַסְּעֻדָּה הִשְׁתַּדְּלוּ בְּאוֹרַיְתָא, וְלָא הֲוֵי מָאן דְּנָאִים. וְהוּבָא שָׁם בַּזֹּהַר, דְּהָעִנְיָן כִּי בְּאוֹתוֹ הַלַּיְלָה שֶׁלִּפְנֵי הַמִּילָה צָרִיךְ הַיֶּלֶד שְׁמִירָה מְעֻלָּה מִן אוֹתָן הַמְחַבְּלִין, שֶׁלֹּא יַזִּיקוּ לְהַיּוֹלֶדֶת וּלְהַוָּלָד. וְעַל כֵּן הַמִּנְהָג שֶׁקּוֹרִין בְּלָשׁוֹן אַחֵר **וִויךְ נַאכְט**, וּבִלְשׁוֹן פּוֹלִין - **וַואכְט נַאכְט**, וְלוֹמְדִין כָּל הַלַּיְלָה. אָז מְקֻיָּם הַכָּתוּב - לַיְּהוּדִים[358] הָיְתָה **אוֹרָה** זוֹ תּוֹרָה, **וְשָׂשׂוֹן** זוֹ מִילָה, **וִיקָר** זוֹ תְּפִלִּין.

וְהַזֹּהַר הֵבִיא בַּאֲרִיכוּת, שֶׁהָאִישׁ הַקָּדוֹשׁ הַנִּזְכָּר לְעֵיל, כִּנֵּס כָּל אוֹהֲבָיו לוֹמְדֵי תּוֹרָה, שֶׁהָיוּ גּוֹרְסִין כָּל הַלַּיְלָה. וְכֵן הוּא רָאוּי לַעֲשׂוֹת לָנוּ גַּם כֵּן בְּאוֹתוֹ הַלַּיְלָה, כִּי הַתּוֹרָה הִיא מַגֶּנֶת וּמַצֶּלֶת מִכָּל חִבּוּל וּמִכָּל נֶזֶק בָּעוֹלָם. וְאַחַר כָּךְ אָמַר בַּעַל הַבְּרִית - בְּמָטוּ מִנַּיְכוּ לֵימָא מִלָּא חַדְתָּא כָּל אֶחָד וְאֶחָד. וְהָיוּ מְחַדְּשִׁין דִּבְרֵי תּוֹרָה בְּעִנְיְנֵי דְּמִילָה, וְכַוָּנָתוֹ הָיָה שֶׁדִּבְרֵי תּוֹרָה הוּא תּוֹעֶלֶת גָּדוֹל לִשְׁמִירַת הַוָּלָד וְלִשְׁמִירַת הַיּוֹלֶדֶת.

וְעוֹד **הֵבִיא הַזֹּהַר**, שֶׁעַל יְדֵי הַתּוֹרָה שֶׁעוֹסְקִין בַּלַּיְלָה שֶׁל **וִויךְ־נַאכְט**, אֵלִיָּהוּ מִתְגַּלֶּה בְּהֶאָרוֹת גְּדוֹלוֹת שֶׁל רָצוֹן הָעֶלְיוֹן, וְעַל יְדֵי זֶה גּוֹרֵם הַרְבֵּה טוֹבוֹת וִישׁוּעוֹת לְיִשְׂרָאֵל. וְאַחַר כָּךְ אָמַר רַבִּי אַבָּא לְהַבַּעַל הַבַּיִת וּלְהַאי סָבָא - מֵאַחַר דְּאַתּוּן חַכִּימִין טוּבָא, מִפְּנֵי מָה אַתֶּם יַתְבִין הָכָא, אָמַר הַבַּעַל הַבַּיִת - אִי צִפְּרִין יִתְעַקְּרוּ מֵאַתְרַיְהוּ, לָא יַדְעִין לְאָן טָאסִין. כְּמָה דְּאַתְּ אָמַר [מִשְׁלֵי כז, ח] - **כְּצִפּוֹר** נוֹדֶדֶת מִן קִנָּהּ, כֵּן אִישׁ נוֹדֵד מִמְּקוֹמוֹ. וְכֵן אִם אָנוּ עוֹקְרִין דִּירָתֵנוּ מִכָּאן, שֶׁהוּא מָקוֹם מוּכָן

[358] אסתר ח טז

אֶצְלֵנוּ לִלְמֹד תּוֹרָה, לֹא נֵדַע לְאֵיזֶה מָקוֹם יִהְיֶה הַיִּשּׁוּב שֶׁלָּנוּ לִלְמֹד תּוֹרָה, כִּי מָקוֹם זֶה הוּא מוּכָן וּמְסֻגָּל אֵלֵינוּ לִלְמֹד תּוֹרָה.

וְאַתְרָא דָּא זָכֵי לוֹן בְּאוֹרַיְתָא, וְהָכֵי אֲנַן נוֹהֲגִין - בְּכָל פַּלְגּוּת לֵילְיָא עַסְקִינָן בְּאוֹרַיְתָא עַד צַפְרָא, וְכַד צַפְרָא אָתֵי, רֵיחֵי חַקְלָא וְנַהֲרֵי מַיָּא נַהֲרֵי לָן אוֹרַיְתָא וְאִתְיַשְּׁבָא בְּלִבָּנָא, וּגְזַר דִּין הוּא מִשָּׁמַיִם דִּמְבָרְחִים אָנוּ לָדוּר בְּהַאי אָתַר. וְכַמָּה סָרְכִין בַּעֲלֵי תְּרִיסִין אִסְתַּלְּקוּ הָכֵי. פֵּרוּשׁ - דַּהֲווּ מֵתִין בְּאוֹתָן הַיָּמִים עַל דְּלָא עָסְקוּ בְּאוֹרַיְתָא, וּכְדֵין אִשְׁתַּדְּלוּתָא דִּילָן יוֹמָא וְלֵילְיָא בַּתּוֹרָה, וְאַתְרָא דָּא קָא מְסַיֵּעַ לָן, וַהֲוֵי יָתְבִין עַד דְּנָהִיר יְמָמָא. כֵּיוָן דַּהֲוֵי הִתְחִיל לִנְהֹר יְמָמָא, אָמְרוּ לְאִנּוּן דַּרְדְּקֵי, דִּיפְּקוּן וְיֶחֱמֵי אִי נְהִיר יְמָמָא, וְאַחַר כָּךְ כָּל חַד לֵימָא מִלָּא חַדְתָּא. נָפְקוּ וְחָמוּ דַּהֲוֵי נְהִיר יְמָמָא. אָמַר חַד יַנּוּקָא - זְמִין הַאי יוֹמָא אֶשָּׁא מִלְּמַעְלָה. אָמַר יַנּוּקָא אָחֳרָא - וּבְהַךְ בֵּיתָא. אָמַר יַנּוּקָא תְּלִיתָאִי - סָבָא חַד הָכָא הוּא מְזֻמָּן לְאִתּוֹקְדָא בְּנוּרָא. אָמַר רַבִּי אַבָּא - רַחֲמָנָא לִשֵּׁזְבָן. תְּוָהָא, וְלָא יָכוֹל לְמַלְּלָא. אָמַר - קוּטְרָא דְּהוּרְמְנָא בְּאַרְעָא אִתְּפַס. [פֵּרוּשׁ, קֶשֶׁר וְתֹקֶף הָרְשׁוּת מִלְּמַעְלָה נִתְפַּס בָּאָרֶץ]. רָצָה לוֹמַר, שֶׁהָיוּ יוֹדְעִים שֶׁיֵּרֵד אֵשׁ מֵהַשָּׁמַיִם בַּבַּיִת הַהוּא. וְכֵן הֲוֵי דִּבְהַהוּא יוֹמָא חָמוּ חַבְרַיָּא אַפֵּי דִּשְׁכִינְתָּא וְאִסְתַּחֲרוּ בְּאֶשָּׁא. [פֵּרוּשׁ, הָאֵשׁ מֵהַשְּׁכִינָה הָיְתָה מְסַבֶּבֶת אוֹתָם, וְרַבִּי אַבָּא אִתְלַהֵט פָּנָיו בְּנוּרָא מֵחֶדְוָתָא דְּאוֹרַיְתָא].

תָּאנָא, כָּל הַהוּא יוֹמָא לֹא נָפְקוּ כֻּלְּהוּ מִבֵּיתָא וְאִתְקְטַר בְּקִטְרָא, וַהֲוֵי חַדָּאִין בְּמִלִּין חַדְתִּין, כְּאִלּוּ קִבְּלוּ הַהוּא יוֹמָא אוֹרַיְתָא מִטּוּרָא דְּסִינַי, וְהָיוּ שׁוֹמְעִין קוֹל בְּשָׁעָה שֶׁהָיוּ מְבִיאִין הַתִּינוֹק לְבֵית הַכְּנֶסֶת, שֶׁהָיָה אֵלִיָּהוּ הַנָּבִיא אוֹמֵר פָּסוּק [תְּהִלִּים סה, ה] - אַשְׁרֵי תִּבְחַר וּתְקָרֵב יִשְׁכֹּן חֲצֵרֶיךָ, נִשְׂבְּעָה בְּטוּב בֵּיתֶךָ קְדוֹשׁ הֵיכָלֶךָ. וְהוּא סוֹד גָּדוֹל, שֶׁיֵּשׁ בְּפָסוּק זֶה אַרְבָּעִים וּשְׁתַּיִם אוֹתִיּוֹת, דְּהֵן סוֹד שֵׁם שֶׁל מ"ב, וְסוֹדוֹ אֵין מְגַלִּין אוֹתוֹ אֶלָּא לִצְנוּעִין. וְיֵשׁ בְּפָסוּק זֶה עֲשָׂרָה תֵּבוֹת, כְּנֶגֶד זֶה כָּתַב הַזֹּהַר - בַּאֲמִירַת פָּסוּק זֶה בִּשְׁעַת הַמִּילָה, מְעַטְּרִים עֶשֶׂר חֻפּוֹת לְהַתִּינוֹק הַנִּמּוֹל לָעוֹלָם הַבָּא.

וְאַחַר כָּךְ פָּתַח חַד יַנּוּקָא וְאָמַר - תָּאנָא, כָּל מַאן דְּקָרִיב בְּרֵיהּ לְקָרְבְּנָא כְּאִלּוּ קָרִיב כָּל קָרְבְּנִין דְּעָלְמִין קַמֵּיהּ קֻדְשָׁא בְּרִיךְ הוּא, בְּגִין כֵּן בָּעֵי לְסַדְּרָא מַדְבְּחָא בְּמָאנָא חַד מַלְיָא אַרְעָא לְמִגְזַר עֲלֵיהּ הַאי קַיָּמָא בְּרִית קַדִּישָׁא וְאִתְחַשַּׁב קַמֵּיהּ קֻדְשָׁא בְּרִיךְ הוּא, כְּאִלּוּ אִדְבַּח עֲלֵיהּ עוֹלָה, וְקָרְבָּנֵיהּ הוּא רֵיחַ נִיחוֹחַ וְכוּ'. בֵּין כָּךְ זַכָּאָה חוּלְקֵיהּ מַאן דְּקָרִיב הַאי קָרְבְּנָא בְּחֶדְוָה קַמֵּי קֻדְשָׁא בְּרִיךְ הוּא וּבָעֵי לְמֵיחְדֵּיהּ כָּל הַאי יוֹמָא. אָמַר רַבִּי אַבָּא - זַכָּאִן אַתּוּן בְּעָלְמָא הָדֵין וּבְעָלְמָא דְּאָתָא, וַעֲלֵיכוֹן אִתְּמַר [דְּבָרִים ד, ד] - וְאַתֶּם הַדְּבֵקִים בַּה' אֱלֹהֵיכֶם חַיִּים כֻּלְּכֶם הַיּוֹם. וַהֲוֵי שְׂמֵחִין כָּל הַיּוֹם בְּחֶדְוָה דְּמִצְוָה וּבְחֶדְוָה דְּאוֹרַיְתָא, וְהַאי תִּינוֹק שֶׁנּוֹלַד הֵבִיא בַּזֹּהַר, שֶׁהָיָה רַב אִידִי בֶּן רַבִּי יַעֲקֹב, שֶׁהֻזְכַּר הַתַּנָּא בַּגְּמָרָא. בְּרִיךְ לֵיהּ רַבִּי אַבָּא וְאָזִיל לְאוֹרְחָא. כַּד אָתֵי רַבִּי אַבָּא לְגַבֵּיהּ

רַבִּי שִׁמְעוֹן בֶּן יוֹחַאי. וַהֲוֵי דָּחִיל לְמֵימַר דְּבָרִים הָאֵלּוּ, שֶׁשָּׁמַע מֵהַנְהוּ חֲסִידִים מִפִּי הַתִּינוֹקוֹת הַנִּזְכָּרִים לְעֵיל לִפְנֵי רַבִּי שִׁמְעוֹן בֶּן יוֹחַאי דְּלָא יִתְעַנְּשׁוּן עַל יָדוֹי. [פֵּרוּשׁ, שֶׁהָיָה מִתְיָרֵא רַבִּי אַבָּא לְגַלּוֹת זֶה הָעִנְיָן לִפְנֵי רַבִּי שִׁמְעוֹן בֶּן יוֹחַאי, שֶׁלֹּא יִגְזֹר רַבִּי שִׁמְעוֹן בֶּן יוֹחַאי עֲלֵיהוֹן שֶׁיִּהְיוּ גּוֹלִין לְמָקוֹם אַחֵר, כְּדֵי שֶׁיִּתְפַּרְסֵם תּוֹרָתָם בָּרַבִּים, כְּדֵי שֶׁרַבִּים יִלְמְדוּ תּוֹרָה מֵהֶם]. וְאַחַר כָּךְ סִפֵּר רַבִּי אַבָּא לִפְנֵי רַבִּי שִׁמְעוֹן בֶּן יוֹחַאי כָּל הַמַּעֲשֶׂה הַנִּזְכָּר לְעֵיל. אָמַר רַבִּי שִׁמְעוֹן בֶּן יוֹחַאי - כָּל הַנֵּי מִלֵּי מַעַלְיָתָא הֲווּ טְמִירִין גַּבָּךְ, וְלָא אֲמַרְתָּ לִי - גּוֹזְרַנִי עָלָךְ, דְּכָל תְּלָתִין יוֹמִין אִלֵּין תִּתְנַשֵּׁי הַתַּלְמוּד מִמָּךְ. וְהָא כְּתִיב - אַל[359] תִּמְנַע טוֹב מִבְּעָלָיו בִּהְיוֹת לְאֵל יָדְךָ לַעֲשׂוֹת. עַיֵּן שָׁם בַּאֲרִיכוּת.

עַל כֵּן צָרִיךְ הָאָדָם לִזָּהֵר בַּחֲצוֹת הַלַּיְלָה לַעֲבוֹדַת בּוֹרְאוֹ, וְלַעֲסֹק בִּתְפִלָּה וּבְלִמּוּד הַתּוֹרָה, אִישׁ כְּפִי הַשָּׂגָתוֹ, וְלַעֲשׂוֹת הַתּוֹרָה קֶבַע וּמַשָּׂא וּמַתָּן עֲרַאי. וְיִרְאֶה הָאָדָם כְּשֶׁיִּזְכֶּה לְבֵן זָכָר, לִנְהֹג כְּמוֹ שֶׁכָּתַבְתִּי לְעֵיל. כִּי לֹא דָבָר רֵיק הוּא לְהַצִּיל נֶפֶשׁ מִיִּשְׂרָאֵל וּלְהַדְבִּיק יִשְׂרָאֵל בַּשְּׁכִינָה, כְּמָה דְּאַתְּ אָמַר - וְאַתֶּם[360] הַדְּבֵקִים בַּה' אֱלֹהֵיכֶם חַיִּים כֻּלְּכֶם הַיּוֹם. אָז - צִדְקָתָם[361] עוֹמֶדֶת לָעַד. אָמֵן.

---

[359] משלי ג כז
[360] דברים ד ד
[361] תהלים קיב ג

פרק עד

אִיתָא בַּזֹּהַר, פָּרָשַׁת נֹחַ - רַבִּי אֶלְעָזָר וְרַבִּי יוֹסֵי הֲווֹ אָזְלֵי מֵאוּשָׁא לְלוֹד. אָמַר רַבִּי יוֹסֵי לְרַבִּי אֶלְעָזָר - אֶפְשָׁר דְּשָׁמַעְתְּ מִן אֲבוּךְ, רַבִּי שִׁמְעוֹן בֶּן יוֹחַאי, מַאי דִּכְתִיב - וְיַעֲקֹב[362] הָלַךְ לְדַרְכּוֹ וַיִּפְגְּעוּ בוֹ מַלְאֲכֵי אֱלֹהִ"ים. מַאן אִנּוּן הֲוֵי, אָמַר לֵיהּ - לָא יָדַעְנָא וְכוּ'. עַד דַּהֲוֵי אָזְלֵי, חָמוּ חַד מְעַרְתָּא. שָׁמְעוּ חַד קָלָא דְּאָמַר - תְּרֵין עוּזְלִין דְּאַיַּלְתָּא עֲבָדוּ קֳדָמַי רְעוּתָא דְּנַיְחָא לִי, וְאִנּוּן הֲוֵי מַשִּׁרְיָתָא קַדִּישָׁא, שֶׁפָּגְעוּ בְּיַעֲקֹב וְהָלְכוּ לְפָנָיו. אִתְרְגִישׁ רַבִּי אֶלְעָזָר וְאִתְעַר בְּנַפְשֵׁיהּ [לְשׁוֹן הִתְעוֹרְרוּת וַחֲרָדָה] וְאָמַר - רִבּוֹן דְּעָלְמָא, כָּךְ אוֹרְחוֹי, טָב לָן דְּלָא נִשְׁמַע שְׁמַעְנָא דָּא וְלָא יָדַעְנָא, אִתְרְחִישׁ לְהוּ נִסָּא וְשָׁמְעוּ קָלָא דְּאָמַר - אַבְרָהָם וְיִצְחָק הֲוֵי.

נָפַל רַבִּי אֶלְעָזָר עַל פָּנָיו, חָמָא דְּיוּקְנָא דַּאֲבוּי. אָמַר לֵיהּ - אֲנָא שְׁאֵילְנָא, מִי הֲווּ הַמַּלְאָכִים, וְהֵשִׁיבוּ לִי - אַבְרָהָם וְיִצְחָק הֲוֵי, שֶׁהֵם נִזְדַּמְּנוּ לֵילֵךְ לִפְנֵי יַעֲקֹב בְּבָרְחוֹ מִפְּנֵי לָבָן הָאֲרַמִּי, וְאַף דְּיִצְחָק הָיָה עֲדַיִן קַיָּם, מִכָּל מָקוֹם נִשְׁמָתוֹ פָּרְחָה מִמֶּנּוּ וְעָלְתָה לְמַעְלָה בִּשְׁעַת עֲקֵדָה וְאִתְחַבֵּר עִם נִשְׁמַת אַבְרָהָם וְאָזְלוּ לִפְנֵי יַעֲקֹב. וְזֶה שֶׁאָמַר הַכָּתוּב - אֱלֹהֵ"י[363] אָבִי אַבְרָהָם וּפַחַד יִצְחָק הָיָה לִי. וְאָמַר רַבִּי שִׁמְעוֹן בֶּן יוֹחַאי - לֹא לְיַעֲקֹב לְבַד הָיָה מִזְדַּמֵּן נִשְׁמַת צַדִּיקִים, אֶלָּא לְכָל יְרֵא שָׁמַיִם מִזְדַּמְּנִין לוֹ נִשְׁמַת צַדִּיקִים לְהַצִּילוֹ מִן הִרְהוּרֵי עֲבֵרָה, וּמִכָּל שֶׁכֵּן מֵהָעֲבֵרָה עַצְמָהּ. מַה שֶּׁאֵין כֵּן אִם אָדָם הוּא מְהַרְהֵר בְּהִרְהוּרִים רָעִים, הֵן בָּעִיר וְהֵן בַּשָּׂדֶה וְהֵן בַּבַּיִת, מִזְדַּמֵּן אֵלָיו מַזִּיק אֶחָד, חֲנִיָּה שְׁמֵיהּ, וְהוּא מְמֻנֶּה עַל זֶה הַהוֹלֵךְ, וּבַהֲלִיכָתוֹ הוּא מְחַשֵּׁב מַחְשָׁבוֹת רָעוֹת וְזָרוֹת וְנִזּוֹק הוּא מֵאֵלָיו, וְהַמַּזִּיק נִזְקָק לוֹ, וְאֵינוֹ סָר מִמֶּנּוּ עַד שֶׁמְּבִיאוֹ לִידֵי חֵטְא חָמוּר, וְיִפְגֹּם בְּנִשְׁמָתוֹ בַּעֲווֹנוֹתֵינוּ הָרַבִּים פְּגָם מְאֹד, אֲשֶׁר יִתְחָרֵט בְּסוֹף יָמָיו וְיִהְיֶה פְּסֵידָא דְּלָא הֲדַר. לְמַעַן תֵּדַע, כִּי בְּכָל מָקוֹם שֶׁאַתָּה הוֹלֵךְ שָׁם, יֵשׁ מְסַיְּעִין לְמַחְשְׁבוֹתֶיךָ, הֵן לְרָעָה וְהֵן לְטוֹבָה.

וְאַחַר כָּךְ שָׁאִיל רַבִּי אֶלְעָזָר לְרַבִּי שִׁמְעוֹן בֶּן יוֹחַאי אָבִיו - מָה אֲנַן לְעָלְמָא דְּאָתֵי, אָמַר לֵיהּ - אֲנָא וְאַנְתְּ נִשְׁתַּעְשַׁע עִם דָּוִד מֶלֶךְ יִשְׂרָאֵל. קָם רַבִּי אֶלְעָזָר - עַד דַּהֲווּ חָמוּ לֵיהּ דְּאַנְפּוֹהִי נְהִירִין כְּשִׁמְשָׁא. אָמְרוּ לֵיהּ - מִלְּתָא חַדְתָּא שְׁמַעְתָּא, אָמַר לָהֶם - זַכָּאִין צַדִּיקִים, שֶׁמִּתְחַבְּרִין עִם צַדִּיקִים בְּסוֹד [תְּהִלִּים צא, יא] - כִּי מַלְאָכָיו יְצַוֶּה לָּךְ לִשְׁמָרְךָ בְּכָל דְּרָכֶיךָ.

עַל כֵּן בֶּן אָדָם, לְמַעַן ה' אֱלֹהֵ"י יִשְׂרָאֵל, וּלְמַעַן נִשְׁמָתְךָ הַטְּהוֹרָה הַחֲצוּבָה מִתַּחַת כִּסֵּא כְּבוֹדוֹ יִתְבָּרֵךְ, רְאֵה דְּרָכֶיךָ וַחֲכַם לְיַשֵּׁר דְּרָכֶיךָ,

---

[362] בראשית לב ב

[363] בראשית לא מב

וְשָׂא עֵינֶיךָ מֵרְאוֹת בְּרַע וְתַרְגִּיל לְהִסְתַּכֵּל בִּדְבָרִים קְדוֹשִׁים, כְּמוֹ שֶׁכָּתַבְתִּי בְּפֶרֶק ב' לְעֵיל, וְלֹא תַּעֲלֶה עַל דַּעְתְּךָ קִנְאָה שֶׁל אֲחֵרִים, וּבִשְׁבִיל כֵּן תִּנָּצֵל מִגָּזֵל וּמָמוֹן שֶׁאֵינוֹ שֶׁל יֹשֶׁר, וְתִתְנַהֵג בְּסֵדֶר נָכוֹן. אַף אִם אָסַפְתָּ מָמוֹן הַרְבֵּה, וְלֹא תִּתְעַנֵּג בְּמָמוֹנְךָ הַרְבֵּה, וְאַל תַּרְבֶּה בְּזוֹלְלוּת וְסוֹבְאוּת, רַק תָּמִיד יִהְיוּ מַחְשְׁבוֹתֶיךָ שֶׁאַתָּה צָרִיךְ לִתֵּן דִּין וְחֶשְׁבּוֹן עַל מוֹצָא שְׂפָתֶיךָ, וּמִכָּל שֶׁכֵּן עַל מַעֲשֶׂיךָ הָרָעִים וְטוֹבִים. וְאִם תֹּאמַר, פֶּן תּוּכַל לְהַעֲלִים וּלְכַחֵשׁ הֲרֵי הָעֵדִים עוֹמְדִים. הֵן הֵן הַמְּלָכִים הַמְּלַוִּין לָאָדָם, בָּאִים וּמְעִידִים בְּאֵיזֶה יוֹם וּבְאֵיזֶה מָקוֹם נַעֲשָׂה הָעֲבֵרָה אוֹ הַמִּצְוָה, וּבָאִין הַמְטַפְּחִין עַל פָּנָיו וְאוֹמְרִים לוֹ - רָשָׁע, אֵיךְ נְשָׂאֲךָ לִבְּךָ לְכַחֵשׁ וּלְשַׁקֵּר אֶת פְּנֵי בּוֹרַאֲךָ, הֲלֹא הַכֹּל גָּלוּי לְפָנָיו, וְהוּא יוֹדֵעַ כָּל מַחְשְׁבוֹתָיו שֶׁל הָאָדָם, וְהוּא בּוֹחֵן לְבָבוֹת וְחוֹקֵר כְּלָיוֹת.

עַל כֵּן צָרִיךְ הָאָדָם לֵידַע בִּכְלָל, שֶׁהַקָּדוֹשׁ בָּרוּךְ הוּא מְדַקְדֵּק עִם בְּרִיּוֹתָיו אֲפִלּוּ עַד דִּבּוּר קַל, וּמִכָּל שֶׁכֵּן עַל הַמַּעֲשֶׂה. וְהַרְבֵּה שְׁלוּחִין וְדִינִים קָשִׁים יֵשׁ לְהַקָּדוֹשׁ בָּרוּךְ הוּא לְהִפָּרַע מִמִּי שֶׁאֵינוֹ עוֹשֶׂה רְצוֹנוֹ.

עַל כֵּן מַעֲשֶׂה טוֹב יִהְיֶה יָקָר בְּעֵינֶיךָ. אִם הוּבָא דֶּרֶךְ מִצְוָה לְיָדְךָ תִּשְׂמַח מֵאֲשֶׁר בָּא לְיָדְךָ מְצִיאָה שֶׁל אֶבֶן טוֹב וְתִתֵּן שֶׁבַח לְהַקָּדוֹשׁ בָּרוּךְ הוּא עַל שֶׁזִּכָּה אוֹתְךָ וֶהֱבִיאֲךָ לִידֵי אֵיזֶה מִצְוָה. וּבִפְרָט אִם יִזְדַּמֵּן לְךָ אֵיזֶה מִצְוָה שֶׁאֵין לוֹ מְהַדְּרִין תִּהְיֶה מֵהַזְּרִיזִים וּמֵהַמַּקְדִּימִין בְּמִצְוָה בְּכָל יְכָלְתְּךָ בְּגוּפְךָ וּבִמְאֹדְךָ וּבְנִשְׁמָתְךָ, כִּי הַאי מִצְוָה שֶׁאֵין מִתְעַסְּקִים, נִקְרֵאת **מֵת מִצְוָה**, שֶׁאֵין לוֹ מִתְעַסְּקִים. וְאַתָּה תַּחֲזִיק בּוֹ וְתִזְכֶּה בּוֹ, וּבָזֶה תַּגְבִּיהַּ וְתָרִים קֶרֶן שֶׁל מִצְוָה זוֹ מַמָּשׁ, כְּמוֹ שֶׁהַקָּדוֹשׁ בָּרוּךְ הוּא מֵרִים מֵאַשְׁפָּה עָנִי וְאֶבְיוֹן. וְאוֹתוֹ הַמִּצְוָה תִּהְיֶה לְךָ מֵלִיץ וּפְרַקְלִיט יֹשֶׁר בִּפְנֵי הַקָּדוֹשׁ בָּרוּךְ הוּא, אַף שֶׁנִּגְזַר עַל אוֹתוֹ הָאָדָם אֵיזֶה גְּזַר דִּין חַס וְשָׁלוֹם. וְהַמִּצְוָה הַהִיא נִזְקֶפֶת וְעוֹמֶדֶת לִפְנֵי בֵּית דִּין שֶׁל מַעְלָה, עַד שֶׁיִּבָּטֵל הַגְּזַר דִּין. וְעַל זֶה נֶאֱמַר [איוב לג, כג] - אִם יֵשׁ עָלָיו מַלְאָךְ מֵלִיץ אֶחָד מִנִּי אָלֶף לְהַגִּיד לָאָדָם יָשְׁרוֹ וְגוֹ'.

וְאַף עַל פִּי כֵן אִם הָאָדָם עוֹסֵק בַּתּוֹרָה לִשְׁמָהּ, שֶׁהִיא מֻבְחֶרֶת מִכָּל הַמִּצְווֹת, אֲזַי יִהְיֶה שְׂכָרוֹ כָּפוּל וּמְכֻפָּל. וּבִשְׁעַת פְּטִירָתוֹ אָז **מטט**, שַׂר הַפָּנִים, וְכָל פָּמַלְיָא שֶׁל מַעְלָה מְלַוִּין אוֹתוֹ וּמַלְבִּישִׁין אֶת הַצַּדִּיק בְּכָל מִינֵי **בְּגָדִים** דִּיקָר וּמְעַטְּרִין לֵיהּ בְּעִטְרִין. וְשַׂר הַפָּנִים מַדְלִיק לְפָנָיו נֵרוֹת הָעֲשׂוּיִין מֵהוֹד וְהָדָר מִזִּיו הַשְּׁכִינָה. וְעַל זֶה הִתְפַּלֵּל דָּוִד הַמֶּלֶךְ וּמֹשֶׁה רַבֵּנוּ - אֶתְהַלֵּךְ[364] לִפְנֵי הָאֱלֹהִי"ם בְּאוֹר הַחַיִּים. עַל כֵּן יִתְפַּלֵּל הָאָדָם תָּמִיד, שֶׁיַּצִּיל אוֹתוֹ הַקָּדוֹשׁ בָּרוּךְ הוּא בְּרֹב רַחֲמָיו וַחֲסָדָיו מִכָּל מִינֵי עָווֹן וָפֶשַׁע וּפְעֻלּוֹת שָׁוְא. רַק הַקָּדוֹשׁ בָּרוּךְ הוּא יַדְרִיכוֹ בְּדֶרֶךְ הַיָּשָׁר וְהַטּוֹב, וְהַקָּדוֹשׁ בָּרוּךְ הוּא בַּעַל הָרַחֲמִים יִשְׁמַע לְקוֹל הַמִּתְחַנֵּן

[364] תהלים נו יד

אֵלָיו בְּלֵב נִשְׁבָּר, וְיִתֵּן לְהָאָדָם לֵב בָּשָׂר וְכָשֵׁר, וְחֵפֶץ[365] ה' בְּיָדוֹ יַצְלִיחַ. אָמֵן.

365 ישעיהו נג י

פרק עה

אָמְרוּ רַבּוֹתֵינוּ זִכְרוֹנָם לִבְרָכָה [שַׁבָּת קיח, ב] - אִלְמָלֵא שָׁמְרוּ יִשְׂרָאֵל שַׁבָּת רִאשׁוֹנָה לֹא הָיוּ שׁוֹלְטִין בָּהֶם אֻמָּה וְלָשׁוֹן וְאִלְמָלֵא מְשַׁמְּרִין יִשְׂרָאֵל שְׁתֵּי שַׁבָּתוֹת מִיָּד הֵן נִגְאָלִין. כִּי מִצְוַת שַׁבָּת הִיא שְׁקוּלָה כְּנֶגֶד כָּל הַתּוֹרָה, וְכָל הַמְעַנֵּג אֶת הַשַּׁבָּת נוֹתְנִין לוֹ נַחֲלָה בְּלִי מְצָרִים.

וְהִנֵּה רָאִיתִי מִנְהָג בִּישָׁא בְּרֹב תְּפוּצוֹת מְדִינוֹת הָאֵלּוּ, שֶׁהֵן מְזַלְזְלִים בִּכְבוֹד יוֹם הַקָּדוֹשׁ, שֶׁהוּא שַׁבָּת. בָּרֹאשׁ רָאִיתִי אֲנָשִׁים שֶׁהוֹלְכִים כָּל עֶרֶב שַׁבָּת וְעֶרֶב שַׁבָּת בְּבָתֵּי אֻשְׁפִּיזָאוֹת וְאוֹכְלִין וְשׁוֹתִין, עַד שֶׁמִּשְׁתַּכְּרִים כְּשִׁכְרוּתוֹ שֶׁל לוֹט. וְאַחַר כָּךְ בָּאִין לְבֵיתָם, וּמֵרֹב הַשִּׁכְרוּת אֵין יָכוֹל לַעֲשׂוֹת קִדּוּשׁ הַיּוֹם כָּרָאוּי. וְקַיְמָא לָן, שְׁלֹשָׁה מְעִידִים זֶה עַל זֶה, וְאֵלּוּ הֵן - הַקָּדוֹשׁ בָּרוּךְ הוּא וְשַׁבָּת וְיִשְׂרָאֵל. וּגְמִירֵי - כָּל הַמֵּעִיד, צָרִיךְ לְהָעִיד מְעֻמָּד. וְהַשִּׁכּוֹר אֵין יָכוֹל לַעֲמֹד אֲפִלּוּ עַל רַגְלָיו. הֲיִיטַב בְּעֵינֵי ה', שֶׁיָּבוֹא שִׁכּוֹר לְהָעִיד עָלָיו שֶׁהוּא אֶחָד וּמְיֻחָד, וְעַל שַׁבָּת שֶׁהוּא שָׁקוּל כְּנֶגֶד כָּל הַתַּרְיַ"ג מִצְוֹת, עַל כֵּן שׁוֹמֵר נַפְשׁוֹ יִרְחַק מִזֶּה הַמִּכְשׁוֹל, כִּי עָנְשׁוֹ גָּדוֹל מְאֹד.

עוֹד רָאִיתִי מִכְשׁוֹל שֵׁנִי, שֶׁבְּנֵי הַכְּפָרִים הַיּוֹשְׁבִים בְּעָרֵי הַפְּרָזִי, בִּמְקוֹמוֹת שֶׁאֵין לָהֶם חוֹמָה וּמְחִצָּה, וְהֵן מְטַלְטְלִין מֵרְשׁוּת הַיָּחִיד לְבָתֵּי עֲרֵלִים וּמִבָּתֵּי עֲרֵלִים לְבָתֵּיהוֹן, וּמוֹרִין הֶתֵּר לְעַצְמָן כַּאֲשֶׁר שֶׁהוּא יָחִיד בְּעִירוֹ, וְאֵין יִשְׂרָאֵל אַחֵר דָּרִים אֶצְלוֹ בִּקְבִיעוּת אֵין הַגּוֹי אוֹסֵר עָלָיו. אֲבָל טוֹעִין הֵן, וְאֵינָן יוֹדְעִים הַדִּין עַל בּוּרְיוֹ, כִּי קַיְמָא לָן - כֵּיוָן דְּיִשְׂרָאֵל אֶחָד דָּר בְּמָקוֹם יְחִידִי מֻתָּר לְטַלְטֵל בְּכָל הָעִיר הַהִיא, בְּעִיר אֲשֶׁר לָהּ חוֹמָה וּדְלָתַיִם וּמֻקֶּפֶת כָּרָאוּי, וְאָז אוֹתָהּ הָעִיר הִיא נֶחְשֶׁבֶת לוֹ כְּאַרְבַּע אַמּוֹת, וּמֻתָּר לוֹ לְטַלְטֵל בְּכָל אוֹתָהּ הָעִיר. מַה שֶּׁאֵין כֵּן בְּעָרֵי הַפְּרָזוֹת, וּמִכָּל שֶׁכֵּן בִּכְפָרִים אֵין לְשׁוּם יִשְׂרָאֵל הֶתֵּר לְטַלְטֵל אֲפִלּוּ מִפֶּתַח בֵּיתוֹ וְלַחוּץ, כִּי אִסּוּר גָּמוּר הוּא. לָכֵן כָּל הַיָּרֵא אֶת דְּבַר ה' צָרִיךְ לְהוֹדִיעַ אֶת יוֹשְׁבֵי כְּפָרִים, וּבִפְרָט לְהָאַרְנְדָּ'ִיס [א"ה - פֵּרוּשׁ, בַּעֲלֵי בָּתֵּי מַרְזֵחַ] שֶׁהוּא לָהֶם חֲתִיכָא דְּאִסּוּרָא לְטַלְטֵל שׁוּם דָּבָר בִּכְפָרִים וּבְעָרֵי הַפְּרָזוֹת.

שְׁלִישִׁית רָאִיתִי, מִנְהָג בְּיוֹשְׁבֵי כְּפָרִים הָרְחוֹקִים זֶה מִזֶּה, וּבְשַׁבָּת בָּאִים לְמִנְיַן עֲשָׂרָה לְבֵית הַכְּנֶסֶת לְהִתְפַּלֵּל בְּרֹב עָם הַדְרַת מֶלֶךְ, מַלְכּוֹ שֶׁל עוֹלָם, הַקָּדוֹשׁ בָּרוּךְ הוּא, וּבָאִים לְבֵית הַכְּנֶסֶת, וְהֵם עוֹסְקִים בְּהַבְלֵי עוֹלָם וּמְסַפְּרִים אֶחָד לַחֲבֵרוֹ אֵיךְ שֶׁקָּנָה סוּסִים בְּמֶקַח הַשָּׁנָה אֵצֶל עָרֵל אֶחָד, וְזֶה מְסַפֵּר שֶׁקָּנָה פָּרָה אַחַת וּשְׁאָר בְּהֵמוֹת, וְכָל דִּבְרֵיהֶם הוּא בְּמַשָּׂא וּמַתָּן שֶׁל חֹל. וְקַיְמָא לָן - וְדַבֵּר דָּבָר שֶׁלֹּא יְהֵא דִּבּוּרְךָ בְּשַׁבָּת כְּשֶׁל חֹל. וּבְחֹל אֵין רוֹאִין אֶחָד לַשֵּׁנִי, רַק בְּשַׁבָּת בָּאִים לְמִנְיָן, וְהֵם עוֹסְקִים בַּכֹּל, בְּדֶרֶךְ אֶרֶץ וּבְמַשָּׂא וּמַתָּן, אָז טוֹב יִהְיֶה לָהֶם לָשֶׁבֶת בְּבָתֵּיהֶם וְלִישֹׁן עַל מִטָּתָן, כְּדֵי שֶׁלֹּא יְדַבְּרוּ דִּבְרֵי חֹל בְּשַׁבָּת.

וּמִכְשׁוֹל זֶה הוּא מָצוּי בַּעֲוֹנוֹתֵינוּ הָרַבִּים בְּרֹב בְּנֵי יוֹשְׁבֵי כְּפָרִים.
וְעוֹד נֶגַע אֶחָד נִרְאֶה לִי, שֶׁבִּקְצָת מְקוֹמוֹת הוֹלְכִין כְּמוֹ שְׁתַּיִם וְשָׁלֹשׁ שָׁעוֹת מֵעִיר לְעִיר לְמִנְיָן, וְאוֹמְרִין דְּיֵשׁ תְּחוּם שַׁבָּת. וַאֲנִי יוֹדֵעַ בְּעַצְמִי שֶׁהוּא שְׁלֹשָׁה אוֹ אַרְבָּעָה תְּחוּמֵי שַׁבָּת. עַל כֵּן אֲנִי מַזְהִיר בְּכָל הַמְּקוֹמוֹת, אֲשֶׁר הוּא קַבָּלָה בִּידֵי אַנְשֵׁי הַיִּשּׁוּבִים, שֶׁהִתִּיר לָהֶם אֵיזֶה מוֹרֶה צֶדֶק שֶׁהוּא מְפֻרְסָם, וּמָדַד הָרַב בְּעַצְמוֹ הַתְּחוּם אָז מֻתָּר לֵילֵךְ בַּשַּׁבָּת. אֲבָל לֹא יִסְמֹךְ עַל אֵיזֶה מְלַמֵּד אוֹ עַל מִי שֶׁאֵינוֹ יוֹדֵעַ לְהוֹרוֹת אִסּוּר וְהֶתֵּר, כִּי בַּעֲוֹנוֹתֵינוּ הָרַבִּים בַּדּוֹר הַזֶּה רַבּוּ הַמַּתִּירִים עַל הָאוֹסְרִים מֵחֲמַת חֲנֻפָּה, אוֹ מֵחֲמַת נְתִינוּת מָמוֹן שֹׁחַד שֶׁנּוֹתְנִין לוֹ, וְהוּא מַתִּיר אִסּוּרִים אִסּוּר דְּאוֹרַיְתָא. עַל כֵּן יִרְאֶה כָּל אֶחָד וְאֶחָד לְהָסִיר הַמִּכְשׁוֹל מֵעָלָיו, וְלֹא יֵלֵךְ מִמָּקוֹם לְמָקוֹם, עַד שֶׁיִּהְיֶה לוֹ רְשׁוּת מִן הָרַב הַמְּדִינָה שֶׁלּוֹ.
הָרְבִיעִי רָאִיתִי מִכְשׁוֹל גָּדוֹל בְּאַנְשֵׁי יִשּׁוּבִים וּבִקְצָת הַקְּהִלּוֹת, שֶׁיִּשְׂרָאֵל קְדוֹשִׁים הֵן וּמְכַוְּנִין לְכַבֵּד אֶת יוֹם הַשַּׁבָּת בְּכָל מַה דְּאֶפְשָׁר לוֹ, וְהֵמָּה שׁוֹלְחִים בָּשָׂר לִצְלוֹת לְבֵית הָאוֹפֶה הֶעָרֵל, כַּאֲשֶׁר שֶׁאֵין תַּנּוּרִים מְצוּיִין בַּמְּדִינוֹת הָאֵלּוּ אֵצֶל הַיְּהוּדִים. וּשְׁתַּיִם רָעוֹת עוֹשִׂין בְּכִבּוּד זֶה - חֲדָא שֶׁשּׁוֹלְחִים הַבָּשָׂר לִצְלוֹת עַל יְדֵי בְּתוּלָה יְחִידִית לְבֵית הָאוֹפֶה, וְעוֹבְרִים אִסּוּר יִחוּד, שֶׁאִסּוּר זֶה הוּא אָסוּר אֲפִלּוּ בְּיִשְׂרָאֵל, כִּי דָּוִד הַמֶּלֶךְ וּשְׁמוּאֵל הַנָּבִיא, עֲלֵיהֶם הַשָּׁלוֹם, הָיוּ גּוֹזְרִים גְּזֵרָה זוֹ, וְהָיוּ אוֹסְרִים לְיַחֵד שׁוּם זָכָר וּנְקֵבָה. עַל כֵּן הַשּׁוֹמֵר, שֶׁהִיא הַבְּתוּלָה, צְרִיכָה שְׁמִירָה מִפְּנֵי הַיִּחוּד. וְהָאֵיךְ תִּשְׁמֹר הַבָּשָׂר דִּצְלִי.
וְעוֹד אִסּוּר שֵׁנִי הוּא, כֵּיוָן דְּאֵין יִשְׂרָאֵל מְסַיְּעוֹ לְהֶעָרֵל, אֵין לְתַבְשִׁיל זֶה אוֹ לִצְלִי שׁוּם הֶתֵּר בָּעוֹלָם, כִּי הוּא אָסוּר מִדְּאוֹרַיְתָא מִשּׁוּם בִּשּׁוּל גּוֹיִים. וְלָאו כָּל עָלְמָא מַר בַּר רַב אָשֵׁי נִינְהוּ, שֶׁיּוֹדְעִין דִּין זֶה, וּמִכָּל שֶׁכֵּן בְּנֵי הַיִּשּׁוּבִים שֶׁהֵן נִכְשָׁלִים בַּעֲוֹנוֹתֵינוּ הָרַבִּים בְּעָוֹן זֶה, אוֹכְלִים אִסּוּר דְּאוֹרַיְתָא, כִּי לֹא מָצָאתִי שׁוּם פּוֹסֵק דְּפָסַק הֶתֵּר בְּזֶה הַדִּין, דְּבִשּׁוּל גּוֹיִים הוּא אָסוּר אַף דְּיִשְׂרָאֵל עוֹמֵד עַל גַּבָּיו. כֵּיוָן דְּיִשְׂרָאֵל אֵינוֹ מְסַיְּעֵהוּ, הוּא אִסּוּר גָּמוּר. וּבְמִכְשׁוֹל זֶה, בַּעֲוֹנוֹתֵינוּ הָרַבִּים, נִכְשָׁלִים בְּרֹב מְדִינוֹת פּוֹלִין וְלִיטָא, שֶׁיֵּשׁ לָהֶן מְשָׁרְתוֹת עֲרֵלוֹת, וְהַמְשָׁרְתוֹת מְבַשְּׁלוֹת בְּלִי סִיּוּעַ יִשְׂרָאֵל. עַל כֵּן אֲנִי מַזְהִיר לְהָסִיר כָּל אֶחָד וְאֶחָד מִכְשׁוֹל זֶה מִבֵּיתוֹ, וְלֹא יִשְׁלַח אִשָּׁה וּבְתוּלָה בִּיחִידִי. וְאִם שָׁלַח לְבֵית הָאוֹפֶה, אֲזַי יִרְאֶה לַחְתּוֹת בַּגֶּחָלִים אוֹ לָשִׂים הַצְּלִי בְּעַצְמוֹ לְבֵית הַתַּנּוּר, כְּדֵי שֶׁלֹּא יָבוֹא לִידֵי אִסּוּר דְּאוֹרַיְתָא חַס וְשָׁלוֹם.
וְכָל הַנִּזְהָר בְּאַרְבָּעָה דְּבָרִים שֶׁכָּתַבְתִּי, יִהְיֶה שְׂכָרוֹ כָּפוּל וּמְכֻפָּל. וְיִזְכֶּה לְנַחֲלָה בְּלִי מְצָרִים. כַּמָּה דְּאַתְּ אָמֵר - וְהַאֲכַלְתִּיךָ[366] נַחֲלַת יַעֲקֹב אָבִיךָ. אָמֵן כֵּן יְהִי רָצוֹן.

[366] ישעיהו נח יד

פרק עו

אִסּוּר יֵין נֶסֶךְ הוּא יָדוּעַ וּמְפֻרְסָם, שֶׁמֹּשֶׁה רַבֵּנוּ וְשִׁבְעִים זְקֵנִים שֶׁבַּדּוֹר גָּזְרוּ עַל סְתָם יֵינָם שֶׁל נָכְרִים, כְּדֵי שֶׁלֹּא יָבוֹאוּ יִשְׂרָאֵל לִידֵי זְנוּת. כְּמוֹ שֶׁחָטְאוּ בְּשִׁטִּים בְּמַעֲשֵׂה זִמְרִי, שֶׁנֶּהֶרְגוּ מֵחֲמַת חֵטְא זֶה עֶשְׂרִים וְאַרְבָּעָה אֶלֶף מִן יִשְׂרָאֵל. וּבַעֲלֵי הַמְקֻבָּלִים הֶחְמִירוּ בְּאִסּוּר זֶה, וְהִפְלִיגוּ בְּעֹנֶשׁ מִי שֶׁשּׁוֹתִים סְתָם יֵינָם.

וְהִנֵּה רֹב מְדִינוֹת הַלָּלוּ, בְּמָקוֹם שֶׁעוֹשִׂין יַיִן, הֵן מְקִלִּין בִּשְׁתִיַּת יֵין נֶסֶךְ, וְלֹא עוֹד שֶׁהֵן מוֹכְרִים סְתָם יֵינָם לִשְׁאָרֵי אֲנָשִׁים כְּשֵׁרִים שֶׁבְּיִשְׂרָאֵל בִּמְקוֹם יַיִן כָּשֵׁר, וְגוֹרְמִין רָעָה גַּם לַאֲחֵרִים, וְחֵטְא הָרַבִּים תְּלוּיִין בַּאֲנָשִׁים הַחַטָּאִים הָאֵלֶּה בְּנַפְשׁוֹתָם. עַל כֵּן מֻטָּל עַל הָרַבָּנִים וְדַיָּנִים שֶׁבַּמְּדִינוֹת לִגְזֹר בִּגְזֵרוֹת **נַחַ"שׁ** [נֶדֶר, חֵרֶם, שְׁבוּעָה] עַל אוֹתָן הָאֲנָשִׁים, שֶׁעוֹשִׂים יַיִן מִשָּׁעָה שֶׁהִתְחִיל הַיַּיִן לִמְשֹׁךְ אֶל תּוֹךְ הַבּוֹר. אִם יִהְיֶה שָׁם מַגַּע נָכְרִי, אָז הַיַּיִן הוּא אִסּוּר גָּמוּר. עַל כֵּן צְרִיכִין שְׁמִירָה מְעֻלָּה לְבִלְתִּי לְהִכָּשֵׁל בְּעָווֹן זֶה. וְעַל הָרַבָּנִים הוּא מֻטָּל שֶׁלֹּא לִתֵּן כְּתַב הֶכְשֵׁר, עַד שֶׁבְּוַדַּאי יוֹדֵעַ בְּבֵרוּר שֶׁנַּעֲשָׂה הַיַּיִן בְּהֶכְשֵׁר.

וְהִנֵּה סוֹד יֵין נֶסֶךְ הוּא אַזְהָרָה, שֶׁצִּוָּה הַקָּדוֹשׁ בָּרוּךְ הוּא שָׁלֹשׁ מִצְווֹת לַמֶּלֶךְ, וְצִוָּה - לֹא[367] יַרְבֶּה לּוֹ נָשִׁים. וְלֹא[368] יַרְבֶּה לּוֹ סוּסִים. וְלֹא[369] יַרְבֶּה לּוֹ כֶּסֶף. כִּי רָאשֵׁי תֵּבוֹת **נֶסֶ"ךְ** הוּא - **נָ**שִׁים, **ס**וּסִים, **כֶּ**סֶף. וְהֵן הֵן שְׁלֹשָׁה דְּבָרִים שֶׁהַמֶּלֶךְ מֻזְהָר שֶׁלֹּא לְהַרְבּוֹת. וּמִכָּל שֶׁכֵּן שְׁאָר בְּנֵי אָדָם, שֶׁהֵן מֻזְהָרִין שֶׁלֹּא לְהַרְבּוֹת - נָשִׁים, סוּסִים, כֶּסֶף, שֶׁהֵן רָאשֵׁי תֵּבוֹת **נֶסֶ"ךְ**.

וְהִנֵּה בְּחֵטְא נָשִׁים הַרְבֵּה בְּנֵי אָדָם נִכְשָׁלִין וְהוֹלְכִין לְנָשִׁים זָרִים. וְדַע, כִּי מִי שֶׁהוּא שׁוֹתֶה יֵין נֶסֶךְ בְּבֵית הָאֻשְׁפִּיזוֹת שֶׁל עֲרֵלִים, הוּא נִכְשָׁל גַּם כֵּן בַּעֲווֹן נָשִׁים זָרוֹת, כִּי עֲבֵרָה גּוֹרֶרֶת עֲבֵרָה, וְהוּא עוֹבֵר עַל לָאו **לֹא יַרְבֶּה נָשִׁים**, וְהוּא נוֹתֵן זַרְעוֹ כְּסוּסִים שֶׁהֵן שְׁטוּפֵי זִמָּה. כְּמוֹ שֶׁאָמַר הַכָּתוּב - וְזִרְמַת[370] סוּסִים זִרְמָתָם. כִּי הַזְּנוּת הוּא מַעֲשֵׂה בְּהֵמָה. כְּמוֹ שֶׁאָמְרוּ רַבּוֹתֵינוּ זִכְרוֹנָם לִבְרָכָה בְּסוֹטָה - הִיא[371] עָשְׂתָה מַעֲשֵׂה בְהֵמָה לְפִיכָךְ הֵבִיאָה הַסּוֹטָה קָרְבָּן שֶׁל קֶמַח שְׂעוֹרִים, וּשְׂעוֹרִים הוּא מַאֲכַל בְּהֵמָה. וּלְפִי זֶה רֶמֶז גָּדוֹל הוּא בְּמִלַּת יֵין נֶסֶךְ, לִרְמֹז מִי שֶׁהוּא שׁוֹתֶה יֵין נֶסֶךְ אֲזַי עוֹבֵר עַל לָאו **לֹא יַרְבֶּה לּוֹ נָשִׁים**, וְלֹא יַרְבֶּה לוֹ זַרְעוֹ כְּסוּסִים. וְאַחַר כָּךְ יָבוֹא לִידֵי עֲנִיּוּת וְדַלּוּת מַמָּשׁ עַל כִּכַּר לֶחֶם מִמֵּילָא, וְלֹא יַרְבֶּה לּוֹ כֶּסֶף, כִּי **נֶסֶ"ךְ** הוּא רָאשֵׁי תֵּבוֹת - **נָ**שִׁים, **ס**וּסִים, **כֶּ**סֶף.

367 דברים יז יז
368 דברים יז טז
369 דברים יז יז
370 יחזקאל כג כ
371 סוטה יד א

עַל כֵּן יִרְאֶה הָאָדָם לְהִתְרַחֵק מֵעָוֹן זֶה.

וְשָׁמַעְתִּי מִפִּי מוֹרִי הַגָּאוֹן אָבִי זִכְרוֹנוֹ לִבְרָכָה, שֶׁשָּׁמַע מִפִּי הַקָּדוֹשׁ רַבִּי יַעֲקֹב תֶּעמֶרְלִישׁ, זִכְרוֹנוֹ לִבְרָכָה, שֶׁכָּל מִי שֶׁנִּכְשָׁל בַּעֲוֹן יֵין נֶסֶךְ, עַל כָּרְחוֹ אַחַר כָּךְ יִהְיֶה מְגֻלְגָּל בַּחֲמוֹר, כִּי לָשׁוֹן נוֹפֵל עַל לָשׁוֹן, כִּי תַּרְגּוּם שֶׁל יַיִן הוּא **חֲמַר**. עַל כֵּן יִרְאֶה הָאָדָם וְיַפְרִישׁ עַצְמוֹ מֵאִסּוּר יֵין נֶסֶךְ וּמִיַּיִן שָׂרָף, שֶׁעוֹשִׂים מִשְּׁמָרִים שֶׁל יֵין נֶסֶךְ, שֶׁהוּא גַּם כֵּן אָסוּר כְּמוֹ יֵין נֶסֶךְ. וְכָל הַפּוֹרֵשׁ מֵאִסּוּר זֶה נִקְרָא קָדוֹשׁ, וְקָדוֹשׁ יֵאָמֵר לוֹ.

פרק עז

כְּתִיב בְּפָרָשַׁת וַיִּקְרָא - וְנֶפֶשׁ[372] כִּי תֶחֱטָא וְשָׁמְעָה קוֹל אָלָה וְגוֹ'. פָּסוּק זֶה נִדְרָשׁ בַּזֹּהַר, פָּרָשַׁת וַיִּקְרָא, דְּקָאֵי עַל נִשְׁמַת אָדָם אֲשֶׁר טֶרֶם יוֹרֶדֶת הַנְּשָׁמָה לַגּוּף לָעוֹלָם הַזֶּה, מוֹלִיכִין אֶת הַנְּשָׁמָה בְּאֶלֶף וּשְׁמוֹנָה עוֹלָמוֹת, שֶׁתִּרְאֶה יְקָר וְכָבוֹד שֶׁל תַּלְמִידֵי חֲכָמִים שֶׁעָסְקוּ בָּעוֹלָם הַזֶּה בַּתּוֹרָה, וְלָמְדוּ לְשֵׁם שָׁמַיִם, וְכָל דַּרְכָּם וְכָל עִנְיָנָם הָיוּ לְשֵׁם שָׁמַיִם, וְהָיוּ מִתְנַהֲגִים בְּמִדַּת הָעֲנָוָה, וּמוֹשָׁבָם כָּבוֹד, וְאוֹר פְּנֵי הַצַּדִּיקִים מְאִירִים כְּזֹהַר הָרָקִיעַ, וְעַל רֹאשָׁם חֻפּוֹת מֵאֲבָנִים טוֹבוֹת מְאֹד.

וְאָז אוֹמְרִים לְהַנְּשָׁמָה, רְאֵה בִּכְבוֹדָן שֶׁל צַדִּיקִים שֶׁיּוֹשְׁבִים בְּגַן עֵדֶן, אִם אַתָּה תִּנְהַג בְּטוֹב כְּמוֹ אֵלּוּ הַצַּדִּיקִים, תִּזְכֶּה גַּם כֵּן אַתָּה לִיקָר וְתִפְאֶרֶת הַזֶּה. וְאַחַר כָּךְ מְבִיאִים הַנְּשָׁמָה לִפְנֵי הַקָּדוֹשׁ בָּרוּךְ הוּא, וּמַלְבִּישִׁים אוֹתָהּ לְבוּשׁ דְּיָקָר בְּצוּרַת הַגּוּף וּדְיוֹקְנָא דְּהַאי עָלְמָא, וְאָז הַנְּשָׁמָה נֶהֱנֵית מִזִּיו הַשְּׁכִינָה, וּמְעַטְּרִין לָהּ בְּכַמָּה עִטְרִין וְאוֹמְרִים לָהּ הִנְנוּ עוֹשִׂין לָךְ כָּל הַכָּבוֹד הַזֶּה, עַל מְנַת שֶׁתִּהְיֶה צַדִּיק, וְתִהְיֶה יִרְאַת ה' עַל פָּנֶיךָ, וּמַשְׁבִּיעִין אוֹתָהּ בִּשְׁמָא דְּמַלְכָּא קַדִּישָׁא, דְּלָא יֶחֱטָא, וּמַתְרִין בָּהּ כַּמָּה הַתְרָאוֹת. וְאַחַר כָּךְ הִיא מִשְׁתַּחֲוֵית נֶגֶד הַקָּדוֹשׁ בָּרוּךְ הוּא, וְאַחַר כָּךְ יוֹרֶדֶת לַגּוּף לָעוֹלָם הַזֶּה. וְאִם הָאָדָם הוּא צַדִּיק הוּא טוֹב, וּבְאִם שֶׁאֵין אָדָם עוֹשֶׂה רְצוֹנוֹ שֶׁל מָקוֹם אֲזַי הַתּוֹרָה הִיא מַתְמִיהַּ עַל אוֹתוֹ הָרָשָׁע וְאוֹמֶרֶת - וְנֶפֶשׁ[373] כִּי תֶחֱטָא. בִּתְמִיהָה, הֲלֹא שָׁמְעָה הַנֶּפֶשׁ קוֹל הָאֱלֹהִי"ם וְקוֹל הַשְּׁבוּעָה, שֶׁהָיוּ מַשְׁבִּיעִין אוֹתָהּ בַּמָּרוֹם קֹדֶם שֶׁיָּרְדָה לְגוּף הָאָדָם, הֲרֵי הִתְרוּ בָּךְ בְּכַמָּה הַתְרָאוֹת כַּנִּזְכָּר לְעֵיל. אָמְנָם אַף עַל פִּי כֵן אַל תִּתְיָאֵשׁ מִן הָעוֹלָם הַבָּא, רַק רְאֵה לְתַקֵּן מַה שֶׁאַתָּה פּוֹגֵם. וְעַל אוֹתָן הַחֲטָאִים שֶׁאָדָם זוֹכֵר עַל יְדֵי רְאִיָּה, שֶׁאַתָּה מִסְתַּכֵּל בְּזֶה הַחֵטְא אוֹ שֶׁאַתָּה זוֹכֵר אוֹ יָדַעְתָּ. וְזֶה הַפֵּרוּשׁ שֶׁל אוֹ רָאָה אוֹ יָדָע עַל כֻּלָּם תּוּכַל לָשׁוּב בִּתְשׁוּבָה שְׁלֵמָה, וְתִתְוַדֶּה בִּדְמָעוֹת עַל כָּל חֵטְא וְעָווֹן. וְאִם לֹא יַגִּיד כָּל הַחֵטְא לְהִתְוַדּוֹת עָלָיו קַמֵּי הַקָּדוֹשׁ בָּרוּךְ הוּא קֹדֶם הַמִּיתָה, אָז נָשָׂא עֲוֹונוֹ וְתִסְבֹּל עֹנֶשׁ וְצַעַר שֶׁל גֵּיהִנֹּם וּשְׁאָר עֳנָשִׁים כְּשֶׁתִּפֹּל בִּידֵי אַכְזָרִים, וְכָל זֶה גָּרַמְתָּ לָךְ בְּעַצְמְךָ. וַה' הוּא מֶלֶךְ רַחֲמִים, וּבְרֹב חֲסָדָיו עַל בְּרִיּוֹתָיו הוּא הֶעֱמִיד מְמֻנִּים וּשְׁלוּחִים בָּרָקִיעַ, הַמַּכְרִיזִים בְּכָל יוֹם - אִתְעָרוּ, בְּנֵי עָלְמָא לְקַמֵּי מַלְכָּא קַדִּישָׁא, אִתְעָרוּ וְחוּסוּ עַל עַצְמְכֶם וְחוּסוּ עַל בְּנֵיכֶם, וּמִפְּנֵי כָּךְ כַּמָּה פְּעָמִים יָבוֹא פִּתְאֹם יִרְאָה וַחֲרָדָה בְּלֵב הָאָדָם לִזְכֹּר עַל יוֹם הַמִּיתָה, כְּדֵי שֶׁיִּתְחָרֵט עַל מַעֲשָׂיו. וְהַיָּרֵא וְחָרֵד לִדְבַר ה', מִתְגַּבֵּר וּמִתְחַזֵּק לֵילֵךְ בְּדֶרֶךְ טוֹבָה, וְאָז הָאָדָם בְּעַצְמוֹ מִתְעוֹרֵר לַעֲשׂוֹת תְּשׁוּבָה שְׁלֵמָה.

---

372 ויקרא ה א

373 ויקרא ה א

וּמִי שֶׁיֵּשׁ לוֹ לֵב אַבִּיר וּקְשֵׁה עֹרֶף, אֲזַי תֵּכֶף אַחַר הַחֲרָטָה שָׁב אֶל קִיא צוֹאָה לַעֲשׂוֹת עֲבֵרוֹת כְּמִנְהָגוֹ. אָז כַּמָּה חֲיָלוֹת שֶׁל מַלְאֲכֵי חַבָּלוֹת אוֹרְבִים עָלָיו לְהִדָּבֵק בּוֹ לְהַסְטִין אוֹתוֹ, שֶׁיֵּלֵךְ בְּדֶרֶךְ הַפּוֹשְׁעִים וּמוֹרְדִים, וּמְבִיאִין אוֹתוֹ לְכַמָּה מִדּוֹת רָעוֹת - לִהְיוֹת אַכְזָר, וּמַלְעִיג עַל דִּבְרֵי חֲכָמִים, כָּל דְּרָכָיו בְּכַעַס, וְאֵינוֹ חָס עַל כְּבוֹד הַבְּרִיּוֹת. וְאַחַר כָּךְ מוֹשְׁלִין הַמַּלְאֲכֵי חַבָּלוֹת עַל אוֹתוֹ הָאָדָם, עַד שֶׁמְּבִיאִים עָלָיו כַּמָּה קִלְקוּלִים וּמַעֲבִירִין אוֹתוֹ מִן הָעוֹלָם בְּעִנְיָן רַע. וּפִתְאֹם יָבוֹא עַל אוֹתוֹ הָאָדָם אֵיזֶה פֶּגַע רַע, שֶׁכָּל רוֹאָיו תְּמֵהִין עַל סִבָּתוֹ הָרַע. וְכָל זֶה הוּא בִּשְׁבִיל שֶׁמָּסַר עַצְמוֹ בְּמַעֲשָׂיו הָרָעִים בִּידֵי הַסִּטְרָא אָחֳרָא, כִּי הַמַּשְׁחִיתִים הַמְמֻנִּים עַל סִבּוֹת הָרָעוֹת, אוֹרְבִים וּמְצַפִּים מָתַי יַעֲשֶׂה הָאָדָם אֵיזֶה חֵטְא וְעָוֹן, וַאֲפִלּוּ חֵטְא קַל, וְיִפֹּל בְּיָדָם.

כִּדְמָצִינוּ בִּימֵי הָאֲרִ"י זִכְרוֹנוֹ לִבְרָכָה, שֶׁהָיָה לוֹ תַּלְמִיד זָקֵן וּגְדוֹל הַדּוֹר, הֲלֹא הוּא רַבִּי חַיִּים וִיטַאל, זִכְרוֹנוֹ לִבְרָכָה, שֶׁהָיָה פַּעַם אַחַת בְּבֵית הַמִּדְרָשׁ שֶׁל הָאֲרִ"י, זִכְרוֹנוֹ לִבְרָכָה. הֵבִיאוּ לְפָנָיו אִשָּׁה אַחַת שֶׁהָיְתָה חוֹלָה בָּחֳלִי רַע, וְהָיָה כְּדִמְיוֹן פֶּגַע רַע, וְלֹא יָדְעוּ מַהוּ הָרָעָה אֲשֶׁר פָּגְעָה בָּהּ, אִם יֵשׁ רוּחַ אֶצְלָהּ אוֹ שֵׁד אוֹ שְׁאָר מִקְרֶה. וְאָמְרָה הָאִשָּׁה לִפְנֵי הָאֲרִ"י, זִכְרוֹנוֹ לִבְרָכָה, שֶׁהָיְתָה בְּרִיאָה וַחֲזָקָה בְּלִי כְּאֵב, רַק לִפְעָמִים נֶהְפְּכָה לְדִמְיוֹן אָדָם שֶׁיֵּשׁ בּוֹ פֶּגַע רַע. וְרָאָה הָאֲרִ"י, זִכְרוֹנוֹ לִבְרָכָה, הַדּוֹפֶק שֶׁלָּהּ, וְאָמַר שֶׁנִּתְלַבֵּשׁ בָּהּ רוּחַ אֶחָד, בַּר מִנַּן, וּשְׁלָחָהּ אֶל בֵּיתָהּ. וְלָעֶרֶב צִוָּה הָאֲרִ"י, זִכְרוֹנוֹ לִבְרָכָה, לְהָרַב מוֹרֵנוּ הָרַב רַבִּי חַיִּים וִיטַאל, זִכְרוֹנוֹ לִבְרָכָה, שֶׁיֵּלֵךְ אֶל הָאִשָּׁה וְיוֹצִיא הָרוּחַ מִמֶּנָּה. וְאָמַר לוֹ הָאֲרִ"י זִכְרוֹנוֹ לִבְרָכָה - רְאֵה וְהִתְחַכֵּם נֶגֶד הָרוּחַ, כִּי הוּא שַׁקְרָן וְכַזְּבָן גָּדוֹל. וּכְשֶׁאַתָּה תִּשְׁאַל לוֹ עַל שְׁמוֹ, יִהְיֶה מְשַׁקֵּר שָׁלֹשׁ פְּעָמִים. וְהִגִּיד לוֹ הָאֲרִ"י, זִכְרוֹנוֹ לִבְרָכָה, כַּוָּנַת הַשֵּׁמוֹת אֵיךְ לְהִתְנַהֵג עִם הָרוּחַ.

וְהָלַךְ רַבִּי חַיִּים וִיטַאל, זִכְרוֹנוֹ לִבְרָכָה, בֵּין הַשְּׁמָשׁוֹת לְבֵית הָרוּחַ, וְקֹדֶם שֶׁנִּכְנַס הָרַב רַבִּי חַיִּים הַנִּזְכָּר לְעֵיל, אָמַר הָרוּחַ לְאוֹתָן הָאֲנָשִׁים הָעוֹמְדִים עָלָיו תִּרְאוּ, שֶׁיָּבוֹא לְכָאן הָרַב רַבִּי חַיִּים וִיטַאל לְהוֹצִיא אוֹתִי מִן הָאִשָּׁה, אֲבָל אֵין אֲנִי מִתְיָרֵא מִמֶּנּוּ, וְאֵין לִי פַּחַד מִמֶּנּוּ. וְדָבָר זֶה הָיָה מְדַבֵּר בְּקוֹל רָם וּבְעַזּוּת מֵצַח כְּדֶרֶךְ שֶׁל הָרוּחַ. וְכָל זֶה הָיָה קֹדֶם בִּיאַת מוֹרֵנוּ הָרַב רַבִּי חַיִּים וִיטַאל. וְאַחַר כָּךְ, כְּשֶׁבָּא מוֹרֵנוּ הָרַב רַבִּי חַיִּים וִיטַאל, מִיָּד הִתְחִיל לִרְתֹּת, וְקָם לְפָנָיו, וְנָפַל מֵרֹב הַמּוֹרָא עַל פָּנָיו. וְאָמַר הָרוּחַ - רַבִּי, אֵין אֲנִי כְּדַאי לִרְאוֹת בְּפָנֶיךָ הַקָּדוֹשׁ. וְאַחַר כָּךְ שָׁאַל הָרַב אֶת הָרוּחַ - מִי אַתָּה, וְהֵשִׁיב - פְּלוֹנִי בֶּן פְּלוֹנִי. וְהָיָה שֶׁקֶר בְּפִיו. וְאַחַר כָּךְ שָׁאַל הָרַב אוֹתוֹ פַּעַם שֵׁנִית, וְשִׁקֵּר וְכִחֵשׁ בּוֹ עַד פַּעַם שְׁלִישִׁי. וּבַפַּעַם הָרְבִיעִי הִתְחִיל וְהִגִּיד אֶת שְׁמוֹ הָאֲמִתִּי. וְאָז הִתְחִיל מוֹרֵנוּ רַבִּי חַיִּים לְהַזְכִּיר אֵיזֶה שֵׁמוֹת קְדוֹשִׁים, וְהִתְחִיל הָרוּחַ לְדַבֵּר קָשׁוֹת וּבְעַזּוּת מְאֹד מְאֹד אָמַר - הִנְנִי יוֹצֵא אֲנִי מִיָּד. וְכַוָּנַת

הָרוּחַ הָיָה לָצֵאת דֶּרֶךְ בֵּית הַנֹּשֶׁט וְדֶרֶךְ הַצַּוָּאר, וְהָיָה רוֹצֶה בְּדַעְתּוֹ לִנְקֹב הַסִּימָנִים מִן הָאִשָּׁה, וְהָיָה רוֹצֶה לְכַבּוֹת כָּל הַנֵּרוֹת שֶׁבְּאוֹתוֹ הַחֶדֶר, וּלְהַזִּיק אֵיזֶה נְפָשׁוֹת שֶׁהָיוּ בְּהַחֶדֶר.
וְהָרַב מוֹרֵנוּ רַבִּי חַיִּים וִיטַאל הֵבִין אֶת כַּוָּנָתוֹ וּמַחֲשַׁבְתּוֹ הָרַע וְאָמַר לוֹ - רְצוֹנִי שֶׁתֵּלֵךְ אַתָּה דֶּרֶךְ אֶצְבַּע קְטַנָּה שֶׁל הָרֶגֶל שְׂמֹאל שֶׁל הָאִשָּׁה. וְאָמַר הָרוּחַ שֶׁכָּךְ יַעֲשֶׂה. וְהָרַב מוֹרֵנוּ רַבִּי חַיִּים וִיטַאל הֵבִין שֶׁהוּא שֶׁקֶר, כִּי כַּוָּנַת הָרוּחַ הָיָה דַּוְקָא לְהָמִית לְהָאִשָּׁה. מִיָּד גָּזַר עָלָיו חֵרֶם וְנִדּוּי וְשַׁמְתָּא, שֶׁלֹּא יֵצֵא עַכְשָׁו כְּלָל. כִּי רָאָה הָרַב, שֶׁאִם יֵצֵא הָרוּחַ עַכְשָׁו מֵחֲמַת הַהַשְׁבָּעוֹת וְשַׁמְתּוֹת, אָז בְּוַדַּאי יָמִית הָאִשָּׁה. וְהִנִּיחַ הַדָּבָר כָּךְ וְהָלַךְ לְהִתְפַּלֵּל עַרְבִית לְבֵית הָאֲרִ"י זִכְרוֹנוֹ לִבְרָכָה, וְאַחַר הַתְּפִלָּה סִפֵּר מוֹרֵנוּ הָרַב חַיִּים וִיטַאל לְהָרַב הָאֲרִ"י זִכְרוֹנוֹ לִבְרָכָה, כָּל הַמַּעֲשֶׂה הַנִּזְכָּר לְעֵיל.
וְהֵשִׁיב הָאֲרִ"י, זִכְרוֹנוֹ לִבְרָכָה - זֶה אֵרַע לְךָ בִּשְׁבִיל שֶׁהָלַכְתָּ בַּלַּיְלָה אֶל הָרוּחַ, וְלֹא מִבְּעוֹד יוֹם קֹדֶם הַלַּיְלָה, כְּמוֹ שֶׁאָמַרְתִּי לְךָ. כִּי בַּלַּיְלָה הוּא שְׁלִיטַת הַחִיצוֹנִים וְדִינִים, וְהָרוּחוֹת מִתְגַּבְּרִים בְּאוֹתוֹ הַפַּעַם, וְאֵין אוֹתוֹ זְמַן גּוֹרֵם לִפְעֹל פְּעֻלּוֹת נֶגֶד הָרוּחַ בַּלַּיְלָה. וְאַחַר כָּךְ אָמַר הָאֲרִ"י, זִכְרוֹנוֹ לִבְרָכָה, לְמוֹרֵנוּ הָרַב חַיִּים וִיטַאל - לֵךְ לְשָׁלוֹם. וְהָלַךְ עִמּוֹ מְעַט דֶּרֶךְ הַדֶּלֶת, מַה שֶּׁלֹּא הָיָה עוֹשֶׂה כֵּן לִשְׁאָר תַּלְמִידִים. וּלְמָחֳרַת אַחַר הַתְּפִלָּה הָלַךְ הָרַב מוֹרֵנוּ הָרַב רַבִּי חַיִּים וִיטַאל לְהַשְׁבִּיעַ אֶת הָרוּחַ, וְהִכְרִיחַ הָרוּחַ לָצֵאת דֶּרֶךְ אֶצְבַּע קְטַנָּה שֶׁל רֶגֶל הָאִשָּׁה. וְהָיוּ הָאֲנָשִׁים וְנָשִׁים רוֹאִין אֶת הָרוּחַ, שֶׁנִּדְמָה לָהֶם כְּמוֹ חוּט שֶׁל אֵשׁ, וְהָיָה דּוֹלֵק וְצוֹעֵק וּבוֹכֶה עַל מַעֲשָׂיו. וְאַחַר כָּךְ שָׁאַל הָרַב מוֹרֵנוּ הָרַב רַבִּי חַיִּים וִיטַאל אֶת הָרוּחַ, מִפְּנֵי מָה אֵרַע לְךָ כָּךְ שֶׁנַּעֲשֵׂיתָ רוּחַ, וּמָה חֵטְא הוּא בְּיָדוֹ, וְהֵשִׁיב, שֶׁהוּא הָיָה מָסוֹר מְפֻרְסָם, וְהָיָה מוֹסֵר מָמוֹן שֶׁל יִשְׂרָאֵל בְּיַד עַכּוּ"ם. וְאַחַר כָּךְ הָיָה שׁוֹאֵל, מִפְּנֵי מָה הָיָה לוֹ רְשׁוּת לֵילֵךְ לְתוֹךְ הָאִשָּׁה הַזּוֹ וְלָנוּחַ בְּתוֹכָהּ, וְהֵשִׁיב, שֶׁהַמְמֻנִּים שֶׁלּוֹ נָתְנוּ לוֹ רְשׁוּת לָבוֹא לְתוֹךְ הָאִשָּׁה, כִּי הוּא הָיָה שׁוֹכֵב עַל הֶעָפָר שֶׁעַל גַּבֵּי הַכִּירָה, וּמִכָּל מָקוֹם לֹא הָיָה לוֹ רְשׁוּת לָבוֹא לְתוֹךְ שׁוּם אָדָם, עַד שֶׁפַּעַם אַחַת בָּאָה הָאִשָּׁה הַזֹּאת לְהָכִין אֵשׁ וְעֵצִים לְבַשֵּׁל מַאֲכָלִים לְיוֹם הַשַּׁבָּת, וְהָיְתָה הָאִשָּׁה מְשׁוֹרֶרֶת זְמִירוֹת שֶׁל נִבּוּל פֶּה, וְהָיָה לוֹ רְשׁוּת לָבוֹא אֵלֶיהָ. וְזֶה שְׁלֹשָׁה שָׁנִים רְצוּפִים אֲשֶׁר הוּא שׁוֹכֵן בְּתוֹכָהּ. עַד כָּאן הַמַּעֲשֶׂה.
עַל כֵּן יִרְאֶה הָאָדָם וִיצַיֵּר בְּנַפְשׁוֹ, כַּמָּה הַקָּדוֹשׁ בָּרוּךְ הוּא מְדַקְדֵּק עִם הַבְּרִיּוֹת, וּמָה הַמָּסוֹר הַזֶּה, שֶׁלֹּא חָטָא אֶלָּא בְּפִיו וּבִשְׂפָתָיו, שֶׁהָיָה מְדַבֵּר דֵּלָטוּרִין עַל בְּנֵי יִשְׂרָאֵל בֶּעָוֹן הַזֶּה נַעֲשָׂה רוּחַ, וּמִכָּל שֶׁכֵּן הָעוֹשֶׂה עֲבֵרָה בְּפֹעַל, עֲבֵרוֹת שֶׁהֵן חַיָּבֵי כְּרִיתוֹת אוֹ אַרְבַּע מִיתוֹת בֵּית דִּין, אוֹ הַמְחַלֵּל שַׁבָּת בְּפַרְהֶסְיָא עַל אַחַת כַּמָּה וְכַמָּה, וּמָה הָאִשָּׁה הַזֹּאת, שֶׁהָיְתָה עוֹסֶקֶת בְּמִצְוַת הֲכָנַת מָזוֹן לְשַׁבָּת, וְעַל יְדֵי שֶׁהָיְתָה מְזַמֶּרֶת זְמָרִים שֶׁל נִבּוּל פֶּה בָּא אֵלֶיהָ הָרוּחַ עַל אַחַת כַּמָּה וְכַמָּה מִי

שֶׁחָטָא בְּפֹעַל, אֲזַי יֵשׁ רְשׁוּת לְהַמַּזִּיקִים וְהָרוּחוֹת לְהַזִּיק לוֹ.
עַל כֵּן כָּל אֶחָד וְאֶחָד מִיִּשְׂרָאֵל יֵשׁ לְהִתְפַּלֵּל לִפְנֵי קוֹנוֹ לְהַצִּיל אוֹתוֹ מִכָּל פֶּשַׁע וְעָווֹן, וְלֹא יַרְגִּיל אָדָם לְדַבֵּר נִבְלוּת פֶּה. וּכְשֶׁיַּגִּיעַ עֵת וּזְמַן שֶׁהָאָדָם מִתְעוֹרֵר בְּעַצְמוֹ לַעֲשׂוֹת תְּשׁוּבָה, אַף כִּי הַשָּׁעָה תִּהְיֶה עוֹבֶרֶת, אַל יִתְחָרֵט עַל הַתְּשׁוּבָה שֶׁכְּבָר עָשָׂה, רַק יַחֲזִיק תָּמִיד בַּעֲבוֹדַת ה', וְהַבָּא[374] לִטָּהֵר מְסַיְּעִין אוֹתוֹ. וְאָז טוֹב לוֹ יִהְיֶה סֶלָה.

---

[374] שבת קד א

<u>פרק עח</u>

שְׁלֹמֹה הַמֶּלֶךְ עָלָיו הַשָּׁלוֹם כָּתַב בְּקֹהֶלֶת - רָאִיתִי[375] אֶת כָּל הַמַּעֲשִׂים שֶׁנַּעֲשִׂים תַּחַת הַשָּׁמֶשׁ וְהִנֵּה הַכֹּל הֶבֶל וּרְעוּת רוּחַ. פֵּרוּשׁ, אוֹתָן הַמַּעֲשִׂים שֶׁהֶבֶל שֶׁלָּהֶם הוּא דִּבְרֵי שֶׁמֶץ וְדֹפִי הֶבֶל כָּזֶה אֵינוֹ עוֹלֶה לְמַעְלָה מֵהַשֶּׁמֶשׁ בְּמַעֲלוֹת עֶלְיוֹנוֹת, אֶלָּא אָזִיל וְשָׁט תַּחַת הַשֶּׁמֶשׁ, כִּי לְכָל עִנְיָנִים שֶׁבָּעוֹלָם יֵשׁ הֶבֶל. וּכְמוֹ שֶׁיֵּשׁ הֶבֶל בְּדִבּוּר, כֵּן יֵשׁ הֶבֶל בְּמַעֲשֶׂה. וְאִם יֵשׁ הֶבֶל שֶׁל מִצְוָה, אֲזַי מִיָּד אוֹתוֹ הַהֶבֶל עוֹלֶה לְמַעְלָה לְמַעְלָה וּמִתְעַטֵּר לְמַעְלָה וְנַעֲשֶׂה סָנֵגוֹר קַמֵּי קֻדְשָׁא בְּרִיךְ הוּא. וּבְאִם הָאָדָם מְדַבֵּר דִּבְרֵי שָׁוְא, אֲזַי הַהֶבֶל שֶׁל פְּעֻלָּה זוֹ אָזִיל וְשָׁט בְּעָלְמָא. וּמִיָּד כְּשֶׁתֵּצֵא נִשְׁמָתוֹ שֶׁל זֶה הָאָדָם, אֲזַי אוֹחֵז הַהֶבֶל בְּנִשְׁמָתוֹ וְזוֹרְקֵהוּ כַּמָּה פַּרְסָאוֹת וּמְיַסֵּר אוֹתוֹ מְאֹד. וְזֶה שֶׁאָמַר שְׁלֹמֹה הַמֶּלֶךְ - **וְרָאִיתִי אֶת כָּל הַמַּעֲשִׂים אֲשֶׁר נַעֲשׂוּ תַּחַת הַשָּׁמֶשׁ וְהִנֵּה הַכֹּל הֶבֶל וּרְעוּת רוּחַ**. פֵּרוּשׁ, אוֹתָן הַמַּעֲשִׂים שֶׁהֶבֶל שֶׁלָּהֶם אֵינוֹ עוֹלֶה לְמַעְלָה מֵהַשֶּׁמֶשׁ בְּמַעֲלוֹת עֶלְיוֹנוֹת, אֶלָּא אָזִיל וְשָׁט תַּחַת הַשֶּׁמֶשׁ אֲזַי הוּא גּוֹרֵם רָעָה לְעַצְמוֹ. וּבִפְרָט מִי שֶׁהוּא פּוֹגֵם בְּדִבּוּרוֹ וְדוֹבֵר דְּבָרִים שֶׁל כִּעוּר עַל חֲבֵרוֹ בְּחִנָּם, אֲזַי הֶבֶל זֶה מְקַטְרֵג.

וּמִכָּל שֶׁכֵּן כְּשֶׁאָדָם מוֹצִיא דִּבָּה וְדוֹרֵשׁ בָּרַבִּים, וּבָאִים לִידֵי שְׁגִיאָה, וְדוֹרְשִׁים בְּחֵטְא אָדָם הָרִאשׁוֹן אוֹ בְּחֵטְא מְכִירַת יוֹסֵף וּבְמַעֲשֵׂה דָּוִד וּבַת שֶׁבַע, וְהֵמָּה מַפְלִיגִים בַּחֲטָאִים שֶׁלֹּא כַּדִּין, וְהַתּוֹרָה כִּסָּהוּ אִי אַתָּה רַשַּׁאי לְפַרְסֵם. אַף שֶׁהַדַּרְשָׁן כִּוֵּן לֶאֱמֶת, מִכָּל מָקוֹם עָתִיד לִתֵּן אֶת הַדִּין. וּמִכָּל שֶׁכֵּן אִם הַדַּרְשָׁן בּוֹדֶה מִלִּבּוֹ וּבִקֵּשׁ לִתְלוֹת בּוּקֵי סְרִיקֵי בְּאָדָם הָרִאשׁוֹן, יְצִיר כַּפָּיו שֶׁל הַקָּדוֹשׁ בָּרוּךְ הוּא, אוֹ בְּהַשְּׁבָטִים שִׁבְטֵי יָהּ, אוֹ בְּדָוִד הַמֶּלֶךְ עָלָיו הַשָּׁלוֹם, וּבְדוֹמֵיהֶן שֶׁהֵן חֲסִידֵי עֶלְיוֹן.

וְהִנֵּה אַצִּיג לְךָ מַאֲמָר אֶחָד, מַה שֶּׁכָּתוּב בְּזֹהַר חָדָשׁ פָּרָשַׁת בְּרֵאשִׁית זֶה לְשׁוֹנוֹ - תָּנוּ רַבָּנָן, כְּשֶׁחָלָה רַבִּי שִׁמְעוֹן בֶּן יוֹחַאי, עָאלוּ לְגַבֵּיהּ רַבִּי פִּנְחָס בֶּן יָאִיר וְרַבִּי חִיָּא וְרַבִּי אַבָּהוּ. אָמְרוּ לֵיהּ - מַאן דְּהוּא קִיּוּמָא דְּעָלְמָא שְׁכִיב, אָמַר לְהוּ - לֹא בֵּית דִּינָא דְּעֵילָא מְעַיְּנִין בְּדִינָאִי, דְּהָא אֲנָא חֲדָאִי דְּלָא אֲנָא אִתְיַהֵב לְמַלְאָכָא וּלְדִינָא דִּלְעֵילָא, דַּאֲנָא לָאו כִּשְׁאָר בְּנֵי נָשָׁא, אֶלָּא הַאי דִּינָא דִּילִי קֻדְשָׁא בְּרִיךְ הוּא דַּיְּנָא לֵיהּ, וְלֹא בֵּית דִּינָא. וְהַיְנוּ דְּאָמַר דָּוִד מַלְכָּא - שָׁפְטֵנִי[376] אֱלֹהִי"ם וְרִיבָה רִיבִי מִגּוֹי לֹא חָסִיד מֵאִישׁ מִרְמָה וְעַוְלָה תְּפַלְּטֵנִי. וְכֵן שְׁלֹמֹה אָמַר - לַעֲשׂוֹת[377] מִשְׁפַּט עַבְדּוֹ וּמִשְׁפַּט עַמּוֹ. מִשְׁפַּט עַבְדּוֹ בִּלְחוּדוֹי, וְלֹא אָחֳרָא, דְּהָא תָּנִינָן - כְּשֶׁאָדָם שׁוֹכֵב, בֵּית דִּינָא דִּלְעֵילָא מִסְתַּכְּלִין

---

375 קהלת א יד

376 תהלים מג א

377 מלכים-א ח נט

בְּדִינוֹי, אִית מִנְּהוֹן דְּנָטִין לְכַף זְכוּת, וְאִית מִנְּהוֹן דְּנָטִין לְכַף חוֹבָא, כֵּיוָן דְּחַזְיָן חוֹבָא בְּבַר נָשׁ. וְכַד דִּינָא הֲוָה קָמֵּיהּ קֻדְשָׁא בְּרִיךְ הוּא, לָא נָפִיק אִינַשׁ לְמֶהֱוֵי בְּהַהוּא דִּינָא בַּר טָב. מַאי טַעְמָא, דְּהָא תַּנִּינָן - מְכִילוֹי [פֵּרוּשׁ, מִדּוֹת] דְּמַלְכָּא עִלָּאָה נָטוּי לִזְכוּתָא תָּדִיר, הוּא כֻּלֵּיהּ צַד רַחֲמָנוּת, וּבִידָיו לְשַׁבְקָא לְחַטָּאִין וְחוֹבִין. הֲדָא הוּא דִּכְתִיב - כִּי[378] עִמְּךָ הַסְּלִיחָה. וְלָא עִם אַחֵר, וּבְגִין כָּךְ בָּעֵינָא קָמֵּיהּ דְּהוּא יָדוּן דִּינָאי, וַאֲנָא אָעִיל בִּתְרֵיסַר בָּבֵי דְּעָלְמָא דְּאָתֵי דְּלָא אַעְבְּרוּ לוֹן בַּר אֲבָהָתָא, וְלֵית מַאן דְּיִמְחֶה בְּיָדַי. וְעוֹד - דְּלָא אִתְבַּע רְשׁוּתָא.

אָמַר רַבִּי שִׁמְעוֹן בֶּן יוֹחַאי מִלָּה, נַחֲמוּ בְּבֵי מַרְעֵיהּ, דְּלָא הֲוֵי תַּמָּן. תַּוְהוּ, וְלָא יְכִילוּ לְמַלְּלָא מִדְּחִילוּ רַבָּא דַּהֲוֵי עֲלֵיהוֹן, עַד דַּהֲוֵי יָתְבֵי, סָלִיק לוֹן רֵיחִין דְּבֻסְמִין סַגִּיאִין, וְכָל חַד וְחַד מִנְּהוֹן אִתְיַשַּׁר חֵילֵיהּ, עַד דַּהֲוֵי חָמוּ לְרַבִּי שִׁמְעוֹן בֶּן יוֹחַאי נַהֲוֵי מְמַלֵּל מִלִּין, וְלָא הֲוֵי חָמָאן בַּר מִנֵּיהּ. לְבָתַר עִדָּן אָמַר לְהוּ רַבִּי שִׁמְעוֹן בֶּן יוֹחַאי - חֲמִיתוּן מִידִי. אָמַר לֵיהּ רַבִּי פִּנְחָס - לָא, אֶלָּא כֻּלָּנוּ תַּוְהִין עַל מַה דְּלָא חֲמִינָא לָךְ בְּבֵי מַרְעָךְ זְמַן רַב. וְכַד חֲמֵינָן לָךְ. סָלִיק לוֹן רֵיחִין וּבֻסְמִין דְּגַן עֵדֶן וּשְׁמַעְנָא קָלָךְ מְמַלֵּל, וְלָא יָדַעְנָא מִי מְמַלֵּל עִמָּךְ. אָמַר לוֹן - וְלָא שְׁמַעְתּוּן מִלָּה אֲחוֹרָנוֹי בַּר מִדִּידִי, אָמְרוּ לֵיהּ - לָא. אָמַר - תְּמִיהָנָא עַל רַבִּי פִּנְחָס דְּלָא חָמָא, דַּאֲנָא חָמִית לֵיהּ כְּעַן בְּהַהוּא עָלְמָא לְתַתָּא מֵרַבִּי אֶלְעָזָר בְּנִי. וּכְעַן שַׁדְּרוּ בְּדִילִי מִלְּעֵילָא וְאַחֲזוּן לִי אַתְרָא דְּצַדִּיקַיָּא לְעָלְמָא דְּאָתֵי, וְלָא אִתְיַשַּׁר בְּלִבָּאֵי דוּכְתָּאֵי בַּר עִם אֲחִיָּה הַשִּׁילוֹנִי.

וּבָרֵירְנָא דוּכְתָּאֵי וְאָתֵינָא וְאָתֵי עִמִּי תְּלַת מְאוֹת נִשְׁמוֹת דְּצַדִּיקַיָּא וּלְעֵילָא מִנְּהוֹן אָדָם הָרִאשׁוֹן, דַּהֲוֵי יָתִיב גַּבַּאי נַהֲוֵי מְמַלֵּל עִמִּי וּבָעָא דְּלָא אִתְגַּלֵּי חוֹבֵיהּ לְכָל עָלְמָא בַּר מַאי דְּאָמְרָה הַתּוֹרָה בְּגִינֵיהּ וְאִתְכַּסְיָא בְּהַהִיא אִילָנָא דְּגַן עֵדֶן. וַאֲנָא אֲמֵינָא לֵיהּ, דְּהָא לְחַבְרַיָּא גַּלֵּי כְּבָר, אָמַר - הַאי דְּגַלֵּית לְחַבְרַיָּא טָב וְשַׁפִּיר עֲבַדִית, אֲבָל לָא לִשְׁאָר עָלְמָא. מַאי טַעְמָא, דְּחָס הַקָּדוֹשׁ בָּרוּךְ הוּא עַל יְקָרֵי, וְלָא בָּעֵי לְפַרְסְמָא הַהוּא חוֹבָא אֶלָּא בְּהַהוּא אִילָנָא דְּאָכַל מִנֵּיהּ וְכוּ'. קָרִיב לְגַבֵּיהּ רַבִּי אֶלְעָזָר בְּרֵיהּ. אָמַר לֵיהּ - אַבָּא, מַה אֲנָא הָתָם, אָמַר לֵיהּ - זַכָּאָה חוּלָקָךְ בְּרִי, זְמַן סַגִּיא יְהֵא דְּלָא תִּתְקַבַּר גַּבָּאי, אֲבָל בְּהַאי עָלְמָא דוּכְתָּא דִּידִי וְדוּכְתָּא דִּידָךְ בָּרֵירְנָא וְכוּ'.

מִכָּאן תִּרְאֶה, שֶׁלֹּא טוֹב עוֹשִׂין הַדַּרְשָׁנִים, שֶׁדּוֹרְשִׁים בְּפַרְהֶסְיָא בְּבָתֵּי כְּנֵסִיּוֹת וּבָתֵּי מִדְרָשׁוֹת וְאוֹמְרִים בְּקַמְבֵּי בָּרַבִּים, בִּפְנֵי עַמֵּי הָאֲרָצוֹת, בַּדְּרוּשׁ שֶׁלָּהֶם - אָדָם הָרִאשׁוֹן מִין הָיָה, וְעָבַר עַל עֲבוֹדָה זָרָה, גִּלּוּי עֲרָיוֹת וּשְׁפִיכוּת דָּמִים וְכַיּוֹצֵא בָּזֶה. הֲיִתָּכֵן לַעֲשׂוֹת כֵּן, לוֹמַר עַל יְצִיר כַּפּוֹ שֶׁל הַקָּדוֹשׁ בָּרוּךְ הוּא שֶׁהוּא הָיָה צַדִּיק גָּמוּר, וּבְאָדָם הָרִאשׁוֹן הָיוּ תּוֹלִין כָּל הַנְּשָׁמוֹת שֶׁל דּוֹרֵי דוֹרוֹת, אוֹתָן נִשְׁמוֹת הָרְשָׁעִים, שֶׁהָיוּ

---

[378] תהלים קל ד

תְּלוּיִין בּוֹ בְּנִשְׁמָתוֹ שֶׁל אָדָם הָרִאשׁוֹן, אוֹ בְּאַחַת מֵאֵבָרָיו הֵן הָיוּ הַחוֹטְאִים, וְהָיוּ נֶחְפָּזִים וּמְמַהֲרִים לַחֲטֹא, אֲבָל אוֹתָהּ הַנְּשָׁמָה שֶׁהָיְתָה מְיֻחֶדֶת לְאָדָם הָרִאשׁוֹן, לֹא חָטְאָה כְּלָל, כִּי הִיא הָיְתָה קֹדֶשׁ קָדָשִׁים. וּמְבֹאָר שָׁם בְּזֹהַר חָדָשׁ, שֶׁיֵּשׁ סַכָּנָה גְּדוֹלָה לְבַעַל הַדַּרְשָׁן כְּשֶׁיִּדְרשׁ אֵיזֶה גְּנַאי עַל אָדָם הָרִאשׁוֹן, פֶּן יְקֻיַּם בּוֹ - וְנָפַל[379] מִמֶּנּוּ רָב. עַל כֵּן רָאוּי לִגְעֹר בְּהָעוֹשִׂין כֵּן, כִּי אֵין הַקָּדוֹשׁ בָּרוּךְ הוּא חָפֵץ בְּאֵלּוּ הַקּוֹרִים תִּגָּר עַל עַמּוֹ יִשְׂרָאֵל וְעַל נִשְׁמַת הַצַּדִּיקִים, וְהַתּוֹרָה חָסָה עַל כְּבוֹדָן שֶׁל רְשָׁעִים, כְּמוֹ שֶׁאָמְרוּ רַבּוֹתֵינוּ זִכְרוֹנָם לִבְרָכָה - וְאֶת[380] הַבְּהֵמָה תַּהֲרֹגוּ. שֶׁלֹּא[381] יֹאמְרוּ הַבְּרִיּוֹת פְּלוֹנִי נִכְשַׁל בִּבְהֵמָה זוֹ. עַד כָּאן לְשׁוֹנוֹ. עַל כֵּן יִרְאֶה הָאָדָם לְצַדֵּד עַל חֵטְא אָדָם הָרִאשׁוֹן לְטוֹבָה, וְכֵן עַל חֵטְא הָעֵגֶל וּמְכִירַת יוֹסֵף. וְהָאוֹחֵז בְּמִדַּת הַמַּזְכִּירִים לְשֶׁבַח, מַאֲרִיךְ יָמָיו וּשְׁנוֹתָיו. אָמֵן.

[379] שמות יט כא

[380] ויקרא כ טו

[381] סנהדרין נד א

פרק עט

כְּתִיב - מִי[382] יַעֲלֶה בְּהַר ה' וּמִי יָקוּם בִּמְקוֹם קָדְשׁוֹ. נְקִי[383] כַפַּיִם וּבַר לֵבָב אֲשֶׁר לֹא נָשָׂא לַשָּׁוְא נַפְשִׁי וְלֹא נִשְׁבַּע לְמִרְמָה. זֶה[384] דּוֹר דּוֹרְשָׁיו מְבַקְשֵׁי פָנֶיךָ יַעֲקֹב סֶלָה. וּפֵרוּשׁ הַדָּבָר כְּמוֹ שֶׁכָּתוּב בַּזֹּהַר, שֶׁבִּזְמַן שֶׁצַּדִּיק נִפְטָר מִן הָעוֹלָם, וְנִשְׁמָתוֹ עוֹלָה לְמַעְלָה וְהִיא קְרוֹבָה לָעוֹלָמוֹת שֶׁלִּפְנֵי כִּסֵּא הַכָּבוֹד, אֲזַי אוֹמֵר הַקָּדוֹשׁ בָּרוּךְ הוּא לְיַעֲקֹב אָבִינוּ - בְּנִי חֲבִיבִי, אֲשֶׁר אַתָּה סָבַלְתָּ יִסּוּרִים בַּעֲבוּר גִּדּוּל בָּנִים הִנֵּה פְּלוֹנִי בֶּן פְּלוֹנִי זֶה הַצַּדִּיק בָּא לְעָלְמָא הָדֵין, וְהוּא מְהֻדָּר וּמְפֹאָר בְּכַמָּה קִשּׁוּטִין וּבְכַמָּה הַדּוּרִין שֶׁל תּוֹרָה וּמִצְווֹת וּמַעֲשִׂים טוֹבִים, וְיָאוּת הוּא לְךָ לָצֵאת לִקְרָאתוֹ וּלְקַבְּלוֹ בְּשִׂמְחָה וּבְחֶדְוָה וְלִתֵּן לוֹ שָׁלוֹם, וַאֲנִי בְּעַצְמִי וּבִכְבוֹדִי אֵלֵךְ עִמְּךָ לְקַבֵּל פָּנִים שֶׁל פָּנִים הַמְּאִירוֹת וּמַסְבִּירוֹת בְּתוֹרָה וּבְיִרְאָה.

וְזֶה שֶׁאָמַר הַכָּתוּב - **מְבַקְשֵׁי פָנֶיךָ יַעֲקֹב סֶלָה.** [מְבַקֵּשׁ אֵין כְּתִיב כָּאן, אֶלָּא מְבַקְשֵׁי, דְּהַיְנוּ הַקָּדוֹשׁ בָּרוּךְ הוּא עִם יַעֲקֹב] וּמִי רוֹאֶה אֵלּוּ יוֹצְאִים וְלֹא יֵצֵא לִקְרָאתוֹ, וְאָז מִתְאַסְּפִים כַּמָּה כִּתּוֹת וְיוֹצְאִים כָּל כַּת וְכַת אֵצֶל שַׁעַר אֶחָד, שֶׁעוֹבֶרֶת שָׁם הַנְּשָׁמָה שֶׁל הַצַּדִּיקִים, וְכֻלָּם פּוֹתְחִים אֶת פִּיהֶם וְאוֹמְרִים - שָׁלוֹם, אַתָּה שָׁלוֹם וּלְתוֹרָתְךָ שָׁלוֹם, אַשְׁרֶיךָ וְאַשְׁרֵי יוֹלַדְתֶּךָ, לֵךְ בּוֹא אֶל חֲדָרֶיךָ, וְחֻפּוֹת נָאִים מוּכָנִים לְךָ. וּבְכָל יוֹם מַכְרִיזִים בְּכָל רְקִיעִין, שֶׁלֹּא יִתְעַסְּקוּ בְּשׁוּם לִמּוּד, כִּי אִם בְּתוֹרָה זוֹ שֶׁחִדֵּשׁ זֶה הַצַּדִּיק בְּחַיָּיו, וּמַקְרִין לְפָנָיו כָּל חִדּוּשָׁיו כְּדִמְיוֹן שֶׁקּוֹרִין הַכְּתֻבָּה לִפְנֵי הֶחָתָן וְכַלָּה תַּחַת הַחֻפָּה. וְנִרְאֶה לִי, דְּזֶהוּ הָרֶמֶז שֶׁאָמְרוּ רַבּוֹתֵינוּ זִכְרוֹנָם לִבְרָכָה - אַגְרָא דְּבֵי הִלּוּלָא מִלֵּי הַיְנוּ מִלִּין דְּאוֹרַיְתָא דִּילֵיהּ. וְכָל רָאשֵׁי בְּנֵי יְשִׁיבָה שֶׁל מַעְלָה נוֹטְלִין הָנֵי חִדּוּשִׁים וּמוֹדִיעִין לִשְׁאָר כִּתּוֹת וַחֲבוּרוֹת הַצַּדִּיקִים, וּמַזְכִּירִין שְׁמוֹ שֶׁל הַצַּדִּיק, וְכֻלָּן פּוֹתְחִין אֶת פִּיהֶם וְאוֹמְרִים - בְּרִיךְ מָתִיךְ לִשְׁלוֹם. וְאַחַר כָּךְ מְבִיאִין אָבִיו וְאִמּוֹ וּמְעַטְּרִין לְהוֹן בְּכַמָּה עִטְרִין בְּגִין בְּנָם הַצַּדִּיק.

וְגַם קֹדֶם יְצִיאַת נִשְׁמָתוֹ מַקְדִּימִין גַּם כֵּן כִּתּוֹת צַדִּיקִים וּבָאִים לִקְרַאת נִשְׁמָתוֹ בְּעוֹדוֹ בְּחַיָּיו, בָּאִין אֶצְלוֹ לְחַדְרוֹ, וּמְסַבְּבִים הַצַּדִּיקִים אֶת מִטָּתוֹ וּמְבִיאִין עִמָּהֶם בְּסָמִין וְרֵיחִין שֶׁל גַּן עֵדֶן, וְהוּא זוֹכֶה וְרוֹאֶה אוֹתָן וְנוֹתֵן לָהֶם שָׁלוֹם, וְהֵן מְשִׁיבִים לוֹ שָׁלוֹם וְאוֹמְרִים לוֹ, צַדִּיקָא חֲבִיבָא, בְּרָא קַדִּישָׁא לְהַקָּדוֹשׁ בָּרוּךְ הוּא, אַל יֵרַע לְבָבְךָ בִּשְׁבִיל פְּרֵדָתְךָ מֵעוֹלָם הַזֶּה, אֲשֶׁר הָעוֹלָם הַזֶּה הוּא שָׁוְא וָשֶׁקֶר, וּבְנַפְשׁוֹ יָבִיא לַחְמוֹ. וְלִפְעָמִים מֵחֲמַת קִיּוּם נַפְשׁוֹ פּוֹגֵם בְּנִשְׁמָתוֹ, וְנַעֲשֶׂה חִלּוּל הַשֵּׁם עַל יָדוֹ. אֲבָל

---

[382] תהלים כד ג

[383] תהלים כד ד

[384] תהלים כד ו

הָעוֹלָם הַבָּא בְּגַן עֵדֶן הוּא יוֹם שֶׁכֻּלּוֹ טוֹב, וְאֵין צָרִיךְ לְסַכֵּן נַפְשׁוֹ, וְאֵין שׁוּם חֵטְא בָּא עַל יָדוֹ. וְאוֹמְרִים הַצַּדִּיקִים - עִנְיְנֵי הָעוֹלָם הַזֶּה הוּא הַכֹּל הֶבֶל וּרְעוּת רוּחַ, עַל כֵּן תָּכִין לְךָ הַדֶּרֶךְ הַטּוֹבָה וְהַמְּאִירָה בְּאוֹר הַבָּהִיר לְחַיֵּי עוֹלָם הַבָּא. וְכַמָּה חֻפּוֹת וְכַמָּה חֲדָרִים מְלֵאִים כָּל טוּב מוּכָנִים לִכְבוֹדְךָ. עַל כֵּן בָּאנוּ לְהוֹדִיעַ אוֹתְךָ, כִּי לְשָׁעָה קַלָּה תָּבוֹא אֶל בֵּית שִׂמְחָתְךָ וְתָבוֹא מֵאֲפֵלָה לְאוֹרָה, וְתַעֲמֹד לִפְנֵי הַבּוֹרֵא הָעוֹלָם יִתְבָּרֵךְ וְתֵשֵׁב בֵּין חֲבוּרוֹת צַדִּיקִים, וְתִזְכֶּה לוֹמַר שִׁירָה לִפְנֵי רִבּוֹן עָלְמָא. וְאָז תִּרְאֶה, שֶׁיָּפָה קוֹרַת רוּחַ שָׁעָה אַחַת בְּגַן עֵדֶן מִכָּל תַּעֲנוּגֵי עוֹלָם הַזֶּה.

וּכְשֶׁשּׁוֹמֵעַ הַצַּדִּיק דְּבָרִים הָאֵלּוּ, אָז הוּא בְּשִׂמְחָה וּמְקַבֵּל עָלָיו הַמִּיתָה בְּשִׂמְחָה. עַל זֶה תִּקְּנוּ לוֹמַר יְהִי רָצוֹן, שֶׁהִיא בַּמַּעֲמָדוֹת בְּיוֹם שֵׁנִי, וְזֶה לְשׁוֹנוֹ - וְתוֹצִיאֵנִי מִשָּׁלוֹם אֶל שָׁלוֹם. כַּוָּנַת תְּפִלָּה זוֹ - שֶׁאֶזְכֶּה לְמִיתַת הַצַּדִּיקִים הַנִּזְכָּרִים. וְעַל[385] זֶה יִתְפַּלֵּל כָּל חָסִיד לְעֵת מְצוֹא רַק לְשֵׁטֶף מַיִם רַבִּים אֵלָיו לֹא יַגִּיעוּ. זֶה יוֹם הַמִּיתָה, רָצָה לוֹמַר שֶׁיִּתְפַּלֵּל שֶׁיָּבוֹאוּ לִקְרָאתוֹ כִּתּוֹת וּמַחֲנוֹת צַדִּיקִים קְדוֹשִׁים וּטְהוֹרִים, כְּדֵי שֶׁיֵּלֵךְ עִמָּהֶם וְיִתְעַטֵּר בֵּינֵיהֶם בְּשִׂמְחָה וּבְחֶדְוָה סַגִּיאִין. **רַק לְשֵׁטֶף מַיִם רַבִּים** - אֵלָיו לֹא יַגִּיעוּ, הֵמָּה הַמַּיִם הַזֵּידוֹנִים, כִּתּוֹת הַמַּשְׁחִיתִים וּמְחַבְּלִים, רַחֲמָנָא לִצְלַן, וְאֵינָם זוֹכִים לִרְאוֹת בְּאוֹר הַשְּׁכִינָה. מַה שֶּׁאֵין כֵּן נִשְׁמַת הַצַּדִּיק מִי יָכוֹל לְסַפֵּר כְּבוֹדוֹ,

וּבוֹא וּרְאֵה מַה שֶּׁכָּתוּב שָׁם בַּזֹּהַר - בְּיִחוּד עָשָׂה הַקָּדוֹשׁ בָּרוּךְ הוּא כִּסֵּא כָּבוֹד לְיַעֲקֹב אָבִינוּ לֵישֵׁב עָלָיו. בְּשָׁעָה שֶׁהַצַּדִּיק בָּא לָעוֹלָם הַבָּא, וּכְשֶׁרוֹאָה הַנְּשָׁמָה כָּל הַכָּבוֹד הַזֶּה מְבָרֶכֶת וּמְשַׁבַּחַת לְהַקָּדוֹשׁ בָּרוּךְ הוּא וּמִשְׁתַּחֲוֵית לְפָנָיו וְנוֹתֶנֶת שֶׁבַח וְהוֹדָיָה עַל גֹּדֶל הַיְקָר וְכָבוֹד שֶׁנַּעֲשָׂה לָהּ, וְאָז הַנְּשָׁמָה מִתְפַּלֶּלֶת גַּם כֵּן עַל הַגּוּף שֶׁיִּשְׁכֹּן לָבֶטַח, בְּלִי עֹנֶשׁ חִבּוּט הַקֶּבֶר, וְאוֹמֶרֶת - בָּרְכִי[386] נַפְשִׁי אֶת ה' וְכָל קְרָבַי אֶת שֵׁם קָדְשׁוֹ וְכוּ'. וְכֵיוָן שֶׁשּׁוֹמְעִין שְׁאָר הָאָבוֹת, אַבְרָהָם וְיִצְחָק, אָז אַף הֵן הוֹלְכִין לִקְרַאת הַצַּדִּיק. וְעַל זֶה נֶאֱמַר - וַיִּשָּׂא[387] אַבְרָהָם אֶת עֵינָיו. וְזֶהוּ נִשְׁמַת הַצַּדִּיק, כִּי הַזֹּהַר מְכַנֶּה אֶת נִשְׁמַת הַצַּדִּיק בְּשֵׁם **אַבְרָהָם** - וַיַּרְא אַבְרָהָם דָּא הִיא הַנְּשָׁמָה. וְהִנֵּה[388] שְׁלֹשָׁה אֲנָשִׁים נִצָּבִים עָלָיו. זֶהוּ נִשְׁמַת אַבְרָהָם, יִצְחָק וְיַעֲקֹב. וּכְבוֹד הַשְּׁכִינָה עִמָּהֶם. וּמִיָּד - וַיָּרָץ[389] אַבְרָהָם. שֶׁהוּא הַנְּשָׁמָה, לִקְרָאתָם[390] מִפֶּתַח הָאֹהֶל וַיִּשְׁתַּחוּ

385 תהלים לב ו
386 תהלים קג א
387 בראשית כב ד
388 בראשית יח ב
389 בראשית יח ב
390 בראשית יח ב

אַרְצָה. נֶגֶד הַשְּׁכִינָה, וּמִתְפַּלֶּלֶת הַנְּשָׁמָה - וַיֹּאמַר[391] אֲדֹנָי אִם נָא מָצָאתִי חֵן בְּעֵינֶיךָ אַל נָא תַעֲבֹר מֵעַל עַבְדֶּךָ. רָצָה לוֹמַר, שֶׁהַנְּשָׁמָה מְבַקֶּשֶׁת מֵאֵת הַשְּׁכִינָה, שֶׁתֵּלֵךְ הַשְּׁכִינָה עִמָּהּ לְלַוּוֹת אוֹתָהּ עַד שַׁעֲרֵי גַּן עֵדֶן וְלִנְטֹר וְלִשְׁמֹר לָהּ מִכָּל הַמְקַטְרְגִים. עַיֵּן שָׁם בַּזֹּהַר בַּאֲרִיכוּת.

וּמַה מְּאֹד חָבִיב בְּעֵינֵי הַקָּדוֹשׁ בָּרוּךְ הוּא, מִי שֶׁרָגִיל וּמַזְכִּיר תָּמִיד זְכוּת שְׁלֹשֶׁת אָבוֹת, וְכֵן זְכוּתָן שֶׁל מֹשֶׁה וְאַהֲרֹן וּמִרְיָם וּשְׁאָר נְבִיאִים וַחֲסִידֵי עֶלְיוֹן, כִּי כָּל הַנְּשָׁמוֹת שֶׁל צַדִּיקִים שְׂמֵחִים בִּרְאוֹתָן מַעֲשִׂים טוֹבִים בָּאָדָם, וּזְכוּתָן מֵאִיר עָלֵינוּ תָּמִיד. וְכִדְאִיתָא בַּזֹּהַר חָדָשׁ פָּרָשַׁת בְּרֵאשִׁית - תָּנוּ רַבָּנָן, זִמְנָא חֲדָא הֲוֵי אָזִיל רַבִּי יוֹסֵי בְּאוֹרְחָא. פָּגַע בֵּיהּ רַבִּי יִרְמְיָה וְאָזְלוּ כַּחֲדָא, פָּגְעוּ בְּחַד טוּרָא, וְהַאי טוּרָא דָּחִיל עֲלֵיהוֹן מְאֹד. אָמַר רַבִּי יוֹסֵי לְרַבִּי יִרְמְיָה - נֵימָא מִלִּין דְּאוֹרַיְתָא וְאַחַר כָּךְ נֵיזוּל. פָּתַח וְאָמַר - וְאַתָּה[392] אַל תִּירָא עַבְדִּי יַעֲקֹב וְכוּ'.

עַד דַּהֲוֵי אָזְלֵי, שָׁמְעוּ חַד קָלָא דְּיַנּוּקָא בְּטוּרָא, דַּהֲוֵי אָזִיל וּבָכֵי. אָמַר רַבִּי יוֹסֵי - נֵיזוּל לְגַבֵּיהּ דְּלָא מִסְתְּפִינָא, דְּהָא תָּנֵן - שֵׁד לְחַד מִתְחַזֵּיהּ וּמַזִּיק, לִתְרֵי אִתְחַזֵּי וְלָא מַזִּיק.

אָזְלוּ לְגַבֵּי יַנּוּקָא, כַּד מָטוּ לְגַבֵּיהּ. אָמַר רַבִּי יוֹסֵי - בְּנֵי דְּמָארֵי עָלְמָא אֲנַן, וְלָא מִסְתְּפִינָא מִנָּךְ. כַּד שָׁמַע הַהוּא יַנּוּקָא מִלָּא דָּא, הָיָה מַשִּׂיג בְּדַעְתּוֹ, דְּאוֹמְרִים כֵּן דְּחַיְשׁוּ שֶׁמָּא שֵׁד הוּא. אָמַר הַהוּא יַנּוּקָא - יְהוּדָאִי אֲנִי, וּבַר בְּרֵיהּ דְּרַבִּי חִיָּא רַבָּא אֲנָא, וַהֲוֵי אַבָּא מוֹלִיךְ לִי פְּסוּקֵי דְּשִׁיר הַשִּׁירִים וּפְסוּקֵי בְּרֵאשִׁית, וְאַבָּא מִית, וְגָנְבוּ לִי גַּנָּבִים, וּמֵבְרַח אֲנִי לִהְיוֹת מְשָׁרֵת אֶצְלָם, וְאַעֲרְקִינָא בְּהַהוּא טוּרָא וּבָכֵינָא עַל דָּא דְּלָא יָדַע אֲנָא לֵילֵךְ וְלִפְנוֹת לְבֵית אִמִּי.

בָּכָה רַבִּי יוֹסֵי וְאָמַר - וַי, בְּרֵיהּ דְּרַבִּי חִיָּא רַבָּא יֵיזִיל בִּלְחוֹדוֹי כְּדֵין, נַטְלִין לֵיהּ בִּידוֹי וְאָזְלוּ. אָמַר רַבִּי יוֹסֵי - אֵימָא, בְּרִי, מַה הֲוֵית לָעֵית עִם אָבִיךָ בְּפָרָשַׁת בְּרֵאשִׁית, אָמַר לוֹ הַתִּינוֹק בַּפָּסוּק - יְהִי[393] מְאֹרֹת בִּרְקִיעַ הַשָּׁמַיִם. הֲוֵינָא לָעֵי. אָמַר לֵיהּ רַבִּי יוֹסֵי - מָה אָמַר לָךְ אָבִיךָ בְּפָרָשָׁה דָּא, אָמַר לֵיהּ הַתִּינוֹק - כָּךְ אָמַר אַבָּא שְׁלֹשָׁה רוֹעִים טוֹבִים הָיוּ לְיִשְׂרָאֵל בַּמִּדְבָּר, מֹשֶׁה וְאַהֲרֹן וּמִרְיָם. בִּזְכוּת מֹשֶׁה הֲוֵי יוֹרֵד מָן לְיִשְׂרָאֵל, וּבִזְכוּת אַהֲרֹן הָיוּ עַנְנֵי כָּבוֹד, וּבִזְכוּת מִרְיָם הָיָה הַבְּאֵר. וְאַף לְאַחַר דְּמִיתוּ אַהֲרֹן וּמִרְיָם, זְכוּתָן הָיָה עוֹמֵד לְיִשְׂרָאֵל, כִּי מִגֹּדֶל אַהֲבַת הַקָּדוֹשׁ בָּרוּךְ הוּא חָקַק דְּיוֹקְנֵיהוֹן שֶׁל מֹשֶׁה וְאַהֲרֹן וּמִרְיָם בִּרְקִיעַ לְאַנְהָרָא זְכוּתֵיהֶן עַל יִשְׂרָאֵל. וַעֲלֵיהֶם אִתְּמַר - וַיִּתֵּן[394] אוֹתָם אֱלֹהִי"ם בִּרְקִיעַ הַשָּׁמַיִם לְהָאִיר עַל הָאָרֶץ. אָתֵי רַבִּי יוֹסֵי וְרַבִּי יִרְמְיָה וּנְשָׁקוּהוּ

[391] בראשית יח ג
[392] ירמיהו ל י
[393] בראשית א יד
[394] בראשית א יז

וְהָלְכוּ עִמּוֹ שְׁלֹשָׁה מִילִין, וְהָיוּ נוֹשְׂאִין אוֹתוֹ עַל כִּתְפֵיהֶן וְקָרוּ עֲלֵיהּ - וְכָל[395] בָּנַיִךְ לִמּוּדֵי ה' וְרַב שְׁלוֹם בָּנָיִךְ.

עַל כֵּן צָרִיךְ לֵידַע, כִּי כָּל אִנּוּן דְּיוֹקְנִין קַדִּישִׁין, דְּחָקַק הַקָּדוֹשׁ בָּרוּךְ הוּא לְהָאִיר זְכוּתָן עַל יִשְׂרָאֵל, כְּמוֹ כֵן מִסְתַּכְּלִין כָּל אִנּוּן דְּיוֹקְנִין וְנוֹתְנִין הַשְׁגָּחָה עַל יִשְׂרָאֵל, אִם יְשָׁרִים הֵם בְּמַעֲשֵׂיהֶם אוֹ לָאו, כִּי הַרְבֵּה עֵדִים וְהַתְרָאוֹת מוּכָנִים וַעֲרוּכִים מִפִּי הַקָּדוֹשׁ בָּרוּךְ הוּא לְעוֹרֵר לְבָבוֹת בְּנֵי הָאָדָם, כִּדְאִיתָא בַּזֹּהַר פָּרָשַׁת פְּקוּדֵי - כַּמָּה אִית לֵיהּ לְבַר נָשׁ לְמִנְדַּע וּלְאִסְתַּכְּלָא בְּאוֹרְחֵיהּ דְּקֻדְשָׁא בְּרִיךְ הוּא, דְּהָא בְּכָל יוֹמָא וְיוֹמָא קָלָא נָפִיק וְאַכְרִיז - אִסְתַּמְרוּ בְּנֵי עָלְמִין, טָרִיקוּ כַּוֵּי חוֹבֵי, פֶּן תִּלְקוּ בְּרִשְׁתָּא דְּתָפִיס. פֵּרוּשׁ, סִגְרוּ בִּפְנֵיכֶם שַׁעֲרֵי הָעֲווֹנוֹת וְהִזָּהֲרוּ שֶׁתַּרְחִיקוּ מֵהַמְּצוּדָה, הַפְּרוּסָה לִבְנֵי אָדָם מְחוֹטְאִים, פֶּן תִּלָּכְדוּ בִּמְצוּדָה רָעָה, עַד דְּלָא יִתְפְּסוּן רַגְלֵיכוֹן בְּהַהוּא רִשְׁתָּא. וַי לוֹן דְּנַפְלִין לְתַמָּן, וְלָא יִנְהֲרוּן בִּנְהוֹרָא דִּגְנִיזֵי לְצַדִּיקַיָּא לְעָלְמָא דְּאָתֵי. וְעַל כָּל דִּבּוּר וּמַעֲשֶׂה אִתְפַּקְּדָן מְמֻנִּים לְמַעְלָה הֵן לְרָעָה וְהֵן לְטוֹבָה, וְאַשְׁרֵי מִי שֶׁדִּבּוּרוֹ מְמַלֵּא אֲוִירָא דְּעָלְמָא בְּדִבְרֵי תּוֹרָה וּבְיִרְאַת ה'.

עַל כֵּן צָרִיךְ הָאָדָם לִקַּח כָּל אֵלֶּה הַדְּבָרִים וְלָשׂוּם אֶל לִבּוֹ, וְיַחְשֹׁב תָּמִיד - שֶׁעֵינֵי[396] ה' הֵמָּה מְשׁוֹטְטִים תָּמִיד בְּכָל הָאָרֶץ. **וְזֶהוּ כְּלָל גָּדוֹל** - אַל תַּעֲשֶׂה דָּבָר בַּסֵּתֶר מַה שֶּׁאַתָּה מִתְבַּיֵּשׁ לַעֲשׂוֹת בְּגָלוּי. וַה' הוּא אֵ"ל רַחוּם וְחַנּוּן, בִּרְאוֹתוֹ שֶׁכַּוָּנָתְךָ לְשֵׁם שָׁמַיִם, לֵילֵךְ בְּדֶרֶךְ הַטּוֹב וְהַיָּשָׁר, הוּא יִשְׁלַח מַלְאָכָיו לְפָנָיו לְהַצִּילְךָ מִכָּל חֵטְא וּמִכָּל דְּבָרִים רָעִים. וְאִם יֶאֱרַע לְךָ אֵיזֶה הֶזֵּק אוֹ מִקְרֶה תְּקַבֵּל בְּאַהֲבָה, כְּמוֹ שֶׁהֶאֱרַכְתִּי לְעֵיל. וְאִם תַּצְלִיחַ בְּמַעֲשֶׂיךָ וּבְמַשָּׂא וּמַתָּן, וּפַרְנָסָה שֶׁלְּךָ הוּא בְּרֶוַח אַל תֹּאמַר חָכְמָתִי עָמְדָה לִי, כִּי צָרִיךְ לֵידַע - כִּי[397] לֹא לַחֲכָמִים לֶחֶם. וְכִי הַכֹּל מֵאֵת אֱלֹהִי"ם הוּא, וְעַל כֻּלָּם תִּתֵּן שֶׁבַח וְהוֹדָיָה לְהַקָּדוֹשׁ בָּרוּךְ הוּא, כְּמוֹ שֶׁאָמְרוּ רַבּוֹתֵינוּ זִכְרוֹנָם לִבְרָכָה - בָּרוּךְ ה' יוֹם יוֹם. וּבְכָל יוֹם תִּתֵּן שֶׁבַח וְהוֹדָיָה לֹא לְפִי פְּעֻלָּתוֹ הֵן לְטוֹבָה, הֵן לְרָעָה, חַס וְשָׁלוֹם. וּבִגְלַל זֶה - יְבָרֶכְךָ[398] ה' מִצִּיּוֹן. וּבְכָל מַעֲשֶׂיךָ תַּשְׂכִּיל וְתַצְלִיחַ, אָמֵן.

395 ישעיהו נד יג
396 זכריה ד י
397 קהלת ט יא
398 תהלים קכח ה

פרק פ

אָמְרוּ עַל הַקָּדוֹשׁ הָאֲרִ"י זִכְרוֹנוֹ לִבְרָכָה, שֶׁבְּיָמָיו הָיָה נוֹפֵל פַּחַד גָּדוֹל עַל כָּל הָרְשָׁעִים, בַּעֲבוּר שֶׁכְּשֶׁרָאָה אוֹתָן, הָיָה מַגִּיד לָהֶם כָּל פְּרָטֵי הָעֲבֵרוֹת שֶׁל כָּל אֶחָד וְאֶחָד שֶׁהָיָה חוֹטֵא מִזְּמַן חֲמִשִּׁים שָׁנָה. וַאֲפִלּוּ אִם אָדָם הָיָה מְהַרְהֵר עֲבֵרָה בְּלִבּוֹ, הָיָה מַגִּיד לָהֶם. וְהָיוּ הָרְשָׁעִים בּוֹרְחִים מִמֶּנּוּ מִפְּנֵי הַבּוּשָׁה, שֶׁלֹּא יִסְתַּכֵּל בָּהֶם וְיַגִּיד פִּשְׁעָם. וְעַל זֶה יָשִׂים אָדָם אֶל לִבּוֹ אִם כֵּן, יֵשׁ בּוּשָׁה וּכְלִמָּה מִפְּנֵי יְלוּד אִשָּׁה, אֲשֶׁר רוּחַ הַקֹּדֶשׁ שׁוֹרָה עָלָיו וּמַכִּיר חֲטָאָיו, עַל אַחַת כַּמָּה וְכַמָּה שֶׁצָּרִיךְ בּוּשָׁה בְּעֵת בּוֹאוֹ לִפְנֵי מֶלֶךְ מַלְכֵי הַמְּלָכִים הַקָּדוֹשׁ בָּרוּךְ הוּא, וְלִפְנֵי כִּסֵּא כְּבוֹדוֹ, וְהַקָּדוֹשׁ בָּרוּךְ הוּא יַגִּיד לוֹ מַה שִּׂיחוֹ, וְעֵדִים מְעִידִים עָלָיו, וִידֵי אָדָם בְּעַצְמוֹ כּוֹתְבִין כָּל מַעֲשָׂיו. מַה יַּעֲשֶׂה הָאָדָם בְּיוֹם פָּקְדוֹ, וּמִי יוֹדֵעַ, אִם יִזְכֶּה לָבוֹא לִפְנֵי בּוֹרְאוֹ יִתְבָּרֵךְ, פֶּן יִפֹּל בִּידֵי אַכְזָרִים. בְּצֵאת נִשְׁמָתוֹ יָבוֹא נִשְׁמָתוֹ שֶׁל אָדָם בְּמָקוֹם אֹפֶל וְעֹמֶק, שֶׁלֹּא יִרְאֶה עוֹד עַד שֶׁתְּעוֹרֵר עָלָיו אֵיזֶה פְּרַקְלִיט שֶׁל זְכוּת אוֹ מִיּוֹצְאֵי חֲלָצָיו, שֶׁיִּהְיוּ עוֹסְקִים בַּתּוֹרָה, כִּדְמָצִינוּ הַרְבֵּה שֶׁלֹּא נִצּוֹלוּ מִיַּד הַמַּשְׁחִיתִים, בַּר מִנָּן, כִּי אִם בְּזֶה הַזְּכוּת.

וְכִדְאִיתָא בְּמִדְרָשׁ הַנֶּעְלָם פָּרָשַׁת לֶךְ לְךָ - גַּבְרָא חַד אָזִיל לְבֵי טוּרֵי קַרְדִּינַיָּא [פֵּרוּשׁ, הָרֵי אֲרָרָט] הוּא וּתְרֵין חַכִּימִין עִמֵּיהּ, נַחֲמוּ גּוּמִין בְּקִיעִין וְאֶשָּׁא וּתְנָנָא נָפִיק מִן גּוּמִין. וְשָׁמְעוּ חַד גַּבְרָא דְּאָמַר - וַי, וַי. אָמְרוּ - וַדַּאי אֲתַר דָּא מְדוֹכְתֵּיהּ דְּגֵיהִנָּם הוּא. יָתְבֵי תַּמָּן וְאִדְמוּךְ, וְשָׁמְעִין קוֹל אֲנָחָה מִן חַד גְּבַר, דַּהֲוֵי מְאַסֵּף קוֹצִים חֲבִילוֹת גְּדוֹלוֹת, וְהָיָה נוֹשֵׂא עַל כְּתֵפָיו, וּשְׁנֵי מְמֻנִּים מִן גֵּיהִנָּם הוֹלְכִים אַחֲרָיו, וְהָיוּ מַדְלִיקִין הַחֲבִילוֹת בָּאֵשׁ וְשׂוֹרְפִין אוֹתוֹ בַּהֲלִיכָתוֹ, וְהַאי גַּבְרָא הֲוֵי צוֹעֵק בְּקוֹל מַר - וַי, וַי. וְהַמְמֻנִּים הָיוּ מְשִׁיבִין אוֹתוֹ - אִם הָיִיתָ מַשְׁגִּיחַ עַל חֶסֶד שֶׁעָשָׂה הַקָּדוֹשׁ בָּרוּךְ הוּא עִמְּךָ, כְּמוֹ שֶׁהַקָּדוֹשׁ בָּרוּךְ הוּא עוֹשֶׂה עִם שְׁאָר צַדִּיקִים, שֶׁנּוֹתֵן הַקָּדוֹשׁ בָּרוּךְ הוּא לָהֶם שְׁנֵי מַלְאָכִים לִשְׁמֹר אוֹתָם, כְּמָה דְּאַתְּ אָמַר - כִּי[399] מַלְאָכָיו יְצַוֶּה לָּךְ לִשְׁמָרְךָ בְּכָל דְּרָכֶיךָ. אָז הָיִיתָ נִצּוֹל מֵהָעֹנֶשׁ הַזֶּה. וְאַתָּה עָזַבְתָּ אֶת ה' אֱלֹהֶי"ךָ, וְלֹא שָׁמַרְתָּ אֶת הַתּוֹרָה, וְעָשִׂיתָ אֶת רְצוֹן יֵצֶר הָרָע וְנִתְחַבַּרְתָּ עִם כִּתּוֹת שֶׁל רְשָׁעִים, הַנִּקְרָאִים **קוֹצִים כְּסוּחִים**, וּבְקוֹצִין כָּאֵלּוּ הֵן שׂוֹרְפִין אוֹתְךָ.

אָמַר הַאי גַּבְרָא יְהוּדָאִי לְהַהוּא חַיָּבָא - מַאן אַנְתְּ, אָמַר לֵיהּ - יְהוּדָאִי אֲנִי. וְהַרְבֵּה חֲטָאִים וּפְשָׁעִים עָשִׂיתִי, וְשָׁכַחְתִּי שְׁמִי, וּמְמֻנִּים דְּגֵיהִנָּם אֵין רוֹצִין לְגַלּוֹת לִי אֶת שְׁמִי. וְגַם אֲנִי שָׁכַחְתִּי אֶת שְׁמִי מִתּוֹךְ הַיִּסּוּרִים קָשִׁים מָרִים וְרָעִים, וַחֲמִשָּׁה פְּעָמִים דָּנִים אוֹתִי בִּשְׂרֵפָה, בְּכָל יוֹם שָׁלֹשׁ פְּעָמִים, וּבְכָל לַיְלָה שְׁתֵּי פְּעָמִים, לְפִי שֶׁעָבַרְתִּי עַל חָמֵשׁ עֲרָיוֹת

---

399 תהלים צא יא

שֶׁבַּתּוֹרָה. וְאַחַר כָּךְ שָׁאַל אוֹתוֹ הַאי גַּבְרָא מֵאֵיזֶה מָקוֹם הוּא, וְהֵשִׁיב שֶׁהוּא מִגָּלִיל הָעֶלְיוֹן שֶׁבְּאֶרֶץ יִשְׂרָאֵל, וְהִנִּיחַ בֵּן קָטָן בְּמָקוֹם אֶחָד בַּגָּלִיל הָעֶלְיוֹן. וְאַחַר כָּךְ אָמַר לוֹ - הַרְבֵּה חָטָאתִי, וּמַלְאָךְ אֶחָד מִתְּחִלָּה הָיָה דָּן אוֹתִי בְּיִסּוּרִים קָשִׁים וּמָרִים יוֹתֵר מִשְּׂרֵפָה זוֹ, וּמַלְאָךְ הַמְמֻנֶּה עַל הַקְּבָרוֹת אָמַר לִי בִּשְׁעַת הַדִּין - אוֹי לְמִי שֶׁנִּשְׁבַּע עַל הַתּוֹרָה לְקַיֵּם אוֹתָהּ וְלֹא קִיֵּם. אוֹי לְיָדַיִם שֶׁשִּׁמְּשׁוּ בִּדְבָרִים הָאֲסוּרִים. אוֹי לְרַגְלַיִם שֶׁהָלְכוּ לִדְבָרִים אֲסוּרִים. וּבִשְׁעַת הַהַכָּאָה שֶׁהָיוּ מַכִּין בִּי בְּאַכְזָרִיּוּת, הָיוּ אוֹמְרִים לְפָנַי כָּל פִּרְטֵי חֲטָאִים שֶׁעָשִׂיתִי, וְגַם אֲנִי אָמַרְתִּי - אֱמֶת, כָּךְ וְכָךְ עָשִׂיתִי, כִּי לֹא יָכֹלְתִּי לְשַׁקֵּר, כִּי נִשְׁמָתִי וּמַלְאָכִים הַמְמֻנִּים עַל נִשְׁמָתִי הָיוּ עוֹמְדִים, וּבְיָדָם כְּתָבִים, וְשָׁם נִרְשָׁם כָּל פִּרְטֵי דְּבָרִים וּפִרְטֵי עֲבֵרוֹת שֶׁעָשִׂיתִי, וְיָדִי הִיא חֲתוּמָה תַּחַת הַכְּתָבִים.

אֲזִיל הַאי יְהוּדָאִי לַגָּלִיל הָעֶלְיוֹן וְשָׁאִיל בְּכָל אֲתַר - אִית הָכָא גְּבַר דְּמִית מִקָּרוֹב וְשָׁבִיק חַד יַנּוּקָא, אָמְרוּ לֵיהּ - אִין. יַנּוּקָא דָּא אָזִיל בְּבֵית מִטְבְּחַיָּא, וְאִיהוּ רָשָׁע כַּאֲבוּהִי. אָזִיל הַאי גַּבְרָא לְבֵית מִטְבָּחַיִם וְאַשְׁגַּח בְּהַהוּא יַנּוּקָא וְחָזֵי לֵיהּ, דַּהֲוֵי מְצַחֵק עִם הַנְּעָרִים בְּבֵית מִטְבָּחַיִם. אָמַר לֵיהּ הַאי יְהוּדָאִי - בְּנִי, זִיל עִמְּדִי, אָזִיל עִמֵּיהּ וְאַלְבִּישׁ יָתֵיהּ וְיָהִיב לֵיהּ לְרַב אֶחָד, דַּהֲוָה אוֹלִיף לֵיהּ אוֹרַיְתָא. וְלָמַד הַרְבֵּה עִם הַנַּעַר, עַד דַּהֲוֵי בָּחוּר חָשׁוּב שֶׁבַּתַּלְמִידִים. וְאַחַר כָּךְ הָיָה לוֹמֵד עִמּוֹ הַהַפְטָרָה בְּבֵית הַכְּנֶסֶת, וְהָיָה מִתְפַּלֵּל עִם הַצִּבּוּר בְּבֵית הַכְּנֶסֶת, וְאַחַר כָּךְ נִתְחַכֵּם עוֹד, עַד שֶׁהָיוּ קוֹרִין לוֹ **רַבִּי**. וְאַחַר כָּךְ בָּא אוֹתוֹ רָשָׁע בַּחֲלוֹם לְהַאי יְהוּדָאִי וְאָמַר לוֹ - רַבִּי, הַקָּדוֹשׁ בָּרוּךְ הוּא יְנַחֵם אוֹתְךָ כַּאֲשֶׁר נִחַמְתַּנִי. כִּי בְּשַׁעְתָּא דְּאָמַר בְּרִי הַפְטָרָה בַּקָּהָל, פָּטְרוּ לִי מִן דִּינָא קַשְׁיָא, וּבְשַׁעְתָּא דַּהֲוֵי מִתְפַּלֵּל וְאָמַר קַדִּישׁ, קָרְעוּ גְּזַר דִּינִי מִכֹּל וָכֹל. וּבְשַׁעְתָּא דְּאִתְחַכַּם בְּרִי, וְקָרְיָן לֵיהּ **רַבִּי**, אִתְעַטְּרוּ לִי בְּכִתְרָא דְּצַדִּיקַיָּא, וּבִשְׁבִילָךְ זָכִינָא לְהַאי יְקָר. זַכָּאָה חוּלָקָךְ דְּאַיְתַּת יָתִי לְחַיֵּי עוֹלָם הַבָּא, זַכָּאָה חוּלָקָךְ בָּעוֹלָם הַזֶּה, וְזַכָּאָה חוּלָקָךְ בָּעוֹלָם הַבָּא.

וְכֵן מָצִינוּ גַּם כֵּן מַעֲשֶׂה בְּרַבִּי עֲקִיבָא, שֶׁפָּגַע בְּאָדָם רָשָׁע, וְהָיוּ מַשְׁחִיתִים דָּנִין אוֹתוֹ הָרָשָׁע בְּיִסּוּרִים, עַד שֶׁשָּׁאַל רַבִּי עֲקִיבָא אוֹתוֹ אִם יֵשׁ לוֹ בֵּן, וְהֵשִׁיב שֶׁיֵּשׁ לוֹ בְּמָקוֹם פְּלוֹנִי. וְהָלַךְ רַבִּי עֲקִיבָא לְאוֹתוֹ הַמָּקוֹם וְלָמַד עִם בְּנוֹ קַדִּישׁ, וְאַחַר כָּךְ **אָמֵן יְהֵא שְׁמֵיהּ רַבָּא מְבָרַךְ לְעָלַם וּלְעָלְמֵי עָלְמַיָּא**. מִיָּד נֶחֱלַץ אוֹתוֹ הָרָשָׁע מֵהַצָּרָה, וְנִתְגַּלָּה לְרַבִּי עֲקִיבָא, וְגִלָּה כִּי הֻתַּר הוּא מִיִּסּוּרִים דִּילֵיהּ. פָּתַח רַבִּי עֲקִיבָא וְאָמַר - ה'[400] זִכְרְךָ לְדוֹר וָדוֹר.

וּמִזֶּה הוּא הִתְעוֹרְרוּת אֶל הָאָדָם, שֶׁיָּשִׂים עֵינוֹ וְהַשְׁגָּחָתוֹ הַגְּדוֹלָה עַל בָּנָיו לְלַמְּדָם בְּתוֹרַת ה' וּלְהַדְרִיכָם בְּיִרְאַת ה', כִּי בְּרָא מְזַכֶּה אַבָּא. וּמִי שֶׁמֵּת לוֹ אָבִיו אוֹ אִמּוֹ יִזָּהֵר אוֹתוֹ הַבֵּן לוֹמַר קַדִּישׁ **וְאָמֵן יְהֵא שְׁמֵיהּ**

---

400 תהלים קלה יג

רַבָּא בְּכָל כֹּחוֹ, כִּי בַּאֲמִירָתוֹ הוּא מֵבִיא לְמַעְלָה נִשְׁמַת אָבִיו לְגַן עֵדֶן הָעֶלְיוֹן. וְלֹא כְּיֵשׁ הַמְּקִלִּין בְּקַדִּישִׁים, שֶׁהוּא בְּעֵינֵיהֶם כְּאַחוּכֵי וּטְלוּלֵי, וּמַמָּשׁ הֵן מְלַגְלְגִין עַל אֲמִירַת הַקַּדִּישׁ, וְלֹא יוֹדְעִים שֶׁכָּל מַעֲשֵׂי שָׁמַיִם וָאָרֶץ תְּלוּיִין בַּאֲמִירַת הַקַּדִּישׁ, כִּי **אָמֵן יְהֵא שְׁמֵיהּ רַבָּא מְבָרַךְ לְעָלַם וּלְעָלְמֵי עָלְמַיָּא** הֵם עֶשְׂרִים וּשְׁמוֹנֶה אוֹתִיּוֹת, כְּנֶגֶד זֶה יֵשׁ עֶשְׂרִים וּשְׁמוֹנֶה אוֹתִיּוֹת בְּפֶרֶק רִאשׁוֹן שֶׁבַּתּוֹרָה - בְּרֵאשִׁית[401] בָּרָא אֱלֹהִי"ם אֵת הַשָּׁמַיִם וְאֵת הָאָרֶץ. בְּסוֹד - כֹּחַ[402] מַעֲשָׂיו הִגִּיד לְעַמּוֹ. וְכֵן פָּסוּק רִאשׁוֹן שֶׁבַּעֲשֶׂרֶת הַדִּבְּרוֹת הֵן עֶשְׂרִים וּשְׁמוֹנֶה אוֹתִיּוֹת - וַיְדַבֵּר[403] אֱלֹהִי"ם אֵת כָּל הַדְּבָרִים הָאֵלֶּה לֵאמֹר. וְלָכֵן הָיָה מְצַוֶּה רַבֵּנוּ יְהוּדָה חָסִיד - כְּשֶׁמַּתְחִיל הַשְּׁלִיחַ צִבּוּר קַדִּישׁ, יֹאמְרוּ הַקָּהָל פָּסוּק - **וַיְדַבֵּר אֱלֹהִים אֵת כָּל הַדְּבָרִים הָאֵלֶּה לֵאמֹר**. וְאַחַר כָּךְ - **אָמֵן יְהֵא שְׁמֵיהּ רַבָּא**, וְסוֹדוֹ מְבֹאָר בְּסֵפֶר **מְגַלֶּה עֲמֻקּוֹת**, אֹפֶן רי"ב, עַיֵּן שָׁם.

עַל כֵּן צָרִיךְ הָאָדָם הָאוֹמֵר קַדִּישׁ אַחַר אָבִיו וְאִמּוֹ, לוֹמַר בְּכַוָּנָה גְּדוֹלָה הַקַּדִּישׁ, וְגַם מְחֻיָּב הָאָבֵל לוֹמַר גַּם כֵּן - אָמֵן יְהֵא שְׁמֵיהּ רַבָּא כוּ'. וְלֹא כְּיֵשׁ עַמֵּי הָאֲרָצוֹת, שֶׁאוֹמְרִים רַק 'וְאִמְרוּ אָמֵן' וְאַחַר כָּךְ מַתְחִילִין תֵּכֶף 'יִתְבָּרַךְ וְיִשְׁתַּבַּח', אֶלָּא צָרִיךְ הָאָבֵל לוֹמַר גַּם כֵּן 'יְהֵא שְׁמֵיהּ רַבָּה' כִּי עִקַּר הַקַּדִּישׁ הוּא בַּאֲמִירַת 'אָמֵן יְהֵא שְׁמֵיהּ רַבָּה'. וּבָזֶה הוּא עוֹשֶׂה נַחַת רוּחַ לְהַקָּדוֹשׁ בָּרוּךְ הוּא, לְאָבִיו וּלְאִמּוֹ. וּמִי שֶׁאֵין לוֹ בָּנִים, עָלָיו לְגַדֵּל יָתוֹם בְּתוֹךְ בֵּיתוֹ וּלְגַדְּלוֹ לְתוֹרָה וְלַעֲבוֹדַת ה', כִּי פֶּן וְאוּלַי אָבִיו וְאִמּוֹ שֶׁל הַיָּתוֹם הָיוּ רְשָׁעִים, וְעַל יְדֵי בְּנוֹ הַיָּתוֹם מְזַכֶּה אֶת אָבִיו וְאִמּוֹ. אֲזַי יֵשׁ לְהַמְגַדֵּל שָׂכָר הַרְבֵּה בָּעוֹלָם הַזֶּה וּבָעוֹלָם הַבָּא. אֲבָל מִי שֶׁמְּגַדֵּל יָתוֹם בְּתוֹךְ בֵּיתוֹ כְּדֵי שֶׁיִּהְיֶה לוֹ עֶבֶד, לֹא דַּי שֶׁאֵינוֹ מְקַבֵּל שָׂכָר עַל מִצְוָה זוֹ, אֶלָּא אֲפִלּוּ עָנְשׁוֹ מְרֻבֶּה, כִּי כְּשֵׁם שֶׁבְּרָא טָבָא מְזַכֶּה אַבָּא, כָּךְ בְּרָא בִּישָׁא הוּא גּוֹרֵם דִּמְעַנְּשִׁין אֶת אָבִיו וְאִמּוֹ, וְכָל זְמַן שֶׁאָבִיו וְאִמּוֹ קַיָּמִים, וְלֹא הָיוּ מוֹכִיחִין אֶת בְּנָם, לָכֵן עֲוֹן בָּנִים פּוֹקֵד עַל אָבוֹת. אֲבָל מִי שֶׁמַּנִּיחַ בֵּן קָטָן, וְאַחֵר מְגַדֵּל אוֹתוֹ אֲזַי אֵין מְעַנְּשִׁין אֶת אָבִיו, כִּי אִם אֶת הָאִישׁ הַמְגַדֵּל, וְעַל זֶה נֶאֱמַר - אִישׁ[404] בְּחֶטְאוֹ יוּמָתוּ.

עַל כֵּן אַצִּיג לְךָ פֶּרֶק מְיֻחָד, שֶׁמְּדַבֵּר בְּעִנְיַן גִּדּוּל בָּנִים, שֶׁהָאָב מְצֻוֶּה עַל בְּנוֹ לְהוֹכִיחַ אוֹתוֹ, וְהַבֵּן הוּא מְצֻוֶּה לְקַיֵּם דִּבְרֵי אָבִיו, כְּדֵי שֶׁלֹּא יֹאמְרוּ בִּשְׁבִילוֹ אָרוּר שֶׁזֶּה יְלָדוֹ, אָרוּר שֶׁזֶּה גִּדְּלוֹ, וְאָז יֵלֵךְ בְּלִי כִּסּוּפָא לָעוֹלָם הַבָּא, אָמֵן.

---

[401] בראשית א א
[402] תהלים קיא ו
[403] שמות כ א
[404] דברים כד טז

פרק פא

אִיתָא בְּמִדְרַשׁ רַבָּה פָּרָשַׁת בְּרֵאשִׁית - כְּשֶׁחָטָא אָדָם הָרִאשׁוֹן בְּחֵטְא אֲכִילַת עֵץ הַדַּעַת, נִתְקַלְּלוּ הַנָּחָשׁ וְחַוָּה, וְהָאֲדָמָה נִתְקַלְּלָה עֲבוּר הָאָדָם הָרִאשׁוֹן, כִּדְכְתִיב - אֲרוּרָה[405] הָאֲדָמָה בַּעֲבוּרֶךָ. לְפִי שֶׁאָדָם הָרִאשׁוֹן נִבְרָא מִן הָאֲדָמָה.

מָשָׁל לְבֵן שֶׁיּוֹצֵא לְתַרְבּוּת רָעָה, אֲזַי הַבְּרִיּוֹת מְקַלְּלִין אֶת הַשָּׁדַיִם שֶׁהַתִּינוֹק יוֹנֵק מֵהֶן, וְאַמְרִין - לֵיט בִּיזַיָּא דְהָדֵין מְנִיקְתָּא. וְהִנֵּה יֵשׁ לְדַקְדֵּק בְּזֶה הַדְּרָשׁ, הֲלֹא אָדָם הָרִאשׁוֹן נִבְרָא גַּם כֵּן מֵהָעֶלְיוֹנִים, וְלָמָּה נִתְקַלְּלָה הָאֲדָמָה לְבַד שֶׁהִיא מֵהַתַּחְתּוֹנִים, וְלָמָּה לֹא נִתְקַלְּלוּ הָעֶלְיוֹנִים גַּם כֵּן בְּחֵטְא אָדָם הָרִאשׁוֹן, וְהַנִּרְאֶה בְּעֵינַי לְתָרֵץ, כִּי עִנְיַן בְּרִיאַת הָאָדָם הָרִאשׁוֹן הָיָה עַל יְדֵי דְּכַר וְנוּקְבָא, כִּי הָאָרֶץ מִסִּטְרָא דְנוּקְבָא, וְהַנְּשָׁמָה בְּתוֹךְ הָאָדָם הוּא מִסִּטְרָא דְּדוּכְרָא, כִּי הַנְּשָׁמָה אֵינָהּ מְסִיתָה לְאָדָם שֶׁיֶּחֱטָא, כִּי אִם הַחֹמֶר שֶׁנִּבְרָא מִן הָאֲדָמָה, הוּא הַמֵּסִית וּמַדִּיחַ לְהַחֲטִיא. אָדָם הוּא הֶעָפָר מִן הָאֲדָמָה, וְלָכֵן נִתְקַלְּלָה הָאֲדָמָה שֶׁהִיא מִן הַתַּחְתּוֹנִים. וְלֹא נִתְקַלְּלוּ הָעֶלְיוֹנִים, שֶׁבָּא הַנְּשָׁמָה מֵהֶם, כִּי הַנְּשָׁמָה אֵינָהּ חוֹטֵאת כְּלָל. וְזֶהוּ שֶׁהַבְּרִיּוֹת אַמְרִין, לֵיטָא הָדֵין בִּיזַיָּא דְּהָדֵין מְנִיקְתָּא, וְלֹא מְקַלְּלִין הָאָב כִּי אִם הָאֵם, כִּי זֶה הוּא **כְּלָל גָּדוֹל** - כָּל אִשָּׁה שֶׁהִיא צְנוּעָה בְּמַעֲשֶׂיהָ וּבְמַחְשְׁבוֹתֶיהָ, זָכְתָה שֶׁיֵּצְאוּ מִמֶּנָּה נְבִיאִים וַחֲסִידִים וְאַנְשֵׁי מַעֲשֶׂה, וּרְאָיָה מִתָּמָר. וְכָל אִשָּׁה אֲשֶׁר אֵינֶנָּה צְנוּעָה בְּמַעֲשֶׂיהָ אוֹ שֶׁיֵּשׁ לָהּ מַחֲשָׁבוֹת רָעוֹת וְזָרוֹת, אֲזַי יוֹצְאֵי חֲלָצֶיהָ הוֹלְכִים אַחֲרֶיהָ, כִּי רְחֵלָא בָּתַר רְחֵלָא אָזְלֵי.

וְלָכֵן נִרְאֶה לִי, דְּמֵחֲמַת זֶה כָּתוּב בַּתּוֹרָה - כְּרַחֵם[406] אָב עַל בָּנִים. וְלָמָּה לֹא כְּתִיב - כְּרַחֵם הָאֵם עַל הַבָּנִים, כִּי טֶבַע הַזָּכָר, אֲשֶׁר הוּא אוֹהֵב אֶת בְּנוֹ, הוּא מְיַסְּרֵהוּ. כְּמוֹ שֶׁאָמַר הַכָּתוּב - חוֹשֵׂךְ[407] שִׁבְטוֹ שׂוֹנֵא בְּנוֹ וְאוֹהֲבוֹ שִׁחֲרוֹ מוּסָר. כִּי כָּל אִישׁ אֲשֶׁר יְיַסֵּר אֶת בְּנוֹ, הוּא אוֹהֵב לִבְנוֹ, כְּמוֹ שֶׁהֶאֱרִיךְ בְּמִדְרַשׁ רַבָּה, פָּרָשַׁת שְׁמוֹת, עַיֵּן שָׁם. מַה שֶּׁאֵין כֵּן הָאִשָּׁה הִיא רַכַּת לֵב, וְאֵינָהּ רוֹצָה שֶׁהָאָב יַכֶּה אֶת בְּנוֹ אוֹ הַמְלַמֵּד, וּבְעוֹד שֶׁהַתִּינוֹק קָטָן, אִמּוֹ נוֹתֶנֶת לוֹ כָּל חֶפְצוֹ וְכָל מִשְׁאֲלוֹת לֵב, וְאַחַר כָּךְ כְּשֶׁיִּגְדַּל הַנַּעַר הוּא מְבַקֵּשׁ לִמּוּדוֹ, וְאַחַר כָּךְ יוֹצֵא לְתַרְבּוּת רָעָה, וְהַכֹּל הוּא בִּגְרָמָא דְּאִשָּׁה.

וּרְאָיָה שֶׁשָּׁמַעְתִּי מַעֲשֶׂה נִפְלָא, שֶׁהָרַמְבַּ"ן זִכְרוֹנוֹ לִבְרָכָה כָּתַב בְּסִפְרוֹ דְּרוּשׁ אֶחָד וְאָמַר - כָּל בַּר יִשְׂרָאֵל שֶׁהֵמִיר דָּתוֹ, וְעוֹבֵד אֵיזֶה עֲבוֹדָה זָרָה מִן הָאֻמּוֹת אֲזַי צָרִיךְ לֵידַע, שֶׁאוֹתוֹ הַבֵּן אֵינוֹ מִזֶּרַע יִשְׂרָאֵל הוּא,

---

[405] בראשית ג יז

[406] תהלים קג יג

[407] משלי יג כד

כִּי בְּוַדַּאי הוּא מִזֶּרַע הָאֻמּוֹת אוֹ בֶּן תְּמוּרָה. וְלֹא הָיוּ יָמִים מוּעָטִים עַד שֶׁהֵמִיר בֵּן אֶחָד מִבְּנֵי הָרַמְבַּ"ן אֶת דָּתוֹ, וְאָז שָׁלַח הָאַפִּיפְיוֹר אַחַר הָרַמְבַּ"ן וְאָמַר - רְאֵה הַדְּרוּשׁ שֶׁלְּךָ שֶׁנִּדְפַּס מִקָּרוֹב, וְעַתָּה נִכְשַׁל זַרְעֲךָ בִּדְבָרֶיךָ. וְאָז הָלַךְ הָרַב הָרַמְבַּ"ן זִכְרוֹנוֹ לִבְרָכָה סַר וְזָעֵף. וּכְשֶׁבָּא לְבֵיתוֹ, הָיָה יוֹשֵׁב וּבוֹכֶה עַל הָאָרֶץ וְהָיָה מְסַפֵּק בְּסִגּוּפִים גְּדוֹלִים, וְהָיָה יוֹתֵר מִצְטַעֵר עַל הַדְּרוּשׁ שֶׁהִדְפִּיס, יוֹתֵר מִצַּעַר בְּנוֹ שֶׁהֵמִיר דָּתוֹ. וְלֹא הָיָה אוֹכֵל וְשׁוֹתֶה כַּמָּה יָמִים, עַד שֶׁבָּאָה אִשְׁתּוֹ אֵלָיו וְהָיְתָה מְדַבֶּרֶת עַל לִבּוֹ, שֶׁלֹּא יִהְיֶה בְּצַעַר, כִּי פַּעַם אַחַת הָיְתָה הוֹלֶכֶת לְבֵית הַטְּבִילָה, שֶׁהָיָה רָחוֹק מִבֵּיתָהּ. כְּשֶׁהָיָה לַיְלָה, הָיְתָה רוֹצָה לֵילֵךְ לְבֵית בַּעֲלָהּ, אָז רָאָה שַׂר אֶחָד אֶת הוֹד יָפְיָהּ וְצִוָּה הַשַּׂר לַעֲבָדָיו, שֶׁיִּקְחוּ הָאִשָּׁה לְבֵיתוֹ, וְהָיָה הַשַּׂר אוֹנֵס אוֹתָהּ, וּמִמֶּנּוּ הִתְעַבְּרָה. וְאִם לֹא תַּאֲמִינוּ לִי, הֲרֵי יֵשׁ אֶצְבַּע שֶׁלּוֹ עֲדַיִן בְּיָדִי, שֶׁגֵּרַסְתִּי בְּשִׁנַּי אֶת הָאֶצְבַּע שֶׁלּוֹ.

וּכְשֶׁשָּׁמַע הָרַב הָרַמְבַּ"ן זִכְרוֹנוֹ לִבְרָכָה אֶת דִּבְרֵי אִשְׁתּוֹ, אָז קָם מֵהָאָרֶץ וְהָיָה שָׂמֵחַ שִׂמְחָה גְּדוֹלָה, וְאָמַר לְאִשְׁתּוֹ - נִחַמְתִּנִי, אָז תֵּכֶף אָזַר כַּגֶּבֶר חֲלָצָיו וְהָלַךְ לְהָאַפִּיפְיוֹר וְסִפֵּר לוֹ דְּבָרִים הָאֵלֶּה, וְתֵכֶף שָׁלַח הָאַפִּיפְיוֹר לְאוֹתוֹ הַשַּׂר וּבָא אֵלָיו. וְהָיָה עַל יָדוֹ בֵּית הַיָּד, שֶׁקּוֹרִין **הֶענְטְשִׁיךְ**. וְצִוָּה הָאַפִּיפְיוֹר לְהָסִיר הֶהֶענְטְשִׁיךְ מֵעַל יָדוֹ, וְלֹא רָצָה הַשַּׂר. וְאָז צִוָּה הָאַפִּיפְיוֹר לַעֲבָדָיו לְהָסִיר בֵּית הַיָּד, שֶׁקּוֹרִין **הֶענְטְשִׁיךְ** בְּחָזְקָה מֵעַל יָדוֹ. אָז רָאָה הָאַפִּיפְיוֹר שֶׁחָסֵר אֶצְבַּע אֶחָד מִיָּדָיו, וְשָׁאַל אוֹתוֹ - מָה טִיבָהּ שֶׁל אֶצְבַּע זוֹ, אָז הוֹדָה הַשַּׂר, שֶׁפַּעַם אַחַת הָיָה אוֹנֵס אֵשֶׁת אִישׁ אַחַת מִבְּנֵי יִשְׂרָאֵל, וְהָיְתָה הָאִשָּׁה גּוֹרֶסֶת אֶת אֶצְבָּעוֹ בְּשִׁנֶּיהָ. אָז אָמַר הָרַמְבַּ"ן - רְאֵה, שֶׁהַתּוֹרָה שֶׁלָּנוּ אֱמֶת, וְדִבְרֵי חֲכָמִים וְדִבְרֵי ה' הֵן אֱמֶת.

עַל כֵּן מִן הַמַּעֲשֶׂה הַזֶּה נִלְמַד, שֶׁהַכֹּל תָּלוּי בָּאִשָּׁה. כִּי לִפְעָמִים יֵשׁ אָדָם רָשָׁע, וְיֵשׁ לוֹ אִשָּׁה צְנוּעָה יִהְיוּ לוֹ בָּנִים טוֹבִים, צַדִּיקִים וִישָׁרִים. וְלִפְעָמִים יֵשׁ אָדָם צַדִּיק, וְיֵשׁ לוֹ אִשָּׁה רָעָה וְיֵשׁ לוֹ בָּנִים רְשָׁעִים.

עַל כֵּן צְרִיכָה כָּל אִשָּׁה לִרְאוֹת לְהַדְרִיךְ אֶת בָּנֶיהָ בְּדֶרֶךְ טוֹבִים, וְלֹא לָחוּס עַל בָּנֶיהָ כְּשֶׁהַמְלַמֵּד אוֹ בַּעֲלָהּ מַכֶּה אֶת בְּנָהּ. וְכָל אִשָּׁה צְרִיכָה לִקַּח רְאָיָה מִן בַּת שֶׁבַע, אֵשֶׁת דָּוִד הַמֶּלֶךְ, אִמּוֹ שֶׁל שְׁלֹמֹה הַמֶּלֶךְ עָלֶיהָ הַשָּׁלוֹם, שֶׁהָיְתָה בְּעַצְמָהּ מַכָּה אֶת שְׁלֹמֹה הַמֶּלֶךְ בְּנָהּ, כְּשֶׁהָיָה יָשֵׁן פַּעַם אַחַת שָׁלֹשׁ שָׁעוֹת בַּיּוֹם, וְהָיוּ מַפְתְּחוֹת שֶׁל בֵּית הַמִּקְדָּשׁ נְתוּנִים תַּחַת מְרַאֲשׁוֹתָיו, כְּמַאֲמַר הַכָּתוּב - דִּבְרֵי[408] לְמוּאֵל אֲשֶׁר יִסְּרַתּוּ אִמּוֹ. וְאַשְׁרֵי הָאִישׁ וְהָאִשָּׁה, אֲשֶׁר מַדְרִיכִין אֶת בְּנֵיהֶם בְּדֶרֶךְ הַיָּשָׁר וְהַטּוֹב, וְאָז יִרְאוּ יְשָׁרִים וְיִשְׂמְחוּ בָּעוֹלָם הַזֶּה וּבָעוֹלָם הַבָּא.

[408] משלי לא א

פרק פב

אָמְרוּ רַבּוֹתֵינוּ זִכְרוֹנָם לִבְרָכָה - בִּשְׁבִיל[409] אַרְבָּעָה דְּבָרִים נִגְאֲלוּ אֲבוֹתֵינוּ מִמִּצְרַיִם בִּזְכוּת נָשִׁים צִדְקָנִיּוֹת וּבִשְׁבִיל שֶׁלֹּא שִׁנּוּ אֶת שְׁמָם וּבִשְׁבִיל שֶׁלֹּא שִׁנּוּ אֶת לְשׁוֹנָם וּבִשְׁבִיל שֶׁהָיוּ תּוֹלִין בִּטְחוֹנָם בְּהַקָּדוֹשׁ בָּרוּךְ הוּא. וּכְמוֹ שֶׁהָיְתָה גְּאֻלָּה רִאשׁוֹנָה, כֵּן תִּהְיֶה גְּאֻלָּה אַחֲרוֹנָה. וְאִם כֵּן, הֲרֵי לְפָנֶיךָ **שֶׁבִּזְכוּת נָשִׁים תִּהְיֶה גַּם כֵּן הַגְּאֻלָּה אַחֲרוֹנָה**. עַל כֵּן צְרִיכִים הַנָּשִׁים לִהְיוֹת צְנוּעִין יוֹתֵר מִן הָאֲנָשִׁים, וְלֹא יֵלְכוּ אַחַר שְׁרִירוּת לִבָּם בַּהֲלִיכָה בְּמַלְבּוּשֵׁיהֶן כְּחֻקּוֹת הָעֲרֵלִים, כְּמוֹ שֶׁרָאִיתִי עַכְשָׁו בִּזְמַן קָצָר חֲדָשִׁים מִקָּרוֹב בָּאוּ, רַבּוּ הַמִּתְפָּרְצִים, שֶׁהוֹלְכִין בְּמַלְבּוּשֵׁיהֶן כְּמוֹ בְּנוֹת הָעֲרֵלִים, וְאֵין שׁוּם הֶכֵּר בֵּין יְהוּדִית לַעֲרֵלִית, וְגוֹרְמִין הַרְבֵּה רָעָה בָּעוֹלָם - **אֶחָד**, שֶׁמַּכְשִׁילִים אֶת רֹב בְּנֵי אָדָם לִתֵּן עֵינֵיהֶם בָּהֶן וּבִלְבוּשֵׁיהֶן. וְקַיְמָא לָן, דְּאָסוּר לְהִסְתַּכֵּל אֲפִלּוּ בְּבִגְדֵי צִבְעוֹנִים שֶׁל אִשָּׁה.

שֵׁנִית, שֶׁמַּטִּילִין קִנְאָה וְשִׂנְאַת הָאֻמּוֹת, אֲשֶׁר נוֹשְׂאִין עַיִן בָּנוּ בִּשְׁבִיל שֶׁהוֹלְכִין בְּנוֹת יִשְׂרָאֵל בְּיֶתֶר חֲשִׁיבוּת מִשָּׂרֵי הָאֻמּוֹת. וַאֲנַחְנוּ בַּגָּלוּת הַמַּר, אֲשֶׁר עַל פִּי הַדִּין רָאוּי לָנוּ לֵילֵךְ שְׁחוֹרִים וּלְהִתְעַטֵּף שְׁחוֹרִים, וּלְהִתְאַבֵּל עַל אֲרִיכוּת הַגָּלוּת וְעַל חֻרְבַּן בֵּית הַמִּקְדָּשׁ וְעַל אַחֵינוּ בְּנֵי יִשְׂרָאֵל, הַנְּתוּנִים בַּצָּרָה וּבַשִּׁבְיָה. וְלֹא דַּי שֶׁאֵין אָנוּ מִתְאַבְּלִים, אֶלָּא מוֹסִיפִים חֵטְא עַל פֶּשַׁע, שֶׁהוֹלְכוֹת נְטוּיוֹת גָּרוֹן וְעָרֹם עַד בֵּית דָּדֵיהוֹן. מִי יוּכַל לְסַפֵּר גֹּדֶל הָעֹנֶשׁ שֶׁלָּהֶם, אֲשֶׁר הֵמָּה מְעַכְּבוֹת הַגְּאֻלָּה בַּעֲווֹנוֹתֵינוּ הָרַבִּים.

שְׁלִישִׁית, הֵמָּה גּוֹרְמִים לְבַעֲלֵיהֶם רָעָה, לְמִי שֶׁאֵין יָדוֹ מַשֶּׂגֶת לְהַלְבִּישׁ אֶת אִשְׁתּוֹ כְּמוֹ הַחֲבֵרָה שֶׁלָּהּ, הָאִשָּׁה מְיַלֶּלֶת וּמְקַלֶּלֶת אֶת בַּעְלָהּ, עַד שֶׁצָּרִיךְ בַּעְלָהּ לִקַּח בַּהֲקָפָה אוֹ לַעֲשׂוֹת שְׁאָר אִסּוּר בְּמָמוֹן חֲבֵרוֹ, עַד שֶׁהֻכְרַח לַעֲשׂוֹת לְאִשְׁתּוֹ גַּם כֵּן בְּגָדִים נָאִים שֶׁל פְּרִיצוּת כְּמוֹ לַאֲחֶרֶת. וְאַחַר כָּךְ, כְּשֶׁאֵין יָדוֹ מַשֶּׂגֶת לְשַׁלֵּם, אֲזַי נִתְפָּס בַּעְלָהּ אוֹ בָּא לִידֵי שְׁאָר חֲרָפוֹת וּבִזּוּי. עַל כֵּן צְרִיכָה כָּל אִשָּׁה הַכְּשֵׁרָה וּצְנוּעָה בְּיִשְׂרָאֵל לִרְאוֹת לִהְיוֹת הוֹלֶכֶת בִּצְנִיעוּת, וְלֹא בִּפְרִיצוּת, כְּדֵי שֶׁתִּהְיֶה זוֹכָה לָצֵאת מִמֶּנָּה נְבִיאִים וַחֲסִידִים.

הַזְּכוּת הַשֵּׁנִי שֶׁנִּגְאֲלוּ אֲבוֹתֵינוּ מִמִּצְרַיִם - **שֶׁלֹּא שִׁנּוּ אֶת שְׁמָם**. וְעַכְשָׁו וּבַדּוֹר הַזֶּה רָאִיתִי אֶת הַמִּתְפָּרְצִים בָּעָם, שֶׁהוֹלְכִין בְּמַלְבּוּשֵׁיהוֹן כְּחֻקּוֹת הָאֻמּוֹת, וְגוֹרְמִים עוֹד רָעָה לְגַלֵּחַ אֶת זְקָנָם וְעוֹבְרִים עַל חֲמִשָּׁה לָאוִין, כִּי חֲמִשָּׁה פֵּאוֹת הֵן בִּזְקַן הָאָדָם, וְעַל כָּל פֵּאָה וּפֵאָה חַיָּב בִּפְנֵי עַצְמוֹ. וְעַל יְדֵי זֶה לִפְעָמִים אֵין מַכִּירִין אוֹתוֹ שֶׁהוּא יְהוּדִי. וּכְשֶׁשּׁוֹאֲלִים אוֹתוֹ מַה שְּׁמוֹ, הוּא מְכַנֶּה שְׁמוֹ בְּשֵׁם אֶחָד מִשְּׁמוֹת הָאֻמּוֹת. וְלִפְעָמִים כְּשֶׁהוּא

---

[409] שיר השירים רבה ד יב

הוֹלֵךְ עִם אֵיזֶה שָׂרִים בַּדֶּרֶךְ שֶׁאֵין מַכִּירִין אוֹתוֹ, אֲזַי נִכְשַׁל גַּם כֵּן בַּאֲכִילוֹת טְרֵפוֹת וּבִשְׁתִיּוֹת יֵין נֶסֶךְ, כִּי עֲבֵרָה גּוֹרֶרֶת עֲבֵרָה, וּמִצְוָה גּוֹרֶרֶת מִצְוָה. וְלֹא דַּי שֶׁהוּא גּוֹרֵם רָעָה לְגוּפוֹ וּלְנִשְׁמָתוֹ, אֶלָּא הוּא גּוֹרֵם רָעָה לִכְלַל בְּנֵי יִשְׂרָאֵל, לְפִי שֶׁשִּׁנָּה אֶת שְׁמוֹ. עַל כֵּן עָתִיד לִתֵּן הַדִּין מִי שֶׁעוֹשֶׂה כֵּן, וְעָנְשׁוֹ הוּא מְרֻבֶּה.

הַזְּכוּת הַשְּׁלִישִׁית הִיא, שֶׁנִּגְאֲלוּ אֲבוֹתֵינוּ מִמִּצְרַיִם - **בִּזְכוּת שֶׁלֹּא שִׁנּוּ אֶת לְשׁוֹנָם**. וְעַכְשָׁו רָאִיתִי מִכְשׁוֹל גָּדוֹל, אֲשֶׁר צָפוּן בְּרֹב הַמְּדִינָה, אֲשֶׁר בַּעֲווֹנוֹתֵינוּ הָרַבִּים הַרְבֵּה בְּנֵי אָדָם עוֹשִׂים שֶׁלֹּא כַּהֹגֶן, וְהוּא זֶה כֵּיוָן דְּקַיְמָא לָן, שֶׁצָּרִיךְ הָאָדָם לִלְמֹד עִם בָּנָיו כְּשֶׁהֵן קְטַנִּים כָּל דָּבָר בִּלְשׁוֹן הַקֹּדֶשׁ, כְּדֵי שֶׁיָּבוֹא בְּנוֹ וְיַרְגִּיל עַצְמוֹ בִּקְדֻשָּׁה לְדַבֵּר בִּלְשׁוֹן הַקֹּדֶשׁ. וַחֲדָשִׁים מִקָּרוֹב בָּאוּ, שֶׁמַּרְגִּילִין הַקְּטַנִּים לְדַבֵּר בִּלְשׁוֹן צָרְפַת וּבִשְׁאָרֵי לְשׁוֹנוֹת. וּכְשֶׁיִּגְדַּל הַנַּעַר, אֵין אָבִיו שָׂם עַל לֵב שֶׁיֵּלֵךְ בְּנוֹ לְבֵית הַמִּדְרָשׁ, כִּי אִם הַשְׁגָּחָתוֹ הוּא לֵילֵךְ לְבֵית הַלִּמּוּד לְשׁוֹן צָרְפָתִי וּשְׁאָר לְשׁוֹנוֹת. אַף דְּקַיְמָא לָן, דְּסַנְהֶדְרִין הָיוּ יְכוֹלִין לְדַבֵּר שִׁבְעִים לָשׁוֹן, מִכָּל מָקוֹם הָיוּ לוֹמְדִים הַלְּשׁוֹנוֹת דֶּרֶךְ עֲרַאי, וְלֹא דֶּרֶךְ קֶבַע. מַה שֶּׁאֵין כֵּן עַכְשָׁו עוֹשִׂין הַלָּשׁוֹן צָרְפַת וְלוֹעֵז עִקָּר, וְהַלִּמּוּד הַתּוֹרָה עֲרַאי.

הַזְּכוּת הָרְבִיעִי שֶׁנִּגְאֲלוּ אֲבוֹתֵינוּ הָיָה - **שֶׁהָיוּ תּוֹלִין בִּטְחוֹנָם בְּהַקָּדוֹשׁ בָּרוּךְ הוּא**. וְעַכְשָׁו אֲנִי רוֹאֶה בַּעֲווֹנוֹתֵינוּ הָרַבִּים, שֶׁאֶחָד מִן הָאֶלֶף הוּא תּוֹלֶה בִּטְחוֹנוֹ בְּהַקָּדוֹשׁ בָּרוּךְ הוּא, כִּי רֹב הָעוֹלָם תּוֹלִין בִּטְחוֹנָם בְּמָמוֹן וּבִבְנֵי אָדָם, שֶׁאֵין לוֹ תְּשׁוּעָה. וְזֶה הַגּוֹרֵם שֶׁרוֹאִין אֶת הָעֲנִיִּים, שֶׁהֵמָּה בְּתַכְלִית הַשִּׁפְלוּת, וַעֲשִׁירִים נוֹטְלִים שְׂרָרָה לְעַצְמָן, וְהֶעָנִי הוּא כְּקוֹץ בְּעֵינָיו, וְעַל יְדֵי זֶה אֵין אִישׁ שָׂם בִּטְחוֹנוֹ בְּהַקָּדוֹשׁ בָּרוּךְ הוּא, כִּי אִם כַּת הַחֲנֻפָּה הִיא גּוֹבֶרֶת, שֶׁתּוֹלִין בִּטְחוֹנָם בַּעֲשִׁירִים, וּמִכָּל שֶׁכֵּן אֵין מַזְכִּירִין חֻרְבַּן בֵּית הַמִּקְדָּשׁ וְגָלוּת הַמַּר וַאֲרִיכוּת הַגָּלוּת, וְאֵין שָׂם עַל לֵב לְהִתְפַּלֵּל עַל זֶה, וְאִלּוּ הָיָה שָׂם בִּטְחוֹנוֹ בְּהַקָּדוֹשׁ בָּרוּךְ הוּא, הָיָה תָּמִיד לְנֶגֶד עֵינָיו לְהִתְאַבֵּל עַל חֻרְבָּנוֹ שֶׁל בֵּית הַמִּקְדָּשׁ וְעַל אֲרִיכוּת הַגָּלוּת.

עַל כֵּן צָרִיךְ הָאָדָם לְהַשִּׂיג בְּדַעְתּוֹ שֶׁלֹּא לְעַכֵּב הַגְּאֻלָּה, וְלִתְלוֹת בִּטְחוֹנוֹ בְּהַקָּדוֹשׁ בָּרוּךְ הוּא. וְכָל הַזָּהִיר בְּאַרְבָּעָה דְּבָרִים הַנִּזְכָּרִים לְעֵיל שֶׁנִּגְאֲלוּ אֲבוֹתֵינוּ, יִזְכֶּה לְמַהֵר וּלְקָרֵב אֶת גְּאֻלָּתֵנוּ. כִּגְאֻלָּה הָרִאשׁוֹנָה תִּהְיֶה גְּאֻלָּה אַחֲרוֹנָה, שֶׁבִּזְכוּת אַרְבָּעָה דְּבָרִים הָאֵלֶּה תִּהְיֶה הַגְּאֻלָּה בִּמְהֵרָה בְּיָמֵינוּ אָמֵן.

פרק פג

אֶחָד מִדַּרְכֵי הַיִּרְאָה הוּא, דְּלָא לְאַנְהָגָא קַלְנָא בְּשׁוּם בְּרִיָּה בָּעוֹלָם עַל חִנָּם, וּכְמוֹ שֶׁמַּזְהִיר עַל זֶה בַּזֹּהַר פָּרָשַׁת יִתְרוֹ, שֶׁכָּל הַנִּבְרָאִים הֵן מַעֲשֵׂה יָדָיו שֶׁל הַקָּדוֹשׁ בָּרוּךְ הוּא, וְכֻלָּן הֵן צָרְכֵי הָעוֹלָם, וְעַל כֵּן לֹא יַהֲרֹג אָדָם שׁוּם בְּרִיָּה עַל חִנָּם, וַאֲפִלּוּ דָּבָר הַמַּזִּיק לַבְּרִיּוֹת, כְּגוֹן נָחָשׁ וּשְׂמָמִית, אִם אֵינוֹ רוֹדֵף אַחֲרָיו לְהַזִּיקוֹ. [וְעַיֵּן לְעֵיל בְּחֵלֶק רִאשׁוֹן מַה שֶּׁכָּתַבְתִּי בְּפֶרֶק יח].

וּבוֹא וּרְאֵה מַה דְּאִיתָא שָׁם בַּזֹּהַר פָּרָשַׁת יִתְרוֹ - רַבִּי אֶלְעָזָר הֲוֵי אָזִיל בְּאוֹרְחָא, וַהֲוֵי אָזִיל עִמֵּיהּ רַבִּי חִזְקִיָּה וְרַבִּי חִיָּא. חָמוּ חַד חִוְיָא. קָם רַבִּי חִיָּא וּבָעֵי לְמִקְטְלֵיהּ. אָמַר לֵיהּ רַבִּי אֶלְעָזָר לְרַבִּי חִזְקִיָּה - שְׁבוֹק לֵיהּ, לָא תִקְטְלִינֵיהּ. אָמַר לֵיהּ - וְהָלֹא מִלָּא בִּישָׁא אִיהוּ, דְּקָטִיל בְּנֵי נָשָׁא, אָמַר לֵיהּ רַבִּי אֶלְעָזָר - וְהָא כְּתִיב, אִם[410] יִשֹּׁךְ הַנָּחָשׁ בְּלֹא לָחַשׁ וּמַה יִּתְרוֹן לְבַעַל הַלָּשׁוֹן. לָא נָשִׁיךְ חִוְיָא לְבַר נָשׁ עַד דִּלְחֲשִׁין מִלְעֵילָא וְאָמְרִין - זִיל קְטִיל לֵיהּ לִפְלַנְיָא. וּמַה דְּנָשַׁךְ וּמֵמִית לִפְעָמִים, הוּא עַל פִּי צִוּוּי שֶׁל הַקָּדוֹשׁ בָּרוּךְ הוּא. וְכֵן לִפְעָמִים אִתְרְחִישׁ נִסָּא אַף עַל יְדֵי נָחָשׁ לִבְנֵי נָשָׁא, וְכֻלְּהוּ בִּידָא דְּקֻדְשָׁא בְּרִיךְ הוּא תַּלְיָא, וְכֻלְּהוּ אִינְהוּ עוֹבְדֵי יְדוֹי, וְאִצְטְרִיךְ עָלְמָא בְּהוּ, וְאִי לָא דְּאִצְטְרִיךְ לוֹן לְעָלְמָא, לָא עָבִיד הַקָּדוֹשׁ בָּרוּךְ הוּא לְהוֹן, וְעַל דָּא לָא בָּעֵי בַּר נָשׁ לְאַנְהָגָא קַלְנָא בְּמִלֵּי דְּעָלְמָא, שֶׁאֵלּוּ הַבְּרִיּוֹת עוֹבְדֵיהוֹן דְּהַקָּדוֹשׁ בָּרוּךְ הוּא. וְעַל כֵּן בְּוַדַּאי עֲתִידִין לִתֵּן אֶת הַדִּין אוֹתָן בְּנֵי אָדָם, הַמּוֹרִים חִצִּים וּבְלִיסְטְרָאוֹת [שֶׁקּוֹרִין בִּיקְסִין] אַחַר עוֹפוֹת וְחַיּוֹת טְמֵאוֹת שֶׁלֹּא לְצֹרֶךְ כְּלָל, כִּי אִם לִלְמֹד קֶשֶׁת גִּבּוֹרִים, וְהוֹרְגִים בַּעֲלֵי חַיִּים חִנָּם. וְאֵין מִדַּרְכֵי יִשְׂרָאֵל עֲדַת קֹדֶשׁ לַעֲשׂוֹת רָעָה לְשׁוּם בְּרִיָּה חִנָּם, וְלֹא לְדָבָר שֶׁיֵּשׁ בּוֹ חַיּוּת לְבַד, אֶלָּא אֲפִלּוּ גַּם לְאִילָנוֹת וַעֲשָׂבִים וּשְׁאָר גִּדּוּלֵי קַרְקַע, שֶׁכֻּלָּן נִבְרְאוּ לְצֹרֶךְ, וְלָכֵן אֵין לִנְהֹג בָּהֶם בִּזָּיוֹן שֶׁלֹּא לְצֹרֶךְ.

וּבוֹא וּרְאֵה מַה שֶּׁכָּתַב הַזֹּהַר פָּרָשַׁת יִתְרוֹ - תַּנְיָא אָמַר רַבִּי יוֹסֵי, זִמְנָא חֲדָא אָזִילְנָא בְּאוֹרְחָא, וַהֲוֵי רַבִּי חִיָּא בְּרִי עִמִּי. עַד דַּהֲוֵי אָזִילְנָא, אַשְׁכַּחְנָא חַד גְּבַר דַּהֲוֵי לָקִיט עֲשָׂבִים בְּחַקְלָא. קָרִיבְנָא לְגַבֵּיהּ. אֲמִינָא לְהַאי בַּר נָשׁ - לָמָּה לָךְ הַנֵּי קִשְׁרִין דַּעֲשָׂבִים הָאֵלּוּ, לֹא זָקִיף רֵישֵׁיהּ, וְלֹא אָמַר מִידִי. אַהֲדַרְנָא שֵׁנִית וּשְׁאֵילְנָא לֵיהּ, וְלָא אָמַר מִידִי. אֲמִינָא לְרַבִּי חִיָּא - בְּרִי, הַאי אִינַשׁ שַׁטְיָא הוּא אוֹ חֵרֵשׁ אוֹ חַכִּימָא מִנַּן. יָתִיבְנָא גַּבֵּיהּ וַחֲמֵינָא לֵיהּ, וּבָתַר דִּלְקִיט עֲשָׂבִין, כָּסֵי הָעֲשָׂבִים בַּעֲלֵי גְּפָנִים. אָמַר הַאי גַּבְרָא - חֲמֵינָא דְּגֻבְרִין דִּיהוּדָאִין אַתּוּן. וִיהוּדָאִין אַמְרִין, דְּאִנּוּן חַכִּימִין יַתִּיר מִשְּׁאָר בְּנֵי נָשָׁא. אִי לָא דַּהֲוֵינָא חַיִּיס עֲלַיְכוּ הַשְׁתָּא, הֲוִיתוּן רְחִיקִין מִבְּנֵי נָשָׁא כִּמְסָאֲבָא דְּרַחֲקִין לֵיהּ מִכֹּלָּא. [רָצָה לוֹמַר,

---

[410] קהלת י יא

דַּהֲוֵיתוּן כִּמְצֹרָע מֻחְלָט וּמֻסְגָּר] דְּחָמִינָא חַד עִשְׂבָּא, דַּהֲוֵי קָרִיב לְגַבֵּיכוֹן אָעִיל לְגוּפַיְכוּ, וְתֶהֱוִין מְצֹרָעִים תְּלָתָא יוֹמִין, וְהַשְׁתָּא אֲנִי אוֹמֵר לְכוֹן רְפוּאָה - אָכִילוּ אִלֵּין תּוּמֵי בָּרָא, הַגָּדֵל בְּשָׂדֶה זֶה, וְתִתְרַפְּאוּן. עַבְדֵי הָכֵי וְאַכְלִין הַנֵּי תּוּמֵי בָּרָא, דַּהֲוֵי שְׁכִיחֵי תַּמָּן, וְאַחַר כָּךְ אִדְמַכְנָא אֲנִי וּבְרִי, נַהֲוֵי זֵעָה יוֹצֵאת מִנַּן כַּמָּה שָׁעוֹת, וּלְבָתַר אִתְעַרְנָא. אֲמַר לְהוֹן הַאי גַּבְרָא - אֱלָהָכוֹן עִמְּכוֹן, דְּאִשְׁכַּחְתּוּן יָתִי, נַאֲנִי אַזְמִין לְכוֹן וְאַגִּיד לְכוֹן, דְּהָא אַסְוָתָא דְּגוּפֵיכוֹן עַל יָדַי אִשְׁתְּלִים.

וַהֲוֵינָא אָזְלִין עִמֵּיהּ. אֲמַר לְהוֹן הַאי בַּר נָשׁ - חֲמִיתוּן, דְּלָא זָקִיפְנָא עֵינַי וְלָא רֵישָׁאִי וְלָא מְלִילְנָא בַּהֲדַיְכוּ, מִשּׁוּם דְּאַבָּא חַכִּים בַּעֲשָׂבִין מִכָּל בְּנֵי דָּרָא, וְאוֹלִיפְנָא מֵאֲבוּי אוֹרְחוֹי דְּכָל עֲשָׂבִין, נַאֲנָא בְּכָל שַׁתָּא מְדוֹרָאִי בֵּינַיְהוּ. וְהַאי עֲשָׂבִים דַּחֲמִיתוּן, שֶׁכִּסִּיתִי הָעֲשָׂבִים בַּעֲלֵי גְּפָנִים, בַּאֲשֶׁר שֶׁיֵּשׁ בַּעֲשָׂבִים עֵשֶׂב, וְהַאי עֵשֶׂב קָרִיב הָיָה לְגַבֵּיכוֹן, הָיִיתִי נָסִיב מִנְּהוֹן, בַּאֲשֶׁר שֶׁבַּבַּיִת מָקוֹם חַד וְהוּא לְצַד צָפוֹן, וְשָׁם מַעְיָן חַד, וְרֵחַיָּא שָׁם. מֵהַהוּא רֵחַיָּא נָפִיק חַד גְּבַר בִּתְרֵין רֵישִׁין, וְחַרְבּוֹ שְׁלוּפָה בְּיָדוֹ, וּבְכָל יוֹמָא קָא מְצַעֵר לָן, נַאֲנָא לָקִיטְנָא הַאי עִשְׂבָּא וְגוֹ'. וְזִילוּ אֲבַתְרָאִי. עַד דַּהֲוֵינָא אָזְלֵי בְּאוֹרְחֵי, מָאִיךְ לְחַד נוּקְבָא בְּעַפְרָא. וְשַׁנֵּי מֵהַאי עִשְׂבִּין לְנֻקְבָא. נָפִיק חַד חִוְיָא, וְרֵישֵׁיהּ דִּילֵיהּ סַגִּיא.

נְטִיל חַד סַנְדְּרָא [פֵּרוּשׁ, חֶבֶל] וְקָטִיר לֵיהּ לְהַנָּחָשׁ כְּחַד גַּדְיָא. דָּחִילְנָא. אֲמַר לָן - זִילוּ אֲבַתְרָאִי. עַד דְּמָטֵינָא לְבֵיתֵיהּ. חֲמֵינָא הַהוּא אֲתַר בַּחֲשֵׁכָא בָּתַר חַד כּוֹתְלָא. נְטִיל חַד שְׁרָגָא וְדָלִיק דְּלֵקָה סְבִיב הַהוּא רֵחַיָּא. אֲמַר לָן - מִמַּאי דְּתֶחֱמוּן לָא תִּדְחֲלוּן וְלָא תִּשְׁתָּעוּן מִידֵי. אַדְּהָכֵי שָׁאֲרֵי חִוְיָא מִקִּטְרוֹי. פֵּרוּשׁ, רָצָה לוֹמַר הִתִּיר הַנָּחָשׁ מִקְּשָׁרָיו, שֶׁקָּשַׁר אוֹתוֹ, וְקָטִיר בְּקִסְטְרָא מֵהַהוּא עִשְׂבָּא וְשַׁוְיֵהּ בְּרֵישֵׁיהּ דְּחִוְיָא. עָאל חִוְיָא בְּחַד עֵינָא דְּרֵחַיָּא וְשָׁמַעְנָא קָלָא, דְּכָל אֲתָר מִזְדַּעְזְעֵי. בָּעֵינָא לְמֵפַּק. אָחִיד הַאי גַּבְרָא בְּיָדָנָא וְאָמַר לָן - לָא תִּדְחֲלוּן, קָרִיבוּ גַּבָּאִי. אַדְּהָכֵי נָפִיק חִוְיָא וְשָׁתִית דָּמָא. נָקַט הַאי גַּבְרָא מֵהַהוּא עִשְׂבָּא וְשַׁוְיָא בְּרֵישֵׁיהּ כְּקַדְמֵיתָא. עָאל בְּהַהוּא עֵינָא דְּרֵחַיָּא, וּלְשָׁעָה מוּעֶטֶת חֲמֵינָא דְּנַפְקִין מֵהַהוּא עֵינָא חַד גַּבְרָא בִּתְרֵין רָאשִׁין, וְחִוְיָא שָׁרֵי סְבִיב הָעֹרֶף, נַהֲוֵי הַאי גַּבְרָא בִּתְרֵין רָאשִׁין וְאָמַר - זְקִיטָא, זְקִיטָא, [פֵּרוּשׁ - דַּהֲוֵי קָרֵי לִבְרִיָּה קַלָּה זְקִיטָה שְׁמֵיהּ, וְהַאי בְּרִיָּה קַלָּה קָטִיל לְחִוְיָא].

וְאַחַר כָּךְ אָמַר לְרֹעַ מַזָּלוֹ שֶׁהָיָה נוֹלָד בַּמָּקוֹם הַזֶּה, שֶׁאֵינוֹ יָכוֹל לַעֲשׂוֹת כְּלוּם מֵחֲמַת שֶׁגָּבַר עָלָיו יָד שֶׁל בַּעַל הַבַּיִת, שֶׁהָיָה בָּקִי בַּעֲשָׂבִים, וְצָוַח - וַי, וַי לְאִמָּא, דִּלְהַהוּא אֲתָר אוֹבִיל לֵיהּ. אַדְּהָכֵי אִתְעַקַּר רֵחַיָּא מֵאַתְרֵיהּ וְנַפְקוּ גַּבְרָא בִּתְרֵין רָאשִׁין וְהַהוּא חִוְיָא, וְנָפְלוּ תַּרְוַיְהוּ וּמִיתוּ.

אֲמַר לוֹן הַאי גַּבְרָא - דָּא הֲוֵי חֵילָא דְּעִשְׂבָּא, דַּאֲנָא לָקִיטְנָא קַמַּיְכוּ, וּבְגִין כָּךְ לָא אִשְׁתָּעֵינָא בַּהֲדַיְכוּ וְלָא נָקִיטְנָא וְזָקִפְנָא רֵישָׁאִי בְּשַׁעְתָּא דְּקָרִיבְתּוּ גַּבָּאִי.

אֲמַר הַאי גַּבְרָא - אִלּוּ הֲווּ יָדְעִין בְּנֵי נָשָׁא כָּל מַה דְּנָטַע הַקָּדוֹשׁ בָּרוּךְ

הוּא בְּאַרְעָא, וְכָל מַה דְּאִשְׁתְּכַּח בְּעָלְמָא, יִשְׁתְּמוֹדְעוּן חֵילָא דְּמָארֵיהוֹן בְּחָכְמְתָא סַגִּי, אֲבָל לָא טָמִיר הַקָּדוֹשׁ בָּרוּךְ הוּא חָכְמְתָא דָּא מִבְּנֵי נָשָׁא אֶלָּא בְּגִין דְּלָא סָטָן מֵאוֹרְחֵיהּ, וְלָא יְהֵיו רְחִיצָן בְּהַהוּא חָכְמְתָא וְיִנְשׁוּן לֵיהּ, חַס וְשָׁלוֹם.

וּמִכָּל זֶה יִלְמַד הָאָדָם וְיִתְבּוֹנֵן, אֲשֶׁר נָתַן אֱלֹהִי"ם שֵׂכֶל וָדַעַת בְּלִבּוֹ, אִם כֵּן הָאַזְהָרָה שֶׁלֹּא לְצַעֵר שׁוּם בְּרִיָּה, אֲפִלּוּ שֶׁלֹּא לְהָקֵל בַּעֲשָׂבִים וּבִצְמָחִים, שֶׁאֵין בָּהֶם חַיּוּת, עַל אַחַת כַּמָּה וְכַמָּה שֶׁלֹּא לִנְהֹג בִּזָּיוֹן אָדָם בַּחֲבֵרוֹ, שֶׁהֵן בְּנֵי אַבְרָהָם יִצְחָק וְיַעֲקֹב. וְאַף אִם נָתַן אֱלֹהִי"ם לְאָדָם עֹשֶׁר וּנְכָסִים וּמֶמְשָׁלָה יִזָּהֵר בְּיוֹתֵר דְּלֹא יַנְהִיג חַס וְשָׁלוֹם בִּשְׁבִיל כֵּן בִּזָּיוֹן בַּעֲדַת ה', צֹאן קָדָשִׁים, כִּי כָּל דִּבּוּר אֲשֶׁר יְדַבֵּר הָאָדָם בְּגַאֲוָה וָבוּז נֶגֶד שׁוּם יִשְׂרָאֵל אוֹתוֹ הַדִּבּוּר כָּתוּב וְרָשׁוּם מִיָּד בְּפִנְקָס שֶׁל מַעְלָה, וְעָווֹן זֶה חָקוּק וְשָׁמוּר, עַד שֶׁצָּרִיךְ הָאָדָם לִסְבֹּל דִּין הַקָּשֶׁה. וְכָל שֶׁכֵּן מִי שֶׁמְּבַזֶּה לְתַלְמִידֵי חֲכָמִים, אֲזַי עָנְשׁוֹ הוּא כָּפוּל וּמְכֻפָּל, כִּדְאִיתָא בַּזֹּהַר פָּרָשַׁת פְּקוּדֵי, דְּאִלּוּ הַמַּלְאָכִים, הַנִּקְרָאִים שְׂרָפִים, הֵם מְמֻנִּים לַעֲנֹשׁ וּלְיַסֵּר הָאָדָם בָּעוֹלָם הַזֶּה וּבָעוֹלָם הַבָּא, וּבִפְרָט אִם אָדָם מְבַיֵּשׁ לְבַר נָשׁ, דְּאוֹלִיף מִנֵּיהּ אֲפִלּוּ מִלָּה חֲדָא דְּאוֹרַיְתָא, וְאֵינוֹ נוֹהֵג בּוֹ כָּבוֹד וִיקָר. וּמִכָּל שֶׁכֵּן שֶׁהַמַּלְאָכִים מְעַנְּשִׁין לְמִי שֶׁעָשָׂה אֵיזֶה שֵׁרוּת בְּתַלְמִיד חָכָם, אִם לֹא שֶׁיָּדַע בְּעַצְמוֹ שֶׁמָּחַל הַתַּלְמִיד חָכָם עַל כְּבוֹדוֹ. וְכָל אָדָם צָרִיךְ לִקַּח רְאָיָה מִן הַקָּדוֹשׁ בָּרוּךְ הוּא, שֶׁהוּא מֶלֶךְ מַלְכֵי הַמְּלָכִים, וּבָחַר בָּנוּ מִכָּל עַם וְלָשׁוֹן וְקָרָא לָן - בְּנִי[411] בְּכוֹרִי יִשְׂרָאֵל. **עַם סְגֻלָּה**, עֲדַת יְשֻׁרוּן. וְאִם בְּנֵי יִשְׂרָאֵל אֵין עוֹשִׂין רְצוֹנוֹ שֶׁל מָקוֹם וְהוֹלְכִין אַחַר שְׁרִירוּת לִבָּם, וְתָמִיד עוֹסְקִין בְּמַשָּׂא וּמַתָּן וּבַהֲנָאוֹת הָעוֹלָם הַזֶּה מַה יַּעֲשֶׂה הָאָדָם נַחַת רוּחַ בָּזֶה לְהַבּוֹרֵא יִתְבָּרַךְ, וְלֹא עוֹד אַף לִפְעָמִים הוּא מִתְפַּלֵּל וּמַנִּיחַ תְּפִלִּין וְצִיצִית וּמִתְפַּלֵּל בִּמְהִירוּת דֶּרֶךְ הַעֲבָרַת פֶּה, וּבְלִבּוֹ מַחֲשָׁבוֹת זָרוֹת, וְתֵכֶף אַחַר הַתְּפִלָּה הוּא לָהוּט אַחַר אֲכִילָה וּשְׁתִיָּה, וְעַל אָדָם כָּזֶה אָמַר הַכָּתוּב - הָרָה[412] עָמָל וְיָלַד שָׁקֶר. וּפִתְאֹם הַמָּוֶת בָּא, וְאֵין צֵידָה וּמָזוֹן לְפָנָיו.

אֲבָל מִי שֶׁמְּבַלֶּה זְמַנּוֹ בִּגְמִילוּת חֲסָדִים וּבְלִמּוּד הַתּוֹרָה אֲזַי הַקָּדוֹשׁ בָּרוּךְ הוּא אוֹהֵב אוֹתוֹ בָּעוֹלָם הַזֶּה וּבָעוֹלָם הַבָּא, כְּמוֹ שֶׁאָמַר הַכָּתוּב - הֲבֵן[413] יַקִּיר לִי אֶפְרַיִם אִם יֶלֶד שַׁעֲשׁוּעִים כִּי מִדֵּי דַבְּרִי בּוֹ זָכֹר אֶזְכְּרֶנּוּ עוֹד. וְאִם כֵּן, אִם הַקָּדוֹשׁ בָּרוּךְ הוּא אוֹהֵב אֶת הַצַּדִּיקִים וְקָרָא אוֹתָן בָּנִים[414] אַתֶּם לַה' אֱלֹהֵיכֶם. מִכָּל שֶׁכֵּן שֶׁבְּנֵי אָדָם צְרִיכִין לֶאֱהֹב אֶת הַצַּדִּיקִים, וְאָז שְׂכָרָן יִהְיֶה כָּפוּל וּמְכֻפָּל. אָמֵן.

---

[411] שמות ד כב

[412] תהלים ז טו

[413] ירמיהו לא יט

[414] דברים יד א

פרק פד

כְּתִיב [עוֹבַדְיָה א, ד] - אִם תַּגְבִּיהַּ כַּנֶּשֶׁר וְאִם בֵּין כּוֹכָבִים שִׂים קִנֶּךָ מִשָּׁם אוֹרִידְךָ נְאֻם ה'. עַל דֶּרֶךְ הַלָּצָה יֵשׁ לְפָרֵשׁ הַפָּסוּק, רַק נַקְדִּים גְּמָרָא דִּבְרָכוֹת - וְאַתֶּם[415] בִּעַרְתֶּם הַכֶּרֶם, גְּזֵלַת הֶעָנִי בְּבָתֵּיכֶם. כֵּיוָן שֶׁהוּא עָנִי, הֵיאַךְ יְכוֹלִין לִגְזֹל אֶת הֶעָנִי, כֵּיוָן שֶׁאֵין לֶעָנִי שׁוּם דָּבָר, אָמַר[416] רַבִּי חֶלְבּוֹ, אָמַר רַב הוּנָא, כֵּיוָן שֶׁהֶעָנִי נוֹתֵן שָׁלוֹם, וְלֹא הֶחֱזִיר לוֹ שָׁלוֹם, נִקְרָא גַּזְלָן. עַיֵּן שָׁם.

וְהִנֵּה הֶעָוֹן זֶה רָאִיתִי שֶׁרַבִּים נִכְשָׁלִים בּוֹ, כְּשֶׁאָדָם בֵּינוֹנִי נוֹתֵן שָׁלוֹם לְעָשִׁיר, אֲזַי הֶעָשִׁיר הוּא מַחֲזִיר פָּנָיו מִמֶּנּוּ, וּמִכָּל שֶׁכֵּן כְּשֶׁעָנִי הוּא נוֹתֵן שָׁלוֹם, אֲזַי אֵינוֹ רוֹצֶה לְהַבִּיט בְּפָנָיו שֶׁל הֶעָנִי, וְעוֹשֶׂה עַצְמוֹ כְּאִלּוּ עֵינוֹ אֵינָהּ רוֹאָה, וְאָזְנוֹ אֵינָהּ שׁוֹמַעַת. וְאִם כֵּן, לְפִי הַגְּמָרָא הַנִּזְכֶּרֶת לְעֵיל נִקְרָא גַּזְלָן. וְכָל זֶה הוּא מִפְּנֵי גַּאֲוָה יְתֵרָה שֶׁיֵּשׁ לוֹ לָאָדָם, שֶׁאֵינוֹ רוֹצֶה לְהָשִׁיב לְאָדָם בֵּינוֹנִי, וּמִכָּל שֶׁכֵּן לְאָדָם עָנִי וְאֶבְיוֹן. וּמֵרֹב הַגַּאֲוָה שֶׁל הֶעָשִׁיר הוֹפֵךְ פָּנָיו לְצַד אַחֵר, וּמֵחֲמַת זֶה הֶעָנִי הוּא מְבַיֵּשׁ וְהוֹפֵךְ פָּנָיו לְצַד אַחֵר. וְדוֹמֶה הַדָּבָר בְּעֵינַי כְּאִלּוּ הֵן נֶשֶׁר, שֶׁיֵּשׁ לוֹ שְׁנֵי רָאשִׁים - רֹאשׁוֹ אֶחָד מְהַפֵּךְ פָּנָיו לְצַד אֶחָד, וְרֹאשׁ הַשֵּׁנִי מְהַפֵּךְ פָּנָיו לְצַד אַחֵר, וְעַל אָדָם בַּעַל גַּאֲוָה כָּזֶה נֶאֱמַר - **אִם תַּגְבִּיהַּ כַּנֶּשֶׁר מִשָּׁם אוֹרִידְךָ נְאֻם ה'**. כִּי הַקָּדוֹשׁ בָּרוּךְ הוּא גָּבוֹהַּ מֵעַל גְּבוֹהִים וְיוֹדֵעַ כָּל הַנִּסְתָּרוֹת, הוּא מַשְׁפִּיל הָעֲשִׁירִים שֶׁעוֹשִׂים כֵּן, וּמַגְבִּיהַּ שְׁפָלִים הֵן הָעֲנִיִּים. וְהַקָּדוֹשׁ בָּרוּךְ הוּא עוֹשֶׂה סַלָּמוֹת - זֶה הֶעָנִי יִהְיֶה בְּקֶרֶב יָמִים עָשִׁיר, וְהֶעָשִׁיר עָנִי.

עַל כֵּן אֲנִי מַזְהִיר לְכָל בַּר דַּעַת לְהָסִיר מִכְשׁוֹל זֶה מֵעַל פָּנָיו, לְהָשִׁיב לְכָל אָדָם כְּשֶׁנּוֹתֵן לוֹ שָׁלוֹם, יַחֲזִיר וְיִתֵּן לוֹ שָׁלוֹם. אֲזַי הַלְּבָבוֹת יִהְיוּ קְרוֹבוֹת. מַה שֶּׁאֵין כֵּן כְּשֶׁהֶעָשִׁיר אֵינוֹ שָׂם לִבּוֹ לִפְנוֹת אֶל הֶעָנִי, אֲזַי צָעֹק יִצְעַק הֶעָנִי בְּמַר לִבּוֹ אֶל ה', וּבְוַדַּאי יִשְׁמַע ה' אֶת קוֹל הֶעָנִי, כִּי חַנּוּן הוּא.

וְהִנֵּה רָאִיתִי, שֶׁיֵּשׁ בְּנֵי אָדָם עֲשִׁירִים, וּמֵחֲמַת עָשְׁרָן הוּא בַּעַל גַּאֲוָה. וְהִנֵּה בְּנֵי אָדָם, שֶׁהֵן חֲכָמִים גְּדוֹלִים, וּמֵחֲמַת חָכְמָתוֹ שֶׁעָמְדָה לוֹ הוּא בַּעַל גַּאֲוָה. מִכָּל מָקוֹם, עַל אוֹתָן אֲנָשִׁים יֵשׁ לִי לְלַמֵּד זְכוּת, שֶׁיֵּשׁ לָהֶם קְצָת גַּאֲוָה מֵחֲמַת עָשְׁרָם אוֹ מֵחֲמַת חָכְמָתָם. אֲבָל אֲנִי כּוֹעֵס עַל אוֹתָן אֲנָשִׁים שֶׁאֵינָם מְיֻחָסִים, וְאֵין לָהֶם תּוֹרָה וְחָכְמָה, וְאֵין לָהֶם עֹשֶׁר לָמָּה וְעַל מַה יִּהְיֶה לָהֶם הַגַּאֲוָה.

עַל כֵּן, אַחַי וְרֵעַי, סוּרוּ סוּרוּ מִן דַּרְכֵי הַגַּאֲוָה וְתִרְאוּ לְדַבֵּר עִם כָּל אָדָם וּלְקָרֵב הָעֲנִיִּים, וּבִפְרָט שֶׁצָּרִיךְ לְהַקְדִּים שָׁלוֹם לַעֲנִיִּים, וּמִכָּל

---

[415] ישעיהו ג יד

[416] ברכות ו ב

שֶׁכֵּן מְחֻיָּב לְהַחֲזִיר לוֹ שָׁלוֹם, וְאָז עוֹשֶׂה שָׁלוֹם בִּמְרוֹמָיו, הוּא יַעֲשֶׂה
שָׁלוֹם עָלֵינוּ וְעַל כָּל יִשְׂרָאֵל. אָמֵן.

פרק פה

בְּחֶמְלַת ה' יִתְבָּרֵךְ שְׁמוֹ עַל הָאָדָם, אֲשֶׁר הוּא יִתְבָּרֵךְ מַחֲזִיר הַנְּשָׁמוֹת לִבְנֵי הָאָדָם לְגוּפָם, אֲשֶׁר בַּלַּיְלָה הָאָדָם יָשֵׁן עָיֵף וְיָגֵעַ וְדוֹמֶה לְפֶגֶר מֵת, וְהַקָּדוֹשׁ בָּרוּךְ הוּא בְּרֹב חֲסָדָיו מַשְׁלִיךְ שֵׁנָה וְתַרְדֵּמָה כְּדֵי לְהָפִיג עַל יְדֵי הַשֵּׁנָה יְגִיעוֹת הַגּוּף וְטִרְדַּת הָאֵבָרִים וְכֹשֶׁל הַמָּתְנַיִם, וְאֵבָרָיו וְעַצְמוֹתָיו יַחֲלִיץ לְזָרוּזֵי גַּרְמֵיהּ. וּבְוַדַּאי אֵין כַּוָּנַת הַקָּדוֹשׁ בָּרוּךְ הוּא כְּדֵי לְזָרֵז אֶת הַגּוּף לַעֲבֵרָה, חַס וְשָׁלוֹם, אֶלָּא לַעֲבוֹדַת ה' יִתְבָּרֵךְ בָּרוּךְ הוּא. וְעַל כֵּן גַּם הָאָדָם יָבִין וְיַשְׂכִּיל לְמַלְּאוֹת רְצוֹן הַקָּדוֹשׁ בָּרוּךְ הוּא, וְתֵכֶף וּמִיָּד בְּקוּמוֹ יְטַהֵר וִיקַדֵּשׁ יָדָיו וּפָנָיו בִּנְטִילָה, וְלֹא יֵלֵךְ אַרְבַּע אַמּוֹת בְּלֹא נְטִילַת יָדַיִם. וְאַחַר כָּךְ, כְּשֶׁלּוֹבֵשׁ אֶת בְּגָדָיו, יִזָּהֵר לְהַנִּיחַ בֵּית זְרוֹעַ שֶׁל יַד שְׂמֹאל לְבִלְתִּי לִקְשֹׁר אֶת בִּגְדוֹ וּכְתֹנֶת שֶׁלּוֹ סָבִיב בֵּית הַיָּד בְּחוּטִים אוֹ בְּשַׁלְבּוֹת אוֹ בְּקַרְסָיו. וְהַטַּעַם, כְּדֵי לְהַרְאוֹת שֶׁעִבּוּד שֶׁל יַד שְׂמֹאל לְמִצְוַת תְּפִלִּין. וּכְבָר הִזְכַּרְתִּי לְעֵיל, שֶׁיֵּשׁ זְמַן וְעֵת רָצוֹן, בְּשָׁעָה שֶׁלּוֹבֵשׁ בֶּגֶד שֶׁל צִיצִית, לְהִתְפַּלֵּל עַל הַצָּלַת קִנְאָה וְשִׂנְאָה וְכַעַס. עַל כֵּן רָשַׁמְתִּי כָּאן אֵיזֶה פְּסוּקִים, אֲשֶׁר הֵם קַבָּלָה בְּיָדִי מִן מוֹרֵנוּ וְרַבֵּנוּ, הַגָּאוֹן מוֹרֵנוּ הָרַב רַבִּי יוֹסֵף, בֶּן הַגָּאוֹן מוֹרֵנוּ הָרַב רַבִּי יוּדְל, זִכְרוֹנוֹ לִבְרָכָה, שֶׁפְּסוּקִים אֵלּוּ הֵמָּה מְסֻגָּלִים לוֹמַר אוֹתָם דֶּרֶךְ תְּפִלָּה אַחַר בִּרְכַּת צִיצִית, וְאֵלּוּ הֵן:

קָרָאתִי[417] בְכָל לֵב עֲנֵנִי ה' חֻקֶּיךָ אֶצֹּרָה.

נִדְבוֹת[418] פִּי רְצֵה נָא ה' וּמִשְׁפָּטֶיךָ לַמְּדֵנִי.

אָגוּרָה[419] בְאָהָלְךָ עוֹלָמִים אֶחֱסֶה בְסֵתֶר כְּנָפֶיךָ סֶּלָה.

הַצִּילֵנִי[420] מִדָּמִים אֱלֹהִי"ם אֱלֹהֵי תְּשׁוּעָתִי תְּרַנֵּן לְשׁוֹנִי צִדְקָתֶךָ.

שִׁוִּיתִי[421] ה' לְנֶגְדִּי תָמִיד כִּי מִימִינִי בַּל אֶמּוֹט.

נוֹדָע[422] בִּיהוּדָה אֱלֹהִי"ם בְּיִשְׂרָאֵל גָּדוֹל שְׁמוֹ.

אֶשָּׂא[423] כַנְפֵי שָׁחַר אֶשְׁכְּנָה בְּאַחֲרִית יָם.

תְּהִי[424] יָדְךָ לְעָזְרֵנִי כִּי פִקּוּדֶיךָ בָחָרְתִּי.

חַסְדְּךָ[425] ה' מָלְאָה הָאָרֶץ חֻקֶּיךָ לַמְּדֵנִי.

---

[417] תהלים קיט קמה

[418] תהלים קיט קח

[419] תהלים סא ה

[420] תהלים נא טז

[421] תהלים טז ח

[422] תהלים עו ב

[423] תהלים קלט ט

[424] תהלים קיט קעג

[425] תהלים קיט סד

נְאוֹר[426] אַתָּה אַדִּיר מֵהַרְרֵי טָרֶף.
מִכָּל[427] פְּשָׁעַי הַצִּילֵנִי חֶרְפַּת נָבָל אַל תְּשִׂימֵנִי.
כְּחַסְדְּךָ[428] חַיֵּינִי וְאֶשְׁמְרָה עֵדוּת פִּיךָ.
עֵינַי[429] תָּמִיד אֶל ה' כִּי הוּא יוֹצִיא מֵרֶשֶׁת רַגְלָי.
סְעָדֵנִי[430] וְאִוָּשֵׁעָה וְאֶשְׁעָה בְחֻקֶּיךָ תָמִיד.
יְהִי רָצוֹן מִלְּפָנֶיךָ, ה' אֱלֹהַ"י וֵאלֹהֵ"י אֲבוֹתַי, שֶׁלֹּא אֶכְעֹס וְלֹא אַכְעִיסֶךָ, רִבּוֹנוֹ שֶׁל עוֹלָם, זַכֵּנִי לְמִדַּת עֲנָוָה וּלְמִדַּת הַכְנָעָה, וְדֶרֶךְ שֶׁקֶר הָסֵר מִמֶּנִּי וְתוֹרָתְךָ חָנֵּנִי, הַדְרִיכֵנִי בַּאֲמִתְּךָ וְיַחֵד לְבָבִי לְאַהֲבָה וּלְיִרְאָה אֶת שִׁמְךָ הַגָּדוֹל, הַגִּבּוֹר וְהַנּוֹרָא, בְּכָל לְבָבִי וּבְכָל נַפְשִׁי וּמְאֹדִי, וּתְפִלָּה זוֹ סְגֻלָּתָהּ לְהִתְפַּלֵּל תֵּכֶף אַחַר לְבִישַׁת הַטַּלִּית קָטָן, וּמוֹעֶלֶת לְהִנָּצֵל מִכַּעַס וּמִקִּנְאָה וּמִשִּׂנְאַת חִנָּם. וְהָרֶמֶז נִרְמָז בְּרָאשֵׁי[431] הַתֵּבוֹת שֶׁל הַפְּסוּקִים הַנִּזְכָּרִים.
וְהַכַּוָּנָה שֶׁל לְבִישַׁת צִיצִית וּתְפִלִּין, הֲלֹא הֵמָּה כְּתוּבִים עַל סֵפֶר הַיָּשָׁר, הוּא סֵפֶר הַזֹּהַר פָּרָשַׁת שְׁלַח לְךָ, וְכָל אֶחָד וְאֶחָד לְפִי שִׂכְלוֹ יוּכַל לְכַוֵּן כָּרָאוּי, וְנָכוֹן וְיָפֶה לִנְהֹג כֵּן. וְצָרִיךְ הָאָדָם לְהַנִּיחַ צִיצִית וּתְפִלִּין בְּבֵיתוֹ, כְּדֵי שֶׁיֵּצֵא מִפֶּתַח בֵּיתוֹ מֻשְׁלָם וּמְעֻטָּר בְּצִיצִית וּתְפִלִּין. וּמִי שֶׁיֵּשׁ לוֹ שָׁהוּת, יַעֲמֹד אֵצֶל הַמְּזוּזָה וִיכַוֵּן לְהַשְׁלִים פָּרָשַׁת צִיצִית הַמְחֻסָּר בַּמְּזוּזָה, וְאַחַר כָּךְ יַנִּיחַ יָדוֹ עַל הַמְּזוּזָה, וְיַעֲבִיר יָדָיו עַל עֵינָיו וְיִתְפַּלֵּל - רִבּוֹנוֹ שֶׁל עוֹלָם, הָסֵר מִמֶּנִּי הַרְהוּרִים, וְאִנָּצֵל הַיּוֹם וּבְכָל יוֹם מֵחֵטְא וָפֶשַׁע בִּזְכוּת שְׁלֹשָׁה מִצְוֹת הָאֵלּוּ, אֲשֶׁר הֵן שְׁלָשְׁתָּן יַחַד, וְהֵן - מְזוּזָה וּתְפִלִּין וְצִיצִית. וְאִנָּצֵל מֵעַיִן הָרָע וּמִכָּל כִּשּׁוּף.
וְכֹה יֹאמַר בְּעָמְדוֹ אֵצֶל פֶּתַח הַמְּזוּזָה בְּטַלִּית וּתְפִלִּין - שְׁמַע[432] יִשְׂרָאֵל ה' אֱלֹהֵינ"וּ ה' אֶחָד. יָחִיד וּמְיֻחָד, יַחֵד לְבָבִי לְאַהֲבָה וּלְיִרְאָה אֶת שִׁמְךָ הַגָּדוֹל, הַגִּבּוֹר וְהַנּוֹרָא, בְּכָל לְבָבִי וּבְכָל נַפְשִׁי, וְאַחַר כָּךְ יֹאמַר שְׁמוֹנֶה הַהֵי"ן שֶׁבְּ**אַשְׁרֵי תְמִימֵי דָרֶךְ**, וְאַחַר כָּךְ יֹאמַר פָּסוּק - מִגְדּוֹל[433] עֹז שֵׁם ה' בּוֹ יָרוּץ צַדִּיק וְנִשְׂגָּב. שִׁבְטֵי[434] יָהּ עֵדוּת לְיִשְׂרָאֵל לְהוֹדוֹת לְשֵׁם ה'. וְלָכֵן אוֹמְרִים פְּסוּקִים הַהֵי"ן שֶׁבִּתְמַנְיָא אַפֵּי, לְפִי שֶׁהֵן מַתְחִילִין בְּאוֹת הֵ"א וּמְסַיְּמִים בְּאוֹת יוּ"ד, וְהֵן אוֹתִיּוֹת **יָהּ**, כִּי אוֹתִיּוֹת **יָהּ** הֵן עֵדוּת לְיִשְׂרָאֵל, כְּגוֹן - **הָ**רְאוּבֵנִ**י**.

---

[426] תהלים עו ה
[427] תהלים לט ט
[428] תהלים קיט פח
[429] תהלים כה טו
[430] תהלים קיט קיז
[431] קנאה שנא תחנם כעס
[432] דברים ו ד
[433] משלי יח י
[434] תהלים קכב ד

וְאַחַר כָּךְ יֹאמַר - רִבּוֹנוֹ שֶׁל עוֹלָם, הַצִּילֵנִי וּמַלְּטֵנִי וּפְדֵנִי מִכָּל חֵטְא וּפֶשַׁע וְעָווֹן בִּזְכוּת שְׁלֹשָׁה מִצְווֹת הַנִּזְכָּרִים, בְּךָ ה' חָסִיתִי, אַל אֵבוֹשָׁה לְעוֹלָם, בְּצִדְקָתְךָ פַּלְּטֵנִי. וִיכַוֵּן בְּזֶה הַפָּסוּק שֶׁמַּתְחִיל בְּאוֹת בֵּי"ת, וּמְסַיֵּם בְּאוֹת יוּ"ד, שֶׁהֵן רֶמֶז לְי"ב שְׁבָטִים, וְיֹאמַר - רִבּוֹנוֹ שֶׁל עוֹלָם, בִּזְכוּת י"ב שְׁבָטִים שָׁמְרֵנִי וְהַצִּילֵנִי מִכָּל חֵטְא וּמִכָּל עַיִן הָרָע, שֶׁלֹּא יִשְׁלֹט בִּי וְלֹא בְּזַרְעִי וְזֶרַע זַרְעִי עַד עוֹלָם, וְלֹא יִשְׁלֹט עַיִן הָרָע לֹא בְּמָאדֵנוּ וְלֹא בְּגוּפֵנוּ, ה' יִשְׁמֹר צֵאתִי וּבוֹאִי לְחַיִּים וּלְשָׁלוֹם מֵעַתָּה וְעַד עוֹלָם, ה' צִלִּי עַל יַד יְמִינִי, נֵדְעָה[435] וְנִרְדְּפָה לָדַעַת אֶת ה' כְּשַׁחַר נָכוֹן מוֹצָאוֹ. לֹא[436] יִתְיַצֵּב אִישׁ בִּפְנֵיכֶם פַּחְדְּכֶם וּמוֹרַאֲכֶם יִתֵּן ה' אֱלֹהֵיכֶ"ם עַל פְּנֵי כָּל הָאָרֶץ אֲשֶׁר תִּדְרְכוּ בָהּ כַּאֲשֶׁר דִּבֶּר לָכֶם. מְכַשֵּׁפָה[437] לֹא תְחַיֶּה. וּלְכֹל[438] בְּנֵי יִשְׂרָאֵל לֹא יֶחֱרַץ כֶּלֶב לְשֹׁנוֹ. אַתָּה[439] הָרְאֵתָ לָדַעַת כִּי ה' הוּא הָאֱלֹהִי"ם אֵין עוֹד מִלְּבַדּוֹ. וְאַחַר כָּךְ כְּשֶׁיֵּלֵךְ לָרְחוֹב, יְכַוֵּן לְהִרָהֵר תָּמִיד בְּמִצְווֹת אֲשֶׁר כָּתַבְתִּי לְעֵיל בְּפֶרֶק שֵׁנִי. וַאֲפִלּוּ כְּשֶׁרוֹאֶה הַשֶּׁלֶג, יַחֲשֹׁב שֶׁהוּא אֶחָד מֵאַרְבַּע מַרְאוֹת נְגָעִים. וּמִכָּל שֶׁכֵּן כְּשֶׁיִּפְגַּע בְּבַעֲלֵי חַיִּים, יִנְהַג כְּמוֹ שֶׁכָּתַבְתִּי שָׁם. עַיֵּן שָׁם פֶּרֶק שֵׁנִי.

וּתְפִלָּה זוֹ מוֹעֶלֶת לְהִנָּצֵל מֵרוּחוֹת רָעוֹת וּמְכַשְּׁפִים וּמוֹעִיל עַל גֹּדֶל הַהַצְלָחַת מַשָּׂא וּמַתָּן, וּתְפִלָּתוֹ הִיא עוֹלָה לְמַעְלָה תַּחַת כִּסֵּא הַכָּבוֹד, וּשְׁנֵי מַלְאָכִין קַדִּישִׁין מוּכָנִים לְלַוּוֹת לְמַאן דְּנָפִיק מִתְּרַע בֵּיתָא מְעֻטָּף בְּצִיצִית וּתְפִלִּין בְּרֵישֵׁיהּ, וְהָנֵי מַלְאָכִין מְבָרְכִין לֵיהּ, וְלָא יַהֲבִין רְשׁוּת לְמְקַטְרְגָא, דְּאִיהוּ קָאִים אַפִּתְחָא דְּלָא יָכוֹל לְאִתְנַזְּקָא. וְאַחַר כָּךְ יֹאמַר - זֶה[440] הַשַּׁעַר לַה' צַדִּיקִים יָבֹאוּ בוֹ. וְאַחַר כָּךְ יֵלֵךְ לְבֵית הַכְּנֶסֶת וְיִתְפַּלֵּל לָאֵ"ל, שֶׁיִּהְיֶה לוֹ פַּרְנָסָתוֹ בְּרֶוַח וְלֹא בְּאִסּוּר, וְיִהְיֶה מִתַּחַת יַד הַקָּדוֹשׁ בָּרוּךְ הוּא, וְלֹא יִהְיוּ מְסוּרִים בְּיַד בָּשָׂר וָדָם.

בּוֹא וּרְאֵה מַה שֶּׁכָּתַב הַזֹּהַר פָּרָשַׁת לֶךְ - רַבִּי אֶלְעָזָר הֲוֵי אָזִיל לְרַבִּי חֲמוֹהִי, וַהֲוֵי אָזִיל עִמֵּיהּ רַבִּי חִיָּא וְרַבִּי יוֹסֵי וְרַבִּי חִזְקִיָּה. אָמַר רַבִּי אֶלְעָזָר - הָא חֲמֵינָא, דְּאֵין הִתְעוֹרְרוּת מִלְמַעְלָה אֶלָּא עַל יְדֵי הִתְעוֹרְרוּת דִּלְתַתָּא. וְהַכַּוָּנָה, לְהַתְחִיל בְּעִסְקֵי מִצְווֹת בְּחִבָּה, וְאָז תָּבוֹא הַשְּׁכִינָה לִפְרשׁ גַּדְפָּהָא עֲלַיְהוּ. וַהֲוֵי עָסְקֵי בְּאוֹרַיְתָא, עַד דַּהֲוֵי אָזְלֵי, אַעֲרַע בְּהוֹן רַבִּי יֵיסָא, וְחַד יְהוּדָאִי גַּבֵּיהּ. פָּתַח הַאי יְהוּדָאִי - לְדָוִד[441] אֵלֶיךָ ה' נַפְשִׁי אֶשָּׂא. אַמַּאי לֹא כְּתִיב - מִזְמוֹר לְדָוִד, אֶלָּא בְּגִין דְּדַרְגֵּיהּ קָאָמַר, שֶׁכַּוָּנָתוֹ הִיא לְהַעֲלוֹת נִשְׁמָתוֹ אֶל מְקוֹם קְדֻשָּׁה עֶלְיוֹנָה, אֲשֶׁר שָׁרְשׁוֹ מִשָּׁם. אָמַר

435 הושע ו ג
436 דברים יא כה
437 שמות כב יז
438 שמות יא ז
439 דברים ד לה
440 תהלים קיח כ
441 תהלים כה א

רַבִּי אֶלְעָזָר לְרַבִּי יֵיסָא - חֲמִינָא, דִּשְׁכִינְתָּא קָאָתִית וְאִתְחַבַּרְנָא וְכוּ'.
אָמַר רַבִּי אֶלְעָזָר - מַה שְּׁמָךְ, אָמַר לֵיהּ - יוֹעֶזֶר. אָמַר לֵיהּ - יוֹעֶזֶר וֶאֱלִיעֶזֶר חֲדָא מִלָּה הוּא. יָתְבוּ כַּחֲדָא גַּבֵּי חַד טִינָרָא וְחִדֵּשׁ הַאי יוֹעֶזֶר כַּמָּה חִדּוּשִׁין וְרָזִין דְּאוֹרַיְתָא. אָמַר לֵיהּ - מָה עֲבוֹדָתְךָ, אָמַר לֵיהּ - מַקְרֵי דַּרְדְּקֵי אֲנָא בְּאַתְרָאִי, וְהַשְׁתָּא אָתָא רַבִּי יֵיסָא דִּכְפַר חָנָן לְדוּכְתִּי, וּסְלִיקוּ לִי הַנְּעָרִים מִגַּבָּאִי וְאוֹתִיבוּ לוֹן לְגַבֵּיהּ, וַהֲוֵי יַהֲבִין לִי בְּנֵי מָתָא אַגְרָא כְּהַאי זִמְנָא דְּדַרְדְּקֵי הֲוֵי גַּבָּאִי וְאִסְתַּכַּלְנָא בְּנַפְשָׁאִי, דְּלָא אִתְחַזֵּי לִי לְאִתְהַנֵּי מִנַּיְהוּ לְמַגָּנָא וַאֲגִירְנָא גַּרְמָאִי בַּהֲדֵי הַאי חַכִּים.

אָמַר רַבִּי אֶלְעָזָר - בִּרְכָאן דְּאַבָּא אִצְטְרִכוּ הָכָא. קָמוּ כֻּלְּהוּ וּבָאוּ לִפְנֵי רַבִּי שִׁמְעוֹן בֶּן יוֹחָאי, וַהֲוֵי לָעִין בְּאוֹרַיְתָא קַמֵּי רַבִּי שִׁמְעוֹן בֶּן יוֹחָאי. יוֹמָא חַד הֲווּ עָסְקֵי בִּנְטִילַת יָדַיִם. אָמַר רַבִּי שִׁמְעוֹן בֶּן יוֹחָאי - כָּל מַאן דְּלָא נָטִיל יָדָיו כַּדְקָא יָאוֹת אַף עַל גַּב דְּאִתְעַנְּשׁוּ לְעֵילָא, אִתְעַנְּשׁוּ גַּם כֵּן לְתַתָּא. עָנְשָׁא דִּלְתַתָּא דְּגָרִים לֵיהּ מִסְכֵּנוּתָא. וּמַאן דְּנָטִיל יָדָיו כַּדְקָא יָאוֹת, גָּרִים לְגַרְמֵיהּ בִּרְכָאִין דִּלְעֵילָא, דְּשָׁרָאן עַל יְדוֹי וְאִתְבָּרֵךְ בְּעָשְׁרָא. לְבָתַר אַקְדִּים רַבִּי שִׁמְעוֹן בֶּן יוֹחָאי וַחֲמֵי לֵיהּ לְהַהוּא יוֹעֶזֶר, דְּנָטַל יְדוֹי בְּמַיָּא כַּדְקָא יָאוּת וְנָטִיל בְּשִׁעוּרָא סַגְיָא בְּמַיִם. אָמַר רַבִּי שִׁמְעוֹן בֶּן יוֹחָאי דֶּרֶךְ תְּפִלָּה - מַלֵּא יָדֶיךָ מִבִּרְכוֹתֶיךָ, וְכָךְ הֲוֵי מֵהַהוּא יוֹמָא וּלְהָלְאָה אַשְׁכַּח סִימָא [פֵּרוּשׁ, אוֹצָר] וַהֲוֵי לָעֵי בְּאוֹרַיְתָא כָּל יוֹמָא, וַהֲוֵי יָהִיב מִן סִימָא צְדָקָה לַעֲנִיִּים פַּרְנָסָה בְּסֵבֶר פָּנִים יָפוֹת. קָרֵי עֲלֵיהּ רַבִּי שִׁמְעוֹן בֶּן יוֹחָאי - וְאַתָּה[442] תָּגִיל בַּה' בִּקְדוֹשׁ יִשְׂרָאֵל תִּתְהַלָּל.

נִלְמַד מִזֶּה הַמַּעֲשֶׂה, שֶׁצָּרִיךְ הָאָדָם לְדַקְדֵּק בִּשְׂכַר טִרְחָא דִּילֵיהּ, שֶׁיִּהְיֶה שְׂכָרוֹ בְּעָלְמָא דִּין לֹא עַל חִנָּם, שֶׁהֲרֵי הֶחָסִיד הַנִּזְכָּר, יוֹעֶזֶר שְׁמוֹ, הֲוֵי יַהֲבֵי לֵיהּ מָמוֹן מֵעַצְמָם, וַאֲפִלּוּ הָכֵי לֹא רָצָה לֵהָנוֹת לְמַגָּנָא מֵהֶם, כִּי רָצָה לֵהָנוֹת מִיגִיעַ כַּפּוֹ דַּוְקָא בְּמָמוֹן שֶׁל יֹשֶׁר. עַל כֵּן צָרִיךְ כָּל אָדָם לִרְאוֹת שֶׁלֹּא לֵהָנוֹת מִמָּמוֹן שֶׁאֵינוֹ שֶׁל יֹשֶׁר.

וְגַם צָרִיךְ כָּל אָדָם לִזָּהֵר בִּנְטִילַת יָדַיִם, הֵן בְּמַיִם רִאשׁוֹנִים, וְהֵן בְּמַיִם אַחֲרוֹנִים, וְאָז יְקֻיַּם בּוֹ - מַלֵּא יָדֶיךָ מִבִּרְכוֹתֶיךָ, וְיִשְׁלַח בְּרָכָה וְהַצְלָחָה בְּמַעֲשֵׂה יָדָיו, וּבְכָל אֲשֶׁר יִפְנֶה יַצְלִיחַ.

---

442 ישעיהו מא טז

פרק פו

כִּי[443] אֶקַּח מוֹעֵד אֲנִי מֵישָׁרִים אֶשְׁפֹּט. דָּוִד הַמֶּלֶךְ עָלָיו הַשָּׁלוֹם אָמַר כֵּן, עֲבוּר שֶׁרָאָה שֶׁלֹּא דַּרְכֵּנוּ כְּדַרְכֵי אֻמּוֹת הָעוֹלָם, וְלֹא מִנְהָגֵנוּ כְּמִנְהָגָם שֶׁבְּיוֹם חַגֵּיהֶם אוֹכְלִין וְשׁוֹתִין וּמִשְׁתַּכְּרִין וְעוֹסְקִים בִּמְחוֹלוֹת בְּבָתֵּי אֻשְׁפִּיזָאוֹת וּפוֹעֲלִין פְּעֻלּוֹת לֹא טוֹבוֹת. מַה שֶּׁאֵין כֵּן יִשְׂרָאֵל, אַף עַל פִּי שֶׁאוֹכְלִין, שׁוֹתִין וּשְׂמֵחִין בְּשִׂמְחָה שֶׁל מִצְוָה הֵם עוֹסְקִים חֲצִי הַיּוֹם בִּתְפִלָּה וּמַאֲרִיכִין בְּפִיּוּטִים, וְאַחַר כָּךְ לוֹמְדִין תּוֹרָה. וְזֶהוּ נִרְמָז בְּתֵבַת **מֵישָׁרִים**. לָכֵן דָּוִד אָמַר - **אֲנִי מֵישָׁרִים אֶשְׁפֹּט**. מֵ"ם שֶׁל מֵישָׁרִים רוֹמֵז לְאַרְבָּעִים יוֹם שֶׁנִּתְּנָה הַתּוֹרָה. וְאַף שֶׁיִּשְׂרָאֵל עוֹסְקִים גַּם כֵּן בְּשִׂמְחַת שַׁבָּת וּבְשִׂמְחַת יָמִים טוֹבִים, אֵינָם מְבַטְּלִין שָׁלֹשׁ תְּפִלּוֹת - שַׁחֲרִית, מִנְחָה, עַרְבִית. וַעֲלֵיהֶם רוֹמֵז אוֹת שִׁי"ן שֶׁל מֵישָׁרִים. וְלִפְעָמִים כּוֹתְבִין הַשִּׁי"ן בְּאַרְבָּעָה רָאשִׁין, כָּזֶה: ש שֶׁהֵן רֶמֶז לְאַרְבַּע תְּפִלּוֹת - שַׁחֲרִית, מוּסָף, מִנְחָה, עַרְבִית. וְלֹא עוֹד, אֶלָּא שֶׁאָנוּ מוֹסִיפִים פִּיּוּטִים וְשִׁירוֹת שֶׁל קְרוֹבַ"ץ, שֶׁהֵן רָאשֵׁי תֵּבוֹת קוֹל רִנָּה וִישׁוּעָה בְּאָהֳלֵי צַדִּיקִים. וְזֶהוּ נִרְמָז בְּאוֹתִיּוֹת רֵי"שׁ וְיוּ"ד שֶׁל מֵישָׁרִים, שֶׁהוּא רִנָּה וִישׁוּעָה, וּמֵ"ם סְתוּמָה שֶׁל מֵישָׁרִי**ם** מְרַמֶּזֶת עַל הַגְּאֻלָּה הָעֲתִידָה, שֶׁנִּרְמָז בְּמֵ"ם סְתוּמָה שֶׁל לְ**ם**רְבֵּה[444] הַמִּשְׂרָה. לוֹמַר לְךָ, שֶׁאֲפִלּוּ שֶׁאָנוּ שְׂמֵחִים וְשָׂשִׂים בְּחַגֵּינוּ אַף עַל פִּי כֵן אָנוּ מִתְפַּלְּלִים עַל הַגְּאֻלָּה הָעֲתִידָה, שֶׁיִּהְיֶה שִׂמְחָה שְׁלֵמָה, כְּשֶׁיִּשְׂמַח הַקָּדוֹשׁ בָּרוּךְ הוּא אֶת צִיּוֹן וִירוּשָׁלַיִם.

וְאִיתָא בַּזֹּהַר פָּרָשַׁת אֱמֹר - כְּשֶׁיִּשְׂרָאֵל מְשַׁבְּחִין תְּהִלָּה לְהַקָּדוֹשׁ בָּרוּךְ הוּא בְּתִשְׁבָּחוֹת וּבִזְמִירוֹת בְּבָתֵּי כְּנֵסִיּוֹת וּבְבָתֵּי מִדְרָשׁוֹת, וְאַחַר כָּךְ בָּאִים לְבֵיתָם וּמְסַדְּרִים בָּתֵּיהֶם וְשֻׁלְחָן שֶׁלָּהֶם, וְאוֹמְרִים שֶׁהַכֹּל לִכְבוֹד שַׁבָּת וְלִכְבוֹד יוֹם טוֹב אָז פּוֹתְחִין מַלְאֲכֵי הַשָּׁרֵת וְאוֹמְרִים - אַשְׁרֵי[445] הָעָם שֶׁכָּכָה לּוֹ.

עַל כֵּן לֹא יִהְיֶה קַל בְּעֵינֶיךָ אֲמִירַת פִּיּוּטִים שֶׁל קְרוֹבַ"ץ[446]. וְחִיּוּב עַל כָּל אָדָם לוֹמַר הַפִּיּוּטִים בְּשִׂמְחָה וּבְכַוָּנַת הַלֵּב בְּשָׂפָה בְּרוּרָה, כִּי בְּכָל פִּיּוּט וּפִיּוּט יֵשׁ סוֹדוֹת נִפְלָאִין. וְלֹא יִהְיוּ הַפִּיּוּטִין דּוֹמִין עָלֶיךָ כְּמַשָּׂא, כִּי הַפִּיּוּטִים נִתְחַבְּרוּ עַל פִּי עֲצַת מַלְאֲכֵי מַעְלָה, שֶׁנִּגְלוּ לְרַבִּי אֶלְעָזָר הַקַּלִּירִי, שֶׁסִּדֵּר הַפִּיּוּטִים עַל פִּי **א, ב, ג, ד** וְעַל פִּי **תשר"ק**, כִּי כֵן מְזַמְּרִין וּמְשַׁבְּחִין לְמַעְלָה. וְקַבָּלָה בְּיָדֵי מִפִּי זְקֵנִים וּמִפִּי חֲסִידִים, מִי שֶׁמֵּקֵל בַּאֲמִירַת קְרוֹבַ"ץ וְאוֹמֵר שֶׁאֵינוֹ חִיּוּב כָּל כָּךְ לְאָמְרָם, אֵינוֹ

---

443 תהלים עה ג

444 ישעיהו ט ו

445 תהלים קמד טו

446 קול רנה וישועה באהלי צדיקים

מַאֲרִיךְ יָמִים, חַס וְשָׁלוֹם, כִּי כָּל הַיְחִידִים שֶׁחִבְּרוּ הַפִּיּוּטִים, הָיוּ גְּדוֹלֵי הַדּוֹר וְאַנְשֵׁי מַעֲשֶׂה, אֲשֶׁר נַעֲשָׂה לָהֶם כַּמָּה נִסִּים בְּחַיֵּיהֶן וּבְמִיתָתָן.

וְכִדְמָצִינוּ בִּגְדוֹל הַדּוֹר אֶחָד, הַנִּקְרָא רַבִּי שְׁלֹמֹה גְּבִירוֹל, זִכְרוֹנוֹ לִבְרָכָה, שֶׁהָיָה בָּקִי בְּחָכְמַת הַקַּבָּלָה וּבְדִקְדּוּק וְחִבֵּר הַרְבֵּה פִּיּוּטִים, מֵרֹב חָכְמָתוֹ נִתְקַנְּאוּ בּוֹ שׂוֹנְאֵי יִשְׂרָאֵל, וְאָרַב עָלָיו יִשְׁמְעֵאל אֶחָד וַהֲרָגוֹ וּקְבָרוֹ בַּגַּן שֶׁלּוֹ אֵצֶל אִילַן תְּאֵנָה, וְהַתְּאֵנָה חָנְטָה פַּגֶּיהָ קֹדֶם זְמַנָּהּ וְעָשְׂתָה פֵּרוֹת תְּאֵנִים גְּדוֹלִים וְיָפִים מְאֹד. וַיִּתְמְהוּ כָּל יוֹשְׁבֵי הָעִיר, וְהַדָּבָר בָּא אֶל מֶלֶךְ הַיִּשְׁמְעֵאלִים, וַיַּרְא הַמֶּלֶךְ הַפֵּרוֹת, וַיִּתְמַהּ. וַיִּשְׁלַח הַמֶּלֶךְ אַחַר הַיִּשְׁמְעֵאלִי הַנִּזְכָּר לְעֵיל, וְשָׁאַל אוֹתוֹ אֵיךְ הִתְחַכֵּם לַעֲשׂוֹת פְּעֻלָּה לְבַשֵּׁל הַפֵּרוֹת קֹדֶם זְמַנָּם. וּמֵרֹב פַּחַד לֹא יָכוֹל הַיִּשְׁמָעֵאל לְהָשִׁיב אֶל הַמֶּלֶךְ, כִּי הָיְתָה הַסִּבָּה מֵאֵת ה'. וְהָיָה מְצַוֶּה הַמֶּלֶךְ לְיַסֵּר אוֹתוֹ בְּיִסּוּרִים קָשִׁים וּמָרִים, עַד שֶׁהֻכְרַח הַיִּשְׁמְעֵאלִי לְהוֹדוֹת, וְהוֹדָה שֶׁמֵּאוֹתוֹ הַיּוֹם שֶׁהָרַג אֶת הַיְּהוּדִי רַבִּי שְׁלֹמֹה גְּבִירוֹל, הִתְחִיל הָאִילָן לַעֲשׂוֹת פֵּרוֹת קֹדֶם זְמַנּוֹ, וְצִוָּה הַמֶּלֶךְ לִתְלוֹת אֶת הַיִּשְׁמְעֵאלִי הָרוֹצֵחַ עַל אוֹתוֹ הָאִילָן.

הַכְּלָל הָעוֹלֶה כִּי כָּל הָעֵדָה, עֲדַת ה', כֻּלָּם קְדוֹשִׁים וּגְדוֹלֵי הַדּוֹר תִּקְּנוּ הַפִּיּוּטִים. וְלָכֵן טוֹב לְכַוֵּן אֶל הֶרֶמֶז שֵׁם הַמְחַבֵּר הַפִּיּוּט אוֹ הַמְחַבֵּר אֶת הַסְּלִיחָה, וִיכַוֵּן שֶׁיַּעֲמֹד זְכוּתוֹ, שֶׁיַּעֲלֶה לְרָצוֹן אֲמִירַת שֶׁבַח הַמְחַבֵּר, כִּי יֵשׁ נַחַת רוּחַ לְאוֹתוֹ הַמְחַבֵּר כְּשֶׁאוֹמְרִים פִּיּוּטוֹ אוֹ סְלִיחָה שֶׁלּוֹ בְּכַוָּנָה, וּבִפְרָט בְּשַׁבָּת וְיוֹם טוֹב, שֶׁאָז הַנְּשָׁמוֹת עוֹלִין עִם תְּפִלָּתָן שֶׁל יִשְׂרָאֵל, וְהַקָּדוֹשׁ בָּרוּךְ הוּא מַאֲזִין תְּפִלָּתָן שֶׁל יִשְׂרָאֵל. וְזֶה הַטַּעַם שֶׁל הַזְכָּרַת נְשָׁמוֹת בְּשַׁבָּתוֹת וְיָמִים טוֹבִים, כִּי הוּא עֵת רָצוֹן לִנְדֹּר בְּשַׁבָּת וְיוֹם טוֹב לִצְדָקָה בְּעַד הַזְכָּרַת נְשָׁמוֹת וּלְהַזְכִּירָם וּלְהִתְפַּלֵּל עֲלֵיהֶם, שֶׁיִּהְיוּ נַפְשׁוֹתָן צְרוּרוֹת בִּצְרוֹר הַחַיִּים. וּמִנְהָג יָפֶה הוּא לְהַזְכִּיר נְשָׁמוֹת וּלְהִתְפַּלֵּל עֲלֵיהֶם, וּבִפְרָט שֶׁצָּרִיךְ לְהַזְכִּיר נִשְׁמוֹת אֲבוֹתָיו וְרַבּוֹתָיו בַּעֲבוּר שֶׁהִרְבִּיצוּ תּוֹרָה בְּיִשְׂרָאֵל וְהֶעֱמִידוּ תַּלְמִידִים הַרְבֵּה. וְלֹא יֹאמַר - בַּעֲבוּר שֶׁאֲנִי נוֹדֵר צְדָקָה בְּעַד הַזְכָּרַת נִשְׁמָתָם, שֶׁמָּא, חַס וְשָׁלוֹם, יְעַכֵּב בְּתַשְׁלוּמֵי הַנֶּדֶר שֶׁנָּדַר, וְאָז תֵּהָפֵךְ אֵלָיו אוֹתָהּ הַנְּשָׁמָה, שֶׁנָּדַר צְדָקָה בַּעֲבוּרָהּ לִמְקַטְרֵג.

מָצָאתִי כָּתוּב בְּשֵׁם מַהֲרִי"ל, זִכְרוֹנוֹ לִבְרָכָה, וְשָׁמַעְתִּי טַעַם הָגוּן, לָמָּה מַזְכִּירִין נְשָׁמוֹת בִּמְדִינוֹת פּוֹלִין בְּאַחֲרוֹן שֶׁל יָמִים טוֹבִים, דַּע כִּי אַחַת מֵעֲשָׂרָה נִסִּים שֶׁהָיוּ בַּמִּקְדָּשׁ הוּא, שֶׁכָּל יִשְׂרָאֵל הָיוּ נִכְנָסִים לְבֵית הַמִּקְדָּשׁ שָׁלֹשׁ פְּעָמִים בַּשָּׁנָה - בְּחַג הַמַּצּוֹת וּבְחַג הַשָּׁבוּעוֹת וּבְחַג הַסֻּכּוֹת. וְהָיוּ עוֹמְדִים צְפוּפִים וּמִשְׁתַּחֲוִים רְוָחִים. וְזֶהוּ הָיָה נֶגֶד הַטֶּבַע. וְהָעִנְיָן כָּךְ כִּי כָּל רֶגֶל וָרֶגֶל הָיוּ בָּאִים נִשְׁמַת אַבְרָהָם, יִצְחָק וְיַעֲקֹב לְבֵית הַמִּקְדָּשׁ שֶׁל מַעְלָה עִם כָּל נִשְׁמוֹת הַצַּדִּיקִים, וְהַמִּקְדָּשׁ שֶׁל מַטָּה הָיָה מִסְתַּלֵּק, וְהָיָה הַבַּיִת הַמִּקְדָּשׁ שֶׁל מַעְלָה יוֹרֵד לְמַטָּה. וּמִקְדָּשׁ שֶׁל מַעְלָה הוּא רוּחָנִי, וְלָכֵן הָיָה יָכוֹל לְקַבֵּל כָּל כְּלַל יִשְׂרָאֵל. וְלָכֵן עַכְשָׁו,

שֶׁחָרַב הַבַּיִת בַּעֲוֹנֵינוּ, צְרִיכִין אָנוּ לְהַזְכִּיר נִשְׁמוֹת אֲבוֹתֵינוּ הַקְּדוֹשִׁים בְּכָל רֶגֶל וָרֶגֶל, כְּדֵי שֶׁיִּהְיֶה זְכוּתָם עוֹמֶדֶת לָנוּ וּלְזַרְעֵנוּ עַד עוֹלָם. אָמֵן.

פרק פז

אִיתָא בְּסֵפֶר **רָזִיאֵל** - הָרְשָׁעִים אַף בְּפִתְחוֹ שֶׁל גֵּיהִנֹּם אֵינָם חוֹזְרִים, וִיכוֹלִין לַחֲטֹא וּלְהֵעָנֵשׁ כָּעִנְיָן שֶׁל רוּחַ נָבוֹת הַיִּזְרְעֵאלִי. לָכֵן נוֹתְנִין צְדָקָה בְּעַד נִשְׁמוֹת הַמֵּתִים הֵם פְּרַקְלִיטִים גְּדוֹלִים, כְּשֶׁמְּקַיֵּם אָדָם אֶת הַנֶּדֶר שֶׁנָּדַר בְּעַד הַזְכָּרַת נִשְׁמָתָן, וְאָז הַקָּדוֹשׁ בָּרוּךְ הוּא יִשְׁלַח בְּרָכָה בְּמַעֲשֵׂה הַחַיִּים. וְכָל זֶה הוּא אִם לֹא יְאַחֵר וְלֹא יְעַכֵּב נִדְרוֹ. וְאַחַר יְצִיאַת בֵּית הַכְּנֶסֶת טוֹב לָאָדָם לְהַקְבִּיל פְּנֵי רַבּוֹ בָּרֶגֶל, וְהוּא כְּאִלּוּ מְקַבֵּל פְּנֵי שְׁכִינָה. וְעַל יְדֵי קַבָּלַת פָּנִים שֶׁמְּקַבֵּל פְּנֵי רַבּוֹ בָּרֶגֶל, אָז בָּאָה לוֹ הֶאָרָה שֶׁל נִיצוֹץ קְדֻשָּׁה כְּדִמְיוֹן נְשָׁמָה יְתֵרָה. וְאַחַר כָּךְ יֵלֵךְ לְבֵיתוֹ לֶאֱכֹל וְלִשְׁתּוֹת וְלִשְׂמֹחַ עִם אִשְׁתּוֹ וּבָנָיו.

וְצָרִיךְ הָאָדָם לְחַלֵּק מָנוֹת יָפוֹת לָעֲנִיִּים. וְדַע, שֶׁמָּצָאתִי כָּתוּב בַּזֹּהַר, פָּרָשַׁת בְּרֵאשִׁית - רַבִּי שִׁמְעוֹן אָמַר, כָּל מַאן דְּחָדֵי בְּמוֹעֲדַיָּא, וְלָא יָהִיב חוּלָקֵיהּ לְהַקָּדוֹשׁ בָּרוּךְ הוּא הַהוּא **רַע עַיִן** אִקְרֵי, וְהַשָּׂטָן שׂוֹנֵא אוֹתוֹ, וְתֵכֶף בָּא הַשָּׂטָן וּמְקַטְרֵג עָלָיו וּסָלִיק לֵיהּ מֵעָלְמָא וְכַמָּה אָעָקוּ עַל אָעָקוּ מְסַבֵּב לֵיהּ, בְּגִין דְּהַנְהוּ מִסְכְּנֵי הֵן חוּלָקֵיהּ דְּהַקָּדוֹשׁ בָּרוּךְ הוּא, וְהַקָּדוֹשׁ בָּרוּךְ הוּא בָּעֵי לְמֶחֱדֵי לְמִסְכְּנֵי וְסָלִיק הַקָּדוֹשׁ בָּרוּךְ הוּא בְּיוֹמִין אִלֵּין לְמֶחֱמֵי לְאִנּוּן מָאנִין תְּבִירִין דִּילֵיהּ. וְאִם הַקָּדוֹשׁ בָּרוּךְ הוּא חָמָא, דְּלֵית לֵיהּ לְמִסְכְּנָא לְמֶחֱדֵי, אֲזַי בּוֹכֶה הַקָּדוֹשׁ בָּרוּךְ הוּא וּבָעֵי לְמֶחֱרַב עָלְמָא, וְאָז בָּאִין כָּל פָּמַלְיָא שֶׁל מַעְלָה קַמֵּי קֻדְשָׁא בְּרִיךְ הוּא וְאָמְרִין - רִבּוֹנוֹ שֶׁל עוֹלָם, רַחוּם וְחַנּוּן אִתְקְרִית, יִתְגַּלְגְּלוּ רַחֲמֶיךָ עַל בָּנֶיךָ, אָמַר הַקָּדוֹשׁ בָּרוּךְ הוּא לָהֶן - וְכִי לֹא עַל חֶסֶד אִתְבְּרִיאַת עָלְמָא, דִּכְתִיב - עוֹלָם חֶסֶד יִבָּנֶה. וְאֵין אֲנִי רוֹאֶה שׁוּם חֶסֶד שֶׁנַּעֲשִׂית בְּעָלְמָא, אָמְרוּ מַלְאֲכֵי הַשָּׁרֵת - הָא קֻשְׁטָא דְּהַאי פְּלוֹנִי וּפְלוֹנִי, דְּאָכְלֵי וְרָוֵי וַהֲוֵי יְכִילֵי לְמֶעְבַּד טוּבָא עִם מִסְכְּנָא, וְלָא יָהִיב לוֹן מִידֵי. מִיָּד אָתֵי הַאי מְקַטְרֵג וְתָבַע רְשׁוּת לִרְדֹּף אֲבַתְרֵיהּ, וּבְכָל סְעֻדָּה דְּחָדֵי בַּר נָשׁ, הַאי מְקַטְרֵג אָתָא וְחָמָא - אִי הַאי בַּר נָשׁ אַקְדִּים טִיבוּ לְמִסְכְּנָא אוֹ יֵשׁ מִסְכְּנָא בְּבֵיתָא, אָז הַאי מְקַטְרֵג אִתְפָּרֵשׁ מֵהַאי בֵּיתָא, וְלָא עָאל תַּמָּן. וְאִי לָא אָעִיל תַּמָּן, וְחָמָא עִרְבּוּבְיָא דְּחֶדְוָן בְּלָא מִסְכְּנָא אֲזַי סָלִיק לְעֵילָא וּמְקַטְרֵג עָלָיו. הֲרֵי לְךָ הִתְעוֹרְרוּת גְּדוֹלָה בָּזֶה.

וְעַל פִּי הָרֹב מִתְהַוִּים רִיבוֹת וְקִטְטוֹת בִּסְעֻדּוֹת, אַף שֶׁהֵן סְעֻדּוֹת שֶׁל מִצְוָה, בְּמָקוֹם שֶׁאֵין שָׁם דִּבְרֵי תּוֹרָה וּבְמָקוֹם שֶׁאֵין שָׁם עֲנִיִּים. כִּי מַה יֵּשׁ נַחַת רוּחַ לְהַקָּדוֹשׁ בָּרוּךְ הוּא בִּמְסִבּוֹת שֶׁל אֲכִילָה וּשְׁתִיָּה, וְאֵין בְּתוֹכָם שִׂמְחָה שֶׁל מִצְוָה, וְעַל אַחַת כַּמָּה וְכַמָּה כְּשֶׁהַשִּׂמְחָה הִיא מְעֻרְבֶּבֶת בְּהִרְהוּרִים רָעִים, כְּגוֹן שֶׁבִּמְסִבָּה אַחַת יוֹשְׁבִים אֲנָשִׁים וְנָשִׁים, בַּחוּרִים וּבְתוּלוֹת, בְּחֶדֶר אֶחָד, וְעַל יְדֵי כֵן בָּאִים מִכְשׁוֹלִים גְּדוֹלִים, וּבִמְחוֹלוֹת רוֹקְדִים אֲנָשִׁים עִם נָשִׁים בְּיַחַד, וְאֵינָם יוֹדְעִים שֶׁהַשָּׂטָן עִם הַרְבֵּה מַזִּיקִים רוֹקְדִים לִפְנֵיהֶם, וּלְשִׂמְחָה כָּזוֹ מַה זּוֹ

עוֹשֶׂה, וְעָוֹן זֶה הוּא מָצוּי, בַּעֲווֹנוֹתֵינוּ הָרַבִּים, בְּרֹב מְדִינוֹת פּוֹלִין וְלִיטָא. עַל כֵּן, כָּל אִישׁ הַיָּרֵא אֶת דְּבַר ה', יִרְאֶה לֵישֵׁב אֲנָשִׁים בִּפְנֵי עַצְמָם כְּדֵי לְהִתְרַחֵק מֵהָעֲבֵרָה, וּכְדֵי שֶׁלֹּא יְעָרְבֵב הַשָּׂטָן אֶת הַשִּׂמְחָה שֶׁל מִצְוָה. וּכְתִיב - בְּשִׂמְחָתֵנוּ עַל יִתְעָרֵב זָר. [וּפֵרוּשׁ כִּי זָר הוּא הַשָּׂטָן. כְּמָה דְאַתְּ אָמַר - לֹא[447] תִשְׁתַּחֲוֶה לְאֵל זָר, שֶׁהוּא שָׂטָן] וְיִרְאֶה מִכָּל סְעֻדַּת מִצְוָה לִתֵּן חֵלֶק לָעֲנִיִּים [כְּמוֹ שֶׁכָּתַבְתִּי לְעֵיל בַּאֲרִיכוּת בְּפֶרֶק י', עַיֵּן שָׁם].

וְיַחֲשֹׁב כָּל אָדָם בְּלִבּוֹ, הֲלֹא סוֹף אָדָם לָמוּת, וּבְעֵת פְּרֵדַת הַנְּשָׁמָה מֵהַגּוּף, אֲשֶׁר הַגּוּף צָמוּק וְיָבֵשׁ, וְצָפַד עוֹרוֹ עַל בְּשָׂרוֹ, וַעֲצָמָיו עָשֵׁשׁוּ, וְהַתּוֹלָעִים שׁוֹלְטִים בְּהַגּוּף אָז יַחֲשֹׁב אַיֵּה הַתַּעֲנוּגִים וְהָעִדּוּנִים, שֶׁהִתְעַדֵּן בְּשָׂרוֹ מֵהֶם, הָיוּ כְּלֹא הָיוּ, וְלֹא נִשְׁאַר שׁוּם לַחְלוּחִית שֶׁל רֹב אֲכִילָה וּשְׁתִיָּה, וְיָבֵשׁ הָיָה כָּעֵץ. וְהֶעָוֹן מֵרֹב אֲכִילָה וּשְׁתִיָּה שֶׁאֵינוֹ שֶׁל מִצְוָה נִשְׁאַר חָקוּק, וְנִרְשָׁם בַּגּוּף מַה שֶּׁקִּלְקֵל עַל יְדֵי שְׁרִירוּת לִבּוֹ וְנַפְשׁוֹ אַחַר תַּאֲוַת לִבּוֹ, וּמֵרֹב הָאֲכִילָה מַחְשַׁבְתּוֹ אֵינָהּ זַכָּה וּצְלוּלָה, וְאֵינוֹ יָכוֹל לְבָרֵךְ אֶת בִּרְכַּת הַמָּזוֹן בְּכַוָּנָה, וְזֶהוּ הֶפְסֵד גָּדוֹל, כְּשֶׁהוּא מְבָרֵךְ בִּרְכַּת הַמָּזוֹן בְּלֹא כַּוָּנָה.

בּוֹא וּרְאֵה מַה שֶּׁכָּתוּב בַּזֹּהַר - כָּל מַאן דִּמְבָרֵךְ בִּרְכַּת הַמָּזוֹן כְּדְקָא יָאוּת בְּחֶדְוָה, בִּרְעוּתָא דְּלִבָּא כַּד סָלִיק לְהַהוּא עָלְמָא, אֲתַר אִתְתַּקְנָא לֵיהּ בְּגוֹ רָזִין עִלָּאִין בְּהֵיכָלִין קַדִּישִׁין, וְעוֹד. כִּי מְבֹאָר בְּכַמָּה דוּכְתִּין בַּזֹּהַר, כִּי הַסִּטְרָא אָחֳרָא קָאִים עַל שֻׁלְחָנָא דְּבַר נָשׁ. וְצָרִיךְ לִתֵּן לוֹ חֵלֶק בְּמַיִם אַחֲרוֹנִים. עַל כֵּן צָרִיךְ לִזָּהֵר מְאֹד, שֶׁלֹּא יִהְיֶה שָׁם הַסִּטְרָא אָחֳרָא כְּשֶׁמַּתְחִילִין לְבָרֵךְ בִּרְכַּת הַמָּזוֹן. וּכְשֶׁאוֹמְרִים - **הַב לָן וּנְבָרֵךְ** אָזִיל הַסִּטְרָא אָחֳרָא. עַל כֵּן הִזְהִירוּ חֲכָמֵינוּ זִכְרוֹנָם לִבְרָכָה תֵּכֶף לִנְטִילַת יָדַיִם בְּרָכָה. דְּקָאֵי אַזְהָרָה זוֹ, שֶׁאֵין צְרִיכִין לְהַפְסִיק בֵּין נְטִילַת יָדַיִם מַיִם רִאשׁוֹנִים לְבִרְכַּת הַמּוֹצִיא. וְכֵן אֵין מַפְסִיקִין בֵּין נְטִילַת מַיִם אַחֲרוֹנִים לְבִרְכַּת הַמָּזוֹן. וַאֲפִלּוּ לִלְמֹד תּוֹרָה הִזְהִיר הָאֲרִ"י זִכְרוֹנוֹ לִבְרָכָה, שֶׁלֹּא לְהַפְסִיק בֵּין מַיִם אַחֲרוֹנִים לְבִרְכַּת הַמָּזוֹן.

וּפַעַם אַחַת הָיָה חָכָם אֶחָד, אִישׁ קָדוֹשׁ מִתַּלְמִידֵי רַבִּי מֹשֶׁה קוֹרְדוֹבֵירוֹ, אֵצֶל הַקָּדוֹשׁ הָאֲרִ"י זִכְרוֹנוֹ לִבְרָכָה, וְהָאֲרִ"י זִכְרוֹנוֹ לִבְרָכָה, קִבֵּל אוֹתוֹ בְּסֵבֶר פָּנִים יָפוֹת. וּבִשְׁעַת הַסְּעֻדָּה הִשְׁגִּיחַ הָאֲרִ"י, זִכְרוֹנוֹ לִבְרָכָה, עָלָיו שֶׁאֵינוֹ אוֹכֵל כְּדֶרֶךְ הַבְּרִיאִים, וְרָאָה בּוֹ שֶׁהָיָה לוֹ כְּאֵב בְּאֶחָד מֵאֵבָרָיו. וְשָׁאַל הָרַב הָאֲרִ"י, זִכְרוֹנוֹ לִבְרָכָה, לְאוֹתוֹ הָאוֹרֵחַ, לָמָּה אֵינוֹ אוֹכֵל, וְהֵשִׁיב לוֹ הָאוֹרֵחַ כִּי זֶה יָמִים רַבִּים אֲשֶׁר הַכָּתֵף שֶׁלּוֹ כּוֹאֵב לוֹ בְּיוֹתֵר. וְאָז הִסְתַּכֵּל בּוֹ הָאֲרִ"י, זִכְרוֹנוֹ לִבְרָכָה, וְאָמַר לוֹ - בְּוַדַּאי אַתָּה הָיִיתָ מַפְסִיק בֵּין מַיִם אַחֲרוֹנִים לְבִרְכַּת הַמָּזוֹן. אָמַר לוֹ - כֵּן הוּא, שֶׁרָגִיל הָיָה לִלְמֹד פֶּרֶק מִשְׁנָיוֹת בֵּין הַנְּטִילָה לְבִרְכַּת הַמָּזוֹן, וַהֲוֵי סְבִירָא לֵיהּ, דְּדִבְרֵי תּוֹרָה צֹרֶךְ סְעֻדָּה הוּא, כְּמוֹ שֶׁאָמְרוּ רַבּוֹתֵינוּ

---

[447] תהלים פא י

זִכְרוֹנָם לִבְרָכָה - כָּל[448] שֻׁלְחָן שֶׁאֵין אוֹמְרִים עָלָיו דִּבְרֵי תּוֹרָה כְּאִלּוּ אָכְלוּ מִזִּבְחֵי מֵתִים. אָמַר לֵיהּ הָאֲרִ"י זִכְרוֹנוֹ לִבְרָכָה - לָכֵן בָּא אֵלֶיךָ הַכְּאֵב דַּוְקָא בַּכָּתֵף, שֶׁעָבַרְתָּ עַל דִּבְרֵי חֲכָמִים, שֶׁאָמְרוּ - תֵּכֶף[449] לִנְטִילַת יָדַיִם בְּרָכָה. וְתֵכֶף הוּא אוֹתִיּוֹת כָּתֵף. וְנָתַן הָאֲרִ"י, זִכְרוֹנוֹ לִבְרָכָה, עֵצָה לְהֶחָסִיד, שֶׁיְּקַבֵּל עָלָיו שֶׁלֹּא לְהַפְסִיק בִּנְטִילָה, אָז יֵרָפֵא מֵהַחֹלִי. עַד כָּאן.

הֲרֵי לְךָ, שֶׁהַקָּדוֹשׁ בָּרוּךְ הוּא מְדַקְדֵּק עִם כָּל אֶחָד וְאֶחָד, וְכָל מַעֲשָׂיו הוּא בְּחֶשְׁבּוֹן, בְּמִדָּה וּבְמִשְׁקָל. וְהוּא הַדָּבָר שֶׁזָּכַרְנוּ - **כָּל מִי שֶׁלֹּא בֵּרֵךְ בִּרְכַּת הַמָּזוֹן בְּכַוָּנָה הֲרֵי דָּר סִטְרָא אָחֳרָא עַל שֻׁלְחָנוֹ**. וְכָל מָקוֹם שֶׁמְּבָרֵךְ בְּכַוָּנָה, יִזְכֶּה לִשְׁמֹעַ בִּרְכַּת הַמָּזוֹן לֶעָתִיד לָבוֹא מִפִּי דָּוִד הַמֶּלֶךְ עָלָיו הַשָּׁלוֹם, כְּשֶׁיַּעֲשֶׂה הַקָּדוֹשׁ בָּרוּךְ הוּא אֲרִיסְטוֹן לַצַּדִּיקִים לֶעָתִיד לָבוֹא, כִּי אֵין הַקָּדוֹשׁ בָּרוּךְ הוּא מְקַפֵּחַ שְׂכַר שׁוּם בְּרִיָּה, אֲפִלּוּ שְׂכַר שִׂיחָה נָאָה. וְכֵן מָצִינוּ בַּזֹּהַר פָּרָשַׁת תְּרוּמָה - כָּל מִי שֶׁאוֹמֵר שִׁירַת הַיָּם בְּכַוָּנָה, זוֹכֶה לִרְאוֹת פְּנֵי מֶלֶךְ הַמָּשִׁיחַ מְעֻטָּר בְּהַאי כִּתְרָא, דְּאִתְעַטַּר הַקָּדוֹשׁ בָּרוּךְ הוּא בְּשָׁעָה שֶׁעָבְרוּ יִשְׂרָאֵל אֶת הַיָּם, וְזָכוּ לְשַׁבְּחָא הַהִיא שִׁירָה תַּמָּן. וִיהֵא רַעֲוָא קַמֵּיהּ קֻדְשָׁא בְּרִיךְ הוּא, דִּבְגִין שִׁירָתָא קַדִּישָׁא, דְּאָמְרוּ יִשְׂרָאֵל בְּהַנֵּי שְׁנֵי יָמִים סִיּוּמָא דְּפֶסַח, נִזְכֶּה לִרְאוֹת פְּנֵי מַלְכֵּנוּ מְעֻטָּר בְּכִתְרָא, הָאָמוּר לְעֵיל, וְנִזְכֶּה לְשׁוֹרֵר הַהוּא שִׁירָתָא בַּעֲדַת צַדִּיקִים בִּמְהֵרָה בְּיָמֵינוּ, אָמֵן.

---

[448] פרקי אבות ג ג

[449] ברכות מב א

פרק פח

הַחֹדֶשׁ[450] הַזֶּה הוּא לָכֶם. **לָכֶם** אוֹתִיּוֹת **מֶלֶךְ**, לְרַמֵּז שֶׁחֹדֶשׁ נִיסָן הוּא מֶלֶךְ וְרֹאשׁ לְכָל הֶחֳדָשִׁים. וְיֵשׁ לִתֵּן טַעַם, כִּי שְׁנֵים עָשָׂר צֵרוּפֵי הֲוָיָ"ה הֵן, וְעַל כָּל חֹדֶשׁ וְחֹדֶשׁ מֵאִיר נִיצוֹץ צֵרוּף הֲוָיָ"ה, וְעַל חֹדֶשׁ נִיסָן מֵאִיר שֵׁם הֲוָיָ"ה כִּפְשׁוּטוֹ וְכִכְתָבוֹ - **יהו"ה**. וּכְשֶׁמִּתְחַלֵּף לְצֵרוּפָיו, הוּא מוֹרֶה עַל קְצָת מְנִיעוֹת רַחֲמִים גְּמוּרִים. מַה שֶּׁאֵין כֵּן שֵׁם הוי"ה בְּיָשָׁר וְכַסֵּדֶר, אָז הוּא מוֹרֶה עַל רַחֲמִים גְּמוּרִים. וּבִשְׁבִיל כֵּן הַנְּשָׁמוֹת הַקְּדוֹשִׁים מִתְפַּלְּלִים בְּחֹדֶשׁ נִיסָן עַל הַחַיִּים, כְּדֵי שֶׁהַשֵּׁם הֲוָיָ"ה יִהְיֶה מֵאִיר עַל יִשְׂרָאֵל בְּהַשְׁקָפָה שֶׁל רַחֲמִים.

וְכֵן בְּחֹדֶשׁ תִּשְׁרֵי מִתְפַּלְּלִים עַל הַמֵּתִים וְעַל הַחַיִּים, אַף עַל פִּי שֶׁאָז מֵאִיר שֵׁם אֶחָד מִשְּׁנֵים עָשָׂר צֵרוּפִים עַל חֹדֶשׁ תִּשְׁרֵי, שֶׁאֵינוֹ מְעוֹרֵר רַחֲמִים גְּמוּרִים. מִכָּל מָקוֹם עַל יְדֵי קוֹל הַשּׁוֹפָר מְעוֹרֵר רַחֲמִים, וּבַמֶּה שֶׁאָנוּ מְבָרְכִים וְאוֹמְרִים - בָּרוּךְ אַתָּה ה', שׁוֹמֵעַ קוֹל תְּרוּעַת עַמּוֹ יִשְׂרָאֵל בְּרַחֲמִים. וּבַאֲשֶׁר כִּי מִדָּה בְּמִדָּה לֹא בָטְלָה לְעוֹלָם מֻטָּל עָלֵינוּ לַעֲשׂוֹת חֲטִיבָה מוּל חֲטִיבָה לְהִתְפַּלֵּל גַּם כֵּן עַל הַנְּשָׁמוֹת הַקְּדוֹשׁוֹת, כְּמוֹ כֵן הַנְּשָׁמוֹת מִתְפַּלְּלוֹת עָלֵינוּ. וְהִנֵּה בְּחֹדֶשׁ תִּשְׁרֵי חִיּוּב זֶה מֻטָּל עָלֵינוּ, שֶׁאָנוּ הוֹלְכִים בְּכָל עֶרֶב רֹאשׁ הַשָּׁנָה וְעֶרֶב יוֹם הַכִּפּוּרִים עַל הַקְּבָרִים לְהִתְפַּלֵּל, וְנוֹתְנִין צְדָקָה עֲבוּר הַחַיִּים וַעֲבוּר שׁוֹכְנֵי עָפָר.

אָכֵן בְּחֹדֶשׁ נִיסָן, בַּעֲבוּר הֱיוֹת שֵׁם הוי"ה מֵאִיר בְּחֹדֶשׁ נִיסָן בְּרַחֲמִים גְּמוּרִים, עַל כֵּן אָסוּר בְּנִיסָן לְהִתְעַנּוֹת, אֲבָל אֵין הַמִּנְהָג בְּנִיסָן לֵילֵךְ עַל בֵּית הַחַיִּים, לְהִתְפַּלֵּל עַל הַקְּבָרִים וְלוֹמַר תַּחֲנוּנִים כְּמוֹ בִּשְׁאָר יָמִים, כְּדֵי שֶׁיִּהְיֶה הַחֹדֶשׁ נִיסָן כֻּלּוֹ קֹדֶשׁ, וּבָזֶה נַעֲשִׂים חֲטִיבָה מוּל חֲטִיבָה לְנִשְׁמוֹת הַקְּדוֹשִׁים הַנִּזְכָּרִים. עַל כֵּן נָכוֹן מְאֹד לְקַיֵּם דִּבְרֵי פֶּה קָדוֹשׁ, מוֹרֵנוּ הָרַב רַבִּי יְשַׁעְיָהוּ סֶגַל, בַּעַל סֵפֶר **שְׁנֵי לוּחוֹת הַבְּרִית** לִקְרוֹת מִיּוֹם רֹאשׁ חֹדֶשׁ נִיסָן דְּבַר יוֹם בְּיוֹמוֹ נָשִׂיא אֶחָד מִשְּׁנֵים עָשָׂר נְשִׂיאִים שֶׁל חֲנֻכַּת הַמִּזְבֵּחַ, הַכְּתוּבָה בְּפָרָשַׁת נָשֹׂא. וְאַחַר שֶׁיִּקְרָא בְּכָל יוֹם נָשִׂיא שֶׁל אוֹתוֹ הַיּוֹם, יֹאמַר תְּפִלָּה קְצָרָה - יְהִי רָצוֹן מִלְּפָנֶיךָ ה' אֱלֹהֵינ"וּ וֵאלֹהֵ"י אֲבוֹתֵינוּ, שֶׁתָּאִיר הַיּוֹם בְּחַסְדְּךָ הַגָּדוֹל עַל נִשְׁמָתִין קַדִּישִׁין, דְּמִתְחַדְּשִׁין כְּצִפֳּרִים וּמְצַפְצְפִין בְּשִׁבְחִין וּמְצַלְּאִין עַל עַמָּא קַדִּישָׁא יִשְׂרָאֵל. רִבּוֹנוֹ שֶׁל עוֹלָם, תַּכְנִיס וְתָעֵיל הַנָּךְ צִפֳּרִים קַדִּישִׁין לְאֲתַר קַדִּישָׁא, דְּאִתְּמַר עֲלֵיהוּ - עַיִן[451] לֹא רָאָתָה אֱלֹהִי"ם זוּלָתֶךָ. יְהִי רָצוֹן מִלְּפָנֶיךָ ה' אֱלֹהַ"י וֵאלֹהֵ"י אֲבוֹתַי, שֶׁבְּאִם אֲנִי עַבְדְּךָ מִשֵּׁבֶט פְּלוֹנִי, שֶׁקָּרָאתִי בְּתוֹרָתְךָ פָּרָשָׁה שֶׁל הַנָּשִׂיא הַיּוֹם, אֲזַי יָאִירוּ נָא עָלַי כָּל נִיצוֹצִין קַדִּישִׁין וְכָל הָאוֹרוֹת הַקְּדוֹשׁוֹת הַכְּלוּלוֹת בִּקְדֻשַּׁת זֶה

---

[450] שמות יב ב

[451] ישעיהו סד ג

הַשֵּׁבֶט, וְאֶהְיֶה מְלֻבָּשׁ בִּקְדֻשַּׁת זֶה הַשֵּׁבֶט לְהָבִין וּלְהַשְׂכִּיל בְּתוֹרָתְךָ וּבְיִרְאָתֶךָ, לַעֲשׂוֹת רְצוֹנְךָ כָּל יְמֵי חַיַּי, אֲנִי וְזַרְעִי וְזֶרַע זַרְעִי מֵעַתָּה וְעַד עוֹלָם. וְכֹה יֹאמַר דְּבַר יוֹם בְּיוֹמוֹ, וְהוּא מִנְהָג כָּשֵׁר וְיָשָׁר, וְנָכוֹן הוּא.
וּבִהְיוֹת כִּי הַצְּדָקָה הִיא תַּבְלִין לְכָל הַתְּפִלּוֹת, כְּמוֹ שֶׁהַתַּבְלִין הוּא טוֹב לְכָל מַאֲכָל לְהַמְתִּיק אֶת הַמַּאֲכָל, כָּךְ הַצְּדָקָה הוּא טוֹב קֹדֶם הַתְּפִלָּה, שֶׁאָדָם מִתְפַּלֵּל עַל נְשָׁמוֹת קְדוֹשׁוֹת כָּאָמוּר, וּבִלְבַד שֶׁיִּתֵּן אָדָם צְדָקָה עֲבוּר הַנְּשָׁמוֹת. עַל כֵּן קֹדֶם שֶׁיַּתְחִיל לִקְרוֹת פָּרָשַׁת הַנָּשִׂיא שֶׁבְּכָל יוֹם וָיוֹם, מִן רֹאשׁ חֹדֶשׁ נִיסָן וָאֵילָךְ עַד יוֹם י"ב בְּנִיסָן, יִתֵּן אוֹ יִדֹּר אֵיזֶה דָּבָר כְּפִי הַשָּׂגַת יָדוֹ לִצְדָקָה, וּבִצְדָקָה זוֹ הוּא מַזְכִּיר כָּל אוֹתוֹ הַשֵּׁבֶט.
וְעוֹד יֵשׁ לִתֵּן טַעַם לְשֶׁבַח עַל מַה שֶּׁכָּתַבְתִּי, שֶׁמִּתְפַּלְּלִין הַנְּשָׁמוֹת קְדוֹשׁוֹת בְּחֹדֶשׁ נִיסָן דַּוְקָא עַל חַיֵּי בְּנֵי אָדָם, כִּי יָדוּעַ מַה שֶּׁכָּתְבוּ רַבּוֹתֵינוּ זִכְרוֹנָם לִבְרָכָה - מַרְחִיקִין[452] מִן שׁוֹר שָׁחוֹר בְּחֹדֶשׁ נִיסָן. מִטַּעַם שֶׁהַשָּׂטָן מְרַקֵּד בֵּין קַרְנָיו. וְהָעִנְיָן הוּא כָּתַב הָרַב הָאֲרִ"י זִכְרוֹנוֹ לִבְרָכָה כִּי בִּימֵי נִיסָן מַתְחִילִין הַדְּשָׁאִים לְהַצְמִיחַ וְלִפְרֹחַ בָּאָרֶץ, שֶׁיּוּכַל הַשּׁוֹר לֶאֱכֹל מִמֶּנּוּ. וּכְהַיּוֹם, בַּעֲווֹנוֹתֵינוּ הָרַבִּים, רֹב הָעוֹלָם נִכְשָׁלִים בַּחֲטָאִים וּבִפְשָׁעִים, קְצָתָם נִכְשָׁלִין בְּדִבְּרָם דִּבְרֵי לָשׁוֹן הָרָע וְלֵיצָנוּת, וּקְצָתָם בְּמַחְשָׁבוֹת רָעוֹת, וּקְצָתָם חוֹטְאִים בְּגוּפָן. וְהִנֵּה יֵשׁ שְׁלֹשָׁה מִינֵי עֲווֹנוֹת - עָוֹן, פֶּשַׁע, חֵטְא. וּבְכָל יוֹם חֲדָשִׁים לַבְּקָרִים מִתְחַדְּשִׁים לְחוֹבָה, וַעֲווֹנוֹת מַכְרִיעִין הַזְּכֻיּוֹת, וּבַעֲבוּר כֵּן הַנְּשָׁמוֹת, הַיּוֹצְאִים מִן בְּנֵי אָדָם בְּמוֹתָם, נִדָּחִים הֵן מִחוּץ לַפַּרְגּוֹדָא קַדִּישָׁא, וְיוֹרְדִים מַטָּה וּסְגוּרִים בְּקַרְקַע הָעוֹלָם. וְכַאֲשֶׁר הַדְּשָׁאִים וְהָעֲשָׂבִים מַתְחִילִין לָצֵאת מִן הָאָרֶץ, אָז נִשְׁמוֹת הָרְשָׁעִים מִדַּבְּקִין בְּהָעֲשָׂבִים, כְּדֵי שֶׁיֹּאכְלוּם בַּעֲלֵי חַיִּים, וְאַחַר כָּךְ כְּשֶׁיֹּאכַל הָאָדָם אֶת הַבָּשָׂר אוֹ אֶת הָעֲשָׂבִים, אִם הוּא כָּשֵׁר עַל יָדוֹ הוּא מְתַקֵּן אוֹתָהּ הַנְּשָׁמָה, שֶׁהִיא מְגֻלְגֶּלֶת בָּעֵשֶׂב אוֹ בַבָּשָׂר, וּמְקָרְבִין אֶת הַנְּשָׁמָה לִקְדֻשָּׁה עַל יְדֵי בְּרָכָה, וְאָז הַנְּשָׁמוֹת הַנִּדָּחִין יוֹצְאִין מֵאֲפֵלָה לְאוֹר גָּדוֹל.
וְהִנֵּה טֶבַע הַשּׁוֹר שֶׁהוּא אוֹכֵל דְּשָׁאִים הַרְבֵּה, וְאָז מִתְכַּנְּסִין בְּקִרְבּוֹ אֵלּוּ הַנְּשָׁמוֹת הַדְּחוּיִין. וּבִזְמַן הֱיוֹתָם מְסֻגָּרִים בָּאָרֶץ, נִתּוֹסָף בַּשּׁוֹר עַזּוּת וּגְבוּרָה שֶׁל הַסִּטְרָא אַחֲרָא, וְאָז הוּא מוּעָד לְהַזִּיק, וּבִפְרָט שׁוֹר שָׁחוֹר. כֵּיוָן שֶׁהַשְּׁחֲרוּת מוֹרֶה בְּלָאו הָכֵי עַל הֶזֵּק. וְלָכֵן נָכוֹן הוּא לְהִתְפַּלֵּל עַל אוֹתָן הַנְּשָׁמוֹת הַנִּדָּחוֹת, וּבִפְרָט עַל אוֹתָן הַנְּשָׁמוֹת שֶׁמִּדַּבְּקִין בָּעֲשָׂבִים, שֶׁאֵין עוֹלִין מְהֵרָה לַמָּקוֹם הָרָאוּי לִמְצֹא לָהֶם מְנוּחָה נְכוֹנָה. וְלָכֵן צָרִיךְ הָאָדָם לְהִתְפַּלֵּל בְּכָל חֹדֶשׁ נִיסָן בְּאָמְרוֹ **הַמֵּאִיר לָאָרֶץ וְלַדָּרִים עָלֶיהָ בְּרַחֲמִים**, יְהַרְהֵר שֶׁיָּאִיר עֲלֵיהֶם הַקָּדוֹשׁ בָּרוּךְ הוּא בְּרַחֲמִים לְהַעֲלוֹתָם עִם הַנְּשָׁמוֹת הַנִּדָּחִים, הַנִּרְמָזִים בְּתֵבַת אוֹר, כְּמוֹ

[452] ברכות לג א

שֶׁכָּתַב הָרַב הָאֲרִ"י, זִכְרוֹנוֹ לִבְרָכָה, בַּפָּסוּק - וַיֹּאמֶר[453] אֱלֹהִ"ם יְהִי אוֹר. וְהִנֵּה לֹא בְּחִנָּם הַשָּׂטָן מְרַקֵּד בֵּין קַרְנָיו שֶׁל הַשּׁוֹר, כִּי עִקַּר גַּאֲוַת הַשּׁוֹר הוּא בְּקַרְנָיו, כְּמוֹ הַתַּרְנְגוֹל, שֶׁיֵּשׁ לוֹ גַּאֲוָה בְּכַרְבָּלְתּוֹ. וְלָכֵן מָצָא הַשָּׂטָן שָׁם מָקוֹם לַחֲנִיָּתוֹ, מְקוֹם הַגַּאֲוָה. וְזֶהוּ תּוֹכָחָה מְגֻלָּה עַל כָּל בַּעֲלֵי גַּאֲוָה, הַמִּתְגָּאִים בִּשְׁבִיל עָשְׁרָם אוֹ בִּשְׁבִיל חָכְמָתָם אוֹ בִּשְׁבִיל יִחוּסָם אוֹ בִּשְׁבִיל לִמּוּדָם, יִהְיֶה מַה שֶּׁיִּהְיֶה. אַף אִם הֵם עוֹסְקִים בַּתּוֹרָה, מִכָּל מָקוֹם אִם יֵשׁ בָּהֶם מִדַּת הַגַּאֲוָה, אֲזַי הֵם מֶרְכָּבָה לְסִטְרָא אָחֳרָא. וְזֶהוּ הָאוֹת מַה שֶּׁנִּזְכַּר, שֶׁהַשָּׂטָן מְרַקֵּד בֵּין קַרְנָיו שֶׁל שׁוֹר שָׁחוֹר, שֶׁשָּׁם מְקוֹם הַגַּאֲוָה.

וְעַל פִּי זֶה נִרְאֶה לִי, שֶׁמִּפְּנֵי כָּךְ אִיתָא בְּפֶרֶק שִׁירָה, שֶׁהַשּׁוֹר אוֹמֵר שִׁירָה בְּכָל יוֹם - שִׁירוּ[454] לַה' כִּי גָאֹה גָּאָה סוּס וְרֹכְבוֹ רָמָה בַיָּם. רָצָה לוֹמַר, שֶׁהוּא מוֹדֶה וּמְשַׁבֵּחַ לַה', כִּי לוֹ נָאֶה הַגַּאֲוָה וְהַגְּדֻלָּה, וְלֹא לִבְנֵי אָדָם. וּכְמוֹ שֶׁאָמַר הַכָּתוּב - ה'[455] מָלָךְ גֵּאוּת לָבֵשׁ. וּבִהְיוֹת שֶׁכָּל הַחֹדֶשׁ נִיסָן הוּא יְמֵי רָצוֹן, עַל כֵּן מַקְדִּימִין הַנְּשָׁמוֹת הַקְּדוֹשׁוֹת לְהִתְפַּלֵּל בַּעֲדֵנוּ, כְּמוֹ שֶׁאָמַר הַכָּתוּב [תְּהִלִּים טז, ג] - לִקְדוֹשִׁים אֲשֶׁר בָּאָרֶץ הֵמָּה וְאַדִּירֵי כָּל חֶפְצִי בָם. וְתָמִיד הַנְּשָׁמוֹת מִצְטַעֲרִים בְּצָרוֹת בְּנֵי אָדָם, וּכְשֶׁאֵיזֶה גְּזֵרָה נִגְזְרָה, חַס וְשָׁלוֹם, אֲזַי הֵן מַקְדִּימִים לִתְפִלָּה, אַךְ שֶׁאֵין לָהֶם רְשׁוּת לְגַלּוֹת וּלְהַגִּיד בְּפֵרוּשׁ לִבְנֵי אָדָם, רַק לִפְעָמִים בָּאִים בַּחֲלוֹם וּלְהַגִּיד בְּרֶמֶז וְכַיּוֹצֵא בּוֹ. וּכְמוֹ שֶׁמָּצִינוּ בְּרַבֵּנוּ יְחִיאֵל, אָבִיו שֶׁל רַבֵּנוּ אָשֵׁר, זִכְרוֹנוֹ לִבְרָכָה, שֶׁהָיָה לוֹ חָבֵר בְּעִירוֹ, וְהָיָה גַּם כֵּן חָסִיד גָּדוֹל, וְהָיוּ אוֹהֲבִים מְאֹד זֶה לָזֶה. וְהָיוּ זְקֵנִים וְאַנְשֵׁי מַעֲשֶׂה מֻפְלָגִים בַּתּוֹרָה וּבַחֲסִידוּת. וְנִשְׁבְּעוּ יַחַד, שֶׁהָרִאשׁוֹן שֶׁבֵּינֵיהֶם שֶׁיָּמוּת תְּחִלָּה, יָבוֹא בַּחֲלוֹם לַחֲבֵרוֹ לְהַגִּיד לוֹ דַּרְכֵי מִיתָה וְהִלּוּךְ הַנְּשָׁמָה.

וַיְהִי הַיּוֹם, נִפְטַר חֲבֵרוֹ שֶׁל רַבֵּנוּ יְחִיאֵל, וּבִהְיוֹתָם בְּבֵית הַחַיִּים קֹדֶם הַקְּבוּרָה, עָמַד רַבֵּנוּ יְחִיאֵל וְאָמַר אֶל הַקָּהָל - שִׁמְעוּ, רַבּוֹתַי, כִּי כָּךְ וְכָךְ נִשְׁבַּעְנוּ יַחַד אֲנִי וַחֲבֵרִי, הַמֻּטָּל עַכְשָׁו לְפָנֵינוּ מֵת, וְלָכֵן אֲנִי מַזְכִּיר לוֹ בִּפְנֵיכֶם שֶׁיְּקַיֵּם אֶת שְׁבוּעָתוֹ. וְאָז רָאוּ כָּל הָאֲנָשִׁים, שֶׁאֲרוֹנוֹ שֶׁל הַמֵּת הָיָה מִזְדַּעֲזֵעַ מְעַט. וַיִּפְתְּחוּ אֶת אֲרוֹנוֹ, כִּי סְבוּרִין הָיוּ שֶׁהֶחֱיָה הַמֵּת הַנִּזְכָּר לְעֵיל, וְאָז רָאוּ רַק עַפְעַפָּיו מִתְנוֹדְדִים. וְאָמְרוּ כֻּלָּם פֶּה אֶחָד, שֶׁזֶּהוּ סִימָן בִּקְרִיצַת עֵינוֹ, שֶׁאֵין יָכוֹל לְהַגִּיד לוֹ מְאוּמָה. וְאַף עַל פִּי כֵן לְאַחַר שְׁלֹשִׁים יוֹם בָּא הֶחָסִיד הַמֵּת, וְנִרְאָה לוֹ בַּחֲלוֹם לָרַב רַבֵּנוּ יְחִיאֵל, וּבִקֵּשׁ מִמֶּנּוּ שֶׁיִּמְחַל לוֹ עַל שְׁבוּעָתוֹ, כִּי אֵין לוֹ רְשׁוּת לְהַגִּיד מְאוּמָה עַל כָּל הַמַּעֲשֶׂה.

הַכְּלָל הָעוֹלֶה, כִּי בְּחֹדֶשׁ נִיסָן צְרִיכִים אָנוּ לְהִתְעוֹרֵר כְּמוֹ בְּחֹדֶשׁ תִּשְׁרֵי,

---

[453] בראשית א ג

[454] שמות טו כא

[455] תהלים צג א

וְעַל זֶה כְּתִיב - מִשְׁכוּ[456] וּקְחוּ לָכֶם צֹאן לְמִשְׁפְּחֹתֵיכֶם וְשַׁחֲטוּ הַפָּסַח. וְדָרְשׁוּ רַבּוֹתֵינוּ זִכְרוֹנָם לִבְרָכָה - מִשְׁכוּ[457] יְדֵיכֶם מֵעֲבוֹדָה זָרָה. וּמִשְּׁאָר מִדּוֹת הָרָעוֹת, שֶׁהֵן דּוֹמִים לַעֲבוֹדָה זָרָה. וְאֵלּוּ הֵן מִדּוֹת - הַגַּאֲוָה, וְגַסּוּת רוּחַ, וּמַעֲלִים עֵינָיו מִן הַצְּדָקָה, וּלְשׁוֹן שֶׁקֶר. הָעֲבֵרוֹת הָאֵלּוּ הֵן נֶחְשָׁבִים כְּאִלּוּ עוֹבֵד עֲבוֹדָה זָרָה, עַל כֵּן כָּל אֶחָד וְאֶחָד יוֹדֵעַ מָרַת נַפְשׁוֹ וּמִדּוֹתָיו הָרָעוֹת, צָרִיךְ לְהָסִיר הַמִּכְשׁוֹל מֵעָלָיו קֹדֶם בִּיאַת חַג הַפֶּסַח. כְּבָר אָמְרוּ רַבּוֹתֵינוּ זִכְרוֹנָם לִבְרָכָה - שֶׁצָּרִיךְ[458] כָּל אָדָם לְטַהֵר עַצְמוֹ בָּרֶגֶל. בְּטָהֳרַת הַגּוּף וּבְטָהֳרַת הַנְּשָׁמָה, וּבִזְכוּת זֶה נִזְכֶּה כֻּלָּנוּ לְטָהֳרָה וְלִבִיאַת מְשִׁיחֵנוּ וְאֵלִיָּהוּ הַנָּבִיא אָמֵן. מוֹרִי וְרַבִּי, מוֹרֵנוּ הָרַב יוֹסֵף, זִכְרוֹנוֹ לִבְרָכָה.

[456] שמות יב כא

[457] מכילתא בא ה

[458] ראש השנה טז ב

פרק פט

וּשְׁמַרְתֶּם[459] אֶת הַמַּצּוֹת. רָאוּי לְהִתְבּוֹנֵן, לָמָּה אָמְרָה הַתּוֹרָה בְּמִצְוָה זוֹ לְשׁוֹן שְׁמִירָה, כִּי לְשׁוֹן שְׁמִירָה נוֹפֵל עַל עִנְיַן הַצָּרִיךְ שְׁמִירָה מִפְּנֵי לִסְטִים אוֹ גַּנָּבִים. אָמְנָם דַּע, כִּי בְּהוֹצִיא ה' אֶת עַמּוֹ יִשְׂרָאֵל בְּנִסִּים גְּדוֹלִים וְנִפְלָאִים, וְהִפִּיל תְּחִלָּה הַשַּׂר שֶׁל מִצְרַיִם עִם שְׁאָר שָׂרֵי הָאֻמּוֹת, כְּדֵי שֶׁלֹּא יוּכְלוּ הַשָּׂרֵי אֻמּוֹת הָעוֹלָם לְקַטְרֵג, וַעֲדַיִן יַד שָׂרֵי אֻמּוֹת הָעוֹלָם עוֹמְדִים עָלֵינוּ בְּקִטְרוּגֵיהֶם, וְחוֹרְקִין הָאֻמּוֹת שִׁנֵּיהֶם עָלֵינוּ. אֲבָל בְּהַגִּיעַ הֶחָג הַקָּדוֹשׁ, הוּא חַג הַפֶּסַח, מִתְנוֹצְצִים וּמִתְעוֹרְרִים עָלֵינוּ לְקַטְרֵג, וּמְבַקְּשִׁים לִגְרֹם רָעָה עַל עַמָּא קַדִּישָׁא. אֲבָל הַקָּדוֹשׁ בָּרוּךְ הוּא צִוָּה לָנוּ בְּאַזְהָרָה אֲכִילַת מַצָּה, וְהַמִּצְוָה הַהִיא מַכְרַעַת הַסִּטְרָא אָחֳרָא וְהַמְקַטְרְגִים, שֶׁלֹּא יָכְלוּ לְקַטְרֵג עָלֵינוּ, דִּמְיוֹן מְזוּזָה שֶׁבַּבַּיִת וְשֵׁם **שַׁדַּ"י** כָּתוּב עָלָיו מִבַּחוּץ.

וְהוֹאִיל וְהַדָּבָר כֵּן, צְרִיכָה עִסָּה שֶׁל הַמַּצּוֹת שְׁמִירָה גְּדוֹלָה מִפְּנֵי הַסִּטְרָא אָחֳרָא, שֶׁלֹּא יִהְיֶה לְהַחִיצוֹנִים שׁוּם דְּבֵקוּת חַס וְשָׁלוֹם. וּכְמוֹ שֶׁנֶּאֱמַר בַּתּוֹרָה, חָמֵץ מְרַמֵּז עַל סִטְרָא אָחֳרָא, וְהֵיכִי דִּכְתִיב - **מַחְמֶצֶת**[460] - מְרַמֵּז עַל נוּקְבָא בִּישָׁא שֶׁל סִטְרָא אָחֳרָא, דְּהִיא לִילִי"ת הָרְשָׁעָה וְסַמָּאֵ"ל. וְלָכֵן צְרִיכִין אָנוּ לִשְׁמֹר אֶת הַמַּצּוֹת מִשּׁוּם חִמּוּץ, וְנוֹפֵל עַל זֶה לְשׁוֹן שְׁמִירָה - **וּשְׁמַרְתֶּם אֶת הַמַּצּוֹת**, כְּמוֹ שֶׁהֶכְרֵחַ אָדָם לִשְׁמֹר עַצְמוֹ מִפְּנֵי הַגַּזְלָנִים וְחַמְסָנִים, הַבָּאִים אֵלָיו לְהָרְגוֹ וְלָקַחַת אֶת נַפְשׁוֹ וְכָל אֲשֶׁר לוֹ, כִּי הִיא קְלִפָּה תַּקִּיפָא. זֶהוּ סוֹד חָמֵץ וּמַחְמֶצֶת. וְעַל הַאי קְלִפָּה נֶאֱמַר - וְכָל[461] הָרִשְׁעָה כֻּלָּהּ כְּעָשָׁן תִּכְלֶה וְכוּ'. וְחָלִילָה לִהְיוֹת לָהֶם דְּבֵקוּת בִּקְדֻשָּׁה הָעֶלְיוֹנָה אֲפִלּוּ כִּמְלֹא נִימָא, כְּמוֹ שֶׁאָמַר הַכָּתוּב - וְלֹא[462] יִדְבַּק בְּיָדְךָ מְאוּמָה מִן הַחֵרֶם. וְלָכֵן אִסּוּר חָמֵץ הוּא בְּמַשֶּׁהוּ, וְנָכוֹן לְלַמֵּד אֶת יִשְׂרָאֵל בִּהְיוֹתָם מַגְעִילִין וּמְלַבְּנִין אֶת הַכֵּלִים מִפְּנֵי הֶחָמֵץ, שֶׁיִּזְכּוּ שֶׁכְּמוֹ כֵן יְבַעֵר הַקָּדוֹשׁ בָּרוּךְ הוּא יֵצֶר הָרָע וְהָרִשְׁעָה, שֶׁהִיא הַלִּילִי"ת, מִן הָאָרֶץ. וּבְטוּחִים אָנוּ בְּהַקָּדוֹשׁ בָּרוּךְ הוּא לְהַעֲבִיר גִּלּוּלִים מֵהָאָרֶץ.

וּמִנְהָגָן שֶׁל יִשְׂרָאֵל תּוֹרָה הִיא, לִגְרֵד שֻׁלְחָנוֹת וְסַפְסָלִים וּכְתָלִים מִפְּנֵי חֲשַׁשׁ חִמּוּץ. וַה' יִתְבָּרַךְ עֵינָיו פְּקוּחוֹת עַל כָּל מַעֲשֵׂה בְּנֵי יִשְׂרָאֵל, עֲדַת סְגֻלָּתוֹ, קְדוֹשִׁים בְּנֵי קְדוֹשִׁים, אֲשֶׁר כָּל טָרְחָתָם הוּא לְבִעוּר חָמֵץ בְּכָל יְמֵי חֹדֶשׁ נִיסָן. וּכְמוֹ כֵן יְגָרֵד הַקָּדוֹשׁ בָּרוּךְ הוּא אֶת כָּל הַנְּגָעִים הַבָּאִים מִסִּטְרָא אָחֳרָא וּמְקַטְרְגִים, וּמִכֹּחַ זֶה אָנוּ סוֹבְלִים גָּלוּת הַמַּר הַזֶּה.

---

[459] שמות יב יז

[460] שמות יב כ

[461] מתוך מחזור לימים הנוראים

[462] דברים יג יח

וּבִהְיוֹת כִּי כָּל עִנְיְנֵי טֹרַח שֶׁל חַג הַמַּצּוֹת הַקָּדוֹשׁ הוּא בְּאַהֲבָה וּבְשִׂמְחָה, וְלָכֵן צְרִיכִין יִשְׂרָאֵל לִשְׁמֹר עַצְמָן מִלֵּב רַגָּז, וּמִכָּל שֶׁכֵּן שֶׁלֹּא יִהְיֶה רִיב וּמַצָּה וּמַחֲלֹקֶת בֵּינֵיהֶם. וְכָל מַה שֶּׁיִּקְנֶה לְצֹרֶךְ בֵּיתוֹ, יֹאמַר בְּפִיו שֶׁאֲנִי קוֹנֶה זֹאת לְצֹרֶךְ הֶחָג הַקָּדוֹשׁ הַזֶּה. וּמִכָּל שֶׁכֵּן שֶׁצָּרִיךְ הָאָדָם לְהִזָּהֵר, שֶׁלֹּא יִהְיֶה בִּמְעוֹתָיו מַה שֶּׁיִּקְנֶה לְצֹרֶךְ הֶחָג הַקָּדוֹשׁ שׁוּם גֶּזֶל אוֹ פְּרוּטָה מִשְּׁאָר אִסּוּרִים, כִּי אִם לָאו נוֹתֵן כֹּחַ לְסִטְרָא אָחֳרָא, שֶׁיִּהְיֶה לָהֶם חֵלֶק בַּקְּדֻשָּׁה. וְקַיְמָא לָן, דְּחָמֵץ אוֹסֵר בְּמַשֶּׁהוּ.

וּבְהַגִּיעַ הָעֵת לֵילֵךְ אֶל הַמַּיִם לִשְׁאֹב מַיִם שֶׁל מַצָּה אוֹ מַיִם שֶׁל מִצְוָה, אַף שֶׁהוּא רַב וּפַרְנָס וְנָגִיד בְּיִשְׂרָאֵל, לֹא יַקְפִּיד עַל כְּבוֹדוֹ מִלִּמְנֹעַ לֵילֵךְ בְּעַצְמוֹ לִשְׁאֹב מֵי מַצָּה. וּמִכָּל שֶׁכֵּן מַיִם שֶׁל מִצְוָה. וְכָל אֶחָד מִיִּשְׂרָאֵל יִזְדָּרֵז בְּשִׂמְחָה שֶׁל מִצְוָה, שֶׁיְּזַכֵּהוּ הַקָּדוֹשׁ בָּרוּךְ הוּא בַּחַיִּים לִשְׁאִיבַת מַיִם שֶׁל מַצָּה וּמִצְוָה לַשָּׁנָה הַבָּאָה, וְלִשְׁאֹב מַיִם בְּשָׂשׂוֹן מִמַּעַיְנֵי הַיְשׁוּעָה, כְּשֶׁנִּזְכֶּה לִרְאוֹת בְּעֵינֵינוּ מַיִם חַיִּים מִבְּאֵרָהּ שֶׁל מִרְיָם הַנְּבִיאָה. וְיִבְחַר כֵּלִים נְקִיִּים, שֶׁלֹּא יְהֵא בָּהֶם שׁוּם לִכְלוּךְ, לִשְׁאֹב בָּהֶם מֵי מִצְוָה. וְיִקַּח שְׁנֵי כֵּלִים לִשְׁנֵי לֵילוֹת, לְכָל לַיְלָה כְּלִי מְיֻחָד, כְּמוֹ שֶׁנָּהַג הֶחָסִיד מַהֲרִי"ל, זִכְרוֹנוֹ לִבְרָכָה. וְגַם רָאִיתִי נוֹהֲגִין לְהַרְבֵּה גְּדוֹלֵי יִשְׂרָאֵל, כְּשֶׁהָיוּ שׁוֹאֲבִים מַיִם, הָיוּ לוֹקְחִים כְּלִי קָטָן, וְהָיוּ סוֹפְרִים בְּכָל פַּעַם שֶׁיִּשְׁפֹּךְ הַמַּיִם - **א, ב, ג, ד, ה, ו** - עַד שֶׁהָיוּ סוֹפְרִים כָּל עֶשְׂרִים וּשְׁתַּיִם אוֹתִיּוֹת שֶׁבַּתּוֹרָה, כְּדֵי לְהַמְשִׁיךְ קְדֻשַּׁת אוֹתִיּוֹת שֶׁל הַתּוֹרָה אֶל תּוֹךְ הַמַּיִם. וְכֵן יַעֲשֶׂה לְתוֹךְ כְּלִי שֵׁנִי מֵי מִצְוָה, הַשַּׁיָּךְ לְלֵיל הַשֵּׁנִי.

וְאִם הוּא אִישׁ זָקֵן, אוֹ שֶׁיֵּשׁ לוֹ אֵיזֶה חֹלִי, וְאֵינוֹ יָכוֹל לֵילֵךְ בְּעַצְמוֹ לִשְׁאֹב מַיִם, אֲזַי יַמְתִּין וְיִשְׁמֹר עַל פֶּתַח בֵּיתוֹ, כְּשֶׁרוֹאֶה שֶׁנּוֹשְׂאִין מַיִם שֶׁל מֵי מַצּוֹת יָרוּץ לִקְרָאתָם וְיִקָּחֵם וְיִשָּׂאֵם לְבֵיתוֹ. וְכֵן נָהֲגוּ הַרְבֵּה גְּאוֹנִים, כְּשֶׁהָיוּ רוֹאִים שֶׁמְּבִיאִים לְבֵיתָם מַיִם שֶׁל מִצְוָה, הָיוּ רָצִים לִקְרַאת הַמַּיִם הַקְּדוֹשִׁים, וְהָיוּ נוֹשְׂאִים עַל כִּתְפֵיהֶם וְהִכְנִיסוּ לְבֵיתָם, וְהָיוּ נִזְהָרִין לְהַעֲמִיד הַמַּיִם בְּמָקוֹם נָקִי, שֶׁאֵין שָׁם לִכְלוּךְ וְסֻרְחוֹן. וְטוֹב מְאֹד שֶׁלֹּא תִּגַּע בַּמַּיִם אִשָּׁה נִדָּה, וְיִהְיוּ הַמַּיִם מְכֻסִּים בְּמִטְפַּחַת נְקִיָּה, בְּלִי שׁוּם לִכְלוּךְ, כִּי הַגִּלּוּי הוּא אָסוּר מִצַּד הַנָּחָ"שׁ וְהַסִּטְרָא אָחֳרָא. וּכְשֶׁהוּא הוֹלֵךְ לִשְׁאֹב מַיִם לְמִצְוָה, וְכֵן בַּחֲזָרָתוֹ עִם הַמַּיִם שֶׁאוֹבִים לֹא יְדַבֵּר עִם שׁוּם אָדָם, כִּי אִם בִּלְשׁוֹן הַקֹּדֶשׁ, כִּי עֲבוֹדַת הַקֹּדֶשׁ עָלָיו בַּכָּתֵף יִשָּׂאוּ. וְקֹדֶם שֶׁיִּשְׁאַב מַיִם, יִרְחַץ יָדָיו תְּחִלָּה, וְאַחַר כָּךְ יְבָרֵךְ עַל בְּדִיקַת חָמֵץ. **וְקַבָּלָה הִיא בְּיָדִי מִן רַבּוֹתַי**, שֶׁהָיוּ מְצַוִּים לְהַנִּיחַ חָמֵץ בַּעֲשָׂרָה מְקוֹמוֹת, נֶגֶד עֲשָׂרָה מַכּוֹת שֶׁהֵבִיא הַקָּדוֹשׁ בָּרוּךְ הוּא עַל הַמִּצְרִים, וּכְנֶגֶד עֲשָׂרָה דִּינִים שֶׁהַקָּדוֹשׁ בָּרוּךְ הוּא עָתִיד לְבַעֵר וּלְנַעֵר וְלִכְרוֹת וּלְהָמֵם, לַהֲרֹס וְלַעֲקֹר וְלִנְתֹּץ וְלִנְתֹּשׁ וּלְכַלּוֹת וּלְקַעְקֵעַ בֵּיצָתָם שֶׁל מְצֵרֵי יִשְׂרָאֵל.

וּכְנֶגֶד זֶה הַקָּדוֹשׁ בָּרוּךְ הוּא מְקַדֵּשׁ אֶת אֶרֶץ יִשְׂרָאֵל בְּעֶשֶׂר קְדֻשּׁוֹת,

כִּדְאִיתָא בְּפֶרֶק קַמָּא דְּמַסֶּכֶת כֵּלִים. וְצָרִיךְ שֶׁיִּבְדֹּק בְּעִיּוּן רַב, וְלֹא בְּדֶרֶךְ עֲרַאי, וּכְמוֹ שֶׁחוֹפֵשׂ וְגוֹרֵר חָמֵץ מֵחוֹרִים וּסְדָקִים עַל יְדֵי אוֹר הַנֵּר שֶׁל שַׁעֲוָה שֶׁבְּיָדוֹ, כֵּן הַקָּדוֹשׁ בָּרוּךְ הוּא יְבַעֵר כָּל זֻהֲמַת סִטְרָא אָחֳרָא, אֲשֶׁר עָתִיד הַסִּטְרָא אָחֳרָא לְהִטָּמֵן וּלְהֵחָבֵא מִפְּנֵי אוֹר הַשְּׁכִינָה, אֲשֶׁר יוֹפִיעַ הַקָּדוֹשׁ בָּרוּךְ הוּא לְחַפֵּשׂ יְרוּשָׁלַיִם בַּנֵּרוֹת, וְאָז יִתְבַּטֵּל וְיִתְבַּעֵר הַיֵּצֶר הָרָע וְכָל הַסִּטְרָא אָחֳרָא מִן הָעוֹלָם, וִיטַהֵר כָּל הָאָרֶץ בְּעֶשֶׂר קְדֻשּׁוֹת הָעֶלְיוֹנוֹת בִּמְהֵרָה בְּיָמֵינוּ אָמֵן. מוֹרִי וְרַבִּי, מוֹרֵנוּ הָרַב יוֹסֵף, זִכְרוֹנוֹ לִבְרָכָה.

פרק צ

בְּעֶרֶב פֶּסַח, שֶׁהוּא אַרְבָּעָה עָשָׂר בְּנִיסָן, יַשְׁכִּים בְּהַשְׁכָּמָה, כְּדֵי שֶׁלֹּא יִהְיֶה נִכְשָׁל, חַס וְשָׁלוֹם, בַּאֲכִילַת חָמֵץ אַחַר אַרְבַּע שָׁעוֹת שֶׁל הַיּוֹם. וְהַתְחָלַת הַיּוֹם הוּא מֵעַמּוּד הַשַּׁחַר. וְעַמּוּד הַשַּׁחַר הוּא כְּשֶׁהָרָקִיעַ הִתְחִיל לְהָאִיר בְּקַו לָבָן מִצַּד מִזְרָח מָתוּחַ לְאָרְכּוֹ בֵּין צָפוֹן לְדָרוֹם, וְזֶהוּ עַמּוּד הַשַּׁחַר. [כֵּן הוּא מְבֹאָר בָּרַמְבַּ"ם וּבְפֵרוּשׁ בַּעַל תּוֹסְפוֹת יוֹם טוֹב. וְכֵן עִקָּר]. וְרַבִּים בַּעֲווֹנוֹתֵינוּ הָרַבִּים מְקִלִּים מְאֹד, שֶׁאוֹכְלִין חָמֵץ אַחַר אַרְבַּע שָׁעוֹת. אוֹי וַאֲבוֹי עַל חֵטְא גָּדוֹל כָּזֶה, שֶׁעוֹבְרִים עַל דִּבְרֵי חֲכָמִים בְּמֵזִיד, וְהֵם, חַס וְשָׁלוֹם, בִּכְלַל - פּוֹרֵץ[463] גָּדֵר יִשְּׁכֶנּוּ נָחָשׁ. וּבְחִנָּם מַכְנִיסִין אֶת עַצְמָן לְעֹנֶשׁ גָּדוֹל כָּזֶה. וְזֶהוּ בָּדוּק וּמְנֻסֶּה, **וְהוּא קַבָּלָה בְּיָדִי מִן רַבּוֹתַי** - מִי שֶׁמֵּקֵל לֶאֱכֹל חָמֵץ אַחַר אַרְבַּע שָׁעוֹת, לֹא יִפָּטֵר מִסִּבָּה גְּדוֹלָה בְּאוֹתָהּ שָׁנָה. וְאִם לֹא יַעֲבֹר עָלָיו שׁוּם סִבָּה בְּזֶה הַשָּׁנָה, אֲזַי יֵשׁ לוֹ לִדְאֹג יוֹתֵר, שֶׁבְּוַדַּאי מְאַסְּפִים עָלָיו עֳנָשִׁים קָשִׁים לְהַאֲבִידוֹ בְּפַעַם אַחַת מֵהָעוֹלָם בְּאֵיזֶה סִבָּה רָעָה.

עַל כֵּן כָּל הָאִישׁ, הַיָּרֵא וְחָרֵד לִדְבַר ה', יִזָּהֵר בְּאִסּוּר זֶה. בַּאֲשֶׁר שֶׁכָּל דִּבְרֵי חֲכָמִים זִכְרוֹנָם לִבְרָכָה הֵן כְּגַחֲלֵי אֵשׁ. וְרָאִיתִי רַבִּים אֲשֶׁר הֵם לְהוּטִים אַחַר גְּרוֹנָם, וּמְמַלְּאִים כְּרֵסָם בְּרִבּוּי מַאֲכָלִים בְּשַׁחֲרִית בְּעֶרֶב פֶּסַח, וְאַחַר כָּךְ שׁוֹתִין עַד שֶׁמִּשְׁתַּכְּרִין, בַּעֲבוּר זֶה בְּהַגִּיעַ הַזְּמַן לַאֲפִיַּת מַצּוֹת שֶׁל מִצְוָה, בָּאִים שִׁכּוֹרִים לַעֲזֹר לַאֲפִיַּת מַצָּה וַאֲפִיַּת הַמִּצְוָה, וְאֵין דַּעְתָּם מִתְיַשֶּׁבֶת עֲלֵיהֶם לָתֵת לִבָּם אֶל קְדֻשַּׁת הַמַּצּוֹת. וְזוּלַת זֶה הֵן נִכְשָׁלִין, שֶׁמּוֹכְרִין חָמֵץ לַעֲרֵלִים, שֶׁאֵינָן מוֹכְרִין הֶחָמֵץ כָּרָאוּי, וְאֵין מְכִירָתוֹ שָׁוֶה כְּלוּם. וְכָל זֶה הוּא בִּגְרָם שֶׁהֵם לְהוּטִים אַחַר גְּרוֹנָם וּשְׁרִירוּת לִבָּם.

וְלָכֵן צָרִיךְ לִהְיוֹת מִנְהַג יִשְׂרָאֵל הַכְּשֵׁרִים, עֲדַת עַם קֹדֶשׁ, שֶׁכָּל עִנְיָנָם וְכָל מַעֲשֵׂיהֶם צְרִיכִין לִהְיוֹת בְּצֶדֶק וּבְהַשְׂכֵּל וּבְדַעַת, בִּקְדֻשָּׁה וְטָהֳרָה וּבְאֵימָה וּבְיִרְאָה, לְטַהֵר אֶת הַנְּשָׁמָה. וְלֹא יְכַוֵּן לַהֲנָאַת הַגּוּף. וּבִפְרָט בְּעֵסֶק מִצְוַת הֶחָג הַזֶּה, אֲשֶׁר הֵמָּה עֲסוּקִים וְיֵשׁ בּוֹ אִסּוּר כָּרֵת. **וְיֵשׁ קַבָּלָה בְּיָדִי** - כָּל טֹרַח שֶׁאָדָם מַטְרִיחַ אֶת עַצְמוֹ לִכְבוֹד יוֹם טוֹב שֶׁל פֶּסַח, וְהוּא עָיֵף וְיָגֵעַ בְּהַטֹּרַח אֲזַי בְּעֵסֶק זֶה הוּא הוֹרֵג כָּל הַמַּזִּיקִים הַנִּקְרָאִים - **נִגְעֵי**[464] **בְּנֵי אָדָם**. וְהָעוֹסֵק בְּטִרְדַּת הַמִּצְוָה שֶׁל יְמֵי הַפֶּסַח, הוּא מְתַקֵּן הַתִּקּוּן שֶׁל הוֹצָאַת שִׁכְבַת זֶרַע לְבַטָּלָה, וְהַלֵּב יוֹדֵעַ מָרַת נַפְשׁוֹ, שֶׁכִּמְעַט אֶחָד מֵאִתָּנוּ לֹא נִצּוֹל מֵחֵטְא זֶה, עַל כֵּן מֻטָּל עַל כָּל אֶחָד וְאֶחָד מִיִּשְׂרָאֵל לְתַקֵּן מַאי דְּאֶפְשָׁר, וַה' בְּרֹב רַחֲמָיו וַחֲסָדָיו יְקַבֵּל מַחֲשָׁבוֹת טוֹבוֹת שֶׁל יִשְׂרָאֵל עַמּוֹ, וִימַהֵר עָלֵינוּ לְגָאֳלֵנוּ.

---

[463] קהלת י ח

[464] עיין עירובין יח ב

וְחַיָּב כָּל אָדָם לְטַהֵר עַצְמוֹ בָּרֶגֶל. וְזֶהוּ וַדַּאי אֵין הַפֵּרוּשׁ שֶׁיְּטַהֵר עַצְמוֹ בָּרֶגֶל מַמָּשׁ דַּוְקָא, אֶלָּא צָרִיךְ לְטַהֵר עַצְמוֹ קֹדֶם כְּנִיסַת הָרֶגֶל, כְּדֵי שֶׁיְּקַבֵּל הָרֶגֶל בִּקְדֻשָּׁה וּבְטָהֳרָה. וְסוֹד הָרֶגֶל הוּא קְדֻשַּׁת הַשֵּׁם הֲוָיָ"ה בְּמִלּוּאוֹ עוֹלֶה לְחֶשְׁבּוֹן שִׁבְעִים וּשְׁתַּיִם כָּזֶה[465] - **יו"ד, ה"י, וי"ו, ה"י**. וְשֵׁם **אֶהְיֶ"ה** בְּמִלּוּאָהּ[466] עוֹלֶה בְּמִסְפַּר מֵאָה שִׁשִּׁים וְאַחַת, וּמֵאָה שִׁשִּׁים וְאַחַת וְשִׁבְעִים וּשְׁתַּיִם הֵן גִּימַטְרִיָּא **רֶגֶל**. וְזֶהוּ הַסּוֹד שֶׁיְּטַהֵר שְׁנֵי שֵׁמוֹת קְדוֹשִׁים, שֶׁהֵן קְדֻשַּׁת הָרֶגֶל. וְהָרַב הָאֲרִ"י זִכְרוֹנוֹ לִבְרָכָה, כָּתַב שֶׁבִּשְׁעַת הַטְּבִילָה יְכַוֵּן לְקַבֵּל הֶאָרוֹת שְׁנֵי שֵׁמוֹת אֶהְיֶ"ה הֲוָיָ"ה, כִּי זֶהוּ הַסּוֹד שֶׁחַיָּב אָדָם לְטַהֵר עַצְמוֹ בָּרֶגֶל. וְאִם הוּא זָקֵן אוֹ חַלָּשׁ אוֹ חוֹלֶה לֹא יְסַכֵּן נַפְשׁוֹ בְּמִצְוָה זוֹ, כִּי אֵין הַקָּדוֹשׁ בָּרוּךְ הוּא חָפֵץ שֶׁיָּבוֹאוּ בְּנֵי אָדָם לִידֵי סַכָּנָה, אֶלָּא יוּכַל לְטַהֵר עַצְמוֹ בְּתִשְׁעָה קַבִּין בְּמַיִם שְׁאוּבִין, אוֹ יִרְחַץ גּוּפוֹ מֵחֲגוֹרָה וּלְמַטָּה, וְגַם זֶה יְקֻבַּל בְּרָצוֹן לִפְנֵי הַקָּדוֹשׁ בָּרוּךְ הוּא.

וְאַחַר כָּךְ יִרְאֶה הָאָדָם לַעֲסֹק בְּהִלְכוֹת הַפֶּסַח בַּתּוֹרָה מַאי דְּאֶפְשָׁר. וְהָרַב הַגָּאוֹן מוֹרֵנוּ הָרַב רַבִּי יְשַׁעְיָה סֶגַל, **בְּסֵפֶר שְׁלָ"ה** כָּתַב - קֹדֶם הַטְּבִילָה מִצְוָה לִרְחֹץ גּוּפוֹ בְּחַמִּין. וּבְכָל עֶרֶב יוֹם טוֹב נָכוֹן לַעֲשׂוֹת כֵּן, וּבִפְרָט בְּעֶרֶב פֶּסַח, כִּי בִּהְיוֹת זֶה הָעִנְיָן מְבֹאָר בְּזֹהַר וַיִּקְרָא, שֶׁבְּיוֹם אַרְבָּעָה עָשָׂר בְּנִיסָן כְּשֶׁמְּבַעֲרִים הֶחָמֵץ בִּשְׂרֵפָה, יְכַוֵּן, כִּי אָז הוּא בֶּן חוֹרִין, וְהוּא יָצָא מִשִּׁעְבּוּד הַיֵּצֶר הָרָע, שֶׁהוּא הַשָּׂטָן הַמּוֹשֵׁל עָלֵינוּ בַּגָּלוּת הַמַּר הַזֶּה. וְעַתָּה, בִּשְׂרֵפַת הֶחָמֵץ, מוֹרֶה שֶׁיְּבֹעַר גַּם הַיֵּצֶר הָרָע מֵהָעוֹלָם. וַאֲנַחְנוּ כֻּלָּם קְדוֹשִׁים, וּבְתוֹכֵנוּ ה', וְכָל הַקְּלִפּוֹת וְהָרִשְׁעָה כֻּלָּהּ יִתְבַּטְּלוּ מֵהָעוֹלָם, וְאָז - יִהְיֶה[467] ה' אֶחָד וּשְׁמוֹ אֶחָד. וְלָכֵן הַבִּעוּר חָמֵץ בְּאַרְבָּעָה עָשָׂר בְּנִיסָן, שֶׁאָז הַלְּבָנָה בִּמְלוֹאָהּ, וְאֵין לַקְּלִפּוֹת שׁוּם שְׁלִיטָה עַל הַתִּינוֹקוֹת, שֶׁרוֹצִין הַקְּלִפּוֹת לְעוֹרֵר דִּין עֲלֵיהֶם בָּחֳלִי הַנִּכְפֶּה, בַּר מִנַּן, כֵּיוָן שֶׁהַלְּבָנָה הִיא בְּמִלּוּי. מַה שֶּׁאֵין כֵּן כְּשֶׁהַלְּבָנָה הִיא בְּחֶסְרוֹנָהּ, אֲזַי יֵשׁ שְׁלִיטַת הַקְּלִפּוֹת לְהָצֵר לַתִּינוֹקוֹת בַּחֳלִי הַנִּזְכָּר לְעֵיל, וְלָכֵן כְּתִיב - יְהִי[468] מְאֹרֹת בִּרְקִיעַ. חָסֵר וָי"ו, וְלֹא כְּתִיב **מְאוֹרוֹת** בְּוָי"ו. וְלָכֵן צָרִיךְ הָאָדָם לְכַוֵּן בִּשְׁעַת הַבִּעוּר, שֶׁהוּא נַעֲשָׂה בְּכֹחַ גָּמוּר וְגוֹבֵר עַל הַקְּלִפּוֹת.

וְלָכֵן רָאִיתִי מִנְהָג יָפֶה לָשִׂים עֲצֵי הַהוֹשַׁעְנָא עַל הָאֵשׁ, שֶׁשּׂוֹרְפִין בּוֹ הֶחָמֵץ, וְיֵשׁ בּוֹ טַעַם כָּמוּס. וְטַעַם הַנִּגְלֶה הוּא כְּמוֹ שֶׁכָּתְבוּ הַפּוֹסְקִים בְּכַמָּה מְקוֹמוֹת - הוֹאִיל[469] וְאִתְעֲבִיד בְּהוּ מִצְוָה חֲדָא נַעֲבִיד בּוֹ מִצְוָה

---

[465] **הִיבּ"שׁ** - הרב כתב **יו"ד ה"א וי"ו ה"א**, והוא עולה לשם הקדוש **ד"ן**. ואני העני תיקנתי לשם ע"ב.

[466] **הִיבּ"שׁ** - אהי"ה במילוי יודי"ן הוא אל"ף ה"י יו"ד ה"י, העולה קס"א.

[467] זכריה יד ט

[468] בראשית א יד

[469] ברכות לט ב

אַחֲרִיתִי. **הַכְּלָל הָעוֹלֶה** - כִּי בְּעוּר חָמֵץ מוֹרֶה עַל הֵחֵרוּת מִסִּטְרָא אָחֳרָא, וְאִם כֵּן חִיּוּב גָּדוֹל בְּאוֹתוֹ הַפַּעַם שֶׁצָּרִיךְ לִרְחֹץ בְּחַמִּין, כְּדֶרֶךְ הַשְּׁבוּיִים הַיּוֹצְאִים מִבֵּית הַשֶּׁבִי, מַרְחִיצִין אוֹתוֹ בְּחַמִּין, וְאַחַר כָּךְ יִתְעַסֵּק בַּעֲשִׂיּוֹת וּבַאֲפִיּוֹת הַמַּצּוֹת כְּדֵי לְהַכְנִיס עַצְמוֹ בִּקְדֻשָּׁה הָעֶלְיוֹנָה. וְיַעֲשֶׂה בְּשִׂמְחָה וּבְחֶדְוָה הַמַּצּוֹת שֶׁל מִצְוָה לְצֹרֶךְ סֵדֶר שְׁנֵי לֵילוֹת, וְזֶה יִחוּד לְהַקָּדוֹשׁ בָּרוּךְ הוּא וּשְׁכִינְתֵּיהּ, כִּדְאִיתָא בַּזֹּהַר וַיִּקְרָא שָׁם, וְזֶהוּ לְשׁוֹנוֹ - בְּגִין כָּךְ יִשְׂרָאֵל קַדִּישִׁין מְתַקְּנִין לְיִחוּד הַקָּדוֹשׁ בָּרוּךְ הוּא וּשְׁכִינְתֵּיהּ וְכוּ'. דְּהָא בְּהַהוּא לֵילְיָא זִוּוּגָא עִלָּאָה קַדִּישָׁא אִתְעַר וְאִשְׁתַּכַּח. הֲדָא הוּא דִכְתִיב - הוּא[470] הַלַּיְלָה הַזֶּה. בְּהַצָּעַת הַשֻּׁלְחָן וְהַסִּבָּה שֶׁעוֹשִׂין, שֶׁמְּצַיְּרִין וּמְיַפִּין הַהֲסִבָּה כְּדֶרֶךְ כָּל מִנְהַג יִשְׂרָאֵל קְדוֹשִׁים. עִקַּר כַּוָּנָה צָרִיךְ לְתַקֵּן הַהֲסִבָּה לִכְבוֹד הַקָּדוֹשׁ בָּרוּךְ הוּא וּשְׁכִינְתֵּיהּ, וְעַל כֵּן חָלִילָה וְחָלִילָה לְתַקֵּן הַהֲסִבָּה עַל יְדֵי שִׁפְחָה נָכְרִית, כִּי אִם דַּוְקָא יִשְׂרְאֵלִית. וּמַה טּוֹב מְאֹד עַל יְדֵי יִשְׂרְאֵלִית הַטְּהוֹרָה מִטֻּמְאַת הַנִּדָּה, וּמִכָּל שֶׁכֵּן שֶׁיּוֹתֵר טוֹב עַל יְדֵי בְּתוּלָה יִשְׂרְאֵלִית, שֶׁלֹּא רָאֲתָה נִדָּה עֲדַיִן, פְּשִׁיטָא שֶׁהוּא טוֹב וּמְשֻׁבָּח יוֹתֵר.

וְאִיתָא בַּזֹּהַר פָּרָשַׁת וַיִּקְרָא, דְּבָעֵי לְמֶחְדֵּי בְּהַהוּא לֵילְיָא בְּגִין דְּחֶדְוָתָא מִשְׁתַּכַּח לְעֵילָּא וְתַתָּא. וְעַל כֵּן צָרִיךְ לוֹמַר שִׁירוֹת וְתִשְׁבָּחוֹת שֶׁל אוֹתוֹ הַלַּיְלָה בְּשִׂמְחָה וּבְגִילָה, וְלֹא לְהֵרָאוֹת שׁוּם לֵב רַגָּז. וְכֵן מַזְהִיר הַזֹּהַר בְּכַמָּה מְקוֹמוֹת, דְּחִיּוּבָא הוּא עַל בַּר נָשׁ לְאִשְׁתָּעֵי בִּיצִיאַת מִצְרַיִם. וּבְהַהוּא סִפּוּרָא כּוֹנֵס הַקָּדוֹשׁ בָּרוּךְ הוּא לְכָל פַּמַלְיָא דִּילֵיהּ וְאוֹמֵר לְהוּ - זִילוּ וְשִׁמְעוּ סִפּוּרָא דְּשִׁבְחָא דְּקָא חַדָּאן בְּרָזָא דְּפֻרְקָנָא דְּמָארֵיהוֹן כְּדֵין אַתְיָן וְאוֹדִין לֵיהּ, לְהַקָּדוֹשׁ בָּרוּךְ הוּא, עַל כָּל אוֹתָן נִסִּין וּגְבוּרוֹת, וְכָל פַּמַלְיָא דִּלְעֵילָּא אוֹדָאן לֵיהּ עַל עַמָּא קַדִּישָׁא, דְּאִית לֵיהּ בְּאַרְעָא דְּחַדָּאן בְּחֶדְוָה דְּפֻרְקָנֵיהּ דְּמָארֵיהוֹן. כְּדֵין אִתּוֹסִיף חֵילָא וּגְבוּרְתָּא לְעֵילָּא, וְיִשְׂרָאֵל בְּהַהוּא סִפּוּרָא יַהֲבִין חֵילָא לְמָארֵיהוֹן וְכָל הָעוֹלָמוֹת דַּחֲלִין מִקַּמֵּיהּ הַקָּדוֹשׁ בָּרוּךְ הוּא.

הִנְּךָ רוֹאֶה גֹּדֶל הַשֶּׁבַח שֶׁל סִפּוּר יְצִיאַת מִצְרַיִם. עַל כֵּן יִרְאֶה לֵאמֹר הַהַגָּדָה בְּמָתוּן, וְלֹא לְאָמְרוֹ בִּמְהִירוּת. וְאַל יְהֵא דּוֹמֶה עָלָיו לְמַשָּׂא, חַס וְשָׁלוֹם. וְדַע לְךָ, כִּי מִצְוַת עֲשֵׂה מִן הַתּוֹרָה לִהְיוֹת לְכָל אֶחָד מִיִּשְׂרָאֵל לְזִכָּרוֹן תָּמִיד כָּל יְמֵי חַיָּיו, הַנִּסִּים שֶׁעָשָׂה הַקָּדוֹשׁ בָּרוּךְ הוּא לַאֲבוֹתֵינוּ וְלָנוּ. וּבְהַגִּיעַ יוֹם זֶה, מְחֻיָּב לְסַפֵּר חַסְדֵי ה' לְבָנָיו. כְּמוֹ שֶׁאָמַר הַכָּתוּב - וְהִגַּדְתָּ[471] לְבִנְךָ בַּיּוֹם הַהוּא לֵאמֹר בַּעֲבוּר זֶה עָשָׂה ה' לִי בְּצֵאתִי מִמִּצְרָיִם. וְעַל זֶה בָּא עָלֵינוּ הַמִּצְוָה שֶׁל סִפּוּר יְצִיאַת מִצְרַיִם בְּכָל שָׁנָה וְשָׁנָה וּבְכָל דּוֹר וָדוֹר בְּלֵיל פֶּסַח, כִּי בִּזְכוּת זֶה הַקָּדוֹשׁ בָּרוּךְ הוּא יִפְרֹשׂ כְּנָפָיו תָּמִיד עָלֵינוּ לְהַצִּיל אוֹתָנוּ בְּכָל הַמְּקוֹמוֹת וּבְכָל הַדְּרָכִים, וְיַעֲשֶׂה

---

470 ברכות לט ב

471 שמות יג ח

לָנוּ נִסִּים וְנִפְלָאוֹת. אֲבָל מִי שֶׁהַהַגָּדָה דּוֹמָה עָלָיו לְמַשָּׂא, וְאוֹמֵר בְּעַל כָּרְחוֹ אוֹ בְּעַצְלוּת וּבְלִי שִׂמְחָה וְכַוָּנַת הַלֵּב, אָז אֵינוֹ זוֹכֶה שֶׁיַּעֲשׂוּ לוֹ נֵס כְּשֶׁהוּא בִּמְקוֹם סַכָּנָה.

וְהִנֵּה קִצַּרְתִּי בְּעִנְיָן זֶה. וְעַיֵּן בַּאֲרִיכוּת **בְּסֵפֶר שְׁלַ"ה**. וּבְהַגִּיעַ לוֹמַר - מַעֲשֶׂה בְּרַבִּי אֱלִיעֶזֶר וְרַבִּי עֲקִיבָא, יְכַוֵּן לְמָה שֶׁכָּתַב הָאֲרִ"י, זִכְרוֹנוֹ לִבְרָכָה, שֶׁיֵּשׁ לְמַעְלָה שְׁלֹשׁ מֵאוֹת וְשִׁבְעִים נְהוֹרִין, הַבָּאִים מִשְּׁנֵי שֵׁמוֹת הַקְּדוֹשִׁים שֶׁל - מִי[472] **אֵ"ל** כָּמוֹךָ נֹשֵׂא עָוֹן וְעֹבֵר עַל פֶּשַׁע לִשְׁאֵרִית נַחֲלָתוֹ לֹא הֶחֱזִיק לָעַד אַפּוֹ כִּי חָפֵץ חֶסֶד הוּא. יָשׁוּב[473] יְרַחֲמֵנוּ יִכְבֹּשׁ עֲוֹנֹתֵינוּ וְתַשְׁלִיךְ בִּמְצֻלוֹת יָם כָּל חַטֹּאותָם. תִּתֵּן[474] אֱמֶת לְיַעֲקֹב חֶסֶד לְאַבְרָהָם אֲשֶׁר נִשְׁבַּעְתָּ לַאֲבֹתֵינוּ מִימֵי קֶדֶם. וְשֶׁל - ה'[475] ה' **אֵ"ל** רַחוּם וְחַנּוּן אֶרֶךְ אַפַּיִם וְרַב חֶסֶד וֶאֱמֶת. נֹצֵר[476] חֶסֶד לָאֲלָפִים נֹשֵׂא עָוֹן וָפֶשַׁע וְחַטָּאָה וְנַקֵּה. כִּי שְׁתֵּי פְּעָמִים **אֵ"ל** כָּזֶה - **אָלֶ"ף לָמֶ"ד** בְּמִלּוּאִים הֵן גִּימַטְרִיָּא שְׁלֹשׁ מֵאוֹת וְשִׁבְעִים. וּשְׁלֹשׁ מֵאוֹת וְשִׁבְעִים נְהוֹרִין אֵלּוּ מְקַבְּלִין נִשְׁמוֹת בַּעֲלֵי תּוֹרָה, שֶׁלּוֹמְדִין תּוֹרָה לְשֵׁם שָׁמַיִם וְהֵם בַּעֲלֵי יִרְאָה, וְאָז מְאִירִים עַל רֹאשָׁם שְׁלֹשׁ מֵאוֹת וְשִׁבְעִים נְהוֹרִין הַנִּזְכָּרִים וְעוֹד אַרְבָּעִים וְחָמֵשׁ כְּמִנְיַן שֵׁם הֲוָיָ"ה בְּמִלּוּאָהּ כָּזֶה - **יוּ"ד, הֵ"א, וָא"ו, הֵ"א**. וְאַרְבָּעִים וַחֲמִשָּׁה נְהוֹרִין בָּאִין לְתַלְמִידֵי חֲכָמִים מִצַּד הַיִּרְאָה שֶׁלָּהֶם, וּבְוַדַּאי תַּנָּאִים וְאָמוֹרָאִים הָרִאשׁוֹנִים הָיוּ מֻשְׁלָמִים בְּתוֹרָה וּבְיִרְאָה. וְאֶל זֶה מְרַמֵּז תֵּבוֹת **מַה**, **שַׁע**, שֶׁהֵן בְּהִפּוּךְ אַתְוָן **מַעֲשֶׂה** בְּרַבִּי אֱלִיעֶזֶר וְרַבִּי עֲקִיבָא וְכוּ'. כִּי **מַעֲשֶׂה** הֵן אוֹתִיּוֹת **מה שע** נְהוֹרִין שֶׁיָּאִירוּ עָלֵינוּ בִּזְכוּת הַתַּנָּאִים וְאָמוֹרָאִים.

וְדַע, עִנְיָן גָּדוֹל כָּתַב הָאֲרִ"י זִכְרוֹנוֹ לִבְרָכָה כְּשֶׁמַּגִּיעַ בַּאֲמִירַת הַהַגָּדָה - וְהִיא שֶׁעָמְדָה לַאֲבוֹתֵינוּ וְכוּ' עַד תֵּבַת וְהַקָּדוֹשׁ בָּרוּךְ הוּא מַצִּילֵנוּ מִיָּדָם. יַגְבִּיהַּ הַכּוֹס כְּשֶׁיַּתְחִיל לוֹמַר **וְהִיא שֶׁעָמְדָה**, דְּתֵיבַת **וְהִיא** קָאֵי אַשְּׁכִינָה, שֶׁהִיא תָּמִיד עִמָּנוּ בַּגָּלוּת, וְאֻמּוֹת הָעוֹלָם וְהַשָּׂטָן עוֹמְדִים לְכַלּוֹתֵינוּ בִּגְזֵרוֹת קָשׁוֹת, וְהַשְּׁכִינָה עִמָּנוּ לְבִלְתִּי לִהְיוֹת כָּלִים, חַס וְשָׁלוֹם, עַל יְדֵי צָרוֹת וּגְזֵרוֹת שֶׁמְּבַקְּשִׁין לַעֲשׂוֹת רָעָה עִמָּנוּ.

וְעוֹד דַּע, עִנְיָן נָכוֹן לְפִי דַּעְתֵּנוּ, כִּי לְפִי הַנִּרְאֶה, בְּעֵת שֶׁהָרַג מֹשֶׁה רַבֵּנוּ אֶת הַמִּצְרִי, זֶה הָיָה הַתְחָלַת מַפָּלָה וּנְפִילַת מִצְרַיִם, וּמֵאָז הִתְחִיל לְהַתִּישׁ כֹּחַ שַׂר שֶׁל מִצְרַיִם, כִּי הָרַב הָאֲרִ"י זִכְרוֹנוֹ לִבְרָכָה כָּתַב בִּכְתָבָיו, דְּמֹשֶׁה רַבֵּנוּ עָלָיו הַשָּׁלוֹם הָרַג לְמִצְרִי בְּשֵׁם אֶחָד מִן שִׁבְעִים וּשְׁנַיִם שֵׁמוֹת, וְהוּא שֵׁם הַנִּקְרָא **יכ"ש** וְיוֹצֵא מִפָּסוּק - מִי[477] שָׂמְךָ

---

[472] מיכה ז יח
[473] מיכה ז יט
[474] מיכה ז כ
[475] שמות לד ו
[476] שמות לד ו
[477] שמות ב יד

לְ**אִישׁ** שַׂר וְשׁוֹפֵט. כִּי הַשֵּׁם הַזֶּה הוּא מַשְׁפִּיל וְנוֹקֵם עַל מִצְרַיִם, וְעַל שֵׁם זֶה רָמַז דָּוִד הַמֶּלֶךְ - **שָׁ**פְטֵנִי[478] הוי"ה **כְּצִ**דְקִי. הָרוֹמֵז בְּרָאשֵׁי תֵּבוֹת שֶׁל **יכ"ש**.

וּבִהְיוֹת כִּי עָלֵינוּ חִיּוּב לְסַפֵּר בִּיצִיאַת מִצְרַיִם, עַל כֵּן נִרְאֶה לִי דְּשֵׁם זֶה הוּא מְרֻמָּז בְּרָאשֵׁי תֵּבוֹת שֶׁל **לֵ'יל שִׁ'מּוּרִים**, שֶׁהוּא גִּימַטְרִיָּא שֶׁל **יכ"ש**. וְלֵיל זֶה נִקְרָא **לֵיל שִׁמּוּרִים** לְפִי שֶׁהוּא מְשֻׁמָּר מִן הַמַּזִּיקִים, וְלָכֵן אֵין אָנוּ קוֹרִין קְרִיאַת שְׁמַע בְּלַיִל זֶה, לְהַרְאוֹת שֶׁאָנוּ מַאֲמִינִים בְּהַקָּדוֹשׁ בָּרוּךְ הוּא, שֶׁהוּא יִשְׁמֹר אוֹתָנוּ מִכָּל הַמַּזִּיקִים וּפְגָעִים בִּשְׁנֵי לֵילוֹת דְּפֶסַח, בַּאֲשֶׁר שֶׁהַשֵּׁם הַנִּזְכָּר לְעֵיל הוּא מַכְנִיעַ כָּל עוֹשֶׂה רִשְׁעָה. וְלָכֵן חִיּוּב עָלֵינוּ רַק לְהַרְבּוֹת בְּסִפּוּר יְצִיאַת מִצְרַיִם. וְכָל הַמַּרְבֶּה לְסַפֵּר, הֲרֵי זֶה מְשֻׁבָּח. מוֹרִי וְרַבִּי מוֹרֵנוּ הָרַב רַבִּי יוֹסֵף, זִכְרוֹנוֹ לִבְרָכָה.

[478] תהלים ז ט

פרק צא

דָּוִד הַמֶּלֶךְ אָמַר - גַּם[479] צִפּוֹר מָצְאָה בַיִת וּדְרוֹר קֵן לָהּ אֲשֶׁר שָׁתָה אֶפְרֹחֶיהָ אֶת מִזְבְּחוֹתֶיךָ ה' צְבָאוֹ"ת מַלְכִּי וֵאלֹהָ"י. בְּוַדַּאי לֹא לְחִנָּם אָמַר דָּוִד כֵּן, וְלֹא עַל סְתָם צִפּוֹר אָמַר הָכִי, דְּמַאי רְבוּתָא אִכָּא, שֶׁצִּפּוֹר מָצְאָה בַּיִת, וְצִפּוֹר דְּרוֹר מָצְאָה קֵן לָהּ, אֲבָל הָעִנְיָן הוּא מְבֹאָר בַּזֹּהַר פָּרָשַׁת בָּלָק, כִּי הָעוֹלָמוֹת וַחֲדָרִים שֶׁיֵּשׁ לְמַעְלָה בְּגַן עֵדֶן, אֲשֶׁר הַצַּדִּיקִים יוֹשְׁבִים שָׁם מְסֻדָּרִים בִּתְלַת שׁוּרִין, וּבְהָנָךְ שׁוּרִין יֵשׁ חֲדָרִים וְהֵיכָלוֹת מְלֵאִים צַדִּיקִים, אֲשֶׁר עֲלֵיהֶם נֶאֱמַר - עַיִן[480] לֹא רָאָתָה אֱלֹהִי"ם זוּלָתְךָ. וְהַצַּדִּיקִים יוֹשְׁבִים בִּיקָר וּגְדֻלָּה, וְעַטְרוֹתֵיהֶן בְּרָאשֵׁיהֶם, וּבֵין הָנֵי שׁוּרוֹת, שָׁם מְטַיְּלִין נִשְׁמוֹת הַצַּדִּיקִים, אֲשֶׁר עֲדַיִן לֹא זָכוּ כָּל כָּךְ כְּמוֹ אוֹתָן הַצַּדִּיקִים, שֶׁהֵם יוֹשְׁבִים עַל מְקוֹמָם. אָכֵן, גַּם הַטִּיּוּל, אֲשֶׁר מְטַיְּלִין בֵּין הַשּׁוּרוֹת, הוּא לָהֶם לְעֹנֶג גָּדוֹל, וְיֵשׁ לָהֶם נַחַת רוּחַ, וַעֲלֵיהֶם נֶאֱמַר - **גַּם צִפּוֹר מָצְאָה בַיִת.** אַף שֶׁהֵן בֵּין הַשּׁוּרוֹת אֲפִלּוּ הָכִי מָצְאוּ גַּם שֶׁבְּחֹדֶשׁ נִיסָן הַצִּפֳּרִים מַתְחִילִין לְצַפְצֵף, כֵּן בְּגַן עֵדֶן הַנְּשָׁמוֹת מִתְלַבְּשִׁים בִּדְמוּת צִפֳּרִים בְּחֹדֶשׁ נִיסָן, וּבְכָל בֹּקֶר וּבֹקֶר הֵם מְצַפְצְפִים כְּצִפֳּרִים. וְהַאי צִפְצוּפָא שִׁבְחָא דְּקֻדְשָׁא בְּרִיךְ הוּא וּצְלוֹתָא עַל חַיֵּי בְּנֵי נָשָׁא, בְּגִין דְּאִלֵּין יוֹמִין יִשְׂרָאֵל כֻּלְּהוּ מִתְעַסְּקִין בְּמִצְוֹת וְעָבְדִין פִּקּוּדִין דְּמָארֵי עָלְמָא, וְאִנּוּן צַדִּיקִים דְּיָתְבֵי לְגוֹ בְּהֵיכָלִין טְמִירִין, דְּאִתְּאֲמַר עֲלֵיהֶם **עַיִן לֹא רָאָתָה** וְנִקְרָאִים **דְּרוֹר**, דְּאִית לְהוֹן דְּרוֹר וְחֵרוּת מִכֹּלָּא, וְאִנּוּן **קֵן לָהּ** מְיֻחָד לָבוֹא לָמָּדוֹר כְּמוֹ קֵן מְתֻקָּן וּמוּכָן הֵיטֵב.

וְאִי תֵּימָא - בְּמַאי זָכָן אִנּוּן צַדִּיקִים, דְּיָתְבִין לְגוֹ בְּהֵיכָלִין טְמִירִין יוֹתֵר מֵאִנּוּן צַדִּיקִים שֶׁבֵּין הַשּׁוּרוֹת, לָזֶה אָמַר - **אֲשֶׁר שָׁתָה אֶפְרוֹחֶיהָ אֶת מִזְבְּחוֹתֶיךָ ה' צְבָאוֹ"ת.** פֵּרוּשׁ, אִנּוּן דִּבְהֵיכָלִין טְמִירִין גָּרַם לָהֶם אֲשֶׁר זָכוּ לְהַעֲמִיד בָּנִים וְתַלְמִידֵי חֲכָמִים הָעוֹסְקִים בַּתּוֹרָה שֶׁבִּכְתָב וּבַתּוֹרָה שֶׁבְּעַל פֶּה, שֶׁהוּא נֶגֶד שְׁנֵי מִזְבְּחוֹת שֶׁבַּמִּקְדָּשׁ, וּתְלַת זִמְנִין בְּשַׁתָּא הַקָּדוֹשׁ בָּרוּךְ הוּא בָּעֵי לְאִשְׁתַּעְשֵׁעַ בְּהָנָךְ צַדִּיקַיָּא, וּפָתְחִין לְהוּ הֵיכָלָא חַד, דְּתַמָּן עוֹשִׂין עֲטָרוֹת לְעַטֵּר בָּהֶם מְשִׁיחַ צִדְקֵנוּ לֶעָתִיד לָבוֹא.

וְהִנֵּה נִזְכַּר לְעֵיל, בְּחֹדֶשׁ זֶה כָּל יִשְׂרָאֵל עוֹסְקִים בְּמִצְוֹת - לְבַעֵר חָמֵץ, וְהַגְעָלָה, וְלִבּוּן, וַהֲדָחָה, וְעֵרוּי, וּבְדִיקוֹת חִטִּין בְּנָפָה, וְהַטְּחִינָה, וְהַלִּישָׁה, וְהָעֲרִיכָה, וְהָרִקּוּד, וְהָאֲפִיָּה, וְהֶסֵּק הַתַּנּוּר, כָּל עֵסֶק נֶחְשָׁב לְמִצְוָה מְיֻחֶדֶת, וְעַל כֵּן יָשָׁר וְכָשֵׁר שֶׁלֹּא לַעֲשׂוֹת שׁוּם מְלָאכָה מִמְּלָאכוֹת הַנִּזְכָּרוֹת עַל יְדֵי עֲרֵלִים, כִּי אִם עַל יְדֵי יִשְׂרְאֵלִים. וּבִהְיוֹת

---

479 תהלים פד ד

480 ישעיהו סד ג

כֵּן, רָאוּי לְהַדֵּר אַחַר עֲשִׂיַּת הַמַּצּוֹת בַּחֹדֶשׁ הַזֶּה. וְכָל הַיָּרֵא לִדְבַר ה' יַחֲשֹׁב בְּעֵין שִׂכְלוֹ, אֵיךְ לְחַדֵּשׁ אֵיזֶה דְּבַר תּוֹרָה, כִּי גַּם זֶה נִכְלָל בִּדְבָרִים קְדוֹשִׁים שֶׁל מַאֲמַר הַנִּזְכָּר, שֶׁבְּחֹדֶשׁ זֶה מִתְעַסְּקִים בְּמִצְוָה. וְשַׁפִּיר מִתְפָּרֵשׁ הַכָּתוּב - הַחֹדֶשׁ[481] הַזֶּה לָכֶם. לְטַהֵר נַפְשׁוֹתֵיכֶם, וּצְרִיכִין לִתֵּן צְדָקָה וּפַרְנָסָה לַעֲנִיִּים, כִּי - בְּפֶסַח[482] נִדּוֹנִים עַל הַתְּבוּאָה. וְאִיתָא בְּזֹהַר חָדָשׁ פָּרָשַׁת בְּרֵאשִׁית - בַּפֶּסַח נִדּוֹנִים עַל הַתְּבוּאָה. וּפָרִיךְ - מַאי קָא מַשְׁמַע לָן, אָמַר רַבִּי יִצְחָק - עַל הַתְּבוּאָה מַמָּשׁ. דְּאָמַר רַבִּי יִצְחָק - בַּשָּׁנָה שֶׁעָבְרָה נָתַן לָהֶם הַקָּדוֹשׁ בָּרוּךְ הוּא תְּבוּאָה כְּדֵי סִפּוּקָא לְעָלְמָא, וְהִנֵּה כְּשֶׁרוֹאֶה הַקָּדוֹשׁ בָּרוּךְ הוּא, שֶׁהַבְּרִיּוֹת לֹא יָצְאוּ יְדֵי חוֹבָתָן בַּעֲשִׂיַּת הַצְּדָקָה, נֶגֶד הַשֶּׁפַע טוֹבָה שֶׁנָּתַן לָהֶם הַקָּדוֹשׁ בָּרוּךְ הוּא בַּתְּבוּאָה, וְהַבְּרִיּוֹת לֹא נָתְנוּ מַעֲשֵׂר כַּהֹגֶן, וְלָא יַהֲבֵי מִנֵּיהּ לְמִסְכְּנָא כַּהֹגֶן וְלִיַתְמֵי וּלְאַלְמָנָה, כַּד אָתֵי פֶּסַח, דָּאִין הַקָּדוֹשׁ בָּרוּךְ הוּא לְכָל עָלְמָא עַל הַהוּא תְּבוּאָה, דְּיָהִיב לְהוּ בְּשַׁתָּא דְּעָבְרָה.

עַל כֵּן יִתְבּוֹנֵן הָאָדָם הֵיטֵב בְּכָל חֹדֶשׁ נִיסָן, אִם יָצָא יְדֵי חוֹבָתוֹ הֵיטֵב בְּמִצְוָה שֶׁל צְדָקָה נֶגֶד הַהַשְׁפָּעָה, שֶׁקִּבֵּל מֵהַקָּדוֹשׁ בָּרוּךְ הוּא, וְעַל אַחַת כַּמָּה וְכַמָּה מֻטָּל עַל רָאשֵׁי עֲדַת עַם קֹדֶשׁ לְהִתְבּוֹנֵן הֵיטֵב עַל הַשָּׁנָה שֶׁעָבְרָה, וּמִכָּל שֶׁכֵּן עַל שָׁנָה הַבָּאָה, בִּפְרָט לְצֹרֶךְ חַג הַגָּדוֹל הַקָּדוֹשׁ כְּמוֹ חַג הַפֶּסַח, שֶׁצָּרְכֵי הָעוֹלָם הֵן מְרֻבִּין, וְכָל בְּנֵי יִשְׂרָאֵל שָׁוִים הֵן בְּתֹקֶף הַנֵּס עָנִי וְעָשִׁיר יַחְדָּו, מְחֻיָּבִים בְּמִצְוַת מָרוֹר וְאַרְבַּע כּוֹסוֹת וּשְׁאָר צָרְכֵי יוֹם טוֹב.

וּבוֹא וּרְאֵה מַה שֶּׁכָּתַב הַזֹּהַר פָּרָשַׁת בְּשַׁלַּח, עַל הִתְעוֹרְרוּת הַשְׁגָּחַת עֲנִיִּים וְאֶבְיוֹנִים, אָמַר רַבִּי חִיָּא - תְּמִהָנָא עַל הַאי קְרָא [תְּהִלִּים סט, לד] - כִּי שֹׁמֵעַ אֶל אֶבְיוֹנִים ה'. וְכִי אֶל אֶבְיוֹנִים שׁוֹמֵעַ, וְלֹא לְאָחֳרָא, אָמַר רַבִּי שִׁמְעוֹן - בְּגִין דְּאֶבְיוֹנִים קְרוֹבִין הֵן יוֹתֵר לְמַלְכָּא, דִּכְתִיב - לֵב[483] נִשְׁבָּר וְנִדְכֶּה אֱלֹהִ"ם לֹא תִבְזֶה. וְלֵית לָךְ בְּעָלְמָא דְּאִיהוּ תְּבִיר לִבֵּיהּ כְּמִסְכֵּנָא. וְאָמַר רַבִּי שִׁמְעוֹן בֶּן יוֹחַאי - תָּא חָזֵי, כָּל אִנּוּן בְּנֵי עָלְמָא אִתְחַזְיָין קַמֵּיהּ קֻדְשָׁא בְּרִיךְ הוּא בְּגוּפָא וְנַפְשָׁא, וּמִסְכְּנָא לָא אִתְחַזֵי אֶלָּא בְּנַפְשָׁא בִּלְחוֹדוֹי, וְהַקָּדוֹשׁ בָּרוּךְ הוּא קָרִיב לְנַפְשָׁא יַתִּיר.

וּמִסְכְּנָא חַד הֲוֵי בִּשְׁבָבוּתֵיהּ דְּרַבִּי יֵיסָא, וְלָא הֲוֵי מַאן דְּאַשְׁגַּח בֵּיהּ, וְהוּא הֲוֵי אַכְסִיף [רָצָה לוֹמַר, שֶׁהָיָה בַּיְשָׁן גָּדוֹל]. יוֹמָא חֲדָא חַלָּשׁ הַאי מִסְכֵּנָא מֵחֲמַת הַדֹּחַק, עָאל לְגַבֵּיהּ רַבִּי יֵיסָא. שָׁמַע חַד קָלָא מִן הַשָּׁמַיִם דְּאָמַר - טִילְקָא, טִילְקָא [פֵּרוּשׁ, כִּי הַגַּלְגַּל הוּא טִילְקָא. רָצָה לוֹמַר, שֶׁהָעֲנִיּוּת הוּא גַּלְגַּל הַחוֹזֵר בָּעוֹלָם]. וְהִנֵּה בְּזֶה הַמָּקוֹם, אֲשֶׁר שָׁמָּה גַּלְגַּל הַנְּשָׁמוֹת, הַפּוֹרְחוֹת מֵאוֹתוֹ הַמָּקוֹם, יָצְאָה בַּת קוֹל וְאָמְרָה כֵּן - הָא נַפְשָׁא פָּרְחָה

[481] שמות יב ב
[482] משנה ראש השנה א ב
[483] תהלים נא יט

גַּבָּאֵי, וְלָא מָטָא יוֹמָא. וַי, וַי, לִבְנֵי נָשָׁא, דְּלָא אִשְׁתְּכַּח בְּהוּ דְּיָתִיב נַפְשֵׁיהּ לְגַבֵּיהּ. אָז שָׁדָא רַבִּי יֵיסָא בְּפוּמֵיהּ, דְּהַאי מִסְכֵּנָא מַיָּא דִּגְרוֹגְרִין אַפּוּתָא דְּקוּנְטָא. [פֵּרְשׁוּ הַמְפָרְשִׁים, שֶׁנָּתַן לוֹ מַיִם, שֶׁנִּתְבַּשֵּׁל בּוֹ גְּרוֹגָרוֹת וְעוֹד עֲשָׂבִים שֶׁל רְפוּאוֹת, שֶׁהַשּׁוֹתֶה מַיִם שֶׁנִּתְבַּשְּׁלוּ בָּהֶם אֵלּוּ הַשָּׁרָשִׁים עִם הַגְּרוֹגָרוֹת, גּוֹרְמִים שֶׁהַחוֹלֶה מֵזִיעַ וְנִתְרַפֵּא]. אִתְבַּקַּע זֵעָה בְּאַנְפֵּי וְתָב רוּחֵיהּ לְגַבֵּיהּ. לְבָתַר אָתָא וְשָׁאִיל לֵיהּ. אָמַר - חַיֶּיךָ, רַבִּי, נַפְשִׁי נָפְקַת מִנִּי, וּמָטוּ לְנַפְשָׁאִי קַמֵּיהּ כֻּרְסֵיהּ דְּמַלְכָּא וּבָעִיתִי לְמֶהֱוֵי תַּמָּן, אֶלָּא דְּבָעֵי הַקָּדוֹשׁ בָּרוּךְ הוּא לְזַכָּאָה לָךְ וְאַכְרִיזוּ עָלָךְ - זָמִין הוּא רַבִּי יֵיסָא לְסַלְקָא רוּחֵיהּ וּלְאִתְקַשְּׁרָא בְּחַד אִדְּרָא קַדִּישָׁא, דְּזָמִין חַבְרַיָּא לְאִתְעָרָא תַּמָּן, וְהָא אִתְקִינוּ תְּלַת כֻּרְסַיָּא, דְּקַיְּמִין לָךְ וּלְחַבְרָךְ. מֵהַהוּא יוֹמָא הֲוֵי מַשְׁגִּיחִין בֵּיהּ בְּנֵי נָשָׁא וְנָתְנוּ לוֹ כְּדֵי צָרְכּוֹ.

וְתוּ - מִסְכֵּנָא אָחֳרָא אִעֲבַר קַמֵּי דְּרַבִּי יִצְחָק, וַהֲוֵי פַּלְג מָעָה כֶּסֶף בִּידוֹי. אָמַר לֵיהּ לְרַבִּי יוֹסִי - הַשְׁלֵם לִי וְלִבְנִי וּלְבִתִּי נַפְשָׁאִין. אָמַר לוֹ רַבִּי יִצְחָק - הָאֵיךְ אַשְׁלִים נַפְשַׁיְכוּ, דְּהָא לָא אִשְׁתְּכַּח גַּבָּאֵי רַק פַּלְג מָעָה, אָמַר לֵיהּ הַאי מִסְכֵּנָא - הֲדָא אַשְׁלִימְנָא בְּפַלְג אָחֳרָא דְּאִית לִי. אַפְקֵיהּ וְיָהִיב לֵיהּ. אִתְחֲזִיאוּ לְרַבִּי יִצְחָק בְּחֶלְמָא, דַּהֲוָא אִעֲבַר בִּשְׂפָתָא דְּיַמָּא רַבָּא וּבָעָאן לְמִשְׁדְיֵהּ בְּגַוֵּיהּ וְיָהִיב יְדֵיהּ לְרַבִּי שִׁמְעוֹן בֶּן יוֹחַאי, דְּהוּא אוֹשִׁיט יָדָיו לְקַבְּלֵיהּ, וְאָתֵי הַאי מִסְכֵּנָא וְאַפְקֵיהּ וְאִשְׁתֵּזִיב. כַּד אִתְּעַר נָפַל בְּפוּמֵיהּ הַאי קְרָא - אַשְׁרֵי[484] מַשְׂכִּיל אֶל דָּל, בְּיוֹם רָעָה יְמַלְּטֵהוּ ה'.

הֲרֵי לְךָ כַּמָּה אַזְהָרוֹת, שֶׁצְּרִיכִין לְהִזָּהֵר בַּעֲנִיִּים. וּבִפְרָט גַּבָּאֵי צְדָקָה צְרִיכִין לִרְאוֹת לִקְנוֹת חִטִּים וְלִטְחֹן וְלִשְׁלֹחַ הַקֶּמַח לַעֲנִיִּים, שֶׁאָז הֲנָאָתָן קְרוֹבָה. וְיוֹתֵר שָׂכָר יֵשׁ לְהַגַּבָּאֵי כְּשֶׁשּׁוֹלְחִים קֶמַח וּבָשָׂר לַעֲנִיִּים, וְכִדְמָצִינוּ בְּאַבָּא חִלְקִיָּה בִּגְמָרָא דְּמַסֶּכֶת תַּעֲנִית - דַּהֲוֵי[485] צְרִיכִין עָלְמָא לְמִטְרָא. שָׁדְרוּ רַבָּנָן לְגַבֵּיהּ. אָמַר לִדְבֵיתְהוּ סָלִיק לְאִגְּרָא לְמִבְעֵי רַחֲמֵי, אֶפְשָׁר שֶׁיִּתְרַצֶּה הַקָּדוֹשׁ בָּרוּךְ הוּא, וְאָתֵי מִטְרָא, וְלָא נַחֲזִיק טִיבוּתָא לְנַפְשָׁאִין. סְלִיקוּ לְאִגְּרָא. קָא אִיהוּ בְּחַדָא זָוִית וּבָעוּ רַחֲמֵי. סְלִיקוּ קָדִים עַנְנֵי מִזָּוִית דִּדְבֵיתְהוּ, וּבְאוֹתוֹ הַפַּעַם אָתוּ רַבָּנָן לְבַקֵּשׁ לוֹ, שֶׁיִּתְפַּלֵּל עַל מִטְרָא. וְכִי נָחִית מֵאִגְּרָא, אָמְרוּ יָדְעָנָא, דְּמִטְרָא מֵחֲמַת מַר הוּא דְּאָתָא אָכֵן מַאי טַעְמָא קָדִים סָלִיק עֲנָנָא הַאי מִזָּוִית דִּדְבֵיתְהוּ הֲוֵית עוֹמֶדֶת, אָמַר לְהוּ מִשּׁוּם דְּאִתְּתָא שְׁכִיחָא בְּמָתָא וּבְבֵיתָא, וּמְקָרֵב הֲנָיָתָא לַעֲנִי. [וּפֵרֵשׁ רַשִׁ"י - דִּמְקָרֵב הֲנָיָתָא כו', שֶׁהִיא נוֹתֶנֶת לַעֲנִי לֶחֶם וְקִטְנִית וְכַיּוֹצֵא בָּהֶן, כְּדֵי שֶׁלֹּא יִהְיֶה לֶעָנִי טֹרַח בָּהֶם. אֲבָל אָמַר אַבָּא חִלְקִיָּה, אֲנִי נוֹתֵן לָהֶם מָעוֹת].

הֲרֵי לְךָ, שֶׁכָּל כַּמָּה דְּנוֹתְנִין לֶעָנִי מָעוֹת, אֵין זְכוּתוֹ גָּדוֹל כָּל כָּךְ כְּמוֹ

---

484 תהלים מא ב

485 תענית כג ב

שֶׁהוּא נוֹתֵן לֶעָנִי לֶחֶם וּבָשָׂר וְיַיִן, כְּדֵי שֶׁלֹּא יִהְיֶה טֹרַח לִקְנוֹת, וְיִהְיֶה מְקָרֵב הֲנָאָתוֹ. עַל כֵּן מִנְהָג הַטּוֹב לְחַלֵּק קֶמַח לָעֲנִיִּים, וְאַף שֶׁהַטֹּרַח הוּא יוֹתֵר עַל הַגַּבָּאִים בִּשְׁבִיל כֵּן, הַשָּׂכָר יוֹתֵר. וַהֲלֹא כְּבָר אָמְרוּ רַבּוֹתֵינוּ זִכְרוֹנָם לִבְרָכָה - וּמַצְדִּיקֵי[486] הָרַבִּים כְּכוֹכָבִים לְעוֹלָם וָעֶד. אֵלּוּ[487] הַגַּבָּאֵי צְדָקָה.

וְהַנִּרְאֶה לְפִי שִׂכְלִי, לָמָּה נִמְשְׁלוּ הַגַּבָּאֵי צְדָקָה לְכוֹכָבִים, כִּי עִנְיַן הַכּוֹכָבִים הוּא לְהָאִיר בַּלַּיְלָה, וְלֹא בַּיּוֹם, כִּי שְׁרָגָא בְּטִהֲרָא לָא מְהַנֵּי. וְכֵן הַגַּבָּאִים מְיֻחָדִים לְהָאִיר בִּמְקוֹמוֹת הָאֲפֵלוֹת, וְזֶהוּ מְקוֹם הָעֲנִיּוּת וְדַלּוּת, וּבְאוֹתָן הַמְּקוֹמוֹת יִרְאוּ הַגַּבָּאִים לִתֵּן אוֹר וְהַשְׁגָּחָה בְּשִׂימַת עַיִן וּבְעַיִן פְּקוּחָה לְטוֹבָה, וְאֵיךְ וּמָה לַעֲשׂוֹת. וְאַשְׁרֵי הַגַּבָּאֵי צְדָקָה שֶׁעוֹסְקִין בְּעַצְמָן בְּעֵסֶק מִצְוָה רַבָּה לִקְנוֹת חִטִּים מֵהַמֻּבְחָר וְהַטּוֹב, כִּי חֵלֶק עֲנִיִּים הוּא חֵלֶק גָּבוֹהַּ. וְזֶהוּ הַסּוֹד - וְכֹל[488] מִבְחַר נִדְרֵיכֶם אֲשֶׁר תִּדְּרוּ לַה' [וּפֵרֵשׁ רַשִׁ"י פָּרָשַׁת רְאֵה - מְלַמֵּד, שֶׁיִּתֵּן לָעֲנִיִּים חֵלֶק הַמֻּבְחָר, כִּי חֵלֶק הֶעָנִי הוּא חֵלֶק ה']. וּכְמוֹ שֶׁאָמַר כַּמָּה פְּעָמִים בַּפְּרָקִים הַקּוֹדְמִים, עַיֵּן שָׁם.

וְהִנֵּה רָאִיתִי מִכְשׁוֹל גָּדוֹל בִּמְדִינוֹת פּוֹלִין בֵּין הַגַּבָּאִים, שֶׁכָּל אֶחָד מַחֲזִיק חֹדֶשׁ, וּמִדֵּי חֹדֶשׁ בְּחָדְשׁוֹ יֵשׁ גַּבַּאי אַחֵר, וּבְהַגִּיעַ חֹדֶשׁ נִיסָן וְחֹדֶשׁ תִּשְׁרֵי, אֲשֶׁר צָרְכֵי הָעֲנִיִּים הֵם מְרֻבִּים, מוֹצִיאִים שְׁאָר הַגַּבָּאִים אֶת רֹאשָׁם מֵעֵסֶק הַגַּבָּאוּת, וְאוֹמְרִים לָהָעֲנִיִּים הַבָּאִים לִפְנֵיהֶם, מַה לָּכֶם אֵלַי, הֲלֹא יֵשׁ גַּבַּאי הַחֹדֶשׁ לְפָנֶיךָ, וְעָלָיו הוּא מֻטָּל לָצֵאת יְדֵי חוֹבָתוֹ בְּחֹדֶשׁ זֶה, וְהָעוֹשֶׂה כֵּן הוּא מְכֹעָר מְאֹד, וַהֲלֹא עַל כָּל הַגַּבָּאִים הַדָּבָר מֻטָּל לַעֲבֹד עֲבוֹדַת הַקֹּדֶשׁ, **בַּכָּתֵ"ף יִשָּׂאוּ** וּמָה יַּעֲשֶׂה הַגַּבַּאי חֹדֶשׁ, לִפְעָמִים אֵין יְכֹלֶת בְּיָדוֹ לְהַלְווֹת מִכִּיסוֹ לִמְעוֹת צְדָקָה, וְאֵין לוֹ שׁוּם מָעוֹת בְּכִיס שֶׁל צְדָקָה. וְאִם כֵּן, וַהֲרֵי עֲבוֹדָה זוֹ עֲבוֹדַת הַקֹּדֶשׁ הוּא, נֶחְשָׁב כַּעֲבוֹדַת מֶלֶךְ בָּשָׂר וָדָם, הַמֻּטָּל עַל אִישׁ דְּבַר יוֹם בְּיוֹמוֹ וְשַׁבַּת בְּשַׁבַּתּוֹ וְחֹדֶשׁ בְּחָדְשׁוֹ, וְאֵין אוֹתוֹ אִישׁ יוּכַל לוֹמַר - הֲרֵי פָּטוּר אֲנִי בְּחֹדֶשׁ זֶה, וְעָלַי הַמְּלָאכָה לִגְמֹר בְּחֹדֶשׁ אַחֵר, וְלָמָּה יַעֲשֶׂה כֵּן, חַס וְשָׁלוֹם, בַּעֲבוֹדַת מֶלֶךְ מַלְכֵי הַמְּלָכִים הַקָּדוֹשׁ בָּרוּךְ הוּא.

עַל כֵּן צְרִיכִים כָּל הַגַּבָּאִים לַעֲשׂוֹת אֲסֵפָה וְלִפְקֹחַ וּלְעַיֵּן הֵיטֵב בְּצָרְכֵי הָעֲנִיִּים וְהָאֶבְיוֹנִים, וּבִגְלַל הַדָּבָר הַזֶּה יְבָרֵךְ ה' אוֹתָם בְּכָל מַעֲשֵׂה יְדֵיהֶם, וְיִזְכּוּ לִרְאוֹת בְּבִנְיַן צִיּוֹן וִירוּשָׁלַיִם, אָמֵן כֵּן יְהִי רָצוֹן. מוֹרִי וְרַבִּי מוֹרֵנוּ הָרַב רַבִּי יוֹסֵף, זִכְרוֹנוֹ לִבְרָכָה.

---

[486] דניאל יב ג

[487] בבא בתרא ח ב

[488] דברים יב יא

פרק צב

מֵאַהֲבַת הַקָּדוֹשׁ בָּרוּךְ הוּא לְיִשְׂרָאֵל, צִוָּה לִסְפֹּר תִּשְׁעָה וְאַרְבָּעִים יוֹם מִמָּחֳרַת הַפֶּסַח עַד חַג הַשָּׁבוּעוֹת, שֶׁהוּא יוֹם מַתַּן תּוֹרָה, שֶׁהוּא יוֹם הַחֲמִשִּׁים. וְהַטַּעַם הוּא מְבֹאָר, כִּי כְּשֶׁהָיוּ יִשְׂרָאֵל בְּגָלוּת מִצְרַיִם, נִשְׁתַּקְּעוּ בַּקְּלִפָּה בְּאַרְבָּעִים וְתִשְׁעָה שַׁעֲרֵי טֻמְאָה, וְאִלְמָלֵא הָיוּ יִשְׂרָאֵל שָׁם עוֹד יוֹם אֶחָד אַחַר חֲמִשָּׁה עָשָׂר בְּנִיסָן - **הֲרֵי אָנוּ וּבָנֵינוּ וּבְנֵי בָנֵינוּ מְשֻׁעְבָּדִים הָיִינוּ לְפַרְעֹה**. וְהַקָּדוֹשׁ בָּרוּךְ הוּא בְּרַחֲמָיו וּבְרֹב חֲסָדָיו הוֹצִיאָנוּ לְחֵרוּת וְנָתַן לָנוּ הַתּוֹרָה אַחַר מִסְפַּר חֲמִשִּׁים יוֹם, דְּהַיְנוּ שֶׁהָיוּ יִשְׂרָאֵל סוֹפְרִים אַרְבָּעִים וְתִשְׁעָה יוֹם, חוּץ מִיּוֹם שֶׁנִּתְּנָה בּוֹ הַתּוֹרָה הַקְּדוֹשָׁה. וּבְכָל יוֹם וָיוֹם בָּאנוּ מִמַּדְרֵגָה לְמַדְרֵגָה בְּאַרְבָּעִים וְתִשְׁעָה שַׁעֲרֵי הַקְּדֻשָּׁה, שֶׁהֵן שַׁעֲרֵי בִּינָה, וְלָכֵן צִוָּה הַקָּדוֹשׁ בָּרוּךְ הוּא לִסְפֹּר לָנוּ שִׁבְעָה שָׁבוּעוֹת כְּדִין אִשָּׁה נִדָּה, שֶׁסּוֹפֶרֶת שִׁבְעָה יְמֵי נְקִיִּים לְנִדָּתָהּ, וְאַחַר כָּךְ הִיא טְהוֹרָה לְבַעְלָהּ. כָּךְ הָיוּ יִשְׂרָאֵל בַּמִּדְבָּר, שֶׁהָיָה לָהֶם דִּין טֻמְאַת הַנִּדָּה מִקְּלִפּוֹת מִצְרַיִם, וְהָיוּ מֻכְרָחִים לִסְפֹּר שִׁבְעָה שָׁבוּעוֹת תְּמִימוֹת.

וְאִיתָא בְּמִדְרָשׁ רַבָּה - כָּל מָקוֹם שֶׁנֶּאֱמַר **תָּמִים** אוֹ **תְּמִימִים** הַשְׁלִים לְמִדּוֹת שָׁבוּעוֹת שִׁבְעָה, שֶׁהֵן אַרְבָּעִים וְתִשְׁעָה יוֹם, וּשְׁלֹשָׁה יָמִים קֹדֶם מַתַּן תּוֹרָה הָיָה הַגְּבָּלָה, וְהָיוּ יִשְׂרָאֵל מְטַהֲרִין אֶת עַצְמָן כְּמוֹ אִשָּׁה הַמִּטַּהֶרֶת לְבַעְלָהּ אַחַר עֵת נִדָּתָהּ. וּבְיוֹם הַחֲמִשִּׁים זָכוּ יִשְׂרָאֵל לְהִכָּנֵס בְּשַׁעַר הַחֲמִשִּׁים שֶׁל שַׁעֲרֵי בִּינָה, וְשַׁעַר הַחֲמִשִּׁים נִקְרָא - עֵץ[489] הַחַיִּים בְּתוֹךְ הַגָּן. וְאַף כִּי יֵשׁ שְׁנֵי דֵּעוֹת פְּלוּגְתָּא רַבִּי אֱלִיעֶזֶר וְרַבִּי יְהוֹשֻׁעַ, אִי בְּנִיסָן נִבְרָא הָעוֹלָם אוֹ בְּתִשְׁרֵי נִבְרָא הָעוֹלָם. וּבֵין לְמַר וּבֵין לְמַר סְבִירָא לֵיהּ, דְּבַפֹּעַל בְּנִיסָן נִבְרָא הָעוֹלָם, וּמַתְחִילִין אָנוּ לִמְנוֹת הֶחֳדָשִׁים מִן רֹאשׁ חֹדֶשׁ נִיסָן, שֶׁהוּא רֹאשׁ לֶחֳדָשִׁים.

וְאִם כֵּן, פֶּסַח הוּא חַג הָרִאשׁוֹן, וְחַג שָׁבוּעוֹת הוּא חַג הָאֶמְצָעִי, וְחַג הַסֻּכּוֹת הוּא חַג הָאַחֲרוֹן. וְאִם כֵּן לָכֵן נִקְרָא שָׁבוּעוֹת - **עֵץ הַחַיִּים שֶׁבְּתוֹךְ הַגָּן**. וְלָכֵן נִרְאֶה לִי, דְּעַל זֶה כָּתַב הַזֹּהַר פָּרָשַׁת אֱמֹר, וְזֶה לְשׁוֹנוֹ - וּבְיוֹם[490] הַבִּכּוּרִים בְּהַקְרִיבְכֶם מִנְחָה חֲדָשָׁה לַה' בְּשָׁבֻעֹתֵיכֶם מִקְרָא קֹדֶשׁ יִהְיֶה לָכֶם. רַבִּי שִׁמְעוֹן פָּתַח - אָז[491] יְרַנְּנוּ עֲצֵי הַיָּעַר מִלִּפְנֵי ה' כִּי בָא לִשְׁפֹּט אֶת הָאָרֶץ. וְקָשֶׁה, לִכְאוֹרָה, לָמָּה דָּרַשׁ רַבִּי שִׁמְעוֹן בֶּן יוֹחַאי הַמִּקְרָא הַזֶּה כָּאן, אֶלָּא נִרְאֶה לִי, דְּשַׁפִּיר דָּרִישׁ רַבִּי שִׁמְעוֹן בֶּן יוֹחַאי **אָז יְרַנְּנוּ כָּל עֲצֵי הַיָּעַר**, דְּכָל עֲצֵי הַיַּעַר הַלְּבָנוֹן נִקְשָׁרִים בְּעֵץ הַחַיִּים שֶׁבְּתוֹךְ הַגָּן, וּכְמוֹ שֶׁכָּתַבְתִּי לְעֵיל. וְהִנֵּה הַקָּדוֹשׁ בָּרוּךְ הוּא

489 בראשית ב ט
490 במדבר כח כו
491 דברי הימים-א טז לג

רוֹצֶה לְהַרְאוֹת חִבָּתָן שֶׁל יִשְׂרָאֵל נֶגֶד כָּל הָאֻמּוֹת וְהֶאֱכִילָנוּ אֶת הַמָּן בַּמִּדְבָּר, כְּמוֹ שֶׁאָמַר הַכָּתוּב - הִנְנִי[492] מַמְטִיר לָכֶם לֶחֶם מִן הַשָּׁמַיִם. וְצִוָּה אוֹתָנוּ לְהַקְרִיב שְׂעוֹרִים לְקָרְבָּן בְּחַג הַשָּׁבוּעוֹת. זַכָּאָה חוּלָקֵיהּ דְּיִשְׂרָאֵל, דְּקֻדְשָׁא בְּרִיךְ הוּא בָּדִיק לוֹן בְּקָרְבַּן שְׂעוֹרִים כְּדִין סוֹטָה, שֶׁהֵבִיאָה קָרְבָּנָהּ מַאֲכַל בְּהֵמָה, כָּךְ צִוָּה הַקָּדוֹשׁ בָּרוּךְ הוּא לְהָבִיא קָרְבַּן שְׂעוֹרִים.

אֲבָל הַאי שַׁעְתָּא אַקְדִּימוּ יִשְׂרָאֵל **נַעֲשֶׂה לְנִשְׁמַע** וְאִשְׁתַּכְּחוּ כֻּלְּהוֹן זַכָּאִין, כְּמָה דְּאַתְּ אָמַר - כֻּלָּךְ[493] יָפָה רַעְיָתִי וּמוּם אֵין בָּךְ. וְאִתְּמַר עֲלַיְהוּ - אֵשֶׁת[494] חַיִל מִי יִמְצָא. וְאֵשֶׁת חַיִל[495] עֲטֶרֶת בַּעְלָהּ. וְלָכֵן קָרָא הַזֹּהַר הַמִּנְחָה חֲדָשָׁה **מִנְחַת קְנָאוֹת**, וְלָכֵן נִקְרֵאת **מִנְחָה חֲדָשָׁה**, וְחִדּוּשָׁהּ שֶׁנַּעֲשִׂין יִשְׂרָאֵל בְּרִיָּה חֲדָשָׁה בְּיוֹם מַתַּן תּוֹרָה כְּאִשָּׁה סוֹטָה, דְּהִיא טְהוֹרָה - וְנִקְּתָה[496] וְנִזְרְעָה זָרַע. וּטְהוֹרָה הִיא כָּךְ הֲוֵי יִשְׂרָאֵל טְהוֹרִין אַחַר מַעֲשֵׂה הַקָּרְבָּן שֶׁל חַג הַשָּׁבוּעוֹת.

וְלָכֵן חַג הַשָּׁבוּעוֹת יוֹם אֶחָד, לְרַמֵּז שֶׁהַקָּדוֹשׁ בָּרוּךְ הוּא הוּא אֶחָד, וְיִשְׂרָאֵל הֵן גּוֹי אֶחָד בָּאָרֶץ, לְרַמֵּז שֶׁיִּשְׂרָאֵל תְּלוּיִין בְּאַחְדוּתוֹ, לְרַמֵּז עַל עֵץ הַחַיִּים, דִּמְיַחֵד לְכֻלְּהוּ אִילָנֵי דְּגַן עֵדֶן לְקַשְּׁרָא בְּיִחוּדָא שְׁלִים.

וְלָכֵן כָּתוּב בַּזֹּהַר פָּרָשַׁת אֱמֹר וְזֶה לְשׁוֹנוֹ - וּסְפַרְתֶּם[497] לָכֶם מִמָּחֳרַת הַשַּׁבָּת מִיּוֹם הֲבִיאֲכֶם אֶת עֹמֶר הַתְּנוּפָה. כַּד הֲווּ יִשְׂרָאֵל בְּמִצְרַיִם, הָיוּ בִּרְשׁוּתָא אָחֳרָא, וַהֲווּ אֲחִידוּ בְּמִסְאֲבוּתָא, כְּאִתְּתָא דָּא דְּיָתְבָא בְּיוֹמֵי דְּמִסְאֲבוּתָא. בָּתַר דְּאִתְגְּזָרוּ בְּמִצְרַיִם, עָאלוּ בְּחוּלָקָא דְּקֻדְשָׁא דְּאִתְקְרֵי **בְּרִית**, וּפָסִיק מִנַּיְהוּ מִסְאֲבוּתָא, כְּדָא אִתְּתָא, דְּפָסְקָה מִנָּהּ מִסְאֲבוּתָא. בָּתַר דְּאִתְפָּסְקוּ מִנַּיְהוּ, מַה כְּתִיב - וּסְפַרְתֶּם לָכֶם וְגוֹ'. כְּמוֹ שֶׁכָּתוּב גַּבֵּיהּ אִשָּׁה - וְסָפְרָה[498] לָּהּ שִׁבְעַת יָמִים. כָּךְ אָמַר הַקָּדוֹשׁ בָּרוּךְ הוּא לְיִשְׂרָאֵל, מִכָּאן וּלְהָלְאָה חֻשְׁבְּנָא וּסְפַרְתֶּם לָכֶם - **לָכֶם** דַּיְקָא לְעַצְמְכֶם, כְּדֵי שֶׁיִּהְיוּ תְּמִימוֹת בְּטָהֳרָה בְּנֵי אַרְבָּעִים וְתִשְׁעָה יוֹמֵי נֶגֶד אַרְבָּעִים וְתִשְׁעָה שְׁעָרִים דַּהֲוֵי יִשְׂרָאֵל בְּטֻמְאָה, בְּמִסְאֲבוּתָא דַּעֲבוֹדָה זָרָה שֶׁל מִצְרַיִם, וּבְיוֹם הַחֲמִשִּׁים פָּסַק יִשְׂרָאֵל זֻהֲמָתָן, וְנִכְנְסוּ לְשַׁעַר הַחֲמִשִּׁים, שֶׁהוּא סוֹד חֲמִשִּׁים שַׁעֲרֵי בִּינָה, וְהָיוּ כֻּלָּן טְהוֹרִים. וְהַאי יוֹמָא, שֶׁהוּא יוֹם חֲמִשִּׁים הַזֶּה יוֹם קָדוֹשׁ וְטָהוֹר, וּבוֹ בַּיּוֹם יָצְאוּ יִשְׂרָאֵל לְחֵרוּת מִן הַמַּלְאָךְ הַמָּוֶת וּמִן הַמַּלְכֻיּוֹת.

עַל כֵּן רָאוּי וְנָכוֹן לְכָל אִישׁ הַיָּרֵא וְחָרֵד דְּבַר ה', שֶׁיִּלְמַד כָּל הַלַּיְלָה

[492] שמות טז ד
[493] שיר השירים ד ז
[494] משלי לא י
[495] משלי יב ד
[496] במדבר ה כח
[497] ויקרא כג טו
[498] ויקרא טו כח

שֶׁל חַג הַשָּׁבוּעוֹת, כְּפִי הַתִּקּוּן שֶׁחִבְּרוּ תַּלְמִידֵי הָאֲרִ"י, זִכְרוֹנוֹ לִבְרָכָה, וְיַעַסְקוּ בַּתּוֹרָה וּבַנְּבִיאִים וּבַכְּתוּבִים וּבְמִשְׁנָיוֹת וּקְצָת מַאַמְרֵי הַזֹּהַר. יַעֲשֶׂה כָּזֹאת, וּבַהִתְעוֹרְרוּת דִּלְתַתָּא הוּא מְעוֹרֵר קְדֻשַּׁת עֶלְיוֹן לְאִתְחַבְּרָא יִחוּד עֶלְיוֹן בְּאוֹרוֹ בְּשֶׁפַע גָּדוֹל, וּבִזְכוּת זֶה יַשְׁפִּיעַ הַקָּדוֹשׁ בָּרוּךְ הוּא גַּם כֵּן עָלֵינוּ אוֹר חָדָשׁ, וְנִזְכֶּה כֻּלָּנוּ לְאוֹרוֹ. אָמֵן.

פרק צג

אָמַר רַבִּי יוֹחָנָן - אָסוּר[499] לְאָדָם שֶׁיְּמַלֵּא שְׂחוֹק פִּיו בָּעוֹלָם הַזֶּה, שֶׁנֶּאֱמַר [תְּהִלִּים קכו, ב] - אָז יִמָּלֵא שְׂחוֹק פִּינוּ. אָמְרוּ עָלָיו, עַל רַבִּי שִׁמְעוֹן בֶּן לָקִישׁ, שֶׁלֹּא מִלֵּא שְׂחוֹק פִּיו מִכִּי שָׁמַע מֵרַבִּי יוֹחָנָן רַבֵּיהּ.

וְהָעִנְיָן הוּא שֶׁה' יִתְבָּרַךְ בָּרָא בָּאָדָם לֵב, וְכָבֵד, וּטְחוֹל. הַלֵּב הוּא לְמַעְלָה, וְהַכָּבֵד מִתַּחְתָּיו בְּאֶמְצַע מִצַּד יָמִין, וְהַטְּחוֹל מִתַּחְתָּיו מִצַּד שְׂמֹאל. הַכָּבֵד הוּא מְרַמֵּז עַל שֹׁרֶשׁ שֶׁל עֵשָׂו הַנִּקְרָא **אֱדוֹם**, לְפִי שֶׁהַכָּבֵד כֻּלּוֹ דָּם, וְלָכֵן נִקְרָא עֵשָׂו **אֱדוֹם**, וְתַבְשִׁילוֹ אָדֹם, וְהַשֵּׂעָר שֶׁלּוֹ הוּא אָדֹם, וְכֻלּוֹ דִּין. וְהַטְּחוֹל מְרַמֵּז עַל לילי"ת הָרְשָׁעָה, וְהַלֵּב מְרַמֵּז עַל יִשְׂרָאֵל, עַם קָדוֹשׁ, כִּי קְדוֹשִׁים הֵם לֵאלֹהֵי"ם, וְעַל כֵּן לֹא נָטַל כָּל כָּךְ דָּמִים, כִּי אִם הַבָּרוּר וְהַזַּךְ וְהַטָּהוֹר וּמַבְחִין בֵּין דָּם לְדָם, בֵּין דַּם נִדָּה לְדָם טָהוֹר. מַה שֶּׁאֵין כֵּן הַכָּבֵד שׁוֹאֵב לְגַבֵּיהּ כָּל דָּם טָמֵא, וְאֵינוֹ מַבְחִין בֵּין דָּם לְדָם. וְהַכָּבֵד הוּא תָּמִיד בְּכַעַס, וְעַל כֵּן אָמְרוּ רַבּוֹתֵינוּ זִכְרוֹנָם לִבְרָכָה - כָּל[500] הַכּוֹעֵס כְּאִלּוּ עוֹבֵד עֲבוֹדָה זָרָה. כִּי כְּבָר כָּתַבְתִּי, כִּי הַכַּעַס הוּא מִצַּד הַכָּבֵד, כִּי הוּא כֹּחַ שֶׁל סמא"ל, שֶׁנִּקְרָא **אֱלֹהִים אֲחֵרִים**, וְהַטְּחוֹל הוּא מִצַּד לילי"ת, שֶׁדַּרְכָּהּ לְהִתְרָאוֹת לִבְנֵי אָדָם בַּלַּיְלָה בַּחֲלוֹם וּבְהָקִיץ כִּדְמוּת אִשָּׁה, עַד שֶׁגּוֹרֶמֶת שֶׁיֵּצֵא מִמֶּנּוּ זֶרַע לְבַטָּלָה, וְלָכֵן הַטְּחוֹל שׂוֹחֵק.

וּבִהְיוֹת בֵּית הַמִּקְדָּשׁ קַיָּם, אֲזַי הָיָה מֵאִיר לְיִשְׂרָאֵל שְׁנֵי אוֹרוֹת מִשְּׁנֵי עוֹלָמוֹת הָעֶלְיוֹנִים, שֶׁעֲלֵיהֶם נֶאֱמַר - יְהִי[501] אוֹר וַיְהִי אוֹר. וּמִשֹּׁרֶשׁ הָעוֹלָמוֹת הָאֵלּוּ הֵן נִשְׁמוֹת הָאִמָּהוֹת רָחֵל וְלֵאָה, אֲשֶׁר בָּנוּ שְׁתֵּיהֶן בֵּית יִשְׂרָאֵל, וּבָם הָיוּ מַכְנִיעִים אֶת הַסמא"ל וְזוּגָתוֹ לילי"ת, שֶׁלֹּא הָיָה לָהֶם שׁוּם שְׁלִיטָה לַעֲשׂוֹת רָעָה לְיִשְׂרָאֵל. וּשְׁנֵי פְּעָמִים **אוֹר** גִּימַטְרִיָּא **שְׂחוֹק**, מַה שֶּׁאֵין כֵּן כַּאֲשֶׁר נֶחֱרַב הַבַּיִת, גָּרְמוּ הָעֲווֹנוֹת שֶׁהָאוֹרוֹת שֶׁל מַעְלָה נִסְתַּלְּקוּ, וְאָז גָּבְרוּ שְׁתֵּי הַקְּלִפּוֹת הַנִּזְכָּרוֹת, אֲזַי הִיא שׂוֹחֶקֶת בָּנוּ בַּעֲווֹנוֹתֵינוּ הָרַבִּים. וְלָכֵן אֵין שִׂמְחָה וּשְׂחוֹק בָּעוֹלָם הַזֶּה. וּכְשֶׁבָּא מְשִׁיחֵנוּ **אָז יִמָּלֵא שְׂחוֹק פִּינוּ**. וּמִכָּאן צָרִיךְ הָאָדָם לָדַעַת אֵיךְ לִרְצוֹת הַבּוֹרֵא יִתְבָּרַךְ, שֶׁלֹּא לְהַרְאוֹת שׁוּם פָּנִים שׂוֹחֲקוֹת עַכְשָׁו בִּשְׁעַת הַחֻרְבָּן, כִּי אָסוּר לָנוּ לִשְׂחֹק. וְאִם הָאָדָם אֵינוֹ נִזְהָר בָּזֶה, אֲזַי הוּא נוֹתֵן כֹּחַ לַטְּחוֹל לִשְׂחֹק, וּמִתְגַּבְּרִין הַשְּׁתֵּי קְלִפּוֹת הַנִּזְכָּרוֹת לְעֵיל. וְלֹא מִלּוּי שְׂחוֹק לְבַד אָסוּר, אֶלָּא גַּם שְׁאָר שְׂמָחוֹת שֶׁאֵינָן שֶׁל מִצְוָה אֲסוּרוֹת, וַאֲפִלּוּ שִׂמְחָה שֶׁל מִצְוָה אֵין לְהַרְבּוֹת בָּהֶם כְּלָל.

וְכַמְבֹאָר בְּדִבְרֵי חֲכָמֵינוּ זִכְרוֹנָם לִבְרָכָה, רְאֵה מַה שֶּׁכָּתַב הַזֹּהַר פָּרָשַׁת

---

[499] ברכות לא א

[500] על פי שבת קה ב

[501] בראשית א ג

תַּזְרִיעַ - רַבִּי חִיָּא וְרַבִּי יוֹסֵי הֲוֵי אָזְלֵי בְּאוֹרְחָא. כַּד מָטוּ חַד חֲקַל, חָמוּ חַד דִּפְטְרָא דִּקְטְפָא [פֵּרוּשׁ, עֵץ שֶׁל אֲפַרְסְמוֹן] שֶׁהָיָה בַּדֶּרֶךְ לְצַד יָמִין. אָמַר רַבִּי יוֹסֵי - עֲטִיפָא עֲטִיפָא דִּקְטְרָא, דְּעֵינֵי שְׁכִיחַ [פֵּרוּשׁ, כִּסּוּי עָשָׁן שֶׁל שְׂרֵפַת אֵשׁ חֻרְבַּן בֵּית הַמִּקְדָּשׁ שְׁכִיחַ לִפְנֵי עֵינֵי צַדִּיקִים, הַזּוֹכְרִים תָּמִיד אֶת חֻרְבַּן בֵּית הַמִּקְדָּשׁ]. וְלָכֵן אֵין רְשׁוּת לְהִסְתַּכֵּל בְּשׁוּם שִׂמְחָה מִיּוֹם שֶׁנֶּחֱרַב בֵּית הַמִּקְדָּשׁ.

רְאֵה, כַּמָּה גֹּדֶל הַחִיּוּב לְהִתְאַבֵּל עַל חֻרְבַּן הַבַּיִת מִקְדָּשׁ וְעַל שְׁפִיכַת דָּמָן שֶׁל יִשְׂרָאֵל. וְצָרִיךְ הָאָדָם לוֹמַר - עַל[502] נַהֲרוֹת בָּבֶל. וְלִשְׁפֹּךְ דְּמָעוֹת עַל חֻרְבַּן בֵּית הַמִּקְדָּשׁ, וְ-שִׁיר מִזְמוֹר לְאָסָף, סִימָן פו בִּתְהִלִּים, עַל הֲרִיגַת הַצַּדִּיקִים, כִּי שַׁעֲרֵי דְּמָעוֹת לֹא נִנְעֲלוּ וְאֵין נִמְחָקִים לְעוֹלָם. וְיֵשׁ בָּרָקִיעַ מְמֻנֶּה אֶחָד, שֶׁמְּקַבֵּל אוֹתָן דְּמָעוֹת, וְהוּא גַּם כֵּן מְמֻנֶּה עַל הַתְּפִלּוֹת שֶׁל יִשְׂרָאֵל שֶׁהֵן בִּדְמָעוֹת, וְהוּא מַלְאָךְ מִן שָׂרֵי הָאוֹפַנִּים, וּשְׁמוֹ **יְרַחְמִיאֵ"ל**, וְהוּא שׁוֹלֵט עַל שֵׁשׁ מֵאוֹת חַיּוֹת, וְאִנּוּן דִּמְעִין אֲחֲרִינִין הוּא אוֹתָן דְּמָעוֹת - הֵן[503] אֶרְאֶלָּם צָעֲקוּ חֻצָה מַלְאֲכֵי שָׁלוֹם מַר יִבְכָּיוּן. וְאִנּוּן דִּמְעִין דְּיִשְׁדוּן עַל זַכָּאִין כַּד מִסְתַּלְּקִין מֵעָלְמִין, כֻּלְּהוֹן נָטְלֵי לוֹן רְתִיכִין עִלָּאִין וּמְעָרְבֵי לוֹן בְּאִנּוּן דִּמְעִין דְּאוֹשְׁדָן עַל חֻרְבַּן בֵּית הַמִּקְדָּשׁ. וְעַל דָּא כְּתִיב - וּמָחָה[504] ה' אֱלֹהִי"ם דִּמְעָה מֵעַל כָּל פָּנִים וְחֶרְפַּת עַמּוֹ יָסִיר מֵעַל כָּל הָאָרֶץ כִּי ה' דִּבֵּר. מַאן אִנּוּן פָּנִים, אִנּוּן אִלֵּין רְתִיכִין קַדִּישִׁין עִלָּאִין, וּבָתַר כֵּן - **וְחֶרְפַּת עַמּוֹ יָסִיר מֵעַל כָּל הָאָרֶץ כִּי פִּי ה' דִּבֵּר**.

הַכְּלָל - כִּי תָּדִיר צָרִיךְ הָאָדָם לְהִתְעוֹרֵר בְּלֵב מַר עַל גָּלוּת הַשְּׁכִינָה, וּלְהִתְאַנֵּחַ עַל אֲרִיכוּת הַגָּלוּת הַמַּר, וְלָשִׂים אֶל לִבּוֹ, כִּי בִּהְיוֹתֵנוּ עַל אַדְמָתֵנוּ, וְהַשְּׁכִינָה הָיְתָה שׁוֹרָה בֵּין הַכְּרוּבִים, הָיִינוּ מְקַבְּלִים הָאָרָה בְּכָל יוֹם, וְהָיוּ יִשְׂרָאֵל נִקְרָאִים **עַם קָדוֹשׁ לַה'**, וְהָיִינוּ קְרוֹבִים אֶל הַשְּׁכִינָה וְאֶל הַקְּדֻשָּׁה, וְהַקְּלִפּוֹת הָיוּ נֶחְבָּאִים וּדְחוּפִים בְּעִמְקֵי תְּהוֹם. מַה שֶּׁאֵין כֵּן עַכְשָׁו יִשְׂרָאֵל הֵן נִדְחָפִים וְנִסְחָפִים וּמְפֻזָּרִים בְּכָל פִּנּוֹת וְקַצְוֹת הָאָרֶץ וּמַכְנִיעִים עַצְמָם בַּגָּלוּת בְּהַכְנָעָה גְּדוֹלָה נֶגֶד כָּל אֻמָּה וְלָשׁוֹן, וְחוֹלְקִין לָהֶם כָּל הַכָּבוֹד, וְהַלִּילִי"ת הִיא מְחַיֶּכֶת וְשׂוֹחֶקֶת, וְיֵשׁ לָהּ הֲנָאָה גְּדוֹלָה, בִּרְאוֹתָהּ שֶׁיִּשְׂרָאֵל הֵן מַכְנִיעִין עַצְמָן נֶגֶד הָאֻמּוֹת, אֲשֶׁר מַמָּשׁ מְקֻיָּם בָּנוּ - כִּי[505] שָׁחָה לֶעָפָר נַפְשֵׁנוּ. וּמַמָּשׁ אֲנַחְנוּ לְמִרְמָס תַּחַת כַּפּוֹת רַגְלֵיהֶם, וַאֲנַחְנוּ לָהֶם לַעֲבָדִים וְלִשְׁפָחוֹת. וְכָל טָרְחָם שֶׁל יִשְׂרָאֵל וִיגִיעַ כַּפָּם נוֹשְׂאִים עַיִן קְצַת מִן אֻמּוֹת הָעוֹלָם בְּיִשְׂרָאֵל, וְלוֹקְחִים בְּיָד חֲזָקָה מִיָּדָם. וַאֲנַחְנוּ, בֵּית יִשְׂרָאֵל, מֻכִּים וְנֶהֱרָגִים וְנִשְׁחָטִים וְנִשְׂרָפִים עַל קִדּוּשׁ הַשֵּׁם. וְהֵיאַךְ לֹא יָשִׂים אָדָם אֶל לִבּוֹ כָּל

502 תהלים קלז א
503 ישעיהו לג ז
504 ישעיהו כה ח
505 תהלים מד כו

מִי שֶׁיִּרְאַת אֱלֹהִי"ם נוֹגֵעַ בְּלִבּוֹ, לְכַוֵּן בִּתְפִלָּתוֹ בִּמְקוֹמוֹת הַשַּׁיָּכִים לִגְאֻלַּת יִשְׂרָאֵל, שֶׁיִּגְאָלֵנוּ הַקָּדוֹשׁ בָּרוּךְ הוּא מִידֵי אֻמּוֹת הָעוֹלָם לְמַעַן שְׁכִינַת כְּבוֹדוֹ, **וְקַבָּלָה אֲמִתִּית הִיא בְּיָדִי** - כָּל מִי שֶׁבְּלִבּוֹ תָּדִיר צַעַר עַל גָּלוּת הַשְּׁכִינָה זוֹכֶה לְכֶתֶר תּוֹרָה.

וְדַע, מַה שֶּׁכָּתַב הָאֲרִ"י זִכְרוֹנוֹ לִבְרָכָה, עַל מוֹרֵנוּ הָרַב רַבִּי אַבְרָהָם הַלֵּוִי, שֶׁחִבֵּר הַתִּקּוּנֵי שַׁבָּת, שֶׁהָיָה דִּירָתוֹ בִּצְפַת, תִּבָּנֶה וְתִכּוֹנֵן בִּמְהֵרָה בְיָמֵינוּ. וּבְכָל חֲצוֹת לַיְלָה הָיָה קָם וְסוֹבֵב בְּכָל הָרְחוֹבוֹת שֶׁל יְהוּדִים, וְנָתַן קוֹלוֹ בְּקוֹל מַר וְאָמַר - אַחֵינוּ בֵּית יִשְׂרָאֵל, הֲלֹא יָדוּעַ לָכֶם, שֶׁהַשְּׁכִינָה בַּעֲווֹנוֹתֵינוּ הָרַבִּים בַּגָּלוּת, וּבֵית מִקְדָּשֵׁנוּ הָיָה לִשְׂרֵפַת אֵשׁ, וְיִשְׂרָאֵל הֵם בַּגָּלוּת הַמַּר וְסוֹבְלִים יִסּוּרִים, עִנּוּיִים קָשִׁים וּמָרִים, וְנֶהֶרְגוּ כַּמָּה חֲסִידִים וַחֲסִידוֹת, בַּחוּרִים וּבְתוּלוֹת, זְקֵנִים עִם נְעָרִים, בְּאַרְבַּע מִיתוֹת בֵּית דִּין. וְנִתְלִין וְנִדּוֹנִין בְּמִיתוֹת קָשׁוֹת וּמְשֻׁנּוֹת, וְאַתֶּם שׁוֹכְבִין עַל מִטּוֹתֵיכֶם בְּהַשְׁקֵט וָבֶטַח, קוּמוּ וְנִצְעַק אֶל ה' אֱלֹהֵינוּ, שֶׁהוּא מֶלֶךְ רַחוּם וְחַנּוּן, אוּלַי יִשְׁמַע ה' אֶל קוֹל תְּפִלָּתֵנוּ, וִירַחֵם עַל עַמּוֹ שְׁאֵרִית פְּלֵטַת יִשְׂרָאֵל. וְהָיָה הֶחָסִיד צוֹעֵק, וְלֹא נָתַן מְנוּחָה לְכָל בְּנֵי הָעִיר. וְהָיוּ קָמִים כֻּלָּם בְּשָׁעָה חֲדָא לְבָתֵּי מִדְרָשׁוֹת, וְהָיוּ אוֹמְרִים הַתִּקּוּן חֲצוֹת, וְאַחַר כָּךְ הָיוּ לוֹמְדִין אִישׁ אִישׁ כְּפִי הַשָּׂגָתוֹ - יֵשׁ מֵהֶן הָיוּ עוֹסְקִין בְּדִבְרֵי קַבָּלָה וּבַזֹּהַר, וְיֵשׁ מֵהֶן הָיוּ עוֹסְקִים בַּגְּמָרָא וּבַמִּשְׁנָיוֹת, וְיֵשׁ מֵהֶן הָיוּ עוֹסְקִים בַּתּוֹרָה וּנְבִיאִים וּכְתוּבִים. וְאַחַר כָּךְ הָיוּ אוֹמְרִים פִּזְמוֹנִים וּבַקָּשׁוֹת עַד אוֹר הַיּוֹם, וְהָיוּ מְעוֹרְרִים רַחֲמִים.

וְהָרַב הָאֲרִ"י, זִכְרוֹנוֹ לִבְרָכָה, הָיָה מַפְלִיג בַּחֲסִידוּת, וְאָמַר עַל הֶחָסִיד רַבִּי אַבְרָהָם הַלֵּוִי, זִכְרוֹנוֹ לִבְרָכָה, שֶׁהוּא הָיָה גִּלְגּוּל שֶׁל יִרְמְיָהוּ הַנָּבִיא. וּפַעַם אַחַת אָמַר לוֹ הָאֲרִ"י זִכְרוֹנוֹ לִבְרָכָה - דַּע כִּי שָׁלְמוּ יָמֶיךָ, וְהִגִּיעוּ יָמֶיךָ לָמוּת, אִם לֹא שֶׁתַּעֲשֶׂה תַּקָּנָה אַחַת שֶׁאֲלַמֶּדְךָ. וְאִם תַּעֲשֶׂה אוֹתָהּ תַּקָּנָה זוֹ, אֲנִי תִּחְיֶה עוֹד עֶשְׂרִים וּשְׁתַּיִם שָׁנִים. וְזוֹ הִיא הַתַּקָּנָה שֶׁלְּךָ - שֶׁתֵּלֵךְ לִירוּשָׁלַיִם, וְשָׁם תֵּלֵךְ לְהִתְפַּלֵּל לִפְנֵי כֹּתֶל הַמַּעֲרָבִי, וְתִשְׁפֹּךְ תְּחִנָּתְךָ, וְתִזְכֶּה לִרְאוֹת הַשְּׁכִינָה. וְאָז הָלַךְ הֶחָסִיד לְבֵיתוֹ וְסָגַר עַצְמוֹ שְׁלֹשָׁה יָמִים וּשְׁלֹשָׁה לֵילוֹת בְּתַעֲנִית שַׂק וָאֵפֶר, וְאַחַר כָּךְ הָלַךְ הֶחָסִיד לִירוּשָׁלַיִם וּבָא לִפְנֵי כֹּתֶל הַמַּעֲרָבִי בִּתְפִלָּה וּבְתַחֲנוּנִים וּבִבְכִיָּה גְּדוֹלָה. וְאַחַר כָּךְ רָאָה עַל גַּבֵּי הַכֹּתֶל צוּרָה דְּמוּת אִשָּׁה מְלֻבֶּשֶׁת שְׁחוֹרִים, וְתֵכֶף מֵרֹב פַּחְדּוֹ נָפַל עַל פָּנָיו אַרְצָה, וְהָיָה צוֹעֵק וּבוֹכֶה בִּבְכִי גָּדוֹל, וְאָמַר - אוֹי לִי שֶׁרְאִיתִיךְ בְּכָךְ, אוֹי, אֲהָהּ עַל נַפְשִׁי, וְהָיָה מַאֲרִיךְ בִּבְכִיָּה וּזְעָקוֹת. וְהָיָה מְמָרֵט שַׂעֲרוֹת רֹאשׁוֹ עַד שֶׁנִּתְעַלֵּף וְנִרְדַּם, וְאָז רָאָה בַּחֲלוֹם, שֶׁבָּאָה אֵלָיו הַשְּׁכִינָה בִּבְגָדִים נָאִים וְאָמַר - הִתְנַחֵם, בְּנִי אַבְרָהָם, כִּי יֵשׁ תִּקְוָה לְאַחֲרִיתֵךְ, וְיָשׁוּבוּ הַבָּנִים לִגְבוּלָם, כִּי אָשִׁיב אֶת שְׁבוּתָם וְרִחַמְתִּי אוֹתָם. וַיִּיקַץ וַיִּשָּׂא אֶת רַגְלָיו וְחָזַר לִצְפַת, וּבָא אֶל הָאֲרִ"י זִכְרוֹנוֹ לִבְרָכָה. וְתֵכֶף אָמַר לוֹ הָאֲרִ"י זִכְרוֹנוֹ לִבְרָכָה - אֲנִי רוֹאֶה בְּךָ, שֶׁזָּכִיתָ לִרְאוֹת פְּנֵי הַשְּׁכִינָה, וּמֵעַתָּה תִּהְיֶה בָטוּחַ, שֶׁתִּחְיֶה

עוֹד עֶשְׂרִים וּשְׁתַּיִם שָׁנִים. וְכֵן הֲוֵי, שֶׁהֶחָסִיד הָיָה חַי אַחַר זֶה הַמַּעֲשֶׂה עֶשְׂרִים וּשְׁתַּיִם שָׁנִים.

וּמֵהֶחָסִיד הַנִּזְכָּר לְעֵיל יִרְאֶה כָּל אָדָם לַעֲשׂוֹת כֵּן, לָקוּם בַּחֲצוֹת הַלַּיְלָה אוֹ קֹדֶם אוֹר הַבֹּקֶר, וּלְהִתְאַבֵּל עַל חֻרְבַּן בֵּית הַמִּקְדָּשׁ וְעַל הֲרִיגַת הַקְּדוֹשִׁים. וְאֶחָד הַמַּרְבֶּה וְאֶחָד הַמַּמְעִיט, וּבִלְבַד שֶׁיְּכַוֵּן לִבּוֹ לְשֵׁם שָׁמַיִם. וְלֹא יַעֲשֶׂה זֹאת שֶׁיִּתְפָּאֵר בִּפְנֵי הַבְּרִיּוֹת, כְּדֵי שֶׁיְּשַׁבְּחוּ אוֹתוֹ הַבְּרִיּוֹת, שֶׁלֹּא דַּי שֶׁהוּא לֹא מְקַבֵּל שָׂכָר עַל זֶה, אֶלָּא גַּם מְקַבֵּל עֹנֶשׁ גָּדוֹל. וּמִי שֶׁהוּא מְכַוֵּן לְשֵׁם שָׁמַיִם, אֲזַי עָלָיו הַכָּתוּב הוּא אוֹמֵר [קֹהֶלֶת ח, ה] - שׁוֹמֵר מִצְוָה לֹא יֵדַע דָּבָר רָע. וְיִזְכֶּה לִרְאוֹת בְּבִנְיַן צִיּוֹן וִירוּשָׁלַיִם, אָמֵן. מוֹרִי וְרַבִּי, מוֹרֵנוּ הָרַב יוֹסֵף, זִכְרוֹנוֹ לִבְרָכָה.

פרק צד

כְּתִיב [יְשַׁעְיָה מג, יד] - כֹּה אָמַר ה' לְמַעַנְכֶם שִׁלַּחְתִּי בָבֶלָה וְהוֹרַדְתִּי בָרִיחִים. בְּפָסוּק זֶה נִתְבָּאֵר גֹּדֶל אַהֲבַת הַקָּדוֹשׁ בָּרוּךְ הוּא לְיִשְׂרָאֵל, שֶׁנִּשְׁתַּתֵּף בְּצָרָתָן וְיָרַד עִמָּהֶם לַגָּלוּת. וּכְמוֹ שֶׁהָיָה בְּמִצְרַיִם, דִּכְתִיב - הַבָּאִים[506] מִצְרָיְמָה אֵת יַעֲקֹב. **אֵת** לְרַבּוֹת הַשְּׁכִינָה. וּבְסוֹד שֶׁאָמַר הַקָּדוֹשׁ בָּרוּךְ הוּא לְיַעֲקֹב - אָנֹכִי[507] אֵרֵד עִמְּךָ מִצְרַיְמָה וְאָנֹכִי אַעַלְךָ. וּבְגָלוּת בָּבֶל כְּתִיב - **לְמַעַנְכֶם שִׁלַּחְתִּי בָבֶלָה**. וּבְכָל[508] צָרָתָם לוֹ צָר. שֶׁבְּכָל גָּלוּת הוּא קָשֶׁה יוֹתֵר מִגָּלוּת מִצְרַיִם.

וּבַזֹּהַר אִיתָא, אָמַר רַבִּי שִׁמְעוֹן בֶּן יוֹחַאי - מַאן דְּמַרְגִּיל עַצְמוֹ בְּצַעֲרָא דִשְׁכִינְתָּא, דְּאַף עַל פִּי דְּבָא עָלָיו צַעַר, יְסַבֵּל מַשָּׂאוֹי הַזֶּה, וְלֹא חַיְשׁ. אֲבָל מַאן דְּלָא מַרְגִּיל עַצְמוֹ בְּצַעֲרָא דִשְׁכִינְתָּא וְצַעֲרָא דְיִשְׂרָאֵל, רַק כָּל יוֹמִין הוּא בְּתַפְנוּקִין וְעִדּוּנִין שֶׁל הָעוֹלָם הַזֶּה כֵּיוָן דְּאַתְיָא עָלָיו אֵיזֶה צַעַר דָּא אִיהוּ צַעַר שָׁלֵים. וְעַל דָּא אִצְטְרִיךְ כָּל אֶחָד לְמִבְכֵּי כַּד יִשְׂרָאֵל הֵן בְּצַעֲרָא בְּגָלוּתָא. וְהִנֵּה בְּגָלוּת בָּבֶל הֲוֵי צַעֲרָא שָׁלֵים, דַּהֲוֵי יִשְׂרָאֵל בְּתַפְנוּקִין, כִּדְכְתִיב - בְּנֵי[509] צִיּוֹן הַיְקָרִים הַמְסֻלָּאִים בַּפָּז אֵיכָה נֶחְשְׁבוּ לְנִבְלֵי חֶרֶשׂ מַעֲשֵׂה יְדֵי יוֹצֵר. וְהַשְׁתָּא הֲוֵי נַחְתִּין בְּגָלוּתָא, וְרֵחַיִם עַל צַוְּרֵיהוֹן, וִידֵיהוֹן מְהֻדָּקִין לַאֲחוֹרֵיהֶן. וְכַד הֲוֵי אָזִיל בְּגָלוּתָא, קָרָא קֻדְשָׁא בְּרִיךְ הוּא לְכָל פָּמַלְיָא דִילֵיהּ וְאָמַר - לָמָּה בְּנֵי בְּגָלוּתָא, וְאַתּוּן הָכָא, קוּמוּ חוּתוּ כֻּלְּכֶן, וַאֲנָא עִמְּכוֹן, הֲדָא הוּא דִכְתִיב - **כֹּה אָמַר ה' לְמַעַנְכֶם שִׁלַּחְתִּי בָבֶלָה וְהוֹרַדְתִּי בָרִיחִים כֻּלָּם**. מַאן בָּרִיחִים, אִלֵּין כָּל רְתִיכִין וּמַשִּׁרְיָן עִלָּאִין. וְכַד נָחֲתוּ, אִתְמַתְּחוּ וּשְׁרִיאַת רוּחַ הַקֹּדֶשׁ עַל יְחֶזְקֵאל הַנָּבִיא. אָמַר לְהוּ לְיִשְׂרָאֵל - הָא מָארֵיכוֹן הָכָא, וְכָל חֵילָא שְׁמַיָּא וּרְתִיכוֹי דְּאַתְיָא לָדוּר עִמְּכוֹן. וְלֹא הִמְנוּהוּ יִשְׂרָאֵל, עַד דְּאָמַר לְהוּ יְחֶזְקֵאל כָּל מַאן דַּחֲמֵי בִּנְבוּאָה, שֶׁנֶּאֱמַר - וָאֵרֶא[510] וְהִנֵּה רוּחַ סְעָרָה בָּאָה מִן הַצָּפוֹן עָנָן גָּדוֹל וְאֵשׁ מִתְלַקַּחַת וְנֹגַהּ לוֹ סָבִיב. אָמַר רַבִּי שִׁמְעוֹן בֶּן יוֹחַאי - בְּהַאי שַׁעְתָּא חֲדוּ יִשְׂרָאֵל חֶדְוָתָא שְׁלֵמָה, שֶׁרָאוּ דְּהַקָּדוֹשׁ בָּרוּךְ הוּא הוּא עִמְּהוֹן. עַד כָּאן לְשׁוֹנוֹ. עַיֵּן שָׁם פָּרָשַׁת בְּרֵאשִׁית.

וְהִנֵּה בְּכָל דּוֹר יֵשׁ צַדִּיקִים שֶׁמְּקַבְּלִים עֲלֵיהֶם בְּאַהֲבָה רַבָּה לִמְסֹר נַפְשָׁם עַל קְדֻשַּׁת הַשֵּׁם. אָמַר רַבִּי יְהוּדָה - אִלְמָלֵא יוֹדְעִים יִשְׂרָאֵל חֲבִיבוּתָא דְיִשְׂרָאֵל, דְּרָחִים הַקָּדוֹשׁ בָּרוּךְ הוּא יַתְהוֹן, הֲוֵי שׁוֹאֲגִים כַּכְּפִירִים לִרְדֹּף אַחֲרָיו. עַל כֵּן צָרִיךְ כָּל בַּר יִשְׂרָאֵל לְקַבֵּל עָלָיו עַל

---

[506] שמות א א

[507] בראשית מו ד

[508] ישעיהו סג ט

[509] איכה ד ב

[510] יחזקאל א ד

הַגָּלוּת בְּאַהֲבָה וּבְחִבָּה, וּבִפְרָט בַּגָּלוּת הַמַּר הַזֶּה, אֲשֶׁר כַּמָּה נְפָשׁוֹת הָיוּ יוֹשְׁבִים בְּבֵיתָם, וְאֵינָם יוֹדְעִים דְּבַר מָה, וּפִתְאֹם בָּא עֲלֵיהֶם עֲלִילוֹת שְׁקָרִים, מַה שֶּׁמַּעֲלִילִין עֲלֵיהֶם עֲלִילוֹת שֶׁקֶר, וְנִלְקַח הָאִישׁ מֵאִשְׁתּוֹ וּמִבָּנָיו וּבְנוֹתָיו וּמִבֵּית אָבִיו, וְנִשְׁלַח לְמָקוֹם אֹפֶל בֵּין נְחָשִׁים וְעַקְרַבִּים, וְהָאֻמָּה הָרְשָׁעָה מַעֲמִידִין עֵדוּת שְׁקָרִים לְהָעִיד, וְיוֹשְׁבֵי מִשְׁפָּט מְצַוִּים לָדוּן אֶת הַיְּהוּדִים בְּעִנּוּיִים קָשִׁים וּמָרִים.

וְאִשְׁתּוֹ וּבָנָיו, כְּשֶׁהֵן שׁוֹמְעִין אֶת הַצַּעַר, אֲזַי בּוֹכִים וְצוֹעֲקִים אֶל ה' וְאֶל הַקָּהָל, אוּלַי יוּכְלוּ בְּהִשְׁתַּדְּלוּת לִפְטֹר אֶת הַתְּפוּסִים. וּבְנֵי יִשְׂרָאֵל עַם קֹדֶשׁ הֵם, זֶרַע רַחֲמָנִים פּוֹשְׁטִין אֶת מַלְבּוּשֵׁיהֶם וְנוֹתְנִים מָעוֹת לִפְדּוֹת נַפְשׁוֹת הָאֶבְיוֹנִים מִמִּיתָה קָשָׁה וַחֲמוּרָה. וְלִפְעָמִים כָּל הוֹן לֹא יוֹעִיל. וְכָל הָעָם בּוֹכִים לְמִשְׁפְּחוֹתָם בְּשָׁמְעָם מִשְׁפָּט הֶחָמוּר וְהָעִנּוּיִים הַקָּשִׁים - שְׂרֵפָה, גָּפְרִית וָאֵשׁ עַל לִבָּם שֶׁל קְדוֹשִׁים. וְקֹדֶם הַמִּיתָה מְעַנִּין אוֹתָן בְּמַסְמְרוֹת תְּקוּעִים תַּחַת הַצִּפָּרְנַיִם וּמִנְעָלִים שֶׁל בַּרְזֶל. אוֹי, מִי יוּכַל לְסַפֵּר גֹּדֶל הָעִנּוּיִים, וְלִפְעָמִים חוֹתְכִין הַלָּשׁוֹן מֵאֲחוֹרֵי הַצַּוָּאר וְחוֹתְכִין הַבְּרִית קֹדֶשׁ בְּעוֹדֶנּוּ בַּחַיִּים. וְאַחַר כָּךְ חוֹתְכִין הַבֶּטֶן וְלוֹקְחִין הַלֵּב וְהַכָּבֵד וְהָרֵאָה, וְאַחַר כָּךְ חוֹתְכִין אוֹתוֹ לְאַרְבָּעָה חֲלָקִים. וְאַף עַל פִּי כֵן הַקְּדוֹשִׁים סוֹבְלִין יִסּוּרִין כָּאֵלּוּ, וְאַף עַל פִּי כֵן אֵינָם רוֹצִים לְהָמִיר דָּתָם. וְהַקָּדוֹשׁ בָּרוּךְ הוּא נוֹטֵל הַצּוּרָה מִן הַקְּדוֹשִׁים וְנוֹתֵן בְּתוֹךְ הַפָּרוֹפִירָא שֶׁלּוֹ, כְּדֵי שֶׁיִּנְקֹם לֶעָתִיד נִקְמַת דַּם עֲבָדָיו הַשָּׁפוּךְ בְּחִנָּם, שֶׁנּוֹטְלִין הָאֻמּוֹת הַנְּשָׁמוֹת מִן הַקְּדוֹשִׁים בַּעֲלִילוֹת שְׁקָרִים.

וְעַל כָּל הַצַּעַר הַזֶּה יִדְווּ כָּל הַדְּוָיִים, וְכָל בַּר יִשְׂרָאֵל מְחֻיָּב לְקַבֵּל עָלָיו בְּאַהֲבָה, בְּאִם שֶׁיִּזְדַּמֵּן לוֹ חַס וְשָׁלוֹם סִבָּה כָּזוֹ. וְעַל צַעַר כָּזֶה הַשְּׁכִינָה מְיַלֶּלֶת, וְכָל הָעוֹלָמוֹת שֶׁל מַעְלָה מְלֵאִים בְּכִיּוֹת וַאֲנָחוֹת עַל נַפְשׁוֹת הַקְּדוֹשִׁים, שֶׁהֵן דֻּגְמַת קָרְבָּן לַה' וְרֵיחַ נִיחוֹחַ, בַּאֲשֶׁר שֶׁהֵן מְיַחֲדִים אֶת לִבָּם לַאֲבִיהֶם שֶׁבַּשָּׁמַיִם, וּמוֹסְרִים עַצְמָן עַל קְדֻשַּׁת שְׁמוֹ הַגָּדוֹל לְיִחוּד הַקָּדוֹשׁ בָּרוּךְ הוּא וּשְׁכִינְתֵּיהּ.

וְתֵדַע, דְּאִיתָא בַּזֹּהַר פָּרָשַׁת בְּרֵאשִׁית, כִּי בַּהֵיכָל הָרְבִיעִי מִשִּׁבְעָה הֵיכָלוֹת דִּלְמַעְלָה, שָׁם יוֹשְׁבִין אֲבֵלֵי צִיּוֹן וִירוּשָׁלַיִם וְכָל הַהֲרוּגִים, שֶׁמָּסְרוּ נַפְשָׁם עַל קְדֻשַּׁת הַשֵּׁם, וּבַהֵיכָל הַשֵּׁנִי יֵשׁ מְחִצָּה לְהַקָּדוֹשׁ בָּרוּךְ הוּא וְלַמָּשִׁיחַ, וְשָׁם יֵשׁ בְּכִיָּה גְּדוֹלָה עַל חֻרְבַּן בֵּית הַמִּקְדָּשׁ וִירוּשָׁלַיִם וַהֲרִיגַת הַצַּדִּיקִים. וּמָשִׁיחַ צִדְקֵנוּ נָחִית לְהֵיכָל הָרְבִיעִי, וְשָׁם מַתְחִיל לְהַזְכִּיר בִּפְרוֹטְרוֹט כָּל הַקְּדוֹשִׁים שֶׁמָּסְרוּ נַפְשָׁם לָמוּת עַל קְדֻשַּׁת הַשֵּׁם. וּמַתְחִיל מָשִׁיחַ לִבְכּוֹת בִּבְכִיָּה גְּדוֹלָה, וּמִתְקַבְּצִין שָׁם כָּל נְשִׂיאִים מִזֶּרַע בֵּית דָּוִד, וְאוֹחֲזִין אוֹתוֹ וּמְנַחֲמִין אוֹתוֹ, וְהוּא מַתְחִיל לִבְכּוֹת עוֹד פַּעַם שֵׁנִית בְּקוֹל גָּדוֹל. וְהַהוּא קָלָא סָלִיק לְמַעְלָה וּמִתְעַכֵּב שָׁם עַד רֹאשׁ חֹדֶשׁ. וְאָז נָחִית הַהוּא קָלָא, וְנַחְתִּין עִמֵּיהּ כַּמָּה נְהוֹרִין, דִּמְאִירִין לְכָל הַהֵיכָלוֹת. וְהַרְבֵּה מִינֵי רְפוּאוֹת יוֹרְדִים עִם הַקּוֹל

לְהַנֵּי קְטוּלִין וּבְנֵי מַרְעִין וּמַכְאוּבִין דְּסָבְלֵי יִסּוּרִים.
וּכְדֵין לָבִישׁ מָשִׁיחַ הַאי פּוֹרְפִירָא, דַּחֲקִיקִין וּרְשִׁימִין תַּמָּן כָּל אִלֵּין קְטוּלִין וְסָלִיק עִם הַאי פּוֹרְפִירָא לְמֵידָן יָת הָרַצְחָנִים וְגַזְלָנִים, וְקֻדְשָׁא בְּרִיךְ הוּא זָמִין לְמִלְבַּשׁ הַהוּא לְבִישָׁא דְּפוֹרְפִירָא לֶעָתִיד, דִּכְתִיב - יָדִין[511] בַּגּוֹיִם מָלֵא גְוִיּוֹת. עַד דְּאָתָא וְנָחִים לוֹ וְנַחְתִּין עִמֵּיהּ נְהוֹרִין וְעִדּוּנִים. וְכַמָּה מַלְאָכִים וּרְתִיכִין עִמֵּיהּ, וְכָל מַלְאָךְ וּמַלְאָךְ עֲתִידִים לִלְבֹּשׁ כְּמוֹ הַאי פּוֹרְפִירָא, דְּאִית בְּהוֹן דְּיוֹקְנֵיהּ דַּהֲרוּגִין. וְאַחַר כָּךְ הוֹלֵךְ מָשִׁיחַ עִם רַבִּי עֲקִיבָא וַחֲבֵרָיו לְאַתָר, דְּאֵין עַיִן יוּכַל לִרְאוֹת זוּלַת אֱלֹהִי"ם, וְתַמָּן מַרְאֶה לוֹ הַקָּדוֹשׁ בָּרוּךְ הוּא גֹּדֶל הַשָּׂכָר שֶׁל הַקְּדוֹשִׁים שֶׁמָּסְרוּ נַפְשָׁם. וּמָשִׁיחַ מְקַבֵּל תַּנְחוּמִין.
עַל כֵּן רָאוּי לְכָל אִישׁ מִזֶּרַע יִשְׂרָאֵל לְהִתְאוֹנֵן וְלִבְכּוֹת עַל גֹּדֶל הַחֻרְבָּן וְעַל גֹּדֶל עֹל הַגָּלוּת. וּמַה מְּאֹד יָפֶה לְכָל אִישׁ לְהִתְאַבֵּל וּלְהִתְפַּלֵּל עַל הָאָרֶץ בְּעָפָר וָאֵפֶר, וּבִפְרָט מִיּוֹם שִׁבְעָה עָשָׂר בְּתַמּוּז וָאֵילָךְ, שֶׁהֵן יְמֵי הָאֲבֵלוּת שֶׁצְּרִיכִים אָנוּ לְהִתְאַבֵּל. וּמִכָּל שֶׁכֵּן בַּיּוֹם שֶׁל תִּשְׁעָה בְּאָב, שֶׁהוּא יוֹם מְבוּכָה וְיוֹם צַעַר. וּבַעֲווֹנוֹתֵינוּ הָרַבִּים רָאִיתִי מִכְשׁוֹל גָּדוֹל בְּרֹב מְדִינוֹת, שֶׁבָּאִים אֲנָשִׁים לְבֵית הַכְּנֶסֶת, וְלֹא דַּי שֶׁאֵין אוֹמְרִים קִינוֹת בִּבְכִי וּבְקוֹל מַר, אֶלָּא עוֹסְקִים בִּשְׂחוֹק וְקַלּוּת רֹאשׁ וּשְׂמֵחִים וְשׂוֹחֲקִים בְּפֶה מָלֵא, כְּאִלּוּ הֵם שְׂמֵחִים בְּשִׂמְחַת תּוֹרָה, וְאֵין זוֹכְרִים אַחֲרִיתָם שֶׁיִּהְיֶה מָרָה, וְעָנְשָׁם גָּדוֹל, וְכָל אוֹתָן הָאֲנָשִׁים לֹא יִזְכּוּ לִרְאוֹת בְּנֶחָמוֹת יִשְׂרָאֵל כְּשֶׁיָּבוֹא מְשִׁיחֵנוּ. וְעַל הָרַבָּנִים וּפַרְנָסֵי הַדּוֹר וְדַיָּנֵי יִשְׂרָאֵל מֻטָּל עֲלֵיהֶם לִמְחוֹת בִּידֵי פּוֹשְׁעֵי יִשְׂרָאֵל, הַשְּׂמֵחִים אֶל גִּיל בְּיוֹם צָרָה וּמְבוּכָה, וּצְרִיכִין לִקְנֹס אוֹתָם בִּקְנָסוֹת וּרְאוּיִ לְהַחֲרִים אוֹתָם. אֲבָל מִי שֶׁמִּתְאַבֵּל תָּמִיד עַל הַחֻרְבַּן בֵּית הַמִּקְדָּשׁ וַאֲרִיכוּת הַגָּלוּת וּמְצַעֵר עַצְמוֹ בְּצַעֲרָן שֶׁל יִשְׂרָאֵל, יִזְכֶּה לִרְאוֹת הַנֶּחָמָה בְּבִיאַת מְשִׁיחֵנוּ וְלִרְאוֹת קִנְאַת ה' צְבָאוֹת, וְלִשְׂמֹחַ בְּבִנְיַן בֵּית הַמִּקְדָּשׁ וּבִירוּשָׁלַיִם עִיר הַקֹּדֶשׁ, כְּמוֹ שֶׁאָמַר הַכָּתוּב - שִׂישׂוּ[512] אִתָּהּ מָשׂוֹשׂ כָּל הַמִּתְאַבְּלִים עָלֶיהָ. אָמֵן. מוֹרִי וְרַבִּי מוֹרֵנוּ הָרַב רַבִּי יוֹסֵף, זִכְרוֹנוֹ לִבְרָכָה.

---

511 תהלים קי ו

512 ישעיהו סו י

פרק צה

וַיַּעֲקֹב[513] נָסַע סֻכֹּתָה וַיִּבֶן לוֹ בָּיִת וּלְמִקְנֵהוּ עָשָׂה סֻכֹּת עַל כֵּן קָרָא שֵׁם הַמָּקוֹם סֻכּוֹת. מִנְהָגָן שֶׁל יִשְׂרָאֵל תּוֹרָה הִיא, מַה שֶּׁאָנוּ נוֹהֲגִים בְּבוֹאֵנוּ לְבָתֵּינוּ תֵּכֶף אַחַר יְצִיאָתֵנוּ מִבֵּית הַכְּנֶסֶת אַחַר יוֹם כִּפּוּר, אָנוּ עוֹסְקִין בְּמִצְוַת סֻכָּה דַּוְקָא תֵּכֶף וּמִיָּד. מָצָאתִי טַעַם הָגוּן בִּדְרָשׁוֹת שֶׁל הָרַב רַבִּי שְׁלֹמֹה מוֹלְכוֹ, זִכְרוֹנוֹ לִבְרָכָה, שֶׁכָּתַב טַעַם הָגוּן, לָמָּה יִשְׂרָאֵל עוֹסְקִים דַּוְקָא בְּמִצְוָה זוֹ תֵּכֶף אַחַר יוֹם כִּפּוּר וְלֹא בְּמִצְוָה אַחֶרֶת. וּפֵרֵשׁ הָרַב הַנִּזְכָּר לְעֵיל, דְּהָעִנְיָן הוּא כָּךְ, לְפִי שֶׁצִּוָּה הַקָּדוֹשׁ בָּרוּךְ הוּא בְּיוֹם הַכִּפּוּרִים שָׂעִיר אֶחָד לַה', וְשָׂעִיר אֶחָד לַעֲזָאזֵל, וְהַכֹּהֵן הַגָּדוֹל הָיָה מִתְוַדֶּה עַל הַשָּׂעִיר שֶׁשִּׁלַּח לַעֲזָאזֵל, אֶת כָּל עֲווֹנוֹתָם וּפִשְׁעֵיהֶם, כְּמוֹ שֶׁאָמַר הַכָּתוּב - וְנָשָׂא[514] הַשָּׂעִיר עָלָיו אֶת כָּל עֲווֹנוֹתָם. וּבָזֶה הָיָה כַּפָּרָה גְּדוֹלָה לְיִשְׂרָאֵל, וּכְמַעֲשֶׂה שֶׁאֵרְעוּ לַאֲבוֹתֵינוּ יָרְשׁוּ הַבָּנִים כְּנֶגְדָּן אֵיזֶה מִצְוָה, כִּי הָאָבוֹת הַקְּדוֹשִׁים הָיוּ סִימָן לִבְנֵיהֶם. וּמַה כְּתִיב לְמַעְלָה מֵהָעִנְיָן - וַיָּשָׁב[515] עֵשָׂו לְדַרְכּוֹ שֵׂעִירָה. וְאַחַר כָּךְ כְּתִיב - וַיַּעֲקֹב[516] נָסַע סֻכֹּתָה. בָּאָה תּוֹרָה לִרְמֹז מֵאַחַר שֶׁעֵשָׂו, שֶׁהוּא הָיָה אִישׁ שָׂעִיר, נָסַע לְדַרְכּוֹ לְשָׂעִיר לִטֹּל חֶלְקוֹ מִקָּרְבַּן הַשָּׂעִיר שֶׁנִּשְׁלַח לַעֲזָאזֵל, וְיַעֲקֹב נָסַע לְסֻכּוֹת וְעָסַק בְּמִצְוָה, אַף אֲנַחְנוּ אַחַר יוֹם הַכִּפּוּרִים שֶׁשִּׁלַּחְנוּ שָׂעִיר לַעֲזָאזֵל, אָנוּ עוֹסְקִים בְּמִצְוַת סֻכָּה דַּוְקָא, וְלֹא בְּשׁוּם מִצְוָה אַחֶרֶת. וְדִבְרֵי פִּי חָכָם חֵן.

וַאֲנִי אוֹסִיף בָּהּ טַעַם לְשֶׁבַח, כִּי זֶה הוּא יָדוּעַ, שֶׁהַשָּׂטָן וְלִילִי"ת וְהָאֻמּוֹת שֶׁשּׁוֹלְטִין עַכְשָׁו בָּעוֹלָם הַזֶּה, וּמְקַטְרְגִים תָּמִיד עַל יִשְׂרָאֵל עַם קָדוֹשׁ, וּמְבַקְשִׁים תָּמִיד לְהָרַע וּלְהָצֵר לְיִשְׂרָאֵל. וְלִילִי"ת, שֶׁהִיא גִּימַטְרִיָּא אַרְבַּע מֵאוֹת וּשְׁמוֹנִים, בַּאֲשֶׁר שֶׁיֵּשׁ לָהּ אַרְבַּע מֵאוֹת וּשְׁמוֹנִים מַחֲנוֹת, שֶׁהֵן מְקַטְרְגִים עַל יִשְׂרָאֵל. וְיָדוּעַ לַכֹּל, שֶׁבְּיוֹם הַכִּפּוּרִים אֵין לַשָּׂטָן [ולילי"ת] שׁוּם שְׁלִיטָה עַל יִשְׂרָאֵל, כְּמוֹ שֶׁאָמְרוּ זִכְרוֹנָם לִבְרָכָה - הַשָּׂטָן גִּימַטְרִיָּא שְׁלֹשׁ מֵאוֹת שִׁשִּׁים וְאַרְבַּע, וּבְשָׁנָה הוּא שְׁלֹשׁ מֵאוֹת שִׁשִּׁים וַחֲמִשָּׁה יָמִים. הוּא רֶמֶז שֶׁהַשָּׂטָן אֵין לוֹ שְׁלִיטָה בְּיוֹם הַכִּפּוּרִים, כִּי אִם שְׁלֹשׁ מֵאוֹת שִׁשִּׁים וְאַרְבַּע יוֹם, שֶׁהוּא שְׁאָר יְמוֹת הַשָּׁנָה.

וּכְנֶגֶד זֶה צִוָּה לָנוּ הַקָּדוֹשׁ בָּרוּךְ הוּא מִצְוַת סֻכָּה, וְלָכֵן כְּתִיב - בַּחֲמִשָּׁה[517] עָשָׂר יוֹם לַחֹדֶשׁ הַשְּׁבִיעִי הוּא חַג הַסֻּכּוֹת שִׁבְעַת יָמִים לַה'. **סֻכֹּת** כְּתִיב חָסֵר וָי"ו, כִּי **סֻכֹּת** הוּא גִּימַטְרִיָּא אַרְבַּע מֵאוֹת וּשְׁמוֹנִים, שֶׁהוּא בִּקְדֻשָּׁה, כִּי **סֻכֹּת** מַכְנִיעַ לִקְלִפַּת לִילִי"ת, שֶׁהִיא גִּימַטְרִיָּא אַרְבַּע

---

[513] בראשית לג יז
[514] ויקרא טז כב
[515] בראשית לג טז
[516] בראשית לג יז
[517] ויקרא כג לד

מֵאוֹת וּשְׁמוֹנִים. וְכָל הַמְקַיֵּם מִצְוַת סֻכָּה כָּרָאוּי, הוּא מְבַטֵּל כֹּחַ וּמֶמְשָׁלָה שֶׁל לילי"ת הָרְשָׁעָה. וְלָכֵן נִרְאֶה לִי, כֵּיוָן דִּבְיוֹם כִּפּוּר אֵין לְהַשָּׂטָן וְלילי"ת שׁוּם שְׁלִיטָה עַל יִשְׂרָאֵל, וְתֵכֶף אַחַר יוֹם כִּפּוּר מַתְחִיל לְקַטְרֵג מֵחָדָשׁ עַל יִשְׂרָאֵל, לָכֵן יִשְׂרָאֵל קְדוֹשִׁים הֵם עוֹסְקִים בְּמִצְוַת **סֻכּוֹת**, שֶׁהוּא גִּימַטְרִיָּא אַרְבַּע מֵאוֹת וּשְׁמוֹנִים, וְתֵכֶף אַחַר יוֹם כִּפּוּר כְּדֵי לְבַטֵּל הַקִּטְרוּג שֶׁל לילי"ת הָרְשָׁעָה, כִּי כָּל מִצְוָה שֶׁהוּא גִּימַטְרִיָּה אַרְבַּע מֵאוֹת וּשְׁמוֹנִים, מְבַטֵּל הַקְּלִפּוֹת לילי"ת. כְּמוֹ שֶׁכָּתַב הָרַב גַּלַאנְטִי עַל הַפָּסוּק בִּישַׁעְיָה - מְלֵאֲתִי[518] מִשְׁפָּט וְעַתָּה מְרַצְּחִים. דַּע, שֶׁהָיוּ בִּירוּשָׁלַיִם אַרְבַּע מֵאוֹת וּשְׁמוֹנִים בָּתֵּי כְּנֵסִיּוֹת, וְעִם הַבֵּית מִקְדָּשׁ הָיוּ אַרְבַּע מֵאוֹת וּשְׁמוֹנִים וְאֶחָד, כְּמִנְיַן **מְלֵאֲתִי**. וְאַחַר כָּךְ, כְּשֶׁחָרְבָה יְרוּשָׁלַיִם, נִתְגַּבְּרָה הַלילי"ת וּמַחֲנוֹתֶיהָ, וְהָיְתָה הוֹרֶגֶת בְּיִשְׂרָאֵל, עַם כְּחוֹל הַיָּם, וְלָכֵן נִתְקַיֵּם **וְעַתָּה מְרַצְּחִים**, בַּעֲווֹנוֹתֵינוּ הָרַבִּים.

עַל כֵּן מִצְוַת סֻכָּה אַל יְהֵא קַל בְּעֵינֶיךָ, כִּי סֻכָּה כּוֹלֵל שְׁנֵי שֵׁמוֹת: **ה"ס**, **כ"ו**. ה"ס גִּימַטְרִיָּא אֲדֹנָ"י. וכ"ו גִּימַטְרִיָּא שֵׁם הֲוָיָ"ה. וּבְמִצְוַת סֻכָּה שֶׁמְּקַיְּמִין יִשְׂרָאֵל כָּרָאוּי וּכְהִלְכוֹתֶיהָ, הֵם נוֹתְנִים כֹּחַ וּגְבוּרָה לַפָּמַלְיָא שֶׁל מַעְלָה, כִּי **סֻכָּה** גִּימַטְרִיָּא תִּשְׁעִים וְאַחַת, כְּמִנְיַן **מַלְאָךְ**. וְלָכֵן אָנוּ מִתְפַּלְּלִים - וּפְרֹס עָלֵינוּ סֻכַּת שְׁלוֹמֶךָ. כִּי בִּזְכוּת הַסֻּכָּה, שֶׁאָנוּ מְקַיְּמִין אוֹתָהּ, יִהְיֶה הַשֵּׁם שָׁלֵם, וְכִסֵּא הַכָּבוֹד יִהְיֶה שָׁלֵם. מַה שֶּׁאֵין כֵּן בָּעוֹלָם הַזֶּה, אֵין הַשֵּׁם שָׁלֵם. כְּדִכְתִיב - כִּי[519] יָד עַל כֵּס יָהּ. וְאֵין הַכִּסֵּא שָׁלֵם. מַה שֶּׁאֵין כֵּן לֶעָתִיד, יִהְיֶה הַשֵּׁם וְהַכִּסֵּא שָׁלֵם.

וְלָכֵן יְצַוֶּה הַקָּדוֹשׁ בָּרוּךְ הוּא לֶעָתִיד, כְּשֶׁיָּבוֹאוּ הָאֻמּוֹת וְיֹאמְרוּ לְהַקָּדוֹשׁ בָּרוּךְ הוּא - תְּנוּ לָנוּ גַּם כֵּן הַתּוֹרָה, וַאֲנַחְנוּ מְקַיְּמִין אוֹתָהּ, וְהַקָּדוֹשׁ בָּרוּךְ הוּא יִהְיֶה מֵשִׁיב לָהֶם - מִצְוָה[520] קַלָּה יֵשׁ לִי וְסֻכָּה שְׁמָהּ, לְפִי שֶׁאֵין בָּהּ חֶסְרוֹן כִּיס. מִיָּד כָּל אֶחָד וְאֶחָד עוֹשֶׂה סֻכָּתוֹ וְכוּ'. וְהַקָּדוֹשׁ בָּרוּךְ הוּא מַקְדִּיר הַחַמָּה עֲלֵיהֶם, וְכָל אֶחָד וְאֶחָד מְבַעֵט וְיוֹצֵא. וְעַל אוֹתָהּ שָׁעָה כְּתִיב - יוֹשֵׁב[521] בַּשָּׁמַיִם יִשְׂחָק. וְאֵין שְׂחוֹק לִפְנֵי הַקָּדוֹשׁ בָּרוּךְ הוּא כְּאוֹתוֹ הַיּוֹם, שֶׁנֶּאֱמַר - **יוֹשֵׁב בַּשָּׁמַיִם יִשְׂחָק**. [עַיֵּן בַּאֲרִיכוּת מַסֶּכֶת עֲבוֹדָה זָרָה]. וְהִנֵּה קָשֶׁה, לָמָּה הַקָּדוֹשׁ בָּרוּךְ הוּא יְהֵא מְצַוֶּה לְאֻמּוֹת הָעוֹלָם, שֶׁיְּקַיְּמוּ דַּוְקָא מִצְוַת סֻכָּה, וְלֹא מִצְוָה אַחֶרֶת. אֲבָל לְפִי מַה שֶּׁכָּתַבְתִּי לְעֵיל, אַתְיָא שַׁפִּיר, דְּכֵיוָן דְּאַף עַל פִּי שֶׁמִּצְוַת סֻכָּה הִיא קַלָּה בְּעֵינֵי הַבְּרִיּוֹת, אֲבָל בְּעֵינֵי הַקָּדוֹשׁ בָּרוּךְ הוּא הוּא גָּדוֹל מְאֹד, כִּי **סֻכּוֹת** הִיא גִּימַטְרִיָּא אַרְבַּע מֵאוֹת וּשְׁמוֹנִים, וּמִצְוָה זוֹ הִיא מַכְנִיעָה הַקְּלִפָּה שֶׁל לילי"ת, שֶׁהִיא גִּימַטְרִיָּא אַרְבַּע מֵאוֹת וּשְׁמוֹנִים.

---

518 ישעיהו א כא

519 שמות יז טז

520 עבודה זרה ג א

521 תהלים ב ד

וְלֶעָתִיד הַקָּדוֹשׁ בָּרוּךְ הוּא יַעֲבִיר אֶת הַגִּלּוּלִים מִן הָאָרֶץ, שֶׁהִיא לִילִי"ת וְכָל הַמַּחֲנוֹת שֶׁלָּהּ, וְהַקָּדוֹשׁ בָּרוּךְ הוּא יִהְיֶה מַכְנִיעַ אוֹתָן עַל יְדֵי מִצְוַת סֻכָּה דַּוְקָא, וְאָז יִהְיֶה שֵׁם הֲוָיָ"ה שָׁלֵם, וְכִסְאוֹ יִהְיֶה שָׁלֵם. וְלָכֵן אָנוּ מִתְפַּלְּלִים - וּפְרֹס עָלֵינוּ סֻכַּת שְׁלוֹמֶךָ. כִּי סֻכַּת שָׁלֵם יִהְיֶה עוֹד הַפַּעַם שֶׁיִּהְיֶה אַרְבַּע מֵאוֹת וּשְׁמוֹנִים בָּתֵּי כְנֵסִיּוֹת בִּירוּשָׁלַיִם, וְעִם הַמִּקְדָּשׁ שֶׁיִּהְיֶה לֶעָתִיד יִהְיֶה אַרְבַּע מֵאוֹת וּשְׁמוֹנִים וְאֶחָד, כְּמִנְיַן **מְלֵאֲתִי** מִשְׁפָּט - וּבַיּוֹם[522] הַהוּא יִהְיֶה ה' אֶחָד וּשְׁמוֹ אֶחָד.

לָכֵן צְרִיכִין אֲנַחְנוּ לְהִזָּהֵר בִּקְדֻשַּׁת סֻכָּה, שֶׁהִיא כּוֹלֶלֶת שְׁתֵּי שֵׁמוֹת – **הֲוָיָ"ה וַאֲדֹנָ"י**. וּבִפְרָט שֶׁכָּל זְמַן שֶׁהַסֻּכָּה הִיא נַעֲשֵׂית כְּהִלְכָתָהּ וּבְטָהֳרָה, שֶׁלֹּא יַעֲשֶׂה אוֹתָהּ בְּמָקוֹם מְטֻנָּף, אָז הַסֻּכָּה הִיא מֶרְכָּבָה לְהַקָּדוֹשׁ בָּרוּךְ הוּא וּשְׁכִינְתֵּיהּ. וְסֻכָּה הִיא בִּמְקוֹם בֵּית הַמִּקְדָּשׁ מְעַט, כִּי בֵּית הַמִּקְדָּשׁ נִקְרָא **סֻכַּת שָׁלֵם**. וְלֹא כְּדַעַת הַמְּקִילִין בַּסֻּכָּה, שֶׁיֵּשׁ עֲלֵיהֶן מִצְוַת סֻכָּה כְּמַשּׂאוֹי גָּדוֹל, וְהֵן בָּאִים לַסֻּכָּה וּמְבָרְכִין בִּרְכַּת הַמּוֹצִיא וּבִרְכַּת הַסֻּכָּה בִּמְהִירוּת וּבִמְרוּצָה, וְאַחַר כָּךְ הוֹלְכִין חוּץ לַסֻּכָּה. וְדוֹמִין הַכַּת הַזּוֹ לְהָאֻמּוֹת, שֶׁיִּהְיוּ לֶעָתִיד מְבַעֲטִין בַּסֻּכָּה, וְלֹא עוֹד שֶׁהֵן מְבָרְכִין בִּרְכַּת הַסֻּכָּה לְבַטָּלָה, שֶׁהֵן מְבָרְכִין **לֵישֵׁב בַּסֻּכָּה**, הֵן סוֹבְרִים שֶׁיּוֹשְׁבִין בַּסֻּכָּה מְעַט, וְאַחַר כָּךְ יֵשׁ רְשׁוּת לָהֶן שֶׁיֵּלְכוּ מִחוּץ לַסֻּכָּה. אֲבָל בֶּאֱמֶת טוֹעִין הֵן בְּדַעְתָּם, שֶׁפֵּרוּשׁ **לֵישֵׁב בַּסֻּכָּה** הוּא עִכּוּב, כְּמוֹ שֶׁפֵּרֵשׁ רַשִׁ"י - אֵין[523] יְשִׁיבָה אֶלָּא לְשׁוֹן עַכָּבָה. לָכֵן אֲנִי מַזְהִיר לְכָל בַּר דַּעַת, שֶׁלֹּא יִהְיֶה נִכְשָׁל בְּעָוֹן זֶה, כְּשֶׁיָּבוֹא לַסֻּכָּה לֶאֱכֹל, אֲזַי יִרְאֶה לֵישֵׁב שָׁם עַד אַחַר אֲכִילָה, כְּדֵי שֶׁלֹּא יַעֲשֶׂה בְּרָכָה לְבַטָּלָה. וְלֹא יִהְיֶה בִּכְלָל מְבַעֵט בְּמִצְוָה זוֹ, וְאָז אֲנַחְנוּ נִהְיֶה זוֹכִין לְסֻכָּה שֶׁל לִוְיָתָן, כְּמוֹ שֶׁאָמַר הַכָּתוּב - וְסֻכָּה[524] תִּהְיֶה לְצֵל יוֹמָם. וְהַקָּדוֹשׁ בָּרוּךְ הוּא יַסְתִּירֵנוּ בְּצֵל כְּנָפָיו בְּסֻכַּת שָׁלוֹם לְעוֹלָמִים. אָמֵן כֵּן יְהִי רָצוֹן.

---

[522] זכריה יד ט

[523] רש"י על דברים ט ט

[524] ישעיהו ד ו

פרק צו

לְהוֹדוֹת וּלְהַלֵּל יִתְבָּרֵךְ שְׁמוֹ הַקָּדוֹשׁ וְהַגָּדוֹל עַל הַנֵּס הַגָּדוֹל, שֶׁעָשָׂה הַקָּדוֹשׁ בָּרוּךְ הוּא לַאֲבוֹתֵינוּ בַּיָּמִים הָהֵם, בִּימֵי אַנְטִיּוֹכוּס הָרָשָׁע, מֶלֶךְ יָוָן, שֶׁעָשָׂה כַּמָּה רָעוֹת לְעַם יִשְׂרָאֵל, וַה' בְּרַחֲמָיו וּבְרֹב חֲסָדָיו אֲשֶׁר בְּכָל עֵת לָבַשׁ בִּגְדֵי נָקָם [עַיֵּן לְעֵיל פֶּרֶק צד] וְעַל יְדֵי חַשְׁמוֹנָאִי וּבָנָיו נֶהֶרְגוּ שְׁנֵי שָׂרֵי צִבְאוֹת שֶׁל יָוָן - הָאֶחָד נִקְרָא שְׁמוֹ **בַּגְרוֹס**, וְהַשֵּׁנִי **נִקָּנוֹר**, וְכָל חַיָּלָיו שֶׁל מֶלֶךְ יָוָן נִמְסְרוּ בִּידֵי יִשְׂרָאֵל. וְכֵן יֹאבְדוּ כָּל אוֹיְבֵי ה'.

וְאַחַר כָּךְ בָּאוּ בְּנֵי חַשְׁמוֹנָאִי לְבֵית הַמִּקְדָּשׁ, וְלֹא מָצְאוּ כִּי אִם צְלוֹחִית אַחַת שֶׁל שֶׁמֶן, אֲשֶׁר הָיְתָה חֲתוּמָה בְּטַבַּעַת שֶׁל כֹּהֵן גָּדוֹל, אֲשֶׁר בְּאוֹתוֹ צְלוֹחִית הָיוּ מוֹשְׁחִין בּוֹ הַמַּלְכֵי יִשְׂרָאֵל. וְכָל כֹּהֵן גָּדוֹל שֶׁהָיָה טָעוּן מְשִׁיחָה, נִמְשַׁח בְּאוֹתוֹ פַּךְ שֶׁל שֶׁמֶן הַמִּשְׁחָה, וְהָיָה בָּהּ כִּי אִם כְּשִׁעוּר הַדְלָקַת יוֹם אֶחָד. וֵאלֹהֵ"י הַשָּׁמַיִם, אֲשֶׁר שָׁכֵן שְׁמוֹ בַּמִּקְדָּשׁ, עָשָׂה נֵס, שֶׁהָיָה הַשֶּׁמֶן הַהוּא דּוֹלֵק שְׁמוֹנָה יָמִים, עַד שֶׁהֻצְרְכוּ הַכֹּהֲנִים לְטַהֵר עַצְמָן שִׁבְעָה יָמִים. וְאַחַר כָּךְ בַּיּוֹם הַשְּׁמִינִי הֻצְרְכוּ לַעֲשׂוֹת שֶׁמֶן, שֶׁהוּא נַעֲשָׂה בְּטָהֳרָה. עַל כֵּן הֻכְרַח הַשֶּׁמֶן, שֶׁהָיָה עַל פִּי הַנֵּס, לְהַדְלִיק שְׁמוֹנָה יָמִים עַד עֵת הַטָּהֳרָה.

עַל כֵּן לְזִכְרוֹן הַנֵּס הַזֶּה לֹא יָמוּשׁ מִיִּשְׂרָאֵל בְּכָל דּוֹר וָדוֹר לַעֲשׂוֹת שְׁמוֹנַת יְמֵי חֲנֻכָּה וּלְהַדְלִיק נֵרוֹת, שֶׁהֵן נֵרוֹת שֶׁל מִצְוָה. וּבְהַרְבֵּה מְקוֹמוֹת מָצִינוּ, שֶׁחֲבִיבִין לִפְנֵי הַקָּדוֹשׁ בָּרוּךְ הוּא נֵרוֹת שֶׁל מִצְוָה, כְּמוֹ שֶׁאָמַר הַכָּתוּב [יְשַׁעְיָה כד, טו] - בָּאוּרִים כַּבְּדוּ ה'. וְכָל הַנֵּר, הַדָּלוּק לִדְבַר מִצְוָה יֵשׁ בּוֹ קְדֻשָּׁה נִפְלָאָה גְּדוֹלָה אֵין שִׁעוּר. וְאִלּוּ הָיִינוּ זוֹכִים לְהַשָּׂגוֹת רוּחַ הַקֹּדֶשׁ, הָיִינוּ מְבָרְכִים וּמְבִינִים וּמַשִּׂיגִים עַל יְדֵי מִצְוַת הַדְלָקַת הַנֵּרוֹת שֶׁל מִצְוָה עֲתִידוֹת, דְּהַנֵּר שֶׁל מִצְוָה מִתְנַבֵּא כְּמוֹ נָבִיא, הַמִּתְנַבֵּא עַל פִּי ה'.

וְהָרַב הַגָּאוֹן מַהַרְשַׁ"ל[525] זִכְרוֹנוֹ לִבְרָכָה, כָּתַב בְּהַקְדָּמַת סִפְרוֹ, הַנִּקְרָא **יָם שֶׁל שְׁלֹמֹה**, וְזֶה לְשׁוֹנוֹ - פַּעַם אֶחָד בָּא לְיָדַי עַל יְדֵי נֵר שֶׁל מִצְוָה כְּאִלּוּ הֶרְאוּ לִי מִן הַשָּׁמַיִם, וְנָתְנוּ לִי הַרְמָנָא וְאַמִּיץ כֹּחַ מֵרָקִיעַ, וּפָתְחוּ לִי שַׁעֲרֵי אוֹרָה. עַד כָּאן. וְשָׁמַעְתִּי מִפִּי מוֹרִי עַל פִּי קַבָּלָה, שֶׁהָעִנְיָן הוּא כָּךְ כְּשֶׁהָיָה הָרַב רַבִּי שְׁלֹמֹה לוּרְיָא, זִכְרוֹנוֹ לִבְרָכָה, לוֹמֵד, וְחִבֵּר הַסְּפָרִים **יָם שֶׁל שְׁלֹמֹה**, אֵרַע לוֹ שֶׁהָיָה לוֹ רַק נֵר קָטָן וְדוֹלֵק לְפָנָיו, וְהָיָה זְמַן קָרוֹב לְהִכָּבוֹת, וְהָיָה דּוֹלֵק כַּמָּה שָׁעוֹת יוֹתֵר מִשְּׁלֹשָׁה וְאַרְבָּעָה נֵרוֹת שְׁלֵמִים. וְזֶה הֵעִידוּ עָלָיו תַּלְמִידוֹ וְנֶכְדּוֹ, וְזֶה לְשׁוֹנוֹ - בַּעַל הַנֵּס הִכִּיר בְּנֵרוֹ וּבְנִסּוֹ, כִּי ה' עִמּוֹ. עַד כָּאן. וְזֶה אֵרַע לְהַגָּאוֹן הַנִּזְכָּר לְעֵיל, נֵס מַמָּשׁ כְּנֵס שֶׁל שֶׁמֶן הַקֹּדֶשׁ שֶׁבִּצְלוֹחִית הַקְּדוֹשָׁה

---

525 מורינו הרב שלמה לוריא

שֶׁבְּבֵית הַמִּקְדָּשׁ. זְכוּתוֹ יַעֲמֹד לָנוּ. אַשְׁרֵי לוֹ וְאַשְׁרֵי יוֹלַדְתּוֹ.

הַכְּלָל הָעוֹלֶה - בְּכָל נֵר שֶׁל מִצְוָה נִמְשָׁךְ בּוֹ קְדֻשָּׁה עֶלְיוֹנָה, וּמְעוֹרֵר לְמַעְלָה הַדְלָקַת בּוּצִינִין קַדִּישִׁין. וְכֵן מָצִינוּ בַּזֹּהַר וּבַתִּקּוּנִים, דְּקָאֵי אֵלִיָּהוּ אַחֲרֵי כָּתְלֵי שֶׁל בֵּית הַמִּדְרָשׁ שֶׁל רַבִּי שִׁמְעוֹן בֶּן יוֹחַאי אָמַר - לֵיקוּם בּוּצִינָא קַדִּישָׁא וְיַדְלִיק בּוּצִינִין קַדִּישִׁין דִּלְעֵילָא. וְעַל כֵּן מִנְהַג הַמְדַקְדְּקִים, שֶׁנֵּר הַדּוֹלֵק לְשֵׁם מִצְוָה וְנִשְׁאַר מִמֶּנּוּ מַצְנִיעִין אוֹתוֹ שֶׁלֹּא לְהִשְׁתַּמֵּשׁ בּוֹ דְּבַר חוֹל, כִּי אִם דַּוְקָא דְּבַר מִצְוָה. וּבִפְרָט נֵר הַדּוֹלֵק לִלְמֹד בּוֹ תּוֹרָה. וְיֵשׁ הַרְבֵּה עִנְיָנִים תּוֹעֶלֶת לַנְּשָׁמָה עַל יְדֵי נֵרוֹת שֶׁל מִצְוָה.

וְהִנֵּה בְּנֵרוֹת שֶׁל חֲנֻכָּה, הַבָּאִים לְזִכְרוֹן תֹּקֶף הַנֵּס הַגָּדוֹל, שֶׁהֵן נֵרוֹת קְדוֹשִׁים, וּמַקְדִּישִׁין בִּקְדֻשָּׁה עִלָּאָה וּמַרְאִין עַל נֵרוֹת וּמִדּוֹת הָעֶלְיוֹנוֹת, אֲשֶׁר הֵם מִתְעוֹרְרִים וּמִתְלַהֲבִים בִּגְבוּרָה לִפְעֹל דִּין בְּהָרְשָׁעִים, וְעַל כֵּן כָּתַב הָרַב **מַהֲרַ"י סֶגַל**, שֶׁנָּכוֹן הוּא לִטֹּל יָדָיו קֹדֶם שֶׁיְּבָרֵךְ עַל הַדְלָקַת נֵר חֲנֻכָּה, אַךְ מִפְּנֵי שֶׁלֹּא יֵחָשֵׁב כְּיֻהֲרָא, עַל כֵּן כָּתְבוּ הָאַחֲרוֹנִים שֶׁרָאוּי הוּא לְהָבִיא עַצְמוֹ לִידֵי חִיּוּב נְטִילָה, כְּדֵי שֶׁיִּטֹּל יָדָיו אַחַר כָּךְ קֹדֶם הַדְלָקַת הַנֵּרוֹת.

וְיָדוּעַ, כִּי כָּתַבְתִּי לְעֵיל פֶּרֶק יד, שֶׁבְּכָל מִצְוָה וּמִצְוָה שֶׁאָדָם עוֹשֶׂה, נוֹלָדִים וְנִבְרָאִים מַלְאָכִים קְדוֹשִׁים מִמֶּנָּה, וּלְכָל מִצְוָה שֶׁנִּבְרָאִים מִמֶּנָּה מַלְאָכִים, הֵן נִקְרָאִים מַחֲנֶה שֶׁל מִצְוָה זוֹ. וְזֶהוּ פָּשׁוּט, שֶׁבְּכָל מִצְוָה שֶׁמְּבָרְכִין עָלֶיהָ, מִתְכַּנְּשִׁין אֵלֶיהָ אוֹתָן הַמַּלְאָכִים, וְעוֹמְדִין סְבִיבוֹת הַמְבָרֵךְ, וְשׁוֹמְעִין הַבְּרָכָה וְעוֹנִין אָמֵן. וְרֶמֶז לַדָּבָר - **מַלְאָךְ** הוּא גִּימַטְרִיָּא **אָמֵן**. וְלָכֵן כְּשֶׁיִּשְׂרָאֵל עוֹנִין בִּבְרָכָה אוֹ בְּקִדּוּשׁ וְאוֹמְרִים **אָמֵן**, יְכַוְּנוּ לְאוֹתָן הַמַּלְאָכִים שֶׁיַּעֲנוּ אָמֵן, כִּי **אָמֵן** גִּימַטְרִיָּא **מַלְאָךְ**.

וְהִנֵּה בִּבְרָכָה רִאשׁוֹנָה שֶׁל נֵר חֲנֻכָּה יֵשׁ שְׁלֹשׁ עֶשְׂרֵה תֵּבוֹת, וְצָרִיךְ לְכַוֵּן שֶׁהֵן מְעוֹרְרִים שְׁלֹשׁ עֶשְׂרֵה מִדּוֹת רַחֲמִים. וְכֵן יֵשׁ שְׁלֹשׁ עֶשְׂרֵה תֵּבוֹת בִּבְרָכָה שְׁנִיָּה, שֶׁהֵן מְעוֹרְרִים שְׁלֹשׁ עֶשְׂרֵה מִדּוֹת רַחֲמִים, וּשְׁתֵּיהֶן יַחַד הֵן עֶשְׂרִים וְשֵׁשׁ תֵּבוֹת כְּנֶגֶד שֵׁם הֲוָיָה. וִיכַוֵּן הֵיטֵב בְּבִרְכוֹת שֶׁל הַדְלָקַת הַנֵּרוֹת לְאָמְרָם מִתּוֹךְ שִׂמְחָה, כַּאֲשֶׁר הַמִּצְוָה הִיא חֲבִיבָה בִּשְׁעָתָהּ לִזְמַן פַּעַם אַחַת בְּשָׁנָה, וְלִכְבוֹד הַמַּלְאָכִים קַדִּישִׁין, הַבָּאִים לְהַבַּיִת בִּשְׁבִיל מִצְוָה זוֹ, יַדְלִיק הַנֵּרוֹת כְּשֶׁהוּא לָבוּשׁ בְּבֶגֶד עֶלְיוֹן, כְּמוֹ שֶׁהוֹלֵךְ לְבֵית הַכְּנֶסֶת. וְצָרִיךְ לְהַדְלִיק תֵּכֶף בִּכְנִיסַת הַלַּיְלָה, כִּי מִצְוָה הַבָּאָה לְיָדְךָ אַל תַּחְמִיצֶנָּה.

וְהִנֵּה מִסְפַּר הַנֵּרוֹת שֶׁל חֲנֻכָּה הֵן שְׁלֹשִׁים וְשִׁשָּׁה, וּשְׁמוֹנָה שַׁמָּשִׁים. וּמִנְהָגָן שֶׁל יִשְׂרָאֵל תּוֹרָה הוּא, שֶׁהַמִּנְהָג לִתֵּן אֶת הַשַּׁמָּשׁ הַמַּדְלִיק לְמַעְלָה מֵהַנֵּרוֹת שֶׁל חֲנֻכָּה, וְרֶמֶז לַדָּבָר - שְׂרָפִים[526] עוֹמְדִים מִמַּעַל לוֹ. [מָצָאתִי כָּתוּב בְּסֵפֶר מַהֲרִי"ל]. וְאִם כֵּן לְפִי זֶה יֵשׁ קְדֻשָּׁה גְּדוֹלָה גַּם כֵּן

---

526 ישעיהו ו ב

בַּנֵּרוֹת שֶׁל הַשַּׁמָּשִׁים, אֲשֶׁר הֵן יוֹתֵר קְצָת גְּדוֹלִים מִן הַנֵּר שֶׁל חֲנֻכָּה, שֶׁהַנֵּר הַשַּׁמָּשׁ הוּא דֻּגְמַת הַכֹּהֵן, שֶׁהָיָה מַדְלִיק נֵרוֹת בְּבֵית הַמִּקְדָּשׁ וְדֻגְמַת שְׂרָפֵי מַעְלָה, הַמַּדְלִיקִין בּוּצִינִין קַדִּישִׁין, שֶׁיָּאִירוּ פְּנֵי כִּסֵּא כְּבוֹדוֹ יִתְבָּרַךְ. וּמִכָּאן תִּרְאֶה הַפְּגָם הַגָּדוֹל מַה שֶּׁרָאִיתִי בַּעֲווֹנוֹתֵינוּ הָרַבִּים, שֶׁרֹב הָעָם נוֹהֲגִים שֶׁלּוֹקְחִים נֵר הַשַּׁמָּשׁ מִן הַנֵּרוֹת, וְעוֹשִׂין לְאוֹרוֹ עִסְקֵי חוֹל, וּמִכָּל שֶׁכֵּן עֲתִידִין לִתֵּן אֶת הַדִּין מֵהֶעָוֹן פְּלִילִי שֶׁמְּשַׂחֲקִין בְּאוֹר הַשַּׁמָּשׁ בִּקְלָפִים, שֶׁקּוֹרִין **קָארְטִין**, אוֹ בְּקֻבְיָאוֹת שֶׁקּוֹרִין **וֶוערְפִיל**, וְאֵינָם יוֹדְעִים שֶׁהַשַּׁמָּשִׁים הֵם קְדֻשָּׁה יְתֵרָה יוֹתֵר מִנֵּר חֲנֻכָּה, כְּמוֹ שֶׁכָּתַב הָרַב הַגָּאוֹן מַהֲרִי"ל, זִכְרוֹנוֹ לִבְרָכָה, הָרֶמֶז - **שְׂרָפִים עוֹמְדִים מִמַּעַל לוֹ**. רָצָה לוֹמַר, שֶׁהַשַּׁמָּשִׁים עוֹמְדִים מִמַּעַל לְהל"ו נֵרוֹת שֶׁל חֲנֻכָּה. עַל כֵּן הַמְזַלְזֵל בְּמִצְוָה זוֹ בְּוַדַּאי עָנְשׁוֹ יִהְיֶה קָשֶׁה מְאֹד. וְכָל מִי שֶׁמְּדַקְדֵּק בְּמִצְוָה זוֹ וְאֵינוֹ מֵזִיז אֶת הַשַּׁמָּשׁ מִמְּקוֹמוֹ, יִזְכֶּה לִרְאוֹת נֵרוֹת הָעֲתִידִין לְהַדְלִיק בְּבֵית קָדְשֵׁנוּ בִּמְהֵרָה בְיָמֵינוּ אָמֵן.

פרק צז

תַּעֲנִית אֶסְתֵּר נִקְבַּע עַל סָמַךְ דְּאִיתָא בַּגְּמָרָא - שְׁלשָׁה[527] עָשָׂר בַּאֲדָר זְמַן קְהִלָּה לַכֹּל הִיא. וּפֵרְשׁוּהָ הַמְפָרְשִׁים, שֶׁהַכֹּל מִתְכַּנְּשִׁין לְתַעֲנִית אֶסְתֵּר, וּבָאִים בְּנֵי הַכְּפָרִים לְמִנְיָן לוֹמַר הַסְּלִיחוֹת וְתַחֲנוּנִים, לְפִי שֶׁבּוֹ בַּיּוֹם נִקְהֲלוּ לַעֲמֹד עַל נַפְשָׁם, וְהָיוּ צְרִיכִים רַחֲמִים. עַל כֵּן הֻקְבַּע יוֹם זֶה לוֹמַר סְלִיחוֹת וְתַחֲנוּנִים. וּבְנֵי הַכְּפָרִים מְחֻיָּבִים לְהַקְדִּים וְלָבוֹא לְיוֹם הַתַּעֲנִית אֶסְתֵּר, וּלְהִשְׁתַּתֵּף עִם אֲחֵיהֶם בְּנֵי יִשְׂרָאֵל בַּאֲמִירַת סְלִיחוֹת, כִּי כֵן הַפֵּרוּשׁ שֶׁל דִּבְרֵי חֲכָמִים זִכְרוֹנָם לִבְרָכָה - **שְׁלשָׁה עָשָׂר זְמַן קְהִלָּה לַכֹּל הוּא**. וְזֶהוּ חָבִיב לִפְנֵי הַקָּדוֹשׁ בָּרוּךְ הוּא, שֶׁמִּתְאַסְּפִים הַיְחִידִים לְתוֹךְ הֶעָרוֹת, וּבְרֹב עָם הַדְרַת מֶלֶךְ, שֶׁנִּקְהָלִים לוֹמַר סְלִיחוֹת בְּקָהָל, וְעַל יְדֵי תְּפִלָּה זוֹ הֵן מְעוֹרְרִים רַחֲמִים גְּדוֹלִים בַּפָּמַלְיָא שֶׁל מַעְלָה.

וְיֵשׁ עוֹד טַעַם לְתַעֲנִית אֶסְתֵּר, אֲשֶׁר גִּלָּה הַמַּגִּיד לְהָרַב בֵּית יוֹסֵף זִכְרוֹנוֹ לִבְרָכָה, וְהוּא שֶׁהַשְׁגָּחַת הַקָּדוֹשׁ בָּרוּךְ הוּא הוּא תָּמִיד עַל יִשְׂרָאֵל, שֶׁהֵן נַחֲלָתוֹ וַעֲדַת סְגֻלָּה. וְהוּא חָפֵץ לְהַצְדִּיקָם כְּדֵי לְהַנְחִילָן שָׂכָר טוֹב לָעוֹלָם הַבָּא. וּבַיּוֹם שֶׁמַּגִּיעַ אַרְבָּעָה עָשָׂר לִהְיוֹת יִשְׂרָאֵל שְׂמֵחִים וְשָׂשִׂים בּוֹ עַל תֹּקֶף הַנֵּס, שֶׁעָשָׂה הַקָּדוֹשׁ בָּרוּךְ הוּא בְּהָמָן הָרָשָׁע וּבְבָנָיו וּבִשְׁאָר שׂוֹנְאֵי יִשְׂרָאֵל, אָז הִיא נִקְרֵאת **שִׂמְחָה שֶׁל מִצְוָה**. וְעַל כֵּן אָמְרוּ רַבּוֹתֵינוּ זִכְרוֹנָם לִבְרָכָה - חַיָּב[528] אִינָשׁ לְבַסּוּמֵי בְּפוּרַיָּא. וְהִנֵּה יֵשׁ לָחוּשׁ, פֶּן עַל יְדֵי רִבּוּי הָאֲכִילָה וּשְׁתִיָּה וְשִׂמְחָה בָּאִין יִשְׂרָאֵל לִידֵי חֵטְא. וְלָכֵן הִקְדִּים הַקָּדוֹשׁ בָּרוּךְ הוּא הַתַּעֲנִית, לְפִי שֶׁהַתַּעֲנִית הִיא סְגֻלָּה לְהִנָּצֵל עַל יְדֵי הַתַּעֲנִית מִן הַחֵטְא, וְלֹא יִהְיֶה כֹּחַ לְהַשָּׂטָן וְלִילִי"ת לְקַטְרֵג עֲלֵיהֶם וְלַהֲבִיאָם לִידֵי חֵטְא מֵחֲמַת רִבּוּי הָאֲכִילָה וּשְׁתִיָּה. וְטוֹב לְכַוֵּן, כְּשֶׁיֹּאמַר פִּזְמוֹן - בִּמְתֵי וְכוּ', וּכְשֶׁאוֹמְרִים - שֹׁמֵעַ תְּפִלָּה וְהַעֲבֵר תְּפִלָּה וְכוּ" צָרִיךְ לְכַוֵּן, שֶׁלֹּא יָבוֹאוּ לִידֵי חֵטְא וְעָוֹן, חַס וְשָׁלוֹם, עַל יְדֵי רִבּוּי אֲכִילָה וּשְׁתִיָּה וְשִׂמְחַת פּוּרִים. וְעַל יְדֵי סְלִיחוֹת וְתַחֲנוּנִים שֶׁאָנוּ אוֹמְרִים בִּכְנוּפְיָה בָּזֶה אָנוּ מְעוֹרְרִים זְכוּת מָרְדֳּכַי וְאֶסְתֵּר, כִּי בְּמָרְדֳּכַי כְּתִיב - וּמָרְדֳּכַי[529] יָדַע אֶת כָּל אֲשֶׁר נַעֲשָׂה וַיִּקְרַע אֶת בְּגָדָיו וַיִּלְבַּשׁ שַׂק וָאֵפֶר וַיֵּצֵא בְּתוֹךְ הָעִיר וַיִּזְעַק זְעָקָה גְדֹלָה וּמָרָה. וְהָעִנְיָן מְבֹאָר בְּזֹהַר בְּרֵאשִׁית, כִּי שְׁאָרֵי בְּנֵי אָדָם לֹא יָדְעִין רַק מַה שֶּׁעֵינֵיהֶם רוֹאוֹת, שֶׁשּׂוֹנְאֵי יִשְׂרָאֵל, כְּמוֹ הָמָן וַחֲבֵרָיו, מְבַקְשִׁין לַעֲקֹר בֵּיצָתָן שֶׁל יִשְׂרָאֵל, וְהוֹלְכִין וּמִתְגַּבְּרִין וּמִתְחַדְּשִׁין בְּכָל יוֹם וָיוֹם גְּזֵרוֹת רָעוֹת חֲדָשׁוֹת, וּמָרְדֳּכַי יָדַע תֹּכֶן הַדָּבָר וּמְקוֹר כֹּחַ שֶׁל הַקְּלִפּוֹת, שֶׁמִּשָּׁם

---

527 מגילה ב א

528 מגילה ז ב

529 אסתר ד א

יוֹצְאִים נַפְשׁוֹת הָרְשָׁעִים הָאֵלּוּ, הַחוֹטְאִים בְּנַפְשׁוֹתָם. וְזֶהוּ שֶׁאָמַר הַכָּתוּב, שֶׁמָּרְדֳּכַי יָדַע אֶת כָּל אֲשֶׁר נַעֲשָׂה, וְהִתְבּוֹנֵן כִּי גְּבוּרַת יַד הַקְּלִפָּה מֵחֲמַת הַחֲטָאִים שֶׁל יִשְׂרָאֵל שֶׁהָיוּ בְּאוֹתוֹ הַדּוֹר, עַד שֶׁהֻצְרַךְ מָרְדֳּכַי סִגּוּף גָּדוֹל וּזְעָקָה בִּתְפִלָּה לְהַתִּישׁ כֹּחַ הַסִּטְרָא אָחֳרָא וּלְעוֹרֵר רַחֲמִים עַל יִשְׂרָאֵל. וְכֵן כְּתִיב - **וַיִּקְרַע אֶת בְּגָדָיו וַיָּשֶׂם שַׂק וְגוֹ'**.
וְאֶסְתֵּר הַצַּדֶּקֶת, אֲשֶׁר זָכְתָה לְרוּחַ הַקֹּדֶשׁ, יָדְעָה גַּם כֵּן תֹּכֶן הַדָּבָר הַנִּזְכָּר, וְלָכֵן כְּתִיב בָּהּ - וַתַּעֲמֹד[530] אֶסְתֵּר בַּחֲצַר הַמֶּלֶךְ הַפְּנִימִית נֹכַח בֵּית הַמֶּלֶךְ וְהַמֶּלֶךְ יוֹשֵׁב עַל כִּסֵּא מַלְכוּתוֹ בְּבֵית הַמַּלְכוּת נֹכַח פֶּתַח הַבָּיִת. וּפֵרֵשׁ הַזֹּהַר - אֵין עֲמִידָה אֶלָּא תְּפִלָּה, כְּמָה דְּאַתְּ אָמֵר - וַיַּעֲמֹד פִּנְחָס וַיְפַלֵּל. וְהִרְבְּתָה אֶסְתֵּר בִּתְפִלָּה, עַד שֶׁעָלְתָה תְּפִלָּתָהּ לְמַעְלָה, לְמָקוֹם קָדוֹשׁ וְנוֹרָא, הַנִּקְרָא **בָּתֵּי הַחֲצֵרוֹת**. וְהוּא הֶחָצֵר שֶׁלִּפְנֵי בֵּית הַמִּקְדָּשׁ שֶׁל מַעְלָה, אֲשֶׁר שָׁם מִתְנוֹצֵץ שֵׁם הֲוָיָ"ה. וְזֶהוּ - **וַתַּעֲמֹד אֶסְתֵּר בַּחֲצַר הַמֶּלֶךְ** - מֶלֶךְ זֶה הַקָּדוֹשׁ בָּרוּךְ הוּא, וְלֹא כְּתִיב **בַּחֲצַר הַמֶּלֶךְ אֲחַשְׁוֵרוֹשׁ**. וּכְתִיב בָּהּ - וַיּוֹשֶׁט[531] הַמֶּלֶךְ לְאֶסְתֵּר אֶת שַׁרְבִיט הַזָּהָב. וּמָשַׁךְ אֵלֶיהָ חוּט שֶׁל חֶסֶד, שֶׁהוּא בְּיַד הַקָּדוֹשׁ בָּרוּךְ הוּא. וְלֹא לָהּ בִּלְחוֹדָהּ אוֹשִׁיט הַקָּדוֹשׁ בָּרוּךְ הוּא שַׁרְבִיט הַזָּהָב, אֶלָּא אֲפִלּוּ דְּמִתְחַבְּרִין בַּהֲדָהּ.
וְלָכֵן אֲנַחְנוּ, עֲדַת יִשְׂרָאֵל, אֲשֶׁר שְׁרוּיִין בַּגּוֹלָה וְסוֹבְלִין צַעַר הַגָּלוּת לְמַעַן כְּבוֹד הַקָּדוֹשׁ בָּרוּךְ הוּא, מִתְחַבְּרִין וּמִתְכַּנְּשִׁין בְּבָתֵּי כְּנֵסִיּוֹת, שֶׁהֵן נִקְרָאִים גַּם כֵּן **חֲצַר הַמֶּלֶךְ** מַלְכּוֹ שֶׁל עוֹלָם וּבְוַדַּאי עַל יְדֵי אֲמִירַת הַסְּלִיחוֹת וְהַתְּפִלּוֹת אָנוּ מְעוֹרְרִים אֶת מָרְדֳּכַי הַצַּדִּיק וְאֶסְתֵּר הַמַּלְכָּה. וּבְוַדַּאי הֵם מִתְחַבְּרִים עִמָּנוּ בְּיוֹם תַּעֲנִית אֶסְתֵּר, אֲשֶׁר אָנוּ מַזְכִּירִין זְכוּתָן בַּאֲמִירַת - כִּבִימֵי מוֹר וַהֲדַס הוֹשַׁעְתָּ בָּנֶיךָ. וְלָכֵן הַיּוֹשְׁבֵי כְּפָרִים צְרִיכִין גַּם כֵּן לִהְיוֹת בַּחֲבוּרָה קַדִּישָׁא בְּבֵית הַכְּנֶסֶת בְּיוֹם תַּעֲנִית אֶסְתֵּר, כִּי יוֹם זֶה הוּא מְסֻגָּל מְאֹד שֶׁיְּקֻבַּל תְּפִלָּתֵנוּ בִּזְכוּת מָרְדֳּכַי וְאֶסְתֵּר. וְכָל מִי שֶׁצָּרִיךְ רַחֲמִים עַל אֵיזֶה דָּבָר שֶׁהוּא צָרִיךְ לְהִתְפַּלֵּל, יִקַּח פְּנַאי לְעַצְמוֹ בְּיוֹם הַתַּעֲנִית אֶסְתֵּר, וְיֹאמַר תְּהִלָּה מִזְמוֹר כ"ב בְּסֵפֶר תְּהִלִּים - **אַיֶּלֶת הַשַּׁחַר**. וְדָרְשׁוּ רַבּוֹתֵינוּ זִכְרוֹנָם לִבְרָכָה, דְּאֶסְתֵּר הָיְתָה נִקְרֵאת **אַיֶּלֶת הַשַּׁחַר**. וְאַחַר כָּךְ יִשְׁפֹּךְ שִׂיחוֹ לִפְנֵי ה' וִיבַקֵּשׁ בַּקָּשָׁתוֹ וְיַזְכִּיר זְכוּת מָרְדֳּכַי וְאֶסְתֵּר, אֲשֶׁר בִּזְכוּתָם יֵעָתֵר לוֹ הַקָּדוֹשׁ בָּרוּךְ הוּא וְיִפְתַּח לוֹ שַׁעֲרֵי רַחֲמִים, וּתְקֻבַּל תְּפִלָּתוֹ בְּרָצוֹן.
וּבִהְיוֹת שֶׁאָמְרוּ רַבּוֹתֵינוּ זִכְרוֹנָם לִבְרָכָה, שֶׁבְּשָׁעָה שֶׁבָּא הָמָן לְמָרְדֳּכַי לְהַרְכִּיבוֹ עַל סוּס הַמֶּלֶךְ אֲחַשְׁוֵרוֹשׁ, וְלַעֲשׂוֹת לוֹ יְקָר כַּאֲשֶׁר צִוָּה הַמֶּלֶךְ אֲחַשְׁוֵרוֹשׁ, מָצָא לְמָרְדֳּכַי דְּיָתְבֵי רַבָּנָן קַמֵּיהּ וּמְחַוֵּי לְהוּ הִלְכוֹת קְמִיצָה. וּפֵרֵשׁ רַשִׁ"י דְּדָרַשׁ מָרְדֳּכַי בְּעִנְיָנוֹ שֶׁל יוֹם, כִּי אוֹתוֹ הַיּוֹם שִׁשָּׁה עָשָׂר

[530] אסתר ה א
[531] אסתר ה ב

בְּנִיסָן הָיָה, שֶׁהוּא יוֹם הֲנָפַת הָעֹמֶר. אָמַר הָמָן - אָתָא[532] מְלֹא קֻמְצָא קִמְחָא דִּידְכוּ וְדָחוּ עֲשֶׂרֶת אֲלָפִים כִּכַּר כֶּסֶף דִּידִי. עַל כֵּן נָכוֹן לַעֲסֹק בְּעִנְיְנֵי קְמִיצָה בְּשִׁשָּׁה עָשָׂר בְּנִיסָן. וְהַכֹּל הוּא כְּדֵי לְעוֹרֵר זְכוּת שֶׁל אוֹתָם הַצַּדִּיקִים.

עַל כֵּן אוֹהֲבֵי ה', עֲדַת עַם קֹדֶשׁ, הַנּוֹעָדִים לִדְבַר ה' לִשְׁמֹעַ קוֹל מְגִלָּה בְּיוֹם הַמּוֹעֵד הַזֶּה, שֶׁהוּא פּוּרִים, אֲשֶׁר לֶעָתִיד כָּל הַיָּמִים טוֹבִים יִהְיוּ בְּטֵלִים, וִימֵי פּוּרִים לֹא נִבְטָלִים, צְרִיכִין אָנוּ לְהַזְכִּיר זְכוּתָן שֶׁל מָרְדֳּכַי וְאֶסְתֵּר, כִּי יוֹם תַּעֲנִית אֶסְתֵּר וְיוֹם פּוּרִים הֵם יָמִים שֶׁל רָצוֹן וְאַהֲבָה. לָכֵן טוֹב לְהִתְפַּלֵּל בְּיוֹם תַּעֲנִית אֶסְתֵּר, וְשׁוֹמֵעַ תְּפִלָּה יְקַבֵּל בְּרַחֲמִים וּבְרָצוֹן אֶת תְּפִלָּתֵנוּ. אָמֵן.

[532] מגילה טז א

פרק צח

מִתְּחִלַּת בְּרִיאַת הָעוֹלָם רָאָה הַקָּדוֹשׁ בָּרוּךְ הוּא, שֶׁאֵין הָעוֹלָם יָכֹל לְהִתְקַיֵּם בַּדִּין. מֶה עָשָׂה הַקָּדוֹשׁ בָּרוּךְ הוּא, שִׁתֵּף שֵׁם הָרַחֲמִים וּבָרָא אֶת הָעוֹלָם, שֶׁנֶּאֱמַר - בְּרֵאשִׁית[533] בָּרָא אֱלֹהִי"ם. בְּמִדַּת הַדִּין, כִּי מִדַּת **אֱלֹהִי"ם** הוּא דִּין. וְאַחַר כָּךְ כְּתִיב - בְּיוֹם[534] עֲשׂוֹת ה' אֱלֹהִי"ם אֶרֶץ וְשָׁמָיִם.

וּמָצָאתִי טַעַם הָגוּן, שֶׁכָּתַב הָרַב הַגָּאוֹן, בַּעַל הַמְחַבֵּר **תּוֹרַת חַיִּים**, הָעִנְיָן שֶׁהַצַּדִּיקִים נִתְפָּסִין בַּעֲוֹון הַדּוֹר, לְפִי שֶׁהַמִּדָּה שֶׁל דִּין הִיא רוֹצָה לְכַלּוֹת אֶת הָעוֹלָם, כְּשֶׁאֵין עוֹשִׂין רְצוֹנוֹ שֶׁל מָקוֹם, וְהַקָּדוֹשׁ בָּרוּךְ הוּא בְּרַחֲמָיו מְרַחֵם עַל כָּל מַעֲשָׂיו, וְלָכֵן שִׁתֵּף הַקָּדוֹשׁ בָּרוּךְ הוּא מִדַּת הָרַחֲמִים, שֶׁהוּא שֵׁם ה', עִם מִדַּת הַדִּין. אַךְ מִדַּת הַדִּין הוּא מְקַטְרֵג וּמְבַקֵּשׁ שֶׁיַּעֲשֶׂה הַקָּדוֹשׁ בָּרוּךְ הוּא דִּין בָּעוֹלָם. מָה עוֹשֶׂה הַקָּדוֹשׁ בָּרוּךְ הוּא, נוֹתֵן לוֹ צַדִּיק אֶחָד, שֶׁהוּא שָׁקוּל כְּנֶגֶד כָּל הָעוֹלָם, וּבָזֶה הוּא מַשְׁתִּיק אֶת הַדִּין וּמַצִּיל אֶת כָּל הָעוֹלָם. אֲבָל כְּשֶׁמֵּת צַדִּיק אֶחָד, נוֹלַד בִּמְקוֹמוֹ צַדִּיק אַחֵר בְּסוֹד - וְזָרַח[535] הַשֶּׁמֶשׁ וּבָא הַשָּׁמֶשׁ. עַד כָּאן דְּבָרָיו שֶׁל הַגָּאוֹן, מוֹרֵנוּ הָרַב רַבִּי חַיִּים שׁוֹר זִכְרוֹנוֹ לִבְרָכָה, בְּמַסֶּכֶת שַׁבָּת, עַיֵּן שָׁם.

וְעַל פִּי זֶה נִרְאֶה לִי לְתָרֵץ קֻשְׁיָה גְּדוֹלָה בַּפְּסוּקִים בַּמְּגִלָּה - וַיַּרְא[536] הָמָן כִּי אֵין מָרְדֳּכַי כֹּרֵעַ וּמִשְׁתַּחֲוֶה לוֹ וַיִּמָּלֵא הָמָן חֵמָה. וַיִּבֶז[537] בְּעֵינָיו לִשְׁלֹחַ יָד בְּמָרְדֳּכַי לְבַדּוֹ כִּי הִגִּידוּ לוֹ אֶת עַם מָרְדֳּכָי וַיְבַקֵּשׁ הָמָן לְהַשְׁמִיד אֶת כָּל הַיְּהוּדִים אֲשֶׁר בְּכָל מַלְכוּת אֲחַשְׁוֵרוֹשׁ עַם מָרְדֳּכָי. וְלִכְאוֹרָה קָשֶׁה, מָרְדֳּכַי לְבַד לֹא רָצָה לְהִשְׁתַּחֲוֹת, וּבִקֵּשׁ הָמָן לַעֲקֹר וּלְאַבֵּד אֶת כָּל הַיְּהוּדִים, וְהַנִּרְאֶה לְתָרֵץ, כִּי הִנֵּה יָדוּעַ, שֶׁיִּשְׂרָאֵל שֶׁבְּאוֹתוֹ הַדּוֹר הָיוּ חַיָּבִים כְּלָיָה, מִפְּנֵי שֶׁהִשְׁתַּחֲווּ לַצֶּלֶם שֶׁל נְבוּכַדְנֶצַּר, אוֹ מִפְּנֵי שֶׁנֶּהֱנוּ מִסְּעֻדָּה שֶׁל אוֹתוֹ רָשָׁע אֲחַשְׁוֵרוֹשׁ. וְהִנֵּה הָמָן וְהַשָּׂטָן הָיוּ מְקַטְרְגִים עַל זֶה. וּמִדַּת הַדִּין הָיָה נוֹתֵן, שֶׁיִּכְלוּ יִשְׂרָאֵל כֻּלָּם, חָלִילָה, וְלָכֵן הָיָה הָמָן מִתְיָרֵא, שֶׁהַקָּדוֹשׁ בָּרוּךְ הוּא יַעֲשֶׂה כֵּן, שֶׁיִּטֹּל אֶת הַצַּדִּיק אֶחָד, שֶׁהוּא שָׁקוּל כְּנֶגֶד כָּל יִשְׂרָאֵל, וְצַדִּיק אַחֵר נוֹלָד, וְיִהְיוּ יִשְׂרָאֵל חַיִּים וְקַיָּמִין, וְלָכֵן כְּתִיב - **וַיִּבֶז בְּעֵינָיו לִשְׁלֹחַ יָד בְּמָרְדֳּכַי** לְחוּד, כִּי בָּזֶה יִהְיֶה לְיִשְׂרָאֵל כַּפָּרָה בְּמִיתַת הַצַּדִּיק אֶחָד, שֶׁלְּפִי שֶׁמָּרְדֳּכַי הָיָה שָׁקוּל כְּנֶגֶד כָּל יִשְׂרָאֵל, וְלָכֵן בִּקֵּשׁ הָמָן וְהַשָּׂטָן לְהַשְׁמִיד אֶת כָּל הַיְּהוּדִים בְּכָל מַלְכוּת אֲחַשְׁוֵרוֹשׁ, וְדוֹ"ק.

---

533 בראשית א א
534 בראשית א ד
535 קהלת א ה
536 אסתר ג ה
537 אסתר ג ו

וְהִנֵּה לְדֵעָה שֶׁאָמְרוּ, שֶׁיִּשְׂרָאֵל שֶׁבְּאוֹתוֹ הַדּוֹר הָיוּ חַיָּבִים כְּלָיָה מִפְּנֵי שֶׁנֶּהֱנוּ מִסְּעוּדָתוֹ שֶׁל אֲחַשְׁוֵרוֹשׁ דְּלֵיכָּא לְמֵימַר דְּמִשּׁוּם דְּקָאָכְלֵי מַאֲכָלוֹת אֲסוּרוֹת, אִתְחַיְּבֵי, דְּהָא כְּתִיב - וְהַשְּׁתִיָּה[538] כַּדָּת אֵין אוֹנֵס. וְהַפֵּרוּשׁ, לְפִי דַּת כָּל אֶחָד וְאֶחָד הָיָה הַשְּׁתִיָּה. וְיִשְׂרָאֵל, דְּאָסוּר לְהוּ יַיִן נֶסֶךְ וְיַיִן שֶׁל עַכּוּ"ם, לָא הֲוֵי מַשְׁקֵי לְהוּ. אֶלָּא מִיַּיִן שֶׁל יִשְׂרָאֵל, וְשַׁמָּשִׁין שֶׁל יִשְׂרָאֵל הֲווּ מוֹזְגִין לְהוֹן. וְכֵן מַאֲכָלִים, דַּהֲוֵי יַהֲבֵי לְהוֹן לְיִשְׂרָאֵל, הָיָה בְּשׁוּל יִשְׂרָאֵל, דַּאֲחַשְׁוֵרוֹשׁ לֹא הֲוֵי אָנִיס לְהוֹן לְמֵיכְלֵי וּלְמִשְׁתֵּי מַאי דְּאָסוּר לְהוּ, וּכְדִכְתִיב - **אֵין אוֹנֵס**. וְעָשָׂה כִּרְצוֹן אִישׁ וָאִישׁ.

אֲבָל חוֹבָא דִּלְהוֹן הֲוֵי, כִּי אוֹתוֹ הָרָשָׁע כִּוֵּן בִּסְעוּדָתוֹ, שֶׁהִזְמִין יִשְׂרָאֵל כְּדֵי לְמִנְקִיט שֶׁפַע דְּנָחִית מִלְּעֵילָא, דְּלָא יַשְׁפִּיעַ בִּשְׁכִינְתָּא, אֶלָּא בְּסִטְרָא אָחֳרָא, וְלָכֵן הִזְמִין יִשְׂרָאֵל כְּדֵי לְמִנְקִיט לְהוּ לְסִטְרָא דִּילֵיהּ. וְהוּא סוֹד הֲטָלַת זֻהֲמָא, כֵּיוָן שֶׁהַשֶּׁפַע יִהְיֶה יוֹרֵד לְיִשְׂרָאֵל עַל יְדֵי הַסִּטְרָא אָחֳרָא. וְזֶהוּ עִנְיַן הַזֻּהֲמָא, שֶׁמַּטִּילִין בַּעֲווֹנוֹתֵינוּ הָרַבִּים, בַּקְּדֻשָּׁה בַּגָּלוּת הַמַּר עַל יְדֵי שֶׁהֵם רִאשׁוֹנָה לִינִיקָה, וּמְקַבְּלִין הַשֶּׁפַע עַל יְדֵיהֶם, כְּמָה דְּאַתְּ אָמַר - הָיוּ[539] צָרֶיהָ לְרֹאשׁ. וְזֶהוּ הַסּוֹד בַּגְּמָרָא - יִשְׂרָאֵל[540] בְּחוּצָה לָאָרֶץ עוֹבְדֵי עֲבוֹדָה זָרָה בְּטָהֳרָה. וְלוּלֵא שֶׁלֹּא הָיוּ יִשְׂרָאֵל נֶהֱנִין מִסְּעוּדָתוֹ שֶׁל אוֹתוֹ הָרָשָׁע, לֹא הֲוֵי אוֹתוֹ הָרָשָׁע פּוֹעֵל כְּלוּם, כִּי הַקְּדֻשָּׁה לֹא הָיְתָה מְקַבֶּלֶת שׁוּם שֶׁפַע מִסִּטְרָא אָחֳרָא. אֲבָל כֵּיוָן דַּהֲוֵי יִשְׂרָאֵל נֶהֱנִין מִסְּעוּדָתוֹ שֶׁל אֲחַשְׁוֵרוֹשׁ, הֲוֵי כְּאִלּוּ כִּבְיָכוֹל יָנְקוּ מִסִּטְרָא אָחֳרָא, וּבְהַאי סְעוּדָתָא גָּרַם לְאַטָּלָא זֻהֲמָא בְּיִשְׂרָאֵל, אַף עַל גַּב דַּהֲוֵי אוֹכְלִין וְשׁוֹתִין מַאֲכָל כָּשֵׁר וּמַשְׁקִין דְּהֶתֵּרָא אַף עַל פִּי כֵן נֶחְשַׁב לָהֶם כְּאִלּוּ אָכְלוּ מִסְּעֻדָּה שֶׁל סִטְרָא אָחֳרָא.

עַל כֵּן צְרִיכִין אָנוּ לְהִזָּהֵר, כְּשֶׁעַכּוּ"ם עוֹשִׂין סְעֻדָּה, שֶׁלֹּא לֵהָנוֹת מֵאוֹתָן סְעוּדוֹת וְכַנִּזְכָּר, חוּץ אִם הָעַכּוּ"ם מְשַׁדֵּר לְיִשְׂרָאֵל חַיּוֹת, עוֹפוֹת וְדָגִים וְכַיּוֹצֵא בָּהֶם לְבֵית יִשְׂרָאֵל, הוּא מֻתָּר. אֲבָל בְּבֵיתוֹ שֶׁל עַכּוּ"ם הוּא אָסוּר לֶאֱכֹל עִמּוֹ, אַף דְּאוֹכֵל מַאֲכָל כָּשֵׁר וְשׁוֹתֶה יַיִן כָּשֵׁר. וְכָל מִי שֶׁלֹּא נִזְהַר בְּדָבָר זֶה, אֲזַי חֶטְאוֹ וְעָנְשׁוֹ גָּדוֹל מְאֹד, וְהַשְּׁכִינָה בָּכֹה תִּבְכֶּה עַל אוֹתָן אֲנָשִׁים. וּרְאָיָה לַדָּבָר, שֶׁבִּשְׁבִיל עֲבֵרָה זוֹ הָיוּ כְּלַל יִשְׂרָאֵל חַיָּבִים כְּלָיָה בִּימֵי הָמָן וַאֲחַשְׁוֵרוֹשׁ, וְעַל כֵּן רָצָה מָרְדְּכַי לְבַדּוֹ שֶׁלֹּא לֵהָנוֹת מִסְּעוּדָתוֹ שֶׁל אוֹתוֹ רָשָׁע, כְּדֵי שֶׁבִּזְכוּתוֹ יִהְיוּ נִצּוֹלִין כְּלַל יִשְׂרָאֵל. וְאַף בִּימֵי מָרְדְּכַי רָצְתָה מִדַּת הַדִּין לִפְגֹּעַ בִּכְלַל יִשְׂרָאֵל, שֶׁהָיוּ בְּאוֹתוֹ הַדּוֹר, כְּמוֹ שֶׁאָמַר הַקָּדוֹשׁ בָּרוּךְ הוּא בִּימֵי מֹשֶׁה - וַאֲכַלֵּה[541] אוֹתָם כְּרָגַע

---

[538] אסתר א ח
[539] איכה א ה
[540] עבודה זרה ח א
[541] שמות לב י

וְאֶעֱשֶׂה אוֹתְךָ לְגוֹי גָּדוֹל. וְרָצְתָה מִדַּת הַדִּין לְהַרְבּוֹת זַרְעוֹ שֶׁל מָרְדְּכַי כְּחוֹל הַיָּם, רַק מָרְדְּכַי בִּטֵּל הַגְּזֵרָה בִּתְפִלָּתוֹ, כְּמוֹ שֶׁבִּטֵּל מֹשֶׁה רַבֵּנוּ הַגְּזֵרָה בִּתְפִלָּתוֹ.

וְזֶהוּ שֶׁכָּתוּב - וּמָרְדְּכַי[542] יָדַע אֵת כָּל אֲשֶׁר נַעֲשָׂה וַיִּקְרַע מָרְדְּכַי אֶת בְּגָדָיו וַיִּלְבַּשׁ שַׂק וָאֵפֶר וַיֵּצֵא בְּתוֹךְ הָעִיר וַיִּזְעַק זְעָקָה גְּדֹלָה וּמָרָה. רָצָה לוֹמַר, שֶׁיָּדַע תֹּכֶן הַדָּבָר, שֶׁהַגְּזֵרָה בָּאָה עַל יְדֵי הַפְּגָם הַגָּדוֹל שֶׁפָּגְמוּ בַּשְּׁכִינָה, עֲבוּר שֶׁהָיוּ יִשְׂרָאֵל נֶהֱנִין מִסְּעוּדָתוֹ שֶׁל אוֹתוֹ רָשָׁע.

וְלָכֵן - **וַיִּלְבַּשׁ מָרְדְּכַי שַׂק וָאֵפֶר וַיִּזְעַק זְעָקָה גְּדוֹלָה וּמָרָה. וַיִּלְבַּשׁ שַׂק** לְכַפֵּר עַל חֵטְא זֶה וּלְהַתִּישׁ כֹּחַ שֶׁל אַרְבַּע מֵאוֹת אִישׁ, שֶׁהָיוּ אַרְבַּע מֵאוֹת אִישׁ עִם עֵשָׂו הָרָשָׁע בְּבוֹאוֹ לְיַעֲקֹב אָחִיו. וְלָכֵן - וַיִּירָא[543] יַעֲקֹב מְאֹד. מֵהֲנֵי אַרְבַּע מֵאוֹת קְלִפּוֹת וּמַשְׁחִיתִים, שֶׁהָיוּ עִם עֵשָׂו, וְלָכֵן לָבַשׁ שַׂק, כִּי **שַׂק** הוּא גִּימַטְרִיָּא אַרְבַּע מֵאוֹת, כְּדֵי לְהַתִּישׁ כֹּחַ שֶׁל עֵשָׂו הָרָשָׁע. וּמָרְדְּכַי לְהוֹדִיעַ לְאֶסְתֵּר גֹּדֶל הַפְּגָם, הַנַּעֲשָׂה בִּסְעוּדָה שֶׁל אֲחַשְׁוֵרוֹשׁ, וּמִיָּד כְּתִיב - וַתִּלְבַּשׁ[544] אֶסְתֵּר מַלְכוּת. שֶׁלָּבְשָׁה רוּחַ הַקֹּדֶשׁ וְנָתְנָה עֵצָה לָצוּם שְׁלֹשָׁה יָמִים וּשְׁלֹשָׁה לֵילוֹת, כְּדֵי לְבַטֵּל הַזֻּהֲמָא שֶׁהִטִּיל הָמָן וַאֲחַשְׁוֵרוֹשׁ בִּסְעוּדָתָן, וּבָזֶה יֵתַשׁ כֹּחַ הַזֻּהֲמָא, הַנַּעֲשִׂים עַל יְדֵי אֲכִילָה וּשְׁתִיָּה הַהוּא, וְעַל יְדֵי הַצּוֹם הִתִּישׁ כֹּחַ הַזֻּהֲמָא, וּכְנֶסֶת יִשְׂרָאֵל הֵאִירָה כְּבָרִאשׁוֹנָה.

וּמֵעַתָּה מוּבָן לְפָנֵינוּ גַּם כֵּן טַעַם לְתַעֲנִית זֶה, שֶׁהוּא תַּעֲנִית אֶסְתֵּר, שֶׁאָנוּ נוֹהֲגִין לְהִתְעַנּוֹת לְדוֹרֵי דוֹרוֹת. וְכָל אֶחָד וְאֶחָד צָרִיךְ לְכַוֵּן בְּתַעֲנִית אֶסְתֵּר וּלְהִתְפַּלֵּל, שֶׁבְּאָם נִדְבַּק בָּנוּ בְּגָלוּת הַמַּר, שֶׁאָנוּ מְקַבְּלִין שֶׁפַע עַל יְדֵי שֶׁלִּפְעָמִים אָנוּ אוֹכְלִים אֵצֶל אֻמּוֹת הָעוֹלָם, וְכָל יִשְׂרָאֵל עֲרֵבִים זֶה לָזֶה, שֶׁתַּעֲמָד לָנוּ זְכוּת מָרְדְּכַי וְאֶסְתֵּר, שֶׁתִּקְּנוּ הַתַּעֲנִית וְקָבְעוּ לְהִתְעַנּוֹת בּוֹ בְּיוֹם שְׁלֹשָׁה עָשָׂר בַּאֲדָר כְּדֵי לְהַתִּישׁ כֹּחַ הָאֲכִילָה, שֶׁיִּשְׂרָאֵל אוֹכְלִין בֵּין הָאֻמּוֹת, אָזַי זְכוּת תַּעֲנִית אֶסְתֵּר יַעֲמֹד לָנוּ לְשַׁבֵּר וּלְהַתִּישׁ וּלְהָסִיר כֹּחַ דְּסִטְרָא אַחֲרָא, שֶׁרוֹצֶה לְהִדָּבֵק דַּוְקָא בִּקְדֻשָּׁה, וְעַל יְדֵי הַתַּעֲנִית יִזְדַּכְּכוּ וְיִטָּהֲרוּ הַפְּגָם הַגָּדוֹל הַזֶּה. וְכָל מִי שֶׁנִּזְהָר, וְאֵינוֹ רוֹצֶה לֵהָנוֹת מִן אֲחֵרִים, וּמִכָּל שֶׁכֵּן מִן הָאֻמּוֹת עָלָיו נֶאֱמַר - יְגִיעַ[545] כַּפֶּיךָ כִּי תֹאכֵל אַשְׁרֶיךָ וְטוֹב לָךְ. אַשְׁרֶיךָ בָּעוֹלָם הַזֶּה, וְטוֹב לָךְ לְעוֹלָם הַבָּא.

---

[542] אסתר ד א
[543] בראשית לב ח
[544] אסתר ה א
[545] תהלים קכח ב

פרק צט

אָמְרוּ רַבּוֹתֵינוּ זִכְרוֹנָם לִבְרָכָה בְּמַסֶּכֶת מְגִלָּה - מְגִלַּת[546] אֶסְתֵּר בְּרוּחַ הַקֹּדֶשׁ נֶאֶמְרָה. עַל כֵּן מְבֹאָר בִּמְגִלָּה זוֹ כַּמָּה עִנְיָנִים פְּלָאִים. וְנַזְכִּיר דֶּרֶךְ כְּלָל דָּבָר אֶחָד, וְהוּא דְּאִיתָא בַּזֹּהַר, פָּרָשַׁת פְּקוּדֵי, שֶׁיֵּשׁ חֶדֶר אֶחָד לְמַעְלָה, וְיֵשׁ לְהַחֶדֶר אַרְבָּעָה פְּתָחִים לְאַרְבַּע רוּחוֹת הָעוֹלָם, וַעֲשָׂרָה מְמֻנִּים לְכָל פֶּתַח וָפֶתַח, וְחַד מְמֻנֶּה עַל כֻּלָּם, **וְאַהֲרִיאֵ"ל** שְׁמֵיהּ. וְהוּא מַלְאָךְ אֶחָד מִן הָאוֹפַנִּים, וְהוּא אוֹפַן לִפְעֹל פְּעֻלּוֹת וּנְקָמוֹת עַל מְצֵרֵי יִשְׂרָאֵל. וְהַהוּא אוֹפַן עִם הָאַרְבָּעִים מַלְאָכִים הַמְמֻנִּים הַנִּזְכָּרִים עוֹלִין לְמַעְלָה לְמָקוֹם אַחֵר, שֶׁנִּקְרָא **תָּא הָרָצִים**, וְאָז עוֹלִין עִמּוֹ מַלְאָכִים, הַנִּקְרָאִים **חַשְׁמַלִּי"ן**, וּמַקְדִּימִין אֶת עַצְמָן בִּמְרוּצָה וּבִזְרִיזוּת לַעֲרֹךְ מִלְחָמָה עִם שָׂרֵי הָאֻמּוֹת לְנַצֵּחַ אוֹתָן וְלַעֲשׂוֹת בָּהֶן נְקָמָה. וּכְשֶׁהַחֵטְא גּוֹרֵם חַס וְשָׁלוֹם, אֲזַי יֵשׁ רָצִים אֲחֵרִים בְּסִטְרָא אָחֳרָא, שֶׁמַּקְדִּימִין בְּקִטְרוּגֵיהֶן לִשְׁלֹט עַל יִשְׂרָאֵל וּלְהָרַע מַזָּלָן שֶׁל יִשְׂרָאֵל. וְזֶהוּ דִּכְתִיב - הָרָצִים[547] יָצְאוּ דְחוּפִים. מִסִּטְרָא אָחֳרָא לְעוֹרֵר גְּזֵרוֹת עַל יִשְׂרָאֵל, וְאָז - וְהָעִיר[548] שׁוּשָׁן נָבוֹכָה. וְאַחַר כָּךְ כְּשֶׁגָּרְמָה תְּפִלַּת מָרְדֳּכַי וְאֶסְתֵּר, שֶׁעָשׂוּ יִשְׂרָאֵל תְּשׁוּבָה שְׁלֵמָה כְּדֵי לְהַעֲבִיר דַּעַת הָמָן, וְעָלְתָה צַעֲקָתָם לַמָּרוֹם, וַה' בְּרַחֲמָיו קִבֵּל אֶת תְּפִלַּת עַמּוֹ, וְנִתְגַּלָּה הָעֵת רָצוֹן אָז - הָרָצִים[549] רֹכְבֵי הָרֶכֶשׁ יָצְאוּ מְבֹהָלִים. רָצָה לוֹמַר - אוֹתָן הַמַּלְאָכִים קַדִּישִׁין הָיוּ רָצִים לַעֲשׂוֹת נְקָמָה בְּהָמָן הָרָשָׁע, וְאָז - וְהָעִיר[550] שׁוּשָׁן צָהֲלָה וְשָׂמֵחָה.

וְלָכֵן צָרִיךְ לִקְרוֹת הַמְּגִלָּה מִלָּה בְּמִלָּה, וְלֹא בִּמְהִירוּת, כִּי כָּל תֵּבָה וָאוֹת יֵשׁ בָּהֶם קְדֻשָּׁה וְסוֹדוֹת נִפְלָאִים. וּכְדַאי מָרְדֳּכַי וְאֶסְתֵּר לְהַזְכִּיר שִׁבְחָן בְּכַוָּנָה, כֵּיוָן שֶׁמָּסְרוּ נַפְשָׁם עֲבוּר יִשְׂרָאֵל בְּזַעֲקָתָן וּתְפִלָּתָן. וְאֶסְתֵּר הָיְתָה מוֹסֶרֶת נַפְשָׁהּ, כְּשֶׁהָלְכָה לְגַבֵּי אֲחַשְׁוֵרוֹשׁ אָמְרָה - וְכַאֲשֶׁר[551] אָבַדְתִּי אָבָדְתִּי.

וְאִיתָא בְּמִדְרָשׁ יָשָׁן, שֶׁאֶסְתֵּר אָמְרָה מִזְמוֹר כ"ב בְּסֵפֶר תְּהִלִּים - אֵל"י[552] אֵל"י לָמָה עֲזַבְתָּנִי. וְהָעִנְיָן מְבֹאָר בְּדִבְרֵי פֶּה קָדוֹשׁ, הָאֲרִ"י זִכְרוֹנוֹ לִבְרָכָה, וְהוּא כִּי הַקָּדוֹשׁ בָּרוּךְ הוּא בְּרֹב רַחֲמָיו וַחֲסָדָיו מַשְׁגִּיחַ וּמַבִּיט לְהָאִיר וּלְהַשְׁפִּיעַ שֶׁפַע קְדֻשָּׁה מִמָּרוֹם, רוּחַ חָכְמָה וּבִינָה, עַל

546 מגילה ז א
547 אסתר ג טו
548 אסתר ג טו
549 אסתר ח יד
550 אסתר ח טו
551 אסתר ד טז
552 תהלים כב ב

יְדֵי שְׁמוֹת הַקְּדוֹשִׁים, שֶׁכָּל שֵׁם הוּא **אֵ"ל**, שֶׁיּוֹצְאִים מִן הַפָּסוּק - מִי[553] **אֵ"ל** כָּמוֹךָ. וְשֵׁם שֵׁנִי יוֹצֵא מִן פָּסוּק - ה'[554] ה' **אֵ"ל** רַחוּם וְחַנּוּן. וּשְׁנֵי פְּעָמִים **אֵ"ל** בְּמִלּוּאָם כָּזֶה - **אָלֶ"ף לָמֶ"ד אָלֶ"ף לָמֶ"ד** גִּימַטְרִיָּא שְׁלֹשׁ מֵאוֹת וְשִׁבְעִים, כִּי יֵשׁ לְמַעְלָה שְׁלֹשׁ מֵאוֹת וְשִׁבְעִים נְהוֹרִין דְּמְאִירִין בִּשְׁלֹשׁ מֵאוֹת וְשִׁבְעִים עוֹלָמוֹת, וְהֵן מְאִירִין לְנִשְׁמַת הַצַּדִּיק, אֲשֶׁר עוֹסֵק תָּמִיד בַּתּוֹרָה וּמַתְמִיד בְּלִמּוּדוֹ, וְהוּא תָּמִיד דָּבוּק בַּתּוֹרָה הַנִּקְרֵאת **אוֹר**, וּבַמִּצְוָה הַנִּקְרֵאת **נֵר**. וְאֵלּוּ שְׁנֵי שֵׁמוֹת הֵן מְסֻגָּלִין לְעוֹרֵר חֶסֶד שֶׁל אֵלּוּ שְׁלֹשׁ מֵאוֹת וְשִׁבְעִים נְהוֹרִין עַל יְדֵי עֲנִיַּת אָמֵן בְּכַוָּנָה, כִּי כָּל הָעוֹנֶה אָמֵן בְּכַוָּנָה, וּמְמַהֵר לָרוּץ לְבֵית הַכְּנֶסֶת בִּשְׁבִיל עֲנִיַּת אָמֵן, זוֹכֶה לְאֵלּוּ שְׁלֹשׁ מֵאוֹת וְשִׁבְעִים נְהוֹרִין עַל יְדֵי עֲנִיַּת אָמֵן. וְכָל הַמְבַזֶּה אָמֵן, וְקַל בְּעֵינָיו עֲנִיַּת אָמֵן, מַקְדִּימִין לְנִשְׁמָתוֹ שְׁלֹשׁ מֵאוֹת וְשִׁבְעִים קְלִפּוֹת, רַחֲמָנָא לִצְּלַן, וּמוֹלִיכִין אוֹתוֹ לְחַדְרֵי חֹשֶׁךְ וְצַלְמָוֶת, וַעֲלֵיהֶם אָמַר הַנָּבִיא - עָשׁ[555] יֹאכְלֵם.

וְהִנֵּה עַל אֶסְתֵּר הַצַּדֶּקֶת הָיָה מֵאִיר אוֹתָן שְׁלֹשׁ מֵאוֹת וְשִׁבְעִים נְהוֹרִין, כִּי נִשְׁמָתָהּ הָיְתָה מִשֹּׁרֶשׁ הָאֶרָה זוֹ, שֶׁשָּׁם מְאִירִים שְׁנֵי שֵׁמוֹת שֶׁל **אֵ"ל**, שֵׁם ה'. מֵהֶם - **ה' ה' אֵ"ל רַחוּם וְחַנּוּן אֶרֶךְ אַפַּיִם וְגוֹ'**. וְשֵׁם הַשֵּׁנִי מִפָּסוּק - **מִי אֵ"ל כָּמוֹךָ**. וּכְשֶׁהָלְכָה אֶסְתֵּר לַאֲחַשְׁוֵרוֹשׁ, הֻכְרְחָה לֵילֵךְ בֵּין שְׁתֵּי בָּתֵּי עֲבוֹדָה זָרָה, וְהָיָה שָׁם מְקוֹם קְלִפּוֹת, וְהוּסַר מִמֶּנָּה הָרוּחַ הַקֹּדֶשׁ וְהָאֶרָה שֶׁל שֵׁם אֶחָד, שֶׁהוּא שֵׁם שֶׁל **אֵ"ל** מִי כָּמוֹךָ, וְלֹא נִשְׁאַר בָּהּ כִּי אִם הָאֶרָה שֶׁל - **ה' ה' אֵ"ל רַחוּם**. וְעַל כֵּן צָעֲקָה - **אֵלִ"י אֵלִ"י לָמָּה עֲזַבְתָּנִי**. שֶׁעַד עַכְשָׁו הָיוּ מְאִירִים שְׁנֵי שֵׁמוֹת שֶׁל **אֵ"ל**, וְעַכְשָׁו רַק שֵׁם אֶחָד.

רְאֵה בְּעֵינֶיךָ קְדֻשַּׁת מוֹעֲדִים אֵלּוּ. בְּכָל מוֹעֵד וּמוֹעֵד יֵשׁ בָּהֶן קְדֻשּׁוֹת וְסוֹדוֹת נִפְלָאִים. וְצָרִיךְ אַתָּה לָדַעַת, כִּי יֵשׁ עוֹלָם חָדָשׁ לְמַעְלָה, שֶׁהוּא קָדוֹשׁ וְנוֹרָא מְאֹד. וְאֵין אוֹתוֹ הָעוֹלָם מִתְגַּלֶּה לַחוּץ מֵחֲמַת רֹב קְדֻשָּׁתוֹ, כִּי אִם פַּעַם אֶחָד בְּשָׁנָה, וּמַתְחִיל לְהִתְגַּלּוֹת בִּתְחִלַּת קְרִיאַת מְגִלָּה. וּמִזֶּה הָעוֹלָם הָיָה שֹׁרֶשׁ נִשְׁמָתוֹ שֶׁל מָרְדֳּכַי הַצַּדִּיק. וּצְרִיכִין אָנוּ לְעוֹרֵר רַחֲמִים, שֶׁיִּתְגַּלֶּה הָעוֹלָם הַנִּזְכָּר לְעֵיל לַחוּץ, וְיַשְׁפִּיעַ וְיָאִיר עַל רֵישֵׁיהּ דְּעַמֵּיהּ, הַמִּתְאַסְּפִים לִשְׁמֹעַ מִקְרָא מְגִלָּה בְּלֵב טָהוֹר, בְּלֵב שֶׁל כַּוָּנָה. וְזֶהוּ כַּוָּנַת הַבְּרָכוֹת - בָּרוּךְ אַתָּה ה', אֲשֶׁר קִדְּשָׁנוּ בְּמִצְוֹתָיו, וְצִוָּנוּ עַל מִקְרָא מְגִלָּה. פֵּרוּשׁ, שֶׁצִּוָּנוּ הַשֵּׁם יִתְבָּרַךְ בָּרוּךְ הוּא לְעוֹרֵר כַּוָּנָה, לְהוֹצִיא אוֹתָהּ הָאֶרָה גְּדוֹלָה לַחוּץ. וְזֶהוּ - **עַל מִקְרָא מְגִלָּה** [כְּמוֹ - לְמִקְרָא הָעֵדָה וּלְמַסַּע אֶת הַמַּחֲנוֹת] וְעַל זֶה יַעֲנֶה הַקָּהָל אָמֵן בְּכַוָּנָה גְּדוֹלָה. וּמְאֹד מְאֹד צְרִיכִין לְעוֹרֵר בִּקְרִיאַת הַמְּגִלָּה בְּשָׁעָה שֶׁמְּבָרֵךְ בְּצִבּוּר **עַל**

553 מיכה ז יח
554 שמות לד ו
555 ישעיהו נ ט

מִקְרָא מְגִלָּה. כְּשֶׁאוֹמֵר **עַל מִקְרָא** שֶׁיִּלְבַּשׁ חֲרָדָה וְאֵימָה עַל הַמְבָרֵךְ וְגַם עַל הַצִּבּוּר בְּשָׁמְעָם הַבְּרָכָה. כְּשֶׁאוֹמֵר שְׁלִיחַ צִבּוּר **עַל מִקְרָא מְגִלָּה** יִפֹּל עֲלֵיהֶם חֲרָדָה וְאֵימָה וְהַכְנָעָה גְּדוֹלָה, כִּי הוּא עוֹלָם אָיֹם, גָּדוֹל וְנוֹרָא, וּמֵאוֹר הָעוֹלָם הַהוּא יָבוֹא שֶׁפַע וְנִיצוֹץ קְדֻשָּׁה וְטָהֳרָה לְהָאִיר עַל יִשְׂרָאֵל.

וִיכַוֵּן כָּל אֶחָד מִיִּשְׂרָאֵל, שֶׁהוּא כְּלִי מוּכָן לְקַבֵּל הַקְּדֻשָּׁה וְהַטָּהֳרָה מִזֶּה הָעוֹלָם, וּבְאוֹתוֹ אוֹר שֶׁל רַחֲמִים יִזְכֶּה לְחַיִּים וְחֶסֶד שֶׁלֹּא יָבוֹאוּ יִשְׂרָאֵל לְשׁוּם מִכְשׁוֹל, וִימַהֵר הַקָּדוֹשׁ בָּרוּךְ הוּא רַחֲמִים עָלֵינוּ לְהוֹצִיאֵנוּ מֵאֲפֵלָה לְאוֹרָה. וְלָכֵן מַרְבִּין אָנוּ בְּנֵרוֹת בְּפוּרִים, שֶׁיִּהְיֶה אוֹר בָּתֵּי כְּנֵסִיּוֹת מָלֵא בְּנֵרוֹת. וְהַכֹּל הוּא רֶמֶז עַל אוֹתוֹ אוֹר גָּדוֹל מִשְּׁלֹשׁ מֵאוֹת וְשִׁבְעִים נְהוֹרִין, וְעַל זֶה כְּתִיב - לַיְּהוּדִים[556] הָיְתָה אוֹרָה וְשִׂמְחָה וְשָׂשֹׂן וִיקָר. וּבְוַדַּאי כָּל הַיָּרֵא וְחָרֵד לִדְבַר ה', יִשְׂמַח וְיָגִיל בְּגִילָה וּבִרְעָדָה, כְּשֶׁשּׁוֹמֵעַ קוֹל הַבְּרָכָה **עַל מִקְרָא מְגִלָּה** כְּשֶׁיּוֹצֵא מִפִּי הַחַזָּן. עַל כֵּן חִיּוּב גָּדוֹל עָלֵינוּ לְטַהֵר אֶת עַצְמֵנוּ בְּמִקְוֶה קֹדֶם שֶׁיֵּלֵךְ לְבֵית הַכְּנֶסֶת, כְּדֵי שֶׁיִּהְיֶה טָהוֹר לְקַבֵּל אוֹר טָהוֹר וְהַשֶּׁפַע הַטָּהוֹר. וְכָל זֶה הֶעְתַּקְתִּי מִכִּתְבֵי רַבִּי חַיִּים וִיטַאל, זִכְרוֹנוֹ לִבְרָכָה.

וְהָאוֹר הוּא דִּמְיוֹן קַבָּלַת נְשָׁמָה יְתֵרָה לְמִי שֶׁיּוֹדֵעַ לְכַוֵּן לַעֲשׂוֹת עַצְמוֹ כְּלִי מוּכָן לְקַבֵּל קְדֻשָּׁה הָעֶלְיוֹנָה. וּבִמְדִינוֹת פּוֹלִין רָאִיתִי מִנְהַג הָגוּן, שֶׁהֵן מַלְבִּישִׁין כְּתֹנֶת לָבָן וְנָקִי וּמַכְנִסִים לְבָנִים קֹדֶם קְרִיאַת הַמְּגִלָּה, וְהוֹלְכִין לְבֵית הַכְּנֶסֶת בְּבִגְדֵי שַׁבָּת וְיוֹם טוֹב, וּבֵין מְגִלָּה לִמְגִלָּה יִשְׂרָאֵל שְׂמֵחִין וְנוֹתְנִין שֶׁבַח וְהוֹדָיָה עַל רֶוַח וְהַצָּלָה שֶׁעָמְדָה לַיְּהוּדִים. וְצָרִיךְ לְחַלֵּק לַעֲנִיִּים אֵיזֶה דָּבָר, וּלְחַלֵּק מָנוֹת לָאֶבְיוֹנִים. וְצָרִיךְ לְדַבֵּר בְּדִבְרֵי תּוֹרָה, כְּמַאֲמַר[557] חֲכָמֵינוּ זִכְרוֹנָם לִבְרָכָה - לַיְּהוּדִים הָיְתָה אוֹרָה זוֹ הַתּוֹרָה, כְּמָה דְּאַתְּ אָמַר - כִּי[558] נֵר מִצְוָה וְתוֹרָה אוֹר. וְטוֹב לְאָדָם, שֶׁיִּלְמַד מְעַט קֹדֶם שִׂמְחַת סְעֻדַּת פּוּרִים בַּיּוֹם, וְהַמְדַקְדְּקִים נוֹהֲגִים לְהִתְפַּלֵּל מִנְחָה בְּיוֹם אַרְבָּעָה עָשָׂר קֹדֶם הַסְּעוּדָה, וְאַחַר כָּךְ אוֹכְלִין תַּבְשִׁיל אֶחָד וּמִתְפַּלְּלִין תְּפִלַּת מַעֲרִיב, שֶׁלֹּא לְאַחֵר יוֹתֵר עַד הַלַּיְלָה, פֶּן יִבָּסֵם וְיִהְיֶה בִּכְלַל שִׁכּוֹר שֶׁאֵינוֹ רָאוּי לְהִתְפַּלֵּל. וְאַחַר כָּךְ, אַחַר תְּפִלַּת מַעֲרִיב, יַגִּיד לִבְנֵי בֵּיתוֹ תֹּקֶף הַנֵּס שֶׁנַּעֲשָׂה לַאֲבוֹתֵינוּ.

וְהִנֵּה אַצִּיג לְךָ עִנְיָן אֶחָד מִפֶּה קָדוֹשׁ, הָאֲרִ"י זִכְרוֹנוֹ לִבְרָכָה, כִּי צְרִיכִין אָנוּ לָדַעַת מַחְשְׁבוֹת הָמָן הָרָשָׁע, צוֹרֵר הַיְּהוּדִים, אֲשֶׁר נָתַן נַפְשׁוֹ לִהְיוֹת מֵצֵר לְיִשְׂרָאֵל בְּחֹדֶשׁ אֲדָר דַּוְקָא, וְלֹא בִּשְׁאָר הֶחֳדָשִׁים שֶׁל שְׁאָר יְמוֹת הַשָּׁנָה. דַּע, כִּי יֵשׁ שְׁנֵים עָשָׂר חֳדָשִׁים בְּשָׁנָה, וְהֵם נֶגֶד שְׁנֵים עָשָׂר צֵרוּפֵי שֵׁם הֲוָיָ"ה, וְעַל כָּל חֹדֶשׁ נִתְמַנָּה צֵרוּף אֶחָד, עַד שֶׁבְּחֹדֶשׁ

[556] אסתר ח טז
[557] מגילה טז ב
[558] משלי ו כג

אֲדָר הוּא הַצֵּרוּף הָאַחֲרוֹן בְּהִפּוּךְ אֶתְנַן כָּזֶה - **הוה"י**. שֶׁהוּא סוֹד הַדִּין. וְלָכֵן כְּשֶׁהִזְכִּיר הָמָן הָרָשָׁע שֵׁם הֲוָיָ"ה, הָיָה מַזְכִּירוֹ מְהֻפָּךְ, וְלָכֵן הָיָה אוֹמֵר הָמָן - וְכָל[559] **זֶה** אֵינֶ**נּוּ** שֹׁוֶ**ה** לִ**י**. כִּי סוֹפֵי תֵּבוֹת הוּא הַצֵּרוּף בְּהִפּוּךְ כָּזֶה - **הוה"י**, שֶׁיְּכַוֵּן לְעוֹרֵר לְדִינִים כְּפוּלִים עַל יִשְׂרָאֵל - **הָאֶחָד** שֶׁהִזְכִּיר אֶת הַשֵּׁם בְּהִפּוּךְ. **הַשֵּׁנִית** שֶׁהָיָה מַזְכִּיר הַשֵּׁם בְּסוֹפֵי תֵּבוֹת, וְלֹא בְּרָאשֵׁי הַתֵּבוֹת. וְהַשֵּׁם יִתְבָּרַךְ בְּרַחֲמָיו, אֲשֶׁר הֶאֱזִין וְשָׁמַע לִתְפִלָּתָן שֶׁל יִשְׂרָאֵל וּתְפִלַּת מָרְדֳּכַי הַצַּדִּיק וּתְפִלַּת אֶסְתֵּר הַמַּלְכָּה, הַמְכֻתֶּרֶת בְּכֶתֶר מַלְכוּת, הָיְתָה אֶסְתֵּר בַּאֲמִירָתָהּ מְכַוֶּנֶת לַהֲפֹךְ מִדַּת הַדִּין לְרַחֲמִים, כִּי כֵן פְּעֻלַּת הַצַּדִּיקִים שֶׁמְּהַפְּכִין מִדַּת הַדִּין לְמִדַּת הָרַחֲמִים. וְלָכֵן אָמְרָה הַשֵּׁם הָרָמוּז בְּרָאשֵׁי תֵּבוֹת וּבְיֹשֶׁר וְאָמְרָה - יָבוֹא[560] הַמֶּלֶךְ וְהָמָן הַיּוֹם אֶל הַמִּשְׁתֶּה. כִּי בְּאוֹתָהּ סְעוּדָה הָיְתָה מְכַוֶּנֶת לְהַפִּיל אֶת הָמָן מִגְּדֻלָּתוֹ לְקַיֵּם הַפָּסוּק - אִם[561] רָעֵב שֹׂנַאֲךָ הַאֲכִלֵהוּ לָחֶם. וְהַקָּדוֹשׁ בָּרוּךְ הוּא הִסְכִּים עַל יָדָהּ.

אָמְנָם כַּוָּנַת אֶסְתֵּר הַמַּלְכָּה הָיְתָה לְהַמְשִׁיךְ רַחֲמִים גְּמוּרִים, וְהַשֵּׁם כִּפְשׁוּטוֹ וּבַהֲוָיָתוֹ הוּא רַחֲמִים גְּמוּרִים, כִּי לוּלֵא לֹא הִזְכִּירָה אֶסְתֵּר זֶה הַשֵּׁם בְּרָאשֵׁי תֵּבוֹת, לֹא הָיְתָה יְכוֹלָה לְנַצֵּחַ אֶת הָמָן, וְלָכֵן בְּחָכְמָתָהּ הָיְתָה צְרִיכָה גַּם כֵּן קְצָת דִּין, כְּדֵי שֶׁיִּהְיֶה הַדִּין נוֹקֵם בְּהָמָן, צוֹרֵר הַיְּהוּדִים, וְלָכֵן כְּתִיב - כִּי[562] רָאָה כִּי כָלְתָה אֵלָיו הָרָעָה מֵאֵת הַמֶּלֶךְ. וְהוּא מֶלֶךְ מַלְכּוֹ שֶׁל עוֹלָם, שֶׁהָיָה הַשֵּׁם בְּיֹשֶׁר בְּרַחֲמִים, שֶׁמּוֹרֶה רַחֲמִים עַל יִשְׂרָאֵל. אָמְנָם נִרְמָז בְּסוֹפֵי תֵּבוֹת לְרֶמֶז הַדִּין הָעֶלְיוֹן, שֶׁיָּבוֹא עַל הָמָן וּבָנָיו. הֲרֵי עַד הֵיכָן הָיְתָה כַּוָּנַת אוֹתוֹ הָרָשָׁע לְהָרַע לְיִשְׂרָאֵל. וְעָלָיו נִתְקַיֵּם הַכָּתוּב - בּוֹר[563] כָּרָה וַיַּחְפְּרֵהוּ. בְּרִשְׁתּוֹ אֲשֶׁר טָמַן נִלְכַּד בּוֹ, וְלָכֵן צִוְּתָה הַתּוֹרָה לִמְחוֹת שֵׁם עֲמָלֵק וְזַרְעוֹ וְזֶרַע זַרְעוֹ. וּכְמוֹ שֶׁאָמְרוּ רַבּוֹתֵינוּ זִכְרוֹנָם לִבְרָכָה, שֶׁצְּרִיכִין לִמְחֹק שֵׁם עֲמָלֵק אֲפִלּוּ מִן הָעֵצִים וְהָאֲבָנִים. וְלָכֵן מִנְהַג שֶׁל יִשְׂרָאֵל תּוֹרָה הוּא, לְהַקִּישׁ **הָמָן** כְּדֵי לִמְחֹק אֶת שְׁמוֹ וְשֵׁם עֲמָלֵק. וְכָל הָרִאשׁוֹנִים וְהָאַחֲרוֹנִים כָּתְבוּ שֶׁלֹּא לְבַטֵּל הַמִּנְהָג.

וְהִנֵּה שָׁמַעְתִּי בְּשֵׁם הַגָּאוֹן מוֹרֵנוּ הָרַב רַבִּי הֶעשִׁיל, זִכְרוֹנוֹ לִבְרָכָה, שֶׁהָיָה נוֹהֵג כְּשֶׁהָיָה רוֹצֶה לְנַסּוֹת אֶת הַקּוּלְמוֹס, הָיָה כּוֹתֵב שֵׁם עֲמָלֵק אוֹ שֵׁם הָמָן וָזֶרֶשׁ, וְאַחַר כָּךְ הָיָה מוֹחֵק אֶת שְׁמָם כְּדֵי לְקַיֵּם אֶת הַמִּצְוַת עֲשֵׂה - מָחֹה[564] תִמְחֶה אֶת זֵכֶר עֲמָלֵק. כִּי אֲנַחְנוּ מְחֻיָּבִים לְהִתְפַּלֵּל עַל מְחִיַּת עֲמָלֵק, כְּדֵי שֶׁיִּהְיֶה הַשֵּׁם שָׁלֵם וְהַכִּסֵּא שָׁלֵם, וְאָז יִתְקַיֵּם הַמִּקְרָא

---

[559] אסתר ה יג

[560] אסתר ה ד

[561] משלי כה כא

[562] אסתר ז ז

[563] תהלים ז טז

[564] דברים כה יט

- וְהִתְגַּדִּלְתִּי[565] וְהִתְקַדִּשְׁתִּי בְּתוֹךְ הָעַמִּים. וּבַיּוֹם[566] הַהוּא יִהְיֶה ה' אֶחָד
וּשְׁמוֹ אֶחָד. מוֹרִי וְרַבִּי, מוֹרֵנוּ הָרַב רַבִּי יוֹסֵף, זִכְרוֹנוֹ לִבְרָכָה.

---

[565] יחזקאל לח כג
[566] זכריה יד ט

פרק ק

תָּמִים[567] תִּהְיֶה עִם ה' אֱלֹהֶי"ךָ. דַּע, כִּי מִדַּת הַתְּמִימוּת הִיא מַעֲלָה הַמְעֻלָּה שֶׁבְּכָל הַמַּעֲלוֹת וּמִדּוֹת הַטּוֹבוֹת, שֶׁצָּרִיךְ לִהְיוֹת בִּבְנֵי אָדָם. וְלָכֵן כְּתִיב בְּאָבִינוּ יַעֲקֹב - וְיַעֲקֹב[568] אִישׁ תָּם יוֹשֵׁב אֹהָלִים. יֵשׁ לְדַיֵּק, הֲלֹא בְּוַדַּאי כַּמָּה מַעֲלוֹת וּמִדּוֹת קְדוֹשׁוֹת הָיוּ בְּיַעֲקֹב אָבִינוּ, כְּגוֹן מִדּוֹת חֲסִידוּת וְיִרְאָה וַעֲנָוָה וּקְדֻשָּׁה וְטָהֳרָה, וְאֵין הַכָּתוּב מְיַחֵס אוֹתוֹ עַל מִדּוֹת הַלָּלוּ, כִּי אִם בַּמִּדָּה שֶׁל תְּמִימוּת, כִּדְכְתִיב - **וְיַעֲקֹב אִישׁ תָּם**. אֶלָּא מֻכְרָח לוֹמַר, כִּי תְּמִימוּת כּוֹלֵל כָּל הַמִּדּוֹת טוֹבוֹת הַקְּדוֹשׁוֹת. וְהָאֱמֶת הוּא כֵּן. מִי שֶׁהוּא עָנָו וְיֵשׁ לוֹ חִסָּרוֹן, שֶׁהוּא רוֹדֵף אַחַר הַמָּמוֹן אוֹ נַפְשׁוֹ חָשְׁקָה לַעֲשׂוֹת עֲבֵרָה אַחַת הוּא אֵינוֹ אִישׁ תָּם בְּמַעֲשִׂים. וְאִישׁ כָּזֶה הוּא נִמְשָׁל לִכְלִי נָאֶה, שֶׁיֵּשׁ בּוֹ פְּגִימוּת וּשְׁבָרִים הַרְבֵּה וְכַיּוֹצֵא בָּזֶה. אָמְנָם מִי שֶׁהוּא תָּם וּמֻשְׁלָם בְּכָל מִדּוֹת הַכְּשֵׁרִים, וְהוּא יָרֵא, אָהוּב, רוֹדֵף צְדָקָה וְיוֹשֵׁב אֹהָלִים בְּאָהֳלֵי תּוֹרָה שֶׁל מֹשֶׁה וְעוֹסֵק בַּתּוֹרָה בַּלַּיְלָה אָז כְּשֶׁתֵּצֵא נִשְׁמָתוֹ, יִהְיֶה זוֹכֶה לֵישֵׁב בְּאֹהֶל שֶׁל מַעְלָה. וְהָעִנְיָן הַזֶּה מְבֹאָר בְּמִדְרַשׁ הַנֶּעְלָם, בַּזֹּהַר, פָּרָשַׁת חַיֵּי שָׂרָה, וְזֶה לְשׁוֹנוֹ, אָמַר רַבִּי פִּנְחָס - קֹדֶם שֶׁיֵּצֵא הַצַּדִּיק מִן הָעוֹלָם, בַּת קוֹל יוֹצֵאת בְּגַן עֵדֶן - הָכִינוּ מָקוֹם לִפְלוֹנִי הַצַּדִּיק שֶׁיָּבוֹא לְכָאן וְכוּ'. וְכֵיוָן שֶׁהַנְּשָׁמָה זוֹכָה לִכָּנֵס בְּשַׁעֲרֵי יְרוּשָׁלַיִם שֶׁל מַעְלָה, אָז מִיכָאֵל, שַׂר הַגָּדוֹל, הוֹלֵךְ עִמָּהּ וּמַקְדִּים לָהּ שָׁלוֹם, וּשְׁאָרֵי מַלְאֲכֵי הַשָּׁרֵת מַתְמִיהִין וְשׁוֹאֲלִין - מִי[569] זֶה עוֹלָה מִן הַמִּדְבָּר. מִן עָלְמָא תַּתָּאָה, דְּהוּא עָלְמָא דַּחֲרוּבָא, שֶׁנִּקְרָא **מִדְבָּר** נֶגֶד עָלְמָא עִלָּאָה, וּמִיכָאֵל, שַׂר הַגָּדוֹל, מֵשִׁיב - אַחַת[570] הִיא יוֹנָתִי תַמָּתִי. רָצָה לוֹמַר, שֶׁאֵין מִיכָאֵל מְשַׁבֵּחַ הַמְּצֻוָּה הַפְּרָטִית וּמַעֲלוֹת הַצַּדִּיק בְּצִדְקוּתוֹ, כִּי אִם אוֹמֵר מַעֲלַת הַתְּמִימוּת, שֶׁהִיא כּוֹלֶלֶת כָּל הַמַּעֲלוֹת וּמִדּוֹת טוֹבוֹת הַכְּשֵׁרוֹת. וּכְשֵׁם שֶׁהִיא כּוֹלֶלֶת בְּמַעֲשֶׂה הַתְּמִימוּת כָּל מִדּוֹת הַכְּשֵׁרִים וִישָׁרִים, כֵּן הַקְּדֻשָּׁה עֶלְיוֹנָה חוֹפֶפֶת עָלָיו תָּמִיד. כְּשֶׁהוּא עוֹסֵק בַּתּוֹרָה אוֹ בְּמִצְוֹת, אֲזַי אַרְבַּע אַמּוֹת סְבִיבוֹ יֵשׁ עִמּוֹ שְׁלֵמוּת הַקְּדֻשָּׁה, וּשְׂכָרוֹ הוּא גָּדוֹל מְאֹד.

וְדַע, דְּאִיתָא בַּזֹּהַר פָּרָשַׁת חַיֵּי שָׂרָה - רַבִּי שִׁמְעוֹן בֶּן יוֹחַאי הֲוֵי אָזִיל לִטְבֶרְיָה. הָיָה עִמֵּיהּ רַבִּי אַבָּא. אָמַר רַבִּי שִׁמְעוֹן בֶּן יוֹחַאי לְרַבִּי אַבָּא - נֵיזוּל דְּהָא אֲנָא חָמֵינָא דְּבַר נָשׁ חַד יַמְטֵי הַשְׁתָּא לְגַבָּן, וּמִלִּין חַדְתִּין בְּפוּמֵיהּ. אָמַר רַבִּי אַבָּא - הָא יָדַעְנָא, דִּבְכָל מָקוֹם דְּמָר אָזִיל, הַקָּדוֹשׁ בָּרוּךְ הוּא מְשַׁדֵּר מַלְאָכָיו טָאסִין בְּגַדְפֵיהוֹן לְאִשְׁתַּעֲשָׁע. עַד דַּהֲוֵי

---

[567] דברים יח יג
[568] בראשית כה כז
[569] שיר השירים ג ו
[570] שיר השירים ו ט

אָזְלִין, סָלִיק רַבִּי שִׁמְעוֹן בֶּן יוֹחַאי עֵינָיו וְחָמָא חַד בַּר נָשׁ, דַּהֲוֵי אָזִיל וְרָהִיט. יָתְבוּ רַבִּי שִׁמְעוֹן בֶּן יוֹחַאי וְרַבִּי אַבָּא. כַּד מָטֵי גַּבַּיְהוּ, אָמַר רַבִּי שִׁמְעוֹן בֶּן יוֹחַאי - מַאן אַנְתְּ, אָמַר לֵיהּ - יְהוּדָאִי מִקַּפּוֹטְקִיָּא אֲנִי, וַאֲנָא אַזְלִינָא לְבֵית מִדְרָשָׁא דְּרַבִּי שִׁמְעוֹן בֶּן יוֹחַאי, דְּאִתְמְנוּ חַבְרִין יְדִיעִין בְּמִלִּין יְדִיעִין וְשַׁדְּרוּנִי לְגַבֵּיהּ. אָמַר לֵיהּ - אֵימָא בְּרִי. אָמַר לֵיהּ הַאי יְהוּדָאִי - אַנְתְּ בַּר יוֹחַאי, אָמַר לֵיהּ - אֲנָא. אָמַר לֵיהּ - הָא אוּקְמִינָא, דְּלָא יַעֲבֹר הָאָדָם כְּנֶגֶד הַמִּתְפַּלְּלִים תּוֹךְ אַרְבַּע אַמּוֹת, וְכֵן לֹא יִתְפַּלֵּל אִינַשׁ אֲחוֹרֵי רַבֵּיהּ מַאי טַעֲמֵיהּ.

אָמַר לֵיהּ - הָעִנְיָן הוּא כָּךְ [אָמַר הַמַּעְתִּיק, אַף שֶׁלֹּא כָּתַבְתִּי לְשׁוֹן הַזֹּהַר, מִכָּל מָקוֹם כָּךְ הוּא כַּוָּנַת הַזֹּהַר, עַיֵּן שָׁם] כִּי יָדוּעַ מַה שֶּׁאָמְרוּ רַבּוֹתֵינוּ זִכְרוֹנָם לִבְרָכָה, שֶׁאֵין לְהַקָּדוֹשׁ בָּרוּךְ הוּא בְּעוֹלָמוֹ, אֶלָּא אַרְבַּע אַמּוֹת שֶׁל הֲלָכָה. וְהַיְנוּ אַרְבַּע אוֹתִיּוֹת שֶׁל שֵׁם אֲדֹנָי, שֶׁנִּקְרֵאת **שְׁכִינָה קַדִּישָׁא**, וְהִיא הָאַחֲרוֹנָה שֶׁבְּשֵׁם הַשֵּׁם, שֶׁנִּקְרֵאת **כַּלָּה**, וְעַל כֵּן נִקְרֵאת **הַכַּלָּה**, שֶׁהֵן בְּהִפּוּךְ אַתְוָון **הֲלָכָה**. וְזֶהוּ סוֹד שֶׁל אַרְבַּע אַמּוֹת שֶׁל הֲלָכָה, דְּהַיְנוּ יִחוּד שֵׁם ה' בְּתוֹךְ שֵׁם ה' בְּחִבּוּר כָּזֶה - **יאהדונה"י**, שֶׁהוּא יִחוּד הַקָּדוֹשׁ בָּרוּךְ הוּא וּשְׁכִינְתֵּיהּ. וְלָכֵן קֹדֶם הַתְּפִלָּה אָנוּ מַתְחִילִים לְהִתְפַּלֵּל - ה'[571] שְׂפָתַי תִּפְתָּח וּפִי יַגִּיד תְּהִלָּתֶךָ. וְהַכַּוָּנָה, שֶׁהַשְּׁכִינָה תְּקַבֵּל תְּפִלָּתֵנוּ, דְּאִיהִי מְקַבֶּלֶת כָּל צְלוֹתִין דְּיִשְׂרָאֵל, וְעַל יְדֵי הַכַּוָּנָה זוֹ, שֶׁמְּכַוֵּן הֵיטֵב בְּמַחֲשָׁבָה בְּרוּרָה, זַכָּה וִישָׁרָה, וּבְלֵב נִכְנָע וְטָהוֹר מְיַחֵד הַקָּדוֹשׁ בָּרוּךְ הוּא וּשְׁכִינְתֵּיהּ, אָז הוּא עוֹמֵד מַמָּשׁ בְּתוֹךְ אַרְבַּע אַמּוֹת שֶׁל הַקְּדֻשָּׁה הֲלָכָה, שֶׁהֵן אוֹתִיּוֹת הַכַּלָּה, וּבָזֶה יוּבַן מִמֵּילָא גֹּדֶל הַפְּגָם, כְּשֶׁאָדָם מַפְסִיק וְעוֹמֵד כְּנֶגֶד הַמִּתְפַּלֵּל בְּתוֹךְ אַרְבַּע אַמּוֹת, דַּהֲוֵי נֶחְשָׁב שֶׁהוּא מַפְסִיק וּמַפְרִיד בֵּין יִחוּד הַקָּדוֹשׁ בָּרוּךְ הוּא וּשְׁכִינְתֵּיהּ, חַס וְשָׁלוֹם. וַאֲפִלּוּ בְּצַד הַמִּתְפַּלֵּל תּוֹךְ אַרְבַּע אַמּוֹת יֵשׁ לִזָּהֵר, אַף שֶׁהוּא מֻתָּר מִן הַדִּין. וְהַטַּעַם דְּאָסוּר לְהִתְפַּלֵּל אַחֲרֵי רַבֵּיהּ דְּכָךְ הוּא מְפֻרְסָם מַה שֶּׁאָמְרוּ[572] רַבּוֹתֵינוּ זִכְרוֹנָם לִבְרָכָה - אֶת[573] ה' אֱלֹהֶיךָ תִּירָא. לְרַבּוֹת תַּלְמִידֵי חֲכָמִים.

אָמְנָם בְּעָמְדוֹ לְהִתְפַּלֵּל לֹא יָשִׂים מוֹרָא אַחֵר לְנֶגְדּוֹ, כִּי אִם מוֹרָא הַשָּׁמַיִם. וּמִכָּאן רְאֵה גַּם רְאֵה גֹּדֶל אַזְהָרַת תְּפִלָּה בְּכַוָּנָה. וּמַה לִּי לְהַאֲרִיךְ וּלְהַזְהִיר עַל זֶה, כְּבָר הִזְהַרְתִּי בִּפְרָקִים הַקּוֹדְמִים. אַךְ נִלְמַד מִזֶּה הַמַּעֲשֶׂה גֹּדֶל הַתְּמִימוּת שֶׁהָיוּ בַּדּוֹרוֹת הָרִאשׁוֹנִים. רְאֵה גַּם רְאֵה - אַף שֶׁהָיָה הַיְּהוּדִי שָׁלִיחַ בְּדִבְרֵי תּוֹרָה, אָמַר לוֹ רַבִּי שִׁמְעוֹן בֶּן יוֹחַאי - אֵימָא בְּרִי. וְאַחַר כָּךְ שָׁאַל הַאי גַּבְרָא. אָמַר לֵיהּ - אַנְתְּ בַּר יוֹחַאי, אָמַר לֵיהּ - אֲנָא בַּר יוֹחַאי. אָז הֵבִין הַאי גַּבְרָא, שֶׁהוּא וַדַּאי לֹא יְשַׁקֵּר,

[571] תהלים נא יז
[572] פסחים כב ב
[573] דברים י כ

כֵּיוָן שֶׁאָמַר רַבִּי שִׁמְעוֹן בֶּן יוֹחַאי - אֲנָא בַּר יוֹחַאי. וְאַחַר כָּךְ הָיָה אוֹמֵר עֵסֶק שְׁלִיחוּתוֹ, כִּי כֵּן דִּין וְדָת תּוֹרָתֵנוּ הַקְּדוֹשָׁה נוֹתֶנֶת, לִהְיוֹת כָּל צִיר נֶאֱמָן לְשׁוֹלְחָיו. וְזֶהוּ עִקַּר שְׁלֵמוּת הָאָדָם, שֶׁיִּהְיֶה נֶאֱמָן בְּדִבּוּרוֹ, שֶׁלֹּא יְשַׁנֶּה אֶת דִּבּוּרוֹ הֵן בְּמִילֵּי דִּשְׁמַיָּא וְהֵן בְּמִילֵּי דְּעָלְמָא, וּמִכָּל שֶׁכֵּן בְּמַשָּׂא וּמַתָּן. וְאַל תֵּפֶן אֶל מָמוֹן שֶׁאֵינוֹ שֶׁל יֹשֶׁר, כִּי עִקַּר הַחֲסִידוּת וְהַתְּמִימוּת הוּא תָּלוּי בְּמָמוֹן, כַּאֲשֶׁר כָּתַבְתִּי בְּפֶרֶק נב עַיֵּן שָׁם בַּאֲרִיכוּת, כִּי מִי שֶׁאֵינוֹ רוֹצֶה לֵהָנוֹת בְּמָמוֹן הָאָסוּר, אִישׁ זֶה נִקְרָא **תָּמִים וְצַדִּיק.**

וְצָרִיךְ הָאָדָם לְהִזָּהֵר, אַף שֶׁהוּא יוֹדֵעַ לְכַוֵּן הַכַּוָּנוֹת שֶׁל תְּפִלָּה עַל פִּי הַקַּבָּלָה, מִכָּל מָקוֹם הוּא אִסּוּר גָּמוּר לְהִתְפַּלֵּל בַּאֲרִיכוּת בְּשָׁעָה שֶׁהַצִּבּוּר מִתְפַּלְּלִין, רַק יִתְפַּלֵּל תְּפִלָּתוֹ כִּפְשׁוּטוֹ. כְּמוֹ שֶׁכָּתַב הָרַב הָרִיבָ"שׁ בִּשְׁאֵלוֹת וּתְשׁוּבוֹת שֶׁלּוֹ, וְזֶה לְשׁוֹנוֹ - וַאֲנִי מִתְפַּלֵּל כְּתִינוֹק הַמַּתְחִיל לְהִתְפַּלֵּל, רַק אֲנִי מְכַוֵּן לְהָבִין פֵּרוּשׁ הַמִּלּוֹת וְלֹא יוֹתֵר. וּרְאָיָה מִן רַבִּי עֲקִיבָא - כְּשֶׁהָיָה מִתְפַּלֵּל עִם הַצִּבּוּר, הָיָה מַתְחִיל וּמְסַיֵּם עִם הַצִּבּוּר, כִּי הָיָה תְּפִלָּתוֹ כִּפְשׁוּטוֹ. מַה שֶּׁאֵין כֵּן כְּשֶׁהָיָה מִתְפַּלֵּל בְּיָחִיד כְּשֶׁאָדָם הָיָה מַנִּיחוֹ בְּזָוִית זוֹ, הָיָה מוֹצְאוֹ בְּזָוִית אַחֶרֶת. וְזֶהוּ קַבָּלָה בְּיָדִי - מִי שֶׁמַּאֲרִיךְ בִּתְפִלָּתוֹ יוֹתֵר מֵהַצִּבּוּר, עַל כָּרְחֲךָ הוּא עוֹשֶׂה לְשֵׁם יֻהֲרָא, עַל כֵּן אֵין תְּפִלָּתוֹ נִשְׁמַעַת. וְכֵן רָאִיתִי לְהַגָּאוֹן אָבִי מוֹרֵנוּ הָרַב רַבִּי אַהֲרֹן שְׁמוּאֵל קַיְדַנֶּוֶר, זִכְרוֹנוֹ לִבְרָכָה. וְגַם לִשְׁאָרֵי רַבּוֹתָיו, שֶׁהָיוּ מִתְפַּלְּלִין וְלֹא הָיוּ מַאֲרִיכִין כְּלָל בַּתְּפִלָּה, וְהָיוּ מַלְעִיגִים עַל שְׁאָרֵי רַבָּנִים, שֶׁהָיוּ מַאֲרִיכִין בַּתְּפִלָּה יוֹתֵר מִדַּי. וְכָל מִי שֶׁיִּרְאַת אֱלֹהִי"ם בִּלְבָבוֹ, צָרִיךְ לִהְיוֹת תָּמִים עִם ה' אֱלֹהִי"ם, וְלִהְיוֹת נָקִי מֵה' אֱלֹהִי"ם וּמִיִּשְׂרָאֵל, כְּדֵי שֶׁלֹּא יֹאמְרוּ הַבְּרִיּוֹת זֶה חָסִיד שׁוֹטֶה שֶׁמַּאֲרִיךְ בִּתְפִלָּתוֹ, וְיִהְיֶה בִּכְלַל מַחֲטִיאֵי הָרַבִּים, רַק בְּכָל דְּרָכֶיךָ דָעֵהוּ, וְהוּא יְיַשֵּׁר אֶת דַּרְכְּךָ, וְאָז טוֹב לְךָ יִהְיֶה סֶלָה.

פרק קא

בַּזֹּהַר, פָּרָשַׁת תְּרוּמָה, הוּא מַפְלִיג מְגֹדֶל שְׂכַר שֶׁל הַמּוֹכִיחִים וּמְזַכִּים אֶת הָרַבִּים, שֶׁמּוֹנְעִין אֶת הָרַבִּים מִן הַחֵטְא וּפוֹעֲלִין אַרְבָּעָה דְּבָרִים - **בָּרֹאשׁ**, כִּי יָדוּעַ הוּא, דְּהָעוֹלָם נִדּוֹן מֶחֱצָה עַל מֶחֱצָה, וְעָוֹן אֶחָד הוּא מַכְרִיעַ בְּכַף חוֹבָה לְכָל הָעוֹלָם, וּמִצְוָה אַחַת מַכְרִיעָה לְכַף זְכוּת. וְעַל יְדֵי הַתּוֹכָחוֹת שֶׁהַמּוֹכִיחַ מוֹכִיחַ אֶת הַבְּרִיּוֹת, אִם שָׁב אֶחָד מִיִּשְׂרָאֵל בִּתְשׁוּבָה שְׁלֵמָה, נִמְצָא שֶׁעַל יָדוֹ הָעוֹלָם נִדּוֹן לְכַף זְכוּת, וְנִמְצָא זְכוּת הָרַבִּים תָּלוּי בּוֹ.

שֵׁנִית, הַמּוֹכִיחַ מְקַיֵּם מִצְוַת עֲשֵׂה - הוֹכֵחַ[574] תּוֹכִיחַ אֶת עֲמִיתֶךָ וְלֹא תִשָּׂא עָלָיו חֵטְא. וְעַל יְדֵי הַתּוֹכָחָה מִתְגַּבֵּר הַקְּדֻשָּׁה, וְהַסִּטְרָא אָחֳרָא מֻכְרַח לִהְיוֹת מֻכְנָע תַּחַת יַד הַקְּדֻשָּׁה.

הַשְּׁלִישִׁית, גּוֹרֵם שֶׁכְּבוֹד הַקָּדוֹשׁ בָּרוּךְ הוּא מִתְעַלֶּה וּמִתְרוֹמֵם, וּשְׂכָרוֹ יִהְיֶה שֶׁיִּזְכֶּה לִרְאוֹת בָּנִים וּבְנֵי בָנִים יְרֵאִים וּשְׁלֵמִים.

הָרְבִיעִי, כִּי לְאַחַר מוֹתוֹ מוֹלִיכִין אֶת נִשְׁמָתוֹ בִּתְלֵיסַר תַּרְעֵי שֶׁל עוֹלָמוֹת הָעֶלְיוֹנִים, וְלֵית מַאן דְּיִמְחֶה בִּידֵיהּ. וְעָלָיו נֶאֱמַר - בְּרִיתִי[575] הָיְתָה אִתּוֹ הַחַיִּים וְהַשָּׁלוֹם. וְעוֹד שֶׁנּוֹסָף עַל שְׂכָרוֹ שָׂכָר גָּדוֹל מְאֹד, וְהוּא זֶה כִּי מַלְאָךְ אֶחָד וּשְׁמוֹ **יְהוֹדְעִי"ת**, מְמֻנֶּה עַל נִשְׁמָתָן שֶׁל הַמּוֹכִיחִין לִשְׁמָהּ. וְהוּא מֵבִיא דְּיוֹקְנֵיהּ דְּהַהוּא מוֹכִיחַ, אֲשֶׁר הוּא מְזַכֶּה אֶת הָרַבִּים בְּתוֹכַחְתּוֹ וּמַכְרִיעַ אֶת הָעוֹלָם מִכַּף חוֹבָה לְכַף זְכוּת. וּבְשָׁעָה שֶׁמֵּבִיא הַהוּא מְמֻנֶּה הַדְּיוֹקְנָא הַהוּא, כְּדֵין מַלְכָּא קַדִּישָׁא מְבָרֵךְ לְהַהוּא דְּיוֹקְנָא בְּכָל בִּרְכָאן, דְּנִתְבָּרֵךְ אַבְרָהָם אָבִינוּ כַּד קָרִיב עוֹבְדֵי עֲבוֹדָה זָרָה לַעֲבוֹדַת הַקָּדוֹשׁ בָּרוּךְ הוּא, כְּמָה דְּאַתְּ אָמַר - וְאֶת[576] הַנֶּפֶשׁ אֲשֶׁר עָשׂוּ בְחָרָן. וּמְעַלִּין לְהַהוּא דְּיוֹקְנָא בְּשִׁבְעִין עָלְמִין הַגְּנוּזִים, דְּלָא זָכוּ בְּהוּ שׁוּם בַּר נָשׁ אָחֳרָא, חוּץ מַאן דִּמְזַכֶּה רַבִּים עַל יְדֵי הַתּוֹכָחָה.

וְאִם כֵּן, אִם כָּךְ גֹּדֶל שְׂכַר הַמּוֹכִיחִים הוּא, קָשֶׁה בְּעֵינַי דְּאָמַר רַבִּי עֲקִיבָא [**היב"ש** - צ"ל רבי טרפון] - תָּמֵהַּ[577] אֲנִי אִם יֵשׁ בַּדּוֹר הַזֶּה מִי שֶׁהוּא יוֹדֵעַ לְהוֹכִיחַ. וְכִי רַבִּי עֲקִיבָא לֹא הָיָה יוֹדֵעַ שְׂכַר הַנִּזְכָּר לְעֵיל, הָיָה לוֹ לְהוֹכִיחַ אֶת הָרַבִּים, כְּדֵי שֶׁיִּהְיֶה זְכוּת הָרַבִּים תָּלוּי בּוֹ, וְלִדְרֹשׁ בָּרַבִּים כִּי הוּא הָיָה מֻפְלָג בְּדוֹרוֹ. וְהַנִּרְאֶה בְּעֵינַי, דְּרָאָה רַבִּי עֲקִיבָא גֹּדֶל הָעֹנֶשׁ שֶׁל הַמּוֹכִיחִים, שֶׁמּוֹכִיחִים שֶׁלֹּא לִשְׁמָהּ וּמְבַיְּשִׁים אֶת הַבְּרִיּוֹת בִּפְנֵי רַבִּים, עַל פִּי דְּאִיתָא בְּמִדְרַשׁ רַבָּה פָּרָשַׁת בְּהַר - וְלֹא[578] עָצַר כֹּחַ יָרָבְעָם עוֹד בִּימֵי אֲבִיָּה וַיִּגְּפֵהוּ ה'. אָמַר רַבִּי שְׁמוּאֵל

---

574 ויקרא יט יז
575 מלאכי ב ה
576 בראשית יב ה
577 ערכין טז ב
578 דברי הימים-ב יג כ

בַּר נַחְמָנִי אַתְּ סָבוּר לוֹמַר שֶׁיָּרָבְעָם נִגַּף, וַהֲלֹא לֹא נִגַּף אֶלָּא אֲבִיָּה, וְלָמָּה נִגַּף, רַבִּי יוֹחָנָן אָמַר עַל יְדֵי שֶׁחֲשָׁדָן בְּרַבִּים. הֲדָא הוּא דִכְתִיב - וְאַתֶּם[579] הָמוֹן רַב וְעִמָּכֶם שְׁנֵי עֶגְלֵי הַזָּהָב אֲשֶׁר עָשָׂה לָכֶם יָרָבְעָם לֵאלֹהִים. וּמָה אִם הַמֶּלֶךְ, עַל יְדֵי שֶׁהוֹכִיחַ אֶת הַמֶּלֶךְ כָּמוֹהוּ, עֲנָשׁוֹ הַכָּתוּב, הֶדְיוֹט, שֶׁמּוֹכִיחַ אֶת הֶדְיוֹט חֲבֵרוֹ - עַל אַחַת כַּמָּה וְכַמָּה.

וְלָכֵן לֹא רָצָה רַבִּי עֲקִיבָא לְהוֹכִיחַ אֶת הַבְּרִיּוֹת בִּפְנֵי רַבִּים, כְּדֵי שֶׁלֹּא לְבַיֵּשׁ אוֹתָן בָּרַבִּים. וְכָל הַמְבַיֵּשׁ אֶת חֲבֵרוֹ בָּרַבִּים, אֵין לוֹ חֵלֶק לָעוֹלָם הַבָּא. וְלָכֵן אָמַר - תָּמֵהַּ אֲנִי, אִם יוֹדֵעַ אָדָם בַּדּוֹר הַזֶּה לְהוֹכִיחַ. וְעַכְשָׁו רָאִיתִי מוֹכִיחִים, חֲדָשִׁים מִקָּרוֹב בָּאוּ, וְעוֹמְדִין וְדוֹרְשִׁים בָּרַבִּים וּמְבַיְּשִׁין אֶת הַבְּרִיּוֹת דֶּרֶךְ פְּרָט וּכְלָל, וְאֵינָם יוֹדְעִין אֶת עָנְשָׁן. וַה' נָתַן לִי לְשׁוֹן לִמּוּדִים, שֶׁחִבַּרְתִּי זֶה הַסֵּפֶר, כְּדֵי שֶׁיִּקְרְאוּ בוֹ הַבְּרִיּוֹת. וְאֵין רוֹצֶה אֲנִי לְבַיֵּשׁ אוֹתָן בָּרַבִּים, כִּי כָּל אִישׁ יוֹדֵעַ מָרַת נַפְשׁוֹ בַּמֶּה שֶׁעִוֵּת, וְיוֹכִיחַ לְעַצְמוֹ לְתַקֵּן אֶת הַפְּשָׁעִים וְהַחֲטָאִים. וּכְדֵי שֶׁלֹּא יֹאמְרוּ הַבְּרִיּוֹת - אֵין הַלּוֹמְדִים יוֹדְעִים אֶת מַעֲשֵׂינוּ, וְאֵין חָשִׁים לִרְאוֹת אוֹתָנוּ, דַּע, כִּי בְּכָל קְהִלָּה וּקְהִלָּה יֵשׁ בְּנֵי אָדָם, שֶׁיּוֹדְעִין בְּקִלְקוּלָן שֶׁל הַבְּרִיּוֹת, אַךְ מִפְּנֵי הַחֲנֻפָּה שֶׁגּוֹבֶרֶת אוֹמְרִים - אוֹי לָנוּ אִם כָּךְ נֹאמַר, וְאוֹי לָנוּ אִם לֹא נֹאמַר. לָכֵן אֶת אֲשֶׁר עִם לְבָבִי עָשִׂיתִי, וְכָתַבְתִּי קְצָת בְּדִבְרֵי הַגָּדָה, שֶׁמּוֹשְׁכִין לִבָּם שֶׁל הַבְּרִיּוֹת, וּבְדִבְרֵי מָשָׁל וּמְלִיצָה. וַאֲקַוֶּה לָאֵל, שֶׁעַל יְדֵי הַסֵּפֶר הַזֶּה מְזַכֶּה אֲנִי אֶת הָרַבִּים, וּזְכוּת הָרַבִּים יִהְיֶה תָּלוּי בִּי.

וַאֲנִי מְבַקֵּשׁ מִכָּל הַיּוֹדֵעַ לִקְרוֹת בְּזֶה הַסֵּפֶר, שֶׁיָּשִׂים דִּבְרֵי כְּחוֹתָם עַל לִבּוֹ וְעַל זְרוֹעוֹתָיו, וְיִהְיוּ[580] לְרָצוֹן אִמְרֵי פִי וְהֶגְיוֹן לִבִּי לְפָנֶיךָ ה' צוּרִי וְגוֹאֲלִי.

---

[579] דברי הימים-ב יג ח
[580] תהלים יט טו

<u>פרק קב</u>

בְּמִדְרָשׁ רַבָּה פָּרָשַׁת בְּרֵאשִׁית וְזֶה לְשׁוֹנוֹ - וַיַּעַשׂ[581] אֱלֹהִי"ם לְאָדָם וּלְאִשְׁתּוֹ כָּתְנוֹת עוֹר. בְּתוֹרָתוֹ שֶׁל רַבִּי מֵאִיר הָיָה כָּתוּב - **כָּתְנוֹת אוֹר** בְּאָלֶ"ף, וְהוּא תָּמוּהַּ - לָמָּה דַּוְקָא בְּתוֹרָתוֹ שֶׁל רַבִּי מֵאִיר הָיָה כָּתוּב **כָּתְנוֹת אוֹר** בְּאָלֶ"ף, וְלֹא בִּשְׁאָר סִפְרֵי תּוֹרוֹת, [עַיֵּן סֵפֶר בִּרְכַּת שְׁמוּאֵל שֶׁחִבֵּר הַגָּאוֹן אָבִי מוֹרֵנוּ הָרַב רַבִּי אַהֲרֹן שְׁמוּאֵל קַאיידַנֶּר זִכְרוֹנוֹ לִבְרָכָה בְּפָרָשַׁת בְּרֵאשִׁית, עַיֵּן שָׁם בְּשֵׁם הַגָּאוֹן מוֹרֵנוּ הָרַב רַבִּי לֵייבּ צִינְץ מַה שֶּׁכָּתַב. עַיֵּן שָׁם].

וְהַנִּרְאֶה לְתָרֵץ עַל פִּי מַה שֶּׁשָּׁמַעְתִּי מִפֶּה קָדוֹשׁ, הֲלֹא הוּא הָאִישׁ הָאֱלֹהִ"י, מוֹרֵנוּ הָרַב רַבִּי הֶעשִׁיל צוֹרֵף זִכְרוֹנוֹ לִבְרָכָה, שֶׁאָמַר בְּשֵׁם מְקֻבָּל אֶחָד דָּבָר נִפְלָא וְדָבָר נָאֶה וּמִתְקַבֵּל, וְהוּא זֶה - דַּע, כִּי צְפוֹ בֶּן אֱלִיפַז בֶּן עֵשָׂו, הַנִּכְתָּב בַּתּוֹרָה **אַלּוּף צְפוֹ**, הוּא הַקְּלִפָּה רִאשׁוֹנָה שֶׁבְּשִׁבְעִים אֻמּוֹת, וּכְנֶגְדּוֹ הוּא גַּם כֵּן בִּקְדֻשָּׁה **אֶרֶץ צוּף**. אוֹתִיּוֹת דְּדֵין כְּאוֹתִיּוֹת דְּדֵין. וְהוּא הָיָה מֶלֶךְ רִאשׁוֹן, וּמֶמְשַׁלְתּוֹ הָיְתָה בִּמְדִינַת פּוֹלִין וּמְרַמֵּז לִפְלוֹנִי, כִּי **פְּלוֹנִי** הוּא אוֹתִיּוֹת **פּוֹלִין**, שֶׁהוּא גִּימַטְרִיָּא **צְפוֹ**. וְלָכֵן נִקְרֵאת מַלְכוּת אֱדוֹם מֶטְרוֹפּוֹלִין שֶׁל שִׁבְעִים אֻמּוֹת, כִּי הַמְּדִינָה הַזֹּאת הִיא יוֹשֶׁבֶת תַּחַת יַד הַשַּׂר שֶׁל אֱדוֹם, וְהִיא קְלִפָּה רִאשׁוֹנָה. וְדַע, כִּי הַקְּלִפָּה שֶׁל **צְפ"וֹ** הִיא בָּאָה מֵחֲמַת חֵטְא שֶׁל אָדָם הָרִאשׁוֹן וְחַוָּה, וְאִילָן שֶׁאָכַל אָדָם הָרִאשׁוֹן חִטָּה הָיָה, כִּי חִטָּה גִּימַטְרִיָּא עֶשְׂרִים וּשְׁתַּיִם, שֶׁפָּגַם בְּחֶטְאוֹ בְּעֶשְׂרִים וּשְׁתַּיִם אוֹתִיּוֹת שֶׁל הַתּוֹרָה. וְיָדוּעַ, שֶׁחֵטְא שֶׁל אָדָם הָרִאשׁוֹן הָיָה בְּמִדָּה שֶׁל הוֹד, שֶׁהִיא מִדָּה הַשְּׁמִינִית, וְח' פְּעָמִים עֶשְׂרִים וּשְׁתַּיִם עוֹלֶה גִּימַטְרִיָּא מֵאָה שִׁבְעִים וָשֵׁשׁ כְּמִנְיַן **צְפוֹ**, וְזֶהוּ סוֹד חַוָּה, שֶׁחֵטְא בָּא עַל יָדָהּ, כִּי הָיְתָה נִבְרֵאת מִמִּדַּת הוֹד, שֶׁהִיא מִדָּה שְׁמִינִית, וְעַל יָדָהּ הָיָה הַפְּגַם שֶׁל עֶשְׂרִים וּשְׁתַּיִם אוֹתִיּוֹת וְכַנִּזְכָּר לְעֵיל.

וְהִנֵּה הַנֶּעֱלָם מִן חַוָּה כָּזֶה - חֵ"ת, וָא"ו, הֵ"א. קַח הַנֶּעֱלָם מִן חַוָּה בִּמְלוֹאָהּ כָּזֶה - **ת', א"ו, א'** הוּא גִּימַטְרִיָּא אַרְבַּע מֵאוֹת וּשְׁמוֹנֶה. לְרַמֵּז, שֶׁבִּשְׁנַת אַרְבַּע מֵאוֹת וּשְׁמוֹנֶה לָאֶלֶף הַשִּׁשִּׁי יִהְיֶה תִּגְבֹּרֶת הַקְּלִפָּה שֶׁל **צְפ"וֹ**, שֶׁהָיָה רָאוּי לִהְיוֹת הַגְּאֻלָּה בִּשְׁנַת - בְּזֹאת[582] יָבוֹא אַהֲרֹן אֶל הַקֹּדֶשׁ. וּבְאוֹתוֹ שָׁנָה הַרְבֵּה עֲקֵדוֹת הָיוּ בְּאֶרֶץ פּוֹלִין וְלִיטָא, כַּיָּדוּעַ וּמְפֻרְסָם מִגְּזֵרוֹת רָעוֹת וְדִינִים קָשִׁים, הַנַּעֲשִׂים בְּאֶרֶץ פּוֹלִין וְלִיטָא בְּשָׁנָה זֹאת, שֶׁנֶּהֶרְגוּ כַּמָּה רְבָבוֹת מִיִּשְׂרָאֵל עַל קְדֻשַּׁת הַשֵּׁם. וְהַנֶּעֱלָם מִן **זֹאת** כָּזֶה - זַיִ"ן, אָלֶ"ף, תָּ"ו. וְהוּא יִ"ן, ל"ף, ו', שֶׁהוּא גִּימַטְרִיָּא **צְפ"וֹ**, שֶׁהוּא נִרְמָז בְּסוֹד **פְּלוֹנִי**. וְזֶהוּ הַסּוֹד - מִצָּפוֹן[583] תִּפָּתַח הָרָעָה, כִּי **צָפוֹן** הוּא גִּימַטְרִיָּא - **פּוֹלִין לִיטָא**, וְלָכֵן הָיָה הַגְּזֵרָה דַּוְקָא

---

[581] בראשית ג כא

[582] ויקרא טז ג

[583] רמיהו א יד

בִּמְדִינָה זוֹ וּבִשְׁנַת אַרְבַּע מֵאוֹת וּשְׁמוֹנֶה דַּוְקָא. וְדִבְרֵי פִּי חָכָם חֵן.
וְהִנֵּה יֵשׁ בְּיָדִי עוֹד דִּבְרֵי כִּבּוּשִׁים, שֶׁאֵין אֲנִי רוֹצֶה לְגַלּוֹתָם בִּפְנֵי כָּל אָדָם, כִּי אִם לַצְּנוּעִין, מַה שֶּׁקִּבַּלְתִּי מִן הָאִישׁ הָאֱלֹהִ"י, מוֹרֵנוּ הָרַב רַבִּי הֶעשִׁיל צוֹרֵף, זִכְרוֹנוֹ לִבְרָכָה, וְדַע כִּי **צָפוֹן** גִּימַטְרִיָּא **פּוֹלִין לִיטָא** הוּא מִנְיַן **רכ"ו** בְּסוֹד - כָּרוּ[584] לִי שִׁיחָה. בַּעֲלִילוֹת שְׁקָרִים וּבַהֲרִיגוֹת צַדִּיקִים. וּקְלִפָּה שֶׁל עֵשָׂו הוּא יָדוּעַ בַּסְּפָרִים, שֶׁהוּא נִקְרָא - **חֲזִיר**[585] **מִיַּעַר**, וְלָכֵן אוֹת **ע'** שֶׁל **יַעַר** הִיא גְּדוֹלָה בְּסֵפֶר תְּהִלִּים, לְרַמֵּז שֶׁתּוֹלִין בּוֹ כָּל הַשִּׁבְעִים אֻמּוֹת, וְהִיא **ע** שֶׁל עֵשָׂו, שֶׁמְּרַמֵּז עַל כָּתְנוֹת עוֹר, בֶּעָוֹון שֶׁהָיָה קֹדֶם הַחֵטְא **כָּתְנוֹת אוֹר** בְּאָלֶ"ף, כַּיָּדוּעַ לְהַמְקֻבָּלִים. וְלָכֵן לֶעָתִיד יְתֻקַּן הַחֵטְא, וְיִהְיֶה הַסּוֹד **כָּתְנוֹת אוֹר** בְּאָלֶ"ף, כְּמוֹ שֶׁהָיָה קֹדֶם חֵטְא אָדָם הָרִאשׁוֹן.
וְרַבִּי מֵאִיר הָיָה מִזֶּרַע נֵירוֹן קֵיסָר, הָיָה מַתְחִיל לְתַקֵּן פְּגַם שֶׁל עֵשָׂו בְּסוֹד **חֲזִיר מִיַּעַר** בְּעַיִ"ן. וּכְשֶׁתִּכְתֹּב **חֲזִיר מִיַּאַר** בְּאָלֶ"ף הוּא אוֹתִיּוֹת **מֵאִיר**. וּכְשֶׁיְּתֻקַּן עֵשָׂו, אָז יִהְיֶה **כָּתְנוֹת אוֹר** בְּאָלֶ"ף. וְלָכֵן הָיָה בְּתוֹרָתוֹ שֶׁל רַבִּי מֵאִיר כָּתוּב **כָּתְנוֹת עוֹר** בְּאָלֶ"ף כְּזֶה **כָּתְנוֹת אוֹר**, וְקַל לְהָבִין. וְזֶהוּ הַסּוֹד - **חֲזִיר** הוּא גִּימַטְרִיָּא **רכ"ה**, כְּמִנְיַן כָּרָה, וְעִם הָעַיִ"ן שֶׁל **מִיַּעַר**, שֶׁהוּא עָתִיד לִהְיוֹת מֵאִיר [מִיַּאַר] בְּאָלֶ"ף, הוּא רכ"ו כְּמִנְיַן **כָּרוּ לִי שׁוּחָה**. וְהָאֻמּוֹת, שֶׁכּוֹרִין שׁוּחָה תַּחְתֵּינוּ, יִהְיוּ לֶעָתִיד בְּטֵלִין, כְּשֶׁתָּבוֹא הַגְּאֻלָּה כְּשֶׁיְּתֻקַּן הַחֵטְא, וְיִהְיוּ **כָּתְנוֹת אוֹר** בְּאָלֶ"ף, וְקַל לְהָבִין.
וְהִנֵּה נַחֲזֹר לְעִנְיָנֵנוּ - **כִּי מִצָּפוֹן תִּפָּתַח הָרָעָה**. וְלָכֵן כְּשֶׁתָּבוֹא הַגְּאֻלָּה תִּהְיֶה הַגְּאֻלָּה תְּחִלָּה בִּמְדִינוֹת צָפוֹן, שֶׁהוּא פּוֹלִין לִיטָא, כְּמוֹ שֶׁאָמַר הַכָּתוּב - עוּרִי[586] צָפוֹן וּבוֹאִי תֵימָן. כִּי בִּתְחִלָּה יִהְיֶה הִתְעוֹרְרוּת הַגְּאֻלָּה מִצַּד צָפוֹן, וְאַחַר כָּךְ **וּבוֹאִי תֵימָן**. וְאַחַר כָּךְ יִזְכֶּה כְּלַל יִשְׂרָאֵל לְרֹב טוּב הַצָּפוּן לַצַּדִּיקִים.
וְהִנֵּה כָּתַבְנוּ לְעֵיל, דְּמִכֹּחַ חֵטְא אָדָם הָרִאשׁוֹן נַעֲשָׂה מִן אוֹת אָלֶ"ף אוֹת עַיִ"ן, וְזֶהוּ **כָּתְנוֹת עוֹר**, שֶׁהָיָה צָרִיךְ לִהְיוֹת **אוֹר** בְּאָלֶ"ף, וְלָכֵן - נִרְגָּן[587] מַפְרִיד אַלּוּף. כַּמְבֹאָר עִנְיָן זֶה בְּכַמָּה סִפְרֵי מְקֻבָּלִים. וְהָאָבוֹת תִּקְּנוּ חֵטְא וּפְגַם זֶה עַל יְדֵי שָׁלֹשׁ תְּפִלּוֹת - שַׁחֲרִית, מִנְחָה, עַרְבִית, שֶׁהֵן רָאשֵׁי תֵּבוֹת **שְׁמַע**. וְהִנֵּה יָדוּעַ שֶׁמִּכֹּחַ חֵטְא אָדָם הָרִאשׁוֹן גָּבְרוּ שְׁתֵּי קְלִפּוֹת - שׁוֹר וַחֲמוֹר. וַחֲמוֹר הוּא קְלִפַּת יִשְׁמָעֵאל, וְשׁוֹר הוּא קְלִפַּת אֱדוֹם, וְתֵבוֹת **אֱדוֹם יִשְׁמָעֵאל** הֵן גִּימַטְרִיָּא חָמֵשׁ מֵאוֹת וּשְׁתַּיִם, כְּמִנְיַן הַשָּׁנִים שֶׁהָיוּ הָאָבוֹת חַיִּים בָּעוֹלָם הַזֶּה. כִּי אַבְרָהָם - הָיָה חַי מֵאָה

584 על פי תהלים קיט פה
585 תהלים פ יד
586 שיר השירים ד טז
587 משלי טז כח

שִׁבְעִים וְחָמֵשׁ שָׁנִים. יִצְחָק - מֵאָה וּשְׁמוֹנִים שָׁנִים. יַעֲקֹב - מֵאָה אַרְבָּעִים וָשֶׁבַע שָׁנִים. מֵאָה שִׁבְעִים וְחָמֵשׁ וּמֵאָה שְׁמוֹנִים וּמֵאָה אַרְבָּעִים וָשֶׁבַע, צָרְפֵם יַחַד יִהְיוּ חֲמֵשׁ מֵאוֹת וּשְׁתַּיִם שָׁנִים. כִּי הָאָבוֹת הֵן בִּקְדֻשָּׁה נֶגֶד הַקְּלִפָּה. וְזֶהוּ הַסּוֹד - בָּשָׂר[588] בַּשָּׂדֶה טְרֵפָה לֹא תֹאכֵלוּ. כִּי בָּשָׂר הוּא גַּם כֵּן גִּימַטְרִיָּא חֲמֵשׁ מֵאוֹת וּשְׁתַּיִם, וְקַל לְהָבִין.

וְהִנֵּה זֶה יָדוּעַ - שֶׁרֵאשִׁית[589] גּוֹיִם הוּא עֲמָלֵק. מִזֶּרַע עֵשָׂו הָרָשָׁע, וְיֵשׁ לוֹ אֲחִיזָה בְּאֵל אַחֵר, כִּי **עֲמָלֵק** הוּא גִּימַטְרִיָּא מָאתַיִם וְאַרְבָּעִים כְּמִנְיַן - **אֵל אַחֵר**, שֶׁהוּא גַּם כֵּן גִּימַטְרִיָּא מָאתַיִם וְאַרְבָּעִים, וּכְנֶגְדּוֹ בִּקְדֻשָּׁה הוּא **רוּחַ ה'**. וְהִנֵּה כְּנֶגֶד שְׁתֵּי קְלִפּוֹת שׁוֹר וַחֲמוֹר יֵשׁ בִּקְדֻשָּׁה מָשִׁיחַ בֶּן דָּוִד, דְּהוּא יִתְגַּבֵּר עַל הַקְּלִפָּה שֶׁל חֲמוֹר בְּסוֹד - עָנִי[590] וְרוֹכֵב עַל הַחֲמוֹר. וּמָשִׁיחַ בֶּן יוֹסֵף אִקְרֵי **שׁוֹר**. כְּמוֹ שֶׁאָמַר הַכָּתוּב - בְּכוֹר[591] שׁוֹרוֹ הָדָר לוֹ. וְהִנֵּה אִיתָא בַּזֹּהַר, כִּי מִבֵּין שְׁתֵּי הַקְּלִפּוֹת הַנִּזְכָּרוֹת לְעֵיל, דְּהַיְנוּ מִקְּלִפּוֹת שׁוֹר וַחֲמוֹר, יָצָא קְלִפָּה אַחַת הַנִּקְרֵאת **צֶפַ"ע**, כִּי - מִשֹּׁרֶשׁ[592] נָחָשׁ יֵצֵא צֶפַע. **וְצֶפַע** גִּימַטְרִיָּא - **עֲמָלֵק**. מָאתַיִם וְאַרְבָּעִים. וְלָכֵן צְרִיכִין אָנוּ לִכְתֹּב בְּסֵפֶר תּוֹרָה בְּמֵי **עֶפֶץ**, שֶׁהוּא אוֹתִיּוֹת **צֶפַע** בְּהִפּוּךְ אַתְוָן, וּבָזֶה אָנוּ מַכְנִיעִין הַקְּלִפָּה שֶׁל **צֶפַ"ע**, מַה שֶּׁאָנוּ כּוֹתְבִין הַסֵּפֶר תּוֹרָה בְּמֵי עֲפָצִין.

וְנָחָשׁ הוּא רָאשֵׁי תֵּבוֹת **נָ**חָשׁ, **חֲ**מוֹר, **שׁ**וֹר שֶׁהֵן שָׁלֹשׁ קְלִפּוֹת הָרִאשׁוֹנוֹת שֶׁבְּשִׁבְעִים אֻמּוֹת. וּקְלִפּוֹת **שׁוֹר**, **חֲמוֹר** גִּימַטְרִיָּא **צָרַעַת**. לָכֵן אָמְרוּ רַבּוֹתֵינוּ זִכְרוֹנָם לִבְרָכָה - הַנּוּ סַלְעִין דְּהַנָּחָשׁ הִיא צָרַעַת. וּלְפִי שֶׁהַנָּחָשׁ דִּבֵּר לָשׁוֹן הָרַע, נִלְקָה בְּצָרַעַת. וְהִנֵּה עֵשָׂו בְּקִטְרוּגָם חֻרְבָּן גָּדוֹל בְּאֶרֶץ פּוֹלִין וְלִיטָא, כְּמוֹ שֶׁכָּתַבְתִּי לְעֵיל. וְלָקְחוּ הַשּׂוֹנְאִים בַּעֲווֹנוֹתֵינוּ הָרַבִּים הַסִּפְרֵי תּוֹרָה, שֶׁנִּכְתָּבִים בִּקְדֻשָּׁה עַל גַּבֵּי הָעוֹר מִצַּד בָּשָׂר, שֶׁהוּא גִּימַטְרִיָּא חֲמֵשׁ מֵאוֹת וּשְׁתַּיִם, וְלֹא עַל גַּבֵּי דּוּכְסוּסְטוּס, שֶׁהוּא מִצַּד הַשְּׂעָרוֹת, וְנִכְתַּב דַּוְקָא בְּמֵי עֶפֶץ, שֶׁהוּא נֶגֶד קְלִפּוֹת עֲמָלֵק, וְלָכֵן אָמְרוּ רַבּוֹתֵינוּ זִכְרוֹנָם לִבְרָכָה - בְּסֵפֶר[593] תּוֹרָה שֶׁנִּשְׂרַף עִם רַבִּי חֲנִינָא בֶּן תְּרַדְיוֹן אוֹתִיּוֹת פּוֹרְחוֹת וְהַקְּלָף נִשְׂרָף. וְכֵן בִּגְזֵרוֹת פּוֹלִין הָיוּ נִשְׂרָפִים כַּמָּה אֲלָפִים סִפְרֵי תּוֹרָה, שֶׁאוֹתִיּוֹתֵיהֶן פָּרְחוּ, וְהַקְּלָף וְהֶעָפֶץ נִשְׂרָף. וְהַשּׂוֹנְאִים אֵינָם יוֹדְעִים, שֶׁמִּכֹּחַ זֶה אֵין לָהֶם שׁוּם אֲחִיזָה בַּקְּדֻשָּׁה, כִּי הַתּוֹרָה צִוְּתָה - **וּבָשָׂר בַּשָּׂדֶה טְרֵפָה לֹא תֹאכֵלוּ** - בַּאֲכִילָה הוּא אָסוּר, אֲבָל מֻתָּר לִכְתֹּב עַל גַּבֵּי עוֹר נְבֵלָה וּטְרֵפָה, וּבָזֶה הָיָה לָהֶם אֲחִיזָה בַּקְּדֻשָּׁה. וְאַחַר שֶׁנִּשְׂרְפוּ הַסִּפְרֵי תּוֹרָה,

588 שמות כב ל
589 במדבר כד כ
590 זכריה ט ט
591 דברים לג יז
592 ישעיהו יד כט
593 עבודה זרה יח א

מֵאוֹתוֹ הַיּוֹם נִתְמַעֲטוּ כֹּחַ הַקְּלִפּוֹת הַנִּזְכָּרוֹת לְעֵיל, וְיַכְרִיחַ כֹּחַ שׁוֹר וַחֲמוֹר שֶׁבַּקְּדֻשָּׁה, שֶׁיָּבוֹאוּ תְּרֵין מְשִׁיחִין - מָשִׁיחַ בֶּן דָּוִד וּמָשִׁיחַ בֶּן יוֹסֵף. וְהַמִּקְדָּשׁ שֶׁל מַעְלָה יֵרֵד לְמַטָּה.

עַל כֵּן כְּדֵי לְסַיֵּם בְּדִבְרֵי נֶחָמָה אֶכְתֹּב קְצָת - בְּבִנְיָן שֶׁל בֵּית הַמִּקְדָּשׁ, שֶׁעָתִיד לַעֲמֹד בִּירוּשָׁלַיִם, יִהְיֶה שְׁמוֹנֶה עֶשְׂרֵה מִילִין, וְיִהְיֶה בָּנוּי מִכָּל אֲבָנִים טוֹבוֹת וִיקָר, וּשְׁלֹשָׁה חוֹמוֹת יַקִּיפוּהוּ - **אַחַת** חוֹמָה שֶׁל כֶּסֶף, **וְאַחַת** שֶׁל זָהָב, **וְאַחַת** שֶׁל אֲבָנִים טוֹבוֹת מְאִירִים בְּכָל מִינֵי צִבְעוֹנִים. וְכָל חוֹמָה תִּהְיֶה רְחָבָה שֵׁשׁ אַמּוֹת, וְחוּץ לְשָׁלֹשׁ חוֹמוֹת יִהְיֶה חוֹמוֹת אֵשׁ סָבִיב, וְאֶלֶף וְאַרְבַּע מֵאוֹת וּשְׁמוֹנֶה וּשְׁמוֹנִים מִגְדָּלִים שֶׁל אֶבֶן יָקָר יִהְיֶה שָׁם, וּבֵין מִגְדָּל וּמִגְדָּל יִהְיֶה מֵאָה וְעֶשְׂרִים שְׁעָרִים, וְכָל שַׁעַר וָשַׁעַר יִהְיֶה מֵאֶבֶן יָקָר, וְאַלְפַּיִם וְשָׁלֹשׁ בְּרֵכוֹת מַיִם חַיִּים יֵצְאוּ מִתַּחַת הֶהָרִים, שֶׁבֵּית הַמִּקְדָּשׁ יִהְיֶה עוֹמֵד עֲלֵיהֶם, וְהַבֵּית הַמִּקְדָּשׁ יִהְיֶה בָּנוּי עַל אַרְבָּעָה הָרִים, וְאֵלּוּ הֵן - הַר סִינַי, הַר כַּרְמֶל, הַר תָּבוֹר, הַר חֶרְמוֹן. וְקַרְתָּא דִירוּשָׁלַיִם יִהְיֶה אַרְבַּע מֵאוֹת פַּרְסָה. וּכְשֶׁיֵּרֵד הַמִּקְדָּשׁ שֶׁל מַעְלָה לְמַטָּה, אָז אַחַר כָּךְ יְקַבֵּץ הַקָּדוֹשׁ בָּרוּךְ הוּא נְפוּצוֹת יִשְׂרָאֵל. וְאָז נְשׁוֹרֵר שִׁיר חָדָשׁ, וְיִשְׂמְחוּ יִשְׂרָאֵל בְּעוֹשָׂיו, וּבְנֵי צִיּוֹן יָגִילוּ בְּמַלְכָּם. וְהַשָּׂטָן וְהַקְּלִפּוֹת יְבֻטְּלוּ מִן הָעוֹלָם בְּבִיאַת מְשִׁיחֵנוּ, כִּי הַכֹּל יִהְיֶה מְתֻקָּן, וְהַיֵּצֶר הָרַע יִהְיֶה בָּטֵל, וְאָז נִזְכֶּה כֻּלָּנוּ לְכָתְנוֹת אוֹר - בְּאָלֶ"ף, כְּמוֹ שֶׁאָמַר הַכָּתוּב - וְהָיָה[594] ה' לָךְ לְאוֹר עוֹלָם. אָמֵן כֵּן יְהִי רָצוֹן.

---

[594] ישעיהו ס יט

סֵפֶר

קַב הַיָּשָׁר

מְנֻקָּד

רַבֵּנוּ הַמְקֻבָּל רַבִּי

צְבִי הִירְשׁ

קַאיידַנֶוֹר

SimchatChaim.com